Hans Peter Duerr
Diesseits von Eden

Über den Ursprung der Religion

Insel Verlag

Erste Auflage 2020
© Insel Verlag Berlin 2020
Alle Rechte vorbehalten, insbesondere das der Übersetzung,
des öffentlichen Vortrags sowie der Übertragung
durch Rundfunk und Fernsehen, auch einzelner Teile.
Kein Teil des Werkes darf in irgendeiner Form
(durch Fotografie, Mikrofilm oder andere Verfahren)
ohne schriftliche Genehmigung des Verlages reproduziert
oder unter Verwendung elektronischer Systeme
verarbeitet, vervielfältigt oder verbreitet werden.
Satz: Satz-Offizin Hümmer GmbH, Waldbüttelbrunn
Druck: GGP Media GmbH, Pößneck
Printed in Germany
ISBN 978-3-458-17844-6

Was ist heilig?
Furuike ya, kawazu tobikomu,
mizu no oto
(»In den alten Teich springt ein
Frosch. Plumps.«)

Bashō

Für meine Enkel
Leander, Laurens, Jorin und Leonore

Inhalt

Vorwort

Nachdem ich in den frühen sechziger Jahren mit dem Ethnologie- und Philosophiestudium in Heidelberg begonnen hatte, besuchte ich unter anderem die Seminare des damaligen Privatdozenten Günther Lanczkowski, der das Fach Religionsgeschichte innerhalb der Philosophischen Fakultät vertrat. Lanczkowski war eigentlich ein umgänglicher Mann unter der eisernen Fuchtel seiner Frau, aber seine gute Laune konnte in den Lehrveranstaltungen jäh verfliegen, wenn jemand die Frage aufwarf, wie denn Religion wohl einstmals entstanden sein mochte. In solchen Fällen verdüsterte sich sein Antlitz, seine Augen verwandelten sich in schmale Schlitze, und er schaute um sich, als ob er fühlte, daß ein unsichtbarer Feind mit üblen Absichten von irgendwo her näher käme. »Die Religion«, so zischte er dann böse, »ist überhaupt nicht *entstanden*, denn nichts kann aus etwas entstehen, in dem es nicht enthalten ist! Und deshalb«, seine Stimme wurde immer lauter, »ist es völliger Unsinn, zu glauben, daß Religion als das Gefühl für das Überweltliche seinen Ursprung in irgend etwas anderem hat!«

Da zu den guten Eigenschaften, die ich zu jener Zeit besaß, nicht unbedingt Fügsamkeit und die Bereitschaft gehörten, mich irgendeiner Lehrmeinung unterzuordnen, besonders dann nicht, wenn sie unplausibel war und doktrinär daherkam, meldete ich mich und erwiderte auf die Auslassung Lanczkowskis, den ich schon seit geraumer Zeit als verkappten Theologen durchschaut hatte: »Also was Sie sagen, leuchtet mir überhaupt nicht ein! Auch das Leben ist doch irgendwann aus Anorganischem entstanden, und später das Bewußtsein aus Nicht-Bewußtsein. Und wir Menschen haben uns schließlich aus Lebewesen entwickelt, die auch die Urahnen der Affen waren, und jene aus kleinen primitiven Säugetieren, die schon lebten, als es noch die Saurier gab. Warum sollte es ausgerechnet im Falle des Gefühls für das Numinose anders sein?« »Wenn Sie nicht verstehen«, donnerte darauf der durch meinen Einwurf sehr verärgerte Lanczkowski, »oder schlimmer noch, nicht verstehen *wollen*, daß das Heilige eine Kategorie *sui generis* ist, wird aus Ihnen nie ein Religionswissenschaftler werden, bestenfalls ein Ethnologe!«, worauf die Diskussion beendet war. Doch in der Woche darauf teilte er mir knapp und unpersönlich mit, er sei inzwischen davon überzeugt, daß Religionsgeschichte kein geeignetes Fach für mich sei. Ich hatte nämlich bereits seit einiger Zeit mit den Vorarbeiten zu einer Dissertation über den Zen-Buddhismus bei ihm begonnen, den Lanczkowski ohnehin verabscheute, weil er ihn für Gotteslästerung hielt.

Zwanzig Jahre später, ich hatte mich längst für das Fach Philosophie habilitiert, unterhielt ich mich in einer Heidelberger Weinstube mit dem lettischen Religionswissenschaftler Haralds Biezais, der in Uppsala lehrte, über dasselbe Thema, doch im Gegensatz zu Lanczkowski reagierte er auf meine Ausführungen sehr positiv. Er sagte, daß er meine Auffassung teile, und schlug mir vor, doch ein Buch darüber zu schreiben. Er würde das selber gerne tun, aber er sei mit zu vielen Theologen und anderen Gläubigen bekannt und befreundet, die ihm eine »naturalistische« Erklärung der Religion extrem verübelten, was er nicht riskieren wolle. Ich aber sei ein freier Mann, noch dazu ein Freigeist, der solche Rücksichten nicht zu nehmen brauche und der seine akademische Karriere sowieso schon aufs Spiel gesetzt habe.

Mit einer Verzögerung von 35 Jahren bin ich jetzt dem Vorschlag Biezais' gefolgt und habe dieses Buch verfaßt, das in gewisser Weise eine Fortsetzung und Ergänzung meines vor drei Jahren erschienenen Buches *Die dunkle Nacht der Seele* ist. In dem vorliegenden Werk versuche ich zu zeigen, daß es zum einen keine spezifisch religiösen Empfindungen gibt, etwa eine religiöse Furcht, Faszination oder Gefühle der Macht und Erhabenheit des Numinosen, sondern daß all diese Erlebnisse zwar religiös *gedeutet* werden können, aber genauso gut auch völlig anders. Deshalb ist es vielleicht sinnvoll, von »Religiösen Erfahrungen« nur dann zu sprechen, wenn in ihnen explizit Götter oder Geistwesen vorkommen, zum Beispiel in gewissen Nahtod-Erfahrungen, Erscheinungen, »Präsenz«-Erlebnissen oder Besessenheitsepisoden. Zum anderen will ich belegen, daß so gut wie überall auf der Welt ursprünglich all das, was den Menschen »nicht ganz geheuer« war, was sie als mysteriös, unverständlich, unerklärbar, außergewöhnlich, geheimnisvoll empfanden, also das, was die Parapsychologen heute als »Anomalien« bezeichnen, den Religionen zugrunde liegt. Dieses Rätselhafte und Unheimliche, das häufig auch für mächtig, wirkungskräftig und gefährlich gehalten wurde, personalisierten die Menschen meist erst später, aber bisweilen auch gar nicht, zu Göttern oder Geistern, die an bestimmten geheimnisumwitterten Orten, in Höhlen, tiefen Schluchten, bizarren Bäumen, tosenden Wasserfällen oder auf Berggipfeln wohnten.

Das Numinose offenbart sich aber auch in veränderten Bewußtseinszuständen, zum Beispiel in Halluzinationen, »Präsenzen«, intensiven sexuellen Orgasmen oder in dem Gefühl, ein fremdes Wesen sei in den eigenen Körper eingedrungen und habe die Kontrolle übernommen, wobei diese Penetration nicht selten als ein Geschlechtsakt empfunden wird.

Natürlich ist es meistens so, daß die Menschen damit aufwachsen, daß bestimmte Gegenden oder Objekte numinos sind oder daß die Geister und Götter mittels althergebrachter Rituale evoziert werden können, so daß ihre Erwartung für das Zustandekommen entsprechender Erfahrungen maßgeblich ist, die dann auch einen durch die Tradition festgelegten Charakter haben. Es gibt aber auch zahllose Beispiele dafür, daß urplötzlich unbegreifliche »Etwasse« auftauchen, etwa die ersten Weißen im Hochland von Neuguinea oder in den Regenwäldern Amazoniens, die so unfaßbar sind, daß die Kultur der Betreffenden über keinerlei Kategorien, zum Beispiel »Geister« oder »Vorfahren aus dem Totenreich«, verfügt, mit denen »das da« beschrieben werden könnte.

Danken möchte ich meiner Frau und unseren Kindern sowie allen anderen, mit denen ich in den vergangenen Jahrzehnten dieses Thema diskutiert habe, namentlich Georges Devereux, Felicitas Goodman, Karl Schlesier, Mircea Eliade, Werner Müller, Åke Hultkrantz und Paul Feyerabend, vor allem aber Haralds Biezais und Eberhard Bauer, der mir erneut den Zugang zu den reichen Beständen der Bibliothek des Freiburger Instituts für Grenzgebiete der Psychologie ermöglichte. Nicht zuletzt danke ich auch meiner Lektorin, die geduldig alle meine »politisch inkorrekten« Anwandlungen ertragen hat.

Heidelberg, im heißen Sommer 2018

Hans Peter Duerr

§ 1
Der Kiesel aus der Makapansgat-Höhle

Vor etwa drei Millionen Jahren, also ungefähr fünfhunderttausend Jahre bevor die Vorfahren der Gattung *Homo* die ersten Werkzeuge herstellten, brachten offenbar Angehörige einer *Australopithecus-africanus*-Gruppe einen braunrot gefärbten, vom fließenden Wasser eines nahe liegenden Baches ausgewaschenen Eisensteinkiesel mit in die südafrikanische Makapansgat-Höhle, in der diese Vormenschengruppe lagerte. Auf dem Stein befinden sich zwei runde, natürliche Vertiefungen, die wie »drohend starrende Augen« wirken, zumal eine längliche Vertiefung unterhalb wie ein Mund aussieht und der gesamte Kiesel eine schädelartige Form besitzt. Wahrscheinlich waren die oder der Finder damals derart fasziniert von dem ungewöhnlichen Objekt, wobei sie vielleicht eine Art Angstlust empfanden, daß sie es zu ihrer Lagerstätte mitnahmen, wo es von den übrigen *Australopithecinen* bestaunt wurde.[1]

Wenn Menschen, aber auch andere Wirbeltiere das Gefühl haben, angeschaut zu werden, schlägt ihr Herz schneller, und die Intensität der elektrischen Aktivität im Stammhirn nimmt zu. Doch auch das Anschauen von Gesichtern aktiviert die Amygdala, wobei sich allem Anschein nach Babys bereits wenige Tage nach der Geburt mehr für menschliche Gesichter oder alles, was einem solchen Gesicht ähnlich sieht, interessieren als für Farbkleckse oder geometrische Muster. Bei der Gesichtserkennung werden offenkundig andere Neuronen in anderen Gehirnbereichen aktiviert als beim Erkennen ›toter‹ Objekte, denn man hat festgestellt, daß Kranke, die diese Objekte nicht mehr identifizieren können, beim Erkennen von Gesichtern keine Schwierigkeiten haben.[2]

Was freilich das Interesse der *Australopithecinen* aus der Makapansgat-Höhle geweckt haben wird, war sicher nicht so sehr, daß sie angestarrt wurden, sondern, daß dies durch ein Objekt geschah, welches so etwas ansonsten nicht zu tun pflegte. Ganz offensichtlich war das Ding, das sie in oder an dem Bach entdeckt hatten, ein ganz *un-*

Abb. 1   Weiblicher *Australopithecus afarensis.*

gewöhnliches Ding, etwas Rätselhaftes oder »Überprägnantes«, wie Arnold Gehlen es genannt hätte, etwas, das sie noch nie gesehen hatten. In Berehat Ram auf den Golanhöhen fand man in einer Lagerstätte aus der Epoche des Acheuléen einen mindestens 233 000 Jahre alten, aber wahrscheinlich noch viel älteren 3,5 cm großen natürlichen Tuffstein in der Form einer Frau mit Kopf, Brüsten und Armen, auf dem künstliche Markierungen angebracht worden waren. Und südlich der marokkanischen Stadt Tan-Tan stieß man auf eine ähnliche, etwa 400 000 Jahre alte natürliche Quarzitfigurine, auf der sich ein künstliches Rillenmuster sowie Spuren von Hämatitpigment befinden, die vermuten lassen, daß das Objekt ursprünglich bemalt war.[3] In der Olduvai-Schlucht am Rande der Serengeti entdeckte bereits vor langer Zeit Louis Leakey rote Ockerklumpen, die vor mehr als einer halben Million Jahren von Hominiden der *Homo-erectus*-Art in ihrem Lager deponiert worden waren.[4]

Allem Anschein nach wurden die Menschen zu allen Zeiten nicht nur durch außergewöhnliche Steine und andere von der Natur hervorgebrachte mysteriöse Objekte gefesselt, sondern auch durch bestimmte Landschaften mit einer eigentümlichen Beschaffenheit. Im Gegensatz zu den leicht überschaubaren sanft gehügelten Graslandschaften mit kleinen Baumgruppen, in denen die Angehörigen zahlreicher Kulturen bevorzugt leben würden und die auch häufig in Visionen und Nahtod-Erlebnissen als die Gefilde des Jenseits erscheinen, sind dichte Wälder mit mächtigen Bäumen, Berge mit tiefen Höhlen, Felslandschaften, Wasserfälle, Stromschnellen und dergleichen viel eher geheimnisumwobene Orte, die eine Mischung aus Angst und Faszination hervorrufen.

Zwar lautet der berühmte Ausspruch des Dichters Lukrez: *Primus in orbe deos fecit timor* (»Als erstes hat in der Welt die Furcht die Götter geschaffen«). Doch sind es in vielen Fällen gar nicht primär Götter und Geister, vor denen man sich an solchen Orten fürchtet, auch wenn man sie dort vermutet. Vielmehr handelt es sich um Gegenden, in denen »es nicht ganz geheuer ist«, wo »es spukt« oder »es umgeht«. Die Bewohner der Salomonen-Insel San Cristóbal, »deren Götter so wenig religiöses Gefühl in ihnen zu erwecken vermögen«, überkommt beim Anblick einer tiefen Schlucht, eines Wasserfalls, eines dunklen Teichs oder eines mächtigen breitastigen Baumes eine unheimliche

Empfindung. Sie betrachten diese Orte als heilig und womöglich von einem übernatürlichen Wesen bewohnt. Doch ist der dort anwesende Geist von geringer Bedeutung. Es werden ihm keine Opfer dargebracht, keine Gebete an ihn gerichtet. Die Menschen gehen schweigend an solchen Stellen vorüber oder wagen nur zu flüstern.« Auf dem zwischen Singapur und Sumatra liegenden Riau-Archipel werden gewisse Orte als *angker*, »unheimlich« bezeichnet, an denen man sich unbehaglich und beklommen fühlt, ohne daß man genau sagen kann, warum. Ein dort ansässiger sich als »aufgeklärt« bezeichnender Buginese behauptete zwar, er glaube nicht, wie viele Einheimische, daß dort Geister umgingen: »Wirklich, es spukt dort nicht!« Doch auch er räumte ein, daß an solchen Stellen eine »seltsame Atmosphäre« (*aura aneh*) herrsche: »Das Land dort besitzt eine negative Energie. In der Vergangenheit gingen viele Leute hin, um sich aufzuhängen. Und als [im Jahre 1942] die Japaner kamen, gingen sie dort an Land. Das hat eine Energie erzeugt, die immer noch in der Erde ist. Damals wurden viele getötet!«[5]

Im philippinischen Visaya-Archipel liegt eine kleine, Siete Pecados genannte Inselgruppe, die als »sehr gefährlich« (*grabe ka riit*) gilt, weil es auf ihr spuken soll und Menschen spurlos verschwunden sind. Fischer, die an den Inseln vorbeifuhren, hörten dort ungewöhnliche Geräusche wie ein fernes Stöhnen, Weinen oder Zirpen. Die Chinanteken in Oaxaca kennen »Orte der Macht« (*í júi 'ei'*), die nur von Personen aufgesucht werden können, die über sehr viel *fuerza* verfügen, zum Beispiel eine riesige Höhle mit funkelnden Wänden im Berg Cerro Chicle. Wenn schwächere Menschen die Höhle betreten, sterben sie entweder vor Schreck (*susto*), oder sie werden durch Steinschlag oder den Biß einer Giftschlange getötet.[6] Andere scheinbar natürliche Gebilde offenbaren ihren übernatürlichen Charakter nur zu ganz bestimmten Zeiten, so etwa der hundert Tonnen schwere Mistaseni-Felsen der Plains-Cree in Saskatchewan, der tagsüber und nachts wie ein Heuhaufen aussieht, bei Sonnenaufgang und -untergang indessen seine Form zu verändern scheint und plötzlich einem ruhenden Büffel gleicht. Für die Indianer zeigt also die Sonne auf, daß der Felsblock kein gewöhnlicher Stein, sondern in Wirklichkeit ein Geistwesen ist. Schwer zu bewältigende Zugänge über gähnende Canyons mit schäumenden Sturzbächen, zischenden Quellen, hochspritzenden Geysiren und Schwefelbecken machten auch, wie aus einem Bericht aus dem Jahre 1852 hervorgeht, aus dem Yellowstone-Gebiet für die Indianer, vermutlich Schoschonen oder Crow, eine unheimliche und angsteinflößende Gegend, in der gefährliche Geistwesen umgingen.[7]

Auch bei strengen Wintern friert der durch eine unterirdische Karstquelle gespeiste Blautopf auf der südöstlichen Schwäbischen Alb nicht zu, aber er schwillt nach der Schneeschmelze oder starken und fortgesetzten Regenfällen gefährlich an, was den Menschen in der Umgebung früher unheimlich erschien, weil sie es nicht erklären konnten. So heißt es in einer »Beschreibung des Oberamts Blaubeuren« aus dem Jahre 1830: »Im Jahre 1641 soll der Blautopf so stark angelaufen und so drohend geworden seyn, daß Stadt und Kloster in Gefahr waren, so daß ein Bettag gehalten, eine Prozession zu der Quelle veranstaltet und zur Versöhnung der erzürnten Gottheit, ächt heidnisch, zwey vergoldete Becher hineingeworfen wurden, worauf das Toben nachgelassen habe.« Und so nimmt es nicht wunder, daß vor ein paar Jahren der Blautopf bei zwei kubanischen Santería-Priestern »ungläubiges Staunen« hervorrief und sie die *laguna* einen heiligen Ort nannten, an dem die Meeresgöttin Yemajá und Olokun, der *orishá* der Meerestiefen, wohnten.

Ein solcher Ort ist auch der im Jahre 1842 durch ein Erdbeben im zentralhaitianischen Gebirge entstandene Wasserfall Sodó (Saut d'Eau), den aus großer Höhe in Kaskaden herabstürzende Fluten des Flusses La Tombe speisen, die auf die Felsen klatschen, so daß sich dichte Nebelschleier bilden und in der Gischt kleine Regenbogen entstehen, die in der Luft glitzern. Schon bald hieß es, daß an dieser Stelle Wassergeister lebten, vor allem der Schlangengeist Danbala Wèdo und seine Regenbogenfrau Ayida Wèdo. Nachdem schließlich am 16. Juli des darauffolgenden Jahres in einer Palme unweit des Sodó eine weibliche Gestalt erschienen war, bei der es sich nach Überzeugung der Christen um die heilige Jungfrau und nach Meinung der Vodú-Anhänger um die schöne und verführerische Mystè Èzilie Dantò handelte, entwickelte sich der Wasserfall zu einer berühmten Pilgerstätte. Männer und Frauen, die oft sieben Stunden lang durch das Gebirge geritten waren, zogen sich dort nackt aus und stiegen unter das herabfallende Wasser, worauf einige von ihnen von den *lwa* (Geistern) besessen wurden (Farbtf. II).[8]

Numinose Höhlen, Quellen, Wasserfälle, felsige Gegenden und dergleichen werden nicht nur von Menschen in traditionellen Gesellschaften aufgesucht, sondern seit einigen Jahrzehnten in immer größerem Maße von Anhängern und Sympathisanten der New-Age-Ideologie und ähnlichen subkulturellen Heilssuchern. Nach einer amerikanischen Psychologin und Geistheilerin, die angeblich von einem indianischen Medizinmann ausgebildet wurde, soll man solche Orte aussuchen, die »emanate sacred energy, which you will feel as soon as you enter. Waves of power may be experienced on your face. You will feel well, rejuvenated, and at peace.« Dies sei heute wesentlich leichter als früher, weil wir im Wassermann-Zeitalter lebten, in dem der Schleier, der sich zwischen der Erde und den Himmeln befinde, sehr viel dünner geworden sei. Gleichzeitig warnt sie jedoch vor Orten, die »bad vibrations« aussendeten, da an ihnen einst Menschen schlechte Gedanken hatten, durch Mord und Unfälle ums Leben kamen oder die Gesetze der Natur mißachteten. Unter den heutigen Esoterikern ist der Glaube weit verbreitet, daß unsere Gedanken, und zwar gute wie schlechte, »Vibrationen« erzeugen, die den Ort, an dem wir uns befinden, und die dort anwesenden Personen positiv oder negativ beeinflussen. »Manchmal«, so verlautet eine der sogenannten »Neuen Hexen«, »öffne ich das Fenster und treibe die schlechten Schwingungen mit Handbewegungen hinaus, während ich die guten zu mir hereinwinke.« »Gedanken«, so verkündet ein moderner Geistheiler, »haben Kräfte, nicht wahr? Und bei Haß oder Neid schadet es oft schon, daß jemand solche negativen Gedanken losläßt, von denen der andere gar nichts weiß!«[9]

Viele der heute von Esoterikern aufgesuchten »numinosen Orte« waren bereits in alten Zeiten Kultorte, etwa die Plattform auf dem Gipfel des Rabenfelsens bei Krottensee in der Oberpfalz, die offenbar in vorgeschichtlicher Zeit mit Hilfe eines hölzernen Steigbaums erklommen wurde und in deren Ritzen man bronze- und eisenzeitliche, meist frühkeltische Scherben gefunden hat. Aber auch die Externsteine im Teutoburger Wald, dreizehn verwitterte, bis zu vierzig Meter hohe Sandsteinfelsen, die im »Dritten Reich« für Sonnenwendfeiern und Rekrutenvereidigungen der Waffen-SS benutzt wurden, waren vielleicht ein germanischer Kultort, den man spätestens im Hochmittelalter, möglicherweise aber schon zur Zeit Karls des Großen in eine christliche Verehrungsstätte umgewandelt hatte.

Abb. 2   Keltisches Heiligtum Rabenfels.

Abb. 3   Die Externsteine im Teutoburger Wald.

In Amerika besonders beliebt ist der Mount Shasta, ein 4317 Meter hoher Vulkankegel im Norden Kaliforniens mit heißen Schwefelquellen und mehreren Gletschern. Dies ist der heilige Berg der Karuk, Wintu, Achomawi und Shasta, deren rituelle Handlungen zunehmend von Tausenden New-Age-Aktivisten gestört werden, die dort Nackttänze veranstalten, Alkohol trinken, hüllenlos in den heiligen Quellen baden, urinieren, defäkieren und überall ihren Wohlstandsmüll herumliegen lassen. Nach der esoterischen Ideologie ist der Vulkan einer der weltweit sieben Orte, an denen »sacred energy« aus dem Erdinneren ausgestoßen wird. In diese Gegenden pilgern inzwischen vermehrt ostasiatische, insbesondere japanische Touristen, bis zu 90 Prozent alleinstehende jüngere Frauen, um an den *Pawā suppoto* (»Power Spots«) seelisch und körperlich zu gesunden. So raten esoterische Autoren den Besuchern, sich an solchen Orten intensiv vorzustellen, vom Steißbein aus und die Wirbelsäule entlang bis zur Fontanelle, dem »kosmischen Tor«, einen Reißverschluß zu öffnen, was dann auch in Wirklichkeit geschehe, um auf diese Weise die aus der Erde stammenden »Energieströme« aufzunehmen.

Eine vielleicht noch berühmtere unsichtbare, aber fühlbare Pforte, durch die »Erdenergie« austritt und absorbiert wird, in deren Nähe aber auch geisterhafte »Präsenzen« erlebt werden können, ist die beeindruckende Landschaft um das Städtchen Sedona zwischen Phoenix und dem Grand Canyon, in der sich zahlreiche erodierte Buntsandsteinfelsen befinden. Die bizarre Gegend war ursprünglich ein »Kraftort« der Apache, Hopi, Navaho und der Yavapai, die behaupten, ihre Vorfahren seien einst durch ein dortiges Kalksteinbecken, das heute »Montezuma-Brunnen« genannt wird, in diese Welt geklettert. Doch zum Leidwesen der Indianer erklärte in den achtziger Jahren des vergangenen Jahrhunderts die »Sensitive« Page Bryant, ein Lehrling des indianischen »Plastikschamanen« Sun Bear, den ich bereits im Jahre 1979 in Heidelberg kennengelernt hatte, die Erde sei ein lebendes Wesen, durch dessen Organismus eine ungeheure Lebenskraft fließe, die hier wie ein Super-Geysir durch mehrere Energiestrudel (»energy vortexes«) in die Landschaft schieße. So gäbe es dort Wirbel, die der Menschheit längst Vergessenes ins Gedächtnis zurückriefen, während andere künstlerische Talente zu Tage förderten und wieder andere die Entscheidungsfähigkeit stärkten. Dies hatte zur Folge, daß zahllose

New-Age-Adepten die Gegend überschwemmten, Sexorgien veranstalteten und unter der Leitung von »Schamanen« Rituale durchführten, die sie als »traditionelle Cherokee-Zeremonien« ausgaben, mit denen sie angeblich den Kontakt zu den Geistern verstorbener Medizinmänner und mysteriösen »Felsmenschen« herstellten. Andere gaben an, sie hätten bei den roten Felsen Aliens und UFOs gesehen, denn im Untergrund befände sich ein Flughafen für extraterrestrische Raumschiffe.[10]

Nicht nur schroffe Berghänge und absonderliche Felslandschaften haben häufig eine numinose Ausstrahlung, sondern auch düstere Wälder mit uralten Baumriesen oder einzelnstehende Bäume wie der Banyan (*Ficus benjamina*). Über dreißig Meter hohe Banyans sind keine Seltenheit und im indischen Āndhra-Tal gibt es sogar ein Exemplar, dessen Krone einen Umfang von sechshundert Metern aufweisen soll. Von den langen, starken Ästen hängen Luftwurzeln herab, die sich im Boden verankern und die Krone zusätzlich stabilisieren, die meist so dicht ist, daß unter ihr Dunkelheit herrscht, die auf Menschen unheimlich und bedrohlich wirkt. Die fortwährende Erneuerung des Baumes durch seine Luftwurzeln hat aber auch dazu angeregt, ihn mit Fruchtbarkeit und langem Leben zu verbinden, weshalb er zum Beispiel in Indien von kinderlosen Frauen umarmt wird, damit sie durch seine Lebenskraft (*śakti*) schwanger werden. Ein solcher Banyan ist der häufig über sechzig Meter hohe *oreteti* auf den Berggipfeln der tansanischen Masai-Steppe, dessen Stamm einen Umfang von mindestens zehn Metern besitzt. Schneidet man in seine Rinde, quillt eine rötliche Flüssigkeit heraus, während die Blätter einen milchigen Saft abgeben. Blut und Milch sind bei den Masai Träger der Lebenskraft, und wenn außer diesen Bäumen so gut wie alles vertrocknet ist, halten die Frauen unter ihm ihre Regenfürbitt-Rituale (*oloioroishi*) ab.[11]

Das unangenehme und beängstigende Fluidum, das der Banyan verbreitet, hat freilich auch dazu geführt, daß man es nach Möglichkeit vermeidet, ihm allzu nahe zu kommen, ihn zu berühren oder gar an ihm hochzuklettern. Nach Überzeugung der Tagalog auf den westlichen Visaya-Inseln in den Zentral-Philippinen geht jedermann ängstlich und beklommen, aber auch voller Ehrfurcht an einem Banyan (*baliti*) vorüber, denn er strahlt eine große Kraft (*kapangyarihan*) aus, und in seinen Zweigen wohnen die *ingkantu*-Geister, die jeden Passanten entraffen und ihn krank machen oder töten können. Ein Jesuitenpater, der auf den östlichen Visayas mit einem Angehörigen der Bukidnon an einem Banyan vorüberging, berichtete, daß der Mann plötzlich von großer Angst ergriffen wurde und die Stimme senkte, weil in dem Baum, wie er flüsterte, ein *magtitima*-Dämon zu Hause sei. Natürlich glaube er nicht wirklich daran, aber er habe trotzdem Herzklopfen.[12]

Nicht selten wohnen in diesen Bäumen auch lüsterne Geister, die vor allem auf vorbeigehende Frauen lauern. Bei den burmesischen Palaung stürzen sich die Geister von Verstorbenen, die aus irgendeinem Grund nicht von der Frucht des Vergessens gekostet haben, bisweilen von den Ästen auf Passantinnen und vergewaltigen und schwängern sie oder ergreifen von ihnen Besitz, worauf die Opfer je nach Eigenart der betreffenden Totengeister völlig ihren Charakter verändern. Glaubt eine Frau, sie sei überfallen und auf brutale Weise penetriert worden, weil sie den Geist beleidigt habe, hängt sie einen Korb mit Blumen, Reis und Curry an den Stamm, kniet vor ihm nieder und sagt: »Geist des Banyanbaumes, Geist, der über die Erde wacht! Hab Erbarmen mit mir, bitte hilf mir, bitte! Ich bin gekommen, um dich anzuflehen. Bitte befreie mich von der Krankheit!« In Vietnam leben in den verschiedenen *Ficus*-Arten die Seelen schöner junger Mädchen und Frauen, die »in der Blüte ihrer Jahre« gestorben sind, das heißt bevor sie in der Ehe die sexuellen Freuden genossen haben. Dadurch frustriert, vergewaltigen sie mit Vorliebe gutaussehende junge Männer, die anschließend krank oder wahnsinnig werden und sogar sterben. Als bei den Mundugumor am Yuat in Neuguinea einmal ein Mann unter einem Banyan mit einer Frau schlief, wurde die Ehefrau eines Geistes, die mit ihrem Mann und ihren Kindern in dem Baum wohnte, dadurch dermaßen sexuell erregt, daß sie hinterher dem Mann folgte und ihn sexuell nötigte, wodurch er ebenfalls starb.

Weniger brutal und häufig ohne fatale Folgen ist der Sex zwischen Banyan-Geistern und Menschen auf den Inseln Indonesiens. Bei den Nage in Zentral-Flores und den Ata Kiwan im Osten der Insel lassen sich die Seelen mancher Verstorbener, und zwar im Falle der Ata Kiwan diejenigen, die nicht ins Totenreich auf der kleinen Insel Pulau

Mas gehen, in den großen Banyans (auf Lamaholot *gudi*) nieder, von wo aus sie nachts schlafende Männer und Frauen aufsuchen, um mit ihnen den Geschlechtsverkehr auszuüben, wobei dieser für die Lebenden weitaus befriedigender sein soll als der normale Beischlaf. Nach Überzeugung der Bewohner des Dorfes Belogili hat mir im Jahre 1986 eine solche Baumgeistfrau (*nitung*) das Leben gerettet, als ich beinahe ertrunken wäre, aber da sie mich nie besucht hat, kann ich ihre erotischen Qualitäten nicht bestätigen. Fest steht jedenfalls, daß die *nitung* manche Menschen vor allem Übel und Unglück bewahren und bisweilen mit ihnen eine Ehe schließen, aus der nicht selten Kinder hervorgehen. In wiederum anderen Gegenden ist der Banyan fest mit der Welt der Toten verbunden, etwa bei den Ata Kiwan im Osten der Insel Lembata. Als die Erde »noch neu war«, so die Überlieferung, »und der Himmel nah«, konnte man auf den Luftwurzeln eines Banyan, den es heute noch gibt, »in die Mitte des Himmels« klettern. Und die Buin an der Südspitze von Bougainville, der größten der Salomonen-Inseln, sagen, daß ein jeder, der sich auf den Weg ins Totenreich mache, auf einen riesigen, aus unzähligen Stämmen und Luftwurzeln bestehenden Banyan stoße, in dessen Krone die Seelen der Menschen in Gestalt von Vögeln wohnten. Werde ein Mensch geboren, fange ein Blatt an zu wachsen. Werde ein Mensch aber krank und sterbe er, so welke ein Blatt und falle ab.[13]

§ 2
Gibt es religiöse Erfahrungen?

Vor mittlerweile hundert Jahren hat der Marburger Theologe Rudolf Otto die These vertreten, daß die Götter und Geister der verschiedenen Religionen im *mysterium tremendum et fascinans* wurzeln. So bezeichnete er ein Gefühl, das Elemente von Angst vor dem Unheimlichen, von ehrfürchtiger Scheu, von Unterwürfigkeit und Respekt, von Erstaunen und Verwunderung enthalte. Dies entspricht laut Otto auch der Grundbedeutung von »Religion« (lat. *religio*; idg. **hlege/o-*). In diesem Sinne sagte schon Teresa von Ávila, die schönsten und erhabensten Erscheinungen flößten ihr gleichzeitig großen Schrecken und Entsetzen ein.[1]

Dieses Gefühl beschreibt Otto als eines, bei dem den Betreffenden eine Gänsehaut über den Rücken laufe, die etwas »Übernatürliches« sei, das bei »natürlicher Furcht und Schrecken« oder Gefühlen von Erhabenheit und Erregung »niemals« vorkomme – eine reichlich abwegige Behauptung, wie jedes Kind bestätigen kann, das einmal im dunklen Keller seltsame Geräusche hörte, und jeder Mensch, der schon einmal bei einer zärtlichen Berührung eine Gänsehaut bekam. Ähnliche Empfindungen haben viele auch beim Hören eines bestimmten Musikstücks, beispielsweise wenn sie Beethovens *An die Freude* hören oder Bachs *Matthäus-Passion*. Einige erleben dies wie eine Offenbarung des Göttlichen. In einem Interview sagte zum Beispiel die Primatologin Jane Goodall: »1974 hörte ich in der Kathedrale Nôtre Dame in Paris Bachs *Toccata und Fuge in d-Moll*. Das Orgelspiel versetzte mich in eine Verzückung und Ekstase, die ich mit Worten nicht beschreiben kann. Die Musik wurde lebendig und sprach zu mir. Ich könnte auch sagen: Ich habe in einer für das menschliche Ohr verständlichen Weise die Stimme Gottes gehört!« Seitdem sei die Existenz Gottes für sie »eine Herzensgewißheit«.

Durch nichts gerechtfertigt ist auch Ottos Behauptung, das christliche Gefühl des Unheimlichen sei gegenüber dem des »Primitiven« eine »unendlich geadelte Form«, die »himmelweit« über deren Furcht vor dem Numinosen stehe. Ein Beispiel für letztere wäre etwa die *ere* genannte spezifische Angst, die Fijianer empfinden, wenn sie sich allein im Dunkeln, an einsamen Orten oder in Gegenwart eines Sterbenden aufhalten, und die bei ihnen, wie sie sagen, eine Gänsehaut bewirkt. Denn der Christ, so Otto, begegne nicht nur dem Rätselhaften, dem Befremdenden und Auffallenden, wie der »Primitive«, sondern dem »Ganz Anderen«, und dieses widerstrebe »jeder Analogie, jeder Vergleichbarkeit und jeder Determination. Hier ist wirklich *omnis determinatio negatio*«.

Daß das, was Gott oder das Numinose sei, nicht gesagt werden könne, weil es »abseits von allem« stehe, wie Mircea Eliade sich ausdrückte, und man deshalb nur in der Lage sei, zu sagen, was Gott *nicht* ist, haben seit alten Zeiten die Negativen Theologen doktrinär verkündet. »Allez daz«, verlautete im frühen 14. Jahrhundert Meister Eckhart, »daz diu verstantnisse begrifen mac und daz diu begerunge begern mac, daz enist got niht. Dâ diu verstantnisse und diu begerunge endet, dâ ist es vinster, dâ liuhtet got.« »Denn alles, was man mit dem Verstande erkennen, mit der Phantasie sich vorstellen mag, ist [...] Gott ganz unähnlich«, so auch Johannes vom Kreuz. Deshalb wird es von vielen heutigen theologischen Autoren als »Götzendienst« verurteilt, positive Aussagen über Gott zu treffen: »Jede Aussage über Ihn«, so formuliert es der ehemalige Priester Adolf Holl, »zieht Ihn in die Welt, macht Ihn zu einem weltlichen Vorkommnis, verfehlt Ihn somit in seinem Wesen, das nicht von dieser Welt sein darf. Alles übrige wird dann zum Priesterbetrug, ist Akkomodation an die Gewohnheiten der Völker, ist – Religion.«[2]

Wenn man freilich behauptet, man könne über Gott oder das Numinose keine Aussage machen, werden die Begriffe »das Ganz Andere« oder »Gott« *leer*, sie bedeuten nichts mehr, sie werden sinnlos. Aus der Behauptung, daß »das Göttliche« existiere, folgt *nichts*, und die Theologen und Religionswissenschaftler sollten damit aufhören, über ein solches *ignotum* zu reden. Schließlich spendet ein solches *ignotum* keinen Trost, keine Hoffnung und man kann vor ihm weder Ehrfurcht und Angst empfinden noch irgendeine andere Empfindung haben. Es ist noch unmöglicher, es zu lieben oder zu ihm zu beten, als beispielsweise zu einem unpersönlichen »Energiezentrum« der heutigen Esoteriker. Denn um jemanden um etwas zu bitten, bedarf es einer *Person*, und so nimmt es nicht wunder, daß beim Beten dieselben Gehirnregionen aktiviert werden wie die beim Denken an die Absichten, Wünsche oder Gefühle anderer Menschen.

Ob sie sich dessen bewusst sind oder nicht: Auch heute glaubt deshalb immer noch die Mehrzahl der Gläubigen an einen persönlichen körperlichen Gott in unserer raumzeitlichen Welt, denn ein »geistiger« Gott außerhalb derselben ist ein Unding. Wer so etwas behauptet, konstatiert der Philosoph Anthony Kenny zu Recht, »weiß nicht, was er sagt«.[3]

Rudolf Otto scheint den Widerspruch zwischen seiner Behauptung, das Numinose sei unbeschreibbar und mit nichts vergleichbar, und der Tatsache, daß er es gleichzeitig ausführlich charakterisiert und es lediglich mit dem Rätselhaften und Unverstandenen vergleicht, nicht weiter bemerkt zu haben. Für ihn sind noch nicht erklärbare natürliche oder irdische Phänomene, die bislang rätselhaften Dinge der Welt, im Prinzip durchschaubar. Das »Übernatürliche« bleibt dagegen ein Mysterium und entzieht sich grundsätzlich jeder Aufklärung. So suche der religiöse Mensch nach Otto »Tiefe in den Dingen«, das »im letzten Grunde Verborgene und Unverstandene und Geheimnisvolle«, und hege eine tiefe Abneigung gegen die »profane Zudringlichkeit« der »Naturalisten«, die sich in deren Absicht zeige, sämtliche Schleier zu lüften.[4]

Aber gibt es denn wirklich spezifisch *religiöse* Erlebnisse der Angst, Faszination und Erhabenheit, die etwas völlig anderes sind als die entsprechenden, angeblich »nur« profanen Erfahrungen und Gefühle? Wenn man beispielsweise liest, was ein Bewunderer van Goghs über seine Begegnung mit dessen Gemälden schreibt, wird man das bezweifeln. Dieser Mann erlebte allem Anschein nach eine Offenbarung, die sich kaum von der eines Heiligen unterscheidet: »Als ich in den Rosenbergsalon kam und an den Wänden etwa fünfzig von Vincents glühenden Bildern aus Arles sah, da geschah etwas mit mir, was noch nie zuvor geschehen war und nie seither wieder geschah: Ich stand festgebannt, unfähig, mich zu bewegen, zu atmen oder zu denken. Ich weiß nicht, wie lange ich in diesem Zustand verharrte, vielleicht zwei Minuten, vielleicht zwanzig – bevor ich in der Lage war, die Kraft aufzubringen, in die Galerie selbst hineinzugehen und die Bilder sorgfältig zu prüfen. Als ich mich endlich losriß, fragte ich mich: Wer ist dieser Mensch, der mich so tief bewegen kann? Der mir zeigen kann, daß ich mein ganzes Leben lang blind war?«

Ein Psychoanalytiker erlebte an den Niagarafällen, durch deren Gischt und Nebel er mit einem Boot fuhr, ein *mysterium tremendum* und danach ein *mysterium fascinans*, was er hinterher als eine Gotteserfahrung interpretierte. Für den Ethnologen und Schriftsteller Michel Leiris war es in seiner Jugend das Bordell, »erfüllt von Nacktheit und vom stehenden Geruch schwitznasser Hitze«, das er als »heilig« empfand: ein Reich, das »sich von der Menge des Profanen mit derselben überwältigenden Gewaltsamkeit abhebt wie bei der Zurschaustellung der Frauen in den Nachtlokalen die enthaarten und gepuderten Körper«. Solche Orte erweckten in ihm »jene Mischung aus Furcht und Hingabe […], aus Respekt, Begierde und Schrecken, die für das psychologische Anzeichen des Heiligen gelten kann«.

Bereits vor längerer Zeit hat ein Kritiker Ottos die Frage gestellt, ob denn wirklich Gefühle wie der sexuelle Orgasmus »qualitativ unvergleichlich« seien mit gewissen religiösen Erlebnissen. In der Tat können intensive Orgasmen tiefe Gefühle von Befreiung, Erweckung und seelischer Erneuerung sowie Einheits- und Verschmelzungsempfindungen hervorrufen, die von vielen Männern und Frauen als heilig bezeichnet werden. Nach einer *Newsweek*-Umfrage aus dem Jahr 1996 gaben 26 Prozent der befragten Amerikaner an, sie hätten mindestens einmal »a sense of the sacred during sex« erlebt, und eine Frau sagte, während des sexuellen Orgasmus habe sie zum ersten Mal gefühlt, daß Gott sie persönlich anspreche.

Auf dem Totenbett in Paris sagte mir der Ethnologe und Psychoanalytiker Georges Devereux, er habe nur ein einziges Mal in seinem Leben ein Gefühl des Heiligen verspürt, nämlich als er erstmalig einen Orgasmus erlebte. Wenige Tage zuvor hatte er die Worte niedergeschrieben: »Das erste Eindringen in den Schoß einer Frau. Es schien fast unmöglich, daß etwas so schön und so zärtlich sein *konnte!*« Eine Frau teilte einer Sexualwissenschaftlerin mit, »der Orgasmus durch Penetration« sei für sie »ein metaphysisches Versinken in eine andere Welt«, er mache »gläubig«. Eine andere fühlte beim Beischlaf »das unglaublichste spirituelle Erwachen. Ich fühlte mich, wie wenn ich eine höhere Ebene erreicht hätte, und fühlte mich eins mit dem gesamten Universum.« Dementsprechend vertrat der Spiritualist Pascal Beverly Randolph, Sohn eines reichen Südstaatlers und einer schwarzen Sklavin, die Ansicht, der sexuelle Orgasmus sei die intensivste und bedeutungsvollste Erfahrung im Leben eines Menschen, denn dabei öffne sich die Seele, und Gott blase seinen Atem in sie ein. Graf Zinzendorf, der Bischof der Herrnhuter Brüdergemeine, verkündete um die Mitte des 18. Jahrhunderts, daß ein miteinander verheiratetes Paar beim gemeinsamen Orgasmus die Vereinigung mit Jesus Christus erlebe.[5]

Manche Menschen berichten davon, bei der brutalen Vergewaltigung und sexuellen Unterwerfung einer Frau oder eines Mannes das ekstatische Gefühl zu verspüren, gottgleich zu sein. So bekannte ein amerikanischer Serienmörder bezüglich seiner weiblichen Opfer: »Du fühlst, wie das letzte bißchen Atem ihren Körper verläßt. Dabei schaust du ihr in die Augen. In diesem Moment bist du Gott! Du besitzt sie dann alle und sie werden ein Teil von dir. Und die Stelle, an der du sie tötest, wird für dich heilig, und es zieht dich immer wieder zurück an diesen Ort.« Viele Verbrecher beschrieben den Polizeipsychologen ausführlich das »explosionsartige Hochgefühl«, das sie überkomme, wenn sie spürten, daß ihr Opfer unter Qualen sterbe. Der 1975 hingerichtete Mörder Joseph Kallinger bekam nur dann eine Erektion, wenn er ein Messer in die Hand nahm, und ejakulierte während der Vergewaltigung erst dann, wenn er sich ausmalte, wie er damit der Frau die Brüste abschneide, oder wenn er ihr das Messer ins Herz stoße. Auch Vietcong-Veteranen gaben freimütig zu, daß sie beim Töten amerikanischer Soldaten ejakulierten. Ebenso der 1440 hingerichtete homosexuelle Mörder Gilles de Rais, der sein Sperma auf die sterbenden Opfer spritzte. Mehrere spanische Matadore gaben in Interviews an, daß sie beim Töten des Stieres einen Samenerguß hätten. Der Matador Juan Mora beschrieb das dabei erlebte, geradezu ekstatische Hochgefühl: Wenn er spüre, daß er das Tier vollkommen beherrsche, sei es für ihn, wie wenn er »eine Frau ficke«, und wenn er mit dem Degen zustoße, »komme« es ihm.[6]

Sind diese »Hochgefühle« der Macht *religiöse* Gefühle? Erleben diese Menschen »das Heilige«? Als die Sängerin Madonna in einem Interview gefragt wurde, was sie am meisten sexuell errege, antwortete sie: »Macht über andere Menschen. Macht ist ein großartiges Aphrodisiakum. Und ich bin eine sehr mächtige Frau!« Ähnlich äußerte sich ein junges Mädchen: »Langsam entwickle ich meine Lust an der Macht: Wenn ich ihn zwinge, mich zu lecken, Macht, die ich über ihn und seine Erregung zu erreichen suche, wenn ich ihm einen blase, wenn ich ihn bis zum Wahnsinn erregen möchte!« Wenn man freilich nicht jedes Machtgefühl religiös nennen will, muß man die zu Beginn des Absatzes gestellten Fragen verneinen. Sagen die Vergewaltiger von Frauen oder Männern, daß sie am stärksten in dem Augenblick erregt werden, in welchem ihr Opfer gegen seinen Willen einen Orgasmus hat, weil ihnen das ein Gefühl absoluter Herrschaft verleihe, handelt es sich erst dann um ein religiöses Gefühl, wenn sie sich dabei als gottgleich oder die Handlung als heilig empfinden. So fühlen sich viele »doms« als göttliche Herrscher oder Herrscherinnen über die masochistischen »subs«. Noch häufiger aber sind es die »subs«, die den oder die »dom« als eine Art Gott verehren, die ganze Aktion als etwas Religiöses empfinden und das erhabene Gefühl genießen, sich einem gottgleichen Wesen auszuliefern und von ihm benutzt zu werden. »Unterwerfung und Gott«, so sagte eine amerikanische »Lederlesbe« (*leatherdyke*), »hängen miteinander zusammen. Die nie endende Suche nach Perfektion geht in Richtung Demütigung und Beherrschung.« Als eine Domina ihrem bisexuellen »Sklaven« sagte, sie werde gleich in seinen Mund urinieren (»golden shower«), erfaßte ihn ein Gefühl von Heiligkeit: »Wir standen vor meinem Altar. Sie fing an, zu reden. Ich hatte so etwas noch nie erlebt, aber es war etwas in der Art, *wie* sie es sagte, als sie beschrieb, was sie vorhatte. Plötzlich bekam ich einen so gewaltigen Harten wie nie zuvor, und ich ›kam‹ in einer gigantischen Explosion. Nichts Vergleichbares hatte ich je zuvor erlebt.«[7]

Offenbar können zwei Personen dasselbe intensive Gefühl haben, etwa das der uneingeschränkten Macht oder des Unterworfenseins, und beide können diese Gefühle auch genießen, sie aber völlig verschieden oder auch gar nicht *interpretieren.* Läßt sich hieraus der Schluß ziehen, daß es ein spezifisch religiöses – wie auch ein ästhetisches – Gefühl gar nicht gibt, sondern lediglich mehr oder weniger einschneidende Erlebnisse oder Empfindungen, die von den Betreffenden religiös oder anders *gedeutet* werden? In vielen und vielleicht sogar in den meisten Fällen wird es so sein, daß jemand eine ihm bekannte Interpretation für die Deutung seiner Wahrnehmungen nutzt und zum Beispiel in einer düsteren Schloßruine etwas Weißes sieht, das er als »die Weiße Frau« interpretiert, von der ihm bekannt ist, daß sie dort umgeht.[8] »The difference between me and an Eskimo shaman«, so schrieb der Ethnologe Robert Lowie gegen Ende seines Lebens, »who has heard a meaningless jumble of sounds or a Crow visionary who has seen a strange apparition is that I do not regard such experiences as mystic revelations, whereas they do. But I can understand the underlying mental and emotional experiences a good deal better than most other ethnologists can, because I have identical episodes every night and almost every day of my life.«

So kann man ohne weiteres vor etwas tiefe Ehrfurcht empfinden und nachhaltig berührt sein, ohne es als »übernatürlich« oder als Ausdruck einer »höheren Macht«, als Epiphanie zu betrachten. Dadurch nimmt man ihm nicht notwendigerweise die Intensität seiner Wirkung.[9]

Gibt es also keine religiösen Erfahrungen, sondern ausschließlich Erfahrungen, die religiös interpretiert werden? Gehören dazu auch solche Erfahrungen wie die der angeführten Sexualmörder oder die von Personen, die am Volksempfänger ergriffen die Stimme des Führers hörten, oder derjenigen, die berauscht und verzückt den marschierenden SA-Trupps zuschauten? Ganz offensichtlich ist es für die Ergriffenheit und Verzückung ebenso unwesentlich, durch was sie hervorgerufen werden, wie es entscheidend für den sexuellen Orgasmus ist, ob Geschlechtsverkehr, Tagträume oder der durchdringende Blick eines indischen Gurus ihn auslösten. Aus diesem Grunde ist es vielleicht sinnvoll, den Begriff religiöse Erfahrung für solche Erlebnisse zu reservieren, in denen »übernatürliche« personale Wesen »gesehen« und deren »Präsenz« gespürt werden oder bei denen die Betreffenden davon überzeugt sind, daß derartige Wesen sie bewirkt haben.

Esoterisch veranlagte Forscherinnen wie zum Beispiel Felicitas Goodman und religiöse Wissenschaftler bezeichnen häufig Trancezustände, in denen Halluzinationen oder Pseudohalluzinationen, also solche, die von den Betreffenden als Scheinwahrnehmungen erkannt werden, vorkommen, aber auch Außerkörperliche und Nahtod-Erfahrungen pauschal als »religiöse Erfahrungen«.[10] Zwar würden dem vielleicht die meisten zustimmen, die solche Erlebnisse hatten, aber auch in diesem Fall gibt es nicht wenige, zum Beispiel mich selber, die derartige Begebenheiten ganz anders interpretieren.

Eine Nahtod-Erfahrung, die man zweifellos als religiös bezeichnen kann, hatte etwa eine Chinesin, die gemeinsam mit Jesus durch perlenverzierte Tore, die von Engeln geöffnet wurden, auf einen Thron zuschritt, der von Tausenden von Engeln umringt war. Auf ihm saß der Himmlische Vater, der sie anwies, zur Erde zurückzukehren und am Zwölften des Monats wiederzukommen. Dies tat sie auch, zog an besagtem Tag ihre Begräbniskleider an, legte sich ins Bett und starb. Auch eine Quechua-Frau unterhielt sich mit Gott, der einen goldenen Bart besaß und einen Stab aus Edelmetall in der Hand hielt. Freilich war er nicht so ganz bei der Sache, denn zwischendurch schimpfte er mit seinen Engeln und schlug auf sie ein, weil sie aus Versehen die falsche Person zu ihm in den Himmel gebracht hatten. Und schließlich berichtete eine Geistheilerin von der Vogelkopf-Halbinsel im indonesisch besetzten Teil Neuguineas, der liebe Gott habe sie nicht eben freundlich empfangen, weil er sich gerade in die Badewanne begeben wollte und schon das Wasser hatte einlaufen lassen. Als er sie ungehalten fragte, was sie bei ihm verloren habe, antwortete sie: »Du hast mich doch gerufen!« Worauf er sie anschnauzte: »Vergiß es und hau ab!«[11]

Bei Nahtod-Erlebnissen ist es zwar in vielen Fällen so, daß ein »Being of Light« oder ein entsprechendes weißgekleidetes Wesen gesehen wird, von dem die Betreffenden später sagen, es habe sich bei ihm wohl um eine göttliche Person gehandelt. Doch nicht selten steht es bereits während des Erlebnisses für die »Jenseitsreisenden« außer Frage, daß sie den Herrgott, Jesus oder die heilige Jungfrau vor sich haben.[12]

Für Otto und viele Religions- und andere Kulturwissenschaftler liegt der Ursprung solcher göttlicher Wesen und damit der Religion selbst in der Scheu vor dem Unheimlichen und der Angst, der Verwunderung und der Faszination, die solche Gemütsbewegungen beim Menschen auslösen. Obwohl doch diese Gefühle, wie wir gesehen haben, angeblich *sui generis*, unvergleichbar mit anderen Empfindungen seien, weil das, was sie bewirke, nicht von dieser Welt, sondern außer- oder überweltlich sei. So behaupten Religionswissenschaftler wie

Eliade oder Lanczkowski, das Numinose könne nicht auf etwas anderes zurückgeführt werden. Ähnlich wie Platon, für den bekanntlich jede Erkenntnis Rückerinnerung war, argumentiert der Religionshistoriker Geo Widengren, daß »eine Sache sich nicht aus einer anderen entwickelt haben kann, ohne im Prinzip darin enthalten zu sein. Aber dann kann man nicht sagen, daß die Sache, aus der jene entwickelt wurde, ›eine andere‹ sei, sondern sie ist im Kern dieselbe. Aus diesem Grunde kann Religion [...] nicht aus einer unpersönlichen Kraft vorreligiöser Art, und so kann auch Heiligkeit nicht aus irgend etwas ähnlichem wie dem *mana* [...] abgeleitet werden.«

Doch wieso ist es unverständlich, daß sich etwas zu *etwas anderem* entwickelt, daß überhaupt etwas entsteht und sich entfaltet, daß sich *Neues* herausbildet? Offenbar sei das nur für jemanden der Fall, so notierte Wittgenstein einmal auf einem Zettel, der nicht verstehen könne, daß vor Urzeiten irgendwann einmal »aus etwas ganz Amorphen ein Organismus« entstanden ist, und der nicht begreift, »daß *nichts* in dem Samen der Pflanze, die aus ihm wird«, dieser »entspricht, so daß es unmöglich ist, aus den Eigenschaften oder der Struktur des Samens auf die der Pflanze, die aus ihm wird, zu schließen, – daß man dies nur aus seiner Geschichte tun kann.« So wie offenbar manchen nicht verständlich ist, daß Leben sich aus Nicht-Lebendem entwickeln konnte, beharren Esoteriker und Theologen darauf, es sei undenkbar, daß Bewußtsein aus nichtbewußter Materie entstand, weshalb es aus einem transzendenten Bereich stammen müsse. Dies veranlasste den esoterischen Philosophen Jochen Kirchhoff beispielsweise zu der gnostischen Behauptung, die Seele eines jeden Menschen trete »ins so genannte Leben«, indem sie aus der »Anderswelt« »ins Fleisch«, in die »dunkle Höhle des weiblichen Leibes« hinabstürze, »und zwar buchstäblich« und keineswegs metaphorisch. Ebenso wie die Seele »außerkörperlich« immer gewesen sei und immer sein werde, so hat auch nach der Lehre der Theologie das Heilige keinen Ursprung in dieser Welt, sondern »strahle« aus einer anderen herüber in das Jammertal der Materie, des Raumes und der Zeit.[13]

§ 3
Die Transzendenz und das Numinose

Können die Menschen in traditionellen Gesellschaften mit der Idee einer transzendenten Welt, die jenseits der uns vertrauten Raum-Zeit-Welt liegen soll und über die man im Grunde gar keine positive Aussage machen kann, überhaupt etwas anfangen? Der Begriff »transzendieren« geht auf das Verb *scandere*, »hinaufsteigen, sich über etwas erheben« zurück (sanskr. *skándati*, »springen, hüpfen, schnellen«), und Gegenden, die man nur erreichen kann, wenn man sich auf mehr oder weniger mühsame und gefährliche Weise über den heimischen Lebensbereich hinausbegibt, kannte man natürlich überall. So entschlossen sich beispielsweise im späten 19. Jahrhundert fünf alte Männer der Cheyenne und Überlebende der niedergeschlagenen Geistertanzbewegung, ins Totenreich zu reisen, worauf sie ihre Pferde bestiegen und losritten. Doch nach einiger Zeit kamen ihnen Zweifel, ob die Tiere einem so anstrengenden Unternehmen gewachsen waren, und so warteten sie an einer Haltestelle der Eisenbahn, bis ein Zug kam. »They did not know very much about trains«, so erzählte der Cheyenne John Stands in Timber. »The conductor came along and asked them where they were going and the one that talked the most English told him ›Seanno‹, which means ›Land of the Dead‹. The conductor thought he meant Seattle, so he took them out between two cars, and pulled a rope signalling the engineer to go slow and pushed them out.«

Zunächst lässt sich feststellen, daß in so gut wie allen vormodernen Gesellschaften das »Jenseits« geographisch lokalisiert wurde. Eine Ethnologin wurde von den Kaliai im westlichen Neubritannien, einer heute zu Papua-Neuguinea gehörenden Insel, gebeten, ihnen auf einer Weltkarte die Lage des Totenreichs zu zeigen und ihnen das Photo einer verstorbenen Frau und deren Adresse zu schicken, wenn sie wieder dort sei. Die Berg-Ok in Zentral-Neuguinea sind davon überzeugt, daß ihre am »Geisterort« (*sapkal am*) lebenden Vorfahren jahrelang versucht haben, ihnen Geschenke per Post zu schicken, die aber nie ankamen, weil die Postbeamten in Port Moresby die Päckchen unterschlagen hätten.[1] Die Ewenken, die an dem Fluss Steinige Tunguska leben, einem Nebenfluss des Jenisej, glaubten, daß die Verstorbenen am Unter- und die *omi*-Seelen der noch nicht Geborenen am Oberlauf lebten, wo sie Fallen stellten und Fische fingen. Für viele Bewohner von Kinshasa befindet sich das Jenseits hingegen unmittelbar unterhalb der Millionenstadt. Wie ein Mann namens Mukendi, der dort war und anschließend evangelikaler Prediger wurde, berichtete, besitzt diese Totenwelt mehrere Universitäten und einen internationalen Flughafen, der vorwiegend von fliegenden Hexen benutzt wird, die sich in weiße Frauen verwandelt haben.

Auch die Karo-Batak im Nordwesten Sumatras waren davon überzeugt, daß das Land der Toten ganz in der Nähe des Dorfes liege, aber für gewöhnlich unsichtbar sei und nur in Visionen und Träumen gesehen werden könne. In alter Zeit gab es aber offenbar auch die Überlieferung von Dorfbewohnern, die einmal in den Krater des Sinabun-Vulkans geschaut und ganz unten Menschen gesehen hätten, die sich in einem grünen Land bewegten. Balinesische Bauern erzählten, daß die Steinbrücke, die hinter einer alten Tempelanlage über eine Schlucht führt, gleichzeitig die Brücke sei, auf der man ins Totenreich gelange, und der von einem Bach gegrabene Abgrund der Höllenschlund, in den auch heute noch all die Verstorbenen stürzten, die schwere Sünden begangen haben.

Eben wie die Batak und die Balinesen sagen, man könne unter normalen Umständen die Welt der Toten nicht sehen, heißt es auch bei den Sioná im kolumbianischen Amazonien, daß die Schamanen »die andere Seite« (*yeki kã' ko*) der Welt nur dann wahrnehmen können, wenn sie die *yajé*-Droge (*Banisteriopsis caapi*) zu sich genommen haben. Ein ehemaliger Schamane der auf einer Insel nahe Alaska lebenden Nunivak-Eskimo teilte einer Ethnologin mit, die »andere Welt«, in die er einst durch ein Eisloch gelangt sei, sehe zwar »wie diese Welt« aus, doch habe sie einen »traumhaften« Charakter.[2]

Je tiefer die Kluft wurde, die den Menschen von den Göttern trennte, desto weiter entfernten sich diese von den Gläubigen. Bereits das alttestamentliche Bilderverbot diente dazu, den Abstand Gottes, den man zunächst noch hören, wenn auch nicht sehen konnte, von der

Welt zu vergrößern. Nach dem im 10. Jahrhundert im zentralasiatischen Fargāna lebenden Abū Bakr Muḥammad bin Mūsā al-Wāsitī konnte selbst der Prophet auf seiner Himmelfahrt (miʿ rāj) nur von weitem und ganz undeutlich die Umrisse Allāhs sehen, da zwischen den beiden ein Schleier hing. Auf den Einfluß arabischer Seefahrer im späten Mittelalter geht vermutlich die noch vor hundert Jahren im Inneren der indonesischen Molukken-Insel Seram verbreitete Anschauung zurück, daß selbst die Seelen der Verstorbenen im Jenseits den Himmels- und Schöpfergott nicht direkt sehen könnten, sondern nur das Licht, das ihm folge.

Die Lokalisierung des Jenseits auf irgendwelchen Berggipfeln oder fernen Inseln birgt natürlich das Risiko, daß die Menschen im Laufe der Zeit an diesen Orten keineswegs ihre Geister, Götter oder Ahnen antreffen, weshalb deren Aufenthaltsort in immer weitere Ferne gerückt wurde. Diese Vorgehensweise kann man heute sehr gut bei der New-Age-Bewegung beobachten. Als beispielsweise bekannt wurde, daß die Oberfläche der Venus von Wolken aus Schwefelsäure verschleiert ist und die Atmosphäre des Planeten fast völlig aus Kohlendioxyd besteht, wobei die Oberflächentemperatur 480 Grad Celsius beträgt, wurde er von einem großen Teil der sogenannten Venusianer-Channel einfach durch mußmaßliche Planeten in weit entfernten Sonnensystemen ersetzt. Andere Channel blieben hingegen der Venus treu, nachdem ihnen übermittelt worden war, die Körper ihrer venusianischen Kontaktpersonen seien »nichtmateriell« oder bestünden aus Licht.[3]

Wesentlich radikaler haben indessen christliche Theologen das Jenseits ein für allemal jeder denkbaren Überprüfung entzogen, indem sie bestimmten, das Transzendente sei nicht bestimmbar oder wahrnehmbar. Es sei vielmehr das *totaliter aliter,* eine »Unbeschreiblichkeit strengster Art«, weshalb das Christentum meilenweit über allen »Stammesreligionen« stehe, die von Transzendenz gar keinen Begriff hätten.[4]

Da freilich ein solches Transzendentes, das die Welt prinzipiell übersteigt, per definitionem mit ihr nicht mehr interagieren kann und völlig bedeutungslos ist – eine Schraube an einem Mechanismus, die an ihm nichts dreht, wie Wittgenstein sagen würde –, sprechen die allermeisten Gläubigen im Gegensatz zu den Theologen eher unspezifisch und vage von einer »höheren Wirklichkeit« oder »Macht«.

Darunter verstehen manche eine Art Energiequelle. Andere wiederum betonen, daß der transzendente Bereich nicht prinzipiell jenseits jeglicher Wahrnehmung liege, sondern sich lediglich der Alltags- oder der »wissenschaftlichen Erfahrung« entziehe.[5]

Daß das Numinose sich vom Profanen *unterscheidet*, daß es anders (*aliter*) ist, zeigt sich auch darin, daß in vielen Kulturen die entsprechenden, meist mit »heilig« übersetzten Begriffe sich auf etwas beziehen, das von den Dingen der Alltagswelt getrennt ist. Das lateinische Wort *sacer*, das mit »heilig, verwunschen, ehrwürdig, verflucht« übersetzt wird, leitet sich vom Verb *secare*, »schneiden, abschneiden« ab (proto-idg. **sek-*); so wie gr. τέμνω (idg. **temh-*; ai. *tamnaid*), von dem τέμενος – myken. *te-me-no*, »der Bezirk, in dem den Göttern geopfert wurde und der vom Profanen (βέβηλον) abgegrenzt war« – abgeleitet ist, »abschneiden, trennen« bedeutet. Auch das indogermanische **wīhaz*, »(von der profanen Welt) getrennt, abgesondert« (abgeleitet von idg. **ueik-*, »trennen«), das altindische *vinákti*, »gesondert, gesiebt«, das germanische *waiha-* (davon abgeleitet germ. **wikkan*, »Zauberer«), das angelsächsische *wicca* oder *wicce*, das englische *witch* (vgl. dazu das md. *wicken*, »zaubern«, lat. *victima*, »Opfertier«) und das vor etwa tausend Jahren von den Finnen aus dem Germanischen entlehnte *pyhä*, »heilig«, gehören hierher.[6]

Aber auch die Worte *ludik* der Tetum im Osten der Insel Timor, *mareiin* im nordöstlichen Arnhemland oder *rambe* am Unterlauf des südostaustralischen Murray sowie *ondjapuki* (vom Verb *yapuka*, »zur Seite gehen«) der in Südwestafrika lebenden Ovambo sind Begriffe, die mit »heilig« übersetzt werden und eigentlich »abgesondert, anders, abgetrennt« bedeuten. Bereits die alten Ägypter kannten einen in den Gefilden des Jenseits liegenden, von einem Hüter bewachten abgeschlossenen Bereich, den die Verstorbenen aufsuchten und der denselben Namen trug wie der Friedhof, nämlich *tʼḏśr*; ein Begriff, in dem das Adjektiv *djeser*, »abgesondert« steckt.

Nicht anders verhält es sich mit dem indogermanischen **nem-*, »teilen, trennen«, von dem sich die gleichlautende keltische Wurzel ableitet, die in dem keltischen Wort für einen heiligen Ort, *nemeton*, enthalten ist. Ebenso das griechische Wort νέμος und das lateinische *nemus*, mit denen man einen Wald mit einer Lichtung oder diese Lichtung selber bezeichnete. Gleiches gilt auch für das indoiranische Verb *namas*, das mit »verehren, sich in den Staub werfen« übersetzt wird. Berühmt war in der Antike das *nemus* mit dem heiligen Hain von Aricia in den Colli Albani südlich der Campagna di Roma, in dem die Vegetationsgöttin und Tierherrin Diana Nemorensis verehrt wurde und wo an einem heiligen Baum der Rex Nemorensis lebte, dessen *regnum* jeder antreten durfte, der diesen Kultdiener, der den sterbenden und wiederauferstehenden Vegetationsgott Hippolytos repräsentierte, mit einem aus dem Ast des dortigen Baumes gefertigten Speer tötete. Ein altirisches *fidnemed* (»Holzheiliges«) war der *burren* in der Grafschaft An Clár, ein mächtiger Kalksteinrücken mit einer besonders üppigen Flora, die darauf zurückzuführen ist, daß das Calciumcarbonat des Bodens die Wärme ungleich besser hält als der Untergrund der Umgebung, der aus »kaltem« Stein besteht. Deshalb wachsen auf dem *burren*, der als ein »Ort der magischen Kraft« gilt, exotische Blumen, die es nur hier gibt, und das beste Gras für das Vieh. Über ein νεμητον der Gallier in der Nähe von Massilia verlautete vor zweitausend Jahren der Dichter Annaeus Lucanus: »Die Vögel fürchten sich, auf diesen Zweigen zu sitzen, die wilden Tiere haben Angst davor, in diesem Dickicht zu ruhen. In diesen Wald ist noch kein Windstoß oder Donnerkeil aus schwarzen Wolken hineingefahren. Von selbst zittert das Laub, obschon keine Brise sich rührt, und Wasser sprudelt aus schwarzen Quellen.«[7]

Wie die genannten Verben und Adjektive gehen auch das für gewöhnlich mit »heilig« übersetzte semitische *qdš*, das ugaritische *qi-i (d-šu)*, das hebräische *qādōš* oder das aramäische *qāddīš* auf *qd*, »schneiden, trennen, absondern, unterscheiden« zurück.[8] *Qědēšā*, »die Abgesonderte«, akkadisch *qadištu*, was auch ein Titel der mesopotamischen Inanna-Ištar war, der Göttin des Geschlechtsverkehrs, soll eine Bezeichnung für eine Kultdienerin und öffentliche Hure gewesen sein, was zwar von manchen Gelehrten bezweifelt wird, doch ist diese Vermutung nicht unplausibel. So nennt die *Genesis* Tamar eine *qědēšā* und Prostituierte (*zonah*), und entsprechend verhält sie sich auch (1. Mose 38, 15 ff.). Im Zweistromland standen die Prostituierten unter dem Schutz der Inanna-Ištar, die das Epitheton »die der sexuellen Erregung« trug. »Wenn ich mich an die Wand lehne«, so sagt sie in einem Hymnus, »ist es 1 Šekel; wenn ich mich [zum Analverkehr] vornüberbeuge, sind es 1½ Šekel.«[9]

Waren die mit der *qadištu* verwandten *qĕdēšot* »sonderbar« (*qdš*), weil sie sich völlig anders verhielten als normale Frauen, wurde bei den zur Sioux-Familie gehörenden Prärie- und Plainsstämmen alles Andersartige, Unbegreifliche, Geheimnisvolle als *wakán* bezeichnet, ein Wort, das in der Regel ebenfalls mit »heilig« übersetzt wird. Völlig aus dem Rahmen des Üblichen fielen für diese Indianer die ersten Pferde, die sie sahen, weshalb sie die Tiere *šunka wakán*, »mysteriöse Hunde«, nannten. Ähnliche Wörter benutzten auch andere Stämme wie die Kiowa, die Nez Percé oder die Omaha. Bereits Pedro de Castañeda berichtete, die Acoma hätten sich im Jahre 1541 mit dem Schweiß dieser geheimnisvollen Geschöpfe eingerieben, weil sie davon überzeugt waren, daß er übernatürliche Kraft enthalte, und nach einer Überlieferung der Blackfoot erhielten ihre Vorfahren im frühen 17. Jahrhundert die Pferde als Geschenk von den Himmels- und Unterwassergeistern.

Alles, was ungewöhnlich oder wunderbar war, wurde als *wakán*, bei den Omaha *wakkáda*, den Assiniboine *wakhá* oder bei den Osage *wah'kon* genannt, und je weniger sie etwas verstanden, als desto potenter erachteten sie dessen Kräfte. *Wakán* waren bei den Lakota beispielsweise weiße Büffel, weil sie außergewöhnlich selten waren, der vor der Ankunft der Weißen unbekannte Alkohol (*mni wakán*, »unbegreifbares Wasser«), derjenige eines Zwillingspaares, der nicht starb, sondern am Leben blieb und gedieh, die *winkte*, die weder Mann noch Frau waren, Menschen, die ungewöhnliche Fähigkeiten besaßen wie Rattling Blanket Woman, die so gute Stachelschwein-Stickereien anfertigte wie keine andere Frau, Personen, die von Nahtod-Erfahrungen berichteten, die Schwitzhütten, weil manche Männer oder Frauen in ihnen Visionen hatten, hervorragende Heiler und Krieger oder Männer, die erstaunliche Erfolge bei Frauen vorweisen konnten sowie schließlich den Menschen wohl- oder übelwollende Geister, die *wakánpi* oder *taku-wakán*, »das, was *wakán* ist« genannt wurden. In all diesen Dingen oder Personen verbarg sich für die Sioux ein Mysterium, und man wird Albert Einstein recht geben, wenn er schreibt: »Das Erlebnis des Geheimnisvollen – wenn auch mit Furcht gemischt – hat auch die Religion gezeugt.«[10]

Dem *wakán* entsprach bei den Algonkin-Stämmen das *manitó* (in französischer Schreibweise *manitou*), über das im Jahre 1643 der englische Pfarrer, der die Kolonie Rhode Island gründete, schrieb: »There is a generall Custome amongst them [= den Narragansett], at the apprehension of any Excellency in Men, Women, Birds, Beasts, Fish &c. to cry out *Manittóo* [...] and therefore when they talke amongst themselves of the *English* ships, and great buildings, of the plowing of their Fields, and especially of Bookes and Letters, they will thus end thus: *Manittôwock*«, das heißt »*Manitó*-Dinge«. Bereits zehn Jahre zuvor hatte der Niederländer Jan de Laet von den Delaware berichtet, bei ihnen heiße *menutto* oder *menetto* »alles, was wunderbar ist und menschliche Fassungskraft zu übersteigen scheint«. Die Ojibwä nannten nach einer späteren Mitteilung die europäischen Tuche *manitówegin*, »geheimnisvolle Felle«, und die eingehandelten Glasperlen *manitóminens*, »geheimnisvolle Beerchen«, und auf ähnliche Weise waren sie fasziniert von glänzenden Anhängern, Metallknöpfen, Messingglöckchen, Spiegeln und Perlen – wie schon seit Jahrtausenden von den einheimischen Bergkristallen, etwa den Selenit- und Mondsteinkristallen aus der Mammuthöhle in Kentucky, die schon im 3. Jahrtausend v. Chr. zu rituellen Zwecken gebraucht worden waren.[11]

Die Mandan konnten das Dampfboot auf dem Missouri »nicht, wie ein Holländer es am Hudson« tat, »für eine ›schwimmende Sägemühle‹ halten; sie hatten«, wie der Maler George Catlin schreibt, »keinen Namen dafür und daher war es, wie alles, das ihnen geheimnisvoll und unerklärlich ist«, *xopini*, ein Mysterium oder *medicin*. Aber auch Catlin selber wurde als ein Medizinmann angesehen, »weil die Malerei ihnen etwas Unbekanntes und Unerklärliches war«. Er habe, so erklärten sie, »lebende Wesen geschaffen«, und jetzt könnten sie »ihre Häuptlinge an zwei Orten lebend sehen. Die, welche ich gemacht hätte, seien *etwas* lebend, man könne sehen, wie sie ihre Augen bewegten« und »wie sie lachten«, was die Mandan indessen zutiefst erschreckte, so daß besonders die Frauen voller Panik durch das Dorf liefen.[12]

Bei den Tsistsistas (die spätestens nach ihrer Vereinigung mit den Sutaío im frühen 18. Jahrhundert von den Teton-Dakota Cheyenne [von Shaiela, »die eine fremde Sprache sprechen«] genannt wurden) bedeutet die Wurzel des Wortes *wī'hio* oder *wē'ho* soviel wie »außergewöhnlich, nicht alltäglich, unverständlich« und das ganze Wort »der das Außergewöhnliche weiß« oder »kennt«. Mit ihm bezeichneten die Cheyenne vor allem zwei Personengruppen, nämlich die Weißen und die Spinnen, denn beide galten als undurchschaubar, betrügerisch, schlau und sexuell lüstern.[13] Um ein Weibchen »herumzukriegen«, ohne von ihm aufgefressen zu werden, überreicht beispielsweise das Wolfsspinnenmännchen ihm ein aus Seide hergestelltes Päckchen, in dem sich für gewöhnlich eine frisch getötete Fliege befindet. Nicht selten verehrt ihm aber das betrügerische Männchen ein Päckchen, das entweder leer ist oder bereits von ihm selber ausgesaugt wurde. Entdeckt das Weibchen allerdings vor der Begattung den Betrug, tötet und frißt es seinen Liebhaber auf der Stelle. Um nicht den großen und körperlich überlegenen Weibchen zum Opfer zu fallen, entführt deshalb bei einer Springspinnenart das Männchen heranwachsende weibliche Spinnen, die ihm nicht gefährlich werden können, und vergewaltigt sie.

Nicht ganz auf seine Kosten kam freilich in einer Geschichte der Lakota der vermenschlichte, mit einem gewaltigen Penis und voluminösen Hoden ausgestattete Spinnenmann Iktomi, von dem es hieß, er sei »scharf« auf große Frauen, kleine Frauen, prüde Frauen, lüsterne Jungfrauen und soeben erst erblühte Mädchen. Eine junge Frau, hinter der er her war, durchschaute ihn indessen, denn wie der *wē'ho* der Cheyenne war auch Iktomi nicht nur raffiniert und ausgebufft, sondern des öfteren auch recht tölpelhaft, was dazu führte, daß er in die Grube fiel, die er anderen gegraben hatte. So verabredete die von Iktomi Ausersehene mit dessen Frau, daß diese an ihrer Statt nachts im Tipi auf den Lustmolch wartete. Als Iktomi nun in der Dunkelheit zu ihr kroch, küßte er sie zunächst und flüsterte: »Oh, was für zarte Lippen, was für ein süßer Atem und nicht der Gestank aus dem Mund meiner Frau! Oh welch lind wogende, feste Brüste und nicht die schlaffen herabbaumelnden Zitzen meiner Alten, ihr verrunzeltes Fleisch!« Darauf schlüpfte er zwischen ihre Schenkel und stöhnte: »Oh, wie bereit du bist, wie feucht, und nicht wie meine Frau, die wie ein vertrockneter Holzklotz daliegt!« Doch nachdem er in sie eingedrungen war und ejakuliert hatte, gab sich seine Frau zu erkennen und prügelte ihn grün und blau.[14]

Wie die Spinne galten auch die Weißen bei vielen nordamerikanischen Indianerstämmen nicht nur als verschlagen und gerissen, sondern auch als extrem wollüstig und weibstoll. Deshalb behaupteten zum Beispiel die Navaho, der Vorfahre der Europäer sei der Geist Be'-

jotcidí, »Der nach den Brüsten grapscht«, ein Wesen mit heller Haut und rotblondem Haar, das sich an die jungen Mädchen heranschleiche, um ihre Brüste zu befummeln. Er irritiere auch die Jäger, indem er ihnen dann, wenn sie auf das Wild anlegten, von hinten zwischen die Beine fasse, um mit ihren Hoden zu spielen, und ein Gleiches täte er bei den Männern in dem Augenblick, in dem sie beim Geschlechtsverkehr den Penis in die Vagina einführten. Genauso lüstern ist die Spinne (*gizó*) bei den nigerianischen Fulbe, den Zande oder den im Westen des Volta lebenden Ga, und bei den Fͻn heißt die Spinne »Möse«, weil sie, wie es heißt, wie die Vagina sexuell unersättlich ist.[15]

Noch charakteristischer scheint jedoch für viele Indianer und schwarze Westafrikaner die moralische Ambivalenz und die Unberechenbarkeit sowohl der Weißen als auch der Tricksterspinne gewesen zu sein, die beide zu ungewöhnlichen und undurchschaubaren Wesen machte. Ob nun Spinne oder auch Coyote, der Trickster ist nicht eindeutig oder berechenbar – es kann sein, daß er die Wahrheit sagt, aber es ist fast noch wahrscheinlicher, daß er lügt und betrügt. Ananzi beispielsweise, die westafrikanische Tricksterspinne, die mit den afrikanischen Sklaven in den amerikanischen Südosten kam, wo sie zur »Aunt Nancy« wurde, war sowohl ungewöhnlich geil als auch scheinheilig und unaufrichtig. Es ist durchaus denkbar, daß auch ein anderer Trickster, nämlich der Ethnologe Carlos Castañeda, einen versteckten Hinweis darauf gab, daß seine angeblich wahren Erlebnisschilderungen in Wirklichkeit weitestgehend erfunden waren. Zwar behauptete Castañeda, er sei Brasilianer und sein Name laute Aranha, das portugiesische Wort für Spinne, aber tatsächlich war er Peruaner mit dem Familiennamen Arana, was einerseits eine alternative Schreibweise von *araña*, Spinne, ist, andererseits aber auch »Lügner, Betrüger, Spitzbube, Strauchdieb, Räuber und Straßenhure« bedeutet. Vielleicht hat ihn dies dazu angeregt, dem Leser mitzuteilen, er habe als seinen »Verbündeten« den Coyoten erhalten, neben der Spinne der andere indianische Erztrickster und Erzähler von Lügengeschichten. Bei den Tewa am Rio Grande war der Coyote der Lehrmeister der Hexen, und eine Medizinfrau der Paviotso erklärte, die Schamanen von einst hätten ihre Fähigkeiten nie von einem Coyoten erhalten, denn »Coyote verdirbt ständig alles!«.[16]

§ 4
Das Mysteriöse bei den nordamerikanischen Indianern, in China und in Japan

Seit geraumer Zeit ist in vielen nordamerikanischen Indianerstämmen nicht nur die Rede von *wakán, manitó* usw. im Sinne von »unverständlich, unerklärbar, geheimnisvoll«, sondern auch vom »Großen Geist« Wakán Tanka oder Kičči Manitó, der in etwa dem christlich-jüdischen Gott entspricht. Heute ist es auch für die meisten traditionellen indianischen Kultpersonen eine Selbstverständlichkeit, daß ein solches »Höchstes Wesen« zu ihrem kulturellen Erbe gehört. So hatte bereits gegen Ende des 19. Jahrhunderts Little Wound, der Führer der Oglala, nach dem Tod von Sitting Bull, zu Beginn der Geistertanzbewegung, die ja die Zustände vor der Ankunft der Weißen wiederherstellen wollte, eine Vision, in der ihm Wakán Tanka in einer langen Unterredung unter anderem sagte, die Medizinmänner sollten Geisterhemden anfertigen, an denen jede von den Weißen abgefeuerte Gewehrkugel abprallen würde. Doch schon ein halbes Jahrhundert zuvor hatte die Santee-Dakota Mary Eastman geschrieben: »Those who have lived near the missionaries, say that the Great Spirit lived forever, but their own minds would never have conceived such an idea. Some say that the Great Spirit has a wife.« Ein paar Jahre später berichtete ein Beobachter, es sei stets der Weiße, »who makes the appeal to the Great Spirit«, während der Dakota »really appealed to the *Taku-wakán,* and not to the *wakán-Tanka*«, wobei jenes »etwas Geheimnisvolles« bedeute.[1]

Im Frühsommer 1981 erklärte mir während des mehrtägigen Regenerierungsfestes »Neulebenshütte« der alte Pfeilhüter Edward Red Hat, die Cheyenne hätten schon immer ein »Höchstes Wesen« namens Mahe'yo verehrt, eine Auffassung, die später auch der Aktionsethnologe Karl Schlesier übernahm. Doch auch dieser »Große Medizingeist«, der bereits vor über hundert Jahren fest in die mythische Überlieferung eingefügt worden war, geht auf die Lehre der Missionare zurück, die für ihren Herrgott einen Ausdruck verwendeten, der ursprünglich »geheimnisvoll, unverständlich« bedeutete und in Begriffen wie »Geister« (*mahe'yun*), »heilige Frau« (*mahe'yuna*), »Schamane« (*tsemahe'-yonevsts*) oder »Priester« (*mahe'yonhetaneo*) vorkam.[2]

Auch Pater Jean-Claude Allouez, der sich ab dem Jahre 1665 lange Zeit bei den Chequamegon an der Südküste des Oberen Sees aufhielt, fand keinerlei Spur eines »Großen Manitó« (*kitche manitó*), der schließlich von den Christen erfunden wurde, aber farblos blieb und bedeutungslos. Er kam in keinem Mythos vor, ebensowenig in den Visionen oder in der »Shaking-Tent-Ceremony«, und noch im 19. Jahrhundert betete kein einziger Ojibwä zu ihm.[3] Im Jahr 1840 schrieb einer der ersten katholischen Missionare an der Küste Nordwestamerikas, Pater Francis Blanchet: »It is now ten years since they [= die Plateau-Indianer] have understood how to speak for the first time of a great master in the sky« oder von einem »Häuptling-dort-oben«. Doch war dies noch keineswegs bei allen Stämmen der Gegend der Fall, denn zehn Jahre später verlautete ein Beobachter, die Bewohner des Oregon-Territoriums verfügten über keine Vorstellung eines »Höchsten Wesens«. Auch die Slavey im kanadischen Nordwesten stellten gegenüber einem der frühen Ethnographen mit Bestimmtheit fest: »In the old days there were no gods, only medicine«, wobei das von den Weißen übernommene Wort »medicine« einfach alles bezeichnete, was ihnen unheimlich war und was sie nicht verstanden.[4]

Genauso verhielt es sich in völlig anderen Weltgegenden, etwa bei den westlich des ostafrikanischen Albert-Sees lebenden Nyoro, die alles Ungewöhnliche und Wunderbare mit dem Wort *lhano* (Pl. *mahano*) bezeichneten, also sämtliche Dinge, Phänomene oder Eigenschaften, die einen beeindruckten, die man aber gleichzeitig scheute, weil man sie für potentiell gefährlich hielt. Dazu zählten zum Beispiel männliche und weibliche Homo- und Transsexuelle, Besessenheit, mit schweren Fehlbildungen geborene Babys, Mord oder Tod durch Blitzschlag. Nicht anders war es im Kainantu-Gebiet im Zentralen Hochland von Neuguinea, bei den Parintintin am Rio Madeira, einem großen Nebenfluß des Amazonas, den Yolngu im nordwestlichen Arnhemland oder den Merina in Zentral-Madagaskar sowie den indischen Santal. Wenn schließlich die Korongo-Nuba im südlichen Kordofän bestimmte Phänomene und Eigenschaften wie Visionen (*ocidoono*) oder die Gabe der Präkognition als »außergewöhnlich« betrachten, dann tun sie nichts anderes als die westlichen Parapsychologen, die derartiges »Anomalien« nennen, wenn sie auch nicht, wie die Korongo, davon ausgehen, daß die Anomalien ein Resultat einer erblichen Zauberkraft (*ntocidoono*) sind. Jedenfalls macht all das deutlich, daß nichts falscher sein könnte als die Behauptung des bekannten englischen Religionsphilosophen John Hick, nach der es bei den »Naturvölkern keine Trennung zwischen dem gewöhnlichen weltlichen Leben« und dem »außergewöhnlichen« gebe, vielmehr werde »alles als ein einziges saumloses Gewebe erlebt«. Dementgegen wird man seinem Landsmann Edward Evans-Pritchard recht geben, der vor mehr als achtzig Jahren konstatierte, daß in diesen Kulturen das »Übernatürliche« »means very much the same as abnormal or extraordinary«.[5]

Dies trifft indessen nicht nur für sogenannte »Naturvölker« oder schriftlose Kulturen zu, sondern auch für solche, die sich ohne falsche Bescheidenheit »Hochkulturen« genannt haben und sich anderen überlegen fühlten, zum Beispiel China, Japan oder die präkolumbischen Andenkulturen. »Von yin und yang«, so heißt es bereits in dem um die Wende des 2. zum 1. Jahrtausend v.Chr. entstandenen *Yijing*, dem *Buch der Wandlungen*, »nennt man dasjenige, was man nicht ergründen kann, *shēn*.« Auch in der Folgezeit verlauten zahlreiche Quellen, daß alles, was unergründlich, unverständlich, unglaublich, unbegreiflich oder wunderbar ist, den Namen *shēn* trägt.

In der Kompilation *Liji* (*Aufzeichnung der Riten*) heißt es: »Berge, Wälder, Flüsse, Täler, Hügel und andere Erhebungen können Wolken hervorbringen, die Wind und Regen bewirken und sich als außergewöhnliche Wesen, *kuai wu*, zeigen. Sie alle werden *shēn* genannt.« Aus einer anderen Quelle geht hervor, daß Flüsse, Bäche, Kanäle oder Abflußrinnen selbst dann, wenn sie völlig ausgetrocknet sind, eine »wunderbare Eigenschaft, *shui shēn*« besäßen, die ganze Landschaften belebe.

Im 3. Jahrhundert v.Chr. konstatierte Zunzi, die Ordnung der Welt sei *shēn*, geheimnisvoll und wunderbar. Es sei aber vollkommen unnütz, zu versuchen, dieses Geheimnis zu lüften, denn »es ist sinnlos, hinter der Wirklichkeit, die wir erleben, eine ›wahre‹ Wirklichkeit zu suchen«. Bereits im Jahrhundert davor hatte Mengzi dargelegt, daß *shēn* all das sei, was nicht erforscht oder ergründet werden könne.

Noch heute heißt es zwar in den Wörterbüchern, daß *shēn* unter anderem »übernatürlich, wunderbar, mysteriös, heilig« bedeuten könne, doch wird der Begriff vorwiegend als Bezeichnung für Götter und Geister verwendet, und zwar vor allem für die dem Menschen wohlgesinnten Geister im Gegensatz zu den Seelen der Verstorbenen (*gui*), vor denen man sich in acht nehmen muß. *Shēn* im Sinne von »Geist« benutzte schon um die Mitte des 4. Jahrhunderts v. Chr. Zhuangzi, der über ein hervorragendes weibliches Geistermedium (*shēn wu*) namens Ki-hien schrieb: »Sie war wissend über den Tod und die Geburt der Menschen, über den Fortgang und das Ende [ihres Lebens], über ihr Glück und Unglück, ob sie alt oder jung [sterben mußten]. Sie bestimmte Jahre, Monate, Dekaden und Tage, wie wenn sie selber ein *shēn* gewesen wäre. Wenn die Bewohner von King sie sahen, erschauerten sie und liefen davon.« Und in den Teilen der *Klassiker der Berge und Seen*, die gegen Ende des 5. Jahrhunderts v. Chr. entstanden sind, wird mitgeteilt, daß im heiligen Gebirge ungefähr 400 verschiedene hybride *shēn* mit Tierkörpern und menschlichen Gesichtern lebten, die man anbetete und denen man Opfer darbrachte.[6]

Dem chinesischen *shēn* entsprach das japanische *kami*, was den Japanern, die bereits im frühen Mittelalter von der chinesischen Kultur in hohem Maße beeinflußt wurden, sogleich auffiel. Daher schrieben sie ihr Wort für alles Mysteriöse mit dem chinesischen Schriftzeichen für *shēn*, das sie *shin* aussprachen. In der Mythensammlung *Kōjiki*, deren Niederschrift im Jahre 720 beendet wurde, erschien zum ersten Mal das Wort *shin-tō* (»Weg der *kami*«), denn zuvor wurde die japanische Religion oder Weltanschauung nicht benannt, weil keine Notwendigkeit bestand, sie von einer anderen abzugrenzen. Doch in der ersten Hälfte des 6. Jahrhunderts war der Buddhismus über Korea nach Japan gelangt, was sehr bald zu Unruhen und Machtkämpfen zwischen den dominierenden Adelsgeschlechtern führte. Wie das *wakán* der Lakota war alles Nichtalltägliche und Außergewöhnliche bei den Japanern *kami*, das Staunen und Ehrfurcht, aber auch oft Scheu und Angst hervorrief. Dazu zählten merkwürdig aussehende Bäume oder solche, in die der Blitz eingeschlagen war, bizarre Felsen, majestätische Berge, Erdbeben, tosende Wasserfälle wie der 130 Meter hohe Nachi im Kumano-Gebirge des südlichen Honshū, sich sonderbar verhaltende

Tiere, zum Beispiel Wölfe, von denen es hieß, sie hätten viele Menschen gefressen und die Ōguchi-no-kami genannt wurden, »Großmäulige *kami*«, Albinos oder Tiger, die von den Japanern erstmals in Korea gesehen wurden, Besessene, Wundertätige, Menschen, die ganz Ungewöhnliches geleistet hatten – und zwar unabhängig davon, ob die Taten gut oder schlecht waren –, berühmte Schwerter, auffallend schöne Blumen, herrlich singende Vögel, besonders wohltuende Brisen, schwere Erdbeben und nicht zuletzt schreckerregende Stürme wie der Taifun, der einst die Invasionsflotte des mongolischen Großkhans und Kaisers von China, Kublai, vernichtete, und der vermutlich ursprünglich nicht deshalb allein *kami kaze* genannt wurde, weil die Götter ihn geschickt hatten, sondern weil er so außergewöhnlich heftig war. Am 17. Tag des 8. Monats in der Stunde des Drachens im Jahre 1281, so berichtet das *Taiheiki*, »veränderte sich plötzlich der Himmel, und von Nordosten stiegen schwarze Wolkenberge auf und bedeckten ihn. Ein schrecklicher Sturm tobte und wühlte die Wogen bis zum Himmel auf; es blitzte und donnerte fürchterlich. Große Berge zerbarsten in Stücke, und es war, als ob der Himmel auf die Erde stürzen wollte. Die Krieger auf den 70 000 Schiffen der Barbaren wurden zusammen mit ihren Fahrzeugen entweder auf die Felsen der Küste [von Kyūshū] geschleudert, wo [jene] zerbrachen, oder sie versanken in den Sturzfluten. Nicht einer [der Chinesen und Mongolen] blieb übrig.«[7]

»In seiner ursprünglichen Bedeutung«, so führte schon im 18. Jahrhundert der Gelehrte Motoori Norinaga aus, »bezog sich das Wort *kami* auf alles, was außergewöhnlich war, was überragende Kraft besaß und Ehrfurcht weckte. [...] Auch böse oder geheimnisvolle Dinge wurden *kami* genannt, vorausgesetzt, sie waren sondergleichen und furchterregend. [...] Oft wurden auch Seen und Berge *kami* genannt. Das stand aber nicht in Beziehung zu einem Berg- oder Seegeist, nein, das Wort *kami* wurde hier direkt für den jeweiligen Berg oder See gebraucht. Sie erweckten eben in besonders starkem Maße ehrfurchtsvolle Schauder.« So heißt es etwa im 8. Jahrhundert über den Gipfel des Vulkans Fujijama: »Er verschlägt einem die Stimme, er kann nicht benannt werden, er ist unbegreiflich.«

Zwar gab es bereits im frühen Mittelalter eine gewisse Tendenz, bestimmte *kami* zu personifizieren, etwa im *Nihongi*, wo es über Japan, das »Zentrale Land der Schilfrohrebenen«, heißt: »Dort gab es zahlreiche *kami*, die leuchteten und glänzten wie Glühwürmchen, und arglistige *kami*, die wie die Fliegen umherschwirrten. Und es gab auch Bäume und Kräuter, die alle sprechen konnten.« Doch hatten diese Geister oder Götter keine fest umrissene Gestalt oder Form, und sie wurden auch nicht bildlich dargestellt, was sogar für die Schutzgeister *ujigami* galt. Daß im »Äußeren Gottesschrein« (*gekū*) von Ise der artikulierte Windgott verehrt wurde, der im Mittelalter die Kriegsflotte der Chinesen und Mongolen zerschmettert hatte, gehört einer späteren Zeit an. Denn Götter waren zumindest für den Shintoismus des frühen und hohen Mittelalters nicht wesentlich, und noch heute sind es in Japan häufig seltsame und auffällige Bäume, Felsen oder andere Naturerscheinungen, um die ein Strohseil gewunden ist, das sie als *kami* kenntlich macht.[8]

Oben zu sein, *über* den anderen, bedeutete stets, daß man ihnen überlegen war, denn man konnte sich dort besser verteidigen, man war gesicherter, hatte einen freien Ausblick und größere Chancen, anzugreifen, Feinde zu entdecken oder Beute zu machen. Wer sich höher befand, dominierte und kontrollierte diejenigen, die sich unter ihm befanden, und so gibt es zum Beispiel in der S/M-Szene die Grundregel, die jeder Kunde einer Domina einhalten muß: »Der Sklave darf sich niemals zu voller Größe erheben, muß sich immer unterhalb der Taille oder dem Knie der Bezwingerin halten, auf den Knien oder dem Bauch.«

Auf den Fiji-Inseln sitzen die Älteren höher als die jüngeren Männer, und niemand darf irgendein Glied seines Körpers über dem Kopf eines Häuptlings haben, der stets »hoch« (*e cake*) sitzt und ein Haus durch eine »hohe« Seitentür betritt, während der gemeine Mann in dasselbe Haus durch eine »niedere« Tür an dessen »niederem« Ende hineingeht. Auf Tahiti und im Tonga-Archipel durfte sich niemand auf einem Baum aufhalten, an dem oder unter dem der Herrscher vorbeiging, und auf den Samoa-Inseln war der Cunnilingus nicht aus moralischen Gründen verpönt, sondern weil sich dabei der Kopf des Mannes »unter« dem Kopf und dem Rumpf der Frau befand. Schließlich sagt man bei den Tzeltal im südmexikanischen Chiapas von Personen mit einer »starken« Seele, sie seien »hoch, oben, erhöht« (*ʼtoyol*).

Auch das japanische *kami* bedeutet »das Höhere«, »höherstehend, überlegen« (von *ka*, »oben, höher«; *kama*, »über etwas hinausgehen«) – so heißt die Hauptstadt »Ober[land]« (*kami*) im Gegensatz zum »Niederland« (*shimo*), der »Oberlauf des Flusses« *kahaki-kami* oder das »Kopfhaar« *kami no ke*. Bereits vor mehr als 2000 Jahren waren die japanischen Herrscher *akitsu-mi-kami*, »Verkörperungen von *kami*«, und im Gegensatz zu den aus Bauern und Bürgern bestehenden Unterschichten (*shimo*) war später auch die herrschende Samurai-Klasse *kami*. Laut einem bis nach dem Zweiten Weltkrieg gültigen Erlaß vom Jahre 1873 mußte jeder Untertan beim Nahen des Tennō und seines Gefolges, »sobald er die kaiserliche Flagge erblickt, vom Pferd oder aus dem Wagen steigen, jede Bedeckung wie Schirme oder Hüte herunternehmen und sich am Straßenrand niederkauern«, so daß er sich nicht auf gleicher Ebene mit ihm befand. Außerdem, so hieß es weiter, durfte niemand von oben »aus dem Fenster, der Straßenbahn oder sonstwo« auf den Nachkommen der Sonnengöttin Amaterasu herabblicken, denn »sein Haupt ist *kami* und darf nicht von Menschen oder Dingen, die nicht *kami* sind, überragt werden«. Um dies sicherzustellen, war die Polizei angewiesen, zu überprüfen, ob sich in einem solchen Falle in den oberen Stockwerken hoher Häuser Personen aufhielten, die eventuell einen Blick riskieren konnten.[9]

Dem japanischen *kami* entspricht das *kamui* der ursprünglich nicht nur in Hokkaidō, sondern auch in Honshū und im Süden von Sachalin lebenden Ainu, die sehr wahrscheinlich die ursprüngliche Bevölkerung dieser Gegenden und die Träger der Satsumonkultur waren, die sich im frühen Mittelalter mit Einwanderern aus dem Norden Sachalins und von den Kurilen, den Vorfahren der ostsibirischen Giljaken, Korjaken und Kamtschadalen vermischten. *Kamu* bedeutet als Verb »bedecken, überschatten«, als Adverb »oben, oberhalb, über« und als Adjektiv »gelegt auf, bedeckt, überschattet«. Manche Gelehrte sind der Auffassung, der Begriff *kami* habe sich aus *kamui* entwickelt, und zwar zwischen dem 6. und 8. Jahrhundert, als die Japaner die ersten Kontakte zu den in Honshū lebenden Ainu aufnahmen. Mir scheint diese These jedoch äußerst fragwürdig, da die Einflüsse der Ainu-Religion auf den Shintoismus kaum nennenswert waren. Viel wahrscheinlicher ist es, daß die Ainu im späteren Mittelalter, als die Handelsbeziehungen sich intensivierten, und besonders im 15. Jahrhundert mit der Einrichtung der ersten japanischen Handelsstationen an der Südspitze der Ōshima-Halbinsel im Süden Hokkaidōs das Wort *kamu*, eine vermutlich ältere Variante von *kami*, übernahmen, und zwar gemeinsam mit anderen Lehnwörtern wie *kane*, »Metall«, *sakē*, »Reiswein«, *umma*, »Pferd«, *peko*, »Kuh«, *puta*, »Schwein«, *nomi*, »Gebet« oder *onkami*, »kultische Verehrung«.

Kamui ist alles, was unbegreiflich ist und wunderbar, stark, gefährlich, abstoßend, wild und aggressiv, berauschend schön oder schreckerregend, zum Beispiel besonders laute Donnerschläge (*kamui-turuhumse-hum*), Orkane (*kamui rera*), verheerende Taifune (*kamui mau*), bezaubernde Blumen (*kamui nonno*), Schwertwale (*kamu humbe*) oder Krankheiten wie Pest und Pocken. *Kamui-kotan* heißt ein Canyon in Zentral-Hokkaidō, der auf Grund seines mysteriösen und furchteinflößenden Charakters, seiner reißenden Gewässer und seiner ebenso phantastischen wie bedrohlichen Klippen bei den Ainu als schrecklich und unbetretbar galt. Doch als *kamui katkemat* bezeichneten sie ebenfalls außergewöhnlich schöne und sexuell attraktive »körperhaarlose« japanische Frauen mit »bezaubernden Gesichtern« (*kamui-san-nan*).[10]

§ 5
Unbegreifbare »Wesen« und »Etwasse«

Im Jahre 1609 verlautete der Chronist Inca Garcilaso de la Vega, Sohn eines spanischen Offiziers und einer Inka-Prinzessin, der nicht lange nach der Eroberung des Inka-Reiches durch die Konquistadoren geboren worden war, über das Quechua-Wort *ḥuac'a*: »Es bedeutet etwas Heiliges (*cosa sagrada*) wie all das, worüber ihnen der Teufel erzählt hat, das heißt die Idole, die Felsen, die großen Steine und Bäume, in die der Böse gefahren war, um sie glauben zu machen, er sei Gott. [...] Sie nennen auch all die Dinge *ḥuac'a*, die sich von anderen ihrer Art durch ihre Schönheit und Außergewöhnlichkeit unterscheiden (*todas aquellas cosas que en hermosura o excellencia se aventaja de las otras de su especie*), wie eine Rose, ein Apfel, eine *camuesa* [= die Apfelart Kalvill] oder irgendeine andere Frucht, die größer und wunderbarer ist als alles übrige des Baumes. [...] Andererseits bezeichnen sie auch sehr häßliche und monströse Dinge (*las cosas muy feas y monstruosas*) als *ḥuac'a*, die Entsetzen und Bestürzung (*horror y asombro*) hervorrufen, und auch Dinge, die von ihrem natürlichen Lauf abweichen (*que salen de su curso natural*), zum Beispiel ungewöhnlich große Schlangen, Zwillings- und Steißgeburten, Neugeborene mit einem Buckel, einem Wolfsrachen, mit sechs Fingern oder Zehen. Alle diese und ähnliche Dinge nannten sie *ḥuac'a*, nicht weil sie sie für Götter hielten und verehrten, sondern auf Grund des Umstandes, der sie über ihresgleichen hinaushob. Deshalb betrachteten oder behandelten sie sie mit Achtung und Ehrfurcht.«

Wie bei den nordamerikanischen Indianern, den Chinesen, Japanern und Ainu war auch bei den Quechua und Aimará alles Ungewöhnliche, Geheimnisvolle oder Seltsame ein Phänomen, das Faszination, Ehrfurcht und Angst auslöste. *Ḥuac'as* waren etwa eine an eine Vulva erinnernde Felsspalte oder der einem erigierten Penis sehr ähnelnde drei Meter hohe Monolith, der von den Bewohnern einiger Dörfer am Bergsee Ccocha Despensa in den Südlichen Zentral-Anden verehrt wird, weil sie glauben, daß er Pachamama, die Mutter Erde, schwängere; der Widerhall der Stimme in einer Höhle eines gewaltigen Felsens auf einer Insel im Titicaca-See (*titi*, »Bergkatze«; *caca*, »Felsen«); ein ungewöhnlich großer Smaragd, Meteoriten, in Felsnischen deponierte Gebeine Verstorbener, die unheilvolle Ausdünstungen, nicht spürbare *vientos*, absondern, von denen Schatzsucher blind oder verkrüppelt werden können und die bei Frauen durch die Vagina in den Körper ziehen, da sie keine Unterhosen tragen, aber auch Regenbogen und Orte, an denen sich desaströse Unglücke ereignet haben.[1]

In der Erwartung von Gegenleistungen wurden manche *ḫuac'as* von männlichen und weiblichen »Wächtern« mit Blut, wohlriechenden Samen, Vogelfedern, Maismehl, Meeresmuscheln, Meerschweinchen, Lamafett, Cocablättern, Silber und Maisbier »gefüttert«. Kranke erhofften sich Heilung, nachdem sie all ihre Sünden gebeichtet hatten, wobei die »Wächterinnen« die *ḫuac'as* gnädig zu stimmen versuchten, indem sie mit ihren Mündern Kußgeräusche erzeugten. Dennoch waren die *ḫuac'as* eher undifferenzierte »Mächte« als individuelle Personen. Daher kommentierte 1649 der spanische Priester Hernando de Avendaño verständnislos, er könne nicht nachvollziehen, wie die Peruaner Steine verehrten, die weder Augen hätten, um zu sehen, noch Ohren, um zu hören, oder Münder, um zu sprechen, Steine, auf denen sich die Vögel und Stinktiere erleichterten, und er beendete seine Ausführungen mit dem Ausruf: »Gebt mir ein *ḫuac'a*, und auf der Stelle werde ich ihn vor euren Augen zerschmettern und zu Staub zermahlen!«

In Peru wird heute all das, was früher *ḫuac'a* war, nicht selten *encanto* genannt. Es wird gesagt, daß in der Karwoche (*semana santo*) die *encantos* »sich öffnen«, das heißt ihre ganze »Kraft« entfalten, und immer noch wird ihnen in vielen Gegenden geopfert, damit das Vieh sich vermehrt und Hagel, Frost und Gewitter ausbleiben. Auch bei den bolivianischen Kallahuaya-Quechua gibt es weiterhin »Orte der Kraft«, meist Berge, Seen oder Quellen, die einst *ḫuac'a* waren und heute einfach *lugares*, »Orte« genannt werden, an denen »es umgeht«, ohne daß die Leute sagten, die dortigen »Bewohner« (*achachlla*) seien übernatürliche Wesen. Vielmehr handelt es sich bei ihnen wie bei den *ḫuac'as* vor einem halben Jahrtausend um Kräfte, die numinos sind, undurchschaubar, unheimlich und gefährlich.[2]

Alles Unerklärbare, Unbekannte, Wunderbare, Erstaunliche, Verwirrende, aber auch Angsteinjagende nannten die Fiji-Insulaner *kalou* und die Polynesier ʿ*atua*. Wie ein Māori später erzählte, wurden die Schiffe James Cooks am 8. Oktober 1769 von den alten Männern für ʿ*atua* (von proto-malayo-polynesisch *qatuan*) und dessen an Land rudernde Seeleute für *tupua* gehalten, was man mit »seltsame, absonderliche Wesen« übersetzt hat. Nicht nur außergewöhnliche Besitztümer dieser *tupua* wie Gewehre oder Eisennägel, von denen die Insulaner fasziniert waren und die sie begehrten, waren ʿ*atua*, sondern auch besonders heftige und zerstörerische Wirbelstürme oder dem Menschen übelgesinnte Geister, die nicht selten von ihnen Besitz ergriffen, so daß sie, wie es auf Bellona, einer polynesischen Enklave in den Salomonen hieß, *unguhia*, »verrückt« wurden. Solche ʿ*atua* hatten nämlich keine Medien, die auf den Samoa-Inseln *taula* ʿ*aitu*, »Geisteranker« oder *vaʾa* ʿ*aitu*, »Geistergefäß« hießen, sondern drangen einfach in den Körper von irgend jemandem, der ihnen über den Weg lief, ein, was oft mit dem Tod der Betreffenden endete.[3]

Die nilotischen Stämme in Afrika benutzten für alles, was ihnen anormal, fremdartig, mysteriös und unbegreiflich vorkam, den Begriff *jok* oder *juog*, und zwar nicht nur für die mit übernatürlicher Kraft ausgestatteten Wesen aus ihren Märchen, sondern auch für alles, was sie nicht kontrollieren konnten und dem sie hilflos ausgeliefert waren; zum Beispiel riesige Heuschreckenschwärme, die ihre Ernten vernichteten, ungewöhnlich heftige Regenfälle, Gewitter, Zyklone oder Hagelschauer, Dürrekatastrophen, Erdbeben, Zwillingsgeburten und Geburten von Kindern mit schweren Fehlbildungen, Menschen mit ungewöhnlichen Fähigkeiten, etwa schnelle Läufer, hervorragende Heiler oder heldenhafte Kämpfer, fliegende Hexen sowie hochemotionale Zustände und Erlebnisse, beispielsweise das Außersichgeraten bei ekstatischen Tänzen oder beim Orgasmus, sowie Geisteskrankheiten. Die im Nordosten des Albert-Sees lebenden Acholi, die zu den Niloten zählen, nennen die Geister der Wildnis, die von den Frauen Besitz ergreifen, wenn sie Brennholz sammeln oder Wasser aus dem See oder dem Fluß holen, *joqi* (Sing. *jok*). Die Luo, ebenfalls Niloten, berichten, daß Menschen, die ins Wasser des Victoriasees steigen, Gefahr laufen, von den *juogi*-Geistern besessen zu werden (*jajuogi*) und dann jegliche Selbstkontrolle zu verlieren. Die Schilluk betrachteten einst vor allem die Weißen als *juok*, weil sie in der Lage waren, ganz erstaunliche und wunderbare Dinge zu tun und zu bewirken. Auch für die ebenfalls in der Gegend des weißen Nils lebenden Dinka waren es insbesondere Gegenstände europäischen Ursprungs, die Verblüffung und Bewunderung auslösten. Als Ende der vierziger Jahre des vorigen Jahrhunderts der Ethnologe Godfrey Lienhardt für die Dinka-Kinder eine kleine Puppe mitbrachte, die sich mechanisch bewegte, waren die älteren Leute zunächst konsterniert und fassungslos. Doch die Jüngeren, die den Mechanismus verstanden, betrachteten das Spielzeug keineswegs als *jok* und amüsierten sich damit, die anderen mit ihm zu erschrecken.[4]

Daß alles, was von den Weißen stammte oder auch nur mit ihnen in Berührung kam, Wunder wirkte, war in der Zeit der ersten oder frühen Kontakte in vielen außereuropäischen Kulturen verbreitet. So ist überliefert, daß im 16. Jahrhundert dem japanischen Lehnsherrn Shingen Takeda ein roter Filzhut (*nanbangasa*) aus Europa mit den Worten geschenkt wurde: »Dieser Hut schützt vor Pfeil und Bogen!« Im östlichen Hochland von Neuguinea verwandelte sich im Jahre 1933 alles, was die Weißen berührten, nach dem Glauben der Indigenen wie im Märchen in eine Kostbarkeit. Faßten sie ein Schwein an, dann folgte daraus, daß es von nun an viele gesunde und fette Ferkel werfen würde. Bei jedem Dreck oder Stoffetzen der Fremden, die eifrig gesammelt wurden, ging man davon aus, daß aus ihnen eine wertvolle Küstenmuschel werde. Als »mächtig« und wirkkräftig galt bei den Chimbu in Neuguinea buchstäblich alles, was von jenen undefinierbaren Wesen benutzt worden war, einschließlich ihres ausgespuckten Speichels, gebrauchten Klosettpapiers, abgebrannten Streichhölzern und entsorgten Teeblättern. Im westlichen Hochland Neuguineas nannten die Melpa alle Gegenstände aus Stahl »Geisterdinge« sowie Baumwollstofflappen »weißes Beuteltierfell der Geisterleute« (*kor wambnga kui tina*). Als bei den ebenfalls in dieser Gegend lebenden Mbowamb lange vor Ankunft der ersten Weißen die Eisenklinge einer alten Axt und der Deckel einer Konservendose eingehandelt worden waren, bestaunte jedermann diese Wunderdinge, wobei man sich allerdings nicht sicher war, ob sie sich letzten Endes als nützlich oder als schädlich herausstellen würden. Noch im Jahre 1958 versuchten die Simbu im östlichen Hochland, die Fäkalien der Ethnologin Paula Brown einzusammeln, und um dieselbe Zeit folgten die Bakongo am Unterlauf des Kongo-Flusses unauffällig den Weißen, um sie beim Defäkieren zu beobachten und anschließend die Fäkalien aufzulesen, weil sie aus ihnen Zaubermittel (*n'kisi*) herstellten.

Bei den im Süden des mittleren Niger lebenden Bariba wird alles Geheimnisvolle und Unverständliche *kperu* genannt, zum Beispiel die sich selbständig aufblasende Luftmatraze einer Ethnologin. Die Kanaken Neukaledoniens benutzten zur Bezeichnung des Rätselhaften, so der ersten Europäer, den Begriff *bao*. Als sich einmal ein kleines Kind an den Forscher Maurice Leenhardt heranrobbte, um seine Schuhe zu berühren, weil es so etwas noch nie gesehen hatte, wies seine Mutter es sofort zurecht: »Faß es nicht an, das ist ein *bao*!«[5]

Als die Jolof in der Gegend des Cabo Verde im heutigen Senegal im Jahre 1444 die erste portugiesische Karavelle sahen, wußten sie nicht nur nicht, was das für ein merkwürdiges Ding war, sondern nicht einmal, ob es sich um etwas Reales oder nur um eine Sinnestäuschung handelte. Nachdem gegen Ende 1595 die San Jeronimo unter dem Kommando von Pedro Fernandez de Quiros vor der mikronesischen Insel Ponape vor Anker gegangen war, paddelten die Priester der Gegend zum Riff, um mit Gebeten und magischen Formeln die seltsamen Wesen zu verscheuchen, die sie nicht kategorisieren konnten. Noch sehr viel später nannte man auf den ebenfalls mikronesischen Palau-Inseln die deutschen Kolonialherren und im Zweiten Weltkrieg das japanische Militär *medakt* oder *mesak*, Worte, die alles Mysteriöse und Undurchschaubare bezeichneten, das Angst, aber auch ehrfurchtsvolle Scheu auslöste.[6]

Die Ojibwä nannten die ersten Europäer *manitó*, und die nordkalifornischen Wintu bezeichneten sie mit *ya'paytu'*, dem Namen der Geister, die in den Bergen wohnten und die noch nie irgend jemand gesehen hatte, weshalb kein Mensch wußte, wie sie aussahen. Die Wabanaki an der nordamerikanischen Nordostküste hingegen gebrauchten für die Weißen den Ausdruck *wenooch*, der von den Worten der Frage »Was ist denn das?« abgeleitet war.

Wahrscheinlich gilt für alle Menschen, daß etwas *völlig* aus dem Rahmen Fallendes nicht mehr als interessant, aufregend oder faszinie-

Abb. 4   Schockierter Mann aus dem Wahgi-Tal flieht vor den Weißen.

rend, sondern eher als schockierend empfunden wird und Bestürzung hervorruft. Besonders gut dokumentiert ist dies im Falle der Hochlandbewohner von Neuguinea, die mit Entsetzen und Panik auf die Ankunft der ersten weißen Australier in ihren Dörfern reagierten. »Als ein paar von uns den Mut fanden«, so berichtete später der Leiter der australischen Goldprospektierungs-Expedition im Jahre 1933, Michael Leahy, »näher [auf die Eingeborenen zu] zu gehen, sahen wir, daß sie durch unser Auftauchen wie vom Donner gerührt waren. Als ich meinen Hut abnahm, wichen sie voller Entsetzen zurück. Ein alter Kerl kam vorsichtig nach vorne und berührte mich, um zu sehen, ob ich wirklich existierte.« Ein Chimbu erinnerte sich: »Alle bepissten und beschissen sich voller Entsetzen. Mutter! Vater! Ich war in Panik! [...] Ich rief ›Oh Mutter!‹, aber das half nichts. Ich atmete tief ein, aber auch das half nichts. Ich war völlig verzweifelt. Warum war ich hierhergekommen? Ich hätte niemals da hingehen sollen!« Als die Mbowamb der Hagenberg-Region die ersten Weißen sahen, waren sie dermaßen schockiert (*minngön*), daß sie ebenfalls auf der Stelle defäkierten und urinierten, und als ein Flugzeug über einem ihrer Nachbardörfer kreiste, fühlten dessen Bewohner *pipil,* eine spezifische Angst und Betroffenheit, die sie immer dann empfanden, wenn sie etwas vollkommen Unbekanntes und Außergewöhnliches sahen. Dieses Gefühl hatten sie ebenfalls Jahrzehnte später, als einige der Mbowamb die Küstenstadt Port Moresby mit ihren großen Steingebäuden besuchten.[7]

Die Kobon im nördlichen Hochland Neuguineas wußten zwar nicht, um was für Wesen es sich bei den ersten Weißen handelte, die in den frühen fünfziger Jahren des 20. Jahrhunderts bei ihnen auftauchten. Dennoch waren sie davon überzeugt, daß es sich nicht um Geister handeln konnte, denn die erschienen nie am hellichten Tage, und keiner von ihnen betrat ihre Hütten. Vielmehr traf man sie nachts in abgelegenen Gegenden des Urwalds, wobei sie nur ganz undeutlich zu sehen waren. Als im östlichen Hochland das erste Flugzeug mit schrecklichen Geräuschen am Himmel entlangflog, nannten es die Dorfbewohner, die völlig die Fassung verloren, »das große Etwas« und »etwas, über das wir nichts wissen«. Nachdem schließlich um das Jahr 1945 dort eine solche Entität landete und »eine Art Wesen« aus ihm herauskletterte, gerieten zwei Fore, die dies beobachteten, nachgerade in Pa-

Abb. 5   Junges Chimbu-Mädchen beäugt die Weißen misstrauisch.

nik. Auch die Simbu wußten 1933 nicht, wie sie diese »andere Art von Wesen« einordnen sollten, und waren sich lediglich sicher, daß sie aus einer anderen Welt kamen und sie selber alle sterben müßten, weil es katastrophale Überschwemmungen und Erdrutsche geben würde.

Ein Jahr danach war es auch für die Enga gewiß, daß das Ende der Welt gekommen war. »Niemand hatte jemals so etwas gesehen«, so ein Otoro über die Fremden, die er im Jahre 1935 gesehen hatte, »oder wußte, was das war.« Ein Wola meinte, das seien »Dinge« oder »etwas sehr Seltsames« gewesen. »Ich habe überhaupt nichts über sie gedacht. Horror – das war alles, was mich ausfüllte, und ich floh! Unsere Väter, unsere Vorfahren hatten uns nie von irgend etwas wie dem berichtet oder überliefert!«

Offenbar reagierten die Hochlandbewohner auf die Weißen – oder, genauer gesagt, auf die »Roten«, wie sie auf Grund ihrer durch die Sonne geröteten Haut häufig genannt wurden – ähnlich wie nach der biblischen Überlieferung Eliphas von Theman. Ihn überkamen »Furcht und Zittern«, und sein Körperhaar stand »zu Berge«, als ein Wesen an ihm vorüberging, von dem er nicht wußte, wer oder was es war (Hiob 4,13 ff.). Im Jahre 1910 nannten die Ilahita-Arapesch die ersten Weißen, nämlich die deutschen Kolonialisten, »das Andere« oder »das Geheimnisvolle«. Die Keraakie der Trans-Fly-Gegend in Neuguinea bezeichneten im Jahre 1882 den Missionar Samuel McFarlane als »das Mysteriöse« (E'ərembah), und sehr viel später nannten die Otoro die ersten europäischstämmigen Australier »die Unverstehbaren« (poroi).[8]

Da es allgemein menschlich ist, zu kategorisieren, zu benennen, wissen zu wollen, *was* etwas ist, da die unendliche Vielfalt der Sinnesreize Unwägbarkeit und Unsicherheit bewirkt, waren die Hochländer von den unbegreiflichen »Roten« sehr viel mehr beunruhigt als von deren schwarzen Trägern. Diese konnten sie einordnen und hielten sie häufig für wiederkehrende Verstorbene ihres Clans. Eine alte Kewa-Frau, die in den Dreißigern ein junges Mädchen war, erinnerte sich viele Jahrzehnte später, daß sie dachten, die Papua-Polizisten könnten eventuell *remo*, Geister der Toten, sein, aber da niemand wußte, wie ein Totengeist aussah, weil ein solcher normalerweise unsichtbar war, trug diese Vermutung nicht viel zu ihrer Beruhigung bei. So berichtete der Anführer einer Regierungspatrouille über eine Frau, die gerade ihr Lieblingsschwein spazieren führte, als sie das Dorf betraten: »Ihre Knie fingen an, durchzuhängen, aus ihrem Mund kam ein langes, ersticktes Geräusch, das lauter wurde, um in ein Stöhnen überzugehen, das klang, wie wenn jemand erwürgt wurde und sich im Todeskampf befand. Ein Papua-Polizist versuchte, sie zu beruhigen, und bot ihr ein Messer [als Geschenk] an, doch sie sank in sich zusammen und röchelte weiter.« Aber auch in anderen Kulturen waren es insbesondere die Frauen, die der Kontakt mit den Weißen völlig aus dem Gleichgewicht brachte.

Durch die Ankunft der Weißen waren die Frauen der Ayoreo im Norden Paraguays in den 1960er Jahren dermaßen verängstigt, daß sie nach der ersten Begegnung mit ihnen beim Hören des geringsten nicht sofort identifizierbaren Geräusches vollkommen paralysiert wurden und dann hysterisch schreiend und sich sämtliche Kleider vom Leib reißend wegliefen, um schließlich festzustellen, daß das Rascheln von den Jägern stammte, die ins Lager zurückkehrten.

Allerdings setzte sich im Hochland von Neuguinea bald die Überzeugung durch, daß auch die »Roten« heimgekehrte Geister der Verstorbenen waren und daß sie durchaus menschliche Bedürfnisse hatten, wenn auch deren Befriedigung die Dorfbewohner binnen kurzem erneut schockieren sollte. Nachdem sich die Meinung verbreitet hatte, die fremden »Etwasse« seien anthropomorphe Geister, verboten zum Beispiel die Männer der Gende ihren Frauen und Töchtern, auf die herabhängenden Gürtelenden der »Roten« zu blicken, weil sie diese für die Eicheln ihrer riesigen Penisse hielten. Nachdem sie indessen die »Geister« beim Baden beobachtet und festgestellt hatten, daß deren Geschlechtsorgane ihren eigenen glichen, waren sie zunächst beruhigt. Freilich mussten sie bald voller Entsetzen konstatieren, daß die Weißen ebenso wie die indigenen Polizisten hemmungslos die schönsten der unberührten jungen Mädchen vergewaltigten, was ein ungeheures Verbrechen darstellte, da bereits der einvernehmliche, aber nicht sozial legitimierte Beischlaf mit einer Jungfrau mit dem Tode bestraft wurde. Wer auch nur flüchtig die Brust eines jungen Mädchens berührte, mußte ein Schwein berappen, um sie dafür zu entschädigen. Vor allem die Genitalscham der Frauen und Jungfrauen war nach Aussage vieler Ethnologinnen extrem ausgeprägt. Noch in späteren Jahren empfanden die Hochlandfrauen es als äußerst erniedrigend und demütigend, wenn die Ärzte bei Reihenuntersuchungen ihnen und den jungen Mädchen unter die Röcke faßten, um die Lymphknoten zu betasten. Ein Mann von der Orokolobucht im Südosten Neuguineas berichtete von seiner Mutter: »Was sie am meisten haßte, war jener Tag, an dem die *gavamani* (Regierungsärzte) kamen, um eine Reihenuntersuchung der Leistendrüsen durchzuführen. Zweifellos war es eine ernsthafte Untersuchung, aber man nahm wenig Rücksicht auf die Menschen, die davon Nutzen haben sollten. Alle Frauen wurden einfach aufgereiht, und die *gavamani* griffen mit ihren Händen unter die Grasröcke.«[9]

§ 6
Die »Kraft des Außergewöhnlichen«

Sa nou pa konnen, so lautet ein Sprichwort im haitianischen Kreyòl, *pi gian pase nou!*, Was wir nicht verstehen, ist größer als wir. In den meisten Gesellschaften glauben die Menschen, daß alles Außergewöhnliche und Undurchschaubare eine besondere »Kraft« oder »Macht« besitzt. So ist es zum Beispiel nicht verwunderlich, daß bei den !Kung-Buschleuten der Kalahari das Unerklärliche, Rätselhafte und deshalb Beeindruckende (*n/um*) – etwa der Kondensstreifen eines Düsenjägers am Himmel, technische Geräte oder das schnelle Fahren in einem Lastwagen – und bei den Kxoé das *tçô*, beispielsweise das Zündpulver, als »stark« und daher auch als gefährlich angesehen wurden. Deshalb verwendete man diese Begriffe im allgemeinen nicht, sondern ersetzte sie durch »Respektwörter«. *N/um* war bei den !Kung etwa ein Tonbandgerät, das auf Grund seiner »Macht« zu den »Todesdingen« gezählt wurde, weil es Menschen, die ihm zu nahe kamen, angeblich töten konnte. Ein Heiler sagte auch noch längere Zeit, nachdem er dieses Gerät kennengelernt hatte: »Manchmal sitze ich da, betrachte es und vergesse, daß es eine Schachtel ist. Dann denke ich, daß die Leute da drin sind und reden, und ich stelle mir vor, wie sie vor mir stehen. Kannst du begreifen, wie ein Stück Eisen, wie eine Schachtel deine Stimme zurückbringen kann, wie sie dazu fähig ist, deine Stimmen zu sammeln? Das ist jenseits meiner Erfahrung. Das ist ganz außerhalb dessen, was ich verstehen kann!« Weiter bezeichnete *n/um* aber auch die geheimnisvolle Kraft oder Energie des Feuers sowie jene, die von den Heilern durch wildes Tanzen in der Magengrube und am Ende der Wirbelsäule aktiviert wurde. Kam sie zum Sieden, verwandelte sie sich in Dampf und stieg die Wirbelsäule entlang in den Kopf, wo sie »die Gedanken zu nichts« machte. Dann war die Ekstase (*!kia*) erreicht, und die Tänzer begannen damit, zu heilen.

Die Fähigkeit der Europäer, lesen und schreiben zu können, erschien den Polynesiern im 18. Jahrhundert völlig unverständlich und geheimnisvoll, aber gleichzeitig als Ausdruck ihres starken *mana*. In der ersten Hälfte des 20. Jahrhunderts rieben sich die Männer im östlichen Hochland von Neuguinea, denen die mysteriösen »Roten« begegnet waren, ihre Augen mit dem Saft von Pflanzen ein, die einerseits einen magischen Schutz verliehen, andererseits aber auch etwas von der unbekannten »Kraft« absorbierten, die von den fremdartigen Wesen auf die Dorfbewohner übergegangen war.

Bei den Murngin an der Küste des nordöstlichen Arnhemlandes in Australien und bei den benachbarten Yolngu strahlte das sich an gewissen Orten konzentrierende Numinose oder Außergewöhnliche (*dhuyu*) eine »Kraft« aus, deren Namen (*da:l*) nur die alten Männer, auf keinen Fall aber die Frauen kennen durften. Wenn diese bei den von Gesängen begleiteten Tänzen anwesend waren, mußten sie – und insbesondere die geschlechtsreifen jungen Mädchen – fest die Oberschenkel aneinanderpressen, damit das *dhuyu* nicht in ihre Vagina eindrang.[1]

Bei den Tamilen Südindiens und Sri Lankas waren es vorwiegend grauenerregende Gegenden wie hohe Berggipfel und steile Hänge, rauschende Wasserfälle, Abgründe im Meer, absonderliche und riesige Bäume, bizarre Pflanzen, gefährliche Tiere wie Tiger, Giftschlangen und Elefanten, schauerliche Orte wie vom Blut der Erschlagenen getränkte Schlachtfelder, scharfe Schwerter und besonders gut gearbeitete Bögen und Pfeile, aber auch gewisse Handlungen wie erfolgreich durchgeführte Raubüberfälle, die als »stark« und »mächtig« empfunden und *aṇaṅku* genannt wurden. Im Laufe der Zeit wurde das *aṇaṅku* personifiziert und erschien in der Gestalt berückend schöner Dämoninnen und reizvoller Wassernymphen, die junge Männer »vernaschten« und anschließend töteten. Die Göttin Koṟṟavai, der man den Beinamen Aṇaṅku gab und die im tiefen Dschungel mit klirrenden Arm- und Fußringen tanzte, war ebenso bezaubernd wie bedrohlich, doch trotzdem die Adressatin für Gebete um Regen. »In der hügeligen Landschaft«, so hieß es, »in der sich die Göttin Aṇaṅku aufhält, singen sämtliche Vögel zum Schlag der Trommel.« Eine andere Erscheinungsform von *aṇaṅku* waren die Kaṉṉimār, sieben jungfräuliche Göttinnen der Paṭṭaṇavar an der südostindischen Koromandelküste, die auf Grund ihres hochgradigen *aṇaṅku* eine so heftige Geschlechtslust besaßen, daß sie für jeden Mann eine Gefahr darstellten. Selbst der begehrliche Blick einer ganz normalen Frau, der auf einen nackten jungen Mann fiel, der gemeinsam mit seiner Geliebten ein Bad nahm, war ein Ausdruck von *aṇaṅku*. Die Kaṇṇimār waren der Inbegriff der verführerischen Frau, deren Libido um Mitternacht übermächtig war und ist. Wenn sie die Beherrschung verlieren und rasend und wild nach männlichen Opfern suchen, wird auch das Meer rauh und lebensgefährlich, und die Fischer kehren eilig und mit leeren Netzen heim. Deshalb werden am Strand Rituale durchgeführt, um die Kaṇṇimār abzukühlen und das *aṇaṅku* des schäumenden Meeres zu besänftigen. Schließlich war auch der Gott Murukaṉ *aṇaṅku* und konnte diese Eigenschaft auf Menschen übertragen, sie ihnen aber auch entziehen. Seine Leidenschaft bestand darin, schöne junge Mädchen sexuell zu penetrieren, indem er von ihrem Körper Besitz ergriff und sie in eine Liebesraserei versetzte, eine Besessenheit, die tamilische Priesterinnen durch einen wilden und feurigen ekstatischen Tanz (*veṟiyāṭal*) willentlich herbeiführten.

Die Tamilen waren davon überzeugt, daß die in einer keuschen und keinem Manne untertanen jungen Frau konzentrierte sexuelle Begierde und Liebesglut *aṇaṅku* sei, das jeden Mann überwältige und niederwerfe, wenn er diese Kraft nicht durch eine Heirat domestiziere und unter seine Kontrolle bringe. Selbst dann war die Frau dem Mann jedoch überlegen und saugte beim Koitus mit »unüberbietbarer Kraft« (*opptra catti*) auch noch den letzten Tropfen Sperma (*intiriam*) aus seinem Leib. So erklärte ein Tamile einem Ethnologen, eine Frau habe trotz des Blutverlustes bei einer Geburt und während der Menstruation wesentlich mehr Energie als jeder Mann: »Wenn er sich einen runterholt, hängt ihm die Zunge aus dem Mund, und wenn das zu einer Angewohnheit wird, erblindet er. Aber eine Frau – sie kann es ohne Schaden ihr ganzes Leben lang machen!«[2]

Gleichwohl hat dieser periodische Blutverlust etwas für sich, denn ohne ihn wäre das *catti* der jungen Frauen so heftig und intensiv, daß sie sich völlig hemmungslos verhielten und nicht mehr beherrschen ließen. Dies war zum Beispiel der Fall bei der Göttin Mīnākṣī, deren exzessives und brandgefährliches *catti* man vor allem daran erkennen konnte, daß sie drei stramme Brüste besaß, wobei die dritte Brust sich erst zurückbildete und schließlich völlig verschwand, als Śiva sie heiratete. Auch bei den jungen Frauen, die keine Göttinnen sind, befinden sich *aṇaṅku* und damit das *catti* in den üppigen Lenden und ein Höchstmaß in den Brüsten, besonders wenn sie, wie die tamilischen Dichter es beschrieben, so ausladend und schwer sind, daß jeder denkt, sie verursachten ihrer Trägerin Schmerzen beim Gehen, und sie so eng beieinanderstehen, daß man kein Kokospalmblatt dazwischenschieben könnte. Mit dem Schwellen der Brüste und der Entstehung der Schönheitsflecken (*cunaṅku*) auf ihnen und dem *mons veneris* (*alkul*) während der Pubertät reicherte sich das *aṇaṅku* immer mehr an. Je mehr vorhanden war, um so mehr lechzten die Männer nach dem keuschen Mädchen, deren Macht (*catti*) sie willenlos ausgeliefert waren. So stellten die nach Sandelholzpaste duftenden und mit *tumpai*-Blumen geschmückten Brüste mit den vollen und prominenten »blühenden Knospen« darauf die Objekte männlicher Sehnsucht dar: »Laß meine Blicke auf deinen jungen Brüsten ruhen«, schrieb ein liebeskranker Dichter, »so daß ich nicht mehr so sehr leiden und seufzen muß!« Mit Hilfe ihrer Keuschheit (*karpu*) sammelte sich in den Brüsten der Heldin Kaṇṇaki in dem vor der Mitte des 5. Jahrhunderts entstandenen Epos *Cilappatikāram* so viel *aṇaṅku* an, daß ihre linke Brust zu einem feurigen Geschoß wurde, das die Stadt Maturai in Brand setzte. Auch die Brüste einer reifen und verheirateten Frau besaßen *aṇaṅku* und *catti* unter der Bedingung, daß sie ihrem Ehemann treu blieb. Wenn die Brüste bei einer sehr alten Frau schlaff herabhängen, ist beides normalerweise versiegt, aber bei einer Greisin, die in einem Gedicht an den Heldenmut ihres gefallenen Sohnes denkt, richten sich ihre verrunzelten Hängebrüste plötzlich wieder auf und füllen sich sogar mit Milch.

Wenn sich die Brüste eines tamilischen Mädchens entwickeln, sagt ihre Mutter für gewöhnlich zu ihr: »Jetzt bist du kein Mädchen mehr, sondern in der vollen Blüte deiner Jugend! Die muslimischen Händler und die jungen leichtsinnigen Fischer ohne Moral und Anstand werden auf deine Brüste starren, wenn sie nackt sind, und werden dich auf geile Weise beäugen!« Aus diesem Grunde vermieden es auch früher die jungen Tamilinnen im Gegensatz zu stillenden Müttern, in der Öffentlichkeit ihren Oberkörper zu entblößen, wobei es allerdings eine Ausnahme gab. So entledigte man sich vor den Kultbildern bestimmter Götter und Göttinnen für einen Augenblick der Bekleidung des Brustbereiches, um das von den Gottheiten ausgestrahlte *aṇaṅku* entgegenzunehmen. Ebenso verhält es sich heute bei den jungen tamilischen Pilgerinnen katholischer Konfession, die auf den Knien zum Schrein eines portugiesischen Missionars in Oriyur rutschen, der dort im Jahre 1693 den Märtyrertod erlitten hat. Um seinen Segen (āsīrvātam) und seine Gnade (aruḷ) zu empfangen und damit die Geister, von denen sie sich besessen fühlen, zu vertreiben, nähern sie sich dem Schrein mit nackten Brüsten.[3]

Auch bei den Turkvölkern saß die »Kraft« der Frauen in ihren Brüsten, und wenn ein Mann mit beiden Händen die Brüste einer Jungfrau ergriff, »nahm er ihr die Kraft und machte sie zur Frau«. In einem chinesischen Text aus dem 5. Jahrhundert heißt es, daß der Mann die Eheschließung auf diese Weise besiegle. Nach einer jakutischen Überlieferung fressen Bären und die kannibalischen üor-Geister vor allem die Brüste und die Schamlippen der von ihnen getöteten jungen Frauen, um sich deren Kraft anzueignen. Auf der anderen Seite wurde den Frauen aber auch von »Trägern der Kraft« durch Berühren der Brüste Potenz und Lebenskraft übertragen. So zum Beispiel bei den Yorùbá, deren Besessenheitspriester eine Frau, die sich ein Kind wünschte, durch Berühren ihrer nackten Brüste und ihres Bauches mit Fruchtbarkeit segneten.[4]

War das häufig mit heilig übersetzte aṇaṅku der Tamilen das Numinose, welches große »Kraft« (catti) besaß und ausströmte oder übertrug, galt dies auch für das griechische ἱερός und nicht zuletzt für das mit dem deutschen Wort »heilig« Bezeichnete. So wurden im Laufe der Zeit das mit ἅζομαι, »scheuen«, verwandte ἅγιος und ἅγνός »rein, unberührt, unbefleckt«, die den »verbotenen« Bereich des Numinosen benannten und damit dem polynesischen tapu ähnelten, durch das auf das indogermanische. *ishro zurückgehende Wort ἱερός verdrängt, dem das vedische iṣiráḥ, »lebendig, blühend, kraftvoll, energisch«, entspricht und das ebenfalls »stark, kräftig, aktiv, herausragend, glorreich, schnell (ἱέραξ, ›Falke‹)« bedeutet.

Ein Gleiches gilt für das avestische spənta, »mit Kraft oder Macht gefüllt« (von der Wurzel *kêu-, »anschwellen, sich füllen«), oder für das slawische svento- und jaro, »kräftig, stark, wirkungsvoll«, und schließlich für das auf das indogermanische *kai-lo, »unversehrt, unbeschadet, vollständig, heil«, zurückführbare germanische *hailaz, »Kraft, Vermögen« (vgl. auch das altind. kalyá, »gesund, in guter Verfassung« und *kalyāṇa*, »schön, heilsam«, das griech. * χαλλό, »schön, gut«, ags. *hāl* oder *hœl*, »günstiges Vorzeichen«, daraus engl. *whole,* got. *hails*, das krimgot. *iel*, »Gesundheit«, das altsächs. *hēl*, das ahd. Heil, das altfries. *hēl*, »Glück«). Das **hailaz* der Germanen bezeichnete die Fähigkeit, die Ernte gedeihen zu lassen (*ársœll*). – wer dies im alten Island vermochte, war ein *heilagr* –, und *hailjan*, »heilen«, bestand zunächst im Vermögen, die schadenbringenden Geister zu vertreiben. Wessen Vieh sich gut entwickelte, besaß *tésœll*. Ein guter Seemann, der immer den Wind im Rücken hatte, wie zum Beispiel im 10. Jahrhundert der norwegische König Olaf Tryggvasson, war mit *byrsœll* gesegnet, und ein erfolgreicher Krieger wie der dänische Sagenkönig Haraldr Hilditönn (»Kampfzahn«) mit *sigrsœll* oder er war *gunnheilagr*, das heißt, er verfügte über »Kampfheil«. So ist auch von der fränkischen Regentin Fredigundis überliefert, sie habe sich im 6. Jahrhundert bei einer Entscheidungsschlacht mit dem kleinen Chlotar II. auf dem Arm ins Kampfgetümmel gestürzt, damit dessen »Königsheil« den Sieg bringe. Auch derjenige, der diplomatisch und ausgleichend war im Umgang mit anderen Menschen, gebot über »Freundesheil«, altnordisch *vinsœll*.[5]

Obwohl das Suffix -*kti* des Hindi-Wortes *śakti* das weibliche Geschlecht anzeigt, bezeichnet man mit ihm nicht nur die Kraft und Macht von Frauen oder Göttinnen, sondern jede Art von Stärke, Potenz oder Leistungsfähigkeit. Dazu zählen etwa die übermenschliche Kraft oder Aggressivität, die jemand entwickelt, der von einem Geist »geritten« wird, wie die Bengalen sagen, oder die Kraft von männlichen Gottheiten wie Śiva, Viṣṇu oder Brahmā, vor allem aber die Hanumāns, dessen *śakti* die Fruchtbarkeit der Felder und des Viehs, die Virilität der Männer und Zugfähigkeit der Ochsen garantiere, wenn man ihm eine adäquate Verehrung (*pūjā*) angedeihen lasse. *Śakti* (tamilisch *cakti* oder *catti*), das auf die Sanskrit-Wurzel **śak-*, »fähig sein« (*śākman*, »Kraft«), zurückgeht, ist nicht konstant, das heißt es kann ab- oder zunehmen, aber es ist fast durchgehend eine außergewöhnliche, erstaunliche Kraft – das tamilische Wort *anucatti* ist beispielsweise der Begriff für die Atomenergie. *Śakti* ist ansteckend, es kann etwa durch den Atem übertragen werden oder durch Berührung. So wird das Handauflegen der indischen Pfingstprediger, durch das der Gäubige zu Boden fällt, »Kraft-Klaps« (*śakti pat*) genannt. Ein Ethnologe beobachtete, wie in einem südindischen Dorf einer weiblichen *sādhu* (Asketin) der Havik-Brahmanen der unreinste Teil ihres Körpers, die Füße, gewaschen wurde, worauf das nunmehr *śakti*-haltige Wasser von den Umstehenden als *tīrtha*, »heilige Flüssigkeit« getrunken wurde.[6]

Den Namen Śakti erhielten indessen alle weiblichen Geister, Göttinnen und sterblichen Frauen, die zu außerordentlichen Leistungen imstande waren. Ohne seine Śakti, seine Gefährtin, so sagt man in Indien, wäre Śiva nur eine Leiche (*śava*), Śakti aber ohne Śiva eine blinde und unkontrollierte Macht. So schildert das *Liṅga Mahāpurāṇam*, wie sich der Gott, um die rasende Kālī, die personifizierte Manifestation von *śakti*, zu besänftigen, in einen kleinen weinenden Buben verwandelt. Voller Mitleid gibt ihm daraufhin Kālī die Brust, und mit ihrer Milch saugt Śiva ihre Wildheit aus – ein Exempel dafür, wie die Mutterschaft die ursprüngliche Unbeherrschtheit und Gefährlichkeit der Frauen aufhebt.

Meistens wird aber Kālī dargestellt, wie sie auf dem am Boden liegenden »Leichen-Śiva« sitzt, dessen Penis tief in ihrer Vagina steckt, oder sie tanzt, bis auf einen Gürtel aus abgehackten Dämonenhänden »mit Luftraum bekleidet«, also nackt, und mit zerzaustem Haar auf dem ebenfalls ausgestreckt daliegenden Gott, dessen Penis erigiert ist. Ihre herausgestreckte Zunge, die *lolajihvā*, »die Fickende« heißt, ist rot vom Blut des von ihr massakrierten Dämons Raktavīga, während ihre Nacktheit einerseits Ausdruck ihrer ungezügelten Wildheit ist, andererseits aber auch die Abwesenheit von *māyā*, also die »nackte Wahrheit« symbolisieren soll. Zwar wird Kālī meist mit baumelnden »Hängebrüsten« bildlich dargestellt, aber in den Texten ist sie mit vollen und runden Brüsten ausgestattet wie die Steinfigur der lotosköpfigen Śakti von Sangamēśvara in Āndhra Pradēś aus dem 8. Jahrhundert, die mit üppigen Brüsten und prominenten Schamlippen wiedergegeben ist (Abb. 6). Denn *Śakti* ist auch eine Bezeichnung für die weiblichen Geschlechtsorgane und deren Symbol, das nach unten weisende Dreieck. Kein Körperteil der Frauen wird freilich in den altindischen Texten so besungen wie ihre vollen Brüste. »Deine Hüften sind breit und rund«, so lautet die Beschreibung Sītās, der Gattin Rāmas, »deine Schenkel gleichen Elephantenrüsseln, und deine Brüste:

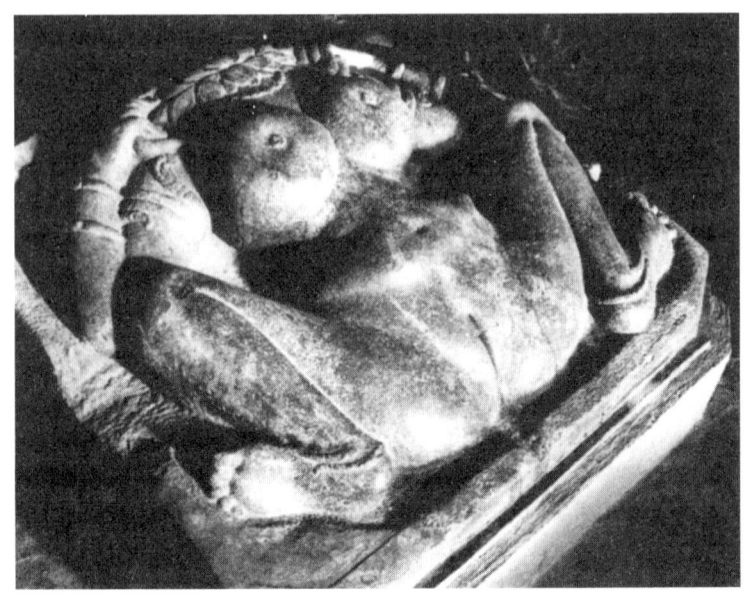

Abb. 6   Lotosköpfige Śakti, 8. Jhd.

Abb. 7   Inderinnen baden im heiligen See von Kārtika Purnimā.

groß und rund, aneinandergedrängt und weit hervorstehend, mit dik-
ken erhabenen Warzen, lieblich und den glatten Früchten der *tāla*-
Palme gleichend, Schmuckstücke, wie die besten Edelsteine leuchtend.«

Als Verkörperung der Kālī und splitternackt – in der zweiten Hälfte
des 12. Jahrhunderts eigentlich in Karṇāṭaka ein Ding der Unmöglichkeit – ging eine junge Frau namens Akka Mahādēvi mit Asche einge-
schmiert auf Wanderschaft und bestieg den heiligen Berg von Śrīśaila,
wo sie sich in der Nähe des dortigen Tempels mit Mallikārjuna, einer
Verkörperung Śivas, sexuell vereinigte. Dadurch wurde sie seine Frau
und Gefährtin, verstarb aber, erst in ihren frühen Zwanzigern, kurze
Zeit danach. Im Jahre 1965 »erkannte« ein Svāmī in einem neunzehn-
jährigen Mädchen die *avatāra* der Akka Mahādēvi, die daraufhin von
der mittelalterlichen Heiligen besessen wurde, was sie wie einen heftigen elektrischen Schlag erlebte, der ihren Körper erbeben ließ. Fortan nannte sie sich Māte Mahādēvi.

Die jungen Mädchen und Frauen, die von Kālī regelmäßig besessen
werden, färben meist ihre Haut dunkel und versuchen, ihre Zunge
langzuziehen, lachen wild und verrückt, lösen ihr Haar auf, schlen-
kern ihren Kopf hin und her und fuchteln mit scharfen Schwertern
und Sicheln in der Luft. Die Göttin ergreift aber nicht nur Besitz
von Verehrerinnen, sondern aktiviert auch die in einer Frau schlum-
mernde *śakti*-Kraft, wenn jene ihr ein Blutopfer darbringt. Als eine
Ethnologin einmal im Tal des Rāvī-Flusses in Himāchal Pradēś ein
Kālī-Medium fragte, ob sie nach der Besessenheit eine Erinnerung
an das dabei Geschehene habe, fuhr die Göttin urplötzlich in die junge
Frau, stürzte sich gellend schreiend auf die Ethnologin und drückte
ihr die Kehle zu. Erst als deren Begleiter auf die Knie fiel und Kālī
um Gnade bat, ließ diese von ihrem Opfer ab. Auch wenn Kālī von
einer jungen tamilischen Feuerläuferin Besitz ergreift, verhält sich
diese wie die wilde unkontrollierbare Göttin. Ihre Muskeln verkramp-
fen, die Augen werden groß und starr, sie grunzt, schreit laut auf, wird
dann extrem gebieterisch und befiehlt ihren Verehrern auf heftige
Weise, lange Spieße durch ihre Backen und Zunge zu stoßen. Schließlich entblößt sie ihre Brüste und durchbohrt deren zarte Haut mit Me-
tallhaken, an denen mit Tagetes-Blumen, Limonellen und Kokosnuß-
schalen geschmückte Bänder hängen.

Śakti erhalten freilich nicht nur die von Kālī Besessenen, sondern auch diejenigen, die von anderen Śakti-Göttinnen »geritten« werden. So wird das Herabsteigen (*avatāra*) und die Inbesitznahme eines Menschen durch die bengalische Pockengöttin Śītalā, die ihn »aufheizt« (*tāpāno*) und »füllt« (*bhavā*), als eine Infiltration göttlichen *śaktis* empfunden. Das Medium (*mukkaldi*) der Tuḷunāḍu an der Küste von Karṇāṭaka im südlichen Indien sagt, wenn das *śakti* der Gottheit in sie einfließe, fühle sie sich wie ein ausgetrocknetes Land, das begierig den ersten Regen aufsauge, oder wie eine Batterie, die mit Strom aufgeladen werde.[7]

In einem berühmten tantrischen Ritual erzeugt der den Gott Śiva repräsentierende Partner durch seine Beckenstöße in der Vagina seiner für gewöhnlich kastenlosen, die Göttin Śakti verkörpernden Partnerin *rāja*, Vaginalsekret, das er nach dem Samenerguß mit seinem Ejakulat verrührt, wonach die Mixtur *kulāmṛta* oder *amṛtam*, »Fortdauer des Lebens« genannt wird, eine hochgradig *śakti*-haltige Essenz, deren Name mit ἀμβϱόσια (von ἄμβϱοτος, »lebendig«) dem vom Okeanos herstammenden Unsterblichkeitstrank der griechischen Götter verwandt ist. Zunächst betonten offenbar die Theoretiker des Tantra dieses Trinken des göttlichen Nektars aus dem »Unteren Mund« der Śakti oder *yoginī*. Im Laufe der Zeit wurde diese Praxis aber immer häufiger durch die Technik des *coitus reservatus* ersetzt (Abb. 8). Dabei wird das *rāja* der Partnerin in die Harnröhre des Mannes gesaugt, dort mit seinem zurückgehaltenen Sperma (*bīṛjya* oder *bindu*) vermischt und dann in den Kopf des Betreffenden befördert, der dadurch – angeblich – Unsterblichkeit erlangt. Der Vorteil dieser Methode bestand offensichtlich darin, daß der Mann auf diese Weise vermied, durch eine Ejakulation seinen Organismus zu schwächen und sich dem Tod näherzubringen. Denn bekanntlich produzieren die Asketen mit Hilfe ihrer Enthaltsamkeit so viel *śakti*, daß sie nicht nur Wunder wirken können, sondern daß ihnen auch eine Wiedergeburt erspart bleibt.

Stoßen die Männer bei einem normalen Beischlaf große Mengen von Sperma aus, verliert eine Frau dabei relativ wenig *rāja*, vermehrt jedoch durch die Aufnahme des männlichen Ejakulats, aber auch durch ihre eigene Lust (*kāma*) ihr *śakti*. Dieses bringe, wie die Tamilen sagen, auch ihrer Familie Glück und Wohlstand, falls sie es nicht

Abb. 8   Tantrischer Geschlechtsverkehr, um 1800.

durch die sexuelle Begierde beim Anblick eines fremden Mannes wieder verliert. Wird also beim Koitus eine Frau in viel geringerem Maße »ausgesaugt«, als sie dies bei ihrem Partner tut, verliert eine Jungfrau nach der Lehre des im 3. Jahrhundert lebenden Religionsstifters Mani noch weniger *rāja*, wenn sie durch eine andere Frau sexuell erregt wird – sie bleibt »die wildeste Frau« voller »Kraft«, weil ihre Vagina durch keine Penetration »erobert« wird und makellos und unberührt bleibt. Allerdings kann einer Frau, die bei einer anderen einen ausgiebigen Cunnilingus ausführt und diese in einem Höchstmaße entflammt, ein Maximum an *rāja* und damit *śakti* übertragen werden. So ist von der tibetischen Tantrikerin Khandro Yeshe Tsogyal überliefert, sie habe eines Tages, als sie noch kein Bodhisattva war, eine nackte Göttin getroffen, die ohne Umschweife ihre Vulva auf Yeshes Mund preßte, so daß diese ihr reichlich fließendes Vaginalsekret trinken konnte. Durch diese enorme Zufuhr von *śakti*, so soll sie später gesagt haben, »wurde mein gesamtes Wesen mit Gesundheit und Wohlergehen erfüllt. Ich fühlte mich so stark wie ein Schneetiger und ich erkannte die unaussprechbare Wahrheit. So entschloß ich mich, da die Zeit reif war, von nun an [in der Öffentlichkeit] nackt zu gehen und als Nahrung nur noch Luft zu mir zu nehmen.«[8]

Von manchen Frauen sagen die Tamilen, sie verfügten über hundertmal so viel »weibliches Sperma« (*rāja*) wie die Männer über männliches, und sie benötigten auch sehr viel mehr *śakti*, weil sie wesentlich mehr arbeiteten. Wenn das *rāja* »stärker« sei als das Sperma (*bīrjya*) des Ehemannes bringe die Frau deshalb ein Mädchen zur Welt. Dann kommt es vor, daß die Leute verächtlich zu dem Mann sagen: »Ach, du bist völlig unbrauchbar, sie ist stärker als du!« Der erotische Tanz der die Göttin Lakṣmī verkörpernden *devādasīs* im Tempel Jagannāthas von Purī in Orissa hat unter anderem den Zweck, daß die Tänzerinnen in so heftigem Maße sexuell erregt werden, daß ihr Vaginalsekret an ihren Schenkeln hinabläuft und auf den Boden tropft, wo es sich mit dem Staub vermischt. Ist die Vorstellung beendet, wälzen sich die Gläubigen auf der Tanzfläche, damit das *śakti* des Sekrets in ihren Körper übergeht.[9]

Unter Berufung auf tantrische Glaubensartikel verteilten und verteilen auch moderne indische Gurus ihr *śakti* unter ihren meist westlichen Anhängern oder beziehen es auch von ihnen, etwa Bhagwan Shree Rajneesh, der seine »Kraft« durch *śakti-pats* auf die Stirn weitergab. »Der Meister«, so einer seiner Anhänger, »hat eine mächtige Vibration, einen Überschuß an elektromagnetischer Energie«, die er auf diese Weise übertrage. Da junge Frauen, wie Bhagwan sagte, ein besserer »Behälter« für sein *śakti* seien als Männer, benutzte er sie als eine Art Zwischenlager für die »Energie«, und seine Jüngerinnen bestätigten, daß der Meister dazu ihre »unteren chakras stimulierte«. Eine Anhängerin präzisierte dies indessen: Der Guru habe sie und ihre Freundin zunächst an den Brüsten und anschließend an ihren Genitalien bis zum Orgasmus masturbiert, und zwar mit der Begründung, er benötige dann und wann eine Portion ihres reichlich fließenden *rājas*, um seinen eigenen Zustand der Vollkommenheit aufrechtzuerhalten.

Im Gegensatz zum heterosexuell ausgerichteten Shree Rajneesh, dem »Guru der westlichen Mittelschicht«, hatte der seinerzeit in Indien populärste und umschwärmteste Heilbringer eindeutig homosexuelle Präferenzen. Nur selten ließ er sich dazu herab, einem jungen Mädchen sein *śakti* durch Analverkehr zu übermitteln. Sathya Sai Baba, der sich für den *avatāra* der Göttin Śakti und ihres Gefährten Śiva hielt, behauptete, Wunder zu wirken, zum Beispiel goldene Gegenstände und Edelsteine aus dem Nichts zu »materialisieren«, Wasser in Benzin zu verwandeln oder Tote zu erwecken. Zwar betrachteten viele seiner glühenden Verehrer es als große Ehre, von dem Göttlichen mit dessen *śakti* versorgt zu werden oder ihm selber als *Śakti*-Quelle zu dienen, aber allem Anschein nach verführte oder nötigte er auch Hunderte seiner Jünger, meistens Heranwachsende und Männer bis zum Alter von etwa dreißig Jahren, zu aktiver und passiver Fellatio, oder er masturbierte sie zunächst in »privaten sessions«, um ihre »unteren *chakras*« zu »reinigen«, wie er es ausdrückte. So berichtete ein junger Mann, Sai Baba habe ihm bei einer Unterredung plötzlich in die Hose gegriffen, seine Hoden und den After gestreichelt, während er mit der anderen Hand seinen Penis anfaßte und ihn »sanft vor und zurück massierte«, um seine *kuṇḍalinī*-Kraft zu aktivieren. Am nächsten Tag stimulierte er erneut seine Hoden und den Penis, »der von der immer schnelleren Bewegung langsam steif wurde«. Schließlich konnte der junge Mann den Erguß nicht mehr zurückhalten, und »Baba zeigte sein Entzücken, als das Sperma spritzte«. Fortan führte er diese »heilige Handlung« mit ihm und anderen regelmäßig durch.[10]

Diese ständige Abgabe von *śakti* erschöpfte freilich die jungen Männer ebenso wie die künftigen Schamanen der nepalesischen Chetri, die Nacht für Nacht von der Frau des sie in ihrer Höhle ausbildenden *ban jhåkri* vergewaltigt werden, wobei sie den Betreffenden völlig seines Spermas beraubt. Um eine solche Entkräftung zu vermeiden und ihr Leben zu verlängern, befleißigten sich auch in China viele Männer einer »innerer Zinnober« genannten Technik, bei der sie den Samenerguß vermieden, um sich stattdessen der im Vaginalsekret enthaltenen *yin*-Essenz zu bemächtigen. In taoistischen Texten wird ein Kampf zwischen den Geschlechtern beschrieben, der darin besteht, die Lebensessenz des anderen »zu stehlen«. Der Leibarzt von Mao Tse-tung berichtete, dieser habe sich beim Koitus mit einer seiner vielen Konkubinen zurückgehalten, um deren *yin shui* zu absorbieren und damit gesund zu bleiben und uralt zu werden.[11]

§ 7
Mana und *tapu*

Auf der Insel Bali bedeutet das auf den Sanskrit-Ausdruck *śakti* zurückgehende Wort *sakti* »unfaßbar, wunderbar, unbegreiflich, übernatürlich«. *Kasaktian* bezeichnet hingegen eher eine außergewöhnliche Kraft, die sowohl die Götter als auch einfache Leute von niedrigem sozialen Rang besitzen können, die heute allerdings zunehmend *orang paranormal* genannt werden. *Kasaktian*, das häufig bildlich als eine Flamme dargestellt wird, die aus dem Kopf oder dem erigierten Penis eines Mannes schlägt, kann sich beispielsweise in der Fähigkeit äußern, heftige Regenfälle oder Stürme zu verhindern, aber auch darin, zu zerstören oder anderen Menschen zu schaden.

Am geachtetsten von allen Heilern ist auf Bali der *balian usada*, denn er schöpft sein Wissen aus den auf altjavanisch verfaßten Palmblatt-Manuskripten (*usada*), medizinischen Traktaten, die in hohem Maße *kasaktian* besitzen, das sie auf ihren Benutzer übertragen. Da diese Kraft aber ethisch neutral ist, verfügen über sie ebenfalls, wenn auch in roher Form, unkontrollierter und in geringerer Intensität, Dämonen, übelgesinnte Hexen (*léyak*) und die von niederen Gottheiten, Ahnen oder Geistern besessenen *tapakan*-Medien (von *tapak*, »eindringen in«). *Kasaktian*-haltig sind auch Weihrauch, bestimmte Blumen, deren Duft die Götter inhalieren, alte chinesische Münzen, der Puder (*boreh*), mit dem die Braut vor der Heirat eingestäubt wird und den man bei der Krankenheilung benutzt, aber auch seltsam geformte Kieselsteine, die jemand aufliest, ohne zu wissen, daß sie diese Kraft enthalten.

Starkes *kesaktèn* gibt es auf Java in der Wildnis, im Urwald und im Meer. Die Asketen suchen die möglichst jungfräulichen Gegenden auf, um dort größere Kraft zu erlangen, doch es heißt, eine zu hohe Konzentration der Kraft könne insbesondere für schwache und unerfahrene Menschen ohne »spirituelle Ausbildung« gefährlich werden. Mehr noch als berühmte Heiler, Geistermedien oder enthaltsam lebende Personen besaßen die balinesischen Könige *kasaktian*, was sich häufig bereits zu Beginn ihres Lebens oder in der Kindheit bemerkbar machte. So sei im Augenblick seiner Geburt über der Fontanelle des künftigen Königs Panji Sakti ein feuriges Licht (*genimaya*) erschienen, das deutlich machte, daß er mit Hilfe seines *kasaktians* später jeden Krieg gewinnen werde.

Signum und Quelle der Kraft des Königs war sein Dolch (*kris*). Im Jahr 1908 stieß der König von Klungkung im südöstlichen Bali seinen machtvollsten *kris* in den Erdboden in der Erwartung, er werde die herannahende niederländische Armee vernichten, die freilich, wie sich herausstellte, mehr *kasaktian* besaß als die balinesische. Ein *kris* förderte den Reichtum seines Besitzers und dessen Glück bei Frauen, verhinderte Brände, erleichterte Geburten, und mit ihm entfernte der javanische Heiler (*dukun*) die Geister aus dem Leib besessener junger Mädchen und händigte sie Ratu Kidul, der Königin des Südlichen Meeres, aus. Da ein *kris* das erigierte Glied eines göttlichen Ahnen repräsentierte, durften Frauen ihn im allgemeinen nicht berühren. Es hieß, das Blatt eines königlichen Dolches fühle sich an, als stehe es unter Strom, und es bringe Wasser, in das man es tauche, zum Kochen. Je mehr Menschen mit ihm getötet worden waren, um so mehr Effektivität besitze eine solche Waffe, aber sie könne ihr *kasaktian* auch ganz plötzlich verlieren.[1]

Auch in Polynesien besaß alles Außergewöhnliche, Imposante und Faszinierende *mana*, das heißt exzeptionelle Kraft, bei den Proto-Polynesiern offenbar vor allem beeindruckende Naturerscheinungen, zum Beispiel das den Horizont erhellende und das Herannahen eines Gewittersturmes ankündigende Wetterleuchten, heftiger Donner und grelle Blitze oder Vulkanausbrüche in Verbindung mit Erdbeben, aber auch Unheimliches wie tiefe Höhlen in den Korallenriffen, steile Klippen, seltsam geformte Felsen und Steine, tiefe Vulkankrater; später Unbekanntes wie die Musketen, das Schießpulver oder die Bücher der Europäer, aber auch Gift, wenn es erfolgreich war, das heißt wenn es zuverlässig tötete. Was ein alter Gende in Neuguinea, ein halbes Jahrhundert nachdem er die ersten »Feuerstöcke« der Weißen gesehen hatte, sagte, hätte auch in denselben Worten zweihundert Jahre vorher ein Tahitianer oder Māori zum Ausdruck bringen können: »Ich hatte so etwas noch nie gesehen, und in meinen wildesten Träumen hätte ich nie gedacht, daß es so etwas Mächtiges und Zerstörerisches irgendwo gab. Zuerst dachte ich: Jetzt hast du die Quelle von Donner und Blitz gesehen!« Im späteren 18. Jahrhundert verstärkten viele polynesische Häuptlinge ihr *mana* mit der Hilfe europäischer Musketen, und als im Jahr 1837 ein Missionar einen fijianischen Oberhäuptling fragte, ob er an die Wahrheit der christlichen Lehre glaube, antwortete dieser: »Alles ist wahr (*dina*), was aus dem Land des weißen Mannes kommt; die Musketen und das Schießpulver sind wahr, und eure Religion muß folglich auch wahr sein!« Und im Jahre 1914 ergänzte ein Fijianer: »Wenn etwas wahr ist, ist es *mana*, wenn es nicht wahr ist, dann nicht.«[2]

Zahlreiche Theologen und Religionswissenschaftler sowie Tranceforscher im Umkreis der New-Age-Bewegung haben den Begriff *mana* auf maßlose Weise ideologisch überhöht. Rudolf Otto behauptete gar, der Begriff bedeute nicht Kraft oder Macht »in ausnehmender Steigerung«, sondern etwas, das mit irdischer Macht überhaupt nicht vergleichbar sei, und die Ethnologin Felicitas Goodman meinte, das *mana* sei eine »alles durchdringende spirituelle Kraft«, »die Wirkung einer verborgenen Anwesenheit, einer hinter der sichtbaren Erscheinung stehenden Wirklichkeit«. Tatsächlich war *mana* jedoch einfach eine außergewöhnliche Kraft oder Leistungsfähigkeit, Potenz oder Energie von Lebewesen, Dingen oder Naturerscheinungen, eine wahrnehmbare Eigenschaft und nichts Mysteriöses oder Metaphysisches *hinter* den Erscheinungen. Eine Person beispielsweise besaß *mana*, wenn sie reich und korpulent war, wenn ihre Schweine sich vermehrten und ihr Yams üppig wuchs. Das *mana* eines Mannes erkannte man daran, daß er ein tapferer Krieger war, der seine Feinde besiegte und dessen Penis zu einer beeindruckenden Größe erigieren konnte, der große Mengen von Sperma ejakulierte, viele Ehefrauen und Kinder sein eigen nannte und diese vor allem Unheil und bösartigen Geistern schützen konnte. Sehr viel *mana* enthielten aber auch die Schienbeinknochen verstorbener Häuptlinge, die zu vortrefflichen Angelhaken oder Speerspitzen verarbeitet worden waren, Kriegskeulen, mit denen man viele Feinde erschlagen hatte, oder Keopuolani, die Hauptfrau des hawai'ianischen Königs Kamehamea I., die so kraftstrotzend war, daß jemand, der unabsichtlich mit ihr oder ihren Besitztümern in Berührung kam, unweigerlich sterben mußte.[3]

Das Hab und Gut dieser Frau und ihr Körper sowie auch der Leib der polynesischen Häuptlinge, besonders ihr Kopf, ihr Penis und ihre Hoden, durften nicht angefaßt werden, denn auf Grund ihres starken *manas* waren sie *tapu*. Als aber einmal ein Krieger auf den Kopf eines Māori-Häuptlings urinierte, verlor dieser ebenso sein gesamtes *mana* wie jemand, der dem Genitalbereich einer Frau unerlaubt zu nahe kam, weshalb ein Sprichwort der Māori besagte: »Was einen Mann vernichtet, ist das *mana* der Genitalien einer Frau.« Aus diesem Grunde rieben die Frauen ihre Vulva an den Köpfen sterbender Feinde oder schmierten Menstruationsblut auf deren Gesichter. Sein *mana* büßte aber auch ein, wer sich auf eine Beleidigung hin nicht rächte, wessen linkes Auge von einem Feind, der ihn kampfunfähig gemacht hatte, wie eine Auster geschluckt oder wer gar von den Siegern gekocht und gegessen, also auf ein Nahrungsmittel reduziert wurde. Für die Māori war auch Jesus infolge der Tatsache, daß er – ans Kreuz genagelt – hilflos starb, ein Mensch, der all sein *mana* verloren hatte, ein »Loser« wie ein Sklave, mit dem man tun und lassen konnte, was man wollte.[4]

Wer oder was *mana* besaß, war *tapu*, ein Wort, das ähnlich wie ʿatua ursprünglich »unverständlich, unerreichbar, mysteriös, jenseits menschlicher Fassungskraft« bedeutete, wörtlich »das deutlich Gekennzeichnete, Hervorgehobene, Herausragende« im Gegensatz zum Gewöhnlichen, Normalen, Alltäglichen (*noa*). Es bezeichnete etwas, das Ehrfurcht und Scheu hervorrief und gefährlich und daher »verboten« war. Ihm vergleichbar ist die Bedeutung des arabischen ḥrm, das *mage* der Mulia Dani in Neuguinea, das *amina* der Bevölkerung von Waropen in der Vogelkopf-Halbinsel von Neuguinea oder das *kwaia abu* der Kwaio auf der Salomonen-Insel Malaita. Auf Rarotonga im polynesischen Cook-Archipel erzählt man, ein weißer Ingenieur, der mit seinem Bulldozer über einen Stein fuhr, der ursprünglich zu einem *marae*, also einem ausgesprochenen *tapu*-Ort, gehört, hatte, habe auf der Stelle einen Schlaganfall erlitten. Heute steht in den größeren Ortschaften auf den »Einfahrt-verboten-« und den Stoppschildern die Aufschrift *tapu* (hawaiʾianisch *kapu*).

Eine Person, die für eine schwächere *tapu* war, stellte für den Unterlegenen eine Gefahr dar, wie ein ungeschützter elektrischer Draht. Ein fijianischer Häuptling brüstete sich damit, er besitze ein dermaßen starkes *mana*, daß sämtliche in einem Fluß lebenden Fische sterben müßten, wenn er in ihm bade. Die toten Tiere könne aber niemand essen, weil sie selber *tapu* geworden seien. Noch heute sagen die Tonganer, daß sie während einer Audienz bei ihrem König dessen *mana* spürten wie eine elektrische Spannung, die in ihnen eine Fiebrigkeit, aber auch Angst und Ehrfurcht erzeuge.[5]

Ganz offensichtlich ist die Vorstellung der Polynesier, daß viele Menschen, Tiere, Dinge und Naturerscheinungen mehr oder weniger *mana* enthielten und deshalb *tapu* seien, viel tiefer verankert als der Glaube an Götter und Geister. Auf Tikopia und zahlreichen anderen Inseln der Südsee ist der Glaube an Götter und Geister verschwunden, aber die Vorstellung vom *mana* und vor allem davon, daß die Häuptlinge und Könige Träger einer starken Kraft sind, weiterhin verbreitet. Anscheinend sind diese Anschauung und sehr ähnliche allgemein menschlich und so gut wie überall und zu allen Zeiten, aus denen es schriftliche Quellen gibt, nachweisbar.

Im alten Ägypten wurde das Wort für außergewöhnliche Kraft und Fähigkeit, *heka* (von kꜣ, »Stier« mit einem ḫ-Präfix), hieroglyphisch durch zwei erhobene Arme wiedergegeben, die einerseits Stierhörner und die Kraft des beim Geschlechtsverkehr heftig die Kuh stoßenden Bullens darstellten, andererseits aber wohl auch die Übertragung von Lebenskraft durch eine Umarmung. Von den Göttern, insbesondere vom Sonnengott und von Thot, aber auch von Isis hieß es, ihr Leib sei »gefüllt mit *heka*« (mḥ m ḥk). Doch die Kraft war, wie das polynesische *mana*, moralisch ambivalent, denn sie konnte beispielsweise die Menschen heilen, sie aber auch krank machen. Die Skulptur einer Kobra an der Stirn des Pharaos wurde *werethekau*, »Die, die groß an *heka*-Kraft ist« genannt, die jegliches Unheil von den Ägyptern fernhielt. Auch die Feinde der Ägypter wie die Nubier, die östlichen Nomaden oder die Syrer bedienten sich aber dieser Kraft, um dem Land am Nil zu schaden.

Das westsemitische 'el (protosemit. 'ilu, arab. 'ilāh, aram. 'alāhā), erhalten im hebräischen 'elōhīm und im arabischen al-'ilāh = Allāh, »Gott«, bedeutete ebenfalls ursprünglich »Kraft, Macht, Stärke, Potenz, Manneskraft«, vor allem die des brünstigen Stieres (ṯr), von der die semitischen Völker ebenso beeindruckt waren wie die Ägypter. Dies kommt in einem ugaritischen Text zum Ausdruck, in dem die beiden Vegetationsgöttinnen ʿAšerah und ʿAnāth dermaßen hingerissen sind von der gewaltigen Erektion des stiergestaltigen Wettergottes El, daß sie gerade noch erstaunt stammeln können, bevor er beide nacheinander besteigt und penetriert. In einem anderen Text bespringt er ebenfalls die ʿAšerah mit den Worten: »Siehe, die Geschlechtskraft Els wird dich erregen, die Lust des Stieres wird dich stimulieren!«[6]

Im in altiranischer Sprache abgefassten zoroastrischen Awesta sind der »Glücksglanz« (x^varənah), die »Strahlen der Sonne« (x^var, neupers. *farr*; idg. *hûar-*, »brennen«), die Energie oder Kraft, die Menschen, Tiere und Pflanzen gedeihen läßt und die bewirkt, daß die Quellen sprudeln, der Wind weht und die Menschen sich fortpflanzen. Außergewöhnlichen Personen verleiht sie Erfolg, Glück und Wohlstand, im Regen befruchtet sie das Erdreich und im Sperma die Frauen. In besonders hohem Maße besaßen Ahura Mazdā und die übrigen Götter sowie der wohl im 7. Jahrhundert v.Chr. lebende Zarathuštra diese Kraft. Auch der sassanidische König mußte sich jeweils x^varənah aneignen, um regieren zu können, denn sein Besitz war nicht erblich. Als Charisma war das *farr-i pādšāhān* dem sassanidischen Herrscher in Form eines Heiligenscheines eigen, doch er konnte es einbüßen. Dies geschah dem mythischen König Yima, der all sein x^varənah verlor, weil er sich ein einzige Mal dazu hinreißen ließ, zu lügen, was dazu führte, daß er von dem Tyrannen Azdahāg umgebracht wurde.

Dem iranischen x^varənah entsprach das etruskische *augur* (von **aug-*, »vermehren, wachsen« und »anschwellen lassen, befruchten, stärken«, griech. αὐξάνω, lat. *augere*, got. *bi-aukan*, mittelengl. *augment*, altfrz. *augmenter*), ein Begriff, der auch im Namen jener altrömischen Priester, der Auguren, enthalten ist, die rituell das Wohlergehen des Volkes förderten. Bei den zentralasiatischen Turkvölkern hieß die in allem mehr oder weniger enthaltene Lebenskraft oder Energie, die nicht nur in der Erde und im Wasser, in den Pflanzen, Tieren und Menschen enthalten ist, sondern vornehmlich im Herrscher, *qut* (adjektivisch *qutluġ*). Besorgten die Schamanen das *qut*, indem sie in den Himmel reisten, wurde es dem Herrscher (*qutluy*) vom Himmel übergeben. So konnte im 8. Jahrhundert Bilgä Khan konstatieren: »Da der

Himmel gnädig war und mir *qut* verlieh, bestieg ich den Thron. Und als ich dies getan hatte, versammelte ich die Armen und das elende Volk. Darauf machte ich aus dem armen Volk ein reiches und aus dem kinderarmen Volk ein vielköpfiges.« Kam dem Fürsten das *qut* aber abhanden, so war er kraft- und glücklos und damit verloren.[7]

Ähnliche Ansichten gab es zumindest bis vor kurzem in sämtlichen übrigen Weltgegenden. So haben nach Überlieferung der Ungarinyin im südöstlichen Arnhemland die »Traumzeitheroen«, als sie einstmals die Erde verließen, in Bäumen, Felsen, Felsbildern, Schwirrhölzern und anderen Gegenständen die *djalu*-Kraft zurückgelassen, die alle Menschen, Tiere und Pflanzen vitalisiert. In besonders hoher Konzentration ist diese Lebenskraft in Blut, rotem Ocker, Bergkristallen und dem vor den Mund tretenden Schaum enthalten, der durch die Erregung beim Tanz entsteht. Vermöge der mit *djalu* »gefüllten« *tjurungas* (Schwirrhölzer) holt man Regen herbei, frischt man die Wondjina-Höhlenbilder auf, führt man Seelenreisen über große Entfernungen hinweg durch, aber mit Hilfe von Klangstäben oder -hölzern übt man mit dieser Kraft auch Schadenzauber aus. Bei den Nyigina am Fitzroy-River in den nordwestaustralischen Kimberleys befindet sich diese Kraft, die dort *pidamara* heißt, vornehmlich in den Wasserlöchern. Bei den Yolngu im Nordosten von Arnhemland wird die das ganze Land belebende Kraft *maarr* durch Zeremonien wie das *kunapipi* und die Felsbilder der Ahnen (*miny'tji*) auf die Menschen übertragen, die sie benötigen, um Prestige zu erlangen und Erfolg bei der Jagd zu haben. Wenn schließlich einem Mann der Gunwinggu im westlichen Arnhemland ein Geist begegnet, verliert er die Besinnung und stürzt »wie tot« zu Boden. Daraufhin bläst der Geist seinen Kraft (*gunngola*) enthaltenden Atem in Nase, Ohren, Mund, Harnröhre und After des Bewußtlosen, der infolgedessen ein *margidbu*, ein »mächtiger Mann« wird, der sich unsichtbar machen, in den Himmel klettern, die Kraft aber auch mißbrauchen kann.

Wer bei den Tiv am Benuë, einem Nebenfluß des Niger, in seinem Herzen die Kraft *tsav* besitzt, ist bei allem, was er tut, erfolgreich und kann sogar Wunder wirken. Jegliches Talent und ungewöhnliche Stärke werden auf sie zurückgeführt, aber sie kann sich als ein Danaergeschenk erweisen und sowohl ihren Besitzer als auch Menschen ohne *tsav* töten. Wird das *tsav* vor allem von den Schädeln der Ahnen ausgestrahlt, nahm man am unteren Kongo an, daß die Erfolg und Effektivität verleihende Kraft *nkisi* allem Außergewöhnlichen innewohnte, sonderbaren Bäumen oder Felsen, Erdspalten und Wasserstrudeln, mißgebildeten Pflanzen und Tieren wie einer fünfbeinigen Antilope, aber auch fremdartigen und unverständlichen Objekten wie einer Kopfschmerzablette oder numinosen Artefakten, vor allem den Masken und Ahnenfiguren. Da auch *nkisi* weder gut noch böse war, ist es nicht erstaunlich, daß ein unbeugsamer und gefühlloser belgischer Kolonialbeamter, den niemand mochte, auf Grund seiner Durchsetzungsfähigkeit als Träger von starkem *nkisi* angesehen wurde. Deshalb sammelte man seinen Speichel sowie seine Haare und Fingernägel und den Staub der Stelle, an der er auf dem Boden gesessen hatte.[8]

Wie die oben erwähnten Stämme am Unterlauf des Kongo, die Quechua sowie die Wesera im Norden des Sepik in Neuguinea waren auch die im Grenzgebiet von Maine und New Brunswick lebenden Maliseet der Überzeugung, Objekte, die außergewöhnlich und mysteriös aussehen, seien Träger von *keskamsit*, einer Art *mana*. Sie verliehen beeindruckende Fähigkeiten und Eigenschaften, zum Beispiel großes Geschick beim Fischfang, dem Paddeln eines Kanus oder beim Geschlechtsverkehr mit Frauen. Das *puha* der Paiute, eines indigenen Stammes Nordamerikas, das heute häufig *medicine* genannt wird, weil die Medikamente der ersten europäischen Ärzte als mysteriös und machtvoll angesehen wurden, konzentriert sich an Orten, die *nanasuigaint* genannt werden, was Porokugare, ein Medizinmann der Wind-River-Schoschonen mit »wunderbar, sehr mächtig, heilig und gefährlich« übersetzte. Solche besonderen Stätten gehen häufig auf vulkanische Aktivitäten zurück, zum Beispiel heiße Quellen und Basaltlavaströme, aber *nanasuigaint* sind zudem Höhlen, der Boden der Sonnentanzhütte und heute auch der christlichen Kirchen, obgleich der in manchen Visionen auftauchende Jesus nie *puha* ist. Früher erwarben viele Paiute-Pilger *puha*, indem sie unter der Führung von Schamanen (*puhaʿ gants*) an der Felswand eines alten Vulkans im südlichen Nevada einen Finger in das vertiefte Auge eines dort angebrachten Bildes eines Bergschafes steckten. Das aus dem Inneren der Erde strömende *puha* bildete aber nicht nur die Energie der Angehörigen dieses Stammes, sondern auch die aller Tiere, Pflanzen,

Steine, Wolken, Gewässer oder Gewitterstürme. *Puha,* das die östlichen Schoschonen *poha* nannten, wurde auch von den Comanche bei der Visionssuche in der Wildnis oder während des Sonnentanzes erworben, bei diesen sogar von jungen Mädchen und Frauen. Auch bei den Hopi erwarben vornehmlich Häuptlinge, Priester, Medizinmänner und -frauen sowie Zauberer, die im Ruf standen, sich in ihre Hilfsgeister verwandeln zu können, *tuhisa,* »Kraft«. Ausnahmsweise standen und stehen auch heute noch solche Leute unter dem Dauerverdacht, die Kraft oder Energie aus antisozialen, egoistischen Gründen zu mißbrauchen.[9]

Häufig wird die außergewöhnliche Kraft als »Hitze« bezeichnet. Die Yimar am oberen Korowori in Neuguinea sagten früher, ein Mann im Normalzustand sei nicht »heiß« genug, um erfolgreich auf Kopfjagd zu gehen. Ähnlich heißt es bei den Mixteken, ein Mann, meistens ein Kazike (Gemeindevorsteher), der *yii,* »Kraft, Macht, Potenz« (spanisch *fuerza*) besitze, habe das heißeste Blut, er sei feurig, energisch, aggressiv und wie »elektrisch aufgeladen«. Namentlich in Afrika und in Melanesien wird heutzutage die »Kraft« oder »Macht« mit Elektrizität verglichen, die Menschen, Tiere und Dinge wie eine Batterie auflädt. So sagten die Bahinemo am östlichen Sepik, der Elektrogenerator eines Ethnologen besitze besonders viel *bininyu,* ein Wort, mit dem jegliche physische und geistige Energie bezeichnet wird. Die Frauen und Männer der Kwara'ae auf der Salomonen-Insel Malaita, die glauben, einmal einem Geist begegnet zu sein, berichten, dessen Macht (*mamana*) habe sie getroffen wie ein Stromschlag.

Wie Elektrizität durchfließt auch das malaiische *semangat* in variierender Intensität alle Dinge, vor allem aber Hartes wie Steine, Zähne oder zähe Pflanzen. Männer sollen viel »härter« sein als Frauen, von denen es heißt, daß sie »weich« sind und nur geringen Widerstand leisten können, weshalb sie sich sehr leicht von den Geistern »überwältigen« und zum Sex zwingen oder überreden ließen. In der Sprache der Telefol in Zentral-Neuguinea bezeichnet der Begriff *kun* (wörtlich »Knochen«) alles Harte und Feste. Eine Person, die *kun* ist, besitzt Unbeugsamkeit und daher Macht und Autorität. Dem polynesischen *mana* entspricht im melanesischen Vanuatu-Archipel *paoa,* »stark, fest«, und dies sind zum Beispiel Häuser, die so stabil gebaut sind, daß sie Erdbeben und Taifunen widerstehen. Ein unverwüstliches Schiff, das bei einem Taifun nicht unterging, und ein Schwert, das alles durchschnitt, besaßen auf Okinawa *seji*. Von einem unbrauchbar gewordenen Messer, einem ertragsarmen Obstbaum, einem dummen Menschen oder einem erfolglosen Kopfjäger sagten die Ifugao auf Luzón: »Ihm fehlt *alimaduan*!« Ist bei den Kwoma am mittleren Sepik ein Messer besonders scharf, besitzt es *ow*, »Kraft, Effektivität«, im Pidgin *powa* (von *power*). Dasselbe sagt man von einem sexuell potenten, »leistungsfähigen« Mann.[10]

All diese Kräfte stellte man sich durchweg als Substanzen vor, die sich beim Menschen irgendwo im Körper befanden. Bei den Nao' im Kameruner Grasland zum Beispiel im Bauch oder bei den Malaien in den Haaren, weshalb in den alten Zeiten die Krieger das Haar lang trugen und nicht schnitten. Noch heute heißt es, ein vertrocknender Baum blühe auf und trage üppige Frucht, wenn man unter ihm nach der ersten Tonsur das *semangat*-haltige Kopfhaar eines jungen Mädchens vergrabe. *Sumange'*, die Energie, die nach Auffassung der Buginesen im Süden der indonesischen Insel Sulawesi die Menschen effizient und gesund sein läßt, ist in der Nabelgegend am konzentriertesten, und von dort strahlt sie auch aus. Die Kraft könne aber für andere gefährlich werden, wenn sie von besonders »starken« Menschen, etwa von den Adeligen, emittiert werde. Freilich kann sich *sumange'* auch verflüchtigen, wenn sich ihr Träger allzusehr aufregt, die Selbstkontrolle verliert oder einen Schock erleidet. Ein gewisses Quantum verliert jeder Mensch, wenn er uriniert, defäkiert, blutet, Haare verliert, sich die Fingernägel schneidet, schwitzt, wenn sein Schatten auf die Erde fällt, wenn er Fußstapfen hinterläßt oder friert oder wenn beim Reden Laute seinen Mund verlassen, besonders beim Rufen aus vollem Halse und Schreien, und schließlich dann, wenn er sich photographieren läßt. Auch im alten Japan war der Schatten des Kaisers, der auf eine Person niedrigen Standes fiel, für diese lebensgefährlich. Laut der Apostelgeschichte 5,15 trug man hingegen die Kranken auf die Straße, damit der Schatten des heiligen Petrus, wenn er dort entlangging, auf sie falle.

Lag auf der indonesischen Insel Nias ein bedeutender vornehmer Mann, der sehr viel »Kraft« (*eheha*) besaß, im Sterben, legte dessen ältester Sohn seine Lippen auf die des Vaters, um das in den Schaumblasen enthaltene *eheha* aufzunehmen. Bei den indonesischen Toba-Batak übertrugen die Reichen und die Adeligen, die Häuptlinge und die Priester das Glück, Erfolg und Prestige verleihende *sahala* auf andere durch Bespucken, Berührungen und wie der Apostel Petrus durch ihren Schatten. Schließlich vermittelten bei den zentralmadegassischen Merina die Älteren den jungen Leuten »Kraft« (*hasina*) im allgemeinen und insbesondere sexuelle Potenz, indem sie jene mit Wasser besprühten und dabei sagten: »Werde reich, werde stark, habe sieben Buben, habe sieben Mädchen!«[11]

§ 8
Die Kraft des Kopfes und des Penis

Weit verbreitet war bis vor kurzem in Südostasien, im tropischen Süd-
amerika und anderen Gegenden der Welt die Vorstellung, daß die sich
im Kopf befindliche Lebenskraft von bei Überfällen auf Mitglieder be-
nachbarter Gruppen erbeuteten Köpfen auf die Felder, die Haustiere
und die Frauen übergehe und sie fruchtbar mache. So fingen zum Beispiel die Wa in der sinoburmesischen Grenzregion einen jungen Mann
und sperrten ihn in ihrem Dorf so ein, daß kein Sonnenstrahl seine
Haut erreichte, bis sie ganz hell geworden war. Schließlich führte man
ihn auf einen Festplatz, wo nackte Mädchen ihn entkleideten und masturbierten. Unmittelbar vor der Ejakulation wurde ihm jedoch von
hinten der Kopf abgeschlagen, den man anschließend auf einem Ge-
stell verwesen ließ. Der vom Körper abgetrennte Kopf eines sexuell
erregten Mannes galt nämlich als in höchstem Maße fruchtbarkeitsför-
dernd. Dementsprechend verteilte ein Priester die von dem sich zerset-
zenden Gewebe herabtropfende Flüssigkeit an alle Familien im Dorf,
damit diese bei einer künftigen Trockenheit mit ihr die Felder revita-
lisieren konnten.[1]

Die Frauen der Iban-Dayak auf der Insel Borneo trieben oft mit ihrer ganzen Energie die Männer zur Kopfjagd an, weil sie nicht nur
glaubten, der Reis wachse dann üppiger, sondern auch, daß sie dann
mehr Kinder zur Welt brächten. Auch die Bontok im Norden Luzóns
schlugen ihren Opfern die Köpfe ab, »damit der Reis gut wird, damit
wir gesund sind und viele Kinder haben«. Deshalb legte man dem Ehemann einer unfruchtbaren Frau einen erbeuteten Kopf in die Hände
und sagte zu ihm: »Hier, nimm ihn, damit du endlich Kinder haben
wirst!« Bei den hinterindischen Sema-Naga waren Frauenköpfe ge-
suchter als die von Männern, weil Frauen fruchtbarer sind und Kinder
gebären können. Anders bei den Asmat im Südwesten von Neuguinea.
Dort schlugen die Kopfjäger zwar ein Loch in den Schädel eines getöteten Mannes, um an sein Gehirn zu gelangen, das gekocht und gegessen wurde, damit sich die Kraft des Opfers auf die Esser und deren

Sagopalmen übertrug. Doch die erbeuteten Frauen wurden nicht getötet, sondern ins Dorf verschleppt, wo man sie nackt auszog und sexuell mißhandelte. Vermutlich dachte man, daß ihr Schreien und Stöhnen die Fruchtbarkeit der Sagopalmen und der eigenen Frauen aktiviere. Außerdem wurde ein abgeschlagener Männerkopf einem jungen Initianden zwischen die Oberschenkel gelegt, damit die Kraft des Kopfes auf seine Genitalien überwechselte. Man hängte solche Köpfe auch in Bananenpflanzungen und Kokosnußhainen auf oder legte sie in Zukkerrohrfelder. Schließlich brachte jeder getötete Feind den westbrasilianischen Wari' eine Infusion von Lebenskraft, Energie und auch Wut, die durch den Penis des Töters in dessen Leib eintraten. Dies galt für alle, die dem Akt des Tötens beiwohnten, auch für die Frauen, bei denen dasselbe durch die Vagina stattfand.[2]

Zwar sehen zum Beispiel die Madukayan in den Bergen Nord-Luzóns heutzutage keinerlei Verbindung zwischen der Kopfjagd und der Fruchtbarkeit der Felder und der Frauen, sondern sagen, sie steigere lediglich das Prestige eines Mannes, doch deutet alles darauf hin, daß das Wissen um die ursprüngliche Bedeutung des Brauches vor einigen Generationen verlorengegangen ist. Dagegen hat sich bis heute bei den benachbarten Kalinga der Glaube gehalten, das mit der Kopfjagd verbundene Blutvergießen lasse sterile Frauen schwanger werden und der Konsum des Gehirns eines Feindes mache einen Kopfjäger verwegen und erfolgreich. Bei sämtlichen Dayakstämmen war die Kopfjagd nicht nur Voraussetzung für das Wachstum auf den Reisfeldern, den Wildreichtum der Wälder, den Überfluß an Fischen in den Flüssen, die Gesundheit der Bevölkerung und die Gebärfreudigkeit der Frauen, sondern auch für gutes Wetter und eine allgemeine Steigerung der Lebenslust.

Heute denken die Buaya im Norden Luzóns wehmütig an die Zeit der Kopfjagd zurück, in der es angeblich weniger Krankheiten gegeben habe, die Menschen älter geworden seien und die Ernährung auf Grund besserer Ernten reichlicher gewesen sei. Auch an der Südküste der Vogelkopf-Halbinsel West-Neuguineas herrscht allgemeiner Konsens darüber, daß damals die Kinder schneller wuchsen und kräftiger wurden, weil man sie in Wasser baden konnte, in das man zuvor abgeschlagene Köpfe getaucht hatte. Die neu gebauten Häuser seien außerdem viel stabiler und wetterfester gewesen als die heutigen. Als gegen

Ende des 19. Jahrhunderts ein amerikanischer Forschungsreisender in Sarawak im Nordwesten Borneos einem Kayan sagte, in dem Land, aus dem er komme, fände man die Kopfjagd entsetzlich, erwiderte der Mann erstaunt: »Nein, Tuan! Nein! Der Brauch ist nicht schrecklich! Es ist eine alte Sitte, die uns unsere Väter und die Väter unserer Väter hinterlassen haben; sie bringt uns Segen, üppige Ernten und hält Siechtum und Leiden von uns fern!« Ein Dayak vom Katingan-Fluß erklärte dem Ethnologen: »Wenn keine Köpfe herbeigeschafft werden, brechen überall Krankheiten aus, haben wir schlechte Ernten, wenig Feldfrüchte, die Fische kommen nicht mehr zu unserem *kampong* [Siedlung] herauf und die Hunde haben keine Lust mehr, das Wild zu verfolgen!«[3]

Nicht nur das Essen des Gehirns, wie bei manchen Kopfjägern üblich, sondern der Verzehr des gesamten zubereiteten Körpers hatte in den meisten dokumentierten Fällen den Sinn, die Lebenskraft des Getöteten aufzunehmen. Zwar geschah den frühen Missionaren, die auf der Osterinsel die mit *tapu* belegten Orte betraten, nichts, weil die Bevölkerung das *mana* der Fremden für stärker hielt als das ihrer Häuptlinge und Priester. Doch nachdem im Jahr 1772 der Leiter einer französischen Expedition, Marion du Fresne, auf einem Fischzug der Māori sein Netz trotz Warnung der Gastgeber in einer Bucht auswarf, die *tapu* war, wurde er kurzerhand gekocht und von zwei Häuptlingen verspeist.

Damit die Nußernte reichlich ausfiel und die Frauen starke Söhne zur Welt brachten, quälten die Bimin-Kukusmin im westlichen Sepikgebiet die gefangenen Frauen und Männer langsam zu Tode und verspeisten anschließend insbesondere ihre Genitalien. Auch auf den Salomonen aß man Menschen, um sich deren Kraft anzueignen, wobei eine Frau angeblich mehr Kraft besaß als ein Schwein, ein Mann mehr als eine Frau, ein Krieger mehr als ein Nichtkrieger und ein Weißer mehr als ein Krieger. Noch nach dem Spanisch-Amerikanischen Krieg am Ende des 19. Jahrhunderts überfielen die Ifugao im Norden von Luzón einen weißen amerikanischen Soldaten, zogen ihm die Haut ab und aßen eine aus ihr hergestellte Suppe, um eine hellere Hautfarbe zu bekommen.

Um die Gesellschaft zu regenerieren, war man in vielen Gegenden insbesondere daran interessiert, sich die Teile des menschlichen Körpers anzueignen, die am wichtigsten für die Reproduktion des Lebens waren. Am gesuchtesten waren im Fiji-Archipel die gekochten Genitalien der getöteten Gefangenen, die »Früchte« genannt wurden. Aber als leckerste Mahlzeit galten die Brüste junger Mädchen und Frauen. Im Großen Pandanus-Ritual der Bimin-Kukusmin aßen die Frauen und die initiierten Männer vor allem die Vulva, die Vagina und die Gebärmutter der während der Folter gestorbenen Frauen, und zwar roh. Die ebenfalls unzubereiteten Hoden und Penisse wurden den älteren Frauen zum Verzehr überlassen. Auch die Männer der Baktaman Neuguineas aßen mit besonderer Vorliebe die zubereiteten Brüste und Genitalien der Frauen, was auch die Männer in Kalauna, einem Dorf der Massim-Gegend im östlichen Neuguinea, taten. Für deren Frauen sowie die der Gimi im östlichen Hochland stellten wiederum Penisse und Hoden der getöteten Männer die exquisitesten Leckerbissen dar.[4]

Die Mbowamb eigneten sich die Lebenskraft eines Mannes an, indem sie vor allem seine Genitalien verzehrten, die sie aber nicht bei ihrem richtigen Namen nannten. Vielmehr sagten sie: »Ich esse seine Vögel [= Hoden]« oder »Ich esse seinen Kasuar [= Penis]«. Die südamerikanischen Guayakí kochten die Penisse ihrer eigenen Verstorbenen und servierten sie anschließend vor allem den schwangeren Frauen, damit ihr Kind ein Junge werde.

Nicht selten gingen indessen der Zubereitung und dem Konsum der Geschlechtsteile nicht nur eine sexuelle Folter der gefangenen Männer und Frauen voraus, sondern auch obszöne Handlungen, die im Alltag ein Skandal ohnegleichen gewesen wären. Die Jalé in Irian Jaya (Westneuguinea) beispielsweise stellten die Getöteten mit entblößten Genitalien zur Schau – eine enorme Attraktion insbesondere für die jungen Männer und Frauen, während der man ständig laute und aufgeregte Kommentare hören konnte wie »Was für ein enormer Schwanz!«, »Was für eine prachtvolle Möse!« oder »Schau mal, all das Haar über ihrer Möse!«. Schließlich wurden die Opfer zerlegt und ihre Genitalien gebraten, wonach die Penisse und Hoden von beiden Geschlechtern, die gebratene Vulva aber nur von Frauen gegessen wurden, weil die Männer sich davor ekelten. Bei den Fore und anderen Gruppen im östlichen Hochland von Neuguinea trieben viele Frauen sexuelle Spielchen mit den Penissen und Hoden der getöteten Männer, bevor sie sie zubereiteten und aßen. Vorher setzten sie sich häufig auf den nackten Unterleib der Gefallenen und taten so, als koitierten sie mit ihnen. Die Männer taten dasselbe mit den toten Frauen, aber sie penetrierten die Leichen wirklich, womit sie auch symbolisch die gesamte Verwandtschaft der betreffenden Frau »fickten« und damit demütigten. Die Männer sagten, daß sie dies bei den toten Frauen viel wilder und brutaler täten, als sie es sich bei einer Lebenden jemals getraut hätten.

Die Cubeo im nordwestlichen Amazonien töteten ihre Kriegsgefangenen, schnitten ihnen den Penis und die Hoden ab, räucherten sie und zogen sie dann über ihre eigenen Genitalien, um so ausgestattet einen Tanz aufzuführen. Anschließend übergab jeder Tänzer seiner Frau die Geschlechtsteile des von ihm Getöteten, die sie verspeiste, um ihre Fruchtbarkeit anzukurbeln. Ähnlich trennten die Fiji-Insulaner die Genitalien der männlichen und weiblichen Gefangenen von deren Leib und stellten sie der Allgemeinheit zur Schau, wobei sich ihre Lebenskraft auf die Betrachter und auf die Nutzpflanzen übertrug. Potenziert wurde dieser Prozeß durch einen von den Kriegern und den jüngeren Frauen aufgeführten »Todestanz«, bei dem letztere öffentlich ihre Vulva präsentierten und die kriegerische und sexuelle Leistungsfähigkeit der Schlächter priesen. Während das Fleisch der Opfer kochte, mündete der obszöne Tanz in eine wilde sexuelle Orgie, bei der sich die Frauen wahllos jedem Mann hingaben, so daß sie sich am nächsten Morgen kaum mehr bewegen konnten. Schließlich unternahmen die Wari' im südlichen Amazonien räuberische Expeditionen in weit entfernte Gegenden, die vor allem dem Zweck dienten, sich in den Besitz der Genitalien von Männern und Frauen fremder Ethnien, vor allem von weißen Brasilianern, zu bringen. Wieder zu Hause angelangt, gaben sie die Geschlechtsteile den Frauen, die sich insbesondere an den Penissen und Hoden ergötzten, sie aber danach nicht verzehrten, sondern einfach ins Feuer warfen.

Was im 16. Jahrhundert Jacques Le Moyne bei den Timucua in Florida am meisten auffiel und schockierte, war die Tatsache, daß die Krieger dieses inzwischen nicht mehr existierenden Stammes nach einer Schlacht die getöteten Feinde nicht nur ihrer Genitalien beraubten, sondern sie mit Pfeilen anal penetrierten, und zwar ganz offensichtlich, um sie *post mortem* noch zusätzlich zu entwürdigen. Allerdings war dieser Brauch anscheinend nicht so außergewöhnlich, wie der

Franzose damals dachte. Denn nachdem die ostbrasilianischen Tupinambá im Jahre 1554 den Deutschen Hans von Staden gefangengenommen hatten, zogen sie ihn splitternackt aus und sagten ihm, sie würden ihn im Dorf in diesem Zustand den Frauen aushändigen, die ihn betrachten und »ihren Spaß mit« ihm haben könnten, wozu wahrscheinlich sexuelle Quälereien gehörten, wie zum Beispiel mit einem Stock in seinen After einzudringen. Tatsächlich penetrierten die Tupinambá-Frauen auf diese Weise die erschlagenen Gefangenen (Abb. 9) – ganz offenkundig eine Erniedrigung der Feinde, ein »zur Frau« oder, genauer, »zum Fraumann«-Machen der Männer, die anschließend mißachtet wurden wie die *tyvire*, die »passiven« Homosexuellen der Tupinambá-Kultur. Ob Staden von den Frauen, denen er überlassen wurde, wirklich sexuell gequält worden ist, weiß niemand genau. Fest steht lediglich, daß er die Frauen mit den Worten »*a junesche been ermi vramme*«, »Hier kommt euer Essen!« begrüßen mußte und daß sie sehr rabiat und mitleidlos mit ihm umgingen. Gewiß ist natürlich auch, daß er nicht geschlachtet und daß seine Geschlechtsteile nicht von ihnen gegessen wurden, was ihr Vorrecht gewesen wäre und womit sie ihre Fertilität vermehrt hätten.

Solche Praktiken sind heute überall weitgehend verschwunden und führen nur noch ein Schattendasein in der »Kannibalenszene«, aus der ab und zu bekannt wird, daß ein Mann einen anderen, meist mit dessen Zustimmung und sogar auf dessen Wunsch hin, schlachtet, was offenbar beide in hohem Maße sexuell erregt, und anschließend den Penis und die Hoden des Toten präpariert oder brät und ißt. Dies wird allerdings von allen normalen Menschen als eine der grauenerregendsten sexuellen Perversionen empfunden. Was indessen in vielen Teilen der Welt nach wie vor geradezu boomt, ist der Verzehr von Tierhoden und -penissen, den die Konsumenten für potenzsteigernd ansehen. In manchen Ländern bleibt freilich eine solche Kost den Männern vorbehalten, weil sie nicht allein die Geschlechtslust steigern soll, sondern angeblich den Verbraucher »vermännlicht«. Dies führe bei Verbraucherinnen nach einer vor allem in Nordamerika verbreiteten Vorstellung dazu, daß ihnen über den Brüsten Haare wüchsen, daß sich ihre Klitoris vergrößere und sie lesbische Gelüste entwickelten. Am beliebtesten scheinen in den Vereinigten Staaten die Hoden (»Berg-Austern«) zu sein, während in Malaysia eine *sup* (»Suppe«) *torpedo cam-*

Abb. 9   Frau der Tupinambá penetriert die Leiche eines Gefangenen anal.

pur grenade aus Stierpenis und Ziegenhoden sehr begehrt wird. Das Pekinger Restaurant »Guo-li-zhuang«, das auf Genitalien spezialisiert ist, preist Hunde-, Ziegen-, Pferde-, Esels-, Ochsen- und Yakpenisse sowie -hoden in verschiedenen Zubereitungen an, und zwar nicht nur Männern, sondern auch Frauen, die durch diese Speisen angeblich eine reinere Haut bekommen. In ganz China konnten sich Viagra und ähnliche Mittel nicht gegen die Tiergenitalien, namentlich Seehundpenisse (*wanaqi* oder *haigoushēn*) durchsetzen, weil es heißt, Viagra erzeuge zwar Erektionen, aber die Tierhoden und -penisse zusätzlich noch sexuelle Lust und Leidenschaft.[5]

Wenn auch der Verzehr von menschlichen Penissen und Hoden zur Steigerung von Lebenskraft, sexueller Potenz und Fortpflanzungsfähigkeit so gut wie nicht mehr vorkommt, besteht weiterhin in den meisten Weltgegenden die Überzeugung, ein möglichst großer und dicker Penis sowie voluminöse Hoden seien ein sicheres Indiz dafür, daß sein Besitzer stark, mutig, von strotzender Vitalität und fähig ist, eine Frau nicht nur zu erregen, sondern sie auch sexuell zu befriedigen. So fing man fast überall in Polynesien damit an, den Buben schon in früher Kindheit immerzu den Penis langzuziehen, damit er sich zu möglichst eindrucksvoller Größe entwickelte und ihre Träger kühne Krieger würden, die vor nichts zurückschreckten. Das polynesische Wort *ure* bedeutet sowohl »Penis« als auch »Mut«. Auf den Inseln des südpazifischen Tubuai-Archipels hießen die Häuptlinge *uretu*, »erigierter Penis«, und trugen Halsbänder mit den Abbildungen praller Hoden. Je gewaltiger der Penis eines Häuptlings war und je länger seine Erektionen anhielten, um so mehr *mana* besaß er. Wenn er am Morgen einer Schlacht mit einer starken Erektion aufwachte oder wenn angesichts der Feinde sein Penis steif wurde, war dies ein sicheres Zeichen dafür, daß er die feindlichen Krieger mit ihren schlaff herabhängenden Genitalien vernichtend schlagen und deren Häuptling in gekochtem Zustand essen würde. Dann sangen seine Männer höhnisch und herausfordernd »*awhea to ure ka riri? Awhea to ure ka tora?*«, »Wann wird euer Penis böse? Wann wird euer Penis steif?«. Um vom *mana* ihres Häuptlings etwas abzuzweigen und noch mutiger und aggressiver zu werden, krochen sie durch seine gespreizten Beine hindurch, so daß sie seine Hoden streiften.[6]

Die vietnamesischen Sedang Moi nannten die Erektion *tleu ho*, »der Penis ist zornig«, und auch für die Mehináku am oberen Xingú in Brasilien ist der steife Penis »böse« (*jajuja pai*). Bei den ebenfalls amazonischen Arawaté und den Jívaro gilt die sexuelle Erregung der Männer als Ausdruck ihres Zorns, und bei den Sambia im Hochland von Neuguinea stellt der Führer einer Schar angriffsbereiter Krieger vor den Feinden seinen erigierten Penis als Zeichen seiner Wildheit und Aggressivität zur Schau. Inbegriff ihrer Überlegenheit gegenüber ihren Nachbargesellschaften und Quelle ihrer Hegemonie war bei den Wemale auf der Molukken-Insel Seram ein »lebender erigierter Penis« (*leautuam*), der in einem heiligen Gebäude aufbewahrt wurde und angeblich aus dem Himmel stammte, und zwar als Geschenk des sehr virilen Himmelsgottes Upu Lahatala, der den Seramesen Unbesiegbarkeit im Krieg und mächtige sexuelle Potenz verliehen hatte. Wenn diesem Penis die abgeschlagenen Köpfe und Genitalien der Feinde, die beide voller Lebenskraft waren, geweiht wurden und diese in ihn einfloß, soll er im Triumph vibriert haben und noch steifer und härter geworden sein, als er es ohnehin schon war. Doch konnten die seramesischen Männer ihre Genitalien nicht nur bei Überfällen durch die Kopfjäger verlieren, vielmehr waren sie auch in den Wäldern stets der Gefahr ausgesetzt, zur Beute weiblicher Geister (*muluakina*) zu werden, die sie überfielen und ihnen den Penis und die Hoden abschnitten, um diese ihren Kindern zum Spielen zu geben.

Mandschurisch/mongolisch *erge* und ewenkisch *erikse* bedeutete »Lebenskraft«, und ihr Grad und ihre Intensität bemaß sich nach der Menge des Spermas eines Mannes und der Vehemenz, mit der er es ausstieß. Wenn der König der Schilluk, so hieß es, keine oder nur eine schwache Erektion hatte und deshalb seine Frauen nicht mehr zum Orgasmus bringen konnte, wurde er rituell erdrosselt, und ein Mann konnte in manchen Gegenden Polynesiens all sein *mana* bereits dann verlieren, wenn jemand seine Genitalien auch nur anfaßte. Deshalb durfte im Norden Ambryms im Archipel der Neuen Hebriden eine Frau beim Koitus mit ihrem Mann dessen Penis und Hoden nicht anschauen, geschweige denn mit der Hand berühren. Die Tatsache, daß im Jahr 1846 ein Brite während der Kämpfe mit den Māori den Häuptling Te Raupa Rahe an seinen Hoden packte und ihm dadurch sein *mana* raubte, galt jahrelang in Neuseeland

Abb. 10   Zulu-Krieger entmannen ihre Feinde und schmücken sich
mit den gedörrten Genitalien. Kupferstich, spätes 16. Jhd.

als das Unerhörteste, was die Weißen sich jemals geleistet hatten. Doch am verbreitetsten war der Brauch, den besiegten Feinden Penis und Hoden abzuschneiden und diese als die eigene Lebenskraft stärkende Trophäe mit nach Hause zu nehmen, was im bronzezeitlichen Orient und in Ägypten sowie bei den Spartanern noch im 7. und 6. Jahrhundert v.Chr. üblich war. Die kuschitischen Kaffa beispielsweise schnitten ihren schwerverletzten oder sterbenden Feinden auf dem Schlachtfeld den Penis und die Hoden ab und banden sich beides für die Siegesparade vor dem hinter einem Vorhang thronenden Sakralkönig, der eine Krone mit einem erigierten Penis aus Gold trug, an die Stirn. Der König wiederum ließ jedem Krieger, der einen Feind entmannt hatte, einen Phallus aus Silber oder Bronze überreichen und demjenigen, der neun Penisse und achtzehn Hoden vorweisen konnte, ein steifes Glied aus Gold. Die Krieger der auf halber Strecke zwischen dem Tanganjika-See und der Küste des Indischen Ozeans lebenden Wahehe spießten die Hoden der besiegten Feinde schaschlikartig auf die Spitzen ihrer Speere und zeigten sie später stolz ihrem Häuptling. Auch die Ilahita-Arapesch in Neuguinea schnitten den getöteten Gegnern ebenso wie deren Frauen die Genitalien ab bzw. heraus und dekorierten mit den Trophäen die Außenwände ihres Geisterhauses. Nicht nur die Krieger der Kaffa, sondern auch die der meisten anderen südäthiopischen Ethnien pflegten den zum Teil noch Lebenden, aber verteidigungsunfähigen Männern Penis und Hoden sowie den Frauen Brüste und Schamlippen vom Leib zu trennen. Noch heute kommt es vor, daß junge Männer der südöstlich des Stefanie-Sees lebenden Borana aus dem Hinterhalt nichtsahnende Hirtenjungen der Rendille und anderer Nachbarstämme überfallen, um sie zu entmannen und mit deren Geschlechtsteilen vor den Frauen anzugeben.

Noch bis ins 17. Jahrhundert war es auch in Westeuropa gang und gäbe, den Gehängten und Geköpften heimlich die Genitalien abzuschneiden, um aus ihnen Zaubermittel herzustellen. So wurden offenbar im Jahr 1413 einem Geräderten in Schaffhausen »die hoden usgeschnitten«, desgleichen im Jahre 1549 einem ans Rad geflochtenen Mann Penis und Hoden (»das gemecht«). 1587 ließen die Magdeburger Schöffen eine Frau verhaften, weil sie jemanden damit beauftragt hatte, ihr die Geschlechtsteile eines vor der Stadt am Galgen baumelnden Diebes zu beschaffen.[7]

Sich von einem Mann den Penis lutschen oder sich von ihm masturbieren zu lassen galt und gilt nicht selten immer noch in zahlreichen Gegenden Neuguineas einerseits als Machtdemonstration und Ausdruck der Unterwerfung desjenigen, der die Handlung ausführt. Andererseits kann jedoch, wenn die Fellatio bis zum Samenerguß vollendet wird, eine Zufuhr von Lebenskraft durch das Ejakulat erfolgen. Um einen aggressiven Mann, vor dem er sich fürchtete, zu besänftigen, saugte bei den Asmat ein anderer an dessen Penis, um zu demonstrieren, daß er dessen Virilität und Dominanz anerkannte. In diesem Augenblick galt er als »Frau« des Überlegenen. Ein amerikanischer Forschungsreisender berichtet, wie er von vierzehn erwachsenen Asmat nacheinander fellationiert wurde, wobei einer zunächst an seinen Brustwarzen saugte. Dann öffnete er die Hose des Amerikaners und saugte an dessen inzwischen erigiertem Penis, worauf sämtliche Männer dasselbe taten. Später erklärte man ihm, dadurch stelle man »Frieden« her, und indem sie ihn »lutschten« (*tamen mbe mbakuman*), sagten sie, »nehmen wir mit dem Wasser [= Sperma] deines Körpers deinen Geist in uns auf. Das macht uns stark«. Manchmal schauen auch die Frauen eines Mannes dabei zu, wenn ihr Mann einen anderen fellationiert, was sie offenbar selber sexuell erregt.

Freilich scheinen die Asmat sich in dieser Hinsicht gegenüber einem völlig fremden Mann anders zu verhalten und sich weniger Hemmungen aufzuerlegen als im Umgang mit ihresgleichen. Wenn beispielsweise Männer eines Dorfes die eines anderen beleidigt haben, vermeidet man eine kriegerische Auseinandersetzung dadurch, daß der Häuptling der Ehrverletzer in das Dorf der Beleidigten geht und am Penis des dortigen Häuptlings saugt, ohne ihn allerdings wirklich zum Erguß zu bringen, und auf dieselbe Weise unterwarfen sich die melanesischen Bellona-Insulaner ihren überlegenen Feinden (Abb. 11). Bei den Eipo Neuguineas streicheln ältere Frauen nicht selten bei der Begrüßung jüngerer Männer zärtlich deren Hoden und den Penis, wie sie es bei ihren Säuglingen tun. Die Männer fragen zur Begrüßung ihre männlichen Gäste: »Darf ich dir an die Hoden fassen?«, ohne dies dann jedoch zu tun, wenn der andere »ja« sagt. Dasselbe gilt für die Kumano im östlichen Hochland Neuguineas, bei denen ein Mann

Abb. 11   Selbstunterwerfung eines Bellona-Insulaners durch nicht
vollendete Fellatio.

bei der Begrüßung eines anderen seine Freundlichkeit dadurch zum Ausdruck bringt, daß er dessen Penis und Hoden in die Hand nimmt und gefühlvoll streichelt. Der Ethnologe Reo Fortune kommentierte mit offensichtlicher Erleichterung, daß ihm dieser Akt von Warmherzigkeit nur ein Mal zuteil geworden sei.

Ein Mann der im Süden des Ramu in Papua-Neuguinea lebenden Gende sagt zu einem Ankömmling: »Ich möche deine Genitalien essen!«, das heißt »Ich würde dich gerne fellationieren!«, und bei den Sinti, Roma und anderen Zigeunern fragte ein Mann, der die Wut eines anderen dämpfen wollte, den Betreffenden: »Darf ich dir einen blasen?«, wobei er allerdings wohl sehr erstaunt gewesen wäre, wenn der Wütende daraufhin seine Hose geöffnet hätte.

Bei Pavianmännchen in der Savanne hat man beobachtet, daß die Hochrangigeren bei der Begrüßung die Hoden und den Penis der Niedrigerstehenden betasten und diese stimulieren, aber auch die eigenen Genitalien von dem anderen reiben lassen. Außerdem präsentiert der Rangniedere dem Höheren den Hintern, während dieser den Niedrigerstehenden mit beiden Händen festhält und wie bei einem Weibchen mit Koitusbewegungen aufreitet.[8]

§ 9
Die Kraft des Spermas und der Vulva

Die Tamilen im Süden Indiens behaupten, der erigierte Penis der Skulptur des Gottes Śiva strahle unsichtbares *catti* (*śakti*) aus, und auch die Big Nambas im Norden der ostmelanesischen Insel Malekula sind der festen Überzeugung, alle Kraft eines Mannes sitze in der Eichel, und wenn er diese in den After eines Jugendlichen einführe, bewirke er damit, daß auch dessen Penis hart und stark werde. Stellt man sich in diesen beiden Fällen die Kraft offenbar feinstofflich vor, ist sie ansonsten meistens identisch mit dem Sperma, das ein Mann ejakuliert oder auch nicht – wie die indischen Asketen, die aus diesem Grunde angeblich zu ganz außerordentlichen Leistungen fähig waren. Nach dem teilweise vorbuddhistischen *Mahābhārata*-Epos schufen die Götter nur deshalb das weibliche Geschlecht, weil die Asketen durch ihre Enthaltsamkeit zu einer ernsthaften Konkurrenz geworden waren. So schickte Indra ihnen die berückend schönen und sexuell attraktiven Nymphen (*apsāras*), worauf einige der Asketen bereits ejakulierten, als sie die Mädchen nur von weitem sahen, während andere beim Fliegen »wie eine Krähe mit gebrochenem Flügel« abstürzten, als ihr Blick auf die weiß schimmernden Brüste der Nackten fiel.

Auch heute ist noch in zahlreichen Kulturen die Überzeugung verbreitet, daß ein Mann durch jeden Samenerguß an Lebenskraft, in Indien *prāna* genannt, verliere. So sagen die simbabwischen Karanga, ein Mann, der einen Orgasmus habe, gleiche demjenigen, der von einem Geist (*shave*) besessen sei, denn beide verlieren das Bewußtsein, sie »fallen« (*wava*) und erleiden eine Art »Tod«. Beim Ejakulieren büße er soviel Kraft ein, daß er sich nicht einmal mehr verteidigen könne. Die Hua im östlichen Hochland von Neuguinea erklären den Jungen, die in die Pubertät kommen, daß jeder Verlust von *nu* sie schlapp und kraftlos mache, ihr Wachstum hemme, sie impotent werden und vorzeitig altern lasse sowie zur Glatzenbildung beitrage. Und in der mexikanischen Volkskultur ist die Ansicht weit verbreitet, ein Mann büße besonders viel Lebenskraft ein, wenn er sich von einem anderen Mann oral befriedigen lasse.

Auf der anderen Seite ist der Glaube, daß Frauen und Männer, denen Sperma vaginal bzw. oral oder rektal zugeführt wird, erheblich an Lebenskraft gewinnen, mindestens ebenso geläufig. So erlaubt es in Indien die Doktrin vom *śakti* verleihenden Sperma vielen Männern, sich homosexuell zu betätigen, ohne deshalb als Homosexuelle angesehen zu werden. In zahllosen Bodybuilding-Zentren überall im Land fellationieren täglich Abertausende die dort trainierenden kräftigen jungen Männer, und zwar angeblich im Glauben, deren Sperma würde sie stark und erfolgreich machen. Andere lassen sich von den Athleten anal penetrieren, weil sie durch das ejakulierte Sperma vorgeblich viriler, potenter und, wie sie sagen, fähig werden, jede Frau *wirklich* zum sexuellen Höhepunkt zu bringen. Traditionellerweise heißt es in Indien, die Befriedigung einer Frau hänge weniger von der Größe und dem Durchmesser des Penis ab als von der Menge des Spermas, die der Mann in ihre Vagina ejakuliere: Jede Frau sehne sich im Grunde ihres Herzens danach, von einem Spermastrom nachgerade überflutet zu werden, was überdies erheblich die Wahrscheinlichkeit erhöhe, einen Jungen zu gebären. Der Penis Buddhas wird oft mit dem eines Hengstes, eines Stiers oder eines Elefanten verglichen, und es gibt die Überlieferung, nach der Buddhas Begleiter Ānanda nach dem Tod des Meisters dessen Unterleib vor einer Gruppe junger Verehrerinnen aufdeckte, worauf diese von den Dimensionen seines Gliedes dermaßen überwältigt waren, daß sie sich alle wünschten, dereinst als Männer wiedergeboren zu werden. Doch als viel bedeutsamer galt die Tatsache, daß er angeblich ungeheure Mengen von Sperma produzierte und Hoden von enormer Größe besaß. So überzeugte er in einer Geschichte aus Laos ein paar Mönche, die seine Potenz angezweifelt hatten, damit, daß er vor ihren Augen in seine beiden offenen Hände so viel Sperma ejakulierte, daß es fast überlief. Anschließend schüttete er es in einen Fluß und schwängerte dabei ungewollt einen Fisch, der daraufhin einem Kind das Leben schenkte, das sich zu dem berühmten *arhat* (= Heiligen) Upagupta entwickelte. Daß es solche Vorstellungen auch anderswo gab, sieht man etwa an dem Brauch der östlich des zentralaustralischen Eyre-Sees lebenden Dieri, bei denen mehrere Männer hintereinander mit einer Frau Geschlechtsverkehr ausübten, bis schließlich das Sperma in ihrer Vagina überlief. Das Ejakulat wurde dann in das tiefe Wasser des Sees gegossen, damit die Fische sich vermehrten. Die Männer der Kiwai an der Mündung des Fly River in die Arafura-See in Neuguinea ejakulierten entsprechend auf die Knollenfruchtfelder, die Sago- und Kokosnußpalmen sowie auf die Bananenstauden, damit die Ernte reichlicher ausfiel.[1]

Des öfteren stößt man auch auf die Idee, der Mensch bedürfe für seine Reifung und körperliche Entwicklung einer kontinuierlichen Zugabe von Sperma. So wurde schon im alten Sparta dem Jugendlichen (ἐρώμενος) von seinem älteren Liebhaber (ἐραστής) Tugend (ἀρετή) mittels Analverkehr eingepflanzt. Bei den Kaluli auf dem Großen Papuanischen Plateau wachse den Jugendlichen der Bart und reiften die Genitalien nur durch eine beständige Zufuhr von Sperma, die auch nötig sei, damit der Fötus im Bauch der Mutter sich normal entwickle. Bei den ebenfalls auf dem Plateau lebenden Onabasulu läßt sich ein Mann von einem Heranwachsenden masturbieren und verreibt dann das Ejakulat auf dessen Körper, während bei den Etoro den jungen Männern bis zum Alter von ungefähr 25 Jahren von den Älteren Sperma oral zugeführt wird. Im Verlauf der »Büffeltanz«-Zeremonie der Mandan am oberen Missouri übermittelten die älteren Männer mit hohem Prestige ihre Kraft nicht direkt wie in Neuguinea und Melanesien, sondern indirekt. Dies gelang ihnen, indem sie mit den Frauen der jungen Krieger und Jäger schliefen und die Frauen die im Sperma befindliche Kraft auf dem gleichen Wege an ihre Ehemänner weitergaben. Aus diesem Grunde forderten die jüngeren Mandan in den frühen Zeiten des Pelzhandels ihre Ehefrauen dazu auf, sich von den weißen Männern penetrieren zu lassen, weil diese für sehr mächtig gehalten wurden.

Auch für die Yagwoia im östlichen Hochland von Neuguinea ist das Sperma der Weißen sehr viel potenter als ihr eigenes, und deshalb werden all diejenigen, denen es gelingt, möglichst viele dieser Fremden zu finden, die sich von ihnen fellationieren lassen, angeblich besonders stark und vital. Wie mir ein junger amerikanischer Ethnologe, der im Hochland von Neuguinea längere Feldforschungen durchführte, mitteilte, wurde er dort dermaßen heftig von den Jünglingen umworben, daß er trotz heterosexuellem Selbstverständnis den Verlockungen nachgab und sich regelmäßig zwei oder drei Mal in der Woche von ihnen oral befriedigen ließ. Auch diese jungen Männer teilten die gängige Meinung von der überlegenen Qualität des Spermas des weißen Mannes und schwärmten ihm gegenüber davon, wie gut es schmecke, wie vehement es sich ergieße und wie stark und vital sie sich hinterher fühlten. Ganz ersichtlich wurden sie durch diese Praxis sexuell erregt und ejakulierten währenddessen selber, was auch andere Forscher mitteilen. Als noch lustvoller empfanden sie es, wie sie zum Ausdruck brachten, wenn ein anderer junger Mann oder ein Älterer sie mit den Lippen, der Zunge und den Zähnen zum Erguß brachte. Da bei den Gebusi und vermutlich auch bei anderen Hochlandgruppen Neuguineas die Jugendlichen und jungen Männer nicht nur aktiv fellationieren wollen, tun sie dies gegenseitig, und auch die verheirateten Männer wollen häufig nicht auf diese Freuden verzichten, was ihre Frauen für gewöhnlich tolerieren, solange der Partner beim Oralverkehr keine Frau ist.

Bei den Sambia im östlichen Hochland, die ebenfalls davon überzeugt sind, daß ihre Jungen umso schneller wachsen und zu Männern werden, desto häufiger und intensiver sie die unverheirateten Männer fellationieren, übt nach der Heirat zunächst die junge Ehefrau diese Praxis bei ihrem Mann aus, denn diese Form des Geschlechtsverkehrs ist ja die einzige, die er bislang kannte. Doch sehr viele der frisch verheirateten Männer fühlen sich von Frauen nicht besonders angezogen und lassen sich weiterhin von männlichen Jugendlichen mit dem Mund befriedigen. Ihre Frauen jedoch kleiden und schmücken sich, um für ihren Mann sexuell attraktiver zu sein, wie junge Männer und verbergen, so gut es geht, ihre Brüste. Im Laufe der Zeit sind indessen die meisten Männer auch bereit, ihre Frauen vaginal zu penetrieren, und nur eine Minderheit betreibt weiterhin ausschließlich homosexuellen Geschlechtsverkehr.[2]

Auch in der westlichen Kultur scheint der Glaube, der Konsum von Sperma stimuliere die Lebenskraft, nicht so selten zu sein. So sind offenbar recht viele Frauen der Ansicht, daß eine regelmäßige Fellatio die Brüste vergrößert. Clarence Klug, der bekannte Guru einer kalifornischen New-Age-Gruppierung, die sich später zu der Heaven's-Gate-Sekte entwickelte, ließ sich fortwährend von seinen männlichen und weiblichen Anhängern fellationieren, um ihnen vitalisierendes und alle Krankheiten heilendes Sperma zuzuführen. Damit aber auch ihm die

Segnungen fremden Spermas zuteil wurden und er durch die ständigen Ejakulationen nicht seine eigene Lebenskraft schwächte, fellationierte auch er regelmäßig die sexuell attraktivsten seiner Jünger. Ein amerikanischer Arzt führte aus, in den Vereinigten Staaten sei die Meinung weit verbreitet, in der Nacht machten sich Vampire über die schlafenden Männer her, um »ihren Opfern ihre Kraft aus den Penissen zu saugen«. Überdies werde »das Lutschen frischen Samens heute bisweilen als unübertreffliches Heilmittel angesehen« und von den Prostituierten in den Bordellen und auf der Straße »als vorzügliches Kosmetikum für einen schönen und gesunden Teint«.

Insbesondere feministische Wissenschaftlerinnen und Autorinnen haben die Behauptung verbreitet, der Brauch, männlichen, aber nicht den weiblichen Jugendlichen zur Reifung Sperma zuzuführen, mache deutlich, daß erstere als Kulturwesen betrachtet würden, während man die Mädchen der Natur zurechne und sie sich eben deshalb auf natürliche Weise und ohne jegliches Zutun zu einer Frau entwickelten. Zwar ist diese Behauptung inzwischen von den meisten Kommentatoren akzeptiert worden, doch ist sie nichtsdestotrotz falsch. Bei den oben erwähnten Sambia gibt jeder Akt von Fellatio, den es ausübt, einem jungen Mädchen Kraft und einen Reifungsschub, und jede voll entwickelte Frau regeneriert durch den Oralverkehr ihre Vitalität, weshalb die Sambia sagen, daß Frauen auf Grund ihres Spermakonsums gesünder seien und länger lebten als Männer, da etwa 90 Prozent der älteren verheirateten Männer darauf verzichten, weiterhin von jungen Männern fellationiert zu werden. Wenn bei den Sambia und den Baruya Frauen geschwächt sind oder ungenügend Muttermilch produzieren, lassen sich die Männer von ihnen »melken«. So verhalten sie sich auch gegenüber den jungen Mädchen, damit diese stillfähig werden und ihre Brüste sich zu vollem Volumen entwickeln, obgleich die Mehrzahl der Männer es offenbar mehr genießt, von männlichen Jugendlichen und jungen Männern oral befriedigt zu werden. Zwar stärkt bei den ebenfalls im östlichen Hochland lebenden Hua ein Mann eine Frau auch dann, wenn er ihr sein Sperma vaginal übermittelt, doch bei den Sambia kommt es bei vaginalem Geschlechtsverkehr nur dem Fötus zugute, falls die Frau schwanger ist.

Die Frauen der Yafar am oberen Sepik reiben sich nach dem Beischlaf vor allem die Brüste und die Genitalien mit dem ejakulierten

Sperma ein, um stark und fruchtbar zu werden. Bei den Marind-anim überließ man eine junge Braut zu diesem Zweck, noch bevor ihr künftiger Ehemann sie berührt hatte, den männlichen Mitgliedern seines Clans, die sie einer nach dem anderen penetrierten und sie mit Sperma geradezu überschwemmten. Dasselbe widerfuhr auch sterilen Frauen oder Verheirateten, die nach einer gewissen Zeitspanne noch kein Kind geboren hatten. Allerdings erklären sich die Hua, die Bimin-Kukusmin und viele andere Ethnien Neuguineas die »Vermännlichung« der Frauen bei der Menopause durch die jahrelange Akkumulation von Sperma in deren Körpern durch den ständigen Geschlechtsverkehr.

Die Karanga, eine Untergruppe der südafrikanischen Shona, behaupten, eine Frau benötige für ihre körperliche und seelische Gesundheit eine regelmäßige Versorgung mit Sperma. Eine solche ist nach Ansicht der im Süden der Masaisteppe lebenden Kaguru auch nötig, damit ein Mädchen prominente Brüste und einen formschönen runden Hintern entwickelt.

In Jamaica heißt es, die ständige Spermazufuhr durch Geschlechtsverkehr mache eine Frau sexuell unwiderstehlich. Wenn dort ein Teenager pummelig wird und in die Breite geht, ist das ein Beweis, daß das Mädchen sexuell aktiv ist. Ausgesprochen fett und schwammig werde freilich, so sagt man, nur eine Prostituierte oder eine laszive und leichtfertige Frau, die jeden Liebhaber fellationiert und sein Sperma schluckt. Schließlich sagen auch die Wari' im westbrasilianischen Regenwald, daß ein Mädchen nur dann in die Pubertät komme und menstruiere, wenn sie defloriert worden sei. Die Wari' sind hier einer Meinung mit den nordwestlich vom Kilimandscharo wohnhaften Masai und den Inanwatan Neuguineas, die ebenfalls glauben, daß Mädchen nur groß und mollig würden und ihnen Brüste wüchsen, wenn sie kontinuierlich von den jungen Männern mit Sperma versorgt werden. Auf der Insel San Cristóbal im südöstlichen Salomonen-Archipel führte sogar ein völlig verzweifelter Mann mit seiner soeben verstorbenen Frau Geschlechtsverkehr durch, weil er dachte, er könne sie mit seinem Sperma wieder zum Leben erwecken.[3]

Nach einer heute allgemein vertretenen ethnologischen und religions-
historischen Lehrmeinung werden in so gut wie allen Kulturen der Penis, die Hoden und das Sperma des Mannes mit Kraft und Leben assoziiert. Die weiblichen Genitalien hingegen und ihre Sekrete könnten
diejenigen, die sie betrachten oder mit ihnen in Berührung kommen,
schwächen, krank machen oder in die Flucht schlagen. Nun ist es unbestreitbar, daß Frauen in den meisten Kulturen und zu allen Zeiten
versucht haben, böse Geister und bedrohliche Männer in die Flucht
zu schlagen oder unheilvolle Naturerscheinungen abzuwenden, indem
sie vor ihnen die Vulva entblößten. Aber es gibt auch zahllose Beispiele
für die Überzeugung, daß die Zurschaustellung der weiblichen Genitalien und der Kontakt mit ihren Sekreten die Fruchtbarkeit und das
Wachstum fördern. So sagen die Canela im brasilianischen Maranhão,
daß der Penis und die Hoden eines Jungen sich nur entwickeln und reif
werden, wenn sie mit dem Vaginalsekret einer Frau in Berührung kommen. Auf den mexikanischen Dörfern und in Bengalen verbürgt das
Vaginalsekret die Vitalität und Energie einer Frau, und sie wird geschwächt und ihre Libido gedämpft, wenn sie durch zu häufigen Geschlechtsverkehr und insbesondere durch Ausübung des Cunnilingus
zuviel davon verliert. Zwar dürfte es in Kambodscha ziemlich schwierig sein, eine Frau zu dieser Art von Sex zu überreden, weil selbst die
Prostituierten der Khmer orale Praktiken ablehnen, doch es heißt, daß
ein Mann, der das Vaginalsekret einer Jungfrau (*kramon*) aufsaugt,
stark und potent werde. Und eine Frau verschönere ihre Haut, wenn
sie das Sperma eines Jünglings schlucke, der noch nie mit einem jungen Mädchen oder einer Frau geschlafen habe.

Während des Manahiki-Festes auf Hawai'i tanzten die jungen Frauen
mit nackten Brüsten und extrem kurzen tapa-Röckchen den *hula* und
entblößten dabei ihre Genitalien, so daß der Gott Lono sexuell erregt
wurde und durch seine Ejakulation, das heißt den Regen, das Land
regenerierte. Starb bei den Beng an der Elfenbeinküste eine schwange-
re Frau, war es üblich, daß die übrigen Schwangeren splitternackt
einen Tanz aufführten, aber nicht, um die bösen Geister zu verscheuchen, sondern um sie zu besänftigen und ihre sexuelle Schaulust zu
befriedigen, damit sie ihnen nichts taten. Erwischte man aber Männer
dabei, wie sie sich heimlich an den nackten Frauen ergötzten, wurden

sie getötet. Auf Aoba, Malekula und anderen Inseln der zentralen Neuen Hebriden gab es einen Tanz, bei dem die Männer die Vorhaut ihres erigierten Penis zurück- und eine Frau ihre Schamlippen auseinanderzogen, wodurch ein roter Farbstoff von der Eichel der Männer und aus der Vagina der Frau tropfte – und zwar für alle Zuschauer deutlich sichtbar, was im alltäglichen Leben ungeheuerlich gewesen wäre. Die Tanzenden repräsentierten die Buschgeister (*ngwar*), die manchen Männern und Frauen die *na nggwatu* genannte Kraft, eine Art *mana*, verliehen – insbesondere den Tänzerinnen und Tänzern –, eine Energie, die sich in deren Genitalien, vor allem in der Eichel und in der Klitoris sammle, bis sie beim Geschlechtsverkehr verströme. Auch der Tanzplatz blieb viele Generationen lang von dieser Kraft aufgeladen und dadurch *tapu*. In den Mythen der amazonischen Shipibo entspricht die erregte Klitoris der Frauen als Trägerin der Kraft dem steifen Glied der Männer, und es heißt, sie sei einst sehr viel größer gewesen als heute, und mit ihr hätten die Frauen die Männer beherrscht, wie diese heute die Frauen mit dem Penis.

In dem im Jahr 712 mit chinesischen Schriftzeichen in japanischer Sprache niedergeschriebenen Quellenwerk *Kōjiki* wird berichtet, daß Ame no Uzume, »die Schreckliche Himmelsfrau«, die auch Otafuku, »die Großbrüstige«, genannt wurde, von einem Geist besessen (*kami-gakaru*) vor der Höhle tanzte, in die sich die beleidigte Sonnengöttin Amaterasu Ōmikami zurückgezogen hatte, wobei Uzume eine mit Glöckchen versehene Hellebarde in der Hand hielt. Während sie den Tanz aufführte, zog sie »die Warzen ihrer Brüste heraus und den Bund ihres Gewandes bis zu ihrer Vulva herab. Da erschütterte das Gefilde des Hohen Himmels und die achthundert Myriaden Götter lachten gemeinsam.« Im acht Jahre später aufgezeichneten *Nihongi* heißt es: »Umgehend entblößte Ame no Uzume ihre Brüste, und indem sie den Bund ihres Gewandes unter ihren Nabel drückte, begegnete sie ihm [Saruta-hiko no Ōho-kami, dem Gott der Kreuzwege] mit einem spöttischen Lachen.«

Ganz offensichtlich bewirkte Uzume, die man als Prototyp der japanischen Besessenheitsschamaninnen bezeichnet hat, die Wiedergeburt der Sonnengöttin und damit der Fruchtbarkeit des Landes in der kritischen Zeit der Wintersonnenwende durch die Zurschaustellung

Abb. 12   Buto-Tänzerin Eji Ikuyo als Uzume.

ihrer Brüste und Genitalien, die bei den Göttern heftige Lachsalven auslöst.

In einigen Kulturen ist es der Penis eines sexuell erregten Mannes, dessen Anblick beim weiblichen Geschlecht das Lachen erzeugt, etwa bei den Kelten und Germanen, in deren Mythen der Trickster durch die Entblößung seiner Genitalien die Frauen erheitert. So auch bei den Matako im Gran Chaco, in deren Erzählungen ein Puma eine Hirschkuh zum Lachen bringt, indem er ihr seinen stattlichen Penis zeigt. Allerdings scheinen die Fälle zu überwiegen, in denen die Männer mit ihrem steifen Glied unheilbringende Wesen vertreiben, wie zum Beispiel Dämonen und Dämoninnen, und ihren Phallus nachgerade als eine Waffe benutzen. So legte sich einst der tibetische Tantra-Meister Drugpa Künleg auf dem Paß von Phari Tremo La, der Tibet mit dem sPagro-Tal in Bhūṭān verbindet, zum Schlafen nieder, als er »mitten in der Nacht von einem wilden Dämonen aus dem Schlaf gerissen wurde, dessen Haar im Wind flatterte. ›Wer bist du‹, fuhr ihn der Dämon an. ›Was hast du so Besonderes an dir?‹ ›Ich habe das hier!‹ entgegnete der Lama und zeigte dem Dämonen seinen stahlharten Penis. ›Oh! Es hat einen Kopf wie ein Ei, einen Rumpf wie ein Fisch und ein Unterteil wie der Rüssel eines Schweins‹, rief der Dämon aus. ›Was ist denn das für ein seltsames Tier?‹ ›Das werde ich dir gleich zeigen‹, rief Künleg, richtete seinen flammenden Donnerkeil der Weisheit auf den Dämonen und rammte ihn diesem ins Maul, so daß dem Dämonen sämtliche Zähne in den Rachen gestoßen wurden.«[4]

Sehr viel häufiger scheint es freilich so zu sein, daß die Männer oder auch ein gemischtes Publikum über den Anblick weiblicher Genitalien lachen – sei es, daß eine Frau sie absichtlich zur Schau stellt oder daß sie während des Geschlechtsverkehrs sichtbar werden, ohne daß die Frau das will. Als zum Beispiel der polynesische Kulturheros Maui, der den Menschen die Unsterblichkeit bringen will, indem er den Leib der Todesgöttin Hine-nui-te-po durchwandert und sie dadurch tötet, die Genitalien der Schlafenden aufgedeckt und seinen Kopf in ihre Vagina gesteckt hat, lachen seine Begleiter laut, so daß die Göttin aufwacht. Und als die griechischen Götter Zeugen des Koitus des Ares und der nackten Aphrodite werden, brechen sie in »unauslöschliches

Gelächter« aus, wie es in der Odyssee heißt, während »die Göttinnen vor Scham in ihren Gemächern« bleiben.

»Lachen« war auch ein Ausdruck sexueller Erregung sowie eine Metapher für den Orgasmus, insbesondere den der Frauen, aber auch der Begierde und der Lust der Männer. Als Amūn-Rē sich der soeben erwachten Königin näherte, um mit ihr zu koitieren, »lachte sie seiner Majestät entgegen«, wie es in einer Inschrift im Terrassentempel der Hatschepsut in Dēr el Báhari heißt. Die Frauen der Mende in Sierra Leone nannten ihren Liebhaber »der, welcher mich zum Lachen bringt« (*nya jali gulamo*). Im 11. Jahrhundert v.Chr. wurden in Assyrien die Figurinen nackter Liebesgöttinnen »für das Lachen« (*ina muḫḫi siāḫi*) in die einzelnen Provinzen verteilt, und auch Aphrodite, die Göttin des Geschlechtsverkehrs, »die das Lachen liebt« (φιλομμειδής), entführt den Phaëthon, um mit ihm zu lachen. Der »Garten des Lachens« war im alten Mesopotamien der »Liebesgarten«, und bereits die sumerische Inanna sagt in dem Augenblick, in dem Dumuzi ejakuliert und sie befriedigt: »Ich lache glücklich über den Erguß des Hirten.«[5]

Häufig ist das Lachen aber eher ein Ausdruck der Erleichterung und der Freude über die Wiederkehr des Lichtes, der Wärme und der Fruchtbarkeit. So zum Beispiel das »Osterlachen« über den Wiederbeginn des Lebens im Frühling oder nach der Gluthitze des mediterranen Sommers, etwa das Lachen der die Göttin Hera repräsentierenden Priesterin der platäischen Dädalien oder das der »nicht mehr lachenden« (ἀγέλαστος) Demeter über die ihre Vulva zur Schau stellende Baubo, nach der alles wieder blüht und wächst. Bei extremer Trockenheit führten junge Berberinnen im Hohen Atlas ein Tauziehritual durch, das *jbbad lḥbal* genannt wurde und das damit endete, daß irgendwann das Tau riß und die jungen Frauen durcheinanderpurzelten und dabei ihre Genitalien zu sehen waren, worüber die männlichen Zuschauer laut lachten. Wollte das Tau aber nicht reißen, halfen die Männer nach und schnitten es durch. Über den Sonnengott verlautet ein altägyptischer Text: »Da verbrachte der große Gott [= Rē] einen [ganzen] Tag, indem er in seinem Pavillon auf dem Rücken lag, tief getroffen und ganz allein. Da kam nach einer langen Zeitspanne Hathor, die Herrin der südlichen Sykomore, trat vor ihren Vater, den Allherrn und entblößte ihre Vulva vor ihm. Da mußte der große Gott lachen und richtete sich auf.« Einige Ägyptologen sind der Auffassung, daß mit dem Wort ꜥḥꜥ, »sich aufrichten«, in diesem Fall gemeint ist, daß sein Penis steif wurde. Schließlich heißt es in einer Anrufung der »7 Hathoren«: »Setzet ihre [= Hathors] sexuelle Begierde in die Leiber der Frauen, wenn die Arme der Männer sie umschlingen. Sie [= die Frauen] sollen jauchzen bei ihrem [= Hathors] Nahen, und sie sollen lachen über das, was sie sagt.«[6]

Wie oben geschildert, brachte auch in Japan eine Frau mit einem Tanz, bei dem sie ihre Brüste entblößte und ihre Genitalien zur Schau stellte, die Götter zum Lachen, was die Sonnengöttin veranlaßte, zurückzukehren und das Land zu regenerieren. In dieser Frau Uzume haben die Japaner herkömmlicherweise eine Schamanin oder ein Schreinmedium (*miko*) gesehen, ein junges Mädchen (*hime*), das durch einen *kagura* genannten obszönen Tanz, der sich an den Werbetänzen von Stachelschweinen, Kranichen, Reihern oder Fasanen orientierte, durch die Aufdeckung seiner Blößen ursprünglich die *kami* stimulierte, damit sie die Erde und ihre Bewohner fruchtbar machten. In späterer Zeit bewirkte es mit dem Tanz, der von Trommeln und Flötenmusik begleitet wurde, daß der Geist (*tama*) eines Gottes auf einem Musikbogen mit einer einzigen Saite, den es in der Hand hielt, wie auf einer Leiter herabstieg und in seinen Körper eintrat. Eine solche Penetration, etwa die durch den auf dem Miwa-Berg lebenden Gott Ōmononushi, dessen eigentliche Gestalt die einer Schlange war, hatte durchaus den Charakter eines Geschlechtsaktes, der das Mädchen meist völlig erschöpfte. Dann trug man es, das sich noch immer in Trance befand, in einen Nebenraum und frottierte seinen ganzen Leib, damit er wieder warm wurde und von Leben erfüllt.

In der »Aufzeichnung der Himmlischen Strahlen« aus dem 13. Jahrhundert heißt es, einst habe ein Weiser, der auf einem Berg lebte, einer *miko* die Anweisung gegeben: »Geh nach Hause und werde eine Dienerin von Sannō. Wenn du eine Opfergabe darbringst, wird dich eine Anrufung mit Hilfe des Katalpabogens in die Lage versetzen, die Gedanken der Menschen zu lesen, ohne die betreffende Person anzusehen. Wenn du die Saite des Bogens zupfst, wird Amida Buddha aus dem Reinen Land kommen und in deinen Mund eintreten.« Deshalb wurde die *miko* auch *kuchiyosi,* »Mundherbeiholerin«, oder *kamiku-*

chi, »Göttermund«, genannt, wobei der Gott oder Geist entweder in der Ersten Person aus dem Mund der *miko* sprach, oder diese wiederholte dessen Worte in der Dritten Person.[7]

Im Mittelalter führten die *miko* den *kagura* vor dem Kaiser auf, um ihm Gesundheit und ein langes Leben zu sichern, vor unfruchtbaren Frauen, um ihnen zu einer Schwangerschaft zu verhelfen, oder vor anderen Frauen, um zu bewirken, daß bestimmte Männer, die sich nicht für sie interessierten, von ihnen sexuell angezogen würden. So tanzte im frühen 11. Jahrhundert eine *miko* des Kibune-Schreins vor einer Frau, deren Liebhaber sie verlassen hatte, stellte vor ihr die Genitalien zur Schau und forderte sie dazu auf, vor allen Anwesenden dasselbe zu tun. Doch die liebeskranke Bittstellerin konnte ihre Schamhaftigkeit nicht überwinden.

Vor allem die in kleinen Grüppchen von Dorf zu Dorf wandernden *miko,* deren Schutzgott häufig der phallische Hyakudayū, der Gott der Wollust und Promiskuität war, prostituierten sich habituell. Trotz aller Schwierigkeiten, die ihnen die Obrigkeit bereitete, gab es sie bis ins frühe 20. Jahrhundert. Im Gegensatz zu den *miko* gibt es noch in der Tōhoku-Gegend der Aomori-Präfektur im Nordosten Honshūs die *itako,* von Geburt an blinde und meist körperlich labile junge Mädchen, die jahrelang bei alten Meisterinnen lernen, wie sie von *kami,* Totenseelen oder Bodhisattvas besessen werden und diese zu ihren Hilfsgeistern machen. Die Initiationszeremonie besteht darin, daß die als Braut gekleidete *itako* ihren Hilfsgeist heiratet, mit dem sie zwar regelmäßig Geschlechtsverkehr hat, doch ist es unüblich, daß sie während der Séancen die Brüste und die Vulva bloßlegt. Dies ist indessen die Hauptattraktion der sogenannten »Öffnung« des Peep-Show-Salons *Toji Deluxe* in Kyōtō. Sie besteht darin, daß die dort angestellten jungen Mädchen sich nackt am Bühnenrand niederhocken, sich weit zurücklehnen und ein paar Zentimeter von den Besuchern der ersten Sitzreihe entfernt langsam die Beine öffnen, worauf die Männer mit Hilfe von kleinen Taschenlampen und Vergrößerungsgläsern die Details der Klitoris und der Schamlippen studieren können. Und wie einst bei dem Tanz der Uzume schallt am Ende der Vorstellung lautes Lachen des Publikums durch den Raum.[8]

Der Uzume vergleichbar sind die *wū* der chinesischen Schang-Zeit im 2. Jahrtausend v. Chr., vermutlich Schamaninnen, die nackt und

mit aufgelösten Haaren tanzten und die Geister herabriefen, von denen sie wahrscheinlich besessen wurden, obgleich dies nicht sicher
nachweisbar ist. In dem vor knapp 2000 Jahren entstandenen *Shuo-
wen Jiezi* des Xu shēn heißt es jedenfalls: »*Wū* bedeutet ›anrufen‹.
Weibliche Personen können dem Unsichtbaren dienen, indem sie durch
Tanzen die Geister herabkommen lassen.« In den ältesten chinesischen Schriftquellen, den Orakelknochen- und Bronzeinschriften,
wird das Zeichen *wū* als eine Person wiedergegeben, die mit Ochsen-
schwänzen in den Händen einen Tanz aufführt. In der späteren Han-
Zeit riefen die *wū* die Verstorbenen an, auf die Erde zurückzukehren,
um Kranke zu heilen, und bei Trockenheit führten sie Tänze auf, damit es regnete, und sprachen in Zungen. Im 4. Jahrhundert schließlich
tanzten die nackten Ch'u-Schamaninnen, begleitet von Trommeln
und Flöten, und beschworen die Geister, herabzukommen und mit ihnen den Geschlechtsverkehr auszuüben. Das taten die Geister auch,
doch sie blieben nur so kurz »in« ihnen und verschwanden dann wieder, daß die Frauen offenbar unbefriedigt und frustriert zurückblieben.[9]

§ 10
Bāraka und die Macht der Reliquien

Die Kraft, die man, wie wir gesehen haben, als *mana* oder *śakti* bezeichnet, ist vergleichbar mit dem islamischen *al-bāraka*. Dieses Wort geht auf die semitische Wurzel **brk*, »niederknien« [der Kamele] zurück – das Knie ist ein Euphemismus für den erigierten Penis. Dieselbe Wurzel ist auch im hebräischen *bārakh* oder dem jesidischen *bērat* enthalten. Heute meint man mit *bāraka* (pers. *tabarrok*) eine Gnadenerweisung oder einen Segen durch Gott. Auch in der vorislamischen Zeit wurde das Wort in religiösen Kontexten bereits verwendet. Man küßte und streichelte den Kultfelsen der Göttin al-Lāt – vermutlich die Gattin Allāhs –, damit ihr *bāraka* auf den Betreffenden überging. Aus demselben Grund küssen heute die Gläubigen den himmlischen schwarzen Stein (*al-ḥağar al-aswad*) in der Ostecke der Ka'aba in Mekka, einen Meteoriten, der aus der allerersten Ka'aba stammen soll, die durch die Sintflut zerstört wurde, einem Geschenk und Gnadenerweis Gottes gegenüber Adam nach dem Sündenfall. Sehr viel *bāraka* besitzen vor allem Ṣūfīs, die gelehrten Marabuts (arab. *murābiṭun,* berber. *igurramen*) und die *šurafā'*, die Nachkommen des Propheten. Doch im Gegensatz zu einem *šarif* haben ein Ṣūfī oder ein Marabut ihr *bāraka* nicht geerbt, sondern durch göttliche Gnade erhalten, etwa in der Trance beim Gebetsritual *zikr*, in der Allāh den Ṣūfī berührt und ihm sein *bāraka* übermittelt, damit dieser es dann unter den Menschen weiterverteilen kann. Moḥammeds *bāraka* wurde dagegen an seine Nachkommen in der männlichen Linie seiner Tochter Fāṭima vererbt, wobei es im Laufe der Zeit durch die Frauen der zahlreichen Abkömmlinge immer mehr verwässert wurde.[1]

Eine Person konnte und kann ihr *bāraka* durch ein gottesfürchtiges Leben vermehren, durch häufiges Rezitieren von Sūren des Koran, das Verrichten der fünf täglichen Gebete, die Einhaltung der Fastenzeit Ramaḍān oder eine Pilgerreise nach Mekka. Doch das *bāraka* befindet sich nicht nur in Menschen, sondern auch – wie das *mana* – in allen möglichen belebten und unbelebten Dingen, in bestimmten Tieren, vor allem in Kamelen, in Pflanzen, bizarren Felsen, in Speisen, Worten, Gesten, an Orten oder in Gebäuden und Gebäudeteilen – wie den mit Eisen beschlagenen Flügeln des Bāb el Mutawāli, eines berühmten Tores in Kairo, an die sich die Pilger pressen und an dem sie sich reiben, um Linderung ihrer Leiden zu erlangen – sowie in *ḥennā'*, weshalb man mit diesem Farbstoff Dämonen und den Bösen Blick abwehrt. Auch die *jinn* verfügen über *bāraka*, weshalb man ihnen in Marokko und anderen Gegenden Opfer darbringt. Die Geistwesen verlieren jedoch ihre Kraft, wenn sie mit Eisen oder Stahl in Berührung kommen, so wie das *bāraka* eines Talismans – etwa das in ein Fläschchen gefüllte Wasser, mit dem eine Sūre abgewaschen worden war – sich verflüchtigt, wenn der Schatten eines Ungläubigen darauf fällt oder wenn es mit Unreinheiten des menschlichen Körpers in Kontakt kommt. Ein solcher Schwund von *bāraka* kann bei einem Mann zu Impotenz und bei einer Frau zu Sterilität und dem Verlust der Zuneigung ihres Mannes führen. Auch auf der Toilette und im Bad – beides unreine Orte – verlieren Amulette all ihre Kraft, weshalb man sie unbedingt ablegen sollte, wenn man jene aufsucht, während Schriftamulette in Silberkapseln oder Lederbeutelchen verwahrt werden müssen, damit ihnen ihr *bāraka* nicht durch Feuchtigkeit, Beschmutzung oder neidvolle und vorwitzige Blicke entzogen wird. Pilger sind gehalten, rein zu sein, wenn sie ein Heiligengrab betreten, denn wenn zum Beispiel eine Pilgerin gerade menstruiert, kann der Stätte all ihre Kraft abhanden kommen.[2]

Frauen, die trotz aller Bemühungen nicht schwanger werden, erfolglose oder impotente Männer, aber auch Studenten vor dem Examen pilgern häufig zu den Gräbern heiliger Šayḫs, die sich meist in der Nähe bizarrer Felsen, sprudelnder Quellen und Höhlen befinden. Schon in vorislamischer Zeit wurden diese Gräber als numinose Orte verehrt und galten als Freistatt für Straftäter. Nach einem berühmten *ḥadīṯ* verwesen die dort begrabenen Propheten und Heiligen nicht, sondern »schlafen« nur, aber ihr Geist ist allzeit wach und fähig, überall hinzugehen, und er ist sogar mächtiger, hat mehr *bāraka* als zu Lebzeiten. Bäume, die auf oder an solchen Gräbern wachsen, sind deshalb angeblich besonders üppig und grün, aber die Kraft des Heiligen sorge auch dafür, daß die Hand jedes Menschen verdorrt, der in ihrer Nähe lüge.

Nicht wenige Pilger sagen, sie spürten beim Betreten der Grabkammer auf der Stelle, daß sie sich in einem besonderen Kraftzentrum des *bāraka* befänden, dessen »Batterie« sich einmal in der Woche besonders auflade, so daß es vor allem von den weiblichen Pilgern »angezapft« werden könne.

Von *jinn* Besessene verhalten sich an den nordindischen Heiligengräbern oft auf obszöne Weise, indem sie sich entblößen oder anderen Pilgern und Pilgerinnen an die Geschlechtsteile oder Brüste fassen, was als eine Reaktion der *jinn* auf das *barkat* der dort Begrabenen zurückgeführt wird. Doch auf der anderen Seite darf kein männlicher Pilger, wer immer er auch sein möge, den Schrein der Heiligen Mai Pīr im südostpakistanischen Sindh betreten, denn die Heilige war bis zum Ende ihres Lebens Jungfrau, und jeder Mann würde sie durch seine Anwesenheit deflorieren.[3]

In den meisten muslimischen Gesellschaften ist *bāraka* nicht nur eine Fähigkeit, sondern eine Substanz, die sich irgendwo im Körper des Menschen befindet – bei den Kabylen zum Beispiel in der Leber, aber auch in den Hoden, in der Blase und in der Vagina. Diese Substanz verleiht etwa das Vermögen, wirksam zu segnen, Kranke zu heilen, richtig zu urteilen und Ereignisse vorherzusagen, jemanden effektiv zu verfluchen, eine Heuschreckenplage herbeizuführen und »Wunder« (*karāmāt*) zu wirken, wie Tote zum Leben zu erwecken, gleichzeitig an zwei unterschiedlichen Orten zu sein, Erde in Edelsteine oder Gold zu verwandeln, die Sprache der Tiere und Pflanzen zu beherrschen, zu fliegen, auf dem Wasser zu gehen, hellzusehen oder Seelenreisen zu unternehmen. Wie das *mana* der polynesischen Häuptlinge befähigte das *bāraka* den Sultan von Aïr, bei einer Dürre den Regen herbeizuholen und die Fruchtbarkeit des Landes sicherzustellen. Wenn der Prophet, so heißt es, Kieselsteine, Granatäpfel oder Weintrauben in die Hand nahm, begannen sie Gott zu loben, indem sie »Gott sei gepriesen!« riefen. Bei vielen west- und ostafrikanischen Muslimen, aber auch bei Nichtmuslimen ist die Meinung verbreitet, Reichtum sei ein Indiz für die Präsenz von *bāraka*. Von einem syrischen Heiligen wurde erzählt, er besitze so viel *bāraka*, daß er nur sterben müsse, wenn er es auch wolle.[4]

Bemerkenswert ist, daß vor allem im Sudan, aber auch anderswo Männer verehrt wurden, namentlich Ṣūfī-Šayḫs, die als verrückt galten, ein schändliches Leben führten oder auf eklatante Weise gegen das Gesetz verstießen – vorausgesetzt, sie besaßen sehr viel *bāraka.* Oder man behauptete einfach, wie bei den Rīf-Kabylen, daß ein Šarīf, der sich mit Wein betrank, keine Sünde begehe, weil jedes alkoholische Getränk sich in seinem Mund augenblicklich in Wasser verwandle.

Da die Erde und der Staub von Gräbern der Heiligen sehr viel *bāraka* enthalten, das in Bengalen, Karṇāṭaka und anderen Gegenden des indischen Subkontinents auch *šakti* genannt wird, nehmen die Gläubigen meist ein gewisses Quantum davon mit nach Hause, wo es zumindest eine gewisse Zeit lang weiter Kraft ausstrahle. So sammelten die türkischen Schreiber religiöser Texte den Lampenruß, der sich in den Nischen der Istanbuler Süleymaniyye-Moschee abgesetzt hatte, um daraus ihre Tinte herzustellen. Damit taten sie freilich nichts anderes als die Christen, die zum Beispiel durch Berührung des Sarkophages des 1111 im Speyrer Dom bestatteten Kaisers Heinrich IV. »se sanctificatos ab eo«. Die Pilger trugen Erde des Grabes auf ihre Felder und in ihre Häuser »pro benedictione« und legten Getreidekörner auf den Sarkophag, damit die Ernte reichlich wurde (»sperabant enim taliter fertilem sibi messem profuturam«).

Pilger, die auf diese Weise an einem Heiligengrab *bāraka* erhalten hatten, wurden von anderen Menschen gebeten, sie zu massieren oder mindestens ihnen die Hand aufzulegen. Im nordwestindischen Punjāb fragen häufig Frauen und Männer einen *pīr* (Ṣūfī-Meister), ob sie ihn ihrerseits massieren dürfen, damit sein *bāraka* in sie fließe. Das *bāraka* stellt man sich ganz materiell vor, und es hat dementsprechend ein Gewicht. So hieß es beispielsweise, der Ṣūfī-Meister Al-Ḥājj bin-'Alīwah sei dermaßen voll mit *bāraka* gewesen, daß seine Arme davon niedergedrückt worden seien. Vor allem aber befindet es sich in sämtlichen Ausscheidungen des Körpers, in den Fäkalien, im Urin, im Vaginalsekret oder im Speichel. Als sein Neffe Ạli geboren wurde, steckte Moḥammed als erstes seine Zunge in den Mund des Neugeborenen, das sofort daran saugte. Dadurch gelangte so viel *bāraka* in das Kindchen, daß seine Mutter ihn nicht stillen mußte. Dasselbe tat er bei Ḥasan, dem kleinen Sohn seiner Tochter Fāṭima. Auch heute kommt es noch häufig vor, daß ein Heiliger einer Frau oder einem Mann die Zunge in den Mund steckt.

Bekanntlich heilte auch Jesus die Kranken mit seinem Speichel. In Marokko, wo die meisten Heiler Frauen sind, die ihr *bāraka* matrilineal erhalten haben, behandeln sie Verletzungen, indem sie auf die Wunde spucken. Im Senegal übertragen die Marabuts ihr *bāraka* vielfach dadurch, daß sie ihren Schülern ins Gesicht speien, worauf diese oft gellend schreien, das Bewußtsein verlieren und sich zuckend auf dem Boden wälzen. Aus tamilischen Ṣūfi-Texten geht hervor, daß die Begründer von Grabschreinen (*tarkā*) ihrem Nachfolger den Stengel vermachten, mit dem sie sich die Zähne putzten. Von einem solchen Stöckchen hieß es, es habe sich zu einem wundersamen Baum entwickelt, der ständig Zucker auf die Pilger ausgestreut hätte.[5]

Andere Übertragungsweisen sind das Anhauchen – so wird bei den Kopten der Heilige Geist (*el rūḥ el ḳudus*) durch den Atemhauch eines Bischofs an eine Ikone abgegeben, die ihn anschließend in Form von *bāraka* auf die Gläubigen ausstrahlt. Im sudanesischen *sūq* drängen sich vornehmlich die Frauen zu den tanzenden Faqīren, die mit den an ihrem langen Haar befestigten Troddeln mit Perlenschnüren rasseln, und pressen ihren Leib an den der Männer, damit deren *bāraka* auf sie übergehe. In anderen Gegenden berührte man die besonders *bāraka*-haltige Stirnlocke (*nāsiya*) oder den Bart eines Heiligen, die beide ein Attribut der Freien waren, die einem Sklaven abgeschnitten wurden.[6]

Die Anhänger des Propheten bewahrten jedes seiner Haare, das von seinem Kopf abfiel, sowie das Wasser, mit dem er sich gewaschen hatte, auf, was dazu führte, daß einer der Besitzer dieser Schätze, Omar, dreißig Tagesreisen weit gehen, und ein anderer, Abdallah eš Šakik, die Wolken regnen lassen konnte. Von den Frauen um Moḥammed wird überliefert, sie hätten jeden Tropfen seines köstlich duftenden Schweißes mit Tüchern aufgesaugt, um sich damit zu parfümieren. Dagegen genügten dem schweizerischen Neo-Ṣūfi Fritjof Schuon, dem, wie er bekanntgab, in Marokko die heilige Jungfrau erschienen war und ihn mit *bāraka* gesegnet hatte, gemeinsame Nacktveranstaltungen, um dieses an seine Jüngerinnen und Jünger abzugeben.

In Marokko und im Punjāb erzählt man, daß manche Heilige bzw. *pīrs* kranke Frauen heilten, indem sie diese penetrierten und in ihrer Vagina ejakulierten. Auch im Tumbura-Kult der Sūdānis, den Nachkommen der von den Arabern versklavten Männer und Frauen, wird das *bāraka* von einem Geist zugeführt, der bei ihr oder ihm den Penis einführt und ejakuliert. In Tetuān soll ein heiliger Narr (*maǧdūb*), also ein Mann, den Allāh in den Zustand des *ḥāl*, der Erleuchtung versetzt hatte, in aller Öffentlichkeit eine junge Frau überwältigt, zu Boden geworfen und vaginal penetriert haben, um ihr mit seinem Sperma *bāraka* zu übertragen. Ihre Begleiter jubelten angeblich während des Aktes und gratuliertem ihrem Ehemann zu der Wohltat. Zahlreich sind auch die Überlieferungen von Heiligen, die ihre Novizen zum Zweck der Übertragung von Energie und Kraft immer wieder anal penetrierten. Der Ethnologe Edward Westermarck berichtet, er habe in Fès einen jungen Mann gekannt, dessen außergewöhnliche Fähigkeiten von ihm selber und anderen darauf zurückgeführt wurden, daß er sich immerzu von einem Šarīf anal penetrieren ließ.

Heilige Narren und Närrinnen waren für nichts, was sie taten, verantwortlich. Ebenfalls in Fès lebte eine solche »närrische« Frau, die sich jahrelang splitternackt in der Öffentlichkeit aufhielt, ohne daß jemand dagegen eingeschritten wäre. Die Kel-Ewey-Tuareg sagen allerdings, daß die *igurramen*, das heißt die Marabuts, jeder jungen Frau und jedem hübschen Jüngling hinterherliefen, weil sie zuviel *bāraka*-haltiges Sperma produzierten, das sie einfach loswerden wollten.

Daß derartiges auch bei uns nicht völlig unbekannt ist, zeigt das Beispiel des schwäbischen »Inflationsheiligen« und Wanderpredigers Ludwig Christian Haeusser, der in den 1920er Jahren zahlreiche Anhängerinnen »heiligte« und »reinigte«, indem er den »Heiligen Geist« in Form seines Spermas in ihre Vagina fließen ließ oder ihnen seinen Speichel durch Cunnilingus übermittelte, weil es, wie er lehrte, keinen Unterschied gebe »zwischen den Lippen und den sogenannten Schamlippen« einer Frau. Beides nannte er »die unbefleckte Empfängnis«. Einer seiner Nachfolger, der Oberpfälzer Leonhard Stark, »begeisterte« auf diese Weise wie sein Meister eine ganze Heerschar ihm ergebener jüngerer und mittelalter Frauen, von denen eine an ihn schrieb: »Alle Frauen auf der ganzen Welt müssen durch Dich großen Mann hindurchgehen – um von Dir *erlöst* zu werden!«

Auch das Bestreben, sich auf Grund der ihnen innewohnenden »Kraft« in den Besitz von Körperteilen oder inneren Organen heiliger Personen zu bringen, findet man sowohl im Orient als auch zumindest in einigen Gegenden des Okzidents. Um sie wegen ihres *bārakas* auszuweiden, stahl man nicht nur die Leichen von heiligen *pīrs*, sondern ermordete sie sogar gelegentlich. Als im frühen 11. Jahrhundert der hl. Romuald einmal erkrankte, planten einige Bewohner von Saint-Michel-de-Cuxa, seinem Leben gewaltsam ein Ende zu setzen, »damit ihnen die Reliquien nicht verlorengingen«. Noch in unserer Zeit planten glühende Verehrer des wundertätigen Kapuzinermönches Padre Pio – den berühmten stigmatisierten Kapuziner, der im Jahre 1968 im Kloster San Giovanni Rotondo starb, aber heute noch aus der Totenwelt her in Brasilien Kranke heilt – zu ermorden, um seinen Körper auszuschlachten.

Häufig schafften bereits die Leichenwäscher und -wäscherinnen Haare oder Hautteile der Toten beiseite oder versuchten gar, Penisse, Hoden oder Schamlippen an sich zu bringen. Im Jahr 1246 wurde die noch warme Leiche der 27jährigen Heiligen Umiliana Cerchi aus Florenz zerstückelt; die Täter hatten ihren Tod kaum abwarten können. Offenbar wurde so auch die hl. Marina vollkommen zerlegt, worauf die einzelnen Körperfragmente auf die Kirchen und Klöster in ganz Griechenland verteilt wurden. Um dies zu verhindern, brachte man 1380 den Leichnam der im Alter von 33 Jahren verstorbenen Caterina da Siena in die Dominico-Kapelle in Rom und schützte ihn mit starken und gut verschlossenen Eisengittern vor nächtlichen Reliquienjägern. Nicht so gut erging es der verstorbenen Teresa von Ávila, denn nachdem schon ihr Beichtvater bei der ersten Graböffnung neun Monate nach ihrem Tod ihre linke Hand abgesägt hatte, wurde ihr Grab immer wieder von Grabräubern aufgebrochen, die all das von ihrem Körper abschnitten, was noch übrig war.

Wie ihre Dienerin Irmgard später mitteilte, wurden der hl. Elisabeth von Thüringen, nachdem sie im November 1231 im Alter von 24 Jahren gestorben war, von Wallfahrern nicht nur das gesamte Haupthaar, sondern auch beide Brustwarzen und große Teile der Ohren abgeschnitten, als sie drei Tage lang aufgebahrt war. Noch heute bewahrt der Halberstädter Dom einen gläsernen Reliquiar mit gedörrtem Fleisch, Rippenfragmenten und Fingergliedern der Landgräfin auf, die anscheinend tatsächlich von ihr stammen.[7]

Nach seiner Ermordung durch vier Ritter in der Kathedrale von Canterbury im Jahr 1170 positionierten Mönche die Leiche des Lordkanzlers und Erzbischofs Thomas Becket die ganze Nacht lang so über einem Behälter vor dem Hochaltar, daß das Blut des Märtyrers hinein-fließen und die armen Leute Lumpen eintunken konnten, mit denen einer sogar seine gelähmte Frau geheilt haben soll. Etwa um dieselbe Zeit biß der hl. Hugh von Lincoln bei einem Besuch im Kloster Fécamp zum Entsetzen des Abtes und der Mönche kräftig in eine Reliquie, nämlich den Armknochen Maria Magdalenas, und brachte so zwei winzige Splitter der berühmten Reliquie an sich. Ein anderes Mal schnitt er in der Peterborough-Abtei heimlich mit dem Messer eine Sehne aus dem mumifizierten Leichnam des hl. Oswald, der im 7. Jahr-hundert der Herrscher von Northumbrien, des nördlichsten König-reichs der Angelsachsen, gewesen war.

Im Mittelalter besaßen die Kopfreliquien die größte Kraft. Da sie befürchteten, daß der Schädel des hl. Gibrian, der stets von unzähligen Menschen betastet und geküßt wurde, an seinem Festtag durch den Massenandrang der Pilger beschädigt oder geraubt werden könne, ent-fernten die Mönche der Abteikirche Saint-Rémi in Reims den Schädel vom Skelett und aus dem Schrein. Als freilich daraufhin die üblichen Krankenheilungen ausblieben, wurde er an die alte Stelle zurückge-bracht, und die Wunder fanden sofort wieder statt. Aus Heiligenschä-deln getrunkener Wein übermittelte eine besonders intensive Segens-kraft, und um von jeglichen Krankheiten geheilt zu werden, wickelte man sich am herzoglichen Hof zu München in ein Leintuch, das vor-her in den Wein getunkt worden war, den man in die Hirnschale des hl. Sebastian geschüttet hatte. Solche Schädel konnten allerdings ihrer Kraft beraubt werden. Dies geschah etwa beim Sacco di Roma 1527, als die bedeutendsten Reliquien der Christenheit von den deutschen Landsknechten entweiht wurden, die zum Beispiel, so heißt es jeden-falls, mit den Köpfen der Apostel auf der Straße Fußball spielten.

Bereits im 4. Jahrhundert hatte der Kirchenvater Cyrillos, der Bischof von Jerusalem, verlautbart, daß insbesondere der Kopf eines Heiligen ehrwürdig sei, weil er auf die intimste Weise mit der Seele des Betref-fenden in Kontakt getreten war, da sie ja in ihm gewohnt hatte. Ähn-liches galt auch für andere Körperteile oder -sekrete und -flüssigkeiten, etwa für die Vorhaut Jesu, die ebenfalls beim Sacco di Roma ver-schwand und nie mehr auftauchte, und für einzelne seiner Zähne. Als um das Jahr 1120 der Benediktiner Guibert de Nogent den Mönchen der aus der Merowingerzeit stammenden Abtei Saint-Médard bei Soissons in der Picardie, die behaupteten, einen Zahn Jesu zu besitzen, vorhielt, dies könne nicht sein, da Jesus ja mit vollständigem Gebiß zum Himmel aufgefahren sei, konterten die Ordensmänner mit der Behauptung, es handle sich um einen Milchzahn.

Alle wichtigen singhalesischen Schreine Sri Lankas beherbergen Reliquien (*dhātu*) vom Körper Buddhas, die nach dem Verbrennen seiner Leiche übriggeblieben waren, darunter Knochensplitter, Zähne und sogar Fingernägel und einzelne Haare. Sie alle fördern die Fruchtbarkeit von Mensch, Tier und Vegetation, und wenn die Zahnreliquie (*denta dhātu*) in einer Prozession durch die alte Königsstadt Kandy im zentralen Hochland der Insel getragen wird, regnet es unweigerlich. Sehr verbreitet waren vor allem in Europa die Milchreliquien der hl. Jungfrau, über die sich freilich schon im frühen Quattrocento der franziskanische Volksprediger Bernardino da Siena lustig machte, wenn er in einer Predigt verlautete, »hundert Kühe« hätten »nicht so viel Milch, als man von Maria auf der ganzen Welt zeigt«. In Wirklichkeit habe »sie nicht mehr und nicht weniger« gehabt, »als das Jesuskind brauchte«. Etwa um dieselbe Zeit bezeichnete der Theologe Nikolaus von Dinkelsbühl diesseits der Alpen das Aufbewahren der angeblichen Muttermilch Mariens als einen finsteren Aberglauben, denn es sei nicht vernünftig anzunehmen, die hl. Jungfrau habe sich selber »gemolken« oder sich gar von anderen »melken« lassen. Ihre »jungfräuliche Schamhaftigkeit« hätte ihr ein solches Verhalten ganz gewiß verboten. Vermutlich war die angebliche Muttermilch in Wirklichkeit Kuhmilch, aber ein Teil davon stammte wohl von einem Kalkfelsen in Bethlehem, in dem sich eine Höhle befand, die Crypta lactea genannt wurde, weil der Legende nach die hl. Jungfrau dort ihr Kind gestillt hatte, wobei etwas von ihrer Milch auf den Boden gelaufen sei. Der Kalk aus dieser Höhle wurde im Mittelalter abgeschabt und mit Wasser vermischt, zu Küchlein verarbeitet, die überall im Heiligen Land vertrieben wurden und sicher auch nach Europa gelangten.

Der Muttermilch Mariens oder dem geronnenen Blut der Christina von Stommeln entsprachen im mittelalterlichen Japan die sogenannten »Blut-Sūtren«, Texte, die mit dem Blut Śākyamuni Buddhas oder anderer Heiliger geschrieben worden waren und die jemanden erlösen konnten, wenn er mit ihnen in Kontakt kam. Alles, was Heilige jemals angefaßt hatten oder was mit ihren Gräbern in Berührung gekommen war, hatte sich dadurch mit Kraft aufgeladen. So verkündete im späten 10. Jahrhundert Thiofried von Echternach, die Kraft (*vis*) eines Heiligen sei noch viel intensiver »im aufgelösten Staub« und strahle auf jeden, der das Grab anfasse. Bereits im frühen Mittelalter war man der einhelligen Meinung, dieser Staub heile Kranke, Blinde, Lahme und Besessene, vor allem, wenn diese ihn mit Wasser vermischt tränken oder ihn in Kapseln oder kleinen Reliquaren am Leib trügen.

Obwohl Gérald d'Aurillac aus Bescheidenheit und Demut keine Wunder wirkte, bewahrten ihm Nahestehende das Wasser auf, in dem er seine Hände gewaschen hatte, und heilten damit einen gelähmten Buben. Noch verbreiteter war überall auf der Welt die Vorstellung, daß Heilige, Geister und andere numinose Wesen an den verschiedenartigsten Stellen ihren Körperabdruck hinterlassen hätten, der kraftgeladen sei. Diese Kraft könne, ebenso wie die Kraft in geweihten Gegenständen, den Menschen stärken, aber auch schädigen, denn sie sei an sich weder gut noch böse. Von Franz von Assisi erzählte man beispielsweise, er habe auf einem großen Stein in der Nähe des toskanischen Santuario della Verna den Abdruck seines Körpers zurückgelassen, der Wunder wirke. Dasselbe sagt man von dem Abdruck der Hand Mariens in der Kirche San Giovanni in Laterano, den sie erzeugte, als sie sich bei einem Schwächeanfall, hervorgerufen durch die Nachricht von der Verhaftung ihres Sohnes, mit der Hand abstützen wollte. Schon vor langer Zeit hatte ein Spötter neben die Beschreibung des Vorfalls den Satz gekritzelt: »Da muß sie aber sehr fest zugegriffen haben!«

Dieselben Anschauungen findet man in weit entfernten Kulturen. So etwa in buddhistischen Gesellschaften wie der Bhūṭāns, wo das heiligste Gebäude des Landes, der Tempel von Kuye, an einem Felsen errichtet wurde, unter dessen Abri einst Guru Rinpoche so lange meditiert hatte, daß die Umrisse seines Körpers sich in dem Stein abbildeten und sein Pilgerstab, den er in den Boden steckte, sich zu einem großen Baum entwickelte, der noch heute dort bewundert werden kann. Im westlichen Hochland von Neuguinea erklären die Raiapu-Enga die Entstehung einer flachen Mulde an einer Höhlenwand damit, daß an dieser Stelle einst ein sexuell erregter Geist (*pututuli*) so lange seinen erigierten Penis gerieben habe, bis seine Lust durch einen mächtigen Samenerguß gestillt worden sei.

Wie bereits erwähnt, stellte man sich die Kraft, die solchen Orten innewohnte, ganz und gar materiell vor. So hieß es beispielsweise im Mittelalter, daß die Stoffetzen, die man abends durch eine kleine Öffnung des Schreins hindurch auf das Grab des hl. Petrus in Rom legte, am nächsten Morgen sehr viel schwerer geworden seien, weil sie sich mit der dort gegenwärtigen Kraft vollgesogen hätten. Im östlichen Hochland von Neuguinea verehrte man runde schwarze Steine, »die Hoden des *tapa*-Geistes« (*tapa mu*), die ein solches Gewicht hatten, weil sie voller Geisterkraft waren. Zwar konnten solche Kräfte zu guten und zu schlechten Zwecken benützt werden, doch zumindest im christlichen Abendland lief derjenige, welcher sie etwa aus Eitelkeit mißbrauchte, Gefahr, dafür bestraft zu werden. Als beispielsweise eine junge Frau den Inhalt des Nachttopfes des Sieneser Heiligen Giovanni Colombini, der einen köstlichen Duft ausströmte, nach dessen Tod im Jahre 1367 auf ihr entstelltes Gesicht auftrug, um für Männer wieder attraktiv zu werden, fingen die Fäkalien augenblicklich an, scheußlich zu stinken.[8]

Wer glaubt, derartige Ansichten seien in der westlichen Kultur ausgestorben, vergißt, daß sie in der Volkskultur sowie in esoterischen und New-Age-Kreisen ungebrochen weiterleben. Nachdem sich zum Beispiel die Nachricht verbreitet hatte, daß vier Mädchen am 1. November 1937 im Kirchhof des emsländischen Heede die hl. Jungfrau erschienen war, fiel dort ein riesiger Strom von Menschen ein, um von den im Hof wachsenden Bäumen die Zweige abzureißen, weil die Kraft Mariens zweifellos auf sie übergegangen war. Nachdem sehr viel später bekannt wurde, daß bei einer Frau in Palermo nach dem Erwachen aus einer Ohnmacht auf ihren Brüsten und ihrem Rücken Kreuze sowie an ihren Händen Stigmata erschienen waren, konnte sie sich nicht mehr in die Öffentlichkeit wagen, weil viele Gläubige über sie herfielen, um ihr die Kleidung vom Leib zu reißen. Heute pilgern zahllose New-Age-Anhänger zur Kirche von Chimayo in New Mexico, um den heilkräftigen Staub vom Kirchenboden aufzusammeln. Ein junges Mädchen, das von einem Beatles-Konzert in ihre Heimatstadt zurückkam, wurde von ihren Freundinnen gebeten, das Kleid, das sie beim Konzert getragen hatte, zu zerschneiden und die Stofffetzen an sie zu verteilen. Der aus den Hobelspänen destillierte Schweiß Elvis Presleys, die den Boden der Konzertsäle bedeckten, in denen er auftrat, wurde in Fläschchen gefüllt und verkauft, und während dieser Konzerte warf ein Assistent Presleys Taschentücher, mit denen dieser sein Gesicht abgewischt hatte, in die frenetisch schreiende Menge, »a gift of sweat from an earthly god«, wie die *New York Times* es damals formulierte. Bereits im Jahre 1936 hatten »verzückte« Frauen in Berchtesgaden Teile des Kieses verschluckt, über den der Führer geschritten war.[9]

§ 11
Der Austausch der Kräfte zwischen Göttern und Menschen und das Auflegen der Hände

Charakteristisch für alle bisher besprochenen Kräfte ist, daß ihre Träger, seien es nun Personen oder Dinge, sie verlieren können, wenn man sie nicht immer wieder auffrischt oder stabilisiert. Wenn etwa bei den Yorúbà ein *òrìṣá* die Wünsche seines sogenannten »Pferdes«, also des Menschen, der sich hilfesuchend an ihn wendet, nicht befriedigt, zum Beispiel dessen krankes Kind nicht heilt, wechselt das »Pferd« oft den *òrìṣá* und läßt den vorigen links liegen, der dann verkümmert. »Man muß sie füttern«, sagen die Yorúbà über die *òrìṣá*, »sonst sterben sie«, das heißt, ihre Lebenskraft (*àṣe*) würde versiegen, wenn man sie nicht durch Gesänge, Tänze, Herbeirufen, Zujubeln, Preisen, Chanting und Opfergaben verehrt, was *olóriṣá*, »*òrìṣá* machen« genannt wird. Dazu gehören auch die Entblößung des gesamten Unterleibes bei den Männern und das Entgegenhalten der entblößten Brüste bei den Frauen. Auch in Brasilien wird den *orixá* mit dem Blut der Opfertiere *axé* zugeführt, ohne die sie nicht existieren könnten. Wenn gleichsam ihre Batterie wieder aufgefüllt ist, geben sie ihrerseits *axé* an die Opfernden zurück. »Wenn wir nicht mehr singen und tanzen«, so eine Kultleiterin der Macumba, »und unsere Körper den Göttern nicht mehr darbieten, damit sie zur Erde herabsteigen können, dann werden sie uns verlassen und vergessen. Sie würden in Afrika sterben, und unsere Religion verschwände!« In gleicher Weise muß in der Umbanda das in Kultobjekten gespeicherte positive Fluidum ständig erneuert werden, weil es sich mit der Zeit verflüchtigt. Es kann aber auch sein, daß die Fluida so schwach sind, daß sie nicht mehr in Schwung gebracht werden können, weshalb man ihre Gefäße beseitigt, zerschlägt oder einfach wegwirft. In den Wäldern, den Kirchen oder an den Stränden wie dem zwischen der Punta do Leme und dem Forte de Copacabana in Rio de Janeiro findet man dementsprechend viele entsorgte Heiligenfiguren oder *feitiços*, die versagt haben und ihren Besitzern nicht helfen konnten.[1]

Vor einem neuseeländischen Gericht erklärte ein als Zeuge auftretender Māori, daß ein bestimmter ʿatua tot sei, worauf der Richter entgegnete, das könne nicht sein, denn ein Gott könne doch nicht sterben. Darauf erwiderte der Māori: »Götter können sterben, und sie tun es auch, wenn es keine Medien mehr gibt, die sie am Leben erhalten!« In der Tat waren all die polynesischen Götter bald völlig vergessen, als ihre menschlichen Medien, die »Götterkanus« (waka ʿatua), ausgestorben waren, von denen sie Besitz zu ergreifen pflegten. Die ʿatua oder ʿaitu gingen zugrunde, wenn ihre Anhänger sich anderen Göttern zuwendeten, die mehr mana besaßen als die alten. So hielt ein Samoaner namens Fauea folgende öffentliche Ansprache: »Schaut nur auf die Engländer, sie haben stabile, schöne Kleider in allen Farben, und wir haben lediglich Blätter. Sie haben edle Schiffe, und wir haben Paddelboote; sie haben scharfe Messer, und wir können nur mit Bambus schneiden; sie haben Eisenäxte, während wir nur Steine haben; sie benutzen Scheren und wir Haifischzähne; was für wunderschöne Perlenketten sie besitzen, Spiegel und all die anderen Kostbarkeiten! Deshalb denke ich, daß der ʿaitu, der ihnen all diese Dinge gab, ein guter ʿaitu sein muß und daß seine Religion besser ist als die unsrige. Wenn wir diesen ʿaitu annehmen und ihn verehren, wird er bald auch uns diese Dinge geben!«

Doch auch vor der Missionierung waren die Polynesier geneigt, ihren Gottheiten jegliche Zuneigung zu entziehen, wenn sie die in sie gesetzten Erwartungen enttäuschten. So droht in einem überlieferten Gebetstext aus Hawaiʾi ein Mann dem ʿaitu, dessen Kultbild zu steinigen, wenn er ihm kein mana zuführe, denn das liege dann ganz gewiß daran, daß er überhaupt keines besitze. Wenn es den chinesischen Schamaninnen nicht gelang, Regen herbeizuholen, versuchten der Kaiser oder der Magistrat, die Regengötter zu nötigen, indem sie ihnen androhten, bei einem Anhalten der Trockenheit ihre Bildnisse auszupeitschen oder in die pralle Sonne zu stellen, ihnen ihre Titel zu entziehen und sie damit zu degradieren sowie ihre Tempel zu schließen und jeglichen Gottesdienst einzustellen. Die obugrischen Jäger in Sibirien nahmen oft die Abbilder ihrer Hausgeister mit auf die Pirsch, aber blieb diese erfolglos, verprügelten sie die Idole, warfen sie weg und ersetzten sie zu Hause durch Ikonen des Erlösers und der hl. Jungfrau, die für solche Fälle schon bereitlagen. Beim Ausbleiben von Gegenleistungen beendete man auch in Malabar die rituelle Verehrung einer Gottheit, die daraufhin all ihr *śakti* einbüßte. In den nordperuanischen Anden entzieht man den personalisierten *ḥuac'as*, die heute meist *encantos* genannt werden, ihre »Nahrung« in der Form von Opfergaben, wonach sie sich bisweilen schadlos halten, indem sie die »Schattenseele« (*sombra*) eines Menschen verschlingen, der sich unbedacht in ihre Nähe gewagt hat, worauf der Betreffende verrückt oder krank wird und manchmal auch stirbt.[2]

Auch im christlichen Kulturkreis wurden seit alten Zeiten die Reliquien und Bilder der Heiligen, die Hilfeleistungen verweigerten, erniedrigt, indem man sie auf den Boden stellte, in ein Dornengebüsch warf oder die Kirchentüren zusperrte, damit die Gläubigen sie nicht mehr verehren konnten, was *humiliatio* genannt wurde. So beobachtete der große Zoologe und Evolutionstheoretiker Alfred Russel Wallace im April 1851 auf einer Forschungsreise am Río Negro, wie eine Skulptur des hl. Antonius aus einer Kirche geholt wurde, worauf man ihn »stramm mit einem Seil gefesselt rücklings auf die Erde legte, damit er endlich das tat, was die Leute von ihm erwarteten. So lag er drei Tage lang da, bis er sich endlich besann.« In einer mittelalterlichen Legende betet eine Mutter lange Zeit zur hl. Jungfrau und fleht sie an, ihren einzigen Sohn, der in Gefangenschaft geraten ist, zu befreien, aber ohne Erfolg. Da nimmt die verzweifelte Frau das Jesuskind aus der Krippe und gibt es erst wieder an seine Mutter zurück, als diese endlich den Sohn gerettet hat. Als der 1124 verstorbene hl. Stephan von Thiers nach seinem Tod durch die ununterbrochene Ausübung von Wundern die Mönche des Klosters Grandmont zu nerven begann, drohte ihm der Prior, seine dort bestatteten Gebeine in den Fluß zu werfen, wenn er mit dem Unfug nicht aufhöre.

Daß es aber auch noch heute in der westlichen Kultur die Überzeugung gibt, die numinosen Kräfte benötigten das Zutun der Menschen, um nicht zu verkümmern oder dahinzuschwinden, sieht man zum Beispiel daran, wie in vielen subkulturellen Religionen die Ausübung von Ritualen begründet wird. »Wenn man regelmäßig in einem bestimmten Heiligtum Götterkulte begeht«, so mahnt etwa der neuheidnische »Oberpriester« Géza von Neményi, »dann verstärkt man mit der Zeit die am Ort herrschende Götterkraft. Leider gibt es heutzutage viele Menschen, die in den Heiligtümern nur ›Kraft tanken‹, anstatt auch durch Opferfeste Kraft zu spenden. Dadurch und durch Touristenströme, wie zum Beispiel an den Externsteinen oder in Stonehenge, verlieren unsere Heiligtümer mit der Zeit ihre Kraft.«[3]

Die große Mehrheit heutiger Esoteriker, die sich in den englischsprachigen Ländern manchmal als SBNR, »spiritual but not religious« bezeichnen, sieht in Gott oder den Göttern keine Personen mehr, sondern »the ultimate energy source«, die »energy vibrations« aussendet, die wie Radiowellen durch die Menschen gehen. So hat schon in den fünfziger Jahren der Wunderheiler Bruno Gröning Gott mit einem »Elektrizitätswerk« verglichen, das die Menschen (wie Glühbirnen) mit Strom versorge. Da nach seiner Lehre die Menschen jedoch viel zu schwach sind, um den starken göttlichen »Heilstrom« direkt zu empfangen, kanalisierte ihn Gröning mit Hilfe seines monströsen Kropfes und verteilte ihn dann an all die Kranken und Unglücklichen, deren Schmerzen, Sorgen und Nöte dadurch vertrieben wurden. Aber auch alles, was er mit irgendeinem seiner Körperteile berührte, empfing diese Heilkraft und konnte sie weitergeben: »Der Stuhl, auf dem ich sitze«, sagte er, »heilt, und die Straße über die ich fahre, wird ebenfalls heilen! […] Ich kann sagen, daß dieser Boden, auf dem Sie stehen, ein heiliger geworden ist!« Tatsächlich berichteten viele Empfänger der Kraft von einem anschließenden »Wärmegefühl im Körper«, einem »Zucken in den Händen« und einem »Kribbeln am ganzen Leib«, und einer frohlockte: »Ich fühle mich so frisch und wohl!« Sich selber aber konnte Gröning trotz der vollen Heilstromdosen, die er ständig vom göttlichen Kraftwerk erhielt, nicht kurieren. Daß er an Magenkrebs litt und vorhatte, sich von Schulmedizinern operieren zu lassen, verschwieg er bis zu seinem überraschenden Tod im Jahr 1959.

Auch andere Heiler beschreiben ihre Empfindungen bei der Aufnahme der Kraft auf ganz ähnliche Weise, nämlich als »einen kraftvollen Energiefluß«, so ein balinesischer Heiler, der »durch meine Fontanelle [in mich] einströmt und der sich dann durch meine Hände auf den Patienten überträgt«. Die meisten Heilerinnen der White Eagle Lodge, die in Anwesenheit eines »Heilengels« die gesundmachenden Kräfte, die sie empfangen, durch die Fontanelle der Patienten in diese einfließen lassen, sagen, daß ihre Hände dabei sehr warm werden, manchmal »so heiß wie ein Bügeleisen«. Ein nordnorwegischer Geistheiler, der seine Kranken durch *håndpåleggelse* behandelt, kurierte eine Bäuerin von ihrem Asthma, indem er in ihr Mieder faßte und so lange ihre Brüste massierte, bis die Schmerzen verschwunden waren. Noch heute heißen diese Männer »Die-mit-den-warmen-Händen«, und mit ihnen übertragen sie starke Energie, aber nicht mehr die Kraft Gottes, sondern »elektrischen Strom« oder »Magnetismus«. »Er fließt durch alle meine Finger«, so erzählte einer von ihnen, »und dann hinaus – heftig. Dann werden meine Finger heiß, und ich streiche über die Leute, die manchmal auf Grund der Hitze aufschreien: ›Oh mein Gott!‹ Dann fließt er sofort durch alle, und an manchen Tagen ist er zehnmal so stark wie sonst.«[4]

Hat bei den norwegischen Geistheilern der liebe Gott seine Hände nicht länger im Spiel, verhält es sich bei einem ihrer Kollegen in der Ostsepik-Provinz Neuguineas anders. Dieser Heiler der Karawari, der zugleich Leiter einer Charismatischen Bewegung ist, wählt, wenn er jemanden behandeln will, die Geheimnummer Gottes, die er im Traum von einem Weißen erhalten hat, indem er sie auf die Innenfläche seiner Hand »schreibt«. Ist die Verbindung hergestellt, beginnen seine Finger zu zittern, und Gott läßt die Heilkraft in seine Hände fließen. Ein anschließendes Handauflegen kann für die Heiler extrem anstrengend sein. Die Charismatischen Prediger im südlichen Zambia sind danach meist dermaßen erschöpft, daß sie immer wieder in die Wildnis gehen müssen, um dort ihre Batterie wieder aufzuladen. Welche Kräfte sich dabei entfalten, sieht man etwa im Falle des Pfingstpredigers John Wimber, der nach Aussage seiner Frau mit seinen Händen eine solch »unglaubliche Kraft« ausgestrahlt habe, daß jeder zu Boden stürzte, den er berührte. Als er einmal nur das Wort »Heiliger Geist« ausgesprochen habe, sei er selber fast umgefallen. Auch in der katholischen Charismatischen Bewegung El Shaddai auf den Philippinen »wirft« der Prediger mit seinen Händen den Heiligen Geist in die Körper der Gläubigen, worauf diese nach einigen Minuten das Bewußtsein verlieren, von anderen aufgefangen und auf den Boden gelegt werden. Zuvor aber spüren sie, daß jemand von ihnen Besitz ergreift. Fühlt sich der Unbekannte heiß an, ist es der Teufel, faßt er sich kühl an, handelt es sich um den Heiligen Geist. In beiden Fällen werden aber manche durch die Kraft nicht ohnmächtig, sondern wälzen sich laut schreiend auf dem Boden. Nach dem *Handbuch des Engelwerkes* strahlen Menschen »gut«, wenn »in ihren Strahlen die Gnade Gottes und die Kraft der hl. Engel« wirke, dagegen »schlecht«, wenn ihre Energie von Dämonen verursacht ist oder von sündigen Personen ausgeht, die »wie von einer Schicht überzogen sind, an der die Strahlen des Engels abprallen«. Die Medien der kardecistischen Spiritisten in Kolumbien bitten dagegen nicht Gott, sondern ihren Hilfsgeist, Besitz von ihnen zu ergreifen und dem Kranken an den entsprechenden Körperpartien die Hand aufzulegen, damit die »magnetischen Kräfte« des Geistes eine Gesundung bewirken.

Doch manchmal kommt die heilende Kraft weder von Gott noch von einem Geist, sondern von etwas anderem. So ergab eine Untersuchung am Institut für Physikalische Medizin der Universität Innsbruck, daß die »Stromstöße«, die der Wunderheiler Leonhard Hochenegg erzielte, wenn er den Patienten die Hände auf die Stirn legte, auf zwei Akkumulatoren zurückführbar waren, die sich in der Spitze eines seiner Schuhe befanden. Sie waren mit einem elektrischen Schaltkreis verbunden, und mit dem großen Zeh konnte Hochenegg eine elektrische Entladung auslösen.

Die eine Zeit lang anhaltenden Erfolge, die Hochenegg damit erzielte, waren ganz offensichtlich ein Placebo-Effekt, so wie die Linderung der Schmerzen durch die norwegischen Geistheiler eine Ausschüttung von β-Endorphinen bewirkt, die der emotionalen Beteiligung der Patienten an ihren Beschwerden einen Riegel vorschiebt. Als meine Kinder noch klein waren, legte ich ihnen, wenn sie Bauchweh hatten, die Hand auf die schmerzende Stelle und sagte: »Schmerz, geh raus aus der Nina! Schmerz, geh in die Papahand!«, und zwar so lange, bis die Schmerzen verschwunden waren. In Malaysia fand ein Ethnologenteam zu seiner Überraschung heraus, daß sich einige malaiische und chinesische Geistermedien (*sinseh*) und Geistheiler (*bomoh*) des Placebo-Effekts ihres Handauflegens vollkommen bewußt waren. Sie fühlten sich nicht als Betrüger, denn was sie taten, war ja zum Wohle ihrer Patienten. Spürten meine Kinder, wie die Schmerzen ihren Körper verließen, bewirkt bei manchen Heilern das Handauflegen, daß sie selber imaginäre Dinge sehen, die in ihrer Kultur für real gehalten werden. So sagte eine in der Nachfolge der nicht mehr existierenden Schamanen tätige Geistheilerin der Iñupiat in Alaska, sie könne, wenn sie einer todkranken Person die Hände auflege, »sehen«, wie deren Seele

»gleich einem Boot, das in der Ferne verschwindet«, davonfliege. Dann müsse sie versuchen, »im Geiste dieser Seele zu folgen, um sie in den Körper zurückzuholen«.[5]

Der zunächst in Wien und ab dem Jahr 1778 in Paris praktizierende Arzt Franz Anton Mesmer war der Ansicht, es gebe eine den gesamten Kosmos durchströmende und »alle Wesen miteinander verbindende« feinstoffliche Substanz, ein Fluidum, das er »Magnetismus animalis« nannte und das jeden festen Körper durchdringen könne. Wenn dieses Fluidum, davon war er überzeugt, im menschlichen Organismus blokkiert oder nicht richtig verteilt sei, werde der oder die Betreffende krank. Zunächst wurde das Fluidum von Mesmer bei der Behandlung schwerer Nervenleiden mit einem Magneten im Körper seiner Patientinnen aktiviert und umverteilt. Doch später war er der Meinung, die heilende Kraft, die in Form ätherischer Strahlen das blockierte Fluidum wieder gleichmäßig fließen lasse, komme aus ihm selber, denn er besitze die Fähigkeit, das Fluidum zu sammeln und weiterzuleiten, weshalb er am Körper der Kranken mit den Händen entlangstrich, also die sogenannten »passes magnétiques« ausführte oder die Hand einfach auflegte.

In Paris wurde Mesmers »Magnetisieren« bald zum Tagesgespräch. Im März 1784 ließ Ludwig XVI. eine Kommission mit vier Mitgliedern der Medizinischen Fakultät berufen und fünf weitere Gelehrte hinzuziehen, darunter den amerikanischen Gesandten und Naturwissenschaftler Benjamin Franklin sowie den zehn Jahre später während des Jakobinerterrors hingerichteten Chemiker Antoine-Laurent de Lavoisier. Diese Kommission führte zwei Experimente durch, von denen das erste darin bestand, daß man einer Frau die Augen verband und bestimmte Stellen ihres Körpers »magnetisierte«, ohne daß sie dies wußte, was zur Folge hatte, daß sie überhaupt nicht reagierte. Als man ihr aber sagte, bestimmte Körperteile, die von den Experimentatoren entblößt worden waren, würden jetzt »bestrichen«, fühlte sie plötzlich dort eine zunehmende Wärme. Daraus schlossen die neun Wissenschaftler, daß die Empfindung durch ihre Einbildungskraft erzeugt wurde. Im zweiten Experiment verband man einer »sensitiven« Versuchsperson, von der es hieß, sie sei besonders empfänglich für die Mesmerschen »passes«, ebenfalls die Augen und forderte sie dazu auf, fünf Bäume zu berühren, von denen man einen »magnetisiert« habe. Nachdem er einen der Bäume angefaßt hatte, fiel er tatsächlich nach krampfartigen Zuckungen in Ohnmacht, aber es war nicht derjenige, der »magnetisiert« worden war. Deshalb kam die Kommission zur Schluß- folgerung: »Einbildung ohne Magnetismus erzeugt Konvulsionen. Mag- netismus ohne Einbildung erzeugt gar nichts.« Danach führte eine zweite Kommission, die aus fünf Mitgliedern der Königlichen Medi- zinischen Gesellschaft, einem Chemiker des Collège de France und einem bekannten Botaniker des Jardin des Plantes bestand, weitere Ex- perimente durch und kam gleichermaßen zu einem negativen Ergeb- nis.[6]

Offenbar handelt es sich bei den Mesmerschen »passes« um eine uralte Technik, Kräfte in den Körper hinein- oder aus ihm herauszu- streichen. Noch heute findet man sie nicht nur in der westlichen Kul- tur unter Berufung auf Mesmer als Naturheilverfahren, sondern so gut wie überall auf der Welt. Im in Brasilien verbreiteten Umbandakult beispielsweise entfernt das von den Geistern besessene Medium durch ein Abstreichen vom Kopf bis zu den Füßen der Anwesenden schäd- liche Fluida aus deren Körper, wobei es mit den Fingern schnalzt und eine wegwerfende Bewegung macht, und führt anschließend gute Flui- da in den Körper hinein. Bei den Veranstaltungen des ebenfalls haupt- sächlich in Brasilien verbreiteten Candomblé kommt es oft vor, daß zunächst unbeteiligte Anwesende ganz plötzlich von einem *exú* beses- sen werden und dann am Körper der Umstehenden entlangstreichen. Auch die kardecistischen Heiler in Rio de Janeiro oder Porto Alegre führen ihren Patienten mit Hilfe von *passes* Heilenergien aus dem Gei- sterreich zu, während im venezolanischen María-Lionza-Kult durch Hinunterstreichen am Körper der von einem Geist in Besitz genom- menen Maríalionzistas die *posesión* beendet und die schädlichen *fuer- zas* vertrieben werden. Auf diese Weise jagt schließlich auch der Scha- mane der Balahi in Mādhya Pradēś böse Geister aus dem Körper. Auch der von seinen Hilfsgeistern besessene Schamane der Eskimo auf der St.-Lawrence-Insel vor der Küste von Alaska »bürstet« mit solchen »Strichen« die Krankheit des Patienten in irgendeinen Gegenstand oder in einen Hund, der anschließend zerbrochen bzw. getötet wird.[7]

Bereits im Frühjahr 1784, als der französische König die Experimente durchführen ließ, kursierten in Paris Gerüchte, die »magnetischen Pole«, die Mesmer mit seinen Händen bearbeite, befänden sich bei seinen Patientinnen »in den Brüsten und Genitalien«. Das Kommissionsmitglied Jean-Sylvain Bailly kritisierte in einem geheimgehaltenen Bericht an Ludwig XVI., der Magnetiseur berühre direkt den Unterleib der Frauen, und zwar den Bereich über den Eierstöcken, so daß es nicht verwunderlich sei, wenn Frauen und junge Mädchen während der Behandlung in höchstem Maße sexuell erregt würden. Ja, Mesmer selber hatte empfohlen, man solle bei bestimmten Unterleibskrankheiten, zum Beispiel bei Gebärmutterleiden, mit den Fingern die Schamlippen der Patientinnen magnetisieren. Auch andere Kritiker konstatierten, das Verhalten der magnetisierten Frauen, ihr heftiges Atmen, ihre Konvulsionen und Zuckungen, das Rotwerden ihrer Gesichter, ihr Keuchen und das anschließende Phlegma seien Indizien dafür, daß der Magnetiseur sie bis zum Orgasmus stimuliere. Offenbar hatten schon die Eltern einer frühen Patientin Mesmers, der achtzehnjährigen Wienerin Maria Theresa Paradis, einer blinden Pianistin, dem Arzt vorgeworfen, gewisse »geschlechtliche Unanständigkeiten« gegenüber ihrer Tochter, vermutlich unsittliche Berührungen ihrer erogenen Zonen, begangen zu haben. In diesem Zusammenhang häuften sich auch später die Klagen, gerade junge Mädchen würden durch die *passes* in einen schlafähnlichen Zustand, den sogenannten »magnetischen Schlaf« versetzt, in dem sie dem Magnetiseur willenlos ausgeliefert seien.

»Bestreichungen« von Frauen durch männliche Magnetiseure wurden am Vorabend der Französischen Revolution immer häufiger als sittlich fragwürdig eingestuft, und Stimmen wurden laut, die forderten, nur Frauen dürften Frauen magnetisieren. Schließlich gab es 1820 einen handfesten Skandal, als bekannt wurde, daß der magnetisierende Arzt Karl Christian Wolfart eine seiner Patientinnen, eine junge Verwandte des preußischen Generalfeldmarschalls Blücher, während der Behandlung nicht nur mit den Händen sexuell erregt, sondern anschließend penetriert und geschwängert hatte. Achtzehn Jahre später berichtete der Chirurg Thomas Wakley in der von ihm herausgegebenen Zeitschrift *Lancet*, zahlreiche Magnetiseure stimulierten vor allem »nervous and impressionable females« an den Brüsten und Genitalien, wobei sich die Frauen dies häufig sehr gerne gefallen ließen, weil beide Parteien sich ja darauf berufen könnten, es handle sich dabei nur um medizinische Maßnahmen. In einem weiteren anonymen Beitrag schilderte er den Fall eines Magnetiseurs, der die jugendliche Tochter eines reichen französischen Bankiers in einen scheinbaren »Tiefschlaf« versetzt habe, um sie »ihrer Ehre zu berauben« – scheinbar deshalb, weil das Mädchen nur so getan habe, als ob sie schlafe, damit sie keine Verantwortung für das Geschehnis übernehmen müsse. In einem im Jahre 1800 veröffentlichten *Lettre* wurde dem Magnetiseur Marquis de Puysegur von einem Augenzeugen vorgeworfen, er habe bei der Durchführung seiner *passes* ganz eindeutig die Brustwarzen seiner siebzehnjährigen Patientin und damit sich selber stimuliert. Offenbar gab es im 19. Jahrhundert immer wieder solche Fälle, so daß der Neurologe Georges Gilles de la Tourette, einer der Lehrer Freuds, schließlich ironisch kommentierte: »Ja, es gibt Incubi und Succubi; aber man muß nicht den Teufel dafür verantwortlich machen, er ist nicht der wirklich Schuldige. Derjenige, der das Verbrechen begangen hat, besitzt weder Klauen noch Schwanz oder Hörner und kommt nicht aus der Hölle. Muß ich noch besonders sagen, daß das Opfer immer eine Somnambule ist und der Teufel ein Magnetiseur?«

Aber auch in anderen Kulturen scheint es sich diesbezüglich nicht wesentlich anders zu verhalten, denn es heißt zum Beispiel in Malaysia, es sei doch sehr auffällig, daß die männlichen Geistheiler bei der Behandlung junger attraktiver Frauen ihre Hände stets auf deren nackte Brüste legten und diese bestrichen.[8]

Kraftzuwachs durch die Vitalität des Herrschers und Kraftverlust durch Spermaentzug

Das protoindogermanische Wort *$r\bar{e}\acute{g}$-, von dem sich das Sanskrit-Wort $r\bar{a}j$-, das Lateinische *rex*, das Irische *ri*, das Walisische *rhi* oder das Gallische *rix* ableiten, geht auf einen Begriff zurück, der »stark, wirksam, mächtig, effektiv, potent« bedeutet. Die Herrscher all der Völker und Stammesgruppen, die eine der oben genannten Sprachen gesprochen haben, besaßen diese Eigenschaften, die günstiges Wetter, eine erfolgreiche Ernte, die Fruchtbarkeit der Frauen, siegreiche Kämpfe und dergleichen verbürgten. Im altirischen *Audacht Morainn* heißt es: »Durch die Gerechtigkeit des Herrschers (*Is tre fír flaithemon*) gibt es die großen Baumfrüchte in den Wäldern im Überfluß, bleiben die Erträge an Milch des Großviehs erhalten, wächst hohes Getreide in Hülle und Fülle, gibt es Fischreichtum in den Flüssen.« Im *Teosca Cormaic* schärft König Cormac seinem Sohn, der offenbar wie jeder irische *ri* erst durch die Kraftübertragung beim Koitus mit der Fruchtbarkeitsgöttin inauguriert wurde, ein, daß er künftig für den Wohlstand und die Sicherheit seines Volkes verantwortlich sei. In einem anderen Text schwärmt der Autor davon, während der Herrschaft des *ri* Conaire Mór habe kein Mann mehr einen anderen totgeschlagen, und wenn jemand einem anderen etwas sagte, hätte es wie liebliche Musik in dessen Ohren geklungen. Nie gab es ein Gewitter, das die Ernte bedrohte, von der Mitte des Frühlings bis zur Mitte des Herbstes bewegte kein Sturm die Schwänze der Kühe, der Fischfang war unerschöpflich, und die Eicheln für die Schweinemast lagen im Herbst kniehoch. Als aber Lugaid mac Con König war, sei kein Gras mehr gewachsen, an den Ästen hätten keine Blätter mehr gehangen und die Ähren seien ohne Körner gewesen, weshalb das Volk ihn abgesetzt habe.

Vom irischen Sagenkönig Finn mac Umaill ist überliefert, daß jeder Kranke, der aus seinen Händen Wasser trank, gesundete. Als im Jahre 1164 der dänische König Waldemar der Große, der Widersacher Heinrichs des Löwen, den Rhein hinauffuhr und schließlich Lothringen erreichte, strömten von überall die Frauen herbei und hielten ihm ihre Säuglinge und kleinen Kinder hin, damit er sie berühre, auf daß sie wüchsen und gediehen oder kuriert würden, falls sie erkrankt waren. Denn alle nordischen Herrscher besaßen *læknishendr*, »heilende Hände«. Auch die vedischen Könige heilten durch Handauflegen, aber sie mußten stets darauf achten, daß sie nicht mit nackten Füßen den Boden berührten, weil sonst all ihre Kraft in die Erde geflossen wäre. Dies konnte auch bei Siechtum, Altersschwäche oder mangelnder Erektionsfähigkeit geschehen. Im altfranzösischen Werk *Perceval* von Chrestien de Troyes wird das ganze Land als Folge der Verwundung des Gralkönigs (*roi méhaigné*) Amfortas zur unfruchtbaren *terre gaste*.

Weil sie von den Bischöfen bei der Thronbesteigung »geheiligt«, das heißt mit geweihtem Öl gesalbt worden waren, haben vom Hochmittelalter bis weit in die Neuzeit hinein vor allem die französischen und englischen Könige, aber auch viele andere die Skrofeln, also die entzündeten Lymphknoten ihrer Untertanen berührt (*touché les écrouelles*), aber auch weitere Körperpartien, um Muskelschmerzen, Rheumatismus und Epilepsie zu heilen. Bis zur Thronbesteigung Elisabeths I. im November 1558 rieben dabei die englischen Könige die sogenannten »cramp rings«, die dann an die Kranken weitergegeben und sogar auf den Kontinent exportiert wurden. Als aber einmal eine der Geliebten Ludwigs XV. an Skrofulose gestorben war, kommentierte Voltaire ihren Tod süffisant, dies sei geschehen, »quoiqu'elle eût été très bien touchée par le Roi«. Bereits im Jahr 1527, also vier Jahre nachdem er den schwedischen Thron bestiegen hatte, klagte Gustav Wasa auf dem Reichstag von Västerås über die Bauern der Landskap Dalarna: »Haben sie keinen Regen, so geben sie mir die Schuld; haben sie keinen Sonnenschein, so machen sie es ebenso; haben sie ein hartes Jahr, Hunger und Pestilenz oder was es sonst noch gibt, muß ich die Schuld tragen, wie wenn sie nicht wüßten, daß ich ein Mensch bin und kein Gott!«[1]

Häuften sich im frühen Mittelalter bei dem halbnomadischen Turkstamm der Chasaren die Unglücksfälle, traten die Adeligen an den Stellvertreter des Herrschers heran und sagten zu ihm: »Von diesem Khagan und seiner Regierungszeit ist nichts Gutes mehr zu erwarten. Er und sein Walten stehen im Zeichen eines bösen Gestirns; töte ihn also oder liefere ihn uns aus, damit wir ihn töten!« Wurde in der vorbuddhistischen Zeit ein tibetischer König vom Aussatz befallen oder schenkte eine seiner Frauen einem blinden Sohn das Leben, begrub man den Herrscher bei lebendigem Leibe, weil er keine Kraft (mňo' t'an) mehr besaß. Wenn bei den im Südwesten des kongolesischen Mweru-Sees lebenden Bayeke der König schwächelte und damit die Fruchtbarkeit der Frauen und des ganzen Landes gefährdet war, fiel seiner Hauptfrau die Aufgabe zu, ihn zu erdrosseln. Als die Belgier zu Beginn des 20. Jahrhunderts einen als kraftlos und anfällig geltenden Mann zum Kleinkönig (mulopwe) der benachbarten Baluba machten, waren alle entsetzt, und angeblich wurden tatsächlich die Frauen nicht mehr schwanger. Erkrankte ein solcher Herrscher auch noch zusätzlich, vergiftete man ihn, wenn er nicht innerhalb von vier Tagen wieder auf dem Wege der Besserung war. Hatte man schließlich bei den Schilluk am Weißen Nil den Eindruck, daß der Herrscher nicht mehr dazu fähig war, seinen Penis bei seinen Frauen einzuführen, und bestätigten sie das, wurde er gnadenlos von einem seiner Söhne erwürgt.[2]

Als Ledju, der Häuptling der am südsudanesischen Berg-Nil lebenden Bari, auf Druck der Briten öffentlich erklärte, er könne es nicht regnen lassen, bedrohten ihn seine Leute so sehr, daß er Hals über Kopf die Flucht ergriff. Während der marokkanische König 'Abdel 'azīs im Jahre 1844 vom Thron gestoßen wurde, weil er offenkundig sein bāraka verloren hatte, führte man im Jahre 1972 die Tatsache, daß Hassan II. in diesem und im vorhergehenden Jahr zwei Attentatsversuche überlebt hatte, auf sein starkes bāraka zurück.[3] Von den javanischen Königen (ratu) sagte man, durch ihr nachhaltiges kasektèn hätten sie ihre Insel üppig und ertragreich gemacht, und es habe weder desaströse Vulkanausbrüche, Erdbeben und Überschwemmungen noch Epidemien oder Rattenplagen gegeben. Bei den im Süden des Nigerbogens lebenden Samo und den südlich des südostafrikanischen Limpopo ansässigen Lovedu hing es von der guten oder der schlechten Stimmung des »Regenhäuptlings« oder der »Regenkönigin« ab, wie das Wetter und damit die Fruchtbarkeit des Landes ausfielen. »Der Körper des Häuptlings«, so lautet ein polynesischer Spruch, »ist der Körper des Landes.« Ein altersschwacher ariki, der keine Erektion mehr zustande bringt, kann nicht mehr erfolgreich die Hand auflegen, um zu heilen, und das Land verdorrt. Obwohl heute auf der von Polynesiern besiedelten Salomonen-Insel Tikopia die alten Götter nicht länger verehrt werden, ist der Glaube an das *mana* der Häuptlinge und ihrer Hände sowie ihren Einfluß auf die Gesundheit der Menschen, die Ernte und den Fischfang ungebrochen.

Auf den Marquesas-Inseln war es nicht so sehr der Häuptling, sondern das – meist weibliche – Geistermedium (*tau'a vehine*), das für den Wohlstand der Leute und die Ergiebigkeit der Brotfruchtbäume zuständig war. Wenn die Götter sich »in sie aßen«, was durchaus sexuell zu verstehen war, stimulierten die *tau'a vehine* die Ahnengeister durch obszöne Lieder, laszives Tanzen und die Zurschaustellung ihrer Vulva, wofür die Verstorbenen das Land fruchtbar machten. Beim sogenannten »Klitoris-Tanzfest« (*k'ika to 'e haka*) erregten auch die übrigen jungen Mädchen auf diese Weise die Ahnen durch das Hochziehen ihrer Wickelröcke, was allerdings von vielen als peinlich und unanständig empfunden wurde. Auch die später nicht mehr durchgeführten Menschenopfer sollten durch ihre Grausamkeit die Vorfahren sexuell stimulieren.

Bei den Stämmen im Südwesten des Kongo waren es wiederum die Kleinkönige (*nkúmú*), die so viel Kraft besaßen, daß sie zwar einerseits für eine reiche Jagdbeute sorgten und die Frauen sowie die Felder fruchtbar machten, doch andererseits war der Kontakt mit ihnen für Normalsterbliche brandgefährlich. Vor dem Ende des Zweiten Weltkrieges galt dies auch für eine Begegnung mit dem japanischen Kaiser. Zwar dementierte Hirohito in seiner Neujahrsansprache am 1. Januar 1946 nicht seine Abstammung von der Sonnengöttin Amaterasu Ōmikami, aber er verkündete – allerdings eher beiläufig –, daß er keine »lebende Gottheit« (*akitsumikami*) sei. Dies wurde jedoch von vielen seiner Untertanen nicht akzeptiert. Als er zum Beispiel vier Jahre danach, als seine Stellung längst auf bloße Repräsentativfunktionen beschränkt worden war, durch Kyūshū reiste, schrien viele Leute, als sie ihn aus der Ferne sahen, *banzais!* (»Zehntausend Jahre!« = Ausruf der Ehrerbietung vor dem Kaiser) und fingen an zu schluchzen. Ihre Gesichtsmuskeln verspannten sich, ihre Körper vibrierten, und sie zitterten, als hingen sie an einer elektrischen Leitung. Wie zahlreiche Männer und Frauen hinterher berichteten, waren sie wie paralysiert und verloren das Bewußtsein.[4]

Führte man den Menschen auf der einen Seite durch die Herrscher oder die Geistermedien wie die *tau'a vehine* Kraft zu, wurde diese ihnen auf der anderen Seite auch auf vielfältige Weise entzogen, und zwar meistens von Wesen aus der Geisterwelt. So heißt es beispielsweise, daß der Delphin oder *bôto encantado* nachts die Hütten der Flußuferbewohner Amazoniens betritt, die Schlafenden, falls sie aufwachen sollten, lähmt und anschließend vergewaltigt, und zwar Frauen und junge Mädchen, wenn er männlichen, und Männer, wenn er weiblichen Geschlechts ist. Da er dies sehr häufig tut, werden die Opfer immer schwächer, verlieren den Appetit, magern ab und sterben schließlich, worauf der Delphin ihre Seelen in sein nasses Reich verschleppt, wo sie ihm fortan als Sexsklavinnen oder -sklaven dienen.

In China waren die weiblichen Fuchsgeister, insbesondere die Fuchsfeen (*hu li*) und die Bergdämoninnen (*shanxiao*), wie nach der dort gängigen Vorstellung im Grunde alle Frauen, besonders lüstern und sexuell unersättlich, weil das sich in ihrem Vaginalsekret befindliche *yin* im Gegensatz zum *yang* im männlichen Sperma (*jing*) unerschöpflich ist. Als reines *yin*-Wesen benötigten die Fuchsgeister (*yao hu*) aber dennoch das *yang*, um in himmlische Regionen gelangen zu können, wo sie als »himmlische Füchse« ein ewiges Leben führen könnten. Deshalb machen sie sich insbesondere an junge unerfahrene Intellektuelle heran, um ihnen in der Gestalt einer berückenden *femme fatale* möglichst viel Sperma abzuzapfen. Nach mittelalterlichen chinesischen medizinischen Texten war der Sex mit Fuchsgeistern sehr viel lustvoller als der mit einer menschlichen Frau, und zwar vor allem deshalb, weil sie die Technik der Fellatio in Perfektion beherrschten. Diese erlaubte es ihnen, sich ein großes Quantum Lebenskraft anzueignen und zugleich den Betroffenen einen gewaltigen Orgasmus zu verschaffen. Ließen die jungen Männer diesen Geschlechtsverkehr aber gewohnheitsmäßig zu oder hypnotisierten die Füchsinnen ihre Opfer, so daß sie willenlos alles über sich ergehen ließen – was besonders oft aus Japan und Korea berichtet wurde –, ermatteten diese immer mehr, bis sie schließlich starben.

Nach dem Leiter der japanischen *World-Mate*-Bewegung, Tōshū Fukami, verwandeln sich sexbesessene, eitle, launige, laszive und verlogene Menschen nach ihrem Tod in Fuchsgeister, und als solche ergreifen sie Besitz von Frauen und Männern. Nach der Beschreibung einer Exorzistin aus einem Vorort von Kyōtō scheinen zwar manche »Fuchsbesessenheiten« (*kohyō*) in Wirklichkeit sexuelle Erlebnisse während der Schlafparalyse gewesen zu sein, aber in den meisten Fällen handle es sich tatsächlich um die Besitzergreifung durch einen dort *kitume* genannten Fuchsgeist, wobei dieser oft in die Genitalien der Betreffenden eindringe. So sprängen nicht selten während des Exorzismus bei Frauen die Fuchsgeister aus der Vagina, und junge Männer fühlten immer wieder, wie etwas aus ihrem Penis oder ihren Hoden nach oben wandere und aus ihrem Mund spreche. Bereits in frühen Zeiten gaben sich die verlogenen Fuchsgeister, wenn sie in den Körper eines Menschen eingedrungen waren, als Götter aus. Deshalb versuchte man schon vor über tausend Jahren, sie aus den Betreffenden heraus und in ein erfahrenes Medium zu locken, weil man dann besser herausfinden konnte, um wen es sich in Wirklichkeit handelte. Denn sollte der besitzergreifende Geist ein Abgesandter oder eine Abgesandte der populären Fruchtbarkeitsgöttin Fushimi Inari sein, bedeutete dies für die Empfänger einen erheblichen Zuwachs an Lebenskraft, Potenz und Fortpflanzungsfähgkeit. Den männlichen Gesandten stellte man als einen weißen Fuchs mit einem bemerkenswert großen erigierten Penis dar, während die Göttin selber, die sterile Frauen um Kindersegen anflehten, am Inariberg einen Tempel besaß, dessen Terrasse die Form des chinesischen Schriftzeichens für »offen« gehabt haben soll, also eine empfangsbereite Vulva symbolisierte. Doch während der Inari-Kult von der japanischen Regierung offiziell anerkannt blieb, wurde die »wilde« Fuchsbesessenheit, die den Betroffenen die Lebenskraft abzog, im Jahre 1870 als »böse rückwärtsgewandte Sitte« abgeurteilt und die aktive Suche nach den sexuellen Lustgefühlen, die mit ihr einhergingen, untersagt. Nichtsdestotrotz brach sechs Jahre danach in Japan eine regelrechte Besessenheitsepidemie aus, der man kaum Herr wurde.

Im Winter 1892 schlüpfte ein Geist in die Vagina der späteren Stifterin des Ōmoto-Kultes, Nao Deguchi, und setzte sich darin fest. Eines Tages hörten zufällig Anwesende, wie dieser Geist aus ihr sprach: »Ich bin der Gott Ushitora-no-Konjin!«, einer der schrecklichsten *kami*, die im Shugendō verehrt wurden, worauf Deguchi erwiderte: »Das kannst du nicht sein! Du sagst dies nur, um mich zu täuschen!« Darauf der Geist: »Ich bin weder ein Fuchs noch ein Dachs. Ich bin der

Gott, der da kommt, um die Welt wieder aufzubauen und zu erneu-
ern!« Von Fuchsgeistern besessene Frauen litten oft unter unerklärba-
ren Hitzewallungen und Halluzinationen hörten Stimmen, stammel-
ten wirres Zeug, benahmen sich schamlos und aggressiv, und nach
Aussage einer Exorzistin verlängerte sich ihr Gesicht, so daß der Bereich ihres Mundes einer spitz zulaufenden Fuchsschnauze ähnelte.
Noch bis in die Moderne glaubten berühmte japanische Ärzte an
die Realität der Besessenheit durch Fuchsgeister. Der Mediziner Ryo-
taku Kitamura schilderte den Exorzismus einer Frau, die sich nach
dem Besuch eines berühmten Inarischreins in einem Vorort von
Edo unschicklich und wie eine Verrückte benahm. Da alle davon aus-
gingen, daß ein Fuchsgeist in ihren Körper eingedrungen war, versuchte ein Arzt, ihn durch das Verbrennen von Räucherharz zu vertreiben, während ein Krieger ihn mit Pfeil und Bogen bedrohte und
Frauen der Besessenen Schutzamulette anhängten. Als nichts half, behandelte Kitamura die Frau schließlich mit einer pflanzlichen Medizin, und die Symptome verschwanden.[5]

Die Vorstellung, daß vor allem weibliche Geister sich nachts auf die
Männer setzen und sie durch wiederholten Koitus ermatten und letztlich ihren Tod herbeiführen, war nicht nur in Ostasien, sondern auch
in ganz anderen Gegenden gang und gäbe. Im Jahr 1591 verlautete etwa
der bekannte italienische Dämonologe Silvestro Prieras, daß manche
Succubi, außergewöhnlich schöne und lüsterne Dämoninnen, schlafende Männer die ganze Nacht lang beschliefen, so daß diese danach
völlig erschöpft und ausgelaugt seien. In Ungarn war der Glaube verbreitet, in der Nacht dringe der oder die *lidérc*, ein lüsterner Geist, durch
den Rauchfang in das Haus von Männern oder Frauen ein, die er sexuell attraktiv finde, wo er »sie zu Tode ficke«. Die Opfer wurden durch
den ständigen Geschlechtsverkehr ganz blaß, magerten immer mehr
ab und starben am Ende. Auch die »Schönen Frauen« (*szépasszony*)
taten dies mit den Männern, in die sie vernarrt waren. In Bulgarien
war es der *zmej*, der seine Opfer derart sexuell ausbeutete, daß sie
nicht selten all ihre Lebenskraft einbüßten und zugrunde gingen.
    Im nordöstlichen Thailand, bei den Isan Lao, schweifen nachts die
»Witwengeister« (*phii mae maai*) umher, die sexuell unbefriedigten
und deshalb lüsternen Seelen von zu jung gestorbenen oder gewalt-

Abb. 13   Monogrammist N. H.: Hexen drücken einen Mann und
zapfen sein Sperma ab, 1538.

sam ums Leben gekommenen Frauen. Sie brechen nachts in die Häuser ein und saugen den Männern all ihr Sperma und damit ihre Spannkraft und Energie aus. Um das zu verhindern, stellt man noch heute in den Dörfern hölzerne Penisse auf, an denen sich die »Witwen« befriedigen können. Bei den nicht weit entfernt lebenden Hmong legt sich in der Nacht der gierige *dab tsog* auf die Schlafenden, beißt ihnen in die Kehle, so daß sie nicht mehr richtig atmen können, und zapft ihnen ihren gesamten Vorrat an Sperma ab, so daß sie all ihre Triebkraft verlieren.

Ähnlich verhält es sich bei den jungen Mädchen und den Jünglingen der seminomadischen »Bootsleute« auf dem Parfümfluß in Vietnam, unter denen eine psychische Störung verbreitet ist, die *ma nhap*, »der Geist tritt ein« genannt wird. Sie äußert sich in extremer Raserei, Delirium, sexuellem Exhibitionismus und einem weitgehenden Verlust jeglicher Vitalität und Leistungsfähigkeit, was manchmal zum Tode der Betroffenen führt. Diese Krankheit wird wie bei den Isan Lao darauf zurückgeführt, daß die Geister von Verstorbenen, die durch einen frühen Tod noch keine Gelegenheit hatten, ihren Geschlechtstrieb auszuleben, nachts als Incubi bzw. Succubi (*tinh*) über die Schlafenden herfallen, um sie ihrer Kraft, die im Sperma und im Vaginalsekret lokalisiert ist, zu berauben.

Entsprechende Ansichten findet man fast überall auf der Welt. Bei den Korana am Unterlauf des Oranje im südlichen Afrika treffen sich bei Dunkelheit die »Nachtgänger« (*nagloper*), ziehen sich nackt aus und schleichen in die Hütten, wo sie deren Bewohner in einen tiefen Schlaf fallen lassen, damit sie nicht aufwachen, wenn die Geister sich an ihnen befriedigen. Erst am nächsten Morgen werden sich die Opfer auf Grund ihrer Schlaffheit und Kraftlosigkeit bewußt, was in der Nacht geschehen ist. Die *thikološe* der Zulu in Natal und die *tokolotši* der weiter nördlich lebenden Sotho sind Familiargeister der Hexen, die einem großen Pavian ähneln, aber wie ein Mensch auf zwei Beinen gehen und auch wie dieser sprechen können, wobei sie jedoch lispeln. Die Weibchen besitzen üppige Brüste und die Männchen einen Penis, dessen Größe sie je nach dem Volumen der Vagina der Frau, mit der sie Geschlechtsverkehr ausüben, variieren können. Beide gelten als äußerst lüstern und potent und als die einzigen Wesen, die eine Hexe zum Orgasmus bringen können. Andererseits verwandeln sich die Hexen selber in einen *tokolotši*, und zwar in einen männlichen, wenn sie eine Frau, die sie sexuell anziehend finden, vergewaltigen wollen und in einen weiblichen, wenn sie vorhaben, einem Mann sein Sperma zu entwenden. Nachts dringen die verwandelten Hexen dann in die Hütten ein und besteigen die schlafenden Frauen und Männer, und wenn diese dabei aufwachen, hypnotisieren sie ihre Opfer mit den Augen, so daß sie willenlos alles über sich ergehen lassen, was der *tokolotši* mit ihnen tun will. Manche der Leidtragenden wachen freilich nicht auf und erkennen hinterher lediglich auf Grund ihrer Erinnerung an sexuelle Träume oder – im Falle der Frauen – daran, daß sie feucht zwischen den Beinen sind, was während des Schlafes geschehen ist. Die Bhaca in Südafrika hingegen sagen, dem *thikološe* sei es einerlei, ob das Opfer schlafe oder nicht, denn wenn es wach sei oder aufwache, drücke er ihm die Kehle zu, damit es nicht schreien könne, und penetriere es je nach Geschlecht vaginal oder anal. Wenn dies häufig geschieht, werden die Vergewaltigten immer schwächer und energieloser, und die Männer unter ihnen sind auf Grund des ständigen Spermaverlustes nicht mehr dazu fähig, mit ihren Ehefrauen oder Freundinnen zu schlafen.[6]

Die amazonischen Campa berichten von *miróni* genannten männlichen Geistern, die im Urwald ausschließlich Männer überfallen und anal oder oral vergewaltigen, weil sie sich aus irgendeinem Grund vor den Brüsten der Frauen fürchten. Nach dem Akt überlassen sie ihre Opfer niederen Geistern, die sie in einer Art Orgie so lange einer nach dem anderen penetrieren und ihnen sämtliches Sperma entziehen, bis sie sterben, um anschließend den *miróni* als weibliche Geister zur Verfügung zu stehen. In den südlich vom Sepik gelegenen Dörfern steigen immer wieder die *walle*-Geister aus ihren Wasserlöchern und schänden die sich dort aufhaltenden Frauen, die daraufhin abmagern und mehr und mehr ermatten. Ihre Haare werden weiß und fallen aus, bis sie letztendlich der Tod ereilt. Manche Frauen entführen sie auch in ihr Unterwasserreich, wo sie ihre Opfer festhalten, um sich ihre ständige sexuelle Verfügbarkeit zu sichern. Schließlich teilte ein muslimischer Heiler in Delhi mit, er habe Tausende von Patienten behandelt, denen sich in ihren Träumen ständig Männer und Frauen näherten, »die mit ihnen die schlimme Sache treiben wollten«, zum Beispiel gerade erst ein junges Mädchen, das ihm anvertraute, jede Nacht erscheine eine andere Frau, die ihr beiwohne. Es hatte indessen den Verdacht, daß es sich in Wirklichkeit nicht um normale Frauen, sondern um böse Geister (*bala*) handle, die in seinem After wohnten und ihm fortwährend mit dem Vaginalsekret die Lebenskraft aussaugten. Eine andere junge Frau habe zwei Monate lang jede Nacht mit einem zudringlichen Geist gerungen, der es ebenfalls auf ihre Sekrete abgesehen habe und der sie »dabei so fest an sich drückte, daß sie es vor Erregung kaum noch aushielt«.[7]

Im 19. und im frühen 20. Jahrhundert war vor allem im angelsächsischen Raum der Glaube verbreitet, es gebe zahlreiche sogenannte »psychic sponges«, nämlich Personen mit geringer psychischer Energie und kaum vorhandenem Tatendrang und Unternehmensgeist, die auf jeden Beobachter völlig erschöpft und ausgelaugt wirkten. Wenn sie aber in die Nähe von Menschen mit großer Willensstärke und Lebenskraft kamen, konnten sie diese von ihnen abziehen, um gewissermaßen die eigene Batterie aufzuladen, während die Angezapften das Gefühl hatten, all ihre Vitalität und Triebkraft zu verlieren. Hundert Jahre danach machten sich in der Öffentlichkeit die ersten »energy vampires« bemerkbar, die von sich behaupteten, sie müßten die Lebenskraft anderer Menschen absaugen, um nicht selber völlig zu erschlaffen. Sie wurden meist als bisexuelle Personen geschildert, die während des vaginalen, analen oder oralen Geschlechtsverkehrs dann, wenn der Partner oder die Partnerin beim Orgasmus die Selbstkontrolle verlor, mit deren Sperma oder Vaginalsekret ihre Lebenskraft absorbierten.

Nach Aussage eines Autors, der anscheinend über einschlägige Erfahrungen in der Vampir-Szene verfügt, fühlte sich eine Frau, die mit einem männlichen »energy vampire« geschlafen hatte, von diesem, der während des Aktes kalt und gefühllos blieb, »geleert« und ausgesaugt, was auch Männer, die von weiblichen »Vampiren« fellationiert worden waren, bestätigten. Nach Beendigung einer offenbar erfolgreichen Migräne-Therapie durch einen Geistheiler wurde eine junge Frau von diesem sexuell genötigt, wobei er ihr sämtliche »Lebensenergie abgezogen« habe, wie sie sagte. Aber damit nicht genug, stellte er sich als eine Art Incubus heraus, der »Tag und Nacht« von ihr Besitz ergriff und sie immer wieder aussaugte.

153

Besonders in den USA haben sich vor allem in den beiden letzten Jahrzehnten zahlreiche esoterische »Vampir«-Gemeinschaften gebildet, deren bekannteste Protagonistin Michelle Belanger war, die im Jahre 2004 den *Psychic Vampire Codex* veröffentlichte. Im »Temple of the Vampire«-Kult opfern der Zelebrant oder die Zelebrantin den Vampirgöttern die Lebenskraft, die sie aus schwächeren Personen gesaugt haben. Dabei zeigten ein Klingeln in den Ohren oder ein seltsames Ziehen im Solarplexus an, daß ihr Opfer von den Überirdischen akzeptiert werde. Wenn die Götter sich schließlich ausreichend mit Energie vollgepumpt hätten, würden sie herabsteigen und gemeinsam mit ihren Getreuen unter den Vampiren die Erde beherrschen. Die übrigen Menschen dienten ihnen dann als Sklaven und als Lebensmittel.

In der sogenannten »Schwarzen Szene« gibt es insbesondere in Kalifornien die »Gothic Vampires« oder »Goths«, häufig Sadomasochisten, die sich ebenfalls als »bisexual« oder zumindest als »bi-curious« bezeichnen und bei denen die Aktiven es genießen, die *donors* oder *sources* zu beißen und ihr Blut zu trinken oder aber deren »Aura« oder »energetisches Feld« anzuzapfen. »Vampire«, die beides tun, werden meist »hybrids« genannt. »Es gibt Vampire«, so eine deutsche »Vampirin«, »die anderen Leuten Energie entziehen oder sie manipulieren«, indem sie ihnen »ihren Willen aufzwingen«. Dabei handle es sich um »Menschen, die in den Raum kommen« und alle anderen, die dort anwesend sind, dominieren und sich dadurch potent und mächtig fühlen. Wieder andere behaupten von sich, sie hätten »a metabolic or congenital necessity to consume the blood of others«, gegen die sie sich nicht wehren könnten.[8]

§ 13
Erlebnisse während der Schlafparalyse

Als eine junge Amerikanerin in einer warmen Sommernacht im ersten Stock ihres Hauses, von dem es hieß, daß in ihm manchmal ein Poltergeist spuke, nackt in ihrem Bett schlief, hörte sie plötzlich Schritte auf der Treppe, die immer näher kamen. Als sie sich ein wenig aufrichtete, sah sie undeutlich ein Etwas, das am Fußende des Bettes stand. »Und ich – ich drehte richtig durch«, so beschrieb sie das Geschehnis später, »ich wurde total wahnsinnig [...]. Dann hatte ich große Angst. [...] Als ich mich ganz aufrichten wollte, um aufzustehen, wurde ich ins Bett zurückgestoßen und fühlte ein schweres Gewicht auf Brust und Stirn. [...] Dann versuchte ich zu schreien, versuchte zu sagen: ›Verdammt, laß mich in Ruhe!! [...] Aber ich bekam nichts raus. Ich konnte nichts sagen und bekam keine Luft. [...] Ich konnte mich nicht bewegen, es war, wie wenn ich keine Arme und Beine hätte. Und dann gab ich den Kampf auf, denn mir blieb die Luft weg.« Auf ähnliche Weise wurde ein junges isländisches Medium, eine Skyggn-Frau, eines Nachts dermaßen »gedrückt«, daß sie nicht mehr atmen konnte. Sie hatte wie die Amerikanerin keine Ahnung, was für ein Wesen da auf ihr hockte, aber hinterher vermutete sie, es habe sich um einen *draugur*, einen »Wiedergänger« gehandelt, zumal ihr Vater, ein Geistheiler, behauptete, er habe ihn anschließend »gesehen«.

Auch der schottische Schriftsteller Arthur Conan Doyle berichtete, er sei einmal mitten in der Nacht in seinem Haus aufgewacht, unfähig, sich zu bewegen. Er hörte ebenfalls Schritte, die näher kamen, und fühlte, ohne etwas zu sehen, die Präsenz von jemandem, »der nicht von dieser Welt war« und der sich über ihn beugte und ihm ins Ohr flüsterte: »Doyle, ich komme, um Ihnen zu sagen, daß es mir leid tut!« Als er sich wieder bewegen konnte, stellte er fest, daß niemand im Raum war. Doch es kommt, wenn auch wesentlich seltener, vor, daß solche Erlebnisse sich tagsüber zutragen: »Während des extrem heißen Sommers 1825«, so erinnerte sich ein Landsmann Doyles, der Arzt Robert MacNish, »erlebte ich den Angriff eines Tagmahrs. Gleich nach dem Essen warf ich mich aufs Sofa und konnte unmittelbar danach kaum atmen, hatte große Angst und war völlig unfähig, mich zu bewegen oder zu sprechen. Ich konnte mich weder rühren noch war ich fähig, zu schreien, während der Atem in gebrochenen und erstickten Paroxysmen aus meiner Brust kam. Die ganze Zeit war ich hellwach und während des gesamten Anfalls war meine Urteilsfähigkeit völlig intakt. So war ich mir sicher, daß ich irgendeinem Incubus ausgeliefert war.«

Aller Wahrscheinlichkeit nach war der schottische Arzt, nachdem er sich auf das Sofa geworfen hatte, entgegen seiner Meinung doch kurz eingenickt und dann – vielleicht durch irgendein Geräusch – geweckt worden, oder er war, was wohl eher zu vermuten ist, *im* Traum aufgewacht und hatte nur das *Gefühl*, wirklich wach zu sein. Entsprechend sagte zum Beispiel ein Thai, der um Mitternacht plötzlich spürte, wie ein weibliches Wesen auf seiner Schulter saß und lachte, während er unfähig war, sich zu bewegen, er habe sich nur »in einer Art Wachzustand« befunden, das heißt, er sei nicht wirklich wach gewesen. Offenbar sind solche Erlebnisse häufig eine Mischung von Realitätswahrnehmungen und REM-Träumen, wobei beide in einem Zustand der Schlafparalyse stattfinden, einem phylogenetischen Relikt aus einer Zeit, in der unsere fernen Vorfahren auf keinen Fall im Schlaf von den Urwaldbäumen fallen durften. So sind sich die meisten Menschen, die derartiges erleben, völlig im klaren, daß sie im Bett liegen, wohingegen der mehr oder weniger deutlich gesehene Nachtmahr ein Traumbild ist.

Nach einer Untersuchung sind vom Nachtmahr heimgesuchte Menschen häufig Personen, die äußerst verletzlich und empfindsam sind, feinfühlig gegenüber Sinnesreizen; sie neigen zu Tagträumen und haben Schwierigkeiten, dabei Phantasie und Realität sowie Schlaf- und Wachzustände deutlich voneinander zu unterscheiden. Eine andere Studie ergab, daß 75 Prozent der befragten Personen mit Nachtmahr-Erlebnissen währenddessen visuelle, auditive, taktile und propriozeptive Halluzinationen hatten, »Präsenzen« spürten sowie Gefühle des Schwebens, Fallens und Fliegens verzeichneten. In manchen Fällen kam es zu regelrechten »Außerkörperlichen Erfahrungen« wie der eines Fluges durch einen Spiraltunnel, und zwar meistens dann, wenn das Erlebnis länger als ein paar Minuten dauerte. Als zum Beispiel eine junge Frau von einem »schwarzen Etwas« mit »sehr weichen Gliedern« und »mit Armen und Beinen«, die sie »umfingen«, niedergedrückt wurde, so daß sie sich keinen Millimeter bewegen konnte, verließ sie dreimal hintereinander ihren Körper und sah von oben, wie das Etwas auf ihr lag. Ein lukanischer Bauer berichtete, er sei einmal nachts von einem *mar* zu einer Versammlung von *maren* gebracht worden, die auf einem Bett stattgefunden habe, während ein Maultiertreiber aus derselben Gegend erzählte, in der Nacht habe sich »die *mar* auf meinen Magen« gesetzt »und aus meinem Mund« geredet: »Der Mund redete, und ich konnte nichts dagegen tun, bis meine Mutter kam und ihn schloß, wie man es bei den Toten macht.«[1]

Die Wörter »Mahr«, althochdeutsch *mara*, angelsächsisch *mare*, slawisch *mora*, französisch *cauchemar* (*caucher*, altfranz. *cauchier*, lat. *calcare*, »drücken, pressen«) gehen auf das indogermanische **mer-*, »zerstoßen, zerdrücken, sterben« zurück (vgl. das altind. *mr̥nái*, »zermalmt« und das lat. *mortarium*, »Mörser«). Wie die keltische Morrī́gain, die »Mahrenkönigin«, die Dämonin der Schlacht, die sich auf die Brust der Sterbenden setzte und die sich zur berückenden Morgain-la-fée der Artussage entwickelte, war der Nachtmahr das meist schaurige männliche oder weibliche Druckgespenst, das von vielen Betroffenen als »entschieden nichtmenschlich« beschrieben wird. So die allgemeinslawische Kikimora, die sich auf das Gesicht der Schlafenden setzt, um sie am Atmen zu hindern, oder der russische Mahr Barabaschka, ein nacktes behaartes Monstrum, das vor allem junge Männer und Frauen besteigt, so daß sie ihm völlig ausgeliefert sind und ihnen die Luft wegbleibt. Eines seiner Opfer, eine junge Frau, sagte, er habe ausgesehen wie der Teufel mit schwarzen Armen und Beinen sowie einem schwarzen Penis und Schwanz.

Eine der bekanntesten Traumforscherinnen der Gegenwart behauptet zwar, »Träume mit erotischem Inhalt« kämen während der Schlafparalyse »nach dem heutigen Stand der Forschung« so gut wie nie vor, doch widersprechen dem sämtliche Fakten. Bereits in den normalen REM-Phasen des Schlafes hat man nicht nur eine bemerkenswerte Steigerung der Produktion von Sexualhormonen und Oxytocin sowie einen Blutandrang in Penis und Vagina, die feucht wird, beobachtet, sondern bei geschlechtsreifen Frauen auch eine Erektion der Klitoris und der Brustwarzen. Wie aus den Traumprotokollen von

Frauen, die in dieser Phase geweckt worden waren, hervorgeht, entsprechen diesen physiologischen Reaktionen sexuelle Träume, die bei einem Drittel der befragten Frauen bisweilen zum Orgasmus und bei vielen Männern zu Ejakulationen mit intensiven Lustgefühlen führen. Spüren sie aber den enormen Druck auf der Brust, die starke Einschränkung des Atmens und die Unfähigkeit, sich zu bewegen, beginnen viele Betroffene damit, zu hyperventilieren, was zu einer Unterversorgung des Gehirns mit Sauerstoff und in der Folge zu einer sexuellen Erregung führt sowie zu Angstgefühlen, die nicht selten Angsterektionen und -ejakulationen auslösen.

Wie zu erwarten geht aus mehreren Untersuchungen hervor, daß junge Mädchen und Frauen solche Erlebnisse im Gegensatz zu Männern meist wie eine sexuellen Nötigung oder Vergewaltigung empfinden, und zwar auch dann, wenn sie dabei hochgradig erregt sind. Eine junge Frau beispielsweise konnte das Wesen, das sie bestiegen hatte, zwar nicht sehen, aber sie spürte ganz deutlich, wie es sie unwiderstehlich niederdrückte: »Die Präsenz war von dämonischer Natur, das reinste Böse, das meine Seele in Besitz nehmen wollte, und ich konnte die ganze Zeit fühlen, wie es in meinen Körper einzudringen versuchte. Ich fand das absolut entsetzlich, jenseits von allem, was ich mir in der realen Welt vorstellen konnte.« Eine andere sagte: »Ich glaubte, daß der Teufel oder ein böser Geist mich niederdrückte und mich befummelte. Es war, wie wenn ich vergewaltigt würde – ohne daß ich es wollte, fühlte ich eine starke sexuelle Erregung, aber gleichzeitig Angst.« Mehrere weibliche Angehörige einer Familie in Baltimore, die häufig Zeugen des Treibens von Poltergeistern wurden, hatten mehrfach ähnliche Erlebnisse. Während der 27jährige Sohn im gelähmten Zustand während der Schlafparalyse lediglich fühlte, daß seine Stirn von einem weiblichen Wesen sanft gestreichelt wurde, tauchten vor den Augen der im Schlaf ebenfalls bewegungsunfähigen 33jährigen Tochter zunächst riesige Penisse auf, worauf mehrere Priester sowie mißgebildete Männer sie nacheinander vaginal penetrierten. Ihre zwei Jahre jüngere Schwester hatte bei der Vergewaltigung durch den Mahr Orgasmen, die nach ihrer Aussage viel stärker waren als alle, die sie bis dahin erlebt hatte.

Doch manchmal berichten auch Männer von Vergewaltigungen oder Vergewaltigungsversuchen in diesem Zustand, und zwar entwe-

Abb. 14   Johann Heinrich Füssli: »Der Alp verläßt das Lager
zweier Mädchen«, um 1793.

der von weiblichen Mahren, die den Gelähmten besteigen und seinen Penis in ihre Vagina einführen, oder von männlichen, die ihn anal penetrieren, wobei letzteres, wie die vaginale Penetration bei Frauen, oft zwar als lustvoll, aber auch als schmerzhaft empfunden wird. So sagte ein Psychologe, der von einem weiblichen Nachtmahr vergewaltigt worden war, »in gewisser Weise« sei »der Sex mit diesem Wesen befriedigender gewesen als mit einer realen Frau«. Das bestätigen montenegrinische Männer, die auf dieselbe Weise von der Vjeschitza mißbraucht worden waren. Ein junger Mann, der sich nach dem Aufwachen zunächst nicht bewegen konnte, hatte das Gefühl, daß eine sehr fette und schwere Frau dabei war, ihn zu vergewaltigen: »Obwohl ich ›sah‹, wie alles geschah, war ich mir doch nicht sicher, ob es real war. Dann fiel mir ein, daß meine Augen geschlossen waren und ich sie öffnen mußte, um den Bann zu brechen. Eine ganze Weile konnte ich kein einziges Glied rühren, obwohl ich meine Muskeln anspannte. Doch schließlich gelang es mir. Mit offenen Augen und anscheinend wach sah ich etwas, das ich nur als eine Hexe beschreiben kann. Die Gestalt erschien mir wie eine dürre schwarze Büste, aber mit einem deutlich umrissenen Gesicht, das mich zornig und voller Bosheit anstarrte. Sie bewegte sich auf der linken Seite vom Bett weg, und ich sah, wie sie durch die Glasscheibe des geschlossenen Fensters verschwand.«[2]

Bereits im 13. Jahrhundert berichtete Thomas von Cantimpré ausführlich von Mönchen und Nonnen, die nachts von männlichen und weiblichen Dämonen niedergedrückt, gewürgt und vergewaltigt wurden. Er erzählt etwa von einer Klosterfrau, die sehr häufig Opfer eines Dämons war, weshalb sie ihren Bruder, einen Franziskaner, bat, eine Nacht bei ihr in ihrer Zelle zu verbringen. Und tatsächlich erschien das teuflische Wesen und machte sich über die Schwester her, die der Bruder mit aller Kraft festhielt. Doch der Dämon war stärker als der Mönch, riß sie aus seinen Armen und mißbrauchte die Nonne ausgiebig in seiner Gegenwart. Zwar räumten im Jahr 1487 die Autoren des *Malleus Maleficarum* ein, daß manche Frauen sich auf Grund ihrer großen Neigung zur Melancholie den Koitus mit einem Dämon nur einbildeten, doch sei es unbestreitbar, daß die Unzucht häufig realiter stattfinde, ja, machmal wachten die Ehemänner nachts auf und müßten mit ansehen, wie ihre Frauen von einem Dämon penetriert würden. Bedrohten sie ihn aber mit einer Waffe, mache sich der Übeltäter unsichtbar und vollende sein Werk. »Mit aller Macht« gierten die Dämonen vorzugsweise »nach jedweden besonders heiligen Jungfrauen und Witwen«, denen, weil sie sexuell »unersättlich« seien, der Geschlechtsverkehr mit dem Alp »keine kleine Lust« bereite und die deshalb gar nicht erst mit Gewalt genommen werden müßten.

Allerdings hatte bereits um das Jahr 1460 der Franziskaner Alfonso Spina zur Ehrenrettung der frommen Frauen ausgeführt, daß der Dämon sie in den Schlaf wiege, so daß sie erst nach dem Aufwachen zu ihrem Entsetzen feststellen mußten, daß sie zwischen den Oberschenkeln ganz naß waren. Andere Dämonologen behaupteten, die bösen Geister besäßen einen gespaltenen Penis, so daß sie eine Frau gleichzeitig vaginal und anal penetrieren könnten, was dieser doppelte Lust verschaffe. Diese Vorstellung griff der französische Dichter Joris-Karl Huysmans im Jahre 1821 auf, indem er in seinen literarischen Werken einen Incubus kreierte, der mit einer gespaltenen Zunge ausgestattet war. In der gegenwärtigen kalifornischen Lesben-Szene, in der sich nach Berichten Doppel-Dildos großer Beliebtheit erfreuen, wurde die Vorstellung eines gespaltenen Penis real umgesetzt.

Aus vielen kastilischen und katalonischen Gerichtsakten der Frühen Neuzeit geht hervor, daß die Vorstellung von den schlafenden Männern aufhockenden und sie vergewaltigenden *brujas* bzw. *bruxas* allgegenwärtig war. Im 17. Jahrhundert sagte ein Kölner Bürger vor Gericht aus, er sei sechsmal vom Teufel *pro succubo* gebraucht worden. Doch schon im Jahr 1563 führte Johan Weyer, der Leibarzt Herzog Wilhelms V. von Jülich-Kleve-Berg, im Anschluß an Thomas von Aquin aus, den Dämonen fehle jeglicher »Leicham von fleisch und blut« und deshalb auch die Geschlechtsorgane, so daß sie gar nicht ejakulieren könnten, zumal sie weder »begürde noch lust zu diesem schamhafftigen werck« besäßen. Aus Boshaftigkeit könnten sie allerdings die Sinne der Jungfrauen und Frauen täuschen, so daß diese *wähnten,* von ihnen penetriert zu werden, vor allem wenn sie von ihnen besessen seien und somit »ausser verstand fielē«. Im besten Falle könne sich freilich ein Dämon »vnder einen schelmigen Mañ ergeben in einer frawen bildtnuß vnd jne seines samens berauben / vnd darnach einē weibe in eines Mannes Persone erscheinen« und sie mit dem fremden

Sperma schwängern. Schließlich seien viele Männer und Frauen fest davon überzeugt, sie würden in der Nacht von einem »Incubus« oder »Maar« geritten, der sie im Schlaf so sehr drücke, daß es ihnen »den athem benimpt vñ die sprach«, und die Frauen glaubten hinterher, der »Maar« habe »mit jnen vnehrlich [unehrbar] gehandelt«, sie also geschändet. Aber all das bildeten sich die Leute nur ein, da ein Dämon allenfalls einen »lufftigen Corper annemen« könne, der zu solchem »handtwerck« nicht tauge.

Hatte man im Mittelalter trotz der Autorität des hl. Thomas von Aquin fast durchweg die Auffassung vertreten, die »feuchten Träume« einer Frau seien das Resultat der »Alpminne« und der Samenerguss des Mannes im Schlaf gehe darauf zurück, daß die »Nachtbraut« (*naht-brût*) sich auf ihn setze und Penis und Hoden manipuliere, überwog auch in der Frühen Neuzeit dieser alte Volksglaube bei den Gelehrten. Nach Girolamo Menghis' 1576 erschienenem *Compendio dell'arte essorcistica* sind die Incubi und Succubi »unreine Geister« (*spiriti immondi*), die mit besonderer Vorliebe in die *parti vergognose* (Schamteile) beider Geschlechter führen, um ihre Opfer sexuell zu erregen und zu unkeuschen Akten zu verleiten (*concitandole, le provocano a li atti lussuriosi*). Noch im 17. Jahrhundert verlautete der Franziskaner und Berater des Obersten Tribunals der Heiligen Inquisition, Sinistari d'Ameno, die Nachtmahre erzeugten eigens für die Durchführung des Geschlechtsverkehrs einen Körper oder benutzten den einer soeben verstorbenen Person, mit Hilfe dessen sie »ein üppiges, sehr dickflüssiges und sehr heißes Sperma« hervorbringen könnten. Solche Mahre seien dermaßen wollüstig, daß ihnen der Vaginal- und Analverkehr mit Männern und Frauen nicht genüge, weshalb sie es auch mit Hengsten und Stuten trieben. Die sicher bekannteste bildliche Darstellung des Alpdrückens ist das im Jahre 1781 entstandene Gemälde des schweizerisch-englischen Malers Johann Heinrich Füssli, das seinerzeit für einen Skandal sorgte. Auf dem Gemälde (Abb. 15) ist ein Nachtmahr zu sehen, der auf dem Bauch einer hingebungsvoll auf dem Rücken liegenden jungen Frau hockt, wobei vermutlich Füsslis Geliebte Anna Landolt als Modell diente. Füssli war bekanntermaßen nicht nur masochistisch veranlagt, vielmehr litt er an chronischen Schlafstörungen und mit Halluzinationen verbundener Schlafparalyse, während der er einmal, wie er an seinen Freund William Blake

Abb. 15 Johann Heinrich Füssli: »Der Nachtmahr«, 1781.

schrieb, »geheimnisvolle bizarre Geräusche von unbekannten tanzenden Wesen« hörte.[3]

Halluzinatorische und sexuelle Erlebnisse während der Schlafparalyse sind allgemeinmenschlich und werden aus allen Kulturen berichtet. Bei den Mescalero-Apache galten sie als Vorboten des Todes, doch konnte dieser manchmal von den Medizinmännern abgewendet werden. Der Hopi Sun Chief schilderte, wie ein Mahr sich an ihn heranmachte: »Ich sah, wie sich ein Schatten auf mich zubewegte, aber ich dachte, es handle sich um eine Wolke, und schaute nicht hin. Da hielt es an, und urplötzlich sprang ein mächtiges Wesen auf mich und packte mich an der Taille.« Zwar konnte er zunächst nicht ausmachen, was es war, aber »bald erkannte ich, daß es ein weiblicher Geist war, der meine Arme mit einem festen Griff umschloß. Mein Bewußtsein wurde immer schwächer, ebenso meine Atmung, und mein Körper wurde kraftlos. […] Ich versuchte noch, mich umzudrehen und mich auf sie zu legen, aber sie war zu viel für mich.« So ergab er sich ihr, doch sie sagte zu ihm: »Ich bin hierhergekommen, um dich zu ficken, aber anscheinend willst du das nicht!?« Darauf verschwand sie, ließ aber vier tote Kaninchen als Geschenk für ihn zurück. Offenbar erlebte Sun Chief dies im Zustand der *dormiveglia*, des Schlafwachens. Auch die Quiché-Maya im guatemaltekischen Hochland sagen, der Nachtmahr (*c' ulwächic*), der einen paralysiere, komme im »weißen Schlaf« (*sak waram*) zwischen Wachheit und Schlummer.

Im südafrikanischen Lowveld drücken die bereits in § 12 erwähnten männlichen *tokolotši* sowohl Frauen als auch Männer so lange nieder, bis sie völlig hilflos sind, und vergewaltigen dann erstere vaginal und letztere anal mit ihrem riesigen Penis. Die ebenfalls bisexuellen weiblichen *tokolotši* führen den erigierten Penis ihres Opfers in ihre Vagina ein und stimulieren die Frauen entweder mit der Hand oder der Zunge. Bei den östlich des Sunday-Flusses lebenden Tembu und Fingo drückt und defloriert der *tikolose* mit besonderer Vorliebe Jungfrauen, penetriert aber auch verheiratete Frauen. Diese Frauen werden von ihren Männern verdächtigt, den Koitus mit dem *tikolose* auf Grund seines gewaltigen Penis zu genießen, besonders dann, wenn die Gattinnen ihren Männern gegenüber kalt und sexuell desinteressiert sind. Tatsächlich bestätigen viele Frauen in den Kraals, daß der *tikolose* eine Frau sehr viel besser befriedigen könne als ein Mann, aber wenn sich eine Frau ihm verweigere, würge und vergewaltige er sie, wobei er in ihre Vagina uriniere, statt zu ejakulieren, und darüber lache, daß sie ihm hilflos ausgeliefert sei. Auch andere Geistwesen drücken nachts die Männer, etwa der vogelähnliche *impundulu*, als Vergeltung dafür, daß der Betreffende sich mit einer seiner Geistfrauen vergnügt hat, aber er penetriert auch Frauen, weil diese ihm keinen Widerstand leisten. Schließlich kriecht häufig die Geisterschlange *ugatya* in die Vagina der Frauen, was ihnen viel intensivere Lust verschafft als der Penis eines Mannes. Manche Frauen behaupten nach Aussage eines Psychiaters, der diese als schizophren diagnostizierte, sogar, daß die Schlange permanent in ihrer Vagina wohne.

Bei den Eskimo am Kotzebue-Sund in West-Alaska spielen die *iziraq*-Geisterfrauen nachts mit den Penissen und Hoden der schlafenden Männer, was diese im Traum miterleben. Aber wenn die Männer dann ejakulieren und dabei aufwachen, verschwinden die Geister. Solche »feuchten Träume« (*wunjaalyu*) werden bei den Sambia im östlichen Hochland von Neuguinea darauf zurückgeführt, daß die Betreffenden im Schlaf von männlichen oder weiblichen Geistern fellationiert werden. In Java sind es die *peri*, feenartige Wesen, die den Männern »das Sperma rauben«, indem sie in der Nacht deren Genitalien streicheln und reiben. Sind diese Erlebnisse überwiegend lustvoll und mitreißend, so sind sie in anderen Kulturen eher schmerzhaft und quälend, und zwar auch dann, wenn die »Gedrückten« dabei sexuell erregt werden. Die Fijianerinnen etwa werden häufig von einem Geist namens Tutumatua heimgesucht, dessen erigiertes Glied von einer solch exorbitanten Größe ist, daß die Frauen und besonders die unberührten jungen Mädchen den Koitus mit ihm als reinen Terror empfinden, zumal die Folgen mitunter sehr schlimm sein können. Denn manchmal schwängert der Geist sein Opfer, worauf es zu Fehl- oder Frühgeburten kommt. Der Nachtmahr (*bangungot*) der Filipinos löst zwar auch sich mit Schmerzen abwechselnde wollüstige Gefühle aus, aber am unangenehmsten ist es für die Opfer, daß er ihnen seinen steifen Penis in den Mund und seine beiden Hoden in die Nasenlöcher stopft, so daß sie zu ersticken glauben. Schließlich vergewaltigt auf der Insel Sansibar der Nachtmahr Popobawa die Männer anal und die Frauen vaginal auf so brutale und qualvolle Weise, daß die Betroffenen das Gefühl haben, ihr letztes Stündlein sei gekommen.[4]

Ähnlich wie bei den Nachtmahr-Opfern hat man auch bei Männern und Frauen, die behaupten, von Aliens entführt und mißbraucht worden zu sein, eine hochgradige Absorptionsfähigkeit, eine starke Neigung zur Dissoziation und zur Halluzinationsbildung bei häufigen Episoden von Schlafparalyse festgestellt. Viele Betroffene spürten zunächst einen starken Druck auf der Brust, der sie wehrlos machte, und bisweilen auch auf den Genitalien. Manchmal fühlten sie die »Präsenz« eines Wesens, das sie niederdrückt, ohne es zu sehen. Dies war zum Beispiel der Fall bei der Psychologiestudentin Shawna, die in Boston mitten in der Nacht aufwachte und sich nicht bewegen konnte: »Ich war völlig entsetzt und hatte das Gefühl, daß jemand ins Haus eingedrungen war. Ich wollte schreien, aber es kam kein einziger Laut heraus.« Obwohl sie niemanden sehen konnte, habe sie die Gegenwart eines Aliens gefühlt, der sie aufs Bett preßte. Für andere ist das Wesen, das sie niederdrückt, sichtbar. So zum Beispiel für eine junge Frau, die berichtete, daß sie eines Morgens nach dem Erwachen gesehen habe, daß eine »Kreatur« mit eiskalten Händen und großen Augen sie mit solcher Kraft niederpreßte, daß sie völlig unfähig gewesen sei, etwas dagegen zu tun. Auch sie habe versucht zu schreien, doch es sei ihr nicht gelungen. Währenddessen habe sie ein Summen und andere seltsame Geräusche gehört und das unheimliche Gefühl gehabt, von anderen Wesen, die ebenfalls im Raum gewesen seien, auf kalte und teilnahmslose Weise beobachtet zu werden, während die »Kreatur« sie vergewaltigt habe. Einer anderen jungen Frau sei von einem Alien eine Spritze gegeben worden, die sie betäubt und gelähmt habe, so daß er sie ungehindert mißbrauchen konnte. Auch ein junger Mann, der bewegungsunfähig auf einem Tisch aufwachte, sah, wie seine Frau, die nackt auf einem anderen Tisch festgeschnallt war, von zwei Aliens gynäkologisch untersucht wurde. Dies widerfuhr auch einer weiteren Entführten, die von den Aliens mit Metallklammern fixiert wurde. Ein Libanese hatte ein paar Jahre nach einem Schlafparalyse-Erlebnis ein zweites, bei dem er erneut spürte, wie eine Starre sich von seinen Füßen aus nach oben ausbreitete, so daß nach kurzer Zeit sein gesamter Körper gelähmt war. Da erblickte er zwei nackte Frauen auf seinem Bett, von denen eine ihn an ihre Brüste zog und seinen inzwischen erigierten Penis in ihre Vagina einführte, ohne daß er sie daran hindern konnte. Ähnliches berichtete ein weiterer Mann, der in ein Raumschiff gebracht wurde, wo ihn eine nackte Alien-Frau paralysierte und vergewaltigte. Bereits im Jahr 1747 berichtete eine Frau aus dem südungarischen Kiskunhalas von einem vergleichbaren Erlebnis ihres Mannes. Dieser sei nachts voller Entsetzen aufgewacht, sei »steif dagelegen«, habe »kaum atmen« können, und schließlich, als das Ganze vorüber war, habe er geschrien: »Herr Jesus, hilf mir! Feurige Hexen haben mich [zur Orgie] nach Máramos mitgenommen!«

Solche Entführungen, ob nun wie damals durch Hexen oder wie heute durch Außerirdische, wurden und werden von vielen Opfern für Realität gehalten. Zumindest in unserer Zeit ordnen manche jedoch ihre Erlebnisse als Träume und Halluzinationen ein oder beschreiben sie als »traumähnlich«.[5]

§ 14
Gefühlte »Präsenzen« und ihre Begleiterscheinungen

Daß das Gefühl der »Präsenz« eines bösartigen Wesens, das gleichwohl nicht wirklich gesehen wird, recht häufig im Zustand der Schlafparalyse nach dem Aufwachen auftritt, ist nicht verwunderlich, da man sich dann, wenn man bewegungsunfähig ist, besonders hilflos und bedroht vorkommt. Typischerweise werden »Präsenzen« durch intensive Angst ausgelöst, in Situationen oder an Orten, die Unbehagen und Beklommenheit entstehen lassen. Dies kann etwa passieren, wenn man sich allein in einem dunklen Haus befindet, wo das leiseste Geräusch, auf das man sonst nicht achten würde, plötzlich auf die Anwesenheit eines möglicherweise gefährlichen Wesens hindeutet. Das Spüren von »Präsenzen« kann aber auch hervorgerufen werden durch Erschöpfung, soziale Isolation, sensorische Deprivation, Monotonie, große Kälte, geomagnetische Aktivität, Sauerstoffmangel, Außerkörperliche und Nahtod-Erfahrungen, durch die Parkinson-Krankheit oder einfach durch weitgehende Stille, die als sehr bedrohlich empfunden werden kann, wenn man nicht weiß, von woher die Gefahr kommen und wohin man vor ihr fliehen könnte. Zu Beginn des vergangenen Jahrhunderts berichtete der britische Antarktisforscher Ernest Shackleton bei einem 36stündigen Marsch über die namenlosen schneebedeckten Berge und die Gletscher Süd-Georgiens: »It seemed to me often that we were four, not three. I said nothing to my companions on the point, but afterwards Worsley said to me: ›Boss, I had a curious feeling that there was another person with us!‹« Darauf angesprochen, sagte Worsley später: »None of us cares to speak about that. There are some things which can never be spoken of. Almost to hint about them comes perilously near sacrilege.«

Eine junge Frau, die als Heranwachsende immer wieder von ihrem Vater vergewaltigt worden war, teilte ihrem Psychiater mit: »Wenn ich allein zu Hause bin, habe ich das Gefühl, als sei jemand bei mir im Raum, der wünscht, daß ich sterbe. Ich spüre, daß ich in schrecklicher

Gefahr bin und auf der Stelle wegrennen sollte.« Doch manchmal entstanden bei ihr aus solchen Empfindungen Halluzinationen, die bezeichnenderweise darin bestanden, daß sie – etwa nach dem Aufwachen aus dem Schlaf – ihren Vater »sah« oder daß ihr Baby, wenn
sie es hochnehmen wollte, plötzlich für einen Moment das Gesicht ihres Vaters hatte. Unter den Personen, die Menschen bei derartigen
»Präsenzerfahrungen« sehen oder anderweitig wahrnehmen, sind besonders häufig nahestehende Personen, am häufigsten die Eltern, dann
die Großeltern, denen mit großem Abstand die Ehepartner folgen, und
zwar um so öfter, je kürzer deren Tod zurückliegt. So fühlte eine Frau
nach dem Tod ihrer Mutter zwei Jahre lang deren »Präsenz«, aber als sie
dann aus den Ferien zurückkam, war die Mutter nicht mehr da und
»erschien« auch nicht wieder. Der verstorbene Mann einer Engländerin war dagegen nicht einfach nur unsichtbar anwesend, vielmehr berührte er sie manchmal am Kopf, und sie roch den Rauch seiner Zigaretten und fühlte sich ihm sehr nahe. Eine junge Frau berichtet, daß sie
eines Nachts das geradezu überwältigende Erlebnis der »Präsenz«
einer Person und eine auditive Halluzination hatte, denn die Betreffende, die ihr erschien, habe beim Weggehen gesagt: »Ich muß jetzt gehen – gute Nacht!« Weitaus häufiger kommt es aber vor, daß man
nicht wirklich Worte hört oder jemanden sieht, sondern es ist eher
so, »wie wenn ein Geist vorbeihuscht«. Eine eher seltene Ausnahme
war dagegen das Präsenzerlebnis einer jungen Frau der Tolai im östlichen Neubritannien, die plötzlich das Gefühl hatte, irgend etwas befinde sich hinter ihr und starre sie an. Zitternd und voller Angst drehte
sie sich ganz langsam um und erstarrte, denn direkt vor ihr stand das
schrecklichste und abstoßendste Wesen, das sie jemals gesehen hatte,
eine Art Teufel mit zwei Hörnern, großen roten Augen und ekliger blutiger Haut. Als es sein Maul aufriß und sie seine scharfen Reißzähne
erblickte, schrie sie laut auf, verlor das Bewußtsein und stürzte zu Boden.[1]

Sehr viele Menschen, die eine »Präsenz« erleben, sind fest davon überzeugt, daß sie die Gegenwart von Geistern, Engeln oder von Gott fühlen. Zum Gottesdienst einer »Spirituellen Kirche« in San Diego gehören
sogar sogenannte »Spirit readings«, die darin bestehen, daß bestimmte
Gemeindemitglieder die »presence« von »spirits«, »guides« oder »an-

gels« und Verstorbenen spüren und den in der Halle Anwesenden ihre Botschaften mitteilen, die sie aber allem Anschein nach nicht wirklich hören, sondern eher fühlen oder erahnen. So sagte zum Beispiel ein Mann, er habe seinen verstorbenen Großvater nicht so gesehen, wie man normalerweise eine Person aus Fleisch und Blut sehe, sondern eher gespürt, »wie wenn es in seinem Geist gewesen wäre«. Im Mittelalter und in der Frühen Neuzeit nannten die Theologen ein solches Spüren eine »geistige« oder »intellektuelle Vision«. Als sie einmal betete, so berichtete Teresa von Ávila, »sah ich oder, besser gesagt, nahm ich wahr – ich sah nämlich weder mit den Augen des Leibes noch der Seele etwas –, daß Christus ganz nahe bei mir stand«. Da sie eine solche »Präsenz« noch nie erlebt hatte, »überfiel mich anfangs eine große Furcht, und ich konnte nur weinen«. Doch allmählich überkam sie eine große Ruhe und Gelassenheit, und Jesus blieb vier Tage lang bei ihr. »Wenn du Jesus Christus oder die allerseligste Jungfrau in dieser unklaren Weise ›siehst‹«, so der Mystiker Álvarez de Paz, »bemerkst du keine mit den Augen des Leibes erkennbare Figur, und doch weißt du mit größerer Sicherheit, als wenn du mit den Augen des Leibes sähest, daß die Person zu deiner Rechten oder in deinem Herzen ist.« »Meine Seele war ohne Bild«, so kommentierte im Jahre 1884 die Seherin Lucie Christine ihre Wahrnehmung der Gegenwart Jesu, und einige Monate später notierte sie: »Heute morgen umgab er in der hl. Kommunion meine Seele in wonniger Weise. Wie kann die Seele sich umgeben sehen, wenn sie doch nichts sieht? Das werde ich nie erklären können …« Schließlich sagte ein isländischer Geisterseher, er gerate bisweilen in eine Art Trance und »fühle« dann oder »wisse«, daß das *huldufólk* »um ihn herum« da sei.[2]

Ein solches Innewerden oder Gewahren, das der Psychologe William James einst als »unvollkommen entwickelte Halluzination« bezeichnete, kann extrem schreckenerregend sein, wie bei der oben erwähnten Melanesierin oder bei den Sharanahua im Herzen des Amazonasbeckens, die sich sehr vor der »Präsenz« ihrer verstorbenen Ahnen fürchten, die sie todunglücklich und krank macht. Auch in unserer Kultur können derartige »Präsenzen« jemanden einschüchtern und beängstigen. Doch in einer Zeit, in der Gott kaum noch als strafend gesehen wird und schon gar nicht als racheausübend, verbreitet seine Gegenwart meist Glücksgefühle und eine Atmosphäre von Ruhe und Frieden. Die Intensität und Eindringlichkeit des Erlebnisses bewirkt bei den meisten Menschen die feste Überzeugung, daß an der Realität des Erlebten kein Zweifel bestehen könne. So behauptet zum Beispiel der Religionsphilosoph John Hick, für jemanden, der die »eindrückliche und nachhaltige Empfindung« von der »Präsenz« Gottes habe, sei es vernünftig, davon überzeugt zu sein, daß Gott existiere. Freilich ist eine solche Ansicht, wie sie Hicks vertritt, eher unvernünftig zu nennen, denn nichts am Erleben der »Präsenz« irgendeines Wesens garantiert oder macht es auch nur wahrscheinlich, daß es dieses Wesen wirklich gibt und daß es in diesem Augenblick zugegen ist. Immerhin ergaben repräsentative Umfragen, daß 53,7 Prozent der Deutschen zumindest gelegentlich »die Nähe Gottes« gespürt haben, wobei allerdings wohl davon auszugehen ist, daß es sich dabei nicht immer um »Präsenzen« im strengen Sinne gehandelt haben wird. Bei einer 2004 in Großbritannien durchgeführten Untersuchung gaben 37 Prozent der Befragten an, sie spürten die Anwesenheit Gottes sogar »sehr oft«.[3]

Wenn Personen damit rechnen, daß sich »Präsenzen« einstellen *könnten*, erhöht dies natürlich die Wahrscheinlichkeit erheblich, daß dies auch geschieht. Dies war der Fall bei einigen Versuchspersonen, die in einem zwanzig Jahre zuvor verlassenen Bauernhaus, von dem ihnen erzählt worden war, daß es ein »Spukhaus« sei, im Dunkeln um einen Tisch saßen. Plötzlich sagte eine der Personen, sie habe das Gefühl, daß jemand hinter ihr stehe, doch keine der anderen, die das nachprüften, konnte dies bestätigen. Aber als die erste sagte: »Jetzt geht er weg!«, fühlte eine andere Versuchsperson, wie eine Eiseskälte an ihrer Wirbelsäule entlangfuhr und auch eine dritte Person berichtete nun, sie spüre ganz deutlich eine »Präsenz« hinter sich, worauf sich ein regelrechter Spuk entfaltete. Eine koreanische Schamanin der Hwanghaedo-Tradition berichtete, jedes Mal, wenn sie einen Ort betrete, von dem es heiße, daß dort Geister lebten, habe sie folgende Empfindungen: »Ich fühle eine Anwesenheit. Das ist ungefähr so, als stehe man auf einer überfüllten Straße in Seoul und bemerkt, ohne daß man weiß warum, daß man beobachtet wird. Dabei ist das Gefühl etwas intensiver, denn man merkt, ob es sich bei dem Geist um einen Mann, eine Frau, einen Gott oder einen niederen Geist (*kwisin*) handelt. Ich spüre auch die Gefühlslage, also ob der Geist traurig oder ärgerlich ist […].

Ich *sehe* die Geister aber nicht. Ich habe eine Vorstellung von ihnen, aber es ist nicht so, daß sie mir erscheinen.«

Weil sie vielleicht schon von Voyeuren betrachtet worden war, als sie sich entkleidet hatte, fühlte sich eine junge Französin auch dann in nacktem Zustand beobachtet, wenn sie gar nicht nackt war und sich auch niemand anderes in ihrer Wohnung befand. Allerdings ist es denkbar, daß manche »Sensitive« die Fähigkeit besitzen, zumindest gelegentlich kleinste, von normalen Menschen nicht wahrgenommene oder nicht beachtete Sinnesreize, etwa die eines hinter ihnen stehenden Menschen, der sie beobachtet, aufzunehmen. Eine ähnliche Erhöhung der Reizempfindlichkeit berichtete auch ein Philosoph, dem im Alter von zwei Jahren wegen bösartiger Tumore beide Augen entfernt worden waren. »Stumme Objekte«, so teilte er mit, »wie Laternenpfähle und geparkte Autos mit abgestellten Motoren vermag ich, wenn ich mich ihnen nähere, als atmosphärische Verdichtungen des Raumes zu hören, was wohl mit Sicherheit an der Art und Weise liegt, wie sie meine Schritte und andere Geräusche absorbieren und/oder zurückwerfen.«

Freilich konnte bisher experimentell nicht bestätigt werden, daß es Menschen gibt, die wirklich spüren können, dass sie jemand beobachtet, ohne dass sie diese Person wahrnehmen können. Von vierzig Versuchspersonen, die von anderen, die hinter ihnen standen, angestarrt wurden, empfanden fünfunddreißig überhaupt nichts; drei sagten, sie hätten das Gefühl verspürt, daß irgend etwas »nicht richtig« oder »ungewöhnlich« sei, und einer von ihnen dachte, er werde ständig und auch bei diesem Experiment vom FBI und von Aliens beobachtet. Ein einziger fühlte die »Präsenz« des Psychologen, der den Versuch leitete. Keine einzige Versuchsperson konnte korrekt angeben, wann er angestarrt wurde und wann nicht, auch nicht diejenigen unter ihnen, die man als »sensitiv« bezeichnen könnte. Obwohl die Beteiligten wußten, daß man sie beobachten würde, war niemand von ihnen in der Lage zu sagen, wann dies geschah. Diese Ergebnisse wurden durch weitere Studien bestätigt.[4]

»Präsenzen«, die als Gegenwart Gottes oder vor allem als die eines Engels interpretiert werden, sind in unserer Kultur auch noch in der Moderne weit verbreitet. Das gibt jedoch wenig Anlass zum Staunen, wenn man berücksichtigt, daß nach einer neueren repräsentativen Allensbach-Umfrage 46 Prozent an die Existenz Gottes oder irgendeiner »höheren Macht« glauben und über die Hälfte der erwachsenen Deutschen von der Existenz von Engeln und Schutzengeln überzeugt ist. Dieser Glaube an Engel und Schutzengel hat in unserem Kulturkreis eine lange Tradition. Schon Teresa von Ávila sagte, Engel seien ihr äußerst selten erschienen, aber sehr häufig habe sie ihre Gegenwart verspürt. Im ausgehenden Mittelalter beteuerten die Autoren des *Unholdinnenhammers*, heilige Männer, die darunter litten, bisweilen geschlechtlich entflammt zu werden, hätten nicht selten die Gegenwart von Engeln gefühlt, die ihnen auf unsichtbare Weise ihre Hoden entfernten, damit sie fortan nicht länger durch Lustgefühle und Samenergüsse gequält würden. In unserer Zeit berichtete eine Frau, daß sie eines Tages plötzlich »wußte«, daß jemand im selben Raum gewesen sei wie sie, und daß anschließend ein Austausch von »Liebesgefühlen« zwischen ihr und dem Wesen stattgefunden habe. Doch die »Präsenz« des engelhaften Wesens sei so anstrengend gewesen, daß sie die Beziehung nach fünf Tagen vor Erschöpfung abbrechen mußte. Fortan habe sie aber gefühlt, daß der Engel ihr ständig folge.

In der arabischen Welt ist die Vorstellung weit verbreitet, daß jeder Mensch ständig von einem Engel und von einem *šhayṭān* – im islamischen Sudan die Verkörperung der Unzucht – begleitet wird, die ihm ihre jeweiligen Ratschläge ins Ohr flüstern. Auch unter den Christen war und ist der Glaube an den auf der Schulter sitzenden Schutzengel geläufig. Als sich der 81jährige Naturforscher und Geisterseher Emanuel Swedenborg 1769 in Amsterdam aufhielt, fragte ihn sein Gastgeber, ob er denn keine Angst davor habe, in seinem Alter so weite Reisen zu unternehmen.Darauf antwortete Swedenborg, er fürchte sich überhaupt nicht, da »mein Engel allemal bei mir ist und mit mir spricht und umgeht«. Zweieinhalb Jahrhunderte später erzählte eine alte Frau von ihrem jahrzehntelangen »Begleiter«, einer Art Schutzengel, der sie sogar einmal – selber »kaum sicht- und hörbar« – nach oben »in eine helle Atmosphäre« führte, wo ein Orchester spielte. »Gesehen habe ich ihn nicht«, so erinnerte sich ein Mann, der angab, jemand habe ihn, als er noch ein kleiner Bub war, sicher die Treppe hinuntergetragen, nachdem er beinahe gestürzt wäre, »und er sprach auch nicht, aber ich habe ihn doch gefühlt«. Die Dienstmädchen erklärten ihm damals: »Es war ein Schutzengel, der hat dich getragen!« Auch

ein katholischer »Naturheiler« (*dokte fey*) in Haiti hat das sichere Gefühl, von einem derartigen Schutzengel (*anj gadyen*) geleitet zu werden. Als er zum ersten Mal dessen »Präsenz« gespürt habe, sei er nicht
sehr erfreut gewesen, denn er habe ihn für einen *lwa* des Vodú gehalten, einen Diener Satans. Doch als der unsichtbare Geist ihm zeigte,
welche Heilpflanze (*fey*) er in jedem spezifischen Krankheitsfall zur
Anwendung bringen solle, sei ihm klar geworden, daß es sich um einen Engel gehandelt haben müsse. »Jedes Kind Gottes«, so sagte der
dokte dem Ethnologen, »besitzt einen *anj*, der gleichzeitig mit ihm geschaffen wurde und der es dirigiert. Der *anj* sagt ihm, was es zu tun
hat, er beschützt es. Dein *anj* beispielsweise hat dich hierher in mein
Haus gebracht. Wenn Gott keinen *anj* in deinem Kopf plaziert hätte,
hättest du nicht gewußt, welchen Weg du nehmen mußtest!«

»Fast schäme ich mich, darüber zu sprechen«, so erklärte eine Frau
ihrer Therapeutin, »weil die anderen das kindisch finden könnten.
Aber für mich sind diese Empfindungen fast wie heilig. Immer wieder
erlebe ich, wie ich diese Gegenwart um mich herum spüre.« Eine andere Frau, die unter ihrem mangelnden Selbstwertgefühl litt, sagte: »Da
gibt es etwas, das ich noch nie jemandem erzählt habe, weil ich es ja
selber auch so merkwürdig finde. Manchmal, wenn ich auf dem Sofa
liege, erlebe ich etwas, das sich so anfühlt, als ob jemand neben mir
sitzt und mir ganz sanft über den Arm streicht.«

Manchmal widerfährt ein solches Erlebnis einem Menschen nur ein
einziges Mal in seinem Leben, doch dieses singuläre Ereignis ist für ihn
der Anlaß, sein Leben grundlegend zu verändern. So war es im Fall des
spanischen Philosophen García Morente, der während des Spanischen
Bürgerkrieges nach einer Erfahrung der »Präsenz« Gottes beschloß,
Christ und Priester zu werden. Eines Nachts sei er plötzlich aus dem
Schlaf gerissen worden, worauf er aufstand und das Fenster öffnete,
um die kalte Luft hereinzulassen: »Ich wandte mein Gesicht dem Inneren des Zimmers zu und erstarrte. Er war da. Ich sah ihn nicht,
ich fühlte ihn nicht, ich hörte ihn nicht. Doch er war da […] Ich blieb
stehen, vor Erregung wie gelähmt. Und ich nahm ihn wahr; ich nahm
seine Gegenwart mit derselben Deutlichkeit wahr wie das weiße Blatt,
auf dem ich dies niederschreibe!«

Derartige »Präsenzen« steigern sich bisweilen zu regelrechten Halluzinationen. Eine junge Frau berichtet, sie habe nach einigen beäng-

stigenden »Poltergeist«-Erlebnissen voller Verzweiflung zu Gott gebetet, als sie eine Gegenwart spürte. Unversehens sei eine weiße Gestalt (»sah aus wie'n Oberarzt«) vor ihrem Bett aufgetaucht, und sie habe sich beschützt gefühlt. Diese Frau hielt die Gestalt offenkundig für einen Schutzengel, wie auch eine weitere Frau, die ihre Präsenzerfahrungen wie folgt schilderte: »Mitten in der Nacht fühle ich, wie irgend etwas in meinen Körper kommt. Noch nie in meinem Leben habe ich derartiges gefühlt. Das war kein Traum, das war echt! Ich fühlte die Hitze von irgend jemandem, der in mir mich und meinen Körper bewegte. Davon bin ich aufgewacht, und ich beobachtete, wie sich mein linker Arm wie von selbst bewegte.« Schließlich verließ das, was in ihr gewesen war, ihren Körper und »materialisierte« sich zu einer Frau mit einem »wunderschönen Gesicht«, die sie anlächelte – eine Gestalt, welche sie sogleich als Engel erkannte.[5]

Solche »Präsenzen« treten, wie im vorangehenden Kapitel angesprochen, sehr oft in der *dormiveglia*, der Phase des »Schlafwachens« auf, also wenn man gerade einschläft oder aufwacht, bei sensorischer Deprivation – also in Situationen, in denen das Tagesbewußtsein und die Außenweltreize weitgehend ausgeschaltet sind –, bei Entspannung, aber auch in Lebenskrisen, bei großer Angst, Unfällen, angesichts des Todes oder heftigen Gemütsbewegungen wie zum Beispiel Haß und Eifersucht. Dies sind genau die Zustände, die auch für das Auftreten sogenannter paranormaler Phänomene wie Spuk oder »außersinnlicher Wahrnehmung« günstig sind, die häufig, wie schon Sigmund Freud konstatierte, eine herabgesetzte Bewußtseinstätigkeit voraussetzen. So sagen auch viele Versuchspersonen, daß sie während ihrer Präsenzerlebnisse spürten, wie alle Gedanken und Sinneseindrücke verschwinden und ihr Denken nicht mehr von Assoziationen fortgetragen, sondern »leer« wird.[6]

Zu den typischen Reaktionen auf »Präsenzen« während der Schlafparalyse sowie auf Spukphänomene und Geistererscheinungen gehören das Steifwerden aller Glieder, die Bildung einer Gänsehaut, das Aufstellen der Körperhaare und kalte Schauer, die durch den Körper gehen. Es gibt zahlreiche Berichte von Personen, die von einem »Poltergeist«, den sie nicht sehen konnten, mit »eiskalten Händen« angefaßt worden seien. Das berichtete etwa Magdalena Gronbach, das »Mädchen von Orlach«, dem sich im Jahre 1892 der »Schwarze Geist«

genähert und ihr mit eiskalter Hand »in den Nacken« gegriffen habe, worauf er in ihren Körper eindrang und sie das Bewußtsein verlor. Eine Pfingstlerin der Navaho sagte, wenn der Heilige Geist Besitz von ihr ergreife und mit ihrem Körper tanze, fühle sie, wie sich ein kalter Schauder von der Fontanelle bis zu den Zehenspitzen ausbreite. Von einer Eiseskälte, die sämtliche Körperhaare abstehen ließ, berichten, unabhängig von ihrem jeweiligen kulturellen Hintergrund, viele Pfingstler. Manche sagen, der Heilige Geist trete in sie ein wie ein kalter Wind, »der durch ein Kornfeld weht«. Dieses Gefühl der Kälte bei Präsenzerfahrungen wird auch aus anderen Kulturkreisen berichtet. Wenn die von den Heilern der Tanala im Südosten von Madagaskar herbeigerufenen Geister erscheinen, fassen sie mit ihren feuchten und extrem kalten Händen, die sich knochenlos und weich und gar nicht wie menschliche Hände anfühlen, die Patienten an allen Stellen ihres Körpers an. Die Hiligaynon im Archipel der Westlichen Bisayas in den Zentral-Philippinen sagen, die Berührung durch einen Geist sei »kalt und leblos« wie ein kühler Lufthauch im Gesicht oder im Nacken oder manchmal wie ein frostiger Kuß.[7]

Eine Frau aus unserem Kulturraum berichtete, sie habe, als sie im Bett lag, plötzlich Schritte gehört, die auf ihr Schlafzimmer zukamen: »Endlich sah ich die Vorhänge meines Bettes geöffnet und glaubte, eine Gestalt mit undeutlichen Umrissen wahrzunehmen, auf die ich starren *mußte*. Dann folgte etwas wie ein tiefes Ausatmen der Gestalt, das mich am ganzen Leib kalt überströmte.« Eine weitere Frau teilt mit, daß sie nach der Rückkehr von der Beerdigung ihres Mannes nach Hause dort ihrer Doppelgängerin begegnet sei, die genau die gleichen Bewegungen ausgeführt habe wie sie selber. Da streckte die Doppelgängerin ihre Hand nach ihr aus, die sich eiskalt anfühlte, »and where it touched me I felt as though all the blood drained out of me«. Als ihr klar geworden sei, daß sie sich quasi selber sah, habe sie sich auf der Stelle wie zu Eis erstarrt und völlig erschöpft gefühlt, weshalb sie sich aufs Bett fallen ließ und die Augen schloß. Erst als sie schließlich fühlte, daß die Doppelgängerin den Raum verlassen hatte, seien ihre Lebensgeister und ihre Körperwärme allmählich wieder zurückgekehrt. Aber auch die Unterwelt, in die die *werabana kasa*-Frauen auf der Normanby-Insel im melanesischen D'Entrecasteaux-Archipel eigenen Angaben nach regelmäßig flogen, beschreiben sie als kalt, und eiskalt war ebenfalls der Penis ihrer dort lebenden Geistmänner, während ihre Hoden sich warm anfühlten. Diese Berichte erinnern an die Aussagen vieler in der Frühen Neuzeit als Hexen angeklagter Frauen, die ihnen meist von den Richtern oder bei der Folter suggeriert wurden.

Zu derartigen Kälteempfindungen und einem damit verbundenen Frösteln, Zähneklappern und Zittern in Situationen, in denen die Betroffenen häufig in Schrecken versetzt werden und große Angst haben, können auch olfaktorische Halluzinationen kommen. Dies war zum Beispiel der Fall bei einer Frau, die berichtete, in einem verlassenen Büro plötzlich die sie offenbar ängstigende Erscheinung eines altmodisch gekleideten Mannes gesehen zu haben, »als sich im Raum eine unbeschreibliche Eiseskälte verbreitete, die von einem furchtbaren Gestank begleitet war«. Geruchs- und Geschmackshalluzinationen treten bekanntlich bei starken Emotionen jedweder Art auf, etwa von Hydrogensulfaten (faule Eier), Methylsulfonamiden (Gasgeruch) und Putreszin (verwesendes Gewebe), vor allem bei Menschen mit einer ausgeprägten Temporallappensensitivität. Aktivitätssteigerungen der Amygdala und des Hippocampus führen vor allem bei Temporallappen-Epileptikern dazu, daß sie unvermittelt den Duft des Himmels oder den Gestank der Hölle riechen. Doch auch bei Nichtepileptikern können solche Effekte durch eine leichte elektrische Stimulierung der entsprechenden Gehirnregionen und des hippocampalen Gyrus erzielt werden. Bisweilen nehmen Depersonalisierte ihren eigenen Leichengeruch wahr, weil sie davon überzeugt sind, tot zu sein und zu verwesen. Wenn Charismatischen Heilern der Geruch von etwas Verwesendem oder von brennendem Schwefel in die Nase kommt, dann »wissen« sie, daß Dämonen vor Ort sind, während der Duft von Blumen die Gegenwart Gottes oder der Jungfrau Maria belegt. Ein eidetisch veranlagter Mann roch auf der Stelle den Duft eines Apfels, wenn er sich einen vorstellte, und er hatte dann auch dessen Geschmack im Mund, und eine Frau berichtete, sie habe drei Tage nach dem Tod ihres Cousins plötzlich seine »Präsenz« in ihrem Schlafzimmer gespürt, worauf der Raum nach »English Leather« roch, »dem einzigen Eau de Toilette, das er je benutzt hatte«.[8]

Auf Grund der Todesangst und der Abscheu sowie dem extremen Ekel vor den Tätern riechen manche Vergewaltigungsopfer den Gestank von Fäkalien und Urin. Solche Geruchs- und Geschmacksempfindungen bei Präsenzerfahrungen sind auch aus früheren Zeiten belegt. Im Jahr 1575 überfiel »der böss geyst« zwei Zürcher Bürger auf ihrem Heimweg, aber als er schließlich »von imens gelassen, hatt er einen söllichen luthen furz gelassen, der ein söllichen wüsten stank von im gäben den sy derglychen nie geschmekt (= gerochen)«. Als Caterina da Siena und ihr Beichtvater auf einer Reise einer ehrbar gekleideten und sich schicklich benehmenden Dame begegneten, wandte sich die Heilige während des Gesprächs plötzlich abrupt ab. Als der Priester sie später fragte, warum sie dies getan habe, antwortete sie: »Wenn Ihr den Gestank wahrgenommen hättet, den ich riechen mußte, während sie mit mir sprach, Ihr hättet alles, was in Eurem Magen war, erbrechen müssen.« Die »Dame« sei nämlich keine Dame, sondern die Konkubine eines bedeutenden Kirchenfürsten gewesen. Andererseits roch Caterina, »wenn sie das verehrungswürdige Sakrament empfing«, einen dermaßen starken und süßen Wohlgeruch, »daß sie beinahe davon ohnmächtig wurde«.

Ähnliches wird auch in unserer Zeit berichtet. Wenn Ludwig Staudenmaier den Teufel »sah«, hatte er stets einen Schwefelwasserstoffgeruch in der Nase, und ein maltesischer Visionär gibt an, daß es beim Erscheinen von Dämonen nach verbrannten Reifen rieche, wohingegen die hl. Jungfrau einen sehr angenehmen süßen Geruch verbreite. Letzteren riechen auch die Temporallappen-Epileptiker, aber insgesamt gesehen scheinen bei ihnen die unangenehmen olfaktorischen und gustatorischen Halluzinationen zu überwiegen.[9]

Oft findet sich die Angabe, Heilige und ihre Reliquien würden einen köstlichen Wohlgeruch verströmen. Von der Auffindung der sterblichen Überreste des hl. Stephanus, der als erster Urchrist den Märtyrertod erlitten hatte, auf einem Feld in der Nähe des Dorfes Caphargamala im Jahr 415 teilte der Priester Lucianus mit, daß in diesem Augenblick die Erde bebte, »und ein Geruch süßen Duftes kam aus der Stelle, wie er keinem Menschen je bekannt war, so intensiv, daß wir dachten, wir stünden im lieblichen Garten des Paradieses. Und zu ebendieser Stunde wurden vom Riechen dieses Duftes 73 Menschen geheilt.« Im Mittelalter vertraten manche Theologen die Auffassung, nicht die Knochen selber würden duften, vielmehr wehe der heilige Wohlgeruch vom Paradies herüber, in dem der betreffende Heilige sich ja jetzt befinde. Vom wunderbaren Geruch der sel. Oringa hieß es, er stamme ebenfalls von den Blüten und Blumen des Garten Eden, in dem sie in der Ekstase gewandelt war. Im frühen 15. Jahrhundert berichtete der Mystiker Thomas a Kempis, daß die Brüste und die Hände der hl. Lidwina so lieblich dufteten, weil sie dort von einem Engel berührt worden sei, und daß jeder, der sich in ihre Nähe begebe, plötzlich einen Zimtgeschmack im Mund habe.

Als im 13. Jahrhundert das Bildnis Jesu vom Kreuz herab mit der Laienschwester Hâdwig v. Unlegellen gesprochen habe, wie sie berichtete, »do empfand si eines als sûssen himelschen smackes, das si da von gesterkt ward von einer sunderlichen krafft enpfand in allen iren lib«. Einen exquisiten Paradiesduft strömten auch der Prophet Moḥammed und seine Nachkommen aus sowie die Erscheinungen der hl. Jungfrau, die nach dem Zeugnis von Kopten nach Weihrauch riechen soll. Jedenfalls werden die Ikonen mit dem Harz geräuchert, und die Gläubigen atmen den Duft ein oder zerreiben ihn auf ihren Gesichtern, damit das *bāraka* Marias sich auf sie überträgt. Wenn sich das isländische Medium Indrídi Indridason in Trance befand, rochen Anwesende bisweilen einen wunderbaren Duft, aber auch andere Gerüche wie den von Seetang. Ayurvedische Ärzte behaupten, daß Menschen, die von Göttern besessen seien, auch deren Parfüm ausdünsteten, das aus dem Duft von Safran, Aloeholz, Sandelholz, Kampfer und Moschus bestehe. Aus diesen Ingredienzen wird auch eine Paste (*gandha*) hergestellt, mit der die indischen Götterfiguren bestrichen werden. Eine Charismatische Christin berichtete schließlich, sie habe das Bewußtsein verloren, als der Prediger seine Hände auf ihren Kopf legte. In einer anschließenden Vision habe sie dann mit Jesus geredet, der sie angewiesen habe, einen Kelch voller Wein auszutrinken, was sie auch tat. Als sie wieder zu Bewußtsein kam, sei sie völlig betrunken gewesen, und die Umstehenden hätten zu ihr gesagt, sie rieche penetrant nach Alkohol.[10]

§ 15
Auditive und visuelle Halluzinationen

Sagen so gut wie alle Menschen, die eine »Präsenz«, zum Beispiel die
Gottes oder des Geistes eines Verstorbenen, erleben, sie würden diese
Wesenheiten nicht sehen, sondern »fühlen« oder »spüren«, so gilt dies
auch für die meisten derjenigen, die »Stimmen« hören. Eine junge
Frau erzählte, es sei, *wie wenn* [Hervorhebung H. P. Duerr] sie eine
Stimme Gottes höre«, der ihr Ratschläge erteile. Ähnliches berichten
auch zahlreiche andere »sensitive« Menschen, die von »geräuschlosen
Stimmen« sprechen, die nicht mit den Ohren gehört würden, oder die
betonen, sie hörten die Stimmen nicht wirklich, vielmehr sei es eher
so, »als ob jemand spräche«, aber es seien auch keine bloßen Gedanken, »sondern etwas Neues, das vorher nicht da war«. »Natürlich ist
die Stimme real«, so ein Psychiatriepatient, »aber sie ist ganz anders
als Ihre Stimme!« Ein anderer Patient gab an: »Ich höre die Stimme
genau, aber nicht mit den Ohren.« »Bald kamen auch noch Schreie hinzu«, schrieb eine junge schizophrene Schweizerin in ihr Tagebuch,
»schrille Schreie, die meinen Kopf durchzuckten. Ihre Plötzlichkeit
ließ mich aufschrecken. Dabei hörte ich sie nicht so, wie ich wirkliche
Schreie, von wirklichen Leuten ausgestoßen, hörte. Aber es waren
Schreie, die mich so schnell wie möglich die Ohren zuhalten ließen.
Ich hörte sie zu meiner Rechten. Aber ich konnte sie sehr wohl von
den Schreien der Realität unterscheiden. Ich hörte sie, ohne sie zu hören. Ich vernahm sie von innen.«

Schon Emanuel Swedenborg fiel auf, daß sich seine eigene Zunge
bewegte, wenn die Engel zu ihm sprachen. Dies ist auf eine Zunahme
der Aktivität des Broca-Zentrums im Frontallappen zurückzuführen,
das ebenfalls tätig ist, wenn die betreffende Person spricht oder sich
auch nur vorstellt, daß jemand mit ihr redet. Wird diese Aktivität mittels transkranieller Magnetstimulation herabgesetzt, werden auch die
auditiven Halluzinationen schwächer oder verschwinden ganz. Ein
junger Mann, der von einer Charismatischen Heilerin behandelt wurde, kam schließlich zur Einsicht, daß er selber die »Gedanken« produ-

ziere, die er zuvor für die Gedanken fremder Wesen gehalten habe. Viele, die »Stimmen hören«, haben irgendwann zumindest den Verdacht, daß die Stimmen nicht von fremden Personen oder Wesen kommen, sondern ihrem eigenen Gehirn entspringen, aber aus Angst, für verrückt gehalten zu werden, reden sie mit niemandem über die Stimmen, und am wenigsten mit Ärzten. Von einer großen Gruppe gesunder Versuchspersonen, denen das Arylcyclohexylamin Phencyclidin (»Angel Dust«) verabreicht worden war, »hörten« 39 Prozent daraufhin Stimmen, aber ohne Ausnahme war jedem von ihnen klar, daß es sich um die Vokalisation der eigenen Gedanken handelte.[1]

Warum aber projizieren manche Menschen ihre Gedanken überhaupt nach außen, auf andere Personen oder Wesen? Als schlecht oder peinlich empfundene Gedanken erlebt man als von der Außenwelt, von »den anderen« kommend, um sich nicht für diese Gedanken schämen zu müssen und, den eigenen moralischen Ansprüchen entsprechend, kein schlechter Mensch zu sein, der »so etwas« denkt. Während man auf diese Weise belastende und quälende Gedanken und Gefühle aus der eigenen Person verbannt, projiziert man die als gut und erquicklich empfundenen, auf eine andere Person, insbesondere eine höherstehende, gar »transzendente«, die einen besser trösten oder beschützen, ermutigen oder beratschlagen kann als man selber. Als ein Psychiater seine Patientin, eine junge Frau, der die Stimmen Obszönitäten zuraunten, fragte, ob das nicht vielleicht ihre eigene Stimme sein könne, erwiderte sie mit Nachdruck: »Das ist unmöglich, denn es handelt sich um Gedanken, die meiner Welt, der Welt meiner Gedanken völlig fremd sind! Sie *können* nur von außen kommen!« Ganz offensichtlich weigerte sich diese Frau, zu akzeptieren, daß sie Wünsche und Phantasien hatte, die sie eigentlich strikt ablehnte und die sie beschämten. Ein junger Mann der westlich des westafrikanischen Volta lebenden Ga, der anscheinend sowohl suizidale als auch bestimmte sexuelle Neigungen hatte, die er sich jedoch nicht eingestehen wollte, hörte immerfort die Stimme einer Frau, die ihn dazu aufforderte, sich umzubringen. In der Nacht habe sie ihn so lange masturbiert, bis er ejakulierte, und ihn dann gefragt: »Siehst du, was ich bei dir gemacht habe?« Aber auch ein junges Mädchen, das aufgrund der ständigen Abwertung durch ihre Familie ein klägliches Selbstwertgefühl besaß, überließ jegliche Urteilskraft ihren Stimmen und sagte: »Ich denke nicht, die Stimmen denken für mich.« Deshalb ist bei solchen Personen, die häufig als schizophren diagnostiziert werden, ein *Dialog* mit den Stimmen so gut wie unmöglich.[2]

Auch die Stimmen Gottes, der Jungfrau Maria oder der Totengeister werden von denen, die sie hören, ebenso beschrieben, wie Schizophrene ihre auditiven Halluzinationen schildern. Wenn die 1976 im fränkischen Klingenberg im Verlaufe zahlreicher Exorzismen auf tragische Weise ums Leben gekommene Studentin Anneliese Michel von der hl. Jungfrau oder den Dämonen »angeredet« wurde, dann hörte sich das, wie sie es formulierte, »nicht wörtlich gesprochen« an, sondern »ich bekomme das zu wissen«. Auf die Frage, wie Gott zu ihnen spreche, antworteten Pfingstler, es sei eher so, »wie wenn ihr Gewissen spräche«, und ein weibliches Mitglied der evangelikalen Vineyard-Kirche sagte, sie höre die Worte Gottes zwar nicht wie die Worte eines anderen Menschen, doch »it feels like more than just in my head«. Eine Angehörige einer Charismatischen Kirche erläuterte ihre Stimme so, daß es »keine hörbare Stimme« sei, sondern »ein Gefühl, das in meinem Bewußtsein entsteht. Es ist ein spirituelles Hören.« Der Teilnehmer eines Charismatischen Gottesdienstes im »Christlichen Zentrum Frankfurt am Main« erwiderte, als er gefragt wurde, ob er Gottes Stimme deutlich und artikuliert höre: »Das hatte ich noch nie, daß ich eine akustische Stimme gehört habe. Es kristallisiert sich irgendwie in meinem Herzen heraus, und ich denke dann meist, daß es ein Wort von Gott sein könnte.« Bereits Teresa von Ávila hatte mit Nachdruck darauf hingewiesen, daß sie Gottes Worte nie »mit den Ohren des Leibes« vernehme.

Ebenso betonen viele Geisterseher, die Stimmen der Geister seien »lautlos«, und veranschaulichen sie als »Stimmen ihrer [eigenen] Seele«, die sie durch einen »sechsten Sinn« ohne Beteiligung ihres Gehörapparates wahrnähmen, aber es handle sich doch um mehr als eine reine Vorstellung. Dasselbe gilt für die Erscheinungen der hl. Jungfrau. Wie bereits Bernadette Soubirous zum Ausdruck brachte, hörte sie die Stimme der Muttergottes nicht mit den Ohren, sondern in sich selber: »Ich glaube, der Klang ihrer Stimme kommt *hier* an«, wobei sie mit der Hand auf die Stelle ihres Herzens deutete. Auch einer der Seher von Medjugorje – inzwischen ein Pilgerort im heutigen Bosnien und Herzegowina –, der zehnjährige Jakov, hob hervor, es sei so, »als ob etwas oder jemand *in* mir spricht«, und er fügte hinzu, daß die Gospa, die Muttergottes, genau das wiederhole, was er kurz zuvor selber gedacht habe.[3]

Die meisten visuellen Halluzinationen unterscheiden sich ebenfalls offenkundig von normalen visuellen Wahrnehmungen und werden von den betreffenden Personen explizit von diesen abgegrenzt. Bei Untersuchungen von Versuchspersonen mittels der Funktionellen Magnetresonanztomographen hat sich zwar herausgestellt, daß bei visuellen Halluzinationen der visuelle Cortex stark erregt ist, doch ähneln diese Halluzinationen wirklichen visuellen Wahrnehmungen nur sehr entfernt. Wenn schizophrene Patienten sagen, ihre Halluzinationen seien »so real« und detailliert wie normale Wahrnehmungen, dann darf man solche Behauptungen nicht für bare Münze nehmen. Denn so gut wie alle Psychiater weisen darauf hin, daß sich bei »genaueren Explorationen« immer wieder herausgestellt habe, daß dies in Wirklichkeit ganz und gar nicht der Fall sei. So teilen viele Patienten den Ärzten mit, tatsächlich sähen sie keine Dinge, sondern lediglich unscharfe Bilder, was einen bekannten Psychiater zu der Feststellung veranlaßte: »Die Dinge, welche die Kranken mit uns vertrauten Namen nennen, sind nicht mehr dieselben Dinge«, sondern Entitäten, die sie nicht mit ihren Augen, sondern, wie ein Patient es formulierte, »mit der Seele sehen«. Francisco Suárez berichtete, daß ein Mann, der mit einem Dämon in der Gestalt einer Frau geschlafen hatte, hinterher zu diesem sagte, er habe nicht das Gefühl gehabt, mit einem Menschen aus Fleisch und Blut den Geschlechtsakt ausgeführt zu haben, worauf der Dämon antwortete, er könne einen Leib nicht besser fingieren (*effingere*). Im Jahr 1590 verlautete Peter Binsfeld: »Es haben aber solche von den Geisteren angenommen Leiber / kein wahrhaftige / oder wie die Physici sagen / volkommenc organische Form / sondern ein außwendige Gestalt / welche viel mehr kuenstlich dann natuerlich ist.«

Ein Mann, der berichtete, er betaste während seiner Visionen der hl. Jungfrau deren Hinterbacken und Geschlechtsteile, korrigierte sich dahin gehend, daß er diese Körperregionen nicht wirklich fühle und spüre, sondern sich »das bloß denke«. »Ich meditierte«, so erinnerte sich eine dänische Geistheilerin, »und spürte, daß hinter mir etwas geschah. Ich hatte das deutliche Gefühl, daß sich etwas bewegte, und öffnete die Augen. Und dann fühlte ich einfach und konnte in meinem

Kopf sehen, wie ein lebensgroßer Engel hinter mir stand und mir die Hände auf die Schultern legte. Dann brach ich zusammen [...], aber ich fühlte einen durch und durch heiligen Frieden, fühlte, daß jemand mich festhielt.« Eine junge Frau, die »sah«, wie die Seele ihrer sterbenden Großmutter sich von deren Körper löste, präzisierte: »Das war halt mehr so im Geist vor mir und hat sich langsam nach hinten bewegt und war dann auch verschwunden.« Eine Mongolin, die nachts von einem Geist am Fuß gezogen wurde, sagte, dies sei wie (*shig*) ein Ziehen gewesen und ganz anders als jede Berührung, die ihr in ihrem bisherigen Leben widerfahren war. Bezeichnenderweise beschrieb ein Schamane der nordsibirischen Nganasanen seine Initiationserlebnisse nicht so, daß er erzählte, was er wirklich dabei *tat*, sondern verbalisierte es folgendermaßen: »Mir war, als ginge ich einen Fluß entlang. [...] Dann war es mir, als wären wir [er und sein Geistführer] auf einer Straße.« Und schließlich »schien es mir, als würde ich im Wasser schwimmen«.[4]

Die bekannte Tranceforscherin Felicitas Goodman hat immer wieder dafür argumentiert, daß man bei einer Vision nicht nur klar und deutlich sehe, sondern um das Objekt »ohne weiteres« herumgehen und es »von allen Seiten betrachten« könne, wie man es auch im Alltag tue. Als Beleg führt sie die Erlebnisse von Carlos Castaneda und vielen anderen an, wobei sie auf Castañedas angebliche Erfahrungen unter dem Einfluß von Psilocybin verweist. Einmal abgesehen von der Tatsache, daß Castañeda alles andere als ein unverdächtiger Zeuge ist, findet sich in seinen diesbezüglichen Ausführungen nichts, was die Behauptung Goodmans stützen könnte. Zudem ist für jeden, dem Psilocybin-Erlebnisse vertraut sind, offensichtlich, daß ihre Behauptung abwegig ist. Wie Gordon Wasson erläutert, kann man die durch Psilocybin erzeugten Pseudohalluzinationen kurzfristig »abschütteln«, was ich selber mehrfach erlebt habe. Im übrigen entspricht die Wirkung von *Psilocybe mexicana* weitgehend derjenigen anderer sogenannter »halluzinogener Drogen« wie LSD oder Meskalin, vielleicht mit dem Unterschied, daß die Erlebnisse unter dem Einfluß von Psilocybin düsterer und bedrohlicher sein können als die unter Einfluß anderer Drogen, weshalb ein Forscher sie als »uncanny, almost demonic« sowie als »bizarre and alien« bezeichnet hat. »Nach einer halben Stunde«, so berichtet Albert Hofmann von seiner Einnahme von Psilocy-

bin im Rahmen einer medizinischen Studie, »begann sich die Außenwelt fremdartig zu verändern. Alles nahm einen mexikanischen Charakter an. Weil ich mir voll bewußt war, daß ich aus meinem Wissen
um die mexikanische Herkunft der Pilze mir nun mexikanische Sze-
nerien einbilden könnte, versuchte ich, meine Umwelt so zu sehen,
wie ich sie normalerweise kannte. Alle Anstrengungen des Willens,
die Dinge in ihren altvertrauten Formen und Farben zu sehen, blieben
jedoch erfolglos. [...] Als der den Versuch überwachende Arzt sich
über mich beugte, um den Blutdruck zu kontrollieren, verwandelte
er sich in einen aztekischen Opferpriester, und ich wäre nicht erstaunt
gewesen, wenn er ein Messer aus Obsidian gezückt hätte. Trotz dem
Ernst der Lage erheiterte es mich, wie das alemannische Gesicht meines Kollegen einen rein indianischen Ausdruck angenommen hatte.«

Aus allen detaillierteren Beschreibungen von visuellen Halluzinationen geht hervor, daß sie im Gegensatz zu dem, was Goodman und
zahlreiche andere Esoteriker sagen, *nicht* aus verschiedenen Perspek-
tiven, »von allen Seiten« betrachtet werden können und daß sich das
»gesehene« Objekt eben *nicht* verändert, wenn der Betreffende versucht, es von der Seite zu betrachten oder wenn er die Beleuchtung
verändert. Wenn in Medjugorje jemand zwischen die Seher und die
Erscheinung der hl. Jungfrau trat, wurde diese nicht verdeckt, und
die jungen Leute »sahen« sie genauso wie vorher, wenn sie die Augen
schlossen, weshalb man sagte, daß die Muttergottes mit den »Augen
der Seele« gesehen wurde. Bernadette Soubirous berichtete, sie habe
die hl. Jungfrau auch dann in einer Felsnische gesehen, wenn diese
durch einen Bretterzaun den Blicken entzogen war. Auch die mazate-
kische Heilerin María Sabina erwähnte ausdrücklich, daß sie bei ihren
Psilocybin-Visionen die Dinge nicht wie im normalen Leben sehen
könne, sondern wie in einem Film: »Es gibt Augenblicke, in denen
ich mit meinen Händen das fassen möchte, was ich sehe, doch da ist
nichts (*pero no hay nada*). [...] Es ist wie im Kino (*es como ver el cine*).
Im Kino kann man alles von weitem sehen, aber wenn man es versuchte, man würde nichts von dem anfassen können, was da heran-
kommt.«

Angeblich erwies die hl. Jungfrau einst der hl. Francesca die Gnade,
ihren kleinen Sohn in die Arme zu legen, was Orazio Gentileschi um

1618 auf einem Gemälde darstellte (Farbtf. III). Doch solche taktilen Halluzinationen sind extrem selten. Als die jungen Seher von Medjugorje die Gospa fragten, ob sie sie anfassen dürften, habe sie bezeichnenderweise die Frage ignoriert. Als ein Kind, das seine Mutter zu sehen glaubte, auf diese zulief, um sie zu umarmen, war es völlig überrascht, daß da nur Luft war. Viel erzählt wurde im Mittelalter die Geschichte von dem in der Wüste lebenden Eremiten, der mit der nackten jungen Frau schlafen wollte, die ihm erschienen war, nur um festzustellen, daß sie so wenig einen Körper besaß wie einen Schatten. Diese Erfahrung muß auf der Karolinen-Insel Ponape auch jeder Mann machen, der den Versuch unternimmt, den unwiderstehlich reizvollen Geist Lùmótelaŋ zu penetrieren, der ihn lockt. Im Jahr 1896 wollte ein Pfarrer in einem Ort in Maine die Erscheinung einer Frau anfassen, doch vergebens: »Ich sah, wie meine Hand sich mitten in ihr befand, doch ich konnte nichts fühlen.« Von den übrigen Anwesenden wurde das Gespenst ganz verschieden wahrgenommen. Ein Zeuge beschrieb es als eine bloße »Lichtmasse« ohne jegliche Gestalt, ein anderer als ein weibliches Wesen, ein dritter glaubte, daß eine Veränderung des Kerzenlichts ihn genarrt habe, und alle übrigen sahen gar nichts.[5]

Kennzeichnend für Geister ist auch, daß sie auf weichen Unterlagen keinen Eindruck hinterlassen und mit ihrer Umgebung nicht in einer Kausalbeziehung stehen, zum Beispiel keinen Schatten werfen. Letzteres wird immer wieder bei den *jinn* hervorgehoben, aber auch bei den japanischen Geistern. Die Welt der Hilfsgeister der Yanomamö-Schamanen, in die letztere bisweilen mitgenommen werden, ist eine schattenlose Welt. Und im Gegensatz zu normalen Wahrnehmungen von Personen, die gesehen, gehört und ertastet werden können, lassen sich Geister meistens *entweder* sehen *oder* hören *oder* riechen, *oder* in extrem seltenen Fällen berühren.

Unter den visuellen Halluzinationen sind einfache Photome am häufigsten, also Funken, Blitze, geometrische Figuren oder undifferenzierte Farb- und Lichtflecke. Auch diese zunächst ungenauen Wahrnehmungen werden häufig im Sinne der religiösen Überlieferung interpretiert. So geht aus einem Gespräch mit der tuwanischen Schamanin Deshit Toshu hervor, daß die Hilfsgeister (*eren*), die sie zu sehen behauptet, lediglich »weiße Punkte« sind, die an ihr »vorüberhuschen« wie ein heftiger Hagelsturm«. Die Mongolen im Nordwesten ihres

Landes sagen, je undeutlicher und flüchtiger solche Phänomene sei-
en, desto mehr solle man den Betreffenden Glauben schenken, daß
sie wirklich die Manifestation eines »unsichtbaren Dinges« (*üzegdeh-
gui yum*) gesehen haben. Als ein Ethnologe einem Schamanen (*bombo*)
der nordnepalesischen Yolmo-Sherpa von dem wilden Durcheinander derartiger Photome erzählte, die er während seiner Besessenheitstrance gesehen hatte, erklärte ihm der *bombo* jedoch, das alles habe
keinerlei Bedeutung: »Wenn du am ganzen Leib zitterst, schauen die
Götter in dich hinein, um zu sehen, ob du rein bist oder nicht. Aber
da du unsere Sprache nicht richtig sprichst und nicht weißt, wie die
Götter aussehen, siehst du nur Blitze in der Dunkelheit wie jemand,
dem man auf den Kopf gehauen hat.« Als schließlich ein junger Sherpa ebenfalls immer nur Photome sah, die er nicht deuten konnte, bat
er einen Lama um Rat. Dieser wies ihn an, in einen Spiegel zu schauen,
und nach einer Weile erschienen verworrene, nebelhafte Bilder, mit
denen der junge Mann erneut nichts anfangen konnte. Doch nachdem der Lama ihm erklärt hatte, daß das die Götter und Geister seien,
wurden die Bilder klarer und konkreter, und er sah endlich die Gestalten göttlicher Wesen.

Offensichtlich wurde und wird überall auf der Welt durch die Lehre
der Alten die Phantasietätigkeit der Jungen dermaßen aktiviert, daß
sie schließlich das »sehen«, was ihnen suggeriert wurde. So beschrieben bei den Winnebago, den Mohave und vielen anderen nordamerikanischen Stämmen die Medizinmänner den jugendlichen Visionsu-
chern bis in alle Einzelheiten, was ihnen in der Einsamkeit der Wildnis
widerfahren würde, und so geschah es dann auch (meistens).[6]

Bereits 1799 hatte der Philosoph Christoph Friedrich Nicolai in
einem Vortrag vor der Königlichen Gesellschaft in Berlin ausgeführt,
daß er durchweg »Phantasmen« von Realem unterscheiden könne, weil
beide eine ungleiche Qualität besäßen. So seien zum Beispiel die Kleider der Geister sehr viel blasser, als es Kleider in Wirklichkeit sind,
oder sie verlören zusehends an Farbigkeit, bis sie überhaupt keine Farbe mehr hätten. Die Japaner sagen, daß ihre Geister nicht nur einer Hand,
die sie berühren will, keinen taktilen Widerstand leisteten, sondern zudem indistinkt, quasitransparent und so gut wie nie dreidimensional
seien. Diese Vorstellung teilen die Mescalero-Apache im amerikanischen Südwesten, und die Waxei auf den Hügeln der Ost-Sepik-Ge-

gend bestätigen, daß man die Geister nicht wirklich erkennen könne, weil sie dazu viel zu unscharf und schattenhaft sind.

Lange nach dem tödlichen Unfall ihrer Tochter auf dem Weg zur Schule sah eine alte Schweizerin ihr Kind als etwas, das sie mit dem Begriff »Seele« bezeichnete, ganz zart (*tiin*), wie »aus Luft und ein wenig Dunst« bestehend, und ebenso sah sie sich selber einst bei der Beerdigung des Mädchens. Auch ein Mann erzählte, seine verstorbene Mutter, die eines Nachts an sein Bett geschwebt sei, habe »etwas Unkörperliches, nebelhaft Zerfließendes« gehabt. Eine Frau antwortete auf die Frage, warum sie die Erscheinung eines weiblichen Wesens für einen Geist gehalten habe: »Sie war überhaupt nicht fest, sie sah einfach so aus, wie man sich einen Geist vorstellt!« Deshalb ist die Vorstellung von Geistern als kaum materiellen, unkörperlichen, eigenartig transparenten Wesen sicherlich der Grund dafür, daß im Rahmen von Experimenten als Geister verkleidete Versuchspersonen von Passanten nicht für Gespenster oder paranormale Erscheinungen, sondern für Verrückte in einem weißen Umhang mit Kapuze gehalten wurden oder daß sie das Ganze als einen Studentenulk abtaten.

Die Kalapaló in Zentralbrasilien sagen, die Geister würden bei weitem nicht so deutlich gesehen werden wie die Dinge des Alltags, und man begegne ihnen auch nicht bei klarem Verstand, sondern bei eingeschränktem Bewußtsein und in Dämmerzuständen. Eine Untersuchung hat ergeben, daß die meisten Halluzinationen bei geringer sensorischer und sozialer Stimulation auftauchen: In 75 Prozent der untersuchten Fälle waren die Betreffenden allein, in 65 Prozent war es sehr still und in 55 Prozent der Fälle herrschte ein dämmeriges Licht. Halluzinationen treten aber auch bei rhythmischer und bei Überstimulierung auf. Eine alte Dame gab an, daß die Erscheinungen, die sie »sah«, jedes Mal verschwänden, wenn eine andere Person, etwa ein Dienstmädchen, den Raum betrete, in dem sie sich befand. Häufig lösen die Erscheinungen sich auch in Nichts auf, wenn man versucht, sie zu berühren, wenn man durch sie hindurchgeht oder wenn man sich einfach, wie schon Schopenhauer bemerkte, auf sie konzentriert. Ganz allgemein aber kann man sagen, daß sie wesentlich instabiler sind als real Wahrgenommenes, und die halluzinierten Personen oder Dinge »treiben bald in alle Richtungen davon« oder hören von allein auf zu existieren. So ist es sicher kein Zufall, daß sämtliche Speisen auf dem Hexensabbat salzlos waren und auch die irischen Feen keine gesalzenen Nahrungsmittel zu sich nahmen, denn das Salz war ja der Mineralstoff, der Haltbarkeit und Fortbestand gewährleistete.

Ein Mann berichtete von einem Präsenzerlebnis, das sich ereignet habe, als er eines Abends zu Bett gehen wollte. Ihm war plötzlich, als berühre ihn jemand am Arm und flüstere ihm »Don't be afraid!« ins Ohr. Als er eine Kerze anzünden wollte, habe er ein unangenehmes Schwindel- und Schwächegefühl empfunden. Trotzdem gelang es ihm, Licht zu machen, als plötzlich die Gestalt eines verstorbenen Bekannten vor ihm stand. Sie war jedoch sehr undeutlich und verschwommen, als habe sich ein Schleier zwischen ihnen befunden. Als er auf die Gestalt zuging, habe sie sich mit derselben Geschwindigkeit zurückgezogen, doch plötzlich sei ihm so schwindelig geworden, daß er auf einen der Stühle hingesunken und die Kerze ihm aus der Hand gefallen sei. Gleich darauf spürte er einen heftigen Schmerz in der Stirn und konnte nicht mehr klar sehen. »I passed a feverish and restless night«, notierte er später, »and continued in an uneasy state during the following day. I may mention that the figure was at times more distinct than at others, but always dim and imperfect. […] In all its characters it approximated the illusions of fever more than any other which I have witnessed, and I never for a moment could have considered it a real object.« Manchmal erscheinen solche Gestalten als vollkommen durchsichtig, so daß man das sieht, was sich hinter ihnen befindet, aber oft sind keinerlei Einzelheiten an ihnen erkennbar, und sie werden beispielsweise als »ein Etwas« charakterisiert, »das im hell erleuchteten Flur« kein Licht reflektiert, sondern eher zu absorbieren scheint. Sehr selten sagen die Erscheinungen etwas, und wenn ihre Gesichtszüge erkennbar sind, sind meist die Partien am verzerrtesten, auf die man auch sonst am meisten achtet, nämlich die Augen und der Mund.

Eine junge schizophrene Frau berichtet, daß ihr während der Unterhaltung mit ihrer Mutter plötzlich, wie bereits mehrfach zuvor, so war, als vernehme sie die »Stimmen der Götter«, die sie anwiesen, aus dem Wohnzimmerfenster in eine bestimmte Richtung zu blicken, wo sie sich ihr zeigen würden. Dies habe sie getan und in den Garten geblickt, aber nicht den Garten gesehen, sondern wie auf einer völlig anderen Ebene einen rechteckigen Bereich – sie sprach später von »einer besonderen Realität« –, in dem sich etwa zwanzig schattenhafte Gestalten wie eine Gruppe Strafgefangener vor- und zurückbewegten. Sie hatten keine erkennbaren Gesichtszüge, doch sie veränderten ein wenig ihre Form, wenn sie auf sie zu- und wieder von ihr wegwogten, in einer, wie sie sagte, »sanft fließenden Oszillation«. In ihrem Kopf fragte schließlich eine Stimme: »Siehst du uns jetzt?«, aber die Stimme kam nicht von den Gestalten, sondern von ihr selber.[7]

Temporallappen-Epileptiker beschreiben ihre visuellen Halluzinationen häufig als ausgesprochen »lebhaft« (*vivid*), aber wenn sie sie genauer schildern, stellt man schnell fest, daß die Dinge, die sie »sehen«, doch recht undeutlich, unscharf, unvollständig und verworren sind, obwohl die Betreffenden meist das Gefühl haben, etwas Reales zu erleben. Durch intensivere Befragungen hat man herausgefunden, daß auch die von einem Hypnotiseur suggerierten Bilder viel verschwommener, undetaillierter und weniger plastisch und anschaulich sind als das real Gesehene.

Ein Forscher gibt an, daß ihm nach dem plötzlichen Aufwachen kurzzeitig zugleich sowohl die »Traumwelt« als auch die Wirklichkeit bewußt waren. Einen Augenblick lang »both the dream and the waking world existed entirely clear and intact together, superimposed yet unjoined«. Verblüfft sei ihm aber klar geworden, daß die »Traumwelt« nur ein blasser Abklatsch der Wirklichkeit war – kein Vergleich mit deren Intensität, Lebendigkeit und ihren scharfen Konturen. Die Traumbilder waren dagegen kärglich und fahl, der Hintergrund kaum ausgeführt, was er *im* Traum nie registriert hatte. Offenbar werden durch äußere Reize sehr viel mehr sensorische Neuronen aktiviert als durch eine reine Phantasietätigkeit, was einem sofort klar wird, wenn man ein Objekt betrachtet, dann die Augen schließt und sich dieses Objekt vorstellt. Als ich kürzlich auf einer Schiffsreise von Lyon nach Chalon-sur-Saône einen Luziden Traum hatte, öffnete ich zwischendurch die Augen und verglich das, was ich dann sah, mit dem Geträumten. Obwohl es ja immer heißt, daß man in den Luziden Träumen alles sehr viel klarer und deutlicher sehe als in den gewöhnlichen, bemerkte ich auf der Stelle, daß zumindest das Reale ungleich detaillierter, deutlicher, profilierter und farbiger war als das, was ich träumte. Anscheinend fällt dies manchen Schlafenden sogar *im* Luziden Traum auf: »Ich stand, so dachte ich, in meinem Arbeitszimmer«, berichtete ein »Klarträumer«, »aber mir fiel auf, daß die Einrichtung nicht so deutlich wie sonst zu sehen war, daß alles verschwommener aussah und sich irgendwie dem direkten Blick entzog. Da kam mir in den Sinn, daß es sich gewiß so verhielt, weil ich träumte«, und je mehr Dinge er sah, um so sinnfälliger wurde es, daß diese »Wahrnehmungen« nur eine klägliche Kopie seiner Erinnerungen waren.[8]

Hatte der weiter oben zitierte Engländer keinen Moment lang daran gezweifelt, daß der ihm erschienene Verstorbene eine Trugwahrnehmung war, so waren auch über die Hälfte der in einer Untersuchung befragten Schizophrenen der Meinung, daß es sich bei ihren Halluzinationen möglicherweise nur um ihre eigenen Vorstellungen handelte. Doch obwohl viele durchschauen, daß ihre Wahrnehmungen Halluzinationen sind, leiden sie unter ihnen. Das ist vergleichbar damit, daß eigentlich alle wissen, daß die unter dem Bett lauernden Ungeheuer oder die schrecklichen Fratzen an der Decke nicht real sind, aber dennoch viele Menschen Angst vor ihnen haben und sich von ihnen verfolgt und bedrängt fühlen.

Auch eigentlich gesunde Menschen halten manchmal halluzinierte Personen während des Erlebnisses für real, aber nicht mehr bei einer nachträglichen Reflexion. Doch viele Halluzinationen werden bereits dann, wenn sie sich ereignen, als Trugwahrnehmungen, sogenannte Pseudohalluzinationen, erkannt. So werden zum Beispiel autoskopische Halluzinationen oder die visuellen und akustischen Erlebnisse während der Meditation sehr selten für wirklich gehalten. Hypnotisierte fühlen sich zwar meist nach der Hypnose etwas benommen und dösig, aber sie wissen so gut wie immer, daß ihnen das, was sie unter Hypnose sahen, suggeriert wurde. Schon im frühen 19. Jahrhundert berichtete der Magnetiseur Friedrich Karl von Strombeck, die Somnambule Julie habe sich zunächst angeregt mit einem Phantom unterhalten, aber bald sei ihr ganz klar gewesen: »Es ist kein Phantom, ich habe mich geirrt. Es war eine Stimme, die in mir spricht. Ich dachte, sie sei außerhalb von mir, aber sie ist in meinem Innern!« Und ein junger Mann, der Skelette halluzinierte, kam durch die Tatsache, daß sie flackerten und zeitweilig verschwanden, zu der festen Überzeugung, »daß das nicht echt ist«.

Die große Mehrheit der Blinden oder der Personen mit einer starken Sehbehinderung scheint sich zumindest in unserem Kulturbereich darüber im klaren zu sein, daß die sogenannten Charles-Bonnet-Hal-

luzinationen keine Wirklichkeitswahrnehmungen sind. Dazu zählen
etwa die Halluzinationen von entstellten Gesichtern oder drolligen
Personen in bizarren und surrealen Kleidern. Bereits 1826 verlautete
der bekannte Physiologe und Anatom Johannes Müller, der spätere
Lehrer Virchows, über derartige Trugbilder:»Indessen waren es immer bloße Gemälde; die Personen redeten nicht, und er [der Patient]
hörte keinen Schall dabei. Das Merkwürdigste aber ist, daß dieser
Mann nicht wie die Visionäre seine Erscheinungen für Realitäten an-
sah. Er wußte vielmehr alle diese Erscheinungen sehr richtig zu beur-
teilen und immer seine ersten Urtheile zu verbessern.«

Meist handelte es sich bei den Phantasmagorien des erwähnten Patienten lediglich um Photome, darunter vor allem geometrische Figuren, Muster oder Mosaike, aber auch um scheinbare Texte und Noten,
die sich indessen stets als bedeutungslose buchstaben- und musikno-
tenähnliche, runenartige Gebilde herausstellten.

Weiter wird von Menschen mit Charles-Bonnet-Halluzinationen
von Erscheinungen von Frauen berichtet, aus deren Gesichtern Blumen wachsen, die aber, wie die übrigen grotesken Personen, die auftauchen, stumm sind und in der Mehrzahl der Fälle keinerlei gefühlsmä-
ßige Reaktionen beim»Betrachter« hervorrufen. Sie antworten auch
nicht auf Fragen und kümmern sich in keiner Weise um denjenigen,
der sie stellt. Ein Blinder teilte mit, die Personen, die abends in seine
Wohnung kämen, besäßen keinerlei Festigkeit und verließen das Apart-
ment auch bald wieder wie Dampf oder eine Flüssigkeit »unter der
Tür hindurch«. Fast immer sind die Erscheinungen unscharf und verschwommen sowie farblos, weshalb sie unwirklich anmuten. Aus diesem Grund betrachtete ein anderer Mann die »elves, little poeple and
aliens«, wie er sie nannte, als reine Ausgeburten seiner Phantasie, hervorgerufen durch Übermüdung und Erschöpfung, und sie seien auch
bald wieder verschwunden, wenn er sich ausruhte. Im Gegensatz zu
den meisten Angehörigen der westlichen Zivilisation sind die bolivianischen Mojeños jedoch anscheinend davon überzeugt, daß die blinden und tauben Schamanen, die jene Krankheiten heilen, die von den
espíritus geschickt werden, *tiharauqui* sind, Männer »de la vista clara«, die jene Geister sehen und bis ins Loma Santa, das Irdische Paradies, blicken können, das der Erzengel Gabriel bewacht und das einstmals den Mojeños verheißen worden ist.[9]

§ 16
Die Erscheinungen von Geistern und
»Unsichtbaren Spielkameraden«

Der englische König Heinrich VIII. war bereits in jungen Jahren ein Mann mit schwacher Libido und deshalb sexuell zurückhaltend bis desinteressiert, und man kann sich leicht vorstellen, daß er erst recht im fortgeschrittenen Alter nicht gerade einen glühenden Liebhaber abgab. Als sein Staatssekretär Thomas Cromwell ihn nach der Hochzeitsnacht im Jahre 1540 fragte, ob ihm seine vierte Frau, Anna von Kleve, die er ihm als Gattin empfohlen hatte, gefalle, denn er kannte sie zuvor nur durch ein schmeichelhaftes Gemälde Holbeins des Jüngeren, sagte der König, er habe, als er die 25jährige unter dem Hemd befühlte, nur schlaffe Hängebrüste in den Händen gehalten, »so daß ich weder Lust noch Wagemut hatte, das übrige auszuprobieren«. Attraktiver war anscheinend die blutjunge Catherine Howard, die Heinrich noch im selben Jahr nach seiner Scheidung von Anna ehelichte. Doch offenbar war die schöne Frau ihren jungen Verehrern mehr zugetan als dem verfetteten und lendenlahmen Heinrich. Ob sie sich von ihren Gespielen penetrieren ließ oder mit ihnen nur das trieb, was man später »heavy petting« nannte, ist unklar, aber es genügte Heinrich, sie im Winter 1541 des Ehebruchs anzuklagen und sie zum Hausarrest in ihren Gemächern im Residenzschloß Hampton Court im Südwesten Londons abführen zu lassen. Auf der Galerie gelang es ihr jedoch, so will es zumindest eine Überlieferung, sich loszureißen und in die Richtung der Kapelle zu laufen, wo der König gerade die Messe feierte, um ihn um Gnade anzuflehen, doch die Wachen holten sie ein und schleppten die Widerstrebende, die einen durchdringenden Schrei ausstieß, den langen Gang zurück. Gewiß hatte der König bemerkt, was sich dort abspielte, zumal Catherine die Tür erreicht hatte, hinter der er auf der Bank saß, und mit den Fäusten an die Tür hämmerte, doch er blieb ungerührt und setzte seine Andacht fort. Catherine wurde für schuldig befunden, und am 13. Februar 1542 schlug man ihr mit der Axt den Kopf ab.

Nicht lange nach dem Tode Heinrichs im Jahre 1547 erhielt der lange

Korridor, den die junge Frau entlanggezerrt worden war, den Namen »Haunted Gallery«, nachdem dort mehrere Personen um Mitternacht angeblich die markerschütternden Schreie des Geistes Catherine Howards gehört hatten, und in der Folgezeit hieß es immer wieder, Besucher dieses Teils des Palastes hätten die schattenhafte Gestalt einer Frau in einem bauschigen Gewand gesehen, die sich auf die Tür zubewegte, hinter der damals der König betete. Andere Zeugen bekundeten, die Gestalt habe plötzlich innegehalten, einen gellenden Schrei ausgestoßen und sei dann in Panik geflohen. Bereits in der zweiten Hälfte des 16. Jahrhunderts spukten aber auch andere Geister in Hampton Court. So sah eines Tages die Tochter Heinrichs, die spätere Königin Elisabeth I., die sogenannte »Lady in Grey«, eine hochgewachsene Frau in einem langen grauen Gewand mit einer Kapuze über dem Kopf, die über das Kopfsteinpflaster des Hofes schlurfte. Andere sahen in der »Haunted Gallery« den Geist der betrübten Ann Boleyn, die »Woman in Blue«, dahinschweben, die Mutter Elisabeths, die Heinrich bereits 1536 wegen angeblichen Ehebruchs hatte hinrichten lassen. Auch Jane Seymour, die dritte Gemahlin Heinrichs, die im Jahr nach der Hochzeit kurz nach der Geburt des Thronfolgers Eduard gestorben war, wurde im Korridor gesichtet, gekleidet in ein weißes Gewand und eine Kerze in der Hand haltend, aber schließlich auch ein Phantom-Hund, der in einem »Wolsey's Closet« genannten Raum wohnt.

Auch in unserer Zeit fielen auf dem Korridor mehrfach Besucherinnen in Ohnmacht, weil sie einen »Kältehauch« spürten oder eine flüchtige Berührung wie von einer Geisterhand. In einem Experiment fühlten mehr als die Hälfte der 462 Versuchspersonen die »Präsenz« von »etwas Unerklärlichem«, zwei Drittel einen kalten Luftzug, und tatsächlich stellten die Psychologen fest, daß an manchen Stellen des Korridors auf Grund mangelhafter Luftzirkulation die Temperatur sehr viel niedriger war als an anderen Stellen. Eine Versuchsperson sagte: »Manchmal kommt es einem vor, wie wenn man gegen eine kalte Wand laufe.« Andere hatten das Gefühl, daß es hier »nicht richtig« sei, daß sie von irgend jemandem beobachtet würden, hatten olfaktorische und gustatorische Halluzinationen, spürten die »Präsenz« einer unbekannten »Kraft«, hatten Schwindelanfälle, Atemnot und fühlten sich ängstlich oder emotional aufgewühlt, und zwar vornehmlich diejenigen, die an die berichteten Erscheinungen glaubten.

Als ein Team unter der Leitung des Parapsychologen Wiseman über Nacht die »Haunted Gallery« beobachtete, zeigte der Wärmesensor gegen sechs Uhr morgens plötzlich einen massiven Temperaturanstieg an, als unvermutet die Türen am Ende des Korridors aufsprangen und eine weibliche Gestalt hereinkam, in der eine anwesende Dame, die von sich behauptete, die Reinkarnation Catherine Howards zu sein, sofort ihr früheres Selbst erkannte. Allerdings öffnete die Gestalt daraufhin einen Schrank, nahm einen Staubsauger heraus und begann den Teppichboden zu saugen.[1]

Ähnliche Empfindungen wie die der Testpersonen in der »Haunted Gallery« hatten auch Forscher bei einem Experiment in den Räumen des dänischen Schlosses Dragsholm. So sah einer von ihnen in einem Saal nach einem Temperaturabfall von 13 Grad Fahrenheit aus den Augenwinkeln eine Gestalt über den Korridor huschen, die ein helles, fließendes Gewand zu tragen schien, doch als er ihr nachlief, war sie spurlos verschwunden. Hatten die Psychologen bereits in den Spukbereichen von Hampton Court festgestellt, daß dort das magnetische Feld intensiver war als in anderen Räumen und Fluren des Schlosses, entsprach auch in dem dänischen Schloß dem Kälterwerden eine beachtliche Erhöhung des elektromagnetischen Feldes. Elektromagnetische Felder können offenbar bewirken, daß einem »das Körperhaar zu Berge steht«; erdmagnetische Stürme, tiefe seismische Bewegungen, weit entfernte Tornados und Vulkanausbrüche lösen anscheinend nicht selten Infraschallwellen, also extrem tiefe Töne (15 bis 20 Hertz) aus, die von Menschen nicht mehr gehört werden können, aber im Verdacht stehen, die Gehirnzellen im Schläfenlappenbereich zu stimulieren, so daß sich die Herz- und Atemfrequenz ändern, was zu Krämpfen, Atemnot oder Hyperventilation führt, zu allgemeinem Unbehagen, Todesangst, Gefühlen des Unheimlichen und »Präsenzen«, Orientierungslosigkeit, Gedanken an Selbstmord, visuellen und anderen Halluzinationen, Depressionen oder »Ahnungen von unmittelbar bevorstehendem Unheil« in einer Atmosphäre der »Ruhe vor dem Sturm«, in der die Vögel aufhören zu singen. Insbesondere »Sensitive«, in der Mehrzahl phantasievolle und introvertierte Frauen, reagieren besonders stark auf Infraschallwellen, etwa die Amerikanerin Mollie Fancher. Zahlreiche Zeugen sagten von ihr, »that she could tell the approach of a thunderstorm some hours before it came«. Der kolumbianische Bauer Annibale Quintero kam vor einem sehr heftigen Gewitter in eine seltsame Gefühlslage, in der er ein sexuelles Erlebnis mit außergewöhnlichen Wesen hatte, die er für Aliens hielt.

Ein Mann, der bereits gehört hatte, daß es in dem Labor, in dem er arbeitete, spuken solle – einer seiner Kollegen hatte dort die »Präsenz« eines Wesens gespürt –, wurde dort immer häufiger depressiv und es lief ihm kalt den Rücken hinunter. Als er eines Tages in dem Labor am Schreibtisch saß und etwas aufschrieb, hatte er ganz plötzlich ein ungutes Gefühl, das immer stärker wurde. Da war es ihm, als sei etwas bei ihm im selben Raum, das ihn beobachte, und tatsächlich tauchte langsam zu seiner Linken eine Gestalt auf. Sie war undeutlich zu sehen und ganz am Rande seines Sehfeldes, war von grauer Farbe und gab keinen Ton von sich, bewegte sich aber auf ihn zu. Seine Nackenhaare sträubten sich, und in dem Raum wurde es spürbar kälter. Er konnte zwar nichts genau erkennen, doch obwohl er schreckliche Angst hatte, packte er all seinen Mut zusammen und schaute »das Ding« direkt an, das aber im selben Moment verblasste und sich in nichts auflöste. Als man danach das Laboratorium untersuchte, stellte man fest, daß dort ein neuer Ventilator installiert worden war, der einen Infraschall mit einer Frequenz von 18,9 Hertz erzeugte. In einem Korridor, der in Coventry in der Grafschaft Warwick zu einem spätmittelalterlichen Sandsteinkeller führt, herrschte ebenfalls ein Infraschall mit einer Frequenz von 19 Hertz, was zur Folge hatte, daß Besucher bleich im Gesicht wurden, am ganzen Körper erstarrten, sich überall Gänsehaut bildete und ihre Haare zu Berge standen. Einer fühlte die »Präsenz« eines Wesens, ein anderer spürte, wie eine Frau ihn über seine rechte Schulter anstarrte, und eine Anhängerin des Wicca-Kultes wurde von einem »Etwas«, wie sie sagte, »zu Tode erschreckt« und floh voller Panik ins Freie.[2]

Die Stimulierung des limbischen Systems, zum Beispiel durch Magnetfelder, *allein* scheint freilich für die meisten Menschen keine hinreichende Bedingung für das Auftreten von Erscheinungen oder das Spüren von »Präsenzen« zu sein. Hinzukommen müssen offenbar bestimmte Erwartungen oder eine gruselige, unheimliche Umgebung; etwa ein altes Gemäuer mit dunklen Ecken und dergleichen. So wußten in unseren Beispielen die allermeisten Besucher von Hampton

Court, die Forscher im Schloß Dragsholm oder der Mann im Labor, daß man von diesen Orten sagte, es gehe an ihnen nicht mit rechten Dingen zu oder dort trieben Gespenster und die Geister von Toten ihr Unwesen. Wie Richard Wiseman berichtete, hatten Versuchspersonen, denen man vorher erzählte, angeblich sei es in einem bestimmten alten und verlassenen Theater »nicht geheuer«, die seltsamsten Empfindungen und ein Gefühl der Unheimlichkeit, während die Mitglieder einer Kontrollgruppe, denen man dergleichen nicht gesagt hatte, dort nichts Ungewöhnliches empfanden. Die Untersuchungen zahlreicher anderer Spukhäuser und -orte ergaben ebenfalls, daß in 60 Prozent der Fälle, in denen Gespenster gesichtet oder gefühlt worden waren, die »Geisterseher« vorher wußten, daß es an diesen Lokalitäten spuken solle.

Wenn man jemanden dazu auffordert, einen Monat lang alle ungewöhnlichen Erlebnisse, Geräusche usw. in seiner eigenen Wohnung aufzuzeichnen, wird er mit hoher Wahrscheinlichkeit Geschehnisse registrieren, die er sonst überhaupt nicht beachtet hätte. Als Studenten gesagt wurde, ein mit völlig geruchlosem destilliertem Wasser übergossener Stoffball sei mit einer stark riechenden Chemikalie behandelt worden, meinten die meisten Teilnehmer an dem Experiment den nicht vorhandenen chemischen Stoff riechen zu können. Im Jahr 1985 sahen zwei Mädchen in einer Höhle in der Nähe des südwestirischen Dorfes Inchigeela, daß sich die dort befindliche Statue der hl. Jungfrau in die Muttergottes aus Fleisch und Blut verwandelte. Die Mädchen waren fassungslos und wollten weglaufen, waren aber wie gelähmt. Das Geschehnis erregte großes Aufsehen, aber dann kam heraus, daß ihnen unmittelbar vorher ein älterer Höhlenbesucher erzählt hatte, vor vielen Jahren habe er erlebt, daß die Statue sich bewegte. Außerdem, so der Mann weiter, hätten damals zwei junge Burschen den steinernen Hals der Statue berührt, der ganz warm und weich gewesen sei wie bei einem lebenden Menschen. Diese Erzählung, so hieß es, habe die beiden Mädchen zutiefst beeindruckt und aufgewühlt.

Auf Grund der festgestellten Beeinflussbarkeit haben kritische Beobachter mitunter den eigenen Wahrnehmungen mißtraut. Dieses Mißtrauen zeigte sich beispielhaft bei mehreren Besuchern eines englischen Spukhauses. Nach einer allgemein bekannten Legende stand an der Stelle des bekannten Pfarrhauses Borley Rectory einst ein Kloster, in dem man im 13. Jahrhundert einen mit einer jungen Nonne durchgebrannten Mönch beim Liebesspiel ertappt hatte, woraufhin beide hingerichtet wurden. Im späten 19. und in der ersten Hälfte des 20. Jahrhunderts wurde der Geist der Nonne in dem Pfarrhaus immer wieder – allerdings sehr undeutlich – gesichtet, was in aller Munde war. Als einmal im Jahr 1929 ein Besucher plötzlich ausrief: »Da ist sie!«, wurde sie auch von einem anderen »gesehen«. »Es war fast dunkel«, so berichtete dieser später, »aber ich hatte so ein Gefühl (*I fancied*), daß ich vor dem dunkleren Hintergrund der Bäume eine schattenhafte Gestalt sehen konnte, schwärzer als der Hintergrund, eine Gestalt die zum Ende des Gartens und zu dem kleinen Bach schwebte. Doch ich war mir nicht sicher. Aus Erfahrung wußte ich, wie einen die eigenen Augen beim »Sehen« eines »Geistes« narren können, und eine unbewußte Ausarbeitung der Details und eine blühende Einbildungskraft machen ein Trugbild wahrscheinlich. […] So steht es mithin nicht außer Zweifel, daß ich die Nonne sah. Ich berichte also lediglich die Tatsache, daß ich dachte, ich sähe etwas, das sich den Pfad entlangbewegte, das schwärzer war als die Bäume.«[3]

Nach einer umfangreichen Untersuchung machen einigermaßen deutlich erkennbare Geistererscheinungen nicht mehr als ein Prozent aller »Sichtungen« aus. Sehr oft handelt es sich dabei um geisterhafte Wesen, die während des Einschlafens oder Aufwachens am Fußende des Bettes »gesehen« werden. Von einer solchen Geistererscheinung berichtet zum Beispiel eine Frau, die in einem Spukhaus übernachtete und beim plötzlichen Aufwachen »sah«, wie die Türklinke heruntergedrückt wurde und ein weiblicher Geist das Zimmer betrat. Völlig wach sprang sie aus dem Bett, doch der Geist war verschwunden und die Tür fest verschlossen.

Etwa ein Drittel der Geistererscheinungen waren, derselben Untersuchung zufolge, flüchtige visuelle Phänomene wie ein kurzes Aufblitzen von Licht, seltsame Rauchfetzen, Andeutungen dunkler Schatten oder wabernder Nebel, die gerade, weil sie diffus und unbestimmbar sind, so unheimlich wirken. Ein zweites Drittel machten merkwürdige Geräusche wie schauerliche Schritte in einem leeren Zimmer oder auf der Treppe oder ein geisterhaftes, kaum hörbares Flüstern aus. Das letzte Drittel waren »Präsenzen«, eigenartige und unerklärbare Düfte von Blumen oder Harzen, Zigarettenrauch oder ein ungeklärtes Entsetzen, bei dem einem die Haare zu Berge stehen oder es einem eiskalt den Rücken hinunterläuft.

Von solchen eher diffusen und unbestimmbaren »Präsenzen« berichtet eine Frau: »Ich sah dieses Ding, ich weiß nicht, ob es ein Geist oder irgend etwas anderes war. Es ähnelte einem Schatten, war aber weiß, fast durchsichtig und schwebte den Boden entlang.« Eine junge Frau, der nachts ihr Liebhaber zu erscheinen pflegte, sagte einschränkend, »die ganze Erscheinung« sei aber »nicht substanziell und deutlich«, sondern »in Wahrheit wie eine Wolke, die aber die Form des Kopfes und die Schultern eines Mannes« habe. War in diesem Falle wenigstens noch eine vage Kontur zu sehen, fehlte diese bei vielen Erscheinungen völlig, so zum Beispiel bei der jungen Mary Crocker aus Herefordshire nördlich von London. An ihrem Bett sei 1587 »a bright thing of long proportion without shape« vorbeigeschwebt. Allerdings ist es durchaus möglich, dass solche zunächst diffusen Erscheinungen die Fähigkeit zur Bildung etwas komplexerer Halluzinationen so sehr anregen, daß sich solche flüchtigen Phänomene zu deutlicher umrissenen Phantasmagorien entwickeln. So erzählte ein Jugendlicher, er sei eines Nachts aufgewacht, weil der Vollmond so hell in sein Zimmer geschienen habe, daß die seinem Bett gegenüberliegende Wand erleuchtet wurde. Da habe sich vor dieser Wand ein Dunst oder eine Wolke gebildet, die höher gestiegen sei und langsam die Gestalt einer kunstvoll drapierten Frau angenommen, sich aber bald völlig aufgelöst habe. Einige Personen, die in dem burgenländischen Schloß Bernstein die dort umgehende »Weiße Frau« gesehen hatten, gaben an, zunächst hätten sie lediglich »einen fluoreszierenden Lichtschein wahrgenommen«, der aber dann »die Konturen einer kleinen, zarten Frauengestalt« angenommen habe. Auch ein englischer Graf, der eine Nacht in einem Haus verbrachte, von dem es hieß, daß es in ihm spuke, sah plötzlich »something like a cloud in the chair«, die sich unmerklich zu einer »tall white form« entwickelte, die schließlich aufstand und verschwand. Auch ein Heiler aus dem nordostbrasilianischen Maranhão teilte mit, bei seinen Gesichten (*visões*) habe er zunächst nur Schatten gesehen und Dinge gehört, deren Sinn er nicht verstand. Aber mit der Zeit konnte er den *encantado*, den Geist, immer klarer und deutlicher erkennen.

Während eines Konzerts hatte eine Frau eine Erscheinung, die, so erzählte sie, zwar fast vollständig ihr Gesichtsfeld bedeckte, was sie aber nicht daran hinderte, weiterhin das gesamte Orchester, welches sich hinter der Erscheinung befand, zu sehen. Und eine andere Frau, die berichtete, sie habe ihren verstorbenen Vater ihr von weitem mit seinem Hut winken sehen, sah ganz deutlich die Lincoln-und-Bennet-Firmenmarke des Huts, die sie in Wirklichkeit gar nicht hätte erkennen können. Schließlich erlebte eine dritte Frau, der in tiefer Trance suggeriert wurde, auf einem vor ihr stehenden Stuhl sitze ein Mann, wie dort tatsächlich ein Mann saß. Doch obwohl dieser Mann nicht transparent gewesen sei, habe sie gleichzeitig quasi »durch ihn hindurch« die leere Sitzfläche des Stuhles sehen können. Dies zeigt, daß die drei Frauen nicht wirklich die Dinge *sahen*, die sie zu sehen glaubten, sondern das, was sie über die Dinge *wußten*. Ebenso stellten die alten Ägypter die Damen der Gesellschaft im Profil mit *beiden* Brüsten dar und nicht mit der einen, die man in Wirklichkeit aus dieser Perspektive gesehen hätte, denn sie malten eben das, was sie wußten, nämlich daß eine Frau *zwei* Brüste besitzt.

Manche Erscheinungen können nur bei Dunkelheit oder in der Dämmerung »gesehen« werden, bei hellem Tageslicht aber bestenfalls »gehört«, obwohl nach einer Untersuchung weniger als zehn Prozent der gesichteten Gespenster Laute von sich gaben, wenn auch einige von ihnen zu sprechen versuchten. Eine amerikanische Flugzeugbesatzung, die im Jahr 1942 nach einer Notwasserung drei Wochen lang in einem Schlauchboot im Pazifik dahintrieb, bekam ab dem 16. Tag »Besuch« von Davy Jones, dem »Wächter der Seelen ertrunkener Seeleute«, und einiger der Totenseelen, die sie zunächst nur hören konnte. Captain John Whittacker berichtete später, der »Wächter« habe ihn eines Nachts mit in sein Reich hinuntergenommen, wo er ihn auch sehen konnte. Der »Wächter« habe ihn dort gefragt, ob er bei ihm bleiben wolle, was Whittacker verneinte. Tagsüber, so erzählten die Soldaten, führten sie ernsthafte und lange Gespräche mit den Ertrunkenen, vor allem mit dem Seemann Jim Blood, aber sie konnten sie bei Tageslicht nie sehen, was Blood damit »erklärte«, daß er und seine Kameraden bei Helligkeit über Wasser eben unsichtbar seien. Sind die Erscheinungen aber auch tagsüber sichtbar, so lösen sie sich häufig auf, wenn man sich auf sie konzentriert und sie fokussiert, ganz ähnlich wie bei den Luziden Träumen, in denen Objekte, die man scharf beobachtet, oder Texte, die man zu lesen versucht, zergehen oder zerfließen, wonach die Betreffenden häufig aufwachen. In den Luziden Träumen ebenso wie fast immer bei den Erscheinungen fehlt den Dingen, die man dabei wahrnimmt, die Objektkonstanz. Entsprechend sagte eine Frau, der häufig Wesen erschienen, sie könne sie jedesmal zum Verschwinden bringen, wenn sie sich »einen Ruck gebe«. Genauso ging es mir stets auf LSD- und ähnlichen »Trips« mit dem Unterschied, daß die Pseudohalluzinationen wiederkamen, wenn ich mich anschließend entspannte.

Mitunter sind die Erscheinungen völlig oder semitransparent, was bereits im Mittelalter immer wieder berichtet wurde. So erschien im 13. Jahrhundert der Schwester Måhthilt von Eschentz der Geist einer Heiligen, der »luter was als ein cristalle, das si recht durch si sah«. Als eine andere Nonne wahrnahm, daß die ihr erscheinende Laienschwester Mye von Costentz ganz durchsichtig war, »dunkt« ihr, daß sie nicht ihren Leib aus Fleisch und Blut, sondern »ihr sel sehe«.

Fast durchweg können die Erscheinungen aber nicht berührt werden, sie sind nicht »handgreiflich faßbar«. Das berichtete zum Beispiel ein Bergsteiger, dem in 7500 Meter Höhe ein um ein Lagerfeuer tanzender Zwerg erschienen war, der ihm eine Tasse Tee reichte. Der Mann griff immer wieder zu, doch seine Hände faßten lediglich in die Luft. Zwei sehr seltene Ausnahmen waren ein anglikanischer Geistlicher, der berichtete, er sei von der Erscheinung »einer nackten jungen Frau umarmt« worden, die er zwar nicht sehen konnte, deren Geschlecht er aber dadurch verifizierte, daß er ihre Brüste betastete, sowie jener bereits oben zitierte Mann, der ein Gleiches bei der Jungfrau Maria tat. Doch weil er dabei nur »eine undeutliche Masse« spürte, zog er daraus den Schluß, daß sich das alles nur vorstelle: »Ich fühle das und sehe es halb mit dem geistigen Auge.«[4]

Man könnte zunächst vermuten, daß das »Sehen« von Gespenstern, Geistern von Verstorbenen und dergleichen heutzutage im westlichen Kulturbereich im Gegensatz zu früher sehr selten geworden ist, doch widersprechen dem sämtliche Studien. Zwar antworteten alle befragten Personen einer britischen Volkskundlerin auf ihre Frage, ob sie an Geister glaubten, spontan und dezidiert mit »Nein!!«, doch eine der Frauen, die so reagiert hatte, räumte ein, sie wisse, daß es in manchen Häusern »spuke«, denn sie selber habe einmal in einem solchen

Haus gewohnt, in dem es »nicht richtig« gewesen sei. Von da an fragte die Forscherin nicht mehr nach Gespenstern, sondern nach »Dingen«, die in Häusern »geschehen«, oder allenfalls nach Erlebnissen von »Besuchen« verstorbener Eltern oder Ehepartnern bei den Lebenden. Völlig anders äußerten sich indessen die Befragten bei *anonymen* Repräsentativerhebungen. Nach einer neueren Befragung glauben 68 Prozent der Briten an die Existenz und Intervention von Geistern, aber nur 55 Prozent daran, daß Gott existiert, während immerhin 12 Prozent von persönlichen Begegnungen mit Geistern berichteten. Eine andere britische Umfrage ergab, daß 19 Prozent der erwachsenen Briten schon einen Geist gesehen, gehört oder dessen »Präsenz« gespürt hatten. Gab im Jahre 1990 ein Viertel der Amerikaner zu, an Geister zu glauben, war es 13 Jahre später bereits über die Hälfte, und nach einer Umfrage vom Dezember 2009 sagten knapp 20 Prozent, ein oder mehrere Male ein Gespenst gesehen oder seine Gegenwart gefühlt zu haben. Im Jahr 2001 waren 67 Prozent der Amerikaner davon überzeugt, daß es Engel gebe, deren »Präsenz« bereits 32 Prozent erlebt hatten, und fünf Jahre später waren sich 68 Prozent sicher, daß Engel und Dämonen alleweil auf der Erde aktiv seien.[5]

Etwas anderes als die Geister sind die zwischen intensiven Vorstellungen, Halluzinationen und Pseudohalluzinationen stehenden sogenannten »Unsichtbaren Spielkameraden«. Sie werden vorwiegend von Mädchen im Alter von vier bis sechs Jahren ins Leben gerufen, die Einzelkinder oder Erstgeborene sind, aber auch von Kindern, die sehr unter Einsamkeit leiden oder die von grausamen Eltern zur Strafe in den Keller oder in dunkle Kammern gesperrt werden. Meist verschwinden sie wieder nach etwa fünf Jahren, aber bisweilen bleiben sie auch wesentlich länger und werden dann oft vor allen anderen Menschen verborgen. Gegenüber Spielkameraden aus Fleisch und Blut, also anderen Kindern, haben die »Unsichtbaren« den Vorteil, daß das Kind diese so formen kann, wie es das will, sie sind ihm nicht selten untergeordnet, und das Kind kann verborgene Wünsche und Impulse zum Ausdruck bringen, ohne sich zu schämen oder negative Sanktionen befürchten zu müssen. So hörte einmal ein Psychologe, wie ein 14jähriges Mädchen zu ihrem »Unsichtbaren« sagte: »Oh Choppy! Wenn du ein Junge wärst, würde ich dich ficken!« Worauf der »Unsichtbare«, das heißt das Mädchen selber, mit verstellter Stimme entgegnete: »Dich könnte

man [auch] gut ficken!«»Gut ficken!« wiederholte das Mädchen wehmütig. Auch ein anderes älteres Mädchen mit einem unsichtbaren
Freund stellte ihm in ihrem normalen Tonfall eine Frage und beant-
wortete sie dann selber in einem nasalen Flüsterton.

Die»Unsichtbaren Spielkameraden« sind häufig Kinder des eigenen
Geschlechts, Tiere, Fabelwesen, Märchen- und Fernsehfiguren, Schutz-
engelchen, aber auch zum Leben erweckte Puppen, Teddybären, Spiel-
sachen und dergleichen, die oft nachts ans Bett kommen, wenn die
Kinder allein sind, um ihnen Gesellschaft zu leisten. Wenn sie sich einsam fühlte und niemand da war, mit dem sie reden konnte, aber auch
zum Einschlafen benötigte ein fünfjähriges Mädchen den Engel Ollie,
und ein sechsjähriges Mädchen fragte immer, wenn sie einen Trost oder
Ratschlag brauchte, weil sie nicht mehr weiterwußte, ihren unsichtbaren Freund Peter, der ihr manchmal auch erlaubte, die Hausaufgaben
zu verschieben und ein bißchen fernzusehen. Wieder ein anderes Mädchen besaß einen»kleinen lilafarbenen Mann«, der sich stets dann,
wenn sie sich verlassen fühlte, mit einem leisen Klingelton funkelnd
materialisierte, so daß sie ihn»sehen« konnte. Eines Tages jedoch sagte er ihr, er werde sie jetzt verlassen, denn sie sei inzwischen groß und
brauche ihn nicht mehr, weshalb er sich fortan um andere Kinder kümmern werde. Wenn sie ihn aber irgendwann einmal *wirklich* brauche,
werde er zurückkommen. Tatsächlich erschien er ihr viele Jahre später, als sie nicht wußte, wie sie ihr Leben gestalten sollte, und schob
einen mit Büchern beladenen imaginären Wagen vor ihr Bett, was
sie als einen Rat auffaßte, an einer Universität zu studieren.

Im Alter von sechs Jahren schuf ein Mädchen namens Jane nicht
nur imaginäre Personen, sondern – ausgehend von Flecken und Rissen an der Zimmerdecke – eine Phantasiewelt mit Hügeln, Flüssen
und Wegen, zu der nur sie Zutritt hatte. Doch mit 13, als sie Freund-
schaft mit anderen Mädchen schloß und die Pubertät und sexuelle Gefühle sich bemerkbar machten, löste sich ihre Privatwelt langsam auf,
denn wie sie sagte:»I became aware of the dangers of getting confused
between reality and fantasy.« Viele solcher Kinder – und nach Untersuchungen haben etwa 65 Prozent der amerikanischen Kinder unter
sechs Jahren mehr oder weniger ausgeprägte»Unsichtbare Spielkameraden« – sind sich nämlich meistens durchaus bewußt, daß diese nicht
in Wirklichkeit, sondern nur in ihrer Phantasie existieren. So sagte ein

Mädchen über seinen unsichtbaren Freund, daß dies alles »nur in ihrem Kopf« stattfinde – eine Erkenntnis, die offenbar vielen Esoterikern und New-Age-Anhängern versagt bleibt. Denn wie zum Beispiel eine »Engeltherapeutin« schreibt, habe sie von einem ihrer Engel erfahren, »daß alle unsichtbaren Spielgefährten unserer Kinder Engel« seien. Wenn die Eltern so tun, als hielten sie die »Unsichtbaren« für real, laufen sie Gefahr, von ihren Kindern für verrückt gehalten zu werden, und es ergeht ihnen nicht selten ähnlich wie der Bewußtseinsforscherin Sue Blackmore. Als diese einmal hörte, wie ihre dreijährige Tochter ihre Puppe fragte, ob sie lieber Orangen- oder Schwarzen Johannisbeersaft möge, sagte sie zu dem Kind: »Soll ich einen Saft aus der Küche holen?« Worauf Emily sie mit einem Blick bedachte, der an Geringschätzigkeit grenzte, und ihrer Mutter erwiderte: »Sei nicht blöd, Mami, sie ist doch eine Puppe!« Das bedeutet freilich nicht, daß Kinder es schätzen, wenn die Erwachsenen herablassend von sich geben, eine Puppe sei doch nur eine Sache. Wie der belgische Geograph und Anarchist Elisée Reclus erzählte, wollte einmal der Onkel eines Mädchens, »ein uneinfühlsamer Mensch«, sie davon abbringen, ihre Puppe Marie-Jeanne inbrünstig zu küssen, indem er zu ihr sagte: »Du dummes Ding, deine Puppe ist doch nicht lebendig!!« Darauf erwiderte das Mädchen: »Was, Marie-Jeanne ist nicht lebendig? Ja weißt du denn nicht, wie lieb ich sie habe!?«

Vor allem wenn sie diese Spielkameraden »sehen« und »hören« können, werden sie jedoch von manchen Kindern bisweilen für real gehalten, und diese Überzeugung hält sich hin und wieder bis ins Erwachsenenalter. So gestand eine junge Frau nach 30 Analysestunden einer Psychoanalytikerin etwas verlegen: »Ich habe meistens jemanden bei mir«, nämlich jemanden, der seit ihrer frühen Kindheit existierte und den sie als »sehr real« erlebte, obwohl sie, wie sie sagte, »vernunftmäßig wußte«, daß er gar nicht existieren konnte. Dieser »Mann« war all das, was sie selber nicht war, eine Idealform ihrer selbst, der einen Namen trug und ohne den sie nicht leben konnte. Eine 35jährige Frau sagte dem sie behandelnden Psychiater, sie habe schon als kleines Kind »unsichtbare Freunde« besessen, die sie, als sie körperlich entwickelt war, vor ihrem Vater und vor allem vor ihrer Mutter warnten, wenn diese sich ihr näherten, um sie sexuell zu mißbrauchen. Auch als Erwachsene folgte diese Frau den »Stimmen« der »Freunde« bedingungslos, deren Anzahl inzwischen auf »etwa 17« angewachsen war. Als der Psychiater sie fragte, ob er mit einer ihrer »Stimmen« sprechen dürfe, rief die frechste unter ihnen aus ihrem Mund »Ja!«.

Manchmal entwickeln sich die »Unsichtbaren« aber auch ohne Mißbrauchserfahrungen in späterem Alter zu Co-Persönlichkeiten, aber *daß* sie sich aus den »Unsichtbaren Spielkameraden« der kleinen Kinder entwickelt haben, ist immerhin bei 64 Prozent der in den Vereinigten Staaten befragten Frauen und Männern mit Multiplen Persönlichkeitsstörungen der Fall.[6]

Vermutlich ähneln die Wahrnehmungen, die manche Kinder von den »Unsichtbaren« haben, den Bildern, die von Eidetikern »gesehen« werden und die ebenfalls zum einen Teil mehr Vorstellungen, zum anderen aber eher Pseudohalluzinationen ähneln. Eidetiker sind sich jedoch bewußt, daß das von ihnen Gesehene nicht real ist. Eidetische Bilder werden überwiegend von Kindern »gesehen« – knapp 10 Prozent der jüngeren Volksschulkinder sind Studien zufolge Eidetiker –, und erwachsene Eidetiker sind eine große Seltenheit. Eidetisch begabte Kinder haben eine extrem starke Vorstellungskraft, können besonders leicht hypnotisiert werden und »sehen« nicht selten Erscheinungen von Geistern und anderen übernatürlichen Wesen. Allerdings besitzen sie entgegen einer verbreiteten Meinung kein »photographisches Gedächtnis« – wenn sie sich an etwas erinnern, dann ist ihr »Erinnerungsbild« auch nicht zutreffender als eine Erinnerung anderer Kinder, das heißt, manches stimmt mit der Wirklichkeit überein und anderes nicht. Ebenso wie das, was die Kinder mit »Unsichtbaren Spielkameraden« »sehen«, haben auch die eidetischen Bilder meist irgend etwas Unwirkliches – so bezeichnete ein Eidetiker die Personen, die er zu sehen pflegte, als »gefrorene gasförmige Gestalten«, die wie »Eisblöcke« leuchteten, weshalb er sie auch nicht für wirklich hielt. Einer der wenigen erwachsenen Eidetiker scheint der stark von Swedenborg und Jakob Böhme beeinflußte englische Maler William Blake gewesen zu sein, der Porträts malte, indem er das innere Bild, das er von den Betreffenden hatte, abmalte. »You have only«, so sagte er einmal, »to work up imagination to the state of vision.«[7]

§ 17
Die Erscheinungen der heiligen Jungfrau

Am 11. Februar 1858 war die 14jährige Bernadette Soubirous gerade dabei, ihre Strümpfe auszuziehen, um den eiskalten Bach Gave de Pau in
der Nähe von Lourdes am Pyrenäennordrand zu durchwaten, der vor
der entlegenen und schwer zu erreichenden Grotte von Massabielle
(»Altes Massiv«) entlanglief, als sie, wie sie später berichtete, plötzlich
»ein starkes Brausen, wie von einem Gewittersturm« hörte. »Ich
schaute in die Richtung der Wiese und sah, daß die Bäume dort ganz
still waren und sich nicht bewegten. Da hörte ich wieder dasselbe Geräusch. Erschrocken fuhr ich zusammen. Es verschlug mir die Sprache,
und ich wußte nicht, was ich denken sollte. Ich wandte noch einmal
den Kopf zur Grotte und sah in einer der Felsspalten einen einzelnen
Strauch, der sich hin und her bewegte, als würden ihn heftige Wind-
stöße treffen. Fast im selben Augenblick kam aus dem Inneren der Grotte eine goldene Wolke hervor. Da erblickte ich eine wunderschöne
Dame, die mir winkte, näherzutreten, als wäre sie meine Mutter; sie
trug ein weißes Kleid, einen weißen Schleier, einen blauen Gürtel
und auf jedem Fuß leuchtete eine gelbe Rose von derselben Farbe wie
die Kette ihres Rosenkranzes. Da erfaßte mich große Furcht.«
Es ist schon häufig bemerkt worden, daß die Berichte von Menschen, denen übernatürliche Personen erschienen waren oder die
glaubten, von Außerirdischen entführt und masturbiert oder penetriert
worden zu sein, in späteren Beschreibungen oder Publikationen meist
»bearbeitet« wurden, das heißt erheblich verändert, ausgeschmückt
und manipuliert, wohingegen sie zunächst viel inkohärenter, unpräzi-
ser, unspektakulärer und weniger dramatisch waren. Dies gilt auch für
die Berichte über die Erscheinungen der hl. Jungfrau, wenn die Quel-
lenlage es gestattet, zum Beispiel für das, was das Mädchen Bernadette
erlebt hat. In den frühen Darstellungen des Mädchens finden sich keinerlei Erwähnungen einer Dame und ihrer Kleidung und Accessoires;
vielmehr teilte sie mit, sie habe hinter dem sich bewegenden Strauch
ein »weißes Etwas«, also offenbar eine Lichterscheinung gesehen, die

sie *aqueró*, »das da« nannte. Dazu paßt es auch, daß sie dieses »Etwas«
am 14. Februar, als es erneut auftauchte, mit Weihwasser, das sie eigens mitgebracht hatte, besprengte und es beschwor, es solle bleiben,
wenn es von Gott käme, aber gehen, wenn dies nicht der Fall sei. Darauf erstarrte Bernadette und verlor das Bewußtsein, das sie erst wieder-
erlangte, nachdem ihre Gefährtinnen sie zu einer nahe liegenden
Mühle geschleppt hatten. Bereits nach der ersten Erscheinung sagten
ihre sie begleitende Schwester Toinette und das Nachbarskind Jeanne
aus, Toinette habe einen Stein auf Bernadette geworfen, der sie an der
Schulter traf, »aber sie rührte sich nicht, und sie war leichenblaß, wie
wenn sie tot wäre«. Daß sie sich in einer tiefen Trance und in einer Art
kataleptischer Starre befand, geht auch daraus hervor, daß am 7. April
ein bei der Erscheinung anwesender Arzt dokumentierte, daß die
Flamme der Kerze, die Bernadette in der Hand hielt, »etwa zehn Minuten lang« durch den Wind diese Hand umspielte, ohne daß sie sich
verbrannte, wobei sie wiederum »totenbleich« und mit »weit geöffneten« Augen starr zur Nische blickte, in der erneut »das da« sich einge-
funden hatte. So sagte auch Bernadette selber, während der Erscheinungen sei es ihr, »als wäre ich nicht mehr auf dieser Welt, und ich bin
ganz erstaunt, mich in ihr wiederzufinden, wenn sie verschwunden
sind«.

Aber auch als sich das »weiße Etwas« mit der Zeit zu der weißgeklei-
deten Dame mit dem blauen Gürtel weiterentwickelte, war diese zunächst definitiv keine Frau mit weiblichen Rundungen, sondern ein
Kind wie Bernadette, die trotz ihrer 14 Jahre noch nicht in die Pubertät
gekommen war und nur 1,40 Meter maß. Die später in der Felsnische
aufgestellte Skulptur der hl. Jungfrau ist hingegen die Figur einer körperlich entwickelten erwachsenen Frau, von der Bernadette ausdrücklich sagte, sie habe nicht die geringste Ähnlichkeit mit dem Mädchen,
das ihr erschienen sei. Nach der Beschreibung, die Bernadette von diesem Mädchen gab, glaubte Madame Millet, die sich um Bernadette
kümmerte, zunächst, es handle sich möglicherweise um Élisa Latapie,
ein frommes vorpubertäres Mädchen, das im Oktober des Vorjahres
gestorben war. Doch als Bernadette die Erscheinung wiederholt fragte,
wer sie denn sei, antwortete sie im Patois der südlichen Gascogne:
»Qué soy era Immaculada Councépciou!«, »Ich bin die Unbefleckte
Empfängnis!« Vier Jahre zuvor war von Pius IX. in Rom das Dogma

verkündet worden, daß Maria ihren Sohn nicht auf die allgemein übliche Weise empfangen hatte, was fortan auch in Frankreich in vielen Kirchen und auch sonst in der Öffentlichkeit diskutiert wurde. Vermutlich hatte das gottesfürchtige und naive Kind davon gehört, ohne wirklich zu verstehen, was da über die hl. Jungfrau geredet wurde, und so dachte sie wohl, es handle sich um einen ihrer Beinamen. Als die Muttergottes dies sagte, habe sie gelächelt und die Arme in der Weise geöffnet und ihre Hände ausgestreckt wie auf der *médaille miraculeuse*, die nach der Vision der Novizin Catherine Labouré im Pariser Vinzentinerinnen-Kloster geprägt und ab dem Jahre 1830 massenweise unters Volk gekommen war. In ihrer Vision hatte die 24jährige Catherine die hl. Jungfrau in einem Lichtschein von ovaler Form gesehen, auf dem die Worte »Oh Maria, ohne Sünde empfangen, bete für uns, die wir in dir unsere Zukunft haben!« standen. Dabei hörte sie eine Stimme, die sagte: »Lasse nach diesem Vorbild eine Medaille schlagen!«, eine Medaille, die, wie Bernadette zu Protokoll gab, auch ihr bekannt war.[1]

Schon bei der Geburt war Bernadette sehr schwächlich und bis zu ihrem frühen Tod schmächtig und kränklich. Zeitlebens hatte sie Atembeschwerden, verlor ständig das Bewußtsein, und wenn sie hustete, erstickte sie fast. Im Vorjahr hatte ein Priester über das gottergebene Mädchen in der Öffentlichkeit gesagt, sie sehe wie Mélanie Mathieu, die knapp 15jährige Seherin von La Salette, aus, der im Jahre 1846 die hl. Jungfrau erschienen war. Es ist sehr wahrscheinlich, daß dies in der kleinen Ortschaft Lourdes Bernadette zu Ohren gekommen war. Außerdem wußte sie wahrscheinlich, daß es hieß, in der Grotte von Massabielle, die zwar nur wenigen Bewohnern von Lourdes bekannt war, die aber von ein paar Bauern bei schlechtem Wetter als Schweine- und Schafsunterstand benutzt wurde, sei es nicht geheuer, und es spuke dort. Womöglich hatte sie, wie andere Dorfbewohner auch, von der alten Prophezeiung eines früheren Pfarrers von Lourdes gehört, der auf dem Totenbett verkündet haben soll, in der Grotte werde dereinst »einmal etwas Wunderbares geschehen«.

Ganz offensichtlich handelte es sich bei der Grotte um einen sehr beeindruckenden »Ort der Kraft«, den ein junges Mädchen, das ihn im Jahre 1859 aufsuchte, überschwenglich schilderte: »Alles ringsum ist überwältigend und still, abrupt auftauchende und grandiose Felsen umgeben uns, schwarze und kahle Berge beherrschen einen, der Gave murmelt dumpf in der Nähe, und jedes Ding regt uns zum Ernst und zum Gebet an […]. Kaum hatte ich den Fuß in die Grotte gesetzt, spürte ich mich, noch ehe ich sie angeschaut hatte, von einer unwiderstehlichen Kraft auf die Knie geworfen und fühlte in meinem ganzen Wesen eine gewaltige und merkwürdige Erschütterung; meine Augen füllten sich mit Tränen, und ich verspürte ein Erzittern vor Glück und eine süße Rührung, wie ich sie nur einmal verspürt habe und wie ich sie mein Leben lang niemals vergessen werde. Es ist mir unmöglich, auszudrücken, was ich an unsäglicher Freude empfunden habe; mir schien, ich hätte die Erde verlassen, und fühlte den Vorgeschmack himmlischen Glücks.« Offenbar ging es auch anderen Besuchern des Ortes so, denn noch im selben Jahr, in dem die Jungfrau der Bernadette erschienen war, »sahen« über 30 weitere Personen vor der Grotte die Muttergottes und andere Heilige.

Wie Bernadette fielen auch zahlreiche andere Visionäre häufig in Ohnmacht, und unmittelbar vor den Visionen erkaltete und versteifte sich ihr Körper, und die Augen wurden glasig und waren starr auf die Erscheinung gerichtet. So berichtete Teresa von Ávila, sie sei in ihrer Jugend ständig in einem Zustand gewesen, »der fortwährend an Bewußtlosigkeit grenzte, ja öfter geschah es, daß ich dadurch des Sinnesgebrauches ganz beraubt war«, vor allem in der Zeit, als sie noch um die Mitte der dreißiger Jahre des 16. Jahrhunderts Novizin im Orden der Karmelitinnen war. Bis zu vier Tage lang lag Teresa starr und eiskalt auf ihrem Lager, und »einige Male hielt man mich so gewiß für tot, daß man sogar Wachs auf meine Augen träufeln ließ«. In ihrem Kloster in Ávila stand derweil »das Grab offen, das meinen Leichnam aufnehmen sollte, und man hatte bereits den Leichengottesdienst für mich abgehalten«. Nach ihrer letzten Vision blieb sie drei Jahre lang gelähmt und war immer wieder ohne Bewußtsein, so daß Teresa zur festen Überzeugung gelangte, tot gewesen zu sein, worauf Gott sie wieder zum Leben erweckt habe. Um das Jahr 1373 erlebte die Seherin Julian of Norwich, wie zunächst ihr »bodye dede« wurde »fra the middes downwarde«, worauf »the overe partye of my bodye begane to die, as to my felinge. Mine handes felle downe on aythere side.« Schließlich verlangsamte sich ihr Atem dramatisch, ihr Körper wurde kalt und so starr, daß sie nicht einmal mehr die Augenlider bewegen konnte.

Wie auch andere mitteldeutsche pietistische Ekstatikerinnen erstarrte die Dienstmagd Anna Maria Schuchart aus Erfurt, genannt »Pro-
phetissa Erphoritana«, ab Dezember 1691 »alle Tage, des Tages über offt
5. 6. bis mehr mahlen«, wobei sie nicht selten »mitten in der Erstarrung« Männer und Frauen, die neben ihr standen oder saßen, »bey
der Hand ergriffen, auch wol gar zu sich gezogen, und mit beyden Armen so starck um den Leib umfaßet, daß man sich mit keiner Gewalt
loß machen könen«, sondern warten mußte, bis sie aus ihrer Ekstase
wieder erwachte. Als am Pfingstmontag, den 6. Juni 1949, ein zwölfjäh-
riges Mädchen aus einem Dorf bei Pirmasens vor einem Felsen im
Wald die hl. Jungfrau »sah«, sei sie, wie Zeugen es beschrieben, wie ver-
steinert und habe »in Ekstase« einige Minuten lang auf den Felsblock
gestarrt. Auch die jungen Seher von Medjugorje und die beiden Mädchen, denen im Jahre 1986 im Südwesten Irlands die Muttergottes erschien, fixierten die Erscheinung mit starrem Blick, ohne zu blinzeln
oder die Augäpfel zu bewegen, wobei ihr extrem steifer Hals nicht
auf Nadelstiche und ihre Augen nicht auf eine starke Lichtbestrahlung
reagierten.[2]
Visionen der hl. Jungfrau fanden manchmal statt, wenn die Betreffenden sich in schweren Lebenskrisen befanden und sich zum Beispiel
dazu entschlossen hatten, Selbstmord zu begehen, aber häufiger noch,
wie es scheint, nach unablässigem monotonem und repetitivem Beten.
Dadurch und durch eine leidenschaftliche Identifikation mit den Kindern von Fátima hatte die achtjährige Adelaide Roncalli in Bonate bei
Bergamo am 13. Mai 1944, dem Jahrestag der Erscheinung in Fátima,
ihre erste Vision der Madonna, die ihr mitteilte, daß der Krieg bald
zu Ende sei. In Oliveto Citra, einer kampanischen Kleinstadt, berichtete eine Pilgerin, sie habe nach dem Beten von etwa achtzig Rosen-
kränzen in ihrer Unterkunft fortlaufend weitergebetet, als sie plötzlich
das Brustbild einer Dame mit einem Umhang über dem Haar gesehen
habe.[3]
Auffallend häufig sind es gewisse als außergewöhnlich empfundene
Lichtphänomene, die zunächst gesehen und dann manchmal nach kurzer oder auch nach längerer Zeit halluzinatorisch zur Gestalt einer
Frau oder eines Mädchens transformiert werden, die von den Betreffenden oder von Dritten als hl. Jungfrau interpretiert wird. So sah ein
dreizehnjähriges Mädchen ein »weißes Ding«, das »sich hin und her

bewegte«, sich aber nach einer gewissen Zeit in eine »sehr schöne Frau« verwandelte, in der das Kind die Muttergottes sah, weil sie genau so gekleidet war und aussah wie die hl. Jungfrau »von der Säule« in der Kirche. Im Mai 1950 notierte ein frommer Allgäuer Bauer in seinem Tagebuch: »Während ich frühmorgens den Angelus betete, sah ich plötzlich hoch oben am Himmelszelt eine strahlende Sonne. In der Sonne zeigte sich ein goldener Kreis«, in dem »stand die allerseligste Jungfrau Maria. Ich schaue dieses herrliche Bild einige Zeit, dann entschwindet es in weite Ferne. Es war ¾ 5 und noch keine Sonne zu sehen.« Der Priester einer »Spirituellen Kirche« in San Diego erzählte, sein einschneidendes religiöses Erlebnis sei es gewesen, daß er als Bub vom Bett aus »a very bright light in the corner of the room« erblickte, von dem er sofort »gewußt« habe, daß es der Geist Jesu sei. Ähnlich erging es im Jahr 1871 dem jungen Eugène Barbadette in einem Dorf bei Le Mans in der ehemaligen Grafschaft Maine. Mehreren Erwachsenen waren drei Sterne aufgefallen, die ein Dreieck bildeten, was sie zwar kurios fanden, aber sich nichts weiter dabei dachten. Nicht so der Junge, der glaubte, in dem Dreieck die Figur einer großen, lieblichen Frau in einem mit Sternen besetzten blauen Kleid zu sehen, die ohne Zweifel die hl. Jungfrau war. Bereits Johannes Müller, vielleicht der bedeutendste Mediziner seiner Zeit, hatte im Jahr 1826 darauf aufmerksam gemacht, daß Kinder und Heranwachsende viel stärker als Erwachsene »in den heterogensten Umrissen leicht Gesichter, Menschen und anderes« sehen, und so nimmt es nicht wunder, daß die allermeisten derjenigen, die bis heute Erscheinungen der Muttergottes »gesehen« haben, sich zwischen der Vorpubertät und der späten Adoleszenz befanden.

Was Müller sagte, trifft in besonderem Maße auf Lucía dos Santos zu, die Wortführerin der drei Kinder, die beim Schafehüten in der Nähe von Fátima im portugiesischen Kibatejo die später von der katholischen Kirche für glaubwürdig erklärte Erscheinung der hl. Jungfrau hatten. Bereits zwischen April und Oktober 1915 hatte Lucía gemeinsam mit drei anderen Mädchen seltsame Erlebnisse, als sie ein paarmal »eine Art Wolke« sahen, »weißer als Schnee«, ein bißchen durchsichtig, deren Silhouette der eines Menschen ähnelte und die eine Zeitlang in der Luft schwebte und dann verschwand. Keines der Mädchen, so erinnerte sich Lucía im Jahr 1941, habe das merkwürdige Gebilde für einen Engel oder irgend etwas anderes Übernatürliches gehalten. Als Lucía und die beiden anderen am 13. Mai 1917 wieder einmal die Schafe hüteten, sahen sie plötzlich am azurblauen Himmel zweimal hintereinander ein Aufblitzen, worauf Lucía die Schafe zusammentrieb, um ins Dorf zurückzugehen, weil sie das Aufziehen eines Gewitters befürchtete. Da erblickten sie und ihre Cousine Jacinta Marto angeblich »eine ganz in Weiß gekleidete Dame« auf einer kleinen Steineiche in der Nähe stehend, eine Frau »leuchtender als die Sonne, die ein Licht ausstrahlte, das heller und intensiver war als ein Kristallglas voller kristallinem Wasser, durch das das feurigste Sonnenlicht scheint«. Allerdings galt Lucía als eine Phantastin, die andere Kinder manipulierte und ihnen Dinge suggerierte; sie war, so ihre Mutter, »nichts anderes als eine Schwindlerin, die die halbe Welt in die Irre führt«. Die Vermutung liegt nahe, daß sie Jacinta und vor allem deren Bruder Francísco, der zunächst sagte, er habe gar nichts gesehen, so lange bedrängte und bearbeitete, bis sie schließlich ebenfalls behaupteten, eine leuchtende Dame gesehen zu haben.

Über achtzig Jahre vor der Vision der jungen Portugiesin war die knapp 15jährige Mélanie Mathieu Calvat beim Viehhüten auf einem Hügel bei dem Dorf La Salette im französischen Département Isère gemeinsam mit dem vier Jahre jüngeren Maximin Giraud eingenickt. Als die beiden wieder erwachten, waren jedoch die Tiere verschwunden. Auf der Suche nach ihnen sahen die Kinder plötzlich über einem Felsen ganz nahe bei ihnen einen fast blendenden Lichtkreis mit einer etwas sanfteren Aureole schweben, die Mélanie und Maximin beinahe berührte. Nach einiger Zeit, so verlautete das Mädchen, erschien in diesem Lichtkreis eine Dame aus kristallinem Licht, die weinend auf dem Felsen saß. Als sie die beiden sah, stand sie auf und redete sie auf französisch an, aber als sie bemerkte, daß die Kinder sie nicht verstanden, wechselte sie ins Patois der Gegend. In der ersten Zeit sprach Mélanie nie davon, daß ihnen die hl. Jungfrau erschienen sei. Daß die Dame die Muttergottes gewesen sein sollte, erfuhr sie erst von den Erwachsenen. Zunächst hatte offenbar Maximin alle Personen, mit denen er über die Erscheinung sprach, in dem Glauben gelassen, auch er habe die Dame gesehen und sich mit ihr unterhalten. Doch im Herbst 1850 gestand er dem Pfarrer von Ars, Jean-Baptiste Vianney, mehrfach, dies sei ganz und gar nicht der Fall gewesen. Als der Pfarrer ihn beim ersten Geständnis fragte: »Aber Sie haben doch eine schöne Frau gesehen!?«, antwortete Maximin: »Nein, ich habe niemanden gesehen!« Auf die Frage, warum er denn gelogen habe, gab er die Antwort, die Lüge habe dem Volk doch gutgetan, denn viele hätten sich anschließend zu Gott bekehrt. Als das Geständnis bekannt wurde, versuchte der Bischof von Grenoble vergeblich, den Geistlichen zu einer »Modifikation« seines Berichtes zu bewegen, und ein Jahr später erhielt die Erscheinung nichtsdestotrotz die kirchliche Approbation.

Bei intensiverer Nachfrage erklären die Visionäre ähnlich wie diejenigen, die von Begegnungen mit Gespenstern berichten, sehr oft, sie hätten die hl. Jungfrau nicht wirklich so gesehen, wie sie die Dinge des Alltags sehen, sondern es sei eher so gewesen, daß es ihnen war, *als ob* sie etwas gesehen hätten, oder daß die Erscheinung ganz undeutlich und verschwommen war. Häufig redeten sie deshalb hinterher vor allem mit Klerikern über ihre Erlebnisse, um zu erfahren, was sie da eigentlich gesehen hatten. So gaben die fünf Kinder, denen 1932 im wallonischen Beauraing angeblich die Muttergottes erschienen war, später zu, im Grunde hätten sie lediglich das Gefühl gehabt, wie wenn sich die Marienstatue im Dunkeln bewegt hätte. Doch als man sie später nicht ernst nahm, hätten sie immer dicker aufgetragen und von einer wundersamen Erscheinung der Muttergottes geredet. Im Jahr 1983 berichtete ein junger Mann, er habe auf einem Hügel im chilenischen Peñablanca zunächst eine kleine Wolke gesehen, die allmählich größer geworden sei: »Sie war rund, weiß und leuchtend wie eine Leuchtstoffröhre, und sie drehte sich. […] Ich erschrak sehr, weil ich nicht verstand, was das war. Ich rannte weg, aber plötzlich sprach jemand zu mir: ›Miguel! Miguel Ángel!‹ Ich schaute auf, und es war eine ›Señora‹ von etwa 19 oder 20 Jahren.« Doch Jahre später schränkte er ein, er habe die »Señora« nicht so gesehen, wie man irgendeine Passantin sieht, und ergänzte: »Ich habe sie nicht mit Worten gehört, sondern ich fühlte in meinem Kopf die Dinge, die sie sagte (*siento dentro de mi cabeza las cosas que dice*).« Dementsprechend verlautete schon Teresa von Ávila, wenn sie in der Ekstase ihr »geistiges Auge« auf Jesus richte, sei er mal deutlich, mal verschwommen zu sehen und bei anderer Gelegenheit offenbar nur zweidimensional, so daß sie davon überzeugt war, nur »ein Bild« von ihm vor sich zu haben. Wenn sie sich aber auf Einzelheiten des Gesichts oder der Gestalt konzentriere, löse die Erscheinung sich auf.

Sowohl für Geister- als auch für Heiligenerscheinungen gilt, daß sie häufig nicht nur vage und unscharf sind, sondern daß sie verschwinden, wenn man sie fixiert oder die Augen schließt und dann wieder öffnet, oder daß im Dunkeln gesehene Erscheinungen plötzlich nicht mehr vorhanden sind, wenn man das Licht anknipst. Für beide typisch ist aber auch die Tatsache, daß die Visionäre nicht selten wie der oben zitierte junge Chilene das Gefühl haben, was sie wahrnehmen, befinde sich nicht »draußen«, sondern in »ihrem Kopf«. So sagte auch einer der Visionäre von Medjugorje über die Erscheinung der hl. Jungfrau: »Es ist fast so, wie wenn etwas oder jemand aus meinem *Inneren* spräche.« Ein anderer verlautete über die Gospa, die er sehe und deren Stimme er höre: »Es ist *in* mir!« Der wohl einzige auffallende Unterschied zwischen Geister- und Heiligenerscheinungen besteht darin, daß die Gespenster in der Mehrzahl der Fälle sich meist so verhalten, als ob sie nicht wüßten, daß sie beobachtet werden, oder daß es ihnen einerlei ist, während die hl. Jungfrau oder Jesus meist mit den Visionären interagieren und ihnen Botschaften übermitteln, wie trivial diese auch immer sein mögen.[4]

Bei manchen Erscheinungen läßt sich recht gut nachverfolgen, wie ein zunächst unspektakuläres und wenig beeindruckendes Ereignis mit der Zeit von den Visionären – meist durch Intervention Dritter – dramatisiert und elaboriert und nachgerade verfälscht wurde. So sahen im Sommer 1876 in einem Wäldchen in der Nähe des saarländischen Marpingen fünf Mädchen, als sie Heidelbeeren (»Wälen«) sammelten, undeutlich »etwas Weißes«, das sie vage an eine Gestalt erinnerte, die sie später aber immer mehr ausschmückten und mit Details ausstatteten, an die sie sich plötzlich »erinnern« konnten. Die Mutter der achtjährigen Susanna, die offenbar über die Erscheinung in Lourdes sehr gut unterrichtet war, regte die Kinder am nächsten Tag dazu an, erneut in das Wäldchen zu gehen, wo diese prompt abermals auf die Erscheinung trafen. Auf Anweisung der Mutter fragten die Kinder das »weiße Etwas«, das sich inzwischen in eine Frau verwandelt hatte, nach dem Vorbild Bernadettes, wer sie sei: »Wäschen, wer biet ihr?«, worauf die Frau, wie die Mutter es vorgesagt hatte, antwortete: »Ich bin die unbefleckt Empfangene!« Wie die Mutter den Kindern es suggeriert hatte, »sahen« die Mädchen jetzt auch, daß die hl. Jungfrau ebenso wie die von Lourdes einen blauen Gürtel trug.

Nachdem im Herbst 1949 vier ebenfalls vorpubertäre Mädchen in einem Wald bei dem oberfränkischen Dorf Heroldsbach herumgetollt hatten, schlug unversehens die Stimmung um, und alle vier wurden sehr ernst, sprachen über den Rosenkranzmonat Oktober, die Jungfrau Maria sowie über kürzlich Verstorbene und erzählten einander Gruselgeschichten. Die untergehende Sonne tauchte die ganze Gegend in ein unwirkliches Licht, und die Dämmerung brach herein, als die Mädchen immer stiller und andächtiger wurden und eines von ihnen sagte: »Es wäre schön, wenn wir die Muttergottes auch einmal sehen könnten!« Schließlich schickten sie sich an, den Wald zu verlassen, als eines der Mädchen sagte: »Mich drückt's ganz auf den Boden, ich muß niederknien!« Da knieten auch die anderen nieder und beteten mehrere Vaterunser und Ave Marias und verrichteten ein Mariengebet, als eines der Kinder plötzlich sagte, es sehe im Birkenwäldchen eine schwarze Gestalt neben einem Baum stehen. Voller Angst sprangen alle auf und stürzten in Richtung Dorf, aber irgendwann schaute eines der Mädchen zurück und stieß einen lauten Schrei aus, denn es glaubte, wie es später sagte, zwischen zwei Birken die grün leuchtenden Buchstaben IHS zu erkennen, was sofort die drei übrigen bestätigten, die sie alsbald als Abkürzung für »Jesus Heiland Seligmacher« deuteten. Als sich kurz darauf eines der Mädchen noch einmal in Richtung der Buchstaben umschaute, war es ihm, als sehe es eine weibliche Gestalt in einem weißen Kleid, deren Leuchten sie alle dermaßen blendete, daß sie die Gestalt kaum anblicken konnten und vor allem das Gesicht nur völlig verschwommen und undeutlich sahen. Nachdem sie zu Hause von ihrem Erlebnis berichtet hatten, reagierten die Erwachsenen zunächst sehr zurückhaltend, doch noch am selben Abend gingen einige Mütter mit den Mädchen zu der Stelle der Erscheinung, wo diese wieder behaupteten, die Gestalt zu sehen, was aber keine der Frauen nachvollziehen konnte. Zwei Tage danach sahen die Mädchen und andere Kinder, deren Zahl inzwischen auf zehn angewachsen war, die Gestalt ein drittes Mal, aber jetzt war sie schon viel besser zu erkennen und hielt ein Kindlein im Arm. Schließlich fragte nach zwei weiteren Tagen eines der Mädchen: »Was ist dein Wunsch?«, worauf die

Erscheinung erwiderte: »Die Leute sollen fest beten!«, was das Mädchen, wie es später sagte, »halblaut« vernahm, »weiß aber nicht recht, höre ich sie außen oder innen«. Doch dann fügte es hinzu, manchmal habe es eher das Gefühl, als ob die Stimme von ihr selber stamme. Wieder einen Tag später antwortete die Gestalt auf die Frage eines der Kinder, ob sie die »Himmelsmutter« sei, mit »Ja«, und dementsprechend trug sie nunmehr eine goldene Krone, und von ihrem Kleid hing ein schwarzer Rosenkranz herab, während das Jesuskindchen weiß gekleidet war und um den Kopf einen Heiligenschein trug. Ende Dezember sahen die Kinder immer mehr biblische Personen, und die Muttergottes und die Engel brachten körbeweise verschiedenfarbige Rosen vom »Himmelsgarten« herab, so daß die ganze Gegend angeblich von ihrem Duft durchweht wurde. Zu guter Letzt nahm die Muttergottes die Kinder sogar mit in den Himmel, wo sie den Engeln bei der Gartenarbeit halfen, die hl. Jungfrau erstmalig anfassen und ihr Kindlein in den Armen wiegen durften.[5]

Als am 24. Juni 1981 zwei junge Kroatinnen, die 18jährige Ivanka und die 19jährige Mirjana, von einem Hügel nahe dem Dorf Medjugorje in der Herzegowina hinabstiegen, hatte Ivanka plötzlich ein merkwürdiges Gefühl, und als sie aufblickte, sah sie in einiger Entfernung eine »erleuchtete Form« über dem Boden schweben und sagte voller Erregung: »Mirjana, schau dort, die Jungfrau Maria!« Doch Mirjana weigerte sich, hinzuschauen, möglicherweise weil sie das bleich gewordene Gesicht Ivankas sah, die voller Angst war, worauf sie beide in großer Hast ins Dorf liefen. Doch bald kehrten sie mit einem dritten jungen Mädchen, Milka, zurück; aber die drei konnten lediglich die sehr vagen Umrisse von etwas sehen, das an eine verschwommene Gestalt ohne Gesicht erinnerte. Schließlich kam noch ein viertes Mädchen, die 17jährige Vicka hinzu, die später berichtete: »Ich kam näher, und da sah ich, daß sie auf irgend etwas weiter oben am Hügel starrten. Ich dachte an eine Schlange oder etwas ähnliches. Als ich aber endlich auf gleicher Höhe mit ihnen war und sie sagten ›Schau, da ist die Madonna!‹, erschrak ich so sehr, daß ich die Sandalen abstreifte und wie verrückt den Berg hinunterrannte.« Kurze Zeit später kehrte sie indessen mit dem 20jährigen Ivan und dessen jüngerem Bruder zurück. Da sie sich immer noch nicht getraute, zu der »Jungfrau« hinzuschauen, fragte sie Ivan: »Kannst du etwas sehen?« Worauf dieser antwortete: »Ich sehe etwas vollkommen Weißes, das sich dreht!« Dem Beispiel Bernadette Soubirous' folgend, deren Geschichte ihr bekannt war, kam Vicka am nächsten Tag mit Weihwasser zurück, sprengte etwas davon in die Richtung der Gestalt, die anscheinend noch immer da war, und sagte: »Wenn du wirklich die Gospa (›Frau‹) bist, so bleib bitte bei uns! Wenn du es aber nicht bist, so geh weg und laß uns in Ruhe!« Worauf die Gestalt, die inzwischen offenbar ein Gesicht hatte, lächelte, genau so, wie einst Bernadettes hl. Jungfrau gelächelt hatte. Doch alles, was die jungen Leute mit ihren normalen körperlichen Augen jemals von ihr sehen konnten, war unscharf und schemenhaft, und sie hörten auch nie mit den körperlichen Ohren, was die Gospa mitteilte. Deutlich sehen und hören konnten sie die Muttergottes erst nach etwa zwei Wochen, wenn sie sich in kataleptischer Starre befanden, und genauso verhielt es sich ja auch im Falle der Bernadette Soubirous. Zwar stritten Vicka und die übrigen Visionäre später ab, von der Erscheinung in Lourdes jemals etwas gehört zu haben, aber es ist gesichert, daß sie diese Geschichte gut kannten, zumal die Bewohner von Medjugorje glühende Verehrer der Jungfrau von Lourdes waren und Vicka sogar ein Buch über Bernadettes Erscheinung gelesen hatte.

Wenn die jungen Seher in Ekstase mit der Gospa »redeten«, konnten sie alle *gleichzeitig* mit ihr über verschiedene Themen sprechen, das heißt, es gab keinerlei Austausch zwischen den Sehern in diesem Gespräch wie normalerweise, wenn sich verschiedene Personen zur selben Zeit mit derselben Person unterhalten. Jeder einzelne der Visionäre führte ein subjektives Gespräch mit der halluzinierten Muttergottes, auch wenn sie hinterher davon überzeugt waren, auf ganz normale Weise gemeinsam mit ihr kommuniziert zu haben. Kein einziger Zeuge hörte jemals den leisesten Ton, wenn die Visionäre die Lippen bewegten, oder gar die Stimme der Gospa, wenn diese auf deren Fragen »antwortete«. Daß die jungen Visionäre weitgehend übereinstimmend berichten, was die Gospa ihnen mitteilte, mag zumindest zum Teil daran liegen, daß sie – wie auch die Kinder von Fátima und viele andere Grüppchen von Sehern – ausreichende Gelegenheit hatten, miteinander zu reden, bevor sie von Dritten dazu befragt wurden.[6]

Im Frühling des Jahres 1968 sahen im unterägyptischen Zeitūn zwei Männer hoch oben an der Mauer des Doms der Koptischen Orthodo-

xen Kirche undeutlich ein Phänomen, das sie als »weißes Etwas« bezeichneten. Aber weder die Männer noch die übrigen Passanten, die
zusammenliefen und hochstarrten, konnten erkennen, um was es sich
dabei handelte. Trotzdem hieß es sehr bald, in Zeitūn sei die hl. Jungfrau erschienen. Doch auch in der Folgezeit, in der zahllose Menschen
das wiederkehrende Lichtphänomen beobachteten, kam es offenbar
nie, wie zum Beispiel in Medjugorje, dazu, daß irgendeiner der Betreffenden in der Ekstase die Muttergottes deutlich sah und mit ihr sprach.

Im Mai desselben Jahres, wenige Wochen nach dem ersten Ereignis,
beobachteten ein amerikanischer Forscher, dessen Frau und einige
europäische Freunde die etwa 7000 christlichen und muslimischen
Pilger – denn auch im Islam ist Maria eine Heilige –, die sich um das
Gebäude versammelt hatten, weil ein abermaliges Erscheinen der Jungfrau angekündigt worden war. Nach mehreren Stunden sahen sie plötzlich ein helles Licht über dem Dom und anschließend ein gelbes Licht
innerhalb einer der Kuppeln des Seitendoms, worauf die Menge sofort
begann, frenetisch »die Jungfrau, die Jungfrau!« zu rufen, während der
Amerikaner das Lichtphänomen ungerührt mit »Caspar, dem freundlichen Geist«, einer bekannten amerikanischen Comic-Figur, verglich.
Die ebenfalls anwesende Sozialwissenschaftlerin Cynthia Nelson berichtete, auch für sie sei es so gewesen, als ob sie ein Licht sehe. Da sie
wußte, daß einer der Beobachter der ersten Erscheinung den Eindruck
hatte, dort oben wolle sich eine Nonne aus dem Fenster stürzen, stellte
sie sich eine solche Nonne vor und begann umgehend, deren Umrisse
zu sehen. »But as I thought«, so sagte sie, »to myself that this is just an
illusion the image of the nun would leave my field of vision.« Die anwesenden einheimischen Kopten dagegen teilten offenbar mehrheit-
lich mit, sie hätten die Jungfrau Maria gesehen, allerdings nur als ein
»flaches, zweidimensionales Bild«, wie sie es von den vielen billigen
Darstellungen der Muttergottes her kannten, die überall in den Häusern der Kopten zu finden sind. Die Muslime hingegen sagten eher, sie
hätten nur diffuse glühende Flecken beobachtet sowie kleine, kurz an-
dauernde helle Lichter, die sie als »Tauben« bezeichneten. Andere wiederum behaupteten, die Jungfrau erkannt zu haben, doch hätte sie dermaßen geleuchtet und geblendet, daß Einzelheiten, wie zum Beispiel
ihre Gesichtszüge oder ihre Kleidung, nicht bestimmbar gewesen seien.
Ähnliches ereignete sich knapp zwei Jahre danach in Beirut, wo meh-

rere Personen über der Syrisch-Orthodoxen Kathedrale S. S. Peter-
und-Paul ein schimmerndes Licht erblickten und flugs beteuerten, es
habe die Form einer Frau, die niemand anderes sein könnte als die
hl. Jungfrau. Innerhalb kürzester Zeit drängten sich Tausende von Ma-
roniten, Griechisch-Orthodoxen, Melchiten, armenischen Christen und
Muslimen um die Kirche, von denen viele beteten, während andere mit
Gewehren in die Luft schossen, um die Jungfrau zu ehren.

Derartige Lichtphänomene wurden immer wieder von Visionären
und Visionärinnen wie Hildegard von Bingen oder von Personen in
der Migräne-Aura »gesehen«, aber sehr häufig handelt es sich keineswegs um Halluzinationen, sondern um atmosphärische Störungen,
Rauchgebilde oder um elektromagnetische Feldeffekte, die dann illu-
sionär verkannt oder der religiösen Tradition entsprechend interpretiert werden.[7]

Im Laufe der Zeit äußerte sich die kirchliche Orthodoxie meist sehr
distanziert zu angeblichen Erscheinungen der Jungfrau Maria und anderer Heiliger, und in Perioden, in denen sich solche Ereignisse häuften, steigerte sich diese Zurückhaltung vielfach zu offener Feindseligkeit. So wurden im frühen 16. Jahrhundert in Spanien immer öfter
jegliche visionäre Erscheinungen von der Heiligen Inquisition streng
bestraft. Im neukastilischen Belmonte setzte man zum Beispiel im Jahr
1523 die 23jährige Francisca La Brava, die von einer Marienvision berichtet hatte, nach der Verabreichung von hundert Peitschenhieben
auf einen Esel, und zwar zur Erniedrigung mit nackten Brüsten (des-
nuda del medio cuerpo arriba), und führte sie so durch die Straßen der
kleinen Stadt. Zur Begründung hieß es von seiten der Inquisitoren,
daß sie entweder gelogen oder geträumt oder den Teufel in der Gestalt
der hl. Jungfrau gesehen habe.

Zwar verzichtet die katholische Kirche heutzutage auf derartige
Maßregelungen, doch lehnt sie sämtliche Visionen ab, deren Inhalte
gegen die kirchliche Lehre verstoßen. Dazu zählt beispielsweise die Vision der Caterina Benincasa, genannt Caterina da Siena, die berichtete,
Maria habe ihr mitgeteilt, sie sei nicht unbefleckt empfangen worden,
was in jener Zeit der Lehre des Dominikanerordens entsprach. Bereits
im frühen 12. Jahrhundert hatte der englische Benediktiner und Bischof von Saint Andrews gelehrt, Maria sei nicht auf die übliche beflek-
kende Weise von der hl. Anna geboren worden, sondern »süß duftend

und makellos« wie eine Kastanie aus ihrer stacheligen Schale aus ihrer Mutter herausgefallen. Dementsprechend lehrt auch die heutige Kirche, daß Maria nicht erst von der Erbsünde gereinigt werden mußte, denn sie war durch »Vorausbewahrung« frei von jeglichem Sündenschmutz und damit »die makelloseste Jungfrau durch eine besondere Huld Gottes«.

Im Jahre 1978 bestimmte die hl. Kongregation »pro Doctrina Fidei de Modo Procendi in Diu dicandis Praesumptis Apparitionibus ac Revelationibus«, die kirchlichen Behörden sollten nicht nur überprüfen, ob die »Bilder und Botschaften«, die von den Visionären an die Gläubigen weitergegeben werden, der kirchlichen Lehre entsprechen, sondern sie sollten auch den Charakter und die Lebensführung der Seher untersuchen. Drittens sollten sie prüfen, ob es für die Erscheinung natürliche Erklärungen gebe, die eine übernatürliche Erklärung unnötig machen. Schließlich sollten sie ermitteln, ob die Erscheinungen für die Gläubigen »produktiv« seien, das heißt, sie noch gläubiger und moralisch besser machten, oder ob Kranke dadurch geheilt würden. Eine kirchliche Approbation besagt allerdings lediglich, daß die Vision nicht gegen die Sittlichkeit und den rechten Glauben verstößt, daß der Ort der Erscheinung kultisch verehrt werden darf, da »ihre übernatürliche Verursachung vernünftigerweise (*fide humana*) angenommen und sie der Erbauung der Gläubigen dienen könne«. Die Approbation bietet folglich keinerlei Gewißheit darüber, ob die Vision tatsächlich »gottgewirkt« ist oder nicht, daß dies allenfalls wahrscheinlich sei. Sicher ist nach kirchlicher Doktrin jedoch, daß »keine neue öffentliche Offenbarung mehr zu erwarten ist vor dem glorreichen Erscheinen unseres Herrn Jesus Christus« am Jüngsten Tag, woraus folgt, »daß bis dahin keine neuen Glaubenslehren geoffenbart werden können (*non ad novam doctrinam fidei depromendam*)«, wie Papst Johannes XXIII. in einer Radioansprache zum Abschluß der Jahrhundertfeier der Erscheinung von Lourdes im Jahre 1959 unter Berufung auf Thomas von Aquin verkündete. Etwa um dieselbe Zeit gab auch der Jesuit Karl Rahner seinen Lesern den Rat, Visionen und Erscheinungen nicht so wichtig zu nehmen, denn was Gott uns zu sagen habe, stehe »vielmehr im Evangelium und« ertöne »von den Lippen der Kirche in ihrer ›ganz gewöhnlichen‹ Verkündigung«. Andere Theologen erinnerten die Gläubigen daran, daß ein Christ *glauben* und nicht *sehen* solle: »Dieweil du mich gesehen hast, Thomas«, so sagte ja Jesus, »so glaubst du. Selig [aber] sind die, die nicht sehen und doch glauben« (Johannes 20,29). Schließlich äußert sich reichlich herablassend ein bekannter katholischer Theologe zu den Erscheinungen. Er sagt, für gewöhnlich würden solche Erfahrungen nur von Menschen gemacht, die entweder »noch nicht fähig« seien, »höhere, rein geistige Mitteilungen« entgegenzunehmen, oder weil sie »es nötig« hätten, auf sinnliche, und das heißt für den Theologen: auf niedrigstehende Weise »von den vergänglichen Gütern dieser Welt losgetrennt« zu werden.[8]

Ab den frühen siebziger Jahren des vergangenen Jahrhunderts hatte die Anzahl der Marienerscheinungen beträchtlich zugenommen und dazu proportional auch eine kritische Haltung der katholischen Kirche, die eine Schwächung ihrer Autorität befürchtete. Am 5. Juni 1968, dem Tag, an dem Robert Kennedy ermordet wurde, erschien der Hausfrau Veronica Lueken zum ersten Mal die hl. Jungfrau, und zwar am Schrein von »Our Lady of the Roses« in Bayside im Staate New York und anschließend in ihrer Wohnung in Queens. Maria teilte ihr mit, Lueken sei in Zukunft ihre »voice box«, die ihre Botschaften an die Menschheit Wort für Wort zu wiederholen habe. Nach zwei eingehenden Untersuchungen in den Jahren 1973 und 1986 erklärte die Diözese von Brooklyn, es gäbe keinerlei Grundlage für die Annahme, Lueken habe die Jungfrau jemals gesehen, und wies die Gläubigen an, »to refrain from participating in the ›vigils‹ and from disseminating any propaganda related to the ›Bayside‹ apparition«. Außerdem verbot die Kirche Lueken ausdrücklich, ihre Ekstasen auf kirchlichem Boden stattfinden zu lassen. Deshalb führte sie mit ihren Anhängern fortan ihre Veranstaltungen nicht mehr auf dem Terrain der Kirche des hl. Roberto Bellarmino in Bayside, sondern im Flushing Meadow Park durch, wo sie trotz aller kirchlichen Warnungen bis zu ihrem Tod im August 1995 riesige Menschenmengen anzog.

Im Gegensatz dazu hatte im Januar 1862 Monsignore Laurence, der Bischof von Tarbes, in der Begründung für die kirchliche Beurteilung der Erscheinungen von Lourdes ausgeführt, es sei von großer Bedeutung für die Frage der Authentizität der Erscheinungen Bernadettes, »daß das Wasser von Massabielle Kranke geheilt hat, die aufgegeben und für unheilbar erklärt worden waren. Diese Heilungen wurden durch den Gebrauch des Wassers bewirkt, das dem Bericht von qualifizierten Chemikern zufolge, die es einer strengen Analyse unterzogen haben, jeglicher natürlichen Heilkraft entbehrt. [...] Was ist das für eine Kraft, die das bewirkt? Ist es die Kraft des Organismus? Die hierzu befragte Wissenschaft hat negativ geantwortet. Die Heilungen sind folglich (*donc*) das Werk Gottes. Nun stehen sie aber gewiß mit der Erscheinung in Zusammenhang; sie ist ihr Ausgangspunkt; sie ist es, die den Kranken das Vertrauen eingab. [...] Die Erscheinung ist also göttlich, da die Heilungen einen göttlichen Stempel tragen.«[9]

§ 18
Liegt die Wurzel der Religion im Animismus?

»In einem der abgelegenen, tief eingeschnittenen Täler von Gombe«, so berichtet die Primatologin Jane Goodall, »gibt es einen beeindrukkenden versteckten Wasserfall. Wenn man sich ruhig durch den Wald bewegt und näher kommt, wird das Tosen der Fälle immer lauter. Plötzlich erblickt man durch die Blätter das lebende, sich bewegende Wasser, das von dem etwa 25 Meter höher liegenden Strombett in Kaskaden herabfällt. Mit der Zeit hat das Wasser einen senkrecht abfallenden Kanal in den Fels gegraben. Lianen hängen an beiden Seiten herab, und Farne bewegen sich unablässig im Wind, der durch die Bewegung des Wassers erzeugt wird. Für mich ist das ein magischer, spiritueller Ort. Und bisweilen scheint es, daß die Schimpansen ebenfalls auf seltsame Weise bewegt werden. Wenn sie näher kommen, sträubt sich ihr Fell – ein Zeichen für Aufregung. Und dann beginnen sie mit der Vorstellung, indem sie mit zunächst langsamen rhythmischen Bewegungen angreifen, oft aufrecht stehend, [und] platschend auf das flache Wasser schlagen. Dann packen sie große Felsbrocken und werfen sie, ergreifen die herunterhängenden Lianen und springen mit ihnen durch die vom Wind bewegte Gischt über den Strom. Zehn Minuten lang und länger führen sie diesen großartigen Tanz auf.«

Auch in anderen Situationen, in denen die Schimpansen auf Unbekanntes, Unübersehbares, Überraschendes, extrem Erfreuliches oder Beängstigendes stoßen, das sie erregt und in Spannung versetzt – wie zum Beispiel beim Überqueren eines breiten und nicht ungefährlichen Flusses, beim Aufziehen eines Gewitters, während außergewöhnlich starker Regenfälle, aber auch beim Auffinden besonders üppiger Obstbäume –, stampfen sie rhythmisch auf den Boden und schreien dabei, rennen durch Gestrüpp und Unterholz und reißen Äste von den Bäumen ab und trommeln auf die Brust. In solchen Emotionsausbrüchen hat Goodall den Ursprung der Scheu, der Faszination und des Staunens vor dem Numinosen gesehen, aber es ist wohl richtiger, daß es sich dabei um die *Reaktion* auf diese Gefühle, nämlich Möglichkeiten zur Abwehr der Spannung, die durch solche Empfindungen erzeugt wurde, handelt, also um die phylogenetische Wurzel des religiösen *Rituals*.

In Situationen, die von den Schimpansen als gefährlich empfunden werden und die sie beunruhigen, wie zum Beispiel bei unversehens einsetzendem Platzregen, der aus tiefschwarzen Wolken fällt, oder bei heftigem Gewittersturm brechen die Tiere, wie Goodall beobachtet hat, in ihrer Aufregung sehr häufig Baumäste ab und schlagen in die Richtung, aus der Donner, Blitz und Sturm kommen, auf die Vegetation ein, wie sie es auch beim Auftauchen von Leoparden, Pavianen und ihnen unbekannten Schimpansen tun, von denen sie sich bedroht fühlen. Wenn sie so etwas tun, gehen sie offenbar davon aus, daß diese Naturphänomene wie die genannten Tiere durch ihre Abwehrhandlungen eingeschüchtert und vertrieben werden können.

Werden von den Schimpansen solche Wettererscheinungen nicht anders behandelt als bedrohliche Raubtiere, werden sie von den Menschen vielerorts »vermenschlicht«, zum Beispiel in Südostasien. Auf der malaiischen Halbinsel und in benachbarten Gegenden kommen die sehr häufig auftretenden tropischen Gewitterstürme meist aus heiterem Himmel, das heißt ganz plötzlich und unerwartet, wobei im Siedlungsgebiet der Senoi im Dschungel oft auch die vergleichsweise hoch liegenden Ansammlungen von Hütten überflutet werden. In Verbindung mit den wilden Stürmen können die heftigen Regengüsse die nicht fest verwurzelten Urwaldbäume leicht zu Fall bringen – eine für alle dort lebenden Menschen tödliche Gefahr. Deshalb stehen die Familien der Batek Dè und anderer Wildbeutergruppen bei Gewitter in Hochspannung mit ihren Kindern und ihrem wertvollsten Besitz vor den Hütten und beäugen nervös jede Bewegung der knarrenden und ächzenden Bäume in der näheren Umgebung. Bei jedem Donnerschlag halten sie den Kindern die Ohren zu und flüstern mit klappernden Zähnen: »Angst!, Angst!« Dann aber reißen sie sich zusammen und halten den Blitzen die geballte Faust entgegen und rufen laut: »Geh weg und bedrohe uns nicht!« Nimmt das Gewitter aber an Heftigkeit zu, laufen die Frauen zur Mitte der Siedlung, schneiden sich in die Beine und werfen das herauslaufende Blut den Blitzen und dem Donner entgegen, um diese zu versöhnen, weil sie glauben, sie würden vom Gewitter für Tabubrüche bestraft, zum Beispiel für das Baden im Fluß während der Menstruation, für verbotene sexuelle Praktiken oder ein-fach dafür, daß sie zu wenig Körperabstand zu geschlechtsreifen Ver-wandten des anderen Geschlechts eingehalten haben. Solche Blutopfer waren auch bei den Penan im Norden Borneos üblich, die ebenfalls eine im wahrsten Sinne des Wortes heidnische Angst vor Gewittern haben, denn dort wurden durch umstürzende Bäume schon ganze Familien in ihren Hütten zu Tode gequetscht. Doch nicht nur in ent-legenen Weltgegenden wurden und werden Naturphänomene perso-nalisiert, denn noch in unserer Zeit drohten lukanische Bauern den aufziehenden Gewitterstürmen mit Vergeltung.[1]

Heute herrscht allgemeiner Konsens darüber, daß das, was im angel-sächsischen Sprachbereich »Mindreading« genannt wird, also die spe-ziesspezifische Empfindsamkeit des Menschen für die Mimik, die Klang-farbe der Stimme und die Art des Benehmens, angeboren ist. Wenn wir zum Beispiel den Gesichtsausdruck eines anderen Menschen sehen, der traurig, fröhlich oder glücklich ist, der Angst hat, überrascht ist oder sich ekelt, schließen wir nicht, wenn wir keine Psychopathen sind, von dessen Verhalten in einem zeitlich nachgeordneten Denkvorgang auf seine Gefühle. Es handelt sich nicht um einen rationalen und bewuß-ten Vorgang. Vielmehr werden bei uns dieselben Nervenzellen, die so-genannten Spiegelneuronen, aktiviert wie bei unserem Gegenüber, das heißt, wir verstehen seine Gefühle *unmittelbar*.[2] Die meisten Evolu-tionsforscher gehen inzwischen davon aus, daß sich unser Gehirn, das sich seit der Zeit des *Homo heidelbergensis*, also seit etwa einer hal-ben Million Jahre, verhältnismäßig schnell vergrößert hat, nicht so sehr für die Ausübung technischer Intelligenz und das Erkennen un-belebter Objekte als für das Erkennen der Absichten und der Gefühle der anderen Menschen und der Tiere entwickelt hat. Insbesondere der Neocortex und die Frontallappen des *Homo sapiens sapiens* ver-brauchen in seiner Jugend etwa 50 Prozent und später mindestens 20 Prozent der ihm zur Verfügung stehenden Energie. Diese Fähig-keit, vor allem das Verhalten anderer Menschen zu verstehen und vor-auszusagen, unterscheidet sich grundlegend vom Verstehen physi-scher Abläufe. Babys sind schon im Alter von sechs bis zwölf Wochen in der Lage, Menschen von anderen Entitäten zu unterscheiden und mit ihnen zu kommunizieren. Wenn ein fünf Monate altes Kind sieht, wie eine Schachtel sich selbständig bewegt, reagiert es mit Verblüffung, was es nicht tut, wenn es einen sich bewegenden Menschen sieht.

Doch weil wir von Geburt an auf das Erkennen von Gesichtern fixiert sind, haben wir die Neigung, in allem möglichen Gesichter zu sehen und hinter allem, was uns widerfährt und zweideutig, unerwartet, nicht ganz durchschaubar oder geheimnisvoll erscheint, einen anthropo- oder theriomorphen Urheber oder Verursacher anzunehmen. Eine solche Disposition, die »Hyperactive Agency Detection Device« genannt wurde, bietet zweifellos Vorteile im evolutionären Überlebenskampf, denn es ist besser, mehrmals einen am Boden liegenden Ast für eine Schlange, als einmal eine Schlange für einen Ast zu halten. Gleichzeitig kann diese Neigung einen Beitrag dazu leisten, zu erklären, warum es zahllosen Menschen überall auf der Welt so schwerfällt, manche natürliche Erscheinungen wie zum Beispiel Wetterphänomene naturalistisch, das heißt nicht animistisch zu sehen.[3]

Liegt aber in dieser Inklination, wie offenbar mittlerweile sehr viele Wissenschaftler annehmen, die Wurzel der Religion? Mir scheint eine solche Vermutung zu restriktiv, denn die Menschen können Erlebnisse haben, die man zwar zwanglos auf naturalistische Weise interpretieren *kann*, die aber von vielen nicht so gesehen *werden*. So erleben bisweilen manche, daß die Welt, die sie wahrnehmen, sich zwar nicht verändert, daß aber ihr Selbstbewußtsein in den Hintergrund tritt und ihr Welt*gefühl* sich wandelt. Sie spüren plötzlich und »wissen«, daß alle Dinge im Grunde eins sind und daß alles »gut« ist, trotz allem Leid und Übel auf der Welt. Untersuchungen haben gezeigt, daß bei solchen mystischen Erlebnissen, die von den meisten Personen, die sie haben, als »religiöse« oder »spirituelle« Erfahrungen bezeichnet werden, eine höhere elektrochemische Aktivität in den Frontallappen des Gehirns festzustellen ist, während die in den Scheitellappen absinkt. Ein Teil dieser Scheitellappen sorgt dafür, daß der Betreffende, was überlebenswichtig ist, sich selber auf adäquate Weise von seiner Umwelt unterscheiden kann. Die dafür zuständige Gehirnregion wird bei intensivem und lang anhaltendem Gebet, bei der Meditation oder bei sensorischer Deprivation, aber auch durch Verletzungen deaktiviert. Eine entsprechende Erfahrung machte der Entdecker des LSD, Albert Hofmann, als er einmal als Bub im Frühling durch den Wald ging, und er rechnete nicht damit, dasselbe Erlebnis noch einmal viele Jahre danach unter dem Einfluß der von ihm synthetisierten halluzinogenen Droge zu haben.

Ist eine normale Aktivität der Parietal- oder Scheitellappen auf Dauer lebensnotwendig, so gilt dies auch für die Automatisierung der Wahrnehmungen und Handlungen im Alltagsleben, ohne die ein effektives und energiesparendes Verhalten gar nicht möglich wäre, was so gut wie jeder weiß, der einmal auf einem LSD-Trip in die Küche ging, um ein Glas Wasser zu holen, und dann dort fasziniert von einem Wassertropfen »hängenblieb«. In der schizophrenen Psychose werden noch stärker als unter dem Einfluß halluzinogener Drogen die Dinge, die man sieht, von anderen Dingen isoliert, aus dem Zusammenhang mit ihrer Umgebung herausgelöst, so daß es den Betreffenden kaum irritiert, wenn sein Schreibtisch plötzlich auf dem Geleise eines Bahnhofs steht. Menschen mit schizophrenen Psychosen verlieren sich oft endlos in irgendwelchen Details oder sind hingerissen von etwas, das sie sonst nicht beachten, das ihnen aber jetzt von allergrößter Bedeutung zu sein scheint. Eine solche »Deautomatisierung« der Wahrnehmung, für die Alpha- und die noch langsameren Theta-Gehirnwellen charakteristisch sind, im Gegensatz zu den im Alltagsleben vorherrschenden Betawellen, kann durch meditative Konzentration, Einnahme der genannten Drogen, ekstatisches Tanzen, das Schlagen von Trommeln und Rasseln sowie andere monotone Handlungen erzielt werden, wie sie in vielen religiösen Kulten üblich sind.

Alle Versuchspersonen, die sich im Rahmen eines Experiments während der Meditation auf eine Vase konzentrierten, sagten, diese habe nach einer Weile immer mehr geleuchtet, während ihre Umgebung dunkel und undeutlich wurde, was auch von vielen Geister- und Marienerscheinungen berichtet wird. Außerdem habe die Vase angefangen, sich selbständig zu bewegen. So oder so ähnlich hatten die Teilnehmer an dem Experiment einen so einfachen Gegenstand noch nie gesehen, und einige von ihnen waren davon überzeugt, daß die Vase etwas »Göttliches« sei. Von einem ähnlichen Erlebnis berichtete ein junges Mädchen: »Ich rief aus: ›Die alten Dinge sind vergangen, alles ist neu geworden!‹ Es war, wie wenn ich eine andere Welt betreten hätte, eine neue Existenz. Gewöhnliche Gegenstände strahlten. Meine Wahrnehmung wurde so klar, daß ich in jedem materiellen Objekt des Universums Schönheit sah. Das Aussehen von allem war verändert, fast alles hatte eine ruhige und süße Tönung oder das Erscheinungsbild göttlicher Glorie angenommen.« Als George Fox, der Gründervater der Quäker-Bewegung, bei einem Treffen in Eton in der Grafschaft Derbyshire im Jahre 1648 jählings von der göttlichen Kraft erfaßt und durchgeschüttelt wurde, glaubte er sogar, daß ihm das Paradies gezeigt worden sei: »Alle Dinge waren neu, und die gesamte Schöpfung strahlte einen anderen Duft aus als zuvor, jenseits von allem, was man mit Worten beschreiben kann.« Er wähnte sich ebenso in der Position Adams vor dem Sündenfall wie drei Jahrhunderte nach ihm Aldous Huxley, der nach der Einnahme von Meskalin auf drei Blumen in einer Vase blickte, aber keine gewöhnlichen Blumen sah: »I was seeing what Adam had seen on the morning of his creation – the miracle, moment by moment, of naked existence.« Auch vielen Pfingstlern erscheint die Welt, nachdem sie zum ersten Mal in Zungen geredet haben, »wie neu«. Einer bekannte, nach der Geisttaufe habe der Heilige Geist in seinen Lungen geatmet, in seinem Gehirn gedacht und sei in seinem Blut geflossen: »Jede Zelle in meinem Körper, jedes Nervenende kribbelte durch das Feuer seiner Präsenz. Die ganze Kirche, sogar die verschlissenen Teppiche und die zerbröselnden Wände sahen nagelneu aus. Und auch ich selber war frisch und neu!«[4]

Diese noch nie da gewesene und faszinierende Erfahrung führt aber viele Menschen, die sie gemacht haben, dazu, das, was sie für gewöhnlich erleben, abzuwerten und geringzuschätzen. So schreibt zum Beispiel der Ethnomykologe Gordon Wasson über sein Erlebnis nach der Einnahme von psilocybinhaltigen Pilzen bei den mexikanischen Mazateken: »Alles, was du in dieser Nacht siehst, hat die Qualität des Ursprünglichen: Die Landschaft, die Gebäude, die Skulpturen, die Tiere – alles sieht so aus, als sei es gerade aus der Werkstatt des Schöpfers gekommen – diese Frische von allem – es ist wie während der Morgendämmerung der Welt – es überwältigt dich und läßt dich durch seine Schönheit dahinschmelzen. Alles, was vor dir geschieht, ist auf natürliche Weise voller Bedeutung, und dagegen sind die stumpfsinnigen Ereignisse des Alltags belanglos. Alle diese Dinge siehst du mit einer Unmittelbarkeit, daß du dir sagst: ›Jetzt sehe ich zum ersten Mal, sehe ich direkt, ohne die Vermittlung durch sterbliche Augen!‹« Eine Lehrerin für »Transzendentale Meditation« berichtet über ihre Rückkehr aus der Versenkung: »Wieder zurückgefallen in unsere ›normale‹ Bewußtseinsebene, war mir klar, daß wir in der ›Finsternis‹ leben. Ich fühlte von da an: Zu wissen, daß man in Finsternis lebt, ist der erste Schritt zur Erleuchtung (Erlösung).«[5]

Die Mehrheit derjenigen, die jemals ein solches mystisches Erlebnis hatten, ist fest davon überzeugt, zum ersten Mal in ihrem Leben aus einer glanzlosen, öden und stumpfsinnigen Welt des Scheins und der Vordergründigkeit in die Wirklichkeit vorgedrungen zu sein. Das wird deutlich im Bericht eines weiblichen Mitglieds der japanischen Aum-Sekte, das erzählte, schon als kleines Mädchen Erfahrungen gemacht zu haben, »die mir wirklicher erschienen als die Wirklichkeit«. So meinen auch zwei bekannte »Neurotheologen«, das Kriterium dafür, ob etwas real oder irreal sei, bestehe in »the *vivid sense* that something is real« – eine Ansicht, die unter Esoterikern sowie »spirituellen« oder religiösen Personen weit verbreitet, aber falsch ist. Denn die Intensität und Eindringlichkeit einer Erfahrung oder die Tatsache, daß sie für jemanden faszinierend, überraschend oder bedeutungsvoll ist, weil sie seinen unbewußten Erwartungen entspricht, ist nie eine Garantie dafür, daß sie die Erfahrung von etwas Realem ist.

So verbürgt nachweislich die feste Überzeugung, sich an etwas Bestimmtes zu erinnern, nicht die Zuverlässigkeit der Erinnerung, insbesondere dann, wenn sich solche Erinnerungen unter Hypnose einstellen. Denn einmal abgesehen davon, daß beispielsweise sogenannte »verwundete« Hypnotiseure, Heiler oder Psychotherapeuten, die etwa als Kinder oder Jugendliche mißbraucht wurden, ohne Absicht ihren Patienten entsprechende Pseudo-Erinnerungen suggerieren können, wird in der Hypnose die Kritikfähigkeit reduziert und die Phantasiebildung angeregt.

Daß indessen Erlebnisse wie die geschilderten von fast allen, die davon berichten, für »realer als real« gehalten werden, liegt gewiß auch daran, daß sie positive Erfahrungen sind, hinreißend und betörend, in denen geheime kindliche Wunschträume wahr zu werden scheinen. Allerdings können solche Erlebnisse auch unheimlich und extrem angsterregend sein und das Urvertrauen in die Welt und »die natürliche Selbstverständlichkeit des Daseins« beschädigen oder zerstören. »Alle Akte«, so stellte ein Psychiater fest, »bedürfen, um als echt erlebt zu werden, eines gewissen seelischen Halbdunkels. Sie zerrinnen, wenn die volle Aufmerksamkeit sich ihnen zuwendet, so wie der Leib nicht mehr ungestört arbeitet, wenn er beachtet wird.« Dann verliert man »die Naivität dem eigenen Erleben gegenüber«, wie einem ansonsten geläufige Wörter plötzlich ganz fremd und unvertraut werden, wenn man sie zu sehr fokussiert. Trotz oder gerade wegen der Intensität und Heftigkeit erscheinen die Dinge dann unwirklich und unecht, weshalb man von »Derealisation« und »Depersonalisation« spricht. »Die Dinge«, so äußert sich ein Patient eines der berühmtesten französischen Psychiater des 19. Jahrhunderts, Pierre Janet, »sehen nicht mehr so aus wie sonst. Alles, was ich sehe, selbst die Sachen, die in meinem Zimmer an der Wand hängen, erscheinen mir merkwürdig und fremd. Es kommt mir so vor, als ob ich alles zum ersten Mal sehe […]. Plötzlich habe ich bei allem um mich herum das Gefühl, daß es seltsam geworden ist … Gerade so, als wäre die Wirklichkeit entstellt.« Diese Fremdheit und Unvertrautheit hat unweigerlich zur Folge, daß alles, was bei den Betreffenden bislang mit geringem Kraftaufwand und wenig Aufmerksamkeitszuwendung quasi von sich aus funktionierte, fortan ganz bewußt geleistet werden muß, was mit enormer Mühsal und Anspannung verbunden ist.

Offenbar ist es so, daß diejenigen, die ihre Umgebung nur kurzzeitig und vorübergehend »deautomatisiert« wahrnehmen, darauf eher beglückt und hochgestimmt reagieren, sich »wie ein neuer Mensch in einer neuen Welt« fühlen, während die Kranken, die Schizophrenen oder die an Migräne Leidenden, die immer wieder von derartigen veränderten Wahrnehmungen heimgesucht werden, diese meistens erleiden und über sich ergehen lassen müssen. Sie werden von der extremen Aufdringlichkeit des Wahrgenommenen gequält, es schmerzt sie gerade durch seinen Hyperrealismus: »Im Garten war alles zu wirklich, die Farben zu bunt, die Geräusche zu auffallend«, weshalb ein anderer Patient das Erlebte als irreal bezeichnete: »Das Material der Dinge scheint glänzender, wie im hellen Licht, die Dinge erscheinen mir näher, die Entfernung hat sich geändert. Die Farben sind leuchtender. Aber trotzdem ist alles unwirklich.«[6] Eine Frau, die als Kind von ihrem Vater sexuell mißbraucht worden war und später an einer schizophrenen Psychose litt, schilderte ihre psychotischen Schübe so: »Ich erlebe die Psychose als einen extrem unerträglichen Zustand, in dem die Wahrnehmung so geschärft ist, daß ich nichts mehr aushalte. Alle Eindrücke von außen kommen in mich herein, ich zerfalle, weil auch von innen alles nach außen geht. […] Alles geht mich was an, ohne daß ich darauf reagieren kann, ohne daß ich darin als handelnder Mensch vorkomme. […] Die Welt hat ungehindert Zugang zu meinem Inneren, ich kann ihr nichts entgegensetzen.« Auch andere Schizophrene fühlen sich »schutzlos« offen, den Dingen »unbewaffnet« ausgeliefert, die »wie Pfeile« sind, die sich ins Fleisch bohren, zum Beispiel die Blicke der anderen Menschen, die Verschwörung und Feindseligkeit ausstrahlen. »Jeder Laut dringt auf meine nackten Nerven«, klagte einer, und ein anderer sagte nach seiner Heilung, er habe sich »ohne Haut« gefühlt, bar jeder Festigkeit und Geschlossenheit, als könne er jederzeit penetriert werden oder implodieren, und er »wußte«, daß er nicht imstande wäre, jemandem, wer es auch sei, irgendeinen Widerstand zu leisten.

Nach neun Jahren fast täglicher Meditation hatte ein Mann das Gefühl, daß alle seine Schutzfilter versagten, und er stellte voller Verzweiflung fest: »Ich habe keine Möglichkeit mehr, die Dinge, die von draußen kommen, draußen zu halten.« »Ich kann nichts aus meiner Wahrnehmung heraushalten«, sagte ein Schizophrener, »und alles kommt mir bedrohlich nahe. Ich kann nichts aufnehmen und im Gedächtnis behalten, weil ich *alles* um mich herum aufsauge, so daß ich mir nichts auch nur kurze Zeit merken kann – höchstens ein paar Sekunden. Ich kann nicht kontrollieren, was da hereinkommt, und so höre ich auf zu denken, mein Bewußtsein ist leer.« Dementsprechend klagte eine schizophrene junge Frau der Iban-Dayak in Borneo, alle Leute könnten hören, was sie denke, und »schnappten« dann ihre Gedanken »weg« (*ngerampas*). Ebenso behaupteten schizophrene Patienten der südindischen Chennai, sie seien für alle vollkommen transparent, und ihre sämtlichen Gedanken, Absichten und Gefühle lägen in der Öffentlichkeit zur Schau. Eine junge Europäerin schließlich war fest davon überzeugt, unter ihrem Steißbein sei eine Kamera angebracht worden, die ihre Genitalien photographiere, weshalb sie unter anderem jede Form von Geschlechtsverkehr einstellte, bei dem ihre Vagina involviert war.[7]

Das sensorische Bombardement, das geradezu als Flutung des Bewußtseins empfunden wird, und der damit einhergehende Verlust der Fähigkeit, etwas festzuhalten oder irgendwo zu verweilen sowie Wesentliches von Unwesentlichem zu unterscheiden, das heißt der Schwund

einer überlebensnotwendigen selektiven Wahrnehmung, der charak-
teristischerweise bei Trips und psychotischen Schüben auftritt, geht
offenbar auf eine Überfunktion des dopaminergen Systems zurück,
die alles ohne Unterschied höchst bedeutsam erscheinen läßt. Der Bo-
tenstoff Dopamin scheint der Neurotransmitter zu sein, der am häufigsten zur Entstehung von Halluzinationen, Pseudohalluzinationen,
Träumen, psychotischen Schüben, Paranoia, Euphorie, extrem geistei-
gerter Libido, Zwangshandlungen, Tourette-Syndrom, temporallappen-
epileptischen Anfällen, Manie, Wahnvorstellungen, Denkzerfahren-
heit und einer Hyperreligiosität führt, die in allem, was geschieht, als
Ursache die Hand Gottes oder das Wirken numinoser Mächte sieht. Sowohl nach Einnahme »halluzinogener Drogen« als auch während einer
Psychose sinkt der Serotonin-Spiegel, was wiederum die Aktivität
der Dopaminrezeptoren steigert und den Betreffenden mit nicht mehr
integrierbaren, vermeintlich bedeutsamen leuchtenden Bildern und
Szenen überwältigt. Auf der anderen Seite können diese durch eine Verabreichung von Dopaminantagonisten wie Haloperidol oder Physo-
stigmin drastisch reduziert werden. Geschieht dies im Übermaß, wird
der Patient jedoch lethargisch, depressiv, entschlußlos, er zieht sich von
anderen Menschen zurück, und alles erscheint ihm bedeutungslos.[8]

Eine besonders reflektierte schizophrene Frau hob mit Nachdruck
hervor, »daß ich in der Psychose Zusammenhänge sehe und herstelle,
die andere nicht sehen. Oder dieses ›Alles hat was mit mir zu tun, ich
bin überall gemeint‹. Die Verwandlung der Welt in eine Welt der Symbole, eine Welt voller Zeichen, die auf etwas Tieferliegendes verweisen.
Die Vorstellung, daß so etwas wie ›Zufall‹ überhaupt nicht existiert.«
Zwei gekreuzte Stäbchen, die ein Schizophrener zufällig sieht, teilen
ihm zum Beispiel mit, daß er in Kürze ans Kreuz geschlagen wird, ein
gackerndes Huhn beschimpft ihn in Wirklichkeit, und eine Amsel,
die an einer Frau vorbeifliegt, gibt ihr zu verstehen, daß sie »einen Vogel hat«, das heißt verrückt ist. Doch die Betreffenden hören nur selten
ein offenes Wort, vielmehr in den meisten Fällen nur Anspielungen
und heimliches Gemunkel, das jedoch immer auf sie bezogen ist.
Die banalsten Gedanken und Einfälle haben plötzlich eine tiefe, nahezu mystische Bedeutung. Dies wird bestätigt durch eine großangelegte
amerikanische Untersuchung, nach der mehr als die Hälfte der befragten Schizophrenen einschneidende »religiöse Erlebnisse« hatte, wobei

viele von ihnen sich »erleuchtet« fühlten und fest davon überzeugt waren, das »Geheimnis der Existenz« gelöst zu haben.[9]

Auch bei Temporallappen-Epileptikern lösen die Anfälle sehr häufig eine Aktivitätssteigerung im limbischen System aus, zu dem vor allem die Amygdala, der Hippocampus und die Temporal- oder Schläfenlappen gehören, was nicht nur dazu führt, daß die Betreffenden alles äußerst intensiv, bedeutsam und auf sich persönlich bezogen erleben. Vielmehr werden sie durch solche Erfahrungen vielfach hyperreligiös, auch wenn sie vor ihrer Krankheit keineswegs gläubig waren, hypermoralisch, humorlos und aggressiv gereizt; ihnen fehlt die Distanz zu den Dingen vollkommen. Insgesamt haben sie ein übersteigertes Gefühlsleben, in dem alle Ereignisse gewichtig und geradezu von »kosmischer Bedeutung« sind. Sie fühlen die »Präsenz« Gottes, »sehen« Erscheinungen von Jesus, der hl. Jungfrau, von Engeln, die sie damit beauftragen, die Welt zu retten. Selbst wenn sie diese oder Geister und Dämonen nicht wirklich wahrnehmen, geht es ihnen manchmal ein bißchen wie jenem »aufgeklärten« Malaien, der zu einem Ethnologen sagte: »Ich glaube zwar nicht an Geister, aber ich habe Angst vor ihnen!« Bei Pfingstlern beobachtete man eine starke Aktivität der Temporallappen während des Zungenredens, die im Verlauf der »Geisttaufe« geradezu exzessiv wurde. Aber auch beim Anblick von herzigen Babys und Kleinkindern sowie niedlichen Tieren werden Bereiche des limbischen Systems, insbesondere die Amygdala, stimuliert, ebenso beim Träumen oder bei Angst und Besorgnis. So zeigte eine Positronen-Emissions-Tomographie (PET), durch die sichtbar wird, welchen Energieverbrauch die einzelnen Hirnregionen haben, bei Personen mit einer posttraumatischen Belastungsstörung eine *dauerhafte* Überaktivierung der Amygdala, das heißt, sie reagiert auch im normalen Alltag sehr viel sensibler als vor dem Trauma.

Auf der anderen Seite wird durch eine Verletzung der Amygdala die Aggressions- und Angstbereitschaft der betroffenen Menschen gesenkt – so verlor ein Mann seine panische Angst vor Spinnen –, und zuvor religiöse Menschen verlieren ihren Glauben. Eine Verletzung der Amygdala kann aber auch zu einer Gefühlsarmut führen und die Fähigkeit, die Gefühle und Stimmungen anderer Personen zu erkennen, vermindern. Fühlt man, daß jemand Angst hat, verstärkt sich die Aktivität der Amygdala, während ein fröhlicher Gesichtsausdruck des Betreffenden die Aktivität verringert. Vor allem eine chirurgische Entfernung des *rechten* Temporallappens, der Amygdala und des Hippocampus unterbindet zudem die Entstehung von Träumen und von durch LSD, Psilocybin oder Ketamin bewirkten Erlebnissen und Gestimmtheiten.

Eine Hyperaktivität des limbischen Systems wird nicht nur durch Trommelrhythmen oder repetitives Chanten, das heißt eine sehr geringe Variation der von außen kommenden Reize, bewirkt, sondern auch durch soziale Isolation und sensorische Deprivation, die bewirken, daß Reize, die so schwach sind, daß sie normalerweise gar nicht wahrgenommen werden, plötzlich ins Bewußtsein treten. Je schwärzer die Nacht, so sagten einst die Schamanen der in Nordamerika lebenden Paviotso und Paiute, um so größer war die Kraft, und umso deutlicher »sahen« sie die Geister. In ähnlicher Weise werden auch bei der Meditation die Umweltreize dermaßen reduziert, daß Bilder, »Stimmen«, aber offenbar auch paranormale Informationen auftauchen können, die sonst überlagert werden. Das gleiche gilt für die Ganzfeld-Experimente, bei denen den Versuchspersonen halbierte Tischtennisbälle über die Augen gelegt werden, die man mit einer Lichtquelle anstrahlt, während ihnen über Kopfhörer ein weißes Rauschen eingespielt wird. Die dabei entstehenden Pseudohalluzinationen sind selten akustischer Natur, dafür aber häufiger Bilder und Szenen, die an hypnagogische Halluzinationen erinnern, darunter kinästhetische Empfindungen, Veränderungen des Körperschemas, zum Beispiel das Empfinden einer Ausdehnung der Extremitäten, der Brüste, des Penis und der Hoden, Veränderungen der Gewichtsempfindung sowie Aufstiegs- und Fluggefühle. Bei Personen, die durch Unfälle oder Operationen Teile ihres Körpers verloren haben, tauchen bei hypnagogischen Zuständen, aber auch in anderen Spielarten sensorischer Deprivationen Phantomarme, -beine, -brüste, -penisse oder -hoden auf, die aber meist als »blaß und leer«, »schemenhaft«, »von dubioser Realität«, eben als »Phantasmen« beschrieben werden, die die Betreffenden so gut wie nie mit Wirklichem verwechseln. Aber wie bei psychotischen Schüben oder auf Trips können die geringsten Stimuli trotzdem als quälend und unerträglich empfunden werden, etwa von jener Versuchsperson, die das Experiment abbrach, »weil die Stille so laut war; sie war wie ein Messer, das mein Trommelfell durchstach«.

Bei den Kogi in der nordkolumbianischen Sierra Nevada de Santa Marta wurde die Fähigkeit des künftigen Sehers (*mamá*), in die Welt der Geister (*aluna*) zu blicken, schon sehr früh entwickelt. Die zwei oder drei kleinen Novizen, die miteinander in der Dunkelheit eines Zeremonialhauses in etwa 2500 Meter Höhe lebten (Abb. 16), wurden »die Enthaltsamen« genannt: Während ihrer Lehrzeit, die idealiter 18 oder 19 Jahre dauerte, durften sie kein Sonnenlicht sehen und auch im jugendlichen Alter keine proteinreiche Nahrung, kein Fett und keine gewürzten Speisen essen, und manchmal erhielten sie tagelang gar nichts. Außer ihrer Mutter durften sie keine Mädchen oder Frauen sehen, und sie sahen zunächst auch außer dem *cabo*, einer Art Ordnungshüter, der sich um sie kümmerte, keinen anderen Mann. Wenn sie untereinander etwas taten, was man im weitesten Sinne als sexuell bezeichnen konnte, wurden sie vom *cabo* strengstens bestraft. Schon kurz nach der Geburt brachte man jedes zum Seher bestimmte Baby in einen dunklen Raum des Zeremonialhauses, wo es, wie ein Kogi sagte, »mit niemandem zusammenkommt außer seiner Mutter, die in einem Haus in der Nähe lebt und den Säugling versorgt. Ein *cabo* kümmert sich die ganze Zeit um ihn. Er trägt ihn nur nachts vor das Haus. Wenn der Säugling schreit, ruft er die Mutter herbei, damit sie ihn stillt.« Wenn er zu krabbeln begann, mußte der *cabo* rigoros darauf achten, daß er nicht ins Freie und damit ins Tageslicht kroch. Nach einer gewissen Zeit erhielt er zusätzlich zur Muttermilch Fladen aus Kartoffel- und Maismehl, bisweilen auch etwas Kokosnußfleisch. Im Alter von vier Jahren wurde er abgestillt, und als Heranwachsender durfte er manchmal nachts nach draußen, aber stets mit einer Matte aus dichtem Strohgeflecht über dem Kopf, damit er auf keinen Fall den Mond und die funkelnden Sterne sehen konnte. »Einzig die Welt, die vor sein inneres Auge tritt«, so sagte eine alte Frau dem Ethnologen, »steht seinem Sinn offen.« Wenn der zukünftige Seher sich schließlich in der Adoleszenz befand und von den *mamá* unterrichtet wurde, hatte er noch nie ein Huhn, ein Schwein, einen Vogel oder Bäume gesehen, er wußte nichts von der Welt außerhalb seines lichtlosen Wohnraums im Zeremonialhaus. Doch Jahr für Jahr tanzten die Seher nachts zu einem monotonen Singsang, der von kosmogonischen Mythen, uralten Genealogien und den Taten der Ahnen handelte, Texte, die die Jungen eines Tages, wenn sie selber *mamá* geworden waren,

Abb. 16   Haupttempel der Kogi in Takína.

ebenfalls herunterleierten, vermutlich ohne ihren Sinn zu verstehen. Bisweilen wurden die zukünftigen Seher in der Dunkelheit in tiefe Höhlen geführt, wo man ihnen halluzinogene Pilze und Samen des Windengewächses Morning Glory (*Ipomea violacea*) zu essen gab, das heilige *tlitliltzin* der Azteken, das eine ähnliche Wirkung wie LSD hat und Visionen erzeugt, die von den alten *mamá* ihrer Tradition gemäß interpretiert wurden.[10]

§ 19
Sex mit Jesus

Temporallappen-Epileptiker »sehen« bisweilen nicht nur, wie der Himmel sich öffnet und Jesus herabsteigt, daß Gott zu ihnen »spricht« oder sie selber Gott sind, hören Engel Harfe spielen oder ihnen Botschaften übermitteln, sie fühlen auch Ehrfurcht und Faszination, schwelgen in Größenwahn und Paranoia, fühlen intensiven Ekel, sind einsam, depressiv oder himmelhoch-jauchzend und entwickeln Déjà-vu- und Jamais-vu-Empfindungen sowie Alice-im-Wunderland-Halluzinationen, in denen sie größer und kleiner werden. Vor allem junge Mädchen und Frauen unter ihnen jubilieren und stoßen Freudenschreie aus, lachen überglücklich, berichten von spontanen Orgasmen, die »pleasant, although embarrassing« seien, weil jedermann, der sie sehe, an ihrem Stöhnen, ihren spitzen Schreien und ihrer Körperversteifung erkenne, um was es sich handle. Eine Frau berichtet, sie habe unvermittelt Gefühle in den Geschlechtsorganen, die denen entsprächen, die sie empfunden habe, als sie entjungfert worden sei. Eine andere wurde auf so unbeherrschbare Weise sexuell erregt, daß sie sich auf den Boden legte, ihren Unterleib entblößte, die Beine spreizte und heftige Koitusbewegungen vollführte, während sie »Es fühlt sich so gut an …, mehr, mehr!« stöhnte. Viele jüngere Temporallappen-Epileptikerinnen stellen sich nackt zur Schau, wobei sie häufig einen extrem starken Orgasmus haben, wenn sie die Blicke des Publikums bemerken. Aber auch wenn dies nicht der Fall ist, bewirkt die hochaktive Amygdala häufig eine Ovulation, das Steifwerden der Brustwarzen und der Klitoris sowie das intensive Gefühl, vaginal oder anal penetriert zu werden. Manche der betroffenen Frauen fühlen sich geschwängert, die eine oder die andere vom Teufel oder von Dämonen, andere hören auf zu menstruieren oder nehmen eine Vergrößerung ihrer Brüste wahr. Männliche Temporallappen-Epileptiker berichten ebenfalls von intensiver sexueller Erregung aus dem Nichts heraus, von Erektionen, Ejakulationen und dem eindeutigen Gefühl, daß ihr After penetriert, ihre Hoden und ihr Damm stimuliert und ihr Penis bis zum Orgasmus gelutscht werden, was viele aber als peinlich und unerfreulich empfinden, wie die Aura der Temporal-lappen-Epileptiker von den Betroffenen ganz allgemein häufig als un-angenehm und sogar als abscheulich bis unerträglich geschildert wird.[1]

Daß man bei Temporallappen-Epileptikern des öfteren auch ein in-tensives »Brutpflegeverhalten« und ein tiefes Berührtsein durch den Anblick von Babys, Kleinkindern und niedlichen Tieren beobachtet hat, liegt mit Sicherheit daran, daß der Neurotransmitter Dopamin nicht nur die sexuelle Begierde erzeugt und das Verlangen nach einer Fort-dauer der Lust, sondern auch die Ausschüttung von Oxytocin verstärkt. Die miteinander verwandten Neuropeptide Oxytocin und Vasopres-sin bauen Anspannung und Belastung ab, indem sie das Streßhormon Kortisol beseitigen, unterdrücken die Aktivierung der Amygdala ange-sichts angsteinflößender Stimuli, stellen Vertrauen her, erhöhen die Sensibilität für die Gemütslage anderer, das heißt die Fähigkeit, zu er-kennen, ob jemand glücklich ist, unzufrieden oder ängstlich, steigern die Emotionalität und vor allem die innere Verbundenheit mit ande-ren Menschen. Sehen manche Frauen ein Baby, schüttet ihr Hypotha-lamus so viel Oxytocin aus, daß ihre Milchdrüsen sich füllen. Als For-scher den Muttermund weiblicher Schafe stimulierten, war bei diesen ebenfalls eine Oxytocin-Ausschüttung feststellbar, und die Schafe ad-optierten Ziegenbabys, die sie sonst abgestoßen hätten.[2]

Andererseits wird Oxytocin durch die Stimulation von Brustwar-zen, Vulva und Muttermund bzw. von Penis und Hoden, vor allem aber während des Orgasmus ausgeschüttet und ins Blut abgegeben. Im all-gemeinen haben Frauen einen höheren Oxytocinspiegel als Männer, und je höher er ist, um so stärker sind die vaginale Lubrikation und die Spasmen, die beim Partner die Ejakulation beschleunigen, und um so heftiger und intensiver ist ihr Orgasmus.[3]

Eine Hyperaktivität der Amygdala kann auch die Koitusempfin-dungen und das Gefühl, sexuell befriedigt und sogar geschwängert wor-den zu sein, erklären. Von solchen Gefühlen berichten zahlreiche Texte des Mittelalters und der Frühen Neuzeit, in denen heilige oder selige Frauen von ihren erotischen Begegnungen mit Jesus berichten. »O du giessender got an diner gabe«, so himmelte im 13. Jahrhundert die »min-nesieche« Mystikerin Mechthild von Magdeburg den Herrn an, »o du vliessender got an diner minne, o du brennender got an diner gerun-ge [= Verlangen], o du smelzender got an der einunge mit dinem liebe

Du muſt das bettlin rumen der
ſchläff wil ſich rumen

Abb. 17   Jesus steigt zu einer Begine ins Bett;
niederrheinische Illustration, 14. Jhd.

[= Leibe], o du ruwender got an minen brústen«, worauf Gott ihr antwortete: »Du bist min senftest legerkússin, min minneklichest bette,
[…] ein bach miner hitze«, der seine Lust kühle. Mechthild gab ihm
jedoch zu bedenken, auch wenn er ihr noch so zärtlich beiwohne, tue
er doch gewiß ihrem »armen« Körper weh, welcher dergleichen ja
nicht gewohnt sei, was Gott auch einräumte: »Ich kann dich nit so
kleine berîben [= gefühlvoll begatten]« und »so salben [= reiben, ma-
sturbieren] ich dich allerminneklichest in der selben stunde«. Einerseits hatte Mechthild offenbar ein wenig Angst davor, daß Gott, der
voller Lust »zŭ der minnelustigen«, also sexuell erregten Mechthild
»in das notlich brútbette [enge Brautbett] gan« wollte, ihr weh tun
könne, wenn er sie entjungfere. Andererseits wollte sie dabei aber auch
befriedigt werden: »Nu lastu mich, herre, ligen in not, / ungesalbet in
grosser quale.« Und an anderer Stelle verlautete Gott: »swenne ich
vlússe [= ejakuliere] so mŭst du vúhten [= feucht werden].« Schließlich kommt Gott nach allem verbalen Vorspiel zur Sache und »trútet
[liebt] si mit voller maht [= Kraft] in dem bette der minne«.

Christina Ebner, eine junge Dominikanerin, die im 14. Jahrhundert
im Kloster Engelthal bei Nürnberg lebte, sagte, sie habe sich, als Jesus
sie fest an sich gepresst habe, gefühlt wie weiches Wachs, in das ein
Stempel gedrückt wird. Auch Hadewijch von Brabant wurde an einem
Pfingstsonntag dadurch sexuell befriedigt, daß Jesus sie umarmte und
fest an seinen Körper presste. Allerdings scheint Jesus im allgemeinen
das Liebeslager nur mit einer *virgo intacta* geteilt zu haben, wenn er
auch gelegentlich eine Ausnahme machte. Als nämlich im frühen
15. Jahrhundert Margery Kempe eines Tages einen unüberwindlichen
Ekel vor dem Beischlaf mit ihrem Ehemann entwickelte, vollzog sie
denselben fortan nur noch mit Jesus, der sie regelmäßig in ihrem Bett
besuchte. In einem spätmittelalterlichen Schriftstück aus dem Nürn-
berger Dominikanerinnen-Kloster St. Katharina heißt es dagegen, daß
Jesus nur das weibliche Wesen zu seiner Braut erwähle und »mit dem
kuwss seines mu[n]des und also mit seinen arme[n] umbfassen« werde, die eine klösterliche *maget* sei und keine Frau, die bereits einmal
Geschlechtsverkehr mit einem Mann hatte.

Nachdem die im frühen Mittelalter lebende tamilische Heilige Āṇṭāl im zarten Alter von 16 Jahren im Heiligtum Viṣṇus auf mysteriöse
Weise in dessen Steinfigur gesaugt worden war, betrachtete sie sich an-

schließend als Braut des Gottes. Ständig verzehrte sie sich fast vor Sehnsucht danach, daß Viṣṇu zu ihr komme, sich auf sie lege und sie penetriere, auf daß die Spuren seines Safrans auf ihren nackten Brüsten zurückblieben. Nachdem der Gott schließlich ihre Wollust befriedigt hatte, beschrieb sie ihren Körper als das Gefäß, in das Viṣṇu, »mein wunderschöner Liebhaber, seine geschmolzene Leidenschaft gegossen« habe. Ihre erotischen Gedichte, in denen sie auch die vollkommene Hingabe der *gopīs* (Hirtinnen) an Kṛṣṇa schilderte, wobei sie ebenfalls danach lechzte, daß auch dieser Gott »ihre großen weichen Brüste und ihren herrlichen Genitalbereich« stimuliere, wurden so gut wie nie in den Tempeln gesungen, und Menschen, die besonders fromm sind, möchten mit ihr so wenig wie möglich zu tun haben, denn sie finden so ziemlich alles, was Āṇṭāl verfaßt hat, obszön, zumal es auf tamilisch und nicht in Sanskrit geschrieben ist.[4]

Fast tausend Jahre später rief auch die Seherin Maria Maddalena de' Pazzi voller Verlangen aus: »Ich will dich nackt, mein Jesus, denn ich könnte dich in der Unendlichkeit deiner Tugenden und Vollkommenheiten nicht ertragen, ich will dein nacktes, nacktes Menschsein!« – was Jesus gern erfüllte, indem er bei der Vereinigung mit Maddalena jedes seiner nackten Glieder auf ihr entsprechendes entblößtes Glied legte. Daß freilich solche intimen Bekenntnisse in der Frühen Neuzeit nicht immer und überall gerne gehört wurden, zeigt der Fall der stigmatisierten Cristina del Rovales, Nonne des Dritten Ordens des hl. Domenicus in Neapel, eine Berühmtheit ihrer Zeit, die man öffentlich demütigte, indem man sie mit nackten Brüsten zur Schau stellte und anschließend ins Gefängnis des hl. Offiziums warf. Der Grund dafür war, daß sie offenherzig erklärt hatte, sie werde bisweilen in der Nacht von Jesus besucht, einem hübschen jungen Mann mit blondem Haar, der dann meistens »zu ihrem großen Entzücken« seine Hand in ihre Vagina einführe und sie dort »mit Geschick« stimuliere. Immer wieder schwärmten die »Bräute Gottes« in kaum verhüllender Sprache davon, daß Jesus sich in sie oder über sie ergieße – wenn er in sie »floß«, wurde Mechthild von Magdeburg ganz »feucht«, und als an Pfingsten Jesus Christina von Hane umarmte, spürte sie, wie sie von ihm »myt gotlicher woillust begoißyn [begossen]« wurde und er ihr ins Ohr flüsterte: »Myne freude und my[n]e woillust ist yn dyr.« Im 17. Jahrhundert schilderte die Ursuline Marie de l'Incarnation ebenso glühend wie detailliert »la consommation du mariage avec son divin Espoux«. Die bereits erwähnte im Jahre 1607 verstorbene Maria Maddalena de' Pazzi packte oft eine Mitschwester bei der Hand und rief laut: »Komm und laufe mit mir, um die Liebe zu rufen!« Tagelang harrte sie sehnsüchtig aus, bis die »Liebesergießung« Jesu endlich erfolgte, und nachdem diese stattgefunden hatte, fühlte sie sich davon überschwemmt und stöhnte: »Ach, nicht noch mehr Liebe, es ist zuviel!!«

Doch nicht nur keusche und fromme Jungfrauen, auch verheiratete Frauen, die bereits von einem Mann »erkannt« worden waren, sehnten sich danach, von einem zärtlichen und hingebungsvollen Liebhaber wie Jesus befriedigt zu werden. Offensichtlich behandelte in der Frühen Neuzeit die Mehrzahl der Männer ihre Frauen sexuell dermaßen grob und rücksichtslos, daß zum Beispiel Johann Fischart im Jahre 1578 sie daran erinnern mußte, »dasz nälich dz mannlin das weyblin nit vorhin bedeckt/es habe dan das weyblin vorhin geküszt oder geschnäblet«. So betrachteten verheiratete Puritanerinnen Jesus als ihren Ehemann, der ihnen das gewährte, wozu ihr sterblicher Gatte offenbar nicht in der Lage war. Ann Bathurst gab im Jahre 1679 ihrer Hoffnung auf eine Vereinigung mit Jesus Ausdruck: »that I might lie in his arms as I had done the night before«. Im Jahre 1662 sah die ständig von ihrem Mann bestialisch vergewaltigte Anna Vetterin aus Ansbach in einer Vision Jesus als einen in ihrem Garten wachsenden wunderschönen Baum, der sie auf körperlose Weise befruchtete, so daß sie mit keinem Mann mehr schlafen mußte, um schwanger zu werden und Kinder zu gebären.

Sehr häufig vollzog sich die Hochzeit dadurch, daß die Jungfrauen oder Frauen urplötzlich durch einen pfeilartigen Sonnen- oder Feuerstrahl penetriert wurden, durch die natürlichen Körperöffnungen oder die Fontanelle, aber meistens wurde direkt ihr Herz durchbohrt. Dies berichteten zum Beispiel im 13. Jahrhundert die Zisterzienserin Gertrud von Helfta sowie die Wiener Begine Agnes Blannbekin, die erzählte, der Heilige Geist sei durch eine ihrer Brüste in ihren Leib eingedrungen. Teresa von Ávila hatte offenbar recht selten halluzinatorische Visionen von Engeln, aber um das Jahr 1562, also im Alter von ungefähr 47 Jahren, erblickte sie einen Engel mit ihren »geistigen Augen«, und in seinen Händen sah sie »einen langen goldenen Wurfpfeil, und an der Spitze des Eisens schien mir ein wenig Feuer zu sein. Es kam mir vor, als durchbohre er mit dem Pfeil einige Male mein Herz bis aufs Innerste, und wenn er ihn wieder herauszog, war es mir, als zöge er diesen innersten Herzteil mit heraus. Als er mich verließ, war ich ganz entzündet von feuriger Liebe zu Gott. Der Schmerz dieser Verwundung war so groß, daß er mir […] Klageseufzer auspreßte; aber auch die Wonne, die dieser ungemeine Schmerz verursachte, war so überschwenglich, daß ich unmöglich von ihm frei zu werden verlangen noch mit etwas Geringerem mich begnügen konnte als mit Gott. Es war dies kein körperlicher, sondern ein geistiger Schmerz, wiewohl auch der Leib, und zwar nicht in geringem Maße, an ihm teilnimmt.« Aber auch unabhängig von solchen Visionen spürte Teresa gelegentlich, daß das Feuer der Liebe Gottes sie so »scharf« verwundete, daß sie nichts anderes mehr fühlte als diese »Pein und Qual«, die einen solchen Grad erreichten, daß sie »laut aufschreien« mußte.[5]

Hingebungsvoll erwartet die von Gian Lorenzo Bernini, dem wohl bedeutendsten Bildhauer des italienischen Hochbarocks, im Jahre 1652 beendete Statue der Teresa in Santa Maria della Vittoria die Penetration (Abb. 18) durch den Pfeil des lächelnden Engels, der sich anschickt, mit der anderen Hand eine ihrer Brüste zu entblößen. Vorbilder für die Skulptur waren höchstwahrscheinlich die von Antonio Allegri, genannt »il Correggio«, in der Spätrenaissance gemalte Io, die Tochter des Flußgottes Inachus, die sich widerstandslos dem Gott Jupiter, der die Gestalt einer dunklen Gewitterwolke angenommen hat, preisgibt und sich von ihm penetrieren läßt (Farbtf. I), Caravaggios »hl. Maria Magdalena in Ekstase« (Farbtf. IV), ein Gemälde, das nur noch in Kopien existiert, sowie Correggios »Venus«, die gerade in splitternacktem Zustand – sogar ihr Schamhaar ist sichtbar – von einem lüsternen Satyr betrachtet wird, der die sie zuvor verhüllende Decke beiseite geschoben hat. Auch die Haltung und der Gesichtsausdruck dieser Venus machen es augenscheinlich, daß sie nicht sündlos schläft, sondern sich der Gegenwart des Satyrs bewußt ist und seine Blicke auf ihre Blößen ebenso genießt wie Io die sexuelle Unterwerfung durch den triebhaften Göttervater. Entsprechend wurde Bernini noch zu seinen Lebzeiten vorgeworfen, er habe die heiliggesprochene Patronin Spaniens »in den Schmutz gezogen und aus dieser reinen Jungfrau (*Virgine purissima*) eine Venus gemacht«, er habe sie nicht nur erniedrigt, sondern zur öffentlichen Hure herabgewürdigt (*non solo prostra-*

Abb. 18   Ekstase der Teresa von Ávila (Detail).

ta, ma prostituta), weil er sie nicht – wie in solchen Fällen üblich – kniend, sondern mit zurückgeworfenem Kopf wie beim Geschlechtsverkehr wiedergegeben habe.[6]

Bereits im 3. Jahrhundert hatte der Kirchenschriftsteller Origines Gott einen Bogenschützen genannt, weil seine liebenden Augen Pfeile abschössen. Im 12. Jahrhundert lehrte Richard de Saint-Victor vom gleichnamigen Augustinerchorherrenstift in Paris: »Wird einem nicht das Herz durchbohrt, wenn jener feurige Pfeil der Liebe den Geist des Menschen bis ins Mark durchdringt und das Gemüt so sehr durchsticht, daß es überhaupt nicht mehr mächtig ist, die Glut seines Verlangens zurückzuhalten oder zu verbergen? Er brennt vor Sehnsucht, er glüht vor Begierde, er lodert, lechzt, stöhnt tief auf und stößt schwere Seufzer aus.« Auf einem flämischen Bild von 1740 hat die Seele in Gestalt einer jungen Frau ihr Kleid über den Brüsten aufgerissen, damit aus diesen heraus ihre flammenden Liebespfeile zu Gott hinauffliegen können, während umgekehrt auf einem 1623 entstandenen Stich ein brennender Pfeil vom Himmel herab auf eine Frau mit wehenden Haaren zufliegt, um in ihrer Brust die Flammen der Liebe zu entzünden und auflodern zu lassen.

Zwar heißt es noch in einem um 1540 entstandenen Manuskript der Augustinerinnen des Sankt-Agnes-Konvents in Arnheim am Nederrijn in enger Anlehnung an die acht Jahre zuvor veröffentlichte Schrift *Dat Paradijs lieffhavender sielen* [= liebender Seelen] der Maria van Hout aus Oisterwijk im Herzogtum Brabant: »O suesse Got koem und versadige [befriedige] mich […], mucht ich Christum mynen suessen brudegom inlaissen ach dat wulde ich so gerne doin«, doch hielten im Zeitalter der Reformation immer mehr Lutheraner und Calvinisten derartige erotische und sexuelle Kontakte für Ausgeburten der Hölle. Martin Luther selbst war jedoch fest im Aberglauben seiner Epoche verwurzelt – so war er überzeugt, daß der Teufel ebenso wie der Nöck – ein männlicher Flussgeist, der vor allem junge Mädchen zu sich ins Wasser zog, um sich an ihnen zu vergehen – ohne weiteres Frauen und Jungfrauen schwängern könnten: »Horrendum satis exemplum, quod Sathan ita potest hominibus illudere, ita ut etiam liberos gignat. Denn die sone [= Kinder] sind nichts anderes den[n] Teufel gewesen, idem corpus, quod mater habuit, habentes. Also ists auch mitt den nixen im wasser, der die menschen zu inen hinein

251

zeucht. Virgines cum illis scortantur«. Doch »das eine Nonne spricht, sie sey Christi Braut, daran ist nichts, denn sie ist des Teufels Braut, darůmb das sie ding fůr sich nimet aus eigener andacht und gůtdůnckel und deutet ir ding auff Gottes werck«. Während also die Wassergeister nach Luther mit den jungen Mädchen tatsächlich Geschlechtsverkehr haben konnten, bilden sich »yres teuffels nunnen yn der grosten brunst«, das heißt in ihrer Geilheit, den Koitus mit Jesus nur ein.

Es ist eine seit langem bekannte Tatsache, daß Frauen allein durch sexuelle Phantasien und Tagträumereien zum Orgasmus kommen können, und auch heute noch werden solche Reaktionen von manchen Frauen als das Resultat des Geschlechtsverkehrs mit einem Geistwesen, meist mit Jesus, seltener mit Gottvater, erlebt. In der Moderne laufen diese Frauen im Gegensatz zu früher jedoch inzwischen eher Gefahr, für geisteskrank gehalten zu werden. So stammen aus diesem Zeitraum viele Berichte über sexuelle Erlebnisse mit Göttern und Geistern von Psychiatern und Psychotherapeuten. Die Psychoanalytikerin Marie Bonaparte berichtete beispielsweise von einer 15jährigen Novizin, die eines Tages, als sie vor dem Altar niederkniete, von einer großen Wonne und Glückseligkeit erfüllt wurde, als sei Gott in ihren Unterleib eingedrungen. Als sie viele Jahre danach zum ersten Mal beim Beischlaf mit einem Mann einen Orgasmus hatte, fiel es ihr wie Schuppen von den Augen, daß das damalige Erlebnis ein sexueller Höhepunkt gewesen war. »Mein ganzes Wesen ist berauscht von göttlichen Küssen«, teilte auch eine Patientin namens Madeleine voller Begeisterung dem Psychiater Pierre Janet mit, »oh!, wenn ich doch nur ausdrücken könnte, was ich dabei empfinde! Ich habe gerade eine Nacht voller Liebe und Wahn zugebracht, ja es ist wahr, Gott macht mich mit seiner Liebe wahnsinnig …, die Wogen der Zärtlichkeit, die mich überfluten, verbieten mir anzunehmen, daß ich träume.«

Auch heute noch findet man viele Menschen, die ihre sexuellen Erlebnisse mit Gott schildern und dies keinesfalls für den Ausdruck einer psychischen Erkrankung halten. Eine 45jährige Frau erzählte, Jesus habe ihr »ganz zartlich Licht in die Vagina« ›eingeblasen‹, und eine Ernährungsberaterin und evangelikale Christin, die Gott als den »bestaussehenden, liebevollsten und prächtigsten Ehemann« aller Zeiten bezeichnete, der alles andere als ein »schlapper Liebhaber«, sondern ein »leidenschaftlicher, eifersüchtiger Gott« sei, schilderte eine nächtliche »Gottesbegegnung«, bei der sie einen so vehementen und wilden Orgasmus hatte wie noch nie zuvor oder danach. Schließlich beschrieb eine dritte, wie sie vor Lust »beinahe zersprungen« sei, als Jesus behutsam »ihre Schenkel auseinandergedrückt« habe.[7]

Bekannte Teresa von Ávila, sie fühle nichts als »Pein und Qual«, wenn die Liebe Gottes sie »verwunde«, aber dieser in erster Linie »geistige« Schmerz sei zugleich ihre »Wonne«, und sprach sie an anderer Stelle davon, sie habe ein unstillbares Verlangen danach, »zu leiden« und »verachtet zu werden«, dann bringt sie damit etwas zum Ausdruck, was auch lange vor und nach ihr andere Masochisten und Masochistinnen eingestanden haben. So notierte der Beichtvater der Angela da Foligno im 13. Jahrhundert, die selige Franziskaner-Terziarin habe einmal zu ihm gesagt, je mehr sie erniedrigt und gedemütigt werde, um so näher stehe sie Gott, was in dem um das Jahr 1100 niedergeschriebenen Prosatext *Seinte Marherete* die hl. Magaríta von Antiochia, die angeblich unter Kaiser Diokletian den Märtyrertod erlitt, in die Tat umsetzen will. Sie, die dem Sohne Gottes ihre Jungfernschaft opfert (»him ich habbe, meiden, mi meiðhad, iȝetted«), sehnt sich danach, splitternackt auf dessen ebenfalls nacktem Körper ans Kreuz genagelt und damit erniedrigt und gedemütigt zu werden: »A iesu swa swet [= wie süß] hit is wið þe to henge [= ist es, mit dir zu hängen].« In einem anderen mittelenglischen Text, dem *Ancrene Riwle*, wird der hl. Magaríta allerdings empfohlen, sich Jesus gegenüber als Domina zu gebärden. So solle sie ihn zunächst mit so viel Liebe anfassen, wie sie es einem sterblichen Mann gegenüber täte. Dann werde er ihr gehören und sie könne mit ihm machen, was sie wolle: »And he is þin. uorto don al þet þu wilnest.«

Übereinstimmend mit der Aussage Teresas, daß der Schmerz, der sie errege, eher ein »geistiger« denn ein körperlicher sei, sind auch heutige Masochisten der einhelligen Meinung, daß Unterwerfung, Erniedrigung, Demütigung und Bestrafung bei ihnen die Lust erzeuge, nicht der Schmerz als solcher. Wenn sich zum Beispiel männliche oder weibliche Masochisten von einer in Leder gekleideten »Motorradgang« – wie vorher verabredet – vaginal oder anal »vergewaltigen« lassen, dann ist es wichtig, daß alles nach ihren Vorgaben stattfindet und nicht zu brutal und schmerzhaft über die Bühne geht. Ein 23jähriges Mitglied eines Wicca-Covens berichtete dagegen, sie sei vor ihrer Initiationszeremonie wie üblich bei solchen Gelegenheiten nackt ausgezogen worden. Doch statt des erwarteten Geschlechtsverkehrs mit dem Hohepriester band man sie fest und peitschte sie aus, ihre Brüste und ihr Gesäß besonders, woran sich sämtliche Angehörige des Covens beteiligten. Zu guter Letzt wurde sie entgegen jeder Absprache von der Hohepriesterin mit einem hölzernen Dildo gegen ihren Willen vaginal vor aller Augen penetriert, was sie als Trauma und keineswegs als Vergnügen erlebte. Sexualwissenschaftler, die zahlreiche unterschiedliche S/M-Szenen untersucht haben, stellten einhellig fest, daß ein hoher Prozentsatz derjenigen, die sadomasochistische Praktiken betreiben, religiöse, insbesondere christliche Personen sind, die es genießen, sich innerhalb eines festgesetzten Rahmens einer Autorität zu unterwerfen. So hörte beispielsweise eine schwarze Amerikanerin, der ihr Glaube nicht genügte und die *wissen* wollte, ob Gott existiert, bei einer Charismatischen Veranstaltung in Charleston urplötzlich die Stimme Gottes: »›Was willst du, mein Kind?‹ Ich sagte: ›Rette mich, Herr, rette mich!‹ Und er sprach: ›Willst du den Heiligen Geist?‹ Worauf ich erwiderte: ›Fülle mich!‹ Dann wieder Gott: ›Zuerst mußt du dich verleugnen, und dann mußt du dich erniedrigen!‹ Und ich sagte: ›Ja Herr, ja Herr!‹« Daraufhin drang er in sie ein, tiefer und immer tiefer und »füllte« sie, bis sie völlig erschöpft und wehrlos war.[8]

Nicht selten wurden die jungen Mädchen und Frauen, die das Erlebnis hatten, von Gottvater oder Jesus sexuell penetriert zu werden, nicht nur scheinschwanger, sondern »kamen auch nieder« und »stillten« anschließend den Säugling wie viele der als Ketzerinnen verurteilten Frauen im schwäbischen Ries, die »dicunt se carnaliter cognosci a Christi« oder »quod polluunt se corpore Christi«. Bevor Jesus im Jahre 1301 die 24jährige Dominikanerin Christine Ebner im mittelfränkischen Kloster Engelthal schwängerte, sagte er zu ihr, er komme mit der Begierde eines brünstigen Mannes zu ihr ins Brautbett. Als sie ihn daraufhin fragte, ob er dasselbe schon einmal zu einer anderen Frau gesagt habe, flüsterte er ihr ins Ohr, so intensiv habe er dies noch bei keiner zum Ausdruck gebracht, und er werde ihr mehr Süßigkeit geben als tausend anderen. Nach den »starken stössen«, die Jesus einige Jahre

Abb. 19 Der Geist ihres verstorbenen Mannes erscheint seiner Frau,
um sie zu schwängern; um 1810.

später der seligen Margareta Ebner beim Geschlechtsverkehr im Dominikanerinnenkloster Mödlingen auf der nördlichen Schwäbischen Alb versetzte und die der Jungfrau »so gar ungestümlichen in daz herze koment«, wurde auch sie scheinschwanger, und ihre Mitschwestern sahen ihren Bauch »grösslich geswollen […] als ein Frawe diu groz mit ainem Kinde gaut«.

Auch in unserer Zeit führt ein extremer Kinderwunsch offenbar zu einer heftigen Aktivierung der Spiegelneuronen. Bei den betroffenen Frauen bleibt die Menstruation aus, der Bauch schwillt an, die Brüste werden größer, die Brustwarzen und ihr Hof verfärben sich, und sogar die Wehen setzen ein, so daß es schon Fälle gab, in denen Ärzte ernsthaft darüber nachdachten, ob sie einen Kaiserschnitt vornehmen sollten. Als Pierre Janet, der später Professor am Pariser Collège de France wurde, einer jungen Frau suggerierte, sie befände sich nicht im Jahre 1888, sondern im April 1886, als sie hochschwanger war, blähte sich plötzlich ihr Bauch auf wie bei einer Frau kurz vor der Niederkunft, und sie sagte zu ihm, »in ihrem Zustand« fiele ihr das Gehen sehr schwer. Hundert Jahre später stellten amerikanische Ärzte bei einer 17jährigen *virgo intacta* eine Scheinschwangerschaft im dritten Monat fest, konstatierten im fünften Monat eine sich ständig vergrößernde Gebärmutter und hörten die Herztöne des Fötus, und im sechsten Monat spürte das Mädchen zum ersten Mal dessen Strampeln. Als die in jungen Jahren verstorbene und bald nach ihrem Tod heiliggesprochene Elisabeth von Thüringen im ersten Drittel des 13. Jahrhunderts glaubte, einem Kind das Leben zu schenken, stöhnte sie so laut, »als ob sie nicht allein die Schmerzen einer Geburt, sondern eher die einer Sterbenden hätte (*non solum parturientis, quin potius ut morientis*). Der Autor der Vita der bereits erwähnten Wiener Begine Agnes Blannbekin berichtet, daß an Heiligabend »ihr ganzer Leib anschwoll und ihre Venen dick wurden (*totum corpus ejus intumesceret, et venae turgerent*)«, und sie habe gefühlt, wie sie das Jesuskind unter dem Herzen trug, wobei sich der Verfasser beeilt, klarzustellen, daß Agnes keine »lüsterne, sondern eine keusche Versüßung (*non libidinosam, sed castam dulcorationem*)« empfunden hätte. In der ersten Hälfte des 14. Jahrhunderts fühlte ebenfalls an Heiligabend Birgítta Birgerdotter, genannt Birgítta von Schweden, »eine empfindliche und wundersame Regung«, wie wenn ein lebendes Kind unter ihrem Herzen wäre, das sich hin und her wälzte. Da diese Bewegung anhielt, veranlasste sie ihren Beichtvater, Matthias von Linköping, und ihre Vertrauten, unter ihnen Bischof Alphons von Pecha, sich »durch Sehen und Fühlen« davon zu überzeugen, daß sie wirklich hochschwanger war, was letzterer auch in einem Brief bestätigte: »Die Bewegung im Körper der Heiligen war von außen sichtbar.« Schließlich erschien ihr auch in einer Vision die hl. Jungfrau und versicherte ihr, sie, Birgítta, werde in Kürze den Sohn Gottes gebären.

Im Jahre 1814 verkündete eine Stimme der 64jährigen Prophetin Joanna Southcott aus Devonshire, sie werde es erleben, wie im Schoße einer Frau ohne Intervention eines Mannes allein durch die Macht Gottes Leben entstehen könne, und im selben Moment hatte sie ganz eigentümliche Gefühle in der Gebärmutter, »die ich«, wie sie sagte, »unmöglich beschreiben kann«. Auf die gleiche Weise, so fuhr der unsichtbare Besitzer der Stimme gegenüber Joanna fort, sei er selber von der Jungfrau Maria geboren worden, und genau so werde sie soeben heimgesucht, »um den TRÖSTER (COMFORTER) auf die Welt zu bringen«, den in der Apokalypse des Johannes verheißenen zweiten Messias. Die Nachricht verbreitete sich schnell in ganz England und veranlaßte Lord Byron zu dem spitzen Kommentar, die Tatsache, daß Southcott im Alter von nunmehr 65 Jahren schwanger sei, sei in der Tat ein Wunder. Aber ein noch viel größeres Wunder sei es, daß jemand sich bereit gefunden habe, sie zu schwängern. Zwar bestätigten mehrere Ärzte, daß Southcott ein Kind erwartete, doch von heute auf morgen starb sie, worauf die Ärzte bei einer Autopsie feststellten, daß sie nie schwanger gewesen war und ihre seltsamen Empfindungen auf einen bösartigen Tumor zurückgingen, der sich in ihrem Uterus entwickelt hatte. Freilich konterten ihre zahlreichen Anhänger diesen Befund mit der Behauptung, selbstverständlich habe man keinen Fötus entdecken können, da eine »geistliche Schwangerschaft« vorgelegen habe, weil der »Vater« ja der Heilige Geist gewesen sei.

Der unwiderstehliche Wunsch, das Jesuskind in den Armen zu wiegen und zu stillen, führte aber auch dazu, daß viele glaubten, die gemalten Bilder oder die hölzernen Figürchen des kleinen Gottessohnes würden plötzlich anfangen, sich zu bewegen und zu sprechen. Als zum Beispiel in der ersten Hälfte des 13. Jahrhunderts die Nonne Adelheit von Spiegelberg den Speisesaal des Klosters St. Katharinenthal, das au-

ßerhalb von Dießenhofen am Rheinufer liegt, betrat, »do kam das
kindli vnd lúff ir vnder den mantel. Vnd do si ze tisch gesazz, do sazz
das kindli fúr sy vff den tisch. Was frôd vnd sússikait vnd wirtschaft si
do hett is vnsaglich«. Nachdem um die Mitte des 14. Jahrhunderts die
selige Margareta Ebner von dem Jesuskind energisch dazu aufgefordert worden war, es endlich zu stillen – »so nim ich daz bilde uzze
der wiegen und leg ez an min blozzes herze mit grossem lust und súss-
siget« –, spürte sie ganz deutlich, wie das Kindlein Milch aus ihrer
Brust saugte. Offenbar geschah dies öfters und blieb auch ihren Mitschwestern nicht verborgen, weil sie immer wieder unvermittelt eine
ihrer Brüste entblößte, was unter den Nonnen gänzlich unüblich war.
Und so sagte auch eine von ihnen zu Margareta: »Und des wundert
mich, as bliuge [= schamhaft] du bist, daz du dich nit schemtest!«
Auch anderen Nonnen berichteten, das Jesuskind zu stillen. So lag
bei der 1213 verstorbenen seligen Maria von Oignies der kleine Jesus
sogar tage- und nächtelang ohne Unterbrechung an ihrer Brust. Margareta Ebner drückte aber auch den erwachsenen Jesus so innig an ihre
nackten Brüste, daß ihm dies peinlich war und er ihrer stürmischen
Lust Einhalt gebot.

Wie der Mönch Arnaldo, ihr Biograph, berichtete, küßte die bereits
erwähnte Franziskanernonne Angela da Foligno an einem hl. Samstag
zunächst die nackte Brust des Gekreuzigten und dann seinen Mund,
dem ein unbeschreiblich süßer Duft entströmte. Als sie anschließend ihre Wange auf die seine legte, strich er mit der Hand über ihre
andere Wange und packte schließlich ihren ganzen Leib, preßte ihn an
sich und flüsterte: »Bevor ich in dieses Grab gelegt wurde, habe ich
dich genau so fest umschlungen!« Als Angela ein anderes Mal vor
dem nackten Gekreuzigten stand, verspürte sie eine solche Feuerhitze,
daß sie sich sämtlicher Kleidung entledigte und sich ihm völlig preisgab (*dabatur mii tantus ignis, quod stando iuxta crucem epoliavi me
omnia vestamenta et totam me obtuli ei*). »Meine Geschlechtsorgane«,
so bekannte sie, »brennen« bei solchen Gelegenheiten »in einem solchen Feuer (*in locis verecundis est tantus ignis*), daß ich sie für gewöhnlich mit richtigem Feuer verbrenne, um das andere zu löschen«.[9]

Marie Bon de l'Incarnation sah einmal beim Gebet vor dem Kruzifix, wie Jesus Beckenstöße ausführte, als ob er eine Frau beschlafe, und
im Jahre 1643 sagte eine Nonne des Klosters Louviers, Jesus sei vom

Kruzifix herabgestiegen, habe sie geküßt und ihr »kleine süße Dinge« ins Ohr geflüstert, worauf zudem ein wunderschöner Engel erschienen sei und ihr gestanden habe, sie ziehe ihn sexuell an. Etwa um dieselbe Zeit bekannte die Benediktinerin Louise Boussard, sie könne nie auf den Unterleib des Gekreuzigten blicken, ohne sich etwas vorzustellen, was sie aus Gründen der Scham nicht auszusprechen vermöge, und im 18. Jahrhundert berichtete der hl. Alfons Maria de'Liguori, viele italienische Nonnen verspürten jedesmal, wenn sie ein Kruzifix sähen, den unwiderstehlichen Zwang, Jesu Lendentuch zu lüften, um seine Genitalien zu befühlen. Auch in unserer Zeit räumte eine junge Frau ein: »Wenn ich das Kruzifix anschaue, drängt sich mir stets das Bild auf, eine Erektion unter dem Lendentuch zu sehen.«

Berichte von Skulpturen und Bildern, die plötzlich lebendig werden und reden, gibt es auch aus anderen Kulturen. So ist von der 1946 geborenen (bereits in § 6 erwähnten) Mystikerin Māte Mahādēvi bekannt, daß sie eines Nachts in Karṇāṭaka im Alter von 19 Jahren vor den Bildnissen von Śiva und Akkamahādēvi, einer im 12. Jahrhundert lebenden Heiligen, die als geschlechtsreifes junges Mädchen nackt in der Öffentlichkeit umherzog, intensiv meditierte, als sie plötzlich hörte, wie jemand lachte. Da wurden die beiden Darstellungen lebendig, und Māte bat die nackte Heilige um ihren Segen: »Schwester, bitte segne mich!« Hierauf antwortete diese: »Ich bin in hohem Maße spirituell! Bist du in der Lage, meine spirituelle Energie zu ertragen?« Māte entgegnete: »Wenn du mir auch deine Kraft gibst, werde ich sie ertragen können!« Worauf Akkamahādēvi sagte: »Deine Antwort stellt mich zufrieden. Bitte nimm mich, ich bin bereit, in dich einzudringen!« Als dies gleich darauf geschah, fühlte Māte die Penetration wie eine ungeheure Explosion, einen grandiosen Orgasmus, bei dem ihr ganzer Körper vibrierte und erschütterte.[10]

Mit Recht hat die Religionshistorikerin Grace Jantzen über die Gottesbegegnungen weiblicher Mystiker bemerkt: »With the women there is a direct, highly charged, passionate encounter between Christ and the writer. The sexuality is explicit, and there is no warning that it should not be taken literally. There is no intellectualising or spiritualising, no climbing up into the head, or using the erotic as an allegory hedged about with warnings.« Auch heute noch begegnet man dieser Verbindung von Erotischem und Heiligem. Die bekannte Fernsehmoderatorin und bekennende Atheistin Julia Sweeney erzählte ungeniert in einer Sendung, sie habe als junges Mädchen vor einem Gemälde von Jesus habituell masturbiert. Doch zu allen Zeiten hat es auch Männer gegeben, die von sexuellen Begegnungen mit Jesus berichten. So schilderte im frühen 12. Jahrhundert der Benediktiner Rupert von Deutz, wie der offenbar zu homosexuellen Kontakten neigende Jesus bereitwillig seinen Mund öffnete, damit er, Rupert, ihn mit tiefen Zungenküssen erfreuen konnte. Von Iacopone da Todi, der im 13. Jahrhundert nach dem tragischen Tod seiner Frau Franziskanermönch wurde und den später Papst Benedikt XI. exkommunizierte und verhaften ließ, wird erzählt, er habe häufig im Glauben, es handele sich um Jesus, einen bestimmten Baum umarmt und laut geschrien: »Süßer Jesus, Geliebter, süße Liebe!« Im Jahrhundert darauf bezeichnete sich der Dominikaner Heinrich Seuse, wohl der berühmteste Schüler Meister Eckharts, als »gemahel« und »wip« Gottes. Die *Ṣūfīs* und Bettelasketen des vor allem im Sindh und im Punjāb verbreiteten *malang*-Ordens tragen lange Haare, Frauenkleider und Frauenschmuck und nennen sich »die wahren Bräute Allāhs«. Sie glauben, wenn sie sexuell unberührt sterben, endlich ihr Ziel, nämlich die Hochzeitsnacht mit Gott, erreicht zu haben.

Nicht nur homosexuelles Begehren gegenüber Jesus ist durch Berichte bezeugt, auch für die heterosexuelle erotische Anziehung zwischen Männern und heiligen Frauen und der Jungfrau Maria gibt es zahlreiche Zeugnisse. Gegen Ende des Mittelalters erschien eines Tages dem Mönch Alano de Rupe in seiner Zelle die hl. Jungfrau und ließ sich von ihm küssen und ihre Brustwarzen stimulieren, was beide so hochgradig erregte, daß sie dies zu einer Gewohnheit machten.

An Weihnachten 1673 erschien dem christlichen Theosophen Johann Georg Gichtel während eines intensiven Gebets im Amsterdamer Exil die himmlische Sophia und »vermählte« sich mit ihm, das heißt, sie ließ sich von ihm entjungfern, was ihm eine »unaussprechliche Süßigkeit« verschaffte. Mehr wollte er allerdings nicht ausplaudern, »da aus dem Ehe-Bette nicht gut zu schwatzen wäre«. Das Erlebnis bewog ihn aber, mit keiner sterblichen Frau mehr der Venus zu opfern. In Anlehnung an die »himmlische Hochzeit« Gichtels und Sophias sowie ähnliche Ideen Jakob Böhmes gründete wenige Jahrzehnte später die 32jährige Eva von Buttlar im hessischen Allendorf eine »Christliche und Philadelphische Sozietät«, die aus einer Gruppe von Pietisten bestand und »Buttlarsche Rotte« genannt wurde. In dieser »Sozietät« fand der Koitus jedoch nicht »visionär« statt; vielmehr ließ die Gründerin als Inkarnation der »himmlischen Sophia« die männlichen Mitglieder zunächst an ihren Brüsten, den »Quellen der himmlischen Weisheit«, saugen und sich anschließend vaginal penetrieren, um die Männer auf diese Weise »rein und selig« zu machen.

Im Jahre 1715 ließ der Pietist Johann Friedrich Rock Jesus zu seiner »Braut«, der Gemeinde, sagen, daß »die Ströme meiner Wollüste dich ewig ergötzen und erquicken« sollen. Im selben Jahr sprach sein Wetterauer Glaubensgenosse Johann Carl Gleim von der Sinnenlust, die die Gemeinde »in den Armen ihres Ehegatten genießen wird«. Jesus werde »in heisser Liebes-Brunst von seinem allerheiligsten Thron hernieder« fahren, um sich jeden Mann und jede Frau, die am Abendmahl teilnehme, »zu seiner Braut zu erwählen«, worauf die Wollust »auß dem Bräutigam in die Braut einfliessen und wieder auß der Braut in ihren Gespielen sich einergiessen« werde. Zählten bei Gleim zu den »Bräuten« Jesu neben den Männern immerhin noch die Frauen, schlug im Mai 1748 Christian Renatus, genannt Christel, der Sohn des Grafen Zinzendorf, der die evangelische »Böhmische Brüdergemeinde« leitete, eindeutig homoerotische Töne an, wenn er öffentlich zu Jesus betete: »Ich bleibe mit meinem gantzen ledigen Brüderchor in dir, leibhafftig und wesentlich, so lange wir arme Hertzel noch nicht die Gnade haben dich auch so leibhafftig anzufallen, und zu umarmen, wie du's uns jetzt thust, bis wir's dir wieder bezahlen und wie du uns jetzt brünstig machst, dich wieder brünstig zu machen, daß möchten wir gerne gleich!«

Die enge Verquickung von Mystik und Sexualität war freilich auch in der Folgezeit nicht jedermanns Sache. Als etwa im Jahre 1926 der irische Dramatiker William Butler Yeats im Alter von 61 Jahren seiner Freundin Olivia Shakespear schrieb, daß »mystic vision and sexual experience were essentially the same« und »the way to the first lay through the second«, wobei er ihr, um etwas konkreter zu werden, ein Buch mit einer detaillierten Beschreibung des Cunnilingus beilegte, kam er bei Olivia nicht besonders gut an.[11]

§ 20
Sex mit Geistern und Dämonen

Mindestens genauso häufig, wenn nicht sogar häufiger, kam es im Mittelalter und in der Frühen Neuzeit vor, daß Frauen und junge Mädchen, unter ihnen vielfach Nonnen, nicht von Jesus, sondern von Dämonen und anderen Geistern sexuell erregt oder penetriert wurden. So berichteten die Verfasser des *Malleus Maleficarum*, »daß oft auf dem Felde oder im Walde Unholdinnen«, also für Hexen gehaltene Frauen, »auf dem Rücken liegend gesehen wurden, die Scham entblößt, nach der Art jener Unflätereien die Glieder in Ordnung, mit Armen und Schenkeln arbeitend, während die Incubi, unsichtbar für die Umstehenden, wirkten, mochte sich auch am Ende des Aktes ein ganz schwarzer Dampf in der Länge eines Mannes von der Unholdin in die Luft erheben«. Im 14. Jahrhundert hatte die 48jährige verwitwete Bäuerin Ermine de Reims, eine fromme Frau, mehrfach »schmutzige« Visionen von Dämonen, die, schwarz wie die Menschen »d'oultre la mer«, vor ihren Augen in der Schlafkammer auf obszönste Weise Geschlechtsverkehr ausübten. Dabei erfüllten sie den ganzen Raum mit einem schrecklichen Gestank und stellten ihre Genitalien (*ordure*) zur Schau, um ihr »ein böses Vergnügen zu verschaffen«. Außerdem entblößten sie Ermines Unterleib und erregten sie derartig, daß sie sich hinterher so lange geißelte, bis das Blut an ihrem Körper hinabrann. Als sich schließlich drei Kröten an ihrer Vulva zu schaffen machten, vertrieb sie diese mit Weihwasser. Kröten waren in jener Zeit das Symbol für exzessive und verwerfliche Sexualität. Auf Darstellungen der Hölle sitzen häufig Kröten auf den Brüsten von Frauen, die zu ihren Lebzeiten zu tiefe Dekolletés trugen, und eine Skulptur in Moissac im Tarntal zeigt eine Frau, zwischen deren Oberschenkeln eine Kröte auf ihre Genitalien zukriecht, während eine weitere Skulptur in Charlieu im Beaujolais eine Frau darstellt, an deren Brustwarze eine Kröte lutscht, während sie von zwei Schlangen penetriert wird. Auch gläubigen Ekstatikerinnen blieb derartiges nicht erspart. So wird berichtet, daß im 13. Jahrhundert eine riesige Kröte unter das Gewand von Christina von

Stommeln gekrochen sei und sich acht Tage lang an ihren Brüsten fest-
gesaugt habe, und ein anderes Mal sei eine Schlange durch ihre Vagina
in ihren Unterleib geglitten, wo sie ebenfalls eine Woche lang verweilt
habe.

Nach Wilhelm von Auvergne, Albertus Magnus und anderen mittelalterlichen Autoritäten hatten die Dämonen, weil sie keinen eigenen
Körper und kein Geschlecht besaßen, keine sexuellen Lustgefühle,
aber sie liebten es trotzdem, Mädchen und Frauen in einer angenom-
menen Gestalt zu vergewaltigen, um sie zu erniedrigen und moralisch
zu verderben, indem sie diese dazu brachten, die schändlichen Handlungen zu genießen. Der Exorzist Brognoli berichtete, um das Jahr 1650
habe in Bergamo eine Witwe ihm gegenüber geklagt, sie höre, wenn sie
nachts im Bett liege, ständig Stimmen, die ihr große Angst einjagten.
»Die einen sagten: ›Laßt sie uns ficken (*chiavare*)!‹, worauf andere er-
widerten: ›Das wird sie nicht wollen, denn sie fürchtet Gott!‹ Da riefen
wieder andere dazwischen: ›Sie wird damit einverstanden sein, und
wenn nicht, dann nehmen wir sie mit Gewalt!‹« Schließlich habe
die Witwe gespürt, wie einer der unsichtbaren Dämonen sie tatsächlich penetrierte. Im 13. Jahrhundert gestand eine Nonne Thomas von
Cantimpré, sie werde seit Jahren nachts gegen ihren Willen von einem
Dämon beschlafen, nachdem sie ein einziges Mal, zu Beginn, in den
Geschlechtsverkehr eingewilligt habe. Thomas sah in den jahrelangen
Vergewaltigungen die gerechte Strafe für einen Augenblick der Schwäche. Andere Frauen, insbesondere solche, die von ihren Ehemännern
sexuell nicht gerade verwöhnt wurden, genossen den Sex mit den Dämonen über alle Maßen, und man hat nach den Berichten nicht den
Eindruck, daß dieser Genuß einseitig war. So gab im Jahre 1528 eine
Frau namens Bellezza Orsini zu Protokoll, der Penis des Dämons, der
sie beglücke, sei »schön und dick« und stehe »wie eine Stange«, wenn
er sie bis zu achtmal hintereinander anal penetriere. Eine im Jahre
1594 wegen Hexerei (*stregoneria*) angezeigte Gostanza bekannte, sie
genieße den Geschlechtsverkehr mit dem Dämon viel mehr als den
»mit meinem Mann, denn er gab mir mehr Zärtlichkeiten und Liebkosungen und Spaß rundum, indem er mich auf sämtliche Weisen befummelte, um mich herumsprang, mir die Brüste streichelte und
mich auch ansonsten überall betatschte (*mi toccava per tutta la vita*).
[…] Und obwohl er mir sein Sperma durch die Möse in den Leib ge-

spritzt hatte, hörte er nicht damit auf, sondern fuhr fort, zu ejakulieren (*sguazzare*, »planschen, plätschern«) und mich zu stoßen wie zu Beginn, und er verspritzte sein Sperma sechs- oder siebenmal, bis ich mich von ihm löste.«

Auch heutzutage sind Erlebnisse dieser Art nicht so selten, wie man glauben mag, obwohl die Betreffenden nicht unbedingt der Meinung sind, ihre Liebes- oder Sexpartner seien Geister. So sind manche Liebeswahnsinnige, vorwiegend Frauen, der festen Überzeugung, sie würden nachts von ihren fernen Auserkorenen koitiert. Aber auch von sexuellen Erlebnissen mit Geistern wird weiterhin berichtet. Eine vornehme Dame, Mitglied einer spirituellen Kirche in Schottland, verblüffte die Angehörigen ihrer Gemeinde, als sie freimütig kundtat, jeden Abend, nachdem sie zu Bett gegangen sei, mit »einem Herrn aus der geistigen Welt« Geschlechtsverkehr auszuüben. Ein 17jähriges Mädchen erzählte, sie fühle die Anwesenheit einer Person zunächst neben ihrem Bett und dann in ihrem Körper, wobei sie eine heftige Stimulierung ihrer Geschlechtsorgane und ihres Uterus spüre, was sie darauf zurückführe, daß der Heilige Geist sich an ihrem Unterleib delektierte. »Mit der Zeit«, so teilte eine junge Frau mit, die berichtete, sie werde ständig von unsichtbaren Händen an den Genitalien und Brüsten stimuliert, »wurden die Berührungen, die ich empfand, immer intensiver. Waren die Zärtlichkeiten anfangs noch angenehm, wurden sie jetzt unerträglich. Ich fühlte mich schmutzig, mißbraucht. Kaum war ich aus der Wanne, ging das Betatschen wieder los. Ich spürte es ganz deutlich. Irgendwann ekelte es mich an.« Eine 20jährige Studentin vertraute ihrem Arzt an, sie werde täglich mehrfach anal und vaginal bis zum Orgasmus penetriert, und zwar bisweilen hintereinander von mehreren unsichtbaren Männern, wobei das Gefühl genau dasselbe sei wie bei einem wirklichen Koitus. Und wenn sie unter der Dusche stehe, fühle sie ganz deutlich, wie ein Mann sie beglotze. Gehe sie aber dann ins Bett, spüre sie, wie der Spanner neben ihr liege. Doch im Gegensatz zu den unsichtbaren Männern, von denen sie ständig sexuell genötigt wurde, finde sie die intimen Berührungen des neben ihr Liegenden »wunderschön«, und als er mit seinem Penis in sie eingedrungen sei, hatte sie »das Gefühl zu schweben«.

Schon frühzeitig warnten viele Okkultisten davor, daß ein unbedachter und leichtfertiger Gebrauch des Ouija-Brettes vor allem bei Angehörigen des weiblichen Geschlechts zu massiven sexuellen Belästigungen durch schlüpfrige Geister führen könne, die ihnen nicht nur Obszönitäten ins Ohr flüsterten, sondern sie bisweilen regelrecht vergewaltigten. Eine junge Frau, Mitglied einer Ouija-Brett-Gruppe, nahm Kontakt zu einem solchen Geist auf, der sie sogleich mit den Worten anfuhr: »Hure, Fotze (*cunt*), fickende Hündin!«, worauf ihm die Frau das Wort abschnitt, indem sie sagte: »Glaubst du, daß du mir mit deinem Dreck Angst einjagen kannst? Du bist schmutzig und erbärmlich, du kannst mir gar nichts tun!« Doch der Geist ließ sich nicht aus der Fassung bringen, sondern fuhr mit seiner Schimpfkanonade fort: »Fikkende Hure, welchen Schwanz willst du heute nacht ficken, einen großen Schwanz« und so fort. Solche schamlosen Geister von Verstorbenen besitzen nach Mitteilung eines modernen esoterischen Autors, der sich selber als eine Reinkarnation betrachtet, keinen »grobstofflichen Körper«, so daß sie sich nicht sexuell über Lebende hermachen könnten und sich damit begnügen müssten, auf Toiletten einen Blick auf die Genitalien oder den After der sich dort vorübergehend aufhaltenden Personen zu werfen oder in Schlafzimmern Paare beim Geschlechtsverkehr zu beobachten. Allerdings sei es aber auch »erwiesen«, daß einige von ihnen die Seelen Lebender »verdrängen« und ihren Körper »übernehmen« könnten, um auf diese Weise ihre enorme Geschlechtslust zu befriedigen.[1]

Auch in den arabischen Ländern ist der Glaube weit verbreitet, daß die *jinn* sich mit besonderer Vorliebe in Toiletten aufhalten, weil sie einen unwiderstehlichen Drang empfinden, die Geschlechtsorgane von Männern und Frauen zu betrachten und sich dadurch aufzugeilen. Denn viele Menschen im arabischen Raum sind davon überzeugt, daß ein *jinnī* oder eine *jinnīya* (von der Wurzel **jnn*, »unsichtbar, dunkel, bedeckt«) nur lüstern seien, weshalb es zwischen den *jinn* und den Menschen zwar Sex, aber keine Liebesbeziehung geben könne. So geben die meisten religiösen Respektspersonen und Heiler den Männern den Rat, niemals zu Hause mit einer *jinnīya* zu schlafen, sondern sie höchstens auf einer Reise zu benutzen, wenn partout keine andere Sexualpartnerin zur Verfügung steht. Die männlichen *jinn* galten und gelten allgemein als Wesen, die sich über jedes junge Mädchen und jede Frau bis zu einem gewissen Alter hermachen, wenn sich die Gelegenheit dazu bietet, und bezeichnenderweise werden zum Beispiel die *hūrīs* im Paradies als Jungfrauen bezeichnet, die noch kein Mann und kein *jinnī* berührt habe. Dabei machen die *jinn* nicht viel Federlesens und gebrauchen, wenn nötig, Gewalt, besonders dann, wenn die Frau durch Krankheit oder Erschöpfung geschwächt ist und wenig Widerstandskraft besitzt. Doch wenn ein *jinnī* sein Opfer sexuell befriedigt und zum Orgasmus bringt, was anscheinend häufig vorkommt, sollen viele Frauen auch fürderhin gerne bereit sein, sich ihm hinzugeben. So scheinen die meisten muslimischen Männer der festen Meinung zu sein, daß so gut wie jede Frau den vaginalen oder analen Koitus mit den *jinn* genieße, und es heißt, eine Frau, die morgens im Bett bleibe und nicht aufstehen wolle, verhalte sich so, weil ein *jinnī* seinen Zeigefinger in ihren After gesteckt habe. In Palästina und in vielen anderen arabischen Gegenden galt ein junges Mädchen, das von einem *jinnī* penetriert worden war, als entehrt, aber nicht so bei den Ruala-Beduinen – vorausgesetzt, daß der *jinnī* sie gegen ihren Willen defloriert hatte. Dies konnte indessen zu Komplikationen führen, denn im Gegensatz zu den europäischen Incubi produzieren die *jinn* Sperma und können ihre Beischlafpartnerinnen problemlos schwängern. So sagt in einem im Jahre 1310 in Kairo veröffentlichten Text der Geist der Unzucht, Šhayṭān, dem Propheten, er habe Allāh um Erlaubnis gebeten, vor dem Ehemann in die Vagina jeder Frau zu ejakulieren, wenn dieser vergessen habe, vor der Penetration Gott anzurufen. Auch heute noch ist der Glaube verbreitet, daß ein Mann, der es versäumt hat, vor dem Koitus *bismillāh* zu sagen, damit rechnen muß, daß seine Frau unmittelbar vor ihm von einem *jinnī* »gebraucht« und eventuell geschwängert worden ist. Diese Ejakulationsfähigkeit der *jinn* machen sich im Sindh muslimische sterile Frauen zunutze, indem sie in der Nacht Friedhöfe oder Leichenverbrennungsstätten (*ghāts*) aufsuchen, um sich dort nackt auszuziehen und die *jinn* sexuell zu stimulieren, damit diese sie penetrieren und ihnen zu einer Schwangerschaft verhelfen.[2]

In zahlreichen Kulturen überall auf der Welt fürchten sich die Frauen und die jungen Mädchen, aber bisweilen auch die Männer, von Geistern vergewaltigt zu werden. So warnen die !Kung ihre Frauen, nachts allein in den Busch zu gehen, weil dort ein riesiger Geisterpavian mit einem ebenso gewaltigen Penis lauere, der jedes weibliche Wesen, das er greifen könne, ausgiebig penetriere – vielleicht eine Erfindung der Männer, um die Frauen davon abzuhalten, sich in der Nacht, in der die Giftschlangen auf die Jagd gehen, in Gefahr zu bringen. Bei den Matsigenka am oberen Amazonas im peruanischen Tiefland machen sich nachts die Hirschdämonen (*kama' garini*, »die Todbringenden«), die aber eher einem Tapir ähneln, in den Gärten und im Urwald auf die Suche nach einem Opfer. Treffen sie auf eine Frau, dann »brechen« sie mit ihrem mächtigen steinharten Penis, der einen Durchmesser von 15 cm und im erigierten Zustand eine Länge von mehr als einem Meter hat, durch die Vagina hindurch ihren Körper auf, nachdem sie das Opfer in Trance versetzt und dadurch wehrlos gemacht haben. Fangen sie aber einen Mann, »drehen sie ihn um«, das heißt, »sie machen ihn zur Frau«, indem sie ihren Phallus in seinen After stoßen und ihn auf diese Weise wie die Frauen zu einem Totengeist oder Dämon machen, der dann seinerseits die Lebenden vergewaltigt, wobei auch die weiblichen Dämonen über einen tödlichen Penis verfügen. Genauso töten die *anapi ančúnga*-Geister nach dem Glauben der in Brasilien beheimateten Tapirapé mit ihren monströsen Penissen Männer und Frauen, während bei den Desana im kolumbianischen Tiefland der Waldgeist *boráro,* ein splitternackter Mann mit einem gigantischen Glied und voluminösen Hoden, jeden Menschen, den er überrumpeln kann, zwar stundenlang vergewaltigt, aber nicht tötet, was früher auch der ähnlich bestückte Nëngë tat, der in die Malocas einbrach und nacheinander sämtliche weiblichen Bewohner schändete. Auch dessen Penetrationen endeten nicht tödlich, aber bezeichnenderweise benutzen die Desana für das sexuelle Penetrieren das Wort für Töten. Als ein Ethnologe erfuhr, daß die Jäger nach der Erlegung einer Hirschkuh im Urwald minuziös deren Genitalien untersuchen und sich eingehend über ihr Aussehen und ihre Größe unterhielten, fragte er sie, ob sie das Töten einer Hirschkuh sexuell errege, worauf einer von ihnen antwortete: »Töten ist Ficken.«

Auf den Samoa-Inseln besonders gefürchtete ʿaitu sind die *teine,* hochgradig lüsterne weibliche Geister, die nachts junge Männer vergewaltigen, aber auch von jungen Mädchen Besitz ergreifen, die dann von einem Geistermedium (*taulāʿaitu*) behandelt werden müssen. Ihnen entsprechen im Marquesas-Archipel die *vehine haʿe,* die »wilden

Frauen«, die ebenfalls in der Nacht umherstreifen, um die Männer nicht nur zu »essen«, das heißt, gegen ihren Willen zu koitieren, sondern sie zudem in unbewohnte Berggegenden zu entführen, wo sie ihnen als Sexsklaven dienen müssen. Nicht selten handelt es sich bei solchen triebhaften Geistern um die von jungen Männern oder Frauen, die sterben mußten, ohne jemals sexuell befriedigt worden zu sein, zum Beispiel bei den unersättlichen *pēy* der Tamilen, bei den in den Bambuswäldern lebenden *satbania-* und *nipurśa*-Geistern der Munda in Bangladesch sowie den *churel* der Oraon und Āsur im indischen Bihār und den *phî paup* der Lao, die Geister von Frauen sind, die ihre erste Schwangerschaft nicht überlebten.[3]

Doch bei weitem nicht jeder Koitus zwischen Menschen und Geistern hat den Charakter einer Vergewaltigung oder sexuellen Nötigung. Viele, vor allem Frauen, empfinden zahlreichen Berichten zufolge dabei größere Lust als beim Geschlechtsverkehr mit einem Menschen. Bei den Kaulong in Neubritannien verführen die *esusu*-Geisterfrauen sehr gerne verheiratete Männer, denen das so gut gefällt, daß sie ihre Frauen und Kinder vergessen und den Geistern in ihr Reich folgen, wo sie ihnen auf ewig verfallen bleiben. Die *mimih*-Geister der Kuninjku im zentralen Arnhemland locken bisweilen ähnlich wie die griechischen Sirenen und Lotophagen einsame Jäger in ihr Reich in den Felsen, wo diese sich mit den Geisterfrauen sexuell vergnügen können, was offenbar dermaßen aufregend ist, daß die Jäger überhaupt keine Lust mehr verspüren, in die Menschenwelt zurückzukehren. Wenn bei den südlich des Sambesi ansässigen Shona-Stämmen eine Frau außergewöhnlich schnell und intensiv sexuell erregbar, aber gleichzeitig an jeglichem Sex mit ihrem Mann desinteressiert ist, geht man davon aus, daß sie sich mit einem *chidhoma*-Geist, der »hengstmäßig« ausgestattet ist, vergnügt, ein extrem libidinöses Wesen, das den Frauen nachts in der Hütte zwischen die Beine kriecht. Auch die Ndembu in Sambia behaupten, der *kahwehwi*-Geist verschaffe jeder Frau »grenzenlose Lust«. Nach Aussage einer jungen Bengalin empfindet auch sie »unendliches Vergnügen«, wenn der Geist, der sie zu besuchen pflegt, ihr zum Orgasmus verhilft. Eine junge Puertoricanerin betonte mit Nachdruck, sie brauche keinen Mann, denn die Seele des Toten (*muerto*), der sie nachts besteige, befriedige sie in jeder Hinsicht.[4]

Auch kam es häufig vor, daß Männer und Frauen mit andersgeschlechtlichen Geistern regelrechte Ehen schlossen. So war ein Mann in einem uigurischen Dorf in Ostturkestan mit einer für andere Menschen unsichtbaren *parišta*, einer wohlwollenden Fee, verheiratet, die ihm vier – natürlich ebenfalls unsichtbare – Kinder schenkte. Diese Ehe wurde als ein großes Glück angesehen, obwohl sie die Konsequenz mit sich brachte, daß der Mann keinen normalen Umgang mehr mit den anderen Dorfbewohnern hatte. Ein malaiischer Geistheiler (*bomoh*) erzählte dem Ethnologen Ioan Lewis, daß er wie die meisten seiner Kollegen mit einem weiblichen Hilfsgeist verheiratet sei, mit dem er wie andere mit ihrem menschlichen Ehepartner regelmäßigen Geschlechtsverkehr habe. Am Anfang seiner Karriere lebte er als Einsiedler auf einem Berg, wo ihm eines Tages die Geisterfrau erschien und ihn flehentlich bat, sie zu heiraten, worauf beide eine traditionelle Hochzeitszeremonie abhielten, nach der er 68 Tage lang fastete. Am 80. Tag stieg er gemeinsam mit seiner Frau, auf dem Rücken ein Sack voller Heilkräuter, den Berg hinab bis zu seinem Dorf, wo zunächst jeder dachte, er sei verrückt geworden. Doch nach einiger Zeit normalisierte sich alles. Nach 13 Jahren Ehe und den Geburten eines Geistermädchens und eines Geisterbuben ließ sich das Paar zwar scheiden, aber seine Geisterfrau blieb trotzdem sein Hilfsgeist und seine medizinische Beraterin, und auch Geschlechtsverkehr hatten die beiden weiterhin.

Jeder Mann und jede Frau der Baule an der westafrikanischen Elfenbeinküste ist mit einer »Jenseitsfrau« (*blolobla*) bzw. einem »Jenseitsmann« (*blolo bian*) verheiratet. Wenn im jungen Erwachsenenalter eine meist durch Unfruchtbarkeit oder Impotenz ausgelöste Lebenskrise auftritt, führt der Medizinmann dies für gewöhnlich darauf zurück, daß der jeweilige Geist unglücklich oder eifersüchtig ist, sich also vernachlässigt fühlt. Dann müssen die Betreffenden eine Statuette des Geistes (Abb. 20) anfertigen lassen, wobei die weiblichen *blolo*-Figurinen meist splitternackt sind und besonders sorgfältig und detailliert ausgeführte Genitalien besitzen. Diesen Statuetten bietet man Opfer in Form von Speisen und Geld dar (Farbtf. V) und reserviert jede Woche einen Tag, an dem der Geist »auf diese Erde hier« (*asie'n su wa*) kommt, um mit dem Gemahl oder der Gemahlin Geschlechtsverkehr zu haben. Ganz ähnliche Anschauungen besitzen auch die Geistheiler (*ju ju men*) des Vodú in Ghana (Farbtf. VI), die westlich der Voltamün-

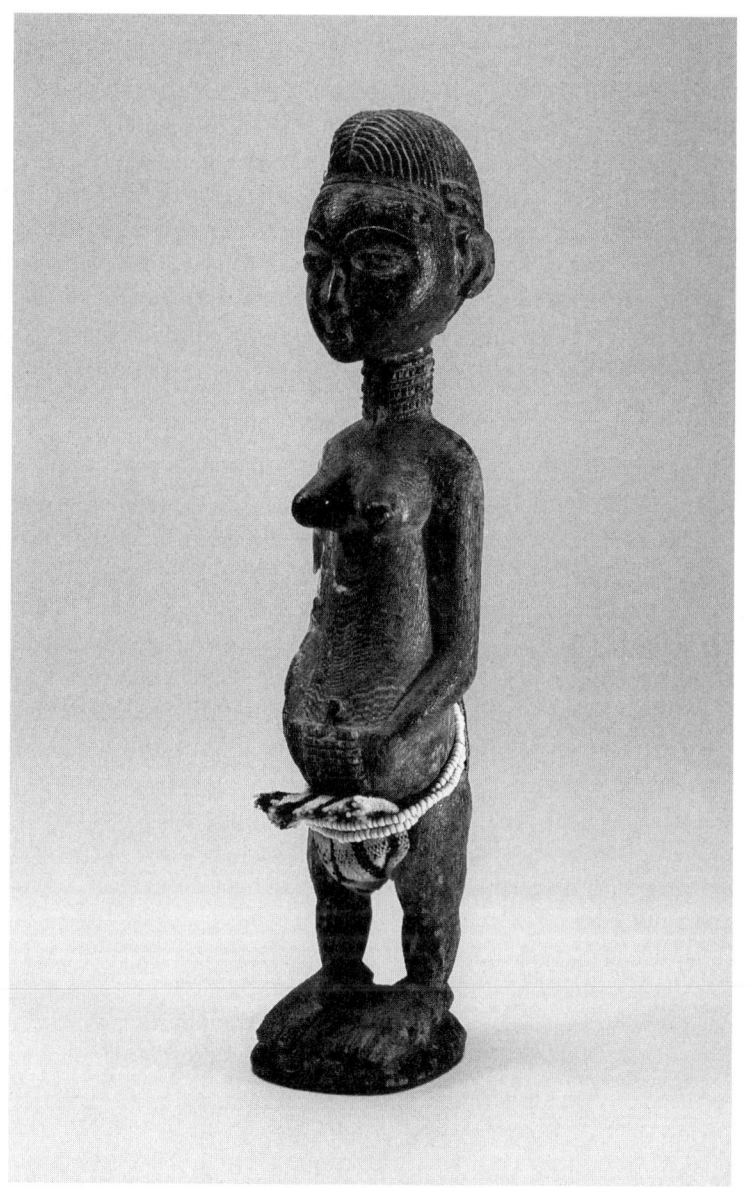

Abb. 20   Statuette einer Jenseitsfrau der Baule (Elfenbeinküste).

dung lebenden Krobo und die weiter östlich siedelnden Ewe, bei denen es vorkommt, daß die eifersüchtige »Jenseitsfrau« (*gbetsu*) nicht nur die menschliche Rivalin belästigt, sondern ihren Ehemann sogar tötet, wenn er ihr nicht Kaurischnecken, Hühner und blauen Stoff opfert. Umgekehrt vergnügte sich eine Schamanin der Saora im indischen Orissa sehr zum Leidwesen ihres eifersüchtigen menschlichen Ehemannes drei Tage lang, an denen sie lediglich Palmwein trank, mit ihrem Geistergatten, von dem sie ein Geistkind hatte, im Dschungel. Befand sie sich aber im Dorf, brachte der Geistergatte nachts das Kind zu ihr, damit sie es stillen konnte. In Mosambik bleiben sehr viele Geistheilerinnen unverheiratet und leben zölibatär, weil ihre Geistergatten ungemein besitzergreifend sind und ihnen jeglichen Sex mit einem menschlichen Mann verbieten. Eine Geistheilerin sagte, ihr Mann habe sie aus diesem Grund verlassen, und eine andere erzählte, in der Nacht sei ihr Geistermann ihrem irdischen Gatten erschienen und habe ihm mit schlimmen Konsequenzen gedroht, falls er noch ein einziges Mal seine Frau berühre. Etwas duldsamer sind in dieser Hinsicht die Unterweltgeister (*ilda*) der erwähnten Saora, die lediglich darauf bestehen, die jungen Schamaninnen zu deflorieren, aber nichts dagegen haben, wenn diese anschließend jemanden heiraten. Auch die am Meeresgrund lebende Iemanjá scheint nach der Überzeugung der Priesterinnen des Candomblé-Kultes nur an einer kurzen »Todeshochzeit« interessiert zu sein, die darin besteht, daß sie einen ertrinkenden brasilianischen Küstenfischer fest an ihre nackte Vulva, die »silberne Meeresmuschel«, preßt, bis sie einen Orgasmus hat, worauf sie den Körper des Sterbenden losläßt, der dann irgendwann am Strand angespült wird.[5]

Ist der Geschlechtsverkehr zwischen Menschen und Geistern in den allermeisten Fällen heterosexueller Natur, gibt es indessen auch Ausnahmen. So berichteten Schamanen der zentralbrasilianischen Tapirapé von »aktivem« und »passivem« Analverkehr mit männlichen Geistern. Einem jakutischen Schamanen, der sich von einem ebenfalls männlichen Geist geschwängert fühlte, trieb innerhalb von Minuten der Leib auf wie bei einer hochschwangeren Frau. In Lusaka und Umgebung gaben verheiratete Frauen zu Protokoll, sie seien nachts von weiblichen Hexen in der Gestalt von *ilomba*-Schlangen vergewaltigt worden, nachdem diese ihre Männer in Tiefschlaf versetzt hätten.

Von den Yorùbá-Hexen heißt es, sie lösten in der Nacht die Penisse vom Körper der schlafenden Männer, penetrierten dann mit deren Hilfe schlafende Frauen und junge Mädchen und befestigten sie anschließend wieder am Unterleib ihrer nichtsahnenden Besitzer, und marokkanische Frauen berichten, es habe sie völlig verwirrt, daß weibliche Geister sie »gefickt« hätten. Schließlich bekannten auch einige Heiler und Heilerinnen der Bricolanos im philippinischen Luzón freimütig, daß ihre gleichgeschlechtlichen Hilfsgeister mit ihnen den Geschlechtsakt ausführten.

Wenn im Jahre 1640 sizilianische »nachtfahrende« Frauen vor der spanischen Inquisition bereitwillig aussagten, bei ihren nächtlichen Ausflügen hätten sie immer wieder die Genitalien schlafender Frauen und junger Mädchen betrachtet, was sie dermaßen erregt habe, daß sie anschließend bei ihnen einen Cunnilingus ausführten, dann scheint es sich tatsächlich um Berichte von »Außerkörperlichen Erfahrungen« oder Luziden Träumen und nicht nur um wollüstige lesbische Wunschvorstellungen zu handeln. So wurde bereits Robert Monroe, einer der Pioniere der außerkörperlichen Exkursionen, bei einer seiner frühen Ausfahrten von einer solch »heftigen Begierde nach sexueller Befriedigung« erfaßt, daß er »alles andere vergaß« und sein Büro von vorne bis hinten »nach einem weiblichen Wesen« absuchte. Letztendlich stieß er im Freien auf sieben oder acht Frauen, bei deren Anblick er jedesmal heftig ejakulierte, und zwar real, wie er hinterher feststellte. Auch wenn die jakutischen Schamanen mit ihren Geistermädchen (*abassi*) koitierten, hatten sie in der Wirklichkeit einen Samenerguß. Im Norden und Nordwesten Alaskas setzen sich die weiblichen *nuliayuq*-Geister sehr häufig auf die schlafenden Männer, stimulieren sie an den Genitalien und führen ihren Penis, wenn er steif geworden ist, in ihre Vagina ein. Sobald sich aber ihr Sperma ergießt, kommen die Männer für gewöhnlich zu sich und stellen fest, daß sie de facto ejakuliert haben und die Geister, die noch nie ein Eskimo im normalen Wachzustand gesehen hat, verschwunden sind. Wie mir vor einigen Jahrzehnten ein inzwischen verstorbener schweizerischer Protagonist der Seelenreise-Forschung mitteilte, hatte er bereits sämtliche jüngeren Frauen in seinem Bekannten- und Kollegenkreis außerkörperlich auf mannigfaltigste Weise sexuell penetriert oder sonstwie bis zum Orgasmus stimuliert. Einer seiner Kollegen, ebenfalls ein Biologe, sagte, er habe während einer »Außerkörperlichen Erfahrung« zunächst eine ihm begegnende »nackte Fee gefickt«, um sich anschließend alle ihre Gefährtinnen eine nach der anderen vorzunehmen.

Solche manchmal exzessiven Entladungen sexueller Lust ereignen sich nicht nur in Zuständen der Außerkörperlichkeit, in denen sie meistens für real gehalten werden, sondern auch in Flugträumen und besonders häufig in Luziden Träumen, wobei dieser Ausdruck nicht sehr glücklich ist, weil viele Befragte das in ihnen Erlebte als weniger deutlich und realistisch bezeichnen als das, was ihnen in normalen Träumen erscheint. Solche Träume, in denen dem Betreffenden bewußt ist oder wird, daß er träumt, scheinen besonders häufig in der Adoleszenz und im jungen Erwachsenenalter aufzutreten, und zwar meist unmittelbar vor dem Aufwachen, also wenn der Schlaf nicht besonders tief ist oder wenn ein Alptraum so grauenvoll ist, daß die einzige Fluchtmöglichkeit des Träumenden darin besteht, den Traum luzide werden zu lassen. In ihren »feuchten Luziden Träumen« (yaiyah) leben die Senoi auf der malaiischen Halbinsel all das aus, was ihnen im realen Leben untersagt ist, vor allem homosexuellen und inzestuösen Geschlechtsverkehr. Denn die Senoi sagen, daß es sich bei dem Verwandten, den ein Mann in einem solchen Traum anal penetriert, nicht wirklich um den Betreffenden, sondern nur um einen Geist handle, der dessen Gestalt angenommen habe, und mit einem derartigen Geist könne er tun, was ihm beliebe. In einem solchen und in ähnlichen Fällen sei auch der Orgasmus besonders intensiv, nicht nur bei den Männern, sondern auch bei den Frauen und jungen Mädchen.[6]

Außerkörperliche Exkursionen mit Begegnungen sexuellen Charakters scheinen aber auch während der Schlafparalyse aufzutreten. Zu diesen Erfahrungen gehören nicht nur die »Entführungen« und sexuellen Manipulationen durch die mandeläugigen Aliens, sondern auch die durch die *ban jhãkri*, yetihafte Wesen der Sherpas, Tamang und Chetri in Nepal, die mit Vorliebe junge, geschlechtsreife Mädchen überwältigen und in ihre Höhlen verschleppen, wo sie sie zunächst ausziehen und insbesondere ihre Genitalien untersuchen und schließlich ihre Opfer vergewaltigen, weil sie der Geschlechtsverkehr mit Menschen sehr viel mehr reizt und dieser ungleich lustvoller ist als der mit ihren eigenen, nicht besonders attraktiven Frauen. Aber die *ban jhãkri* müssen die Mädchen stets vor ihren Frauen beschützen, weil diese sie aus Eifersucht töten wollen, obwohl sie selber auch entführte junge Männer sexuell nötigen oder schlichtweg mißbrauchen. Bei den vietnamesischen Jörai gibt es hingegen Männer, aber auch Frauen, *möyut* genannt, die sich urplötzlich in der Öffentlichkeit splitternackt ausziehen und gewissen nymphenartigen Geistern, die nur sie sehen können, in den Urwald folgen, um sie dort zu »heiraten« und den Geschlechtsverkehr mit ihnen auszuüben, und zwar auch dann, wenn sie im Dorf bereits verheiratet sind und Kinder haben.

Die Yagua im peruanischen Tiefland sagen, daß junge Frauen, die im Fluß baden, Gefahr laufen, von einem männlichen rosafarbenen Flußdelphin oder *bõto encantado*, der bis zu 2,7 Meter lang sein kann, in die Tiefe gerissen und in dessen Wohnstätte entführt zu werden, wo sie ihm als Sexsklavinnen dienen müssen. Dabei sind besonders Frauen gefährdet, die gerade menstruieren, weil der *bõto* durch das Blut angelockt wird. In zahlreichen Dörfern Amazoniens erzählen die Bewohner, auf den Festen erscheine der *bõto* in der Gestalt eines attraktiven Mannes, um junge Frauen und Mädchen »aufzureißen«, oder er flaniere als ein berückendes junges Mädchen des Nachts auf den Wegen der Ortschaft, um junge Männer ans Flußufer zu locken, sie dort plötzlich zu packen und mit einem Triumphschrei in die Fluten zu reißen, wo sie sich an ihnen vergehen. In Männergestalt überwältigten sie auf dieselbe Weise junge Frauen, die sie zudem schwängerten.

In der westlichen Kultur gibt es inzwischen eine stattliche Anzahl von Delphin-Enthusiasten, die von ihren Begegnungen mit den Tieren als »religiösen« oder »spirituellen« Erfahrungen sprechen, die ihr Leben grundlegend verändert hätten. Nicht wenige von ihnen behaupten, sie seien in eine Art Trance versetzt worden, als der Delphin ihnen in die Augen schaute, und andere sagen, sie hätten sich in ihn sogar verliebt oder fühlten sich von ihm sexuell angezogen. Eine Frau erzählte, daß sie einmal mit einer Gruppe von Delphinen schwamm und von diesen dermaßen verzaubert gewesen sei, daß sie ihnen am liebsten in die Tiefe gefolgt wäre, zumal sie das Gefühl gehabt habe, daß die Tiere genau das wollten. Andere Frauen versichern schwärmerisch, wenn ein Delphin sie direkt anschaue, blicke er in die Tiefe ihrer Seele. Zahlreiche Anhänger der »delphinistischen« New-Age-Subkultur sehen in den Delphinen extraterrestrische Besucher, wobei die männlichen Aliens in Delphingestalt badende Frauen und junge Mädchen schwängern, während die weiblichen Aliens sich von Männern schwängern lassen. Nicht wenige »Delphinisten« behaupten von sich, Agenten der Aliens oder selber Aliens zu sein, die sich zeitweise in Menschen verwandelten, um mit Männern und Frauen Geschlechtsverkehr zu betreiben und der Menschheit transgalaktische Botschaften zu übermitteln. In der »Dolphin Society Church« kann man angeblich lernen, unter Anleitung von delphingestaltigen »spiritual liberators« außerkörperliche Reisen durchzuführen, aber man wird auch in die Lage versetzt, so verlautet die Kirche, »to make friends, spirit helpers and lovers in the sea, visit alien star systems, learn healing, levitation, teleportation and shapeshifting«.

In der Tat ist es für Delphine charakteristisch, daß sie von sich aus auf Menschen zugehen, sich an Ballspielen der Badenden beteiligen und sogar – so geschehen an einem Strand bei Auckland – Kinder auf ihrem Rücken reiten lassen, wie sie es bei ihrem eigenen Nachwuchs tun. Oft drängeln sie sich auch in Strandnähe an badende Frauen und Männer und reiben sich an ihnen bis zur Ejakulation, was eine Mitarbeiterin des bekannten Delphinforschers John Lilly erlebte, an die sich im Wasser ein Delphinmännchen schmiegte und damit begann, zu versuchen, sie mit seinem über 25 Zentimeter langen erigierten Penis zu stoßen. Als sie das Tier streichelte, wurde es so erregt, daß es sie mit einem Spermaschwall überschüttete, worauf der Forscherin angst und bange wurde. Auch ein anderer Delphin bespritzte sie mit seinem Sperma, als sie mit ihrer Hand an seinem Körper entlangfuhr. Im deutschen Fernsehen war im Sommer 2018 zu sehen, wie ein Delphinmännchen versuchte, sich gewaltsam Zugang zur Vagina einer zappelnden jungen Taucherin zu verschaffen, wobei das Tier sich verhielt wie bei der Penetration eines weiblichen Delphins. Umgekehrt brach vor ein paar Jahren ein 27jähriger »fanatical animal lover« in das Shamu Stadium im SeaWorld Orlando ein und sprang nackt in ein Becken, in dem sich ein weiblicher Orca befand. Angeblich wollte er das Tier sexuell penetrieren, stieß aber auf wenig Gegenliebe. Am nächsten Tag fand man seine Leiche, deren Unterleib von dem Orcaweibchen zerbissen worden war, wobei sie seine Hoden geradezu chirurgisch vom Körper abgetrennt hatte.

Bereits die alten Griechen sprachen davon, daß die Delphine von Menschen sexuell angezogen würden, und so gut wie überall in Amazonien ist von dem ungeheuer starken Geschlechtstrieb des *bôto encantado* die Rede. Diese mythischen Vorstellungen von lüsternen Delphinen bestätigen auch die Zoologen, die erlebten, daß diese Tiere regelrechte Sexorgien veranstalten, bei denen die männlichen Delphine die erigierten Penisse aneinander reiben und bei Tieren des eigenen und des anderen Geschlechts sämtliche Körperöffnungen penetrieren und in sie ejakulieren. »They will even«, so ein Beobachter, »penetrate each other's blowholes, giving new meaning to the term ›blow job‹.« Außerdem weisen die Biologen auf die im Vergleich zur Körpergröße riesigen Hoden hin, den stattlichen Penis, dessen Größe bei den aus Palmblättern geflochtenen Tanzmasken des *bôto* noch ins Überdimensionale gesteigert ist, sowie die der menschlichen überraschend ähnliche Vulva des ebenfalls als extrem libidinös und verlokkend geltenden Delphinweibchens. Aus der Delphinvulva stellten die Yagua und die Jívaro Aphrodisiaka her, mit denen die Männer die Frauen und jungen Mädchen willig machten. »Sein Körper«, so heißt es in einer Geschichte der Khmer über den Delphin, »sieht nicht viel anders aus als der des Menschen: Brüste wie eine Frau hat das Delphinweibchen« und ihre Genitalien seien »nicht anders beschaffen als die einer Jungfrau«. Der Anblick eines Delphins fasziniere Männer und Frauen derart, so sagen die Bewohner Amazoniens, daß sie vor Lust erglühten.[7]

§ 21
Besessenheit und vaginale Penetration

In zahlreichen Gesellschaften wird das Besessenwerden durch einen
Geist, also das Eindringen eines Geistes in den Körper eines Menschen, von den Betroffenen als eine gewaltsame sexuelle Penetration
empfunden, insbesondere dann, wenn dies außerhalb eines Rituals, spontan und unerwartet und durch die Vagina oder den After geschieht. So
zum Beispiel bei den vorderindischen Santal, bei denen es heißt, daß
sich vor allem die Frauen auf Grund ihrer »schwachen Natur« nicht
gegen eine Vergewaltigung durch die *boṅga*-Geister wehren können,
oder in China, wo traditionellerweise gesagt wird, daß der Widerstand einer Frau leicht zu brechen sei. Die Ga an der östlichen Goldküste glauben, daß die Götter eine Frau »einfangen« (*mọ*), um sie sexuell zu mißbrauchen und sie bis zu ihrem Lebensende als Medium zu
benutzen. Sträubt sie sich dagegen, wird sie verrückt oder von den Geistern umgebracht. Bei den ebenfalls an der Goldküste siedelnden
Akan, die aber ursprünglich aus einem weiter nördlichen liegenden
Gebiet stammen, heißt es, jede besessene Priesterin und jeder besessene Priester seien vaginal bzw. anal von einer Gottheit vergewaltigt
worden (*akom afa no*). In anderen Kulturen wird die Besessenheit
eines Menschen durch einen Geist jedoch deutlich von einer gewaltsa-
men sexuellen Penetration unterschieden, die der Geist nur als eine
Form der Bestrafung benutzt. Wenn etwa bei den südlich des südostafrikanischen Limpopo wohnenden Lovedu eine Frau sich weigert,
einem Ahnengeist ihren Körper zum Tanzen zur Verfügung zu stellen, was die Geister sehr lieben, oder wenn sie dies nur ungern
und halbherzig tut, droht er ihr damit, auf brutale Weise gegen ihren
Willen in ihre Vagina einzudringen. Im Fiji-Archipel bestrafen die
Geister (*vu*) diejenigen Frauen, die auf irgendeine Weise ihr Mißfallen
erregt haben, damit, daß sie sie im Schlaf vergewaltigen, was die Frau-
en als Alptraum erleben. In solchen Fällen hört man die Opfer verängstigt murmeln und stöhnen. Als man einmal eine solche Frau währenddessen ansprach, gab sie keine Antwort. Ihre Zähne hatte sie fest

zusammengebissen, doch als es gelang, ihren Mund zu öffnen, antwortete der Geist auf die Frage, wer er sei: »Ich bin ein *tuwawa* [Untergruppe der *wu*] und habe die Frau gefickt, weil sie dort, wo ich wohne, eine Wurzel ausgegraben hat!« Auch die laotischen Hmong scheinen zwischen dem Besessen- und dem Vergewaltigtwerden zu unterscheiden, denn es heißt, die *dab*-Geister, die von den Menschen Besitz ergreifen, raubten einerseits deren Seele, indem sie die Menschen »packten« und »zu Boden stießen« (*gaug dab peg*), schändeten aber andererseits nachts die jungen Mädchen und fortpflanzungsfähigen Frauen.

In der kabbalistischen Tradition gab es eine Form von Besessenheit, die »schlechte '*ibbur* [= Schwängerung]« genannt wurde und bei der ein lüsterner Geist oder Dämon durch die Vagina in die Gebärmutter einer Frau eindrang. Im 16. Jahrhundert brach in der galiläischen Stadt Safed, einer Hochburg der kabbalistischen Mystik, geradezu eine Epidemie von Besessenheiten und Vergewaltigungen junger Frauen durch geile Dämonen aus. Von einer anderen Stadt ist überliefert, daß ein Exorzist sogar ein solches Wesen im Uterus einer Frau »gesehen« hatte, das sich wie ein Fötus verhielt. Die viel bekanntere Bezeichnung *dybbuk*, jiddisch *díbek*, (von *dibbūq me-ruʾaḥ raʾaḥ*, »Anhaftung eines bösen Geistes [an den Körper]«) kommt in jener Tradition nicht vor, sondern taucht anscheinend erstmalig in einem um 1680 entstandenen wolhynischen Text auf. Die *dybbukim* waren ursprünglich triebgesteuerte Dämonen und später die verlorenen Seelen Verstorbener, die nicht zur Ruhe kamen und die es erregte, durch die »Nacktheit«, das heißt die Vulva oder den After von Frauen, vor allem aber von unberührten jungen Mädchen, die sexuelle Gefühle hatten, mit denen sie nicht umgehen konnten, in deren Körper einzudringen. Dabei meinten die einen, ein *dybbuk* könne jede anständige und unschuldige Jungfrau penetrieren, während andere glaubten, irgendeine Sünde müsse sie doch begangen haben.

Als ein *dybbuk* die Gemahlin des Mystikers Gedalja vaginal penetrierte, so lautet die Überlieferung, »lag die junge Frau, Rechele war ihr Name, nackt in ihrem Haus, und nicht einmal ihre Scham war bedeckt, und alle Gegenstände waren zerbrochen und die Bettlaken zerrissen, und sie stieß laute, verzweifelte Schreie aus. Und als die Ältesten und die Gemeindevorsteher an ihr Lager traten, erkannten sie sie nicht wieder. Denn Recheles Gestalt hatte sich gänzlich verändert: Ihr Gesicht war kreidebleich, ihr Mund verzerrt, und die Stimme, die aus ihr schrie, war keine Frauenstimme. Und Rechele hatte eine so unnatürlich große Kraft in den Gliedern, daß selbst die Männer nichts ausrichten konnten.« In einem anderen Bericht wird geschildert, wie der *dybbuk* Samael (»der [ungenannte] Gott ist El«), der Mann Liliths, der nach einer talmudischen Tradition von Gott kastriert worden war, weshalb er eine Frau nicht vergewaltigen, sondern nur ihre Genitalien entblößen konnte, wieder einmal einer auf dem Rücken liegenden nackten Frau mehrmals mit großer Kraft die Schenkel auseinander- und wieder zusammendrückte. Alle diejenigen, »die sie kannten, wußten, daß sie sehr schamhaft war«, aber keiner der umstehenden Männer konnte es verhindern, daß sie vor ihnen ihre Genitalien »entblößte und sich vor jedermann erniedrigte«. Solche für die betroffenen Frauen und Jungfrauen extrem beschämenden und demütigenden, aber gleichzeitig sexuell erregenden Entblößungen und Vergewaltigungen kommen auch heute noch recht häufig unter Ostjuden in New York und in ultraorthodoxen Kreisen in Israel vor, wo im Jahre 2010 ein besonders spektakulärer Fall durch die Presse ging.[1]

Sehr häufig kam es aber auch vor, daß die Geister und Dämonen nicht *direkt* intervenierten, indem sie ihre Opfer entblößten oder penetrierten, sondern daß sie die Frauen psychisch dazu zwangen, entsprechende Handlungen selber auszuführen. So bemerkte bereits ein früher Beobachter, daß sich die besessenen Frauen der westafrikanischen Akan wollüstig »auf den Rücken legten« und »solche Bewegungen« ausführten, »welche zu beschreiben mir die E[h]rbarkeit verbietet«. Viele Anhänger des *bori*-Kultes der Haussa sagen, nur ein Verrückter oder eine öffentliche Hure (*karuwai*) wolle von dem extrem lüsternen Geist Nakada besessen sein, denn dieser »ficke« einerseits unterschiedslos jeden und jede, und auf der anderen Seite bringe er die Besessenen dazu, sich vor allen Leuten schamlos aufzuführen und auf obszönste Weise zu tanzen. Auch bei den burmesischen *nat*-Séancen kommt es nicht selten vor, daß ein *nat*-Geist (von Pālī *nātha*, »Herr«) sich einer Zuschauerin – seltener eines Zuschauers – bemächtigt, worauf diese, ohne es selber zu wollen, hemmungslos und wild zu der lauten und rhythmischen Musik tanzt, obszöne Dinge schreit und sich dabei entblößt und Koitusbewegungen ausführt.

Im Jahre 1611 zwangen Asmodéus, der »Fürst der Unzucht«, und an-

dere Dämonen wie Beelzebub die 19jährige Novizin Madeleine de De-
mandolx im St.-Ursula-Kloster in Aix, sich auf den Rücken zu legen,
ihr Gewand hochzustreifen und unter konvulsivischen Zuckungen
»heftige Stöße mit den unteren Teilen ihres Bauches« zu vollziehen,
»die den Geschlechtsakt darstellten«. Vergeblich versuchten eine Reihe
von »Doktoren und Wundärzten«, die eilig herbeigerufen wurden, sie
von ihrem Treiben abzubringen. Wie diese berichteten, war es aber nicht
so, daß die Dämonen den Geist der Novizin übernahmen, sondern sie
konnte ganz klar zwischen den Dämonen und sich selber unterscheiden. Nur war sie völlig ihrer Kontrolle unterworfen und damit dem
unwiderstehlichen Zwang, sich auf diese schamlose Weise zu verhalten. Ein Gleiches hatten bereits neun Jahre davor zahlreiche junge
Mädchen und Frauen während einer Besessenheitsepidemie in Fribourg im schweizerischen Üechtland getan. Auch 1564 steckte im Kölner Kloster Nazareth eine 14jährige Novizin mit ihren Entblößungen
und Beckenstößen sämtliche erwachsenen Nonnen an. Wenn allerdings
die Frauen der Somāli in der Trance wie beim Koitus heftig mit dem
Becken stoßen und dabei wollüstig stöhnen, geht jeder davon aus, daß
sie in diesem Augenblick tatsächlich von einem Geist penetriert und
nicht nur von ihm zu obszönen Bewegungen gezwungen werden.[2]

Auch die alten Griechen scheinen den Unterschied zwischen der
göttlichen Inspiration (μάντις, von indogermanisch *men-, »Kraft«) –
also dem Zwang, den ein Gott auf einen Menschen ausübte, etwas Bestimmtes zu sagen oder zu tun, ob er es wollte oder nicht – und der
Besitzergreifung durch einen Gott (ἔν-τεός, »in ihm/ihr ist ein Gott«),
bei der dieser aus einem Menschen, der sein Bewußtsein verliert, spricht
und mit Hilfe des menschlichen Körpers agiert, deutlich gesehen zu
haben. Zwar versprach die trojanische Königstochter Kassandra dem
Gott Apollon, sich ihm sexuell hinzugeben, wenn er ihr die Gabe der
Präkognition verleihe, doch wie sie in Aischylos' *Agamemnon* bekannte, legte *sie* ihn aufs Kreuz: »Ich gab Apollon das Gelübde, hielt es aber
nicht!« Dafür wurde sie indessen damit bestraft, daß künftig niemand ihren Prophezeiungen glaubte, obwohl sie stets zutrafen. Trotzdem versuchte der auch ansonsten als Vergewaltiger berüchtigte Apollon, von »feuriger Liebesglut erfaßt«, Kassandra zu penetrieren, und es
gelang ihm auch, vor Lust und Anstrengung keuchend, ihr die Schenkel zu spreizen, aber er konnte die Tat nicht vollenden, was erst beim

Sturm auf Troja Ajax gelang, dem Sohn des Königs von Salamis und stärksten Krieger der Griechen. Zwar hieß es von der Sibylle, sie rede *plena deo*, und im frühen 4. Jahrhundert sprach Kaiser Konstantin von der »unanständigen Erregung« der eretrischen Sibylle, doch scheint auch diese weissagende *virgo* »intakt« geblieben und nur »inspiriert« worden zu sein, eröffnete sie doch in ihrer Grotte unter dem Apollotempel von Cumae dem Trojaner Aeneas: »Es ward mir das ewig unendliche Leben versprochen, / Hätt' ich den jungfräulichen Schoß der Liebe des Phoebus [= Apollon] geöffnet (*si mea virginitas Phoebo patuisset amanti*).«

Ganz anders verhielt es sich allem Anschein nach im Falle der delphischen Pythia, von der nach einem Scholium Apollon Besitz ergriff, indem sie ihn »von unten mit gespreizten Beinen«, also in Koitusstellung, »aufnahm«. Das stimmt auch mit dem überein, was im 4. Jahrhundert Johannes Chrysostomos, der Patriarch von Konstantinopel, in einer Predigt sagte, daß nämlich »die Pythia, eine Frau, manchmal rittlings auf dem Dreifuß sitzt, und so kann der böse Geist, der von unten aufsteigt und in ihren Unterleib eintritt, die Frau mit Wahnsinn füllen, und mit wirrem Haar und Schaum vor dem Mund beginnt sie das Bacchanal zu spielen und in dieser Raserei die Worte des Wahnsinns zu äußern. Ich weiß, daß ihr euch schämt und rot werdet, wenn ihr solches hört!« Auch der griechische Theologe Origines hielt in der ersten Hälfte des 3. Jahrhunderts die Überlieferung fest, die damals offenbar allgemeine Geltung hatte: »Von der pythischen Priesterin, deren Orakel die anderen an Glanz und Ansehen zu übertreffen scheint, wird also berichtet, daß diese Prophetin des Apollon, über der Öffnung der kastalischen Höhle sitzend, den Geist durch ihre Geschlechtsorgane in sich aufnimmt; von dem erfüllt sie die für ehrwürdig und göttlich geltenden Weisungen verkündet.« Wer so etwas Unanständiges tue, könne jedoch kein Gott sein, sondern nur ein »Geist der Finsternis«, der »sich an nichts anderem ergötzt als an den Geschlechtsteilen der Frauen«. Daß dies nicht nur christliche Greuelpropaganda war, sondern offensichtlich auch die in der Antike allgemein verbreitete Anschauung, geht nicht nur aus dem oben genannten Scholium hervor, sondern auch aus der Betrachtung des im Jahre 65 von Nero zum Selbstmord genötigten Dichters Lucanus: »Nun endlich nahm Apollon von der Brust seiner Priesterin Besitz, fuhr in nie erlebter Fülle in den Leib der Pythia, trieb früheres Denken aus (*mentemque priorem expulit*) und zwang das Menschenkind, die ganze Brust ihm einzuräumen. Von Sinnen und ohne ihren Hals in der Gewalt zu haben, durchraste sie die Grotte, ließ mit unstetem Nacken die frommen Bänder und Lorbeerreiser durch die Tempelräume wirbeln, so daß sie dem gesträubten Haar entfielen, stieß den Dreifuß um, der ihrem Hin und Her im Weg stand, und glühte in hohem Fieber, war ihr Reiter Phoebus doch voll Zorn. Er verwandte nicht nur Peitsche und Stacheln, senkte nicht nur Flammen ins Geäder: Sie erhielt auch Zügel [...]. Jetzt rann zum ersten Male Irrsinnsgeifer aus ihrem schäumenden Mund, mit Gestöhn und verworrenen Schreien bei keuchendem Atem; jetzt klang dumpfes Wehgeheul in der weiten Grotte, und endlich, da das Mädchen jetzt kirre war«, prophezeite sie, bis Apollon »ihr die Kehle zuschnürte und ihr anschließend den Trank des Vergessens einflößte«.[3]

Sehr viele koreanische Schamaninnen (*mudang*) waren vor ihrer Initiation Frauen, die unglücklich verheiratet und sexuell frustriert waren, dann aber eine »Schamanenkrankheit (*sinbyŏng*)« durchmachten, in der sie sich vor Sehnsucht nach einer befriedigenden Beziehung mit einem Geist nachgerade verzehrten. Im südkoreanischen Cheju trugen sie in dieser Zeit sowohl Bestandteile der männlichen als auch der weiblichen Hochzeitstracht, um Geister beiderlei Geschlechts sexuell anzuziehen. Eine *mudang* erzählte, sie habe ihren Mann, als sie im Alter von 16 Jahren heiratete, nicht nur äußerst ungern angesehen, sondern der Sex mit ihm habe sie in höchstem Maße angeekelt. Mit 22 wurde sie magersüchtig und hatte Erstickungsgefühle, mit 26 erlebte sie psychotische Schübe, und das Jahr darauf hatte sie Halluzinationen und sprang wie wild in der Gegend umher, bis schließlich ein Geist erschien, sie vaginal penetrierte und sie zur *mudang* machte. Es gibt fast nur weibliche Schamanen in Korea, und die wenigen Männer (*p'ansu*) sind meist blind, auffällig effeminiert und den *mudang* untergeordnet. So gut wie alle *mudang* beschreiben ihren Orgasmus während der Penetration durch den Geist als unvergleichbar mit allem, was sie bis zu diesem Zeitpunkt jemals erlebt haben, und zwar unabhängig davon, ob sie bei der formellen Initiations-Séance (*naerim-kut*) oder bei irgendeiner anderen Gelegenheit spontan stattfand. Als zum Beispiel eine künftige koreanische Schamanin in einem Canyon im amerikanischen Südwesten aus einer ehemaligen indianischen *kiva* kletterte, »kam«, wie sie berichtete, »ein plötzliches Gewitter gnadenlos auf mich herab, und ich fiel ohnmächtig in den Sand. Mit totaler Hingabe lieferte ich mich der Präsenz des Geistes aus. Ich kam wieder zu mir und erlebte den unglaublichsten Orgasmus, den ich je hatte.« Eine andere koreanische Schamanin sagte, ihr Geist dringe jedesmal so kraftvoll und ungestüm in ihre Vagina ein, daß sie bereits »wie ein Vulkan« explodiere, wenn er noch gar nicht damit angefangen habe, sie zu »stoßen«. In der Regel haben solche Schamaninnen keinen sexuellen Kontakt mehr mit ihrem menschlichen Gatten und gelten als eine »jungfräuliche Schamanin« (*ch'ŏnyŏ mudang*), die nur noch Geschlechtsverkehr mit ihrem geistigen »Ehemann« (*mom:ju*) hat, was auch für unverheiratete junge Mädchen gilt, die weiterhin von Männern unberührt bleiben und sich nur von Geistern deflorieren und anschließend regelmäßig sexuell befriedigen lassen.

Die wohl bekannteste marokkanische *jinnīya* ist die liebestolle und sexsüchtige ʿAʾisha Quandisha, die einerseits als ein altes Weib mit Hängebrüsten und langen Brustwarzen erscheinen kann, andererseits aber auch als wunderschöne und berückende Frau, die einen Mann, aber gelegentlich auch eine Frau, die sie umgarnt hat, in eine dunkle Ecke zieht, sie an den Genitalien stimuliert und schließlich als eine Domina koitiert, wobei sie nicht selten in ihren Körper eindringt, um ihn für immer zu »bewohnen«. Ein Mann, der regelmäßig von ihr bestiegen wurde, teilte einem Ethnologen mit, sie »ficke« ihn wie ein Mann eine Frau, wobei er allerdings nicht genauer ausführte, wie sie das bewerkstelligte. Seine Frau ließ sich vom Ehemann ʿAʾishas sexuell verwöhnen, was sie offensichtlich sehr genoß, weil er sie im Gegensatz zu ihrem Mann, der eine lasche Heuschreckennummer ablieferte, zum Orgasmus brachte und sie sogar mit oralem Sex beglückte. »Ich werde durch ʿAʾishas Mann«, so sagte sie, »sehr viel besser befriedigt als durch jeden menschlichen Mann. Hinterher bin ich stets glücklich (*frahāna*)!« Bisweilen leben Frauen mit einem *jinnī*, häufiger aber Männer mit einer *jinnīya* in einer Ehe miteinander. Eine solche Ehegemeinschaft mit einer *jinnīya* ging Ende der 1970er Jahre ein Mann im oberägyptischen Luksor ein, der sich jeden Donnerstag mit seiner

Geistfrau in einem Zimmer einschloß, um ungestört die Freuden der Liebe genießen zu können. Im Jahre 1986 bewohnte er mit seiner *jinnī-ya* und ihren gemeinsamen fünf unsichtbaren Kindern das obere Stockwerk des Hauses, während seine menschliche Ehefrau und ihre neun sichtbaren Kinder mit dem Erdgeschoß vorliebnehmen mußten. Bereits sechs Jahre zuvor war ein anderer Mann, der behauptete, mit seiner *jinnīya*-Gemahlin zusammenzuleben, von einem ägyptischen Gericht in eine psychiatrische Klinik eingewiesen worden. Doch in zweiter Instanz wurde das Urteil aufgehoben, was der Richter damit begründete, daß eine Heirat und Geschlechtsverkehr zwischen Menschen und *jinn* nicht ausgeschlossen werden könne.

Eine besondere Untergruppe der *jinn* sind die *zār*-Geister (wohl von *zāra*, »Heimsuchung, Bemächtigung«), und es ist leicht möglich, daß eine Frau oder ein junges Mädchen von ihnen sexuell penetriert und in Besitz genommen wird, wenn sie sich nackt auszieht, um sich zu waschen, oder wenn sie sich zurechtmachen und schminken. Denn die *zār*-Geister sind wie die singhalesischen *sanni*-Dämonen für sexuelle und erotische Reize sehr empfänglich, und sie lieben es über alles, durch die Vagina einer Frau in deren Leib zu kriechen. Wenn Frauen am Verhalten einer Frau bemerken, daß die Betroffene gerade von einem *zār* penetriert wird, stoßen sie durchdringende Trillerlaute aus, bis die Besessene schließlich das Bewußtsein verliert und zusammenbricht. In diesem Falle gilt sie zunächst als »Braut« (ʿarūsa) des *zār*-Geistes, das heißt, es wird ein »Henna-Abend« *(leilat al hinnā)* veranstaltet, an dem die Frau sich reinigt, den rotgelben Farbstoff auf Hände und Füße aufträgt, ihr Brautkleid anzieht und sich mit Schmuck und Amuletten aus Edelmetall ziert. Am Tag darauf wird sie mit dem Blut eines Opfertieres übergossen, von dem sie trinkt, damit auch der *zār*, von dem man annimmt, daß er sich bereits in ihrem Unterleib niedergelassen hat, davon kosten kann. Dann wird die ʿarūsa in einen dunklen Raum geführt, in dem sie gemeinsam mit dem *zār* bis zu sieben Tage lang verweilt und Hochzeit feiert, weshalb ihr menschlicher Ehemann, falls sie einen hat, diesen Raum unter keinen Umständen betreten darf. Die Teilnehmerinnen sudanesischer *zār*-Zeremonien rauchen exzessiv, trinken große Mengen Alkohol und führen schlüpfrige und skandalöse Reden, was einer bewußten Mißachtung der Männerherrschaft gleichkommt. Beim *zār nyamnyam* tanzen sie wild, mit nackten Brüsten und auch sonst mehr oder weniger unbekleidet, wobei sie mit dem Becken stoßen wie beim Geschlechtsverkehr.[4]

In den verschiedensten Zeiten und Kulturen hatte der Geschlechtsverkehr der Frauen mit den Geistern einen kompensatorischen Charakter, indem er ein heftiges Verlangen nach sexueller Lust und Zärtlichkeit befriedigte, das im normalen Leben, etwa in der Ehe oder in Beziehungen zu uneinfühlsamen Sexualpartnern, unerfüllt blieb. In dem mittelalterlichen chinesischen Buch *Geheime Unterweisungen für die Jade-Kammer* heißt es, daß sexuell frustrierte Frauen die bevorzugte Beute von lüsternen Dämonen seien und jene es meistens sehr genössen, von diesen erbeutet zu werden. Damit dies unterbleibe, empfiehlt das Buch den Ehemännern, ihre Gattinnen so oft wie möglich zu penetrieren, und zwar ohne dabei zu ejakulieren. Verfüge ein Mann aber nicht über die dafür erforderliche Standfestigkeit, so solle er einfach mit seinem Penis, auch wenn dieser inzwischen wieder erschlafft sei, tief in der Vagina bleiben und sich nicht bewegen. Der bereits erwähnte Exorzist Brognoli berichtete, er habe im Jahre 1643 ein 20 Jahre altes Mädchen aufgesucht, um einen Dämon, der immer wieder von ihr Besitz ergriff, für immer auszutreiben. Doch das Mädchen war über sein Vorhaben ganz und gar nicht erfreut und sagte ihm, sie spüre das Kommen des Dämons daran, daß es in ihren Genitalien kitzle. Dann aber nehme »sie ihre Zuflucht nicht zum Gebet, sondern eile in ihre Kammer und lege sich zu Bett, damit der Dämon sein Geschäft um so bequemer und angenehmer verrichten könne«. Nicht anders verhielt sich in unserer Zeit eine 42jährige Frau, die in einer frustrierenden Ehe mit einem Mann lebte, der sie offenbar weder sexuell noch emotional zufriedenstellen konnte. Sie eröffnete ihrem Ehemann eines Tages, sie sei jetzt mit Gott verheiratet und vollziehe den Beischlaf mit ihm. Als sie daraufhin in eine psychiatrische Klinik eingewiesen wurde, blieb sie auch tagsüber im Bett, wobei sie ohne Scheu vor ihren Zimmergenossinnen und dem Pflegepersonal die verschiedenartigsten Koitusstellungen einnahm, um mit Jesus, von dem sie besessen war, unter lautem Lachen und Stöhnen alle nur denkbaren Varianten des Geschlechtsverkehrs durchzuspielen.

Im Frühjahr 1881 schrieb eine Dame aus San Francisco dem Spiritisten Thomas Lake Harris, sie spüre in ihrem Unterleib seltsame Vi-

brationen: »Beim ersten Mal scheinen sie durch meine Geschlechtsorgane in den Rumpf hineingelangt zu sein, und mit ihnen kam mir
der Gedanke, daß dies ja wie ein Beischlaf ist, nur unendlich viel stärker.« Die Dame war von dem Geschehnis dermaßen ergriffen, daß sie
aus Dankbarkeit für diese sexuellen Empfindungen auf die Knie fiel
und betete. Am nächsten Tag spürte sie, daß »kleine Flügel« sich in
ihren Brüsten bewegten, was sie einerseits erschöpfte, aber auch mit
Freude erfüllte. Innerhalb kurzer Zeit fühlte sie ein männliches Wesen
in ihrem Unterleib, das sie »meinen inneren Ehemann« oder »meinen
Engel« nannte, und ihr wurde bewußt, daß »die Gebärmutter und die
lebengebenden Organe sehr heilig sein müssen«. Auch ihre Schwester
spürte Ähnliches in der Vagina, der Gebärmutter und den Brüsten,
nur daß sie die lustvollen Vibrationen als »etwas fast wie Elektrizität«
empfand. Etliche Tage danach schrieben die beiden, in ihren Brüsten
hätten sich Feen (*fays*) angesiedelt, Häuser gebaut, Gärten angelegt,
und dort seien sie auch von so vielen Kindern entbunden worden,
die schnell heranwuchsen, daß bald ihr ganzer Körper von den Fin-
ger- bis zu den Zehenspitzen sich in ein einziges »Feen-Universum«
verwandelt habe. »Stellen Sie sich einmal vor«, schrieben sie an Harris, »daß Feen in Ihren Adern baden, daß sie flattern und singen!«

Die Tamilen gehen davon aus, daß viele junge Frauen, besonders
diejenigen, die in einer unglücklichen Ehe leben, krank und depressiv
würden, wenn die *pēy*-Geister nicht von ihnen Besitz ergriffen und sie
bis zum Orgasmus koitierten. Eine Frau in Rājasthān gestand einer
Ethnologin, es sei ihr zwar etwas peinlich, dies auszusprechen, aber
während der Besessenheit spielten die Geister stets an ihren Genitali-
en herum, was sie offenbar sehr genoß. Bei einem Heilritual der Baa-
tonu im Norden von Benin vollführen die Patientinnen mit einem den
erigierten Penis symbolisierenden Stöckchen die Imitation eines Bei-
schlafs, um die Geister zu erregen und dazu zu bewegen, sie zu penetrieren. Doch viele Leute argwöhnen, daß manche der Frauen gar nicht
krank seien, sondern an dem Ritual teilnähmen, um von den *kaawo-
bunu*-Geistern, denen sie sich vollkommen hingäben, sexuell befriedigt
zu werden, wozu ihre Männer offenbar unfähig seien. Verliebt sich im
nordpakistanischen Yasin-Tal einer der jungen Feen-Männer, die wie
die wunderschönen goldgelockten Feen-Mädchen, die ebenfalls auf
den hohen Berggipfeln wohnen, mit dem persischen Lehnwort *parí*

benannt werden, in ein junges Mädchen, dann geht er häufig eine Liebesbeziehung mit ihr ein, die aber von ihr zumindest in der Anfangszeit geheimgehalten wird, weil ein vor- und außerehelicher Sexualkontakt für die Familie des Mädchens eine große Schande bedeutet. So war es für eine dort forschende Ethnologin nicht leicht, von den Mädchen etwas über solche Verhältnisse zu erfahren, und sie war froh, als eine ältere Frau ihr anvertraute: »Der *parí* war prachtvoll, er glänzte und schimmerte. Dagegen war mein Ehemann sehr häßlich. Ich haßte meinen Mann, aber der *parí* mochte mich sehr!« Im Gegensatz zu den arrangierten Ehen in der Menschenwelt, in denen Liebe und Zärtlichkeit keine Rolle spielen, ist die Ehe mit einem *parí* eine romantische und sexuell glücklich machende Beziehung. Aber auch sie wurde im allgemeinen verheimlicht, weil die Gemeinschaft meist darauf bestand, daß der *parí*, von dem die Frau besessen war, durch einen Exorzisten ausgetrieben wurde. Deshalb liefen viele junge Frauen lieber von zu Hause weg, um sich im Gebirge ihren Feen-Männern völlig hingeben und den Beischlaf mit ihnen genießen zu können. Auch die Ewe im Osten des westafrikanischen Volta sind wie viele andere Ethnien der Auffassung, daß Frauen sehr viel mehr in Geister vernarrt seien als Männer und daß auch die Geister mit größerer Lust in den Körper der Frauen eindrängen als in den der Männer, weil der Sex mit dem weiblichen Geschlecht ungleich erregender sei als der mit dem männlichen. Ein Vodú-Priester sagte, eine Frau wolle eben viel lieber von einem Geist penetriert werden als ein Mann, weil sie das Eindringen des Penis in ihren Unterleib intensiver genieße. Eine Frau sagte über den Sex mit Geistern: »Wenn ein *vodú* dich ein einziges Mal gefickt hat, willst du es immer wieder!« Ein weibliches Medium (*halaa'*) der Temiar-Senoi auf der malaiischen Halbinsel äußerte sich schwärmerisch und fast poetisch über ihren Hilfsgeist (*gunig*), von dem sie besessen wurde und der aus ihrem Mund sprach, aber ohne daß sie dabei vollkommen das Bewußtsein verlor: »Es ist eine Sehnsucht, wie wenn man sich an einen weit zurückliegenden Liebhaber erinnert oder eine Aussicht in die Ferne genießt. Es gibt da einen Geist der Fruchtbäume, der ein Verlangen danach hat, mit mir zu schlafen. Selbst in meinen Träumen ist er da. Nach einer Weile fühle ich mich seltsam, mein Herz bebt, und ich kann an nichts anderes mehr denken als an ihn. Ich will in den Dschungel hinauslaufen, mein [eigener]

Geist wird in den Urwald hineingezogen. Ich kann das nur aushalten, indem ich an einer Gesangszeremonie teilnehme. Dann singen und tanzen wir, und der Geist der Fruchtbäume läßt sich auf dem Blätterzierat nieder, und ich bin wie verzaubert.«[5]

Von Dämonen besessene singhalesische Katholikinnen, die meistens zwischen 14 und 22 Jahre alt sind, puritanisch erzogene Töchter der unteren Mittelklasse, die noch nicht verheiratet sind, pilgern zur Kirche »Unserer Herrin von Lourdes« und besteigen dort den »Kalvarienberg«, einen Hügel, auf dem ein lebensgroßes Kruzifix steht. Viele der Mädchen und jungen Frauen umklammern dieses Kreuz und reiben so lange ihre Vulva daran, bis sie einen Orgasmus haben. In diesem Augenblick, so heißt es, werden sie von dem Gekreuzigten sexuell penetriert, und die Dämonen fliehen aus ihrem Körper. Damit übernimmt Jesus die Rolle der Dämonen, denn viele junge singhalesische Frauen können allem Anschein nach ihre sexuellen Sehnsüchte nur in einer Beziehung zu einem Dämon, namentlich dem Geist Kalu-kumaraya, ausleben, der die von ihm Besessenen zum sexuellen Höhepunkt führt. Bis in die 1960er Jahre rutschten auch niedrigkastige tamilische Christinnen, die von lüsternen Dämonen besessen waren, die sie nachts penetrierten, mit entblößten Brüsten und aufgelöstem Haar empfängnisbereit auf den Knien zu einer Fahnenstange im Schrein eines portugiesischen Märtyrers in Oriyur und befestigten an ihr kleine Stoffsäckchen mit Münzen als Opfergabe.

Nicht nur für Frauen ist es für gewöhnlich ein Hochgenuß, von den Geistern sexuell penetriert zu werden, auch die Geister selber sind nach Aussage der Frauen oft geradezu versessen darauf, in sie einzudringen, so zum Beispiel in Rājasthān die lüsternen Götter Bhairāva und Hanumān. Ganz allgemein führt man in Indien die Tatsache, daß die Geister, die aus dem Mund der von ihnen besessenen Frauen reden, dies häufig auf eine honigsüße und erotische Weise tun, darauf zurück, daß ihnen diese Besitzergreifung ein erhebliches sexuelles Vergnügen bereitet. Bei den Gebusi im südlichen Zentral-Neuguinea sind die extrem wollüstigen »Geistfrauen« (*to di ulia*), die manchmal in der Gestalt des Roten Paradiesvogels umherfliegen, doch eigentlich berückend schöne und kapriziöse junge Frauen mit schlanker Taille, üppigen Brüsten und makelloser Haut sind, nachgerade wild darauf,

Männer und männliche Geister zu verfolgen, um sexuell über sie herzufallen und sie ihres Spermas zu berauben. Ist eine »Geistfrau« für einen Mann entflammt und ist dieser schon verheiratet, wird sie seine Co-Frau, läßt sich von ihm schwängern und gebiert »Geistkinder«, mit denen sie im Verlauf der Séancen, die mehrere Nächte dauern, in seinen Körper eindringt, während der Geist (*fin*) des Mannes in die Geisterwelt reist, wo er an Festen und Tänzen teilnimmt und mit anderen jungen »Geistfrauen« sexuelle Abenteuer erlebt. Unterdessen singen die Geister in seinem Körper mit seltsamen Fistelstimmen obszöne Lieder, die von ihren sexuellen Eskapaden handeln, um die im dunklen gemeinsamen Schlafraum versammelten Männer und männlichen Jugendlichen und sich selber aufzugeilen. Frauen dürfen dabei nicht anwesend sein, doch die dünne Wand aus Sagoblättern, die diesen Raum vom Schlafbereich der Frauen trennt, ist alles andere als schalldicht, so daß ihnen nichts von dem, was während der Séance gesungen oder gesagt wird, verborgen bleibt. Bald ist die Atmosphäre im Männerschlafraum dermaßen sexuell aufgeladen, daß viele der anwesenden Männer die Jugendlichen, die meist zwischen 16 und 19 Jahre alt sind, »anmachen«, indem sie deren Penis und Hoden streicheln, um dann, wenn die jungen Männer erregt sind, mit ihnen das Haus zu verlassen und sich draußen von ihnen fellationieren zu lassen. Manchmal ergreifen aber auch die von den Geistern stimulierten Jugendlichen die Initiative, oder Männer fordern gleichaltrige Männer zum gegenseitigen Oralsex auf oder masturbieren einander, was auch einem an dieser Séance teilnehmenden Ethnologen widerfuhr. Bisweilen gesellt sich aber auch der Geist einer Frau oder eines jungen Mädchens zu den sexuell erregten Männern, um mit ihnen zu schäkern und sich befummeln zu lassen, was aber von den übrigen Frauen, wenn sie davon erfahren, als äußerst schamlos und peinlich empfunden wird, besonders dann, wenn das Mädchen so jung ist, daß sich noch keine Brüste entwickelt haben.

Wie die männlichen Medien der Gebusi mit den *to di ulia* waren auch deren Kollegen in anderen Ethnien des Hochlandes von Neuguinea mit den Geistfrauen, von denen sie besessen waren, verheiratet, etwa die Medien der Kaluli, bei denen die Geistergattinnen (*ane mama*) ebenfalls während der Séance aus der »Schattenwelt« in diese Welt herüberkamen und – oft gemeinsam mit anderen Geistern – in

Abb. 21   Ehefrau und Medium eines Geistes der indischen Gadaba.

den Körper des Mediums eintraten, um den Anwesenden aus seinem Mund Auskünfte über ihre verstorbenen Angehörigen »drüben« zu geben. Bei den Etoro in Papua-Neuguinea wählte eine sogenannte *kesame*-Geistfrau einen jungen Mann nach seiner sexuellen Ausstattung und Attraktivität als Ehemann aus und ließ sich dann, wenn sie in seinen Körper eindrang, von ihm schwängern. Als im Jahre 1935 die ersten Weißen bei den Etoro auftauchten, gab ein Medium (*kesame taua*) oder, genauer gesagt, dessen Geistfrau den Befehl, die seltsamen Wesen, eine australische Patrouille, mit Pfeilen zu beschießen. Schließlich heirateten in Korea viele Geister eine Schamanin, weil sie es leid waren, ständig eine Sexpartnerin zu suchen, und frustriert waren, wenn sie so schnell keine finden konnten. In Burma führen vereinzelte »One-Night-Stands« der *nat*-Geister mit Männern dazu, daß eine aufwendige *nat*-Hochzeit gefeiert wird, bei der das männliche Medium zur »*nat*-Frau« (*nat kadaw*) des Geistes wird und ihm von da an regelmäßig zum Analverkehr zur Verfügung steht, so daß die Geister sich die manchmal mühsame Suche nach jungen Männern, die sich auf diese Weise penetrieren lassen wollen, sparen können.

Freilich zeichnen sich fast überall die Geister fast noch mehr als die Menschen dadurch aus, daß sie Seitensprünge ihrer menschlichen Ehepartner verhindern oder streng bestrafen, wenn sie diese nicht vereiteln konnten. So verliebt sich in einer mittelalterlichen *oventure sage* ein junger Ritter in eine ihm unbekannte schöne Dame, die sich als Mahrt zu erkennen gibt und sich bereit erklärt, ihm jederzeit zu Willen zu sein, wenn er sich verpflichte, keine menschliche Frau zu heiraten oder mit ihr ins Bett zu gehen. Halte er sich jedoch nicht an diese Abmachung, müsse er binnen dreier Tage sterben. Ein Medium der ostnepalesischen Limbu erzählte, wie er als junger Mann in einer Vision mit seinem späteren weiblichen Hilfsgeist Geschlechtsverkehr hatte und, als er wieder zu sich kam, ganz naß zwischen den Beinen war. Danach verbot sein Hilfsgeist ihm jeglichen Sex mit einer Frau, und noch heute werde sie »ganz wild und wütend« und verdresche ihn, wenn er sie betrüge. Nicht selten sabotieren die Geister eine Affäre der von ihnen Besessenen, wie ein Swahili berichtete, der offenbar ein notorischer Schürzenjäger war: »Ich ging zu einem Stelldichein mit einer Frau aus dem Nachbardorf, aber ich kriegte ihn nicht hoch. Ich fragte sie, ob sie einen Meeresgeist (*majini ya bahari*) habe, worauf sie antwortete, sie habe einen *tari*-Geist, der sie mit auf den Meeresgrund nehme und sie auch vögle. So muß der *jinnī* die Ursache meines Versagens gewesen sein!«

Die meisten koreanischen Schamaninnen verzichten auf jeglichen Geschlechtsverkehr mit ihren menschlichen Ehemännern, weil der mit ihrem Geist ungleich befriedigender ist, aber manche tun das auch, weil sie die Eifersucht des Geistes fürchten. »Nach meiner Berufung«, sagte eine, »wollte ich von meinem Mann nichts mehr wissen. Wenn man seinem Mann zu nahe ist und zu oft mit ihm zusammenkommt, bestrafen einen die Geister mit schweren Krankheiten.« Ganz streng waren in dieser Hinsicht die Ahnen- oder Wassergeister (*njuzu*) der südostafrikanischen Shona, die den Frauen nicht nur den Sex mit Männern, sondern sogar jeden Gedanken daran verboten. Eine *zār*-Braut in Kairo erzählte, die Geister, von denen sie besessen war, seien auf ihren Ehemann so eifersüchtig gewesen, daß sie ihn immer wieder mißhandelten, bis er sich von ihr scheiden ließ, und ein anderer ägyptischer *zār* ohrfeigte Nacht für Nacht einen Mann und warf ihn aus dem Bett, um vor dessen Augen seine Frau zu penetrieren und schließlich zu schwängern, worauf diese einen kräftigen Jungen zur Welt brachte. Zumindest in Korea kommt es aber immer wieder vor, daß Schamaninnen das Verbot der Geister, mit ihren Männern zu schlafen, einfach erfinden, weil sie der Sex mit ihnen anwidert.[6]

§ 22
Bedingungen der Besessenheit

Im Jahre 1717 sagte der Pietist Johann Heinrich Reitz, die Tatsache, daß
Frauen im allgemeinen sehr viel empfänglicher für religiöse Erfahrungen seien, rühre »von der Weibspersonen zärterem affect« her, »von ihrer Liebe zu einem Ober-Haupt, von ihrem Gehorsam und Unterwürfigkeit an solches Haupt, und daß sie dahero leichter zu ziehen und zu
bewegen, bevorab durch Reden und Lieder, die von Christo als dem
Haupt und Bräutigam handeln«. Damit gab er einer Überzeugung Ausdruck, die in vielen Weltgegenden zur Erklärung dafür herangezogen
wird, warum Frauen viel häufiger von Geistern besessen werden als
heterosexuelle Männer. Die »Schwachheit« und »geringe Widerstands-
fähigkeit« der Frauen wird zum Beispiel in Pakistan als Grund dafür
genannt, daß die im *jangli* (Dschungel) lebenden bösartigen *churel*-
Geister die Angehörigen des weiblichen Geschlechts überwältigen, sich
aber nicht an erwachsene Männer heranwagen, weil diese »zu stark«
seien. In Burma und in Thailand ist die Ansicht weit verbreitet, ursprünglich seien nur Frauen besessen worden und erst sehr viel später
sei dies einigen Männern widerfahren. Daß fast alle Geistermedien
Frauen sind, erklären die Khon Müan im Norden Thailands damit,
daß diese im Gegensatz zu den Männern eine »schwache Seele« (*khwan*)
hätten. Auch die Malaien sagen, die Geister »fickten« oder penetrierten in erster Linie geschlechtsreife Mädchen und jüngere Frauen, weil
diese ihnen auf Grund ihrer labilen Lebenskraft nichts entgegenzusetzen hätten. Von 98 untersuchten Geistermedien der madegassischen
Sakalava waren 94 Frauen, was die Einheimischen ebenfalls damit erklärten, daß jene zum einen willensschwach und nachgiebig seien, die
Geister es aber zum anderen sehr viel mehr genössen, in die Vagina
einer Frau als in den After eines Mannes einzudringen. Schließlich
sind bei den Pfingstlern auf dem Südsee-Archipel Vanuatu ausschließlich Frauen Propheten, die vom Heiligen Geist besessen werden, denn
nur sie hätten ein »weiches Herz«, das sie befähige, den Geist in sich
aufzunehmen, während die »zu harten Herzen« und der »starke Wil-

le« der Männer dem entgegenstünden. Außerdem seien die Frauen »unten offener«, so daß der Heilige Geist problemlos in ihren Körper einfahren könne.[1]

Schwächezustände, Erschöpfung, Übermüdung, Niedergeschlagenheit, Verzweiflung, Gefühle der Ohnmacht und Hilflosigkeit, sich einem Rhythmus Ausliefern oder Haltlosigkeit sind Befindlichkeiten, die ganz allgemein ein Besessenwerden durch Geister oder Götter begünstigen. So tritt die erste Besessenheitsepisode einer künftigen Schamanin in Korea meistens ein, wenn die Betreffende so erschöpft ist, daß sie sich der sexuellen Penetration durch einen Geist nicht mehr erwehren kann. Auch der bekannte kardecistische Geistheiler João de Deus sagt, von »niederen« Geistern werde man besessen, wenn man keine Widerstandskraft besitze, weil man depressiv, betrunken oder bewußtlos sei. In Bengalen glaubt man, Menschen würden besonders leicht von Geistern überwältigt, wenn sie verwirrt seien oder große Angst hätten. Auf der Tonga-Insel Kotu werden solche Personen das Opfer von Geistern der Wildnis (*faʿahikehe,* »die andere Seite«), die extrem bekümmert sind oder nicht über den Tod eines geliebten Menschen hinwegkommen, aber auch diejenigen, die zu wenig Triebverzicht leisten, zu Exzessen neigen und ungezügelt lüstern sind. Im indischen Kerala ergreifen die *bhūt*-Geister, die eine maßlose sexuelle Gier (*ratikāma*) antreibt, vor allem dann Besitz von Frauen, wenn diese nackt baden, vor Geschlechtslust die Selbstkontrolle verlieren, berauscht sind, Selbstmordabsichten mit sich herumtragen, von ihrem Liebhaber verlassen wurden oder sich aus anderen Gründen einsam und kraftlos fühlen. Ein Anhänger der Pfingstbewegung gab an, er beginne häufig dann in Zungen zu sprechen, wenn er von Schönheit überwältigt werde, etwa beim Anblick der im Winter mit Eis überzogenen Zweige der Bäume. Ein anderer Pfingstler sagte, man könne nur in Zungen reden, wenn man jegliche Kontrolle, auch die über die Sprache, aufgebe. In diesem Sinne sagen die Quiché-Maya, man könne nur besessen werden, indem man dem Geist keinen Widerstand leiste und sich ihm vollkommen überlasse. Ein Medium in Hongkong erklärte, es sei zunächst beim Automatischen Schreiben erfolglos geblieben, weil es aktiv gewesen sei und sich nicht gehen ließ. Schließlich ließ der »Ehrwürdige Meister« nicht das Medium, sondern dessen Hand schreiben, so daß es erkannte: »Nichts kommt zustande, wenn man am Wunder zweifelt. Nur das passive Herz kann den Geist der Meister empfangen!«, weshalb man sich selber gänzlich vergessen müsse.

Andere wiederum sagen, heftige Gemütsbewegungen wie Sehnsucht, Zorn, sexuelle Lust, aber auch Ängste und Erschütterung in Krisensituationen, bei Unfällen, Überfällen, Brandkatastrophen, Erdbeben, kriegerischen Auseinandersetzungen, Folter oder Vergewaltigung könnten ebenfalls Besessenheitszustände auslösen. Vodúnsi berichteten, in Schockzuständen, bei unerträglichen Schmerzen oder wenn sie als Schiffbrüchige verzweifelt versucht hätten, schwimmend die rettende Küste zu erreichen, seien sie urplötzlich von Göttern wie Agwé besessen worden, die sie dem Tod entrinnen ließen. Als in Rio de Janeiro ein Räuber in einem Bus die Fahrgäste mit einer Pistole bedrohte und ihnen befahl, ihm ihre Wertsachen auszuhändigen, verlor ein weibliches Mitglied des Macumba-Kultes das Bewußtsein und wurde von Pombagira, der »Königin der Kreuzwege« und »Herrin der Nacht«, die besonders in den Favelas der Stadt verehrt wird, besessen. Sie sprang vom Sitz auf, lachte laut und lasziv und forderte den fassungslosen Verbrecher auf, sich die Geldscheine zu holen, die zwischen ihren Brüsten steckten. Voller Entsetzen ließ dieser alles stehen und liegen und sprang Hals über Kopf aus dem fahrenden Bus. Als in einem ähnlichen Fall in Bahía eine Anhängerin des Candomblé von einem Straßenräuber überfallen und mit einem Messer bedroht wurde, ergriff der *orixá* Ogún Besitz von ihr, und sie wurde ebenfalls bewußtlos. Als sie wieder zu sich kam, lag der Räuber übel zugerichtet am Boden. Junge Tamilinnen sagten, wenn sie hochgradig sexuell erregt seien und sich nicht mehr beherrschen könnten, stimuliere dies auch die Geister, so daß sie durch ihre unteren Körperöffnungen in sie eindrängen, sie zum Orgasmus brächten und manchmal auch schwängerten. Wenn ein junger Korongo-Nuba im südlichen Kordofan sich nach der Göttin Masala »verzehrt«, kann es sein, daß er plötzlich zu zittern beginnt und zusammenbricht. Dann heißt es, daß der Sehnsüchtige »von Masala gegessen«, das heißt koitiert werde. Wenn sie aber eine junge Frau »ißt«, tut sie das als ihr »Liebhaber« in der Gestalt eines Mannes und nicht in der einer »jenseitigen Geliebten«.[2]

Bei hochgradigem Streß und in Momenten akuter Gefahr übernehmen auch bei Multiplen Persönlichkeiten häufig willensstarke »Alters«

das Kommando, die sich das zutrauen und ausführen, was die anderen nicht wagen. Bei heftigem Erschrecken und unter Schock reagieren vor allem in Südostasien und Indonesien manche ansonsten äußerst zurückhaltende und anständige Frauen, die überwiegend arm und von niedrigem Stand sind, mit einem extrem unanständigen Benehmen. Sie führen skandalöse sexuelle Gesten und Bewegungen aus, reden obszönes und geschmackloses Zeug, entblößen ihre Brüste und Genitalien und fassen anderen Personen beiderlei Geschlechts an diese Körperteile. Außerdem wiederholen sie zwanghaft die Worte der Umstehenden, imitieren deren Gebärden und Handlungen und üben »automatischen Gehorsam« aus, das heißt, sie tun so gut wie alles, was man ihnen befiehlt. Die meisten Betroffenen – vorwiegend Frauen mittleren Alters – sagen hinterher, sie könnten sich an nichts erinnern, und schämen sich sehr, wenn sie erfahren, wie sie sich benommen haben; aber bei manchen von ihnen hatten Beobachter den Eindruck, daß sie sich währenddessen keineswegs in einem veränderten Bewußtseinszustand befanden, sondern einfach von der Möglichkeit Gebrauch machten, ungestraft die Schicklichkeitsnormen einer rigiden Gemeinschaft zu verletzen.

Dieses Phänomen, das *latah* genannt wird, sieht man heute für gewöhnlich nicht mehr als eine Besessenheit durch Geister an, obwohl es in manchen Gegenden immer noch ernst genommen und von Geistheilern behandelt wird. Im großen und ganzen unternimmt aber niemand etwas dagegen, weil ja kein öffentlicher Schaden angerichtet wird, ja, auf Festen und Hochzeiten betrachtet man es oft als eine Art Volksbelustigung, und manche Dorfbewohner versuchen sogar, zum Amüsement und zur Befriedigung voyeuristischer Bedürfnisse bei gewissen Frauen und jungen Mädchen *latah*-Anfälle zu provozieren. Wegen des exhibitionistischen Verhaltens und der obszönen Reden der inkorporierten Geister sind bei den malaiischen Fischern im Süden von Thailand auch Exorzismus-Séancen (*peterana*) sehr beliebt und werden von zahlreichen Männern und Frauen wie bei uns eine Striptease-Show als mehr oder weniger prickelndes Vergnügen erlebt. Die Malaien und die Javaner sind der Meinung, *latah* sei darauf zurückzuführen, daß Frauen sehr viel weniger Vernunft (*akal*) und Energie (*semangat*) als Männer besäßen, dafür aber stärkere sexuelle Begierden (*hawa natsu*), die sie auf Grund ihrer schwach entwickelten Selbstkontrolle manchmal nicht mehr beherrschen könnten. Deshalb dachte man früher und gelegentlich noch heute, daß die Geister (*kena hantu*) die Gelegenheit nutzten und die Betreffenden vaginal stimulierten, was das *latah*-Verhalten bei ihnen auslöse, bei dem sie sich benähmen »wie die wilden Tiere«.

Gegen Ende der dreißiger Jahre des vergangenen Jahrhunderts stellte ein japanischer Psychiater bei vielen der von ihm untersuchten 110 Ainu-Schamaninnen (*imu huchi*) auf Hokkaidō und im Süden Sachalins Anfälle fest, die den *latah*-Ausbrüchen der Malaiinnen und Indonesierinnen entsprachen und die ebenfalls auf Geisterattacken zurückgeführt wurden. Diese Anfälle äußerten sich gleichermaßen in Koprolalie, also dem zwanghaften Aussprechen obszöner Wörter, und dem unwiderstehlichen Bedürfnis, die Männer an ihren Hoden zu packen und die eigenen Genitalien öffentlich zur Schau zu stellen. Entsprechend versuchten die wenigen männlichen Schamanen, bei denen diese Ausbrüche beobachtet wurden, den Frauen und jungen Mädchen unter die Kleidung und an die Genitalien zu fassen und ihnen ihren erigierten Penis zu präsentieren. Wie beim *latah* wurde dieses Verhalten durch Schock und Entsetzen ausgelöst, zumeist bei Frauen im Alter von 30 bis 40 Jahren, vor allem beim Auftauchen von Nattern oder beim Aussprechen des Ainu-Wortes für diese Schlangen, und auch bei ihnen war die Scham, die sie nach den Anfällen empfanden, nicht gering. Offensichtlich handelte es sich nicht um ein vorübergehendes Phänomen, denn ein halbes Jahrhundert danach wurde es ebenfalls von Psychiatern beobachtet.[3]

Wenn jemand auf Bali von einem Geist besessen werden *will*, gilt das Aufsetzen einer entsprechenden Maske als das beste Mittel, dies zu realisieren. Doch ist das nicht ungefährlich. Denn die Masken der Hexe Rangda und ihres Gegenspielers Barong besitzen eine solche magische Kraft, daß sie nach dem Gebrauch durch die Medien in ein Tuch gewickelt werden, das ihre bedrohlichen Vibrationen isoliert, worauf man sie in einem Korb im Schuppen des Todestempels fest verwahrt, damit sie kein Unheil anrichten können. Einmal soll es geschehen sein, daß ein erfahrenes Medium, das die Maske der Hexe trug, Amok lief und, nachdem man es überwältigt hatte, für immer verrückt wurde. »Bevor ich die Maske aufsetze«, so sagte ein Maskentänzer (*dalang*) an der javanischen Nordwestküste, »sieht das Publikum mein Gesicht.

Ich bin der, der da tanzt. Sobald aber die Maske mein Gesicht bedeckt, folge ich ganz automatisch ihrer Persönlichkeit. Dann ist es nicht mehr ich, der tanzt, dann tanzt der Geist der Maske.« Um aber nicht völlig das eigene Bewußtsein zu verlieren, tragen die *dalang* die alten Masken höchstens ein paar Minuten lang und setzen sie dann wieder ab. Wer die Perchtenmasken aufsetzte, so hieß es früher im Alpenraum, der tritt in des Dämons »zwingende Gewalt«. Wenn die Tänzer der Mescalero- und Chiricahua-Apache die Masken der Berggeister (*gahé*) überstülpten, verwandelten sie sich in sie. Die Keresan sagen, daß früher die *katchina*-Regengeister ins Dorf kamen, um zu tanzen, aber heute schlüpften die Geister in die jeweiligen Masken, wenn die Tänzer sie trügen.

Während im thailändischen Theravāda-Buddhismus die meist weiblichen Medien zwar von den Geistern (*phil*) auf gewalttätige Weise »gepackt« werden, was durchaus sexuell zu verstehen ist – wie das »Gepacktwerden« (*pegar*) der Kultteilnehmer durch die Geister im brasilianischen Candomblé –, »lädt« man die Götter (*ong*) höflich »ein« (*choen*), indem man ihre Maske aufsetzt. Im Gegensatz zu diesen hoheitsvollen und reserviert auftretenden Thai-Göttern drängen die Geister (*dú*) der in der Nähe der Quelle des Cavally-Flusses im Inneren der Elfenbeinküste lebenden Dan darauf, sich in den Menschen zu verkörpern, und erscheinen ihnen deshalb zunächst in einer Vision und fordern sie dazu auf, an eine bestimmte Stelle im Urwald zu gehen, wo sie eine Maske fänden, die sie aufsetzen sollten. Sobald dies jemand getan hat, dringt der Geist, der ständig in der Maske wohnt, in den Betreffenden ein und spricht aus ihm, was aber nur der Maskenträger hören kann. Vor dem Kampf mit ihren Feinden bemalten sich die Krieger der Abonwari im Süden des Sepik so, daß sie aussahen wie die *wunduma-nga*-Geisterfrauen, die daraufhin Besitz von ihnen ergriffen und mit den Körpern der Abonwari in die Schlacht zogen. Auch die Schamanen (*ichta*) der Tlingit im südöstlichen Alaska setzten die Tiermasken ihrer Hilfsgeister (*yek*) auf oder bemalten entsprechend ihre Gesichter, worauf sie von den Geistern besessen wurden, die mit ihren Accessoires, Kopfschmuck, Vogelschnäbeln, Tierzähnen, Rasseln und Schürzen aus Bergziegenwolle um das Feuer tanzten. Dabei sprachen die Geister aus dem Mund des Schamanen, offenbar in Zungen, denn wie ein Informant einem Ethnologen sagte: »Er (= der

Hilfsgeist) spricht *in* ihnen, aber niemand kann es verstehen.« Freilich durften nur Schamanen an diesen Tänzen teilnehmen, denn wenn jemand anderes, vor allem ein junges Mädchen oder eine fortpflanzungsfähige Frau, eine Maske aufsetzte, bedeutete das oft ihren Tod.[4]

Bei verschiedenen Eskimogruppen war die Vorstellung verbreitet, alles »Starke« und Geheimnisvolle, wie zum Beispiel außergewöhnliche Gletscher, Felsen und Berge, besonders heftige Wasserstrudel, gefährliche Strömungen, Fjorde mit bizarren Eisbergen, vor allem aber seltsame, abnorme Tiere, besäßen eine *inua* (Pl. *inue*, von *inu*, »menschliches Leben« plus Possessivpronomen). Die Nunamiut in Alaska glauben, dass die *inua* sich in der Blase von Seesäugern befindet, zu denen für sie nicht nur Seehunde, Wale und Walrosse, sondern auch Eisbären zählen. Mit dem Wort *inua* wurde offenbar die Lebenskraft bezeichnet, aber auch mentale Eigenschaften und Dispositionen, die für den jeweiligen Menschen, genauer gesagt für das »menschliche Leben« in einem Tier, charakteristisch sind, weshalb die Nunamiut die Blasen erlegter Tiere bemalten und durch ein Loch im Eis ins Meer stießen, damit die *inua* in den Körper noch ungeborener Seetiere eintreten konnte. Manche Eskimo stellten Doppelmasken her, die als das Gesicht eines Tieres gestaltet waren, unter dem sich ein Menschengesicht, die *inua* des Tieres befand, so wie auch ein Jäger auf ein Tier stoßen konnte, das plötzlich »das Fell vom Gesicht herunterzog wie die Kapuze eines Parkas«, so daß dessen *inua* sichtbar wurde, die ihn wie ein Mensch ansprach. Indem besonders erfahrene und fähige Schamanen der Baffinland-Eskimo solche Masken aufsetzten, konnte es ihnen gelingen, die *inue* der betreffenden Tiere herbeizurufen, die dann von ihnen Besitz ergriffen und wie Hilfsgeister ihre Kraft und ihre Fähigkeiten verstärkten.[5]

Für gewöhnlich benutzen die Geister die natürlichen Körperöffnungen, vor allem die Vulva und den After, um in einen Menschen einzudringen. Allem Anschein nach ekelt sich die brasilianische *orixá* Iemanjá davor, mit Spermaresten in Berührung zu kommen, weshalb sie eine Frau, die regelmäßig Geschlechtsverkehr hat, durch die Fontanelle betritt, nachdem man ihr den Kopf geschoren hat. Bei einer unberührten Jungfrau tritt sie dagegen durch die Vulva ein, und um ihr dies zu erleichtern, entfernt man den unteren Teil des Schamhaares. Wenn ein weibliches Mitglied eines Umbanda-*terreiros*, also einer

Gemeinschaft des in Brasilien verbreiteten Kultes, zu üppige Brüste besitzt, werden diese festgezurrt, damit der von ihr Besitz ergreifende *orixá* durch ihr Auf- und Niederhüpfen beim Tanzen nicht gleich wieder durch die Vagina hinausgeschleudert wird. Da die mittelalterlichen Dämonen es liebten, in Schmutz, Fäkalien, Urin und Sekreten zu leben, traten sie besonders gerne in den After und die Vagina ein und ließen sich dort nieder, was heute noch die *jinn* von der Türkei bis Marokko tun, die vor allem dann, wenn eine Frau sich nach dem Geschlechtsverkehr oder »feuchten Träumen« nicht wäscht, ihre Genitalien heimsuchen. Entsprechende Geister siedeln sich dem Glauben der Zulu zufolge in der Vagina der Frauen an und fressen gierig all das Sperma, das beim Koitus hereingelangt, so daß die Frauen nicht schwanger werden. Wie aus einer Bemerkung des Propheten hervorgeht, hat sich in die Harnröhre der Männer ein *šaytān* eingeschlichen und wartet dort darauf, wie im 14. Jahrhundert der Syrer as-Šibli ergänzte, daß der Betreffende sich anschickt, mit seiner Frau zu schlafen, wenn sie gerade menstruiert. Dann penetriert der *šaytān* blitzschnell die Gattin, bevor ihr Mann seinen Penis eingeführt hat, und schwängert sie, worauf sie eine »Schwuchtel« zur Welt bringt, denn alle effeminierten Männer seien die Söhne eines *jinnī*. Die Somalifrauen sagen, die Infibulation, also die Beschneidung und das Verschließen der weiblichen Genitalien, schütze vor dem Eindringen der *zār*-Geister durch die Vagina, wohingegen auf der mikronesischen Koralleninsel Truk die Geister durch die »offene« Vagina in die weiblichen Medien eindringen. Wenn ein Geist dies tut, zittert das Medium, ihre Muskeln ziehen sich zusammen, und sie stöhnt und stößt durchdringende spitze Schreie aus, wie wenn ein Mann sie auf heftige Weise penetrierte. In der Tat sagte ein sehr junges Medium, sie habe gehört, wie die Geister durch ihren Mund sagten: »Wir nehmen sie, jetzt fikken wir sie!«[6]

Da die Männer keine Vagina besitzen, traten bei den ostgrönländischen Eskimo die Hilfsgeister (*taartaa*) der Schamanen (*angakok*) durch deren After ein, was bei den Jakuten allerdings nur die Geister der Unterwelt taten, denn die Hilfsgeister der Schamanen waren sich dazu viel zu fein und benutzten stattdessen die Fontanelle. So auch die Nixen (*bayisi*) der Punu am unteren Kongo, wunderschöne weibliche Wassergeister mit heller Haut und glattem, langem Haar, die durch die Fontanelle in den Kopf von Frauen eingingen, worauf deren Seele denselben verließ. Während der Initiationszeremonie der künftigen Schamaninnen und Schamanen der nordkalifornischen Wintu tanzten die Initianden splitternackt um ein Feuer und boten den Geistern alle ihre Körperöffnungen zum Einstieg an, wobei die Geister aber meistens die Ohren wählten. In Ladākh im nördlichen Kaschmirhimālaya drangen die Geister überwiegend durch die Brustwarzen der Frauen in diese ein, worauf beim Exorzismus das männliche Geistermedium versuchte, die Eindringlinge durch ein heftiges Saugen mit dem Mund herauszuziehen, was für die Besessenen sehr schmerzhaft war.

Manchmal trat auch ein fürsorglicher Geist unmittelbar nach der Geburt in den Säugling ein, wie in Grönland, wo die Eskimo-Mutter für ihr Neugeborenes einen Schutzgeist herbeirief, weil es »noch schwach und dumm« war. Dieser Geist dachte fortan für das Kind und sorgte für all seine Belange. Im Laufe der Zeit entwickelte sich jedoch die eigene Seele (*nappan*) des Kindes immer mehr, so daß sie schließlich im Alter von zehn bis zwölf Jahren die Kontrolle übernahm und der Schutzgeist nicht mehr benötigt wurde. Ähnlich verhielt es sich bei den Eskimo am Cumberland-Sund im östlichen Baffinland, wo die Seele des kleinen Kindes, wenn sie nicht vom Geist eines Vorfahren beschützt und erzogen wurde, keine Verankerung im Körper fand und wegflog.

Es gab und gibt aber auch Fälle, in denen der Geist nicht in den Körper eindringt, sondern sich allem Anschein nach schon immer in embryonaler Form in ihm befindet, sich allmählich entwickelt und eines Tages von der Person, in der er heranwächst, bemerkt wird. Während des Zweiten Weltkrieges spürte beispielsweise die japanische Bäuerin Sayo Kitagawa eines Tages, daß in ihren Genitalien ein mysteriöses Wesen lebte, das später, als sie eine Geistheilerin geworden war, »Gott-in-ihrem-Unterleib« genannt wurde. Sie hörte seine Stimme und fühlte sich gezwungen, seinem Willen Folge zu leisten. In Gujarāt sagte ein weibliches Geistermedium (*bhoimā*) einer jungen Jaina, in deren Körper lebe eine Göttin, die aber noch nicht entwickelt sei. »Sie ist wie ein Baby in mir«, so die junge Frau, »aber manchmal spüre ich sie ganz stark.« So, wie sie spirituell reife, wachse auch die Göttin heran, die ihr Schicksal bestimme und deren Sprachrohr sie eines Tages werde. Bei den subarktischen Tahltan-Indianern besaßen die meisten Frauen einst einen Otter-Geist, der unmittelbar über ihrem Magen wohnte, und auch bei den Crow in den Plains war es nicht so, daß der rätselhafte *batsirape*-Geist erst in den Körper eintrat, vielmehr war er schon immer in ihm vorhanden und hatte sich nur noch nicht bemerkbar gemacht. Schließlich wohnte im Körper mancher Schamanen der Tareumiut-Eskimo in Alaska ein *kiktuk*-Geist mit scharfen Zähnen, der ein höchst gefährlicher »Auftragskiller« war. Wenn der Schamane seine Dienste benötigte, gebar er ihn wie eine Frau ein Kind, aber offenbar durch den After, und wenn der Geist seine Aufgabe erfüllt hatte, kehrte er auf demselben Wege in den Schamanen zurück und legte sich dort zum Schlaf nieder, bis er wieder gebraucht wurde.

Wenn bei den südnigerianischen Yorùbá ein Mensch geboren wird, formt der *òrìsà* Aiàlá Alámò den *òrí inú* (»innerer Kopf«), seine Seele, sein Bewußtsein und Empfindungsvermögen, seine natürliche Persönlichkeit, wie sie vor der Erziehung und den Umwelteinflüssen geartet ist, und plaziert ihn durch die Fontanelle in den von dem Gott Olódùmarè geschaffenen »äußeren Kopf« (*òrí òde*), dem der Gott außerdem Leben (*èmí*) einbläst. Daraufhin versieht der *òrìsà* den »inneren Kopf« mit *àse*, »Kraft«, die in der Welt sehr ungleich verteilt ist. Weil der Blick und das gesprochene Wort der Yorùbà-Herrscher (*oba*) viel *àse* ausstrahlten, war ihr Gesicht stets verhüllt, weil es für gewöhnliche Menschen viel zu stark war und sie verletzen oder töten konnte. Auch Frauen haben nach der Menopause viel *àse*, weil sie nicht mehr menstruieren, denn die »Kraft« befindet sich vor allem im Blut. Nach Ansicht der kubanischen Santeros erhielten bei der Erschaffung der Welt vor allem die Götter, das Gewitter, das Meer, der Wind und das Feuer große Mengen von *aché*, das in der heutigen Santería meist *energía* genannt wird, und es manifestiert sich in heftigen Wirbelstürmen, im Blitzschlag, im »Atmen« der Pflanzen, im Krachen der Brandung am Strand, in starken Strömungen im Fluß, im Fließen des Blutes, im Zorn der Götter, in tatkräftigen, mutigen und klugen Menschen, in der Wildheit der Raubtiere, im Wuchs riesiger Bäume, aber auch, wie es im Candomblé heißt, im Reichtum und in der Berühmtheit einzelner Personen. Da das *aché* sich aber verbraucht, muß es immer wieder erneuert werden, und so »füttern« die Gläubigen in Nigeria, Brasilien oder Kuba die *òrìsà* bzw. die *orixá* und *orishá*, indem sie für sie Kerzen entzünden oder Feuer anfachen, hauptsächlich aber durch das Vergießen von Blut, denn wenn sie dies nicht tun, werden die Geister immer schwächer, bis sie schließlich sterben.[7]

Mit dem Begriff *òrìṣá* scheint man ursprünglich in Westafrika alles Numinose, Mysteriöse, Unerklärbare bezeichnet zu haben, und Spuren dieser anfänglichen Bedeutung sind offenbar noch heute zu finden. Als zum Beispiel einmal einige Yorúbà nach Lehm gruben, entdeckten sie einen großen Felsen. In der Nacht fing er plötzlich an, sich zu bewegen, und fiel auf einen Teich, den er vollkommen bedeckte, worauf eine fassungslose Frau schrie: »Ò ni ò ni!«, »Es ist ein òrìṣá!« Im allgemeinen verstand man unter den *òrìṣá* (wörtlich »Kopfquelle«) jedoch bald mehr oder weniger personifizierte Mächte oder Kräfte, die oft geschlechtslos waren oder ihr Geschlecht wechseln konnten, und letztlich Ahnen mit starkem *àṣẹ*, die sich nach ihrem Tod und ihrer Verwesung in energiegeladene Geister verwandelt hatten. In der heutigen Santería oder »La Regla de Ocha« sind sie die Geister der afrikanischen Vorfahren, die aus immateriellem *aché* bestehen, weshalb sie auch *fuerzas*, *potencias* oder *poderes* genannt werden. Eine Kultleiterin der Umbanda charakterisierte sie als »forças da natureza vibrando«, als Vibrationen, die Naturereignisse wie beispielsweise Überschwemmungen von Flüssen herbeiführen können.

Mit großer Leidenschaft »manifestieren« oder »materialisieren« die *òrìṣás* sich jedoch, indem sie in den Körper ihrer Verehrer eintreten, deren *òrí inú* »aus dem Kopf werfen« und den Körper »reiten«. Die Yorúbà und ihre afroamerikanischen Abkömmlinge sind der Auffassung, daß jeder *òrìṣá* in seiner Eigenart, seinen Vorlieben und seinem Geschmack dem *òrí inú* des Menschen, in den er eingefahren ist, entspricht, also dessen eigentlicher und ursprünglicher Natur, über die der Betreffende während des Initiationsprozesses aufgeklärt wird, in dem er auch den speziellen Trommelrhythmus lernt, mit dem sein *òrìṣá* herbeizitiert wird, sowie die für ihn charakteristischen Tanzschritte und sein Benehmen während der Trance. Dies scheint auch im haitianischen Vodú nicht anders zu sein, denn dort heißt es: »Das Temperament des *lwa* ist das Temperament des Bestiegenen« (*tempérament moun' cé tempérament lwa li*) – kein Geist würde jemanden zu seinem »Pferd« (*choual*) machen, der ganz anders wäre als er selbst.

Deshalb hat man in Candomblé-Kreisen die Meinung vertreten, bei manchen Medien trete der *orixá* nicht von außen ein, sondern befinde sich schon immer in deren Körper und werde lediglich durch den Trommelrhythmus erweckt, worauf er in den Kopf hochsteige und die Kontrolle übernehme. Auch die Besessenheitsgeister (*mweya*) der Ndau im südostafrikanischen Sofala befinden sich seit der Geburt eines Mediums in dessen Körper, und ihnen verdankt es all seine Fähigkeiten und Talente, wie die zu singen, zu heilen oder zu jagen, aber auch sein gesamtes Schicksal und Lebensglück (*rombo*). Manchmal schlafen die *mweya* längere Zeit, aber durch Trommeln, Rasseln, Tanzen, Gesänge, Händeklatschen oder Schnupftabak können sie stets aufgeweckt werden. Derartige Auffassungen sind im Grunde nur einen Wimpernschlag von der Überzeugung entfernt, daß es zwischen dem *orixá* und dem *ori*, den Geistern und der Seele des Mediums überhaupt keinen Unterschied gibt, das heißt, daß Geister im traditionellen Sinne als eigenständige Entitäten gar nicht existieren.[8]

In manchen Umbanda-*terreiros* heißt es, die *orixás* seien so »stark«, daß ein Mensch explodieren würde, wenn sie in ihn einträten, weshalb sie dazu niederere Geister, vor allem von Indigenen stammende *caboclos*, die *prêtos velhos*, die Seelen von Schwarzen, die *crianças*, also die von Kindern, sowie *exús* schicken, die allerdings mehr negative als positive Fluida besitzen, was jeder, der von ihnen besessen wird, daran erkennt, daß es ihm eiskalt den Rücken hinunterläuft. Dann lachen die von *exús* (vgl. § 24) Besessenen laut auf, schreien wild Obszönitäten und greifen den jüngeren Zuschauerinnen an die Brüste. »Wenn ein Geist (*vu*) dich penetriert«, so sagte ein weibliches Medium (*waqa waqa*) im Fiji-Archipel, »mußt du stark sein, oder er zerreißt dich.« Die ebenfalls weiblichen Geistermedien der Kenga im zentraltschadischen Massiv dürfen nach ihrer ersten Besessenheit nie mehr mit einem Mann schlafen, weil die Kraft des Geistes von da an in ihnen bleibt und so massiv ist, daß sie jeden Geschlechtspartner töten würde. Aber auch manche Pfingstler warnen, daß wir Menschen das »Einstöpseln« in »Gottes volle Macht« nicht überleben würden, da seine »Spannung« viel zu hoch sei. Wenn die Himmelsgötter der pazifischen Bellona-Insulaner jemanden in Besitz nähmen, würde er geisteskrank oder sterben. Als einmal ein junges Mädchen von einer Himmelsgöttin besessen wurde, benahm sie sich wie eine Verrückte (*unguhia*), kletterte auf das Dach des Hauses ihrer Familie, entblößte ihre Genitalien und urinierte vor allen Leuten. Deshalb haben diese Gottheiten auf Bellona keine Medien.[9]

Ein Heiler vom Westlichen Visayan-Archipel in den Philippinen sagte, er halte es nicht aus, wenn manchmal bei der Behandlung eines Kranken zwei oder drei Geister gleichzeitig in seinen Körper eindrängen. Dies wird recht häufig aus den verschiedensten Weltgegenden berichtet und erinnert sehr an das, was in der westlichen Kultur »Multiple Persönlichkeit« genannt wird, zumal die Geister in verschiedenster Beziehung zueinander stehen können: Manche leben harmonisch miteinander, während andere ständig verschiedener Meinung sind, einander kritisieren und bekämpfen und ein völlig verschiedenes Temperament und Naturell haben. Sudanarabische Frauen besitzen nicht selten mehrere *zairān*-Geister in ihrem Körper, die sich völlig voneinander unterscheiden, die Könige, Sklaven, fromme Nonnen, laszive Prostituierte oder Schwuchteln sein können. Auch die Schamanen (*halak*) der südostasiatischen Senoi und Temiar werden zur selben Zeit von vielfältigen Hilfsgeistern besessen, deren Stimmen wie die eines kleinen Kindes, eines jungen Mädchens, eines alten Mannes oder wie das Gebrüll eines Tigers klingen. Ganz verschiedenartige *kamuy* lebten auch gemeinsam im Leib der Ainu-Schamaninnen, zum Beispiel männliche und weibliche Spinnengeister oder Drachenschlangen, und je nachdem, wer gerade die Oberhand hatte, sprachen die Frauen mit verschiedenen Stimmen und veränderten auch ihre Gestik und ihr Benehmen.[10]

Hat es bisweilen den Anschein, daß es so gut wie keinen Unterschied zwischen der Ursprungsperson der Besessenen und den sich in ihnen aufhaltenden Geistern gibt, so trifft dies augenscheinlich auch auf viele Schamanen zu, deren Hilfsgeister keine von ihnen getrennten Wesen, sondern eher sie selber in verwandelter Form sind, weshalb der Ethnologe Hans Findeisen vor mehr als 60 Jahren diese Hilfsgeister mit Recht als »sekundäre Persönlichkeiten« der Schamanen bezeichnet hat. So stirbt bei den Amuesha im peruanischen Regenwald der Schamane (*pa'llerr*), wenn dem meist jaguar- oder kolibrigestaltigen Hilfsgeist etwas zustößt, und es heißt ausdrücklich, daß die Seele (*chañapchenaya*) der Schamanen *als* tierischer Geist umherstreune. Die Kagwahiv am Río Madeira im westlichen Amazonien teilten mit, daß der Hilfsgeist (*rupiguára*) der Schamanen eine Art *alter ego* war, das während einer Heilzeremonie in den Himmel flog, um Verstärkung für die Behandlung des Patienten zu holen, und daß deshalb Geist und Mensch mit demselben Wort bezeichnet wurden. Dies war auch am Río Xingú und bei den Yanomamö so, die offenbar noch heute sagen, daß der Schamane (*shapori*) mit seinem *hekula*-Hilfsgeist identisch sei. Mit Hilfe des starken »Azteken-Tabaks« gelingt es den Schamanen (*yakapa*) der Mehináku, sich beispielsweise in den gefährlichen und unberechenbaren Anakondageist zu »verwandeln« (*iyákene*). Die Ewenken sagten einst, der tierische Hilfsgeist (*chargi*) sei der Schamane in seiner Tiergestalt. Die lappischen Schamanen konnten ihr Ziel nur erreichen, indem sie zu einem Wal, ihrem Hilfsgeist wurden, und auch die der Nunivak-Eskimo schlüpften in den Körper eines Tiergeistes, um sich auf die weite Reise begeben zu können. Schließlich gaben die Schamanen der Samojeden im 19. Jahrhundert an, sie müßten temporär als Menschen »sterben«, um die Gestalt ihrer weiblichen, halb tierischen und halb menschlichen Hilfsgeister anzunehmen, denn nur so könnten sie ihre Aufgaben erfüllen.[11]

§ 23
Besessenheit als anale Penetration und als Eröffnung von Freiheiten

Nicht jedermann begrüßt es, von einem Geist besessen zu werden, und ganze Gesellschaften oder Gesellschaftsschichten lehnen aus den verschiedensten Gründen ein solch intimes Eindringen in den Körper ihrer Mitglieder strikt ab. Die Angehörigen der hohen nordindischen Kasten weisen jegliche öffentliche Besessenheit wegen des damit verbundenen peinlichen und entehrenden Kontrollverlustes weit von sich, und beim bedeutendsten religiösen Fest von Lālitpur im Kaṭmāndūtal werden zwar die Bauern und namentlich deren Frauen sowie gelegentlich auch ein Kṣatriya, aber nie ein Brāhmane oder dessen Frau besessen. Allerdings gibt es Geheimkulte, in denen dies außerhalb der Öffentlichkeit und in einer sehr stilisierten und beherrschten Weise geschieht. Auch auf dem hauptsächlich von Brāhmanen bewohnten balinesischen Dorf gibt es keine Besessenheit, und die rājputischen Frauen, insbesondere die Aristokratinnen, die großen Wert auf Selbstbeherrschung legen, sind geradezu schockiert von der Vorstellung, sich auf dem Fußboden herumzuwälzen und dabei ihre Brüste oder sogar den Genitalbereich zu entblößen. Vor allem aber empfinden sie das Besessenwerden als eine sexuelle Penetration, und es ist für sie undenkbar, vor allen Leuten von einem Lustmolch wie Bheru Ji (sanskr. Bhairāva) aufs Kreuz gelegt zu werden, einem Wüstling, der mit besonderem Genuß junge Mädchen gewaltsam defloriert: »Wir hassen den Gedanken«, so sagen die Frauen, »daß irgend etwas in unseren Körper kommt!« Viele unverheiratete junge Mädchen erweisen diesem Gott zwar ihre Reverenz, aber nur deshalb, weil sie hoffen, daß er dann darauf verzichtet, sie vor der Hochzeitsnacht zu vergewaltigen. Trotzdem kommt es immer wieder vor, daß der Gott in seiner sexuellen Erregung nachts an die Türen der Häuser klopft, damit die Mädchen sie öffnen.

Wenn die Schamanen der wildbeuterischen Vedda auf Ceylon die Geister (*yaku*) herbeiriefen, versuchten sie mit allen Mitteln, eine Besessenheit, vor allem die durch den blutdürstigen Dämon Riri, zu vermeiden, da sie eine solche für lebensgefährlich hielten. Falls es aber dennoch geschah und durch einen harmloseren *yaka*, stemmten sie sich trotzdem dagegen, das Bewußtsein zu verlieren. Zudem wurde es ihnen oft übel dabei, die Erde fühlte sich an, wie wenn sie schwankte, und dröhnende Geräusche jagten ihnen Angst ein. Die Schamanen der Changpa-Nomaden im ladākhischen Changthan sagen, nur in denjenigen könne ein *lha*-Geist eindringen, der über eine sehr geringe psychische Kraft (*sparkha*) verfüge, der also ein Schwächling sei, aber sie räumen ein, daß natürlich ein jeder mitunter schwache Momente habe. Deutlicher wurde da einer der bekanntesten Vodú-Priester der togoischen Ewe, Amuzowi Kudadje aus Lomé, der die Geistermedien als »nützliche Idioten« bezeichnete, die von den Geistern nur geschröpft und dazu verwendet würden, damit sie sich inkarnieren könnten: »Die Trancemedien sind schwache, manipulierbare Menschen. Sie werden wie Werkzeuge benutzt, sie sind willenlose Diener ihrer Kultkreise. Ein bedeutender Priester würde niemals in Trance fallen!« Aber auch er gestand zu, daß peinliche Situationen entstehen könnten, in denen selbst ein Priester von einem Geist gegen seinen Willen überwältigt werde. »Starke Heiler«, so heißt es bei den Bricolanos im Südosten Luzóns, seien diejenigen, die »mit den Geistern sprechen«, anstatt die Geister aus sich sprechen zu lassen, und die »mit ihrer eigenen Stimme heilen«. Die allermeisten Heiler seien indessen Weicheier, die sich auf den Boden legten und sich wie eine Frau von einem Geist (*saro*) »ficken« ließen.

Die jungen Mädchen, die dafür sorgen, daß die Trancetänzerinnen der tunesischen Schwesternschaft Zāwiya sich während der Besessenheit durch die Geister (*'ennēs el oḫra*, »die anderen«) nicht durch zu heftige Bewegungen verletzten, können selber nicht besessen oder wie andere Frauen und Mädchen von den an schmutzigen Orten wie Toiletten, Schlachthäusern und *ḥammāms* lebenden *jinn* vergewaltigt werden, denn sie stammen von dem Heiligen Sidi Aḥmed Ettiẓāni, dem Begründer der Vereinigung, ab, der auch nach seinem Tod viel zu »stark« ist für die Geister. Die Mädchen legen ihre Hände auf die Hüfte der Tänzerinnen, so daß ihr ererbtes *bāraka* in sie fließt und sie befähigt, die *jinn* zu zügeln.[1] In fast allen Gesellschaften, in denen Menschen von Geistern besessen werden, erwartet man entweder von dem Medium selber oder von Kontrollpersonen wie Priestern, daß sie den Geist mäßigen und an die Kandare nehmen oder ihm zeigen, wie er sich zu benehmen hat. Um sicherzustellen, daß das Medium sich nicht zu wild und unanständig aufführt, versucht man, soweit dies möglich ist, spontane und undisziplinierte Besitzergreifungen unerfahrener und labiler Personen zu unterbinden und die Geister in den Körper geschulter und erprobter Medien zu lotsen. Gelingt dies nicht, kommt es häufig vor, daß die Besessenen gefesselt oder auf andere Weise kaltgestellt werden oder daß die ganze Veranstaltung abgebrochen wird. Wenn bei den südöstlich von Lambarene in Gabun lebenden Punu jemand im Rahmen eines Rituals von den Wassergeistern »geschlagen« (*u boku*), das heißt besessen wird, erklärt man dies damit, daß die Geister »sauer« sind, weil sie sich von dem Betreffenden nicht genügend respektiert fühlen. Wenn dieser eine »offene Fontanelle« (*ilundji*) besitzt, dringen die Geister tief in ihn ein und benehmen sich oft so wild und gewalttätig, daß die Veranstaltung aus Angst, er könne verrückt werden, auf der Stelle beendet wird. Im Westen der Dominikanischen Republik werden schwache Männer sowie Frauen, in die ein *misterio* eingefahren ist, zu einem »Wolfspferd« (*caballo lobo*), das sich ebenfalls ungezügelt und gemeingefährlich aufführt, doch das einzige, was man dann dagegen tut, ist, daß man dem Medium, wenn es sich um eine Frau handelt, unten den Rock zubindet, damit sie nicht in der Öffentlichkeit ihre Genitalien entblößt. Wenn indessen die adoleszenten Initianden und Initiandinnen der Geistertanz-Geheimgesellschaften der Südlichen Küsten-Salish, die an der Pazifikküste Nordamerikas leben, von ihren Schutzgeistern besessen wurden und sich zu wild und ungestüm verhielten, wurden sie mit Seilen an Händen und Füßen gefesselt, was die Geister offenbar beruhigte und »zähmte«. Waren bei einem Medium auf São Vincente im Archipel der Kapverden der besitzergreifende Geist zu unbeherrscht und explosiv oder das Medium zu unerfahren und willensschwach, so daß es sich nackt auszog und unanständig benahm, beendete der Leiter der Séance die Veranstaltung schlagartig. Schließlich müssen bei den kardecistischen Spiritisten in Puerto Rico die »unentwickelten Geister« (*espíritus atrasados*), die sich auf den »unteren Vibrationsebenen« befinden, erst erzogen und aufgeklärt (*darles luz*) werden. Im Verlaufe einer *metafísica*-Veranstaltung wies der Leiter eine besessene Frau an, ihren »Geist unter Kontrolle zu bringen«, und forderte die Anwesenden dazu auf, zu ihrer Unterstützung laut zur hl. Jungfrau zu beten. Doch der Besessenen gelang es in keiner Weise, den Geist zu bändigen und ihn zu beherrschen, vielmehr brach sie zusammen und schlug mit einem häßlichen dumpfen Geräusch mit dem Hinterkopf auf den gekachelten Boden, worauf der Leiter ungerührt dem Publikum erklärte: »Spirituelle Energien sind wie Kinder – man muß sie erziehen!« So etwas schien bei den Munda in Bihār allerdings so gut wie nie vorzukommen, weil die dortigen Geister fast durchweg darauf verzichteten, junge Mädchen und unerfahrene Frauen zu »ergreifen« – aus Anstandsgründen, denn sie wußten, daß diese sich dann wie rasend benahmen und sich sämtliche Kleider vom Leib rissen. Deshalb zogen sie es vor, in die Schamaninnen (*deōṛā*) einzutreten, die dann offenbar nur in eine leichte Trance fielen und bei Bewußtsein blieben.[2]

Da das Eindringen eines Geistes in den Körper eines Menschen in vielen Kulturen als ein Geschlechtsakt empfunden wird, ist es häufig besonders Männern peinlich und unangenehm, wenn dies durch einen männlichen Geist geschieht. Bei den im südostafrikanischen Transvaal und den angrenzenden Gebieten lebenden Swazi will für gewöhnlich kein normaler Mann von einem solchen Geist anal penetriert werden und wehrt sich meistens erfolgreich dagegen, was Frauen nur selten gelingt, da ihre Abwehrkräfte zu gering sind. In São Paulo nehmen sehr viele Männer allein deshalb nicht an den Veranstaltungen der Umbanda teil, weil sie befürchten, dann von Außenstehenden für »Schwuchteln« gehalten zu werden. Die initiierten Santeros gelten als *iyáwó*, »Ehefrauen« der männlichen Geister, ein Ausdruck, der in der Santería sittenstreng, aber falsch mit »Kind« übersetzt wird, was aber keinen Kubaner daran hindert, in jedem von einem *orishá* besessenen Mann eine »Schwuchtel« zu sehen, denn es heißt, daß ein Mann, der zum Beispiel von Shangó penetriert werde, auf der Stelle effeminiert rede und sich wie eine Frau benehme. Auf Grund der ausgeprägten Homosexuellenfeindlichkeit des Castro-Regimes, die sich insbesondere gegen Männer mit sehr femininem Auftreten richtete, wurde die Besessenheit von Männern geächtet. Manche *babalawos* verkündeten öffentlich in Havanna, sie seien keine Schwulen, und ausgesprochene Schwuchteln waren auf den Veranstaltungen der Santería nur noch sehr selten zu sehen. Bereits in früher Zeit ging man in

Lateinamerika gegen effeminierte Männer vor, die es genossen, von Geistern koitiert zu werden. So wurde im Jahre 1686 im brasilianischen Évora ein »die Kobra« genannter Mulatte wegen Hexerei (*feitiçaria*) und passiver Homosexualität vor das Inquisitionsgericht gebracht, weil er glaubte, die Ausübung des Analverkehrs mit anderen Männern entflamme die Geschlechtslust der Geister dermaßen, daß auch sie ihn anal penetrierten, was er offenbar ganz besonders genoß.

In manchen *terreiros* des Candomblé werden für gewöhnlich heterosexuelle Männer von den *orixás* nicht »bestiegen«, da die Geister Frauen und *travestis* bevorzugen, zumal sich diese beiden Gruppen mit größerem Vergnügen penetrieren lassen als die Mehrzahl normaler Männer. *Travestis*, die sich meist aus »Schwuchteln« entwickelt haben, wissen, daß sie nie Frauen werden können, und sie wollen dies auch nicht, ja sie halten allein den Gedanken für absurd, obwohl sie weibliche Hormone nehmen, sich depilieren und Silikon injizieren lassen, vor allem um weibliche Brüste zu bekommen, aber auch in den Hintern, die Hüften, die Innenseite der Oberschenkel und ins Gesicht. Die Hormonbehandlung ist allerdings problematisch, weil viele *travestis* ihre Kunden auf dem Strich sehr häufig penetrieren und sich von ihnen auch fellationieren lassen. Diese Kunden, überwiegend verheiratete Männer der Mittelklasse, fordern standfeste Erektionen, und in den größeren Städten kann man sie jeden Abend sehen, wie sie mit ihren Autos anhalten und die Penisse der *travestis* befühlen, um herauszufinden, ob ihnen deren Größe und Durchmesser genügt. Nach Schätzungen sind beispielsweise etwa 90 Prozent der *travestis* von Salvador Mitglieder der *terreiros* des Candomblé und auf Grund ihrer körperlichen Ausstattung sehr beliebte Sexobjekte der *orixá*, von denen die bedeutendsten zumindest bisexuell sind. Die eine Hälfte des Schöpfergottes Oxalá ist weiblich und die andere männlich, und er hält sich mit seinem sehr jungen Liebhaber, einem Knaben, unter einem Baumwollstrauch auf. Oxumaré, der Gott des Lebens, ist die eine Hälfte des Jahres ein Mann und die andere eine Frau, genauso wie Logum-Edé, der ein halbes Jahr lang als eine betörende und mannstolle Nymphe in den Flüssen lebt. Bei den Candomblé-Veranstaltungen ergreifen sie besonders gerne Besitz von Schwuchteln und *travestis*, aber wenn sie dies bei heterosexuellen Jünglingen oder Männern tun, erkennt man daran, daß die Betreffenden wesensmäßig Homosexuelle sind, ob sie dies wissen oder auch nicht.[3]

Ein Mann, der von einem männlichen Geist penetriert wird, gilt danach vielfach zumindest im übertragenen Sinne als Frau, das heißt der Geist hat ihn »zur Frau gemacht«, und der Mann verhält sich bisweilen auch entsprechend, etwa im Vodú der Ewe oder bei den halbnomadischen Didinga im äußersten Süden des Sudan, wo sich ein Mann, der von einem *loperyang*-Geist anal penetriert worden war, anschließend einen Frauenschamschurz um den Kopf band. Wenn bei den ebenfalls nilotischen Nuern ein männlicher Geist von einem Propheten Besitz ergriff, packte er ihn zunächst an seinem Bart oder an den langen Haaren und schüttelte ihn durch. Darauf penetrierte er ihn, wonach sich der Prophet fortan darauf beschränkte, sich von anderen Männern wie eine Frau koitieren zu lassen. Als der weithin bekannte Nuer-Prophet Gwek, der einen Angriff auf die britischen Kolonialtruppen leitete, von diesen getötet worden war, kam ans Licht, daß er einen ledernen Frauenschurz trug. Von einem Mann, der von einem *zār* besessen war, hieß es, er habe nicht nur plötzlich mit einer Frauenstimme gesprochen, sondern sogar angefangen zu menstruieren. Die *zār*-Geister der norderitreischen Tigrē bevorzugten schöne Frauen und starke sowie berühmte Männer, die alle, nachdem sie von den Geistern »geritten« worden waren, »Braut des *zār*« ('*arūsat az-zār*) genannt wurden. Männer wurden allerdings nicht von einem männlichen, sondern von einem weiblichen *zār*, einer *zārīt* »zur Frau gemacht«, worauf sie Frauenkleider anzogen und sich wie Frauen benahmen, wohingegen eine Frau von einem männlichen *zār* vaginal penetriert und entsprechend »zum Mann gemacht« wurde. Kürzlich berichtete die Zulu-Medizinfrau Nkabinde, daß sie stets dann, wenn sie von ihrem männlichen Ahnengeist besessen sei, aufhöre zu menstruieren und nur noch mit Frauen schlafe. Gleichzeitig ejakuliere Nkunzi in ihr, was sie daran merke, daß er dann wie ein Löwe brülle. Auch bei den südindischen Chennai führten die Besessenheitsgeister einen Geschlechtswechsel herbei, und ein junger Mann berichtete, daß er nach dem Eintritt eines Geistes in seinen Körper fühlte, wie er sich völlig veränderte: »Ich schaute in den Spiegel und sah, daß mein Gesicht sich in das einer Frau verwandelt hatte. Der Heiler sagte mir, daß ich von einer Frau besessen war.«

Wenn bei den Jakuten abends das Herdfeuer gerade noch glomm, traten die *abāsy*-Geister in die Hütte ein, wobei die männlichen Geister der Frau ins Gesicht bliesen, so daß sie einschlief, um sie anschließend zu penetrieren, worauf sie zu ihren ständigen Liebhabern wurden. Die weiblichen *abāsy* taten dasselbe bei den Männern, stimulierten sie, bis ihr Penis erigierte, und führten ihn dann in ihre Vagina ein. Falls ein junger Mann, von dem sie Besitz ergriffen, noch nicht verheiratet war oder kurz vor einer Eheschließung stand, nahm er von dieser Abstand und blieb sein Leben lang ledig, da er ja jetzt eine permanente Bettgenossin hatte. Besaß er aber eine Ehefrau, sorgte die *abāsy*-Geliebte dafür, daß sein Penis jedesmal schlaff blieb, wenn er mit ihr schlafen wollte. Bei den Kalabari in Nigeria kam es zwar nicht sehr häufig vor, daß ein Mann von den »Wasserfrauen« besessen wurde, doch wenn es hie und da geschah, war das den Betreffenden peinlich, weil es für einen Mann unschicklich war, von einer Frau »genommen« zu werden. Bei den Tadschiken und Usbeken geschah es häufiger, daß eine *pari*-Fee eine sexuelle Leidenschaft für einen jungen Mann entwickelte, aber wenn dieser sich weigerte, von ihr bestiegen zu werden, bestrafte sie ihn für gewöhnlich mit einer Krankheit. Dabei war es für viele Männer sehr erregend, ein weibliches Wesen in sich zu spüren. Auch ein junger Mann aus dem westlichen Kulturkreis sagte, den höchsten sexuellen Genuß verschaffe er sich dadurch, daß er in der Nacht seine »jenseitige Geliebte« in seinen Körper »aufnehme«.[4]

Wenn bei den südsibirischen Tuwinen die *albys*-Geister als schöne Frauen bei den Männern durch deren After und bei den Frauen als Männer durch die Vagina in den Körper eindrangen, war dies so atemberaubend und lustvoll, daß die Opfer wie die Männer des Odysseus bei den Lotophagen und – beinahe – bei den Sirenen verrückt (*albystaar*) wurden, ihre Heimat vergaßen und nie mehr dorthin zurückkehrten. Auch bei den zentralafrikanischen Nyungwe genossen die Heilerinnen und ihre Patientinnen es offenbar sehr, von den Geistern penetriert zu werden, weshalb sie keinen Schamschurz trugen, damit diese nach Gusto ungehindert in ihre Vagina eindringen konnten. Schließlich hieß und heißt es bei den Yorùbà, daß der Oberpriester (*e̩le̩gùn*, »der Besprungene, Gefickte«) von dem *òrìṣá* Ṣàngó, der von ihm Besitz ergreift, »gefickt« und damit seine Frau wird, was bisweilen symbolisch dadurch dargestellt wird, daß der Priester sich rücklings auf den Boden legt, worauf gut gebaute junge Männer in einem Mörser (*odó*), der auf seiner Brust steht, mit einem Stößel Blätter zerstampfen (*gún*). *Odó* bedeutet umgangssprachlich soviel wie »Fick dich!« und *gún* sowohl »stampfen, ficken« als auch die Besitzergreifung eines männlichen oder weiblichen Mediums, das dabei normalerweise völlig die Selbstkontrolle verliert. Die auf diese Weise »Bestiegenen«, zu denen nicht nur die Priester, sondern auch die Initianden gehören, werden ungeachtet ihres Geschlechts zu den »Ehefrauen« (*ìyáwó*) des Gottes, flechten ihr Haar wie eine Frau, ziehen Wickelröcke (*ìró*) und Frauenblusen (*bùbá*) an, binden Tragetücher für Babys um und tragen wie Frauen und Mädchen Gefäße auf dem Kopf, die Priester der Yemọjá einen Topf oder eine Kalebasse voller Wasser und die des Ṣàngó ein Gefäß mit glühenden Kohlen. Die Holzfigur einer knienden (*ìkúnlẹ̀*) Frau, an der Frisur erkennbar, eine Anhängerin oder Priesterin Ṣàngós, zeigt durch ihre Körperhaltung ihre Bereitschaft, sich dem Gott zu unterwerfen und sich vaginal von ihm penetrieren (*gígùn*) zu lassen (Abb. 22). Bei den Fɔn in Benin werden alle *vodúnsí* »Frauen des *Vodún*« genannt, und zwar unabhängig davon, welches Geschlecht sie haben.

Ein solcher Vaginal- und Analverkehr mit den Göttern ist heutigen afrikanischen Gelehrten oft peinlich, weshalb sie bestreiten, daß die Besessenheit irgendeinen sexuellen Charakter habe, so etwa die Religionswissenschaftlerin Oyeronke Olajubu, die zwar einräumt, daß das Verb *gùn* auch die sexuelle Penetration einer Frau durch einen Mann bezeichne, doch energisch in Abrede stellt, daß das »Besteigen« einer Frau oder gar eines Mannes durch eine Gottheit auch nur entfernt etwas mit Sexualität oder Erotik zu tun habe. Nun gibt es zwar den berühmten Ausspruch Dschingis-Khans, das höchste Glück eines mongolischen Kriegers bestehe darin, die Pferde und die Frauen seiner Feinde zu reiten, aber es ist richtig, daß das »Reiten« oder »Besteigen« einer Frau oder eines Mannes als Metapher für die Besitzergreifung durch einen Geist nicht notwendigerweise eine sexuelle Bedeutung hat, sondern einfach eine Unterjochung und Unterwerfung eines Menschen wie die eines Reittieres zum Ausdruck bringt. Eine junge Äthiopierin, die von einem *zār* »geritten« wurde, sagte, sie sei ein Pferd, und versuchte, wie ein solches zu galoppieren, und bei den Sidamo auf den Bergen östlich des Abayasees fühlte sich ein von einem *shatāni* »gerit-

Abb. 22   Skulptur einer Yorúbà-Frau, die bereit ist, sich von dem Gott
Ṣàngó penetrieren zu lassen, vor 1944.

tener« Mann als ein »Pferd« (forāsho) und eine Frau als »Maultier« (gāngo) und beide wollten auch so behandelt werden. Wenn in Oberägypten ein jinnī »sein Kamel besteigt«, also jemanden besessen macht, stoßen der oder die Betreffende häufig Kamellaute aus, und im südindischen Karṇāṭaka geben sich die Besessenen die Peitsche, weil sie ja die »Pferde« (vārū) der Götter sind. Im südlichen und westlichen Polynesien war das Medium ein Kanu, das von dem Geist oder Gott »bestiegen« wurde (vaka ʿatua), doch daß in vielen Fällen dieses »Besteigen« sexuell zu verstehen ist, sieht man zum Beispiel an den weiblichen Medien, den »Geisterkanus« (waliyalu) in den westlichen Karolinen, die nur dann von den männlichen Geistern »bestiegen« wurden, wenn sie eine unberührte Jungfrau waren, die dann durch diesen Akt hin ein »Geisterkind« gebar.[5]

Dasselbe gilt für die eṣin òrìṣá, die »Pferde Gottes« der Yorúbà, wobei die »Stuten« sich wie die Frauen beim gewöhnlichen Koitus vaginal und die »Hengste« anal penetrieren lassen. Dabei beschränken sich offenbar manche der letzteren nicht darauf, sich den Göttern hinzugeben, vielmehr wurden zum Beispiel im Ọ̀yọ-Schrein immer wieder Ṣàngó-Priester beobachtet, wie sie selbst im Zustand der Besessenheit Jugendliche und junge Männer penetrierten.

Sind diese Priester und ihre Geschlechtspartner homosexuell? Es wird häufig gesagt, die große Mehrzahl der Medien und pais de santo im Candomblé seien bichas, was »Schwuchteln« bedeutet. Bei den Zulu heißt es allgemein, für einen heterosexuellen Mann sei es viel zu peinlich, sich von einem männlichen Geist »ficken« zu lassen. So etwas gestatteten den Geistern nur junge Homosexuelle, die meist bei einer Wahrsagerin in die Lehre gingen, Frauenkleider trügen und mit einer Fistelstimme redeten. Schließlich wird bei den ebenfalls südafrikanischen Shona weibliche und männliche Homosexualität mit der Besessenheit durch einen Geist erklärt, und auch die anale Vergewaltigung eines jungen Mannes oder einer Frau entschuldigt man damit, daß der Täter von einem durchreisenden Fremdgeist (shave) besessen war. Um sehr effeminiert auftretende Homosexuelle handelt es sich offenbar bei den zahlreichen, von besonders mächtigen weiblichen Geistern besessenen angolanischen und namibischen Medizinmännern, die zum Teil Frauenkleider tragen, die hinten offen sind, um männnliche Geister und heterosexuelle Männer zum Analverkehr zu verführen, wobei letztere sie für ihre Dienste bezahlen. Daß heterosexuelle Männer Homosexuelle anal penetrieren und sich von ihnen fellationieren lassen, wenn diese sich ausgesprochen effeminiert benehmen, weil sie so die Illusion hegen können, sich gar nicht homosexuell zu betätigen, ist aus zahlreichen Kulturen bekannt. So sagte eine italienische Prostituierte, nach ihrer langen Erfahrung liebten es viele verheiratete heterosexuelle Freier, mit nichtoperierten Mann-zu-Frau-Transsexuellen aktiven und passiven Geschlechtsverkehr auszuüben, weil sie dann zwar in den vollen Genuß homosexueller Praktiken wie Masturbation, Fellatio und Analverkehr kämen, sich aber gleichzeitig sagen könnten, daß sie all das ja mit einer Frau vollzögen. Zahlreiche lateinamerikanische *activos* oder *homens* penetrieren zwar mit großem Enthusiasmus *pasivos* oder *travestis*, aber sie lassen sich auch gerne von diesen penetrieren oder befriedigen sie oral, insbesondere dann, wenn sie ebenfalls »hengstmäßig ausgestattet« sind. Dies tun sie freilich nur dann, wenn sie sicher sein können, daß es nicht bekannt wird, denn selbst die »aktive« Sexualität mit Angehörigen desselben Geschlechts gilt entgegen einer verbreiteten Ansicht als anrüchig. Und manche, die solche Aktivitäten scheuen, tun dies nur, weil sie befürchten, andernfalls danach süchtig zu werden, weil auch sie nicht nur »Esser«, sondern ebenfalls *doador*, »Geber«, also Fellatoren und Fellationierte, sind. In Bahía und anderen brasilianischen Städten bezeichnet man Bisexuelle beiderlei Geschlechts, Frauen, die gerne andere Frauen »lecken« und sich genauso gerne von ihnen »lecken lassen«, sowie Männer, die sowohl »geben« (*dar*) als auch »essen« (*comer*), als *giletão* (nach der »Gillette«-Rasierklinge, deren beide Seiten scharf sind). Von den *giletãos* und den *travestis* unterscheiden sich aber all die unzähligen Männer, die zumindest gelegentlich solche Neigungen verspüren, sich ihre Realisierung im Alltag jedoch versagen, ihnen aber bei den Veranstaltungen der afroamerikanischen Besessenheitskulte und im Karneval mehr oder weniger freien Lauf lassen. »Das ganze Jahr über«, so sagte ein junger Mann, »müssen wir unter Beweis stellen, daß wir richtige Männer sind, aber im Karneval können wir so tun als seien wir Frauen. Während dieser drei Tage ist es in Ordnung, passiv und weich zu sein.« Dann lassen sie es kichernd zu, daß andere Männer ihnen in die Hose fassen und ihre Hoden und den Penis streicheln, bis sie ejakulieren, oder daß im Candomblé-*terreiro* ein *orixá* heraufsteigt und sie wie eine Frau »durchfickt«.

Viele Thai-Männer finden Umfragen und Studien zufolge den Analverkehr ganz allgemein aufregend und üben den *tham khang-lang* (»es von hinten tun«) nicht nur bei Frauen, sondern auch bei Schwuchteln (*kathoeys*) aus, von denen sie sich – wie auch die »aktiven« Homosexuellen – sehr gerne fellationieren lassen, wobei ihre heterosexuelle Identität selbst dann nicht leidet, wenn sie sich bevorzugt homosexuell betätigen. Auf den südlichen Philippinen gibt es dagegen *hantut*, Männer, die heterosexuelle Partner nur dann masturbieren und fellationieren, wenn diese bei ihnen dasselbe tun, während auf den Marquesas-Inseln sich anscheinend Heterosexuelle von verheirateten effeminierten Homosexuellen nur dann »lutschen« lassen oder diese anal penetrieren, wenn sie ihnen ihre Ehefrauen »im Tausch« sexuell überlassen. Offenbar genießen sie den Sex mit den Effeminierten sehr, und einer sagte voller Bewunderung, daß der von ihm Penetrierte beim Orgasmus genauso laut geschrien habe wie eine Frau, wobei allerdings auf dem Archipel nur die »geilen Frauen« (*vehine mako*), die es mit jedem treiben, solche Schreie von sich geben sollen. In vielen Kulturen fühlen sich die Frauen, die im angelsächsischen Sprachbereich *fems* oder »*lipstick lesbians*« genannt werden, keineswegs als Lesbierinnen, vielmehr lassen sie sich mit den *stone butches* ein, weil diese sie besser als Männer befriedigen können oder weil sie von den Männern enttäuscht sind oder sich von ihnen aus welchen Gründen auch immer angeekelt fühlen. In den russischen Gefängnissen machen die den *butches* entsprechenden *kobly* sich vor allem an junge und sexuell unerfahrene Insassinnen heran, die den Sex mit ihnen meist sehr genießen, weil eine *kobly* offenbar in der Regel eine junge Frau sehr viel besser »entkorken« kann als die meisten Männer, die ihre Partnerin nur selten zum Orgasmus bringen.

Im Vergleich mit den USA sind in Deutschland Vergewaltigungen in Männergefängnissen selten, was damit erklärt wird, daß sich hierzulande junge Männer sehr viel problemloser verführen lassen und sich häufig von sich aus den meist älteren Mithäftlingen zum Analverkehr und zur mutuellen Fellatio anbieten. Dabei fühlt sich keiner der Beteiligten als Homosexueller, obwohl sehr viele von ihnen diese Form von Geschlechtsverkehr so erregend finden, daß sie ihn auch nach der Entlassung aus der Strafanstalt beibehalten. So sagte ein ehemaliger junger Häftling, den bei weitem lustvollsten Orgasmus habe er stets dann erlebt, wenn seine Mitgefangenen ihn anal penetrierten und ihn gleichzeitig an den Hoden und am Penis stimulierten. »Wenn man diese Form des Orgasmus längere Zeit kennengelernt hat«, so berichtete er begeistert, »kann man bei einer Frau keine besonderen Lusteffekte mehr erwarten.«[6]

Falls es sich nicht um Homo- und Bisexuelle, *travestis* oder Schwuchteln handelt, werden auch im Candomblé und ähnlichen Kulten heterosexuelle Männer, die von lüsternen Geistern erfaßt werden und sich daraufhin mit anderen Männern sexuell vergnügen, von den Kultteilnehmern keineswegs für Schwule oder gar für Schwuchteln gehalten, wenn sie sich penetrieren oder fellationieren lassen. So berichtete ein junger Mann, der bei einer Candomblé-Veranstaltung lediglich zuschaute, die gesamte Stimmung der Anwesenden, die hocherotische Atmosphäre und der Trommelrhythmus hätten ihn in einem Maße sexuell »aufgeladen«, daß er nicht länger Herr seiner selbst bleiben konnte: »Die umstehenden Männer drückten sich an mich, und ich spürte sofort, daß alle eine Erektion hatten. Es dauerte nur Sekunden, und jeder hatte seine Hand in der Hose eines anderen und rieb dessen Genitalien. Bevor aber alles in die Hose ging, zogen wir uns in irgendeine uneinsehbare Ecke zurück, wo jeder sich von einem Unbekannten fellationieren oder penetrieren ließ und ihn anschließend ebenfalls oral oder anal befriedigte, wobei es als völlig unwichtig erachtet wurde, ob man nun normal, ein Schwuler oder eine Schwuchtel war.« All das geschah offensichtlich bei vollem Bewußtsein, denn der junge Mann fügte hinzu, die Lustgefühle, die er dabei hatte, seien kaum erträglich gewesen, doch er müsse die ganze Zeit über von irgend jemandem gesteuert worden sein, denn noch nie zuvor habe er eine so heftige sexuelle Gier nach anderen Männern empfunden. Obwohl man auf Haiti für gewöhnlich manche effeminierte Männer als Schwuchteln belächelt, ist dies nicht der Fall, wenn jemand von einem so gearteten *lwa* besessen ist, denn dann ist es in Wirklichkeit nicht der Betreffende, der sich penetrieren läßt, sondern der Geist, der seinen Körper übernommen hat und benutzt. Auf diese Weise können viele Männer ihre mehr oder weniger unbewußten homosexuellen Triebregungen befriedigen, ohne daß sie dafür die Verantwortung übernehmen müssen. Ein 15jähriges magersüchtiges Mädchen, das ihre sexuellen Gefühle strikt ablehnte, half sich unbewußt damit, daß sie sagte, in ihren Geschlechtsorganen »wüte der Satan«, und auf dessen Aktivitäten habe sie keinen Einfluß. Am Grab eines Ṣūfis im südindischen Murugmalla erlaubt die Besessenheitstrance (ṭawāf) es den Pilgern, ihren Unterleib zu entblößen und Beckenstöße wie beim Koitus auszuführen.

Soweit dies bekannt ist, hatten im 17. Jahrhundert sehr viele jüngere und mittelalte Neuengländerinnen ausgeprägte sexuelle Begierden, die in völligem Kontrast zu den religiösen Sittlichkeitsnormen ihrer Zeit standen. Die meisten von ihnen stammten aus frommen oder frömmelnden Milieus, und die Besessenheit gab ihnen die Möglichkeit, schuldlos ihre Wünsche zu erfüllen. In jedem Dorf der kastenlosen Mādigas im östlichen Zentralindien gibt es eine unverheiratete, Mātaṅgī genannte Frau, die periodisch von der sittenlosen und unanständigen Dorfgöttin besessen wird. Während des Festes der Göttin läuft die Mātaṅgī in Trance und halbentblößt in der Öffentlichkeit umher, schreit den Kastenangehörigen, die sich dort aufhalten, üble Obszönitäten ins Gesicht, bespuckt sie mit Grog und singt laut triumphale Lieder, die davon handeln, wie tief sie die hochgestellten Personen erniedrigt. Diese lassen sich das gefallen, weil es ja nicht die kastenlose Frau ist, die sie beleidigt, sondern eine Gottheit. Die häufige Geistbesessenheit ('avanga) der heranwachsenden Mädchen des Tonga-Archipels hat man unter anderem darauf zurückgeführt, daß sie die einzige Möglichkeit für die Mädchen darstellte, einen zum Orgasmus führenden Geschlechtsverkehr zu genießen, ohne dabei auf feststellbare Weise defloriert zu werden. Bei den Tungusen konnten nur Besessene risikolos in der Öffentlichkeit aussprechen, mit wem sie es gerne treiben würden. Ebenso sprach der Geist es völlig ungeniert aus, wenn es bei den Qemant im nordöstlichen Äthiopien einen verheirateten Besessenen nach der jungen Tochter eines Nachbarn gelüstete oder wenn eine Besessene (tashoma, »Gefüllte«) auf einen fremden Mann scharf war. Sobald ihr Körper zu pulsieren begann, sagte man, der Geist des Fremden beglükke sie gerade mit heftigen Beckenstößen. Im besessenen Zustand lief die fromme Frau eines samoanischen Pastors splitternackt und laut die unanständigsten Dinge ausposaunend im Dorf umher und schämte sich auch anschließend im Normalzustand kein bißchen, weil ja der '*aitu* all das gesagt hatte. Sobald es bei den Shona allgemein anerkannt war, daß ein junges Mädchen von einem Mord- oder Kriegsopfer (*ngozi*) oder vom Geist einer Frau besessen war, deren Mann sie zu Lebzeiten sexuell frustriert hatte, durfte sie sich, ohne eine Strafe fürchten zu müssen, nackt zur Schau stellen und wahllos »herumfikken«, was auch einem Mann erlaubt war, in dessen Körper sich eine Geistschwuchtel aufhielt. Wenn schließlich bei den Temiar im Hochland Nord-Malaysias ein Hilfsgeist die »Herzseele« seines Mediums in Besitz genommen hat, spricht er durch dessen Mund Dinge aus, die das Medium unter keinen Umständen selber äußern dürfte. Dadurch entstand im Halbdunkel der Hütte eine erotische Atmosphäre, die auch die anwesenden jungen Frauen ergriff, die plötzlich die sexuelle Initiative ergriffen und die Hände der jungen Männer unter die Kleidung und an ihre nackten Brüste führten. Um derartiges zu vermeiden und weil die von dem Medium heraufbeschworenen Totengeister hemmungslos die peinlichsten Wahrheiten über die Leute ausplaudern, werden im südöstlichen China die Séancen nie öffentlich, sondern ausschließlich in striktester Privatsphäre durchgeführt. Um zu verhindern, daß ihre Schwiegertöchter sich ein schlechtes Beispiel nehmen, sollen früher in Korea manche ältere Frauen versucht haben, deren Teilnahme an den Séancen (*kut*) der *mansin*, wie die Schamanin in Nord- und Zentralkorea hieß, zu verhindern, weil dabei die anwesenden Frauen zum Trommelrhythmus bis zur Erschöpfung wild tanzten und sich dabei unschicklich und unanständig aufführten, weshalb heranwachsende, aber auch verlobte Mädchen als Zuschauerinnen ohnehin ausgeschlossen waren.[7]

Doch auch aus anderen Gründen betrachteten viele Leute Besessenheitsséancen mit gemischten Gefühle. Denn wenn zum Beispiel auf der westindischen Insel Montserrat die von den elfenartigen *jumbies* besessenen Medien während ihres wilden Tanzes irgendwann zusammenbrechen, geben sie oft irgendein streng gehütetes Geheimnis preis. Auch bei den Khumbo im nordöstlichen Nepal ist der einzige Mensch, der schockierende und extrem peinliche Tatsachen aussprechen darf, das weibliche Geistermedium (*lha-bka'ma*), aus dessen Mund die Verstorbenen und die Gebirgsgötter ihre Botschaften kundtun. Eine besessene Haussa-Frau kann all die Demütigungen, Frustrationen und Enttäuschungen durch ihren Mann öffentlich hinausschreien, ohne daß dieser etwas dagegen tun darf, und im Candomblé-Kult treten die im Alltag von den Machos unterdrückten Frauen, deren Männer kein Geld verdienen und sich nicht um die Familie kümmern, selbstbewußt und erhobenen Hauptes auf. »Xangó tut mir nur Gutes«, sagte eine Frau, »und der Mann?! Pah, nur Sorgen, Saufen, Weiber, nimmt mir mein ganzes Geld! Der *orixá* nimmt, aber er gibt auch!«

Wenn in der Gegend des nordostanatolischen Trabzon eine junge Frau sich plötzlich ungehörig benimmt, respektlos oder frech gegenüber ihren Eltern oder ihrem Mann auftritt, wenn sie in deren Gegenwart raucht oder aufreizend vor fremden Männern tanzt, gehen viele Leute davon aus, daß sie von einem *cin* oder einem *peri* besessen ist, zumal wenn sie sagt, sie könne sich hinterher weder an ihr Benehmen noch an ihre häufigen Ohnmachtsanfälle (*bayginlik*) entsinnen. Trotzdem erwähnen die Frauen ausdrücklich, sie fühlten sich danach gestärkt und wie von einem Druck befreit. Ein eben noch sanftes, zurückhaltendes und nicht besonders kenntnisreiches taiwanesisches Medium wird nach der Inkorporation eines Geistes unvermittelt zu einem ebenso gebildeten wie rücksichtslosen Tyrannen, der die Leute entwürdigt und herumkommandiert. Auf Bali leben die schüchternsten und unauffälligsten jungen Frauen und Männer nach dem Eindringen der *buta-kala*-Geister in ihren Körper all das aus, was ihnen im normalen Leben versagt bleibt, und lassen ihren Haßgefühlen, ihrer Aggressivität und ihrer Lüsternheit freien Lauf. In Thailand, Malaysia und Singapur ansässige gesittete Chinesen lassen gerne die Säufergottheit Li Ti Kue oder den »Verrückten Mönch« und den »Schmutzigen Buddha« Ji Gong, der im 12. Jahrhundert lebte, in sich eintreten, und zwar vor allem scheue, liebenswürdige junge Antialkoholiker, die sich dann sinnlos mit Reisschnaps betrinken, laut rülpsen, sich mit Hundefleisch überfressen und auf jede Weise über die Stränge schlagen.[8]

Sehr häufig kommt es aber auch vor, daß jemand nur dann seinen Willen durchsetzen oder erfolgreich mißlichen Lebensumständen entfliehen kann, wenn ein Geist, der hohes Ansehen genießt und vor dem man sich fürchtet, an seiner Stelle handelt. Ein junges Mädchen der Venda im nördlichen Transvaal beispielsweise war mit einem Mann verheiratet worden, den sie nun gar nicht mochte, weshalb sie von ihm weglief und in ihr Heimatdorf zurückkehrte. Als dort ihr wenig erfreuter Vater sie verprügelte, floh sie in den Busch und blieb sechs Tage lang verschwunden. Bei ihrer Rückkehr stellte man indessen fest, daß sie von einem *tshilombo*-Geist besessen war, der ihr Verhalten guthieß. Sofort wurde sie mit großem Respekt und Hochachtung behandelt, erhielt zahlreiche Geschenke und entwickelte sich zu einer berühmten Medizinfrau. Ein Geist konnte einer schönen Frau der südindischen Havik, in die er sich verliebt hatte, nicht widerstehen, und da sie von der Familie ihres Mannes unterdrückt wurde, erwirkte der Geist, indem er die Familie bedrohte, daß sie in ihr Heimatdorf zurückgehen konnte. In einem Dorf in den westlichen Ghats von Mysore ergriff während der Vorbereitungen für die Hochzeit eines jungen Mannes, der gegen seinen Willen mit einem Mädchen verheiratet werden sollte, eine *dēvate* Besitz von ihm, die durch seinen Mund verkündete, sie empfinde große Liebe (*prīti*) für ihn und wolle ihn haben. Nach erfolglosen Exorzismen gab seine Familie am Ende auf, und er lebte von da an glücklich mit seiner Geistfrau als Bauer in seinem Dorf. Ein blutjunges Mädchen aus einem Dorf in der Nähe von Delhi war unmittelbar nach der Menarche mit einem viel älteren Mann verheiratet worden und mußte in dessen Dorf ziehen, wo sie entsetzlich unter seinen sexuellen Ansprüchen und seiner Verwandtschaft litt, bis sie von einem Geist besessen wurde, der durch seine Machtstellung ihre Misere beendete. Schließlich wurde eine ägyptische Studentin, die jemanden, den sie ablehnte, heiraten sollte, jedesmal ohnmächtig, wenn die Hochzeit auch nur erwähnt wurde, und begann in Zungen zu reden. Ein Geistheiler erklärte ihren Eltern, sie sei von einem *jinnī* besessen, der sich in sie verliebt habe und sie zur Frau begehre, und tatsächlich drohte der Geist aus ihrem Mund, er werde sie umbringen, wenn man sie gegen ihren Willen verheirate. Zu guter Letzt kam freilich heraus, daß das Mädchen keine unberührte Jungfrau mehr war und größte Angst davor hatte, ihr künftiger Ehemann würde dies in der Hochzeitsnacht herausfinden, und anschließend würden es seine und ihre Eltern sowie die ganze Verwandtschaft erfahren.

Nicht nur bei den Milpa in der Hagenbergregion im westlichen Hochland von Neuguinea, sondern in vielen anderen Gegenden der Welt setzen insbesondere Frauen mit Hilfe der Besessenheit Forderungen durch, die ihnen sonst rundweg abgeschlagen würden. Als zum Beispiel ein Geist während einer Séance bei den am südafrikanischen

Limpopo lebenden Lovedu aus einem Medium heraus für sich von ihrer Familie ein Rind oder wenigstens eine Ziege forderte und ihre Verwandten geltend machten, sie seien arm und könnten sich das nicht leisten, wurde der Geist zornig und drohte: »Wenn ihr dem nicht nachkommt, nehme ich die Frau mit und ficke sie durch!«, worauf die Leute sofort einlenkten. Die von ihren Männern vernachlässigten und frustrierten Somāli-Frauen werden von *zār*-Geistern besessen, die luxuriöse Kleider, Parfüms und Leckereien fordern, und oft treten sie auch in verärgerte Frauen ein, wenn deren Mann sich eine zweite Frau zulegen will. Zwar glauben auch die Männer an die Existenz der Geister, aber der Glaube, daß gerade ihre Frau von ihnen besessen ist, gerät oft ins Wanken, wenn es um ihr Geld geht, und sie akzeptieren meistens widerwillig eine oder zwei Besessenheiten, aber keine dritte. Eine von Geistern besessene Frau der Karanga in Simbabwe hat sehr viel mehr Machtbefugnisse als unter normalen Umständen, und ihr Mann muß ohne zu zögern und ohne Widerrede alle ihre Anweisungen befolgen. Doch in Deutsch-Ostafrika hegten schon vor langer Zeit nicht allein die Missionare, sondern auch manche der einheimischen Männer den Verdacht, daß viele Frauen die Geistbesessenheit simulierten, um von ihren Männern die Luxusgüter zu erhalten, die sie ihnen freiwillig niemals geben würden. Bei den Tigrē im äthiopischen Hochland war sogar die große Mehrzahl der Männer fest davon überzeugt, daß die angeblich von den *zār*-Geistern besessenen Frauen alle Schwindlerinnen seien, die sich dadurch Vorteile verschafften. Auch im *bori*-Kult der Mawri im südlichen Niger scheint insbesondere unter den jüngeren Medien eine vorgetäuschte Besessenheit gang und gäbe zu sein. Besessenheit wird als ein sexueller Akt zwischen dem Geist und seiner männlichen oder weiblichen »Braut« (*amarya*) angesehen, und die initiierten Medien, die einen Betrug leicht durchschauen, sagen, daß so manche junge Frau eine Besessenheit vorspiele, um sich so gegen Bezahlung fremden Männern hingeben zu können.

Auf der Karolinen-Insel Ifaluk lebte eine Frau, die nach Aussage ihres Mannes »so geil« war, daß er sie nicht wirklich sexuell befriedigen konnte. Als sie ein Kind bekam, durfte sie mit ihrem Mann überhaupt nicht mehr schlafen, denn Geschlechtsverkehr war einer Frau erst dann wieder erlaubt, wenn das Kleinkind laufen konnte. Dies frustrierte sie dermaßen, daß sie – angeblich – besessen wurde und sich so in der Öffentlichkeit ungestraft auf laszive Weise benehmen konnte, etwa indem sie vor aller Augen hüllenlos einen Tanz aufführte, bei dem sie wie beim Koitus mit dem Becken Stoßbewegungen ausführte. Wenn die verheirateten Frauen der Lihir in Neu-Irland nachts die Hütten unverheirateter Männer aufsuchen, um mit ihnen zu schlafen, sagen sie hinterher – und manche sind offenbar davon überzeugt –, daß sie dafür nichts könnten, da ihre Begierde und Lust durch die Liebesmagie der Männer entfacht worden seien, was ihnen offenbar ein reines Gewissen beschert.[9]

Bei den Kuma im südlichen Wahgi-Tal des westlichen Hochlandes von Neuguinea zeigten Männer und Frauen – angeblich nach Einnahme eines Pilzes namens *nonda* – ein sehr ungewöhnliches Verhalten, das sie jedoch in keiner Weise stigmatisierte, weil der Pilz dafür verantwortlich gemacht wurde. Die Männer wurden nämlich gegen andere Männer ihrer eigenen Gruppe auffallend aggressiv, was im normalen Leben absolut verpönt war, und die Frauen benahmen sich extrem laszig und schlüpfrig, befummelten fremde Männer an intimen Stellen ihres Körpers, forderten sie zum Koitus auf und erzählten lauthals und kichernd, ohne jegliche Hemmung von tatsächlichen oder ausgedachten sexuellen Eskapaden. Noch bis in die späten 1960er Jahre streiften im südlichen Hochland Banden jugendlicher Wiru durch die Gegend, nötigten jede Frau jeglichen Alters und ohne Rücksicht auf eine verwandtschaftliche Beziehung, sich von ihnen ihre Genitalien untersuchen zu lassen, wobei sie viele der Frauen und jungen Mädchen vergewaltigten, verwüsteten Gärten und brachen in die Hütten ein, um in ihnen zu urinieren und zu defäkieren. Nachdem aber die Australier dieses Treiben unterbunden hatten, fühlten sich die Jugendlichen »entmannt« und »zu Frauen gemacht«. Freilich mehrten sich in beiden Fällen bald die Indizien, daß die Raserei nicht durch die Wirkung angeblich halluzinogener Pilze und auch nicht durch Geisterbesessenheit bedingt war, sondern daß solche Erklärungen nur als Ausflucht benutzt wurden, um sich der Verantwortung dafür zu entziehen, daß man periodisch ausrastete und Dinge tat, die normalerweise strengstens verboten waren. In gewisser Weise vergleichbar mit diesen Ausschreitungen ist wahrscheinlich die *grisi siknis* der Miskitu im Osten Nicaraguas, bei denen sich bisweilen gleichzeitig bis zu hundert Männer und Frauen wie in einer Besessenheitstrance sämtliche Kleidung vom Leib reißen, überall defäkieren und urinieren, sich wie wild und verrückt gebärden und auf Grund der gewaltigen Kräfte, die sie entfalten, für jedermann gefährlich sind.

Beriefen sich die Kuma-Frauen als Erklärung für ihr ungewöhnliches Sexualverhalten auf die Pilzgeister, taten dies bei den Cheyenne die *heemaneh'*, indem sie kundtaten, ihre Eigenart sei ihnen in einer Vision von den Geistern eröffnet worden. Die *heemaneh'* waren Frauen, die, wie der Maler Catlin es auf einer Zeichnung darstellte, mit nacktem Oberkörper gemeinsam mit den Kriegern zu Pferde gegen den Feind kämpften und die, wie ähnliche Frauen der anderen Prärie- und Plainsstämme, nach Weisung der Geister gewöhnliche Frauen mit dem Mund und den Fingern sexuell befriedigten, weshalb viele von diesen die *heemaneh'* den einfallslosen und eher unsensiblen Männern vorzogen. Ihnen verwandt, aber keine *butch*-Lesben waren die »Frauen mit einem männlichen Herzen« bei den Blackfoot im kanadischen Alberta, die insofern ein für Frauen völlig unübliches Sexualverhalten zeigten, als sie höchst leidenschaftlich und sexuell initiativ waren und als »wild« galten, weil sie, auch wenn sie selber verheiratet waren, Männer und männliche Jugendliche dazu aufforderten, »*motsini* zu spielen«, das heißt, an ihren kleinen Schamlippen zu ziehen, die dadurch bis zu acht Zentimeter lang wurden, und sich anschließend von ihnen beim Koitus besteigen und »stoßen« zu lassen.

Allerdings scheint es in so gut wie allen Ethnien immer wieder Menschen gegeben zu haben, die es anzweifelten, ob angebliche Visionäre wirklich Visionen hatten und mutmaßlich Besessene de facto besessen waren. So gab es offenbar bei den madegassischen Tanala seit der Zeit der frühesten Aufzeichnungen ständig Skeptiker, die Besessenheit für einen einzigen Schwindel hielten. Nicht wenige Medien einer Umbanda-Vereinigung in São Paulo bezweifelten, daß sie jemals besessen waren und daß es *orixás* überhaupt gebe, ja, die Authentizität der zahlreichen Fälle von mutmaßlicher Besessenheit wurde so oft und so massiv in Frage gestellt, daß die Kultzentren der Megametropole viel von ihrem Prestige verloren und manche von ihnen schließen mußten. In Himāchal Pradēś im westlichen Himālaya sind anscheinend viele »Gläubige« so gar nicht davon überzeugt, daß die Götter die Medien in Besitz genommen haben, was sie indessen nicht daran hindert, sie in Anspruch zu nehmen. Ein weibliches Medium der am Ostrand des

Albertsees in Ostafrika lebenden Nyoro sagte dem Ethnologen John Beattie, sie habe bereits vor ihrer Initiation gewußt, daß der Besessenheitskult (*kubandwa*) nichts als Bauernfängerei sei, »doch ich dachte immer noch, es sei gut für sie [= ihre Patienten], diese Sache zu betreiben«.

Im Jahre 1574 gab die junge Agnes Briggs nach intensiver Befragung schließlich zu, daß »on purpose shee fel into a traunce«, während der sie Haare ausspuckte, »a little peece of lace, a crooked pynne«, sowie »two nayles«, die sie alle vorher in den Mund genommen hatte. Dabei führte sie »divers straunge countenaunces« aus, »feigning divers straunge voices, and noyses in a monstruous manner«. Zuvor hatte sie von der Besessenheit einer gewissen Rachel Pynder gehört, die später ebenfalls gestand, die Trance nur gespielt zu haben. Nachdem im Jahre 1643 die Kardinal-Inquisitoren eingehend eine Besessenheits-Epidemie im Kloster Santa Chiara in Carpi nördlich von Modena untersucht hatten, kamen sie zum Ergebnis, daß zumindest ein Teil der Nonnen »Heuchlerinnen waren«, die sich erhofften, »das Kloster unter dem Vorwand verlassen zu können, eine Kur zu machen oder einige Zeit mit Exorzisten zu verbringen, um von ihnen zu lernen, wie sie es vermögen, [ihre] Melancholie und ihre Vorspiegelungen [falscher Tatsachen] als das Werk des Teufels auszugeben«. In dieser Zeit ging man nämlich davon aus, daß gerade Nonnen und Novizinnen sehr leicht melancholisch würden, weil sie auf die für Frauen heilsame und reinigende Wirkung des Geschlechtsverkehrs und die Zuführung von Sperma verzichten mußten.

Bei den Bomvana im südlichen Transkei ist die Besessenheit des Mediums (*iqqira*) durch die Ahnen nur vorgespielt, denn um herauszufinden, was sein Publikum hören will, muß es hochkonzentriert sein. Sobald es merkt, daß es auf dem falschen Gleis ist, zieht es das, was es eben noch verkündete, zurück und sagt: »Ach, ich lüge nur!« Im allgemeinen spürt es an den Reaktionen der Zuschauer, ob es richtigliegt oder nicht, und tastet sich immer weiter vor. Ein männliches Medium der Kota in den südindischen Nilgiri-Bergen fingierte ebenfalls eine Besessenheit und ließ den nicht vorhandenen Geist einem jungen Mädchen mitteilen, sie habe gesündigt, könne dies aber durch Geschlechtsverkehr mit ihm wiedergutmachen, was das Mädchen bereitwillig tat. Die Schamanen der nepalesischen Tamang täuschen nach der Besessenheit eine Amnesie nur vor, denn in Wirklichkeit können sie sich an so gut wie alles erinnern, und der erfahrene Ethnologe Hitchcock teilte mit, kein einziger der zahlreichen nepalesischen Schamanen, die er kannte, sei jemals in einer tieferen Trance gewesen als irgendein guter Schauspieler. Während eines Pfingstgottesdienstes im ghanaischen Accra zeigten sich bei der Frau eines Pastors sämtliche Symptome der Besessenheit wie Zittern am ganzen Körper, heftiges Weinen und Zungenreden. Als sie aber damit nicht aufhörte und die Aufmerksamkeit der Umstehenden auf sich zog, hörte eine Religionswissenschaftlerin, die neben dem Pastor stand, wie dieser unauffällig zu seiner Frau sagte: »Jetzt ist es aber genug!« Wie auf Kommando hörte diese mit all dem Getue auf und setzte sich hin. Auch die Balinesen unterscheiden klar zwischen Besessenheit und einer theatralischen Imitation, während der niemand ein lebendes Küken verschlingen würde, aber manchmal geschieht es, daß auf Veranstaltungen für Touristen, auf denen Besessenheit nur geschauspielert wird, dies den Akteuren entgleitet und nicht nur sie, sondern die Hälfte der anwesenden Dorfbewohner in Trance gerät, worin man eine Warnung der Götter sieht, künftig solche Darbietungen aus reiner Geldgier zu unterlassen.[10]

§ 24
Orixás der Lust, Kristänzer und Feuerläufer

In den afroamerikanischen Kulten ist man davon überzeugt, daß jeder *orixá* oder *lwa*, der von einem Menschen Besitz ergreift, diesem und allen anderen vor Augen führt, was sein wahres Wesen, sein Charakter und seine eigentliche sexuelle Orientierung ist, und zwar unabhängig von seiner Erziehung und den übrigen Umwelteinflüssen, denen er ausgesetzt war und ist. Die westafrikanische Yemọjá beispielsweise, in Brasilien Iemanjá genannt und in manchen afrikanischen Gegenden Mami Benz, weil sie einen weißen Mercedes fährt, ist extrem libidinös und verführerisch, besitzt dichtes Schamhaar, ausladende Brüste und prominente Hinterbacken, und ein Candomblé-Mitglied schwärmte davon, er sei ihr Sklave, der sich ihr »spontan hingebe«, zu ihrer und zu seiner eigenen großen Lust. In Salvador und anderen brasilianischen Städten dankt man ihr dafür, daß sie einst die Sklaven bei der sogenannten Mittelpassage über den Atlantik beschützte und für ihre sichere Ankunft in Bahía sorgte, und auf ihren Festen schütten ihre Anhänger Kämme, Spiegel, Fächer, bunte Bänder und Schleifen, teure Parfüms, Puder, Seifen, Plastikfiguren von Seejungfrauen, Muscheln sowie weiße Rosen ohne Dornen ins Meer oder lassen sie bei ablaufendem Wasser jeweils nach der siebten Welle in Holzschalen oder Spielzeugschiffen davontreiben, in die auch Briefe gelegt wurden, in denen Iemanjá um Liebe, Glück und Gesundheit gebeten wird.

Eine gewisse Ähnlichkeit mit Yemọjá hat die ebenfalls westafrikanische Mami Wata, deren vermutliche Vorbilder die Galionsfiguren der frühen europäischen Segelschiffe – Frauen mit nacktem Oberkörper – waren und deren Bild noch heute an einheimischen Fähren angebracht wird (Abb. 23). Mami Wata verkörpert all das, was man sich als europäischen Lebensstil vorstellt, sie ist erfolgreich, mehr als wohlhabend, enthemmt und lüstern, ein leidenschaftlich schöner, aber letztlich unerreichbarer Vamp. In Benin läßt sie die von ihr besessenen Frauen laut lachen und allerlei Schabernack treiben, Parfüm trinken und sich Gesicht und Brüste mit weißem Talk einreiben. Wenn in Gha-

Abb. 23   Niger-Fähre in Mali mit Kultbild der Mami Wata, 2015.

na eine Frau oder ein Mann wahllos und in allen Varianten Geschlechtsverkehr haben, geht man davon aus, daß sie von ihr besessen sind. Bei den Ewe wurde eine junge Frau ständig von Mami Wata in der Gestalt eines Mannes besucht, der ohne Unterlaß von Sex und Reichtümern redete:»Ich werde dich heiraten und dir dann alle diese Dinge kaufen. Ich bin ein weißer Mann, ich kaufe dir ein Auto, und du wirst reich sein!« In einer Vision besuchte die junge Frau die weibliche Mami Wata in ihrer Welt weit unter dem Meer, und in einer anderen hatte sie Geschlechtsverkehr mit zwei weißen Männern und einer weißen Frau. Schließlich erschien Mami Wata ihr und forderte sie auf, zu masturbieren, das heißt, sie ergriff Besitz von ihrem Körper und befriedigte sich dann selber. Meist sind es Frauen, die eine Mami-Wata-Priesterin (*mamissi*) werden, aber es gibt auch Männer, denen Mami Wata in Träumen oder Visionen erscheint, um sie zum *mamisso* zu berufen, denn sie verliebt sich gleichermaßen in Frauen wie in Männer. Die *mamissos* sehen oft sehr gut aus, kleiden sich und flechten ihr Haar wie Frauen und bezeichnen sich als »Sklavengeliebte«. Abends baden sie, parfümieren sich, bereiten kleine Snacks vor, entzünden Kerzen und Räucherstäbchen und beten, bis die Mami Wata auftaucht und sie beschläft, wobei sie sich wie eine Domina und die *mamissos* sich wie ihre Untertanen benehmen. Die nigerianische Igbo nennen sie »die schönste Frau«, »Königin der Frauen« oder »Wassermutter«, und es gibt bei ihnen junge Frauen, die allgemein als ihre »Töchter« oder *avatāre* angesehen werden. Diese ähneln ihr sehr, haben ebenso helle Haut, die sie noch zusätzlich mit aus Kaolin von den Flußbänken gewonnener weißer Geisterfarbe aufhellen, langes welliges oder geflochtenes Haar, leuchtende Augen, wunderschöne Brüste und attraktive Hinterbacken, flirten ständig mit Männern, sind aber kapriziös im Umgang mit ihnen und schlafen zwar mit ihnen, aber ohne sie jemals zu heiraten oder Kinder zu gebären. Sie sind vernarrt in Geld und Luxus und fordern beides von ihren Liebhabern. Bisweilen, so heißt es, werden sie in ihren Träumen oder Visionen von Mami-Wata-Geistern, die Fischhäute zwischen den Fingern und Flossen an den Beinen haben, in deren Reich am Meeresgrund mitgenommen, wo sie in Saus und Braus in prächtigen Gebäuden aus Gold leben. Es kommt aber auch vor, daß Mami Wata die *ogbanje*-Geister zu ihren »Töchtern« schickt, die dann in deren Körper eindringen, worauf sie sich wie ver-

Abb. 24 Zwei *mamissis* aus Lomé, um 1940.

rückt gebärden. Manchen von ihnen gelingt es jedoch mit der Zeit, die Besessenheit einigermaßen zu kontrollieren, so daß sie als *mamissi* fungieren können (Farbtf. VII).

An der Küste von Kamerun ergriffen die Geister der »Königin Mami Wata« Besitz von jungen Mädchen und Frauen der Duala, die das Bewußtsein verloren und anschließend eine gewisse Zeit in Seklusion lebten. Schließlich trommelten die *liengu*-Musikanten eine ganze Nacht lang vor den Betreffenden, die lediglich ein Röckchen aus Baumrindenstreifen trugen, was anzeigte, daß die Zeit ihrer Initiation begann, in der einer der weiblichen Mami-Wata-Geister sie die *liengu*-Sprache lehrte und ihnen einen *liengu*-Namen gab. Nach einem Monat trug man die Initiandinnen an einen Fluß und warf sie dort, wo er am tiefsten war, unter dem Begleitgesang der anderen Frauen ins Wasser. Kamen sie wieder an die Oberfläche, galten sie als die *avatāre* eines *liengu*- oder Mami-Wata-Geistes. Wenn weiter westlich Mami Wata selber aus der Lagune steige, so schilderte es ein Ewe, dann sind das »sehr aufregende Momente, in denen viele Frauen in Trance fallen. Sie folgen ihr dann ins Wasser, und die Fischer haben alle Hände voll zu tun, sie vor dem Ertrinken zu retten«, denn keine der Frauen kann schwimmen. Wenn bei den zentralafrikanischen Mpyemõ ein Mann von Mami Wata, »la sirène«, geliebt werden will, legt er an der Quelle, in der sie wohnt, Geschenke nieder und richtet bei sich einen Raum für sie ein, den niemand betreten darf. Dann schickt er seine Frauen zu ihren Müttern zurück, um sie vor der Sirene zu schützen, und wartet in der Nacht darauf, daß Mami Wata kommt und mit ihm die Freuden der körperlichen Liebe genießt. Wird sie aber dadurch schwanger, bleibt das Kind bei der Mutter in der Quelle. Vor allem in Ghana, aber auch in anderen Gegenden Westafrikas warnen inzwischen insbesondere die Pfingstprediger die unverheirateten Mädchen davor, sich Mami-Wata-Geistern hinzugeben und damit eine künftige Heirat und Mutterschaft zu gefährden, und weisen sie darauf hin, daß diese Dämonen vornehmlich durch das Tragen westlicher Kleidung und ins Haar geflochtene Rasta-Locken angezogen würden.[1]

Wenn in den afrobrasilianischen Kulten jemand von der besonders in den Favelas verehrten *exúa* Pombagira, der Verkörperung der weiblichen Lüsternheit, besessen wird – und dies widerfährt meist Frauen, Schwuchteln, *travestis* und Mann-zu-Frau-Transsexuellen –, schminkt

Abb. 25　Adeptin Mami Watas aus Benin.

er oder sie sich knallig, kleidet sich in Rot und Schwarz, wobei im Falle einer Frau die Brüste unbedeckt bleiben, und geht nachts auf den Strich, um sich den Männern zu den verschiedenen Varianten des Geschlechtsverkehrs anzubieten. Pombagiras sind die Geister von Frauen, die auf Grund ihres schlechten und sündhaften Lebenswandels nicht in den Himmel gekommen sind, sie betreiben Liebesmagie (*magia negra*), helfen den Leuten beim Ehebruch, trinken, wenn sie sich inkorporiert haben, übermäßig starken Alkohol, fluchen, singen obszöne Lieder, erzählen schlüpfrige Geschichten, zerrütten Ehen, indem sie die Frauen zu lesbischem Sex verführen, stellen ihre Genitalien zur Schau, sagen jedem ungeschminkt die Wahrheit, wie schockierend sie auch sein mag, ruinieren Geschäftsleute und sind in jeder Hinsicht mitleidlos: »Pombagira«, so sagte eine Macumba-Priesterin, »ist kalt und unerbittlich. Sie lächelt nie, sie grinst. Ihre Schläge sind tödlich. Ich glaube, sie hat Freude am Töten.«

Der weiblichen Pombagira entspricht der männliche Exú, bei den Ewe, Fɔn, Yorúbà und anderen westafrikanischen Stämmen Èṣù oder Légbà (Elégbàra) genannt, der mit seinem erigierten Glied die Häuser bewacht und nachts den Schlafenden die »feuchten Träume« verschafft. Junge Mädchen und Frauen, die von ihm besessen sind, schnallen sich oft einen hölzernen Penis mit Stoffhoden um und tun so, wie wenn sie masturbierten, oder reiben sich am Unterleib umstehender Frauen, die laut aufkreischen und lachen. In Brasilien tragen viele junge Männer, insbesondere Anhänger des Candomblé, in der Öffentlichkeit ihren erigierten oder wenigstens halberigierten Penis auf der linken, der Seite der Geisterwelt (in der Umbanda »die schlechte Seite«), und zwar so, daß er sich an der Hose deutlich abbildet und insbesondere die Männer mit homosexuellen Neigungen entflammt. Zu ihnen gehören all die Mitglieder der *terreiros*, die Exú besonders verehren, die Quimbanderos, die den *exús* die Genitalien schwarzer Ziegenböcke opfern.

Èṣù-Légbà und Exú, die erst von den christlichen Missionaren und in unserer Zeit von den aggressiven Pfingstsekten zum Teufel gemacht wurden, sind aber auch die Bewahrer des Himmelsschlüssels, im nordbrasilianischen Maranhão *chaveiro-do-ceu* genannt, sowie die Götterboten, die einerseits auf Trinidad die »Türen« bewachen, damit keine unerwünschten Geister den Veranstaltungsort betreten, aber im Candomblé auch die »Türen« für die anderen *orixás* öffnen, wenn ihnen ein Opfer dargebracht wird. Auch im Vodú ist Papa Legbá der erste, der angerufen wird (»Papa Legbá, ouvre barrie!«, »öffne den Weg!«), denn ohne sein Eingreifen bliebe allen *lwa* die »Tür« nach Haiti verschlossen. In den meisten brasilianischen Kultzentren der Umbanda, aber bisweilen auch den *terreiros* des Candomblé und sogar der Macumba werden die *exús*, wenn sie plötzlich auftauchen, wieder weggeschickt oder wegkomplimentiert, und zwar mit bestimmten Liedern und ihren Trommelrhythmen, damit sie keinen Unfug anrichten, oder man versucht sie zufriedenzustellen, indem man ihnen einen Hahn, inBlut getauchte Federn, Palmöl oder Geld opfert. Beobachter haben beschrieben, wie eine Besessenheit durch Exú in den Umbanda-*terreiros*, aber auch in den *sèvis lwa* des Vodú eine Atmosphäre von Gespanntheit und Angst erzeugt. Wenn der *orixá* in einen Kultteilnehmer eingedrungen ist, gibt er dies mit schrillem Gelächter und durchdringenden Schreien sowie obszönen Gesten bekannt, worauf er meist die Anwesenden auf gröbste Weise beleidigt und ihnen unzüchtig an Brüste und Genitalien faßt, bevor irgendwann die Besessenen wie vom Blitz getroffen zu Boden stürzen und bewegungslos liegenbleiben. Ein moralisch ambivalenter *exú* ist der »Exú-mit-den-zwei-Köpfen«, der eine von Jesus, der andere von Satan, doch neben den »ungetauften« heidnischen tauchen bei den Veranstaltungen auch die zivilisierteren »getauften« *exús* auf, aber auch diese sind naiv wie kleine Kinder und müssen erst erzogen werden. Dann werden sie sogar von einigen, allerdings sehr wenigen, kardecistischen Heilern aus der weißen Mittelklasse herangezogen, die im allgemeinen die afrobrasilianischen Geister, insbesondere die *caboclos,* für äußerst primitiv, sittenlos und deshalb für unwürdig erachten. Als ihre Heimstatt gilt der »niedere Spiritismus« (*baixa espiritismo*) des Macumba-Kultes, in dem *feitiçaria* ausgeübt wird, schwarze Magie, zum Beispiel um reich zu werden oder sich an jemandem zu rächen.[2]

Machen in den afrobrasilianischen Kulturen Männer, die von Pombagira besessen werden, die Entdeckung, daß sie es genießen, von anderen Männern anal penetriert zu werden und sie zu fellationieren, ist es im Vodú die der Nôtre Dame du Mont Carmel gleichgesetzte schwarze Èzilie Dantò, die einen Mann »zur Frau« macht oder ihm bewußt werden läßt, daß er ein passiver Schwuler ist, wenn sie ihn »reitet«. Auf diese Weise vergegenwärtigt sie einem jungen Mädchen oder einer

Frau auch, daß es viel erregender ist, von anderen Frauen »geleckt« als von Männern koitiert zu werden. Deshalb wird sie sowohl von Homosexuellen jeder Couleur als auch von lesbischen (*madivinèz*) Frauen geliebt und verehrt. Sie ist willensstark, durchsetzungsfähig und autonom, betrinkt sich mit Zuckerrohrschnaps (*kleren*), findet Gefallen am Sex mit heterosexuellen Männern und Frauen, die sich im besessenen Zustand oft scharfe Peperoni in die Genitalien reiben, aber sie hängt in keinster Weise an ihren Partnern: »Wenn deine Mutter stirbt, Èzilie«, sagt man in Haiti, »weinst du (*si maman'w mouri, w'ap kriyé*). Wenn dein Mann stirbt, findest du 'nen anderen (*si mari'w mouri, w'a jwenn yon lot*)!«

In vielerlei Hinsicht ununterscheidbar von ihr ist Èzilie Freda, auch Metrès oder Mystè Èzilie sowie Madame Sirène (Lasiren), »Èzilie der Gewässer« genannt, eine wunderschöne und verführerische Mulattin mit heller Haut, die mit Flußbänken, Quellen, Weihern und Bächen assoziiert ist und in Haiti mit Nôtre Dame de la Grâce und in der *Société la Belle Vénus deux*, einem Ableger der Santería in New York, ganz allgemein mit der hl. Jungfrau identifiziert wird, obwohl sie und damit die von ihr Besessenen sich ganz und gar nicht wie die Muttergottes aufführen. Sehr häufig ist sie die »Herrin des Kopfes« (*mèt tèt*) der Schwuchteln und Lesbierinnen, die in einigen Vodúgruppierungen praktisch die Gesamtheit der Teilnehmer ausmachen, und die von ihr besessenen Frauen und Männer küssen die Anwesenden beiderlei Geschlechts, fassen ihnen zwischen die Beine und reiben ihren Unterleib an ihnen. Èzilie Freda liebt sämtliche Luxus- und Kosmetikartikel wie Puder, Parfüms, süßriechende Seifen und Gesichtscremes, und ihre »Pferde« tragen teure Spitzen- und Satinkleider, Goldschmuck und Juwelen sowie Perlen und sind sehr stark geschminkt und parfümiert. Männer und Frauen, darunter vor allem Prostituierte, die mit ihr »verheiratet« sind, richten ein meist mit Samt ausgekleidetes und geschmücktes Schlafzimmer ein, in dem sie sich ihr jede Donnerstagnacht hingeben. Èzilie duldet es nicht, daß ihr »Ehemann« oder ihre »Ehefrau« von einem anderen *lwa* besessen wird, und wagen es jene, in der für sie reservierten Nacht mit einer anderen Person ins Bett zu gehen, macht sie ihre »Ehepartner« impotent, frigide oder tötet sie.[3]

Sämtliche *lwa* leben in Giné (Guinea), das aber heute kein bestimmtes geographisches Gebiet in Afrika mehr ist, sondern eine mysteriöse, fernab liegende Sphäre, aus der sie zum *sèvis* gelockt werden, wo sie mit großer Leidenschaft tanzen, singen, essen, trinken und Geschlechtsverkehr ausüben. Letzterer ist eine Domäne des auf Èsù-Légbà zurückgehenden Tricksters Gèdé, der häufig auf den Wänden der Vodú-Zeremonialhäuser mit enorm großem Penis und prallen Hoden dargestellt ist. Hat er von jemandem Besitz ergriffen, geht der oder die Betreffende umher, wobei sie Beckenstöße (*gouyads*) wie beim Koitus ausführen und die schlimmsten Obszönitäten ausrufen wie zum Beispiel *Zozo-koko-eya-eya-eya!* (»Schwanz-Möse-ja-ja-ja!«). Die Männer benehmen sich eher wie Schwuchteln, die gerade von einem anderen Mann anal penetriert werden, während die Frauen mit ihren umgeschnallten Holzpenissen dies eher mit einer imaginären Frau aktiv betreiben, worauf für gewöhnlich der kleinere Teil des Publikums eher peinlich berührt, der größere aber mit Begeisterung oder zumindest mit Amüsement reagiert, auch wenn sie selber Ziel der sexuellen Attacken sind. In Afrika ähnelt heute dem *lwa* Gèdé der laszive *bori*-Geist Nàkaadà, der sich so schamlos und unzüchtig aufführt, daß die Haussa sagen, nur ein Verrückter könne sich wünschen, von ihm besessen zu werden.

Man könnte denken, daß es den Besessenen keineswegs peinlich sei, wenn sie hinterher hören, wie sie sich im Zustand der Besessenheit verhalten haben, weil es ja nicht sie selber waren, der dies getan haben, sondern der Geist, der sich ihres Körpers bediente. In vielen Fällen ist dies sicher so, aber in anderen nicht. Im indischen Orissa schämen sich viele Frauen bereits dann, wenn sie hören, daß sie »mit weit aufgerissenen Augen« so auf der Stelle hüpften, daß sich ihre unter dem Sārī wippenden Brüste deutlich abzeichneten, und wenn im *bori*-Kult in Niger ein junges Mädchen von einem wilden Geist besessen wird, zieht sie sich oft splitternackt aus, was ihr anschließend schrecklich peinlich ist. Deshalb versuchen in Brunei viele Eltern mit Hilfe eines Geistheilers zu verhindern, daß ein Geist von ihrer Tochter Besitz ergreift, weil dann die Wahrscheinlichkeit groß ist, daß sie sich die Kleider vom Leib reißt und in der Öffentlichkeit nackt zur Schau stellt. Wenn bei den Torāja Sulawesis während der Besessenheitszeremonie (*ma'maro*) Personen von den Geistern »genommen« (*diala*) und von ihnen gezwungen werden, andere mit Stöcken zu schlagen und sich lasziv und schamlos zu gebärden, finden das insbesondere die Frauen später extrem unangenehm. Genauso erging es den weiblichen Medien der Buaya im nördlichen Luzón, wenn sie sich nach einer erfolgreichen Kopfjagd im besessenen Zustand obszön verhielten, oder heute den balinesischen Kris-Tänzern (*babuten*) und namentlich den von den *buta-kala*-Geistern Besessenen, die sich »tierisch« benehmen, das heißt aggressiv, selbstsüchtig, kapriziös, unbedacht und exhibitionistisch – alles Verhaltensweisen, die auf der Insel in hohem Maße verpönt sind. Bei den Zezuru im Maschonaland müssen sich auch Besessene im Rahmen der Schicklichkeit bewegen, den aber ein Mann sprengte, der behauptete, vom Geist Adams besessen zu sein, und der deshalb völlig nackt umherstolzierte und vor den Leuten tanzte. Eine derartige Schamlosigkeit trauten indessen die Zezuru selbst den Geistern nicht zu und bezeichneten den Mann als Schwindler und krankhaften Exhibitionisten. Dagegen offenbarte eine junge Frau auf der ostafrikanischen Insel Mayotte, sie tanze im besessenen Zustand manchmal in abwegiger Weise oder tue »lächerliche Dinge«, was sie ganz bewußt miterlebe und sich auch dafür schäme, doch sie handle wie unter Zwang und könne es nicht ändern.[4]

Auch bei den spiritistischen Medien des 19. und frühen 20. Jahrhunderts kam es vor, daß sie in Trance die intimsten Dinge von sich preisgaben, wofür sie sich hernach in Grund und Boden schämten, doch fast noch heikler und peinlicher war die Tatsache, daß offenbar nicht wenige weibliche Medien Geräusche von sich gaben, als übten sie Geschlechtsverkehr aus oder lägen in den Wehen, während ihre männlichen Kollegen einen Samenerguß hatten. Berüchtigt waren die heftigen Orgasmen des neapolitanischen Starmediums Eusapia Palladino, die ihr Geistliebhaber bei ihr auslöste. Nicht nur in viktorianisch-wilhelminischer Zeit, auch heutzutage unterhielten und unterhalten viele spiritistische Medien beiderlei Geschlechts, meist aber unverheiratete Frauen, sexuelle Beziehungen zu ihren »Kontrollgeistern« oder »spirit guides«. Im 19. Jahrhundert war die Meinung weit verbreitet, daß die allermeisten männlichen Geistermedien effeminiert und weich seien und sich in sexueller Hinsicht passiv den Geistern überließen. Aber auch von bekannten »Sensitiven« wie den Medien Rudi Schneider oder Jean-Pierre Girard wird berichtet, sie hätten während erfolgreicher parapsychologischer Experimente nicht selten einen Orgasmus erlebt und dabei ejakuliert. In den Séancen der puertoricanischen Spiritisten fassen die Männer die jüngeren weiblichen Medien von hinten unmittelbar unter die Brüste und stoßen sie dabei rhythmisch wie beim Koitus, so daß ihre Brüste auf- und niederwippen. So geraten die Medien in Trance, in der sie von den Hilfsgeistern penetriert werden, so daß sie konvulsivisch zucken, was die Spiritisten [von den Geistern] »durchgefickt werden« nennen, und ein junges Medium bestätigte, genauso fühle es sich auch an.

Da die Spiritistinnen um die Mitte des 19. Jahrhunderts nicht selber sprachen, sondern bei ihren öffentlichen Trancen nur von den Geistern als Sprachrohre benutzt wurden, nahmen sich viele von ihnen dabei Freiheiten heraus, die sich nicht einmal die Feministinnen der Zeit erlaubt hätten, und betrachteten dies auch ganz explizit als einen Aufstand gegen das Patriarchat. Viele verwandelten sich in fluchende Seeleute, kriegerische Indianer oder geile männliche Verführer, die freimütig über ihre sexuellen Wünsche und Absichten redeten und dabei »unmentionable« Obszönitäten aussprachen. Für viele war das natürlich ein sicheres Indiz dafür, daß es nicht die Frauen waren, die sich da äußerten, sondern Geister, die sich ihrer bemächtigt hatten. So zum Beispiel im Falle des damals berühmten amerikanischen Mediums Cora Hatch, die im Jahre 1851 in Wisconsin im Alter von elf Jahren auf dem Podium formvollendete freie Reden hielt, die noch nie jemand aus dem Mund eines Kindes vernommen hatte. Wie ein Historiker es ausdrückte, »trieften« auch die Materialisierungs-Séancen »vor Sex« – die weiblichen Geister, die sich darin verkörperten, küßten und streichelten ihre männlichen Bewunderer, die hinterher berichteten, wie sehr sie das sexuell erregt habe. Die weiblichen Geister waren dabei keineswegs passiv, wie man es seinerzeit von einer jungen Dame erwartete, sondern initiierten die Intimitäten, traten mit nackten Füßen und Armen auf und trugen tiefe Dekolletés, die den Herren die stimulierendsten Einblicke gewährten. In einer Séance durfte ein Gentleman die Beckenknochen des Geistes befühlen und teilte danach mit, daß die Verstorbene »gut gebaut« sei, und anderen Besuchern erlaubten die Geister, ihren Körper unter dem Kleid abzutasten, um bezeugen zu können, daß sie darunter nackt waren. Auch manche Dame tat dies mit Wohlgefallen und eine teilte mit, der Geist habe sie dazu aufgefordert, ihre Hand auf eine ihrer nackten Brüste zu legen: »Ich tat das voll und ganz und spürte, daß ihr Herz unter meiner Hand heftig schlug!«

Von Geistern besessene Medien sagen und erlauben sich und anderen nicht nur Dinge, die im normalen Leben kaum möglich wären, sondern entfalten oft auch ungewöhnliche Kräfte und Fähigkeiten, die allerdings von vielen Berichterstattern sehr gerne übertrieben werden, so zum Beispiel beim balinesischen Kris-Tanz. Bei diesem Ritual kämpfen zwei Kris-Tänzer (*babuten*) und selten Tänzerinnen (Abb. 26) mit sogenannten Kris-Dolchen miteinander, richten die Dolche aber auch gegen sich selbst. Sie fallen, wie es ihnen der Geist in ihrem Körper diktiert, verkrampft zu Boden, wo sie sich krümmen und winden, aber keiner dieser Männer oder Frauen würde jemals wirklich den zweischneidigen Kris-Dolch mit der gewellten Klinge in die nackte Brust oder in irgendeinen anderen Teil des Körpers stoßen. Zum einen sind die Klingen zwar nicht so stumpf wie die eines Kinderspielzeugmessers, aber sie sind auch nicht scharf, und die Tänzer tun zum anderen nur so, als drückten sie den Kris fest in ihren Körper, dessen Muskeln sie anspannen, sondern üben behutsam einen gewissen, wohlbemessenen Druck aus, der meist nur blaue Flecken bewirkt. Andere täuschen einen Stich in den Augapfel vor, indem sie in Wirklichkeit die Klinge vorsichtig oberhalb des Auges auf den dortigen Schädelknochen drücken, was die Zuschauer nicht bemerken. Trotzdem geschieht es dann und wann, daß ein *babuten* sich verletzt, aber äußerst selten sind solche Verletzungen ernsthaft, und dann gibt man als Grund dafür an, daß der Tänzer irgendein Tabu verletzt habe. Als bei einem der Besessenen einmal Blut floß, nahm man ihm auf der Stelle den Kris weg, was nicht einfach war, da er in der Trance große Kräfte entwickelte. Doch kommt so etwas fast nie vor, weil die Klingen so unscharf sind, daß man mit ihnen so gut wie nichts schneiden kann, und niemand käme auf den Gedanken, sie zu schleifen.

Sehr häufig wird gesagt, daß Feuerläufer sich beim Lauf durch die glühenden Kohlen nur dann nicht verletzten, wenn sie währenddessen von einem Geist oder einer Gottheit besessen seien, so zum Beispiel die chinesischen Geistermedien in Malaysia oder die Vodúnsi, die behaupten, sie könnten das nur vollbringen, solange ein *lwa* sie »reite«. Ein Hauptkriterium dafür, daß die jungen balinesischen Sang-Hyang-Tänzerinnen wirklich von den herbeigerufenen Himmelsnymphen besessen sind und sich dies nicht nur einbilden, ist, daß es ihnen gelingt, einen solchen Lauf über glühende Kohlen durchzuführen, ohne

Abb. 26   Kris-Tänzerin in Trance, Bali 1949.

sich zu verbrennen. In Tamil Nadu ist der Glaube verbreitet, die Göttin Draupadi bedecke vor den ihr ergebenen Läufern die Kohlen mit dem Sāṛi, und die Tamilen in Sri Lanka sind gleichermaßen der Auffassung, die Göttin Pattirakālī schütze die Füße mit dem unsichtbaren Ende ihres Gewandes. Verbrenne sich aber jemand, dann offenbare er in aller Öffentlichkeit, daß er an die Göttin und ihre Kraft nicht glaube. Die singhalesischen Feuerläuferinnen erhalten ihre Kraft und Befähigung dadurch, daß der Gott Skanda, mit dem sie ein Liebes- oder sexuelles Verhältnis haben, in ihren Körper eindringt. Meist handelt es sich bei ihnen um sexuell frustrierte und geknechtete unverheiratete Frauen, die den Gott zu erregen suchen, indem sie einen geradezu orgiastischen Trancetanz (*kāvaḍi*) vor ihm aufführen. »Wenn der Gott in mich eintritt«, so verlautete ein Geistermedium aus einem japanischen Dorf, »erlebe ich eine Art Benommenheit. Ich will nicht sagen, daß ich das Bewußtsein verliere oder den Verstand, aber ich kann nicht mehr klar sehen, und was ich tue, geschieht nicht nach meinem Willen. So ist es beim Feuerlaufen nicht so, daß ich willentlich über die Kohlen laufe. Es ist allein der Wille des Gottes.« Die Bewohner des Dorfes Hsin Hsing an der Westküste Taiwans sagten, ihr Geistermedium (*t'iao t'ung*) könne nur im besessenen Zustand unbeschadet feuerlaufen, und viele bezeugten, er könne auch übers Wasser gehen, aber ein kritischer Dörfler, der bei dem Versuch zugegen war, stellte klar, daß das Medium nach dem ersten Schritt untergegangen sei. Auch die an den Feuerläufen in der Nähe von Thessaloniki teilnehmenden Frauen, die Anastenárissas, sollen dies nur tun können, wenn sie vom hl. Konstantinos besessen und in Trance seien, aber kritische Beobachter bezweifeln dies.

Ganz offensichtlich ist eine tiefe Trance für das Feuerlaufen gar nicht nötig. Denn zum einen sind glühende Kohlen und gluthaltige Asche zwar heiß, doch besitzen sie eine geringe thermale Leitfähigkeit. Zum anderen ergaben Untersuchungen, daß der Hautkontakt mit der Glut nur 0,2 bis 0,25 Sekunden betrug und daß der Fußabdruck abscherend war, das heißt, daß er die Glut ausdrückte und eventuell an der Haut haftende Glutpartikel abstreifte. Die Temperatur an der Fußsohle betrug während des Laufes ca. 180 Grad Celsius. Für Zehntelsekunden kühlt der Fußschweiß eine sehr dünne Kohleschicht ab, was man an den dunklen Stellen erkennen kann, die von den Füßen auf den glühenden Kohlen hinterlassen werden, wobei der Kontakt allerdings 0,8 Sekunden nicht überschreiten sollte. Nach einer Untersuchung dauerte der längste gemessene Kontakt eines Feuerläufers, der sich nicht verbrannte, 1,9 Sekunden. Eine körperbehinderte, aber furchtlose Kriegsberichterstatterin berührte die Kohlen länger und zog sich dadurch schwere Brandverletzungen zu.[5]

§ 25
Was erleben die Besessenen?

Je weniger ein Besessener hinterher weiß, so sagt man in den afrobrasilianischen Kulten, was sich während seiner Besessenheit ereignet hat,
um so größer ist seine Reputation, denn dieser Umstand ist für alle
Gläubigen ein deutliches Indiz dafür, daß der Betreffende tatsächlich
besessen war und sich dies nicht nur eingebildet hat. So wollen sich die
tibetischen Medien (*dpa'bo*) in Nepal auf keinen Fall erinnern und
schicken ihr Bewußtsein (*rnam shes*) weg, bevor der Geist in sie eintritt, denn sonst könnten sie nie wirklich sicher sein, daß es ein Geist
war, der aus ihnen sprach, und auch die meisten Umbandisten sind der
Meinung, nur eine völlige Bewußtlosigkeit garantiere, daß sich tatsächlich ein *orixá* in ihrem Körper aufgehalten habe. Nun scheint es
nicht selten vorzukommen, daß die Tiefe der Trance von der vollstän-
digen Ohnmacht bis zur Schauspielerei variiert, wie bei den Medien
(*badvo*) der Rathva-Kāli in Gujarāt oder bei den weiblichen Medien
(*itako*) der Tōhoku-Region im Norden Honshūs, die einerseits ihr Bewußtsein behalten, wenn die Göttin Kan'no in ihre Brust eindringt
und aus ihrem Mund orakelt, die aber andererseits einmal im Jahr, wenn
die Gottheit Ōshira von ihnen Besitz ergreift, komplett das Bewußtsein verlieren und sich danach an nichts mehr erinnern. Im Vodú
scheint eine eingeschränkte Bewußtheit der Normalfall zu sein, auch
wenn das nicht immer zugegeben wird. Ein häufig von einem Geist
besessener Lodha im westlichen Bengalen gab an, er fühle sich dabei
wie ein schwankender Betrunkener in einem halbbewußten Zustand,
der sich nur teilweise an das erinnern könne, was sich in seinem Rausch
zugetragen habe. Manche Vodúnsi erinnerten sich offenbar im Wachzustand an nichts, aber in ihren Träumen tauchte urplötzlich das scheinbar Vergessene wieder auf, während offenkundig viele andere Besessene zwar vieles von dem mitbekommen, was sich abspielt, und auch
keinerlei Amnesie erleiden, das Erlebte, vor allem ihr eigenes Tun, aber
nicht kontrollieren können. »Wenn ein Geist auf deinen Kopf klet-
tert«, so beschrieb es ein weibliches Medium auf Sansibar, »weißt du

manchmal, was du tust, aber du kannst es nicht kontrollieren. Ein anderes Mal wird es völlig dunkel, du siehst nichts, aber du hörst, was sich abspielt.« Solche Ereignisse strapazierten sie aber sehr, und sie fühlte sich dauerhaft matt und energielos und verlor, wie sie sagte, all ihre Schönheit und Eleganz (*urembo*). Ähnlich verlautete ein Umbanda-Priester: »Einmal ist mir alles bewußt, was passiert. In anderen Fällen habe ich volles Bewußtsein, kann aber meine Bewegungen nicht kontrollieren. Und in wieder anderen Fällen beherrsche ich meine Bewegungen, nicht aber meine Stimme.« Schließlich heißt es auch von den balinesischen Medien, die Barong und Rangda darstellen, sie seien sich zwar die ganze Zeit über ihrer selbst bewußt, hätten aber jegliche Beherrschung ihrer Person verloren. Doch einer Ethnologin entging während eines Rituals nicht, daß der Rangdadarsteller, als sein Kopfschmuck sich lockerte, innehielt und geduldig wartete, bis dieser von einem der Helfer wieder fixiert war. Hatte dieser Schauspieler sich also offensichtlich entgegen der offiziellen Doktrin jederzeit in der Gewalt, ist dies in der schizophrenen Psychose oft nicht der Fall, wie zahlreiche Patienten bezeugen: »Meine Finger nehmen einen Bleistift auf, aber ich kann sie nicht kontrollieren«, sagte einer, »was sie da machen, hat nichts mit mir zu tun.« »Ich fühle mich wie ein Automat«, so ein anderer, »bedient von einem weiblichen Geist, der Besitz von mir ergriffen hat«, und ein dritter: »Ich habe gefühlt, wie Gott die Kontrolle über mich übernommen hat.«

Aus Angst vor einem solchen Kontrollverlust, so schrieb eine kalifornische Ethnomusikologin, habe sie es bei ihrer Teilnahme an Santería-Veranstaltungen nie zugelassen, daß die Geister vollkommen von ihr Besitz ergriffen, und sie beobachtete auch bei anderen, daß die ersten Anzeichen dafür, nämlich ein starkes Kribbeln in den Fingern und Zehen, Schwindelgefühle, Schwanken, unwillkürliches Zucken und Zittern sowie lautes Schluchzen, für die Betreffenden dermaßen erschreckend waren, daß ihre natürliche Reaktion darin bestand, sich auf der Stelle jedem Eindringen zu verschließen. Wenn ein kubanischer *santo* einen *santero* oder eine *santera* »besteigt« (*monta*), um sich Zutritt zu ihrem Körper zu verschaffen, benehmen diese sich zunächst meistens sehr wild und zittern und beben heftig, doch je tiefer der *santo* in sie eindringt, um so ruhiger werden sie für gewöhnlich, wobei viele das Gefühl haben, als fielen sie »in eine Leere« und verließen die Welt. »Die letzte Erinnerung«, so beschrieb es auch eine Frau, die auf einer Veranstaltung der Umbanda urplötzlich von einem Geist überwältigt wurde, »die ich hatte, war, als ob ich fallen würde. Ich stürzte in einen Tunnel, an dessen Ende ich ein Licht sah.« Doch im Gegensatz zu denjenigen, die eine Nahtod-Erfahrung machen, verlor die Frau dann das Bewußtsein.

Die Adepten des Mami-Wata-Kultes zeigen indessen, so heißt es wenigstens, nur dann heftige Symptome wie starke Krämpfe, Zittern, Zuckungen, wildes Verdrehen der Augen, Wimmern, Röcheln und spitze Schreie nach dem Einfahren des Geistes durch die Fontanelle, wenn dieser besonders unbändig und temperamentvoll ist und die Besessenen unerfahren sind. So sagte ein Medium auf der Insel Mayotte zwischen der afrikanischen Küste und Madagaskar, nur fügsame und sehr brave Menschen ohne Mut und Widerstandskraft verlören im besessenen Zustand ihr Bewußtsein. Wenn sich in der Umbanda ein solch hitziger Geist in einem gefügigen und gehorsamen Menschen auszutoben beginnt, korrigiert der Kultleiter den Geist und weist ihn darauf hin, daß er sich gesittet zu benehmen habe.[1]

So gut wie überall auf der Welt scheint der Mehrzahl der besessenen Medien ungeachtet dessen, was die »Political Correctness« vorschreibt, für gewöhnlich weder das Bewußtsein ihrer selbst noch die Fähigkeit, ihre Umgebung wirklichkeitsgemäß wahrzunehmen, abhanden zu kommen. »Meist bin ich während eines Dienstes«, das heißt nachdem ein Geist sich ihr genähert hat, »vollkommen bewußt«, gestand ein weibliches vietnamesisches Medium: »Ich weiß, was um mich herum vorgeht, und wenn die Geister herabsteigen, stelle ich mich nur als eine Art Lautsprecher zur Verfügung. Sie steigen nicht ganz herab, denn wenn sie das täten, wäre ich vollkommen besessen (*dong me*). Das geschieht lediglich dann, wenn die Dritte Prinzessin (Co Bo) in mich eintritt (*op vao*), aber nur für ungefähr fünf Minuten, das ist alles. Wenn die Prinzessin wieder fort ist, bin ich mir schnell wieder allem bewußt.« Im kaschmirischen Ladākh beobachtete der Naturforscher Heinrich Harrer, wie das Geistermedium (*lha-pla*) versuchte, aus den Brüsten der anwesenden Frauen die Geister auszusaugen, von denen sie besessen waren: »Immer wenn er aufblickte, um Atem zu holen, bemerkte ich, daß er gar nicht so tief in Trance sein konnte, wie er vorgab. Er wußte, daß ich ihn fotografierte (ich hatte vorher um Erlaubnis gefragt und ein paar Rupienscheine auf das Tischchen gelegt) und schielte nun zu mir hin, wohl um festzustellen, ob ich immer noch dabei war, Aufnahmen zu machen.« Auch ein Swahili bemerkte, bei der Besessenheit sei die Seele (*roho*) zwar etwas »durcheinander«, und die Venen im Kopf schmerzten, aber er könne alle seine Bekannten, die sich da versammelt hatten, gut erkennen. Eine junge Bengalin vertraute einer Ethnologin an, wenn ihr Liebhaber (*ashik*), ein *zinni*, in ihrem Körper sei, verliere sie ihr Bewußtsein, und damit auch ihre volle Genußfähigkeit, nie – dies geschehe erst, wenn er sie verlassen habe und sie sich befriedigt in den Sessel fallen lasse. Es heißt zwar »offiziell«, die Seele des Mediums bei den Wampar im Nordosten Neuguineas habe während der Besessenheit den Körper verlassen und sei durch den Geist eines Verstorbenen (*mamate*) ersetzt worden, aber das Medium weiß hinterher ganz genau, was der Geist alles durch seinen Mund gesagt hat. Wie Ethnologen beobachteten, war sich auch das weibliche Medium der burmesischen Akha eindeutig seiner Umgebung bewußt, und als sie auf ihrer »Jenseitsreise« schwitzte, ergriff sie ein in ihrer Nähe liegendes Tuch und wischte sich damit den Schweiß ab.[2]

Ein solches Besessensein ohne Verlust des Selbstbewußtseins und der Kontrolle über den eigenen Körper, im Vodú »la prise des yeux« genannt, zeichnet meist willensstarke Personen aus wie jene Babalorixá aus São Paulo, die von sich sagte: »Tatsächlich bin ich ein sehr bewußter Mensch. Sogar wenn ich die Energie des *orixá* in mir spüre, verliere ich mein Bewußtsein nicht. Ich bin wirklich immer in mir präsent!« So berichtete eine Ethnologin, sie habe sich bei den christlichen Bricolanos auf Luzón gleichzeitig mit einem Medium und mit dem Geist, von dem es besessen war, unterhalten. In den meisten kardecistischen Gruppierungen in Brasilien wird eine Verdrängung des eigenen Bewußtseins durch die Geister sogar strikt abgelehnt. Der Geist nähert sich lediglich dem Medium, das seine »Eingebungen« mit vollem Bewußtsein in Empfang nimmt, wobei allerdings manche Geister sozusagen neben dem Bewußtsein des Mediums in dessen Körper Platz nehmen. So hatte ein Medium des *espiritismo kardecista* das Gefühl, »daß [plötzlich] zwei Herzen in mir schlugen. Da war eine Art Kraft in meiner Kehle, eine sehr starke Energie im Hals, und ich hatte ein Gefühl, daß es sprechen wollte.« Dann »spürte ich, daß die Stimme meinen Körper verließ, aber anders als die anderen Leute, die das nicht mitkriegten, gab es nur einen kleinen Teil von mir, der sich dessen nicht bewußt war. Ich fühlte, daß die Person [jetzt] in meinem Kopf sprach […]. Manchmal hatte ich Angst, nicht korrekt zu sprechen oder daß die Person, die sprach, ich selber war. Als es vorüberging, dachte ich: Ah, existierte sie nur in meiner Vorstellung? Aber dann spürte ich eine Umarmung, und die Zweifel verflogen.«

In Melanesien »hören« die meist weiblichen Medien häufig das, was der Geist ihnen »sagt«, und interpretieren es dann für das Publikum, und manchmal hören nicht nur die Besessene selber, sondern auch Anwesende die Stimmen der Geister akustisch und so deutlich, daß alle von Furcht ergriffen werden: »Als wir einmal in der Kirche waren«, so erinnerte sich Roswitha, die Schwester der besessenen Anneliese Michel aus dem unterfränkischen Klingenberg, »und unseren Rosenkranz beteten, auch Anneliese betete mit, da begann sie ganz plötzlich zu brüllen. Wir fuhren alle zusammen vor lauter Schreck. […] Aber das Besondere daran war, daß Anneliese selber erschrocken war über das Brüllen aus ihrem Munde. Sie entschuldigte sich noch und sagte: ›Das war nicht ich, das waren die »anderen«‹.« Manche Medien können die Geister nicht nur hören, sondern auch sehen, obgleich nicht jedes von ihnen gerne darüber redet. »Erinnerst du dich«, so fragte eine indische Ethnologin im kaschmirischen Chambā ein männliches Medium (*chela*), »was du in der Trance erlebst?« – »Ja.« – »Was?« – »Nichts, was dich angeht! Na ja, ehrlich, ich sage dir, daß es keine Sprache gibt, mit der ich dir das beschreiben könnte. Da sind Bilder in meinem Kopf, Botschaften, die ich erhalte, ein Licht, da scheint eine Kraft, die mich leitet …, aber es gibt keine Worte, mit denen ich dir alles darüber sagen könnte. Ich bin *akela*, alleine, zwischen den Welten, sozusagen, also frag nicht! Nicht mich und auch keinen anderen *chela*! Hör auf mit deinen Forschungen!« Als dieselbe Frage ebenfalls in Nordindien einem weiblichen Medium gestellt wurde, antwortete dieses etwas entgegenkommender: »Mein Körper wird ganz, ganz leicht. Ich sehe die Gestalten der Götter und Göttinnen. Ich kann vor mir eine riesige Menschenmenge sehen und sogar einzelne Personen erkennen, von denen ich die Namen weiß und den des Ortes, aus dem sie kommen, warum sie dort sind, wo sie sich jetzt befinden und welche Krankheit sie haben.« Doch es sei »Maa Dūrgā, die durch mich spricht und durch mich das menschliche Leid lindert.« »Ich kann ihn sehen und berühren«, sagte eine liberianische Dan-Frau über einen Geist, der in sie schlüpfte und mit ihr redete, »er ist ein richtiger Mann.« Ähnliches berichteten einige Medien der Torāja auf Sulawesi über ihre Geister (*deata*), von denen sie besessen werden: »Ja«, sagte eines, »ich konnte sie sehen! Sie sahen aus wie Menschen, aber sie hatten sehr kleine Körper und blaue Haare.«[3]

Andere Medien sehen oder hören die Geister nicht, sondern spüren nur deren Gegenwart – so eine Heilerin der madegassischen Tanala, die dem Ethnologen Ralph Linton mitteilte, jedesmal wenn der Geist in sie eintrete, schlage ihr Herz ganz heftig, und alles werde vor ihren Augen ganz undeutlich und wabernd, »wie wenn sie durch die zitternde Mittagshitze blicke«. Doch gehört oder gesehen habe sie den Geist noch nie, aber sie fühle seine Präsenz in ihrem Leib. Und ähnlich verlautete eine Umbanda-Priesterin, die auch in den Candomblé initiiert ist, sie sehe zwar den *orixá* nicht, von dem sie besessen sei, aber sie spüre seine »Vibrationen« wie eine starke Energie, und sie wisse aus Erfahrung, daß jeder *orixá* auf eine andere Weise in leise schwingender Bewegung sei, zum Beispiel Jesus anders als ein afrobrasilianischer *orixá*. Fast genauso scheint es zu sein, wenn im puertoricanischen *espiritismo* jemand von einem *guia*-Geist penetriert wird, denn dann ist es für ihn so, als ob er elektrisch aufgeladen werde, er fühlt Vibrationen, Schmerzen, eine Beschleunigung des Herzschlags, Summen, Kribbeln und *fluidos*, die wie eine mächtige sexuelle Energie durch seinen Körper fließen.

Immer wieder berichten Besessene von einem schweren Gewicht, das auf ihnen laste, einem unangenehmen Druckgefühl auf der Brust, das die christianisierten Masaifrauen durch die Schwere des Teufels erklären. Die Medien auf der mikronesischen Insel Truk sagten, diese enorme Last auf ihrem Brustkorb und ihren Gliedern erzeuge bei ihnen extreme Schwächegefühle und eine völlige Erstarrung, hervorgerufen durch das Gewicht des Geistes, der sie »bestiegen« (*téété anu won*) habe, wobei ein durchdringender spitzer Schrei und Konvulsionen des Körpers dessen Penetration signalisierten, die von der Starre, der »Maske des Todes«, abgelöst werde. Ein solches Gefühl der Schwere und ein elektrischer Stromfluß entlang der Wirbelsäule zeigen auch in der »Religion der Vier Paläste« in Nordvietnam an, daß die Gottheit im Körper des Mediums angekommen ist. Genauso wird die Übernahme ihres Körpers durch einen Geist von vielen *vodúnsi*, den hawai'ianischen Medien – dort »Sprechender-Mund [-des Geistes]« (*waha-ʻolelo*) genannt – und den *yezi-buai-bidi* (»geistgefüllte Personen«) der Daribi im östlichen Hochland von Neuguinea geschildert.

Herrschen in diesen Fällen Ermattungs- und Schwächegefühle vor, berichten wiederum andere Anhänger des Vodú, wenn der *lwa* »in deinem Kopf tanzt (*dans nan tèt li*), dann fühlst du eine große Stärke in dir«, so daß einem alles möglich erscheine. »Wenn er aber deinen Kopf verlassen hat, fühlst du dich wie ein Toter; dann fühlst du dich traurig, traurig, traurig.« Auch Sudanaraberinnen sagen, ein jedes Mal wenn sie von einem *zār* besessen seien, fühlten sie sich mit »geistiger Energie aufgeladen«, was sich bei den Schamanen der ostnepalesischen Jirel und koreanischen Schamaninnen zu veritablen Größenphantasien steigert. So pries eine *mudang* ihre Besessenheitsschübe in den höchsten Tönen und schwärmte, einen Geist in sich zu fühlen sei »wunderbar« und »unvergleichlich«: »Du wirst von dem Gefühl durchflutet: ›Ich bin die Nummer Eins, die beste – jemanden wie mich gibt es sonst nirgendwo auf der Welt!‹«

Nicht wenige Medien des Candomblé erleben das Eindringen des Geistes als schmerzhaft, wie eine grobe Defloration, ebenso wie die jungen weiblichen Medien im nordpakistanischen Yesintal, durch deren Körper urplötzlich ein heftiger Ruck geht, so daß sie erschrocken aufspringen, weil sie spüren, daß ein Feenmann gerade ihre Vagina penetriert. Viele andere leiden unter heftigen Hitzewallungen, wie ein Mitglied der marokkanischen Hamadscha-Bruderschaft, der dem Ethnologen Vincent Crapanzano erzählte, wenn die Geistfrau ʻAʼisha in ihn einfahre, fange es an, im Kopf und im Körper zu pochen. Dann werde es ihm immer heißer, und der Schweiß laufe ihm hinunter: »Mein Körper fühlt sich wie kochendes Wasser an! Es ist erschreckend!« Sobald die Schamanen der Tungusen von ihren Hilfsgeistern besessen wurden, fühlten sie eine enorme Hitze in sich hochsteigen, die ebenfalls andere Personen wahrnahmen, die sie berührten, und ihr Puls begann zu rasen. Auch die Anhänger des *bori*-Kultes der Haussa sagen, echte (*gaskiya*) Besessenheit erkenne man daran, daß die Betreffenden stark schwitzten und sich heiß anfühlten, was bei vorgetäuschter (*na karva*) Besessenheit nicht der Fall sei. Dagegen teilten am unteren

Kongo die Frauen mit, der Eintritt der Wassernixen in ihren Leib erzeuge eine kalte Strömung und Schüttelfrost, was die Bagobo im Südosten Mindanaos bestätigten, deren Medien bei dieser Gelegenheit gleichermaßen eiskalt werden und anfangen zu zittern.[4]

Weit verbreitet ist in diesem Zusammenhang auch der Typus der sogenannten »Alice-im-Wunderland-Halluzinationen«, in der die Dinge um einen herum kleiner und weiter entfernt zu sein scheinen, als sie es in Wirklichkeit sind, eine Erfahrung, die als Pseudohalluzination vielen Haschisch- und Marihuana-Rauchern vertraut ist. So sagte eine Candomblé-Priesterin, unmittelbar bevor der *orixá* sie »besteige«, um sie zu »reiten«, werde ihre Kleidung geordnet und straff gespannt, damit sie besser »gesattelt« und »gesäumt« sei. Dann komme der *orixá* wie ein Wind herangeweht, um sie in die Arme zu schließen. Dies sei jedesmal »wie ein Schock« in ihrem Herzen, zumal sie das Gefühl habe, die Leute um sie herum befänden sich weit von ihr weg. Viele Schamanen (*parihar*) der zu den Munda gehörenden Korku in Madhya Pradēś erzählen, sie sähen während der Besessenheit alles um sie herum und hörten, wie die Leute den Geistern Fragen stellten, aber sie seien in weiter Ferne und ganz klein. Auch ein tibetischer Orakelpriester gab an, daß es ihm so vorkomme, als sei der Gott, der in seinen Körper eindringe, gleichzeitig weit von ihm entfernt und werde immer kleiner, und auch die Musik ertöne aus immer größerer Ferne. Tibetische Medien in Nepal bestätigten, die Leute im Raum schrumpften, würden kleiner und kleiner und ihre Stimmen immer dünner und piepsiger, wohingegen die Spiegel auf dem Altar, in denen die Götter wohnten, sich stetig vergrößerten, bis sie das gesamte Blickfeld des Mediums ausfüllten. Darauf frage der Gott das Medium auf äußerst unfreundliche und mißmutige Weise, warum es ihn gerufen habe.

Das wichtigste Charakteristikum der Form von Besessenheit, bei der die Betreffenden nicht – oder wenigstens zunächst nicht – das Bewußtsein verlieren, ist das Gefühl, nicht allein in ihrem Körper zu sein, das Erlebnis der Ko-Präsenz einer anderen Person, die zumeist die Befehlsgewalt über die Handlungen, Gedanken und Empfindungen der Besessenen übernimmt. Wenn ein Gott oder ein Ahne in sie eintrete, so sagte eine koreanische Schamanin, »dann merke ich sehr klar, daß andere Gedanken kommen. Ich spüre deutlich, daß es nicht meine Gedanken sind.« Und eine andere ergänzte: »Wenn die Götter und Geister in mich hineinsteigen, dann spüre ich ein elektrisches Bitzeln. Manchmal beginnt es am Kopf, ein anderes Mal spüre ich es im Herzen. Erst wenn der Gott in mir ist, weiß ich, wer da gekommen ist. […] Dann habe ich Visionen, und seltsame Vorstellungen tauchen vor meinem inneren Auge auf, seltsam deshalb, weil sie nicht *meine* Vorstellungen sind.« »Es war wie eine Überdosis an Energie«, so beschrieb ein französischer Ethnologe das Besessenwerden durch einen *orixá*, »das Empfinden, daß der Körper zu klein war, um solch eine Kraft zu fassen, die aus dem Nichts kam und in mich eindrang. Ich hatte Angst, war aber zugleich in einer Hochstimmung. Ich fühlte mich, wie wenn ich etwas hinausschreien müßte, wagte es aber nicht. Mein Initiator – ich konnte ihn noch erkennen – half mir auf. Ab diesem Augenblick bleiben die Erinnerungen äußerst vage, [es war,] als ob äußere Formen und Geräusche ihre Konturen verloren hätten. Ich tanzte nicht, ich wurde getanzt. Ich war nicht mehr ich selber – besser: Ich war teilweise jemand anderes!« Und ein Geister-Medium von der Südküste Javas bemerkte, daß sie alles, was aus ihrem Mund hervorkomme, mitkriege, »nur manchmal verstehe ich den Sinn noch nicht. Aber ich kann nicht sprechen, weil mein Mund gerade zum Sprechen ausgeliehen wurde«, etwa an die Meereskönigin Ratu Kidul, die mit einer »sehr schönen Stimme« aus dem Mund des Mediums spricht. Bereits die Autoren des *Unholdinnenhammers* aus dem Jahre 1487 erwähnen einen Priester, den der Teufel ein jedes Mal, wenn er beim Vorübergehen an einer Kirche niederkniete, um der hl. Jungfrau Reverenz zu erweisen, zwang, ihr »lange« die Zunge hinauszustrecken. Als er gefragt wurde, warum er nichts dagegen unternehme, habe er geantwortet: »Ich vermag das durchaus nicht zu tun, denn so gebraucht er alle meine Glieder und Organe, Hals, Zunge und Lunge, zum Sprechen oder Heulen, wie es ihm gefällt. Ich höre zwar die Worte, die er so durch mich und aus meinen Gliedern heraus spricht, aber zu widerstreben vermag ich durchaus nicht.«[5]

Zwar *sagen* viele Besessene, sie hätten völlig die Kontrolle über sich selbst und oft auch das Bewußtsein verloren, wenn der Geist sie »übernommen« habe, doch in Wirklichkeit bleibt ein Rest von Selbstbeherrschung meistens erhalten. Viele Tamilinnen, die von wilden unverheirateten Göttinnen besessen werden und die sich dann so aufführen, wie es eine anständige Frau niemals tun würde, sind sich trotzdem ihrer Umgebung bis zu einem gewissen Grade bewußt und können auch ihr Verhalten in mancherlei Hinsicht kontrollieren. So laufen sie nicht in andere Personen hinein, stoßen an nichts an und erkennen auch bestimmte andere Leute, die sie sozusagen erkennen *wollen*. Auch die Geistermedien der Purbia Rāji im südwestlichen Nepal vermeiden es geflissentlich, über am Boden liegende Leute oder Objekte zu »tanzen« oder auf sie zu treten, und Raymond Firth beobachtete ein Gleiches im Norden der malaiischen Halbinsel, daß nämlich ein Besessener, der scheinbar jegliche Kontrolle über seinen Körper verloren hatte, nie mit irgend jemandem, der ihm im Wege stand, zusammenstieß.

Schon seit langem ist es bekannt, daß kein Hypnotiseur seinen Willen einem Hypnotisierten gegen dessen Vorsätze aufzwingen kann: Es bleibt stets ein Residuum von Selbstkontrolle erhalten, das dafür sorgt, daß der Betreffende, wenn er dazu aufgefordert wird, etwas Gefährliches, Kriminelles oder Unanständiges zu tun, sofort »hellwach« ist. Auch zu Skurriles und Unwahrscheinliches können häufig nicht suggeriert werden, weil die Urteilskraft zwar geschwächt, aber nicht aufgehoben ist. Pierre Janet suggerierte einmal einer hypnotisierten jungen Frau, das Bad sei bereitet und sie könne sich unbesorgt ausziehen, denn es sei niemand da, der sie nackt sehen könne, worauf sie auf der Stelle aufwachte, nachdem bereits lange vor ihm der Marquis de Puységur eine Frau gefragt hatte, ob sie denn, in »magnetischen Schlaf« versetzt, auf seine Anweisung hin bereit sei, sich vor ihm nackt auszuziehen, worauf sie ihm antwortete, sie würde sich ihres Hutes und ihrer Schuhe entledigen, aber sonst nichts, geschweige denn ihrer Unterwäsche. Der Magnetiseur Tardy de Montravel berichtete, eine Frau habe vorsorglich zu ihm gesagt: »Wenn Sie irgend etwas Unehrenhaftes tun sollten, etwas gegen meine Prinzipien, würden Sie mich sehr verletzen, und ich würde augenblicklich aufwachen!« Schließlich gab ein Psychologieprofessor in unserer Zeit hypnotisierten College-Studentinnen den Auftrag, alle Hüllen fallen zu lassen. Keine von ihnen leistete dem Folge, bis auf eine junge Frau, die sich ohne Zögern völlig entblätterte. Als der Professor sie später fragte, warum das für sie kein Problem gewesen sei, sagte sie ihm, sie verdiene das Geld für ihr Studium als Stripperin.[6]

So gut wie vollständig erhalten bleiben das Bewußtsein und die Wahrnehmung der Hohepriesterin der verschiedenen *covens* des vor allem in den angelsächsischen Ländern verbreiteten Wicca-Kultes, die in dem Ritual »Drawing down the Moon« (Abb. 27), das auf den »Neuheiden« und Esoteriker Gerald Gardner zurückgeht, die Göttin anruft, zu ihr herabzusteigen. Die meisten Wicca-Anhänger vermeiden dabei das Wort »Besessenheit« und ziehen es vor, zu sagen, daß die Hohepriesterin, eine schöne heterosexuelle junge Frau, die »Mutter allen Lebens und aller Fruchtbarkeit« »inkarniere«, damit diese aus ihr sprechen könne, nachdem sie sich durch Tanz, Gesang und Meditation »geöffnet« habe. Angeblich geschieht diese »Inkarnation« in einem Zustand tiefer Trance, doch scheint dies nur äußerst selten vorzukommen. So sagte eine Hohepriesterin namens Janet, daß sie »never knows how it will come out«, und manchmal sei es so, als spreche die Göttin, und sie höre nur zu. In den siebziger Jahren versicherte mir die Hohepriesterin Susan, Vorstand eines Londoner *covens*, eigentlich stelle sie sich die Stimme der Göttin eher vor, als daß sie ihre Worte wirklich höre. Manchmal übernimmt es ein männlicher Priester, die Göttin zu bitten, in die Hohepriesterin einzugehen – so berichtete die Hohepriesterin Vivian Crowley, der Priester küsse zunächst ihre Füße, dann ihre Knie, ihre Schamlippen und ihre beiden Brüste und schließlich ihren Mund, worauf er die Göttin anrufe, herabzusteigen und ihren Leib zu betreten: »Es war eine Ruhe und eine Stille in mir. Dann kam der Fluß der Kraft herab durch mein Kronenchakra bis zu meinen Füßen und hinaus in den Kreis. Sie war gekommen. Ich war in weiter Ferne, tief im *samādhi*.« Nach einer anderen Beschreibung steht, meist bei Vollmond, die nackte Hohepriesterin mit dem Rücken zum Altar, und der Hohepriester kniet vor ihr nieder (Abb. 27), küßt ihre Füße, Knie, den *mons veneris* dort, wo der Schamhaarbewuchs endet, worauf sie die vor dem Oberkörper verschränkten Arme öffnet, damit er auch ihre Brustwarzen mit dem Mund berühren kann. Daran anschließend umarmen beide einander, und der Priester küßt die Priesterin auf den Mund, zeichnet ein Dreieck auf ihre beiden Brüste und ihren Unterleib und ruft die Göttin unter dem Namen Aradia in die Priesterin herab.

Eine gewisse Ähnlichkeit mit Wicca hat ein anderer neuheidnischer Kult, nämlich die seiðr-Séance der Hrafnar-Gemeinde in San Francis-

Abb. 27 »Herabziehen des Mondes« im Wicca-Kult.

co, während der, so heißt es zumindest, bestimmte Personen von dem altnordischen Gott Òðinn besessen werden und diesem dann als sein Pferd Sleipnir dienen, indem sie sich von ihm »reiten« lassen. Durch Gesänge wird der Gott gerufen, bis dieser herabsteigt und diejenigen, die dazu bereit sind, penetriert, um die Fragen der Gemeinde zu beantworten, denn es ist, wie ein Mitglied sagte, »schlicht einfacher, die Gottheit direkt zu fragen, und diese antwortet«.[7]

§ 26
Schamanismus und Besessenheit

Noch immer ist die Meinung Mircea Eliades weit verbreitet, eine Besessenheit durch Geister sei einem Schamanen wesensfremd, und wenn sie doch einmal irgendwo vorkomme, handle es sich um eine »seltene Abirrung«, denn, wie es die Leiterin eines bekannten kalifornischen Schamanismus-Zentrums kategorisch formulierte: »Der Schamane strebt danach, Besessenheit zu heilen, und nicht danach, besessen *zu werden*.« Davon kann freilich keine Rede sein, denn in den verschiedensten Weltgegenden wurden gerade die Schamanen von ihnen überlegenen Geistern in Besitz genommen, weil sie ohne deren Eindringen in ihren Körper gar nicht in der Lage gewesen wären, zu heilen oder zum Nutzen der Menschen in »jenseitige« Gegenden zu reisen.

Bei den venezolanischen Yaruro begab sich der Schamane ins Geisterland, um dessen Bewohner zu bitten, seinen Leuten zu helfen, während unterdessen die Geister in seinen Körper schlüpften, den er im Dorf zurückgelassen hatte, und in dieser menschlichen Inkarnation Krankheiten diagnostizierten. Auch die Schamaninnen der im Grenzgebiet von Orissa und Āndhra Pradēś lebenden Saora, die mit den Geistern (*ilda*), von denen sie regelmäßig besessen wurden, verheiratet waren, besuchten in der Trance die Unterwelt oder die Berggipfel, wo ihre Geistkinder lebten, und fütterten sie mit vegetarischer Nahrung. Der künftige Heiler der Bedamini im südlichen Hochland von Neuguinea wird von seinem Lehrer in der Trance mit in die Geisterwelt genommen, in der die Ahnen leben und wo er eine attraktive Geistfrau sieht, mit der er zunächst nur Geschlechtsverkehr hat. Schließlich heiratet er sie aber und zeugt mit ihr Geistkinder, die später seine Hilfsgeister werden, die von seinem Körper Besitz ergreifen und mit zarten Kinderstimmen aus ihm reden. Im Zustand zwischen Schlafen und Wachen (*usingisini*) nehmen auch auf Sansibar die hochgebildeten arabischen Besessenheitsgeister (*masheitani ya ruhan*) die auszubildende junge Heilerin an einen fremden Ort mit, wo sie ihr sämtliche Heilkräuter zeigen und ihr beibringen, bei welcher Krankheit sie angewendet werden. Und die »Clever Men« der Walbiri am Flußbett des Lander River im Süden der nordaustralischen Tanami-Wüste besaßen einen Hilfsgeist namens *mabanba*, der nur daumengroß war, transparent, gummiweich und hell wie Bergkristall, der in ihrem Körper wohnte und den sie – wie viele Schamanen der anderen australischen Ethnien ihre Geister – zum Heilen ausschickten, oder die sie weit reisen ließen, um verlorene Seelen zurückzuholen.[1]

Manche Ethnologen sind zwar bereit zuzugestehen, daß dieser und jener Schamane von seinen Hilfsgeistern besessen werden könne, doch sie beharren darauf, daß die Schamanen die Geister jederzeit beherrschten und dirigierten. Dies entspricht indessen in der großen Mehrzahl der Fälle ebenfalls *nicht* den Tatsachen. So konnten zum Beispiel, wie aus den älteren Quellen hervorgeht, die lappischen Schamanen, die *noaidi,* ihre Hilfsgeister, meistens nicht kontrollieren. Als sich eines Tages ein *noaidi* über die Partnerwahl seiner Tochter ärgerte, wurde sie von seinen Hilfsgeistern getötet, die ihre Tat gegenüber dem entsetzten Mann damit entschuldigten, sie hätten lediglich das ausgeführt, woran er selber gedacht habe. Die Schamanen der Tchíglit-Eskimo unternahmen zwar oft große Anstrengungen, ihre Hilfsgeister in die Knie zu zwingen, aber immer wieder entglitt ihnen die Herrschaft über sie und sie wurden zum willenlosen Spielball der Geister, die in ihren Körper eingedrungen waren. Ein Gleiches galt für die Schamanen der Buryaten, Tungusen, Jakuten, Tschuktschen, Koryaken und vieler anderer sibirischer Völker, bei denen die Schamanen der Kraft der Hilfsgeister vielfach nichts entgegenzusetzen hatten und nicht selten sogar von ihnen umgebracht wurden. Ob sie es wollten oder nicht, »öffnete« bei den Nanaien oder Golden der Geist (*niokta*) den Körper der Schamanin oder des Schamanen, wenn diese nicht freiwillig den Mund öffneten, um ihn zu verschlucken, und ersetzten deren Seele (*panjan*), die sich verflüchtigte, und »beherrschten« das fremde Gehirn. Doch wenn am nächsten Morgen die Geister müde geworden und eingeschlafen waren, kehrten die Seelen der Schamanen in ihre Körper zurück. Wenn sie heilten, wurden die männlichen und weiblichen Schamanen (*namsa*) der Drung im südwestlichen China von ihren Hilfsgeistern (*nam*) kontrolliert und geleitet, die sich den Männern als berückend schöne Frauen und den Frauen in der Gestalt verführerischer Männer näherten, und auch bei den amazonischen Mahekodo-tedi waren all diejenigen, die sich mit den Blättern der Toten-geister, *bole hena*, einer Acanthacea, einrieben, einem weiblichen *hé-kula*-Geist namens Hayakowardiyoma, der von ihnen Besitz ergriff, vollkommen ausgeliefert, und er machte mit ihnen, was er wollte. Denn die Geister sind es, nicht der Schamane, die über all die Kräfte und Fähigkeiten verfügen, ohne die der Schamane keiner seiner Aufgaben bewältigen könnte. Ein Schamane der nepalesischen Gurung ist nur deshalb in der Lage, in die Oberwelt Mu gi Gompa oder in die Unter-welt Khrõ-nasa zu reisen, weil der Geist eines Ahnen in seinen Körper eingetreten ist und in diesem die Fahrt unternimmt, und ohne seine Hilfsgeister könnte kein einziger Schamane (*abayoh*) der Oya Mela-nau in Sarawak das Totenland betreten. Erst nachdem die *seva*-Geis-ter der Rentierewenken in den Großen Hinggan-Bergen Nordost-Chi-nas in den Körper des Schamanen eingedrungen sind, werden sie zu seinen Hilfsgeistern, die er als Reittiere benötigt: den Entengeist zum Überqueren eines breiten Gewässers, den Rabengeist zum Fliegen und den Elchs- oder Wolfsgeist zur schnellen Fortbewegung auf dem Land. Der *noaidi* der Lappen reiste auf dem Rücken seines fisch- oder schlan-gengestaltigen Hilfsgeistes, doch viele Schamanen, vor allem in Sibi-rien, Alaska oder Grönland, flogen oder ritten nicht selber, sondern überließen dies den Geistern, etwa bei den Tungusen und den meisten Eskimogruppen. Aus den Schamanen der Ewenki-Tungusen sprachen die *xavöne* und *etāne*, ihre Hilfsgeister, zum Beispiel der rengestaltige Kafir, die in ihrem Körper wohnten, aber auch auf andere Schamanen übergehen konnten. Diese Geister schickte der Schamane aus, doch es konnte vorkommen, daß sie sich auf ihrer Reise verirrten, worauf der Schamane versuchte, sie aus der Ferne singend auf den rechten Weg zu bringen: »Du bist jetzt im Roten Wald, siehst du, dort ist ein Baum umgestürzt, steig zum Wipfel [des neben ihm stehenden Baumes] hin-auf, und du erblickst ein kleines Flüßchen, folge seinem Lauf hinunter bis zu einem Inselchen. Hier siehst du am anderen Ufer einen Wald, durchquere ihn, und du kommst in den Schwarzen Wald, wo eine ver-lassene Wohnstätte liegt. Sieh dort nach, und schicke mir die schwarze Ente, damit sie mir berichtet, was sie gesehen hat!«[2]

Seine späteren Hilfsgeister waren es auch meistens, die einen jun-gen Mann oder eine junge Frau zum Schamanen machten, während die Betreffenden häufig wie krank oder verrückt daniederlagen. In dieser Zeit betraten zum Beispiel die Geister (*tornrait*, Sing. *tornrak*) der Kupfer-Eskimo den Körper der zukünftigen Schamanen durch den Nabel, um sich dort einzurichten und ihren Hausherren oder -frauen ihre außerordentlichen Fähigkeiten, vor allem die Gabe des »Sehens«, zu verleihen. Als die junge Iglulik-Frau Uvavnuk eines Abends im Freien die Hosen herunterließ, um zu urinieren, kam urplötzlich ein Feuerball herangeflogen und glitt durch ihre Vagina in den Körper. Gerade noch bevor sie in Ohnmacht fiel, sah sie den Geist des feurigen Objekts, der den Rumpf eines Bären und den Kopf eines Mannes besaß und der sie danach zur Schamanin ausbildete. Allein der Berggeist (*olip*) und nicht der Schamane ist bei den Baktaman im zentralen Hochland von Neuguinea imstande, die bedrohlichen Krankheitsgeister im Kampf zu besiegen und zu vertreiben, und ähnlich verhält es sich mit den Hilfsgeistern der Semelai-Seher und -Seherinnen (*sreŋ*) im südwestlichen Pahang der malaiischen Halbinsel, mit denen sie verheiratet sind, oder denen die Schamaninnen und Schamanen der Balahi im Grenzgebiet von Madhya Pradēś, Rājputānā und Uttar Pradēś, die aus deren Mund kundtun, welche Geister den Unfall oder die Krankheit verursacht haben und wie man den Zorn dieser Übeltäter besänftigen kann. Wenn schließlich der Schamane (*panyé*) der zentralbrasilianischen Kayabí mit der Heilung eines Kranken überfordert ist, ruft er den Geist (*ma'it*) eines großen Schamanen der Vergangenheit herbei, der dann in seinen Körper eintritt, mit seinem Mund redet und die Behandlung übernimmt.

Dabei darf man nicht vergessen, daß es normalerweise stets der Geist und nicht der Schamane ist, der in Trance diagnostiziert und behandelt, nachdem er vom Schamanen verschluckt worden oder durch den Nabel, die Fontanelle oder eine andere Körperöffnung in dessen Leib eingedrungen ist, ja, jede Empfindung und Gefühlsregung ist nicht die des Schamanen, sondern die des Geistes. Als sich einmal während einer Séance der Wana in Zentral-Sulawesi bei dem Schamanen für alle Anwesenden sichtbar eine Erektion abzeichnete, verließ der Geist in ihm, ein lasziver *jinnī*, in seinem Gastkörper die Veranstaltung, um eine Frau zu suchen, die ihm Abhilfe verschaffen konnte. Als aber kurz darauf ein ebenfalls anwesender Schamanen-Novize so kollabierte, daß er mit dem Kopf im Schoße eines Mädchens landete, auf das er ein Auge geworfen hatte, machte das Publikum sich über ihn lustig, und eine Frau sagte, für das Steifwerden seines Penis sei kein Geist, sondern nur er selber verantwortlich. Als andere darauf vorschlugen, man solle sein steifes Glied mit einem Hammer flach schlagen, kam der junge Mann augenblicklich wieder zu sich, was nach Meinung aller definitiv zeigte, daß er nicht besessen war.[3]

Wenn bei den Tubalaren im Altai ein Maralhirsch- oder ein Rehbock-Hilfsgeist von einem Schamanen Besitz ergriff, gebärdete sich dieser wie die genannten Tiere. Und die Schamanen der Tschuktschen, die durch Geschlechtsverkehr mit den tiergestaltigen *áyami*-Geistern die Fähigkeiten zur Ausübung ihrer Tätigkeiten erlangt hatten, durften nach der Séance keinerlei Anzeichen von Erschöpfung oder Müdigkeit zeigen, da ja nicht sie, sondern die Geister in ihrem Körper getrommelt, getanzt und gesungen hatten. Zunächst trommelte der Schamane noch selber, um die Hilfsgeister herbeizulocken, aber wenn er dabei an Geschwindigkeit zulegte und das Getrommel immer heftiger und wilder wurde, bedeutete dies, daß der Geist in ihn gefahren war und die Initiative und Kontrolle übernommen hatte. Dann veränderte sich auch der Rhythmus, und der Geist schrie hysterisch und mit einer anderen Stimme »O to, to, to, to!«, »I pi, pi, pi, pi!«, oder es kamen Tierlaute aus dem Bauch des Schamanen, die Stimmen seiner Hilfsgeister. Einige dieser Laute schienen vorerst aus der Ferne zu kommen und waren noch leise, doch dann näherten sie sich immer mehr und wurden lauter, um sich wieder zu entfernen, während wieder andere vom Zeltdach herabkamen und sich im Boden verloren. Auch die *angakkuit* der Iglulik-Eskimo auf der Melville-Halbinsel und in Baffinland riefen ihre Hilfsgeister herbei, die dann in sie einfuhren, worauf die Schamanen so sprachen und sich so benahmen wie die Geister und angeblich plötzlich auch so aussahen wie diese.[4]

Unter Ethnologen und Religionswissenschaftlern ist auch eine weitere Ansicht verbreitet, daß nämlich bei den Schamanen und Medizinmännern Nord- und Lateinamerikas eine Geisterbesessenheit so gut wie nie vorkomme, eine Behauptung, die ebenfalls unzutreffend ist. Um die Gesundheit der Kranken wiederherzustellen, riefen die Heiler der Ojibwä während der Séance mit der Rassel und einem Gesang sowie der Unterstützung durch einen Famulus, der das Tamburin schlug, die Hilfsgeister. Wenn dann die Heiler erschauerten, auf die Knie sanken und ihr ganzer Körper konvulsivisch zuckte, wußten die Anwesenden, daß die Geister in sie eingefahren waren. Der Hilfs- und Schutzgeist der Oglala, der die Lebens- und Zeugungskraft sowie die Gesundheit des Individuums bewahrte und es vor bösen Geistern behütete, trat bei dessen Geburt in den Körper, während die Lakota den *šicún* erst bei der Visionssuche (*hanblécheyapi*) erhielten. Die Hilfsgeister bei den nordkalifornischen Modoc erschienen den jungen Männern und Frauen, die sie als Schamanen auserkoren hatten, und sagten zu ihnen: »Ich will, daß du mein Dolmetscher wirst; ich werde durch dich sprechen, und wenn ich heile, möchte ich, daß du den Leuten sagst, was ich sehe und sage. Ich will, daß du mein Lied singst, wenn ich kuriere, doch du mußt sehr besonnen sein und nur das tun, was ich dir sage. Du sagst überhaupt nichts, wozu ich dich nicht anweise!« Und so beschrieben dann später die Schamanen auf Weisung der Geister während der Séance dem Publikum das, was diese auf der Reise ins »Land der Dämmerung« erlebten.

Bei den Nordwestküsten-Stämmen wie den Tlingit kamen die Geister bisweilen in die Dörfer, und wenn sie auf jemanden trafen, der »rein« war – wozu nie Frauen gehörten, die noch menstruierten – drangen sie in deren Körper ein. Der Geist (*yegi*) eines Schamanen (ʿ*ixt*) bemächtigte sich dabei stets des Körpers seines Nachfolgers oder seiner Nachfolgerin, die ihn anschließend nie mehr loswerden konnten. Allerdings war ein solcher Geist, so ein Informant, nur dazu fähig, in den Körper eines Tlingit einzutreten und nicht in den eines Weißen, »weil diese nicht an ihn glauben und keine Angst vor ihm haben«. Penetrierte er aber einen Tlingit, so wurde es dem Betreffenden schwindelig, Schaum trat vor seinen Mund, und er stürzte bewußtlos zu Boden. Wenn er aber mit der Zeit erfahrener war und die Gegenwart eines Geistes spürte, zog er eine Schamanentracht an, worauf die Anwesenden begannen, das »Geistlied« des Verstorbenen zu singen und mit dem Schlegel die Trommeln zu schlagen. In der Einsamkeit der Wildnis erhielt der künftige Schamane dann noch zusätzlich seine Hilfsgeister, die Seelen (*qwani*) des Adlers, der Eule, des Wolfs und des Bären, des Landotters, des Schwertwals, des Lachses und des Frosches. Aber nur wenn er in tiefer Trance »wie tot« am Boden lag, konnte er mit ihrem Zutun auf die Reise gehen. Die Schamanen der Quinault schickten ihre Hilfsgeister dann, wenn die Lachse ausblieben, in die Unterwelt (*schlaʿkw*), wo sie einen »Schattenlachs« stahlen, der auf der Erde dafür sorgte, daß die echten Lachse in großer Anzahl erschienen. Während dieser Reise sprachen die Geister aus dem Mund der Schamanen und beschrieben die Orte, die sie passierten, und die Gefahren, die ihnen drohten. Ganz offensichtlich war dabei die Trance der Schamanen meistens nicht allzu tief, was aus ihrem Munde kam, entsprach den konventionellen Texten, die sie gelernt hatten, und sie waren sich auch ihrer Umgebung und des Publikums weitgehend bewußt.[5]

Bei den brasilianischen Marúbo und den Yanomamö am oberen Orinoco nähern sich bisweilen einige *hékula*-Geister dem Schamanen und sagen ihm, sie bewunderten seinen Brustkorb und würden sehr gerne in ihm wohnen und seine Schutzgeister (*xapiri pë*) werden. Ist der Schamane damit einverstanden, »reißen sie«, wie einer von ihnen berichtete, »unseren Brustkorb auf und machen ihn größer, damit sie in ihm ihre Häuser bauen können«, in denen sie bis zu seinem Tod bleiben, falls der Schamane sie nicht an einen Novizen oder einen Freund verschenkt. Tagsüber schlafen die Geister in ihren Hängematten, aber nachts werden sie wach und halten ihre Tanzveranstaltungen ab, warnen aber auch den Schamanen vor jeder Gefahr, die ihm droht, vor allem vor bösen Geistern und den *hékula* feindlicher Schamanen. Neben den tiergestaltigen *hékula* wohnen auch menschliche im Brustkorb, männliche und weibliche, aus deren Vaginen leuchtende Stäbe herausragen, doch die Schamanen können ihre Geister nur sehen, wenn sie das aus der Rinde von *Virola elongata* oder *Virola calophylla* hergestellte halluzinogene Pulver Epéna geschnupft haben, das vor allem das Alkaloid Dimethyltryptamin (DMT) enthält, das ähnlich wie LSD wirkt. Mit Hilfe dieser Droge rufen die Schamanen auch die in den Bergen wohnenden *hékula* herbei, die selber erklärte »Drogen-Freaks« sind, die stets dann, wenn der Schamane berauscht ist, ebenfalls »high« werden. Allerdings sagen offenbar die heutigen Yanomamö-Schamanen, sie seien »leer«, denn die *hékula* weigerten sich, weiterhin ihre Körper zu betreten und darin zu wohnen, weil sie mit Frauen schliefen. Davor ekelten sich die Geister, was zur Folge habe, daß die gegenwärtig tätigen Schamanen nur noch »sehr wenig Macht« besäßen.

Auch die Schamanen (*nëmara*) und Schamaninnen (*nëmaratónda*) der westamazonischen Yagua besitzen jeweils drei Hilfsgeister, die in ihrem Körper wohnen und mit der »Geisterstimme« (*mbayátu nëkreta*) aus ihnen sprechen. Die Schamanen nennen ihre Geister »meine Leute« (*anihamwo*) oder »meine Söhne«, und diese sprechen die Schamanen mit »mein Vater« oder »meine Mutter« an. Ohne ihre »Söhne« sind die Schamanen machtlos, »leer«, »entblößt«, das heißt allen Gefahren hilflos ausgeliefert, oder »tot« (*ndeñu*), aber wenn sie von ihnen besessen sind, können sie Kranke heilen und in weite Ferne oder durch die verschiedenen Schichten des Universums reisen. Auch die Schamanen (*pi'oxonaq*) der Toba im argentinischen Chaco besitzen Hilfsgeister (*nattac*), die bisweilen ihre Körper verlassen und auf ihre Veranlassung hin in Gestalt von Vögeln, Iguanas, Schlangen oder Spinnen Menschen töten, wohingegen die Hilfsgeister (*pillan*) der Schamaninnen (*machi*) der araukanischen Mapuche – die wenigen männlichen Schamanen waren ausnahmslos Schwuchteln – auch für ihre Besitzerinnen (und Besitzer) lebensgefährlich waren. Wenn die Schamanen der ecuadorianischen Jívaro genügend Tabak und *natemä* (*Banisteriopsis caapi*), die »Liane des Todes«, zu sich genommen hatten, warteten sie darauf, daß ein Hilfsgeist (*pasuk*) oder gleich mehrere in ihren Körper eintraten. So wurde ein junger Mann auf der Visionssuche vom *arutam*-Geist eines seiner Ahnen, der ihm in der Dunkelheit erschien, angesprochen, der sogleich in seinem Brustkorb seine Wohnstätte einrichtete. Kaum fühlte der Junge, daß der Geist in ihn eindrang, spürte er, wie eine Kraft sich in seinem Leib ausbreitete, geistig und körperlich, und sein Selbstvertrauen wuchs. War die Besessenheit bei den Jívaro also günstig und verheißungsvoll, so verhielt sich dies bei den Coyaima und Natagima im kolumbianischen Tiefland ganz anders. Wenn sich nämlich bei ihnen eine Frau oder ein Mann ungewöhnlich aggressiv oder schamlos verhielten, indem sie zum Beispiel in der Öffentlichkeit ihre Genitalien zur Schau stellten, ging man davon aus, daß die Betreffenden entweder von der Seele eines Verstorbenen, von einem Waldgeist oder vom Geist des Donners besessen waren.

In einer alten Quelle heißt es von den Kariben der Antillas Mayores, daß die Totengeister »große Gemeinschaft mit den Weibern« hätten »vnnd bey jhnen in den Betthern ligen […] vnnd stellten sich als wolten sie mit den Weibern eyn Beyschlaff halten / wann es aber zum Werck kompt / verschwinden sie urplötzlich vor Angesicht der Augen« der aufwachenden Frauen. Von anderen Geistern wird indes berichtet, daß sie »unzüchtige werck gleich wie die Satyri oder Nachtgeister mit ihnen begangen« und sogar die Frauen dabei geschwängert hätten, während wiederum andere den Schamanen als Hilfsgeister dienten. Solche Geister (*hiyuruha*) ergreifen noch heute Besitz von den Schamanen (*būyeis*) der Garifuna oder Schwarzen Kariben, die aber auch unabhängig von ihnen ihren Körper verlassen und in Trance die Geisterwelt aufsuchen können.[6]

§ 27
Channeling, Walk-Ins und die Existenz der Geister

Die große Mehrheit der vor allem in den angelsächsischen Ländern, namentlich in Nordamerika verbreiteten Channel sind jüngere und Frauen mittleren Alters, und die Geister oder »Energien«, die sie channeln, sind überwiegend männlich oder zumindest androgyn, »clear male energies«, wie ein Channel es mit Entschiedenheit ausdrückte. Wie die Vertreter von Pfingst- und Charismatischen Religionen mögen auch viele Channel es nicht, wenn man sagt, sie seien von bestimmten Entitäten »besessen«, sondern sprechen selber von »blending«, was soviel wie »miteinander verschmelzen« bedeutet, weil sie sich von dem Wesen, das sie channeln, nicht entmachtet oder beherrscht fühlen, wobei es allerdings bei der Besessenheit ebenso wie beim Channeling nicht nur die verschiedenartigsten Grade von Trance gibt, sondern auch einen Normalzustand, in dem das Channel etwas abliest oder gesagt bzw. diktiert bekommt, wobei manche Channel das Wesen, mit dem sie in Kontakt treten, sogar »sehen«. Ja, die meisten Channel scheinen weltweit so etwas wie Simultandolmetscher zu sein, die das, was das jeweilige Wesen ihnen mitteilt, in eigenen Worten wiederholen. Alexa Kriele, die sich »Engel-Dolmetscherin« nennt, »schließt«, wie ihr Mann, ein emeritierter Jura-Professor mitteilt, »die Augen, versenkt sich in Ruhe, spricht still das Vaterunser, das Ave Maria und eine Reihe weiterer Gebete, um jeden störenden Einfluß nichtlichter Wesen auszuschließen. Alsdann wird ihr Elion wahrnehmbar, ein Engel des Vaters. Seine Darlegungen spricht Alexa anschließend wie eine Simultandolmetscherin laut nach.« Und sie selber fügte hinzu: »Ich übersetze das innen gehörte Wort in für den Besucher hörbare Sprache. Eigentlich ist es kein inneres Wort, sondern eine Information, die von mir in Worte zu kleiden ist.« Auf dieselbe Weise wiederholt sie in ihren Worten alle Nachrichten, die sie von Elfen, Feen und anderen Naturgeistern erhält. Manche Channel sagen, daß sie von dem, was sie channeln, in diesem Augenblick überhaupt nichts mitbekommen und es erst dann erfahren, wenn ein während des Channelings aufgenommenes Tonband oder Video ihnen vorgespielt bzw. gezeigt wird. Andere berichten hingegen, sie hätten beim Channeling euphorische Gefühle, und wieder andere kommen sich vor, als bestünden sie aus »schmelzender Butter«, aber insgesamt überwiegen jedoch diejenigen, die sich ihrer Umgebung zumindest »halbbewußt« sind. Im Verlauf ihrer täglichen Meditationen spürte das Channel Anna Swenson die »Präsenz« von Geistern, die sie »The Wise Ones« nannte, was sie wie folgt kommentierte: »Wenn die Energie über mich kommt, bewegen sich meine Gesichtsmuskeln. Es ist wie ein Ziehen in meiner Kehle und ein Druck auf meinem Solarplexus. Die Energie ist jedoch immer wunderbar und friedlich.«

Im Gegensatz zu den früheren Spiritisten und Geistermedien erhalten die heutigen Channel so gut wie nie Botschaften verstorbener Verwandter und Bekannter – weder von ihnen selbst nahestehenden Personen noch von Angehörigen der Menschen im Publikum –, sondern die von Übermenschen vergangener Zeiten, Geistern von Felsen, Bäumen und Tieren, oder von Personen aus der Zukunft, die vor einem bevorstehenden Völkermord warnen, dem Milliarden von Menschen zum Opfer fallen werden, so das Channel Nancy Graham. Ein englisches Medium channelt regelmäßig Adolf Hitler aus dem Totenreich, vor allem amerikanische Medien Delphine, von denen manche New-Ager behaupten, sie seien Aliens von einem Planeten im Doppelsternsystem Sirius (vgl. § 20). Rekordverdächtig ist in dieser Hinsicht das wohl bekannteste japanische Channel, Ryūhō Ōkawa, der Gründer der neureligiösen Bewegung Kōfuku no kagaku (»Verband der Wissenschaft vom Glücklichsein«), der im Jahre 1981 durch »automatisches Schreiben« seinen ersten Kontakt mit der Geisterwelt (*reikai*) hatte und in den Folgejahren etwa 150 Bücher herausgab, die seiner Hand von Buddha, Jesus, Swedenborg, Picasso und vielen anderen verstorbenen Berühmtheiten diktiert worden sein sollen, während er selber sich angeblich in einer tiefen Trance befunden habe. Später hörte und channelte er auch Lao-tse, Konfuzius, Moses, den ägyptischen Gott Amūn, die japanische Göttin Amaterasu sowie die »Geistoffenbarungen« (*reijishu*) von Gandhi, Abraham Lincoln, Nostradamus, Nichiren, Sokrates und zahllosen weiteren Geistesgrößen, die alle zunächst in ihrer Muttersprache, aber dann auf seine Bitte hin japanisch mit ihm redeten.[1]

Viele Medien sagen aber auch, daß sie keine identifizierbaren Personen channeln, sondern eine »Energie«, die sie aber dann, wie es allgemein in esoterischen oder »spirituellen« Szenen üblich ist, doch wie materielle Objekte oder denkende Wesen beschreiben. »Je mehr Sie in der Lage sind«, so rät die amerikanische »Rebirtherin« Rhea Powers, »Ihr Ego oder Ihre Persönlichkeit beiseite zu lassen, um so höher ist auch die Energie, die durchkommen kann.« (Das Rebirthing versteht sich als eine alternative Heilmethode, die annimmt, dass das Trauma der Geburt der Ursprung von späteren psychischen und physischen Leiden sei, was nur mittels einer bestimmten Atemtechnik überwunden werden könne.)

Doch Energie ist kein Stoff, keine Entität, die denken, handeln oder etwas tun kann, sondern einfach nur die Fähigkeit einer Entität, Kraft auszuüben, etwa durch Erwärmung die molekulare Bewegung materieller Gegenstände zu verändern. Deshalb könnte man zwar sagen, daß ein persönlicher Gott Energie besitzt, aber es ist ohne Sinn, einen solchen Gott, wie es heute die meisten Esoteriker tun, durch eine »universelle Energie« zu ersetzen.[2]

Wie die erste international bekannte Channeling-Protagonistin, die Science-Fiction-Autorin Jane Roberts, bekanntgab, wurde sie eines schönen Tages im Jahre 1963 urplötzlich von einer Lawine »radikaler neuer Ideen« von »gewaltiger Kraft« überrollt, die ihr Gehirn füllten, während ihre Hände diese Ideen völlig unabhängig von ihrem Willen und ihrem Denken niederschrieben. Als sie wieder zu sich kam, habe vor ihr das Manuskript eines Buches mit dem Titel *The Physical Universe as Idea Construction* gelegen, eine der »Kernweisheiten« der späteren New-Age-Bewegung. Erst einige Zeit danach habe sich über das Ouija-Brett ein männliches Wesen namens Seth gemeldet, das sich als »personality without a body« bezeichnete und alsbald von ihrem Körper Besitz ergriffen haben soll. Jedesmal wenn sie von da an von Seth besessen war, benahm sich Roberts wie ein Mann, und ihre Stimme wurde sehr viel tiefer als gewöhnlich, denn es war jetzt Seth, der sich ihres Körpers und ihrer Zunge bediente. Währenddessen, so sagte sie, begebe sich ihr eigenes Bewußtsein weit weg und beobachte beispielsweise, was sich in einer viereinhalbtausend Kilometer entfernten Stadt abspiele. So sei einmal ihr Bewußtsein in Puerto Rico in einem Taxi gesessen, das dermaßen schnell in eine Kurve fuhr, daß ihr »Bewußtsein in die Ecke des Sitzes geworfen wurde«. Zwar wurde Roberts zeitlebens den Gedanken nicht los, daß der außer- und überirdische Seth ein Aspekt oder eine Abspaltung ihrer eigenen Psyche sein könnte, doch wie sie treuherzig berichtete, zerstreute Seth jedesmal ihre Zweifel, indem er ihr versicherte, »daß er keine Zweit- oder Spaltpersönlichkeit« sei.

An Popularität wurde Roberts bald von Judith Zebra Knight über- troffen, die, wie viele »Multiple«, als Mädchen mehrfach von ihrem Stiefvater vergewaltigt worden war und die in jungen Jahren mehrere unglückliche Ehen hinter sich gebracht hatte – ihr zweiter Mann war beispielsweise ein Homosexueller, der sie finanziell ausbeutete und menschlich und natürlich auch sexuell an ihr völlig desinteressiert war. Knight war das Medium des Kriegers Ramtha, der aus Lemuria nach Atlantis geflohen sei, als es unterging, also auf den sagenhaften Kon- tinent, von dem es bereits in den dreißiger Jahren des vergangenen Jahrhunderts in okkulten Kreisen hieß, er habe eine Zivilisation her- vorgebracht, die nicht nur spirituell, sondern auch technologisch so weit entwickelt war, daß sie intergalaktische Reisen unternehmen konn- te. In Atlantis habe Ramtha unmittelbar vor dessen Untergang vor 35 000 Jahren als Söldner in der größten Hafenstadt des Landes gelebt, was die Schauspielerin Shirley MacLane bestätigte, die nämlich nach eigener Aussage damals dort Ramthas Schwester war. Knight behaup- tete, sie sei »schon tausendmal physisch gestorben«, das heißt, sie habe ihren Körper verlassen und sich in eine »Sphäre des Lichtes« außer- halb von Raum und Zeit begeben, damit Ramtha ihren Leib für die Überbringung seiner Botschaften benutzen konnte – bereits als sie zum allerersten Mal den Lemurier channelte, habe sie eine Nahtod-Er- fahrung gemacht: »Einen kurzen Augenblick lang fühlte ich, daß eine große Hand gekommen war und mich aus meinem Körper riß. Ich er- innere mich vage, daß ich den Raum von der Decke aus sah. [...] Alles und jedes schien erstarrt. Ich schaute hinunter und sah meinen Kopf von oben. Von meinem schönen Haar ging ein Licht aus, etwas wie ein leuchtendes, goldenes, weißes Licht.« Nach und nach sah sie »am En- de eines Tunnels«, der sich vor ihr öffnete, ebenfalls ein »leuchtend weißes Licht«, in das sie »hineingezogen wurde«. Tatsächlich fand zu- mindest manchmal, wenn sie Ramtha channelte, der sich seit dem Un- tergang von Atlantis »auf einer anderen Seinsebene« befinde – was immer das sein mag –, eine Dissoziation statt, denn Ärzte stellten fest, daß dann ihre Herzfrequenz drastisch sank und die galvanische Hautreaktion, das heißt die elektrische Leitfähigkeit der Haut, sich veränderte. Nur wenn Ramtha sich zum Beispiel in ihrer Küche »materialisiere«, so Knight, um Geschirr zu spülen, oder im Schlafzimmer, um die Betten zu machen, bleibe sie in ihrem Körper, weil Ramtha ihn seltsamerweise dazu nicht benötige.

Obgleich Ramtha ein Lemurier war, sprach er perfektes modernes Englisch mit britischem Akzent und benutzte eigenartigerweise Ausdrücke, die es erst seit wenigen Jahrzehnten gab, aber schwer angeschlagen wurde die Glaubwürdigkeit Knights erst durch einen ihrer früheren Assistenten, der glaubhaft versicherte, er habe einmal beobachtet, wie Knight zigaretterauchend die Stimme und die Gestikulation Ramthas übte, und zwar ohne sich in Trance zu befinden. Auch die anderen gechannelten außer- oder überirdischen Personen sprechen oft mit einem »gemachten« Akzent, das heißt, sie imitieren sehr laienhaft andere Dialekte oder Sprachen, etwa das englische Channel Rosemary, aus deren Mund angeblich eine Tempeltänzerin aus der Regierungszeit Amenophis III. auf altägyptisch redete, wie ein vermeintlicher Fachmann behauptete, was sich aber als undefinierbares Kauderwelsch herausstellte. In einem anderen Fall stellten Linguisten fest, daß der von dem Medium Lea Schultz aus Kentucky gechannelte Samuel, der im 13. Jahrhundert auf der an der Westseite des Firth of Clyde liegenden Insel Arran gelebt haben soll, weder normannisch noch schottisches Englisch oder Gälisch aus mittelalterlicher oder irgendeiner anderen Zeit sprach.

Für gewöhnlich leben die gechannelten Personen oder Entitäten außerhalb der Welt oder in weit entfernten, für uns unerreichbaren Galaxien. Ein britisches Medium channelte jedoch einen gewissen Gordon Davis, der angeblich erst kürzlich verstorben war. Durch das Channel erläuterte Davis die Umstände seines Todes in der für ihn charakteristischen Stimme, was Leute, die ihn gekannt hatten, bestätigten. Dies beeindruckte Beobachter tief, bis letztendlich jedoch herauskam, daß Davis ein Immobilienmakler war, der zum Zeitpunkt der Séance gerade einem Kunden ein Grundstück verkaufte.[3]

Noch verdächtiger ist indessen die Tatsache, daß insbesondere die von den amerikanischen Medien gechannelten Außerirdischen genau die Lehre propagieren, die in der zeitgenössischen New-Age-Bewegung von tausend Dächern gepfiffen wird, nämlich in den Worten Carlos Castañedas: »Nothing is real, so you can do whatever you want!« »In Wirklichkeit«, so verlautete Seth, »projiziert ihr aus eigener Energie die materielle Erscheinungswelt«, was bedeute, daß alle Dinge auf der Welt unsere in Materie verwandelten Gedanken seien – auch unseren Körper hätten wir durch unser Denken geschaffen, wie alles andere sei er nur ein »Gedankending«. In der New-Age-Gruppierung »A Course in Miracle« ist es Jesus Christus, der die frohe Botschaft verkündet, daß die Welt, die wir wahrzunehmen glauben, gar nicht real ist, und auch im Zentrum von Ramthas Offenbarungen steht die Doktrin, die Realität sei nichts mehr als die Projektion unseres Bewußtseins, eine Anschauung, die in der Behauptung kulminiert: Was Gott konnte, nämlich die Welt erschaffen, das können wir Menschen auch, was Ramtha durch ein Channel in einem im Jahre 2004 gedrehten Film mit dem Bild veranschaulichte, jeder könne ganze Welten hervorbringen, ebenso wie ein Mann, der nur durch seine sexuellen Phantasien seinen Penis steif werden lasse. So faßte eine Frau, die an den Kursen in Knights »Ramthas School of Enlightenment« auf ihrer Ranch in Yelm im Staate Washington teilgenommen hatte, als Quintessenz dessen, was sie darin gelernt hatte, zusammen: »I know that I am God and I can do and be anything!«, nachdem sie von Ramtha belehrt worden war: »Everyone is right, because everyone is a god who has the freedom to create his own truth.«

Ein bekanntes israelisches Channel bleute ihren Kursteilnehmern immer wieder ein, Grundbedingung für ein erfolgreiches Channeling sei, aufzuhören, daran zu zweifeln, daß die Botschaften wirklich von Geistern stammten, die mit uns kommunizieren wollten. Eine finnische Engelsheilerin bemerkte, sie wolle nicht allzuviel darüber nachdenken, ob die Heilkraft, die sie beim Channeln fühle, nun aus ihr selber oder von den Engeln herrühre: »Ich habe jetzt mit dem ganzen Denken darüber aufgehört, denn das Denken kann dazu führen, daß das Channeling nicht mehr funktioniert!« Emmanuel, die Entität des Channels Pat Radagast, sagte durch sie, in Wirklichkeit komme es überhaupt nicht darauf an, ob er ein selbständiges Wesen oder ein »tieferer Teil« ihrer selbst sei – von Wichtigkeit sei lediglich »die Wahrheit und die intuitive Gültigkeit« dessen, was er der Menschheit verkünde. Die bereits erwähnte »Rebirtherin« Rhea Powers, die einen »Meister« der »Weißen Bruderschaft« Blavatskys (siehe § 29) channelte, übernahm von ihm die Erkenntnis, »letztendlich« seien ja alle Menschen und Geistwesen »eins«, weshalb jedes Channel im Grunde nur sich selber channele.[4]

Inzwischen bezeichnen sich viele Channel, nach Insider-Schätzungen weltweit mehr als eine Million, als »Walk-Ins«, »Blends« oder »Star People«, das heißt als Außerirdische, die entweder mit oder ohne Zustimmung eines Menschen dessen Körper »übernommen« haben, wobei in letzterem Falle die Betreffenden meist erst durch eine Begegnung mit Aliens ihre wahre Identität erfahren. Wie eine kalifornische Engeltherapeutin erklärt, nähmen die Engel im ersten Fall mit depressiven oder suizidären Personen, meist Frauen, telepathisch oder im Traum Kontakt auf und fragten sie, ob sie damit einverstanden seien, in den Himmel zurückzukehren und ihnen ihren Körper zu überlassen: »Das Walk-In übernimmt die Erinnerungen des Walk-Out und ist sich möglicherweise gar nicht bewußt, daß er oder sie ein Walk-In ist. Andere bemerken jedoch bei den Betreffenden drastische Veränderungen der Persönlichkeit, einen grundverschiedenen Lebensstil oder eine Vornamensänderung, weil sie den des Walk-Outs nicht mochten.« Wenn man selber den Verdacht hegt, ein inkarnierter Engel zu sein, rät die Therapeutin, solle man vor dem Schlafengehen sein »höheres Selbst« fragen, wer es in Wirklichkeit sei, oder diese Frage auf einen Zettel schreiben und ihn unter das Kopfkissen legen. Dann werde man meist in einem Luziden Traum aufgeklärt.

Nach Auskunft der New-Age-Sensitiven Ruth Montgomery werden die Seelen Lebensmüder zu einem riesigen Raumschiff geschickt, das um die Erde kreist, während Aliens in deren Körper ein neues Zeitalter (»New Age«) und eine bessere Welt schaffen. Doch laut der Auratherapeutin und ihrem Vorbild, der bereits erwähnten Rhea Powers, gibt es auch Seelen von Menschen, die ihren Tod nicht akzeptiert haben und sich ohne Zustimmung eines »Wirtes« in diesem niederlassen, etwa wenn er bewußtlos, narkotisiert oder bekifft ist. Mittels einer »Säuberung« (*clearing*) der Aura betroffener Personen versucht dann die Therapeutin, solche in den Körper eingedrungenen Seelen zu einem »Heimgang ins Licht« zu bewegen. In den 1950er Jahren behauptete ein gewisser Harold Menger, der schon als Kind Halluzinationen hatte, die er später als »flashbacks« seines Lebens in einer anderen Welt interpretierte, er sei in Wirklichkeit ein spiritueller Lehrer vom Planeten Saturn, und als er eine junge Frau kennenlernte, war ihm auf den ersten Blick klar, daß sie die Venusianerin war, in die er sich einst auf ihrem Heimatplaneten verliebt hatte. Nach einer Nahtod-Erfahrung während der Geburt ihres Kindes verkündete die New-Age-Ideologin Carol Parrish-Harra, sie sei nicht diejenige, in deren Körper sie jetzt wohne, sondern ein extraterrestrisches Walk-In, das der Menschheit beibringe, was sie tun müsse, damit die Erde nicht untergehe. Und der bekannte Delphinforscher und New-Age-Protagonist John Lilly tat trockenen Auges kund: »Ich bin nur ein Außerirdischer, der auf die Erde gekommen ist, um einen menschlichen Körper zu bewohnen. Jedesmal, wenn ich diesen Körper verlasse und in meine eigene Zivilisation zurückgehe, erweitere ich mich auf eine Weise, die jenseits menschlicher Vorstellungskraft liegt. Wenn ich dann zur Erde zurück muß, werde ich in das borniierte menschliche Wesen, in ein unvollkommenes Vehikel gequetscht.«[5]

Wie an so manchem Channel oder Walk-In bisweilen der Zweifel nagt, ob tatsächlich Geister oder Außerirdische in ihren Körper eingedrungen sind und von ihm Besitz ergriffen haben, und sie zumindest den ketzerischen Gedanken zulassen, daß sie sich all das nur einbilden, findet man solche Bedenken mitunter auch bei Medien in anderen Kulturen. So gab ein Medium der Umbanda zu, manchmal habe sie Angst davor, daß die Person, die in ihrem Kopf spreche, sie selber sei, und ein anderes Medium desselben Kultes in São Paulo war in dieser Hinsicht ebenfalls hin- und hergerissen: Einerseits wisse sie, daß die Besitzergreifung durch einen Geist nur ein Phantasiegebilde sei, aber andererseits sei sie sich dessen dann doch nicht so sicher und halte die Besessenheit durch Geister für möglich. Dieselbe Ambivalenz kennzeichnet die Haltung eines amerikanischen Ethnologen, der auf der einen Seite das starke Bedürfnis verspürte, die Geistervorstellungen der Toba Batak auf der indonesischen Samosir-Insel »zu respektieren«, andererseits aber davon überzeugt war, daß es in Wirklichkeit keine Geister gebe. Auch er löste dieses Dilemma zumindest temporär, indem er sich während seiner Feldforschung in Sumatra dazu entschloß, mit beiden Möglichkeiten zu rechnen. Viele Ethnologen, die ich persönlich kannte oder kenne, haben mir im Verlauf der letzten Jahrzehnte erzählt, sie hätten *während* ihrer Feldforschungen unter dem Einfluß der unvertrauten Umgebung und der fremden Menschen an die Existenz solcher Geister geglaubt, aber nach ihrer Rückkehr in die westliche Zivilisation sei dieser Glaube verblaßt und schließlich verschwunden. So scheint es auch keinem Geringeren als Bronislaw Malinowski gegangen zu sein, wie aus einer Eintragung in sein Tagebuch während seines Aufenthaltes auf den Trobriand-Inseln hervorgeht: »Evening walk: Mastering my fear of the dark. I walked through a kind of tunnel formed by lighted foliage against a dark background. The feeling that figures were peeping out at me, almost touching me for a specific purpose. Discovery that under certain circumstances it is easier to succumb to ›emotional beliefs‹ than to resist them. It's simply the line of least resistance. I accept these things as real and innocuous hobgoblins rather than as ›realities (physical) that act on my nerves‹.«

Nicht wenige Ethnologen, die mir begegnet sind, waren indessen auch nach ihren Feldaufenthalten der festen Überzeugung, daß es Besessenheits- und andere Geister wirklich gibt, so der Cheyenne-Ethnologe Karl Schlesier oder die bereits mehrfach erwähnte Tranceforscherin Felicitas Goodman, die auf die Frage, ob es »Dämonen und andere Geister« gebe, die von Menschen Besitz ergreifen, mit dem Standard-»Argument« aller Theologen, Esoteriker und Spiritisten antwortete, nämlich, daß ja niemand beweisen könne, daß es *kein* »fremdes Wesen« gebe, das in den Körper eines Mediums eindringe. Freilich ist eine solche Forderung Unsinn, denn wenn zum Beispiel jemand behauptet, ein Planet im Sonnensystem Alpha Centauri bestehe aus Himbeersirup, muß der Betreffende beweisen, daß dies der Fall ist und nicht der Zweifler das Gegenteil.[6]

Wenn der oben angeführte amerikanische Ethnologe das Verlangen verspürte, die fremde Kultur »zu respektieren«, indem er sich ihren Geisterglauben zu eigen machte, war auch Goodman der Überzeugung, daß es »unsere Pflicht« sei, »den Erfahrungen anderer mit Respekt zu begegnen«. Aber es geht ja nicht um Erfahrungen und Erlebnisse, sondern um deren Interpretation, um die Erkenntnis dessen, was solche Erlebnisse bedeuten, wobei Goodman offenbar beides miteinander identifizierte, als sie schrieb: »Das echte Bedürfnis […] ist das Bedürfnis *zu wissen, das heißt zu erleben.* Es ist das Bedürfnis nach *religiösem* Erleben.« Auch der Ethnologe Christian Rätsch meint, was

Schamanismus sei, könne man »nicht intellektuell verstehen«, sondern nur »erleben. Man muß Ayahuasca trinken, [...] DMT rauchen, LSD schlucken«, und er teilt mit, »eine der wichtigsten Lehren«, die ihm ein mexikanischer Nahua vermittelte, habe gelautet: »Denken ist ein Krankheitssymptom«, womit Rätsch allerdings lediglich dokumentiert, daß er an dieser Krankheit nicht zu leiden scheint.

Ein anderer Ethnologe kam auf Grund von Halluzinationen, die er während seines Aufenthaltes bei den ghanaischen Sisala hatte, zur Ansicht, daß die Wissenschaft nicht imstande sei, solche Erlebnisse zu erklären, sondern die Wirklichkeit »is relative to one's consciousness of it« (was ihm auch Seth oder Ramtha gesagt hätten), und eine seiner frauenbewegten Kolleginnen fragt, ob es denn nicht sein könne, daß männliche Ethnologen sich so intensiv um die Bewahrung ihrer Ichgrenzen kümmerten, daß ihnen die Möglichkeit einer ganz normalen Verschmelzung eines Menschen mit einer andersartigen Entität gar nicht erst in den Sinn komme. Sie selber als Frau wisse jedoch: »Während der Besessenheitstrance sind der Gott, der Geist oder der Ahne tatsächlich präsent – inkarniert und fähig, mit ihren Verehrerinnen in einen Dialog zu treten.« Allerdings scheint selbst in Kalifornien die Mehrheit der Ethnologen und Religionswissenschaftler die Frage, ob es denn wirklich Geister gibt, von denen Menschen besessen werden können, auszuklammern – vermutlich in vielen Fällen deshalb, weil sie befürchten, von den dem Zeitgeist Verhafteten für ethnozentrisch und »vernunftgläubig« gehalten zu werden, was inzwischen auch in manchen »wissenschaftlichen« Kreisen nicht als sehr schmeichelhaft gilt.

Was es in Wirklichkeit mit der Besessenheit durch einen Geist oder dem Erscheinen von Geistern und vergleichbaren Entitäten aus der Unterwelt oder anderen »Seinsbereichen« auf sich hat, demonstrierte bereits vor nahezu hundert Jahren der Mathematiker und Parapsychologe Samuel Soal, der in einer Séance das bekannte Medium Blanche Cooper bat, einen guten Bekannten von ihm, den unter den Anwesenden nur er kannte, aus dem Totenreich herbeizurufen, denn er sei im Ersten Weltkrieg gefallen, was allerdings nicht stimmte, denn er erfreute sich zur selben Zeit bester Gesundheit. In der Tat zeigte kurz danach das Medium an, daß der »Tote« im Begriff war, von ihr Besitz zu ergreifen, worauf er auf die für ihn charakteristische Weise mit seinem typischen Akzent aus ihrem Mund sprach, was Soal sich nur damit erklären konnte, daß Blanche ihn unbewußt telepathisch »angezapft« hatte.[7]

Ist aber die Vorstellung, der Geist eines Verstorbenen könne ohne dessen Körper weiterexistieren und in den Körper eines Lebenden eindringen, um von ihm Besitz zu ergreifen, überhaupt sinnvoll? Ich will diese Frage hier nur streifen, weil ich sie in meinem Buch über Nahtod-Erfahrungen und Seelenreisen ausführlich behandelt habe,[8] und nur darauf hinweisen, daß Wittgenstein immer wieder mit Recht beklagt hat, die Sprache verführe uns dazu, zu denken, daß ein Substantiv immer ein »Ding« oder eine »Substanz« bezeichne. So bezieht sich das Substantiv »Geist« nicht auf eine Entität im Sinne eines stofflichen oder »nicht-stofflichen« Gegenstandes, der sich zum Beispiel räumlich bewegen kann, sondern auf eine Fähigkeit, die gewisse Wesen, nämlich Personen, besitzen und andere, etwa eine Waschmaschine, nicht. Personen sehen, hören, denken, haben Schmerzen usw., aber sie bestehen nicht aus einer Kombination von Körpern und einer völlig anderen Entität, nämlich Geist oder Bewußtsein. Wenn jemand sagt, ein Geist sei eine körperlose Person, die denken, sich hin und her bewegen, zum Beispiel einen Menschen penetrieren und sogar Geschlechtsverkehr mit ihm haben könne, dann hypostasiert er Fähigkeiten und Eigenschaften von Menschen zu einem eigenständigen Wesen, zu einem Ding, auch wenn er betont, daß dieses Ding »immateriell« sei, eine Art »gasförmiges Wirbeltier«, wie Voltaire einmal Gott genannt hat.

Im Grunde glaubt er nichts anderes als der Exorzist der Sikh im Punjāb, der einen Besessenen schlägt, damit der Geist, der sich in ihm befindet, in eine leere Glasflasche fährt, deren Hals er ihm in den Mund gesteckt hat, und die er dann verkorkt und anschließend an einen schweren Gegenstand gebunden in einen Entwässerungskanal wirft, nichts anderes als die Schamanen der östlichen Schoschonen, die ihre Kraft und ihr Vermögen durch Anhusten auf andere Menschen übertrugen, oder die nepalesischen Gurung, die den Geist in irgendein Bildnis bannen, das sie entweder mit Pfeilen beschießen oder von einer Klippe in den Abgrund stoßen. Auch für westliche Esoteriker sind psychische Phänomene quasimateriell, zum Beispiel für das Engelsmedium, das während der Heilbehandlung die Hintertür ihres Hauses öffnet, um schlechte Gedanken und Schuldgefühle ihrer Patienten hinauszutreiben, indem sie »Cleaning and clearing, out of my house!« zu ihnen sagt.[9]

§ 28
»Das war nicht ich!« Automatisches Schreiben und Fremdgesteuertwerden

Wenn die westfälische Dichterin Annette von Droste-Hülshoff in einem Brief bekannte, sie habe ihre im Jahre 1837 begonnene Novelle »Die Judenbuche« von einem ihr in einem »Traume« erschienenen Text »vollständig abgeschrieben«, so brachte sie damit zum Ausdruck, daß es ihr ebenso erging wie zahlreichen anderen Schriftstellern, Malern, Komponisten, Propheten, Predigern etc., die davon überzeugt waren, sie seien gar nicht die Urheber ihrer Werke. Mozart zum Beispiel behauptete, er sehe seine Kompositionen bereits vollendet vor sich und schreibe sie lediglich ab, und von dem im Jahre 1978 gestorbenen Bildhauer und Maler Pietro Montana ist überliefert, er habe seine Werke, bevor er sie schuf, ganz deutlich vor seinen Augen gesehen und sie dann einfach nachgemalt oder -gebildet. Wenn die »Schlafpredigerin« Karolina Utriainen im ostfinnischen Savolaks predigte, las sie aus einem für die Gläubigen unsichtbaren Buch mit goldenen Lettern vor und blätterte ab und zu die Seiten um. Dabei befand sie sich ebenso wie ihre Kollegin Helena Konttinen in einer tiefen Trance, während der letztere auf einem roten Teppich vor dem Thron Gottes stand und Jesus segnend seine Hand auf sie legte. Vom Himmel aus sah sie unterdessen weit unten auf der Erde ihren Körper und einzelne Gemeindemitglieder, die sich in ihrer Nähe befanden. Der Erzengel Gabriel ließ sie dann aus einem riesigen Buch ihre Predigt ablesen, und ein anderer Engel legte schließlich seine Hand unter ihre linke Brust und glättete mit der anderen die Arterien ihrer Arme, um ihr die Kraft zu verleihen, in ihren Körper zurückzukehren, was die versammelten Gläubigen daran erkannten, daß ihr gesamter Leib spasmisch zuckte.

Andere, wie einige Verfasser von New-Age-Bestsellern, behaupten, ihre Bücher seien ihnen von jenseitigen Personen diktiert worden, so bereits William Blake, der die Mitteilung machte, Erzengel hätten ihm nicht nur seine Gedichte vorgesagt, sondern auch die Themen und die Weise der Ausführung seiner Bilder vorgegeben. Der schottische Schriftsteller Robert Louis Stevenson, der Autor der Erzählung *The Strange Case of Dr. Jekyll and Mr. Hyde* (1886), pflegte sich nicht nur mit kleinen unsichtbaren Leuten zu unterhalten, die er »Brownies« nannte und die sich für ihn Geschichten ausdachten, die er anschließend niederschrieb. Vielmehr sagte er, einige seiner besten Schriften handelten von Personen, die er nicht erfunden habe, sondern die ein von ihm unabhängiges Dasein führten. Einmal träumte er die Szene, in der sich Jekyll zum ersten Mal in Hyde verwandelt, und dabei schrie er so laut, daß seine Frau ihn aufweckte. In den folgenden drei Tagen schrieb er den Traum wie im Fieber nieder und las den Text seiner Frau laut vor. Da sie aber nicht gerade begeistert darauf reagierte, warf er das Geschriebene ins Feuer und stellte eine revidierte Fassung her, in der Jekyll sagt: »Der Mensch ist nicht wirklich ein einzelner, sondern zwei. Ich wage die Vermutung, daß sich vom Menschen letzten Endes herausstellt, daß er lediglich ein Gemeinwesen (*polity*) von vielfältigen, wenig zueinander passenden und voneinander unabhängigen Bürgern ist.« Nach seiner Überzeugung *schuf* die Droge nicht Hyde, sondern schwächte nur die Integrationsmechanismen, durch die die klaffenden Risse in jeder Person zugespachtelt werden.[1]

Um die Mitte des 19. Jahrhunderts hatte die spätere Visionärin Anna Kingsford ständig das Gefühl, die phantastischen Geschichten, die sie erzählte, stammten nicht von ihr, sondern kämen »ready-made« von außen in ihr Bewußtsein, und ihr nachmaliger Lebensgefährte Edward Maitland berichtete: »Es fiel mir immer wieder auf, wie sehr sie ihren Ideen ausgesetzt war: Sie war von ihnen besessen und konnte nicht frei über sie verfügen oder sie kontrollieren.« Gegen Ende desselben Jahrhunderts bekannte die Berliner Journalistin und Dichterin Clara Eysell-Kilburger, sie habe unablässig das starke Gefühl, sie sei fest im Griff einer männlichen Intelligenz, die ihre eigenen kreativen Impulse durch sie, Clara, hindurchleite.[2] Ähnliche Empfindungen haben nicht selten Musiker, so der bekannte Rock-Drummer Ginger Baker, der in einem Interview sagte: »Es passiert recht oft, daß ich das Gefühl habe, nicht ich spiele mein Instrument, sondern ›irgend etwas‹ tut das, und dasselbe ›Etwas‹ spielt auch alle anderen Instrumente unserer Band. Es ist manchmal angsterregend!« und »Man spielt nicht sein Instrument, man *wird* von ihm gespielt.« Schließlich berichtete Pete Townshend, der Lead-Gitarist von *The Who*, etliche Male über-

Tf. I   Correggio: Jupiter »vergewaltigt« Io, um 1530.

Tf. II   Pilger baden unter dem heiligen Wasserfall (Sodó) in Zentralhaiti.

Tf. III   Orazio Gentileschi: »Vision der hl. Francesca Romana«, um 1618.

Tf. IV   Louis Finson nach Caravaggio:
»Die hl. Maria Magdalena in Ekstase«, um 1610.

Tf. V   Eieropfer der Baule vor einer *blolo*-Figurine.

Tf. VI   Figur eines Vodú-Geistheilers, deren Gebärfähigkeit
auf sterile Frauen übergeht.

Tf. VII   Eine mit Kaolinfarbe bemalte *vodússi* trägt den Hocker,
auf dem Mami Wata unsichtbar Platz nehmen wird.

Tf. VIII   Gehilfin (rechts) einer Mami-Wata-Priesterin (links) redet in
          Zungen, während sie sich in Trance befindet.

lasse er sich gänzlich der Musik, »völlig unkontrollierter Musik, die genau das tut, was *sie* will«, weshalb der Saxophonist David Murray auf die Ähnlichkeit von Jazzkonzerten und Besessenheits-Séancen aufmerksam machte, in denen nicht mehr das Medium agiere, sondern der Geist, der an dessen Stelle getreten sei. »Als wir eines Abends spielten«, so erinnerte sich der Gitarist John McLaughlin, »trat plötzlich ein Geist in mich hinein – und ich spielte, aber es war nicht mehr mein eigenes Spielen!«

Noch häufiger kommt es vor, daß sich jemand mit anderen Personen unterhält oder einem Vortrag lauscht, während seine Hand, ohne daß es ihm bewußt wird, Männchen aufs Papier kritzelt oder ganze Sätze schreibt, oder daß Frauen aufmerksam einem Fernsehkrimi folgen und ihre Hände »ohne Zutun« häkeln oder stricken. Bei manchen Menschen ist dieses »automatische Schreiben oder Malen«, bei dem oft Unbewußtes oder scheinbar Vergessenes wieder auftaucht, sehr komplex, zum Beispiel bei der zu Beginn des vergangenen Jahrhunderts weithin bekannten »Trance-Malerin« Wilhelmine Aßmann, deren Hand Blumen- und Pflanzenbilder schuf, was sie auf ihren »Kontrollgeist« Helize zurückführte, oder im Falle des »Geistermalers« Luiz Gasparetto, mit Hilfe von dessen Füßen die Seelen von Renoir, Toulouse-Lautrec, Monet, Picasso, Modigliani und anderer Berühmtheiten der Kunstgeschichte angeblich ihre Bilder malten. »Ich fühle, was sie fühlen«, so Gasparetto, »und ich habe ihre Gedanken im Kopf. Ich habe keine Macht über meinen Körper, aber wenn ich mich zurückhalten will, kann ich das. Manchmal geht ihr Kommen mit so schönen Empfindungen einher, daß es mir unsinnig erscheint, mich dagegen zu wehren.« Ab Juni 1900 begannen Geister mit Hilfe der Hand des bekannten Graphikers Fernand Desmoulins seltsame gespenstische Köpfe zu zeichnen, wobei einer der Kontrollgeister die Werke zunächst mit »Ton vieux maître« signierte, bis er schließlich bekannte: »Je suis Botticelli.« Der Maler Albert von Keller sagte, er habe »vielfach [lediglich] als passives Instrument zur Vollziehung eines künstlerischen Schöpfungsaktes gedient«, und die jüdische Malerin Julie Wolfthorn, die später im KZ Theresienstadt ermordet wurde, teilte mit, sie habe oft das Gefühl, »als malte nicht ich, sondern ein anderer in mir«. Und in unserer Zeit erklärte Rudolf Hausner: »Meine Bilder sind kein Produkt meines Willens. Ich erfahre sie und kann nicht umhin, ihnen gebannt zu folgen. Es scheint so, als würde meine Hand eher vom Willen des Bildes als von mir geführt werden.« In Ostasien ist es der »verrückte Heilige« Ji Gong, der sich heute offenbar der Hand chinesischer Medien bedient, um Bilder zu malen und mit seinem Namen zu signieren.

»Wenn ich automatisch schreibe«, so verlautete ein Medium in Singapur, »lasse ich einfach die Kontrolle über mein Bewußtsein fahren und die Gedanken aus einer anderen Quelle in mein Gehirn und meine Hand einfließen. Es dauerte ein Jahr, bis ich dazu in der Lage war.« Damit muß nicht notwendigerweise eine intensive Bewußtseinsveränderung verbunden sein, denn die Dissoziation kann lediglich die Hand und den Arm betreffen, obwohl in diesem Zusammenhang »altered states of consciousness« oder Trancezustände verbreitet sind. So sagte ein Medium, jedesmal, wenn es zu schreiben beginne, fühle es einen Druck an der linken Seite des Hinterkopfes, dann zittere und zucke der linke Arm, und es fühle, daß jemand von seinem ganzen Körper Besitz ergreife. Und eine philippinische Heilerin berichtete, daß sie einst mit anderen Leuten im »Centro Espiritista Cristiano« betete, »als meine Hand, die den Stift hielt, von einer eigenartigen Kühle durchströmt wurde und zu zittern begann. Dann bewegte sie sich sehr schnell über das Papier. Ich versuchte, meine Hand vom Schreiben abzuhalten, doch schien sie von einer anderen Kraft gelenkt zu werden.« Dabei fühlte sie sich wie entrückt, »in einem tranceähnlichen Zustand«. Nachdem die Hand aufgehört hatte zu schreiben, sah sie, daß der Text eine Botschaft des hl. Gabriel enthielt, in der es unter anderem hieß: »Du wirst für mich Kanal und ausführendes Werkzeug sein!« Als die anderen Gläubigen dies vernahmen, fingen sie so stark an, zu zittern und zu zucken, daß sie gestützt werden mußten, um nicht zu Boden zu stürzen. Wenn schließlich ein Thai-Medium mit dem »Geistschreiben« (*wuji* oder *wenji*) beginnt, benimmt es sich urplötzlich völlig anders als normal. Ist es sonst voller Hemmungen, sanft und bescheiden, verhält es sich jetzt anmaßend und ungehobelt, säuft flaschenweise Cognac und anderen starken Weinbrand und rülpst laut und ungebremst. Dies trägt dazu bei, daß es in diesem Zustand für ein bloßes Channel, für eine »Hand des Himmels«, das heißt der Götter, gehalten wird.

Viele solcher Medien schreiben oder malen lediglich, aber andere, namentlich diejenigen, die eine solche Tätigkeit über längere Zeit hinweg ausüben, »hören« plötzlich Stimmen, und zwar ohne zu erkennen, daß es sich um eine Subvokalisation, das heißt um die eigene Stimme handelt, die Verdrängtes und Unbewußtes formuliert. Einer depressiven jungen Frau schrieb zum Beispiel ihr verstorbener Freund mit ihrer Hand einen Brief, in dem es hieß, sie solle in den Fluß springen, was sie auch tat. Anderen wird befohlen, Obszönitäten auszusprechen und sich entsprechend zu verhalten, und wieder andere werden beschimpft oder gezwungen, Dinge auszusprechen, die sie unter allen Umständen geheimhalten wollen. Manchmal ist das »automatische Schreiben« für jemanden die einzige Möglichkeit, über die eigenen Motive aufgeklärt zu werden, etwa für ein junges Mädchen, das oft tagelang umherstreunte, ohne dafür einen Grund angeben zu können. Als sie einmal völlig von ihren Gedanken abgelenkt war, drückte ihr Pierre Janet einen Bleistift in die Hand, worauf sie »automatisch« einen Brief schrieb, in dem sie alles erklärte.[3]

Die vielleicht bekannteste europäische »Automatische Schreiberin« war die gegen Ende des 19. Jahrhunderts in einem Genfer Laden für Seidenstoffe arbeitende Élise Catherine Müller, die einer spiritistischen Gruppierung angehörte, deren Séancen der Psychiater Théodore Flournoy damals beobachtete. Die junge Frau, der Flournoy das Pseudonym Hélène Smith gab, erzählte ihm, sie habe eines Tages die Stimme des Marsmenschen Astané vernommen, den sie aber nicht verstehen könne, weil er sich einer ihr unbekannten Sprache bediente. Etwas später notierte sie aber in ihrem Tagebuch: »Ich nehme einen Bleistift und dieses Blatt Papier; er spricht nicht mehr zu mir, bemächtigt sich jedoch meiner rechten Hand, die den Bleistift hält. Unter diesem Druck schreibe ich, ich habe nichts verstanden, für mich ist's Hebräisch.« Im Verlaufe einer der Séancen geriet sie schließlich in Trance, in der sie sah, wie eine Frau einem schwebenden Wagen entstieg, der sie vom Planeten Mars zur Erde gebracht hatte, und in einer der folgenden Séancen nahm die Marsianerin schließlich Hélène mit auf den Roten Planeten, dessen Landschaften und Städte sie zeichnete und wo sie auch Marsianisch lernte, eben die Sprache, die auch Astané gesprochen und mit ihrer Hand geschrieben hatte. Dieses angebliche Marsianisch stellte sich freilich sehr bald als eine wie von einem Kind konstruierte »Kunstsprache« heraus, bei der jeder Buchstabe sein Äquivalent in französischen Vokalen und Konsonanten hatte und die auch bezüglich Grammatik und Flexion dem Französischen entsprach, so daß klar war, daß jemand, dessen Muttersprache Französisch war, diese »Sprache« erfunden haben mußte. Gerade in diesen Jahren waren sehr viele Leute nach der »Entdeckung« der sogenannten »Marskanäle« fest davon überzeugt, daß der Mars bewohnt sei, und es gab allerorten Spekulationen darüber, wie eine Kontaktaufnahme mit den Marsmenschen möglich sei.[4]

In zahlreichen Kulturen wird ein ungewöhnliches Verhalten nicht demjenigen zugeschrieben, der sich absonderlich benimmt, sondern einem Geist oder Dämon, der von ihm Besitz ergriffen hat, und zwar ohne daß ihm dies in der Mehrzahl der Fälle bewußt geworden ist. Plötzliche heftige und scheinbar unmotivierte Gefühlsausbrüche sind auch heute noch auf Bali ein Indiz dafür, daß die Betreffenden von einem Geist (*kala* oder *buta*) »geentert« worden sind, und ebenso jemand, der in der Öffentlichkeit seinen Genitalbereich nicht bedeckt, der sich unangemessen laut und hemmungslos benimmt oder Obszönitäten ausspricht. Als sich vor Jahrzehnten in einem Hotel im balinesischen Kuta brasilianische Touristen laut brüllend an der Rezeption über irgendwelche Unzulänglichkeiten beschwerten, sagte man mir hinter vorgehaltener Hand, die Brasilianer seien ganz gewiß von unkultivierten Geistern aus Übersee besessen, und als besessen galt auch eine Frau, die ich mehrfach in Amlapura auf Bali sah, wie sie splitternackt in der Öffentlichkeit umherging. Die Wildheit eines Kopfjägers im Inneren der Molukkeninsel Seram war nicht die seinige, sondern die der Geister, die in ihn eingefahren waren, weil es sie danach gelüstete, Blut zu trinken und Menschenfleisch zu essen, und ein Thonga im Süden von Mosambik sagte, nicht er selber sei hinter den Frauen her, rauche Marihuana und vertrödle seine Zeit, sondern ein Geist, der ihn beherrsche, zwinge ihn dazu. Wenn ein Mann der Avá-Chiripá sich besonders auffällig benimmt, zum Beispiel ständig seine Frau betrügt und sich sexuellen Exzessen hingibt, dann ist nicht er dafür verantwortlich, sondern der *asynguá*, »eine Art Affe, den wir auf unseren Schultern umhertragen und den wir nicht sehen können«, und wenn sich bei Angehörigen der Charismatischen oder Pfingstkirchen homosexuelle Begehrlichkeiten bemerkbar machen, gehen diese auf

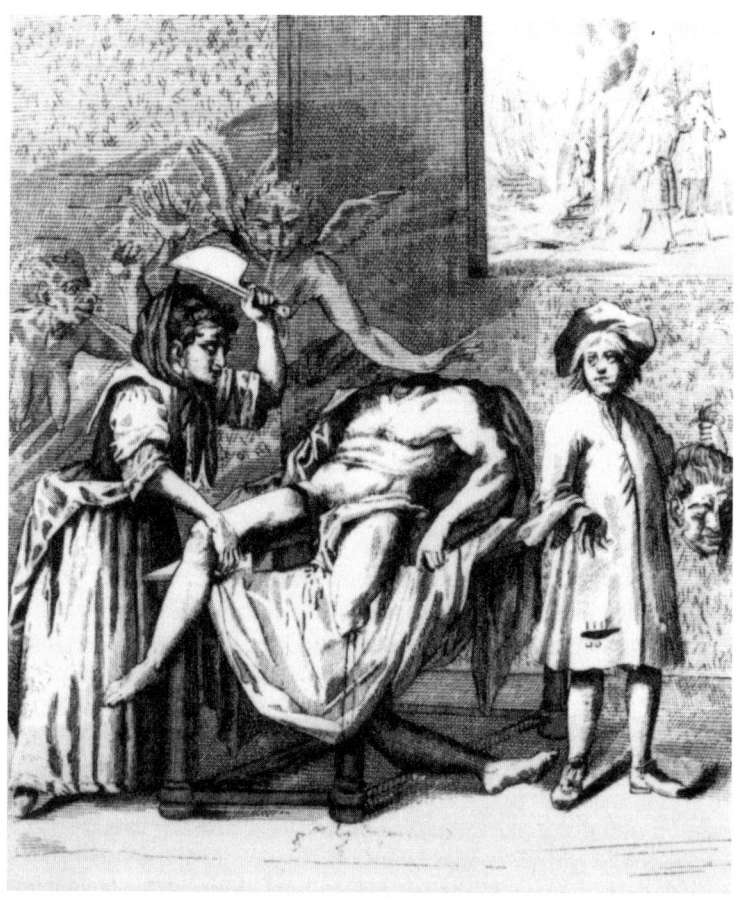
Abb. 28   Der Hebamme Mary Aubrey wird vom Teufel eingeblasen,
ihren Mann zu ermorden, um 1688.

das Konto eines »Geistes der Homosexualität«, der durch einen Exorzismus ausgetrieben werden muß. Ählich verhielt es sich bei den Mitgliedern des angolanischen Mila-Mila-Kults, die von Geistern des jeweils anderen Geschlechts besessen wurden, worauf die Frauen mit
Frauen und die Männer mit Männern schliefen. Da Homosexualität
streng verpönt war, stellte die Besessenheit die einzige Möglichkeit dar,
solche Neigungen auszuleben. Eine junge »convulsionnaire de Saint-
Médard«, die sich jedem Mann zum Geschlechtsverkehr anbot, sagte
1732 entschuldigend: »Cela ne vient point de moi, je ne suis point maî-
tresse de ce que je fais et de ce que je suis!« Eine 54jährige Frau, die zu
Hause ihren dementen Mann pflegte, fuhr häufig mitten in der Nacht
zu einer Autobahnraststätte, um sich dort wahllos mit einem Fernfah-
rer nach dem anderen sexuell einzulassen, worauf sie wieder heimfuhr
und friedlich neben ihrem Mann einschlief. Sie sagte, nicht *sie* tue dies,
sondern der Satan in ihr.[5]

Gefühle, die das normale Maß übersteigen oder geniale Leistungen,
wie der außergewöhnliche Pfeilschuß des Paris von den Zinnen Trojas,
der Achilles zu Fall brachte, waren nach Meinung der alten Griechen
nicht menschlichen, sondern göttlichen Ursprungs. Aber die Helden
konnten auch zum Spielball der Götter werden, ohne dies zunächst zu
wissen, so zum Beispiel Hektor, der nach dem Willen des Zeus nicht
wußte, daß er Achilles nicht besiegen konnte, und dem dies erst unmittelbar vor seinem Tod klar wurde. Auch Homer selber war nicht derjenige, der all diese Taten und Geschehnisse besang, sondern die Muse,
die sich seines Mundes bediente, so wie der altnordische Dichter zu
seinen Meisterwerken nur durch Inspiration (altnord. *óðr*, altengl. *wōd*)
fähig war. Und derjenige, welcher starke Gewissensbisse hatte, wurde
nach der griechichen Mythologie von den Erinnyen gejagt. Es war der
δαίμων, der die Menschen befähigte, etwas zu vollbringen, das sie
ohne ihn niemals hätten bewältigen können, und auch das δαιμόνιον
des Sokrates wird sehr viel später von ihm als eine von außen kom-
mende »göttliche« Stimme erlebt. Noch heute gibt es in einigen Gegenden Griechenlands die Vorstellung, daß jeder Mensch mit einem
guten und einem schlechten δαίμων geboren wird, die sein Leben len-
ken.[6]

Das unwillkürliche und unabwendbare Gefühl, in seinen Gedanken
und Handlungen, aber auch seinen Zwängen fremdbestimmt zu sein,

kann unter den verschiedensten Bedingungen auftreten. So gab eine Versuchsperson, die Ketamin eingenommen hatte, zu Protokoll: »Es kam mir vor, wie wenn irgend jemand die Gedanken mir da reinsetzen würde. Wie wenn sie die Gedanken eines anderen seien.« Und eine andere sagte, nach der Einnahme von Meskalin sei es für sie besonders unangenehm gewesen, »daß ich mich und vor allem meinen Mund sprechen sah, als ob nichts wäre, wobei die Sätze, die aus ihm quollen und die ich hörte, mir fremd waren und nicht von mir zu stammen schienen«. Auch andere konstatierten, nach dem Konsum sogenannter halluzinogener Drogen sei es ihnen gewesen, als ob nicht sie selber, sondern »eine zweite Instanz denkt und redet« und ihr Mund sich ohne ihr Zutun bewege. Als ein Mann unter dem Einfluß von *yajé* in den Spiegel schaute, »his face seemed to him a mask while somebody else was looking through his eyes«, nämlich ein bisexueller Zwerg, der seinen Körper manipulierte.

Beim »Fremde-Hand-Syndrom« führen die Hände unabhängig vom Willen der Betreffenden komplexe Handlungen aus. So werden zum Beispiel Frauen zu ihrem Entsetzen von ihren Händen in der Öffentlichkeit nackt ausgezogen und masturbiert, oder die Hände befingern die Geschlechtsteile anderer Leute. Einer jungen Frau entblößten ihre Hände die Brüste und zwickten auf schmerzhafte Weise in die Brustwarzen, und ein Patient mit einem geschädigten Parietallappen litt unter dem unwiderstehlichen Zwang, jüngeren Frauen mit der rechten Hand an die Brüste zu fassen, während er mit der linken Hand, die er unter Kontrolle hatte, die Rechte daran zu hindern suchte. Ein anderer mit derselben Gehirnverletzung befriedigte sich ebenfalls vor aller Augen, aber er war der festen Überzeugung, daß die Hand, mit der er seine Genitalien manipulierte, nicht die seine, sondern die einer Frau war. Wieder andere glaubten, ihre linke Körperhälfte sei von einer bösen Macht übernommen worden, die hinter ihnen her sei und nachts neben ihnen im Bett liege.

Dissoziationsempfindungen treten auch häufig nach Herz-Lungen-Tranplantationen auf. So hatte ein Weißer, der die Lungen und das Herz eines jungen Schwarzen erhalten hatte, das Gefühl, sein Penis wachse, bis er so groß sei wie nach stereotypen Vorstellungen der Penis eines schwarzen Mannes, und wenn er mit seiner Frau schlief, fühlte er sich schuldig, »weil ein Neger meine Frau aufs Kreuz legte«. Ein junger Mann, dem die besagten Organe einer jungen Frau transplantiert worden waren, befürchtete, schwul zu werden, und ein Bub, der das Herz eines Mädchens in sich trug, fühlte dieses Mädchen in seiner Brust: »Manchmal rede ich mit ihr. Ich kann sie hier drinnen fühlen. Sie scheint sehr traurig zu sein und große Angst zu haben!« Das Mädchen war ertrunken, und die Mutter des Jungen sagte, er habe plötzlich eine immense Angst vor jedem Gewässer entwickelt, während er vor der Operation sehr gerne geschwommen sei.

Am allerhäufigsten scheinen freilich solche Empfindungen bei Schizophrenen aufzutauchen, etwa bei einer Frau, die dem Psychiater sagte: »Ich fühle Schmerzen in meiner Brust, aber sie scheinen jemand anderem zu gehören, nicht mir.« Ein weiterer Patient verlautete: »Gedanken dringen in mein Denken ein wie zum Beispiel ›Töte Gott!‹. Es scheint so, wie wenn ich das dächte, aber so ist es nicht. Sie kommen von diesem Kerl, Chris! Es sind seine Gedanken!« Eine Patientin teilte mit, Gott bediene sich ihrer Stimme und bewege »von innen« ihren Körper einschließlich ihrer Körperfunktionen. So spüle er nach dem Essen mit ihren Händen das Geschirr oder drücke auf der Toilette die Fäkalien durch ihren After, denn Gott sei »sehr sauber«. Und eine andere gab zu verstehen, sie sei nur so etwas wie der »Bildschirm«, den ein gewisser Eamonn Andrews benutze, um seine Gedanken zu übertragen. »Ich handle gar nicht selbst«, so ein Mann, »sondern es handelt in mir. Ein Automatismus ist in mir tätig. Ich habe nicht mehr das Gefühl eines handelnden Menschen. Wenn ich durch die Stadt gehe, ist es, als ob ein anderer dahergeht. Ich habe nicht das Gefühl, daß ich selber denke, sondern etwas denkt in mir.« Und schließlich meinte ein weiterer schizophrener Patient, er fühle, daß alle seine Handlungen, Empfindungen und Gedanken von einer Frau »geführt« würden, deren Stimme er höre; dies sei einerseits »entlastend und tröstlich«, weil er dann für all das nicht verantwortlich sei, aber andererseits erlebe er es »auch als entmündigend und entmächtigend«. Ulrike Meinhof schrieb aus dem »Todestrakt« des Zuchthauses Köln-Ossendorf, sie habe nicht nur das Gefühl, sie »stünde ununterbrochen, unmerklich unter Strom«, sondern auch, sie »würde ferngesteuert«. Es gibt seltene Fälle, in denen Menschen keine Propriozeption haben, das heißt willentlich ihren Körper, den sie nicht fühlen, nur bewegen können, wenn sie ihn im

Blick haben. So konnte eine Frau nur stehen, wenn sie auf ihre Füße schaute, und wenn sie ihre Hände aus den Augen verlor, »machten sie sich selbständig«, als ob sie einen eigenen Willen hätten oder dem einer fremden Macht folgten. »Ich spüre meinen Körper nicht«, schrie die verzweifelte Frau, »ich fühle mich wie verhext – als wäre ich körperlos. Wenn ich nur etwas *fühlen* könnte!«[7]

Viele schizophrene Männer haben nicht das Gefühl, daß sie in der sexuellen Erregung »aktiv« ejakulieren, sondern daß sie völlig hilflos einer fremden Macht ausgeliefert sind, die ihnen nach Belieben »durch Fernwirkung« das Sperma absaugt, und die Frauen fühlen sich ohne die geringste Möglichkeit einer Gegenwehr vergewaltigt, nicht selten von Tieren wie Gorillas oder Schimpansen, die ihnen dabei Orgasmen aufzwingen, die sie bewußt gar nicht haben möchten. Wie bei vielen westlichen Channeln ergreift bei den Lakalai auf Neubritannien der Gott Sumua nicht immer Besitz von seinem Medium, indem er in die Betreffende eindringt, sondern er »steuert« ihre Lippen aus der Ferne, wobei ihr ganzer Körper zittert. Ein anderes Mal penetriert er sie aber oder entführt sie, um sie zu heiraten. Die Geister der telugusprachigen Telinga im zentralen Südostindien »greifen sich« manche Leute, halten sie an Armen und Beinen wie im Schraubstock fest und lassen sie wie Marionetten reden und sich bewegen, ohne in ihren Körper einzufahren. Die Betroffenen ergeben sich den Geistern augenblicklich und ohne Gegenwehr, da eine solche ohnehin zwecklos wäre, fühlen sich aber nicht wirklich bedroht. In der Tōhoku-Gegend im Norden der japanischen Hauptinsel erscheint die buddhistische Göttin Kan'non dem weiblichen Medium (*itako*) zwar normalerweise in einem Nebel, um dann in ihre Brust zu schlüpfen, wobei die *itako* ihr Selbstbewußtsein behält und sich auch hinterher an alles, was sich während er Besessenheit ereignet hat, erinnern kann. Bisweilen dirigiert die Göttin jedoch aus der Distanz das Denken und die Wahrnehmung des Mediums, das dann, wie es heißt, sein gesamtes Bewußtsein zugunsten der Kan'non aufgibt. Andererseits ist es unbestreitbar, daß nicht wenige Medien und Schamanen nur vorgeben, daß das, was sie sagen, nicht von ihnen stammt. So tun zum Beispiel die usbekischen Schamaninnen, als ob sie sich nicht an das erinnerten, was sie in der Trance von sich geben, da »die Geister die Wörter aus ihrem Mund« sprächen. Doch in Wirklichkeit handelt es sich bei den »Geisterreden« um standardisierte traditionelle Texte, die jede Frau während ihrer Ausbildung zur Schamanin auswendig lernt, was ihr auch völlig bewußt ist.[8]

§ 29
Helena Petrovna Blavatsky:
Medium, Betrügerin oder beides?

Ähnlich wie der berühmte Spiritist Allan Kardec ließ sich auch Helena Blavatsky ihre Bücher entweder von nur für sie hörbaren Stimmen diktieren oder sie schrieb die Texte von Vorlagen ab, die niemand außer ihr sehen konnte. »Jemand, der alles weiß«, so behauptete sie, »diktiert es mir. Mein MEISTER und gelegentlich andere, die ich vor Jahren auf meinen Reisen kennenlernte. Wenn ich über irgend etwas schreibe, weiß ich nichts darüber. Ich wende mich an Sie und Einer von Ihnen inspiriert mich, das heißt, er erlaubt mir, einfach das, was ich schreibe, von Manuskripten oder Gedrucktem, die an meinen Augen vorüberziehen, abzuschreiben. In der Luft, währenddessen ich kein einziges Mal bewußtlos war.« Den größten Teil des Textes von *Isis Unveiled* schrieb sie eigenen Angaben zufolge ab, als er in einer Vision vorüberzog, und der Rest wurde ihr von den Mahātmas telepathisch eingegeben oder per »astraler Post« durch eine »vierte Dimension« zu ihr geschickt. Vor ihren Augen erschienen auch die Texte, die sie für *The Secret Doctrine* kopierte, auf langen Papierrollen, aber es spielten sich auch komplexe Szenen ab: »Soon scene after scene passes before me like the successive pictures of a diorama.« Helenas Schwester Vera berichtete, bereits im Jahre 1859 sei Helena mit weit geöffneten Augen in eine Starre gefallen, während ihre Hand unabhängig von ihr Antworten auf die Fragen der Anwesenden geschrieben habe, und der deutsche Kolonialpolitiker Wilhelm Hubbe-Schleiden, der sie später dabei beobachtete, wie sie an ihrer *Secret Doctrine* schrieb, war davon überzeugt, daß sie die Sätze einer imaginären Quelle wiedergab, die für ihn unsichtbar blieb. Auch Annie Besant, die spätere Präsidentin der Theosophical Society, die sich selber viele Jahre nach Blavatskys Tod als »des Meisters einziges Channel zur westlichen Welt« bezeichnete, teilte mit, ihre Vorgängerin habe beim Niederschreiben der Übersetzung des tibetischen, teilweise vorbuddhistischen *Buches der goldenen Regeln* in Fontainebleau »ununterbrochen über viele Stunden« kopiert, »gerade so, als schreibe sie aus dem Gedächtnis oder durch Ablesen aus Büchern, die [in dem Raum, in dem sie sich aufhielt] nicht existierten.« Schließlich schilderte auch Colonel Olcott, wie Blavatsky *Isis Unveiled* verfaßte: »Ihre Feder flog nur so über das Papier, dann hielt sie plötzlich inne und sah in die Ferne mit dem leeren Blick des hellseherischen Auges, um im nächsten Augenblick die Augen zusammenzukneifen, als sehe sie etwas Unsichtbares direkt vor ihren Augen – und das schrieb sie dann ab. Hatte sie das Stück kopiert, nahmen ihre Augen den üblichen Ausdruck wieder an.«[1]

Schon als kleines Mädchen beeindruckte Helena ihre Umgebung tief, und sehr viel später kam selbst einer ihrer schärfsten Kritiker nicht umhin, ihr zuzugestehen, daß eine ungeheure »Faszination« von ihr ausging, »eine Art Magnetismus, die jeden mit unwiderstehlicher Kraft zu ihr hinzog«, Ausdruck ihrer »stürmischen wilden Energie«, gegen die so gut wie niemand ankam. Wenn sie sich in irgendwelchen dunklen Winkeln der unterirdischen Galerien der Datscha ihrer Familie in Saratow am Oberlauf der Wolga verbarrikadiert hatte, sei sie nie alleine gewesen, sondern in der Gesellschaft von »Wesen«, die sie ihre »kleinen Buckligen« nannte. Stundenlang erzählte sie auch den viel älteren Kindern angeblich selbst erlebte Abenteuer und Geschichten, von denen eine unglaublicher war als die andere. Über ihre Halluzinationen und Präsenzerlebnisse erschrak sie oft selber – so fühlte sie sich von »den schrecklichen stechenden Augen« verfolgt, die niemand außer ihr sehen konnte, und sehr häufig vernahm sie »die Stimmen« und spürte, wie von den Hügeln, von Kieselsteinen und verrottendem phosphoreszierendem Holz eine »geheimnisvolle Kraft« ausging. Aus der großen Sammlung ausgestopfter Tiere ihrer Großmutter hatte sie einige Exemplare ins Vertrauen gezogen, mit denen sie sich unterhielt. Diese Tiere berichteten ihr von ihren gewagten Unternehmungen und früheren Inkarnationen, vor allem ein präparierter Seehund und ein großer Flamingo, der im Vorleben ein Mann gewesen war, der einen Mord begangen hatte und deshalb zur Strafe in einen Vogel verwandelt wurde. Als sie etwas älter war, begann sie mit dem Automatischen Schreiben, fühlte sich von ihren Ahnen besessen und herrschte über die *rusalki*, ursprünglich vor der Hochzeit verstorbene Jungfrauen, die auf Grund der Tatsache, daß sie nie entjungfert worden waren, mehr Lebenskraft besaßen als verheiratete Frauen und deshalb dort, wo sie in weißen Kleidern mit entblößten Brüsten tanzten und sprangen, für grüneren und dichteren Grasbewuchs und reichere Ernten sorgten. Unter christlichem Einfluß wandelten sie sich zu moralisch ambivalenten Nixen, den Seelen Ertrunkener, die kein christliches Begräbnis erhalten hatten und die an Allerseelen, der »Rusalienzeit«, erschienen und unter anderem Krankheiten verursachten. Schon als kleines Kind sah Helena diese grünhaarigen wunderschönen *rusalki* in den Weiden am Ufer des Dnjepr sitzen, die sie anlächelten und zu sich herwinkten, und ihren Kindermädchen drohte sie damit, sie werde die Nixen dazu veranlassen, sie zu Tode zu kitzeln.

Nachdem die 27jährige Helena im Winter 1858 nach Rußland zurückgekehrt war, lebte sie einige Zeit bei ihrer kurz zuvor verwitweten Schwester Vera in der unweit des vor der Grenze zu Estland liegenden Pskower Sees liegenden Stadt Pskow. Vera beschrieb später, daß Helena bei der Bevölkerung großes Aufsehen erregte, da sie Tische rückte, in Séancen den im Jahre 1837 verstorbenen Dichter Alexander Puschkin erscheinen ließ, daß sie von Poltergeistern (*esprits frappeurs*) begleitet war, mit Hilfe ihrer hellseherischen Kräfte die Leute »sah«, die einst bestimmte Häuser bewohnt hatten, und auf diese Weise sogar einen Mord aufklärte. Dabei legte sie aber großen Wert auf die Feststellung, daß all diese Fähigkeiten und okkulten Phänomene nicht auf die Geister des Spiritismus zurückzuführen waren, sondern auf die Mahātmas und andere tibetische Weise, die schon vor langer Zeit vorausbestimmt hatten, daß sie dereinst ihr Gesandter werden solle. Wie aus zahlreichen Zeugnissen hervorgeht, scheint Helena schon in ihrer Kindheit eine Multiple Persönlichkeit gewesen zu sein, was sich auf vielfältige Weise äußerte. »Über sechs Jahre lang, von der Zeit an, als ich acht oder neun war, bis ich 15 wurde, hatte ich einen alten Geist«, so berichtete sie einmal, »Frau Thekla Lebendorff, wie sie sich nannte, die jede Nacht kam, um durch mich in Anwesenheit meines Vaters, meiner Tanten und vieler anderer Leute, die in Tiflis und Saratow wohnten, zu schreiben.« Diese Verstorbene berichtete ihr vom Leben im Himmel und von Schutzengeln, aber schließlich stellte sich heraus, daß die Frau gar nicht tot war, sondern lebte. Eine Verwandte eines Regimentskollegen ihres Vaters, Gräfin Konstanze Wachtmeister, machte die Mitteilung, in Helena Blavatskys Kindheit sei ein jedes Mal, wenn sie in eine gefährliche Situation geriet, eine »astrale Gestalt«, ein Schutzengel erschienen und habe sie gerettet. »Sie war das sonder-

Abb. 29   Helena Petrovna Blavatsky und Colonel Henry Steel Olcott, 1888.

barste Mädchen, das man jemals gesehen hat, mit einer eindeutigen Doppelnatur, so daß man denken konnte, da seien zwei Personen im selben Körper, die eine bösartig, aggressiv und stur – auf alle Fälle schroff, die andere mystisch und metaphysisch.« Als der Magnetiseur Victor Michel 1851 die 20jährige Helena in Trance versetzte, kam plötzlich eine völlig andere Persönlichkeit zum Vorschein, und auch sie selber betonte mehrfach, sie beherberge in ihrem Körper einen »indweller« oder »interior man«, und als sie Jahre danach krank in ihrem Haus in einer georgischen Kleinstadt lag, verwandelte sie sich unvermittelt in eine andere Person, die keine Ahnung hatte, wer Helena Petrovna Blavatsky war.

Henry Olcott, der Mitbegründer der Theosophical Society, berichtete, Helena habe häufig den Raum als eine bestimmte Person verlassen, um gleich darauf als eine völlig andere zurückzukommen, die sich anders bewegte und sprach, andere Ansichten vertrat sowie »a different command of English orthography, idiom, and grammar, a different – very, very different command over her temper« hatte, »which at its sunniest, was almost angelic, at its worst, the opposite«. Manchmal war sie offenbar ein Mann, der an seinem nicht vorhandenen Schnurrbart zupfte, dann wieder eine Person, die gegen das Englische eine solche Abneigung empfand, daß sie ausschließlich französisch sprach. Helena selber schrieb in einem Brief an Vera: »*Irgend jemand* kommt und hüllt mich mit einer dunstigen Wolke ein. Dann stößt er mich aus mir selber hinaus, und dann bin ich nicht mehr ›ich‹ – Helena Petrovna Blavatsky –, sondern jemand anderes, jemand, der stark und mächtig ist und in einer völlig anderen Welt geboren wurde: Und was mich selbst betrifft, so ist es beinahe so, als ob ich schlafe oder daneben liege, meiner selbst nicht ganz bewußt, nicht in meinem Körper, aber ganz in der Nähe, nur durch einen Faden mit ihm verbunden. Doch manchmal sehe und höre ich alles ganz deutlich. Dann ist mir vollkommen bewußt, was mein Körper sagt und tut – oder jedenfalls sein neuer Besitzer. Dann verstehe ich und erinnere mich an alles so gut, daß ich es hinterher wiederholen und sogar aufschreiben kann.«[2]

Ob ein Auslöser dieser Bewußtseinsspaltungen wie bei zahlreichen Multiplen Persönlichkeiten traumatische sexuelle Erlebnisse in ihrer Kindheit oder Jugend waren, ist nicht bekannt, aber auffällig sind ihre extreme Angst und ihr Ekel vor jeglichem Geschlechtsverkehr oder erotisch aufgeladenen Beziehungen. Im Alter von 16 Jahren war sie mit einem sehr viel älteren Provinzgouverneur in Armenien verheiratet worden, doch die Ehe wurde nie körperlich vollzogen. In ihrem Sammelalbum notierte sie: »In mir ist nichts Weibliches. Als ich jung war, wenn es da ein junger Mann gewagt hätte, mir gegenüber von Liebe zu reden, hätte ich ihn niedergeschossen wie einen Hund, der mich gebissen hat«, und im Jahre 1876 äußerte sie sich dahin gehend, sich einem Mann »preiszugeben« sei für sie ein »entsetzlicher und unfaßbarer« Gedanke, der nur, wenn sie ihn jemals gehabt hätte, der Gedanke eines lüsternen Dämons gewesen sein könne, der von ihr gegen ihren Willen Besitz ergriffen habe. Entsprechend trug Blavatsky, die Olcott in seinem Tagebuch als ein »she-male« bezeichnete, Männerkleidung, ließ sich von ihren Vertrauten mit »Jack« anreden und unterzeichnete mit diesem Namen auch häufig ihre persönliche Korrespondenz.[3] Außerdem verkündete sie, die Mahātmas verlangten von jedem unverheirateten Theosophen lebenslange Keuschheit und von den verheirateten weitestgehende sexuelle Zurückhaltung, doch später verschärfte sie ihre diesbezügliche Haltung und forderte den Ausschluß aller Verheirateten und jeder Frau und jedes Mannes, die irgendwann in ihrem Leben eine wie auch immer geartete sexuelle Beziehung hatten. Weiterhin behauptete sie, der »Arische Mensch« stamme ursprünglich von rein geistigen, also körperlosen Wesen ab, wohingegen die südchinesischen Bergvölker, die Polynesier, Indianer und andere Primitive »Halbtiere« seien, die den Affen näher stünden als den »Arischen Rassen«, da sie durch Geschlechtsverkehr zwischen Menschen und Tieren entstanden seien. Dagegen waren für sie die »Arier« zunächst »asexuell«, dann »hermaphroditisch« oder bisexuell, bis sich die beiden Geschlechter entwickelten. Deshalb nimmt es nicht wunder, daß damals und auch später die theosophische Bewegung insbesondere körper- und sexualitätsfeindliche Menschen anzog, wie auch deren Ableger, die Anthroposophie, deren Schöpfer Rudolf Steiner allem Anschein nach in seinen beiden Ehen keinerlei sexuellen Kontakt mit seinen Frauen hatte. Steiner sagte, er habe durch eine »übersinnliche Betrachtung« aus der immateriellen »Akasha-Chronik«, die ihm angeblich zugänglich war, erfahren, daß es ursprünglich bei den Menschen weder Geschlechter noch Genitalien gab und sie sich durch eine »innere Selbstbefruchtung« fortpflanzten. Eines Tages aber, so lautete seine frohe Botschaft, würden sich die Geschlechtsteile wieder zurückbilden und nur noch »in verkümmertem Zustand am Menschenleib« zu finden sein, was offenbar tendenziell schon heute bei manchen Anthroposophen der Fall zu sein scheint. »Besonders häufig«, so stellte jedenfalls ein Beobachter fest, »finden sich unter den männlichen Vertretern der Anthroposophie hagere, asthenische, vertrocknet erscheinende Menschen, die den Körper in wesentlichen Teilen zugunsten einer Vergeistigung abgetötet haben. Rudolf Steiner verkörperte diesen Typus in beinahe idealer Weise.«

Blavatsky verweigerte jeglichen Kontakt mit Tantristen, die sie für ekelerregende Lustmolche und Lügner hielt, und im Juli 1882 schrieb sie in einem empörten offenen Brief an den Londoner *Spiritualist*: »There were and are male and female mediums – public and private – who boasted publicly and in our hearing of marital relationships with materialized spirits, and – in the case of Reverend T. L. Harris, the great poet, mystic and Spiritualist – alleged parentage is claimed of children begotten by him in a revolting union with his ›Spirit Wife‹.« In der Tat hatte die zweite Frau des von Swedenborg geprägten Thomas Lake Harris, der in dieser Zeit verschiedenen Feen, die durch seinen Mund auf Fragen lispelnd antworteten, als Medium diente, der Heirat ihres Gatten mit der Fee Lily Queen zugestimmt und lebte fortan mit ihm in zölibatärer Ehe, während er die Fee mehrfach schwängerte.[4]

Blavatskys erster eigener »Kontrollgeist« oder »Guide« war offenbar der im Jahre 1688 verstorbene berühmte Seeräuber Henry Morgan, der erstmalig 1850 aus dem Geisterreich erschienen war und bald unter dem Namen John King gemeinsam mit seiner attraktiven und koketten Tochter Katie zu den bekanntesten Geistern auf beiden Seiten des nördlichen Atlantiks gehörte. Nach und nach verwandelte der *buccaneer* sich aber in den Mahātma Morya, der mit einem anderen unsterblichen Geistwesen, Koot Hoomi, Mitglied der »Großen Weißen Bruderschaft« war, die in einer tibetischen Bergfeste jenseits des Himālaya wohnte und sich nach Wunsch an jedem Ort der Erde »materialisieren« konnte. Über ihr stand nur der in Śambala in der Wüste Gobi residierende »Herr der Welt«, der einst mit mehreren Begleitern von der Venus gekommen war und im 19. Jahrhundert im Körper eines 16jährigen Jungen lebte. Blavatsky nannte diese Unsterblichen zunächst »Die Brüder«, danach »Die Meister«, und in einem Brief an den Theosophen Alfred Sinnett schrieb sie: »I saw Master [Morya] in my visions ever since my childhood. In the year of the first Nepal Embassy (when?) saw and recognised him. Saw him twice. Once he came out of the crowd, then He ordered me to meet Him in Hyde Park. I *cannot, I must* not speak of this. I would not publish it for the world!«, nachdem sie bereits am 12. August 1851, an ihrem 20. Geburtstag, in ihrem Skizzenheft notiert hatte: »Nuit mémorable! Certaine nuit, par un claire de lune qui se couchait à – Ramsgate, 12. Août 1851 lorsque je rencontrais le Maître de mes Rêves.« Und am 28. Oktober 1877 schrieb sie ihrer Tante Nadeshda de Fadeyew, vor einem Vierteljahrhundert habe sie den »Sāhīb« zum ersten Mal getroffen, als er Mitglied einer Delegation des nepalesischen Premiers gewesen sei. Er habe von ihrem Körper Besitz ergriffen, was in ihr ein Gefühl erzeugt habe, »wie wenn ich ein doppeltes Leben führte«. Von ihm erfuhr sie, daß eine wichtige Aufgabe auf sie warte, auf die sie sich drei Jahre lang in Tibet vorbereiten solle, nämlich die Gründung der Theosophischen Gesellschaft.[5]

Ganz offensichtlich waren die beiden Mahātmas Morya und Koot Hoomi, die niemand außer ihr sehen konnte, Subpersönlichkeiten Blavatskys, die wie diese ihrer Herkunft zum Trotz ein von Gallizismen und Amerikanismen durchsetztes Englisch sprachen und bei deren Erscheinen sie jedesmal das Gefühl hatte, als träten sie von außen in ihren Körper ein. »Wie eine ätherische Essenz«, so beschrieb sie die Ankunft des blauäugigen Koot Hoomi, »die meine Poren durchdringt und sich in mir auflöst, tritt er einfach in mich ein«, und 1875 teilte sie ihrer jüngeren Schwester Vera mit, sie fühle »mehrmals am Tag […] eine sehr seltsame Dualität, daß sich nämlich jemand anderes völlig gesondert von mir in meinem Körper befindet. Ich verliere nie das Bewußtsein meiner selbst; was ich fühle ist, als ob ich still wäre und der andere – der Untermieter, der sich in mir befindet – mit meiner Zunge spräche. Beispielsweise weiß ich, daß ich nie an den Orten war, die mein ›anderes Ich‹ beschreibt, doch der Andere – das zweite Ich – lügt nicht, wenn er von Orten und Dingen berichtet, die mir unbekannt sind, weil er sie tatsächlich gesehen hat und sie gut kennt. […] Nachts, wenn ich allein bin in meinem Bett, zieht das ganze Leben meiner Nummer zwei an meinen Augen vorüber, und ich sehe mich überhaupt nicht, sondern eine ganz andere Person – von einer anderen Rasse und mit anderen Gefühlen.«

Agehananda Bharati hat einmal mitgeteilt, nicht ein einziger der vielen Lamas, die er befragte, hätten jemals etwas von einer »Großen Weißen Bruderschaft« gehört, und da auch zahlreiche Gelehrte anzweifelten, daß Blavatsky jemals in Tibet war, nannte er sie eine »Erzgaunerin« und »Betrügerin« (*fake*). Nach eigenen Angaben reiste sie zum ersten Mal im Jahre 1868 nach Tibet, wo sie angeblich Koot Hoomi traf und einige Zeit im Hause seiner Schwester in Shigatse lebte, einer Stadt in der Nähe des Tashilhunpo-Klosters im südlichen Zentraltibet, dem Sitz des Panchen Lama. In diesem Jahr, so teilte sie später ihrer Tante Nadeshda brieflich mit, habe sie in Florenz von Morya die Nachricht erhalten, sie solle sich mit ihm in Istanbul treffen, was sie auch tat. Von dort aus seien sie dann gemeinsam auf dem Landweg nach Tibet gereist, wo sie zwei Jahre bei den Mahātmas verbracht habe. In den 1880er Jahren erklärte sie mehrfach, insgesamt mehr als sieben Jahre in Tibet verbracht zu haben, und zwar an Orten, an denen noch nie ein Europäer gewesen sei und von denen kein westlicher Mensch auch nur träumen könne, sie jemals zu besuchen. Nach ihrer Rückkehr habe sie es jedesmal kaum ertragen, wieder unter solch ordinären und ignoranten Menschen wie den Europäern und Amerikanern zu leben. In einem tibetischen Kloster habe sie, so ihre Behauptung, 39 zum Teil auf Alttibetisch, aber größtenteils in Ideogrammen einer esoterischen Geheimschrift verfaßte und in zweieinhalbtausend Jahre alte rechteckige Goldtafeln eingeritzte Verse auswendig gelernt, die sie mit Hilfe höherer Eingebungen übersetzte und 1889, also zwei Jahre vor ihrem Tode, als ihr letztes Buch, *Die Stimme der Stille*, veröffentlichte.

Daß Blavatsky jemals in Tibet gewesen ist, gilt heute als extrem unwahrscheinlich, denn noch in der Zeit nach Oberst Younghusbands Tibet-Expedition im Jahre 1903 war es für Ausländer so gut wie unmöglich, die streng bewachte tibetische Grenze zu passieren, und festzustehen scheint lediglich, daß Helena 1852, also im Alter von 21 Jahren, vergeblich versuchte, wenigstens in die Nähe dieser Grenze zu kommen, als sie über Nepal nach Indien reisen wollte. Durchaus möglich ist es jedoch, daß eine ihrer Subpersönlichkeiten entsprechende halluzinatorische Erlebnisse hatte oder daß sie nach »Außerkörperlichen Erfahrungen« fest davon überzeugt war, auf irgendeine Weise tibetische Landschaften und Städte »gesehen« zu haben. Als nämlich ihre jüngere Schwester sie einmal fragte, ob sie denn wirklich in Tibet gewesen sei, gab sie zur Antwort: »Ich bin mir meines Besuches nicht so sicher als des Sehens – natürlich *sah* ich sie [= die Gegenden Tibets]!« Und ein anderes Mal beteuerte sie sogar, sie besuche, wenn es ihr passe, jede Nacht mit ihrem Astralleib Tibet, während ihr materieller Körper im Bett liegenbleibe.[6]

War also Helena Blavatsky eine Betrügerin? Mit etwas gutem Willen wird man ihr zugestehen, daß ihre »Reisen« nach und »Aufenthalte« in Tibet zwar nicht körperlich und geographisch, aber halluzinatorisch stattfanden und in diesem Sinne nicht frei erfunden waren, und Ähnliches mag auch für die ihr »diktierten« oder von einer unsichtbaren Vorlage »abgelesenen« Texte gelten, die sie zu Büchern verarbeitete, wobei ihr offenbar nicht wirklich bewußt war, daß es sich um Erinnerungen an gedrucktes Textmaterial handelte, das sie irgendwann auf ganz normale Weise gelesen hatte. Schon als Mädchen las Helena unentwegt in der Bibliothek des Großvaters ihrer Mutter, des Fürsten Pavel Dolgoruki, der offenbar Rosenkreuzer war und Hunderte von esoterischen und okkultistischen Büchern besaß. Die russischen Rosenkreuzer glaubten damals an ein weltweites Netzwerk von »Meistern«, die ihre »Zentrale« in Tibet hatten, und Helena nannte später ihre Mahātmas »die orientalischen Rosenkreuzer«. Ganz offensichtlich war das hochgradig phantasiebegabte Kind außergewöhnlich »absorptionsfähig« und »versank« so tief in dem Gelesenen, daß sie es kaum noch von der Wirklichkeit unterscheiden konnte.[7] Wesentliches, was sie nach ihrer Aussage von den Mahātmas erhalten hatte, stammte von dem zeitgenössischen Romancier Louis Jacolliot, mehr noch aus den Romanen des stark von den Rosenkreuzern beeinflußten und mit Eliphas Lévi befreundeten Okkultisten Edward Bulwer Lytton, der durch seinen 1834 erschienenen Roman *The Last Days of Pompeii* berühmt geworden war, während ein von Blavatsky in *The Occult World* veröffentlichter Brief der Mahātmas größtenteils identisch ist mit dem damals in einer amerikanischen Zeitschrift abgedruckten Vortrag eines Professor Kiddle, der zwei Monate bevor Sinnett den »Brief« erhalten hatte erschienen war.

Ständig spielte Blavatsky ihre Vertrautheit mit der esoterischen Literatur herunter, um nicht in den Verdacht zu geraten, eine Plagiatorin zu sein, denn anscheinend war sie sich doch nicht immer so sicher, daß wirklich die Mahātmas und nicht sie selber die eigentlichen Autoren ihrer Schriften waren. So schrieb sie zum Beispiel zu Beginn des Jahres 1886 an Oberst Olcott: »I have the *Secret Doctrine* to show whether Masters are or *are not*. If not – then I am the Mahātma, and that's as well!« Auf der anderen Seite berichtete die englische Theosophin Annie Besant, Blavatsky habe stets großen Wert auf die Feststellung gelegt, daß »the [Theosophical] Society was only worthy to live, if it were a witness to a channel for the masters' teachings«.

Im November 1874 nahm Blavatsky gemeinsam mit Olcott in Philadelphia an Séancen teil, bei denen sich nicht nur der Pirat John King, der später der Kontrollgeist des berühmten süditalienischen Mediums Eusapia Palladino wurde, mit »turban, beard and all« »ektoplasmisch materialisierte«, sondern auch dessen junge Tochter Katie, »das Gespenst« (*the spook*), wie Blavatsky sie nannte. Als indessen die Betrügereien bei diesen Veranstaltungen sehr bald aufflogen, weil herauskam, daß man eine gewisse Eliza White engagiert hatte, die den materialisierten Geist der Piratentochter mimte, hielt Blavatsky nichtsdestotrotz an der Authentizität der beiden Geister fest, was zeigt, daß bezüglich des Okkulten der Wunsch Vater ihrer Überzeugungen war.[8]

Kann man diese Unverdrossenheit auf Wunschdenken und Leichtgläubigkeit zurückführen, scheint es sich bei den sogenannten Mahātma-Briefen um einen ausgemachten Betrug Blavatskys zu handeln. Im September 1884 erschien nämlich im *Madras Christian College Magazine* ein Exposé, in dem 15 Briefe Blavatskys abgedruckt waren, aus denen hervorging, daß sie ihre Haushälterin Emma Coulomb und deren Mann, der als Hilfskraft im Theosophischen Hauptquartier in Adyar angestellt war, angewiesen hatte, hölzerne Gleitbahnen herzustellen, auf denen sie Briefe aus einem Hohlraum in der Wand ihres Schlafzimmers in ein hölzernes Kabinett im sogenannten »Okkultraum«, das den Namen »der Schrein« trug, rutschen lassen konnte. Zwei Monate später traf der australische Parapsychologe Richard Hodgson in Adyar ein, um die Konstruktion im Auftrag der Society for Psychical Research zu untersuchen, doch Blavatsky hatte den »Schrein« vor seiner Ankunft wohlweislich zerstören lassen, aber auf Grund der Aussagen der Coulombs und anderer Personen, die das

Kabinett gekannt hatten, kam Hodgson zu dem Schluß, »that, in particular, the Shrine at Adyar, through which letters purporting to come from Mahātmas were received, was elaborately arranged with a view to the secret insertion of letters and other objects to a sliding panel at the back, and regularly used for this purpose by Madame Blavatsky or her agents«, insbesondere von ihrem Assistenten Damodar Mavalankar. Unmittelbar vor der Zerstörung des »Schreins« hatte auch der das Hauptquartier besuchende Moncure Conway darum gebeten, durch den »Schrein« mit den Mahātmas in einen kurzen brieflichen Kontakt treten zu dürfen, aber man verweigerte ihm den Zutritt. Durch dieses Kabinett waren anscheinend auch die Porträtzeichnungen von Koot Hoomi und Morya in die Welt der Sterblichen gelangt, die Conway in Adyar sah und die er sofort als – offenbar von Blavatsky oder ihren Vertrauten angefertigte – Kopien der Porträts eines Rājās und eines indischen Sektengründers erkannte. Als zwei Jahre zuvor in Allahābād Sinnett sich ein Porträt von Koot Hoomi wünschte, hinterließ er abends auf Anweisung Blavatskys ein leeres Blatt Papier. Am nächsten Morgen sagte Blavatsky während des Frühstücks plötzlich, sie spüre ganz deutlich, daß gerade ein »Astralbesucher« im Salon sei. Als sie daraufhin den Salon betraten, lag dort Sinnetts Blatt mit der Porträtzeichnung Koot Hoomis.[9]

§ 30
Dämonen, Geistermedien und
Multiple Persönlichkeiten

Sprechen zahlreiche Indizien dafür, daß die orientalischen Mahātmas Subpersönlichkeiten Helena Blavatskys waren, die bei ihr schon in der Jugend auf verschiedenartige Weise in Erscheinung traten, lassen sich Multiple Personen bis in sehr viel frühere Zeiten zurückverfolgen. Bereits im Mittelalter wurde von Menschen berichtet, in denen zwei Seelen lebten, meist eine »gute«, die ständig mit einer »bösen« innere Kämpfe ausfocht. Der Jesuit Jean-Joseph Surin, der im Jahre 1634 ins Kloster Loudun geschickt worden war, um die dortigen Nonnen von ihrer Besessenheit zu befreien, schrieb ein Jahr danach an einen Ordensbruder: »Dieser Geist«, der bereits die Frauen auf so unzüchtige Weise belästigt hatte, »vereint sich [auch] mit mir, ohne mir Bewußtsein und Wollen zu nehmen. Er ist da wie ein anderes Ich. Es hat den Anschein, als ob ich zwei Seelen hätte, die eine, die den Gebrauch der leiblichen Organe verloren hat, die sich nach Laune der Dämonen in Klagen und Schreien äußert. Und die fremde Seele, die meine zu sein scheint, ist mit den Pfeilen der Verzweiflung durchbohrt, während die andere dies alles mit Gottvertrauen verachtet. Wenn ich, bewegt durch die eine der beiden Seelen, über meinen Mund das Kreuzeszeichen machen will, hält die andere Seele meinen Arm mit Gewalt zurück.« Den Fall einer 21jährigen multiplen Frau beschrieb 1789 der Magnetiseur Eberhard Gmelin und in dem 1759 erschienenen Buch *Gründliche Nachricht von einer begeisterten Weibesperson* wird von einer jungen Frau in Anhalt berichtet, die nicht nur in Zungen sprach, sondern aus deren Mund auch der Teufel, ein weiterer böser Geist, ein Jäger sowie drei oder vier verschiedene gute Geister oder Engel geredet hätten. Als sich schließlich im Jahre 1878 der amerikanische Arzt Winchester Stevens mit der 14jährigen Visionärin Mary Lurancy Vennum beschäftigte, sprachen plötzlich eine alte Frau und ein junger Mann »aus ihr«, und nachdem sie wieder »sie selber« geworden war, sagte sie ihm, auch andere »Geister« benutzten ihren Körper während der Zeitspanne, in der sie im Himmel weilte. Auf Stevens' Anregung hin rief sie den Geist von Mary

Roff, der Tochter eines Nachbarn, die vor 13 Jahren gestorben war, und am nächsten Morgen hatte sich Vennum in ihrem Wesen völlig verändert. Sie sagte, sie *sei* Mary Roff, erkannte die Mitglieder ihrer Familie, ihre Eltern und Geschwister nicht mehr und gab allen zu verstehen, sie sehne sich nach dem Haushalt der Roffs und danach, endlich, nach so langer Zeit, ihre Familie wiederzusehen. Dort angelangt, umarmte sie alle, überschüttete sie mit Küssen und richtete sich in ihrem alten Zuhause wieder ein. Nach knapp vier Monaten wurde sie aber plötzlich abermals Mary Lurancy und heiratete ein paar Jahre später. Doch bei der Niederkunft mit ihrem ersten Kind wurde sie erneut Mary Roff, die offenbar im Gegensatz zu Mary Lurancy das Baby schmerzloser gebären konnte.[1]

Hegte der Jesuit Surin den starken Verdacht, daß die »fremde Seele« in ihm in Wirklichkeit seine eigene war, scheint ein solcher Argwohn aber ansonsten eher selten zu sein. So war zum Beispiel eine Frau, deren Subpersönlichkeiten sie immer wieder dazu aufforderten, sich umzubringen, weil sie »böse« sei, und die schon mehrere Selbstmordversuche hinter sich hatte, unverbrüchlich davon überzeugt, »daß diese Persönlichkeiten kein Teil von mir sind. Das glaube ich ganz fest!« Sie hielt sie für »Dämonen oder so etwas«, die bei ihr »die Kontrolle übernehmen«, weil sie »eine schwache Person« sei. Wie heute den Subpersönlichkeiten war sie früher ihrem Bruder hilflos ausgeliefert, wenn er sie regelmäßig verprügelte und anschließend vergewaltigte.

Unter dem Einfluß der New-Age-Ideologie halten in unserer Zeit »Multiple« zunehmend »die Fremden« in sich für Aliens aus anderen Galaxien, »transzendente Hilfsgeister«, verstorbene Berühmtheiten oder Familienmitglieder, aber auch für von ihnen abgetriebene Föten, und wenn sie einen katholischen, fundamentalistischen oder Charismatisch-Pfingstlerischen Hintergrund haben, für böse Geister, zumal diese Geister oft selber behaupten, Teufel oder Dämonen zu sein. Etliche Subpersönlichkeiten bestehen darauf, daß sie einst normale Menschen waren, die irgendwann das Bedürfnis verspürten, wiedergeboren zu werden. Eine weibliche Subpersönlichkeit gab an, in einem früheren Leben eine Indianerin gewesen zu sein, und eine männliche Subpersönlichkeit sagte, er sei der aztekische Quetzalcoatl, der vergöttlichte Herrscher des Toltekenreiches, während manche für die Ursprungspersönlichkeit schlicht die »Seelen, Schatten, Wesen, die Anderen oder Leute«

sind. So teilte eine alte Frau ihrem Arzt mit: »Ich werde seit 17 Jahren von zwei Wesen begleitet, die weder Menschen sind noch Tiere. Sie sind ganz anders als ich. Sie hören keine Stimmen, sie lassen sich nicht von der Welt verunsichern. Sie wissen, was sie wollen und was nicht. Sie sind großzügig und humorvoll. Durch sie habe ich mich getraut, mich den Menschen und der Welt offener zuzuwenden. Sie gehen nicht weg. Wir sind zu dritt und sorgen für einander. Sie erweitern mein Hiersein auf eine sehr warme und beruhigende Weise. Sie sind die Basis für mein heute autonomes Leben. Ich bin nicht mehr so ausgeliefert.« »Die Stimmen«, unter denen sie früher so litt, »kommen [zwar] immer mal wieder, aber sie können mich meist nicht mehr so beherrschen wie früher«.

Die Tatsache, daß im Jahre 1907 William McDougall, damals einer der führenden amerikanischen Psychologen, öffentlich die Meinung vertrat, die Subpersönlichkeiten oder »Alters« seien Geister, beeinflußte nicht nur viele »Multiple« dieser Zeit, namentlich die berühmte Miss Beauchamp, deren »Alter« Sally von sich sagte: »I am a spirit«, sondern auch zahlreiche spiritistische Medien. Aber noch heute gibt es in Amerika Wissenschaftler, die nicht daran zweifeln, daß die »Alters« eigenständige Dämonen sind, die sich im Körper mancher Menschen eingerichtet haben – so zum Beispiel der Medizinprofessor Ross, ein Befürworter des Zwangsexorzismus, der konstatiert: »The reductionist atheistic bias of modern psychiatry which dismisses the reality of demons is just that, reductionism. It is not science.« Und die amerikanische Psychologin Edith Fiore behauptet, die Subpersönlichkeiten seien in Wirklichkeit ebenso Geister wie die Stimmen von Schizophrenen und die »imaginären Spielkameraden« der Kinder die »erdgebundenen Seelen Verstorbener«. Von 236 untersuchten »Multiplen« hielten immerhin 29 Prozent ihre Subpersönlichkeiten für Dämonen und weitere 21 Prozent für verstorbene Verwandte, die auf diese Weise ins Leben zurückgekehrt waren. So hieß eine der zahlreichen »Alters« einer jungen Frau namens Nora, die als Jugendliche sexuell gefoltert worden war, »die Zeitlose«, die Nora schon kannte, als diese noch gar nicht geboren war, ein Geist mit einer sehr sanften Stimme, der sich gut ausdrücken konnte, von großer Intelligenz war, aber unergründlich, und der nur erschien, wenn Nora unter der Dusche stand, weil er das Gefühl des Prickelns unter dem Wasserstrahl mochte. »Multipel« sind aber auch die sudanesischen Frauen, die gleichzeitig von mehreren *zār*-Geistern »besessen« werden, die eine ganze Nacht lang abwechselnd als Könige, Sklaven, Nonnen, Prostituierte, Homosexuelle, koptische Geistliche oder aggressive Krieger manifest werden, oder die Frauen ganz im Norden des Landes, in deren Körper die »roten *jinn*« leben, die im Gegensatz zu den »schwarzen« nicht ausgetrieben werden können, Geister mit meist völlig »verschiedenem Charakter und miteinander unvereinbaren Ansprüchen«, die kopräsent sind und bleiben.[2]

Hauptursache für die Entstehung Multipler Persönlichkeiten sind mit Sicherheit schwere traumatische Erfahrungen. Gewiß hatte schon Pierre Janet recht, der sagte, eine Neigung zur Dissoziation unter solchen Umständen sei angeboren, wobei jeder Mensch offenbar die Fähigkeit besitzt, gewisse Anteile von sich abzuspalten. Außerdem gibt es in den psychiatrischen Kliniken keine Patienten, die in einem solch hohen Maß hypnotisierbar oder auch auf sonstige Weise beeinflußbar sind wie »Multiple«, die meist auch extrem phantasiebegabt sind und zu Halluzinationen neigen. So spaltete die berühmt gewordene Miss Beauchamp nicht nur Persönlichkeitsanteile ab, sondern sie schuf auch außerhalb ihrer selbst die hl. Jungfrau, die in kritischen Situationen erschien und dem jungen Mädchen mit ihrem Gesichtsausdruck kundtat, daß alles gut sei.

Zu den traumatischen Erlebnissen gehören in erster Linie Vergewaltigungen in Kindheit und Pubertät, sexuelle Folter, das Einführen von Gegenständen in Vagina und After oder die Nötigung zu extrem beschämenden sexuellen Aktivitäten wie im Falle eines amerikanischen Schwarzen, der als Jugendlicher von seinem Vater gezwungen wurde, mit seinen sämtlichen Schwestern Geschlechtsverkehr auszuüben, während der Vater und seine Kumpel dabei zuschauten, sich sexuell erregten und pornographische Photos schossen. Als Miss Beauchamp 13 Jahre alt war, starb ihre Mutter, und in den drei darauffolgenden Jahren, die sie bei ihrem Vater verbrachte, löste ein Schock, ein Schrecken und eine schwere Belastung den bzw. die andere ab, darunter offenbar eine brutale Vergewaltigung durch ihren Vater oder einen älteren Mann, die der Psychiater Morton Prince in seiner Berichterstattung allem Anschein nach zunächst andeutete. Doch nachdem die junge Frau das Manuskript kurz vor der Drucklegung gelesen hatte, bat sie Prince, gewisse »peinliche Passagen« des Textes zu streichen, wozu ganz gewiß die Erwähnung ihrer »Entehrung« durch den Gewalttäter gehörte. Traumatisch erlebt wurden und werden aber auch extreme emotionale Vernachlässigung und bittere Armut, übertrieben strenge Erziehung sowie Zeuge schrecklicher Ereignisse wie zum Beispiel Flutkatastrophen, schwerer Erdbeben, Ermordung oder Vergewaltigung der Mutter und dergleichen gewesen zu sein. Chris Sizemore, deren Schicksal die Vorlage für das bekannte Buch und den Film *The Three Faces of Eve* (1957) war, berichtete, ihre »Alters« seien entstanden, als sie in ihrer Kindheit innerhalb von drei Monaten Zeuge zweier Todesfälle Nahestehender und eines entsetzlichen Unfalls geworden sei, und ein englisches Mädchen wurde nach einer Unglücksserie multipel, die sich über eine Reihe von Jahren erstreckte. Zuerst starb ihre Zwillingsschwester mit zehn Jahren, dann empfand sie es als äußerst peinlich, als ihr Schamhaar zu sprießen und ihre Brüste zu wachsen begannen. Daraufhin starben beide Eltern und andere Geschwister, und sie mußte zu einer herzlosen Tante ziehen, die sie unter anderem zwang, allein im ersten Stock eines unheimlichen Hauses bei völliger Dunkelheit zu schlafen.

Die »spirit guides« eines weiblichen Geistermediums in Neuengland waren offenkundig Subpersönlichkeiten, die all das verkörperten, was ihr verhaßter Vater *nicht* war. So war einer von ihnen immer für sie da, besonders wenn sie deprimiert, angeschlagen oder erschöpft war – dann machte er ihr Mut und gab ihr neue Kraft. Dies tat auch ein weiblicher Geist, der sehr viel Selbstbewußtsein und Kampfesmut ausstrahlte und zu Unternehmungen bereit war, an die sie sich selber nie herangewagt hätte. Dann gab es da den kindlichen Geist Daisy, der von anderen Menschen all die Aufmerksamkeit erhielt, die ihr nie zuteil wurde, der aber auch boshaft, frivol und taktlos sein konnte und jedem bedenkenlos die Wahrheit ins Gesicht sagte. Und schließlich war da noch ein mit einer tiefen Stimme sprechender Geist, der einen Doktortitel ehrenhalber trug und ihre Verbindung zu den Ratsmitgliedern des Geisterlandes herstellte. All diese Geister berührten oft ihren Körper, und auch sie selber konnte sie sehen, hören und fühlen.[3]

Gibt es an der ostafrikanischen Swahili-Küste oder bei den Apatani im östlichen Himālaya Geister, die den Menschen, in denen sie sich aufhalten, helfen, sie beschützen oder ihnen die Gaben der Weissagung oder des Heilens zukommen lassen, schreiten auch bei uns immer wieder stärkere und mutigere Subpersönlichkeiten bei drohender Gefahr ein und verhindern Vergewaltigungen und andere Verbrechen. Die Geister vieler Frauen der viktorianisch-wilhelminischen Zeit waren häufig »harte Burschen« oder rauhe Tomboys, aufgeweckt, dreist, initiativ, bösartig, promiskuitiv, lesbisch oder bisexuell, also alles das, was die Ursprungspersönlichkeit nicht war oder sich nicht zu sein traute. War diese prüde, still, gehemmt, verklemmt und kränklich, waren »die Anderen« in ihr ungezügelt, verantwortungslos, narzißtisch, kokett und lasziv. Ludwig Staudenmaier etwa, der vor dem Spiegel feststellte, daß sich seine Physiognomie je nach dem vorherrschenden »Teilwesen« völlig veränderte, sagte über eines von ihnen, das er die »Hoheit« nannte: »Hoheit denkt immer wieder am liebsten an hoheitliche und vornehme Dinge, sucht alle meine Handlungen und Pläne in hoheitlichem Sinne zu beeinflussen und auszulegen, meine ganze Lebensweise und Denkart vornehm zu gestalten.« Ein im Alltag sehr strenger und pflichtbewußter Patient einer Nervenheilanstalt, der rigide Maßstäbe hatte und auch stets einhielt, zeichnete eines Tages die »vier Seelen in meiner Brust«, nämlich einen bizarren Vogel mit kalten Raubtieraugen und scharfem Greifvogelschnabel, einen sexuellen Wüstling mit Schweineschnauze, einen sinnlos Betrunkenen und eine Art Eulenkopf, den er als »Symbol der Weisheit« bezeichnete.

Noch nicht sexuell aufgeklärt wurde die vom Psychiater Théodore Flournoy behandelte Schweizerin Cécile Vé um das Jahr 1880 im Alter von siebzehneinhalb Jahren Opfer einer brutalen Vergewaltigung. Anschließend war sie viele Jahre lang fest davon überzeugt, die Schuld an dem Verbrechen zu tragen, und spaltete sich in eine steife, korrekte, streng sittliche und gläubige ledige Lehrerin, als die sie ihr Geld verdiente, sowie in einen unreinen Spielball ihrer sexuellen Begierden, der stundenlang zwanghaft masturbierte und sich dabei den hemmungslosesten und wildesten Phantasien hingab. Diese Schübe dauerten manchmal eine ganze Woche und waren für ihre anständige Persönlichkeit, die alles miterlebte, eine unerträgliche Qual, weshalb sich diese an den Genfer Psychiater wandte, von dem sie erwartete, daß er sie mit Hilfe einer »hypnotischen Suggestion« von ihren Leiden, die »die Frau da unten«, wie sie die andere Persönlichkeit in sich nannte, so sehr genoß, befreien würde. »Jetzt verstand ich«, so schrieb sie einerseits, »warum die Mystikerinnen des Mittelalters ihre völlig geistigen Ekstasen mit den Freuden und Umarmungen der körperlichen Liebe vergleichen konnten. [...] Wenn ich danach [= nach ihren sexuellen Eskapaden] wieder zu mir komme, habe ich das Gefühl, einen Höhepunkt erreicht zu haben, einen Gipfel. Vielleicht besteht darin für mich das Göttliche.« Auf diese »wunderbare göttliche Erfahrung« freute sie sich ein jedes Mal, aber wenn sie vorüber war, hatte sie andererseits das Gefühl, einen weiteren »schmachvollen moralischen Zusammenbruch« erlebt und sich nicht gegen die lüsternen Dämonen gewehrt zu haben. Doch letzten Endes kam sie zu der Überzeugung, daß ihre Schuld noch viel größer war, als sie ursprünglich angenommen hatte, da ihre Lustgefühle in Wirklichkeit nicht die der von Dämonen stimulierten »Frau da unten«, sondern ihre eigenen »unedlen Empfindungen« waren, die »aus den niedrigsten Regionen des Unterbewußtseins stammen«. Eines Nachts im Jahre 1912, als sie etwa 50 Jahre alt war, fühlte sie im Zustand der *dormiveglia*, dem Schlafwachen, die Präsenz eines freundlichen und tröstenden männlichen Wesens, »une personnalité autre que moi-même«, mit der sie »comme je pense, à voix intérieure« redete, die sie aber dennoch für eine Abspaltung ihrer selbst hielt, obwohl sie es gerne anders gehabt hätte. Wenn dieses Wesen sie später besuchte, wurde sie von ihm geradezu »verschlungen« und »ausgelöscht«, wobei sie auf heftige Weise erregt wurde, bis »ein ungemein starker sexueller Orgasmus« sie schließlich erlöste. Doch da sie eine intensive Sehnsucht nach dem christlichen Gott hatte (»Il me faut un Dieu personnel!«), kam sie auch jetzt zu dem Schluß, daß diese »Macht« nur ein Produkt ihres Bewußtseins war, worauf diese für immer verschwand.

War sich diese hochreflektierte Frau letzten Endes im klaren darüber, daß nicht irgendwelche Dämonen, sondern ein abgespaltener Teil ihrer Persönlichkeit diese verwerfliche sexuelle Gier verursachte, fehlt den meisten »Multiplen« eine solche Einsicht. So war zum Beispiel eine junge Frau, die im Alter von 14 Jahren immer wieder von ihrem Stiefvater vergewaltigt wurde, nicht mehr in der Lage, zwischen all den Subpersönlichkeiten in sich irgendeine Gemeinsamkeit zu finden. »Es gibt da jemanden«, so schrieb sie an ihren Therapeuten, »der sehr glücklich sein kann, und jemanden, der nichts mehr essen will und nur noch kotzt. Aber wenn auch viele Stimmen schreien, ich sei eine Heuchlerin, eine Nutte, – wenn ich mich verletze, dann werde ich ruhiger. Aber das Tier in mir reißt sich los: Gib mir Essen, ich muß Essen kriegen! Du bist eine SAU, Mary, ein TIER! Verhökere deinen KÖRPER, geh nackt auf die Straße und laß dich dort STOPFEN! Laß dich von allen FICKEN! Es gibt nur noch ein kaputtes Bild, das in zahlreiche Fragmente zerfallen ist. Ich sehe keine Verbindungen mehr, keine Einheit.«

Die depressive und konfuse Mary wurde bereits im Alter von vier Jahren habituell von ihrem Stiefvater mißbraucht, bis sich irgendwann ihre Persönlichkeit teilte und sie das Vergewaltigtwerden einer gewissen Sandra überließ, von der sich wiederum Sally abspaltete, die dem Täter gefallen wollte, sich ihm gegenüber kokett verhielt und mit ihm flirtete, sowie Hatey, die Aggressive, die ihn verabscheute und haßte, und schließlich die junge und gefügige Peggy, die sich während des Mißbrauchs völlig aus dem Körper entfernte, damit sie nichts spürte.[4]

Wenn erwachsene Frauen vergewaltigt werden, spalten sie häufig *das Erlebnis* – nicht einen Persönlichkeitsanteil – von sich ab, das heißt, sie werden im Vergleich zu Kindern oder Heranwachsenden selten multipel, sorgen vielmehr eher dafür, daß das schreckliche Erlebnis nichts mit ihnen zu tun hat, was auf ganz verschiedene Weise geschehen kann. Manche Opfer betrachten das Verbrechen, schon während es geschieht, aus einer Distanz, was im Extremfall zu einer »Außerkörperlichen Erfahrung« führen kann, bei der offenbar die Propriozeption, also das Körpergefühl, verschwindet und die Betreffenden davon überzeugt sind, ihren Körper verlassen zu haben und die Tat von oben mitzuverfolgen. Solche Erlebnisse, die bisweilen von einem »Lebenspanorama« begleitet sind, werden bekanntlich auch von Menschen berichtet, die Opfer von Folter, schwerer Mißhandlung, Geiselnahme oder Natur- und anderer Katastrophen wurden, aber auch von Soldaten, die an heftigen Kampfhandlungen teilnahmen und sicher waren, sterben zu müssen.[5]

Von bosnischen Vergewaltigungsopfern der neunziger Jahre des vergangenen Jahrhunderts weiß man, daß viele von ihnen so über die Kriegsverbrechen sprachen, als seien nicht sie, sondern völlig andere Frauen die Opfer gewesen oder als ob es sich nur um schreckliche Alpträume gehandelt habe. Eine der Frauen sagte, für sie sei es, als ob ihre Erinnerung nicht ihre eigene sei oder sie die Tat in einem Film gesehen hätte, und nicht anders erging es den Hunderten von Männern, die von serbischen Soldaten anal penetriert wurden oder sie immer wieder oral befriedigen mußten. Nach seriösen Schätzungen wurden zudem über 4000 kroatische Gefangene sexuell gefoltert, und zwar manchmal von Frauen, die ihnen die Hoden abschnitten, oder von Mitgefangenen, die gezwungen wurden, ihnen die Hoden abzubeißen und zu essen.

Es gibt Frauen, die ihre Integrität nach einer Vergewaltigung dadurch zu wahren suchen, daß sie sich nur mit ihrer körperlosen Seele identifizieren wie jene Frau, die in ihrer Jugend von so gut wie allen Familienmitgliedern gewohnheitsmäßig sexuell mißbraucht wurde und die später sagte: »Sie konnten meinen Körper haben, wenn sie wollten. Richtig schlimm wurde es jedoch, als sie es auf meine Seele abgesehen hatten.« »Ich hab da nie irgendwas gefühlt«, so charakterisierte eine Prostituierte den ihr unliebsamen Geschlechtsverkehr mit den Freiern, »also, das war, als hätt' ich meinen Körper gar nicht, als wär' das nur außerhalb von mir«. Und eine andere gab an, sie stelle sich währenddessen vor, der Freier benutze nicht sie, sondern irgendeine ihr unbekannte Frau, um seinen »Druck« loszuwerden, was eine Straßenstricherin bestätigte, die betonte, sie habe dabei nicht die geringste Empfindung, fühle sich aber hinterher erschöpft. Trotzdem leidet meist auch die normale, außerberufliche Sexualität unter einer solchen Tätigkeit, weshalb Prostituierte auch dann, Studien zufolge, sehr selten einen Orgasmus haben.[6]

Andere, und zwar meist Mädchen und junge Frauen, denn nach verschiedenen Untersuchungen sind von zehn »Multiplen« neun Angehörige des weiblichen Geschlechts, können nur »gut« und »rein« bleiben, indem sie von sich Persönlichkeitsanteile abspalten, denen das »Schlechte« und »Scheußliche« widerfahren ist und nicht ihnen selber. Denn die Verletzung und die Scham sind nicht so groß, wenn sie eine andere Person betreffen, das heißt, die Erschaffung eines Opfers erlaubt es der verletzten Ursprungspersönlichkeit, einigermaßen unbeschadet weiterzuleben und sich nicht endlos mit dem traumatischen Ereignis auseinanderzusetzen. So erfuhr im Jahre 1990 eine Amerikanerin von zwei weiblichen Subpersönlichkeiten im Kindesalter, daß eine andere »Sub«, die naive Jenny, sowie eine weitere namens Sarah von einem jungen Mann bzw. von ihrem Adoptivvater vergewaltigt worden waren. Und einer anderen Frau vertraute einer ihrer »Alters«, ein Jüngling, an, er sei im Alter von 13 Jahren von einem Mann anal vergewaltigt worden, während es in Wirklichkeit die Ursprungspersönlichkeit, also die Frau war, die als 13jähriges Mädchen auf diese Weise mißbraucht worden war.

Während die meisten Menschen die Konflikte zwischen ihren verschiedenen Bestrebungen und Begierden aushalten können, sind andere dazu nicht in der Lage und vermeiden diesen Widerstreit, indem sie sich spalten, zum Beispiel in »die Zornige und Ungehaltene«, »das Opfer«, »den Täter«, »den Beschützer«, »das kleine Kind«, »die Anständige«, »die Hure«, »die Schwuchtel«, »den Teufel« usw. Verdrängte traumatische Erlebnisse kehren bei Personen ohne Dissoziative Identität zumindest teilweise als Flashbacks einzelner Szenen zurück, aber auch in Träumen, Trance- und Angstzuständen sowie in Phasen der Entspannung, etwa auf der Couch eines Psychoanalytikers. Intensives Nachdenken, also kortikale Aktivität, senkt die der Amygdala, in der offenbar die Erinnerung an Traumata »gespeichert« ist, weshalb man durch konzentrierte Überlegungen solche Rückblenden nicht mobilisieren kann. Werden also bei den »Multiplen« die miteinander unvereinbaren Anlagen und Dispositionen auf verschiedene Subpersönlichkeiten verteilt, schließt dies nicht aus, daß es zwischen diesen zu Konflikten kommt. Manche mögen einander nicht, andere streiten miteinander um die Kontrolle oder üben sie gleichzeitig aus, wie bei einer Frau, die des öfteren zu Boden stürzte, weil ein Bein die eine, das andere die entgegengesetzte Richtung einschlug. Vorprogrammiert war der Konflikt zwischen Miss Beauchamp und ihrer »Sub« Sally, die dem Psychiater erzählte, sie bekomme *alles* mit, was jene denke, sage, träume oder tue, denn sie selber schlafe *nie*, auch wenn sie nicht »draußen« sei und die Kontrolle über den Körper ausübe – die Beauchamp sei eben völlig anders als sie, mit anderem Naturell und anderen Absichten, die sie, Sally, aber zu verhindern wisse: »She does not enjoy wickedness. I do. She thinks she is going to be a sister [= Nonne]. She won't as long as I am here!«

Geradezu traumatisch kann es für eine sittsame oder gar prüde »Sub« oder Ursprungspersönlichkeit werden, wenn sie plötzlich »übernimmt«, während eine andere »Sub« irgendeine für jene anstößige oder perverse Form von Geschlechtsverkehr ausübt, oder wenn jemand »kommt«, der heterosexuell ist, während der oder die »Sub« gerade ho-

mosexuelle Praktiken ausübt. Vor einigen Jahren forderte die »Sub«
einer jungen Frau aus Wisconsin, die extrem lüstern und promiskuitiv
war, einen Fremden zum Koitus auf, doch mitten im Akt »kam« eine
schamhafte und züchtige »Sub« und warf empört und angeekelt den
nackten Mann aus dem Bett; aber auch alle anderen feindseligen und
aggressiven »Alters« können durch ihre Interventionen vor allem die
Ursprungspersönlichkeit in unangenehme und peinliche Situationen
bringen. In dem Film *The Three Faces of Eve* ist die Ursprungspersönlichkeit Eve White eine langweilige, eingeschüchterte und duckmäu-
serische Frau mit zwei »Subs«, der extravaganten und sexuell auf-
reizenden Eve Black und der intelligenten und nachdenklichen Jane.
Einmal verführte Black den Mann von White, Ralph, der aber während des Geschlechtsverkehrs das veränderte Timbre ihrer Stimme
bemerkte und stöhnte: »Ach du lieber Gott, du schon wieder!« White
hatte ein Kind von Ralph, aber das bedeutete für Black nicht, daß sie
schon vorher mit Ralph geschlafen hatte. »Also gut«, sagte sie, »dieser
Körper hat das Kleine geboren, aber ich war nicht da, als das geschah!« White war über den Beischlaf zwischen Black und Ralph empört und wollte sich von Ralph wegen Untreue scheiden lassen, vermutlich weil er den Akt nicht abgebrochen hatte, aber das Gericht
erkannte ihn nicht als Ehebruch an, obgleich es den meisten »Co-Persönlichkeiten« so geht wie jener Frau, die zu ihrem Psychiater sagte:
»Sie sind nicht ich und ich bin nicht sie. Es ist wie Sie und ich!« Sally
sprach von Miss Beauchamp und den übrigen »Alters« als ihrer »Familie«, doch eine dritte betonte: »Wir fühlen uns *alle* verschieden!«[7]
    Anlaß für Streit, Verbitterung und Frustration können auch andere
Umstände sein. So beklagten sich drei Subpersönlichkeiten eines jungen anorektischen Mädchens ständig darüber, daß diese sie dann, wenn
sie den Körper kontrolliere, nicht genügend füttere, und obwohl sie
kaum Brüste entwickelte, waren ihre beiden männlichen »Subs« todunglücklich über ihren Körper. Sie monierten, daß sie wie eine Frau aus-
sähen, und wünschten sich Bartwuchs, Muskeln und vor allem einen
funktionsfähigen Penis und Hoden. Zum Entsetzen seiner männlichen
»Subs« ließ ein Mann sich durch eine Operation in eine »Frau« umwandeln, aber sie konnten sich gegen ein »Bündnis« der weiblichen
»Subs«, die auch dafür gesorgt hatten, daß er unfähig war, eine Frau
zu penetrieren, nicht durchsetzen. Wenn dagegen eine dieser weiblichen

Subpersönlichkeiten sich von einem Mann penetrieren ließ, fühlte sich insbesondere das stärkste männliche »Alter« anal vergewaltigt, gedemütigt und als Schlappschwanz. Die Ursprungspersönlichkeit des Mannes war bereits als Kind sowohl von seinem Vater als auch von seiner Mutter sexuell mißbraucht worden. Die Mutter hatte sich immer ein Mädchen gewünscht und gab ihrem Sohn einen Mädchennamen, mit dem später eine der »Subs« benannt wurde. Als er in die Schule kam, mißbrauchte ihn seine Mutter täglich vor dem Unterricht, so daß er bald seinen Penis haßte und ihn gerne losgeworden wäre. Doch sein Vater sagte ihm, damit könne man Wunderbares anstellen, und zeigte es ihm, indem er ihn anal penetrierte, was zur festen Gewohnheit wurde. Als er in die Pubertät kam, benutzte ihn die Mutter weiterhin sexuell, untersagte ihm aber, in ihrer Vagina zu ejakulieren, aber weil der Vater befürchtete, der Junge könnte trotzdem seine Mutter schwängern, durfte diese fortan seinen Penis nicht mehr bei sich einführen. Da die Frau aber ohnehin mehr an lesbischem Sex interessiert war, schuf er mehrere weibliche »Subs«, mit denen sich beide Eltern oral und anal vergnügen konnten. Unterlagen in diesem Fall die männlichen »Alters« der Koalition der weiblichen, gibt es Kämpfe, die nie beendet werden, weil keine Partei die Oberhand gewinnt. So erwähnte Sigmund Freud den Fall einer seiner Patientinnen, die »mit der einen Hand das Gewand an den Leib preßt (als Weib) und mit der anderen es abzureißen sucht (als Mann)«, weil diese männliche Subpersönlichkeit offenbar begierig war, den weiblichen Körper nackt zu sehen, und bereits hundert Jahre zuvor wurde von einem 20jährigen Mädchen berichtet, in dessen linker Körperhälfte der teuflische Geist eines »schwarzen« Kapuziners lebte, während die rechte vom »weißen Geist« einer guten Nonne in Besitz genommen war.

Manche Subpersönlichkeiten wissen voneinander, interagieren aber nicht, oder sie wissen von anderen, aber das Wissen ist einseitig. So erfuhr etwa eine junge Französin zu ihrem Entsetzen von ihrem Arzt, daß sie schwanger sei, obwohl sie noch nie mit einem Mann geschlafen habe. In diesem Augenblick wechselte ihre gesamte Persönlichkeit, und eine »Sub« sagte dem Arzt lachend, natürlich sei sie schwanger, aber das bereite ihr keinerlei Sorgen. Andere wundern sich über bestimmte Gefühle, die plötzlich entstehen, ohne daß sie sagen könnten warum – zum Beispiel ein junges Mädchen, das jedesmal, wenn sie einen Rhododendronbusch in der Nähe ihres Hauses sah, von Haßgefühlen gegen ihn erfüllt wurde. Schließlich stellte es sich heraus, daß sie immer wieder in diesem Gebüsch von einem Onkel mißbraucht worden war, nachdem sie sich unmittelbar davor in zwei Persönlichkeiten gespalten hatte: Eine blieb stets vor dem Gebüsch stehen, während der Täter die zitternde andere hineinführte. Oder sie fühlen plötzlich unerklärliche Widerstände wie Miss Beauchamps »Alter« A, die in ihrem Tagebuch notierte: »I had gone only a little way when I began to feel that I could not go on […] It was as if some physical force was restraining me, or like walking against a heavy wind.« In Wirklichkeit wurde sie von »Alter« B ausgebremst, die dem Psychiater sagte, sie könne A jederzeit ihren Willen aufzwingen, doch bei C gelinge es ihr nicht immer, denn sie sei »stronger«.

Freilich scheinen sich heutzutage die einzelnen Subpersönlichkeiten einander viel bewußter zu sein als noch vor hundert Jahren, und es sieht auch so aus, als ob es mehr Fälle »Dissoziativer Identitätsstörung« gäbe, was vielleicht, wenn es zutrifft, daran liegt, daß sich »postmoderne« Menschen je nach gesellschaftlichem Kontext unterschiedlich verhalten und dieser fortschreitende Differenzierungsprozeß zu einer tendenziellen Auflösung des »In-Dividuums«, der unteilbaren Person, führt, die sich dann wie jene multiple Frau fühlt, die fragte: »How can I ever know who I am, if whoever I am is one of the many inside me?«

Die Primärpersönlichkeit Multipler muß nicht unbedingt die Ursprungspersönlichkeit sein, obwohl sie das meistens ist, vielmehr ist sie diejenige, die vorwiegend die Kontrolle übernimmt, und diese kann im Laufe eines Lebens auch wechseln. Gleichzeitig können auch die Subpersönlichkeiten anwesend sein und sich miteinander unterhalten, und eine sagte, das sei dann so, als ob sie und eine andere auf dem Rücksitz eines fahrenden Autos säßen, während eine dritte oder die Primärpersönlichkeit auf dem Vordersitz lenke und den Verkehr beobachte. »Kommt« aber eine der »Subs« und wird aktiv, erkennen dies Außenstehende manchmal an einem Klimpern mit den Wimpern, einem Nach-oben-Rollen der Augen oder an einem Zustand momentaner Geistesabwesenheit.

Mit der Schaffung einer oder mehrerer Subpersönlichkeiten kompensieren viele Menschen ihre eigene Schwäche, ihr Unvermögen, ihre Kraft- und Machtlosigkeit und die Tatsache, daß sie von anderen erniedrigt und gedemütigt wurden, zum Beispiel im lateinamerikanischen Spiritismus und in den Charismatischen und den Pfingstkirchen durch die Kreation mächtiger Geister oder in Indien von einflußreichen Verstorbenen oder von Göttern, die im Körper der Betreffenden wohnen. So wird in Indien ein junges Mädchen, das vergewaltigt oder ein Opfer von Gewalt in der Familie wurde, häufig zum Sprachrohr einer *amman,* einer autonomen, keinem Manne untertanen, aggressiven, selbstbewußten und mächtigen Göttin, was ihren Status ungemein anhebt, oder bei den christlichen Indern das Sprachrohr der Mutter Maria, einer milderen Variante der Hindu-Göttin. Bei anderen haben die »Alters« den Mut, Dinge zu tun, die ihre Ursprungspersönlichkeit niemals wagen würde. So getraute sich eine 20jährige fundamentalistisch erzogene Südstaatlerin, die fest verinnerlicht hatte, daß vorehelicher Sex und Erotik eine unverzeihliche Todsünde seien, nicht, mit ihrem Freund, den sie liebte, intim zu werden, und entwickelte deshalb eine »Sub«, die nachts den Freund anrief, um ihn mit den perversesten Obszönitäten »anzumachen«. Und in einer BBC-Dokumentation war vor ein paar Jahren der Brite John zu sehen, der sich in jeder sexuellen und nichtsexuellen Beziehung gegenüber seiner Lebensgefährtin hündisch und unterwürfig verhielt. Wenn er aber »Rosie« wurde, veränderte sich sein Wesen vollkommen. Dann war er plötzlich selbstherrlich, draufgängerisch und extrem geil. Zwar war er an seiner Gefährtin sexuell desinteressiert, aber er verführte mit großem Genuß andere Männer und penetrierte sie anal.[8]

Die Subpersönlichkeiten nicht weniger Multipler, die einst vergewaltigt und mißhandelt wurden, identifizieren sich mit den Aggressoren oder werden selber zu Tätern. Ein solcher »Sub« einer jungen Frau, die sieben Jahre lang bis in die Pubertät hinein mehrmals in der Woche von ihren älteren Brüdern sexuell mißbraucht worden war, sagte kalt lächelnd zu ihrer Therapeutin: »Was wollen Sie denn, das ist doch ganz in Ordnung, daß man so etwas mit Kindern tut!« Andere idealisieren die Täter und schwärmen davon, wie erregend der Sex mit ihnen gewesen sei, und ein junger Mann, der ab dem Alter von vier Jahren bis weit in die Adoleszenz gewohnheitsmäßig zunächst von beiden Pflegeeltern und deren Tochter und schließlich von mehreren Freunden der Familie mißbraucht worden war, verwandelte sich zu Beginn der Therapie, als das Geschehene zur Sprache kam, blitzschnell in ein Mädchen und dann in einen perversen Sadisten. Aggressive und sexuell perverse Impulse, deren Ausagierung die Ursprungspersönlichkeit nicht zulassen kann, führen zur Bildung von Subpersönlichkeiten, die keine Skrupel haben, ihnen nachzugeben, und in der Folge manchmal Kinder schänden oder Frauen und Männer vergewaltigen. Der Student Billy Milligan, der in früher Kindheit das Opfer schwerer Mißhandlungen gewesen war, raubte auf dem Campus der Ohio State University neun junge Frauen aus und vergewaltigte sie dann brutal. Nach seiner Verhaftung sagte er aus, nicht er habe die Taten begangen, sondern seine »Sub« Adelana, eine 19jährige Lesbe, die sich zu ihrer Ausführung seines Penisses bedient habe. Und im selben Land erklärte sich der Vergewaltiger und Mörder eines jungen Mädchens vor Gericht für »nicht schuldig« und einen bösen Geist für den Verbrecher, der in ihn eingedrungen sei, als er selber den Film *The Exorcist* angeschaut habe. Ähnliches ereignete sich in einem Vorort von Rio de Janeiro, wo sich eine junge Umbanda-Priesterin, die einen Schlafenden ermordet hatte, indem sie ihm in den Hinterkopf schoß, vor Gericht damit verteidigte, nicht sie, sondern eine Dämonin namens Maria Padilha habe mit Hilfe ihres Körpers die Tat ausgeführt, und zwar ohne daß sie, die Priesterin, etwas davon bemerkt habe.

Fast immer unterscheiden sich die neuronale Aktivität, die Körpertemperatur, der Insulinspiegel und die Empfindlichkeit gegenüber körperfremden Stoffen einer Subpersönlichkeit und der Ursprungspersönlichkeit so sehr wie die zweier verschiedener Menschen. Schreibt die »Sub« mit der Rechten, ist die Ursprüngliche häufig Linkshänderin, und hatte die depressive und in sich gekehrte Sara einen IQ von 128, lag der ihrer »Sub« Maud, die in allem das Gegenteil von Sara war, bei 43. Bei einem Experiment wurden Probanden dazu aufgefordert, sich in prominente oder ihnen gut bekannte Personen »einzufühlen« und sich fest vorzustellen, sie seien die Betreffenden. Dann wurden ihre Gehirnaktivitätsmuster überprüft, aber sie hatten sich nicht verändert, was zeigt, daß die »Subs« der Multiplen nicht simuliert werden können. Auf diese Weise und auf Grund anderer Indizien wurde offenbar der sogenannte »Hillside Strangler« Kenneth Bianchi als Simulant überführt, der im Großraum Los Angeles auf extrem bestialische Weise zehn junge Frauen sexuell gefoltert, vergewaltigt und erdrosselt hatte, der ebenfalls vor Gericht erklärte, nicht er habe die Untaten begangen, sondern einer seiner »Alters«.

Subpersönlichkeiten ermorden und vergewaltigen aber nicht nur andere Menschen, sondern verletzen sich bisweilen auch selber oder begehen Selbstmord, was dann natürlich auch die Ursprungspersönlichkeit und die anderen »Subs« auslöscht. So gab es bei den Tahltan an der nordamerikanischen Nordwestküste zahlreiche Frauen, in deren Körper ihren Aussagen zufolge unmittelbar oberhalb des Magens bis zu drei »Junge-Landotter-Geister« (*kus-su-nar yar-za*) lebten, die sich durch einen eigentümlichen Laut bemerkbar machten und auch gelegentlich sprachen, indem sie sich der Zunge und der Lippen der Frauen bedienten. Sie waren meist wohlwollend und harmlos, aber bisweilen verloren sie ihre Gutmütigkeit und töteten sich und damit auch die Frau, in der sie wohnten.[9]

In den letzten beiden Jahrzehnten ist immer wieder behauptet worden, die Multiple Persönlichkeitsstörung sei eine Erfindung von Psychiatern, die sie ihren gutgläubigen Patienten aufoktroyiert hätten, was indessen äußerst unwahrscheinlich ist. Denn sehr viele der Personen, bei denen – meist zwischen später Adoleszenz und frühem mittleren Alter – diese Störung diagnostiziert wird, suchen ja auf Grund »verlorener Zeitspannen«, das heißt auffälligen Zeitlücken, die Minuten, im Extremfall aber auch Jahre dauern können, oder weil Angehörige oder Freunde das unvermittelte Erscheinen von Subpersönlichkeiten bemerkt haben, einen Arzt auf. Auch die Behauptung der meisten Multiplen oder ihrer »Kind-Subpersönlichkeiten«, sie seien in der Kindheit oder in der Pubertät mißbraucht worden, wird von Kritikern mit dem Hinweis auf die eklatante Unzuverlässigkeit von Erinnerungen abgetan. Nach einer Studie wurde indessen in 74 Prozent der untersuchten Fälle die Vergewaltigung oder die Nötigung zum inzestuösen Geschlechtsverkehr durch Mitbetroffene, nahe Familienangehörige wie Geschwister oder durch die Täter selber bestätigt, und nach einer anderen Untersuchung gelang dies sogar in 90 Prozent der Fälle. Auch entsprechende Tagebucheintragungen älterer Opfer oder die Tatsache, daß manche übergriffige Väter oder Stiefväter zu Gefängnisstrafen verurteilt worden waren, belegen, daß die Verbrechen tatsächlich geschehen sind.

Zwar werden zweifellos Vergewaltigungen und andere traumatische Verbrechen, die Kinder erlebt haben, später von den Heranwachsenden phantasmagorisch ausgestaltet, etwa zu sexuellen Übergriffen durch Aliens, Dämonen oder Satanisten. So berichteten zahllose junge Frauen, sie seien auf Schwarzen Messen sexuell mißbraucht worden, und zwar vom Satan persönlich, der ein Mädchen nach dem anderen vaginal und anal penetriert habe. Michelle Smith behauptete in ihrem Bestseller *Michelle Remembers*, die Satanisten, die sie rituell vergewaltigten und sexuell folterten, seien davon überzeugt gewesen, durch ihre, also Michelles, Schmerzen und Qualen stark und mächtig zu werden, und im Jahre 1986, als die Satanismus-Hysterie vor allem in den USA ihren Höhepunkt erreicht hatte, stellten die in Chicago versammelten Therapeuten der »International Conference of Multiple Personality/Dissociation« fest, daß etwa ein Viertel ihrer Patienten sich an grausame sexuelle Mißhandlungen und an vaginale, anale und orale Vergewaltigungen durch Dämonen und Satanisten »erinnerten«. Drei Jahre danach teilte die Leitung des »Center for Dissociative Studies« der University of Georgia mit, fast die Hälfte seiner weiblichen Patienten und die anderer ähnlicher Kliniken hätten den Ärzten versichert, sie seien im gesamten Zeitraum ihrer Adoleszenz in satanistischen Sekten immer wieder gewaltsam geschwängert worden, um dann Kinder zur Welt zu bringen, die man anschließend rituell geopfert habe. Solche »Erinnerungen« wurden oft von fundamentalistischen und Charismatischen Predigern, aber auch von Berichten in den Massenmedien, Horrorfilmen und Therapeuten, die von der Realität satanistischer Sex-Orgien und Vergewaltigungsexzessen überzeugt waren, suggeriert. So redete ein Prediger einer jungen Engländerin ein, ihr Vater sei ein Satanist und ihre Mutter die Hohepriesterin eines entsprechenden Covens gewesen, dessen Mitglieder sich regelmäßig in der Krypta der Londoner St.-Mary's-Kirche getroffen hätten, um ihre postpubertären Töchter den dort wartenden Soldaten der amerikanischen Luftwaffe sexuell auszuliefern. Später sei sie selber vom Teufel in der Gestalt des Gottes Anubis gezwungen worden, ihn auf einem Grabstein zu fellationieren und sein Sperma zu schlucken. Der Prediger führte mit ihr mehrere Exorzismen durch, die sie als »emotionale Vergewaltigung« empfand, während der sie gewaltsam entkleidet und von Gemeindemitgliedern auf den Boden der Krypta gedrückt wurde. Erst bei einem

Besuch in der Kirche stellte die junge Frau fest, daß St.-Mary's gar keine Krypta besaß.[10]

Im Jahre 1994 glaubten 70 Prozent der Amerikaner an die Existenz solcher Kulte, und tatsächlich veranstaltete der Gründer der »Church of Satan«, Anton Szandor La Vey, seit Jahren Messen, während der er eine nackte Frau als Altar benutzte (Abb. 30). An einer solchen Veranstaltung nahm auch die Filmschauspielerin Jayne Mansfield teil, die er zunächst an den Warzen ihrer stattlichen Brüste – La Vey war ein Liebhaber von »big tits«, die er für »truly female« hielt – und dann an den Schamlippen und der Klitoris stimulierte, möglicherweise um die Produktion von Vaginalsekret anzuregen. Denn auf den Schwarzen Messen pflegten La Vey oder ein anderer Zelebrant eine entweihte Hostie in die Vagina des »Altars« einzuführen und die Frau dann bis zum Orgasmus zu masturbieren. Anschließend zog sich der Zelebrant nackt aus und erregte sich ebenfalls, bis er in einen silbernen Löffel ejakulierte, der auf dem Bauch des auf dem Rücken liegenden »Altars« lag. Schließlich wurde die feuchte Hostie aus der Vagina gezogen und gemeinsam mit dem Ejakulat zerstampft und in Wein gerührt als »Lebenselixier« von Hand zu Hand gereicht und von jedem Anwesenden getrunken. Ein solches Ritual mag nun bizarr erscheinen, aber der Geschlechtsverkehr war einvernehmlich, und Vergewaltigungen oder die sexuelle Nötigung pubertierender oder adoleszenter Mädchen widersprachen den Prinzipien La Veys und scheinen nie vorgekommen zu sein. Aber auch in den kommenden Jahren endeten sämtliche polizeilichen Untersuchungen mit der Feststellung, daß nirgendwo in Amerika, Großbritannien oder anderen westlichen Ländern rituelle »satanistische« Vergewaltigungen nachgewiesen oder auch nur als wahrscheinlich aufgezeigt werden konnten.[11]

Wird man also die in »satanistischen Kirchen« gängigen rituellen Sexualpraktiken kaum für die Entstehung Multipler Persönlichkeiten verantwortlich machen können, wollen seit einigen Jahren anscheinend viele Menschen mit dieser Persönlichkeitsstörung gar nicht mehr therapiert werden. Hatte es noch in den sechziger Jahren der bekannte Ethnopsychiater Raymond Prince als die große Schwäche des indigenen Umgangs mit Besessenen bezeichnet, daß die abgespaltenen Persönlichkeitsanteile in keiner Weise integriert werden, sondern im Gegenteil, so zum Beispiel im Sopono-Kult der Yorùbá, den Besessenen

Abb. 30   Der Satanist Szandor La Vey und sein nackter Altar.

vorenthalten werden, wird heute von nicht wenigen Therapeuten die Multiplizität dieser Anteile als positiv und Integrationsversuche als »Mord« oder »faschistischer Mißbrauch« deklariert. So sagte das Mitglied einer »multiplen Familie«: »Ich sehe mich als einen Teil eines Ganzen, einer Gruppe von Leuten, die in einem Haus«, einem Körper, »zusammenleben, einander helfen, Entscheidungen fällen und solche Sachen. Und manchmal kooperieren zwei oder mehrere und können so Dinge tun, die sonst unmöglich wären.« Entsprechend heißt es in einer von Multiplen verfaßten Stellungnahme: »Wir erachten Multiple Persönlichkeiten als etwas Natürliches, mit möglichem genetischen Ursprung und nicht als etwas, das durch ein Kindheitstrauma verursacht wurde.« Ganz offensichtlich sehen sich inzwischen immer mehr Multiple nicht als Kranke oder »Gestörte«, sondern als besonders begabte Menschen, die den »singletons« und »simpletons« weit überlegen seien, wobei ihnen Therapeuten zur Seite stehen, die versichern, Multiple würden ungleich besser an eine Gesellschaft angepaßt sein, die immer fragmentierter sei und keinen Gemeinschaftscharakter mehr habe. Zu Beginn ihrer Therapie erklärte eine Frau der Ärztin: »Wir sind das Feen-Volk! Wir sind multipel. Kennen Sie sich damit aus? Wir wollen nicht integriert werden!« Und eine andere stellte im Gespräch mit dem Arzt bezüglich ihrer Subpersönlichkeiten von vornherein klar: »Wenn sie mit Integration bedroht werden, was wie der Tod für sie ist, werden sie sehr stur, aggressiv und machen Schwierigkeiten!« Nach der »Psychosynthesis«-Bewegung mit Hauptsitz in San Francisco besteht *jeder* Mensch aus verschiedenen »Alters«, die miteinander in Konflikt stehen, »in einem Zustand inneren Bürgerkrieges«, und das Ziel der Bewegung besteht darin, eine Ausgewogenheit zwischen all diesen Subpersönlichkeiten und der Ursprungspersönlichkeit herzustellen. Doch es ist unmöglich, alle im Widerspruch zueinander stehenden Persönlichkeiten, vor allem die asozialen, zutiefst frustrierten, feindseligen und im Extremfall sogar mörderischen unter ihnen harmonisch in eine einzige Person einzufügen, und es bleibt nur zu hoffen, daß sie irgendwann verschwinden. Doch immer noch streben wohl die meisten Multiplen eine Integration an. »Wir sind ich«, sagte eine junge Frau mit sechs »Subs« zu ihrem Psychoanalytiker, »ich bin jetzt eins – wir haben gestern abgestimmt, und alle sind dafür!« Und eine zweite hatte zwar zunächst Angst davor, daß ihre »in-

neren Freunde und Beschützer« durch eine Integration sterben müßten, aber nachdem sie die Integration erfolgreich durchgeführt hatte, litt sie unter der viel größeren Angst, »wieder auseinanderzubre-
chen«.[12]

Das »Ruhen-im-Geist« in den Charismatischen und Pfingstkirchen

Wenn der Heilige Geist in den Körper der Charismatischen oder Pfingstlerischen Gläubigen einfährt, sind die Begleiterscheinungen, wie erfahrene Beobachter festgestellt haben, von denen des Besessenwerdens
durch Geister oder Dämonen so gut wie ununterscheidbar. Als aber
ein Forscher dies in Puerto Rico gegenüber einer Pfingstlerin erwähnte, reagierte die Frau empört: »Es ist unerhört, daß Sie das, was die
Pfingstler tun, mit den diabolischen Praktiken der Santeros vergleichen!
Das ist Gotteslästerung!« Die große Mehrheit zumindest der westlichen Pfingstler und Charismatiker lehnt die Bezeichnung »Besessenheit« für die Einverleibung des Heiligen Geistes strikt ab und legt Wert
auf den Hinweis, daß man vom Teufel besessen sein könne, aber nicht
von Gott, weshalb auch manche afrikanische Charismatiker lieber von
dessen »indwelling« reden. Und ein bekannter Pfingstprediger erklärte,
im Zustand der Besessenheit könne sich der Betreffende nicht mehr
kontrollieren, während jemand, in den der Heilige Geist eingefahren
sei, bei vollem Bewußtsein, »nüchtern und wachsam« bleibe.[1]

Von beidem kann freilich nicht die Rede sein. Wie im Vodú wird
auch bei den haitianischen Pfingstlern der Gottesdienst durch Trommeln, Tanzen und rhythmisches Händeklatschen »heiß« gemacht, so
daß der Heilige Geist herbeigelockt wird, und in den Pfingstgemein-
den im kongolesischen Kinshasa wird er durch leidenschaftliches Singen von »Oh Geist, komm!, komm!«, Getrommel, Gerassel, Geläute,
Stampfen und Umherwälzen auf der Erde, dort, wo die Ahnen leben,
gerufen, das heißt genau so, wie man früher die Ahnengeister rief,
damit sie von den Lebenden Besitz ergriffen. Die alten kanadischen
Quaqtak-Eskimo erzählten, daß die heutigen Pfingstler auf gleiche
Weise besessen würden wie früher die Schamanen von den *tuurn-
gait*-Geistern, und in den 1920ern beobachtete die Ethnologin Cora
Du Bois, daß die nordkalifornischen Wintu-Schamanen problemlos
von der Geisterbesessenheit zu der durch den Heiligen Geist der
Pfingstler übergingen. In der Charismatischen Aladura-Kirche der

Yorùbà zittern und winden sich die vom Heiligen Geist besessenen Frauen unkontrolliert und beginnen, in Zungen zu reden, während bei den Ewe in Dahomey die Pfingstlerinnen bereits dann, wenn der Pastor sie berührte, das Bewußtsein verloren und in den Staub oder auf bereitgestellte Plastikmatten stürzten. Andere wiederum liefen sinnlos in den Busch oder hockten weinend oder stöhnend auf dem Boden. Wenn die südafrikanischen Pfingstler vom Heiligen Geist »gepackt«, das heißt besessen werden, verlieren sie ebenfalls jegliche Selbstkontrolle, und das Benehmen der weiblichen Crentes bei den Pfingstlern im brasilianischen Salvador unterscheidet sich nicht von dem der Besessenen im Candomblé, auch wenn sie das nicht wahrhaben wollen. Als Mitglieder dieses Kultes in Bahía ein Video anschauten, in dem die Geisttaufe einer nordamerikanischen Pfingstkirche zu sehen war, schrien sie plötzlich alle: »Xangó!, Xangó! Xangó!«, also den Namen eines *orixás,* weil sie dachten, die Täuflinge würden gerade von den *orixá* besessen. Dies ist auch häufig bei Angehörigen der afrobrasilianischen Kulte der Fall, die aus Neugier die *cultos* der Pfingstler besuchen: Durch die Gesänge, das rhythmische Händeklatschen und die Musik der Elektrogitarren werden auch die *orixás* angelockt, ebenso wie der Heilige Geist, die dann in die Körper der Gläubigen fahren.[2]

Im Jahre 1907 berichtete Charles Mason, der Begründer der »Church of God in Christ«, daß er sich während der Geisttaufe Jesus ausliefere und sich ihm hingebe wie eine Braut in der Hochzeitsnacht. Das Allersüßeste dabei sei es gewesen, daß Jesus ihn völlig beherrschte und – wie im Falle eines Besessenen – aus ihm sprach. Schließlich stand Mason in einer Vision vor dem ans Kreuz genagelten Gottessohn und hörte dessen Stöhnen im Todeskampf, das aus seinem eigenen Munde kam. Und wenn im 16. Jahrhundert der Heilige Geist, Gottvater, Jesus oder die hl. Jungfrau aus dem Mund einer Nonne sprachen, veränderte sich ihre Stimme vollkommen. Gott redete erhaben, hoheitlich und würdevoll und die anderen ebenfalls majestätisch, aber hoch und lieblich. Wenn sie aber selber sprach, war ihre Stimme demütig und so gedämpft, daß man sie kaum verstand.

Im 5. Jahrhundert wurde der aus dem Evangelienbericht über die Taufe Christi bekannte Heilige Geist in der Verkündigungsszene am Triumphbogen der Basilika Santa Maria Maggiore in Rom dargestellt als Taube, als Vogel der Liebe, und als weiße Taube sahen bis in die Neuzeit und sehen auch heute noch manche Ekstatiker den sich ihnen nahenden Heiligen Geist. So erblickte im Jahre 1662 die junge Nonne Catherine de Saint Augustin in Québec in einer Vision den 13 Jahre zuvor von den Irokesen grausam gefolterten und anschließend erschlagenen Missionar Jean de Brébeuf, in dessen Herz der Geist sich als schneeweiße Taube niedergelassen hatte, und als Teresa von Ávila im Jahre 1582 starb, sahen die Umstehenden, wie der Heilige Geist in Gestalt einer Taube aus ihrem Mund kam und himmelwärts flog. Einer Charismatischen Christin der Asabano im zentralen Hochland von Neuguinea näherte sich die Taube und schlüpfte durch die Fontanelle in ihren Körper, wo sie sich im Magen niederließ, und auch mehrere Angehörige einer katholischen Charismatischen Bewegung in Burkina Faso beobachteten, wie die weiße Taube vom Himmel zu ihnen herabflog. Zu den russischen Chlysten (von *chlyst*, »Peitsche«) kam der Heilige Geist im 18. und im frühen 19. Jahrhundert nicht als Taube, sondern als ungestümer Falke, der alle mitriß. Die Chlysten lockten ihn mit einem wilden Tanz, dem *radénije* herab, während dem sie sangen: »Oh, ich brenne, der Geist brennt, Gott brennt!« Dann nahm der Tanz ein rasendes Tempo an, wobei die Tänzer beiderlei Geschlechts anfingen, mit Schaum vor dem Mund zu zittern, bis sie zu Boden stürzten und dort konvulsivisch zuckten sowie abwechselnd lachten und weinten. Schließlich teilten die Pfingstler der kanadischen Quaqtaq-Eskimo mit, daß in Mittimalalik beim Eintreffen des Heiligen Geistes nicht nur der Prediger, sondern das ganze Gebäude, in dem sie sich befanden, gebebt hätten und daß ein Rauschen wie das der Niagarafälle zu hören gewesen sei. In Pond Inlet hätten die Gläubigen während des Gottesdienstes dasselbe erlebt, nur habe sich dort der Heilige Geist wie ein Düsenjäger angehört.[3]

Wenn der christliche Gott in einer seiner Gestalten in die Menschen eindringt, fallen viele zu Boden, ihr Körper erstarrt und wird empfindungslos. So fielen im Jahre 1691 mehrere Dienstmägde in Quedlinburg, Halberstadt, Erfurt und Halle in Erstarrung und hatten Visionen, was die pietistischen Geistlichen als eine Folge der »Endzeitlichen Ausgießung des Geistes« sahen. Die Magd Magdalena Elrichs etwa berichtete, sie sei während des Gottesdienstes in der Kirche plötzlich

»gantz ausser sich selbst kommen / und wüßte nicht / wie ihr geschehen«. Dabei habe sie »lauter Licht« und »den HErrn JEsum mit vielen Engeln weinend gesehen«. Ihre Umgebung konnte sie nicht mehr wahrnehmen, und sie zeigte auch keinerlei Reaktion, als man sie »tieff ins Fleisch« stach, so daß im folgenden Jahr medizinische Gutachter zu dem Ergebnis kamen, daß die »wunderschönen Ecstases und in denenselben die stupendä Visiones von einer supernaturali causa herrühren müssen«. Und nachdem die spätere Pfingstpredigerin Maria Woodworth-Etter im Jahre 1883 zur Überzeugung gelangt war, daß es in der Methodisten-Kirche von Indiana keine wirklichen Gotteserfahrungen gebe, betete sie drei Nächte lang zu Gott, er solle den Menschen seine Macht demonstrieren. Schließlich fiel am dritten Tag bei ihrem »revival service« eine ältere Frau, der sie die Hände auflegte, ohnmächtig zu Boden »and became cold and rigid, as if dead, with no signs of life excepting the beating of her pulse«. So blieb sie auf einem Sofa liegen bis zum nächsten Tag, an dem sechs weitere Frauen zusammenbrachen und eine junge Frau so überwältigt wurde, daß sie zwei Stunden lang mit weit aufgerissenen Augen wie ein Engel dastand, »a sweet smile on her face«. Als Maria ein anderes Mal vor einem großen Publikum unter einem riesigen Zelt predigte, kam der Geist auch über sie selber, und sie »fror« in der Stellung »ein«, die sie gerade hatte – die Hand erhoben, um etwas zu erklären. Drei Tage und drei Nächte soll sie so dagestanden haben. Wie sie berichtete, soll ein Gleiches auch einem Mann widerfahren sein, der sich bei einem Revival über eine Frau lustig machte, deren Körper unter die Kontrolle Gottes geraten war. Gott verpaßte ihm einen Denkzettel, indem er ihn fünf Stunden lang in der Stellung versteifte, in der er sich über die Frau mokierte.

Am häufigsten geschieht es, daß die Gläubigen zu Boden stürzen, was sich bereits im Jahre 1739 in Newgate ereignete, als im Verlaufe der Predigten John Wesleys (Abb. 31) zahlreiche Anwesende »wie vom Blitz getroffen« zu Boden sanken, worauf der Ausdruck »slain in the spirit« aufkam, der noch heute in den angelsächsischen Ländern gängig ist. Als während eines Charismatischen Abendgottesdienstes in Frankfurt am Main dem Pastor ein junges Mädchen auffiel, die sich offenkundig dagegen sträubte, auf den Boden zu fallen und vom Heiligen Geist penetriert zu werden, weil ihr dies peinlich gewesen wäre, sagte er: »Heiliger Geist, füll sie!« Und als er kurze Zeit danach eine Verände-

Abb. 31   William Hogarth: Predigt John Wesleys
(»Credulity, Superstition and Fanaticism«) 1762.

rung in ihrem Verhalten bemerkte, setzte er nach: »Noch mehr, füll sie noch mehr!«, worauf das Mädchen heftig zu atmen begann, am ganzen Leib zitterte und dann ohnmächtig zusammenbrach. Viele haben vor dem Sturz das Gefühl, daß ihr Körper immer weicher wird und sie völlig die Kontrolle über ihn verlieren, bis sie sich auf dem Boden gar nicht mehr willentlich bewegen können, wie eine junge Frau in Toronto, die hinterher sagte, sie sei gelähmt dagelegen und habe gespürt, wie Gott in ihr atmete. Die Frau eines dortigen Vineyard-Predigers stürzte nie, worauf Gott ihr eines Abends zuflüsterte, sie solle sich einfach »hinlegen und sich von ihm durchtränken« (*soak*) lassen.

Eine Zeugin charakterisierte eine Pfingstveranstaltung, die im Jahre 1907 in Kassel stattfand, dahin gehend, daß in dem Saal »eine eigenartige Atmosphäre herrschte« und die Luft wie mit »übernatürlicher Energie geladen« war, und auf fast gleiche Weise beschreiben zwei Ethnologen den Ort einer Massenbesessenheit im Rahmen einer Séance des Kachiya-Bhairāva-Kultes im westlichen Himālaya-Vorland. Wie die Charismatiker oder Pfingstler fühlte dort ein junger Mann eine starke elektrische Spannung, und gleich darauf erblickte er Feuerzungen, die ihn vollständig lähmten, so daß er »wie tot« war. Bereits im 13. Jahrhundert sahen in Mailand Gefolgsleute einer Frau namens Guglielma, die sich Gugliemiten nannten, wie diese, die behauptete, die Inkarnation des Heiligen Geistes zu sein, »Feuerzungen« aussandte, um die Juden und Sarazenen zu erretten, und im Jahre 1662 bezeugte die fränkische Visionärin Anna Vetterin über ihr allererstes Gesicht: »Alsbald kam ein brennendes feuer aus dem himmel über mich und durchflammte und überwältigte mich und ich wurde des heiligen Geistes voll, mein Mund wurde voller feuer und himmelspreiß, lobete Jesum Christum und seinen heiligen namen.« Sehr viel später schrieb der führende schwarze Pfingstprediger seiner Zeit, William Seymour, der Heilige Geist sei wie eine »Kugel aus feuriger, weißglühender Strahlkraft auf« ihn »gefallen«, und ein anderer Prediger verkündete, Gottes Liebe sei wie ein reißender Strom »heißer geschmolzener Lava« in ihn hineingeflossen und habe ihn aus seinem Körper gehoben. Als sie davon überzeugt war, wirklich zu verbrennen, schrie eine Missionarin der Pfingstkirche verzweifelt »Ich sterbe, ich sterbe!«, worauf sie die Stimme Gottes vernahm, der zu ihr sagte: »Gut so, ich will, daß du stirbst!«, und auch ein anderer Anhänger dieser Bewegung schrie laut:

»Ich sterbe, wenn diese Wellen nicht aufhören!« Viele der »im-Geist-Erschlagenen« (*slain in the spirit*) gleichen Menschen, die an einer elektrischen Leitung hängen und sich nicht von ihr lösen können und einen »Elektroschock« nach dem anderen erhalten. Die bekannte Pfingstpredigerin Aimée Semple McPherson war freilich von den elektrischen Schlägen, die ihr im Jahre 1908 vom Heiligen Geist erteilt wurden, als er in sie eindrang, gar nicht erschüttert, denn sie wußte ja von den Experimenten an ihrem College her, wie sehr die Batterien »unter der Kraft der Elektrizität brummten und zitterten«. Aber auch sie selber spürte später, wenn sie ihre heilenden Hände einem Kranken auf den Kopf legte, wie von ihren Fersen her ein elektrischer Strom durch ihr Rückgrat in ihre Finger floß. Seit gut hundert Jahren wird der Heilige Geist meist als »lebensspendende Energie« oder als »fortwährender Strom von Energie und Lebenskraft« beschrieben. So sagte ein Mann in Toronto, er habe sich, als der Heilige Geist über ihn kam, zunächst »wie Speck in einer heißen Bratpfanne« bewegt, doch dann über drei Stunden lang so stark gefühlt wie Popeye nach dem Konsum einer Büchse Spinat. Und als der Heilige Geist eine Ungarin »füllte«, fühlte sie ebenfalls eine derartige Kraft und Energie in sich, daß sie davon überzeugt war, sie hätte das Kirchengebäude umstoßen können.[4]

Pfingstler und Charismatiker in aller Welt betonen, daß eine totale Auslieferung und Unterwerfung, eine völlige Willenlosigkeit, sowie das Ablegen aller Meinungen und jeglicher Selbstverantwortung verbunden mit einer blinden Gefolgschaft gegenüber den Predigern zwar keine hinreichende, aber eine notwendige Bedingung dafür ist, daß der Heilige Geist den nunmehr »leer« gewordenen Gläubigen »füllt«. Als eine Ethnologin einmal ein indisches Geistermedium fragte, ob es wahr sei, daß ein willensstarker Mensch kein gutes Medium sein könne, gab es die Antwort: »Ja, bei dieser Sache ist eine vollkommene Unterwerfung Bedingung!« Ebenso sind viele Pfingstler und Charismatiker der festen Überzeugung, daß alle Gläubigen, denen eine Geisttaufe bislang nicht widerfahren sei, sich »Gott nicht voll hingegeben« hätten. Wenn bisweilen Zweifel aufkommen, werden diese als teuflische Einflüsterungen abgetan, die man nicht beachten solle, vielmehr müsse der Gläubige sich dann um so mehr dem Heiligen Geist ausliefern und ihn zum Beispiel, wie es in einer schottischen Charismatischen Vereinigung geschieht, auffordern: »Fülle uns mit deiner Kraft, lebe in unserem Körper, gib uns dein Lebenswasser, übernehme die totale Kontrolle über uns!« Eine Frau schrie aus vollem Halse: »Gott, mach mich zu deiner Marionette!«, und ein Mann sagte, er spüre, wie Gott ihn mit den Fäden hin und her bewege.

Bereits im späten 19. Jahrhundert hat Flournoy darauf aufmerksam gemacht, daß »die notorisch unbedeutenden Botschaften, die von den Verstorbenen aus dem Mund von Medien wie Mrs. Piper, von Visionärinnen wie der jungen Bernadette von Lourdes« kommen oder die »kindlichen Mitteilungen von Marie-Antoinette oder Cagliostro durch Mlle. Smith« deutlich machen, daß der Trancezustand eine Regression »in einen früheren und niedereren Zustand seelischer Entwicklung« darstellt. In der Tat ist die Aufgabe jeglicher Kontrolle und Selbstbeherrschung bei Besessenen, in die Geister oder der Heilige Geist gefahren sind, eine Reaktivierung entwicklungsgeschichtlich älterer Verhaltensweisen und Triebregungen. Im Candomblé ist *eré* eine kindliche Trance, in der die Betreffenden, die »kleines Kind« genannt werden, mit Puppen, Schiffchen und Stoffresten spielen, und eine Charismatikerin regredierte immer mehr, bis sie nach dem Daumenlutschen die Stellung eines Fötus in der Gebärmutter einnahm. Die Mitglieder der »Toronto Airport Christian Fellowship« wurden aufgefordert, auf jegliches kritische Denken zu verzichten und sich statt dessen von Jesus wie kleine Kinder streicheln zu lassen und seine Küsse zu genießen, und ein Charismatischer Prediger redete seiner Gemeinde ins Gewissen: »Lobet einfach Gott und laßt alles ausfließen! Stellt euch Gott als euren Papi vor, geht zu ihm als kleine Babys und sagt einfach nur da-da-da-da-da!«[5]

Doch die Pfingstler und Charismatiker fallen, schreien und tanzen nicht nur, wobei viele von ihnen hinterher berichten, daß sie dabei nichts oder nur sehr wenig von ihrer Umgebung wahrgenommen hätten. Vielmehr erleben manche Frauen Preßwehen und stöhnen und schreien gellend wie im Kreißsaal, weshalb man dieses Phänomen »birthing« genannt hat. Andere Männer und Frauen flatulieren, urinieren oder defäkieren, was auch nicht wenige junge Mädchen taten, als sie dem ersten Auftritt der Beatles in den USA beiwohnten. So bemerkte ein Notarzt über das Publikum von Hardrock-Konzerten, das durch den musikalischen Rhythmus und das Gemeinschaftsgefühl außer Rand und Band gerät: »Die Kontrolle über die Körperfunktionen geht verloren. Ein Zustand der Verzückung mit epilepsieartigen Gliederzuckungen, Heulen, Lachen, Beißen, Einnässen und Zerreißen der Kleider wird als Glücks- und Lusterlebnis empfunden.« In der apokalyptischen »Gold-Light«-Bewegung finden unter der Leitung eines weiblichen Channels, durch das sich unter anderem der alttestamentliche Abraham zu Wort meldet, Meditationen statt, bei denen sich viele Teilnehmer so verhalten wie Pfingstler während der Geisttaufe. Sie brüllen und krähen, zittern, schreien, weinen, lachen hysterisch, werden von Erinnerungen an Ereignisse in einem früheren Leben überwältigt, haben Visionen oder hyperventilieren. Ebenso verhalten sich nicht selten balinesische Geistermedien und tibetische Orakelpriester, von denen berichtet wurde, daß sie ebenfalls die Kontrolle über ihre Körperausscheidungen verloren, wenn der Gott in sie fuhr.

Manche Pfingstler wurden völlig unmotiviert aggressiv und griffen Umstehende an, die entsetzt flohen. Sonst harmlose und schüchterne Frauen schlugen plötzlich auf fremde Männer ein und rissen anderen Frauen die Kleider vom Leib und verletzten sie so sehr, daß sie sich in ärztliche Behandlung begeben mußten. In New Orleans ließ sich schließlich eine schwarze Pfingstlerin völlig gehen, als der Heilige Geist sie »füllte«, so daß sie ihr Baby von sich weg hoch in die Luft schleuderte, aber glücklicherweise wurde es von anderen Gläubigen aufgefangen. Und die von den »Heiligen Geistern« (*immoya*) besessenen Anhänger der »Swazi Jericho Zionisten«-Kirche, die sich schreiend auf dem Boden winden, demolieren im Kirchengebäude oder im Kirchhof Einrichtungsgegenstände und kommentieren dies später mit den Worten: »Wenn wir im Geist toben, erkennen wir überhaupt nichts mehr!« Dies war auch bei einer Deutschen der Fall, die sich in ihrer Geistbesessenheit ebenfalls zunächst stöhnend auf dem Boden wälzte, dann aber gegen die Wände rannte und sich in jeder Hinsicht »wie ein wildes Tier« benahm.

Wie die »wilden Tiere« verhielten sich bereits um die Mitte des 17. Jahrhunderts im muskovitischen Rußland zahlreiche besessene Menschen, was jedoch damals als eine Besessenheit durch »unreine Geister« interpretiert wurde. Dabei stießen vor allem die Frauen und jungen Mädchen schrille Schreie aus, stürzten zu Boden, grimassierten, warfen den Leuten die obszönsten Dinge an den Kopf, stießen die

Laute aller bekannten Tiere – von Vögeln, Gänsen, Bären oder Hunden – aus und schnappten nach den Umstehenden und bissen sie. »The victims of enthusiasm«, so schrieb im 19. Jahrhundert der nordamerikanische Geistliche Monsignore Ronald Knox, »leaped like frogs and exhibited every grotesque and hideous contortion of the face and limbs. The barks consisted in getting down on all fours, growling, snapping the teeth, and barking like dogs.« Als gegen Ende des 20. Jahrhunderts in Toronto eine junge Revival-Teilnehmerin sah, wie viele der Anwesenden die verrücktesten Gesten und Bewegungen ausführten und alle nur denkbaren Tierlaute ausstießen, fragte sie Gott, was denn da los sei, worauf er ihr antwortete: »Das ist meine Art, die Kirche von ihrer Eitelkeit zu befreien.« Und ein südafrikanischer Charismatischer Prediger sagte, die Teilnehmer des Gottesdienstes wieherten wie die Pferde, weil sie vom Heiligen Geist zugeritten würden. Diejenigen, die in Toronto wie die Hähne krähten, wie Hühner glucksten, wie Schweine grunzten, wie Wölfe heulten oder wie Donald Duck redeten, sagten später, daß sie sich dabei auch wie diese Tiere oder die Trickfilmfigur gefühlt hätten. Wer wie ein Löwe brüllte, gab an, sich so wütend und stark empfunden zu haben wie dieses Raubtier, und als eine Frau gefragt wurde, warum sie wie ein Hund gebellt habe, sagte sie, sie hätte das getan, weil sie gesehen habe, daß ihr Herrchen kam. Nicht wenige Männer und Frauen kichern, lachen und weinen nicht nur beim sexuellen Orgasmus, sondern manche Frauen miauen auch dann wie eine Katze oder stoßen andere Tierlaute aus.

Ein kompletter Kontrollverlust, Zittern und Beben, Sich-auf-dem-Boden-Wälzen, Schreien, von Elektrizität durchströmt werden, sexuelle Höhepunkte und überlautes Lachen waren typische Erlebnisse in den Meditations- und Encoutergruppen des Shree-Rajnesh-Aschrams in Pūnā und sind es noch heute in vielen Charismatischen Revivals. Im späten 16. Jahrhundert lachten die fünf Mädchen der Throckmorton-Familie »so heartily and excessively, as that if they had been awakened« aus ihrer Trance, »they would have been ashamed thereof«. Und im Frühsommer 1994 berichtete ein Journalist, wie »der Heilige Geist am Sonntagmorgen in St. Paul's« am Londoner Onslow Square »niederging«. Die meisten Anwesenden bebten und vibrierten unkontrolliert und brachen zusammen, während diejenigen, die stehen geblieben waren, mit den Füßen auf den Boden stampften. Viele keuchten und stöhnten, aber bald erklang aus allen Richtungen ein »hemmungsloses, markerschütterndes Kichern« wie von Kleinkindern, wenn man sie kitzelt, »aber es kam von seriösen Frauen zwischen dreißig und vierzig«. Ein solches Gelächter, das als *scurrilus* beschrieben wurde und das man bereits im Mittelalter bei Visionärinnen beobachtete, wurde in unserer Zeit »das heilige Lachen« genannt.[6]

Für gewöhnlich werden Nahtod-Erfahrungen und Seelenreisen, bei denen die Seele den Körper zu verlassen scheint, im Gegensatz zur Besessenheit durch Geister oder den Heiligen Geist gesehen, da in diesem Falle eine Seele in den Körper einfährt, ohne daß die eigene sich von ihm löst und sich an einen anderen Ort begibt. Nicht selten scheinen indessen beide Phänomene kombiniert aufzutreten. Die Medien der Umbanda Evangelizada in Porto Alegre beispielsweise sind zwar selten *en transe*, aber wenn sie es einmal wirklich sind, können sie ihren Körper verlassen und entfernte Viertel der Stadt besuchen. Während ihrer Besessenheit bei einem Fest für den *orixá* Obàtálá, in der sie splitternackt auf dem Boden lag, wurde die Seele einer Yorúbà-Frau von dem Gott in die Geisterwelt entrafft, wo er ihr auftrug, jedem mitzuteilen, großes Unheil werde über ihn kommen, wenn er ihm nicht eine Ziege opfere. Auch eine junge kubanische *santera* trat aus ihrem Körper heraus, als die Göttin Yemajá ihn betrat, aber sie konnte diesen Vorgang nicht konkret in Worte fassen. »Ich fühlte mich einsam, aber ich spürte, daß ich alles, was ich tat, gut tat. Ich ging weg, auf eine Art, die so sonderbar war, daß ich es nicht beschreiben kann. Einerseits wußte ich, daß ich da war, aber gleichzeitig ging ich fort.« Bereits während ihrer ersten Besessenheitsepisode nahm im Norden Madagaskars der Geist Suleimana die Seele der jungen Mohedja mit in sein Unterwasser-Heimatdorf, wobei sie zunächst ein Kanu und dann ein Busch-Taxi benutzten, bis sie von seinen Eltern willkommen geheißen wurden. Bei den Meratus-Dayak im Süden Borneos werden manche Frauen dann, wenn sie besessen sind, von den *dewa*-Geistern gekidnappt (*dipawa*). Als eine solche Frau wieder zu sich kam, berichtete sie, daß die *dewa* sie auf dem Rücksitz eines ihrer Motorräder zum Gipfel des höchsten Berges gefahren hätten, wo sie ihr Kuchen und süße Getränke reichten, um sie anschließend tanzend noch weiter wegzutragen. Schließlich erzählte eine Schamanin der Hmong im nördlichen Hochland von Thailand: »Wenn der Geist (dab) in meinen Körper ein-dringt, habe ich ein Gefühl, wie wenn mich etwas sticht, und dann prickelt es in mir.« Dann »verliere ich völlig die Selbstkontrolle« und werde bisweilen ins Geisterland entrafft. Allerdings vergesse sie hin-terher alles, was sie dort erlebte, was freilich nicht zutreffen kann, weil sie gleich darauf detailliert beschrieb, wie dieses Land und seine Be-wohner aussehen.[7]

Auch während der Geisttaufe der Pfingstler und ihrer Vorläufer ver-lassen offenkundig manche Frauen und Männer ihren Körper, um sich an die verschiedenartigsten Orte zu begeben. So berichtete in der Frühen Neuzeit der reformierte Pastor Charles Chauncy über die »En-thusiastinnen« in Neuengland, daß diese Frauen, nachdem sie laut geschrien hatten und ohnmächtig auf den Boden gefallen waren, was wiederum viele andere ansteckte, ihrer späteren Aussage nach in den Himmel auffuhren. Dort sprachen sie mit Jesus, und die heiligen En-gel öffneten für sie das Buch des Lebens, in dem die Namen aller Men-schen verzeichnet waren, die gerettet würden, aber auch derjenigen, die ewiger Verdammnis anheimfielen. Auch in den heutigen südafri-kanischen Pfingstkirchen ist die Vorstellung weit verbreitet, daß die zu Boden gefallenen Gläubigen vom Heiligen Geist »weggetragen« wer-den. Ein Asabano aus Zentral-Neuginea berichtete, er sei bei einem Revival mit anderen Teilnehmern zusammengebrochen und habe das Bewußtsein verloren, worauf er an einem wunderschönen Ort Jesus gesehen habe, der auf zahlreiche Leute blickte, die auf der Erde lagen: »Ich sah meinen eigenen und die Körper der anderen auf dem Fußbo-den weit unten.« Da habe Jesus gesagt: »Schaut auf eure Körper da unten!« und »Nun dauert das schon eine ganze Weile, geht jetzt wie-der zurück, Leute!« Und so geschah es, und er sei wieder zu sich ge-kommen. Ein puertoricanischer Pfingstler sagte, er habe sich bei der Geisttaufe gefühlt, als ob er die Welt verlasse, und von seiner Umge-bung habe er gar nichts mehr wahrgenommen. Mehrere Arapaho-Frauen, die bewußtlos zu Boden stürzten, als der Heilige Geist sie in Besitz nahm, hatten währenddessen Nahtod-Erfahrungen, und eine von ihnen erzählte später: »Ich habe mein Volk gesehen. Es ist ein gu-ter Ort dort drüben. Alles ist grün, alles leuchtet wie Gold.« Auch manche Pfingstler der Xokleng, einer Gruppe der Gē im südbrasilia-nischen Hochland von Santa Catarina, berichten von Nahtod-Erfahrungen bei ihrer Geisttaufe, während der ihnen vor Augen geführt wurde, was für eine vollkommene Welt nach dem Tod auf sie warte, aber nur dann, wenn sie ein wahrhaft pfingstlerisches Leben geführt hätten. Solche Geistreisen nach Conhë-co, das »Land der Toten«, ein wundervolles Reich des Überflusses, gab es bereits vor der Christianisierung, die sie nicht wesentlich veränderte. Als einer Frau auf dem Sterbebett inmitten ihrer Angehörigen die Geisttaufe widerfuhr, öffnete sich für einen Augenblick der Himmel, und sie sah, wie in Conhë-co Gott und die Engel sich aufmachten, sie zu holen, was sie ihrer Familie gerade noch mitteilen konnte.

Bei westlichen Pfingstlern überwiegen bei der Geisttaufe zwar anscheinend Visionen von surrealen farbigen Bildern, die an die psychedelischen Filme der 1970er Jahre erinnern, und viele von ihnen sagen, sie hätten sich dabei gefühlt, wie wenn sie in einer anderen Welt gewesen wären, aber sie glaubten bei genauerer Nachfrage nicht, daß sie sich wirklich »außerhalb des Körpers« oder »im Himmel« befunden hätten. Trotzdem hatten viele das Gefühl zu schweben, zu fliegen oder so etwas wie die Jakobsleiter hinaufzuklettern, wobei die Ersteren meist mit gerecktem Hals nach oben schauten und die Arme wie Flügel ausstreckten. Immerhin berichtete vor ein paar Jahren eine junge Frau, der Heilige Geist habe sie ergriffen und an einen »wunderschönen Ort« gebracht, über den sie allerdings offenbar nichts Weiteres sagen wollte.[8]

Eine philippinische Pfingstheilerin sagte, sie habe beim Zungenreden stets ein Gefühl, »wie wenn sie in den Himmel flöge«. Sobald während der Geisttaufe der Pfingstlerinnen im brasilianischen Salvador der Heilige Geist in ihren Körper eintritt und sich dort mit einer »köstlichen«(*gostosa*) Hitze ausbreitet, fangen sie an, in Zungen zu reden und sich dabei wie die Derwische immer schneller um die eigene Achse zu drehen. Dann fühlen sich viele von ihnen ganz leicht und in die Höhe gehoben oder wie ein Vogel, der aus seinem Käfig in die Freiheit fliegt. »Hochgehoben« und »überschwenglich« fühlen sich auch die Shaker auf der Karibik-Insel St. Vincent beim Reden in Zungen. Ein Charismatischer Heiler berichtete, daß er plötzlich, als er ins Gebet versunken begann, in Zungen zu reden, das intensive Gefühl hatte, etwas quelle in ihm auf und wolle aus seinem Körper hinausbrechen. Gleichzeitig fühlte er die Präsenz Jesu Christi in dem Raum, in dem er sich befand.

Bei der Glossolalie oder dem Zungenreden (γλῶσσαιςλαλεῖν) handelt es sich um ein Sprechen, das stattfindet, ohne daß der Sprechende es bewußt verursacht oder sich an ihm beteiligt. Das so Gesagte (oder Gesungene) setzt sich zwar aus den Phonemen der jeweiligen Sprache des Betreffenden zusammen, hat aber keine Syntax und bedeutet zunächst nichts. So wie der Körper der auf den Boden gestürzten Pfingstler oder Charismatiker unabhängig von ihrem Willen konvulsivisch zuckt, so kommt auch das Gesprochene unwillkürlich aus ihrem Mund, und Untersuchungen zeigen entsprechend, daß das »Sprachzentrum« im Gehirn bei der Glossolalie sehr viel weniger aktiv ist als beim normalen Sprechen.

Völliges Loslassen aller Denkprozesse und der Selbstkontrolle führt häufig zum Reden in Zungen, wie zum Beispiel bei jener Frau, die sagte: »In dem Augenblick, als ich alles fahren ließ, begann ich den Herrn mit Lauten zu preisen, die nicht aus meiner Seele kamen.« Ein Mann teilte mit, er habe mit dem Zungenreden angefangen, als er bereit gewesen sei, seinen »Stolz und« seine »Objektivität aufzugeben, um ein Narr Gottes zu werden«. Doch auch während intensiver Gebete und bei starken Emotionen und heftiger Erregung kann sich Glossolalie einstellen: Als er begann, in Zungen zu reden, wurde ein junger Mann von einer vehementen sexuellen Erregung erfaßt, die offensichtlich körperlich sichtbar war, was die Umstehenden veranlaßte, sie als »ein Produkt« eines »unreinen Geistes« zu interpretieren, der sich in das Gebäude und offenbar in den Mann eingeschlichen habe.

Man hat die Glossolalie als eine »Regression in die frühe Kindheit« beschrieben, und eine Pfingstlerin bemerkte, sie habe sich beim Reden in Zungen »wie ein kleines Kind« gefühlt, »das nichts als ›Guuu!‹ sagen konnte«. »Alles, was du brauchst«, so der Gründer einer Kameruner Katholisch-Charismatischen Bewegung, »ist, daß du dein Herz und deine Lippen dem Herrn auslieferst wie ein Kind, das das Lallen lernt«, und entsprechend werden in manchen Pfingstkirchen vor allem die Frauen dazu aufgefordert, das Zungenreden herbeizuführen, indem sie zunächst wie Babys lallen. Als dagegen ein junger Mann zum ersten Mal in Zungen redete, war er völlig schockiert, weil es ihm vorkam, als lalle er wie ein Säugling. In der Tat entspricht die Glossolalie lautlich dem sogenannten »kanonischen Lallen«, das zunächst »redublizierend« ist (zum Beispiel »da da da«) und dann »bunt« (»da ba«) und im Alter von ungefähr sechs Monaten entsteht, in entspannten Situationen oder als Reaktion auf ein liebevolles Verhalten der Eltern.[9]

Natürlich sehen die Pfingstler und Charismatiker im Zungenreden kein Babylallen – schon Paulus glaubte höchstwahrscheinlich, ähnlich wie Lukas, daß es sich dabei um »Engelszungen«, das heißt göttliche und angelische Sprachen handelte, also um eine Manifestation des Heiligen Geistes, und in dieser Hinsicht stimmte er mit der großen Mehrheit der christlichen Gemeindemitglieder von Korinth überein, für die es die höchste »Gnadengabe« (χάρισμα) war, die Sprache der Engel zu erhalten, die übersetzt werden mußte. Auch heute noch ist in den Charismatischen und Pfingstkirchen die Überzeugung allgegenwärtig, daß vor allem bei der Geisttaufe Gott sich der Stimmbänder der Gläubigen bediene, um zu sprechen. Eine Frau sagte nach diesem Ereignis: »Ich konnte genau fühlen, wie der Geist in mich eindrang und mir die Worte eingab, als ich betete.« Auch die Mitglieder der Apostólico-Gemeinde in Mexico-City sagen, bei der Glossolalie spreche der Heilige Geist, der von ihrem Körper Besitz ergreife und ihn als Tabernakel benutze, und dasselbe teilen die Angehörigen der »Kirche der Apostel« der Karanga in Simbabwe oder die ghanaischen Pfingstler mit. Unmittelbar bevor sie zum ersten Mal in Zungen redete, fühlte die Geistheilerin Ellen Hebden in Toronto eine »göttliche Präsenz«, die die Kontrolle ihrer Hände übernahm, die sich daraufhin ohne ihren Willen fest verschränkten und sich mit einer solchen Schnelligkeit bewegten, daß sie das Gefühl hatte, es seien gar nicht ihre, sondern fremde Hände, die sich fest an ihr Becken preßten. In diesem Augenblick kamen die ersten Lallaute aus ihrem Mund. Viele Pfingstler sind der Ansicht, daß die Glossolalie die einzige Sprache sei, die der Teufel nicht verstehe, und bei den Pfingstlern der Akan heißt es, sie sei eine himmlische Sprache, die man benutze, um den Teufel zu verwirren, damit die Gebete ungehindert zu Gott aufsteigen können.

Im Mittelalter und in der Frühen Neuzeit wurde indessen das Zungenreden vielfach als ein Werk des Teufels angesehen. So berichtete Johan Weyer, der Stadtarzt des niederrheinischen Kleve, er habe im Jahre 1548 ein junges Mädchen behandelt, das »mit vngewontlicher künstlicher zungen« geredet habe, weshalb es »kein zweiffel« geben könne, »das der Sathan« nicht nur ihren Körper, sondern »auch jre zungen regierte«, und 1566 erstarrte in der Picardie die 16jährige Nicole Obray, um anschließend hoch in die Luft zu springen. Gleichzeitig entwickelte sie ungeheure Kräfte, und aus ihrem Munde sprach in Zungen »Beelzebub«. Wenn in unserer Zeit Therese von Konnersreuth in Zungen sprach, flocht sie häufig einzelne Wörter ein, vor allem *biasebua* und *beisebua*, was von den Priestern und den Gläubigen als »Beelzebub« verstanden wurde, aber offenbar im oberpfälzischen Dialekt »böser Bub« bedeutete. Die afrokaribischen Pfingstler sind davon überzeugt, daß man auch in Zungen reden könne, wenn man vom Teufel besessen sei, aber sie sagen, daß jemand, den der Heilige Geist »gefüllt« habe, dies sofort erkenne. Im Jahre 1907 geriet in Kassel eine abendliche Versammlung mit zwei norwegischen Zungenrednerinnen zu einem »wilden Spiritistenspuk«, wie Zeugen es formulierten, bei dem auf dem Boden wälzende Frauen sich in verbalen Obszönitäten ergingen und aus manchen Mündern ein »Ich, der Herr, sage euch …« ertönte, wobei freilich kaum jemand glaubte, daß Gott hier am Werke war. Ein Gleiches gilt für die Karanga-Pfingstlerinnen, die abwechselnd in Zungen redeten und verbotene oder aus sittlichen Gründen verpönte Wörter aussprachen. Schon frühzeitig lehnten die amerikanischen Fundamentalisten die Glossolalie generell ab, weil sie in ihr das Produkt einer »dämonischen Besessenheit« sahen, während die liberalen Protestanten sie als »deviant behavior« bezeichneten und überhaupt die Charismatische und Pfingstideologie mißbilligten, weil in ihnen die Erfahrung einen höheren Stellenwert einnahm als die christliche Doktrin.[10]

Trance oder gar eine Dissoziation scheint weder eine notwendige noch eine hinreichende Bedingung der Glossolalie zu sein, und manchmal kann sie von den Betreffenden in dem Sinne kontrolliert werden, daß sie jederzeit mit ihr aufhören können, was ein geistlicher Zungenredner in der Nachrichtensendung einer Fernsehanstalt in Los Angeles demonstrierte. So befinden sich beispielsweise die Mitglieder der Charismatischen und Pfingstkirchen Neuseelands nur beim Zungenreden während der Geisttaufe in Trance, aber außerhalb derselben nie. Manche erkennen auch sofort, daß sie dabei nicht wirklich sprechen. Als etwa im Jahre 1831 ein Engländer bei einer religiösen Veranstaltung vom Heiligen Geist ergriffen wurde und unter heftigen Konvulsionen in Zungen sprach, was ihm später noch öfter widerfuhr, war er dennoch fest davon überzeugt, lediglich »a jargon of sounds« von sich

zu geben. Andere wiederum glauben, daß ihre Glossolalie eine Xeno-
glossie ist, daß sie also fremde Sprachen sprechen, und die frühen
Pfingstler meinten, sie könnten mit ihrer Zungenrede viel leichter
die Menschen in den Gegenden bekehren, in denen man diese Sprache
spricht. Doch sehr bald mußten es diese Missionare erleben, daß sie
sich zum Beispiel in China oder in Afrika keineswegs damit verstän-
digen konnten. Bei den deutschen Pfingstlern des 19. und frühen
20. Jahrhunderts hatte die Zungenrede bisweilen Anklänge ans Spanische oder Portugiesische, doch stets stellte es sich heraus, daß die Betreffenden früher einmal begonnen hatten, diese Sprachen zu lernen.
Auch die eigentlich marathisprachige Uttara Hudder, eine indische Frau,
die im 20. Jahrhundert in einer psychiatrischen Klinik behandelt wurde, sprach bengalisch, wenn sie von einem im 19. Jahrhundert lebenden Bengalen besessen wurde. Später wurde bekannt, daß sie als Kind
mit der bengalischen Kultur vertraut war und auch Unterricht in Ben-
gali und Sanskrit erhalten hatte. Außerdem sprach sie im Zustand der
Besessenheit die Sprache keineswegs fließend, und sie hatte einen deut-
lichen Akzent wie eine Nicht-Bengalin, was für den Geist eines Bengalen doch ungewöhnlich gewesen wäre. Eine der Subpersönlichkeiten
einer multiplen Rechtsanwältin sprach italienisch, was die Ursprungspersönlichkeit nicht konnte, doch auch hier ergaben Recherchen, daß
die Eltern der Frau einst eine italienische Haushälterin hatten, die dem
Kind ihre Muttersprache beibrachte. Eine solche Kryptomnesie, bei
der sich die Betreffenden nicht mehr bewußt erinnern, lag auch bei
dem Dienstmädchen eines Pfarrers vor, die in ihre Zungenrede verball-
hornte griechische Wörter einflocht. Auch sie hatte vergessen, daß sie
früher oft gehört hatte, wie ihr Arbeitgeber laut im griechischen Neuen
Testament las.

Während die katholischen maltesischen Charismatiker sagen, ihr
unverständliches Zungenreden sei der Aufschrei der immensen Freude, die sie bei der unmittelbaren Begegnung mit Gott empfänden, oder
wenn die besessenen Vodú-Anhänger in Benin bei der Glossolalie vor
Freude springen, hüpfen, gackern, quieken oder von Lachkrämpfen
geschüttelt werden, erleben andere das Reden in Zungen nicht nur als
erfreulich. Mexikanische Pfingstler berichten von einem Potpourri
von Gefühlen und Wahrnehmungen, nämlich einerseits Freude und
das Aufblitzen hellen Lichtes, doch andererseits Angst und Schrecken

und eine unangenehme Gefühllosigkeit im Mund. Bei manchen Menschen dominieren beim Zungenreden die unwillkommenen Gemütsverfassungen. Eine 19jährige amerikanische Studentin wurde zwei Jahre lang immerfort von Glossolalie-Attacken heimgesucht, gegen die sie machtlos war. Als Folge davon fiel sie in tiefste Depressionen und dachte an Selbstmord, bis es ihr schließlich gelang, sich von der Pfingstkirche zu lösen. Aber auch später schaute sie voller Horror auf diese Zeit zurück. Als die evangelikale Heilerin Carrie Judd Montgomery zum ersten Mal in Zungen sprach, kam eine Freude in ihr auf, von der sie sagte, daß sie unbeschreibbar gewesen sei. Doch bald wandelte sich dieses Glücksgefühl in pure Verzweiflung.[11]

Glossolalie findet man nicht nur bei christlichen Charismatikern, Pfingstlern und Ekstatikern, sondern so gut wie überall auf der Welt (Farbtf. VIII). »Es war ein Leiden«, so berichtete ein karagassischer Schamane über seine sogenannte Initiationskrankheit, »ein unaufhörliches Leiden. Man möchte ruhen oder schlafen, und da fängt die Zunge an zu singen. Natürlich weiß man selbst nichts von diesen Gesängen, denn es ist ja der Geist, der da singt. Doch nicht alle Geister singen gleich. Manche singen schön, andere wiederum häßlich. Am besten singt *uluy* [›der Große‹]. Ich war 27 Jahre alt, als ich den Geist zum ersten Mal singen hörte. Mich besuchte auch *čaryš* [›der Kleine‹], der in meinen Mund schlüpfte, worauf ich damit begann Schamanenlieder zu singen.« Auch die tungusischen Geister drangen in den Kopf der Schamanen ein und zwangen sie, »die Worte auszusprechen«. Einer von ihnen erzählte, ein Geist habe ihm »oft ins Ohr geflüstert«, was er singen (*žariž'ačān*, wörtlich »wiederholen«) mußte, und er sei immer wieder tagelang in der Taiga geblieben, wo die Geister in sein Gehirn eingedrungen seien. Wenn bei den Waxei in der Ost-Sepik-Provinz jemand in einer höheren Tonlage in Zungen spricht, geht man davon aus, daß es der Geist eines Verstorbenen ist, der sich da äußert. Redet er aber zwischendurch zwar etwas Verständliches, aber dummes Zeug, dann sagen die Leute: »Der Ahne ist so blöd wie ein Hund oder ein Schwein!« In Japan waren es im frühen Mittelalter die *kamunagi*, die in einer leichten Trance in Zungen, das heißt in »göttlichen Wörtern« (*kamugoto*) sprachen, während die Glossolalie beim ekstatischen Tanz der meist weiblichen Mitglieder der im Jahre 1943 von der Bäuerin Sayo Kitagawa gegründeten »Neuen Religion« Odoru-Shūkyō den Seelen Verstorbener zugeschrieben wurde, die sich für ihre Rettung bedankten. Die Schamaninnen und Schamanen der zentralindischen Balahi sprechen in der Trance, bei der sie am ganzen Leib zittern und die Augen leer und glasig werden, völlig unverständliches Kauderwelsch, in dem dann und wann ein verständliches Wort auftaucht, das von einem Gehilfen als eine Antwort der Geister auf eine ihnen gestellte Frage interpretiert wird. Und wenn bei den neuseeländischen Māori ein »Gotteskanu« (*waka ʿatua*) von einem Gott »geentert« (*uru*) worden war, sprach es ebenfalls in Zungen, was zwar gleichermaßen unverständlich war, aber trotzdem von einem Spezialisten »übersetzt« wurde. War jedoch das, was dieser herauslas, Unsinn oder stellte es sich heraus, daß es nicht zutraf, lag das an seiner »Übersetzung«, denn ein Gott konnte sich nicht irren. Oft sprachen aber die Geister und Götter nicht einmal Silben, sondern zirpten wie die Grillen, so die Totenseelen der nordamerikanischen Algonkin, oder sie pfiffen eher wie die Hilfsgeister der Zulu, die deshalb *imilozi*, »Pfeifer« hießen.

»Die Sibylle«, so Heraklit, »die mit rasendem Munde Ungedachtes, Ungeschminktes und Ungesalbtes redet, reicht mit ihrer Stimme durch tausend Jahre. Denn der Gott treibt sie.« Die »dunklen Worte«, die Ajax im Wahnsinn redet, eine Sprache, »die kein Sterblicher ihn lehrte, sondern ein δαίμων«, war höchstwahrscheinlich ebenso Glossolalie wie das Gestammel der Kassandra, die »zwitschernder Schwalbe gleich […] unverständliche Barbarenlaute (ἀγνῶτα φωνὴν βάρβαρον κεκτημένη)« von sich gab. Gleiches gilt für Laute aus dem Mund der Pythia, die von den Priesterinnen und Priestern (ὑποφῆται) gedeutet und in der Form von Hexametern weitergegeben wurden. Oft scheint das Gedeutete so formuliert gewesen zu sein, daß es gar nicht falsch sein *konnte*, zum Beispiel: »Wenn Kroisos den Halyx überschreitet, wird er ein großes Reich zerstören (μεγαλην ἀρχὴν διαλύσει).«[12]

Eine weitere wichtige, zu den Χαρίσματα zählende Gabe des Heiligen Geistes, die die Anhänger der Charismatischen Kirchen glauben erhalten zu haben, ist neben dem Zungenreden und der Prophetie die Übermittlung der Kraft, Kranke zu heilen, vornehmlich solche, die von den Fachärzten aufgegeben worden sind. Bei diesen vermeintlichen Wunderheilungen ist von vorrangiger Bedeutung der Glaube der Kranken, daß sie von dem persönlich anwesenden Prediger geheilt werden, was einer Placeboinjektion gleichkommt, die bei manchen von ihnen das körpereigene β-Endorphinsystem aktiviert und in einigen – allerdings seltenen – Fällen Selbstheilungskräfte in Gang setzen kann. In den allermeisten Fällen sind die »Wunderheilungen« freilich nur von kurzer Dauer. In einem Experiment in den USA verschwanden nach einer Placeboinjektion bei 60 Prozent der Kranken kurzfristig die Kopf- und in einem anderen Experiment bei 40 Prozent die übrigen körperlichen Schmerzen, während Untersuchungen über angebliche Heilungen bei Charismatischen Veranstaltungen ergaben, daß sich viele kranke Gläubige zwar hinterher besser fühlten, sich an ihrer Erkrankung jedoch nichts geändert hatte. In Indien sagte eine Frau mit einer schweren Hautkrankheit zu einer Ethnologin: »Geistheilungen mag es geben, aber sie halten nicht an. Ich war scheinbar völlig geheilt, aber schauen Sie mich heute an!« Ihr Körper war übersät mit wunden Stellen und Eiterbeulen. »Kein Geistheiler kann irgend etwas für mich tun. Die Sache ist irreversibel!« Ein Internist bat den durch seine »Fernheilungen« bekannt gewordenen Geistheiler Trampler, sich zu einer bestimmten Uhrzeit auf drei schwerkranke Patientinnen in seiner Hamburger Klinik einzustellen und eine solche »Fernheilung« vorzunehmen. Der Arzt sagte den drei Frauen davon nichts, und es zeigten sich zu dem vereinbarten Zeitpunkt an ihrem Zustand keinerlei Veränderungen. Daraufhin gab er ihnen ein Buch von Trampler zu lesen und sagte ihnen, Trampler werde sie um soundsoviel Uhr aus der Ferne gesund machen, was aber in Wirklichkeit nicht der Fall war. Genau zu diesem Zeitpunkt hörten bei einer der Patientinnen schlagartig ihre fast unerträglichen Schmerzen auf, und bei der zweiten, einer Krebskranken, wurden die Schmerzen, obwohl sich an dem Krebs nichts änderte, schwächer, so daß sie sich geheilt fühlte, während bei der dritten vorübergehend ihre Bauchwassersucht zurückging.

Der Chirurg William Nolen untersuchte mehr als zwei Dutzend angeblich von der amerikanischen Starpredigerin Kathryn Kuhlman geheilte Schwerkranke und stellte fest, daß nicht ein einziger von ihnen wiederhergestellt worden war. Eine Frau, die wegen ihrer zahlreichen Krebsmetastasen ein Stahlkorsett tragen mußte, hatte dieses während einer Veranstaltung Kuhlmans geöffnet und weggeworfen und hoppelte, begeistert über ihre vermeintliche Heilung, über die Bühne, wodurch mehrere vom Krebs geschädigte Rückenwirbel brachen, was am

Tag darauf zu ihrem Tod führte. Schließlich fand der Trickexperte und Berufszauberer James Randi im Jahre 1993 heraus, daß der berühmte Geistheiler und Prediger Peter Popoff, der behauptete, die Stimme Gottes gebe ihm all sein Wissen und die Fähigkeit zu heilen ein, bei seinen Massenveranstaltungen ein kleines Empfangsgerät im Ohr trug. Mit einem Frequenzscanner stellte Randi fest, daß Gott auf der Frequenz 39,17 MHz sprach, daß er eine Frau war und die Stimme von Popoffs Gattin besaß. Er fand weiter heraus, daß Popoffs Mitarbeiter unmittelbar vor Veranstaltungsbeginn die Personen, die später von der Bühne aus von Popoff angesprochen wurden, aushorchten und dann die Informationen an Popoffs Frau weitergaben. Solche Besucher, die zwar gehbehindert waren, aber trotzdem problemlos ohne fremde Hilfe gehen konnten, setzten die Mitarbeiter zuvorkommend in Rollstühle. Wenn Popoff sie dann während der Veranstaltung aufforderte, aufzustehen, glaubte das Publikum, Popoff habe Gelähmte spontan geheilt.[13]

Ebensowenig nachhaltig wie die Geistheilungen sind die in den Pfingstkirchen beliebten Exorzismen bösartiger Geister, die sich angeblich im Körper der Gläubigen eingenistet haben. Nach einer Geisteraustreibung durch Mitglieder einer niederländischen Charismatischen Therapeutischen Organisation, während der sie von einem »Scheusal mit schrecklichen Zähnen« bedroht wurde, erhielt eine Frau die Geisttaufe, bei der Gott »seine Liebe in ihr Herz goß«, worauf sie in Zungen sprach. Doch ihre Leiden, vor allem Atemprobleme und die Angst vor dem Sterben, hielten unvermindert an. Eine andere Frau, Mitglied einer schwedischen Pfingstkirche, kam nach ihrer Geisttaufe zu dem Schluß, ihre unablässigen obszönen Vorstellungen und ihr Wunsch, aus ihrer problematischen Ehe auszubrechen, würden ihr von in ihrem Körper lebenden Dämonen eingeflüstert. Nicht sie selber sei für all diese Phantasien und Impulse verantwortlich, sondern böswillige Agenten des Teufels. Mehrere in der Pfingstkirche durchgeführte Exorzismen schienen zunächst erfolgreich zu sein, doch es dauerte nicht lange, und alle Dämonen kamen wieder zurück. Solche Austreibungen oder andere therapeutische Maßnahmen können aber auch die Exorzisten und Heiler in Mitleidenschaft ziehen, wie im Falle einer Charismatischen Heilerin, die einen jungen Mann behandelte, der ständig mit Visionen heterosexueller Szenen »bombardiert« wurde, die zunehmend Halluzinationen Platz machten, die homosexuellen Analverkehr, Sex mit Kindern und sadomasochistischen Geschlechtsverkehr beinhalteten. Diese Szenarien erregten ihn dermaßen, daß er dabei masturbierte. Schließlich wurde die Heilerin, der er dies und die Tatsache, daß er fortwährend das ihn noch stärker stimulierende Gefühl hatte, jemand ziehe an seinen Hoden, erzählte, davon angesteckt, und sie spürte, wie sie die sexuelle Begierde ihres Patienten absorbierte. Der lüsterne Dämon in dem jungen Mann schrie sie mit den Worten »Du Miststück (*bitch*)!« an, und nachts zog er an ihren Eierstöcken und stimulierte sie an den Brüsten und Genitalien, was sie dermaßen aufreizte, daß sie andere Menschen nur noch unter dem sexuellen Aspekt sehen konnte, wobei der Dämon sie zwang, andauernd Obszönitäten auszusprechen.

So gut wie alle Pfingstprediger warnen die Gläubigen beständig davor, daß der Teufel ohne Unterlaß Incubi und Succubi sowie »Geister der Perversion« aussende, die sogar die Gestalt Jesu oder die der abwesenden Liebhaberin annehmen könnten. In ihrer Vorstellung lauert überall die Gefahr der Unzucht, weshalb man sich nicht einmal von Angehörigen des eigenen Geschlechts anfassen lassen sollte. So habe einmal, wie ein Prediger erzählte, eine ältere Pfingstmissionarin eine jüngere berührt, die davon dermaßen erregt wurde, daß sie gar nicht mehr anders konnte, als der Älteren sexuell zu Willen zu sein. Vor allem aber dringen »perverse Geister« in den Körper derjenigen ein, die mit anderen Personen Analverkehr, Fellatio oder Cunnilingus betreiben, aber es gibt auch überdies die Geister der Selbstbefriedigung, des Ehebruchs, des Inzests, der Hurerei, der Vergewaltigung, des Exhibitionismus, des sadomasochistischen Sexes und viele andere, die der Exorzist daran erkennt, daß er angesichts der von diesen Dämonen Besessenen plötzlich bestimmte Gerüche, zum Beispiel einen Spermageruch, in der Nase hat.[14]

Vor allem wenn öffentlich durchgeführte Exorzismen mit Gewalt und gegen den Willen der Betreffenden geschehen, fühlen diese sich häufig wie am Boden zerstört, und bei einem jungen Mädchen führte ein solches traumatisches Erlebnis dazu, daß sie eine Subpersönlichkeit entstehen ließ, die sie »der Dunkle« nannte und der sie fortlaufend und immer intensiver quälte. In der karibischen »Iglesia de Dios Pentecostal« im nordamerikanischen New Jersey wurde eine junge schizophrene Frau von dem offenbar in Zungen redenden Prediger genötigt, sich vor der Gemeinde splitternackt auszuziehen, worauf er jede Stelle ihres Körpers mit dem Blut einer Ziege salbte, der man zuvor den Kopf abgeschlagen hatte. Durch die Prozedur brach die Frau zusammen und verlor das Bewußtsein. Und im Jahre 1994 beichtete in Nürnberg eine depressive und unter Selbsthaß leidende 28jährige Frau dem Pastorenehepaar Höfig der Immanuel-Gemeinde, einer Pfingstkirche der Stadt, eine Vergewaltigung als Kind, sexuelle Promiskuität in der Adoleszenz sowie Vaginal- und Analverkehr mit einem Afroamerikaner, wonach das Ehepaar »diagnostizierte«, daß bei diesem Koitus gewiß ein Vodú-Geist in ihren Körper eingefahren sei. Nach dem Gottesdienst, der auf die Beichte folgte, wurde die junge Frau von mehreren Gemeindemitgliedern urplötzlich gepackt, gewaltsam entkleidet und an allen intimen Stellen ihres Körpers betastet, bis schließlich der Pastor und seine Frau der am Boden festgehaltenen strampelnden Frau während eines 20stündigen Exorzismus wiederholt mehrere in Babyöl getauchte Finger in die Vagina und den After einführten, was sie als eine Vergewaltigung empfand. Bei dem späteren Gerichtsprozeß sagten die Verteidiger des Ehepaars, auch eine »Ganzkörpersalbung« sei »grundsätzlich ein geschützter Teil des religiösen Lebens« und ebenso »erlaubt wie die gynäkologische Untersuchung durch einen Frauenarzt«. Dem folgte das Gericht freilich nicht und verurteilte die beiden wegen Freiheitsberaubung, Körperverletzung und sexueller Nötigung auf Bewährung, was von den Charismatikern gemäß ihrer Verschwörungstheorie als Angriff auf die Religionsfreiheit scharf verurteilt wurde. Der Pastor und seine Frau blieben weiterhin Leiter der Gemeinde. In einem ähnlichen Fall sagte in England ein Predigerehepaar einer Charismatischen Kirche einer jungen Frau nach insgesamt zwei Jahre währenden fruchtlosen Exorzismen, in ihrer Vagina säßen Dämonen, die sich hartnäckig weigerten, sie zu verlassen. Als die Frau während einer Einladung zum Tee einen Schwächeanfall erlitt und wehrlos war, zog das Ehepar sie nackt aus, worauf der Prediger einen in geweihten Dubonnet getauchten Finger in ihre Vagina und ihren After steckte. Auf ihren Brüsten machte er anschließend das Zeichen des Kreuzes. Als die Frau sich daraufhin an die Polizei wandte, fand diese heraus, daß das Paar auch andere junge Frauen derselben Prozedur unterworfen hatte, wobei einer der sexuellen Exorzismen zehn Stunden gedauert hatte.

Sie fanden alle in einem schalldichten Raum statt, und keines der Opfer hatte es – wohl aus Scham und Unterwürfigkeit – gewagt, die Tat anzuzeigen.[15]

Viele Pfingstler sagen, sie spürten es körperlich, wie die bösen Geister aus ihrem Leib vertrieben würden – gleich jenem Patienten, der seinen Therapeuten mitteilte, er fühle andauernd, wie irgendjemand versuche, jemand anderen aus seinem Körper hinauszustoßen: »Das ist sehr traumatisch, dann bekomme ich wirklich Angst, denn ich kann das nicht kontrollieren. Ich sehe dann diese zwei kleinen Männer mit Boxhandschuhen, die miteinander kämpfen!« Manche Gläubige erleben es mit, wie der Heilige Geist die Dämonen in ihrem Körper angreift, nicht unähnlich der Ursprungspersönlichkeit einer Multiplen, die den manchmal erbitterten Streit zwischen zwei Subpersonen in sich beobachtet – vielleicht mit dem Unterschied, daß in diesem Fall die stärkere »Sub« sich zwar gegen die schwächere durchsetzt, letztere jedoch normalerweise nicht verschwindet.

Offenbar halten sich alle Pfingstler und Charismatiker an das Gebot des alttestamentlichen Gottes, daß das Volk Israels außer ihm keine anderen Götter anbeten solle; aber daß es diese anderen Götter *gibt*, stand damals wie heute außer Frage. Für die brasilianische *Igreja Universal do Reino de Deus* (IURD), die größte pentekostale Kirche des Landes, deren Mitglieder zu 85 Prozent Frauen sind, wirken die Dämonen vor allem durch den kardecistischen Spiritismus, die Umbanda, den Candomblé und die anderen afroamerikanischen Kulte sowie Sekten wie die Hare-Krishna-Bewegung, die Neuen Japanischen Religionen (*shin shukyō*), die hinduistischen Götter, Allāh und nicht zuletzt durch die hl. Jungfrau und die übrigen katholischen Heiligen. In seiner Abhandlung *Orixás, caboclos e guias: deuses ou demonios* vom Jahre 1990 bezeichnete der Begründer der IURD all diese *orixás*, namentlich Exú und Pombagira, als Götter und die Heiligen als gefallene Engel, Spießgesellen Luzifers, deren Auftrag darin bestehe, die Menschheit von Gott abzubringen und sie dadurch zu vernichten. Deshalb führen die Pfingstkirchen eine *batalha espiritual* gegen all diese Religionen, indem die Pfingstler zum Beispiel an Silvester am Meeresstrand die Umbandisten daran hindern, das Fest der Iemanjá zu feiern, oder indem sie versuchen, mehr oder weniger gewaltsam die *orixás* auszutreiben, was sie euphemistisch *libertação*, »Befreiung« nennen.

Deshalb sagte der »Oberpriester« (*babalorixá*) des Berliner Candom-blé-Kultzentrums, in Deutschland werde der Candomblé »mit Respekt, Bewunderung und Neugierde betrachtet«, ja, in ganz Europa gebe es viel mehr Toleranz als in Brasilien, wo »die [afroamerikani-schen] Kulte unter den Aggressionen der Pfingstkirchen« litten. Diese Angriffe richten sich aber nicht nur gegen die afrobrasilianischen Kulte. So trat und schlug Bischof Sérgio von Helder, der »Teleevangelist« der IURD, am 12. Oktober 1995, dem Feiertag der Patronin Brasiliens, Nos-sa Senhora Aparecida, in einem im Fernsehen übertragenen Gottes-dienst die Skulptur der Muttergottes, nannte sie eine »häßliche, schreck-liche und erbärmliche Puppe« und forderte die hl. Jungfrau auf, sich zu wehren. Darauf gab es im ganzen Land einen Aufschrei der Empö-rung unter den Katholiken, und einige Tempel der IURD in verschie-denen Städten Brasiliens und sogar Portugals wurden gestürmt und verwüstet.[16]

§ 32
Geisttaufe und Sexualität

Aus einem Bericht des Jahres 1851 über die Veranstaltungen russischer Charismatiker geht hervor, daß nicht wenige der Frauen und einige der Männer sich nackt auszogen und wild tanzten, bis sie schließlich zusammenbrachen, um auf diese Weise den Heiligen Geist zu empfangen. Diese öffentlichen Entblößungen rechtfertigten sie später damit, daß für sie, die ja jeden Geschlechtsverkehr ablehnten, Nacktheit sündlos sei, so wie für Adam und Eva, die ja bekanntlich vor dem Sündenfall keine Kleidung trugen. Noch in der frühen sowjetischen Zeit berichtete ein Augenzeuge über sie: »Am Anfang lauscht noch jeder der Predigt, doch dann beten sie und fangen an zu schreien, zu zittern und auf den Boden zu schlagen. Schließlich reißen sie sich sämtliche Kleidung vom Leib, stöhnen und verlieren jegliches menschliche Aussehen.« Bereits in der Frühen Neuzeit, zum Beispiel in einem Dokument aus dem Jahre 1546, ist von Frauen und Männern die Rede, die an Pfingsten von den himmlischen Feuerzungen erfaßt und zu Boden geschleudert wurden, wo sie sich völlig entblößten. Im späteren 18. Jahrhundert wurde ähnliches von den Shakern berichtet, deren Frauen zwar zumindest ab dem Jahre 1805 einerseits aus Prüderie keine Korsetts trugen, damit ihre Brüste sich nicht abzeichneten, die aber andererseits bereits zwei Jahre vor dem Tod der Gründungsmutter Ann Lee im Jahre 1784 auf ihren ekstatischen Veranstaltungen splitterfasernackt (*stark naked*) tanzten, und zwar beide Geschlechter gemeinsam. Und in einem im Jahr darauf, also 1783, erschienenen Büchlein teilte ein Augenzeuge, nämlich der Geistliche Valentine Rathbun, mit, daß sich einige Shakerinnen und Shaker nackt auszogen, so für alle sichtbar im Fluß badeten oder sich in der Öffentlichkeit auch inmitten von Nichtshakern hüllenlos bewegten, was später auch der ehemalige Shaker Reuben Rathbun bestätigte. Erklärt wurde ein solches Verhalten von den Shakern einerseits damit, daß sie auf diese Weise ihre Reinheit und Sündlosigkeit zur Schau stellten, anderseits mit der Begründung, daß sie Engel seien und damit unsichtbar, weshalb niemand ihre Blößen sehen könne. Schließlich taten sie es nach Aussage Thomas Browns, der sich der Bewegung im Jahre 1798 angeschlossen hatte, um sich zu erniedrigen und zu demütigen und dadurch ihren frechen Stolz zu brechen.

Vielen Wissenschaftlern, die sich mit den modernen Charismatischen und Pfingstbewegungen beschäftigt haben, sind die »exhibitionistischen Neigungen« insbesondere der jüngeren Anhängerinnen dieser Kirchen aufgefallen, und sie haben in ihnen einen Ausdruck der Hingabe, Unterwerfung und Selbstaufgabe gesehen, die als lustvoll erlebt werden. Bei der bereits erwähnten Pfingstveranstaltung in Kassel im Jahre 1907 empfanden es viele Anwesende als äußerst peinlich, daß eine Frau ihre Bluse zerriß, so daß jedermann ihre nackten Brüste sehen konnte. Ein junges Mädchen zog sich sogar völlig nackt aus, und ein anderes machte sich an einem fremden Mann zu schaffen. In der frühen Zeit der Pfingstbewegung in Uganda, in den 1940er Jahren, tanzten bei den Revivals die »geistgefüllten« Frauen und Männer gemeinsam splitternackt, wild und hemmungslos, bis die Prediger dies unterbanden, weil sie ein Eingreifen der Polizei befürchteten. Und wenn die weiblichen Gemeindemitglieder der ghanaischen »Church of the Twelve Apostles« sich unter konvulsivischen Zuckungen auf dem Boden umherwälzen, entblößen sie ihre Brüste und ziehen an ihnen. In der sexuell aufgeladenen Atmosphäre mancher Charismatischer Kongregationen in den westlichen Ländern masturbieren viele Frauen, und wenn die Frauen mittleren Alters ihren Oberkörper entkleiden, tun ihnen das viele jüngere nach. Sobald diese aber aus Scham die Brüste mit den Händen bedecken, kommt es offenbar nicht selten vor, daß anwesende Männer die Prediger auffordern, den Mädchen zu befehlen, ihre Brüste zu zeigen. Auch bei einem Charismatischen Gottesdienst, der im Jahre 1985 in Leeds stattfand, erlebten zahlreiche junge Mädchen und Frauen ganz offensichtlich einen sexuellen Orgasmus, aber als eine von ihnen damit begonnen hatte, sich nackt auszuziehen, wurde sie im letzten Augenblick von einer der »Wächterinnen« daran gehindert.[1]

Auch in anderen Kulten und Religionen überall auf der Welt werden in veränderten Bewußtseinszuständen die Hemmschwellen drastisch herabgesetzt. Schizophrene Frauen, aber auch Männer empfinden ebenfalls den starken Drang, sich in der Öffentlichkeit nackt auszuziehen;

so etwa ein junger Mann, der sich völlig entblößte, schnüffelte und bellte und auf allen vieren knurrend die Straße entlanglief, wobei er nach den Passanten schnappte und einige auch biß. Auch bei den afrikanischen Sebei, Kamba, Hehe und Pokot gilt Exhibitionismus während »psychotischer« Schübe bei beiden Geschlechtern als typisch. Bei akuten Anfällen von *grisi siknes*, die immer wieder aufflammt, reißen sich die meist adoleszenten Mädchen und Jungen der Miskitu im östlichen Nicaragua sämtliche Kleider vom Leib, zucken konvulsivisch und verlieren das Bewußtsein, bevor manche von ihnen in die Wildnis laufen oder sich in den Fluß oder das Meer stürzen.

Sehr häufig stellen sich auch von Geistern besessene Frauen, seltener Männer nackt zur Schau. So warnte im Jahre 1585 Diego Pérez de Valdivia, Theologieprofessor an der Universität Barcelona, davor, daß der Teufel mit besonderer Vorliebe auf eine *endemoniada* so einwirke, daß sie sich vor allen Leuten nackt ausziehe (*descubra su persona*) oder Unkeusches sage (*diga alguna cosa deshonesta*). Und als im Februar 1535 Hollands höchster Richter, Gerrit van Assendelft, ein Urteil über die *naaktlooper* fällen mußte, Männer und Frauen, die splitternackt durch die Gassen Amsterdams gelaufen waren, um die »nackte Wahrheit« zu verkünden, konnte er dieses Phänomen nicht anders erklären, als daß die Betreffenden von obszönen Dämonen besessen seien. Gegen Ende des 17. Jahrhunderts brüllte die pietistische Prophetin Anna Margarete Jahn aus Halberstadt wie ein Ochse, krähte wie ein Hahn und stellte sich unbekleidet zur Schau, während sich im Jahre 1662 die fränkische Visionärin Anna Vetterin, die sich vor jeder Form von Sexualität ekelte und sich ihrem Mann verweigerte, in ihren Visionen selber sah, wie sie als Braut Christi mit wehendem Haar und unbedecktem Oberkörper vom Himmel herabstieg: »Und ihr halß und zwey brüste sind gantz nackend, zwey schöne volle weisse brüste hat sie, wie es einer keuschen reinen Jungfrauen gebühret.« Von da an hat sie »keinen mann mehr erkennet« und den Beischlaf nur noch mit Jesus, ihrem »mann und bräutigam« vollzogen.

In den Besessenheitskulten sind es ebenfalls vorwiegend die Frauen, die sich nackt zur Schau stellen und nicht selten Indiskretionen äußern, die viele der Anwesenden schockieren, etwa im Vodú oder bei den westafrikanischen Songhay, aber bekannt ist auch das »Die-Kleider-vom-Leib-Reißen« (*tamzīq*) der muslimischen Ṣūfīs in Trance. In

Kairo berichtete eine Kultleiterin des *zār*, als junges Mädchen sei sie einst zu einer ḥaḍra, einem Ṣūfiritual, mitgenommen worden, wo sie unvermittelt von der Musik und den tanzenden Frauen erfaßt und mitgerissen worden sei: »Ich wußte plötzlich nicht mehr, wie mir geschah. Ich fing an, mich wild zu bewegen, und riß mir die Kleider vom Leib«, worauf die peinlich berührten Musiker so schnell wie möglich aus dem Raum gerannt seien. Aber auch auf den von vielen Musikliebhabern als »dämonisch« empfundenen Konzerten des Violinisten Niccolò Paganini im ersten Viertel des 19. Jahrhunderts stöhnte und röchelte das Publikum fast durchweg, und nicht wenige der Damen rissen ihre Blusen weit auf und entblößten ihre Brüste. Auf Trinidad reißen sich die von den *orishás* Besessenen, in der überwiegenden Mehrzahl junge Frauen und Mädchen, auch noch den letzten Fetzen Stoff vom Leib und schreien, grunzen und wälzen sich auf dem Boden, was auch die Besessenen der Ma' Betisek an der Mangrovenküste von Selangot auf der malaiischen Halbinsel tun, die anschließend mit jedem den Geschlechtsverkehr vollziehen, der dazu bereit ist. Auch der jungen Anneliese Michel befahl einer der Dämonen in ihrem Leib immer wieder, sich nackt auszuziehen und so in die Öffentlichkeit zu gehen, was in der Dominikanischen Republik »wilde Besessenheit« (*caballo lobo*) durch die *misterios* genannt wird.[2]

Wenn eine koreanische Schamanin einer Ethnologin sagte, während der Besessenheit verliere sie stets »jedes Gefühl von Peinlichkeit« und »alle Hemmungen«, so ist dies auch charakteristisch für viele Pfingstler und Charismatiker, die häufig bei ihren Veranstaltungen Handlungen ausführen, die eindeutig sexuellen Charakter haben. Sehr vorsichtig deutete dies hierzulande ein bekannter Theologe und Pfingstprediger an, der schrieb, die Geisttaufe müsse »als ein befreiendes, enthemmendes, das Emotionale und manchmal auch das Erotische integrierende Erlebnis verstanden werden«, und noch etwas freimütiger drückte dies einer seiner prominenten amerikanischen Kollegen aus, der verlautete: »Religious love is very near sexual love, and they always get mixed up in the intimacies and social excitements of revivals.« Nicht selten kommt es offenbar vor, daß Männer solche Situationen ausnutzen, um jungen Frauen und Mädchen an intime Stellen ihres Körpers zu fassen. So beobachtete der Ethnologe Weston La Barre, wie der Prediger der pfingstlerischen »Snake-Handler« im Südosten der USA einer jungen auf dem Boden liegenden Frau mit der rechten Hand an die Genitalien faßte, und während der Pfingstgottesdienste der Miniafia in Neuguinea befummeln viele Männer dann, wenn das Licht ausgeschaltet ist, »damit man sich besser auf Gott konzentrieren kann«, die jüngeren Frauen und Mädchen an den Brüsten und zwischen den Beinen. Dasselbe tun die Männer der Urapmin in der West-Sepik-Provinz in der in hohem Maße sexuell aufgeladenen Atmosphäre der wilden Tänze (*spirit disko*) bei den daran teilnehmenden Pfingstlerinnen (*spirit meri*), und in den Charismatischen Zionistischen Kirchen der Zulu greifen die 16- oder 17jährigen »Propheten« während der Herabkunft des Heiligen Geistes den kranken oder unfruchtbaren Frauen, für die sie beten, an die Brüste und die Vulva und reden sich hinterher damit heraus, daß nicht sie selber, sondern der Heilige Geist das getan habe, der »viel zu stark« sei, als daß sie ihn daran hätten hindern können. Als jedoch im Osten der australischen Kimerleys bekannt wurde, daß der Pfingstprediger, der den Frauen die Hand auflegte, nicht nur den Kopf, sondern auch deren Genitalien berührte, wurde bestimmt, daß das Handauflegen bei Frauen künftig nur noch von Frauen verrichtet werden dürfe.

Dies bedeutet freilich nicht, daß bei solchen Veranstaltungen sämtliche Frauen und jungen Mädchen passiv bleiben oder durch derartige sexuellen Handgreiflichkeiten beleidigt wären oder sich peinlich berührt fühlten. Über den Propheten stand bei den oben erwähnten russischen Chlysten die »Gottesmutter«, im 18. Jahrhundert eine gewisse Aphrosínja Iwanowa, aus deren Brüsten die Propheten den Heiligen Geist saugten, den sie dann mittels tiefer Zungenküsse an die anderen Gläubigen weitergaben. Oft tanzten die Frauen mit nacktem Oberkörper oder völlig nackt, stürzten sich auf die Männer, umarmten und betasteten sie und steckten ihnen die Zunge tief in den Mund. Bei den *spirit diskos* werden nicht nur die Männer, sondern auch die Frauen in einem Grade sexuell erregt, daß immer wieder Paare nach draußen verschwinden, und nicht selten kommt es bei Charismatischen Gruppierungen in Soweto während der Geisttaufe sogar zu ganz offenem Geschlechtsverkehr mit fremden Männern oder Frauen, den aber die verheirateten Gläubigen hinterher ihren Ehepartnern verschweigen. In England wurde eine Pfingstkirche aufgelöst, weil es im Anschluß an die ekstatischen Veranstaltungen immer wieder zu »Swinging«, also zum Parnertausch kam, und im Jahre 1947 gab ein junger Mann gegenüber einem Forscher ohne Umschweife zu, daß er nur deshalb zu den Erweckungsversammlungen der »Serpent-Handler« in North Carolina gehe, weil jedermann wisse, daß sich die jungen Frauen und Mädchen, nachdem sie auf den Boden gefallen seien, »problemlos fikken« ließen, was im Normalzustand nicht möglich sei.[3] Zur Tatsache, daß viele der Frauen hochgradig sexuell erregt sind, mag auch das Gefühl der Gefahr beitragen, von den Giftschlangen gebissen zu werden, die bei den »Serpent-Handlern« wichtigster Bestandteil der Rituale sind.

Ein Zusammenhang von sexueller Erregung und Gefahr zeigt sich auch in ganz anderen Zusammenhängen. So erlebte eine Frau einen Orgasmus, als sie mit Höchstgeschwindigkeit eine kurvenreiche Strecke entlangfuhr, und ein Geisterfahrer ejakulierte, als er auf der falschen Fahrbahn »dem Tod mit höchster Konzentration ins Auge schaute«. Ein junges Mädchen kam zum Orgasmus, indem sie sich den Lauf geladener, gespannter und entsicherter Feuerwaffen in die Vagina schob, wozu sie bemerkte: »Das Geile daran ist die Angst, daß sie losgehen könnten!« Und andere bringen dasselbe zuwege, indem sie ungeschützten Sex mit HIV-positiven Männern oder Frauen haben (»going bareback«), was sie als einen »Flirt mit dem Tod« bezeichnen.[4]

Noch vor fünfzig Jahren war es bei den Maya in Yucatán unüblich, daß eine Frau sich beim Geschlechtsverkehr bewegte, und auch die Männer vermieden es, die Frau durch wiederholte Beckenstöße zu stimulieren oder gar zum Orgasmus zu bringen. »Dieser sollte«, wie die Männer sagten, ein »Geheimnis« bleiben, »das ihr verborgen bleibe«, und weil auch sie sich kaum bewegten, brauchten sie sehr lange, bis sich ihr Sperma ergoß. Und sobald die beiden Geschlechter der Tiefland-Maya in den Flüssen badeten, bedeckten sie automatisch ihren Genitalbereich. Schon Diego de Landa berichtete im 16. Jahrhundert, die Yucatekinnen verhüllten in der Öffentlichkeit stets ihren Oberkörper mit einem Baumwolltuch oder einem weiten Mantel, und auch in unserer Zeit galt ein tiefer Ausschnitt, bei dem der obere Teil des Busens sichtbar war, als äußerst unanständig. Wenn aber der Heilige Geist, so teilte die Tranceforscherin und Ethnologin Felicitas Goodman mit, von den Maya-Pfingstlern Besitz ergriffen hatte, zogen nicht wenige

460

Männer und Frauen sämtliche Kleider aus, wobei sie zwar zitterten und von Schauern ergriffen wurden, stark schwitzten und rot anliefen, aber gleichzeitig von Hochgefühlen erfüllt waren. Dann faßten manche Frauen Männern, mit denen sie nicht verheiratet waren, an den erigierten Penis, bis sie ejakulierten, und sie selber führten mit dem Becken Koitusbewegungen aus, bis sich ihre Muskulatur versteifte und sie von heftigen Orgasmen geschüttelt wurden. Dabei schrien sie »Fuego, fuego es que quiero, dámelo, dámelo (= Feuer, Feuer will ich, gib's mir), Señor!«

Wenn die Tungusen-Schamanen von ihren Hilfsgeistern besessen wurden, versteifte sich offenbar ihr Penis, und auch der ehemalige Shaker Reuben Rathbun berichtete, daß einige seiner männlichen Glaubensgenossen sich in der Ekstase nackt auszogen, worauf sie »involuntary evacuations of the seed of copulation« hatten. Ein Besucher des berühmten »Prayer Meeting« der »Toronto Airport Vineyard Church« im Jahre 1994 berichtete, er habe gesehen, wie zwei junge Frauen über ihren Sitzen hockten und laut stöhnend und heftig atmend rhythmisch mit dem Becken stießen, als ob sie auf einem Mann sitzend den Geschlechtsverkehr ausübten. Diese »Reiterstellung« bietet Frauen den Vorteil, daß die Klitoris besser stimuliert wird und sie schneller zum Orgasmus kommen, weil sie in einem ihnen genehmen Rhythmus mit dem Becken stoßen können, ohne auf die Bedürfnisse des Partners achten zu müssen. Deshalb nimmt es nicht wunder, wenn zahlreiche Charismatikerinnen in aller Welt beim Koitus mit dem Heiligen Geist, aber auch junge Visionärinnen diese Stellung einnehmen. Aimée Semple McPhersons Beschreibung ihrer »divine penetration«, die erstmals stattfand, als sie 18 Jahre alt war, ist von Kommentatoren als eindeutige Schilderung eines sexuellen Orgasmus bezeichnet worden, der von ihr religiös gedeutet wurde. Und eine Ethnologin schrieb, die »spirituellen Baptistinnen« auf St. Vincent benähmen und bewegten sich bei der Geisttaufe genauso wie Frauen kurz vor und beim sexuellen Höhepunkt. Wenn lateinamerikanische Pfinstlerinnen von ihrem »spirituellen Orgasmus« berichten, der eintritt, sobald der durchweg männlich gedachte Heilige Geist sie »penetriert« und »füllt«, hat dies mehr als sexuelle Untertöne, und eine von all ihren Ehemännern und Liebhabern enttäuschte Brasilianerin sagte über ihr Stelldichein mit dem Heiligen Geist: »Es war, wie wenn er diese Nacht nur mit mir verbringen wollte. Es war ein ganz, ganz tolles Ding, eine völlig neue Erfahrung für mich!« Eine nordamerikanische »Serpent-Handlerin« sagte, das Gefühl sei einfach köstlich, eine Mischung aus elektrischem Schock und sexuellem Orgasmus, und auf vielen Revivals des Landes kann man junge Frauen auf dem Rücken am Boden liegen sehen, die stöhnen und keuchen (»Ooh, aah, aah!«) und die laut schreien: »Mehr, Herr, mehr!« und »Tiefer, Herr, tiefer!«.[5]

Die bereits oben angeführte »Trancereiseleiterin« Goodman berichtete, daß die bei der von ihr mit einer Rassel erzeugten Trance auftretende Energie sich »auf die Genitalien« konzentriere. »Mein Körper hat sich mit sexueller Energie gefüllt«, sagte zum Beispiel die Teilnehmerin eines ihrer Kurse, und ein junger Mann erlebte die Erregung, die er spürte, »wie einen Orgasmus«. Eine andere junge Frau, die an einem Kurs teilgenommen hatte, erzählte mir, der sexuelle Höhepunkt, der sie wie ein Blitz getroffen habe, sei ungleich intensiver gewesen als alles, was sie vorher in dieser Hinsicht erlebt habe. Ein Ethnologe beobachtete bei den !Kung-Trancetänzern in der Kalahari, daß manche von ihnen mit dem Unterleib Koitusbewegungen ausführten und ihre Genitalien zur Schau stellten, was die Umstehenden allerdings unterbanden. Auch bei den Ju'/hoansi im südlichen Afrika werden die jungen Heiler und Heilerinnen bei ihrem ekstatischen Tanz dermaßen sexuell erregt, daß die weiblichen ihre Genitalien zur Schau stellen und die männlichen unmittelbar danach mit einer jungen Frau oder auch zweien, die sie mit Singen und Klatschen angefeuert hatten, im Busch verschwinden. Dann schauten die alten Heiler wehmütig den jüngeren nach und sagten: »Stell dir einmal den Sex vor, den die Burschen jetzt kriegen!« Auch bei den Vodú-Veranstaltungen in Haiti ist die Atmosphäre nicht selten dermaßen erotisch aufgeladen, daß manche Männer und Frauen, wie Ethnologen beobachteten, einander zunächst umarmten und liebkosten, um dann in der Dunkelheit den Ort gemeinsam für eine gewisse Zeit zu verlassen. Jahrhundertelang bestand in Süditalien die einzige Heilungsmöglichkeit für jemanden, der von der Europäischen Schwarzen Witwe »gebissen« oder von ihr »besessen« worden war, darin, bis zur völligen Erschöpfung die *pizzica*, die apulische Tarantella zu tanzen, denn nur dadurch konnte das Gift der Spinne entfernt werden, deren Biß zwar manchmal zu heftigen Schmerzen, Konvulsionen und Muskelkrämpfen führte, aber so gut wie nie zum

Tode. Ihre Erlebnisse während des Tanzes verglichen die Betroffenen mit »Außerkörperlichen Erfahrungen«, aber mehr noch mit dem Gefühl der Preisgabe, mit Kontrollverlust und einem sexuellen Orgasmus. Als eine berühmte *tarantala* (Tarantella-Tänzerin), einmal gefragt wurde, wie sie den Höhepunkt des Tanzes erlebt habe, antwortete sie: »Ma, che devo dire, si sciolgono le acque!«, »Na ja, was soll ich sagen, das Wasser fließt aus!«, wobei sie vermutlich mit »le acque« das Vaginalsekret meinte, das an ihren Beinen hinablief.[6]

Wenn Frauen beschreiben, wie ein sexueller Orgasmus sich anfühlt, sind diese Schilderungen so gut wie immer ununterscheidbar von den Darstellungen ihrer Gefühle bei der Penetration durch den Heiligen Geist. Nach einer zunehmenden Verkrampfung der Zwischenrippenmuskulatur, der Hände, Füße, des Nackens und des Gesichts sowie des Rückens, Kontraktionen der großen Gesäßmuskeln und des Afterschließmuskels werden die Brüste etwas größer, der Warzenhof schwillt an, und die Brustwarzen erigieren. Die Umwelt wird immer weniger beachtet, der Blutdruck und die Pulsfrequenz steigen, die Atmung beschleunigt sich und wird tiefer. »Mein ganzer Körper ballt sich zusammen«, so eine Amerikanerin, »wird vollkommen starr und beginnt, heftig zu zittern«; »meine Beine werden steif und sind ausgestreckt«, so eine andere; »mein Körper ist völlig in Trance, er wird steif von den Zehen bis zu den Lippen«, so beschreibt es eine junge Französin. Schließlich entlädt sich die Spannung im Orgasmus durch starke konvulsivische Zuckungen, die Minuten anhalten können und oft von Stöhnen, Schreien, Grunzen, Lachen und Weinen sowie starker Transpiration begleitet werden, aber auch vom Verlust jeglicher Selbstkontrolle, einer Denkstille, dem Gefühl von Zeitlosigkeit, minutenlanger Bewußtlosigkeit und Unempfindlichkeit gegenüber taktilen Reizen, obwohl der Gesichtsausdruck dem einer Gefolterten gleicht. Entsprechend zeigen viele Gehirnregionen eine drastische Verminderung der Aktivität, namentlich der linke orbitofrontale Cortex, was zu einer weitestgehenden Reduktion der Selbstbeherrschung und Triebkontrolle führt. Die Enthemmung wird zudem durch die deutliche Abnahme der Aktivität des dorsomedialen Präfrontalcortexes verstärkt, die auch bei unkontrollierter Aggression stattfindet. Und so schildern Frauen die Gefühle, die sie beim sexuellen Orgasmus haben: »Ein Zittern und Beben zentriert sich in meinem Becken, das wie die Saite einer Violine vibriert. [...] Meine Knochen verwandeln sich in Lava, in schmelzendes, flüssiges Feuer, heißer Gelee im Becken und in den Oberschenkeln, geschmolzenes Magma läuft hinunter.« Eine Körper- und Schwerelosigkeit, ein Gefühl des Fließens, große Hitze, »wellenartiges Beben«, »alles rückt in die Ferne«, »eine gigantische Gezeitenwelle wirft mich um, rast über mich hinweg, riesige krachende Wogen purer Lust. Ich schreie und schreie. Es ist so unglaublich gut«; ein sich im ganzen Körper ausbreitendes »Pulsieren«, dem unwillkürliche Beckenkontraktionen zugrunde liegen, »ein Mich-Verlieren wie in den Tod«, »Wellen, während denen die Zeit stehen bleibt«; »wie Bewußtlosigkeit, wie ein Adrenalinstoß – mein Körper zuckt, als bekäme er Stromstöße, die aber nicht weh tun«; »elektrische Ströme jagen durch meinen Körper zur Klitoris und in die Vagina«; ein »Gefühl, als stünde ich außerhalb meines Körpers«; »wunderbar qualvolle, rasende, brennende Schmerzlust« usw.[7]

Allerdings ist der sexuelle Orgasmus für manche Frauen nicht beglückend und befreiend, denn die vorübergehende »Ich-Regression« erzeugt bei ihnen das von großer Angst begleitete Gefühl, überwältigt zu werden und schutzlos ausgeliefert zu sein. So ergab eine Untersuchung, daß 20 Prozent der Befragten beim Orgasmus wegen des Verlustes der Selbstkontrolle intensive Angstgefühle hatten, und noch wesentlich mehr Befragte klagten über die dabei auftretende unangenehme Orientierungslosigkeit, zum Beispiel nicht mehr zu wissen, was noch zu ihrem Körper gehöre und was zu dem des Sexualpartners. Dieselben Kontrollverlustängste und daraus resultierende Widerstände haben auch manche Pfingstler und Charismatiker gegen die Geisttaufe und das Zungenreden, und zwar vor allem die Männer. Frauen, die bekanntlich beim Koitus penetriert werden und in ihrem Bauch Kinder austragen, sind im allgemeinen sehr viel eher bereit, Götter, Geister oder den Heiligen Geist in ihren Körper hineinzulassen, und bei den Oya Melanau in Sarawak werden Männer äußerst ungern Geistermedien, weil diese sich, wie sie sagen, als »Gefickte« anschließend effeminiert verhielten und manche von ihnen sogar Frauenkleider anzögen. Sich-Ausliefern, Jemanden-in-sich-eindringen-Lassen, Weinen usw. gilt in den meisten Kulturen als unmännliches, typisch weibliches Verhalten, und in vielen afrikanischen Ländern werden die männlichen Pfingstler als weibische »Waschlappen« und »Weicheier« angesehen. Eine Ethnologin teilte mit, daß in einer Siedlung im Osten der nordwestaustralischen Kimberleys bei den Revivals die meisten Frauen irgendwann zu Boden fallen, was, wie ihr Gemeindemitglieder sagten, unter den Männern nur diejenigen geschehen ließen, die als Schwächlinge angesehen würden: »Frauen haben schwache Herzen. [Normale] Männer sind hart. Sie sind so stark, daß sie den Schlägen des Heiligen Geistes widerstehen können. Nur alte, schwache und kranke Männer fallen gelegentlich auf den Boden!« Und bei 15 Pfingstveranstaltungen in den südlichen Appalachen kippte nur ein einziges Mal ein Angehöriger des männlichen Geschlechts um – ein Teenager, der sich sehnlichst eine Geisttaufe wünschte.

Frauen, aber auch Männer mit einer ans Masochistische grenzenden Hingabebereitschaft besitzen eine hohe Suggestibilität und lassen sich deshalb leicht hypnotisieren, sowie eine ausgeprägte Disposition zu einer Regression in kindliches Verhalten, zu Unterwefung und Selbstaufgabe. So berichten viele Pfingstler, die bedingungslose Unterwerfung unter die Autorität der Prediger löse in ihnen Euphorie und ein fast sexuelles Hochgefühl aus, und vor allem die Frauen der »Serpent-Handler« sagen dem als männlich empfundenen Heiligen Geist, er könne mit ihnen alles machen, was er wolle, und lassen jegliche Selbstbeherrschung fahren. Von demselben Gefühl des lustvollen und völligen Ausgeliefertseins an ein »lebendes Wesen«, das seinen zu Boden gestürzten, in jeder Hinsicht »offenen« Körper penetriert und bis in die letzte Faser in Besitz genommen hatte, berichtete auch ein Pastor. Mit Befriedigung sagte eine Pfingstlerin in Caracas: »Ich wurde vom Heiligen Geist benutzt«, und andere venezolanische, aber auch koreanische Pfingstler teilten den Forscherinnen voller Wonne mit, sie hätten jetzt, nachdem der Heilige Geist sie »genommen« habe, keinen eigenen Willen und keine autonome Handlungsfähigkeit mehr. Bereits der französische Neurologe Jean-Martin Charcot hatte in der Salpetrière in Paris beobachtet, daß die Patientinnen mit masochistischen Neigungen besondere Lustgefühle daraus bezogen, dem sie hynotisierenden Arzt ausgeliefert zu sein (Abb. 32), und viele Mitglieder der Charismatischen »Church of the Light« in Neuseeland und anderer ähnlicher Kirchen sagten, einen besonderen Genuß bereite es ihnen, wenn der Prediger sich ihrer bemächtige. Eine Frau, die sich keineswegs als Masochistin fühlte, war berauscht von dem »köstlichen Ge-

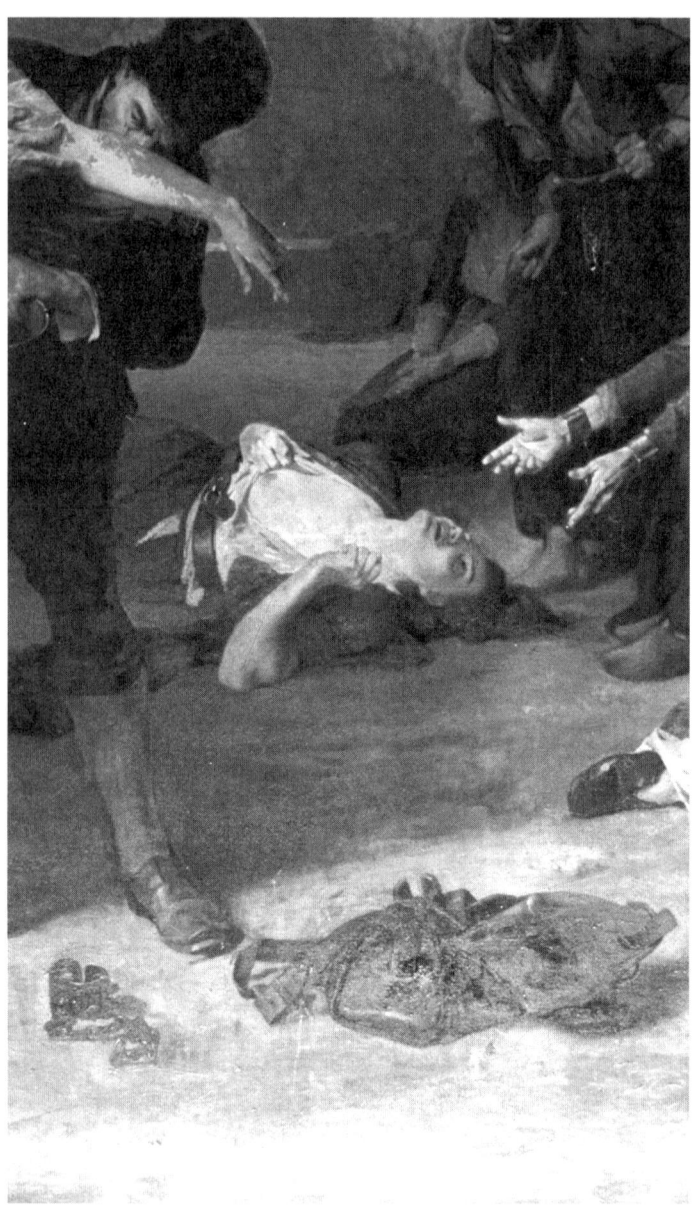

Abb. 32   Tony Robert Fleury: »Philippe Pinel befreit die Verrückten
der Salpetrière« (Detail).

fühl, keine Kontrolle mehr zu haben«, vor allem wenn der [Sex-] Partner die Bewegungen vorgibt; »dann habe ich den Eindruck, den Kampf verloren zu haben, das Gefühl, zu sterben – ein emotionaler Schock«. Und eine andere bekannte: »Ich liebe das Gefühl, in Besitz genommen zu werden!« Nicht wenige Frauen, aber auch manche Männer leisten zunächst Widerstand, aber in dem Moment, in dem dieser gebrochen wird und in dem sie fühlen, daß sie überwältigt werden und dem anderen ohnmächtig ausgeliefert sind, haben sie einen Orgasmus.

Autonom zu entscheiden und ständig die Initiative zu ergreifen überlastet viele Menschen, ebenso das Ausüben von Kontrolle und den Erwartungen zu entsprechen, die andere von einem haben. Dies führt dazu, daß nicht wenige dieser Personen es genießen, sich Predigern oder dem Heiligen Geist auszuliefern, die für sie entscheiden und aktiv werden, oder die danach trachten, in der Ausübung ihrer Sexualität von jeglicher Verantwortung befreit zu sein. So sagte eine masochistische Lesbe, gefesselt und hilflos zu sein entlaste sie von jeglicher Schuld: »It gives you a chance to be sexual without any responsibility for your sexy feelings. ›It's not my fault, Mommy!‹« Und die Lieblingsphantasie einer sehr erfolgreichen und durchsetzungsfähigen 47jährigen Geschäftsfrau war die, von Aliens entführt und im Raumschiff vier oder fünf von ihnen fellationieren zu müssen. Anschließend wurde sie auf deren Heimatplaneten nackt in einem Käfig gehalten, wo sie von jedermann nach Belieben sexuell benutzt werden konnte. Viele heterosexuelle männliche Masochisten suchen auch männliche Dominante, zum Teil weil weibliche sehr selten sind oder weil das Geschlecht für sie keine Rolle spielt, meist aber, weil es für sie demütigender ist, von einem Mann anal penetriert zu werden oder ihn zu fellationieren oder zuzuschauen, wie die eigene Frau oder Freundin von ihm bestiegen wird, als wenn eine Domina mit einem Dildo in sie eindringt oder es mit ihrer Partnerin treibt.[8]

Inzwischen sind viele Sexualforscher davon überzeugt, daß es mindestens ebenso viele Masochistinnen wie Masochisten gibt, wobei vor allem der masochistische Sex der Frauen vor den Augen anderer auf Partys stattfindet, was zum einen ihrem Schutz dient und zum anderen ihre exhibitionistischen Gelüste und die voyeuristischen Bedürfnisse der anderen Teilnehmer befriedigt. Dabei werden entwürdigende Praktiken bevorzugt. So legen sich masochistische Frauen gerne nackt und mit gespreizten Beinen mit dem Rücken auf den Boden und lassen Fremde ihre Genitalien inspizieren und eingehend untersuchen, wobei sie nicht selten masturbieren, da die Selbstbefriedigung als erniedrigend (»Wichser«) und deshalb als erregend gilt. Beim »gang bang« werden Frauen und Männer scheinbar Opfer einer ganzen Gruppe von »Vergewaltigern«, häufig von einer in Leder gekleideten Motorradgang, wobei sich natürlich alles nach den Vorgaben der Masochisten abspielt, die das Schauspiel vorher koordinieren, obgleich eine stetige Zunahme von Personen zu verzeichnen ist, die einen größeren Reiz in »nichtkonsensuellem« Sex finden, trotz – oder vielleicht gerade wegen – des gefühlten Risikos, das sie dabei eingehen. Andere Masochisten bellen auf Kommando wie Hunde oder lassen sich an einer Leine herumführen, die häufig an den Hoden befestigt ist, lassen sich wie Säuglinge im Genitalbereich waschen, pudern und wickeln, in den Mund urinieren und defäkieren oder ungefragt an Dritte zum sexuellen Gebrauch weitergeben. Vor allem in der homo- und bisexuellen Szene ist bei beiden Geschlechtern das »Fisten« äußerst beliebt, bei dem die Faust so weit es geht in die Vagina oder den After eingeführt wird oder mit einem »Double-Fist-Dildo«, den man im Internet bestellen kann, in beide gleichzeitig.

Wohl zu Recht hielt der ehemalige Shaker Daniel Rathbun Ann Lee, die »Urmutter« der Shaker, die zu den Vorläufern der Pfingstler und Charismatiker zählen, für eine Sexualsadistin, auch wenn er dieses Wort noch nicht benutzte, weil es noch nicht existierte. Schon als Kind empfand Lee die Sexualität als extrem ekelhaft, und sehr zum Unwillen ihres Vaters forderte sie ihre Mutter mehrfach dazu auf, endlich mit dieser Schweinerei aufzuhören. Später erklärte sie »the impure and indecent nature of sexual coition« zur Urquelle alles Bösen auf der Welt, nachdem sie, als sie im Jahre 1770 wegen Ruhestörung im Gefängnis saß, in einer Vision gesehen hatte, wie Adam und Eva miteinander Geschlechtsverkehr hatten und Gott sie wegen dieser Ungeheuerlichkeit aus dem Paradies verjagte. Von allen Todsünden war die Geschlechtslust die allerübelste, und sie predigte, wer ihr nachgebe, werde in der Hölle »tormented in the same parts where they have taken their carnal pleasure«. So lange wollte sie indessen nicht warten und nahm mit anderen Brüdern und Schwestern die Bestrafungen vorweg. Vermeintliche oder tatsächliche Sünderinnen und Sünder wurden gepackt, zwangs-

weise nackt ausgezogen und grob an den Genitalien begrapscht und
gequält, was vor allem Ann Lee selber mit besonderer Begierde vollzog,
und zwar bei den Männern und Frauen, wie Daniel Rathbun und andere bezeugten. Die Ironie des Schicksals wollte es jedoch, daß das
gleiche Lee selber widerfuhr, denn im Dezember 1781 stürmte in Pe-
tersham, Massachusetts, ein Mob von etwa 30 Männern das Haus,
in dessen Schlafzimmer Lee sich versteckt hatte, schleifte sie ins Freie
und beging an ihr »acts of inhumanity and indecency which even savages would be ashamed of«, das heißt, sie entblößten ihre Brüste und
Genitalien und untersuchten sie. Ob sie dies taten, »to find out
whether she was a woman or not«, oder ob bekannt geworden war,
daß sie auf diese Weise andere Shaker gedemütigt und erniedrigt hatte
und man ihr dies heimzahlen wollte, ist nicht bekannt. Möglicherweise
hielt man sie auch für eine Hexe, wie lange vor ihr die Quäkerinnen
Mary Austin und Anne Fisher – aus den Quäkern waren die Shaker
ja hervorgegangen[9] –, die, als sie im Jahre 1656 im Hafen von Boston
an Land gingen, auf Anordnung des Gerichts in aller Öffentlichkeit
gewaltsam nackt ausgezogen und an Stellen ihre Körpers nach Hexen-
malen untersucht wurden, die, wie ein Zeuge es formulierte, aus Anstandsgründen nicht genannt werden könnten.[10]

Wie eine ehemalige Shakerin sagte, waren die Shaker und insbesondere Ann Lee »obsessed by sex«, den sie haßten, der sie aber andererseits magisch anzog und faszinierte. Lee sehnte sich danach, die »Be-
fleckung« ihres sündigen Körpers dadurch zu verlieren, daß sie von
Gott »verschlungen« werde, und sah sich gleichzeitig als »Braut« und
»Ehefrau« Gottes, mit dem sie sich »wie mit einem Liebhaber vereinigte«. Viele weibliche, aber gelegentlich auch männliche Pfingstler
und Charismatiker der Gegenwart berichten, sie hätten ganz deutlich
und intensiv die Küsse des Mundes Jesu verspürt, und ein Vineyard-Pre-
diger sagte, Jesus werde ganz lüstern, wenn er »unser Verlangen nach
ihm fühle«. Jüngere Frauen bekennen, daß Jesus sie »heiß, naß, machtlos und leidenschaftlich« mache; Gott habe sie »geschwängert«, sie sei-
en seine »Liebessklavinnen« geworden, und bei einer von ihnen zeigten sich alle Symptome einer Scheinschwangerschaft. Auch Bikana
Veve, die Leiterin einer Charismatischen Kirche im zentralen Hochland von Neuguinea, beschrieb den Ethnologen, wie der Heilige Geist
sie sexuell penetriert und geschwängert habe, und in Toronto benah-

men sich Frauen, denen die Prediger eingeredet hatten, Jesus sei der beste Liebhaber, den sie je im Leben haben würden, wie Backfische auf einem Rockkonzert. Ein jüngeres Mitglied der Apostólico-Gemeinde in Mexiko-City sagte Felicitas Goodman, wenn sie fühle, daß der Heilige Geist sich ihr nähere, werde sie so feucht zwischen den Beinen, wie sie es bei einem Mann nie geworden sei, und dasselbe sagten die Frauen in Toronto, nämlich daß sie ganz »naß« seien, wenn sie die wollüstige Erregung Jesu spürten. Eine Amerikanerin informierte die Umstehenden auf einer Veranstaltung: »Ich genieße gerade Jesus und ich fühle, daß er mich auch genießt«, während eine andere verlautete, sie habe sich selbst gesehen, wie sie »Hand in Hand mit Jesus über eine üppige grüne Wiese« gewandelt sei. Etwas unromantischer sagte eine junge Frau, bis der geeignete Mann zum Heiraten aufkreuze, sei Jesus ihr Sexpartner, den manche Frauen indessen auch dann beibehalten, wenn sie verheiratet sind, wie einige weibliche Mitglieder einer amerikanischen Charismatischen Kirche, die gestanden, sie hätten eine »Liebesaffäre mit Jesus«, was ihre Ehemänner und Freunde herausgefunden hätten und die deshalb ernsthaft eifersüchtig seien. In Deutschland ließ ein junges Mädchen wissen, daß sie beim Pfingstgottesdienst glasklar die Präsenz Gottes gespürt und sich ihm auf der Stelle bedingungslos hingegeben habe, indem sie sich mit ausgebreiteten Armen auf den Kirchenboden legte, um Gottes »Liebesstrahl« zu empfangen. Problematisch wurde dieses Verhalten aber erst, als sich bei ihr ein Liebeswahn entwickelte, der darin bestand, daß sie in jedem Mann, der ihr begegnete, Jesus sah, worauf sie in eine Klinik eingewiesen wurde. Nachdem sie sich aber auch dort jedem Pfleger und Arzt in die Arme warf, klang die Symptomatik nach einer gewissen Zeit ab, um aber jedes Jahr an Pfingsten wieder aufzuflammen.[11]

Im 17. Jahrhundert hatten die Puritaner die Vorstellung von Jesus als zärtlichem Liebhaber nach Neuengland gebracht, und im Jahre 1655 fragte John Cotton die Frauen in Übersee: »Hast du die starke und herzliche Sehnsucht danach, ihn«, also Jesus, »im Bett der Liebe zu treffen?« Und um die Mitte des 18. Jahrhunderts schrieb die Evangelikale Sarah Osborn auf Rhode Island in ihren Memoiren, von der Liebe Gottes hingerissen (*ravished*) zu sein, und forderte Jesus auf, ihre gesamte Seele und »jedes Glied« ihres »Körpers in Besitz zu nehmen und ihn auf ewig für sich zu benutzen«, womit sie vielen ihrer Zeitgenossinnen aus der Seele sprach. Diese Tradition wurde in Nordamerika von den Pfingstlern und Charismatikern fortgeführt, etwa von Aimée Semple McPherson, vielleicht *die* Vorreiterin der Erotisierungswellen des Gottesdienstes in der Moderne, einer Predigerin mit breiten Hüften, üppigen Brüsten und einer starken erotischen Ausstrahlung, die – obgleich alles andere als unberührt – als Zeichen ihrer »Jungfräulichkeit« ein weißes Brautkleid trug. Sie forderte insbesondere die Frauen, aber auch die Männer, die sie ebenfalls als »unbefleckte Bräute« ansprach, auf, sich auf Jesus als »unseren Bräutigam und göttlichen Liebhaber« vorzubereiten, auf eine Beziehung, die »ganz und gar nicht nur spirituell« sei. Dabei werden Jesus oder der Heilige Geist als liebenswürdig, weich und zuvorkommend beschrieben, als Männer, die aber gleichzeitig feurige Liebhaber sind, die – anders als ihre menschlichen Sexualpartner – Frauen körperlich und seelisch vollkommen befriedigen können. Andererseits waren sie auch jemand, den man knuddeln und liebhaben kann wie ein Kleinkind, das man nährt und beschützt, also auch den Muttertrieb stillt. Jesus, so sagte ein weibliches Mitglied der Charismatischen »Horizon Christian Fellowship« in Südkalifornien, sei »der Mann meiner Träume«, und ein männliches Mitglied meinte, der Unterschied zwischen ihm und einer menschlichen Geliebten liege darin, daß Jesus ihn nie enttäuschen und im Stich lassen und ihm immer »die absolute Wahrheit« sagen werde. Ähnliches sagen auch die lateinamerikanischen Pfingstlerinnen über Jesus, ihren Liebhaber und Ehemann, der das Gegenbild zum egoistischen und verantwortungslosen *macho* ist, mit dem sie es im Alltag zu tun haben. Dabei beschrieben viele brasilianische Pfingstlerinnen einer Forscherin, wie »der nächtliche Ehemann« (*marido da noche*) oder »Geistergatte« ihnen bitterernste Probleme mit ihren menschlichen Männern oder Geliebten beschere, auch wenn der Heilige Geist nicht männlich, sondern weiblich sei, denn auch in diesem Falle finde der Geschlechtsverkehr nicht geistig, sondern körperlich statt. Ein Veranstaltungsleiter der »Toronto Airport Christian Fellowship« gab kund, die Liebesbeziehung zu Jesus habe drei Phasen. Zunächst müsse eine Frau Jesus umwerben und um seine Zuneigung buhlen. Dann folge das »mystische Vorspiel«, und schließlich kulminiere der gegenseitige Austausch von Liebkosungen in einem »gemeinsamen Höhepunkt«. Die Vereinigung vertreibt Bücher und CDs, die hauptsächlich von Frauen konsumiert werden, die ca. 95 Prozent der Teilnehmer an den Meetings ausmachen, und tragen Titel wie *Intimate Bride, Take Me!, How Big is He?* oder *I Can Feel the Touch.*

Das große Problem aller Charismatischen und Pfingstbewegungen besteht freilich darin, daß sich die »Erneuerung« und ihre ekstatischen Begleiterscheinungen, zu denen auch die Liebesbeziehung zum Heiligen Geist oder zu Jesus und der mehr oder weniger umschriebene Geschlechtsverkehr mit den beiden gehören, auf Dauer nicht konservieren lassen. So klagen chilenische Pfingstlerinnen, die sich als Bräute oder Ehefrauen Jesu verstehen, darüber, daß im Laufe der Zeit das Feuer und die Leidenschaft in der Beziehung auf der Strecke geblieben seien. Und wenn es in einer nordamerikanischen Broschüre heißt: »Oh, Ewiger Blick, wie penetrierend sind Deine Feuer, die durch meine geheimsten [Körper-] Teile (*most secret parts*) mit brennenden Strömen von Begierde dringen und die mich nackt, entleert und entblößt zurücklassen – und doch umschlungen!«, dann kommt hier ein Gefühlsüberschwang zum Ausdruck, der normalerweise ein Verfallsdatum hat. Es gibt aber auch Pfingstlerinnen, die solche Beziehungen von vornherein ablehnen: »Ich kann kein romantisches Verhältnis mit Jesus eingehen, noch will ich das!! Ich versuche, saubere Gedanken zu haben und ein reines Herz!« sagte eine. Und für andere hatte eine solche Affäre unerwartete Auswirkungen. So teilte eine 49jährige Frau mit, beim Lakeland-Revival 2008 in Florida habe sie sich Jesus, der sie sexuell »angemacht« und erregt habe, hingegeben. Heute aber wisse sie, daß sie nicht mit dem Sohn Gottes Geschlechtsverkehr hatte, sondern mit einem Dämon, und seit inzwischen eineinhalb Jahren werde sie ständig von Dämonen sexuell belästigt, die sie an intimen Stellen des Körpers befingerten und stimulierten.[12]

Anmerkungen

§ 1 Der Kiesel aus der Makapansgat-Höhle

1 Cf. R. A. Dart, 1974, S. 167 ff.; R. G. Bednarik, 1999, S. 203; M. Kuckenburg, 2001, S. 213 f.; P. G. Bahn, 2005, S. 1027 f.; B. J. King, 2008, S. 459; J. Kaube, 2017, S. 100.

2 Cf. S. Baron-Cohen, 1995, S. 98; L. A. Zebrowitz/Y. Zhang, 2011, S. 437; L. Workman/W. Reader, 2008, S. 125 f.; E. Pöppel, 1997, S. 161; N. Kanwisher/G. Yovel, 2009, S. 842. Bald nach der Geburt betrachten Babys jemanden, der sie anblickt, doppelt so lange wie eine Person, die ihren Blick von ihnen abwendet. Lächeln sie zunächst sogar auf Pappkartons gemalte lächelnde Gesichter an, reagieren die meisten Babys ungefähr ab dem 8. Monat auf ihnen unbekannte Gesichter mit Angst und Unruhe. Cf. R. E. Lang, 2014, S. 138; T. Hülshoff, 2012, S. 63.

3 Cf. A. Gehlen, 1964, S. 135 ff.; R. G. Bednarik, 1996, S. 136; ders., 2003, S. 408 f.; P. G. Bahn, 1998, S. 87. Wenn bei den Mbowamb der Hagenberg-Gegend Neuguineas jemand einen ungewöhnlich geformten Stein fand, nahm er ihn mit nach Hause und rieb das Fett geopferter Tiere in seine Vertiefungen. Solche Steine hießen *medl rondogl*, »mächtiges Ding«, doch ihre »Macht« war gefährlich. Auch auf den Neuen Hebriden (Vanuatu) hielt man auffallende Steine für *mana*-haltig und bei den kanadischen Micmac und den zentralkalifornischen Monache verliehen sie außerordentliche Kräfte und Fähigkeiten. Cf. H. Strauss/H. Tischner, 1990, S. 81; R. H. Codrington, 1891, S. 119; F. Speiser, 1996, S. 308; W. D. Wallis/R. S. Wallis, 1955, S. 163; L. Spier, 1978, S. 434. Cf. auch S. Pitiphat, 2014, S. 30 f. Junge Schimpansen und Orang-Utans sind sehr neugierig und verspielt und zeigen ein großes Interesse an seltenen und interessanten Objekten, vor allem wenn sie funkeln und glänzen. So sammeln sie farbige Federn oder sie fangen prächtige Schmetterlinge, doch sie langweilen sich rasch. Ab der Zeit vor etwa 200 000 Jahren wuchs auch das Interesse der mittelpaläolithischen Neandertaler an ungewöhnlichen Dingen, wie die Grabfunde von Fossilien, Bergkristallen, farbigen Kieseln sowie roten und schwarzen Ockerbrocken zeigen. Cf. A. Borel et al., 2016, S. 828 f., 834 f.; M. Ridley, 1995, S. 398; T. K. Nielsen, 2019, S. 30 f.; G. C. Weniger, 2019, S. 26. 64 000 Jahre alt sind von Neanderthalern stammende rote Linien, Punkte und einfache geometrische Gebilde

sowie Umrisse von Händen in drei spanischen Höhlen. Rot und gelb an-
gefärbte durchbohrte Muscheln, die ebenfalls von Neandertalern so bearbeitet wurden und die 115 000 Jahre alt sind, fand man in einer spanischen Küstenhöhle. Cf. *Spiegel* 9, 2018, S. 96; *Archäologie in Deutschland*,
Juli 2018, S. 4. Bei den roten und schwarzen Ocker- und Manganbrocken
aus französischen Fundstellen handelt es sich vielleicht um Material für
eine Körperbemalung. Cf. J. Jaubert, 2018, S. 99 f.; R. Dapschauskas, 2016,
S. 197 ff.

4 Cf. E. E. Wrescher, 1980, S. 631. Hämatit- und Limonitpigmente wurden
im zentralen Südafrika seit 400 000 Jahren benutzt, in Olorgesailie im
südkenianischen Rift Valley vor 320 000 Jahren. Seit mindestens 62 000
Jahren bestreuten australische Aborigines ihre Toten mit Rotem Ocker,
dem »Lebenspulver«, das wohl Blut symbolisierte. Cf. *Arte*, 2. Mai 2020.
Eine kultische Nutzung von Ocker fand auch vor etwa 250 000 Jahren
in der Höhle von Beçov in Tschechien statt. In einer Steinrinne im thü-
ringischen Bilzingsleben fand man eine etwa 300 000 Jahre alte Rippe, in
die Menschen der Homo-erectus-Art offenbar symbolische Zeichen ein-
graviert hatten. Cf. R. Potts, 2017, S. 101 f.; L. S. Barham, 2002, S. 181 ff.;
H. P. Duerr, 2015, S. 555 f.; J. Duerr, 2010, S. 199; A. Marshack, 1981,
S. 188 f.; ders., 2003, S. 515; R. G. Bednarik, 1995, S. 607 f.

5 Cf. E. Colson, 1997, S. 49 f.; N. J. Long, 2013, S. 149; H. Sexauer, 1959, S. 111,
115 f.; P. Radin, 1951, S. 92; N. J. Long, 2010, S. 874 f.; ders., 2013, S. 159 f. Bei
den Yirrkala im östlichen Arnhem-Land in Australien gelten solche Orte
als unheimlich und lebensgefährlich, an denen Menschen ermordet wurden oder an Krankheiten starben. Bei den sibirischen Nenzen waren die
Gegenden »unheimlich« (*cheche*), in denen Leute im Eis eingebrochen
und ertrunken sind oder auch nur zu Tode erschrocken waren. Man
hat beobachtet, daß Schimpansen die Orte meiden, an denen Artgenos-
sen gestorben sind. In dem modernen »Handbuch des Engelwerkes«
(*Opus Sanctorum Angelorum*) heißt es, an einer Stelle, wo Böses, etwa
ein Mord, geschehen sei, wüchsen »meist nur stachelige oder giftige
Pflanzen«. Cf. D. Biernoff, 1978, S. 97 f., 101; K. Solov'ëva, 1999, S. 47 f.;
G. Besier, 2013, S. 342; H. Gstrein, 1990, S. 254. Auf Bali und in Java werden seltsam geformte Bäume und Felsen sowie gewisse unheimliche
Quellen und Flußläufe ebenfalls als *angker* (auf Bali auch als *tenget*) bezeichnet. Übel ergeht es jedem, der an solchen Orten vorübergeht, ohne
ihnen Reverenz zu erweisen. Cf. U. Wikan, 1990, S. 242 f.; F. B. Eiseman,
1990, S. 131 f.; I. E. Slamet-Velsink, 1996, S. 69; H. Geertz, 2004, S. 7, 68;
J. Bovensiepen, 2014, S. 128 f. Die bedrohliche Atmosphäre an den islän-
dischen *álagablettir*, den Orten in der Natur, an denen es spukt, wird mit
der Anwesenheit des *huldufólk* (Elfen) erklärt. Cf. D. Wieland, 1989, S. 24 f.
Auch die Fore im östlichen Hochland von Neuguinea führen die beklem-

mende Stimmung, die in den Sümpfen mit lumineszenten Pilzen, an den scheinbar endlosen Wasserläufen, den ungewöhnlichen Felslandschaften und den dichten Wäldern mit den riesigen Bäumen herrscht, auf die dort lebenden Geister zurück. Deshalb heißen solche Gegenden *ples masalai*, »Orte des *masalai*-Geistes«. »Wenn wir an ihnen vorbeigehen«, so sagten zwei Männer, »wenden wir unsere Gesichter ab. Denn wenn wir sie direkt anschauten, würden die Masalai uns entraffen und in den Wahnsinn treiben!« Cf. S. Lindenbaum, 2002, S. 63, 65.

6 Cf. A. P. Magos, 1994, S. 315, 348; A. Thiene-Basoli, 2003, S. 45, 60. Seitdem ein christlicher Missionar die Höhle segnete, ist sie etwas weniger gefährlich. Auch bei den Quechua im peruanischen Hochland gibt es solche unheilvollen (*akce*) Orte, bestimmte Berge, Flüsse, Wasserfälle, Seen oder Gletscher, zum Beispiel den Yawarqoca (»Blutiger See«), der ebenfalls durch einen Priester »gezähmt« wurde. Nur bei Neumond ist er noch lebensgefährlich, aber auch an anderen Tagen wird er im allgemeinen gemieden. Auf Vanatinai im zu Papua-Neuguinea gehörigen Louisiade-Archipel gelten gewisse Felsen und Korallenriffe mit einem sonderbaren Aussehen, *silava* genannt, als besonders gefahrvoll, weshalb niemand sie aufsucht: Sie sind *ghabubu*, was dem polynesischen *tapu* entspricht. Cf. W.W. Stein, 1961, S. 295f.; G. Reichel-Dolmatoff/A. Reichel-Dolmatoff, 1961, S. 355ff.; M. Lepowsky, 1993, S. 138ff.

7 Cf. E. S. Pohorecky, 1973, S. 435; Å. Hultkrantz, 1954, S. 40, 43ff. Ein numinoser Ort der östlichen Schoschonen waren die mit Piktogrammen übersäten Felsen in der Gegend des Dinwoody-Canyons, die *poha kahni*, »Haus der Kraft« genannt wurden. Solche »Orte der Kraft« sind in Indien die *śaktipīṭhas,* die an sich numinos sind und nicht etwa deshalb, weil dort ein Geist oder ein Gott wohnt. Cf. D.B. Shimkin, 1986, S. 325; K. M. Erndl, 2005, S. 156. Gleiches gilt für die *wusa*-Orte der Dani in Irian Jaya. Cf. K. Heider, 1979, S. 115f.

8 Cf. H. Geisslinger, 2005, S. 511f.; L. Rossbach de Olmos, 2011, S. 364; dies., 2013, S. 535; E.W. Davis, 1986, S. 232; U. Stein, 1991, S. 16f.; E. McAlister, 1998, S. 134ff.

9 Cf. W. Pieper, 1986, *passim*; M. D. Atwood, 2003, S. 52, 138f.; E. Runggaldier, 1996, S. 56ff., 68; A. J. Obrecht, 1999, S. 144. Die Anhänger des María-Lionza-Kultes sind davon überzeugt, daß die schlechten Gedanken der Menschen, ohne daß ihnen dies bewußt ist, in den Körper anderer eindringen und Leid verursachen. »Jeder Gedanke«, so heißt es in einem venezolanischen Text, »von Haß, Neid, von Egoismus ist eine negative Energie, die unser schwarzes Depot (*depósito negro*) erhöht.« Cf. R. Mahlke, 1992, S. 32ff. Die Überzeugung, daß auch der Blick schlechte Gedanken, Neid oder Mißgunst auf andere überträgt und ihnen Schaden zufügt, ist weit verbreitet. So sagte ein Mann aus der kretischen Stadt

Rethymnón, der Böse Blick bestehe aus »Strahlen negativer Energie oder übernatürlichen Kräften, die wir nicht wahrnehmen können, was aber nicht bedeutet, daß es sie nicht gibt«. Und bei den Otomí und den Hochland-Maya ist er sogar ein materielles Gebilde, das man auf gewöhnliche Weise sehen kann. Die tamilische Göttin Kāmācci sendet dagegen mit ihren Augen Ströme von *catti* (*śakti*) aus, die sich bei geringer Dosis günstig für diejenigen auswirken, die von ihnen getroffen werden. Cf. E. Roussou, 2011, S. 140, 143; dies., 2014, S. 429, T. Hauschild, 1984, S. 209 f.; S. Lechner-Knecht, 1965, S. 248; E.V. Daniel, 1984, S. 136 f.

10 Cf. M. Kuckenburg, 2007, S. 83, 94; H. McCarthy, 2004, S. 176; N. Hori, 2017, S. 199 f.; M. Himmel, 1990, S. 138; A. J. Ivakhiv, 2007, S. 271, 277; D. J. Timothy/P. J. Conover, 2006, S. 146 f., 150. Bryant behauptete, sie habe all diese Informationen durch Channeling von ihrem »außerirdischen Führer Albion« erhalten. Cf. A. J. Ivakhiv, 2001, S. 185.

11 Cf. P.V. Bole, 1994, S. 330; S. Cafferty, 2008, S. 164 f.; G. Eichinger Ferro-Luzzi, 1980, S. 46; J. Abbott, 1979, S. 322; C. K. Waghchaure et al., 2006, S. 64. Bereits in der vorarischen Harappa-Kultur umarmten Frauen den Banyan (*Ficus bengalensis*), damit der Baum sie schwängere, und später hieß es, daß während der Sintflut nur der Banyan aus dem Wasser ragte und dem kleinen Kṛṣṇa das Überleben sicherte. Noch im Mittelalter sprangen von dem riesigen Banyan in Allāhābād Pilger in den Ganges und damit in den Tod, um unsterblich zu werden, und Pilger der Chodri in Gujarāt peitschen sich mit den Luftwurzeln des »Baumes der Unsterblichkeit«, um in Trance zu geraten. Cf. I. Puskás, 1984, S. 164; A. Parpola, 1992, S. 227 f.; K. D. Upadhyaya, 1965, S. 5 f.; T. Pande, 1965, S. 37; P. T. Nair, 1965, S. 99; G. S. Bandyopadhyay, 2007, S. 47 f.; H. P. Duerr, 2011, S. 540, 839; bzw. M. Fischer, 2001, S. 212. Der *muonde* (*Ficus capensis*), der selbst in Zeiten extremer Trockenheit ein üppiges Blattwerk bewahrt, ist auf Grund dieser Eigenschaft für die Shona der Baum der Weiblich- und Fruchtbarkeit. Cf. M.L. Daneel, 1998, S. 200.

12 Cf. R. A. Giambelli, 1998, S. 150 f.; Speiser, a. a.O., S. 314; J. P. McAndrew, 2001, S. 8 f., 48 f.; A. P. Magos, 1994, S. 320; M. D. Ramos, 1971, S. 25 f., 56 f. Auch die Mandaya im östlichen Mindanao machen einen weiten Bogen um jeden Banyan (*bud-bud*), weshalb in seiner Nähe kein Schwendbau betrieben wird. In seinen Ästen baut eine weiße Taube namens *limokon* ihr Nest, und wenn ihr Ruf ertönt, beenden die Dorfbewohner jegliche Aktivität und ziehen sich in ihre Wohnstätten zurück. Wer dies unterläßt, muß mit Krankheit und Tod rechnen. Cf. A. A. Yengoyan, 2004, S. 264 f. Die Ranau-Dusun in Sabah im Norden Borneos sind der Meinung, man solle sich möglichst von den großen, in der Nähe einer Quelle wachsenden Banyans fernhalten, da sie zwar Glück, aber auch großes Unglück bringen könnten. Ähnliches sagen die ostafrikanischen Barundi

über die unheimlichen und mysteriösen (*imana*) Banyans, die auf den Hügeln kleinere Haine bilden, sowie die Anhänger des haitianischen Vodú, die sich vor den Dämonen und Vampiren fürchten, die in den Zweigen dieser Bäume leben. Cf. R. Harrison, 1979, S. 61; H. Meyer, 1916, S. 137; S. Larose, 1977, S. 110. In Kambodscha mag niemand an dem Banyan (*cây da oan hôn*) von Ba Chúc, vorbeigehen, weil in ihm die Seelen der Männer, Frauen und Kinder leben, die bei dem Massenmord der Roten Khmer auf grausamste Weise gequält, vergewaltigt und umgebracht worden sind. Cf. M. Lincoln/B. Lincoln, 2015, S. 208 f.

13 Cf. L. Milne, 1924, S. 255, 261, 344; L. Bezacier, 1975, S. 337 f.; N. McDowell, 1991, S. 98; G. L. Forth, 1998, S. 76 ff.; A. Strathern/P. J. Stewart, 2000, S. 96; E. Vatter, 1932, S. 19, 89, 108, 140; K.-H. Kohl, 1998, S. 229, 276; R. H. Barnes, 1974, S. 109; S. Howell, 1998, S. 163; G. Forth, 2009, S. 266; G. J. Held, 1957, S. 248; H. Zahorka, 2008, S. 91. Bei den Rindi im östlichen Sumba wohnt in den Banyans (*wàngga*) die gutartige, wunderschöne und hellhäutige »Erdherrin« (*maràmba tana*), deren »Präsenz« manche Menschen spüren können. Gewisse favorisierte Personen werden von ihr eingeladen, ihr zu folgen, wobei sie sich aber vorher nackt ausziehen müssen. Einige von ihnen bleiben bis zu einem Monat bei ihr und genießen fortan ihren Schutz vor jedem Unheil. Viele Filipinos glauben, daß eine Fee (*engkanto*), die sich in jemanden verliebt hat, den Betreffenden mit in ihren unsichtbaren goldenen Palast nimmt, der sich im Banyan befindet. Auch die marokkanischen *jnūn*, die bevorzugt in Banyans leben, fühlen sich von Menschen sexuell angezogen. Ein Ritualmeister sagte dem Ethnologen D. Haller (2016, S. 46) über den Mann einer besessenen Frau: »Er fickt sie schlecht, weil das Herz nicht dabei ist!« Deshalb habe sie mit den *jnūn* Sex, auch mit weiblichen, was sie jedoch verstöre. Auf Bali werden die Banyan-Geister (*tanana*) häufig Hilfsgeister der sie verehrenden Heiler, was auch die im Waringin-Baum (*Ficus benjamina*) sich aufhaltenden *kuyakng*-Geister tun. Cf. Barnes, a. a. O., S. 214; H. Thurnwald, 1950, S. 347; G. L. Forth, 1981, S. 78, 105 ff.; F. Demetrio y Razada, 1970, S. 369; E. Westermarck, 1933, S. 109; E. Jensen, 1974, S. 85; A. K. Molnar, 2000, S. 209; F. C. Kamma, 1972, S. 15; M. J. Weiner, 1995, S. 53 f.

§ 2 Gibt es religiöse Erfahrungen?

1 Cf. R. Otto, 1920, S. 16 f.; B. Saler, Ms. [1986], S. 3 f.; H. A. Euler, 2000, S. 50 f.; J. Haidt, 2003, S. 863 f.; H. Petersmann, 2002, S. 48, 50; K.-E. Georges, 2003, II, Sp. 4116; A. Walde, 1954, II, S. 427; Teresia da Jesús V, 1981, S. 181 f. Natürlich müssen diese Elemente nicht immer alle und in

gleicher Intensität enthalten sein. So sagten die vietnamesischen Sedang Moi dem Ethnologen Georges Devereux, das Motiv, den Göttern Opfer darzubringen, sei ihre Angst vor ihnen, aber von Unterwürfigkeit und Respekt konnte keine Rede sein. Denn die Männer drohten den Göttern mit ihren Speeren und riefen: »So würden wir unseren Göttern den Speer in den Bauch jagen, wenn wir sie nur sehen könnten!« Cf. G. Devereux, 1973, S. 252.

2 J. Goodall, 2015, S. 96; H. Mückler, 1998, S. 105; Otto, a.a.O., S. 29 ff., 123 ff.; ders., 1929, S. 42; M. Eliade, 1957, S. 7; U. Kern, 2018, S. 253; Johannes vom Kreuz, 1937, S. 109; P. Schmidt-Leukel, 2016, S. 295 f.; A. Thalheimer, 2014, S. 112; J. McBrayer, 2016, S. 149 f.; K. Ward, 2007, S. 234; L. L. Nisky, 2018, S. 317 ff.; A. Holl, 2002, S. 127.

3 Cf. K. Nielsen, 1982, S. 252; R. Tallis, 2014, S. 221; B. Davies, 1993, S. 27 f., 136; U. Schjoedt, 2009, S. 329 f.; bzw. D.C. Dennett, 2006, S. 11 f.; A. Kenny, 2006, S. 52 f.; B. Rundle, 2013, S. 473; F. v. Kutschera, 2019, S. 52. Um sich gegen eine empirische Kritik zu immunisieren, werfen deshalb Theologen wie H. Kessler (2014, S. 39, 41) Atheisten, zum Beispiel Stephen Hawking, vor, sie begriffen nicht, daß Gott kein raumzeitliches Wesen sei, sondern einer »transzendenten Dimension und Wirklichkeit« angehöre. Nach einer repräsentativen Umfrage halten im Jahre 2019 57 Prozent der Protestanten und 63 Prozent der Katholiken in Deutschland Gott für den leiblichen Vater von Jesus. Cf. *Der Spiegel* 17, 2019, S. 42.

4 Cf. R. Otto, 1909, S. 30. Die apologetische Grundintention Ottos, die darin besteht, das Heilige vor jeder Entweihung durch die Aufklärung zu bewahren, ist vielfach konstatiert worden. Cf. z. B. W. Kaufmann, 1958, S. 254; G. Lienhardt, 1971, S. 389 oder G. D. Alles, 1997, S. 206. Eine ähnliche Absicht verfolgte später der Religionsphilosoph Georg Picht, der wie Otto die Meinung vertrat, man könne nur verstehen, was eine »religiöse Erfahrung« bedeute, wenn man selber religiös sei, und »unter allen Formen des Aberglaubens« stelle »die religionslose Rationalität die finsterste« dar. Cf. G. Picht, 1986, S. 488, 501, 504. Betrachtete Otto die »Zudringlichkeit« der »Naturalisten«, das Heilige zu verstehen und zu erklären, als einen Ausdruck frevelhafter Selbstüberhebung und Vermessenheit, war bereits im Jahre 1549 Lodovico Domenichi in *La nobiltà delle donne* der Meinung, es sei eine menschliche Hybris, bestimmte Dinge, die verborgen bleiben sollten, aufzudecken: »Heilige Dinge bleiben vor dem Anblick verborgen […], weil unsere Augen es nicht wert sind, sie zu sehen. Dasselbe gilt für die Schamteile der Frauen, die bedeckt bleiben, damit sie nicht von der dreisten Laszivität unserer Augen voller Begierde angestarrt werden.« Cf. C. Hart/K. G. Stevenson, 1995, S. 41 f.

5 Cf. G. Schmid, 1971, S. 50; C.M. Cameron/J. B. Gatewood, 2003, S. 67; J. Geyser, 1977, S. 324 f.; W. G. Oxtoby, 1987, S. 431 f.; D. Merkur, 2007,

S. 211 f.; M. Leiris, 1977, S. 234; F. K. Feigel, 1977, S. 394; M. Maliszewski et al., 2011, S. 191 f.; P. Klassen, 2005, S. 79; G. Devereux, 1987, S. 447; S. Hite, 1976, S. 173; J. Wade, 2001, S. 48 f.; H. B. Urban, 2003, S. 293 f.; P. Peucker, 2006, S. 31 f., 44. Eine Französin sagte, daß sie während des sexuellen Orgasmus »den Himmel berühre – das ist ein Zustand der Gnade«, und ein Amerikaner meinte, der sexuelle Höhepunkt sei »auf jede Weise genau so tief« gewesen wie seine religiösen Erlebnisse. Cf. E. Brune/Y. Ferroul, 2011, S. 261; Wade, a. a. O., S. 49. »Ich masturbierte täglich«, so berichtet eine Holländerin über ihre Zeit in Amsterdam, »und schwelgte in religiösen Phantasien von Nonnen, Klöstern, Kruzifixen und heiligem Blut. Religion ist sexy. Ich las Diderots *La Religieuse* und unterbrach regelmäßig, um meine Möse im Spiegel zu betrachten und zu masturbieren bis ich zitternd und stöhnend ›kam‹.« »Das ist alles so heilig«, schrieb Paula Modersohn-Becker im Jahre 1900 in einem Brief aus Paris über die Mutterschaft. »Das ist ein Mysterium, das für mich so tief und undurchdringlich […] ist. Ich beuge mich ihm, wo ich ihm begegne. Ich knie davor in Demut. Das und der Tod, das ist meine Religion, weil ich sie nicht fassen kann.« Und als sie zwei Jahre später mit Otto Modersohns kleiner Tochter badete, tippte das Mädchen »auf meine Brüste und fragte, was das sei. Ja Kind«, antwortete Paula, »das sind Mysterien!« Als schließlich der spätere Historienmaler Passavent im Jahre 1809 das Pariser Musée Napoléon betreten hatte, »um die heiligen Überreste der griechischen Bildhauerkunst zu bewundern«, da »überlief mich«, wie er schrieb, »ein heiliger Schauer«, und vor der »überirdischen mediceischen Venus« fing er an zu weinen. Ähnlich erging es ihm im Palais de Luxembourg angesichts der Gemälde Rubens' und des »göttlichen Raphael«. Cf. S. Janssen, 1973, S. 244; H. Helsing, 2007, S. 150; D. Erlay, 1981, S. 69; N. Struckmeyer, 2013, S. 223.

6 Cf. R. I. Simon, 1996, S. 301; R. Degen, 1992, S. 264; R. D. Hare, 1999, S. 576; J. N. Butcher et al., 2009, S. 553, 562; D. Cameron/E. Frazer, 1987, S. 104 f.; A. Sprinkle, 2001, S. 117; P. Reliquet, 1984, S. 108; L. C. Morales Muñiz/ A. M. Muñiz, 1995, S. 96; T. Mitchell, 1991, S. 80, 156, 203 f. Ein Mörder berichtete, daß er eine Erektion habe, wenn er auf seine Opfer schieße, und ejakuliere, wenn er den Sterbenden die Kleidung vom Leibe reiße. Cf. S. Berg, 1963, S. 193 f., 217 f. S. Spector, 2016, S. 170; H.-L. Kröber, 2019, S. 132 f.; E. Beauregard/K. Reale, 2019, S. 390. Es ist nicht so, daß sadistische Psychopathen das Leid ihrer Opfer nicht verstehen. Vielmehr genießen sie es, vor allem deren Gefühle der Erniedrigung und Demütigung, die ihre eigene Macht und Überlegenheit steigern. Dies ist auch bei vielen Exhibitionisten der Fall. So sagte einer: »Ich mag es, wenn ich diesen Ausdruck der Angst auf ihrem Gesicht entdecke. In diesem Augenblick kommt es mir.« Cf. R. J. R. Blair, 2005, S. 708; R. D. Eskapa, 1988, S. 169;

L. Keupp, 1971, S. 214 ff.; A. Godenzi, 1989, S. 95 f.; A. N. Groth/W. Burgess, 1980, S. 808.

7 Cf. *Bunte Illustrierte* 42, 1992, S. 132; M. Wawerzonnek, 1989, S. 21; M. Zussman/A. Pierce, 1998, S. 29 ff. »Ich will«, so ein »dom« über seine »sub«, »daß sie gefesselt ist. Darin bin ich gut. Ich will, daß sie würgt. Die Augen verbunden. Alles bei ihr muß für mich offen sein. Ich nehme mir Zeit, wenn ich sie fessle. Es dauert eine Weile, bis ich das steigere. Aber ›fisting‹ [er machte die entsprechende Handbewegung], das ist es, was ich mag. Ich will keine Beziehung oder irgend etwas Langfristiges. Will nichts mit ihnen zu tun haben oder daß sie sich an mich hängen. Will nicht mit ihr reden oder ihr zuhören. Ich will nicht, daß sie mich anfaßt oder anfassen *könnte*. Ich mag nicht berührt werden, sondern ein entrücktes göttliches Wesen sein, das willkürlich handelt und die absolute Kontrolle und Herrschaft besitzt« (a. a. O., S. 24). Unterwirft sich die »sub« in diesem Fall dem Mann freiwillig und genießt sie es, in die Knie gezwungen zu werden, verhält es sich bei einer Vergewaltigung natürlich anders. Eine Frau, die in einem solchen Fall aus Angst bereit war, dem Täter zu Willen zu sein, erreichte damit nur das Gegenteil von dem, was sie wollte. Zunächst vergewaltigte er sie auf brutalste Weise vaginal und anschließend anal mit dem Lauf seines geladenen Revolvers, um sich an ihrer Todesangst zu weiden. Cf. M. H. Silbert, 1989, S. 224; S. Hite, 1982, S. 673. Auf der mikronesischen Insel Truk, auf der die Sexualität in hohem Maße sadistisch geprägt war, wurde der- oder diejenige als »besiegt« und »unterworfen« betrachtet, der oder die beim Koitus als erster bzw. erste keine Widerstandskraft mehr hatte und einen Orgasmus erlebte. Cf. J. L. Caughey, 1977, S. 114; M. J. Swartz, 1958, S. 482; F. M. LeBar, 1964, S. 171.

8 W. Baetke (1977, S. 363) meint, Ottos »Gänsehautgefühl« könne an bestimmten Orten nur derjenige haben, der bereits wisse, daß es dort »nicht richtig« sei, daß dort Gespenster umgingen usw. Nun ist unbestreitbar, daß ein solches Wissen viele Menschen für die Wahrnehmung solcher Phänomene prädisponiert oder zumindest dafür, dort Angst zu haben und die Stellen unheimlich zu finden. Aber nicht selten reagieren Menschen an solchen Orten auf diese eigentümliche Weise ohne jegliches Vorwissen, und zwar deshalb, weil sie unheimlich *sind*. Als ich vor fünfzig Jahren auf einem gemeinsamen LSD-Trip mit Freunden nachts durch den Wald ging, überkam uns immer wieder an gewissen Stellen ein Gefühl der Angst, der Unsicherheit und des Bedrohtseins. Dabei handelte es sich stets um pechschwarze Schneisen, die nicht einsehbar waren und in denen »etwas« auf uns lauern konnte.

9 Cf. R. H. Lowie, 1966, S. 379; C. Smith, 2017, S. 150 f.; T. Baumeister, 1994, S. 149; H. Petri, 1997, S. 46; M. Petzoldt, 2005, S. 91; P. Boyer, 2010, S. 58;

J.A. van Belzen, 2007, S. 60f.; C. Salazar, 2016, S. 211; P. Kitcher, 2014, S. 126f.; D. Dawkins, 2004, S. 137; S. Blackburn, 2004, S. 131; W. La Barre, 1972, S. 264.

10 Cf. H. Lübbe, 2004, S. 240; A. Michaels, 2001, S. 228; F. Goodman, 1994, S. 49; H. Mynarek, 1983, S. 180f.; M. Schröter-Kunhardt, 2004, S. 195. Ähnlich wie Otto behauptet der Nahtodforscher G. Ewald (2001, S. 132), das Erstaunen einer Frau, der während einer Nahtod-Erfahrung »der Mund offen stehen« blieb, als sie das Licht sah, sei etwas grundlegend anderes gewesen als ein gewöhnliches Staunen oder Frappiertsein. Solche Behauptungen sind auch heute noch unter Theologen Standard. Cf. z. B. J. Uscatescu Barrón, 2003, S. 154 ff. Esoteriker, aber auch viele Wissenschaftler verstehen heutzutage unter dem Begriff »religiöse Erfahrungen« weitgehend »veränderte Bewußtseinszustände«. Cf. H.-J. Braun, 1991, S. 45 f. Bei diesen herrschen viel eher als das *mysterium tremendum et fascinans* Gefühle von Geborgenheit, Harmonie und innerem Frieden vor, was als »Erfahrung einer höheren Macht« gesehen wird. Cf. B. Grom, 2015, S. 40.

11 Cf. G. Shushan, 2014, S. 404; H. Koch, 2016, S. 41, 44, 80f.; S. Blackmore, 2017, S. 108; P. Sartori, 2014, S. 75; R.T. Zuidema/U. Quispe, 1968, S. 23f.; S. Peng-Keller, 2017, S. 109; J.J. Heaney, 1983, S. 120; J. Nicolay, 2013, S. 26ff.; R. Groß-Grevenbroich, 2013, S. 93ff.; F. Laugrand, 2019, S. 363f.; H.P. Duerr, 2015, S. 119. Im Jahre 1798 brachte ein Engel die Amerikanerin Sarah Alley in den Himmel, wo Jesus sie wieder zur Erde schickte, damit sie die Menschen dazu aufzufordern konnte, ein besseres Leben zu führen. Etwas später flog die selige Katharina Emerick mit Jesus außerkörperlich »über Berge, Täler und Flüsse«. Cf. R.S. Cox, 2008, S. 66; C. Engling, 2005, S. 244. In unserer Zeit traf ein Mann Jesus und flehte ihn an: »Jesus, bitte, laß mich noch eine Zeitlang bei meinen Kindern!« Während Erwachsenen in unserer Kultur recht häufig Jesus begegnet, werden Kinder anscheinend öfter von Gottvater empfangen. So saß zwar der kleine Sohn eines Pfarrers im Himmel auf dem Schoß Jesu, der ein Pferd in den Farben des Regenbogens ritt, aber er sah von dort aus den Herrgott auf seinen Thron sitzen, der ihn dann in Empfang nahm. Cf. M.B. Sabom, 1986, S. 69; C. Markum, 2016, S. 13. Auch eine erwachsene Frau begegnete Gott, während eine junge Frau im »Jenseits« vom Teufel vergewaltigt wurde. Im Jahre 1720 sagte ein ungarischer Heiler vor Gericht aus, er habe, als er »tot gelegen«, im Jenseits vor Gott gestanden, doch dieser habe ihn zurückgeschickt, »um zu heilen und zu kurieren«. Cf. G. Looser, 2012, S. 201ff.; I. Balassa/ G. Ortutay, 1982, S. 718.

12 Cf. P. Badham, 2012, S. 120f.; M.S. Rawlings, o.J., S. 108; R.A. Moody, 2014, S. 122f.; L. Irwin, 2015, S. 155.

13 Cf. M. Lüthi, 1984, S. 10f.; D. Allen, 1972, S. 174; G. Lanczkowski, 1978,

S. 39 f.; G. Widengren, 1974, S. 104; L. Wittgenstein, 1967, Nr. 608; J. Kirchhoff, 2002, S. 14, 20.

§ 3 Die Transzendenz und das Numinose

1 Cf. S. Kulandran, 1981, S. 1; Georges, a. a. O., II, S. 4285; K. Nylius, 1975, S. 557; J. Stands in Timber/M. Liberty, 1967, S. 260; D. E. A. Counts, 1976, S. 300 f.; A. Lattas, 1991, S. 250; H. Whitehead, 2002, S. 185. Ungefähr ab dem Jahre 1914 glaubten die Garia an der Rai-Küste von Neuguinea, der Ort Sydney der Australier befinde sich entweder im Himmel der Christen, in dem deren Gott, *as bilong kako*, »die Quelle des Cargos« wohne, oder von dort könne man auf einer Leiter in den Himmel klettern, der sich über den Wolken Sydneys befinde und in dem es viele Geschäfte voller Güter wie Dosenfleisch, Reis, Whiskey und Bier gebe. Cf. P. Lawrence, 1964, S. 77 f., 84.

2 Cf. A. Friedrich, 1966, S. 187; S. Ellis/G. ter Haar, 2004, S. 49 ff.; G. Domenig, 2014, S. 97 f.; A. Hornbacher, 2013, S. 116; E. J. Langdon, 2016, S. 183; M. Lantis, 1960, S. 120 f. Bei den Yupno im Finisterre-Gebirge von Neuguinea liegt das Jenseits auf einer kleinen Insel im Mündungsgebiet ihres Flusses. Cf. J. Wassmann, 2016, S. 15.

3 Cf. T. Mettinger, 1979, S. 24 ff.; T. Römer, 2015, S. 240; H. P. Duerr, 2015, S. 170 f.; J. Röder, 1948, S. 69; D. Merkur, 1998, S. 79 f.; H. Schnädelbach, 2009, S. 166 f.; C. Partridge, 2015, S. 406 f.

4 Cf. R. Otto, 1932, S. 266; W. Hellpach, 1951, S. 14 f.; W. Haug, 2008, S. 17; Holl, a. a. O., S. 127. Auch eine Psychologin versteht unter dem Transzendenten etwas, das »jenseits der Erfahrung« steht (C. Krause, 2015, S. 46), was natürlich bedeutet, daß man nie irgend etwas darüber wissen kann. In dieser Hinsicht sind freilich sehr viele Theologen inkonsistent. Nachdem zum Beispiel A. Steiner (2010, S. 182, 188 ff.) ausgeführt hat, daß die »Erfahrung« des »Transzendenten« nicht »beschreibbar« und »benennbar« sei, fährt er damit fort, sie zu benennen und zu beschreiben: Das Transzendente sei etwas, mit dem wir »Zwiesprache« halten könnten, »das uns den rechten Weg weist«, dem man sich »hinzugeben« vermöge, an dem wir »unaufdringlich teilhaben« und dem wir »vertrauen« können, angesichts dessen man »plötzlich« erkenne, »was Wahrheit ist« und »wo man hingehört«, das uns »mit Friede und Glückseligkeit« überwältige und so weiter und so fort. Für einen anderen Theologen ist der »transzendente« Gott »die unverbrüchlich für alle und jeden entschiedene Güte«, während ein dritter Vertreter der »Negativen Theologie« mit der Botschaft aufwartet, daß das »Transzendente« etwas sei, »das irgendwo und irgendwie existiert«. Cf. Kessler, a. a. O., S. 228; Steiner, a. a. O., S. 188.

5 Cf. K. Nielsen, 2013, S. 485f.; J. K. Asamoah-Gyadu, 2013, S. 43. In den vergangenen fünfzig Jahren sagten konstant um die 96 Prozent der US-Amerikaner, daß sie an einen personalen Gott oder zumindest an eine »höhere Macht« glaubten. Und nach einer Umfrage in Deutschland glauben zwar 36 Prozent der Katholiken und 23 Prozent der Protestanten immer noch an einen persönlichen Gott, doch die Mehrheit hält Gott für eine »höhere Energiequelle«, von der sie ihre Lebenskraft beziehen. Nach einer repräsentativen Umfrage unter deutschen Psychotherapeuten sind 64,9 Prozent von ihnen davon überzeugt, daß es eine »höhere Wirklichkeit« gibt. Cf. T. M. Luhrmann, 2004, S. 520; A.-L. Wiederhold/K. Böhning, 2008, S. 205, 208; L. Hofmann, 2012, S. 246.

6 Cf. H. Lutzky, 1993, S. 285f.; W. Burkert, 1977, S. 146; R. Beekes, 2010, S. 1464ff.; J. de Vries, 1956, I, S. 344; F. Heidermanns, 1993, S. 663f.; J. Pokorny, 1959, S. 1128; A. Walde, 1930, S. 232; J. Bosworth, 1950, S. 1213; V. Anttonen, 1992, S. 57; ders., 2000, S. 272, 280. Manche Sprachforscher führen die Verdrängung von *wīh* durch *heila* im Althochdeutschen auf die angelsächsische Mission zurück. Cf. B. Maier, 1999, S. 166.

7 Cf. D. Hicks, 1976, S. 20; R. M. Berndt, 1974, S. 10, 26; T. Aarni, 1982, S. 15, 135; S. Morenz, 1960, S. 106; C. Zivie-Coche/F. Dunand, 2013, S. 121; Pokorny, a. a. O., S. 764; S. E. Mann, 1884, Sp. 835; T. G. E. Powell, 1980, S. 167ff.; J. N. Bremmer, 2017, S. 287f.; H. P. Duerr, 2011, S. 409f.; W. L. Brenneman/M. G. Brenneman, 1995, S. 23; H. Birkhan, 1997, S. 751f. In Nîmes, dem Hauptort der keltischen Volcae Arecomici, das die Römer Nemausus nannten, und vermutlich auch im kärtnerischen Tasinemetum befanden sich keltische Eibenhaine, die *nemeton* genannt wurden, und zumindest in dem von Nîmes gab es eine Quelle, in der ein Wassergeist namens Nemausus wohnte. Laut Strabon versammelten sich die drei Stämme der kleinasiatischen Galater in einem Δρνέμετον, was vermutlich »Eichenhain« bedeutet, und noch im 8. Jahrhundert wurden von christlichen Autoren *nimidae* als verdammenswerte heidnische Orte erwähnt. Die Wurzel **nem-* steckt auch in den Namen der irischen Göttin Nemain und der gallischen Kriegsgöttin Nemetona. Cf. R. Lantier, 1973, S. 146f.; J. de Vries, 1961, S. 61, 115; A. Holder, 1904, Sp. 698ff.; J. MacKillop, 1988, S. 303f.; M. Albu, 2010, S. 50; B. Maier, 2001, S. 163; ders., 2017, S. 103; Strabon: *Geographie* XII. 5.1; S. Piggott, 1975, S. 63f.; F. Le Roux/C.-J. Guyonvarc'h, 1983, S. 113. *Nemeta* wurden auch die keltischen Opferschächte wie der auf dem Heiligenberg bei Heidelberg genannt.

8 Cf. Lutzky, a. a. O., S. 285f.; H. Cazelles, 1976, S. 37; H.-P. Müller, 1975, Sp. 590; R. Scoralick, 1995, Sp. 86; M. Sitzmann, 2003, S. 524; S. Arnet, 2012, S. 263. Manche Semitisten gehen davon aus, daß *qdš* ursprünglich einen Begriff ersetzt haben könnte, dessen Bedeutung heute nicht mehr

eruierbar sei oder »groß, mächtig« bedeutet haben könnte. Cf. C. B. Costecalde, 1985, Sp. 1392.

9 Waren die hebräischen *qĕdēšot* öffentliche Huren, so war ein *qadēš* entsprechend ein Mann, der sich gegen Entgelt zum Analverkehr zur Verfügung stellte, aber auch das scheint nicht gesichert zu sein. Cf. D. A. Glatt-Gilad, 1997, S. 559; R. Patai, 1959, S. 149 f.; K. Nyberg, 2008, S. 308, 314; Costecalde, a. a. O., Sp. 1368; J. A. Scurlock, 2014, S. 210; M. Stol, 2016, S. 609 f., 614; H. P. Duerr, 2011, S. 614. Im Gegensatz zu dem *bracha* der Hebräer, das dem *bāraka* der Araber entspricht, strömt oder strahlt das *qdš* nicht aus, was zum Beispiel bedeutet, daß die Heiligkeit von Jerusalem, auf arabisch El Quds, nicht auf einen anderen arabischen oder jüdischen Ort übertragen werden kann. Manche moderne Rabbiner sind der Auffassung, daß das Attribut *qdš* allein Gott zukomme – alles andere sei Idolatrie wie die Anbetung des Goldenen Kalbes. Cf. M. Zussmann, 1999, S. 93; Y. Leibowitz, 2009, S. 447 f.

10 Cf. F. G. Koe, 1955, S. 61 f.; J. C. Ewers, 1955, S. 297; L. H. Clark, 1966, S. 1 f.; R. B. Hassrick, 1964, S. 66; C. F. Feest, 1998, S. 81; M. P. Liberty et al., 2001, S. 408; R. J. DeMallie/D. R. Miller, 2001, S. 578; J. J. Mathews, 1961, S. 7; G. H. Pond, 1867, S. 216 f.; R. Benedict, 1938, S. 631; J. R. Walker, 1980, S. 70; ders., 1982, S. 75, 93; ders., 1983, S. 141 f.; A. C. Fletcher, 1960, S. 897; D. Tumminia, 2000, S. 428 f.; Hassrick, a. a. O., S. 230 f., 272; W. K. Powers, 1983, S. 461; D. N. Brown/L. Irwin, 2001, S. 423; J. O. Dorsey, 1894, S. 433; A. Einstein, 1959, S. 10. Die Oto unterschieden strengstens zwischen einem Traum und einer Vision, und nur diese war *wakán*. Cf. N. Whitman, 1937, S. 85.

11 Cf. R. Williams, 1963, S. 150; A. M. Plane, 2014, S. 55; Feest, a. a. O., S. 75; C. S. Kidwell, 2002, S. 89, 96; L. E. Sponsel, 2015, S. 505. Magnetische Materialien hießen bei den Cree »rätselhaftes Eisen« (*manitópiwapisk*). Cf. E. H. Waugh, 2001, S. 473. Nur solche Elche waren *manitó*, die »präkognitiv« wußten, was die Jäger vorhatten. Cf. G. van der Leeuw, 1964, S. 55. Cf. auch M. Trenk, 2009, S. 101. Heute wird unter *manitó* in erster Linie eine »non human power person«, also ein Geist verstanden. Cf. J. W. Martin, 1999, S. 114; M. D. McNally, 2000, S. 60, 122; C. Thomas, 1960, S. 800 f.

12 Cf. G. Catlin, 1924, S. 16, 24, 74. Dem *xopini* der Mandan entsprachen das *tiži* der Schoschonen – so hieß der Große Salzsee auf Grund seines hohen Salzgehaltes *tižipa*, »seltsames Gewässer«, *buówin* bei den Micmac in Nova Scotia, *baaxpé* bei den Männern und *maaxpé* bei den Frauen der Crow, *tamanus* bei den Chinook, *oki* bei den Huronen – die mit dem Ausdruck nicht nur Geister, Schamanen und deren Hilfsgeister, sondern auch heldenhafte Krieger, Verrückte und besonders erfolgreiche Händler bezeichneten –, *ho pá* bei den Hidatsa, *qube* bei den Omaha, *qopine* bei den Winnebago, *xi* bei den Biloxi, *hāi* bei den Zuñi, *ná'walak* bei den

Kwakiutl im Gegensatz zu *ba'xwEs*, »gewöhnlich, alltäglich«, *xé'xé* bei den Küsten-Salish, *stlaw-la-kum* bei den Flathead, *yēk* bei den Tlingit, *nahúrak* bei den Pawnee, *natoji* bei den Blackfoot, *diyin* und *nil'ch'i* bei den Navaho, *diyi* und *usen* bei den Apache und den Athapasken des Südwestens, *iva'al* bei den südkalifornischen Cahuilla, *naxnoq* bei den Tsimshian, *orenda* bei den Irokesen, *nexsep* bei den Nez Percé sowie weiter im Süden *teo[tl]* bei den Nahua, *ku* oder *ch'u* bei den Maya und *pee* bei den Zapoteken. Cf. Å. Hultkrantz, 1994, S. 13; ders., 1983, S. 246; F. Johnson, 1943, S. 59 ff.; J. A. Grim, 2009, S. 209; M. Eells, 1964, S. 672, 676; B. G. Trigger, 1969, S. 90, 115; C. E. Heidenreich, 1978, S. 372; R. H. Lowie, 1922, S. 315 f.; ders., 1935, S. 238; G. J. Schnepp, 1932, S. 54; F. Boas, a. a. O. S. 165 f.; W. Suttles, 1957, S. 380; ders., 1990, S. 467; S. J. Crawford, 2016, S. 50; V. F. Cordova, 1998, S. 27 f.; L. Lamphere, 1983, S. 750; L. J. Bean, 1978, S. 582; M. F. Guédon, 1984, S. 139 f.; Kidwell, a. a. O., S. 88; J. N. B. Hewitt, 1960, S. 148; H. L. Isaacs, 1977, S. 168; C. F. Feest, 1986, S. 11, 13; H. Aoki, 1984, S. 480; I. Laack, 2019, S. 124, 135; L. M. Burckhart, 1989, S. 37, 39; M. Miller/K. Taube, 1993, S. 89, 108.

13 Cf. K. Schlesier, 1985, S. 15; H. P. Duerr, 1984, S. 273. Die Deutschen wurden *mahe wē'ho*, »rote Spinne« genannt, denn wie Edward Red Hat, der Hüter der heiligen Pfeile, erklärte, »kommen sie mit uns Indianern besser zurecht als die anderen. Ich mochte sie immer ganz gern.« Cf. R. Schukies, 1994, S. 112. Dieselbe Bedeutung hat auch das Arapaho-Wort *nia'tha*, mit dem dieser Stamm ebenfalls die Spinnen und die Weißen benannte. Cf. G. B. Grinnell, 1923, II, S. 89.

14 Cf. J. Crompton, 1953, S. 218, 230 f.; H. I. Harrod, 1987, S. 61 f.; J. H. Moore, 1978, S. 204; E. Comba, 1987, S. 15; D. Ferguson, 2001, S. 44 ff. Die Tricksterspinne *wē'ho* verfügte über außergewöhnliche Fähigkeiten, etwa sich auf ihren Fäden, gleichsam auf nichts, hin und her zu bewegen; und so heißt es ganz allgemein bei den Algonkin-Stämmen, ihre Vorfahren seien auf Spinnenfäden vom Mond auf die Erde gelangt. Auf der anderen Seite war der Spinnentrickster, so der Cheyenne Stands in Timber, »always getting into trouble because he thought he was so smart«. Cf. S. Turpin, 2001, S. 400; Stands in Timber/Liberty, a. a. O., S. 24; H. Sawyer, 1968, S. 144; E. S. Curtis, 1997, S. 140 f.

15 Cf. G. A. Reichard, 1950, S. 59, 387; G. Furniss, 1996, S. 57, 68; S. P. Blier, 1995, S. 147, 392; M. Kilson, 1971, S. 208. Sexuelle Gier ist ganz generell eine der hervorstechendsten Eigenschaften des Tricksters. Cf. P. Radin, 1972, S. 136. Alfred Kubin stellte die Spinne als nackte, die Beine spreizende und ihre Genitalien zur Schau stellende Frau dar, in deren Netz sich die Männer verfangen. Cf. H. A. Peters/C. Brockhaus, 1977, S. 155.

16 Cf. L. Müller, 1981, S. 167; M. van Kempen, 2017, S. 160; A. Horvath/ A. Szakolczai, 2020, S. 25; E. M. Zuesse, 1975, S. 173; R. de Mille, 1978,

S. 25; J. Gartz 2001, S. 51; J. Bruce-Novoa, 1980, S. 274; J. Machado, 1991, S. 350; M. T. Herrera, 1996, S. 141; J. L. A. Hernandez, 1976, S. 56; E. C. Parsons, 1927, S. 127; W. Z. Park, 1938, S. 19. Die Linguisten scheinen der Meinung zu sein, daß sich *arana* im Sinne von »Betrug, Trick, Gaunerei« nicht von *araña* gleich »Spinne« herleite, sondern möglicherweise von einem Quechua-Ausdruck. Cf. J. Corominas/J. A. Pascual, 1980, S. 307 f.

§ 4 Das Mysteriöse bei den nordamerikanischen Indianern, in China und in Japan

1 Cf. R.-H. Andersson, 2008, S. 63 f.; M. Eastman, 1849, S. 71 f.; M. L. Siems, 1998, S. 169; R. H. Lavenda/R. J. DeMallie, 1977, S. 154.

2 Cf. Edward Red Hat: Mündliche Mitteilung vom 13. Juni 1981; K. Schlesier, 1999, S. 211; H. P. Duerr, 1984, S. 17 ff.; F. V. Hayden, 1863, S. 309; A. Marriott/C. K. Rachlin, 1977, S. XII. Während *mahe'yo* auf den Sutaío-Zweig der Cheyenne zurückzugehen scheint, ist der Name *hẽ'ȧmmȧ wẽ'ho*, der dem christlichen Gott gegeben wurde und der »Geheimnisvolles von oben« bedeutet, offenbar ein Produkt der Tsistsistas. Entsprechend bildeten die Arapaho die Bezeichnung *chiva nia'tha*, »der Wissende von oben«. Beide haben vor langer Zeit die Erde verlassen und wohnen jetzt im Himmel oder auf der Sonne. Cf. E. A. Hoebel, 1978, S. 88. Bei der Beerdigung des Pfeilhüters Edward Red Hat im Frühjahr 1982 machte dessen Enkel Standing Elk Alone mehrere Photos, auf denen zu sehen war, wie ein Adler in Richtung Sonne flog, bis er schließlich verschwand. Der Enkel, der mir im Juni desselben Jahres die Bilder zeigte, war fest davon überzeugt, daß es sich bei dem Adler um die Seele seines Großvaters handle, die zu den ewigen Jagdgründen auf der Sonne fliege.

3 Cf. C. Vecsey, 1983, S. 79 ff. Allerdings wurde Pater Allouez selber als *manitó* angesehen, das heißt als »außergewöhnlich« und »mysteriös«. Cf. R. White, 1991, S. 10. Cf. auch R. E. Ritzenthaler, 1978, S. 754. Obwohl er ältere Feldforscher zitiert, die bezeugten, daß der Ausdruck *kitchī 'manitó* bei den subarktischen Cree erst um die Mitte des 19. Jahrhunderts durch die Missionare erfunden und verbreitet wurde, beharrte der katholische Priester und Ethnograph J. M. Cooper (1933, S. 47) darauf, daß die wie die Ojibwä (Chippewa) zu der Algonkin-Völkerfamilie gehörenden Cree eine ursprüngliche Vorstellung von einem Höchsten Wesen gehabt hätten. Cf. dazu R. J. Preston, 1981, S. 202; J. J. Honigmann, 1981, S. 223; W. Müller, 1956, S. 241 ff.

4 Cf. H. H. Schuster, 1980, S. 149 f.; Honigmann, a. a. O., S. 718; W. Duff, 1965, S. 89. Auch bei sämtlichen Sioux- und verwandten Stämmen, bei den Oto, Iowa, Kansa, Ponca, Osage, Omaha, Winnebago oder

den zu den Algonkin gehörenden Gros Ventre (Atsina) und den Black-foot-Stämmen gab es keinen »Gott«, der, wie die Lakota später sagten, *tanka*, »groß« war, sondern lediglich Mysteriöses, zu dem auch die Geister gerechnet wurden. Eine ähnliche Entwicklung wie das *wakán* nahm auch das Zande-Wort *mbori*, das heute bei den früher von den Zande beherrschten Stämmen zwischen Kongo und Nil die Bezeichnung für Gott ist. Cf. W. Whitman, 1937, S. 84; Pond, a. a. O., S. 217 f.; R. J. DeMallie, 1987, S. 26 f.; M. M. Wedel, 2001, S. 439; M. Menrath, 2016, S. 35; A. C. Fletcher/F. La Flesche, 1911, S. 597, 599; H. Hartmann, 1968, S. 80 f.; M. Buckner, 1995, S. 117 f.

5 Cf. J. H. M. Beattie, 1960, S. 145, 149 f.; R. Radford, 1987, S. 16; W. H. Krakke, 2007, S. 113, 119; I. Keen, 1994, S. 136; K. Bethe, 1927, S. 295; M. K. Gautam, 1977, S. 152 f.; F. W. Kramer/G. Marx, 1993, S. 74 f.; E. Bauer, 2016, S. 409; M. Belz, 2009, S. 11; E. Cardeña et al., 2014, S. 4 f.; J. Hick, 1996, S. 37; E. E. Evans-Pritchard, 1937, S. 80. Die Toba im Gran Chaco benutzten das Wort für »fremdartig, mysteriös, unheimlich«, *payak*, auch als Bezeichnung der Geister, was auch die Marind-anim in Neuguinea mit dem Begriff *dema* taten, und die Taita östlich des Kilimandscharo verwendeten das entsprechende *mlungu*, das eigentlich »unauslotbar, unbegreiflich« bedeutet, sekundär als Wort für die den Tod überstehende Seele. »Saffu«, so sagten die äthiopischen Oromo, »steht für all das, was wir nicht verstehen« und alles, »was wir nicht beeinflussen können«, zum Beispiel für einen ungewöhnlich wilden Stier, der die ganze Herde durcheinanderbringt. Cf. J. van Baal, 1966, S. 185; A. Métraux, 1946, S. 352; J.-L. Ville, 1997, S. 51, 54; L. Bartels, 1983, S. 330 ff. Aus prähistorischer Zeit stammen nach Meinung der Linguisten das estnische Wort *hiis* und das finnische Wort *hiisi*, »außergewöhnlich, mysteriös«. Cf. V. Anttonen, 1996, S. 47 ff.

6 Cf. F. Vos, 1977, S. 73; A. J. A. Elliott, 1955, S. 28; S. F. Teiser, 1996, S. 35; H. D. Roth, 1996, S. 126; L. L. Barnes, 2005, S. 89; J. T. Winslett, 2014, S. 941 f.; A. Cheng, 1997, S. 120; D. Sommer, 2003, S. 541 f.; C. Müller, 1989, S. 91; J. J. M. de Groot, 1918, S. 368; B. I. Schwartz, 1985, S. 310; H. Roetz, 1984, S. 291, 310, 362; P. Pörtner, 1987, S. 652; Q. Huang, 2010, S. 356; J. S. Huey, 1983, S. 4 f.; B. Schindler, 1919, S. 12 f.; M. Loewe, 1978, S. 101 ff.; E. Singerland, 2019, S. 86, 96. Im alten China wurden insbesondere beeindruckende Naturphänomene als *shēn* bezeichnet, zum Beispiel Blitz und Donner, aber auch ungewöhnlich wirksame Heilmittel (die »medicine« der Indianer) oder ein ganz vorzüglicher Pinsel, mit dem man bewundernswerte Texte schreiben konnte. Cf. L. Frédéric, 1984, S. 179; F. S. Couvreur, 1911, S. 20; A. Berndt, 2013, S. 155 f.; M. Romano, 2017, S. 174. Heftige Gewitter hießen auch *ling*, ein Wort, das ebenfalls mit »numinos, geisterhaft, übernatürlich« übersetzt wurde und zudem,

wie *shēn*, mit »effektiv, leistungsfähig, vitalisierend«. Das *Shi-chi* berichtet, die Anwohner des Yangtse hätten in dem Fluß Schildkröten gefangen und gegessen, die *shēn* waren, weil sie eine Lebenskraft (*ch'i*) besaßen, die Krankheiten und Altersschwäche verhindert hätte, und *shēn* war auch eine Bezeichnung für die menschliche Vitalität und Tatkraft. Cf. C. B. Day, 1969, S. 172 f.; M. Loewe, 1994, S. 163; L. Kohn, 2013, S. 24 f. Das Gegenteil von *shēn* war das Alltägliche (*shisu*). Cf. B. Vermander, 2018, S. 10 f. *Shēngren* waren generell Personen mit außergewöhnlichen Fähigkeiten. Cf. J. Hardeck, 2017, S. 391.

7 Cf. W. Gundert, 1943, S. 6; G. Rosenkranz, 1944, S. 13 f.; ders., 1959, S. 1 f.; R. Bowring, 2005, S. 33; M. Czaja, 1967, S. 60; N. Suzuki, 2002, S. 140 f.; K. Kracht, 1986, S. 5; G. Baudy, 1997, S. 85; R. Schinzinger, 1983, S. 11; E. Norbeck, 1955, S. 117; T. Tsudzumi, 1936, S. 70 ff.; D. C. Holtom, 1941, S. 46 ff.; T. Muraoka, 1964, S. 23, 55; E. ten Grotenhuis, 1999, S. 164; D. M. P. Shaw, 2009, S. 312; N. Naumann, 1994, S. 118; T. Iwasawa, 2020, S. 98 f. Etwas konnte auch mehr oder weniger *kami* sein. Ein enormes Maß an *kami* besaß zum Beispiel der Meisterdieb Nezumi Kozo auf Grund seiner ungewöhnlichen Fertigkeit (*isao*) im Stehlen, weshalb man ihm auf einem Friedhof in der Nähe von Tōkyō einen Schrein errichtete, an dem ihn viele Leute anbeteten. Cf. G. L. Ebersole, 1995, S. 326; Rosenkranz, a. a. O., S. 19. Ein *kaze* ist herkömmlicherweise kein gewöhnlicher Wind, sondern einer »von unheilvoller Art«. Heute wird das Wort auch als eine Bezeichnung für eine schwere Erkältung benutzt. Cf. R. Ōhashi, 1984, S. 87; ders., 1999, S. 32.

8 Cf. M. Yusa, 2007, S. 21; S. Thal, 2005, S. 2; Tsudzumi, a. a. O., S. 70 f.; Rosenkranz, a. a. O., S. 15 f.; J. M. Kitagawa, 1987, S. 46 f., 70 f.; H. Zachert, 1994, S. 73; T. Ohm, 1929, S. 83; S. D. P. Picken, 1994, S. XXI; I. Reader, 1991, S. 25, 168. Dem japanischen *kami* entspricht auf Okinawa das *utaki* und im westlichen Ryūkyū-Archipel, den Sakishima-guntō-Inseln, das *uyān*, das Numinose außergewöhnlicher Felsen, Bäume, Wasserfälle, Stürme usw. Cf. I. Prochaska, 2013, S. 251; M. Wacker, 1994, S. 181.

9 Cf. I. Eibl-Eibesfeldt, 1982, S. 33; W. Schmidt, 2013, S. 19 f.; T. Lobel, 2015, S. 131 f., 140; F. Nolte, 1992, S. 216; A. Abramson, 2005, S. 330; H. Uplegger, 1962, S. 60, 160; D. Drozdow-St. Christian, 2002, S. 155; B. Stross, 1977, S. 280; Muraoka, a. a. O., S. 55; H. Nakamura, 1964, S. 522; W. K. Bunce, 1955, S. 100; W. E. Griffis, 1904, S. 30; W. G. Aston, 1905, S. 7; G. B. Sansom, 1967, S. 60; A. Slawik, 1972, S. 318; J. Stalph et al., 2015, S. 427; M. Waida, 1976, S. 97; S. Matsumoto, 1970, S. 157; Tsudzumi, a. a. O., S. 70 f.; Rosenkranz, a. a. O., S. 106. Auch der König von Siam saß stets höher als andere Personen. Cf. A. Strathern, 2019, S. 62.

10 Cf. C. M. Aikens/T. Higuchi, 1982, S. 317 ff.; J. Batchelor, 1926, S. 214 ff.; A. Leroi-Gourhan, 1995, S. 161; I. Hilger, 1971, S. XII; R. Siddle, 1999,

S. 68; T. Ōbayashi, 1997, S. 8; W.W. Fitzhugh, 1999, S. 21; S. Tamara, 1999, S. 60; Rosenkranz, a.a.O., S. 13; Suzuki, a.a.O., S. 140f.; J. Batchelor, 1901, S. 45; N.G. Munroe, 1962, S. 9; A.H. Savage-Landor, 1893, S. 285; W. Kremp, 1928, S. 45; I. Mahlstedt, 2014, S. 26; B.L. Walker, 1986, S. 197 ff.; J.M. Kitagawa, 1969, S. 311; D.L. Philippi, 1979, S. 11, 59. Personen oder Tiere, aber auch Dinge, die *kamui* sind, haben meist große »Kraft«, *ramat*, und selbst Schimmelpilze und Flechten besitzen geringe Mengen davon. Wenn man Gegenstände mit *ramat* zerbricht oder entsprechende Kleidungsstücke zerreißt oder verbrennt, begibt sich diese »Kraft« ins Dorf der Geister, weshalb früher auch die Grabbeigaben zertrümmert wurden. Cf. N.R. Adami, 1989, S. 68; Munroe, a.a.O., S. 10 ff., 131 f. Hochgradig *kamui* waren überdies die glänzenden Metallobjekte, die von den Japanern eingehandelt wurden und die den Ainu dermaßen imponierten, daß sie beispielsweise große und prächtige Häuser *kane chise*, »Metallhäuser«, oder elegante Kleider *kane kosonte*, »Metallkleider« nannten. Cf. Philippi, a.a.O., S. 30 f.

§ 5 Unbegreifbare »Wesen« und »Etwasse«

1 Cf. G. de la Vega, 1983, S. 58 f.; R. Harrison, 1989, S. 45, 88 f.; J.H. Rowe, 1946, S. 297; H. Tschopik, 1946, S. 559; A. Schäfer, 2016, S. 293, 295; C.K. Columbus, 2004, S. 157 f.; I. Tavel, 1989, S. 134, 137; J.G. Müller, 1855, S. 371; Stein, a.a.O., S. 81 f., 293 f.; U. Peters, 2018, S. 197; S. Dedenbach, 2017, S. 445; A. Herring, 2015, S. 27 f.; C. Brosseder, 2014, S. 259 f. *Huac'a* waren auch bestimmte Harze und Lama-Föten, Felsspitzen, Schutzgeister, Coca und Chicha, die aus Mais destillierte »Sonnenkraft«, sowie gewisse Mineralien, die sehr viel »Kraft« (*ch'ama*) enthalten. Ein berühmter *huac'a* ist der »Sitzende Puma«, ein Felsen nördlich von Cuzco, der eine Spalte besitzt, die zu einem Zeremonialraum umgestaltet worden war. Cf. P.J. de Arriaga, 1968, S. 20; J. Bram, 1941, S. 63; I.v. Wedemeyer, 1971, S. 109; R. Stone-Miller, 1995, S. 201; J.D. Moore, 1996, S. 134; W. Rödl, 1989, S. 132; W. Andritzky, 1989, S. 359 f.; J.W. Bastien, 2004, S. 10 ff.

2 Cf. B. Glass-Coffin, 1998, S. 39 f.; K.R. Mills, 1995, S. 305; C. Giese, 1999, S. 118; X. Albó, 2003, S. 85 ff. Als Reaktion auf die Entweihung der *huac'as* durch die »bärtigen Ungeheuer«, die auf »ungewöhnlich großen Lamas mit silbernen Schuhen« ritten und selber für *huac'as* gehalten wurden (cf. H.P. Duerr, 2011, S. 269 ff.), entwickelte sich in den sechziger Jahren des 16. Jahrhunderts eine antispanische und antichristliche Bewegung, die Taki Ongoy oder »Tanzkrankheit«. Bei dieser nahmen *huac'as* die Körper der Aufständischen in Besitz, so daß sie zitterten und bebten und wild und unkontrolliert umhertanzten. Cf. W.H. Isbel, 1997, S. 72.

3 Cf. T. Williams, 1858, S. 216; H. P. Duerr, 2011, S. 280; V. Hereniko, 1995, S. 109, 111 f.; J. P. Johansen, 1958, S. 5; H. W. Williams, 1971, S. 20; P. M. Ryan, 1994, S. 8; T. Monberg, 1991, S. 30, 63, 83 f.; D. Freeman, 1983, S. 177; D. M. Georgina, 2017, S. 57. Heute versteht man in Polynesien unter einem *'atua* meist einen Geist, der häufig, zum Beispiel wegen seiner kannibalistischen Gelüste, gefürchtet ist, und unter einem *'aitu* (von proto-ozean. **qanitu*) einen Gott oder einen gutgesinnten Geist. Anders scheint es sich auf der Insel Manu'a im Samoa-Archipel zu verhalten, dessen Bewohner Götter wie zum Beispiel Tangaloa *'atua*, Familiengötter *tupua* und Dämonen oder Totengeister *'aitu* nennen. Auch nach den Wörterbüchern bedeutet *'aitu*, »Dämon«, ursprünglich »böses Omen, Mißgeschick, Katastrophe«. Cf. M. Mead, 1969, S. 158; Williams, a. a. O., S. 5; Ryan, a. a. O., S. 5; E. Bonshek, 2017, S. 59 f.

4 Cf. P. Radin, 1951, S. 77; E. Dammann, 1963, S. 53 f.; B. A. Ogot, 1961, S. 124 f.; G. Lienhardt, 1954, S. 156; R. G. Abraham, 1972, S. 116 f.; H. O. Morgensen, 2002, S. 424 f.; A. W. Southall, 1953, S. 96 f.; H. Behrend, 1995, S. 55; H.-E. Hauge, 1981, S. 33; G. Whisson, 1964, S. 288; G. Lienhardt, 1961, S. 31. Mit dem *jok/juog* verwandt ist das *eng'ok* der in der Umgebung des Kilimandscharo lebenden Masai und den im Nordosten des Victoriasees beheimateten Kipsigi. Cf. A. Southall, 1972, S. 109.

5 Cf. M. Sakamoto, 1993, S. 68; R. F. Salisbury, 1962, S. 114; B. Connolly/ R. Anderson, 1987, S. 53 ff.; M. J. Leahy, 1991, S. 82; A. Strathern, 1984, S. 21; H. Strauss/H. Tischner, 1990, S. 86; P. Brown, 1995, S. 31; W. MacGaffey, 1983, S. 131; R. Peterli, 1941, S. 71; M. Leenhardt, 1984, S. 63 f.

6 Cf. A. Disney, 2007, S. 284; D. Hanlon, 1988, S. 26; H. Hijikata, 1997, S. 226. Als sich das erste britische Schiff im Jahre 1788 den mikronesischen Gilbert-Inseln näherte, konnten sich deren Bewohner nicht erklären, was das war, und reagierten mit einer Mischung aus Angst und Faszination. Nachdem im November 1769 einige Männer der Mannschaft von Cooks *Endeavour* in der Whitianga-Bucht der Nordinsel Neuseelands an Land gegangen waren, hatten die Māori ebenfalls keine Ahnung, wer oder was da auf sie zukam. Geister konnten sie nicht sein, da sie sich völlig anders verhielten, als polynesische Geister es zu tun pflegten. Deshalb nannten sie diese Wesen, die ihnen einen großen Schrecken einjagten, *tupua*, »die Mysteriösen, Seltsamen, Angsteinflößenden«, ein Ausdruck, der gelegentlich noch heute zur Bezeichnung der Weißen benutzt wird. Cf. A. Onorio, 1979, S. 30; D. Galin, 1997, S. 28; M. Meleisea/P. Schoeffel, 1997, S. 132; H. W. Williams, 1971, S. 458; P. M. Ryan, 1994, S. 167; M. Sahlins, 1995, S. 179. Ein Prophet der Ovambo nannte das erste Schiff, das sich der Küste näherte, »etwas Seltsames, das über die Gewässer kroch«. Cf. Blackburn, a. a. O., S. 37. Und die Tenharim im südlichen Amazonien nannten die ersten Flugzeuge, die am Himmel erschienen,

oveve-ve'e, »fliegende Etwasse«. Cf. M. Tenharim/T. Fischermann, 2018, S. 37.

7 Cf.Vecsey, a. a. O., S. 136; F. R. Lapena, 1978, S. 331; K. Ordahl-Kupperman, 2000, S. 177; M. S. Davis, 1971, S. 343; B. Connolly/R. Anderson, 1987, S. 24 f., 101 f.; Strauss/Tischner, a. a. O., S. 20 f.; A. Strathern, 1977, S. 100. Ähnlich verlor ein Mann vom Kutubu-See in Neuguinea vor Entsetzen die Kontrolle über seinen Schließmuskel und paddelte Hals über Kopf in sein Dorf zurück. Ein anderer berichtete über seine erste Begegnung mit den Weißen im östlichen Hochland im Jahre 1930: »Ich war so entsetzt, daß ich nicht mehr richtig denken konnte, und schrie unkontrolliert. Mein Vater zog mich bei der Hand weg, und wir versteckten uns im hohen *kumi*-Gras.« Ein Enga erinnerte sich, daß er und die anderen vor Angst laut geschrien und sich gefragt hätten: »Was für eine Art Ding kommt denn da?« Andere Dorfbewohner sagten ebenfalls, sie seien völlig durcheinander gewesen: »So etwas hatten wir noch nie gesehen. Kam es aus der Erde? Oder vom Himmel? Aus dem Wasser? Wir waren völlig verwirrt.« Cf. M. Busse, 1993, S. 13; Connolly/Anderson, a. a. O., S. 6; H. Reithofer, 2006, S. 229.

8 Cf. J. Görlich, 1999, S. 154 f.; J. Blackburn, 1979, S. 29, 40; Brown, a. a. O., S. 47 ff., 59, 86; A. Kyakas/P. Wiessner, 1992, S. 179; E. L. Schieffelin, 1991, S. 73 f., 81; P. Sillitoe, 1991, S. 147, 149 f.; G. Stürzenhofecker, 1998, S. 23; M. Nihill, 1999, S. 72; D. Tuzin, 1997, S. 103, 133; G.W. Trompf, 2004, S. 302 f.; A. I. Kituai, 1998, S. 74. Auf Motu, das in der Gegend des späteren Port Moresby gesprochen wurde, hieß »bestürzt, entsetzt sein« *namehoa*, und dies war auch die Bezeichnung für den ersten Kontakt mit den Weißen.

9 Cf. L. Josephides/M. Schiltz, 1991, S. 222 ff.; J. Sinclair, 1988, S. 170; L. Bessire, 2014, S. 133; Brown, a. a. O., S. 54; Kituai, a. a. O., S. 229 f., 341; A. Strathern/P. J. Stewart, 2004, S. 127; A. M. Kiki, 1969, S. 89; ders., 1976, S. 168.

§ 6 Die »Kraft des Außergewöhnlichen«

1 Cf. N. S. Cleophat, 2016, S. 67; C.-H. Tillhagen, 1973, S. 666 ff.; R. B. Lee, 2003, S. 130 f.; M. Guenther, 1999, S. 191; O. Köhler, 1966, S. 136; L. Marshall, 1969, S. 351 f.; R. Katz, 1982, S. 93 f.; ders., 1984, S. 173 f.; A. Barnard, 1992, S. 57; P. Vinnicombe, 1975, S. 392 f.; A. A. Koskinen, 1965, S. 122; Blackburn, a. a. O., S. 40; Keen, a. a. O., S. 264; W. L. Warner, 1958, S. 264. Was in China *shēn* war, bei den Illinois *manetú*, was auf Timor Staunen und Schrecken hervorrief und bei den Atoni an der Südküste der Insel *le'u* genannt wurde sowie auf Raga in den nördöstlichen Neuen Hebriden *rongo*, besaß eine große »Kraft«. Auf Pentecost, einer anderen

Insel dieses Archipels, hieß es *kon* und konnte gutartig, aber auch zerstörerisch sein. So sei es möglich gewesen, daß ein Mann, der *kon* war, ohne es zu wollen, seine Frau beim Koitus tötete. Cf. Schindler, a.a.O., S. 14; T.N. Leavelle, 2010, S. 160; B.A.G. Vrokiage, 1953, S. 185; P. Middelkoop, 1963, S. 21; H.G. Schulte-Nordholt, 1980, S. 241f.; R.B. Lane, 1977, S. 366, 369; M. Jolly, 1996, S. 243. Auch die Tsimshian an der Nordwestküste Nordamerikas gingen davon aus, daß das Außergewöhnliche und Unerklärbare (*naxnoq*) zugleich »mächtig« und »stark« war. Cf. M.-F. Guédon, 1984, S. 139.

2 Cf. K.V. Zwelebil, 1981, S. 15f.; ders., 1984, S. 865f., 907f., 948; R. Mahalakshmi, 2011, S. 48f., 121; F.W. Clothey, 1978, S. 26f., 29; S.B. Barathi, 1999, S. 195; G. Subbiah, 1991, S. 37f.; V.S. Rājam, 1986, S. 259f., 263f.; L. Svedja-Hirsch, 1991, S. 133; E.V. Daniel, 1984, S. 167f. Besessenheit durch Murukaṉ galt aber gleichzeitig als ein Gnadenerweis. Cf. F.W. Clothey, 2006, S. 196.

3 Cf. D. Shulman, 1976, S. 144f.; A. Good, 1991, S. 170, 252, 255; L. Werth, 1996, S. 29, 343; P.T. S. Iyengar, 1985, S. 77; G.L. Hart, 1999, S. 91, 98ff., 101f.; ders., 1973, S. 240; P. Jotimuttu, 1984, S. 221 *et passim*; S.C. Kersenboom-Story, 1987, S. 6f.; S. Padma, 2013, S. 201f.; H.P. Duerr, 1997, S. 208, 481, 521, 525f.; D. Mosse, 2006, S. 103f. Auch die singhalesischen katholischen Pilgerinnen, zum überwiegenden Teil junge Mädchen und unverheiratete junge Frauen, die sich von Geistern besessen fühlen und die zum Schrein »Unserer Herrin von Lourdes« im Dorf Kudagama in Sri Lanka wallfahren, erklimmen langsam betend, Hymnen singend und Kerzen in den Händen haltend den dortigen Hügel, wobei einige von ihnen sich sämtliche Kleider vom Leib reißen. Cf. R.L. Stirrat, 1992, S. 69f., 109. Ob sie dies aus demselben Grund tun wie ihre Schwestern in Oriyur, geht aus der Beschreibung des Rituals nicht hervor. In einigen tamilischen Gegenden verfügten nur unberührte Jungfrauen über *aṇaṅku*, und in einer Geschichte verhindern die Brüder eines Mädchens sogar, daß sie heiratet, weil nur sie von ihrer »Kraft« profitieren wollen. Cf. S.A. Courtney, 2006, S. 133f. Als Akt der Gnade (*aruḷ*) ergreift auch der Gott Murukaṉ Besitz von den Tamilinnen und verleiht oder verstärkt das *aṇanku*. Cf. Clothey, a.a.O., S. 196.

4 Cf. J.-P. Roux, 1967, S. 54f., 58ff.; H.P. Duerr, 1993, S. 348ff.; J.L. Matory, 2009, S. 245f. Das Entblößen der Brüste vor Höherstehenden war aber auch eine Geste der Ehrerbietung und Unterwerfung, zum Beispiel in vielen Gegenden Südindiens, Afrikas oder der Südsee. Wie bereits die frühen europäischen Besucher Tahitis berichteten, entblößte eine Frau, die sogar beim Baden im Meer Brüste und Unterleib mit großen Blättern bedeckte, ihren Oberkörper in der Öffentlichkeit lediglich in zwei Fällen: Vor einem Häuptling und wenn sie an einem Kultplatz vorüberging, also

vor den Göttern. Dies taten auch die Frauen der kuschitischen Kambata und anderer südäthiopischer Ethnien vor den Ahnengeistern und den Besessenheitspriestern. Cf. J.Wilson, 1799, S. 338, 356; U. Braukämper, 1983, S. 262; H.P. Duerr, 1990, S. 186.

5 Cf. M.P. Nilsson, 1955, S. 70; W. Burkert, 2011, S. 36, 404; E.C. Polomé, 1982, S. 286; M.Vegetti, 1993, S. 300; R. Flasche, 1978, S. 349; M.L.West, 2007, S. 89; R. Beekes, 2010, S. 580; H. Lutzky, 1993, S. 291; F. Miklosich, 1886, S. 329f.; E. Wienecke, 1940, S. 257, 264f.; F. Kluge, 1960, S. 297f.; W. Baetke, 1942, S. 57f.; J. Pokorny, 1959, S. 520, 524; A. Walde, 1930, S. 329; O. Pfister, 1931, Sp. 1655; W.E. Paden, 1996, S. 5; G. Köbler, 1989, S. 253; R. Boyer, 1994, S. 311; F. Heidermanns, 1993, S. 267; W. Havers, 1958, S. 30; W. Grönbech, 1937, S. 105ff.; O. Krabs, 1996, S. 10; W. Baetke, 1944, S. 36. Der Eigenname Helgi bedeutete »Der-mit-guter-Kraft«. Cf. F.R. Schröder, 1924, S. 48.Verwandt mit den Heil-Wörtern sind das germanische *meginn*, »stark, kräftig, mächtig«, *maginam* oder *megina*, »Vermögen, Kraft« und *unmegi*, »Schwäche«. Der »Kraftgürtel« Thors hieß *meginjord*. Cf. Heidermanns, a.a.O., S. 392f.; G. Köbler, 1981, S. 94, 97; A. Closs, 1966, S. 80.

6 Cf. S. Timalsina, 2010, *passim*; A. Daniélou, 1963, S. 253; L.T. Walcott, 1978, S. 658; H. Zimmer, a.a.O., S. 31f., 163; K. Mylius, 1988, S. 159; ders., 1975, S. 478; R.S. McGregor, 1993, S. 942; E. Masilamani-Meyer, 2004, S. 115; S. Wadley, 1977, *passim*; J. Abbott, 1979, S. 39; K.E. Koch, 1984, S. 162; E.B. Harper, 1964, S. 182. Die Schamanen der nepalesischen Tamang beziehen ihre Heilskraft aus dem *śakti* Śivas, das sich in einem heiligen Teich befindet. Dort tanzen sie so lange, bis die »Kraft« in ihren zitternden Körper fließt. Nicht nur die Kraft zu heilen ist *śakti*, sondern auch die Willenskraft, mit der ein körperlich schwacher Mensch wie der *mahut* den viel stärkeren Elephanten dirigiert. Cf. L.G. Peters, 2004, S. 164, 168; G.M. Carstairs, 1968, S. 231f.

7 Cf. P.Vijaisri, 2015, S. 83; O.V. Garrison, 1964, S. 206; W.C. Beane, 1973, S. 55; R. Syed, 1998, S. 207; Y. Uchiyamada, 1999, S. 109f.; S. Rawson, 1972, S. 44ff.; S. Sugirtharājah, 1998, S. 197f.; L.Werth, 1996, S. 338; F. Duvinage, 1997, S. 201; S.A. Chatterji/N. Basu, 2006, S. 64; J.J. Kripal, 1994, S. 153; R.J. Mehta, o.J., S. 37ff.; G. Michell, 2000, S. 22; R. Syed, 1998a, S. 199; J.P. Schouten, 1995, S. 128f.; B. Heller, 1998, S. 76; A.J. Lucia, 2014, S. 85f.; S. Samanta, 1994, S. 785f.; U. Singh, 2003, S. 176; A. Diesel, 2007, S. 200f.; F.M. Ferrari, 2010, S. 154; M. Ishii, 2013, S. 803f. Kālī, die Symbolfigur der indischen Feministinnen, ist die sexuell Aktive, sie sitzt beim Koitus auf Śiva, während etwa Lakṣmī unter Viṣṇu liegt. Cf. F.A. Marglin, 1982, S. 302. Die natürlichen Erdgasfeuer von Gōpalprasad in Odiśa werden als das *śakti* der Göttin Hiṅgulā angesehen, die sich im Feuer manifestiere und Besitz von einem Medium (*patiāra*) ergreife, da-

mit sie mit dem Rāja reden könne, der nur mit ihrer Erlaubnis etwas sagen darf. Cf. C. Mallebrein, 2014, S. 35f., 38.

8 Cf. R. Hummel, 1996, S. 70; H. B. Urban, 2006, S. 89 ff.; ders., 2009, S. 406 ff.; G. Djurdjevic, 2014, S. 46, 64; M. Burley, 2008, S. 189 f.; G. Feuerstein, 2011, S. 290 f., 389; H. Lommel, 1955, S. 200 f., H. P. Duerr, 2011, S. 740; J. Parry, 1982, S. 86; L. J. Guzy, 2003, S. 215; W. D. O'Flaherty, 1980, S. 21, 45, 119 f.; D. B. McGilvray, 1982, S. 69; A. van Voorthuizen, 2001, S. 261; M. Kumar, 1999, S. 221; H. Diemberger, 1993, S. 122. Bei den Mukkuvar im südlichen Kerāla besitzt die Göttin Kadalamman, die von den Fischern gemeinsam mit der heiligen Jungfrau um Schutz angefleht wird, bevor sie aufs Meer hinausfahren, besonders viel *śakti,* weil sie alleinstehend ist und ihre sexuelle Energie nicht an einen Mann vergeudet. Allerdings gelten solche Göttinnen als wild, weil sie nicht, wie eine sterbliche Jungfrau, wenigstens von ihren Eltern kontrolliert würden. Anders verhält es sich mit einer jungen Witwe, deren *śakti* von niemandem in Schach gehalten wird und die deshalb sehr gefürchtet ist. Das gleiche gilt in Karṇāṭaka für die unverheiratete Pockengöttin Māriyamman, deren *śakti* nur sehr mühsam mit Hilfe von Blutopfern eingedämmt werden könne. Cf. C. Busby, 2006, S. 84; S. S. Bean, 1975, S. 326 f.; P. Caplan, 1987, S. 84 f.

9 Cf. Daniel, a. a. O., S. 167 ff.; F. A. Marglin, 1985, S. 58, 60; dies., 1990, S. 218. Den Glauben, überlegenes männliches Sperma erzeuge einen Buben, weibliches *rāja* aber ein Mädchen, haben auch die Balinesen aus Indien übernommen. Cf. W. Weck, 1937, S. 107. Wenn ein Singhalese, was nach Aussage der Frauen sehr häufig vorkommt, nicht in der Lage ist, eine Frau zu befriedigen, weil er viel zu früh ejakuliert oder eine ungenügende Erektion hat, sagt man, er verfüge über zu wenig *prana śakti.* Eine Frau, die regelmäßig und zufriedenstellend von dem Dämon Kalu Kumāra, dem »Schwarzen Prinzen«, penetriert wurde, war bezeichnenderweise mit einem Mann verheiratet, der an *ejaculatio praecox* litt. Er konnte seine Frau zwar manuell erregen, dann aber drehte er sich um und schlief ein. Den Koitus mit dem Geist genoß sie dagegen sehr und pflegte ihn meist stundenlang, was sie allerdings mit der Zeit schwach und hinfällig werden ließ. Kalu Kumāra war im Vorleben ein geiler Prinz, der schon als junger Bursche jedem Mädchen hinterherjagte und es auf Friedhöfen deflorierte. Nach seinem Tod wurde er zu einem Incubus, der sich nachts an die weibliche Bevölkerung Sri Lankas heranmacht, aber auch an die Schamaninnen der Parāja in Odiśa, mit denen er jede Nacht schläft. Ihm entspricht die tamilische Dämonin Mōhinī, die sich ebenfalls in der Nacht auf oder unter pubertierende Jungen legt, bis sie einen Orgasmus haben. Cf. G. Obeyesekere, 1981, S. 73, 140; B. Kapferer, 1983, S. 122; M. Tanaka, 1991, S. 56; B. Vogt-Fryba, 1991, S. 224, 436; K. Behera/J. Dash, 2015, S. 175 f., 182.

10 Cf. H. B. Urban, 1996, S. 171 f., S. J. Palmer, 1994, S. 52, 54; dies., 2004,

S. 382; R.C. Shay/H. Bogdan, 2014, S. 67; K. Shepherd, 2005, S. 271ff.; Anonyma: Mündliche Mitteilung vom 1. März 1988; G.P. Hansen, 2001, S. 128; K. Shepherd, 2005, S. 271ff., 293ff.; M. Mangalvadi, 1977, S. 159f.; C. Larsson, 2005, S. 133, 138. Als der Rektor einer indischen Universität, ein Psychiater, Baba bat, seine angeblichen Wundertaten untersuchen zu lassen, ließ dieser ihm ausrichten, er rede nicht mit Hunden. Cf. A. Bharati, 1987, S. 207. Eine seiner akademischen Apologetinnen führte aus, Baba »chose particular devotees to escape their worldly bonds of duality beyond good and evil, here and there, through the surrender of sexual healing«. Bei der sexuellen Stimulierung der Halbwüchsigen und jungen Männer habe es sich um »göttliche Gnadengaben« gehandelt. Cf. T. Srinivas, 2010, S. 270. »But he his God«, sagte auch eines seiner Opfer, »and God can do anything he likes.« Cf. Shepherd, a.a.O., S. 277. Im Gegensatz zu Baba entschuldigte sich ein anderer bekannter indischer Guru, Thakar Singh, für die sexuelle Ausbeutung zahlreicher Anhängerinnen öffentlich damit, der Teufel habe ihn dazu verführt. Cf. Hummel, a.a.O., S. 168. Im April 2018 wurde der bekannte Guru, Fernsehprediger und Yogalehrer Asaram Bapu zu einer lebenslangen Gefängnisstrafe verurteilt, weil er während einer Geisteraustreibung ein 16jähriges Mädchen vergewaltigt hatte. Cf. *Rhein-Neckar-Zeitung* vom 26. April 2018.

11 Cf. L.G. Peters, 2004a, S. 79; A. Gerlach, 2000, S. 29f.; A. Cantlie, 1977, S. 252f.; J. Mallinson, 2018, S. 188ff., 204f.; K. McMahon, 1995, S. 42, P.B. Ebrey, 1993, S. 163; Z.-S. Li, 1994, S. 144. Da der lappische *noaidi* auf seiner Unterweltsreise sehr viel Kraft verbrauchte, schlief er nach der Séance häufig mit einer unverheirateten Gehilfin, die auf diese Weise seine Energie regenerierte. Die indischen *hijrās* erhielten das *śakti*, das sie benötigten, um die bösen Geister zu vertreiben, von der Göttin Māta. Cf. E. Kasten, 1991, S. 64; S. Nanda, 1990, S. 5. Wie viele indische Gurus wurde auch Castañeda von kalifornischen Studentinnen beschuldigt, er habe ihnen angeboten, sie zu »female helpers« zu machen, wenn sie sich von ihren »boyfriends« trennten, um ihm jederzeit sexuell zur Verfügung zu stehen. Cf. Y. Marton, 1994, S. 295. Dies wundert mich, denn Castañeda hatte mir noch im Frühsommer 1982 ans Herz gelegt, ich könne nur dann ein »man of knowledge« werden, wenn ich nicht nur auf Zigaretten und Alkohol, sondern auch auf den Geschlechtsverkehr verzichte, da jeder Samenerguß meine Lebenskraft schwäche.

§ 7 *Mana* und *tapu*

1 Cf. R. Fox, 2011, S. 71; G. Kahlo/R. Simon-Bärwinkel, 1967, S. 332; J. Schlehe, 2010, S. 116; H. Geertz, 2004, S. 258; C. Geertz, 1980, S. 106;

M. J. Wiener, 1995, S. 58 f., 67 f.; M. G. Peletz, 2003, S. 61; A. Hobart, 2003, S. 61, 88 f.; dies. et al., 1996, S. 181; T. A. Reuter, 1999, S. 178; L. Howe, 2005, S. 43; U. Wikan, a. a. O., S. 242; I. E. Slamet-Velsink, 1996, S. 68 f.; M.-F. Guermonprez, 1985, S. 46; H. G. Schulte-Nordholt, 1996, S. 152; R. Pringle, 2004, S. 107; M. Mylius, 1970, S. 341 f.; L. Howe, 2001, S. 107. Von dem im 19. Jahrhundert lebenden südbalinesischen Herrscher Agung Mayun hieß es, er habe so viel *kasaktian* besessen, daß überall dort, wo er entlangging, die Kranken gesund wurden und die Ernte üppig ausfiel. Cf. H. S. Nordholt, 1996, S. 132. Dem indonesischen *kasaktian* oder *kasaktèn* entspricht bei den Tagalog im zentralphilippinischen Visayan-Archipel das *kapangyarihan*, mit dem sie zum Beispiel die Hexen oder *ingkantu* ausschalten. Cf. McAndrews, a. a. O., S. 8 f., 140.

2 Cf. R. Blust, 2007, S. 416; J. W. Turner, 2012, S. 49; R. Thurnwald, 1929, S. 94; F. R. Lehmann, 1966, S. 219, 238; R. M. Keesing, 2000, S. 246; E. G. Burrows, 1936, S. 102; F. Speiser, 1996, S. 309 f.; H.-J. Greschat, 1980, S. 79; T. Farnbacher, 1999, S. 64; Kituai, a. a. O., S. 340; D. A. Chapell, 1997, S. 144 f., 157; M. Tomlinson, 2002, S. 248; ders., 2006, S. 175. Auf der polynesischen Enklave Bellona im südlichen Salomonenarchipel werden solche imponierenden Naturereignisse wie vehemente Gewitter 'ao 'atua, »die Kraft der Götter«, genannt. Wie aus den *Quaestiones Naturales* des Adelard of Bath hervorgeht, wurde bei uns noch im Mittelalter der Gewitterdonner weithin als ein machtvolles Zeichen Gottes angesehen. Cf. Monberg, a. a. O., S. 397 f.; B. Ward, 1982, S. 6 f.

3 Cf. R. Otto, 1932 a, S. 64; F. Goodman, 1993, S. 190; F. Niggemeier, 1993, S. 178; bzw. H. I. Hogbin, 1936, S. 244 f.; J. E. Ritchie, 1963, S. 19; F. Douaire-Marsaudon, 2002, S. 60, 75; C. Mondragón, 2004, S. 291, 302; J. MacClancy, 1986, S. 148 f.; M. Kaplan, 1995, S. 108; M. Sahlins, 1981, S. 31; E. S. C. Handy/M. K. Pukui, 1958, S. 152; G. Krüger, 2012, S. 20; R. M. Keesing, 1982, S. 46 ff., 93 ff.; W. G. Ivens, 1927, S. 196; G. M. White, 1991, S. 120 f.; R. Linton, 1926, S. 146; A. B. Weiner, 1995, S. 292. Durch Erfolge vermehrte man sein Reservoir an *mana* und durch Mißerfolge verminderte man es. Wenn es zum Beispiel einem hawai'ianischen Häuptling gelang, dem Grauen Riffhai eine Schlinge über den Kopf zu ziehen, steigerte er sein *mana*. Aber die im Kampf Unterlegenen verstießen nicht selten ihren Kriegsgott, weil er offensichtlich zu wenig *mana* besaß. Die tahitianischen Herrscher und die adligen *ariki* durften die Erde nicht mit den Füßen betreten, denn andernfalls konnte der Eigentümer sich dort nicht mehr aufhalten und die Stelle nicht mehr bewirtschaften. Auch verloren die Machthaber zumindest einen Teil ihres *manas*, wenn sie sich auf die Erde setzten, weshalb sie bisweilen über die betreffende Stelle wischten, um das Verlorengegangene wieder in sich aufzunehmen. Cf. Te Rangi Hiroa, 1962, S. 346, 519; B. H. Krauss, 1993, S. 35; B. Daniels-

son, 1956, S. 53; H. Uplegger, 1962, S. 57f.; M.P. Shirres, 1982, S. 36f.; M. Winiata, 1967, S. 38.

4 Cf. R. Feinberg/C. Macpherson, 2002, S. 119; D. Oliver, 2002, S. 156f.; Greschat, a.a.O., S. 80; R.C. Suggs, 1966, S. 152, 155; E. Arbman, 1931, S. 341; D. Fraser, 1966, S. 54; A.Fletcher, 2007, S. 72; J. Metge, 1976, S. 26f.; B. Metcalfe, 1981, S. 87; A. Métraux, 1989, S. 87; H. Mol, 1978, S. 189; H.-J. Greschat, 1998, S. 67. Stieg eine Frau über einen sitzenden Mann, verlor er ebenfalls sein *mana*. Allerdings konnte eine Frau auch auf diese Weise die Krankheitsgeister, von denen ein Mann besessen war, vertreiben. Ein Sterbender übertrug sein *mana* auf seinen Nachfolger, indem er seinen Atem (*ha*) in dessen Mund oder Fontanelle (*manawa*) blies oder in seinen Mund spuckte. Die Mitglieder der Häuptlings-Clans auf Ponape heirateten ausschließlich untereinander, damit das *manaman* nicht an Fremde verlorenging. Cf. S.L. Rogers, 1982, S. 102; Handy/Pukui, a.a.O., S. 142; Valeri, a.a.O., S. 98f.; E. Keating, 1998, S. 23, 126.

5 Cf. H.W. Williams, 1971, S. 385; A.R. Radcliffe-Brown, 1952, S. 137; A.K. Reinhart, 2009, S. 379; D.J. Hayward, 1997, S. 62; G.J. Held, 1957, S. 237; Keesing, a.a.O., S. 31; M. Mackenzie, 1977, S. 49; Krüger, a.a.O., S. 13f.; D.L. Oliver, 1975, S. 72f.; W. Howells, 1962, S. 33f.; S.F. Bloomfield, 2002, S. 127; R. Katz, 1999, S. 22. Auf der von Polynesiern bewohnten melanesischen Insel Bellona waren die Götter »sehr« *tapu* und die Ahnen »ein bißchen«. Nahrungsmittel, die den Göttern geopfert wurden, waren für Menschen *tapu*, aber sie konnten durch bestimmte rituelle Handlungen »enttapuisiert« werden. Cf. Monberg, a.a.O., S. 397. Durch solche Opfer und Gebete konnte auch in Hawai'i das *mana* der Geister Verstorbener vermehrt werden. Auf den Salomonen entspricht dem *tapu* das *ambu*. So ist ein verlobtes Mädchen für andere Männer *ambu*, es ist gewissermaßen »reserviert« für seinen künftigen Ehemann. Wenn ein Kind etwas Unerlaubtes tut, ruft die Mutter *ambu! ambu!*. Im Samoa-Archipel umschrieb man etwas, das verboten (*tapu*) war, mit dem Wort *sa*, aber das Gegenteil von *noa*, »profan« war nicht *sa*, sondern *paia*, ein Begriff, der etwas Numinoses beschrieb, das aber nicht *tapu* war. Cf. Handy/Pukui, a.a.O., S. 134; H.I. Hogbin, 1970, S. 35, 49; M. Mead, 1969, S. 119f.

6 Cf. R. Firth, 1996, S. 56; K. Lang, 1925, S. 67ff.; P. Kaplony, 1980, Sp. 275; H.P. Duerr, 1984, S. 119ff.; L.D. Morenz, 2016, S. 59, 118; L. Kákosy, 1977, Sp. 1109; H. Ringgren, 1963, S. 59; J.A. Marina, 2005, S. 47f.; M.H. Pope/ W. Röllig, 1965, S. 279ff.; G. van der Leeuw, 1964, S. 56; K.E. Grözinger, 2004, S. 59, 61; H.P. Duerr, 2011, S. 380. ʿAšerah ist die Liebes- und Fruchtbarkeitsgöttin, deren Kultbild Hiskia zerschmetterte, nachdem er König von Juda geworden war (2 Könige 18,4).

7 Cf. O. Klíma, 1957, S. 37; H.P. Duerr, 2011, S. 509f., 826; M. Stausberg,

2002, S. 178 f.; B. Gheiby, 2014, S. 73 f.; H.-P. Hasenfratz, 1986, S. 55; A. J. Pfiffig, 1998, S. 150; Georges, a. a. O., Sp. 723 f.; H. Kurath/S. M. Kuhn, 1956, S. 520; F. Godefroy, 1881, S. 497; A. Róna-Tas, 1987, S. 40 ff.; H.-J. Klimkeit, 1979, S. 253, 257; J.-P. Roux, 1999, S. 241 f. Bei den Tungusen entsprach dem *qut* das *mušun* und der uigurische Fürst trug den Titel *iduq qut*. Im modernen Türkisch bedeutet *kut* »Glück, glücklicher Zufall, Wohlstand«. Cf. K. Uray-Köhalmi, 1999, S. 129; H. F. Wendt/T. Turan, 2009, S. 305; J. Redhouse, 1997, S. 691; M. de Ferdinandy, 1973, S. 219. Unter islamischem Einfluß verwendeten die Kirgisen für *qut* häufig das arabische *bāraka*. Cf. D. S. Kara, 2013, S. 51.

8 Cf. E. A. Worms/H. Petri, 1968, S. 136 f., 147 ff., 219 ff.; H. Petri, 1964, S. 226; H. Morphy, 1991, S. 102 ff.; C. H. Berndt, 1964, S. 269 f.; L. Bohannan, 1960, S. 386; R. M. Downes, 1971, S. 26 ff.; J. F. Thiel, 2003, S. 304 ff. Die in allen Menschen, Tieren und Dingen in unterschiedlicher Intensität vorhandene *nyama*-Kraft der Dogon, die auf dem Plateau von Bandiagara im Nigerbogen leben, ist zum Beispiel in wilden Tieren viel konzentrierter als in den Haustieren. Das *nyama* des Getreides gewährleistet das Leben der Menschen, und deren *nyama* vermehrt sich durch fortschreitende Lebenserfahrung, während es durch Blutverlust schwächer wird. Indem Opferblut über die Masken gegossen wird, laden sich diese mit *nyama* auf, das sie an Frauen und Nicht-Initiierte ausstrahlen. Die Schwirrhölzer tun dasselbe durch ihr Summen. Im haitianischen Vodú übertragen vor allem die in Flüssen, Quellen und Lagunen lebenden wunderschönen, hellhäutigen und langhaarigen Nymphen, die »Herrinnen des Wassers«, die Lebenskraft *nanm*. Bei den madegassischen Merina sind es die Ahnen, die das *tsodrano* an ihre Nachkommen weiterleiten. Die nördlich des gabunesischen Ogooué lebenden Fang sagen, daß das *evur*, das eine Frau sexuell attraktiv und aus einem Mann einen guten Redner oder einen geschäftstüchtigen Händler werden läßt, im Magen sitzt. Bei den im südostafrikanischen Maschonaland lebenden Zezuru erhalten ungewöhnliche Geschäftsleute, Diebe, Musiker oder Hexen ihre Fähigkeiten von den *mashave*-Geistern. Cf. H. Baumann, 1950, S. 205; A. Métraux, 1959, S. 153 ff., 192; M. Bloch, 1982, S. 212; P. Boyer, 2004, S. 87, 328, 359; P. Fry, 1976, S. 21 f.

9 Cf. H. Trimborn, 1961, S. 149; R. Schroeder, 1992, S. 209; V. O. Erickson, 1978, S. 133; Å. Hultkrantz, 1983a, S. 170 f.; ders. 1969, S. 35; ders., 1986, S. 36, 38, 43; C. S. Fowler/S. Liljeblad, 1986, S. 451 f.; K. Van Vlack, 2012, S. 131, S. 131, 133; D. B. Shimkin, 1986, S. 325; J. P. Dayley, 1989, S. 224; E. Wallace/E. A. Hoebel, 1952, S. 155 f.; T. W. Kavanagh, 2001, S. 802; A. W. Geertz, 1994, S. 92, 250. Im Sommer 1963 erzählte mir in Taos ein Medizinmann der Lakota, der dort an einem festlichen Powwow teilnahm, daß sich in seinem Stamm gelegentlich auch Frauen beim Sonnen-

tanz durchbohren ließen, um »Kraft« zu gewinnen, natürlich nicht an den Brüsten, sondern an den Schultern. Bisweilen war freilich die Kraft, die jemand erhielt, zumindest für seine Nachkommen zu intensiv. So sah ein Plains-Apache in seiner Vision ein Bild, das er hinterher auf sein Tipi malte. Als er jedoch im Jahre 1867 das Bild an seinen Sohn weitervererbte, erachtete dieser es als zu stark und deshalb gefährlich und zerstörte das gesamte Zelt ein paar Jahre nach dem Tod des Vaters. Cf. M.W. Foster/ M. McCollough, 2001, S. 933. Bei den Oklahoma-Seminolen wurde die Kraft (*hilíswa*) in weiblicher Linie vererbt. Die Cherokee erhielten *ulanigvgv* durch den Blitz und fließendes Wasser. Die »von oben«, das heißt von der Sonne, dem Mond und dem Wind erworbene Kraft (*diyin*) wurde von den Chiricahua- und Mescalero-Apache zur Präkognition und Telepathie benutzt, während die Kraft, die »von unten« kam – von einem Bären, einer Eidechse oder gewissen Pflanzen –, dazu diente, Kranke zu heilen. Rettete ein Heiler auf diese Weise jemandem das Leben, mußte er freilich damit rechnen, dafür irgendwann mit seinem eigenen oder dem eines geliebten Menschen zahlen zu müssen. Cf. R.A. Sattler, 2004, S. 462; R.D. Fogelson, 1977, S. 186f.; L.B. Boyer, 1982, S. 62f., 66.

10 Cf. F.E. Williams, 1940, S. 111f.; E. Haberland/S. Seyfarth, 1974, S. 350f.; J. Sterly, 1987, S. 47, 50; J. Monaghan, 1995, S. 127f., 198; T.W. Dye, 1990, S. 229; B. Burt, 1994, S. 55; Peletz, a.a.O., S. 171, 177; T.M. Fraser, 1960, S. 170f.; M. Mackenzie, 1991, S. 181f.; MacClancy, a.a.O., S. 142; I. Prochaska, 2007, S. 18; R.F. Barton, 1930, S. 141f.; R. Bowden, 1983, S. 92; J.-P. Warnier, 1993, S. 306f.; R. Winstedt, 1951, S. 16f. Wenn sich bei den Safwa der Häuptling das Haar scheren ließ, blieb der Regen aus, weshalb die Geistermedien der Karanga, die für die Regenfälle zuständig waren, ihr Haar besonders lang wachsen ließen. Cf. A. Friedrich, 1939, S. 341; T. Shoko, 2007, S. 37.

11 Cf. P. Berger/R. Kottmann, 2000, S. 59ff.; S. Errington, 1983, S. 548, 554f., 559, 566f.; E. Norbeck, 1977, S. 71; H. Sundermann, 1887, S. 298f.; S. Kooijman, 1942, S. 54ff.; W. Stöhr, 1965, S. 183f.; M. Bloch, 1986, S. 41, 116. Ähnliche Anschauungen hatten oder haben auch die Hõ auf den Hügeln des Kõlhãn im indischen Bihãr sowie andere Munda-Stämme wie die Santal oder die Oraon, die Cubeo im westlichen Amazonien und die Campa in der peruanischen Montaña-Region, die nepalesischen Tamang, die Torres-Insulaner im Vanuatu-Archipel, die Eskimo, die neukaledonischen Kanaken oder die Maisin, Ngaing, Mulia Dani, Manam, Simbu und Gahuka-Gama in Neuguinea. Cf. D.N. Majumdar, 1950, S. 265ff.; I. Goldman, 1963, S. 262; H. Veber, 2003, S. 190; D. Holmberg, 2000, S. 937f.; C. Mondragón, 2004a, S. 291, 302; D. Merkur, 1987, S. 290; B. Douglas, 1998, S. 307, 312; J. Barker, 2008, S. 122f.; W. Kempf, 1996, S. 117, 119; D.J. Hayward, 1997, S. 61f.; Sterly, a.a.O., S. 50; K.E. Read 1965, S. 61,

70, 115 ff.; N. Lutkehaus, 1990, S. 299 f. Wie *mana* ist auch das *bajou* der Sakkudei auf der westlich von Sumatra liegenden Insel Siberut in allem mehr oder weniger enthalten. Viel *bajou* besitzen die Medizinmänner und die Geister, die deshalb sehr gefährlich sind. Cf. R. Schefold, 2017, S. 74.

§ 8 Die Kraft des Kopfes und des Penis

1 Cf. G. Prunner, 1975, S. 234. Die Wa führten diese Sitte auf das Ureltern-paar Ya Htawin und Ya Htai zurück, das zahlreiche Kinder bekam, nachdem sie den Kopf eines von ihnen getöteten Menschen mit in ihre Höhle genommen hatten. Ihren Nachkommen trugen sie daraufhin auf, wenigstens einen Kopf im Jahr zu erbeuten und in ihrer Siedlung aufzubewahren, denn ohne ihn fiele die Opium-, Mais- und Buchweizenernte schlecht aus, bliebe der Regen fern, herrschten Krankheiten und es gäbe weder Frieden noch Überfluß und Vergnügen. Eine ähnliche Mythe gab es auch bei den Sebop in Borneo. Cf. J. G. Scott, 1932, S. 300 f.; R. v. Heine-Geldern, 1976, S. 39; B. Formoso, 2004, S. 357; C. Hose/W. MacDougall, 1912, S. 138 f. Bei den Puyuma, Tsou, Paiwan und Ami in Taiwan sagte man, der abgeschlagene Kopf sei »ein Gefährte der Saat und des Wildes, unserer Nahrung«. Cf. E. Kaneko, 1994, S. 295; T. O. Höllmann, 1982, S. 82; D. Schröder/A. Quack, 1979, S. 49 f., 53 f.; M. Rudolph, 2006, S. 226; J. T. J. Ho, 2004, S. 858; Y. Bischof-Okubo, 1989, S. 134; A. Quack, 1985, S. 118 f.; H. Egli, 1989, S. 396; R. Kunz, 2011, S. 145. Die Rungus-Dusun im Norden Borneos legten unfruchtbaren Frauen einen erbeuteten Kopf zwischen die nackten Oberschenkel. Cf. J. B. Engelhard, 1997, S. 242.

2 Cf. J. Hoskins, 1996, S. 22; A. Linklater, 1995, S. 216, 256; R. McKinley, 1976, S. 98; J. A. Reiter, 1992, S. 135 f., 232 f.; A. Stirn/P. van Ham, 2000, S. 138; G. A. Zegwaard, 1968, S. 443 f., 446 f.; D. A. M. Smidt, 1999, S. 20; U. Konrad/A. Sowada, 2002, S. 322; T. Schneebaum, 1988, S. 178. Die Shuar und Ashuar (Jívaro) in der ecuadorianischen Montaña schlugen in den alten Zeiten nur Männern den Kopf ab, da nur sie über viel Seelenkraft verfügten; als aber die Nachfrage der fremden Händler immer größer wurde, überfielen sie auch Frauen und Kinder, um deren Schrumpfköpfe (*tsantsas*) gegen Stahlmesser und Feuerwaffen zu tauschen. Die Kraft derjenigen, die die Trophäen behielten, ging auf die Frauen im Haushalt des Jägers über, die dadurch mit größerem Erfolg die Gärten kultivierten und für reichlichere Nahrung sorgten. Cf. F. Larson, 2014, S. 23 f.; S. L. Rubenstein, 2007, S. 364, 387 f. Wenn sie einen Kopf abgeschlagen hatten, sagten sie: »Wir haben eine Seele (*wakáni*) genommen.« Cf. R. Karsten, 1935, S. 63. Im Gegensatz zu den Asmat vergewaltigten die Kopfjäger der Ifu-

gao gefangene Frauen, weil man dachte, Gruppenvergewaltigungen intensivierten die Fruchtbarkeit der Haustiere und vermehrten die Feldfrüchte. Cf. R. F. Barton, 1930, S. 156; L. M. Kwiatkowski, 2009, S. 505; K. Birket-Smith, 1956, S. 412.

3 Cf. W. H. Scott, 1966, S. 112 f., 121; E. P. Dozier, 1966, S. 164, 200, 211; E. Mjöberg, 1929, S. 252; H. L. Roth, 1896, S. 142 f.; I. H. N. Evans, 1922, S. 159 f.; J. Davison/V. H. Sutlive, 1991, S. 212 f.; J. Rousseau, 1990, S. 275; J. DeRaedt, 1996, S. 171; D. van Oosterhout, 1998, S. 150; W. H. Furness, 1902, S. 59 f.; C. Lumholtz, 1920, S. 258 f. Ähnliche Vorstellungen gab es auch in anderen Gegenden Indonesiens, zum Beispiel bei den Torāja in Sulawesi und auf Sumba, bei den Jatmül und Marind-anim in Neuguinea, auf den melanesischen Inseln, bei den verschiedenen hinterindischen Naga-Stämmen, den Igórot und Ifugao Luzóns, den amazonischen Mundurucú und den mittelamerikanischen Maya. Cf. E. Hviding, 1996, S. 89, 91; H. W. Scheffler, 1965, S. 253; R. E. Downs, 1957, S. 62; K. M. George, 1991, S. 536, 555; G. Bateson, 1958, S. 140 f.; A. Höfer, 1975, S. 60 f.; R. Barnes, 1992, S. 34 ff.; J. van Baal, 1966, S. 754; ders., 1984, S. 164; B. Hoffmann, 2007, S. 214 f.; C. Fausto, 1999, S. 946; J. D. Hill, 2001, S. 50 f.; K. Tauchmann, 1983, S. 242; A. E. Jenks, 1905, S. 174 f.; P. Schebesta, 1947, S. 187; R. Neu, 1997, S. 116; I. Travert-Lavelle/Y. Travert, 2014, S. 17; R. Needham, 1983, S. 78 f.; B. Fuhrmann/A. Wagner, 2007, S. 71 f.; R. Debnath, 2010, S. 9 f.; E. Fernandes, 2006, S. 151; J. H. Hutton, 1928, S. 399; R. F. Barton, 1949, S. 236; K. Stewart, 1954, S. 146; W. La Barre, 1984, *passim*. Die Ifugao vergruben den erbeuteten Kopf am Eingang ihres Hauses und sagten zu ihm: »Du wirst beerdigt, Kopf, damit du dem, was gepflanzt wird, Leben gibst, damit die Schweine und Hühner sich vermehren, und daß auch wir zahlreich werden!« Zuvor hatten sie etwas Fleisch von dem Kopf abgeschabt, das sie aßen und dabei sprachen: »Du wirst gegessen, Fleisch des Enthaupteten, damit ich tapfer werde und nicht aufgedunsen und kurzatmig. Die von den *hidit* [= Geister, die Tabubrüche bestraften] verursachten Leiden werden mir fremd sein. Ich werde ständig die Hügel erklimmen und meine Füße werden hinaufffliegen. Ich strotze vor Leben, ich schwitze heftig und bin kerngesund.« Cf. R. F. Barton, 1930, S. 192, 194.

4 Cf. A. Métraux, 1989, S. 123; A. Salmond, 1997, S. 20, 144; B. M. Knauft, 1989, S. 231 f.; I. Petrinovich, 2000, S. 138; A. R. Tippett, 1967, S. 9; Scheffler, a. a. O., S. 253; Barton, a. a. O., S. 194 f.; M. Sahlins, 1983, S. 82; P. R. Sanday, 1986, S. 162; F. J. P. Poole, 1983, S. 21 f., 26; F. Barth, 1975, S. 152; M. W. Young, 1999, S. 114; G. Gillison, 1983, S. 37, 41. Die Krieger der Kiwai auf der gleichnamigen Insel im Ästuar des Fly River an der Südküste Neuguineas schnitten den gefallenen Feinden meist den Penis ab, dörrten ihn und gaben Stücke davon den jugendlichen Nachwuchskriegern zu essen,

damit sie stark würden und fähig, ihre Gegner zu töten. Vor einem künftigen Kampf aßen sie selber ebenfalls ein kleines Stückchen davon und ein weiteres Stückchen von der getrockneten Vulva einer getöteten Frau, um weiterhin Glück beim Töten fremder Frauen zu haben. Cf. G. Landtman, 1927, S. 151. Die Torres-Straits-Insulaner bliesen vor der Attacke auf den Feind durch den getrockneten Penis eines früher erschlagenen Feindes, während die zentralafrikanischen Zande aus den Penissen und Hoden, die sie ihren sterbenden oder toten Feinden abgeschnitten hatten, eine Pomade herstellten. Cf. A.C. Haddon/A. Wilkin, 1904, S. 301; E. E. Evans-Pritchard, 1965, S. 150; ders. 1971, S. 265. Die Frauen der Cubeo aßen die Penisse der getöteten Feinde, um ihre Fruchtbarkeit zu steigern, und die schwangeren Frauen der Aché in Ostparaguay taten dies, um ein männliches Kind zu bekommen. Cf. R.E. Leakey/R. Lewin, 1979, S. 231; P. Clastres, 1972, S. 326, 329; M. Münzel, 1983, S. 293. Noch heute kommt es z. B. in Benin vor, daß einem Vodú-Opfer Penis und Hoden abgetrennt werden, weil der Täter sich mit ihnen die Potenz des Ermordeten aneignen will. Cf. *Der Spiegel* 8, 2020, S. 53.

5 Cf. H. Strauss/H. Tischner, 1990, S. 101; P. Clastres, 1984, S. 218; K.-F. Koch, 1970, S. 52; R.M. Berndt, 1962, S. 283 ff.; I. Goldman, 1948, S. 786; Sanday, a.a.O.; A. Vilaça, 2000, S. 90; T. de Bry, 1990, S. 82; H.v. Staden, 1988, S. 115, 254; J. de Léry, 1990, S. 153; A. Métraux, 1967, S. 66; N. Davies, 1981, S. 310; *Spiegel* 8, 2018, S. 51; C.W. Schwabe, 1979, S. 69, 146; R. Rotenberg, 2008, S. 125 ff.; E. Zhang, 2013, S. 275 f. Wenn U. Bitterli (1976, S. 255) schreibt, »die Lust am Fabulieren« scheine bei der Schilderung v. Stadens »nicht ganz unbeteiligt« gewesen zu sein, kann ich diese Einschätzung nicht nachvollziehen, zumal sie von vielen anderen Berichten bestätigt wird.

6 Cf. J.H. Field, 1983, S. 41 f.; E. Best, 1905, S. 208; B. Shore, 1989, S. 142; S. Dunis, 1984, S. 307; J.M. Mageo, 1994, S. 410; dies. 1996, S. 66; F. A. Hanson, 1982, S. 355; E. Buck, 1993, S. 34; H. P. Duerr, 1993, S. 211. Bei den Māori hieß auch die Erblinie mit dem höchsten Prestige und der größten Autorität *ure te* oder *ure tarewa*, »erigierter Penis«. Fast überall in Polynesien gab es Geschichten, in denen der Held im tödlichen Kampf plötzlich eine gigantische Erektion bekam. Als am 16. Januar 1779 die *Discovery* und die *Resolution* Kapitän Cooks in die Bucht von Kealakekua auf Hawai'i einliefen, schwammen viele nackte junge Frauen zu den Schiffen, um der Besatzung ihr ejakuliertes Sperma und damit ihr *mana* abzuzapfen oder *mana*-haltige Gegenstände wie Eisennägel, kleine Spiegel, Taschentücher oder Knöpfe einzuheimsen. In hohem Maße *mana*-haltig waren auch die Haare, und je länger sie waren, um so mehr *mana* enthielten sie. Der Besitz des Haares des erschlagenen Cook bedeutete für König Kamehamea einen bedeutenden Zuwachs an Kraft. Cf.

M. Winiata, 1967, S. 28; W.E. Gudgeon, 1904, 210; O.A. Bushnell, 1993, S. 137; G. Daws, 1968, S. 92; A. D'Alleva, 1998, S. 119.

7 Cf. G. Devereux, 1981, S. 54; ders. 1982, S. 337; T.A. Gregor, 1985, S. 71 f.; P. Roscoe, 2001, S. 302; V. Valeri, 1990, S. 259; ders. 2001, S. 207, 240, 295 f.; A.E. Jensen, 1948, S. 243, 248, 253; K. Uray-Köhalmi, 1999, S. 58, 129; E.E. Evans-Pritchard, 1962, S. 76; ders. 1974, S. 52; M. Allen, 1981, S. 31; J. Belich, 1990, S. 84; E. Bethe, 1907, S. 464 f.; F.J. Bieber, 1923, II, S. 302, 346, 359 ff.; A.G.O. Hodgson, 1926, S. 44; D.F. Tuzin, 1997, S. 81; A.E. Jensen, 1959, S. 291; E. Haberland, 1959, S. 409; G. Schlee, 1996, S. 138; P. Schuster, 2015, S. 203; H.P. Duerr, 2015, S. 19, Abb. 2. Die nordamerikanischen Zuñi stellten ihren Kriegsgott mit einem großen erigierten Penis dar, und die Kiwai in Neuguinea wiesen den Anführer eines Kriegszuges vor dem Unternehmen an, mit einer jungen Frau in den Busch zu gehen, die dort vor ihm ihre Genitalien entblößte. Stellte sich daraufhin bei ihm keine Erektion ein, wurde die ganze Operation abgeblasen. Um zu zeigen, daß die verstorbenen Männer im Jenseits all ihre Lebenskraft wiedergewonnen haben, wurden sie auf altägyptischen Wandmalereien mit erigiertem Penis dargestellt. Die Penisse mancher Mumien, zum Beispiel der des Tutanchamūn, wurden so mit Binden umwickelt, daß sie wie erigiert hochstanden. Cf. R. Dickes, 1981, S. 321; Landtman, a.a.O., S. 156; G. Robins, 1996, S. 36; H.P. Duerr, 2011, S. 657. Die Krieger der Merille am Turkana-See und die der Afar in der Danākil-Wüste hängten sich die Genitalien der Besiegten um den Hals und die der benachbarten Rendille um den Hals ihrer Kamele und ließen sie dort verwesen. Die unweit des Chamo-Sees wohnenden Konso fertigten aus den getrockneten Penissen Armbänder, und das Machtsymbol der Häuptlinge der Tschokwe im angolanischen Lundaland war das aus den Hoden und Penissen der Feinde hergestellte *lukano*-Armband. Cf. M. Amin, 1981, S. 107; G. Polykrates, 1984, S. 52; P. Spencer, 1973, S. 52; C.R. Hallpike, 1972, S. 150; R.K. Skipton, 1974, S. 230; H. Straube, 1963, S. 224.

8 Cf. G. Konrad, 1977, S. 311; T. Schneebaum, 1988, S. 189 f., 194 f., 203; B.M. Knauft, 1993, S. 232; I. Eibl-Eibesfeldt, 1973, S. 190; ders. et al., 1989; S. 174 f.; A. McLean, 1992, S. 44; H. Aufenanger/G. Höltker, 1940, S. 158; S. Burgen, 1998, S. 142; J.M. Watanabe/B.B. Smuts, 1999, S. 102. Nach I. Rechenberger (1984, S. 199) streichelten in manchen Gegenden Israels die Frauen bei sich streitenden Männern die Hoden, um deren Gemüter zu beruhigen. Ärzte haben beobachtet, daß Angehörige eines soeben verstorbenen Asmats – offenbar als Respektsbezeugung – kurz an dessen Penis saugten. Cf. V. van Amelsvoort, 1964, S. 53. In Arnhemland beendeten zwei Männer einen lang anhaltenden Streit damit, daß sie jeweils den Penis des anderen in die Hand nahmen und fest umschlossen und ihn dann ganz langsam unter der Vorhaut herauszogen. Die anwesenden Frauen

und Kinder mußten dabei die Augen schließen oder sich abwenden. In einigen Gegenden Zentral-Australiens befriedete man fremde Gruppen, mit denen man im Streit lag, damit, daß man mehrere jüngere Frauen zu ihnen schickte, die sich von den Fremden sexuell penetrieren ließen. Wenn diese jedoch Krieg wollten, ließen sie die Frauen links liegen. Cf. B. Spencer/F. J. Gillen, 1904, S. 139 f.; A. P. Elkin, 1938, S. 128; H. Hunger, 1988, S. 3.

§ 9 Die Kraft des Spermas und der Vulva

1 Cf. Daniel, a.a.O., S. 137; M. Allen, 2000, S. 74, 99; J. Aho, 2002, S. 72; *Mahābhārata* XIII, 38 ff.; M. L. West, 2007, S. 284; H.-P. Hasenfratz, 1982, S. 15; J. S. Strong, 1983, S. 505 f.; G. Feuerstein, 2011, S. 324; H. Aschwanden, 1976, S. 194 f.; A. S. Meigs, 1984, S. 39 ff.; A. Kiev, 1968, S. 44; S. Kakar/K. Kakar, 2006, S. 103; J. Powers, 2016, S. 17; A. E. Jensen, 1966, S. 44.

2 Cf. Bethe, a.a.O., S. 471 f.; E. L. Schieffelin, 1976, S. 124; T. M. Ernst, 1991, S. 6; R. C. Kelly, 2002, S. 267; G. Catlin, 1967, S. 8 f.; A. W. Bowers, 1950, S. 336; A. B. Kehoe, 1970, S. 99 ff.; J. Mimica, 2007, S. 85; B. Knauft, 2005, S. 72 f., 75; G. H. Herdt, 2003, S. 78, 162 f.; ders. 2006, S. 117 f.; ders./ A. Boxer, 1995, S. 77. Wie bei den Onabasulu ist es auch bei den Big Nambas auf Malekula üblich, daß ein junger Mann bis zur Heirat einen älteren »Mann-Freund« (*ndui*) masturbiert, aber dieser reizt auch durch Befingern des Penis und der Hoden den Jüngeren bis zur Ejakulation, und zwar in der Meinung, daß dessen Penis dadurch größer und stärker werde. Cf. MacClancy, a.a.O., S. 143. Früher fellationierten auch die Frauen der Baruya in Neuguinea die Männer, insbesondere wenn sie nach einer Geburt oder der Menstruation geschwächt waren, aber heute scheint dies nicht mehr der Fall zu sein. Cf. M. Godelier, 1987, S. 92; A.-S. Malbrancke, 2016, S. 79, 81 f.

3 Cf. G. Tordjman et al., 1981, S. 142, 144; R. W. Balch, 1998, S. 11 f.; B. Dijkstra, 1999, S. 267; G. H. Herdt/R. J. Stoller, 1990, S. 73 f.; P. Bonnemère, 2004, S. 62; Meigs, a.a.O.; B. Juillerat, 1996, S. 259, 264; S. Breton, 2002, S. 126 f.; D. Kulick, 1985, S. 30, 34 f.; M. Epprecht, 2012, S. 518; T. O. Beidelman, 1973, S. 136; E. J. Sobo, 1992, S. 110; Conklin, a.a.O., S. 149, 153 f.; A. Talle, 2003, S. 614; D. van Oosterhout, 2002, S. 67; H. A. Bernatzik, 1936, S. 184. Der Psychoanalytiker Stekel berichtet von Patientinnen, die davon phantasierten, ihren Sexualpartnern durch Fellatio ihre Lebenskraft auszusaugen, und ähnliches glauben auch manche Pädophile, die das Sperma pubertierender Buben schlucken. Cf. B. Unterholzner, 2018, S. 130; G. Schmidt, 1998, S. 81 f.

4 Cf. H. P. Duerr, 1993, S. 82 ff.; W. H. Crocker, 1990, S. 164; Kiev, a. a. O.; D. J. Holman/K. A. O'Connor, 2004, S. 583; H. Hoefinger, 2013, S. 73, 129 f.; A. Derks, 2008, S. 196; Hanson, a. a. O., S. 371; E. S. C. Handy, 1931, S. 12; C. B. Balme, 1999, S. 240 f.; A. Gottlieb, 2003, S. 329, M. Allen, 1981, S. 120; T. A. Gregor/D.Tuzin, 2001, S. 313; B. H. Chamberlain, 1982, S. 62 ff.; *Nihongi* II. 17; A. L. Miller, 1993, S. 344; H. P. Duerr, 1993, S. 91 ff.; Y. T. Hosoi, 1976, S. 119; M. Waida, 1975, S. 337; E. Mogk, 1918, S. 186; S. Mandel, 1982, S. 36; A. Métraux, 1939, S. 69; K. Dowman, 1982, S. 131 f.

5 Cf. F. A. Hanson/L. Hanson, 1983, S. 90 f.; *Odyssee* 8, 324 f.; H. Brunner, 1964, S. 45; W. Guglielmi, 1980, Sp. 907; S. A. Boone, 1986, S. 171; V. Haas, 1999, S. 49; Hesiod: *Theogonie* 989 f.; B. Groneberg, 1999, S. 186; H.-P. Müller, 2002, S. 508. Auch in den hawai'ianischen Mythen lachen die Männer, wenn die Frauen ihre Genitalien zeigen. In einer japanischen Geschichte präsentiert eine Frau, die von Dämonen verfolgt wird, ihre Vulva, worauf die Verfolger innehalten und lachen. Cf. V. Valeri, 1985, S. 276; T. Lésoualc'h, 1978, S. 34. Im *Ṛgveda* (I. 123. 10) entblößt Uṣås ihre Brüste »wie eine Hure. Wie eine mit der Nase saugende [= Elefantenkuh] hat sie ihre Vulva sehen lassen«, und »lächelnd« und mit »bunten Farben« bemalt »wie ein Tanzmädchen« läßt sie von geilen Männern ihre nackten Brüste beglotzen »wie eine Rötliche [= Kuh] das volle Euter«. Cf. H. P. Duerr, 2011, S. 148 f.

6 Cf. G. Schiff, 1974, S. 136; E. Fehrle, 1930, S. 1; G. Devereux, 1981, *passim*; M. Gsell, 2001, S. 97 ff.; H. Stroomer, 2000, S. 130; J. Spiegel, 1937, S. 129; E. Brunner-Traut, 1963, S. 96; A. H. Gardiner, 1932, S. 41; L. Troy, 1986, S. 92; G. Roeder, 1959, S. 251. Auch manche Männer und vor allem Frauen der Garifuna, früher »Schwarze Kariben« genannt, die Nachkommen von schwarzen Sklaven und Indianern, stimulieren und erfreuen die Geister ihrer Ahnen, die sich in einem Medium inkarniert haben, damit sie ihnen Wohltaten erweisen, indem sie sich vor ihnen nackt zur Schau stellen und einen Geschlechtsakt simulieren. Cf. P. C. Johnson, 2002, S. 318.

7 Cf. C. Blacker, 1975, S. 107, 117 ff.; D. Ritchie/K. Ito, 1967, S. 101; N. L. Mikles, 2015, S. 197; H. Kamata, 1966, S. 67 f.; S. B. Klein, 2003, S. 197 f.; A. Closs, 1972, S. 204; P. Knecht, 2004, S. 659. Männliche Schamanen oder Medien waren in Japan so selten, daß es keinen eigenen Begriff für sie gab und sie einfach »männliche *miko*« genannt wurden. Sie galten im Mittelalter als anormal. Auch in Korea sind männliche Besessenheitsschamanen (*paksu*) äußerst selten, tragen bisweilen Frauenkleidung und sind meist nur Handlanger der Schamaninnen. Cf. I. Hori, 1968, S. 181; B. Staemmler, 2009, S. 35; L. Meeks, 2010, S. 334; C. Kim, 2003, S. 106. Der Name des *kagura*, mit dem die Geister und Götter besänftigt, getröstet und sexuell stimuliert wurden, ist wahrscheinlich eine Zusammen-

ziehung von *kami no kura*, »Sitz des *kami*«. Die besessene *miko* fing dabei an zu zittern, ging im Zickzack, taumelte nach hinten und stürzte schließlich zu Boden. Der Tanz wurde in der weiblichen Linie des Geschlechts der Sarume no Kimi, die sich von Uzume herleiteten, weitergegeben. Sie tanzten ihn vor allem beim »Opferfest der Seelenberuhigung«, bis er im Jahre 1873 gesetzlich verboten wurde. Cf. I. Averbuch, 1998, S. 295, S. 297; dies., 2008, S. 273; N. Neumann, 1996, S. 82. Als erster Europäer beschrieb der portugiesische Kapitän Jorge Álvarez im Jahre 1547 einen halbstündigen *kagura* einer *miko*, die mit der Linken eine Trommel und ein Sistrum und mit der Rechten eine Spindel mit Schellen schlug. Cf. G. Schurhammer, 1923, S. 136, 164.

8 Cf. L. Meeks, 2011, S. 245 f.; L. Durdin-Robertson, 1979, S. 32; G. Chin, 1998, S. 309 f.; Hori, a. a. O., S. 202 ff.; Staemmler, a. a. O., S. 38 f.; C. Blacker, 1983, S. 76; I. Buruma, 1985, S. 28 f. Der *itako* entspricht auf Okinawa die *yuta*, aus deren Mund die Götter und die Geister der Verstorbenen sprechen. Cf. R. Shiotsuki, 2015, S. 235. Überboten wird inzwischen das »Öffnen« durch das *naishin-kyō supesheru*, bei dem der Gast ein gynäkologisches Stethoskop erhält, mit dem er die Vagina der Frau erkundet, während diese ihn masturbiert. Cf. P. Constantine, 1993, S. 90.

9 Cf. P. McNamara, 2011, S. 101; F. Qu, 2017, S. 534; W. G. A. Schmidt, 1999, S. 76; G. Wädow, 1995, S. 69; J. Ching, 1993, S. 46; dies., 1997, S. 20; E. H. Schafer, 1951, S. 130 ff.; W. Eichhorn, 1973, S. 59; L. Kohn, 1992, S. 82; F. C. Reiter, 2000, S. 31; B. Schindler, 1919, S. 23; M. Loewe, 1986, S. 672; T. Izutsu, 1983, S. 460 f.

§ 10 *Bāraka* und die Macht der Reliquien

1 Cf. R. Kriss/H. Kriss-Heinrich, 1960, S. 4; D. Sweetham, 1994, S. 172, 203 f.; C. Heupts/I. Nassery, 2018, S. 152; Z. Kamalkhani, 1998, S. 25; S. Krone, 1992, S. 395; A. Schimmel, 2012, S. 24, 140; S. Müller, 2015, S. 844; C. Geertz, 1988, S. 71; E. Gellner, 1985, S. 187; J. M. Abun-Nasr, 2007, S. 76 f.; G. Fartacek/L. Nigst, 2016, S. 57; S. M. Kenyon, 1999, S. 91; E. Westermarck, 1926, I, S. 36. Das bedeutendste Heiligtum der Göttin al-Lāt war der »ihr Haus« genannte Granitblock in Tarīf östlich von Mekka, in dem sie wohnte, der ebenso weiß war wie der die Ka'aba heilig machende schwarze Stein, der durch die zahllosen Berührungen mit der Zeit seine Farbe geändert hat. Cf. K. Jaroš, 2012, S. 16; J. Wellhausen, 1927, S. 30, 74.

2 Cf. A. Faure, 1969, S. 184; J. Clancy-Smith, 2009, S. 314; R. Reusch, 1930, S. 92 f.; M. Nabhan, 1994, S. 41, 159; H. Kindermann, 1964, S. 93 f., 183; K. Cragg, 1964, S. 176 f.; D. Pielow, 2008, S. 130; H. Hinge, 1995, S. 109.

Stark *bāraka*-haltig ist in Marokko auch das Blut eines von einem *jinnī* oder einer *jinnīya* Besessenen. Cf. B. Leistle, 2006, S. 179. Tamilische Muslime waren der Ansicht, daß ein Ṣūfī durch eine Heirat und vor allem durch den Geschlechtsverkehr mit seiner Frau sein *barakāt* verliere. Cf. S. Bayly, 1989, S. 127f. Im Iran besitzt der Flickenrock eines Ṣūfīs (*hirqa*) auch nach dessen Tod sehr viel *bāraka*, und es heißt, sogar die Tiere betrachteten ihn mit großer Ehrfurcht. Oft wird er zerrissen, und die Fetzen verteilt man dann an seine Schüler. Cf. R. Gramlich, 1976, S. 207f., 503; A. Schimmel, 1979, S. 114, 260; J.G. Katz, 1996, S. 152. Bei den nomadisierenden Yörük in Anatolien enthalten die sogenannten »Wunschbäume« (*türbe aǧaru*) sehr viel *bāraka*, weshalb die Yörük bunte Stoffetzen und Bänder, die einen Wunsch, zum Beispiel gesund oder schwanger zu werden, zum Ausdruck bringen, an die Zweige hängen. Cf. C. Reiter/ I.Vogt, 1994, S. 156f.

3 Cf. Schimmel, a.a.O., S. 266; V.J. Hoffman, 1997, S. 51; T. Insoll, 1999, S. 196, P. Rondot, 1963, S. 252; F. Robinson, 1982, S. 187; K. Hentschel, 1997, S. 225; A. Saniotis, 2008, S. 20; N. Bonouvrié, 1995, S. 115. Dem *bāraka* entspricht das *kofi* der Haussa, das man zum Beispiel durch den Schlaf auf den Gräbern mächtiger Personen oder den Kontakt mit lebenden Heiligen oder Europäern erhält. Bei den senegalesischen Wolof sind auch die Photographien von Heiligen *bāraka*-haltig. Sehr viel *bāraka* enthielt bei den Tuareg die Trommel (*ettebel*), mit der die Häuptlinge ihre Männer für Raubzüge und Kriege herbeiriefen. Wenn ihr Fell abgenutzt war, wurde es von einem der kühnsten Krieger ausgetauscht, aber er durfte die Trommel dabei nicht ansehen, weil er ansonsten Gefahr lief, durch ihr *bāraka* zu erblinden. Cf. H. Baumann, 1950, S. 208; T. Reinhardt, 2009, S. 578; W. Neumann, 1983, S. 285.

4 Cf. F.S. Arkam, 2013, S. 239; L. Brenner, 1988, S. 36; M. Makilam, 1996, S. 304; Abun-Nasr, a.a.O.; M. Ayoub, 1978, S. 211; H. Halm, 1991, S. 309; R.A. Nicholson, 1966, S. 139; M.D. Sahlins, 1962, S. 319; S. Rasmussen, 2001, S. 136f., 150; F. Meier, 1957, S. 236; H. Stieglecker, 1962, S. 409; E.E. Rosander/D. Westerlund, 1999, S. 85; R.L. Pouwels, 1987, S. 75f.; P.G. Pinto, 2004, S. 205. Auf Java bedeutet *ngalap berkah* »reiche Ernte«. Cf. J. Schlehe, 1998, S. 193, 202. Der überaus reiche Fischfang im Jahre 1908 wurde im Rīf auf die Thronbesteigung Mūlai l-Ḥāfiḍs zurückgeführt. Cf. E. Westermarck, 1933, S. 89. Im Hochmittelalter gab es in al-Andalus Gelehrte, die das Vorkommen von *karāmāt* unter Berufung auf eine Stelle im Qurʾān bestritten, an der es heißt, nur Allāh kenne »das Unsichtbare« (*al-ghayb*) und er verleihe nur dem dessen Beherrschung, der sein Gesandter (*rasūl*) sei. Wenn also die Heiligen (*awliyā*) »Wunder« wirken könnten, so fragten sie rhetorisch, wie wäre es dann möglich, sie vom Propheten Gottes zu unterscheiden? Cf. M. Fierro, 1992, S. 240; A.S. Tritton, 1971, S. 493.

5 Cf. J. S. Trimingham, 1965, S. 128; M. Mahmoud, 1997, S. 169; R. Jamous, 1981, S. 203; S. L. Mills, 1998, S. 34; J. Assayag, 1994, S. 42; A. Schimmel, 1990, S. 272; H. Fichtenau, 1975, S. 144; S. Bouhdiba, 2006, S. 169; J. G. Frembgen, 2008, S. 3; M. Lings, 1961, S. 117; B. A. Donaldson, 1938, S. 178 f.; Katz, a. a. O., S. 72; K. Deschner, 1990, S. 194; S. Hielscher, 1992, S. 66; D. B. C. O'Brien, 1971, S. 45, 53; D. H. Dwyer, 1978, S. 589 f.; Bayly, a. a. O., S. 127 f. Auch im brasilianischen Candomblé ist die »Kraft« (*axé*) im Kot, Urin, Vaginalsekret, Sperma, Schweiß und Körpergeruch enthalten, und der *orixá*, der sich des Körpers eines Menschen bemächtigt hat, überträgt sie durch Körperkontakt, etwa eine Umarmung, auf andere. Cf. I. Sjørslev, 1999, S. 385, 500 f.; K. Hoffman, 1986, S. 24.

6 Cf. R. B. Finnestad, 1994, S. 10 f.; Trimingham, a. a. O., S. 169; T. Andrae, 1918, S. 24; M. Horten, 1916, S. 85; G. E. v. Grunebaum, 1963, S. 120; A. Schimmel, 1995, S. 227 ff.; O. Hammer, 2004, S. 133; V. Crapanzano, 1981, S. 76; J. W. Frembgen, 2000, S. 144; G. P. Makris, 1996, S. 169; H. Lang, 1992, S. 53; E. Westermarck, 1926, S. 48, 198; S. Rasmussen, 1998, S. 465; U. Linse, 1983, S. 170 ff., 224 f. Auch das Vaginalsekret kann *bāraka*-haltig sein, und in Nordafrika besitzen Kaurischnecken, die wegen ihrer Ähnlichkeit mit einer Vulva ʿazba, »Jungfrau« genannt werden, *bāraka*. Cf. F. M. Welte, 1990, S. 65. Einen Mann an seinem Bart oder an seiner Stirnlocke, beide wichtige Träger von *bāraka*, zu packen, galt als eine der größten Erniedrigungen, die man ihm zufügen konnte.

7 Cf. J. W. Frembgen, 1998, S. 155; C. Knust, 2010, S. 344; M. C. Ferrari, 2017, S. 130 f.; C. Scholz, 1997, S. 142 f., 145 f.; D. Weinstein/R. M. Bell, 1982, S. 53; O. F. A. Meinardus, 1974, S. 275; T. Caffarini, 2001, S. 279; S. Krippner, 2015, S. 130 f.; E. Benz, 1969, S. 407; T. Franke, 1981, S. 167; F. Dickmannn, 1983, S. 35. Im späten Quattrocento mußte die Dominikanertertiarin Colomba da Rieti jedesmal, wenn sie sich in Perugia außerhalb der Klostermauern bewegte, von einem Bewaffneten beschützt werden, weil die Gläubigen ihr sonst auflauerten und ihr sämtliche Kleidung vom Leib rissen, um an die Reliquien zu gelangen. Für das Versprechen, ihre *Vita* aufzuschreiben, gestattete die hl. Lutgard von Tongern dem Dominikaner Thomas Cantimpré, nach ihrem Tod einen ihrer Finger abzuschneiden, obwohl er lieber ihre ganze Hand erhalten hätte, und nach einigem Zögern spuckte die Leiche der hl. Maria von Oigniès einem ihr gut bekannten Augustiner-Prior im Jahre 1213 sieben Zähne in die Hand, nachdem er von ihr beharrlich einige Reliquien erbeten hatte. Cf. P. Dinzelbacher, 1995, S. 29; A. Legner, 1995, S. 46; C. L. Diedrichs, 2001, S. 153 f. Im 13. Jahrhundert bewahrte der schwedische Dominikaner Peter von Dacien, der Biograph der Ekstatikerin Christina von Stommeln, zwei blutverkrustete und mit Geweberesten behaftete Nägel, mit denen sie vom Teufel gefoltert worden war, als Reliquie auf. Cf. A. M. Kleinberg, 1992, S. 75. Stän-

dig wurde im Mittelalter die Echtheit von Reliquien bezweifelt, aber in der ersten Hälfte des 13. Jahrhunderts soll die Priorin Juliane von Lüttich die Gabe besessen haben, echte von falschen Reliquien zu unterscheiden. Cf. A. Rentz, 2019, S. 392.

8 Cf. B. Ward, 1982, S. 102; R. Malo, 2014, S. 537; R. Brooke/C. Brooke, 1984, S. 17 f.; M. Busch, 1985, S. 213; J. M. Atkinson, 1989, S. 306; Legner, a.a.O., S. 280 f.; A. Chastel, 1983, S. 102; J. Sumption, 1975, S. 23 f., 27, 46; N. Yalman, 1964, S. 317; ders., 1964a., S. 136; K. Schreiner, 1994, S. 202 f.; S. Beissel, 1890, S. 137; H. H. L. Jørgensen, 2015, S. 34; V. Olson, 2014, S. 151 f.; P. Fister, 2000, S. 221 f.; A. Angenendt, 2000, S. 210; J. M. Petersen, 1983, S. 92 ff.; R. Kieckhefer, 1988, S. 21; R.W. Scribner, 1990, S. 257; V. Dini/L. Sonni, 1988, S. 71; N. Miedema, 1996, S. 229; C.C. Park, 1994, S. 251; R. Feachem, 1973, S. 267; Sumption, a.a.O., A. Strathern, 1984, S. 35; A. Angenendt, 2007, S. 156; D. Weinstein/R. M. Bell, 1982, S. 149. Im 5. Jahrhundert wurden zwei Schädel als die Johannes des Täufers verehrt, aber im Laufe des Mittelalters kamen noch zahlreiche weitere hinzu. Nach einer Legende waren in der Völkerwanderungszeit die Königstochter Ursula und 11 000 sie begleitende Jungfrauen von den Hunnen, die Köln belagerten, zu Tode gemartert und dort bestattet worden. Nach einer neunjährigen Grabungskampagne auf dem sogenannten Ager Ursulanus, während der eine Unzahl von Skeletten freigelegt wurde, besaßen bald sämtliche Kirchen und Klöster der Stadt viele mußmaßliche Jungfrauenreliquien, die anschließend auch im übrigen Rheinland, den Niederlanden, Niedersachsen, Süddeutschland und Südeuropa Verbreitung fanden. Cf. F. G. Zehnder, 1985, S. 83 f. Berühmter noch wurde das »Turiner Grabtuch«, wobei freilich dieses sowie die Umstände seines Auftauchens Gegenstand einer auf Initiative des Bischofs von Troyes durchgeführten Untersuchung wurden, im Verlaufe derer man den Maler ermittelte, der die menschliche Gestalt auf dem Gewebe produziert hatte. In unserer Zeit fand man zudem heraus, daß die vermeintlichen Blutspuren Eisenoxide sowie die im Spätmittelalter von Malern verwendeten Farben Zinnober- und Krapprot sowie rote Eisenerde enthalten. C14-Untersuchungen in drei verschiedenen Laboratorien ergaben eine Entstehungszeit des Tuches zwischen 1260 und 1390. Cf. J. Nickell, 1983, S. 300; W. McCrone, 1983, S. 298; J. Hanauer, 1991, S. 179 ff.

9 Cf. M. A. Zumholz, 2008, S. 204; A. Gronover, 2010, S. 161; P.G. Allen, 1997, S. 343; B. Ehrenreich et al., 1997, S. 525; N. Barley, 1998, S. 278; H. Detering, 2015, S. 405; F. F. Weyh, 1999, S. 92. Für viele Amerikaner, aber auch für eine stattliche Anzahl von Europäern ist der 1977 verstorbene Rocksänger ein Heiliger, der auch schon mehreren Menschen erschienen ist, so zum Beispiel in einer Filiale von Burger King in Kalamazoo im US-Bundesstaat Michigan. Cf. E. Doss, 2008, S. 129 f.

§ 11 Der Austausch der Kräfte zwischen Göttern und Menschen
und das Auflegen der Hände

1 Cf. K. Barber, 1997, S. 393; C. Staewen/F. Schönberg, 1962, S. 6; H. G. Hödl,
2002, S. 105 f.; O. Taiwo, 2008, S. 99; F. C. Rehbein, 1989, S. 31; M. A. Clark,
1998, S. 123; H. H. Figge, 1973, S. 60 f., 96; S. Bramley, 1978, S. 35; I. Sjørslev,
1999, S. 193, 502; R. Horton, 1965, S. 44. Die anthropomorphen *bwanga*-
Holzfiguren der Luluwa im Kasai-Gebiet des Kongo enthalten sehr viel
Kraft, die aber nach einer Weile immer schwächer wird, so daß die Figuren vor allem bei Neumond ständig wieder aufgeladen werden müssen. Ebenso verhält es sich mit den entsprechenden Figuren der Dan
am oberen Cavally im Inneren der Elfenbeinküste. Erwies sich bei den
südostnigerianischen Igbo ein Gott als ineffektiv, zerstörte man seine
Wohnstätte und Kultgegenstände und suchte eine andere. Auch die Vo-
dúgeister, die »es nicht bringen«, ereilt dieses Schicksal. Etwas gnädiger
verhielten sich im Kongo die italienischen Nonnen, denn wenn der hl.
Josef ihre Gebete nicht erhörte, stellten sie lediglich seine Figur mit
dem Gesicht zur Wand in die Ecke. Cf. C. Petridis, 1999, S. 118; H. Himmelheber, 1964, S. 11; U. Sulikowski, 1993, S. 193; J. Harnischfeger, 2008,
S. 357; J. F. Thiel, 2001, S. 150. Ein alter Wahrsager der Bulsa im Norden
Ghanas opferte seinen Ahnen kein Fleisch mehr, sondern lediglich etwas
Hirsebrei, weil sie nicht dafür gesorgt hatten, daß seine Hühner sich vermehrten. Cf. R. Schott, 2003, S. 275 f. Die Unambal in Nordwest-Austra-
lien glauben, dass ohne ihre Regenriten die den Regen bringenden
Wondschina-Geister in ihren austrocknenden Wasserlöchern verendet
wären. Cf. A. Lommel, 1952, S. 44.
2 Cf. Te Rangi Hiroa, 1962, S. 473, 519; H. Cain, 1976, S. 304 f.; H. Nevermann, 1947, S. 72; A. P. Cohen, 1978, S. 248 ff.; I. Paulson, 1963, S. 136 f.;
A. M. Ayrookuzhiel, 1983, S. 155; N. Tassi, 2012, S. 293; Giese, a. a. O., S. 302 f.
3 Cf. Legner, a. a. O., S. 42; Miedema, a. a. O., S. 223; A. R. Wallace, 2014,
S. 258; C. Meyer, 1884, S. 182; C. L. Diedrichs, 2001, S. 155; J. Dippel, 2016,
S. 337.
4 Cf. L. A. Mercadante, 2014, S. 4, 112 ff., 131, 216; B. Gröning, 1995, S. 76 f.,
141; T. Eich, 1994, S. 64, 66; F. Mildenberger, 2007, S. 149, 160; G. R. P. Tisna, 2001, S. 123; A. Koch/K. Meissner, 2015, S. 140, 148; S. R. Mathisen,
1989, S. 51 f.; B. G. Alver/T. Selberg, 1984, S. 15 f. Auf einem Photo ist zu
sehen, wie der bekannte Geistheiler Harry Edwards die Brüste einer Patientin massiert. Cf. D. V. Tansley, 1977, S. 68. Unlängst strahlte der Fern-
sehsender ›International God's Way Church‹ in Ghana einen Film aus, in
dem zu sehen war, wie ein Pastor an einer langen Reihe von Aschantis
vorbeischritt, die Genitalien jedes Mannes in die Hand nahm und betete,
daß Gott sie größer werden lasse. Cf. L. S. Grillo et al., 2019, S. 210. Die

Patienten einer tamilischen *cakti*-Heilerin sagen, sie hätten dabei ein Gefühl, wie wenn etwas durch sie »hindurchgezogen« werde. Andere Geistheiler sowie Masseure und ihre Kunden berichten von einem Kribbeln
und Pochen sowie von Hitze, besonders auf der Innenfläche der Hände,
die oft fast schmerzhaft sei. Auch die Charismatischen und Pfingstheiler
sprechen von ständigen Wärmegefühlen beim Handauflegen. Japanische
Exorzisten teilen mit, daß ihre Hände ganz heiß würden, wenn sie über
das kranke Organ führen. Nach Aussage einer Heilerin leitet sie die Energie, die sie als ein »weißes Licht« wahrnimmt, nachdem es in ihren Kopf
eingeflossen ist, in ihre Hände weiter und mit diesen in ihre Patienten:
»Die Menschen spüren das dann als Kribbeln, als Wärme, daß auf einmal
etwas anfängt zu fließen.« Manche Geistheiler lassen die Energien auch
in Tiere und Pflanzen fließen. Eine Frau behauptete, sie könne auf diese
Weise sogar verwelkte Blumen wieder aufblühen lassen. Cf. M.C. Qvortrup-Fibiger, 2012, S. 33; M.A. Cooperstein, 1992, S. 68; A.J. Obrecht,
1999, S. 130, 133; E. Hedges/J.A. Beckford, 2000, S. 177 f.; W. Davis,
1980, S. 119; T.J. Csordas, 1992, S. 279 f.

5 Cf. B. Telban/D. Vávrová, 2014, S. 229 f.; T.G. Kirsch, 2014, S. 42;
P.G.A. Versteeg, 2010, S. 55 f.; K.L. Wiegele, 2005, S. 156 f., 166; Gstrein,
a.a.O., S. 253 f.; U. Zier, 1987, S. 28; C. Goldner, 2000, S. 513; V.L. Bul-
lough/B. Bullough, 1993, S. 171; J. Bauer, 2002, S. 205; D. Kinzie/J.I. &
E.S. Tan, 1976, S. 143; E. Turner, 2005, S. 398. Der Evangelist Lukas, ein
»Mitarbeiter« des Apostels Paulus, berichtet, daß dieser seinen Jüngern
durch Handauflegen den Heiligen Geist übermittelt habe (Apostelgeschichte 196). Auf Malta befreite er auf diese Weise den Vater des Land-
gutbesitzers Publius vom Fieber und von der Ruhr. Es hieß, daß auch Tücher, die Paulus mit seinen Händen berührt hatte, Krankheiten heilten
und böse Geister austrieben. Cf. M. Fieger, 1998, S. 100 f.

6 Cf. S. Gripentrog, 2016, S. 117; N. Kirchberger, 2016, S. 10 f.; R. Jütte, 1996,
S. 103 ff.; T. Hauschild, 1982, S. 30; T.S. Ball/D.D. Alexander, 1998, S. 32 f.;
F.A. Pathe, 1994, S. 142 ff., 151. Im Hause Lavoisiers wurde eine sehr »sen-
sitive« Patientin des Magnetiseurs Deslon gebeten, von den fünf Tassen
Wasser die eine »mesmerisierte« herauszufinden. Sie trank auch eine der
Tassen aus und fing an, konvulsivisch zu zucken, aber es war nicht die
bestrichene. Cf. R. Darnton, 1968, S. 62 f.

7 Cf. L. Weingärtner, 1969, S. 93; U. Fischer, 1970, S. 21; H.H. Figge, 1970,
S. 223; ders., 1973, S. 59 ff.; S. Bramly, 1978, S. 156; E. Benz, 1976, S. 48 f.;
S.M. Greenfield, 2004, S. 177; R. Mahlke, 1992a, S. 150 f.; S. Fuchs, 1964,
S. 129; J.M. Murphy, 1964, S. 70. In den religiösen Subkulturen des We-
stens werden Geister, Kräfte und dergleichen natürlich auch ohne Körperkontakt aus den Menschen vertrieben. Um die »negativen Energien«,
also Schuldgefühle, schlechte Gedanken, Vibrationen und ähnliches zum

Teufel zu jagen, ging, wie eine Forscherin beobachtete, das als Geistheilerin arbeitende niederösterreichische Engel-Medium wiederholt zur Hintertür des Versammlungsraumes, öffnete sie kurz und sagte auf englisch: »Cleaning and clearing, out of my house!« Auch heute sehen sich die meisten Geistheiler lediglich als »Mittler« oder »Kanäle«, durch die »feinstoffliche Energien« aufgenommen und an andere weitergeleitet werden. Cf. M. Noseck-Licul, 2013, S. 89; A. J. Obrecht, 1999, S. 129 ff.

8 Cf. A. Crabtree, 1993, S. 91 ff., 96; G. Wittenberger, 2018, S. 29, 41; W. Hughes, 2015, S. 26 f., 91; E. M. Greene, 2016, S. 304; E. Bauer, 1995, S. 62; D. Sawicki, 2002, S. 134 f., 172 ff.; A. Winter, 1998, S. 101 f.; W. Schmidbauer, 2000, S. 211; C. Laderman, 1996, S. 126. Im Jahre 1817 schilderte ein Magnetiseur ganz freimütig, wie er mit der Hand über den Unterleib und die Schenkel der Frauen bis zu den Füßen streiche. Cf. P. Osten, 2015, S. 37. Im späten 19. und im frühen 20. Jahrhundert fühlten sich vor allem Frauen durch eine »Fernmagnetisierung« »willenlos« gemacht, worauf sie sexuell mißbraucht worden seien. Cf. M. C. Müller, 2019, S. 306 ff. Es wird immer wieder bestritten, daß die Brüste der Malaiinnen und Indonesierinnen erogene Körperteile seien. Ich habe im August 1986 in Kuta auf Bali Interviews mit javanischen und malaiischen Prostituierten durchgeführt, bei denen mir alle Frauen bestätigten, daß ihre Brustwarzen hochsensibel und reizbar seien, was ihre Kunden, insbesondere die ausländischen, leider nie beachteten. Cf. H. P. Duerr, 1997, S. 304 ff.; 518 ff.

§ 12 Kraftzuwachs durch die Vitalität des Herrschers und Kraftverlust durch Spermaentzug

1 Cf. A. L. Sihler, 1977, S. 222, 233 ff.; B. Maier, 1989, S. 20; K. Ohkuma, 1986, S. 242; J. de Vries, 1961, S. 236; Birkhan, a. a. O., S. 894; E. Gunnes, 1974, S. 152 f.; Å. V. Ström, 1965, S. 269; J. Gonda, 1956, S. 47 f., 56; C. Lecouteux, 2002, S. 47; M. Bloch, 1998, S. 55, 112 f.; C. F. Klein et al., 2002, S. 397; K. Thomas, 2005, S. 358; H. P. Duerr, 2011, S. 409, 795.

2 Cf. M. de Ferdinandy, 1973, S. 220; G. Tucci, 1970, S. 262; H. Legros, 1996, S. 63; P. Petit, 1996, S. 351 f.; N. S. Booth, 1977, S. 54 f.; L. de Heusch, 2005, S. 28. In Europa griff man bei Impotenz des Mannes oder Unfruchtbarkeit der Frau zu weniger drastischen Mitteln. Über der Antwerpener Steenport befand sich zum Beispiel einst die Steinfigur eines Mannes mit einem gewaltigen erigierten Penis, von dem Frauen, die aus welchen Gründen auch immer nicht schwanger wurden, etwas Material abschaben, um dieses mit einem Glas Wasser zu trinken. Eine ähnliche Steinfigur befand sich in der Nähe der mittelfränkischen Stadt Weißenburg am Sand. Bis ins ausgehende 18. Jahrhundert baten die Frauen dort um Kin-

dersegen, indem sie ihre Genitalien entblößten und sie an dem steinernen Phallus rieben, bis schließlich der empörte Pfarrer von Emmetzheim das skandalöse »Götzenbildnis« zerschlagen ließ. Cf. C. Meyer, 1884, S. 99 f.; E. Jung, 1922, S. 299.

3 Cf. H. Zimón, 1974, S. 136; W. Vycichl, 1973, S. 643; H. Lang, 1992, S. 53. Im Mittelalter hieß es, die Gerechtigkeit, die der Sultān walten lasse, sei Ausdruck seines *bārakas*, das dem ganzen Land Fruchtbarkeit und Wohlstand garantiere. Auch bei den südlich der Sahara lebenden Tuareg hingen die Fortpflanzungsfähigkeit von Mensch und Tier und der Überfluß an Nahrung und Gütern vom *bāraka* der Häuptlinge ab, und man sagte, daß der Sultān von Aïr sein *bāraka* von Knochen seiner Vorfahren beziehe, die er stets bei sich trug. Ein ägyptischer *murābit* überträgt sein *bāraka* meist durch Handauflegen. Cf. A. al-Azmeh, 1997, S. 157 f.; S. Rasmussen, 2001, S. 150; E. S. el-Aswad, 2004, S. 133.

4 Cf. F. Magnis-Suseno, 1981, S. 86 f.; de Heusch, a. a. O., S. 31; J. Macdonald, 1985, S. 69; R. Firth, 1970, S. 323; ders., 1996, S. 55 f.; N. Thomas, 1990, S. 35 f., 113 f.; ders., 1994, S. 20; R. C. Suggs, 1966, S. 89, 159 ff.; E. W. Müller, 1955, S. 11 f.; H. P. Brix, 2001, S. 561, 638 f. Nach zwei Mißernten wurde der König der Ewe im Süden von Togo getötet, ansonsten nach Ablauf von sieben Jahren, weil man davon ausging, daß in dieser Zeitspanne all seine Kraft verbraucht war. Cf. de Heusch, 1997, S. 219.

5 Cf. M. A. Cravalho, 1999, S. 50; N. Maxwell, 1975, S. 213; V. W. Ng, 1987, S. 64; W. R. Lindsey, 2007, S. 172; M. Strickmann, 2002, S. 260; A. C. Messner, 2016, S. 232 ff.; W. Davis, 1980, S. 177 f.; E. Schattschneider, 2003, S. 126; T. Hauschild, 2012, S. 260; B. Jordan, 1985, S. 135 f.; F. Vos, 1977, S. 105; A. Gerlach, 1996, S. 203; ders., 2000, S. 29; J. H. Xiong, 2008, S. 249; I. Prohl, 2006, S. 123; C. Blacker, 1973a, S. 1, 4; P. Pörtner, 1997, S. 226; N. K. Stalker, 2008, S. 95; N. Naumann, 1988, S. 259; J. A. Josephson, 2012, S. 179, 183 f.; B. Faure, 2016, S. 134; N. Broy, 2016, S. 49; A. Gerlitz, 1974, S. 51 f.; G. Figal, 1999, S. 100; G. Hiruta, 2003, S. 113, 118; R. K. Payne, 2006, S. 237. Eine ansonsten zurückhaltende und friedfertige junge Frau aus der japanischen Stadt Nagoya wurde von einem Fuchsgeist besessen und auf ganz unschickliche Weise aggressiv, was ihr endlich die Möglichkeit eröffnete, sich gegen ihre dominante Schwiegermutter, die sie unterdrückte, durchzusetzen. Cf. G. A. DeVos, 1976, S. 296 f. In der Tokugawa-Zeit nannte man diejenigen Geishas, die mit ihren Kunden schliefen, »weißgesichtige Füchsin ohne Schwanz« (*o no nai kitsune*), weil sie ihnen nicht nur ihr Sperma, sondern auch ihr Geld entlockten, und vor den »Teehäusern« der Geishas stand im Garten ein kleiner Schrein für die Fuchsgottheit. Cf. W. R. Lindsey, 2007, S. 69 f.; S. Ishimoto, 2018, S. 271. Auch die Fuchsgeister der Daur-Mongolen gelten als verschlagen, schlau und trickreich, und sie bringen die Menschen, an die

sie sich herangemacht haben, aus dem Gleichgewicht und lassen sie krank und schwach werden. Die Vermeidung einer Ejakulation erhält bei den Ostasiaten die Gesundheit, und selbst heute noch ist es unter Amerikanern chinesischer Herkunft verbreitet, beim Koitus das Sperma zurückzuhalten. Umgekehrt gibt es seit langem in China Anleitungen für die Männer, wie sie die Frauen zum Orgasmus bringen und sich dadurch ihr *yin* aneignen können, was aber schon im Mittelalter von Moralisten gerügt wurde. Cf. C. Humphrey/U. Onon, 1996, S. 102; D. L. Davis, 2005, S. 195; C. Furth, 1999, S. 200.

6 Cf. S. Alexandrian, 2015, S. 111; S. Goodare, 2016, S. 301; T. Dömötör, 1982, S. 93 ff., 102, 181; M. B. Mills, 1995, S. 245, 250 f.; C. Postert, 2002, S. 114; D. Bertrand, 1999, S. 173; J. A. Engelbrecht, 1936, S. 180 f.; I. Niehaus, 2002, S. 282 f., 289; ders. et al., 2001, S. 50 ff., 177; A. W. Hoernlé, 1937, S. 244; H. Ngubane, 1977, S. 34; A. I. Berglund, 1976, S. 280; W. D. Hammond-Tooke, 1960, S. 281 f.; A. Rödlach, 2006, S. 75 ff. Die Sotho sagen, daß einige Hexen, die Frauen vergewaltigen wollen, sich nicht in einen männlichen *tokolotši* umwandeln, sondern sich einen Dildo umschnallen. Auch die Zauberer (*umthakathi*) der Zulu fingen und zähmten angeblich Pavianweibchen, um sie zum Geschlechtsverkehr zu benutzen. Über kurz oder lang seien die Tiere schwanger geworden und hätten halb menschliche, halb tierische Wesen, die *umkhovu*, zur Welt gebracht, welche die *umthakathi* nachts in bestimmte Hütten schickten, damit sie sich an deren Bewohnern vergingen. Cf. E. J. Krige, 1936, S. 326 f. Drei Lehrerinnen der Tswana klagten darüber, daß ein *thokolosi* sie zunächst an ihren Brüsten stimuliert und anschließend vergewaltigt habe, während die männlichen Lehrer angaben, er hätte lediglich mit ihren Genitalien »gespielt«. Manche Männer der Pondo an der Küste des Indischen Ozeans sollen regelrechte sexuelle Dauerbeziehungen zu weiblichen *thikološe* haben, doch von einer Frau hieß es, sie habe sich eine ganze Nacht lang erfolgreich gegen die Vergewaltigung durch einen männlichen *thikološe* gewehrt. Cf. C. Burke, 2003, S. 364; M. Hunter, 1961, S. 277 f. Im Juli 2002 wurden in der St. Mark's Secondary School in Simbabwe zahlreiche Schülerinnen und Lehrerinnen Opfer von *tokoloshes*, so daß eine Panik entstand. Cf. H. Evans/R. E. Bartholomew, 2009, S. 212 f.

7 Cf. G. Weiss, 1975, S. 286; P. F. Gesch, 1985, S. 282 f.; S. Kakar, 2006, S. 44. Wie die *phii mae maai* der Isan Lao und die Incubi und Succubi der Bevölkerung von Huē sind bei den kambodschanischen Khmer die *bray* die Geister junger Frauen, die als *virgo intacta* oder während ihrer ersten Geburt sexuell unbefriedigt gestorben waren und deshalb ganz wild auf junge Männer, aber auch auf Jungfrauen sind, die sie sexuell nötigen oder vergewaltigen wollen. Während des Aktes verwandeln sie sich in schreckenerregende Furien, die ihre weiblichen Opfer mit ihrer langen Zunge

deflorieren. Auch in Serbien sagte man, der Geist (*vili*) eines jungen Mädchens, das gestorben sei, ohne jemals einen Orgasmus gehabt zu haben, stelle auf der Suche nach sexueller Befriedigung immerfort jungen Männern nach. Cf. Derks, a. a. O., S. 45 f.; A. Bastian, 1868, S. 202.

8 Cf. J. G. Melton, 2011, S. 741, 745; J. Johnston, 2015, S. 415; Alexandrian, a. a. O., S. 207 ff.; D. Keyworth, 2002, S. 361; W. v. Lucadou, 2003, S. 207 ff.; M. Introvigne, 2002, S. 149; J. Winden-Rey, 2000, S. 47 f.; J. Laycock, 2010, S. 6; M. Benecke, 2005, S. 285 f., 292; F. Kührer, 2010, S. 258; Partridge, a. a. O., S. 232. Geschlechtsreife Vampire sagen, daß das Bluttrinken sie ausnahmslos sexuell errege. In einigen slawischen Gegenden ist man davon überzeugt, daß sich Verstorbene auf Schlafende legen und ihnen Blut aussaugen, um wieder lebendig zu werden. Cf. Keyworth, a. a. O., S. 357; R. Pietrowsky, 2014, S. 42. Blutverlust bedeutet Abnahme von Macht und Kraft. Bei den Yorùbà sagt man, daß die Frauen nach der Menopause viel kräftiger und tonangebender seien als vorher, weil sie nicht mehr menstruierten, das heißt, kein *aṣẹ*-haltiges Blut verlören. Cf. J. Drewal/M. T. Drewal, 1983, S. 75.

§ 13 Erlebnisse während der Schlafparalyse

1 Cf. D. J. Hufford, 2001, S. 23; A. Heijnen, 2013, S. 178; T. Jinks, 2012, S. 129 f.; J. D. Blom, 2010, S. 128; R. Bendix, 1997, S. 69; D. R. Prothero/ T. D. Callahan, 2017, S. 203; J. M. Windt, 2011, S. 247; dies., 2015, S. 364; J. L. Cassaniti/T. M. Luhrmann, 2014, S. 340; C. C. French/A. Stone, 2014, S. 95, 220; M. Aldrich, 1993, S. 569; P. Brookesmith, 1998, S. 155 f.; H.-P. Kapfhammer, 2013, S. 122; J. A. Cheyne, 2016, S. 315; D. J. Hufford, 1995, S. 38; M.-A. Cathiard/N. & C. Abry, 2011, S. 228; E. de Martino, 1982, S. 85 f., 88. Manche Berichterstatter fühlten sich dabei gewaltsam aus ihrem Körper gerissen oder gesaugt, während andere ihn auf angenehme Weise und eher schwebend verließen. Cf. J. A. Cheyne et al., 1999, S. 320, 331. Einer berichtete, er habe den Nachtmahr nicht nur gefühlt, sondern gesehen, obwohl er »smoky and translucent« gewesen sei. Cf. D. W. Pasulka, 2019, S. 54.

2 Cf. F. Ranke, 1933, Sp. 1508; Pokorny, a. a. O., S. 736; É. Pócs, 1999, S. 32 f.; A. Fick, 1891, S. 107 f.; A. Walde 1927, S. 276 f.; E. Gamillscheg, 1969, S. 199; O. Bloch/W. v. Wartburg, 1968, S. 114; Georges, a. a. O., S. 712; Kluge, a. a. O., S. 454; Hasenfratz, a. a. O., S. 111; J. Weisweiler, 1950, S. 155; M. Fuhrmann/G. Mayer, 2016, S. 284; M. Kerrigan/C. Phillips, 1999, S. 93; M. D. Adams, 1996, S. 184, 186 f.; B. Holzinger, 2013, S. 13 f.; P. Garfield, 1991, S. 91 f.; P. Hertoft, 1989, S. 63 f.; F. de Mendelsohn, 2014, S. 149; B. A. Sharpless, 2015, S. 84, 136; M. Engle-Friedman, 1993, S. 242; R. K. Sie-

gel, 1992, S. 89; W. v. Siebenthal, 1984, S. 168; Cheyne, et al., a. a. O., S. 330; O. Davies, 2003, S. 192; J. A. Cheyne, 2001, S. 139, 144; J. McClenon, 2001, S. 68 ff.; J. A. Cheyne, 2016a, S. 41; J. Randles/P. Hough, 1993, S. 33; J. Jacobi, 1972, S. 38; D. Ward, 1977, S. 219 f. In Litauen war es die nackte und mit üppigen Brüsten ausgestattete Laumē, die sich nachts auf die schlafenden Männer setzte und deren erigiertes Glied bei sich einführte. Cf. H. Biezais/J. Balys, 1973, S. 422. Auf der Kurischen Nehrung war es ebenfalls die Laumē, wobei die Männer bereits mitbekamen, wie die Tür sich öffnete und sie sich zunächst auf ihre Füße setzte und dann langsam und immer schwerer werdend nach oben rutschte. Cf. R. Pietsch, 1982, S. 289. In Flandern war »von einem *kokkemare* geritten werden« ein alter Ausdruck für den Geschlechtsverkehr, und in Holland wurden die öffentlichen Huren *nachtmerrie* genannt. Cf. W. de Blécourt, 2003, S. 240. Vor allem sehr junge Frauen haben während der Nachtmahr-Erlebnisse auch dann Angst davor, vergewaltigt zu werden, wenn sie keine vollständige Schlafparalyse haben. So hatte zum Beispiel ein junges Mädchen, das aufwachte oder, wie sie einräumte, »dachte«, sie sei aufgewacht, das Gefühl, ein schlafender Mann liege auf ihr, sein Kopf auf ihrer Schulter, die eine Hand auf einer ihrer Brüste und die andere unter ihrem Rücken. Doch sie habe es nicht gewagt, sich zu bewegen, weil sie befürchtete, er könne dann aufwachen und sie mißbrauchen. Cf. D. J. Hufford, 1982, S. 40 f. Damit sie nicht das Doggeli nachts dazu ermunterten, sich über sie herzumachen, riet man früher den Mädchen im Bernerland, nicht auf dem Rücken zu schlafen. Dies und daß sie beim Schlafen rote oder schwarze Unterhosen tragen sollen, sagt man noch heute auf dem jamaikanischen Dorf den alleinstehenden Frauen, weil die Geister (*duppies*) sonst gar nicht anders könnten, als sie zu penetrieren. Cf. E. Derendinger, 1985, S. 241; E. J. Sobo, 1993, S. 267. Bei den Tscheremissen war es der Šükšendal, der nachts sowohl Männer als auch Frauen vergewaltigte. Cf. Á. Szendry, 1955, S. 153. Damit der Nachtmahr erst gar nicht die Schlafkammer betreten konnte, malte man früher in den oberösterreichischen Gebirgsdörfern ein Trudenkreuz an die Tür. Cf. R. Girtler, 1988, S. 247. Natürlich war nicht jeder Incubus ein Nachtmahr, denn bei vielen Opfern fehlt ja eine Schlafparalyse, so etwa bei denen der lüsternen *teine* oder den weiblichen '*aitu* auf Samoa, die nachts junge Männer zur Ejakulation bringen. Cf. Drozdow-St. Christian, a. a. O., S. 126 f.

3 Cf. A. Murray, 2016, S. 178; J. Sprenger/H. Institoris, 1982, I, S. 106; II, S. 67 f., 205; M. Ruthven, 1978, S. 123 f.; Goodare, a. a. O.; T. H. Macho, 1984, S. 89; C. West, 1992, S. 60; F. A. Campagne, 2008, S. 386, 396; J. Macha/W. Herborn, 1992, S. 161; R. van Nahl, 1983, S. 88 ff.; H. P. Duerr, 1978, S. 176 f.; H. Freimark, 1909, S. 344; L. Laistner, 1889, S. 403; C. Watzka, 2015, S. 313, 316; Alexandrian, a. a. O., S. 107 ff.; G. Schiff, 1973, S. 114, 384;

S. Handley, 2016, S. 196 f.; C. Baumann et al., 2007, S. 228, 234. Wenn im mittelalterlichen Norwegen bestimmte Personen ein starkes sexuelles Verlangen nach jemandem hatten, konnte sich ihr *hugr* vom Körper lösen und den Betreffenden als *mare* »drücken« oder »reiten«. Nach Auffassung der Kirchenväter konnte natürlich niemand etwas dafür, wenn ein Mahr ihm das Sperma entlockte oder die Schlafenden sexuell erregte, aber solche Vorgänge erinnerten die Betreffenden an ihre sündige Natur, und deshalb war es auch nachvollziehbar, daß sie sich wegen ihnen schämten. Nächtliche Pollutionen riefen auch einem Mönch ins Gedächtnis, daß er kein Heiliger war, und um so mehr galt dies für die Fälle, in denen der Incubus tagsüber jemanden masturbierte. So streichelte nach Geraldus Cambrensis ein Dämon so lange den Penis und die Hoden eines betenden Mönches, bis dieser einen Samenerguß nicht mehr zurückhalten konnte, und Caesarius von Heisterbach berichtete, die Dämonen sammelten danach das Ejakulat und bastelten sich daraus einen Körper. Cf. B. G. Alver, 1971, S. 15; I. Moreira, 2000, S. 45; J. Murray, 2002, S. 13. Im 17. Jahrhundert klagten viele jüngere Engländerinnen darüber, daß Dämonen und die Familiargeister der Hexen nachts an ihren Brüsten und Schamlippen sowie an ihrem After saugten. Ähnliche Handlungen werden auch der ungarischen *nora* (von slowakisch *mora*) zugeschrieben, die vornehmlich an den Brustwarzen von Frauen und Männern saugte und so die Brüste stillender Mütter leertrank. Cf. C.-F. Millar, 2015, S. 212 ff., 221, 230; B. Gunda, 1980, S. 241 ff. Der südslawische *zmay* beließ es dagegen nicht beim Saugen, sondern schwängerte sein Opfer, das daraufhin einem Kind das Leben schenkte, das übernatürliche Kräfte besaß. Cf. Dömötör, a. a. O., S. 102. Noch erotischer als Füsslis »Nachtmahr« war das um 1800 entstandene Gemälde »Maretidt« des dänischen Malers Nicolai Abildgaard, auf dem der Mahr auf einer fast völlig nackten Frau sitzt, die jeden Widerstand aufgegeben hat. Cf. H. Bramsen, 1994, S. 86; P. Nørgaard-Larsen, 2003, S. 163. Berühmt wurde später Ferdinand Hodlers »Die Nacht«, ein Bild, das der Genfer Stadtrat 1890 als »sittenwidrig« aus einer Ausstellung entfernen ließ, weil auf ihm ein vermummter Nachtmahr zu sehen ist, der sich offenbar an den Genitalien eines Mannes zu schaffen macht, der die Gesichtszüge des Künstlers trägt. Cf. O. Bätschmann, 2017, S. 204.

4 Cf. M. E. Opler, 1946, S. 461; Sun Chief, 1942, S. 342 f.; B. Tedlock, 1987, S. 116; I. Niehaus, 2013, S. 12, 89, 173; B. J. F. Laubscher, 1937, S. 9 ff., 22 ff.; E. S. Burch, 1971, S. 154; G. H. Herdt, 2011, S. 289; W. M. Pfeiffer, 1971, S. 29; M. D. Ramos, 1971, S. 47 f.; J. A. Cheyne, 2016, S. 330 f. Ein Toraja auf Sulawesi berichtete, einmal sei er von einem weiblichen Nachtmahr besprungen und niedergedrückt worden, so daß er sich weder bewegen noch schreien konnte. Sie war »wie ein menschliches Wesen, aber ihr

Haar war nicht hochgebunden. Ihr Haar war sehr lang und ich hatte Angst davor, sie anzuschauen.« Informanten von der Melville- und der Bath-urst-Insel vor der Küste von Arnhemland erzählten, daß die Geister von »noch nicht vor langer Zeit« Verstorbenen (*mobdituwi*) sich auf sie gestürzt, sie mit ihren langen Krallen an der Kehle gepackt hätten und dann mit ihnen fortgeflogen seien. Cf. D. Hollan, 2003, S. 174; J.C. Goodale, 2003, S. 154. Zu weiteren Beispielen aus Vanuatu, von den Duna im südlichen Hochland von Neuguinea, von Pukapuka im Austral-Ar-chipel, vom Pamirtal, von den Syrjänen, den laotischen Hmong und aus dem pakistanischen Kalash cf. A.B. Deacon, 1934, S. 551; Stürzen-hofecker, a.a.O., S. 61ff.; I. Manninen, 1922, S. 182; A.S.K. Qamar, 1997, S. 61. Wenn allerdings im Trobriand-Archipel ein Mann träumte, daß eine bestimmte Frau zu ihm kam und mit ihm schlief, so daß er einen Samenerguß hatte, glaubte er nicht, von einem Succubus aufgesucht wor-den zu sein, sondern daß die Frau Liebesmagie betrieben habe. Darauf-hin schlich er am nächsten Abend heimlich zu ihr, um sich mit ihr zu vergnügen. Cf. B. Malinowski, 1927, S. 95.

5 Cf. C.C. French, 2008, S. 1391f., ders./A. Stone, 2014, S. 96; J. Randles, 1999, S. 59f., 62, 75, 77, 84, 87, 104; S.A. Clancy, 2005, S. 34; R.F. Green, 2016, S. 77; S. Appelle et al., 2014, S. 213; J. Clark, 1998, S. 538; ders., 2000, S. 17, 37; R.H. Hall, 2001, S. 542, 544f., 559; Goodare, a.a.O., S. 149; T. Hines, 1988, S. 200, 202; P. McNamara, 2019, S. 189f.; H.P. Duerr, 2015, S. 302.

§ 14 Gefühlte »Präsenzen« und ihre Begleiterscheinungen

1 Cf. J.H. Leuba, 1927, S. 238; R. Wiseman, 2012, S. 244; N.J. Holt et al., 2012, S. 131; T. Nielsen, 2007, S. 977f.; J.A. Teske, 1999, S. 314; O. Sacks, 2013, S. 100; T. Moss/G.R. Schmeidler, 1968, S. 399f.; M. Hauskeller, 1995, S. 106f.; H. Hart, 1956, S. 176; J.G. Melton, 2001, S. 68; R. Carter, 2012, S. 206f.; G. Bennett, 1999, S. 80, 100f.; E. Gurney et al., II, 1886, S. 308f.; I. Schmied-Knittel, 2011, S. 110; P.H. Wiebe, 2004, S. 209; A.L. Epstein, 1998, S. 204. »Da plötzlich geschah es«, so berichtete eine Frau, »es war mit ziemlicher Kraft etwas Unsichtbares im Zimmer. Es hat nur wenige Sekunden gedauert, aber ich und mein Hund haben es beide wahrgenom-men. Wir reagierten gleichzeitig und rissen beide den Kopf herum in die gleiche Richtung, wo es war. Mein Hund sah mich danach ganz aufgeregt an, wie wenn er sagen wollte: ›Hast du es auch bemerkt?‹« Cf. E. Hanefeld, 1971, S. 144. Es kann natürlich sein, daß der Hund nicht auf die »Präsenz«, sondern auf die Reaktion seines Frauchens reagiert hat oder einfach dar-auf, daß an der Stelle irgend etwas geknackst hat. Eine »Präsenz«, die sich

zu einer Halluzination entwickelte, erlebte Joshua Slocum, der als erster Mensch allein mit einem Boot die Erde umschiffte. Als er auf Grund einer Lebensmittelvergiftung unfähig war, das Boot durch die aufge- wühlte See zu steuern, habe er plötzlich die Gegenwart einer Person ge- fühlt und schließlich den Kapitän eines der Schiffe des Kolumbus gese- hen, der sein Boot zwei Tage lang für ihn übernahm. Cf. P. Suedfeld et al., 2018, S. 557.

2 Cf. T. K. Brown, 2003, S. 135; E. Haraldsson, 2012, S. 22; Teresa v. Ávila, 1966, S. 162 f.; dies., 1979, S. 250, 261; T. K. Oesterreich, 1917, S. 47; C. Al- brecht, 1958, S. 135 f.; K. Girgensohn, 1930, S. 431 f.; V. Doutreleau, 2003, S. 657. Der Rocker Olli Evers schilderte seine Bekehrung während eines Gefängnisaufenthaltes so: »Ich spürte die Gegenwart von jemandem in der Zelle. Kam ins Schwitzen und sah mich gut um. Jemand war in meine Zelle gekommen, und ich sah niemanden. Da wußte ich: Gott ist da! Und ich kann ihm nicht ausweichen! Irgend etwas zwang mich auf die Knie. [...] Und mit einem Mal war eine Freude in mir, eine Freude, wie ich sie noch nie erlebt hatte.« Cf. T. Kern, 1997, S. 207 f.

3 Cf. W. James, 1973, S. 68; P. Déléage, 2007, S. 123; J. Hick, 1996, S. 237; C. Klein, 2014, S. 180; B. Beit-Hallahmi, 2015, S. 68; H. Bloom, 1996, S. 42. 24 Prozent der erwachsenen Österreicher haben mindestens einmal in ih- rem bisherigen Leben die Gegenwart eines verstorbenen Angehörigen verspürt, und 14 Prozent bezeichneten dies als eine »religiöse Erfahrung«. 19,6 Prozent der Han-Chinesen in der Fujian-Provinz gaben an, schon einmal die »Präsenz« eines Bodhisattvas gefühlt zu haben. Cf. P. M. Zuleh- ner et al., 2001, S. 40; X. Yao/P. Badham, 2007, S. 132.

4 Cf. T. Pakraduny, 1953, S. 432; D. Schlottmann, 2016, S. 101; M. Merleau- Ponty, 1966, S. 391; R. A. Baker, 2000, S. 36 f., 39; N. Gauvrit, 2010, S. 81 f.; S. Schmidt, 2008, S. 32 ff.

5 Cf. V. Ebert, 2010, S. 261; G.W. Kreutzberg, 2007, S. 29; Teresa v. Ávila, 1979, S. 280; J. Sprenger/H. Institoris, 1982, II, S. 12 ff.; G.W. Foster, 1985, S. 43, 48; B. Streck, 1996, S. 190; G. D. Newby, 2009, S. 55; K. Leon- hard, 1988, S. 270; B. Boothe, 2014, S. 66 f.; S. Peng-Keller, 2014, S. 104 f.; E. Wickert, 1995, S. 83; P. E. Brodwin, 1992, S. 60, 62; I. T. Krüger, 1999, S. 127 ff., 211; J. A. Marina, 2005, S. 50; E. Nestler, 1996, S. 143; S. Fox, 1997, S. 24 f.

6 Cf. S. Freud, 1940, 15, S. 39; G. Sannwald, 1960, S. 165 f.; H. Bender, 1972, S. 16, 18; E. Hanefeld, 1971, S. 101; E. Ehrenwald, 1973, S. 80 ff.; J. Mischo, 1966, S. 227 f.; ders., 1984, S. 20; ders., 1985a, S. 124 f.; H. Kreitler/S. Kreit- ler, 1974, S. 7, 11; M. Wais, 1985, S. 58, 60; O. Vedfelt, 1997, S. 317; I. Schmied- Knittel, 2008, S. 102; E. Bauer, 1992, S. 199 f.; E. F. Kelly, 2015, S. 504; M. Grosso, 2015, S. 110. Daß es solche paranormalen Phänomene gibt, wird bekanntlich von sehr vielen Wissenschaftlern in Abrede gestellt –

zu Unrecht, wie ich meine. Zum einen haben Untersuchungen gezeigt, daß nichtreligiöse Menschen, die von der Existenz solcher Geschehnisse überzeugt sind, ebenso wissenschaftlich vorgehen und kritisch denken wie diejenigen, die bestreiten, daß es sie gibt. Zum anderen gibt es kaum eine andere Wissenschaft, in der strengere Anforderungen an eine Überprüfbarkeit gestellt werden als in der Parapsychologie. So steht nach Meinung eines seriösen Beobachters nach zahllosen Ganzfeld-Experimenten zur Telepathie fest: »We are fully justified in having very high confidence that people sometimes get small amounts of specific information from a distance without the use of ordinary senses.« Ein unverdächtiger Zeuge wie der britische Psychiater J.E. Orme konstatiert, man könne im Grunde die Forschungsergebnisse der Parapsychologen nur unter der Voraussetzung in den Wind schlagen, daß man alle diese Wissenschaftler für Lügner und Betrüger halte. Einige seien dies gewiß – wie auch manche Mediziner oder Ethnologen –, aber ganz bestimmt nicht alle. Es sei in diesem Zusammenhang an die Worte des bekannten Psychiaters Théodore Flournoy erinnert, der am Ausgang des 19. Jahrhunderts schrieb: »Was ich hier sagen will, ist, daß nach meiner Meinung Wissenschaft vor allem nicht in ihren *Resultaten* besteht, die infolge wachsender Ausdehnung immerfort Modifikationen ausgesetzt sind, sondern in ihrer *Methode*; es besteht daher kein Grund, ihrer Anwendung willkürliche Grenzen zu ziehen und ihr das Betreten gewisser jungfräulicher Gebiete unter dem Vorwand zu untersagen, dort wachse nur gefährliches Gestrüpp.« Cf. E. Cardeña, 2018, S. 10 ff.; E. Goode, 2002, S. 26 f.; E. Asprem, 2013, S. 339 f.; B. Inglis, 1984, S. 338 ff.; D.I. Radin, 1997, S. 88; E. Bauer, 1992, S. 195; J.E. Orme, 1984, S. 159; T. Flournoy, 1900, S. 344 f.

7 Cf. H. Sexauer, 1958, S. 116; B.A. Sharpless, 2015, S. 24; C. Lecouteux, 2007, S. 164 ff.; B. Gruber, 2000, S. 49; K.J. Marshall, 2016, S. 151; A.C. Valdez, 1999, S. 49 f.; R. Linton, 1933, S. 200; F.L. Jocano, 1983, S. 249. Die Mestizen der kolumbianischen Sierra Nevada de Santa María berichten, bei Geistererscheinungen fühlten sie eine intensive Kälte und anschließend häufig eine Starre und Taubheit der Glieder, die sie unfähig machten, zu sprechen oder sich zu bewegen. Hinterher seien sie meistens depressiv und apathisch. Die burmesischen Palaung sagen, daß die Geister der Toten, die nicht von der »Frucht des Vergessens« gekostet haben, nicht berührt werden können. Sie seien aber von kalter Luft umgeben, so daß es einen schaudere, wenn man ihnen zu nahe komme. Cf. G. & A. Reichel-Dolmatoff, a.a.O., S. 418; L. Milne, 1924, S. 342. Für weitere Beispiele cf. A.J.A. Elliott, 1955, S. 62; J.A. Loewen, 1975, S. 131 f.; H.J. Irwin/C.A. Watt, 2007, S. 198; C. Green/C. McCreery, 1975, S. 70, 82, 102, 115, 117; M. Mencej, 2015, S. 59; L. Staudenmaier, 1922, S. 126; D.v. Hoerschelmann-Schneider, 1997, S. 452; C. O'Keeffe/S. Parsons, 2010, S. 110; O. Davies, 2007, S. 30;

A. Rodewyk, 1976, S. 255; G. Mayer et al., 2013, S. 18; F. R. Lapena, 1978,
S. 331; E. Heinemann, 1995, S. 116; L. M. Carucci, 1985, S. 121; F. A. Volmar,
1972, S. 140.

8 Cf. E. Mattiesen, 1936, I, S. 122,182; R. Carter, 1999, S. 128; G. Róheim, 1948,
S. 300; H. P. Duerr, 2015, S. 304 ff.; F. A. Volmar, 1972, S. 140; W. J. Hollen-
weger, 1997, S. 134; M. A. Persinger/S. A. Koren, 2001, S. 181,183; M. A. Per-
singer, 2003, S. 277; S. Atran, 2003, S. 154; D. Swaab, 2011, S. 264 f.;
R. Hernegger, 1995, S. 390; R. Danzinger, 1998, S. 108; T. J. Csordas, 2002,
S. 247; M. Wilkinson/P. Althouse, 2015, S. 162; E. R. Jaensch, 1929, S. 117;
H. Schwenke, 2014, S. 94. Auch sogenannte »halluzinogene« Drogen kön-
nen intensive Geruchs- und Geschmackshalluzinationen hervorrufen. Cf.
M. Maurer, 1991, S. 136 ff. Ich selber habe regelmäßig nach der Einnahme
von LSD und Psilocybin einen sehr seltsamen metallischen Geruch in der
Nase verspürt, aber stets *vor* dem Einsetzen der Drogenwirkung.

9 Cf. C. Winkler/K. Wininger, 1994, S. 250 f.; H. Köstler/M. Senn, 1984, S. 88;
Raimondo da Capua, 2004, S. 221, 259; L. Staudenmaier, 1922, S. 27; P.
Gloor, 1992, S. 517. Ein teuflisches Pferdegebiß unter den Gebeinen einiger der Jungfrauen der hl. Ursula sei dafür verantwortlich gewesen, daß
die Reliquien unerträglich stänken, nachdem man sie im 13. Jahrhundert
in den Chorraum eines Zisterzienserklosters gebracht hatte. Erst als man
das Gebiß aus der Kirche entfernt hatte, habe sich »ein höchst lieblicher
Duft« verbreitet. Als im Jahre 1597 ein junger Mann in Anwesenheit des
High Sheriffs von Nottinghamshire und der Mitglieder eines vom Erzbischof von York bestimmten Ausschusses vom Teufel besessen worden
sei, hätten dies alle Anwesenden an dem für den Bösen charakteristischen
Schwefelgeruch erkannt. Cf. A. Le Guérer, 1994, S. 181; C. L'E. Ewen, 1933,
S. 101.

10 Cf. P. Brown, 1991, S. 91 f.; A. Angenendt, 2007, S. 122; H. Thurston, 1956,
S. 271 ff.; J. v. Görres, 1837, S. 40, 284; R. Meyer, 1995, S. 102; J. W. Frembgen,
2007, S. 96; Finnestad, a. a. O., S. 17; E. Haraldsson/L. R. Gissurarson,
2015, S. 10, 54; B. Pfleiderer, 1983, S. 28; J. McHugh, 2011, S. 156 f.; P. H. Wiebe, 2004a, S. 157. Einige vietnamesische Geister tranken, wenn sie in den
Körper weiblicher Medien eingedrungen waren, einen Liter hochprozen-
tigen Alkohol, aber keines der Medien schien hinterher betrunken zu sein.
Cf. G. Hüwelmeier, 2019, S. 285.

§ 15 Auditive und visuelle Halluzinationen

1 Cf. J. M. Day, 2013, S. 73; R. K. Siegel, 1984, S. 36; E. Gurney et al., 1886, II,
S. 305 f.; M. Spitzer, 1988, S. 270; M. Sechehaye, 1980, S. 44; G. Ewald, 1964,
S. 257; J. E. Orme, 1984, S. 57; H. Sundén, 1966, S. 60; J. N. Butcher et al.,

2009, S. 585; T. Csordas, 2002, S. 105 f.; F.W. Putnam, 1994, S. 176 f.; C.G. Widschwendter/W.W. Fleischhacker, 2005, S. 126. Wie ein Freund und ehemaliger Kommilitone des bekannten »Nahtod-Erfahrungs«-Forschers Raymond Moody in einem Interview preisgab, pflegte sich dieser regelmäßig mit einem Geist zu unterhalten, dessen Stimme aber, wie Moody ihm sagte, nicht von außen komme, sondern in seinen Kopf ertöne. Cf. M. Albrecht/B. Alexander, 1981, S. 77.

2 Cf. H. Häfner, 2000, S. 90, 296; G. Jervis, 1978, S. 300; D. Droney, 2016, S. 114 f.; H. Meynell, 1971, S. 24; P. Fiedler, 1999, S. 161; P. E. Pienkos et al., 2017, S. 200. Traumatisierte Menschen hören besonders häufig feindselige oder bedrohliche Stimmen, und bei Verbrechensopfern sind es meist die der Übeltäter oder Vergewaltiger. Cf. I. Schafer, 2015, S. 276. Insgesamt sind es wesentlich mehr Frauen, die Stimmen hören als Männer. Cf. J. M. Goldstein, 1995, S. 167. Im Gegensatz zu den im Westen gehörten Stimmen sind die der Inder meist viel positiver – häufig handelt es sich um die Äußerungen wohlwollender Götter. So hörte eine Frau ständig die Stimme Kṛṣṇas, der auch für gewöhnlich bei ihr war und mit ihr schlief. »Er sitzt neben mir«, so sagte sie, »und umarmt mich.« Aber auch bei uns sind manche Stimmen freundlich und entgegenkommend. So hörte eine Frau, wenn sie sehr gestresst war, die beruhigende Stimme eines Psychologen, den sie vor Jahren einmal aufgesucht hatte. Andere psychiatrische Patienten sagen, daß die Stimmen ihre Einsamkeit und Isolation erträglicher machten, indem sie sie unterhielten. Cf. T. M. Luhrmann/R. Padmavati, 2016, S. 108 ff.; R. P. Bentall, 2014, S. 116.

3 Cf. F. D. Goodman, 1980, S. 153, 193; R.W. Hood/W. P. Williamson, 2008, S. 160 f.; T. M. Luhrmann et al., 2010, S. 71; M. J. Neitz, 1987, S. 113; T. Kern, 1998, S. 161, 165; Teresa v. Ávila, 1979, S. 232; E. Gurney, 2012, S. 204; R. Serrou, 1958, S. 40; G. Schallenberg, 1980, S. 288. Viele schizophrene Patienten sagen den sie behandelnden Psychiatern, sie hätten »eine Flüstersprache« vernommen oder »mit dem Herzen aufgenommen«, die Worte seien ihnen »durch das Blut übermittelt«, »durch Wellen übertragen«, »durch Ströme gesagt« oder »durch Anpuderung« zur Kenntnis gegeben worden. Cf. Spitzer, a. a. O., S. 271, 273. Auch bestimmte Geräusche klingen oft seltsam und nicht normal. So meinte eine Frau, die zunächst gesagt hatte, sie habe die Schritte des Nachtmahrs auf der Treppe gehört, es seien nicht wirklich Schritte, sondern eher »knarrende Geräusche« gewesen. Solche Laute oder Töne können auch durch elektrische Entladungen von Magnetfeldern hervorgerufen werden. Cf. W. G. Roll/M. A. Persinger, 2001, S. 161.

4 Cf. L. Jähncke, 2015, S. 148; Spitzer, a. a. O., S. 269; G. Störring, 1900, S. 51; W. A. Phillips, 2004, S. 803; E. Straus, 1956, S. 382 f., 384; J. Finke, 1973, S. 228; J. Cutting, 1995, S. 16; K. Schneider, 1928, S. 36 f.; A. Ostenfeld-Ro-

senthal, 2011, S. 159; Schmied-Knittel, a.a.O., S. 108; G. Delaplace, 2014, S. 59; M. Goga, 2018, S. 212, 215; A. A. Popow, 1963, S. 151, 153, 157. Der französische Visionär André Frossard hörte die Worte der Geister »als ob« sie neben ihm »mit leiser Stimme« gesprochen hätten. Auch die Niederländerin Ida Peerdeman sagte, es sei ihr gewesen, »wie wenn« sie »gleichsam« einen Geist gesehen habe. Der Zulu Isaiah Shembe, der Günder der »Nazareth Baptist Church« in Südostafrika, erläuterte seine Visionen auf folgende Weise: »Dies alles sah ich nicht mit meinen irdischen Augen und hörte es nicht mit meinen irdischen Ohren; ich sah es mit anderen Augen und hörte die Worte in meinem Inneren.« Cf. Schallenberg, a.a.O., S. 100, 154; I.M. Shembe, 1994, S. 139.

5 Cf. F.D. Goodman, 1980, S. 252; dies., 1994, S. 17; R.G.Wasson, 1980, S. 55; S. Knecht, 1962, S. 1855 ff.; W.Wanke/K.-L. Täschner, 1985, S. 48 f., N. Langlitz, 2013, S. 89; A. Hofmann, 1979, S. 129 f.; ders., 2000, S. 167; S.J. Rojcewicz/R. Rojcewicz, 1997, S. 17 f.; A.Vergote, 1998, S. 280; J. Corveleyn, 2001, S. 242; R. Laurentin/H. Joyeux, 1986, S. 14 f., 39; J.M. Höcht, 1958, S. 154; A. Estrada, 1977, S. 79; K. Christiansen/J.W. Mann, 2001, S. 152; E. Gurney et al., II, 1886, S. 289; T. Boiadjiev, 2003, S. 201; S.H. Riesenberg, 1948, S. 416; R.I. Anderson, 1983, S. 211, 215. Ein Strafgefangener hörte eines Tages in der Einsamkeit seiner Zelle die Stimme eines Mädchens, das ihn zum Geschlechtsverkehr aufforderte. Doch obwohl er sie manchmal »sah« und von ihrer Schönheit beeindruckt war, konnte er sie offenbar weder berühren noch fühlen. Er behauptete, er könne sich jede Person, die er sehen wollte, herbeiwünschen. Sechsmal war er aus dem Gefängnis ausgebrochen, aber »draußen« besaß er diese Fähigkeit nicht. »Ich versuchte«, so berichtete eine Frau über ein Gespenst, »die Gestalt zu berühren, aber sie entwischte mir stets. Immer war sie außerhalb meiner Reichweite, und wenn ich ihr in eine Ecke folgte, verschwand sie einfach.« Cf. E.Wulff, 1987, S. 185; E. Mattiesen, 1936, I. S. 125, 183. »Außerkörperliche Erfahrungen« brechen häufig ab, wenn die Betreffenden versuchen, etwas zu berühren. Cf. H. Bender, 1983, S. 137.

6 Cf. N. Everitt, 2004, S. 157 f.; F. Bliss, 1986, S. 46; D. Kopenawa/B. Albert, 2013, S. 87; P. Ringger, 1959, S. 100, 200; H.J. Irwin/C.A.Watt, 2007, S. 195; Delaplace, a.a.O., S. 55, 63; G. Saint John Stott, 1988, S. 353; V. Faust, 1996, S. 44; S. Wajnschtejn, 1996, S. 269; R.R. Desjarlais, 1994, S. 16; P. Radin, 1950, S. 255; A.L. Kroeber, 1952, S. 312. Als der junge Sherpa später ein Geistermedium (*lhwa*) geworden war, benutzte er immer noch einen Spiegel, um die Götter zu sehen. In solchen Spiegeln verfolgen angeblich in Nepal ansässige tibetische Schamanen die Flüge ihrer Hilfsgeister auf der Suche nach der verlorenen Seele der Patienten, denen sie währenddessen beschreiben, was sich dabei jeweils ereignet. Cf. C.v. Fürer-Haimendorf, 1964, S. 255 f.; L.G. Peters, 2004, S. 132 f. Auch bei den Chumash »sahen«

die künftigen Schamanen nach der Einnahme von *Datura meteloides* offenbar Dinge, die sie nicht verstanden und die erst hinterher von erfahrenen Medizinmännern (*toloacheros*) nach den traditionellen Vorgaben gedeutet wurden. »Niemand *sieht*«, sagen die Schamanen der Yagua im peruanischen Tiefland, »wenn er nicht *weiß*.« Cf. C. S. Grob/M. Dobkin de Rios, 1994, S. 322 f.; J.-P. Chaumeil, 1983, S. 40.

7 Cf. C. F. Nicolai, 2012, S. 14 ff.; M. Picone, 1991, S. 137; Y. Yamada, 1998, S. 25; Opler, a. a. O., S. 461 f.; B. Boothe, 2014, S. 82; O. J. Hartmann, 1952, S. 242; E. Kalmre, 2001, S. 101; A. D. Cornell, 1959, S. 121, 123; ders., 1960, S. 411, 415 f.; E. B. Basso, 1987, S. 91 f.; J. Gauntlett-Gilbert/E. Kuipers, 2003, S. 204; I. Myin-Germeys/E. Myin, 2004, S. 802; O. Sacks, 2008, S. 69; A. Schopenhauer, 1891, S. 291; J. Alderson, 2012, S. 28; R. Carter, 1999, S. 124; V. S. Ramachandran, 2013, S. 345; W. Y. Evans-Wentz, 1909, S. 47 f.; H. P. Duerr, 1978, S. 217; R. Paterson, 2012, S. 65 ff.; M. Maher/G. R. Schmeidler, 1975, S. 344; D. Collerton et al., 2005, S. 745, 752; R. T. Hurlburt, 1990, S. 247 f. Anscheinend sehen nicht wenige Sterbende sowohl die im Zimmer anwesenden Personen als auch, getrennt davon in einem separaten Bereich, das, was sie halluzinieren, zum Beispiel die offene Tür zum Paradies. Cf. W. Barrett, 1926, S. 12; K. Osis/E. Haraldsson, 2012, S. 106; H. P. Duerr, 2015, S. 84 f., 446.

8 Cf. P. Gloor, 1992, S. 518; H. Shevrin, 2007, S. 529; R. E. Shor, 1969, S. 253 f.; Carter, a. a. O., 125 f.; T. L. Kahan et al., 1997, S. 133. Daß auch die Farben blasser sind, gilt aber nicht für Nahtod-Erfahrungen und auch nicht für hypnagogische Halluzinationen, was bereits 1826 der Mediziner Johannes Müller konstatierte, wenn er betonte, daß die letzteren ungleich leuchtender und farbiger seien als beispielsweise Traumbilder: »Es sind selten bekannte Gestalten, gewöhnlich sonderbare Figuren, Menschen, Thiere, die ich nie gesehen, erleuchtete Räume, in denen ich noch nie gewesen« (J. Müller, 1826, S. 20 ff.). Doch obwohl hypnagogische und hypnopompische Halluzinationen sehr bunt und strahlend sind, werden sie meistens als Trugwahrnehmungen erkannt. Cf. G. Asaad, 1990, S. 7, 12; O. Sacks, 2013, S. 226 ff.

9 Cf. Spitzer, a. a. O., S. 375; H. Bender, 1985, S. 118 f.; G. Gillespie, 1988, S. 349; H.-P. Kapfhammer, 2013, S. 119; C. Scharfetter, 1983, S. 33; K. G. Rey, 1985, S. 103 f.; U. Stocksmeier, 1984, S. 20, 134; A. Crabtree, 1993, S. 285; E. Kasten, 2008, S. 11; Müller, a. a. O., S. 77; Sacks, a. a. O., S. 25 ff.; W. E. Needham/R. E. Taylor, 2000, S. 110; D. Huser, 2005, S. 196, 206 ff. Nach dem Ethnologen Larry Peters ist sich der Tamang-Schamane während der Séance bewußt, daß er einerseits auf dem Boden sitzt und trommelt, aber andererseits gleichzeitig mit seinen Hilfsgeistern eine »kosmische Reise« unternimmt. Peters meint, daß er damit eine typische Nahtod-Erfahrung habe, aber das ist nicht richtig, denn während eines

solchen Erlebnisses weiß der Betreffende nicht, daß er in Wirklichkeit im Zimmer sitzt. Dies weiß man aber zum Beispiel unter dem Einfluß von sogenannten »halluzinogenen Drogen« wie LSD oder Ayahuasca, weshalb diese Erlebnisse Pseudohalluzinationen sind. Natürlich gibt es auch in unserer Kultur Menschen – und nicht zuletzt auch Ethnologen –, die diese »trips« für wirkliche Reisen halten. Cf. L. Peters, 2004, S. 228 bzw. Duerr, a.a.O., S. 242.

§ 16 Die Erscheinungen von Geistern und »Unsichtbaren Spielkameraden«

1 Cf. E. Kross, 1992, S. 115; J.H. Scarisbrick, 1968, S. 430f.; R. Nash, 1983, S. 199f.; J. Osborne, 1984, S. 77; G. Russell, 2017, S. 309; J. Spencer/ A. Spencer, 1992, S. 82, 84; A. Weir, 1995, S. 449; D.W. Hauck, 2000, S. 48f.; R. Jones, 2001, S. 92f.; R. Wiseman, 2011, S. 43; ders., 2012, S. 231; ders., 2003, S. 201ff.; ders. et al., 2002, S. 395, 401; O. Halmburger, 2003, S. 22ff. Von ähnlichen Empfindungen wie denen der Versuchspersonen in der »Haunted Gallery« berichteten 95 Prozent der 218 Männer und Frauen, die an einem Experiment in den Gewölben der Pfeiler der South Bridge in Edinburgh teilnahmen, die man um die Mitte des 19. Jahrhunderts als Unterkünfte für die ärmsten Bewohner der Stadt eingerichtet hatte und die ein halbes Jahrhundert danach wieder aufgegeben wurden. Zuvor hatten immer wieder Touristen und Reiseführer der schottischen Presse mitgeteilt, daß sie bei Besichtigungen der Örtlichkeiten »Präsenzen« spürten, Phantomschritte hörten, das Gefühl hatten, kalt angehaucht zu werden, Halluzinationen erlebten usw. Im Unterschied zu dem Hampton-Court-Experiment hielt sich jede Versuchsperson des Edinburgher Experiments, das die Erlebnisse der Touristen bestätigte, zehn Minuten in einem der Gewölbe auf, und zwar allein. Eine Psychologin, die sich dort einschließen ließ und anschließend lediglich von einer Kamera beobachtet wurde, hörte bereits kurz nachdem die Tür abgeschlossen worden war, in einer Ecke des Raumes ein leises Atmen, das immer lauter wurde. Als sie zu der Stelle hinschaute, sah sie ein rotes Glimmen und geriet in Panik, worauf der Leiter den Versuch sofort abbrach. Cf. J. Houran et al., 2002, S. 23ff.; R. Wiseman, 2003, S. 204ff.; Halmburger, a.a.O., S. 58f.

2 Cf. W.G. Roll/M.A. Persinger, 2001, S. 156, 161f.; J. Swan, 1989, S. 227; C.M. Cook/M.A. Persinger, 1997, S. 689f.; D. Tuzin, 1984, S. 586; S. Parsons, 2015, S. 87f.; M.A. Persinger, 1974, II, S. 167f.; H. Evans, 2001, S. 49; A.H. Dailey, 1894, S. 47; V. Tandy/T.R. Lawrence, 1998, S. 360ff.; P.A. McCue, 2002, S. 10; V. Tandy, 2000, S. 130. Ein kleiner Prozentsatz

der Bevölkerung reagiert auf Infraschallwellen hypersensitiv (a. a. O., S. 137). In einer Untersuchung wurden 62 solcher Personen mit 50 Mitgliedern einer Kontrollgruppe verglichen. Dabei stellte sich heraus, daß die große Mehrzahl der »Sensitiven« unverheiratete Frauen waren, Erstgeborene oder Einzelkinder, introvertiert, mit starker Neigung zu Tagträumen, phantasiebegabt und sehr empfindlich gegenüber elektrischer Aktivität. Cf. Irwin/Watt, a. a. O., S. 206. Zu ihnen gehört meine Frau, eine ausgezeichnete Rutengängerin, die schon Fahrstühle, die sie benutzte, zum Stillstand brachte und deren weibliche Vorfahren in mütterlicher Linie anscheinend über paranormale Fähigkeiten verfügten. Auch Wetterphänomene können die menschlichen Empfindungen beeinflussen. Der warme und trockene Wind, der am häufigsten im Frühling und Herbst vom Gebirge herabweht, der Föhn, bewirkt eine Zunahme der elektrisch positiv geladenen Ionen, was zu einer Ausschüttung des Streßhormons Serotonin führt, das nicht nur die Tiere unruhig werden läßt, sondern auch bei Menschen Euphorie und Halluzinationen erzeugt, sie aufwühlt und erregt, zum Beispiel ihre Aggressivität steigert. Cf. Tuzin, a. a. O., S. 587.

3 Cf. J. J. Braithwaite, 2008, S. 40 f.; R. Wiseman, 2011, S. 49; ders., 2002, S. 388 f.; R. Lange/J. Houran, 2001, S. 287 f.; M. Allen, 2000, S. 348; E. J. Dingwall, 1956, X, 38 f. Während eines Experimentes über die Folgen leichter sensorischer Deprivation wurde den Versuchspersonen gesagt, unter den gleichen Bedingungen hätten die Teilnehmer eines früheren Experiments die »Präsenz« eines Wesens gespürt und andere außergewöhnliche Dinge erlebt. Mehr als die Hälfte der Versuchspersonen hatte daraufhin die entsprechenden Erlebnisse. Eine von ihnen sah plötzlich ein Gesicht vor sich, eine andere spürte ganz deutlich, mit »der anderen Seite« in Kontakt getreten zu sein, eine dritte empfand eine »männliche Energie«, eine vierte fühlte, daß jemand in ihrem Körper war und »die Kontrolle übernahm«, eine fünfte, daß etwas »wie ein Tier versuchte«, unter ihre Kleidung »zu schlüpfen«, eine sechste, daß ihre Hand sich ohne ihr Zutun bewegte, und eine siebte, daß es plötzlich kälter wurde. Cf. M. Andersen et al., 2014, S. 230 ff.

4 Cf. R. Wiseman, 2011, S. 46; E. Bennett, 1939, S. 231; Schmied-Knittel, a. a. O., S. 115 f.; H. Sexauer, 1959, S. 108 ff.; M. Rýzl, 2011, S. 118; L. N. Primiano, 2001, S. 48; P. Antes, 2002, S. 339 ff.; H. Evans, 1984, S. 85; Mayer et al., a. a. O., S. 23; R. C. Finucane, 1984, S. 90; Gurney et al., a. a. O., S. 339; H. Bender, 1987, S. 611; S. Owens, 2017, S. 169; A. S. de Almeida Cunha, 2014, S. 167; A. MacKenzie, 1982, S. 27; R. Bayless, 1973, S. 52; Spitzer, a. a. O., S. 171; J. Randles/P. Hough, 1993, S. 100; C. B. Becker, 1993, S. 47; J. C. Whittacker, 1993, S. 89; M. Schredl, 2007, S. 185 f.; P. Tholey, 1984, S. 88; ders., 2018, S. 74, 80; Cook/Persinger, a. a. O., S. 691; Schneider,

a.a.O., S. 16, 36; R. Meyer, 1995, S. 101, 108; N.J. Holt et al., 2012, S. 128; S. Gödde, 2012, S. 63; Finucane, a.a.O., S. 219. Automatisierte Handlungen oder solche, die keine Anstrengung oder Konzentration erfordern, aber auch Tagträume scheinen eine gute Voraussetzung für das Auftreten von Erscheinungen zu sein. Cf. G. Mayer/E. Bauer, 2015, S. 195f. Über einen LSD-Trip verlautete eine Versuchsperson: »Ich weiß vor allem, daß ich nirgends verharren konnte. Sobald ich etwas anschaute, löste es sich auf. Mein Arm schrumpfte zu einer unansehnlichen Masse zusammen. Das Gesicht des Versuchsleiters löste sich in farbige Strukturen auf, sobald ich es länger als einen kurzen Augenblick betrachtete. Dabei hatte ich das entsetzliche Gefühl, daß sich in mir alles ebenso auflöste wie die äußere Wahrnehmungswelt.« Cf. H. Heimann, 1983, S. 64.

5 Cf. G. Bennett, 1999, S. 15; G. Lämmermann, 2006, S. 358; O. Davies, 2007, S. 241f.; C.F. Emmons, 2003, S. 92; S. McCloud, 2015, S. 74; R.C. Fuller, 2001, S. 64; T.M. Luhrmann, 2012, S. 373. Im Jahre 2001 waren einer Umfrage zufolge ein Drittel aller erwachsenen Amerikaner davon überzeugt, daß Aliens die Erde durchkämmten und mit ihren Bewohnern Kontakt aufnähmen.

6 Cf. F.W. Putnam, 1994, S. 180; R. Brunner/F. Resch, 2003, S. 734f.; C.A. Ross, 1999, S. 476; R.K. Siegel, 1995, S. 142, 144f., 150; ders., 1992, S. 139f., 150, 155ff.; J.D. Blom, 2010, S. 95; I.T. Krüger, 1999, S. 74f.; R. Dawkins, 2007, S. 483; D. Cohen/S.A. MacKeith, 1991, S. 54f.; L.R. Goldman, 1998, S. 248; R.K. Siegel, 1995, S. 155f.; S. Fox, 1997, S. 93; M. Spitzer, 1988, S. 435f.; S. Blackmore, 1993, S. 138; É. Reclus, 1898, S. 781; C. Rohde-Dachser, 2004, S. 38; J. Mewes/J. Niewöhner, 2014, S. 189f.; P. Fiedler, 1999, S. 187; B. Sanders, 1992, S. 161. Auch bei einem anderen Mädchen tauchten »the children«, wie die »Unsichtbaren Spielkameraden« von ihr genannt wurden, im Alter von vier Jahren auf, um bei Beginn der Pubertät mit 13 Jahren wieder zu verschwinden. Cf. Evans, a.a.O., S. 67. Vor allem in Ost- und Südostasien werden mittlerweile Puppen von und für Erwachsene »zum Leben« erweckt. In Japan werden jährlich über 2000 »lebensechte« weibliche Silikonpuppen verkauft, die durch sämtliche Körperöffnungen penetriert werden können. Ein Käufer sagte über seine Puppe: »Es war Liebe auf den ersten Blick«, und er wolle dereinst mit ihr begraben werden. Seine Frau ertrage sie widerwillig – der einzige Vorteil bestehe darin, daß ihr jetzt jeglicher Geschlechtsverkehr mit ihm, vor allem der anale und orale, erspart bleibe. Inzwischen scheinen immer mehr Japaner die Sexpuppen lebenden Frauen und Männern vorzuziehen. In Thailand gelten unter erwachsenen Frauen ebenfalls »lebensechte« Puppen als der letzte Schrei, denen in einer Zeremonie »Geist« und »Leben« eingehaucht worden ist. Da die Frauen in Flugzeugen häufig einfach Sitze mit den Puppen belegt haben, verkauft inzwischen eine der

größten Luftlinien des Landes Passagiertickets für die Puppen, denen auch sämtliche Mahlzeiten serviert werden, deren »geistige Essenz« sie »essen«. Während des Fluges unterhalten sich die Frauen mit ihren Puppen wie mit anderen Fluggästen. Heute unterhalten viele junge Ostasiatinnen Verhältnisse mit virtuell existierenden, häufig blonden Männern, die charmant, höflich und zuvorkommend sind und die sie anrufen können, wobei Schauspieler mit ihnen Süßholz raspeln. Cf. *Rhein-Neckar-Zeitung* vom 10. Juli 2017, S. 12, bzw. 28. Januar 2016, S. 15; J. Robertson, 2018, S. 98; G. Seeßlen, 2018, S. 58 ff., 164 ff.; *Der Spiegel* 10, 2019, S. 84 f.

7 Cf. E. R. Jaensch, 1925, S. 17 f., 30 f.; ders. et al., 1927, S. 15 f., 53 f.; ders., 1929, S. 123; R. N. Haber, 1979, S. 590, 593; G. Grober-Glück, 1972, S. 119; K. Heinerth, 1979, S. 604; T. X. Barber, 1979, S. 597; J. N. Radcliffe, 2012, S. 108; H. Maudsley, 2012, S. 179.

§ 17 Die Erscheinungen der heiligen Jungfrau

1 Cf. P. Serrou, 1958, S. 8, 35, 64; P. Dondelinger, 2008, S. 123, 128, 133; B. Saler, 2009, S. 150; J. M. Höcht, 1958, S. 31, 43, 54, 65; C. Sorrel, 2016, S. 58; S. L. Zindars-Swartz, 1991, S. 48, 55; H. Evans, 1984, S. 108; M. Scheer, 2014, S. 56 f., 60 f.; J. Nickell, 1993, S. 170; A. Zsolt, 1959, S. 271. Weiterhin sagte die hl. Jungfrau, daß jeder, der um den Gnadenerweis Gottes bete und die Medaille trage, erhört werde. Allerdings »sah« Catherine nicht Maria, sondern die hl. Anna, deren Bild in der Kapelle ganz in der Nähe der Stelle hing, an der Catherine die Vision hatte. Die visionäre Gestalt trug genau dasselbe Gewand wie die auf dem Bild dargestellte Anna, die nach der altchristlichen Legende die Mutter Mariens war. Cf. M. P. Carroll, 1986, S. 168 f.

2 Cf. J. B. Estrade, 1980, S. 22; Carroll, a. a. O., S. 124, 135; Dondelinger, a. a. O., S. 122, 133; Höcht, a. a. O., S. 19; Teresa v. Ávila, 1979, S. 49, 61 ff.; Julian of Norwich, 2006, II. 16 ff., 29 ff.; F. de Boor, 1995, S. 167, 169; D. H. Shantz, 2013, S. 191; M. Scheer, 2006, S. 195; Laurentin/Joyeux, a. a. O., S. 42, 51; Allen, a. a. O., S. 353. Bei manchen Menschen erstarrt auch beim sexuellen Orgasmus der gesamte Körper. Cf. J. M. Reinisch/R. Beasly, 1991, S. 105 f.

3 Cf. A. Geels, 1996, S. 197 ff.; W. Christian, 1979, S. 250; P. Apolito, 1998, S. 129. Bei den nordamerikanischen Indianern konnten vor allem ohne Anstrengung erlangte Visionen trügerisch sein und dem Visionär großen Schaden zufügen. *Wahre* Visionen erhielt man deshalb bei den Blackfoot und den anderen Plains- und Präriestämmen nur durch das Ertragen von Leiden, durch Hunger, Durst, Schmerzen, den Verzicht auf Schlaf,

durch Einsamkeit und indem man sich der Gefahr des Erfrierens oder der Gefahr von Grizzlybären gefressen zu werden, aussetzte. Die Blackfoot sagten, daß für gewöhnlich in der ersten Nacht in der Wildnis ein Geist auftauche, der Visionen anbiete, ohne Leiden zu fordern, oder daß eine berückende nackte Frau erscheine und ihre Liebesdienste offeriere. Um solche unheilbringenden *wakán*-Wesen zu vertreiben, bestreuten die Lakota ihren Lagerplatz in der Wildnis mit Salbei. Da die Frauen nicht jagten und kämpften, benötigten sie weniger durch Visionen vermittelte Kraft, weshalb sie zum Beispiel bei den Hidatsa, den Mandan und den Arikara darauf verzichteten, durch Selbstverletzungen zu leiden. Bei den Comanche gingen allerdings auch Frauen und junge Mädchen auf Visionssuche, um *puha*, Kraft, zu erlangen. Im Jahre 1963 erzählte mir in Taos ein Lakota, der dort zu Besuch war, daß sich zu diesem Zweck in seinem Stamm gelegentlich auch Frauen beim Sonnentanz »piercen« ließen, natürlich nicht an den Brüsten, sondern an den Schultern. Cf. M.M. Schweitzer, 2001, S. 451; S.A. Dahl, 2013, S. 177; R.J. DeMallie, 1987, S. 35; F.H. Stewart, 2001, S. 335, 337; W.R. Wood/L. Irwin, 2001, S. 357; D.R. Parks, 2001, S. 383; T.W. Kavanagh, 2001, S. 802.

4 Cf. J. Hanauer, 1991, S. 14ff., 207f.; E. Rudolph, 1979, S. 134; T.K. Brown, 2003, S. 138; Nickell, a.a.O., S. 174; Müller, a.a.O., S. 45; G. Schmid/G.O. Schmid, 1995, S. 124; Carroll, a.a.O., S. 122, 150f.; J. Bouflet, 2017, S. 27, 33; F. Johnston, 1980, S. 27; J. Nickell/J. McGaha, 2013, S. 38; V. Turner/E. Turner, 1978, S. 215, 218; L. Peti, 2009, S. 302; H. Sundén, 1966, S. 118; O. Grasmück, 2009, S. 141, 145; Teresa v. Ávila, 1979, S. 265, 271; Persinger, a.a.O., S. 152; C. Green/C. McCreery, 1975, S. 55; H. Evans, 2001, S. 43; A. Vergote, 1998, S. 295; R. Hernegger, 1995, S. 317. So gut wie immer entsprechen die Erscheinungen dem, was die Betreffenden zuvor einmal gesehen haben und an das sie sich erinnern, obwohl es ihnen meist nicht bewußt ist, daß es sich um ein eidetisches Erinnerungsbild handelt. Vor seinem Tod hatte ein sehr gottesgläubiger Mann der Kirche eines Dorfes ein Bildnis der hl. Jungfrau geschenkt, das dort hing und bei jedem Gottesdienst von seinen Neffen und Nichten, die noch Kinder waren, gesehen wurde. Als diese einmal mit zwei anderen Kindern Blumen auf sein Grab legten, sah eine der Nichten plötzlich die Muttergottes, die genauso aussah wie die auf dem Bildnis. Als sie das sagte, wurde Maria – angeblich – auch von den anderen gesehen. Nur die älteste, ein nichtverwandtes Mädchen im Alter von 14 Jahren, sah überhaupt nichts. Nachdem in Bahía eine Candomblé-Anhängerin zum ersten Mal einen *orixá* gesehen hatte, sagte sie, er habe genauso ausgesehen wie die Geister in *Ghosts*, einem in Brasilien weit verbreiteten Gespenster-Video. Cf. W.H.C. Tenhaeff, 1987, S. 619f.; M. van de Port, 2006, S. 444; H.P. Duerr, 2015, S. 280. Wie die Gespenster lösen sich auch die Heiligen häufig

auf, wenn man sie zu berühren versucht. Dies erlebte bereits im 17. Jahrhundert ein Mann im heutigen Venezuela, als ihm Nuestra Señora de Coromoto erschien. Cf. D. Pereyra, 2015, S. 578.

5 Cf. D. Blackbourn, 1993, S. 129, 131 f.; ders., 1995, S. 176 ff.; ders. 1997, S. 209 f.; G. Schallenberg, 1990, S. 165, 190, 201; C. Göksu, 1991, S. 13 ff. Solche Erscheinungen werden eher selten auf Anhieb von den Visionären für die hl. Jungfrau oder Jesus gehalten, was für viele Gläubige ein Indiz für die Authentizität des Erlebnisses ist, denn dieser Sachverhalt beweist angeblich, daß die Betreffenden die Heiligen gar nicht *gesucht* hätten. Cf. M. D. Murphy/J. C. G. Faraco, 2011, S. 514 f. Eine Ausnahme bildete die sieben Jahre alte Angela Volpini, die am 4. Juni 1947 auf einem Hügel bei dem Weiler Casanova di Sinistra im Appenin die Erscheinung einer Frauengestalt sah, wobei ihr auf der Stelle klar war, daß es sich um die Muttergottes handelte, was diese auch bei ihrer zweiten Erscheinung einen Monat später bestätigte. Cf. C. Maunder, 2016, S. 129.

6 Cf. M. Craig, 1989, S. 16 ff., 24, 205 ff.; Laurentin/Joyeux, a. a. O., S. 13, 40, 42, 46; Vergote, a. a. O., S. 290, 294; Carroll, a. a. O., S. 125 f. Manchmal wird bei solchen ekstatischen Visionen die reale Umgebung immer blasser, bis sie verschwunden ist, während man die Erscheinung deutlicher und klarer »sehen« kann. Löst sich die Vision auf, kehrt die Sicht der Umgebung zunächst schwach und nebelhaft, dann aber wieder klar und deutlich zurück. Cf. D. Lorimer, 1984, S. 207.

7 Cf. O. F. A. Meinardus, 1971, S. 195 f.; Carroll, a. a. O., S. 213; Finnestad, a. a. O., S. 13; E. Goode/R. E. Bartholomew, 2000, S. 26; O. Sacks, 1994, S. 115 f.; Roll/Persinger, a. a. O., S. 161 f.; Becker, a. a. O., S. 48. Sogenannte »kollektive Halluzinationen«, wie sie häufig auf Massenveranstaltungen von Menschen gleichen Glaubens oder gleicher Erwartung, zum Beispiel in Besessenheitskulten oder während Charismatischer Gottesdienste beobachtbar sind, lassen sich gewiß in den meisten Fällen durch Suggestion und möglicherweise auch durch telepathische Beeinflussung erklären, aber nicht selten handelt es sich keineswegs um Halluzinationen, sondern um die illusionäre Verkennung realer Ereignisse. Der behandelnde Psychiater der angeblich in den sechziger Jahren von Aliens entführten Betty und Barney Hill bezeichnete deren gemeinsames Erlebnis als ein geradezu klassisches Beispiel einer *folie-à-deux*. Cf. W. H. Salter, 1938, S. 81, 107 f.; H. Sidgwick et al., 2012, S. 249, 255; G. N. M. Tyrrell, 1979, S. 91; J. Nickell, 2001, S. 217; M. F. Moffitt, 2001, S. 681. Lichtstreifen, Nebelfetzen, atmosphärische Verdichtungen, Schatten oder amorphe Formen werden auf Photos normaler Umgebungen nicht beachtet, aber auf Photos von Gegenden, in denen angeblich Erscheinungen stattfanden, fast immer von Betrachtern in diesem Sinne interpretiert. Cf. Lange/Houran, a. a. O., S. 285 f.

8 Cf. W. A. Christian, 1981, S. 179, 188; J. Schumacher, 1984, S. 71, 74, 77; J. Sudbrack, 1998, S. 123 f.; G. L. Hersey, 1998, S. 44; C. Feckes, 1952, S. 113 f., 117; C. Maunder, 2007, S. 432; J. B. Torelló, 1984, S. 101 f.; D. Valentini/M. Seckler, 1995, Sp. 830 f.; K. Rahner, 1958, S. 25 ff., 85; F. Marxer, 2003, S. 80. Schon für den Apostel Paulus kamen nur die Visionen von Gott, die in Übereinstimmung mit der Lehre des Evangeliums waren, und dies blieb auch in den nachfolgenden Jahrhunderten die verbindliche Meinung der Kirche. Als zum Beispiel im Jahre 1560 eine ostfränkische Jungfrau mehrfach in eine tiefe Trance fiel, schlossen auch die lutheranischen Geistlichen aus der Tatsache, daß sie dabei nichts verkündete, was der Heiligen Schrift widersprach, darauf, daß es sich um einen echten Aufruf des Herrn zur Reue handle. Daß es aber vor dem Jüngsten Tag keine weiteren Offenbarungen Gottes geben könne, ein Dogma, das dem der islamischen Orthodoxie entspricht, daß *nach* Moḥammed keine weiteren Propheten auftreten könnten, wurde nicht von allen christlichen Bewegungen geteilt. So waren zum Beispiel die Quäker davon überzeugt, Gott habe in keinem Zeitalter aufgehört, der Menschheit Neues zu offenbaren: »Because they [= die Heiligen Schriften] are only a *declaration* of the FOUNTAIN, and not the FOUNTAIN ITSELF, therefore they are not to be esteemed the *principal* ground of all truth and knowledge, nor yet the *adequate primary* rule of *faith and manners.*« Sie seien stets »*subordinate to the* SPIRIT, from which they have all their excellency and certainty: For as by the inward testimony of the SPIRIT we do alone truly know them, so they testify, that the SPIRIT is that guide by which the saints are led into *all truth.*« Cf. J. D. G. Dunn, 1998, S. 40; H. C. E. Midelfort, 1984, S. 138; Y. D. Y. Peel, 2016, S. 184; R. Barclay, 1772, S. 7 f.; R. Larson, 1999, S. 19.

9 Cf. D. Wojcik, 2000, S. 47; E. A. Matter, 2001, S. 133, 137, 195; M. W. Cuneo, 1999, S. 158; W. A. Euler, 2008, S. 9; T. Mangiapan, 1982, S. 144.

§ 18 Liegt die Wurzel der Religion im Animismus?

1 Cf. J. Goodall, 2005, S. 275 f.; dies., 1975, S. 163 f.; J. M. Bering, 2001, S. 118; C. D. Laughlin/J. McManus, 1979, S. 104 f.; M. Winkelman, 2010, S. 335 ff.; S. E. Guthrie, 1980, S. 193; ders., 1997, S. 495 f.; K. Endikott, 1979, S. 68 f., 76, 156; I. H. N. Evans, 1937, S. 170 ff.; S. Jennings, 1985, S. 59 f.; G. W. Domhoff, 1985, S. 20 f.; H. Oesch, 1988, S. 82; R. Needham, 1964, S. 145; E. de Martino, 1982, S. 72. Auch die als Wildbeuter im Nordosten Thailands lebenden Yumbri fürchteten sich enorm vor Gewitterstürmen, unternahmen aber anscheinend nichts gegen sie, außer daß sie die ihnen wohlgesinnten Geister darum baten, sie vor dem Unwetter zu beschützen. Cf. H. A. Bernatzik/E. Bernatzik, 1941, S. 173.

2 Cf. M. Tirassa et al., 2006, S. 203, 209; V. Gallese/G. Buccino, 2010, S. 44, 52. Psychopathen *erschließen* die Gefühle anderer beispielsweise nach ihrem Gesichtsausdruck, aber sie empfinden sie nicht, weil ihre Spiegelneuronen nicht »feuern«. Manche von ihnen können sogar besser als normale Menschen die Unsicherheit oder Traurigkeit anderer erkennen, aber dieses Wissen erzeugt bei ihnen kein Mitgefühl oder Mitleid. Wie Raubtiere können sie hervorragend die Chance einschätzen, den anderen zu benutzen oder ihn zu überwältigen. Cf. G. Devereux, 1974, S. 158; A. Troisi, 2008, S. 280; G. Rizzolatti/M. Fabbri-Destro, 2009, S. 349, 354; J. Paulus, 2009, S. 72.

3 Cf. R. I. Dunbar, 2008, S. 405, 410, 417f.; S. Mithen, 1998, S. 174; Tirassa et al., a. a. O.; S. Baron-Cohen, 1995, S. 81; J. A. Thomson/C. Aukofer, 2014, S. 30f.; S. Guthrie, 1996, S. 131, 133; W. Wickler/U. Seibt, 1998, S. 53; J. Barrett, 2000, S. 29ff.; S. Atran/A. Norenzayan, 2005, S. 719f.; H. Whitehouse, 2007, S. 222, 228; B. Beit-Hallahmi, 2015, S. 26, 28ff.; M. Ruse, 2013, S. 517; G. Graham, 2015, S. 75f.; C. Ma-Kellams, 2015, S. 341f.; R. G. Bednarik, 2016, S. 110ff.

4 Cf. E. G. d'Aquili/A. B. Newberg, 2000, S. 45; M. Pigliucci, 2003, S. 269f.; B. Johnstone/B. A. Glass, 2008, S. 863; A. Hofmann, 1979, S. 5ff.; P. Matussek, 1960, S. 252f.; A. Geels, 1982, S. 42f.; K. Björkqvist, 1982, S. 78, 81; H. Rust, 1922, S. 69; A. J. Deikman, 1969, S. 30ff., 217; Lorimer, a. a. O.; R. Prince/F. Tcheng-Laroche, 1981, S. 562f.; E. D. Starbuck, 1901, S. 119ff.; G. Fox, 1976, S. 94; A. Huxley, 1959, S. 16f.; E. L. Blumhofer, 1989, S. 117; F. L. Ware, 2010, S. 126; E. Jorstad, 1974, S. 46. »Ich stand auf«, so berichtet ein »spiritueller« Autor, »und ging im Zimmer umher. Ich erkannte das Zimmer, und doch wußte ich, daß ich es nie zuvor wirklich gesehen hatte. Alles war frisch und unberührt, als ob es gerade entstanden wäre. Ich nahm einige Dinge in die Hand, einen Bleistift, eine leere Flasche, voller Wunder über die Schönheit und Lebendigkeit von allem. An diesem Tag ging ich in der Stadt umher, voller Staunen über die Wunder des Lebens auf der Erde, so als wäre ich gerade erst in diese Welt hineingeboren worden.« Manche Frauen fühlen sich auch nach einem besonders intensiven sexuellen Orgasmus »wie neugeboren«. Cf. M. Deecke, 2016, S. 397; R. E. L. Masters/I. Houston, 1966, S. 261; F. Dolto, 2000, S. 186. Weitere Beispiele bei J. H. Leuba, 1927, S. 212; G. Murphy, 1959, S. 259; H. Smith, 1996, S. 138.

5 Cf. R. G. Wasson, 1990, S. 197; A. Dittrich, 1987, S. 13f.; H. Mynarek, 1983, S. 172f. Nachdem ein Universitätsdozent sich unsterblich in eine junge Frau verliebt hatte, wachte er am frühen Morgen auf und blickte aus dem Fenster: »Da war es, als hätte sich die Welt in der Nacht verwandelt: Alles war neu und frisch geworden. [...] Es war, als sähe ich zum ersten Mal wirklichen Sonnenschein, mit dem verglichen alles, was ich zuvor gesehen, blaß und leblos schien.« Und nach einem durch Einnahme

von LSD bewirkten Erlebnis schrieb eine andere Person: »Noch nie in meinem ganzen Leben hatte ich mich so rein gefühlt. All der Müll und Dreck schien aus meiner Seele weggewischt zu sein. In meinem Herzen, meinem Bewußtsein, meiner Seele und meinem Körper schien ich wie neugeboren.« Cf. Leuba, a.a.O.; P. McNamara, 2009, S. 135.

6 Cf. M. Kanda, 2002, S. 337; d'Aquili/Newberg, a.a.O., S. 50; E. Nestler, 1998, S. 160; R.P. Behrendt, 2005, S. 759; W. Wöller, 2006, S. 406f.; S.J. Lynn et al., 2018, S. 340ff.; T.J. Csordas, 1992, S. 287; D.L. Schacter, 2001, S. 118f.; R.I. Simon, 1996, S. 205, 208f.; M. Phillips/C. Frederick, 1995, S. 10f.; G.B. Palermo/M. del Re, 2000, S. 81f.; W. Blankenburg, 1971, *passim*; L. Ciompi, 1982, S. 297; R. Battegay, 1992, S. 634; P. Schilder, 1968, S. 61; K. Schneider, 1944, S. 110; J.C. Nemiah, 1988, S. 110; L. Süllwold, 1983, S. 171; F. Bleuler, 1972, S. 30; W. Mayer-Gross, 1968, S. 199. Am Abend nach einer Nahtod-Erfahrung im April 1982 schrieb ich in mein Tagebuch: »Die ganze Situation war weder traumartig noch wirklich: sie war *zu* wirklich, um wirklich zu sein.« Cf. H.P. Duerr, 1983, S. 260; ders., 2015, S. 409.

7 Cf. G. Schulz, 2013, S. 86; T. Bock/A. Heinz, 2016, S. 116f.; M. Schödlbauer, 2016, S. 149; B. Crespi/C. Badcock, 2008, S. 253; Blankenburg, a.a.O., S. 85ff.; P.K. Chadwick, 2010, S. 67; M. Thaler-Singer/J. Lalich, 1997, S. 176; M. Farias, 2016, S. 47f.; K. Engel, 1995, S. 246; O.P. Wiggins/ M.A. Schwartz, 2012, S. 275; R.J. Barrett, 2004, S. 103; E. Corin et al., 2004, S. 119; F. Erichsen, 1975, S. 115; J. Parnass/ L.A. Sass, 2011, S. 521ff.; U. Gonther, 2017, S. 250f. Positronen-Emissions-Tomographien (PET) zeigten eine deutliche Zunahme der Stoffwechselaktivität im Stirnhirn (*Lobus frontalis*) und eine Reizüberflutung sowohl bei psychotischen Schüben als auch nach Einnahme von Psilocybin und Ketamin, was an Aldous Huxleys Diktum erinnert, sein Meskalin-Trip sei wunderbar gewesen, doch »wonderful to the point, almost of being terrifying. And suddenly I had an inkling of what it must feel like to be mad«. Sowohl die »User« sogenannter halluzinogener Drogen als auch Schizophrene berichten von charakteristischen Gesichtsverzerrungen bei den Personen, die auf dem Trip bzw. während des psychotischen Schubes angeschaut werden, und beide Gruppen schildern eine quälende Überempfindlichkeit gegenüber inneren und äußeren Reizen – Berührungen, Geräuschen, Lichterscheinungen –, wie sie auch in der Migräne-Aura auftaucht. Farben und Formen erscheinen bis zur Schmerzgrenze als zu stark und unangenehm, und eine Rose hat beispielsweise nicht nur die Farbe, sondern auch den Geruch von rohem Fleisch und Blut. Cf. N. Langlitz, 2008, S. 31f., 40; Huxley, a.a.O., S. 45; O. Sacks, 1994, S. 115f.; H. Häfner, 2000, S. 89f.

8 Cf. P. Suedfeld, 1987, S. 189f.; Heimann, a.a.O., S. 64, 66, 70f.; E.F. An-

derson, 1980, S. 70 ff.; D. R. Hemsley, 1982, S. 171; J. Bäuml, 2008, S. 44; E. Kasten, 2008, S. 36, 79; C. Gottesmann, 2005, S. 794 f.; R. Carter, 1999, S. 66; L. Tebartz van Elst, 2017, S. 129 f.; T. Köhler, 2017, S. 99 f.; F. Thibault, 2018, S. 284; McNamara, a. a. O., S. 128, 134 f.; V. E. v. Gebsattel, 1954, S. 32 ff. Eine allgemeine Erhöhung des Dopaminspiegels scheint vor etwa 100 000 Jahren stattgefunden zu haben, als der archaische *Homo sapiens* im Vorderen Orient in zunehmendem Maße Meeresfrüchte konsumierte, die reich an Fettsäuren und Jod sind, die die Dopaminaktivität stimulieren. Cf. F. H. Previc, 2006, S. 525. Dies könnte wiederum einen »Religiositätsschub« ausgelöst haben, denn aus dieser Zeit gibt es die frühesten Indizien für einen Glauben an die Reise der Verstorbenen in ein im Westen liegendes Totenreich auf dem Rücken eines Hirsches. Cf. H. P. Duerr, 2015, S. 393.

9 Cf. Prins, 2013, S. 117 f.; Schödlbauer, a. a. O., S. 40 f.; K. Schneider, 1963, S. 109 f.; Ciompi, a. a. O., S. 285; W. v. Baeyer, 1963, S. 224; J. Bering, 2011, S. 122 f.; B.-A. Scharfstein, 1973, S. 136; N. S. Miller, 1991, S. 178; Chadwick, a. a. O., S. 69; W. Bergemann, 2006, S. 58; S. Kanazawa, 2008, S. 272. Untersuchungen haben ergeben, daß Esoteriker beim Rorschachtest in den Tintenklecksen sehr viel mehr gesehen haben als die Angehörigen einer Kontrollgruppe. Cf. P. Brugger, 2006, S. 39. Nicht wenige Mediziner sind der Auffassung, Autisten suchten keinen Blickkontakt mit anderen Menschen oder schauten »durch sie hindurch«, als seien sie nicht vorhanden, weil sie nicht erkennen könnten, was deren Mimik bedeutet. Sie verweisen auf Untersuchungen, die ergeben hätten, daß die Amygdala, die ja auch zuständig ist für das Erkennen des Gesichtsausdrucks, bei Autisten nur eine unterentwickelte Aktivität aufweise. Dieser Mangel sei auch der Grund für das weitgehende Unvermögen von Autisten, sich in Romane, Märchen, Sagen usw. hineinzuversetzen, was ihr diesbezügliches Desinteresse erkläre. Cf. N. Schuster, 2015, S. 84; S. Baron-Cohen, 2001, S. 72; L. Zunshine, 2006, S. 30. Dagegen haben andere Forscher bei Autisten, die Gesichter anschauten, eine Aktivierung der Amygdala festgestellt, die stärker ist als die bei einer Kontrollgruppe. Gleichzeitig wurde in einer anderen Studie bei den Autisten eine extrem verminderte Oxytocin-Ausschüttung beobachtet, die offenbar ebenfalls die Blickvermeidung verständlich macht, weil die Augen des Gegenübers bei ihnen Angst auslösen. »Es tut mir weh«, so ein Autist, »in die Gesichter anderer Menschen zu sehen.« Eine junge autistische Frau sagte fast wissenschaftlich: »Die Welt besteht aus unendlich vielen Reizen. Die meisten davon sind für mich recht unangenehm. […] Mein Leben ist deshalb auf Reizreduktion ausgerichtet. […] Um glücklich zu sein, brauche ich viel Ruhe. Das geht am einfachsten alleine.« Cf. G. Hickok, 2015, S. 285 f., B. Crespi/ C. Badcock, 2008, S. 252; C. Preißmann, 2016, S. 59, 76, 104 f.; B. Schir-

534

mer/I. Alexander, 2015, S. 41, 184 f. Gibt es also zwei grundverschiedene
Arten von Autismus?

10 Cf. M. Spinella/O. Wain, 2006, S. 36; M. Beauregard, 2011, S. 64 ff.; ders.,
2012, S. 122; B. L. Beyerstein, 1988, S. 253; G.W. Kreutzberg, 2007, S. 34;
S. Atran, 2003, S. 154; R. L. M. Lee, 2003, S. 359; J. A. Thomson/C. Aukofer,
2014, S. 97; P. Gloor, 1992, S. 514 ff.; L. A. Zebrowitz/Y. Zhang, 2011,
S. 437; B. Holzinger, 2015, S. 83; J. Bauer, 2002, S. 189 f.; R. Joseph, 2001,
S. 106 ff.; ders., 2003, S. 365; R. Vaas, 2015, S. 19 ff.; B. Johnstone/
B. A. Glass, 2008, S. 864, 870 f.; W. Appel, 1983, S. 133; S. Liljeblad, 1986,
S. 644; C. Scharfetter, 1987, S. 218; J. Wackermann et al., 2008, S. 1366 ff.;
M. Zuckerman, 1969, S. 121; P. Joraschky, 1983, S. 59, 69; G.E. Ruff,
1961, S. 85; G. Reichel-Dolmatoff, 1990, S. 4 ff.; A. Ereira, 1995, S. 164 ff.
Von den heutigen Zapoteken und Mazateken wird die Morning-Glory-
Pflanze Semilla de la Virgen, »Samen der [hl.] Jungfrau« genannt. Cf.
P. T. Furst, 1976, S. 62 ff.; W. Emboden, 1979, S. 95; R. E. Schultes/A. Hof-
mann, 1980, S. 46, 162 f.; H. Schleiffer, 1973, S. 62 f.

§ 19 Sex mit Jesus

1 Cf. S. Atran, 2003, S. 154; M. A. Persinger, 2003, S. 274 ff.; Beyerstein,
a. a. O.; R. Crevenna et al., 2000, S. 300, P. Gloor, 1992, S. 517; R. Carter,
2010, S. 118; G. Ewald, 1964, S. 393; M. A. Persinger, 1992, S. 264; ders.,
1996, S. 102; R. Joseph, 2003a, S. 497; G. Dammann, 2004, S. 171; R. Littlewood, 2002, S. 169; Roll/Persinger, a. a. O., S. 161; P. Fenwick, 1996,
S. 173.

2 Cf. Atran, a. a. O.; V. Breitenbach, 2013, S. 91 f.; S. Einzmann, 2009, S. 8;
C. S. Carter/S.W. Porges, 2011, S. 155; R. Vaas, 2015, S. 30; C. Ekmek-
cioglu/A. Ericson, 2011, S. 71 f.; U. Hartmann, et al., 2005, S. 176; J. Zehentbauer, 2010, S. 165; A. Bartels, 2010, S. 88. Oxytocin schärft die Wahrnehmung und die Aufmerksamkeit. So werden ein unmerkliches Lächeln
oder ein bestimmter Ausdruck der Augen sehr viel besser registriert. Angenehme Erinnerungen können zu einer Oxytocinausschüttung führen;
Erinnerungen an Mißbrauch, Vergewaltigung, frühe Trennung der Eltern
und dergleichen steigern dagegen die Ausschüttung von Streßhormonen
und verringern die von Oxytocin. Cf. B. L. Fredrickson, 2013, S. 71 f.; G.
Roth/N. Strüber, 2014, S. 120, 128.

3 Cf. É. Brune/Y. Ferroul, 2011, S. 151; J. M: Davidson/L. S. Myers, 1988,
S. 185; F. Dolto, 2000, S. 184; G.E. Birnbaum, 2014, S. 317 f.; K.L. Bales,
2014, S. 15 f.; R. Feldman, 2014, S. 155; T. Hülshoff, 1999, S. 48; J. Panksepp,
1998, S. 241, 401; E. Bragagna/R. Prohaska, 2010, S. 52 f.; N. H. Lents,
2016, S. 120; W. Eicher, 1984, S. 93. Wenn bei männlichen Probanden

die Oxytocinausschüttung blockiert wurde, bekamen sie zwar durch Stimulation eine Erektion, empfanden dabei aber keine sexuelle Lust. Auf der anderen Seite lassen Oxytocin-Injektionen die Penisse impotenter Männer steif werden, und amerikanische Stripperinnen benutzen Oxytocinsprays, weil bereits bei geringer Dosierung ihre Brustwarzen erigieren, was dem Publikum vortäuscht, sie seien sexuell erregt. Cf. N. Podbregar, 2012, S. 63; Zehentbauer, a. a. O.; G. Froböse/R. Froböse, 2004, S. 95.

4 Cf. W. Beutin, 1999, S. 142 f.; A. Zech, 2015, S. 240; B. Weiß, 2000, S. 928; R. Kieckhefer, 1984, S. 157; G. M. Jantzen, 1995, S. 135; N. F. Partner, 1996, S. 301, 309; P. Seegets, 2001, S. 34; V. Dehejia, 1988, S. 119, 121, 127; V. Ramaswamy, 2007, S. 6 f.; J. Leslie, 1983, S. 103, 109; E. Casteen, 2019, S. 95. Mhd. *riben*, »reiben«, »frottieren«, »ficken«; davon ahd. *hripa*, mhd. *ribe*, »Hure«, »Prostituierte«. Cf. M. Lexer, 1878, Sp. 414 f., G. Köbler, 1993, S. 885. Als im 13. Jahrhundert Christina von Stommeln einmal einen Jesus-Hymnus hörte, fiel sie in Ekstase. Wieder zu sich gekommen, stammelte sie nur zwei Worte: »Amantissimus!, dulcissimus!« [»Geliebtester!, Süßester!«] Nachdem Margery Kempe einmal daran gezweifelt hatte, daß es wirklich Jesus war, der mit ihr den Geschlechtsverkehr zu vollziehen pflegte, bestrafte der Herr sie damit, daß er sie hautnah fühlen ließ, und zwar zwölf Tage lang, wie teuflische im Gegensatz zu göttlichen Visionen beschaffen waren. So wurde sie die ganze Zeit über nicht nur von Gedanken an »letchery & alle uncleness« gequält, so daß sie sich fühlte wie eine öffentliche Hure, sondern auch von Erscheinungen, in denen sich Kleriker vor ihr nackt zur Schau stellten und der Teufel sie zwang, sich mindestens einem von ihnen sexuell hinzugeben. Cf. B. Weiß, 2004, S. 1365; G. W. Adams, 2007, S. 185 f.

5 Cf. K. Schjelderup, 1928, S. 194; M. L. Ambrosini/M. Willis, 1969, S. 218; B. Weiß, 2000, S. 959; M. Couillard, 1983, S. 164 f.; J. Thiele, 2000, S. 210; M. E. Müller, 1988, S. 174; A. Fletcher, 1998, S. 195; M. Stern, 1992, S. 90; Ankermann, a. a. O.; T. v. Ávila, 1979, S. 281; dies., 1981, S. 193. Zehn Jahre danach soll Teresa dieselbe visionäre Erfahrung ein zweites Mal gemacht haben. Cf. W. Beutin, 1998, S. 182. Bei zwei im 18. und im 19. Jahrhundert durchgeführten Untersuchungen des sich in einem Reliquiar des Klosters der Unbeschuhten Karmelitinnen in Alba de Tormes südöstlich von Salamanca befindlichen unverwesten Herzens der Mystikerin fand man eine tiefe, ca. 5 cm breite Wunde mit Brandspuren an den Rändern, die noch heute sichtbar ist. Cf. E. Benz, 1969, S. 406. Als Teresa im Jahre 1589 im Alter von 69 Jahren den »Liebestod« mit Jesus fand, sollen ihre letzten Worte Liebkosungen geglichen haben, mit denen sie ihren himmlischen Gemahl bedachte, der gemeinsam mit Maria und Joseph gekommen war, um sie abzuholen. Wie Zeugen versicherten, habe die Sterbende plötzlich 40 Jahre jünger ausgesehen und sei in ein helles Licht einge-

taucht gewesen, obwohl es dunkel war, worauf ein verdorrter Baum anfing zu blühen. Cf. I. Lavin, 1980, S. 114.

6 Cf. C. Mazzoni, 1996, S. 38; G.L. Hersey, 1998, S. 53; S. Ebert-Schifferer,
2009, S. 200; M. Barasch, 1983, S. 12; C. Gould, 1976, S. 130, Tf. 176 ff.; Lavin, a.a.O., S. 121. Auftraggeber der »Io« war Federigo Gonzaga, der
Markgraf von Mantua, ein Liebhaber erotischer Gemälde, der das Bild
vermutlich im März 1530, als Karl V. es während seines Aufenthaltes in
Mantua bewunderte, dem Kaiser schenkte, der wiederum Federigo im
Monat darauf die erbliche Herzogswürde verlieh. In den zwanziger Jahren des 18. Jahrhunderts ordnete der vermeintliche Besitzer der »Io«,
Herzog Louis d'Orléans, an, das in seinen Augen obszöne Gemälde zu
verbrennen, und zerstach das Gesicht der Flußgott-Tochter mit einem
Messer. Die Vernichtung des Bildes – es handelte sich nicht, wie Louis
dachte, um das Original, sondern um eine Kopie – fand aber nicht statt,
und das Gesicht wurde später von dem Maler Pierre-Paul Prud'hon re-
stauriert. Cf. D. Ekserdjian, 1997, S. 284; Gould, a.a.O., S. 157 f.

7 Cf. B.Weiß, 2000, S. 225; M. Ankermann, 1998, S. 127; E. Benz, 1972, S. 22,
26; K.M. Christensen, 2015, S. 140; M. Luther, 1914, S. 516; ders., 1899,
S. 44; W.H. Masters/V.E. Johnson, 1970, S. 127; G. Devereux, 1981,
S. 14 f.; R. Carter, 2012, S. 112; A.K. al-Rawi, 2001, S. 203; E. Bronfen,
1998, S. 507; S. Pfeifer, 2014, S. 180; R.M. Griffith, 2004, S. 222 f.; Schödlbauer, a.a.O., S. 297. Eine in Flandern lebende Deutsche, die zehn Monate nach ihrer ersten Begegnung mit Jesus jeglichen Geschlechtsverkehr
mit ihrem Mann einstellte, übte diesen fortan laut stöhnend und lachend
nur noch mit dem Sohn Gottes aus, wobei es ihr völlig gleichgültig war, ob
andere Leute dabei zugegen waren oder nicht. Währenddessen verrenkte
sie ihren Körper völlig, da Jesus und sie offensichtlich die ausgefallensten
Beischlafstellungen ausprobierten. Eine andere pflegte während des Gottesdienstes ihrer Gemeinde ihren gesamten Oberkörper zu entblößen
und den Anwesenden zu sagen, sie sei mit Jesus verheiratet, wobei sie
stolz den Ehering vorzeigte, den sie angeblich von ihm erhalten hatte.
Cf. J. Corveleyn, 2009, S. 93 ff.; S. Pfeifer, 2014, S. 177.

8 Cf. Teresa v. Ávila, 1981, S. 148, 188; E. Benz, 1969, S. 399; Angela v. Foligno,
1955, S. 38 f.; J. Bugge, 1975, S. 101, 105 ff.; S. Benvenuto, 2016, S. 59; G.W. Levi-Kamel, 1980, S. 178; D. Thornton/R. Mann, 1997, S. 228; S. Alexandrian, 2015, S. 198 f.; N. Elb, 2006, S. 88; T.J. Nelson, 2005, S. 65, 78. Nach
einer amerikanischen Untersuchung beantworteten 41,4 Prozent der befragten Frauen und 14,3 Prozent der Männer die Frage: »Haben Sie
manchmal Phantasien oder Träume, in denen sie vergewaltigt oder sexuell erniedrigt werden?« mit »ja«. Eine Befragung amerikanischer Studentinnen ergab, daß ihre beliebteste Sexphantasie darin bestand, sexuell
»überwältigt« zu werden. Viele der befragten Studentinnen genossen

auch in hohem Maße die Vorstellung: »Ich leiste zum Schein Widerstand, bis ich so erregt bin, daß ich mich hingebe.« Cf. U. Hartmann, 1989, S. 38 f. Ganz generell gilt aber sowohl für die Phantasien als auch für die Praktiken: Ist die ausgeübte Gewalt zu groß, schwindet das Lustgefühl sehr schnell. Cf. M. H. Abel, 1988, S. 235.

9 Cf. H. Grundmann, 1961, S. 412, 414; Schjelderup, a. a. o., S. 123, 196; P. Dinzelbacher, 2007, S. 122; I. al-Issa, 1980, S. 152; M. A. Persinger, 1996, S. 102; C. Baudouin, 1924, S. 106; W. F. Bonin, 1984, S. 445 f.; Weiß, a. a. O., S. 307, 595; P. Dinzelbacher, 1995, S. 107, 188. Jedes Jahr wurde in der ersten Hälfte des 13. Jahrhunderts am Tag der Heimsuchung Marias eine sehr fromme Bekannte des Kreuzzugspredigers Jacques de Vitry scheinschwanger, ihr Bauch wurde dick, ihre Brüste produzierten Milch und an Weihnachten magerte sie wieder ab. Manchmal schwoll der Bauch von Frauen auch an, wenn ein Dämon von ihnen Besitz ergriff und sich in ihrem Bauch niederließ, und die Autoren des *Malleus Maleficarum* berichteten von Frauen, die behaupteten, »von innen erkannt«, das heißt geschwängert worden zu sein, aber mit keinem Mann Geschlechtsverkehr gehabt hatten. Nach diesem »inneren Koitus« sei ihnen der Bauch angeschwollen, doch schießlich »unter bloßer Ausstoßung vieler Windigkeit« wieder auf Normalgröße geschrumpft. Scheinschwangerschaften wurden auch von tungusischen Schamaninnen berichtet, denen aber auch der Bauch anschwoll, wenn ein Geist vorübergehend in ihn hineinfuhr. Die von vielen Kubanern als Heilige angesehene Nonne Maria Anna, die im Jahre 1903 starb, wurde, wie sie mitteilte, im Alter von 19 Jahren von Gott geschwängert, worauf sie am 15. August 1901 visionär vom Jesuskind entbunden wurde. Wenn sie dieses anschießend stillte, sog sie gleichzeitig Milch aus den Brüsten der hl. Jungfrau. Als der erwachsene Jesus von der Nonne Angela della Pace Besitz ergriff und mit dem Versprechen in ihr Herz eindrang, diesen Ort nie mehr zu verlassen, fühlte sie ständig, wie er sich darin bewegte und die Arme ausstreckte. Dies tat ihr häufig so weh, daß sie glaubte, sterben zu müssen, aber gleichzeitig bescherten ihr die Schmerzen die größte Lust. Cf. J. Schultz, 1940, S. 184; S. Katajala-Peltomaa, 2014, S. 114 f.; J. Sprenger/H. Institoris, 1982, II, S. 205; Ä. Ohlmarks, 1939, S. 266; S. M. Schirokogoroff, 1935, S. 364; Rahner, a. a. O., S. 68; J. v. Görres, 1837, S. 461; N. Caciola, 2000, S. 276; P. Kaiser, 2017, S. 244 f.

10 Cf. A. Hall, 1979, S. 87; M. Niblett, 2015, S. 130, 155, 160 ff.; R. Meyer, 1995, S. 98 *et passim*; J. Janota, 2007, S. 283 f.; Rahner, a. a. O., S. 67; Angela v. Foligno, 1927, § 11; R. M. Bell, 1985, S. 109; U. Köpf, 1993, S. 93; C. W. Bynum, 1987, S. 248; J. Sudbrack, 1998, S. 40; M. Sluhovski, 2007, S. 251 f.; K. Thomas, 1994, S. 229; Pfeifer, a. a. O., S. 158; M.-T. Charpentier, 2010, S. 105. Im Hoch- und Spätmittelalter ging man davon aus,

daß in Wirklichkeit Jesus völlig nackt ans Kreuz genagelt worden war und daß er auf Bildern nur deshalb ein Lendentuch trug, weil man schamhafte Personen, vor allem junge Mädchen und fromme Frauen, durch den Anblick unbedeckter Genitalien nicht schockieren wollte. Cf. R.C. Trexler, 1992, S. 372. Daß die Römer Schwerverbrecher und Aufständische splitternackt kreuzigten, ist indessen unwahrscheinlich, da dabei der Penis der Delinquenten häufig erigierte. Cf. H. P. Duerr, 2015, S. 17 ff.

11 Cf. Jantzen, a. a. O., S. 133; J. A. Thomson/C. Aukofer, 2014, S. 88; W. Beutin, 1999, S. 27; v. Görres, a. a. O., S. 34; P. Dinzelbacher, 2000, S. 213; K. Ewing, 1984, S. 362 f.; R. Kurin, 1984, S. 216; N. Cawthorne, 1996, S. 161; A. Faivre, 2008, S. 286, 301 f.; F. Tanner, 1952, S. 85; H. Schott, 2014, S. 393; M. Benad, 1982, S. 148 f.; P. Peucker, 2006, S. 50; B. Maddox, 1999, S. 232; K. Sukel, 2013, S. 263. Auf spätmittelalterlichen Bildern erscheint bisweilen Jesus als weibliche Braut gläubiger Männer. Cf. C. D. Muir, 2011, S. 4 ff.

§ 20 Sex mit Geistern und Dämonen

1 Cf. Sprenger/Institoris, II, S. 67; R. Blumenfeld-Kosinski, 2015, S. 51, 109 ff., 117; H. Schüppert, 1986, S. 125; A. M. Kleinberg, 1992, S. 88 f.; J. B. Russell, 1984, S. 183; A. Murray, 2016, S. 182; P. Dinzelbacher, 1995, S. 182 ff.; Schödlbauer, a. a. O., S. 139; H. Schwenke, 2004, S. 254; Persinger/Koren, a. a. O., S. 188; Kasten, a. a. O., S. 50, 52, 59; B. Ellis, 2004, S. 190 ff.; R. Zürrer, 1992, S. 327 ff. Im frühen 7. Jahrhundert verlautete der Kirchenlehrer und Erzbischof Isidor von Sevilla, auch die frömmsten und gottesfürchtigsten Männer und Frauen hätten gelegentlich »feuchte Träume«, weil sie im Schlaf von Dämonen sexuell erregt würden, aber im Gegensatz zu vielen anderen Menschen seien sie nach dem Aufwachen voller Verachtung für solche tierischen Reaktionen ihres Körpers. Cf. J. Keskiaho, 2015, S. 114.

2 Cf. P. Lory, 2008, S. 50, 53, 54, 56; F. Leemhuis, 1990, S. 226; D. L. R. Lorimer, 1980, S. 55; J. Henninger, 1963, S. 286; E. Heller/H. Mosbahi, 1993, S. 96; H. Granqvist, 1950, S. 101; J. Abbott, 1979, S. 422. Bei den Haussa lauern die *jinn* ständig darauf, daß eine Frau oder ein junges Mädchen unabsichtlich den Unterleib entblößt, so daß sie durch deren Vagina in den Uterus kriechen können, um dort zu ejakulieren und die Betreffende zu schwängern. Cf. M. Last, 2004, S. 724. Auch bei den Tuareg im algerischen Ahaggar kommt es vor, daß Frauen von einem *kel-essuf*-Geist geschwängert werden. Cf. F. S. Arkam, 2013, S. 238. In den arabischen Gegenden glaubt man, in der Wüste lauere die *ghūla* als betörende Jungfrau

auf einen einsamen Wanderer, und während sie ihm scheinbar sexuell zu Willen ist, raubt sie seinen Geist und macht ihn wahnsinnig. Neben den *jinn* treibt sich auf den nordindischen Begräbnisstätten auch der »Große Friedhofsdämon« Mahāsōnā herum, der so geil ist, daß er jede Frau zu besteigen versucht, die ihm begegnet. Deshalb zieht der Exorzist Frauenkleider an, um ihn so in eine Falle zu locken und in einen Hahn zu bannen. Cf. T. Padoan, 2015, S. 56. *Jinn* entführen am liebsten unschuldige junge Mädchen, um sie zu vergewaltigen. Cf. D. Ghanim, 2018, S. 58 f., 127.

3 Cf. N. B. Jones/M. J. Konner, 1976, S. 343; H. J. Heinz, 1978, S. 160 f.; G. Baer, 1984, S. 176 ff.; A. Johnson, 2003, S. 95, 202, 210; C. Izquierdo/ G. H. Shepard, 2004, S. 831 f., 834; ders., 2018, S. 186; C. Wagley, 1959, S. 411; G. Reichel-Dolmatoff, 1971, S. 87 ff., 225, 231; D. Drozdow-St. Christian, 2002, S. 127; K. C. Riley, 2003, S. 640; R. C. Suggs, 1966, S. 160; I. Nabokov, 1997, S. 300 f.; A. K. Das, 2012, a. a. O.; K. K. Lauva, 1963, S. 176 f.; M. Hermanns, 1966, 99 f.; R. Pottier, 2007, S. 39. Wenn im alten China Nonnen oder züchtige Jungfrauen unversehens schwanger wurden, sprach man von einer »Geisterschwangerschaft« als Folge einer nächtlichen Vergewaltigung durch lüsterne Geister. Ihnen entsprachen im alten Mesopotamien die *lilū*-Dämonen, die Geister von jungen Männern, die gestorben waren, bevor sie eine Frau berührt hatten und deshalb umherstreiften, um geschlechtsreife Mädchen und Frauen zu schänden, die anschließend oft nervenkrank wurden und sich in der Öffentlichkeit nackt zur Schau stellten sowie Koitusbewegungen ausführten. Ihr Pendant waren die *ardat lilī*, jungfräulich gestorbene junge Mädchen, die es liebten, sich als *succubus* unter die Männer zu legen. Dadurch wurden die Männer »dauerbrünstig« und hatten durch »die Hand der *ardat lilī*« ständig eine Erektion. Schlimme Folgen hatte es auf der indonesischen Insel Seram für ein junges Mädchen der Alfuren, wenn es von dem Buschgeist *liwa-liwa* mißbraucht wurde, denn hinterher trat Schaum vor ihren Mund, ihre Schamlippen schwollen an und sie starb. Dasselbe widerfuhr den jungen Männern, deren Penis sich dann aufblähte. Nach Überzeugung der Maisin im östlichen Neuguinea penetrieren die aalgestaltigen »Wassermänner« (*yun tamati*) gerne badende Frauen. Auf den Zeremonialplätzen der Yolngu im nordöstlichen Arnhemland durften nur die Frauen, die ihre Menopause hinter sich hatten, breitbeinig dasitzen, weil sie von den Geistern zwar penetriert, aber nicht mehr geschwängert werden konnten. Jüngere Frauen wurden bei den zentralaustralischen Aranda von den *iruntarinia*-Geistern nicht nur vergewaltigt, sondern in ihre Höhlen entführt, wo die Geister sich von da an ständig an ihnen vergingen. Cf. C. Furth, 1999, S. 90, 258; F. A. M. Wiggermann, 2010, S. 417; J. Röder, 1948, S. 38; J. A. Scurlock, 2014a, S. 101 ff.; J. Barker, 2008, S. 124; I. Keen, 1994, S. 264; B. Spencer/F. J. Gillen,

1927, I, S. 425 f. Im Fiji-Archipel werden viele junge Männer nachts gegen ihren Willen von den männlichen *tuwawa*-Geistern masturbiert. So erzählte ein Mann, eines Nachts sei ein *tuwawa* an sein Bett getreten und habe, nachdem er die Vorhaut seines unbeschnittenen Penis zurückgezogen habe, seine Eichel stimuliert; er habe jedoch den aufdringlichen Geist vertreiben können. Doch zahllosen Männern gelingt dies erst, nachdem sie ejakuliert haben. Cf. B. Quain, 1948, S. 321.

4 Cf. J.C. Goodale, 1995, S. 47, 165; L. Taylor, 2005, S. 183; M. Epprecht, 2012, S. 520; V.W. Turner, 1957, S. 151; P.C. Ray, 1969, S. 11; R. Romberg, 2003, S. 153 f. Die Schamaninnen und Schamanen der brasilianischen Mehináku und ihre Hilfsgeister empfinden eine so starke gegenseitige Anziehung, daß es keiner großen Überredungskraft bedarf, wenn zum Beispiel ein Geist eine Frau verführen will. Bei den Quechua im ecuadorianischen Tiefland haben viele Männer sehr häufig Sex mit »Geisterfrauen« (*saena warmi*), was ihre Ehefrauen für gewöhnlich tolerieren, weil jene ihren Männern helfen, bei der Jagd erfolgreich zu sein. Außerdem haben auch die Frauen bisweilen Geschlechtsverkehr mit den Boa-Männern, und sie sagten einer Ethnologin, ein solcher Geist könne sie sexuell ebenso befriedigen wie ein Mann. Den Berichten der Frauen zufolge scheinen sie den Sex mit diesen Geistern in Gestalt von Riesenschlangen besonders zu genießen. Dies gilt allerdings nicht für den Geschlechtsakt mit den Wassergeistern (*duyñu*), die den badenden Frauen zwischen die Schenkel kriechen, nachdem sie sie willenlos gemacht haben, ein Vorgang, der eher einer Vergewaltigung gleicht und durch den die Frauen manchmal schwanger werden. Auch die ghanaischen Pfingstler gehen meist davon aus, daß eine Frau, die sich ihrem Mann verweigert, einen Geist als Liebhaber hat. Um eine solche Liaison von vornherein zu verhindern, sagt man bei der Hochzeit: »Was Gott zusammengefügt hat, soll kein Mensch, kein Geist, kein Dämon trennen!« Cf. C. Stang, 2009, S. 49, 84 f.; R. Harrison, 1989, S. 149, 163, 170; J. Soothill, 2015, S. 201. Als »extrem erregend«, aber auch als beängstigend und abartig bezeichnen die Frauen der Iban-Dajak auf Borneo den Koitus mit dem *tunang*-Geist. Bei den Arakmbut im peruanischen Tiefland haben die Heiler mit ihren weiblichen Hilfsgeistern (*ndakmbayorokeri*) regelmäßig Geschlechtsverkehr. Möglicherweise schlafen auch die Heilerinnen mit ihren männlichen Hilfsgeistern und sind nur zu schamhaft, um darüber zu reden. Die Geisterfrauen der Enga im westlichen Hochland von Neuguinea lehrten den jungen Burschen die Techniken des Geschlechtsverkehrs und machten sie »mannbar«. Bei den Kodi auf Sumba heilte der weibliche Pythongeist bei Männern deren Impotenz. Hatte bei den Nakhi in Yünnan eine Frau besonders hübsche Kinder, hieß es, sie habe sich in einen *ngaräja*-Geist verliebt und sei von ihm geschwängert worden.

Cf. C. Sather, 1978, S. 315, 334; A. Gray, 1997, S. 21, 52f., 82, 87; ders., 2002, S. 30; J. Hoskins, 1988, S. 84f.; P. Goulart, 1957, S. 171.

5 Cf. P. Schrede, 2007, S. 25; I.M. Lewis, 1999, S. 111; P.L. Ravenhill, 1996, S. 2f., 46; H. Huber, 1963, S. 137ff.; J. Spieth, 1906, S. 510, 806f., 870; V.W. Turner, 1967, S. 204; V. Elwin, 1955, S. 149; T. Luedke, 2011, S. 164; C. Mallebrein, 2014, S. 63f.; H. Unterste, 1978, S. 262, 267ff. Die Geister sind nicht nur eifersüchtig, sondern auch sehr leicht sexuell erregbar. So heißt es bei den Lelet im melanesischen Neuirland, eine Frau solle sich beim Geschlechtsverkehr so diskret und unauffällig benehmen, daß der Geist ihn gar nicht erst bemerke, und um ihm nicht aufzufallen, solle sie sich auch nie nackt waschen. Die nigerianischen Pfingstler sagen, daß manche Frauen zwar ganz bewußt eine Ehe mit einem Geist eingingen, doch die meisten wüßten überhaupt nicht, daß sie mit einem Geist verheiratet seien, obwohl ihre sexuellen Träume und Visionen darauf hindeuteten. Gegen ihren Willen würden zum Beispiel Frauen von Geistern geheiratet, die von ihnen ein Geschenk annehmen, die an traditionellen Tänzen und Ritualen teilnehmen, sich »sexy« kleiden, Hosen tragen, Alkohol und Drogen konsumieren, sich in Discos aufhalten und die masturbieren oder Männer fellationieren. Pfingstler in Kinshasa berichteten, daß eine Schauspielerin, die im Fernsehen eine Prostituierte gespielt habe, von einem »Geist der Unzucht« besessen worden sei, so daß sie sich gegen Geld allen Männern hingab, die das wollten. Bei den Urapmin der West-Sepik-Provinz sind die »Beuteltierfrauen« (*nuk wanang*), die »Geisterfrauen« der Jäger, und bei den Duna der weibliche Geist Payame Ima dermaßen eifersüchtig auf deren Menschenfrauen, daß sie diese töten, wenn sie weiterhin mit ihren Männern schlafen. Eheähnliche Verhältnisse bestehen auch zwischen den Schamanen der Hunzakut im zentralasiatischen Karakorum und den Feen, die zudem ihre Hilfsgeister sind, aber auch zwischen ihnen und den Jägern, die zur Wildziegen- und Steinbockjagd ins Hochgebirge, die Wohnstätte der Feen, hinaufsteigen müssen. Hat einer der Männer auch nur ein einziges Mal mit einer Fee geschlafen, darf er keine menschliche Frau mehr anrühren. Und hat er einmal an den Brustwarzen einer Fee gesaugt, besteht zwischen ihm und ihr ein Milchverwandtschaftsverhältnis, und jeder Sex zwischen ihnen wäre Inzest. Allerdings sind manche Geisterehen nur fingiert. Um die Homosexualität Sultan Meḥmuds, des Herrschers des malaiischen Staates Johor im 17. Jahrhundert, zu verschleiern, verkündete man dem Volk, er sei mit einer Fee verheiratet, die einen Geschlechtsverkehr mit einer Frau nicht dulde. Schließlich nötigte man eine Hofdame, den Sultan zu fellationieren und das Ejakulat zu schlucken, worauf sie ihm angeblich einen Sohn gebar. Cf. R. Eves, 1998, S. 162; P. Gifford, 2015, S. 118; K. Pype, 2012, S. 135; J. Robbins, 2004, S. 210; P. J. Stewart/A. Strathern, 2002,

S. 94, 103; H. Senft/W. Senft 1986, S. 83, 93, 95, 102; B.W. Andaya, 2006, S. 173.

6 Cf. C.Wagley, 1977, S. 182; A. Friedrich/G. Buddruss, 1955, S. 50; K. Mild-nerová, 2015, S. 200; J. Bonhomme, 2016, S. 27; D. Haller, 2016, S. 46; F. Cannell, 1999, S. 98; G. Henningsen, 1997, S. 182; R.A. Monroe, 1972, S. 180 f., 186; L.J. Sternberg, 1935, S. 246; E.S. Burch, 1971, S. 154; W. Zur-fluh, 1983, S. 83; W. Mrsich, 1978, S. 117 f.; J.M.Windt, 2015, S. 109 ff.; 117 f.; J. Ehrenwald, 1974, S. 230 f.; P. Garfield, 1980, S. 158 f.; W.v. Siebenthal, 1984, S. 245; R. Schönhammer, 2004, S. 318 f.; I. Baruss, 2003, S. 99; R.K. Dentan, 1968, S. 141, 145; K. Stewart, 1969, S. 165 f.; G. Cramer, 1982, S. 66. Sexuelle Erregung wie auch große Wut und Angst bewirken meist, daß die Betreffenden aus ihrem Luziden Traum aufwachen. Cf. D. Draais-ma, 2015, S. 153, 286. Nach P. McNamara (2019, S. 184) ist ein Luzider Traum »a REM partial awakening state. Thus it is not strictly speaking a sleep state – even though it most often arises within sleep.« Erektionen der Klitoris und des Penis, eine intensive Lubrikation der Vagina sowie Ejakulationen von Sperma treten häufig in den REM-Phasen des Schlafes auf, müssen aber nicht unbedingt von sexuellen Träumen begleitet sein. Cf. M. Hirshkovitz, 1993, S. 539; K. Mann/O. Benkert, 2001, S. 12.

7 Cf. F.W. Funke, 1978, S. 122; H.P. Duerr, 2015, S. 287 f.; J. Dournes, 1978, S. 222 ff.; J.-P.Chaumeil, 1983, S. 176, 291; M. Harris, 2014, S. 121; B.J. Meg-gers, 1950, S. 27; V. Servais, 2005, S. 213 ff., 225; A. Halloy/V. Servais, 2014, S. 484, 495; M. Rothstein, 2014, S. 124; J. Clark, 1990, S. 121 f.; H. Petzsch, 1992, S. 256; F. Jeffrey/J.C. Lilly, 1990, S. 121 f.; ARD, 19. August 2018; C. Bondar, 2016, S. 135; A Kieling, 2013, S. 197; M. Miersch, 1999, S. 63; M. Bryden, 2004, S. 136; R. Morris, 2004, S. 207; R. Wells, 2000, S. 98; G. Huggan, 2017, S. 304 f.; S.T. Newmyer, 2017, S. 103; W. Gewalt, 1987, S. 364, 396 f.; N.H. Lents, 2016, S. 137; B. Würsig, 2000, S. 173 f., 179; D. Everett, 2010, S. 253; H. Dietschy, 1965, S. 72 f.; R. Karsten, 1935a, S. 231; C. Velder, 1971, S. 280; Harris, a.a.O., S. 121. In manchen Gegenden am Amazonas und Orinoko gilt der *bōto* als Wiedergeburt eines Menschen, und auch auf den mikronesischen Gilbert-Inseln verwandelt sich jeder Ertrunkene in einen Delphin, der sich aber zeitweise in einen Mann oder eine Frau zurückverwandeln kann, wenn er sich in einen Menschen ver-liebt hat oder sich von ihm sexuell angezogen fühlt. Auf Puluwat im Ka-rolinen-Archipel gibt es einen Süßwasserteich, in den sich nachts, wenn alle Menschen schlafen, Delphine aus dem Meer begeben, aus ihren Häu-ten schlüpfen und als hinreißend schöne nackte Mädchen baden. Im Ba-tuque, einem Mischkult indianischer, afrobrasilianischer und volkska-tholischer Herkunft, werden die Anhänger vom Geist des *bōto* besessen. Cf. T. Piantanida/A. Alcântara, 2013, S. 117; S. Koch, 1966, S. 46 f.; S.D. Thomas, 1987, S. 168; G.E. Simpson, 1978, S. 199; E. Cohen, 2007, S. 44.

Auch andere Säugetiere sind zum Sex mit Menschen bereit, und zwar nicht nur Menschenaffen, sondern auch Hunde. Während der Diktatur in Argentinien und Chile ließen die Machthaber zahlreiche verhaftete Frauen von Schäferhunden vergewaltigen. Cf. I. Agger/ S. B. Jensen, 1993, S. 689 f.

§ 21 Besessenheit und vaginale Penetration

1 Cf. S. Krippner, 1994, S. 344; M. Carrin, 1999, S. 110; N. Amsler, 2018, S. 202; M. Kilson, 1971, S. 19 f., 213 f.; J. K. Asamoah-Gyadu, 2013, S. 48; E. J. Krige/J. D.Krige, 1943, S. 243; D. M. Spencer, 1941, S. 10; A. Fadiman, 2000, S. 31, 79; G. Scholem, 1973, S. 220, 302; R. Lötzsch, 2018, S. 64; E. Bourguignon, 2005, S. 385; Y. Lior, 2015, S. 114 f.; M. Idel, 2008, S. 67 f.; A. Werberger, 2009, S. 217; J. H. Chajes, 2003, S. 159; E. F. Howell, 2005, S. 34; G. Necker, 2008, S. 149, 152; D. Greenberg, 2009, S. 237; Y. Bilu, 2001, S. 332 f.; W. F. Bonin, 1984, S. 456; K. Kunze, 1998, S. 27; G.W. Dennis, 2016, S. 115, 254, 336 f.; R. Littlewood/M. Lipsedge, 1989, S. 182. Weil Samael auf Grund der Kastration impotent war, konnte er natürlich auch seine Frau Lilith nicht mehr penetrieren, weshalb sie sich nach talmudischer Überlieferung nachts über allein schlafende Männer hermachte und ihnen ihr Sperma abzapfte, um mit ihm geschwängert zu werden und Dämonen zu gebären, die dann ihrerseits junge Frauen und Mädchen vergewaltigten.

2 Cf. W. Ringwald, 1952, S. 43; F. E. Besmer, 1983, S. 102 f.; B. Hauser, 2000, S. 147 f.; S. N. Ling, 2015, S. 228; C.-M. Edsman, 1967, S. 157; R. Godbeer, 1992, S. 108; H. Weber, 1999, S. 139; C. Meyer, 1884, S. 294; B. Streck, 1996, S. 190; I. M. Lewis, 1986, S. 28. Die Mehrheit der besessenen Frauen im *bori*-Kult sind üblicherweise junge Mädchen, die zum Beispiel einen von den Eltern bestimmten Ehemann nicht heiraten wollten und von zu Hause wegliefen, um ihren Lebensunterhalt als *karuwai* zu verdienen. Cf. M. F. Smith, 1964, S. 25, 63 ff.; D. Berliner, 2006, S. 436. Als im Jahre 1613 die Nonne Simone Dourlet im Birgittenkloster von Lille von Beelzebub gezwungen wurde, ihren Genitalbereich zu entblößen und Koitusbewegungen auszuführen, griff dies ebenfalls epidemisch auf die übrigen Nonnen und Novizinnen über. Ebenso verhielt es sich 1632 bei den Nonnen des Ursulinenklosters von Loudun in der Diözese Poitiers und zehn Jahre danach im Kloster von Louviers. In einem anderen Kloster schlüpfte ein dämonischer Hund acht Jahre lang unter die Gewänder der Nonnen und leckte sie so lange zwischen den Beinen, bis sie anfingen, mit dem Becken zu stoßen und laut zu stöhnen und zu schreien. Das Sich-nackt-Ausziehen war schon immer mit Besessenheit verbunden. So verlauten etwa die ostsyrischen Thomasakten aus dem frühen 3. Jahrhundert, daß

der Apostel zwei Frauen von einem Dämon befreite, der sie auf offener Straße zwang, sich vollständig zu entkleiden und sich dadurch zu entehren. Cf. C. Piat, 1985, S. 158; H.J.Wolf, 1980, S. 560, 562; H.P. Duerr, 1978, S. 179; O.J. Hartmann, 1952, S. 235; G. Guttenberger, 2003, S. 114f.; D. Bárth, 2013, S. 86.

3 Cf. E.R. Dodds, 1951, S. 70f.; W. Burkert, 1997, S. 19f.; J.L. Lightfoot, 2007, S. 8ff.; G.A. Owens, 1996, S. 178; A. Strataridaki, 2003, S. 190; Aischylos: *Agamemnon* 1204, 1208, 1256; H.L. Jansen, 1969, S. 108; S. Murnaghan, 2015, S. 266f.; K.J. Dover, 1987, S. 52, 56; H. Stumfohl, 1971, S. 91; Ovid: *Metamorphosen* XIV, 132f.; K. Kerényi, 1976, S. 355; P. Bonnechere, 2007, S. 154; Johannes Chrysostomos: *Predigten* XXIX; Origines: *Gegen Celsus* VII. 3,5; Lucan: *Der Bürgerkrieg* V, 165ff. Cicero (*De Divinatione* I. 31) war der Meinung, Kassandra habe sich dennoch von Apollon defloriert gefühlt, weil er in ihren Körper gelangt sei. E. Bethe (1907, S. 467f.) war der Überzeugung, daß der Gott der Pythia seine Fähigkeiten vaginal mit seinem Sperma eingegeben habe. Doch zur Zeit des Plutarch, der im Jahre 95 Apollonpriester in Delphi wurde, gab es auch Stimmen, die behaupteten, Apollon sei als Gott viel zu erhaben, um einem Mädchen durch die Vagina zu kriechen, so daß er gewiß zu diesem Zweck einen δαίμων zu ihr geschickt habe. Auf alle Fälle hieß es in der Antike immer wieder, die Penetration sei für die Pythia und andere jungfräuliche Medien schmerzhaft gewesen. Vor dem Akt galten sie als Bräute und danach offenbar als Ehefrauen des Gottes, die deshalb mit keinem anderen Mann schlafen durften. Dies galt für alle von Apollon deflorierten und geschwängerten jungen Mädchen, etwa für Koronis, die Tochter des Lapithenkönigs Phlegyas, die von Apollon mit einem Pfeil getötet wurde, nachdem sie sich einem Mann hingegeben hatte. Nach Herodot (I. 182) wurde in Patara die Prophetin des Apollon nachts im Tempel des Gottes eingeschlossen. Da sie als seine Braut galt, ist anzunehmen, daß er sie dann jedesmal penetrierte. Die Pythia war ἔνθεος, d.h. sie sprach vermutlich seit Einrichtung des delphischen Orakels, die spätestens im 8. Jahrhundert v.Chr. stattfand, in Zungen, was von den Kultdienern gedeutet wurde. Jedenfalls kommentierte schon Heraklit: »Der Gott von Delphi offenbart weder die Wahrheit noch verbürgt er sie, sondern er deutet sie an«, und den Priestern obliegt es, etwas aus seinem Fingerzeig herauszulesen. Cf. S.J. Johnston, 2015, S. 484; R. Padel, 1983, S. 13; E. Fehrle, 1910, S. 6f., 9, 96; E.R. Dodds, 1973, S. 197.

4 Cf. E.R. Canda, 1983, S. 39f.; U. Johansen/S. Knödel, 2000, S. 257; T. Kim, 1983, S. 268ff.; C.-Y. Yi, 1983, S. 193; E. Beuchelt, 1975, S. 146f.; L. Kendall, 2009, S. 73f., 115; H.-a. Park, 2000, S. 402; J.Y. Lee, 1981, S. 172ff.; G. Obeyesekere, 1969, S. 176; F. Mernissi, 2002, S. 304; V. Crapanzano, 1992, S. 179, 183; Leemhuis, a.a.O., S. 219; Nabhan, a.a.O., S. 42, 137, 216f.;

M. Limbert, 2006, S. 425; R. Kriss/H. Kriss-Heinrich, 1962, S. 143, 166, 173; R. Natvig, 1988, S. 58 ff.; J. G. Kennedy, 1977, S. 378; A. Schneider, 1997, S. 35 f. Viele koreanische Schamaninnen empfinden heutzutage den Ausdruck *mudang* als abschätzig und benutzen »politisch korrekte« Begriffe wie *mansin*, »10 000 Götter«. Cf. C. Kim, 2003, S. 23. Die Amhara-Frauen von Gondar sagen, das Gefühl der Besitzergreifung durch einen *zār* sei genau dasselbe wie die Empfindung, die sie haben, wenn ein Mann seinen Penis in ihre Vagina einführe. In Marokko gelten ständige sexuelle Erregung und Lubrikation der Vagina bzw. fortwährend auftretende und ungewöhnlich lange anhaltende Erektionen als Anzeichen einer Besessenheit. Immer wieder auftretendes sexuelles Verlangen unberührter junger Mädchen wird auch im Sudan als ein Indiz dafür gesehen, daß sich ein Geist an ihnen zu schaffen macht, weshalb sie so schnell wie möglich verheiratet werden müssen. Solche Mädchen und alleinstehende junge Frauen geben es aber im nördlichen Sudan nicht gerne zu, daß sie von einem *zār* besessen sind, weil sie dann nicht mehr als *virgo intacta* gelten. Auch auf dem anatolischen Dorf wird ein Mädchen, in das ein *cin* eindringt, unrein, wie nach der Defloration durch einen Mann. Cf. V. Crapanzano, 1986, S. 13; M. Leiris, 1977, S. 205; J. Boddy, 1989, S. 166 f.; S. Strasser, 2001, S. 169 f. Als gefährlichste Art von *jinn* gilt in den muslimischen Ländern der *ghūl*, weshalb man in Persien auf dem Land den Frauen rät, sie sollten in dem Falle, daß ein *ghūl* ihnen erscheint und seine Genitalien entblößt, um sie zu mißbrauchen, seine Hoden packen und mit aller Kraft zusammenquetschen, worauf er sie vor Schmerz loslasse und sich aus dem Staube mache. Gewöhnliche *jinn* sind trotz ihrer ständigen Lüsternheit viel menschenfreundlicher, ja einstmals lauschten sie, wie es im Koran heißt, sogar an der Himmelspforte, um ausgewählten Menschen mitzuteilen, was dahinter besprochen und angeordnet wurde. Cf. M. Omidsalar, 2006, S. 418; Qur'ān 72.9; J. Waardenburg, 1984, S. 266. Ähnlich wie bei der Pythia »übersetzt« im Falle der *zār*-Braut der Vorstand des betreffenden Schreins das unverständliche Gestammel des Mediums. Cf. B. Streck, 2018, S. 320 f.

5 Cf. M. Strickmann, 2002, S. 245 f.; J. v. Görres, 1842, S. 428; O. J. Hartmann, 1952, S. 234; J. Corveleyn, 2007, S. 102, 106; C. Guttierez, 2008, S. 344 ff.; A. Versluis, 2015, S. 40; I. Nabokov, 1997, S. 302, 308; B. Pfleiderer, 1994, S. 122; M. Abdou, 2007, S. 33 f.; M. Marhoffer-Wolff, 2002, S. 14 ff., 114 ff., 145 f.; H. Berger, 1983, S. 29; J. Rosenthal, 1998, S. 114, 141 f.; M. Roseman, 1987, S. 144 f.; R. Dentan, 1968, S. 85 f.; K. Endicott, 1979, S. 149. Für weitere Beispiele cf. M. Horton/J. Middleton, 2000, S. 191; A. Höfer, 1994, S. 27; D. N. Levine, 1965, S. 70; B. McKenna, 2006, S. 1354. Im Südwesten Madagaskars löst eine Helferin dann, wenn sie spürt, daß ein *doany*-Geist begierig ist, in eine Frau zu fahren, deren Haar. Dadurch signalisiert die

Frau dem Geist, daß es auch sie danach gelüstet, von ihm penetriert zu werden, denn nur Wahnsinnige oder Frauen, die sich einem Mann hingeben wollen, tun dies. Bei den Hadjerai im Tschad möchten nur die verheirateten Frauen von den Geistern (*margai*) »bestiegen« (*oko*) werden, während die jungen Mädchen sich dagegen sträuben, weil eine Besessenheitsepisode ihre Heiratschancen verringern würde. In Burma dürfen dagegen die jungen Mädchen mit den *nat*-Geistern schlafen, ohne ihre Jungfräulichkeit dadurch zu verlieren. Offenbar werden bei Besessenheitsritualen nicht nur die Besessenen bis zum Orgasmus stimuliert. So verlautet ein alter javanischer Text über das Gamelan-Orchester während eines solchen Rituals: »Die Musiker waren alle sexuell erregt, angespannt und geil. Sie hatten das Gefühl (*rasa-rasa*), es nicht mehr länger aushalten zu können« und ejakulieren zu müssen. Cf. C. Paulsen, 1999, S. 565; P. Fuchs, 1970, S. 181, 224; R.L. Winzeler, 2016, S. 96; J. Becker, 2004, S. 61.

6 Cf. R.L. Stirrat, 1977, S. 141, 143, 150f.; G. Obeyesekere, 1981, S. 33, 88f.; N. Wijesekera, 1949, S. 102f.; D. Mosse, 2006, S. 104, 117f.; J.G. Snodgrass, 2004, S. 784f.; C.J. Fuller, 1992, S. 233; B.M. Knauft, 1989a, S. 69ff.; ders., 1985, S. 32, 295f.; ders., 2005, S. 71; E.M. Cantrell, 1998, S. 96ff., 205; R.C. Kelly, 1977, S. 26; ders., 1993, S. 295, 308, 316; E.L. Schieffelin, 1976, S. 98, 213; L. Kendall, 2009a, S. 307f.; I.M. Lewis, 1990, S. 32; J. Schober, 2004, S. 805; E. Grunewald, 1990, S. 129; P. Sagant, 1976, S. 63; P. Caplan, 1992, S. 69; dies., 1997, S. 172f.; S. Knödel, 1998, S. 52; M. Erpprecht, 2012, S. 524; M. Nabhan, 1995, S. 99; E. Littmann, 1950, S. 59; L. Kendall, 1993, S. 434. Wenn bei den Ganda im Nordwesten des Viktoriasees ein Gott ein künftiges Medium deflorierte, war die Betreffende zwangsläufig seine Ehefrau. Der Koitus mit ihm war offenbar äußerst anstrengend, denn die Frau lag anschließend völlig erschöpft am Boden. Das Medium der südlich des afrikanischen Benuë lebenden Bachama war eine mit dem Gott Nzeanzo verheiratete Jungfrau, die er jede Nacht besuchte, um mit ihr zu schlafen und ihr seine Wünsche mitzuteilen. Sie mußte keusch leben, aber der Gott konnte nach Belieben jede Frau besteigen. Die Schamanen der Buryaten in Sibirien hatten zwei Ehefrauen, von denen eine auf der Erde und die andere im Himmel wohnte. War die eine schwanger, konnte die andere nicht empfangen. Viele Schamaninnen der indischen Saora wurden von Geistern geschwängert und zogen die Kinder in der Unterwelt auf. Wie in den alten Zeiten die *miko* ist auch heute noch die *itako*, das Medium im Nordosten Honshūs, mit dem Gott, von dem sie besessen ist, verheiratet und schläft regelmäßig mit ihm. Cf. J. Roscoe, 1911, S. 274f., 298; C.K. Meek, 1931, I, 29f., 36; H. Findeisen, 1957, S. 75; C.v. Fürer-Haimendorf, 1967, S. 215; C. Blacker, 1975, S. 147. Der Schamane der Ma' Betisék auf der malaiischen Halbinsel schläft in steter Folge mit seinen weib-

lichen Hilfsgeistern oder mit den Frauen der männlichen, aber er meidet Menschenfrauen, weil er sich ebenso wie die Medien (*makdok*) der Belu auf Timor vor der Rache der Geister fürchtet. In der kubanischen Santería soll das Bett nicht in der Nähe des häuslichen Altars stehen, weil der *orishá* sonst beim Beischlaf der Kultteilnehmer mit dem Ehepartner zuschaut und eifersüchtig wird. Aber auch diese können mißgünstig reagieren, wenn sich z. B. die Gattin von einem Geist besteigen läßt. Die Begriffe *montar* (»besteigen«) und *coger* (»anfassen«) für die Besitzergreifung durch einen Geist in der Santería bedeuten im Volkskubanischen »jemanden ficken«. Die Frau eines Marokkaners, der mit einer *jinnīya* zu schlafen pflegte, war darüber dermaßen erbost, daß sie sich fortan ihrem Mann sexuell verweigerte. Cf. W.-J. B. Karim, 1981, S. 162 f.; B. A. G. Vroklage, 1953, S. 171; B. E. Schmidt, 2002, S. 145; K. J. Hagedorn, 2010, S. 147; E. Westermarck, 1926, S. 266; R. Horton, 1969, S. 38.

§ 22 Bedingungen der Besessenheit

1 Cf. S. Holtz, 2012, S. 205; J. O'Brien, 2015, S. 244 f.; S. Conway, 2014, S. 36 f.; S. Tanabe, 2002, S. 54; M. Peletz, 1996, S. 171, 177; L. A. Sharp, 1993, S. 122 f.; 174 ff.; dies., 1999, S. 4; A. Eriksen, 2012, S. 117. Im nordpakistanischen Yasintal zeigt sich die Aktivität der Männer und die Passivität der Frauen auch darin, wie beide Geschlechter besessen werden. So ruft der Schamane (*betán*) die weibliche Fee herbei, während das weibliche Medium (*mómalas*) wartet, bis der Feenmann von sich aus kommt und sie in Besitz nimmt. Dagegen heißt es in der Bevölkerung des südwestlichen Mali, daß die Frauen zu zart und schwach seien, um die androgyne Gottheit Nya in sich auszuhalten, weshalb diese sich lieber an Männer heranmache, weil sie stark genug seien, sie zu ertragen, ohne zusammenzubrechen. Auch bei den Modoc im Grenzgebiet zwischen Kalifornien und Oregon waren Frauen sehr viel seltener Schamanen als Männer, weil die Hilfsgeister äußerst ungern in den Körper von Menschen einfuhren, die menstruierten. Wenn überhaupt, wurden deshalb Frauen erst nach der Menopause Schamaninnen. Männer, die dem »Ruf der Geister«, Schamanen zu werden, nicht Folge leisten wollten, schmierten sich mit Menstruationsblut ein, so daß die Geister das Weite suchten. Cf. Marhoffer-Wolff, a. a. O., S. 350 f.; J.-P. Colleyn, 1999, S. 73; T. Stern, 1998, S. 459.
2 Cf. J. Y. Lee, 1981, S. 171 f.; C. Rocha, 2009, S. 241; R. W. Hefner, 2009, S. 275; J. Marrow, 2016, S. 64; A. A. Perminow, 2003, S. 165 ff.; G. Flood, 2003, S. 216; J. Sherill, 2004, S. 162; M. Kelsey, 1981, S. 212; B. Saler, 1977, S. 291 f.; B. Formoso, 2014, S. 545 f.; E. M. Zuesse, 1979, S. 199; R. Littlewood, 2002, S. 160; I. M. Lewis, 1961, S. 261; A. Métraux, 1959, S. 131; H.

Courlander, 1960, S. 20; P. Fiedler, 1999, S. 142; V. Z. Cardoso, 2014, S. 98; R. M. Becker, 1995, S. 212; V. Teisenhoffer, 2013, S. 80; S. M. Greenfield, 2008, S. 132; D. Mosse, 2006, S. 117; F. W. Kramer, 1991, S. 66 f.; ders./ G. Marx, 1993, S. 84 f., 167. Vielleicht ist die Besessenheit bei den Korongo eine neuere Erscheinung, denn nach R. C. Stevenson (1950, S. 215) gab es sie vor der Mitte des vergangenen Jahrhunderts bei den Korongo und anderen Stämmen der südlichen Nubaberge noch nicht. Wenn die *lwa* des Vodú durch Singen, Tanzen, Klatschen und Glöckchenklang darauf aufmerksam gemacht werden, daß eine *sérémonie* für sie stattfindet, kommen sie herbei, um sich zu inkorporieren, aber nur dann, wenn die Anwesenden vor Begeisterung »heiß« (*cho*) sind. Auch die madegassischen Tanala sagen, starke Gefühle positiver oder negativer Art seien eine ideale Voraussetzung für Besessenheit, während die Singhalesinnen Besessenheitsgeister vor allem anziehen, wenn sie nackt sind und ihr Genitalbereich zu sehen ist. Cf. G. Obeyesekere, 1969, S. 176. So fielen einst die Schamaninnen der Saora in Orissa in Trance, wenn sie dem Grammophon des Ethnologen, für sie ein Wunderwerk, lauschten. In Kuba kam es bisweilen vor, daß die Santeros, die für Touristen oder Dokumentarfilme die Bewegungen von Besessenen nachahmten, ungewollt von den Geistern in Besitz genommen wurden. Cf. I. P. Lowenthal, 1978, S. 403 ff.; R. Linton, 1933, S. 235; V. Elwin, 1955, S. 470; P. C. Johnson, 2014, S. 39.

3 Cf. J. S. Maxmen/N. G. Ward, 1995, S. 314; R. E. Bartholomew, 1995, S. 36 ff.; P. M. Yap, 1977, S. 345 f.; T. M. Fraser, 1966, S. 57 f.; ders., 1960, S. 182 f.; L. A. Rebhun, 2004, S. 325; Peletz, a. a. O., S. 177 f., 186, 234; A. Ong, 2001, S. 349 f.; Y. Uchimura, 1956, S. 537 ff.; K. Wada, 1996, S. 308. Besessenheit war bei den Schamaninnen der Ainu allgemein üblich. Sie riefen neben der Feuerstelle mit der Trommel ihre Hilfsgeister, die dann in ihren Körper eindrangen und aus ihrem Mund redeten. Cf. M. Hoppál, 2002, S. 91. *Latah* war bei den Dusun im nördlichen Borneo nicht nur bei den Frauen im mittleren Alter, sondern auch unter jungen Mädchen verbreitet. Als einmal eine stolperte und darüber erschrak, rief sie laut den sehr unanständigen Satz: »Die Eier meines Großvaters sind golden!« Cf. G. N. Appell/L. W. Appell, 2003, S. 775. Andererseits konnten Geister auch aus dem Körper von Besessenen vertrieben werden, indem man sie erschreckte. Bei den Manchu-Tataren bestand der Exorzismus darin, daß der Schamane und die Kinder des Haushalts ohne Vorankündigung laut und gellend aufschrien, so daß die Geister vor Schreck den Körper des Kranken verließen. Cf. C. Humphrey, 1996, S. 214.

4 Cf. M. Kocur, 2016, S. 49; M. Covarrubias, 1956, S. 331 f.; L. M. Ross, 2016, S. 172 ff.; W.-E. Peuckert, 1955, S. 140; L. Lampere, 1983, S. 747; L. A. White, 1962, S. 236; D. Wong, 2001, S. 11, 233; P. B. Clarke, 2001, S. 70; H. Himmel-

heber, 1964, S. 3, 34, 37 f.; B. Telban, 1998, S. 168; A. Krause, 1956, S. 194, 200; F. de Laguna, 1972, S. 690, 699, 702; dies., 1977, S. 227 ff. Ähnlich verhielt es sich bei den Unalit an der Küste der Beringsee, den Labrador-Eskimo, den Baining im östlichen Neubritannien, den Yorùbà, den Kalabari und den Bo an der Elfenbeinküste. Cf. K. Birket-Smith, 1948, S. 217; E. M. Weyer, 1962, S. 425; E.W. Hawkes, 1916, S. 131; J. Fajans, 1997, S. 194 f.; R. Prince, 1964, S. 109; W. Rea, 2017, S. 114 f.; P. Spencer, 1985, S. 29; M. Adams, 2006, S. 10 ff. Die Gunantuna auf Neubritannien glaubten, daß die Schädelmasken berühmter Häuptlinge deren Lebenskraft auf die Maskentänzer übertrugen. Cf. H. Damm, 1963, S. 11. Eine junge Frau sagte, daß sie völlig ihre Persönlichkeit verändere, sobald sie Make-up auflege. Cf. C.L. Doyle, 2016, S. 130.

5 Cf. Birket-Smith, a. a. O., S. 205; D. Merkur, 1985, S. 112 f.; J.G. Oosten, 1984, S. 379 f.; D. J. Ray, 1967, S. 9 f.; E. Carpenter, 1973, S. 106; H. Pernet, 1992, S. 72; H. Himmelheber, 1953, S. 58; W.H. Oswalt, 1967, S. 219 f., 226 f.; M. Lantis, 1947, S. 54 f.; dies., 1984, S. 178; E.W. Nelson, 1899, S. 392; I. Kleivan, 1984, S. 617 f.; R. Petersen, 1984, S. 633; Hawkes, a. a. O., S. 127; R. F. Spencer, 1959, S. 266, 291 f.; W.B. Kemp, 1984, S. 473.

6 Cf. H. Unterste, 1978, S. 259; V. Turner, 1987, S. 56 f.; S. Katajala-Peltomaa, 2014, S. 114; O. M. Oztürk, 1964, S. 351; E. Crawley, 1929, S. 49; A. I. Berglund, 1976, S. 281; Leemhuis, a. a. O., S. 224 f.; M. Erlich, 1984, S. 228; K. B. Dernbach, 2005, S. 114, 119. Um die *jinn* auszutreiben, bläst der marokkanische *šarīf* in diejenigen Körperöffnungen, durch die der Geist eingedrungen ist. Vor allem ihre starke Libido, die diejenige der Männer bei weitem übertrifft, macht die jungen Tamilinnen, die nicht von Männern kontrolliert werden, völlig wehrlos gegen eine vaginale Penetration durch die Geister, zumal wenn sie Blumen im Haar tragen und Gesicht und Brüste mit Kurkuma-Paste eingerieben haben. Im mittelalterlichen Japan war eine Frau dieser Gefahr besonders dann ausgeliefert, wenn ihre Vulva »offen« war, etwa bei einer Geburt. Dann waren meist Exorzisten zur Stelle, die versuchten, die Geister durch Chanten, das Zupfen einer Bogensehne und durch Bewerfen mit Reiskörnern in die Unterwelt zurückzuscheuchen. Durch die Vagina und den After dringen bei den nordamerikanischen Nootka sowie vielen afrikanischen Stämmen die Schlangengeister in den Körper ein. So berichtete ein Informant der ghanaischen Dormaa, er habe eine Frau, offenbar eine Hexe, beobachtet, die auf dem Weg zum Markt unter einem Baum eine schwarze Schlange aus ihrer Vagina zog und sie anwies, an dem Baum auf sie zu warten. Cf. Z. Rhani, 2009, S. 40; Mosse, a. a. O., S. 117; Y. Suzuki, 2014, S. 76 ff.; F. Arima/J. Dewhirst, 1990, S. 404; H. E. Fink, 1989, S. 176.

7 Cf. W. Thalbitzer, 1931, S. 435; É. Lot-Falck, 1970, S. 127 f.; C. Plancke, 2011, S. 378 f.; F. R. Lapena, 1978, S. 332; H. Harrer, 1980, S. 100; V. Stefánsson,

1925, S. 245 f.; F. Boas, 1901, S. 132; L.C. May, 1954, S. 123, 136; A. Vallely, 2011, S. 68; K.M. Stewart, 1946, S. 334 f.; Oswalt, a.a.O., S. 223; B. Lawal, 1985, S. 91 f.; S.S. Walker, 1990, S. 118; F.C. Rehbein, 1989, S. 8, 77, 213; U. Schild, 1995, S 13; M.T. Drewal, 1989, S. 99; O. Audu, 2004, S. 953 f.; S. Gbadegesin, 1991, S. 38; R. Abiodun, 1994, S. 314, 316; A. Apter, 1998, S. 70; J.E. Dodson, 2001, S. 109; J. Wafer, 1991, S. 19 f.; M.A. de la Torre, 2016, S. 640. Bei der Initiation in den Candomblé legt der Priester beide Hände auf den Kopf des Initianden, damit eine Seelenbeziehung zwischen den beiden entsteht, die erst mit dem Tod endet, bei dem der *orí inú*, die Seele, den Körper verläßt. Cf. M.S. Omari, 1994, S. 142; W. Abímbólá, 1994, S. 111 f.; J.M. Murphy, 1994, S. 243. Ikonographisch wird das Einpflanzen des »inneren« in den »äußeren Kopf« durch die Plastik einer knienden Frau dargestellt, die sich dem Gott darbietet, indem sie ihm ihre nackten Brüste entgegenhält. Cf. R. Abiodun, 2008, S. 57 und Abb. 22.

8 Cf. P. McKenzie, 1980, S. 154; J.D.Y. Peel, 2002, S. 139; M. Fernández Olmos/L. Paravisini-Gebert, 2003, S. 216; S. Palmié, 1991, S. 251, 272; S. Pröschold, 2009, S. 142; Murphy, a.a.O., S. 90; S. Cruz, 2005a, S. 112; J.L. Matory, 2009, S. 245; Walker, a.a.O., S. 118 ff.; T.J. Csordas, 2004, S. 248; O.M. Rigaud, 1946, S. 51; B.E. Schmidt, 2014, S. 144; T. Perman, 2011, S. 66 ff., 80. Bei den Fɔn in Dahomey (heute Benin) wurde das künftige Medium im *hŭnkpame* (»Einfriedung des Geistes«) eingeschlossen, wo es von einem Gott besessen wurde. Danach benahm es sich wie ein anderer Mensch und gab zumindest vor, seine Eltern und Freunde nicht zu kennen und seine Sprache nicht mehr zu sprechen, die es erst wieder mühsam lernen müßte. Fortan war es jedem strikt untersagt, es mit seinem alten Namen anzureden. Bei einem Mädchen dauerte die Absonderung im allgemeinen drei Jahre, bei einem Buben neun Monate, aber bei beiden in alten Zeiten wesentlich länger. Meist waren die Kinder zwischen zehn und sechzehn Jahre alt, doch gelegentlich forderten die Götter auch Erwachsene, die zum Beispiel bei den Tänzen während der Frühlingszeremonien als Zuschauer plötzlich von einer Gottheit ergriffen wurden. Ob sie wollten oder nicht, wurden sie daraufhin bei Nacht in ein Leichentuch eingewickelt ins *hŭnkpame* gebracht, worauf man den anderen sagte, sie seien gestorben. Nach einer Woche wurde die »Leiche«, die fürchterlich stank, weil das Leichentuch aus der verwesenden Haut einer Ziege bestand, ins Freie getragen, wo der oder die Betreffende so lange von Frauen mit Wasser bespritzt wurde, bis er oder sie wiederauferstand. Cf. G. Parrinder, 1949, S. 91 ff.

9 Cf. P.B. Lerch, 1980, S. 140; E. Pressel, 1974, S. 137; H.H. Figge, 1973, S. 61 ff.; D.D. Brown, 1994, S. 83; R. Katz, 1999, S. 82; P. Fuchs, 1970, S. 226; C. Jacobs, 2005, S. 167; T. Monberg, 1991, S. 57, 59, 83. Die jakutischen Schamanen wurden von den recht unbedeutenden *ämägät*-Gei-

stern besessen, weil sie die großen Götter kaum in sich ausgehalten hätten. Aus diesem Grund tritt der Tigergeist der Semai nur in die Fingerspitzen der Schamanen ein. Auch die chinesischen Medien in Singapur sagen, daß die Götter nicht vollständig in ihren Körper eindringen, weil ihre Energie für Menschen zu stark sei. Ähnlich verhält es sich im Falle der *mwenembago*-Geister der Zaramo im Hinterland von Daressalam oder den Geistern der nepalesischen Gurung. Auch auf Bali ergreifen die hohen Hindugötter nie Besitz von einem Medium (*balian*), aber nicht weil sie zu stark, sondern weil sie zu erhaben sind. Hat sich aber ein weibliches Medium befleckt, zum Beispiel durch Geschlechtsverkehr, sind auch die niederen Götter nicht länger willens, sie zu penetrieren, weil sie dann unrein ist. Cf. Å. Ohlmarks, 1939, S. 232f.; P. Schebesta, 1928, S. 142; R.-I. Heinze, 1988, S. 95f.; M.-L. Swantz, 1970, S. 197, 213f.; B. Pignède, 1966, S. 299f.; A. Hobart et al., 1996, S. 190.

10 Cf. McAndrew, a.a.O., S. 35; V. Duchesne, 2013, S. 107; D.J. Hess, 1994, S. 77; J. Boddy, 2002, S. 404, 410, 415; I. Carey, 1976, S. 107f.; J.M. Kitagawa, 1969, S. 319. Im Unterschied zum Vodú, dem Candomblé, der Umbanda und den Afrokulten auf Trinidad wird eine Person in der Santería immer nur von einem einzigen *orishá* besessen, mit dem sie seit ihrer Geburt verbunden ist. Cf. I. Scharf da Silva, 2004, S. 141f.; J.T. Houk, 1995, S. 110. Chinesische Medien in Singapur behaupten, wie auch die der Sudanaraber, der Yorúbà, der Sansibaris und der Haussa, daß ein Geist gleichzeitig mehrere Personen in Besitz nehmen könne, aber wie er in der Lage sei, zur selben Zeit mehr als ein Medium zu »entern«, konnte niemand den Ethnologen erklären. Cf. Heinze, a.a.O., S. 96; K. Larsen, 2014, S. 14, 18; Drewal, a.a.O., S. 214, 216; M. Krings, 2009, S. 459.

11 Cf. F. Santos-Granero, 1991, S. 113ff.; W.H. Kracke, 2007, S. 108f.; E. Viveiros de Castro, 2007, S. 49; O. Zerries, 1964, S. 247; Z. Jokić, 2016, S. 114, 121; H. Findeisen, 1957, S. 169; T.A. Gregor, 1977, S. 340f.; Z. Rudy, 1962, S. 93ff.; M. Haavio, 1952, S. 127; Himmelheber, a.a.O.; C. Ducey, 1976, S. 200ff. Auch manche westliche Geistheiler tun zumindest so, als hätten sie sich in tierische Hilfsgeister verwandelt, und imitieren deren Verhalten wie einst die jakutischen Schamanen, die wilde Tierschreie ausstießen. Cf. E. Voss, 2011, S. 306; T. Yamada, 2015, S. 176.

§ 23 Besessenheit als anale Penetration und als Eröffnung von Freiheiten

1 Cf. D.N. Gellner, 2001, S. 101f., 213, 216; J. Belo, 1960, S. 111; L. Harlan, 1992, S. 66f.; dies., 2003, S. 80, 149; A.G. Gold, 1988, S. 258; C.G. Seligmann/B.Z. Seligmann, 1911, S. 134, 210; N. Wijesekera, 1964, S. 157; I. Rö-

sing, 2003, S. 140 f.; M. A. Mills, 2008, S. 144; G. Chesi, 2003, S. 44, 89, 175; F. Cannell, 1999, S. 90, 110; S. Ferchiou, 1972, S. 59 ff. Die Schamanen der araukanischen Mapuche hatten dagegen aus einem ganz anderen Grund eine sehr ambivalente Einstellung zur Besessenheit durch ihre Hilfsgeister (*pillan*). Sie fürchteten nämlich, daß ihre eigene, vom Körper losgelöste Seele währenddessen von einer Hexe überwältigt und entführt werden könnte. Cf. L. C. Faron, 1964, S. 124. In vielen Gegenden der Welt wird eine Besessenheit entweder für unmöglich gehalten oder abgelehnt, weil das Verhalten der Besessenen als verächtlich gilt. Cf. M. Fortes, 1979, S. 68; S. C. Seymour, 2015, S. 152; A. I. Pérez y Mena, 1991, S. 175; S. Engler, 2009, S. 464; R. Romberg, 2014, S. 241 f.

2 Cf. C. Plancke, 2011, S. 380; dies., 2014, 95; Y. Schaffler, 2009, S. 449; R. B. Lane/W. Suttles, 1990, S. 489; W. G. Jilek/L. Jilek-Aall, 1982, S. 132, 134; J. Vasconcelos, 2007, S. 127; K. Romberg, 2003, S. 75 f.; D. M. Spencer, 1970, S. 6 f. Im haitianischen Vodú ist es die Aufgabe des Priesters (*houngan*), festzustellen, von welchem Geist jemand besessen ist, und dessen wilde Kraft eventuell zu drosseln, damit er nicht allzu unbändig in den Besessenen tobt, sowie schlechte Geister (*movè lwa*), die man an ihrer monströsen Physiognomie erkennt, zu vertreiben. Daß eine Frau von einem solchen Geist besessen ist, erkennt man im *zār*-Kult daran, daß sie sich völlig hemmungslos verhält, die Umstehenden an den Kleidern reißt und umherwirbelt, gewalttätig wird, sich auszieht und nackt zur Schau stellt. Die künftigen Candomblé-Medien lernen während der Seklusion, dafür zu sorgen, daß der *estado do orixá* nicht unvorhergesehen auftritt, sondern nur infolge einer bestimmten Musik, festgelegten Gesängen und eines spezifischen Trommelrhythmus. In der Santería sagt man, ein sich aufbäumendes und wild um sich schlagendes Medium sei eine unerfahrene Person, die sich gegen eine Penetration zur Wehr setze, wohingegen die älteren erprobten Priesterinnen und Priester das Eindringen des Geistes hinnähmen und deshalb dabei ruhig blieben. Cf. J. Sommerfeld, 1994, S. 85; J. Rosenthal, 1998, S. 102; M. Nabhan, 1994, S. 151, 154; M. S. Omari, 1994, S. 145 f.; J. M. Murphy, 1983, S. 199. Für weitere Beispiele cf. J. H. M. Beattie, 1963, S. 45; Oswalt, a. a. O., S. 222; W. Harman, 2011, S. 186 f., 189 f.; P. Zimmermann, 1968, S. 365 f.; D. Walter, 2001, S. 105 f., 114; M. Oppitz, 1981, S. 120; J. G. Reinhard, 1973, S. 170; O. Harris, 1980, S. 83 ; L. Obi, 2014, S. 127; K. W. Endres, 2008, S. 256 f.; dies., 2008a, S. 151; N. Thomas, 1990, S. 110 f.; B. E. Schmidt, 2002, S. 125 f. Wenn der Hilfsgeist in den Körper eines mongolischen Schamanen eindringt und dieser immer wilder trommelt, versucht sein Gehilfe, den Geist zu beruhigen, indem er ihm Wacholderbeeren und Wodka anbietet und zu ihm sagt: »Bitte sei friedlich! Sitz artig auf deinem Sattel!« Cf. B. Dondog, 2014, S. 78.

3 Cf. H. Kuper; 1947, S. 164; E. Pressel, 1974, S. 204; E. Pérez, 2011, S. 677; C. E. Watson, 2015, S. 32, 38; C. Ayorinde, 2004, S. 219; H. Fichte, 1980, S. 172 ff.; C. E. Watson, 2014, S. 38; J. H. Sweet, 1996, S. 195 f.; J. Vartabedian, 2016, S. 77 f., 85 ff.; A. Cornwall, 1994, S. 111 ff.; Sweet, a. a. O., S. 199. Auch in Europa suchen viele heterosexuelle Männer sogenannte Klappen auf, um sich dort von Homosexuellen fellationieren zu lassen. Cf. M. Buchow, 2018, S. 72, 75. Da die Geistermedien der Ngadju-Dayak, die bei ihren Séancen mit nacktem Oberkörper auftraten, Frauenbrüste hatten, gingen die Ethnologen zunächst davon aus, daß sie Frauen waren. Später stellte sich aber heraus, daß es sich bei sehr vielen von ihnen um übergewichtige Trans- und Intersexuelle handelte. Cf. E. Blackwood, 2005, S. 854. Früher waren die hawai'ianischen oder tahitianischen *māhus*, die »Fraumänner«, die als ein drittes Geschlecht angesehen wurden, physiologisch Männer oder Intersexuelle, doch sie benahmen und kleideten sich wie Frauen. Wie die *travestis* (cf. D. Kulick, 1998, S. 539) fühlten sie sich aber nicht so. Schon zu Beginn des 19. Jahrhunderts berichtete der Brite John Turnbull, daß sie durch ständiges »Penissaugen« ('ete moa), also aktive Fellatio, nicht nur sehr kräftig geworden seien, sondern auch sehr fett, so daß sie Brüste entwickelten, die denen von Frauen ähnelten, weshalb sie von vielen Europäern ebenfalls für Frauen gehalten würden. Heutzutage werden männliche und weibliche Transvestiten, Transsexuelle und Schwuchteln als *māhū* bezeichnet. Das Wort »Schwuchtel« kommt von »schwuchteln« = »tänzeln, sich in den Hüften wiegen« und bezeichnete ursprünglich einen Mann, der auf der Theaterbühne eine Frau spielte, und erst später einen effeminierten Homosexuellen. Cf. C. E. Robertson, 2002, S. 262 f.; D. L. Oliver, 1974, S. 372; J. Grimm / W. Grimm, 1899, Sp. 2747; G. Bleibtreu-Ehrenberg, 1978, S. 15; W. Scholze-Stubenrecht et al., 1999, S. 3494.

4 Cf. Rosenthal, a. a. O., S. 114 f.; A. Kronenberg, 1972, S. 156, 159; T. O. Beidelman, 1971, S. 391 f.; Leiris, a. a. O., S. 164; Littmann, a. a. O., S. 42, 50, 58; L. S. Grillo et al., 2019, S. 213 f.; W. A. Shack, 1974, S. 46; Corin et al., a. a. O., S. 125. Manche Tschuktschen-Schamanen, die sogenannten »weichen Männer«, waren mit ihren männlichen Hilfsgeistern (*ke'IE*) verheiratet, von denen sie regelmäßig anal penetriert wurden, wobei sie sehr empfindlich reagierten, wenn sich jemand darüber lustig machte. Heterosexuelle Schamanen hatten weibliche Hilfsgeister zur Frau. Bei den angolanischen Humbi, Handa und benachbarten Stämmen ließen sich offenbar die Männer nur im Zustand der Besessenheit von den *ondele*-Geistern anal penetrieren und führten sich dabei wie Frauen auf. Wieder im Normalzustand, gaben sie zumindest vor, solche Sexualpraktiken abscheulich zu finden, was auch der öffentlichen Meinung ihrer Gemeinschaft entsprach. Nicht wenige burmesische *natkadaw*, »Ehefrauen der *nat* (-Geister)«, sind »passive« Homosexuelle, die nach der Hochzeit

Frauennamen annehmen und sich mit »Mutter« anreden lassen, während im venezolanischen María-Lionza-Kult Schwuchteln offenbar nur von weiblichen Geistern besessen werden – allerdings nicht von der wunderschönen nackten Indianerin María Lionza, die nur in den Körper von Frauen einfährt. Bei den südwestlich des ostafrikanischen Bangweolosees lebenden Lamba galten die von den männlichen Geistern besessenen Männer als deren Ehefrau (*mukamoŵa*). Cf. W. Bogoras, 1907, S. 452; H. Baumann, 1955, S. 84 ff.; L. Obi, 2014, S. 127; B. Brac de la Perrière/G. Rozenberg, 2015, S. 59; B. Brac de la Perrière, 1999, S. 42 f.; A. Pollak-Eltz, 2001, S. 359; C. M. Doke, 1931, S. 254, 265; Findeisen, a. a. O., S. 46 f., 227 f.; K. Horton, 1969, S. 38, 40; V. N. Basilov, 1995, S. 137 f., 255; E. Gruber, 1982, S. 353. In Mosambik heißt es, daß schöne junge Frauen, die partout nicht heiraten wollen, nachts von ihrem *marido da noite* (»Ehemann der Nacht«) oder *marido espiritual* (»Geistiger Ehemann«) »gegessen« werden, während bei den indischen Parāja die Schamaninnen sich gegenüber den Göttinnen wie *butch*-Lesben verhalten und sie aktiv befriedigen. Cf. L. van de Kamp, 2015, S. 351 ff.; K. Behera/J. Dash, 2015, S. 202 f. Weitere Beispiele bei L. Guzi, 2015, S. 175 f.; dies., 2007, S. 114; T. Otten, 2006, S. 90, 92; A. Ephirim-Donkor, 1997, S. 52; A. Cacopardo, 1999, S. 67; M.W. Scott, 2007, S. 159 f.; V. Duchesne, 2013, S. 101; V. Elwin, 1955, S. 476.

5 Cf. S. I. Vajnštein, 1984, S. 355, 357; ders. 1996, S. 253; B. Heintze, 1970, S. 147; R. L. Segato, 2008, S. 496; J. L. Matory, 1993, S. 73; ders., 2008, S. 519 ff.; G. O. Ajibade, 2017, S. 79 f.; P. Verger, 1969, S. 50; B. C. Ray, 2000, S. 136 ff.; P. Peek, 2013, S. 86; J.W. Wafer, 1982, S. 36 f.; O. Olajubu, 2003, S. 114; Y. B. Tibeb, 1998, S. 16; J. Hamer/I. Hamer, 1977, S. 369; N. S. Hopkins, 2007, S. 410; G.-D. Sontheimer, 1989, S. 196; E. G. Burrows, 1936, S. 110; Te Rangi Hiroa, 1934, S. 177; W. H. Alkire, 1965, S. 117. Die *jinn* entführten auch Männer, um sie nach Belieben »als Hengst zu benutzen«. Cf. Wellhausen, a. a. O., S. 154. Für weitere Beispiele aus Vietnam, Laos, dem Himālaya und von den Salomonen cf. K.W. Endres, 2016, S. 195; M. Ngaosyvathn, 1995, S. 151; U. Oberdiek, 2010, S. 274; W. G. Ivens, 1927, S. 119.

6 Cf. Matory, a. a. O.; Sweet, a. a. O., S. 198; S. G. Lee, 1969, S. 143; A. Friedrich, 1939, S. 293; H. Sibisi, 1975, S. 50 f.; Epprecht, a. a. O., S. 524; J. Green, 1993, S. 152; G. Pheterson, 1988, S. 217; Cornwall, a. a. O.; S. O. Murray, 1995, S. 11, 14; Wafer, a. a. O., S. 141; M. Nesvig, 2001, S. 717 f.; N. Scheper-Hughes, 1992, S. 493 f.; P. A. Jackson, 1997, S. 174 ff.; H. Johnson, 1998, S. 701; R. C. Suggs, 1966, S. 122. Das Fɔn-Wort *vodún* bedeutete ursprünglich »mysteriös, heilig« und später »Geist«. *Vodúnsi* bedeutet »Frau des Geistes«. Cf. S. Tselos, 2000, S. 47. Dabei ist es gleichgültig, ob der Betreffende ein Mann oder eine Frau ist. Cf. E. J. Montgomery/

C. N. Vannier, 2017, S. 162. Genauso verhält es sich bei den *iawôs*, den »Frauen« der *orixás* im Candomblé. Cf. R. E. Harding, 2006, S. 13. Sich von einem *māhū* fellationieren zu lassen war und ist auf Tahiti der »Männlichkeit« eines jungen Mannes nicht abträglich, obwohl nicht wenige Tahitianer eine solche Praxis immer schon mißbilligt haben. Manche *māhūs* wollen selber »gesaugt« werden, doch die Mehrzahl ihrer heterosexuellen Partner lehnt dies ab. Dagegen heißt es, daß in Indonesien die meisten heterosexuellen Männer, die sich von den effeminierten *waria* »saugen« lassen, auch gerne von diesen anal penetriert werden. Auf Java entsprechen ihnen die wie Frauen gekleideten *banci*, die den Männern (*laki asli*) auf der Straße an die Genitalien fassen und damit dazu auffordern, sich von ihnen fellationieren oder anal penetrieren zu lassen, was viele trotz ihres heterosexuellen Selbstverständnisses durchaus akzeptieren. Auch in Europa sind inzwischen immer mehr heterosexuelle Männer zu homosexuellen Kontakten bereit, was man »Homoflexibilität« nennt. Lakota- und Hupa-Schwuchteln sagten, sie hätten es noch nie erlebt, daß Männer, die sich von ihnen fellationieren ließen, nicht auch bei ihnen Fellatio ausgeübt hätten, vorausgesetzt, daß dies nicht bekannt wurde. Dies tun auch viele *mayate* oder *hombres* der Maya in Yucatán, die sich von den Schwuchteln zudem anal penetrieren lassen. Wenn die *hombres* betrunken sind, »ficken« sie sich oft gegenseitig. »As gay men«, so ein schwuler US-Amerikaner, »we should know better than anyone else, that many rather effeminate men are ferocious fuckers, and many who are superbutch love to get fucked.« Cf. R. I. Levy, 1971, S. 15 f.; ders., 1973, S. 134 f.; T. Boellstorff, 2004, S. 173 f.; D. Octomo, 1996, S. 263, 267 f.; W. L. Williams, 1986, S. 96 f., 144 ff.; L. Segal, 1990, S. 151; N. Constable, 1997, S. 551; O. Zhuk, 1994, S. 149; W. Scheu, 1971, S. 69 ff.; ders., 1983, S. 74 f.; M. Gerlach, 2018, S. 35. Ähnlich erging es anscheinend in der Antike vielen athenischen Männern, die, wenn man dem Epigrammatiker Straton glauben darf, den Analverkehr mit Knaben dem Geschlechtsverkehr mit Frauen vorzogen. Cf. K. J. Dover, 1978, S. 204. Die Ejakulation bei dem Penetrierten wird oft auch ohne Masturbation durch eine Reizung der Prostata und den Druck auf die Nerven der Dammgegend ausgelöst. Cf. A. C. Kinsey et al., 1963, S. 546 f.

7 Cf. L. Martin, 1996, S. 236 f.; O. Ndoyé, 2006, S. 291; B. Grom, 1992, S. 332; F. Rollier, 1999, S. 57; R. Godbeer, 1992, S. 109; R. L. Brubaker, 1979, S. 136 f.; S. F. Bloomfield, 2002, S. 80, 128; S. M. Schirokogoroff, 1935, S. 254; F. C. Gamst, 1969, S. 48 f.; J. M. Mageo, 1991, S. 364; Epprecht, a. a. O., S. 520 ff.; G. Benjamin, 2014, S. 164, 167; M. Freedman, 1967, S. 101; L. Kendall, 1983, S. 224 ff. Völlig obszön und schamlos verhalten sich auch die Trancetänzerinnen auf der Koralleninsel Bonerate in der Nähe der südsulawesischen Küste, die sich hinterher angeblich an nichts erinnern

können, sowie die von den lasziven *jimi*-Geistern Besessenen bei den auf Sulawesi lebenden Wana. Die Schamaninnen der Saora in Orissa leben während der Besessenheit all das aus, was ihnen im normalen Leben versagt bleibt, zum Beispiel haben sie sehr zum Mißfallen ihrer Ehemänner lustvollen Sex mit ihren Hilfsgeistern, benehmen sich obszön und sagen die peinlichsten Dinge. Als einmal ein lasziver Geist Besitz von einem männlichen Saora-Schamanen ergriff, packte dieser irgendeine Frau aus dem Publikum und simulierte einen Geschlechtsakt mit ihr. Da im nördlichen Karṇātaka Homosexualität absolut verpönt ist, bleibt jungen Männern mit einer starken schwulen oder bisexuellen Veranlagung nichts anderes übrig, als die Göttin Yellamman̲ zu heiraten, Frauenkleider zu tragen und leidenschaftliche erotische Tänze zu ihrer Ehre aufzuführen. Wenn sie dabei von der Göttin ergriffen werden, ist es ihnen gestattet, sich auf schockierende Weise an Männer und vor allem an männliche Jugendliche heranzumachen, ihre Genitalien zu betasten und zu versuchen, ihren Penis in deren After einzuführen. Cf. H. B. Broch, 1985, S. 275 ff.; J. M. Atkinson, 1989, S. 101; V. W. Turner, 1967, S. 202 ff.; Elwin, a. a. O., S. 471, 478, 481 f.; N. J. Bradford, 1983, S. 311 ff. Für weitere Beispiele aus anderen Kulturen cf. V. T. King/W. D. Wilder, 2003, S. 271; C. DuBois, 1944, S. 155; M. M. Edel, 1957, S. 138; D. N. Majumdar, 1950, S. 215 f.; R. Prince, 1964, S. 114; D. de Silva Gooneratne, 1865, S. 104; H. Basu, 2002, S. 44 f.; R. Romberg, 2014, S. 243; C. J. Fuller, 1992, S. 233.

8 Cf. J. Messenger, 1998, S. 925; H. Diemberger, 1993, S. 101 f.; U. H. D. Danfulani, 1999, S. 432; E. J. de Hohenstein, 2000, S. 194 ff.; S. Strasser, 2001a, S. 209 ff.; S. Harrel, 1979, S. 526; L. Howe, 2005, S. 51, 70; M. Shahar, 1998, S. 185 f.; J. DeBernardi, 2002, S. 367; E. Cohen, 2008, S. 79; B. Formoso, 2014, S. 546. Von Ji Gong waren auch im Jahre 1900 die aufständischen Boxer-Geheimbündler besessen, die glaubten, der »Verrückte Heilige« mache sie unverwundbar durch die Kugeln des internationalen Expeditionskorps. Bei den Maroonen in Surinam sind die von Dämonen besessenen Frauen selbstherrlich und angriffslustig und versuchen sogar Personen, denen sie Hexerei unterstellen, zu töten. Im nordpakistanischen Yasintal sorgt ein in den Leib eines Mediums (*mámalas*) eingedrungener Feenmann (*parí*) dafür, daß die Frau die Anwesenden beleidigt und ihnen die frechsten und unanständigsten Dinge ins Gesicht sagt. In manchen Gegenden, etwa auf Malaita im Salomonenarchipel, kommt es bei der Beurteilung, ob jemand von einem Geist besessen ist, auf die soziale Stellung des Betreffenden an. Ist er eine geachtete und gebildete Person, spricht ein Geist aus ihm. Ist er unbedeutend und unfähig, gilt er einfach nur als verrückt (*kaku*). Cf. B. Thoden van Velzen, 1990, S. 89; I. Berger, 1995, S. 68; M. Marhoffer-Wolff, 2002, S. 171 ff.; R. M. Keesing, 1982, S. 204 f.

9 Cf. H. A. Stayt, 1931, S. 305 ff.; E. B. Harper, 1963, S. 174 f.; ders., 1959, S. 232;
J. Hartog/G. Rosner, 1972, S. 363; S. A. Freed/K. S. Freed, 1967, S. 315;
J. O'Brien, 2015, S. 246 f.; H. Dilling, 2000, S. 230 ff.; M. Strathern, 1972,
S. 253 f.; E. J. Krige/J. D. Krige, 1943, S. 243; G. Lindblom, 1920, S. 235;
I. M. Lewis, 1986, S. 32 f.; T. Shoko, 2007, S. 25; W. Bruchhausen, 2009,
S. 190; D. F. Bauer/J. Hinnant, 1980, S. 221; A. Masquelier, 1999, S. 41 ff.;
E. G. Burrows/M. E. Spiro, 1957, S. 241; S. Awart, 1996, S. 31. Junge Sho-
na-Mädchen, die sich in der Öffentlichkeit unsittlich und skandalös aufführten, konnten dies folgenlos tun, wenn sie glaubhaft versicherten, daß
sie von einem *ngozi*-Geist besessen waren, etwa dem einer Frau, die in
einer sexuell frustrierenden Ehe gelebt hatte oder die ermordet worden
war. Eine Frau, die kein sexuelles Interesse mehr an ihrem Mann hatte
oder die extrem wollüstig war, konnte ihre Eigenart damit rechtfertigen,
daß nachts ein *chidhoma*-Geist mit einem ungewöhnlich üppigen »Ge-
hänge« in ihre Hütte kam, um sie in hohem Maße zu erregen, ohne sie
dann zu befriedigen. Cf. Epprecht, a. a. O., S. 520. Gerade bei den Shona
war die Besessenheit sehr oft gespielt, und ein Ethnologe beobachtete einmal, wie ein vorgeblich besessenes Medium, das sich unbeobachtet fühlte, ein Trinkgeld entgegennahm und in die Tasche steckte. Cf. M. Gelfand, 1962, S. 169. Nicht vom Heiligen Geist besessen zu werden gilt
bei ostafrikanischen Pfingstlern meist als Anzeichen dafür, daß sie ihre
schlimmsten Sünden nicht gebeichtet haben. Deshalb täuschen sie eine
Besessenheit oft vor. Cf. A. M. B. Rasmussen, 1996, S. 84. Weitere Beispiele findet man bei P. C. Johnson, 2007, S. 159; P. J. Imperato, 1977,
S. 60; A. Pollak-Eltz, 1967, S. 145; I. M. Lewis, 2003, S. 24.
10 Cf. M. Reay, 1960, S. 137 ff.; R. B. Rodrigue, 1963, S. 209; J. Clark, 1992, S. 15,
19, 21; W. C. Clarke, 1973, S. 209; J. Wedel, 2010, S. 379 f.; H. Whitehead,
1981, S. 90; T. Rizzo/S. Gerontakis, 2017, S. 246; O. Lewis, 1946, S. 223 f.;
G. Devereux, 1985, S. 430 f.; Minnie Red Hat: Mündliche Mitteilung
vom 14. Juni 1981; R. Linton, 1933, S. 200; F. G. Brumana/E. G. Martinez,
1989, S. 224; C. Meyer, 2009, S. 185; S. Vidal, 2007, S. 928 f.; J. H. M. Beattie,
1964, S. 280; ders., 1969, S. 166 f.; J. Middleton, 1969, S. 225 f.; A. French,
2015, S. 76 f.; S. T. Strocchia, 2015, S. 64 f.; G. Jansen, 1973, S. 43 f.; D. G.
Mandelbaum, 1960, S. 231; D. Eigner, 2001, S. 122, 180; J. T. Hitchcock,
1976, S. 168 f.; J. Soothill, 2007, S. 153; A. Hornbacher, 2011, S. 173, 177;
X. Y. Tafoya, 2009, S. 53 f. Tanzt eine männliche oder weibliche »Ehefrau
des *nat*-Geistes« zu kontrolliert und sittsam, bezweifeln alle, ob der oder
die Betreffende wirklich besessen ist. Die Mitglieder des venezolanischen María-Lionza-Kultes sagen, bei einer echten Besessenheit rollten
die Augen des Mediums zurück, denn ein Geist benötige keine Pupillen,
um zu sehen, und die Ewe entzünden, um eventuelle Betrüger zu entlar-
ven, bisweilen Zündpulver im Mund der angeblich Besessenen. Werden

sie dadurch verletzt, handelt es sich um Schwindler. Die westnepalesischen Thakwi sagen dagegen, ein Medium (*dhāmi*), das nur schauspielere, sterbe binnen eines Jahres oder werde Opfer eines schweren Unglücks. »Falsche Trance« oder »Theater« (*equé*) ist auch im Candomblé weit verbreitet. Cf. Hauser, a. a. O., S. 148; R. Canals i Vilageliu, 2011, S. 219; G. Chesi, 2003, S. 93; W. F. Winkler, 1976, S. 250; Romberg, a. a. O., S. 245; Wafer, a. a. O., S. 67; E. Cohen, a. a. O., S. 135.

§ 24 *Orixás* der Lust, Kristänzer und Feuerläufer

1 Cf. L. Meyer, 1999, S. 225, 228 ff.; J. G. Piepke, 2000, S. 283 f.; F. Biebinger, 2000, S. 46; U. Fischer, 1970, S. 50; Unterste, a. a. O., S. 259; P. Shukla, 2015, S. 28 f.; E. Isichey, 2004, S. 283; E. Platte, 2009, S. 243 f.; H. Christoph/H. Oberländer, 1995, S. 216; Soothill, a. a. O., S. 212; B. Meyer, 1999, S. 196; B. Paxson, 1983, S. 416 f.; J. Rosenthal, 1998, S. 118; T. Wendl, 1991, S. 67; ders. 1991a, S. 274 f.; R. Beneduce/S. Taliani, 2006, S. 432 f.; M. L. Bastian, 1997, S. 124 f.; 132; dies., 1998, S. 25; B. Meyer, 2001, S. 122; E. Ardener, 1956, S. 98; G. Chesi, 2003, S. 136, 147; G. Kubik/M. Djendja, 2016, S. 305 f.; M. Oberhofer et al., 2019, S. 204 f.; B. Meyer, 1998, S. 59. Bei den liberianischen Fala Kpelle nähern sich die »Wasserfrauen« (*nyai nenu*) einem jungen Mann, fassen ihn an und versprechen ihm Reichtum und hohes Prestige, wenn er ihnen zusichert, »auf dieser Seite hier« (*kpili ngi be*) keine Frau mehr anzurühren. Willigt er ein, beschlafen sie ihn auf der Stelle. Hält er sich aber nicht an die Abmachung, bestrafen sie ihn mit Krankheit oder töten ihn oder seine Partnerin. Auch auf der mikronesischen Insel Palau gibt es Meeresgeister, die manchmal an Land kommen, wo sie von jungen Frauen Besitz ergreifen und sie sexuell penetrieren (*worhei*, »essen«). Anschließend führen sie die Besessenen ins Meer, wo diese ertrinken, um alsdann in einer Unterwasserwelt einen ständigen Geschlechtsverkehr mit den unersättlichen Geistern erdulden zu müssen. Oft versuchen die Palauer, die Frauen daran zu hindern, in die Fluten zu steigen, doch diese haben im besessenen Zustand große Kräfte und reißen sich meist los. Cf. B. L. Bellman, 1975, S. 141 ff.; H. J. Drewal, 1996, S. 310 f.; H. Hijikata, 1997, S. 229 ff. Die Ewe verehren die indische Lakṣmī als Mami Titi (a. a. O., S. 318 f.).

2 Cf. W. Zangari et al., 2016, S. 42; P. B. Lerch, 1980, S. 140; K. E. Hayes, 2008, S. 1 ff.; dies., 2009, S. 119 ff.; E. Pressel, 1980, S. 109; S. Bramly, 1978, S. 158, 161; F. G. Brumana/E. G. Martinez, 1989, S. 163; G. Parrinder, 1949, S. 69; ders., 1950, S. 226; Wafer, a. a. O., S. 17 f.; E. Crawley, 1932, S. 164; Scharf da Silva, a. a. O., S. 158; D. D. Brown, 1994, S. 90; M. J. Herskovits, 1938, S. 125 f.; M. T. Drewal, 1992, S. 176; P. Mercier, 1954, S. 228 f.; O. da Costa

Eduardo, 1948, S. 58 f.; J. T. Houk, 1995, S. 161; F. Höllinger, 2007, S. 33 f; L. Barrett, 1977, S. 202, 205; M. Ferretti, 1998, S. 39; U. Fischer, 1970, S. 13; W. Abimbola, 1979, S. 628; H. Klein, 1962, S. 261; V. Turner, 1987, S. 52, 56, 129, 146; M. Seeber-Tegethoff, 1998, S. 94; H. H. Figge, 1971, S. 232 f.; E. Marcelin, 1947, S. 59; T. G. Jensen, 1998, S. 77 f.; S. M. Greenfield, 2004, S. 183; S. Engler, 2009, S. 462, 465; D. J. Hess, 1991, S. 26; K. E. Hayes, 2007, S. 286 f. Solche »primitiven« Geister, auch »Geister der Schatten« oder »der linken Seite« genannt, sind die Seelen verstorbener Verbrecher und Prostituierter, die jetzt in der Unterwelt leben. Die männlichen gelten als so geil, daß sie mit einer Dauererektion umherlaufen und, wenn Not am Mann ist, sogar Leichen penetrieren. In Gruppierungen wie der *Casa do Jardim* in Porto Alegre werden solche *exús* genötigt, den Planeten zu verlassen, um sich in einem anderen Sonnensystem weiterzuentwickeln. Nach kardecistischer Lehre stammen sie auch von dort, wurden aber einst gezwungen, den 42 Lichtjahre entfernten sehr hellen Doppelstern Capella zu verlassen, um auf der Erde ihr Unwesen zu treiben. Cf. K. Hoffman, 1986, S. 39, 49; P. Versteeg/A. Droogers, 2008, S. 118.

3 Cf. E. McAlister, 2000, S. 134 f.; dies., 1998, S. 137; M. F. Olmos/L. Paravisini-Gebert, 2003, S. 111 f., 114; G. Fleurant, 1996, S. 98; B. Hebblethwaite/ M. Weber, 2016, S. 228; M. J. Herskovits, 1965, S. 544; B. E. Schmidt, 2002, S. 123; M. Deren, 1953, S. 492; L. Gordon, 2000, S. 62; K. McCarthy-Brown, 1993, S. 428; A. Reuter, 2003, S. 44, 65; L. Hume, 2013, S. 136 f.; H. Courlander, 1960, S. 73; J. Dayan, 1995, S. 59, 63, 139. Im Nordosten des mittleren Niger sagte ein männliches Besessenheitsmedium der Mauri einer Ethnologin, er habe für seine Geistfrau (*dodo*) eine eigene Hütte gebaut, die von seinen menschlichen Ehefrauen, mit denen er keinen Sex mehr habe, nicht betreten werden dürfe. Cf. Masquelier, a. a. O., S. 41.

4 Cf. Lowenthal, a. a. O., S. 393, 399 f.; E. Bourguignon, 2003, S. 152; Courlander, a. a. O., S. 56 f., 322; L. G. Desmangles/E. Cardeña, 1994, S. 305; E. McAlister, 2000, S. 129 f.; J. Sommerfeld, 1994, S. 85; F. E. Besmer, 1983, S. 102 f.; B. Hauser, 2004, S. 145; L. A. Kimball, 1980, S. 55; A. Masquelier, 2005, S. 123 f., 130; D. W. Hollan/J. C. Wellenkamp, 1994, S. 125 ff.; J. De Raedt, 1996, S. 175 f.; F. B. Eiseman, 1990, S. 153; L. Howe, 2005, S. 51, 70; P. Fry, 1976, S. 43; M. Lambek, 1993, S. 315; C. White et al., 2018, S. 290 f. Auf Sansibar schämen sich manche Frauen nach einer Besessenheitsepisode sehr für das obszöne Verhalten »ihres« Geistes – so, wie sie sich bei einem entsprechenden Benehmen eines ihrer Familienangehörigen fühlen würden. Cf. K. Larsen, 2014, S. 22. In manchen Familien der Darapap in der Ost-Sepik-Provinz Neuguineas gibt es ein Medium (*ga'in*, »Kanu«), das von dem Geist Jari, einer Art Liebesgöttin, bestiegen wird, die den jungen Mädchen bei ihrer Initiation die Gabe der sexuellen Anziehungskraft verleiht. Meist ist aber den Mädchen ihr laszives Ver-

halten, das sie dabei an den Tag legen, äußerst peinlich. Eines dieser Medien »sah« im Zustand der Besessenheit, wie einige junge Männer sich in weiter Ferne im Urwald zum Fischen nackt auszogen, und beschrieb den Anwesenden detailliert die Größe und das Aussehen ihrer Genitalien, was die junge Frau später sehr in Verlegenheit brachte. Cf. M. Tamoane, 1977, S. 126.

5 Cf. C. du Prel, 2006, S. 143; Knoefel, a. a. O., S. 194 ff., 354; E. Mattiesen, 1936, III, S. 179; R. Clarke, 2015, S. 216; H. Freimark, 1909, S. 364 ff.; J. Macklin, 1977, S. 56; R. L. Moore, 1977, S. 106 f.; G. Devereux, 1974a, S. 50; H. Bender/R. Vandrey, 1976, S. 230 f.; J. Hasted, 1981, S. 123; C. B. Nash, 1986, S. 119; A. I. Pérez y Mena, 1991, S. 82 f.; A. Braude, 1989, S. 85 f.; C. F. Emmons, 2003, S. 60; B. Ellis, 2004, S. 189 f.; R. L. Moore, 1977, S. 111; A. Owen, 2004, S. 218 ff.; M. McGarry, 2000, S. 15; J. Belo, 1970, S. 326; P. Arbaïzar et al., 2003, S. 276; S. Wavell et al., 1966, Abb. 12; M. Covarrubias, 1956, S. 334; F. B. Eiseman, 1990, S. 150 ff., 170; R. L. M. Lee, 1986, S. 205; P. G. Brewster, 1962, S. 58; I. M. Bandem/F. E. de Boer, 1995, S. 12; A. Diesel, 2002, S. 10; D. B. McGilvray, 1998, S. 70; G. Obeyesekere, 1978, S. 466 ff.; C. Blacker, 1975, S. 275; B. Gallin, 1966, S. 263; R. Zdansky, 1956, S. 557 f.; J. Sansom, 1998, S. 200; T. Hines, 1988, S. 294; W. Larbig, 2015, S. 284 ff.; C. Goldner, 2000, S. 278 f.; B. J. Leikind/ W. J. McCarthy, 1996, S. 106. Wenn ein Teilnehmer des María-Lionza-Kultes, ohne sich zu verletzen, über Glasscherben und glühende Kohlen läuft, gilt das als Beweis für die Echtheit der Trance. Cf. T. Eberhard, 1983, S. 90. Und wenn früher bei den Tubalaren im Altai ein Hilfsgeist in den Schamanen einging, der keine Angst vor Feuer hatte, konnte der Schamane glühendes Eisen anfassen oder mit nackten Füßen ohne Verbrennungen auf glühende Kohlen treten. Cf. Friedrich/Buddruss, a. a. O., S. 74. Ein Feuerläufer der Iu Mien im Norden Thailands sagte, wenn er über die glühenden Kohlen laufe, fühle es sich warm an, aber er denke dann, daß er sich in »einem Bassin mit erfrischendem Wasser« befinde. Cf. H. Jonsson, 2014, S. 106.

§ 25 Was erleben die Besessenen?

1 Cf. S. Krippner, 2015, S. 123 f.; P.-A. Berglie, 1982, S. 151; E. Pressel, 1974, S. 196; J. Haekel/C. B. Tripathi, 1966, S. 13 f.; K. Nishimura, 1987, S. 60; R. S. Goldberg, 1984, S. 92; P. C. Ray, 1969, S. 10; F. Huxley, 1967, S. 287; K. Larsen, 2014a, S. 18 f.; B. E. Schmidt, 2014, S. 139 f.; J. Becker, 2004, S. 40, 141; E. Pacherie et al., 2006, S. 569; K. J. Hagedorn, 2002, S. 43; Wedel, a. a. O., S. 99; P. Dilthey, 1993, S. 70; Wendl, a. a. O., S. 69; Lambek, a. a. O., S. 313; E. Pressel, 1987, S. 108 f. Auch für manche *vodúnsi* der

Fɔn im südlichen Benin ist Jesus ebenfalls ein *vodú*. Cf. T.R. Landry, 2015, S. 181. Umbandisten in São Paulo schätzten, daß maximal ein Drittel der Anhänger ihres Kultes das Bewußtsein verliere, und die Tranceforscherin Esther Pressel ist nach eingehenden Untersuchungen der Auffassung, es seien gar nur um die fünf Prozent, was ein weibliches Medium bestätigte, das meinte, nichts mehr wahrzunehmen würde ja bedeuten, daß man tot sei. Die meisten Besessenen nutzten lediglich die Gelegenheit aus, heikle Dinge auszusprechen, die sie in eigener Verantwortung nie zu sagen wagten. Ein anderes Medium erzählte, mitten in der Besessenheitstrance sei ihr plötzlich eingefallen, daß sie ja beim Anziehen ihrer Kultkleidung ihr Geld in der Hosentasche gelassen hatte, wo es leicht gestohlen werden konnte. Kurzerhand brach sie die Trance ab und begab sich in den Umkleideraum, um ihr Geld zu sichern. Das bedeutet freilich nicht, daß jede Trance in der Umbanda »Larifari« ist. Als zum Beispiel bei einer Veranstaltung eine junge Frau tanzte, hatte sie plötzlich die Vision eines Adlers, der mehrere Male um das Kultgebäude und dann auf sie zuflog und in ihren Körper eindrang, woraufsie »das Gefühl hatte, nicht mehr sie selber zu sein«. Seit diesem Erlebnis fühlte sie sich – wie viele Schizophrene – »schutzlos ausgeliefert« und »offen«. Im Gegensatz zu manchen anderen Umbanda-Gruppierungen ist die Besessenheit in der Umbanda Evangelizada in Porto Alegre sehr kontrolliert und gedämpft. Hier gibt es kein von Trommeln begleitetes Tanzen, und daß überhaupt jemand besessen ist, erkennt man lediglich an den geröteten Wangen und dem ernsten Gesichtsausdruck. Manchmal ist das Medium von dem Geist nicht besessen (*incorporado*), sondern *encostado*, das heißt, der Geist steht ihm lediglich gegenüber und spricht mit ihm. Cf. G.E. Simpson, 1978, S. 132; E. Pressel, 1974, S. 196; F.G. Brumana/E.G. Martinez, 1989, S. 222f.; D.E. Espírito Santo, 2017, S. 185; P.B. Lerch, 1980, S. 141ff.

2 Cf. K.W. Endres, 2008, S. 257; H. Harrer, 1980, S. 104; P. Caplan, 1997, S. 220; A. Callan, 2008, S. 401f.; H. Fischer, 1987, S. 44; P.W. Lewis, 1969, S. 186. Weitere Beispiele von den kardecistischen Medien, den Geistheilern der Alangan-Mangyan auf Mindoro, den Schamaninnen der Saora in Orissa, den Medien der Ilahita-Arapesch in Neuguinea, den Schamanen der Mackenzie-Eskimo im Mündungsgebiet des gleichnamigen Flusses ins nördliche Eismeer, denen der Wana in Sulawesi, der Sidamo in Äthiopien, der Feenmedien des Hunzatals im Karakorum, den Priesterinnen der Göttin Laimaren im nordostindischen Manipur, den Schamanen der nepalesischen Limbu Rāji und Magar, den *mudang* in Korea sowie den Bajau Laut im südlichen Philippinen-Archipel und in Sabah findet man bei D. Espírito Santo, 2014, S. 194; P.J. Bräunlein/A. Lauser, 1993, S. 494f.; Elwin, a.a.O., S. 469, 476; D.F. Tuzin, 1980, S. 296; J.M. Atkinson, 1989, S. 93; J. Hamer/I. Hamer, 1977, S. 370; H. Sidky, 2004, S. 164,

169; H. Sidky/J. Subedi, 2004, S. 50, 109; D. Biswas, 2012, S. 34, 37; R. L. Jones/S. K. Jones, 1976, S. 25; J. Reinhard, 1976, S. 275; M. Oppitz, 1992, S. 46; L. Kendall, 2006, S. 206; H. Hussin, 2012, S. 21. Die Schamanin heißt auf Okinawa herkömmlicherweise *yuta* (von *yuyung*, »beben, zittern, konvulsivisch zucken«), aber die heutigen Schamaninnen mögen das Wort nicht, weil solche unwillkürlichen Reaktionen den Gedanken nahelegen, daß sie keine Kontrolle über die Geister ausübten und das Bewußtsein verlören, was aber nicht der Fall sei. Deshalb ziehen sie den Begriff *kaminchu* vor, »Geistperson«, mit dem auch Priesterinnen bezeichnet werden. Etwa 95 Prozent der *kaminchu* sind junge Mädchen ab 16 und Frauen. Die übrigen 5 Prozent sind Männer, offenbar meist Schwuchteln (»Mannfrauen«), die ähnlich wie in Korea ein niedriges Renommee besitzen und den Schamaninnen dienen und assistieren. Cf. W. P. Lebra, 1964, S. 94; ders., 1966, S. 44, 75, 80, 84. Eine solche Beherrschung der Geister ist nicht selten. Als zum Beispiel in Nordindien ein Mann von Dūrgā besessen wurde, konnte man dies lediglich daran erkennen, daß er sich daraufhin weiblicher grammatischer Formen bediente. Cf. R. S. Freed/S. A. Freed, 1962, S. 260.

3 Cf. F. Huxley, 1966, S. 210; M. Seeber-Tegethoff, 2005, S. 69; Cannell, a. a. O., S. 114; Dilthey, a. a. O., S. 51 f.; Schmidt, a. a. O., S. 139; D. Halperin, 1995, S. 5 ff.; M. Stephen, 1979, S. 10 f.; F. Goodman, 1980, S. 188; U. Singh, 2008, S. 176; A. Mishra, 2003, S. 18; H. Himmelheber, 1964, S. 7; Hollan/Wellenkamp, a. a. O., S. 127. »Wenn du in diesem Zustand bist«, sagte eine koreanische *mudang*, »kannst du die Geister, die dich in Besitz nehmen, klar sehen. Du weißt schon vorher, wie ihre Stimmen klingen müssen und was sie sagen.« Und eine Schamanin der ostindischen Saora beschrieb das Nahen der von ihr Besitz ergreifenden Gottheit: »Wenn der Gott auf mich kommt, wird alles dunkel. Dann sehen die Leute sehr klein aus und sind verschiedenfarbig. Manchmal sehe ich einen Basar, einen Fluß, Hügel und viele Tiere – Pferde, Elefanten und Affen. Wenn das vorbei ist, kommen zwei liebenswürdige Mädchen auf mich zu, nehmen mich bei der Hand und sagen: ›Komm mit uns in unsere Welt!‹ Aber ich sträube mich dagegen, und wenn ich sie wegstoße, komme ich wieder zu mir.« Cf. Canda, a. a. O., S. 34; Elwin, a. a. O., S. 476.

4 Cf. R. Linton, 1933, S. 235; Schmidt, a. a. O., S. 139; T. J. Csordas, 2002, S. 249; D. L. Hodgson, 2015, S. 257 f.; K. B. Dernbach, 2005, S. 114; K. W. Endres, 2008a, S. 151; A. Métraux, 1959, S. 123; E. S. C. Handy/M. K. Pukui, 1958, S. 132 f.; R. Wagner, 1972, S. 141; Sommerfeld, a. a. O., S. 85; Kenyon, a. a. O., S. 101; H. Sidky et al., 2002, S. 146; S. Knödel, 1998, S. 57; Canda, a. a. O., S. 34; I. Sjørslev, 1999, S. 350; Marhoffer-Wolff, a. a. O., S. 282; V. Crapanzano, 2000, S. 219; Schirokogoroff, a. a. O., S. 364; Besmer, a. a. O., S. 24; C. Plancke, 2011, S. 383; L. W. Benedict, 1916, S. 195. Ein Gei-

stermedium der Oya Melanau in Sarawak sagte, das Besessenwerden fühle sich an »wie wenn man einen Feuerball verschlucke und von seiner Hitze verbrannt werde«, und ähnlich äußerten sich auch die Tumbuka im Nordwesten des Njassasees. Cf. H.S. Morris, 1967, S. 199; S. Friedson, 1998, S. 276. Koreanische *mudang* hatten dabei das Gefühl, ein Adler packe mit seinen scharfen Klauen ihre Seele, fliege dann aber nicht weg, während eine Frau im Norden Madagaskars sich dabei fühlte, wie wenn sie davonflöge. Cf. J.H. Grayson, 1989, S. 257; Lambek, a. a. O., S. 203. Wurde das erwähnte Medium im Yesintal beim Näherkommen des Feenmannes, der sie dann sexuell penetrierte, unruhig und fahrig, schilderte eine *mudang* ihre Initiation auf dem Samgak-Berg nördlich von Seoul wie folgt: »Mein Körper begann zunächst unkontrolliert zu zucken und zu wabbeln. Ich lieferte mich dem Geist vollständig aus, ließ meinen inneren Dialog verstummen und völlige Stille walten. Ich spürte, wie aus allen Richtungen Lichtstrahlen kamen, und fing an, von dem Geist in mir betrunken zu werden. Es war die intime, dramatische Begegnung mit dem getrennten Liebhaber, die endlich stattfand. Ich fühlte die ultimative Vervollkommnung meines Ichs, wie es ursprünglich vor der Trennung war. Ich wußte, daß der Geist mich liebte und daß er mir meinen langen Widerstand gegen ihn verzieh.« Bei einer anschließenden Zeremonie im Hause ihrer Lehrmeisterin (»Gottesmutter«) tanzte sie so lange, bis sie ihre Umgebung nicht mehr sah: »Ich fühlte einen wahren Feuerstrahl im Zentrum meines Körpers und erlebte schließlich eine vollkommene Ruhe.« Cf. H.-a. Park, 2000, S. 396 f.

5 Cf. J. M. Murphy, 1994, S. 78; S. Fuchs, 1965, S. 97; G. Schüttler, 1971, S. 83; Berglie, a. a. O., S. 163 f.; D. Schlottmann, 2016, S. 101 ff.; R.C. Fuller, 2001, S. 62; A. Halloy/V. Servais, 2014, S. 490 f.; J. Schlehe, 1998, S. 220; Sprenger/Institoris, a. a. O., II, S. 112. Manche Geister lassen offenbar bisweilen das Medium an ihren Gefühlen »teilhaben«. So fragte zum Beispiel der Geist eines Selbstmörders das isländische Geistermedium Hrabba, ob sie bereit sei, das zu empfinden, was er einst fühlte, als er den Entschluß fasste, sich umzubringen. Sie willigte ein und heulte anschließend den ganzen Tag. Cf. C.G. Dempsey, 2012, S. 139.

6 Cf. A. Diesel, 2007, S. 180; Reinhard, a. a. O., S. 123; R. Firth, 1974, S. 214; C.H. Bick, 2002, S. 11 f.; S.J. Lynn, 2012, S. 380; C. Haring, 1995, S. 18; A. Jenness, 1944, S. 485; A. Crabtree, 1993, S. 94 f.; R.A. Ford, 2002, S. 122. Nicht nur das Urteilsvermögen, auch die visuelle und auditive Wahrnehmung ist in solchen Fällen eingeschränkt. Eine Medizinfrau (*isangoma*) der Xhosa im Kapland sagte beispielsweise, wenn ein Geist von ihr Besitz ergriffen habe, könne sie zwar immer noch sehen, aber alles sei »ganz verschwommen«, und sie höre nur schwach und undeutlich, »wie durch eine Wand hindurch«. Cf. J.T. Wreford, 2008, S. 161.

7 Cf. A. A. Kelly, 1991, S. 52; R. Hutton, 1999, S. 245; S. Greenwood, 2000, S. 147; dies., 2003, S. 37; E. D. White, 2016, S. 124f.; C. S. Clifton, 2014, S. 153; J. B. Russell, 1980, S. 154, 163, 170; S. Greenwood, 2000a, S. 96, 103; R. E. Guiley, 1989, S. 107, 235, 324; J. Farrar/S. Farrar, 1984, S. 68; R. Buckland, 2004, S. 89; N. Drury, 2003, S. 180f.; V. Crowley, 1993, S. 133; T. M. Luhrmann, 1996, S. 198f.; B. Rensing, 2007, S. 276; J. Farrar/S. Farrar, 1981, S. 40f.; dies., 1987, S. 292; K. Amber, 2003, S. 138; M. Adler, 1979, S. 19f.; R. J. Wallis, 2003, S. 95ff. Die Wicca-Priesterin Silver Raven Wolf (2004, S. 259) beschreibt das Ritual so, daß sie »die Kraft der Mondgöttin in« sich »hineinziehe und mit ihrer Macht« verschmelze.

§ 26 Schamanismus und Besessenheit

1 Cf. M. Eliade, 1957a, S. 15; R. Pattee, 1989, S. 40; ähnlich M. Winkelman, 2004, S. 147; E. Bourguignon, 1968, S. 9; P. Vitebsky, 1993, S. 57; A. Sørum, 1980, S. 282f.; K. Larsen, 2014, S. 16f.; L. Hume, 2004, S. 863; A. P. Elkin, 1977, S. 106ff., 181; W. L. Warner, 1958, S. 214ff.; R. M. Berndt/C. H. Berndt, 1964, S. 190f., 195. Auch die Schamanen der sibirischen Eskimo und der Tschuktschen wurden von den Geistern besessen und unternahmen Seelenreisen. Cf. L. K. Pharo, 2011, S. 52; H. Findeisen, 1957, S. 237.
2 Cf. L. Bäckman/Å. Hultkrantz, 1978, S. 56f.; D. Merkur, 1987, S. 284; M. A. Czaplicka, 1914, S. 176; H. Findeisen, 1960, S. 192ff.; I. M. Lewis, 1983, S. 181f.; R. Hutton, 2001, S. 89 f. T. Bulgakova, 2009, S. 102f.; J. Sternberg, 1935, S. 236ff.; L. F. Goodman, 1980a, S. 40; K. Shi, 1988, S. 127f.; O. Zerries, 1974, S. 390; S. R. Mumford, 1989, S. 170; Morris, a. a. O., S. 199, 208; F. G. Heyne, 2003, S. 325ff.; E. Kasten, 1991, S. 63; M. Lantis, 1947, S. 87; E. W. Hawkes, 1916, S. 129ff.; S. Andersen, 1974, S. 301, 303; I. M. Suslov, 1983, S. 20, 44, 64, 73, 75. Die Hilfsgeister der Schamanen bei den Ma'Betisék an der Küste des malaiischen Selangor, die regelmäßig in deren Körper eindringen, geben ihnen oft lächelnd ein Zeichen, ihnen zu folgen, und nehmen sie mit auf den Lédangberg, ihren Wohnort, um dort mit ihnen ein Fest zu feiern, auf dem sie zunächst mit Wildschwein- und Affenfleisch verköstigt werden. Dann unterhalten die weiblichen Geister die Schamanen mit Musik und Tanz, wobei die Stimmung immer ausgelassener wird, bis das Fest in eine wilde Sexorgie ausartet, in der sich die Schamanen durch sämtliche Geistfrauen »hindurcharbeiten«. Nach einigen Nächten auf dem Berg sind sie dermaßen erschöpft und ausgelaugt, daß die Geister sie auf einen Tiger setzen, der sie in ihr Dorf zurückbringt. Cf. W.-J. B. Karim, 1981, S. 163.
3 Cf. D. Jenness, 1922, S. 191f., 197; ders., 1928, S. 117; D. Merkur, 1992, S. 307f.; F. Boas, 1888, S. 190; B. Saladin d'Anglure, 1994, S. 102f.; F. Barth,

1975, S. 140 f.; R. Gianna, 2016, S. 210; S. Fuchs, 1964, S. 128 f.; M. Gaenszle, 2008, S. 213; G. Grünberg, 1970, S. 144; J. M. Atkinson, 1989, S. 237 f.; K. J. Solov'eva, 2009, S. 86. Bei den südsibirischen Tuvinern machten die Geister verstorbener Schamanen sowie die lüsternen *albis*-Geister beiderlei Geschlechts einen Mann oder eine Frau zum Schamanen und im Jahre 1931 verlautete ein Schamane der Keten, ein Vorfahre seiner Mutter sei in seine Tochter eingedrungen und habe sie ausgebildet. Die Lehrer der Ainu-Schamaninnen von Hokkaidō waren ebenfalls die Seelen ihrer Ahnen. Cf. N. Alekseev, 1984, S. 273, 275; S. I. Vajnštejn, 1984, S. 355, 357; I. R. Kortt, 1984, S. 294; S. Tanaka, 2004, S. 659. Damit auch späterhin die Geister in den Körper der Schamanen bei den mandschurischen Solonen vom Schwarzen Schlangenfluß eindringen konnten, befanden sich in den Seitennähten der Gewänder Öffnungen. Cf. E. Haase, 1989, S. 151.

4 Cf. Friedrich/Buddruss, a. a. O., S. 74; Schirokogoroff, a. a. O., S. 367; W. Bogoras, 1907, S. 425 ff.; A. Lommel, 1965, S. 103; D. Walter, 2001, S. 105 f.; T. R. Miller, 2009, S. 116; T. Stone, 2010, S. 133; K. F. Karjalainen, 1927, S. 307, 312; C. Osgood, 1963, S. 305 ff.; W. Jochelson, 1926, S. 201. Eine anschauliche Beschreibung der Besessenheit zweier Schamanen der Udehe an den rechten Nebenflüssen des Ussuri und an der Küste des Japanischen Meeres findet man bei F. Albert, 1956, S. 231 ff. Im japanischen Schamanismus gab es zwar auch die »Seelenreise« (*takai henraki*) in »jenseitige« Gefilde, die in jenem Zustand stattfand, der später mit dem Fremdwort *ekusutashi* (»Ekstase«) bezeichnet wurde, doch dominierte das »Bestiegenwerden« (*noru*) der Schamaninnen durch die *kami*, zu denen sie auch sexuelle Beziehungen unterhielten. Auch in späteren Zeiten waren solche Frauen so gut wie nie mit einem Menschenmann verheiratet. Cf. A. Bouchy, 2000, S. 210.

5 Cf. J. B. Casagrande, 1960, S. 478; J. R. Walker, 1917, S. 158; R.-H. Andersson, 2008, S. 49; V. F. Ray, 1963, S. 35, 65; ähnlich die Schamanen der benachbarten Atsugewi: T. R. Garth, 1978, S. 241; J. R. Swanton, 1905, S. 38; F. de Laguna, 1972, S. 674 ff., 704; dies., 1990, S. 221; E. S. Curtis, 1913, S. 80; R. L. Olson, 1936, S. 160; Å. Hultkrantz, 1957, S. 248. Wenn ein Kwakiutl von einem »Kannibalen-Geist« besessen wurde, gebärdete er sich wild und wie verrückt und riß nicht selten den Umstehenden ganze Fleischstücke mit den Zähnen aus dem Körper. Um das zu vermeiden, bereitete man einen kleinen Schwarzbären zu und sagte dem Besessenen, dies sei ein Mensch, den er essen könne. Cf. C. S. Ford, 1966, S. 202; H. E. Driver, 1969, S. 348. Die *skájap*-Geister der Quinault ergriffen auch Besitz von ganz einfachen Menschen und zwangen sie, zu tanzen und ihren Besitz zu verschenken. Die Schamanen der Eyak im Delta des Copper Rivers in Alaska sagten, sobald ihre männlichen und weiblichen Hilfsgeister in sie eingetreten seien, verstünden sie jede Sprache, und die Geister

trügen sie in wenigen Minuten um die ganze Welt. Die Schamanen der Tsimshian gaben zwar mitunter die Kontrolle über ihren Körper an ihre Hilfsgeister (*naxnox*) ab, aber meistens war ihre Trance leicht, und nicht selten gaben sie nur vor, besessen zu sein. Cf. K. Birket-Smith/F. de Laguna, 1938, S. 209f., 232; M.-F. Guédon, 1984, S. 182. Cf. auch G.T. Emmons, 1911, S. 112 (Tahltan); Å. Hultkrantz, 1953, S. 440 (Bella Coola, Nootka, Tlingit); J.A. Ross, 1998, S. 280 (Spokane); D.I.D. Kennedy/ R.T. Bouchard, 1990, S. 448 (Nördliche Küsten-Salish); D. Jenness, 1933, S. 13ff. (Carrier).

6 Cf. M.S. Cipoletti, 2019, S. 164f.; K.I. Taylor, 1979, S. 209ff., 219; D. Kopenawa/B. Albert, 2013, S. 83, 92, 104f., 492; S.H. Wassén, 1970, S. 52f.; N. Chagnon, 1994, S. 173f.; J. Lizot, 1982, S. 127ff., 150; O. Zerries, 1983, S. 164; C. Lévi-Strauss, 1982, S. 227; J.-P. Chaumeil, 1983, S. 42, 65f., 116, 119ff.; F.C. Tola, 2014, S. 85f.; L.C. Faron, 1964, S. 124, 127f.; P.C. Johnson, 1995, S. 169; M.J. Harner, 1964, S. 301f.; F.X. Faust, 1989, S. 145; T. Kohl, 1900, S. 22f.; P.C. Johnson, 2007, S. 104f., 159. Das Geisterhaus in den Yanomamö-Dörfern imitiert den Brustkorb eines Schamanen. Die Geister der Akawaio in Britisch-Guayana ergreifen Besitz von den Schamanen und können anschließend nach der Ursache von Krankheiten und dem Ort, an dem sich gestohlene Gegenstände befinden, befragt werden. Dies ist auch bei den Matsigenka im peruanischen Tiefland der Fall, bei denen die Hilfsgeister (*ine'tsaane*) aber erst in den Körper des Schamanen eintreten, wenn dessen Seele ihn verlassen hat. Cf. J. Hendry, 1999, S. 141; G. Baer, 1984, S. 206, 210. Die Hilfsgeister der sibirischen Nanai benutzten die Stimme der Schamanen, von denen sie Besitz ergriffen hatten, und nur durch Besessenheit (*machi kultran*) erhielten die Schamanen der Mapuche die Kraft des Stiergeistes. Cf. Bulgakova, a.a.O., S. 60; A.M. Oyarce, 2018, S. 287f.

§ 27 Channeling, Walk-Ins und die Existenz der Geister

1 Cf. M.F. Brown, 1997, S. 11, 15f., 25, 113, 175; J. Johnston, 2013, S. 414; M. Keller, 2015, S. 73; A. Klin-Oron, 2015, S. 366; D.J. Hughes, 1992, S. 182; W.J. Hanegraaff, 1996, S. 28; J. Klimo, 1998, S. 222f.; M. Pöhlmann, 2008, S. 63ff.; D.J. Hughes, 1991, S. 172ff.; R.C. Fuller, 2001, S. 62; W. Spencer, 2001, S. 350; M. Rothstein, 2016, S. 299; T. Harding, 2014, S. 43; M.R. Mullins, 1992, S. 239f.; F. Winter, 2012, S. 45ff., 321. Am Ende des Jahres 1989 offenbarte Ōkawa, er sei nicht nur ein bloßes Channel, sondern die Reinkarnation (*shaka no sairai*) Buddhas, und im Juli 1991 vor einem Publikum von über 50000 Personen, er sei die Wiedergeburt von El Cantare, dem König des untergegangenen Kontinents Mu,

der später unter anderem als der ägyptische Gott Toth, als griechischer Gott Hermes, als König von Atlantis, als Inkaherrscher und als Buddha inkarniert wurde. »Der hier vor euch steht«, verkündete er einer faszinierten Menge, »und die ewige Wahrheit offenbart, ist El Cantare! Ich bin es, der die höchste Autorität auf Erden besitzt, vom Anfang dieser Erde bis zu ihrem Ende. Denn ich bin kein Mensch, ich bin das Gesetz (*hō*)!« Cf. F. Winter, 2008, S. 63 ff., 74 f.; ders., 2010, S. 2 ff.

2 Cf. M. Lindeman/N. Saher, 2007, S. 41; R. Powers, 1990, S. 243; D. Tiemersma, 1998, S. 184, 189; V. J. Stenger, 2001, S. 367; B. Rundle, 2013, S. 473 f. Im Jahre 1896 wurde ein Mann, der elektrischen Strom gestohlen hatte, vom Deutschen Reichsgericht mit der Begründung freigesprochen, elektrischer Strom sei kein Fluidum oder »Saft« und auch nicht vergleichbar mit Gas oder komprimierter Luft, die sinnlich wahrnehmbar seien, sondern ein »Zustand, der längs eines Leitungsdrahtes vermittelt werde und vermutlich in Schwingungen kleinster Teile (Moleküle) der Körper bestehe«, also etwas Unkörperliches, das nicht als bewegliche Sache im Sinne des § 242 StGB gelten könne. Cf. C. Asendorf, 1989, S. 128 f.

3 Cf. Hanegraaff, a. a. O., S. 29; R. Bradby, 2015, S. 348; J. Roberts, 1991, S. 21, 93 f.; W. J. Hanegraaff, 2005, S. 998; J. Roberts 1988, S. 49; M. York, 2005, S. 288; G. M. Harley, 2005, S. 322 f.; S. Ramaswamy, 2004, S. 88 f.; Hanegraaff, a. a. O., 1996, S. 41; H. Urban, 2015, S. 328 f.; J. E. Alcock, 1989, S. 381; Brown, a. a. O., S. 2 f.; D. E. Cowan/D. G. Bromley, 2010, S. 88; E. A. W. Ostling, 2016, S. 424; S. G. Thomason, 1989, S. 393 f.; H. Edwards, 1996, S. 82 f.; K. Stollznow, 2014, S. 87; J. Hick, 1983, S. 130 f. Ein Forscher fragte ein kalifornisches Channel, ob sie denn sicher sei, daß die Botschaft, die sie verkünde, wirklich von Jesus sei, worauf sie dies ebenso einfältig wie Roberts bejahte und damit begründete, sie habe Jesus gefragt. Cf. A. Hastings, 1991, S. 144. Der sexuelle Mißbrauch könnte Knights Dissoziationsfähigkeit begünstigt haben. Nach einer Untersuchung konnte freilich nur bei 10 Prozent der Channel ein solcher Mißbrauch in der Kindheit oder frühen Jugend festgestellt oder stark vermutet werden. Cf. J. Donovan, 1994, S. 105.

4 Cf. Y. Marton, 1994, S. 294; Roberts, a. a. O., 1991, S. 18, 30, 136 ff.; C. L. Albanese, 2015, S. 491 f.; D. Hutchinson, 2003, S. 242; J. Z. Knight, 2004, S. 24, 42 *et passim*; Urban, a. a. O., S. 325 f., 329, 332; C. A. Jones, 2003, S. 267; P. Heelas, 1996, S. 26; J. Bruce, 2002, S. 86 ff.; O. Hammer, 2004a, S. 394; T. Utriainen, 2014, S. 245; Thomason, a. a. O., S. 391; R. Powers, 1990, S. 242. Ramthas Doktrin, jeder Mensch kreiere seine eigene Wahrheit, entspricht der postmodernen Anschauung von der völligen Relativität der Maßstäbe. Cf. H. P. Duerr, 2002, S. 48 f.; ders., 2008, S. 57. Australische Religionswissenschaftler haben nach einer umfassenden Untersuchung die »religiöse Grundüberzeugung« der heutigen west-

lichen Jugendlichen und jüngeren Erwachsenen auf folgenden Nenner gebracht: »In matters of religion ›truth‹ means what it means for *me*; what is true for someone else may be quite different, and has its own perfect right to exist independently, without being constrained by any standard external to the individual.« Cf. A. Singleton, 2012, S. 454. Eine solche Auffassung ist ein eklatantes Indiz für den Zerfall einer Gesellschaft, den Alexis de Tocqueville schon in den 1830er Jahren vorausgesagt hat.

5 Cf. H. Evans, 2001, S. 58; Brown, a.a.O., S. 21f.; D. Virtue, 2004, S. 183ff.; R.P. Flaherty, 2011, S. 593; C. Goldner, 2000, S. 139f.; J. Clark, 2010, S. 176f.; M.F. Bednarowski, 1989, S. 95; F. Jeffrey/J.C. Lilly, 1990, S. 489. Eine Vorreiterin der Walk-In-Bewegung erfuhr die Tatsache, daß sie ein außerirdisches Walk-In ist, von ihren »spirit guides«, »highly evolved souls«, die nach zahlreichen Inkarnationen nunmehr »at a higher vibratory level« leben.

6 Cf. B.E. Schmidt, 2014, S. 139; F.G. Brumana/E.G. Martinez, 1989, S. 224; A. Causey, 2002, S. 20f.; B. Malinowski, 1967, S. 269; F. Goodman, 1991, S. 187. Einer solchen »Beweisführung« bedienen sich auch die Ethnologen und Psychologen J.G. Goulet/D.E. Young (1994, S. 325), S. Betty (2015, S. 36ff.), D. Schlottmann (2006, S. 12) und T. Perman (2011, S. 78), nachdem bereits im Jahre 1948 der Psychoanalytiker C.G. Jung (1973, S. 110; A. Jaffé, 1960, S. 14) mit erstaunlicher Naivität konstatiert hatte, es gäbe »kein einziges Argument, welches die Nichtexistenz der Geister beweisen könnte«. Auf ähnlich unbedarfte Weise verteidigen viele Theologen die Existenz Gottes, zum Beispiel U. Eibach (2009, S. 19). »Es ist trivial«, so kommentiert E. Tugendhat (2007, S. 193) solche apologetischen Äußerungen, »daß man die Existenz eines übernatürlichen Wesens ebensowenig widerlegen wie beweisen kann, aber das heißt eben nur, daß das einzige, was für sie spricht, der Wunsch ist.« Ein anderer Autor bringt es fertig, gleichzeitig zu glauben, daß es Besessenheitsgeister gibt und daß es sie nicht gibt, denn er habe »in Asien gelernt, daß man durchaus gegensätzliche Erklärungen unverbunden nebeneinander bestehen lassen kann.« Cf. G. Spitzing, 2017, S. 15.

7 Cf. Goodman, a.a.O., S. 11; C. Rätsch, 1999, S. 259f.; B.T. Grindal, 1983, S. 76; S.S. Sered, 1994, S. 190f.; R. Romberg, 2014, S. 244; S.G. Soal, 1926, S. 560ff.; S.E. Braude, 1995, S. 228. Nach einer repräsentativen Umfrage aus dem Jahre 2005 glauben in den USA 46 Prozent der Erwachsenen ohne College-Bildung, daß Menschen vom Teufel besessen werden können. Mit steigender Bildung nimmt der Prozentsatz proportional ab. Cf. T.M. Luhrmann, 2012a, S. 254; E. Asprem, 2013, S. 337. Im Jahre 2017 glaubte nach einer repräsentativen Umfrage fast ein Drittel der Deutschen an die Existenz von Engeln, und nach einer anderen Befra-

gung sogar zwei Drittel, daß Menschen persönliche Schutzengel besäßen. Cf. D. Boss, 2019, S. 106.

8 Cf. H. P. Duerr, 2015, S. 359 ff. Der Parapsychologe Gerhard Mayer (2016, S. 244 f.) lehnt offenbar meine Kritik am gängigen Leib-Seele-Dualismus ab, aber ich vermisse bei ihm jegliche Argumentation. Seine Feststellung, daß »other people are convinced of other ontological concepts«, ist natürlich richtig, ersetzt aber keine Beweisführung. Außerdem bemängelt er, ich hätte in diesem Zusammenhang »quotations from Wittgenstein's writings« herausgepflückt, »without taking the particular context into account«. Damit zeigt Mayer, daß er Wittgensteins Weise zu philosophieren völlig mißversteht. Denn Wittgenstein argumentierte nicht diskursiv, sondern umkreiste die Probleme mit Einfällen und Fragen, die er häufig auf lose Zettel schrieb, oder wie es seine bekannteste Studentin, Elizabeth Anscombe, einmal ausdrückte: »What Wittgenstein says in one point should never be connected with what he says in another point.«

9 Cf. L. Wittgenstein, 2016, S. 318; R. Greaves, 2011, S. 58; D. B. Shimkin, 1986, S. 325; S. R. Mumford, 1986, S. 175; M. Noseck-Licul, 2013, S. 89. Genausowenig ist Leben ein »Ding«, vielmehr gibt es bestimmte Entitäten, Tiere und Pflanzen, die die Eigenschaft haben zu leben. Und solche Eigenschaften kann man nicht vom jeweiligen Körper trennen. So hat schon vor langer Zeit Wilhelm Dilthey betont, daß »etwa die Gebärde und der Schrecken nicht ein Nebeneinander, sondern eine Einheit sind«. Cf. W. Dilthey, 1970, S. 256.

§ 28 »Das war nicht ich!« Automatisches Schreiben und Fremdgesteuertwerden

1 Cf. W. E. Mühlmann, 1981, S. 206; T. Palmer, 2014, S. 255; L. Staudenmaier, 1922, S. 44; A. F. Puukko, 1935, S. 32; E. Arbman, 1963, S. 349 f.; P. C. Lucas, 1992, S. 197; J. D. Blom, 2010, S. 68; R. K. Siegel, 1992, S. 149; E. Z. Woody/ K. S. Bowers, 1994, S. 52. Traumforscher gehen heute davon aus, daß Traumpersonen über Kenntnisse, Fähigkeiten und Charaktereigenschaften verfügen sowie sexuelle und andere Neigungen besitzen, von denen die Träumer sowohl im Traum wie auch im Wachbewußtsein nichts wissen. Cf. D. L. Barrett, 1994, S. 129 f.

2 Cf. A. Jaffé, 1986, S. 14, 38; C. Treitel, 2004, S. 121. Auf einer gemeinsamen Reise nach Kairo im Jahre 1904 wurde Aleister Crowleys Frau Rose von Aiwass, einem Abgesandten des Gottes Horus, besessen, der alsbald Crowleys Schutzengel wurde und ihm sein wohl berühmtestes Werk, *The Book of the Law*, diktierte, das die Grundlehren der neuen Religion Thelema enthält. Auch die bereits erwähnte Veronica Lueken ereilte beim Staub-

wischen in ihrem Schlafzimmer eine drei Tage und drei Nächte währende Vision, in der die hl. Thérèse von Lisieux ihr die Heilsbotschaften für die Menschheit diktierte. Cf. H. Urban, 2009, S. 430; M. Pasi, 2012, S. 72 f., 184; M.W. Cuneo, 1999, S. 155. Der irische Dramatiker und Lyriker William Butler Yeats erklärte, er schreibe durchweg unter Führung eines Geistes namens Leo. Cf. Treitel, a. a. O., S. 119.

3 Cf. H. Hoffmann, 1972, S. 47; J.C. Bivins, 2015, S. 202 f.; U. Bäumer, 1985, S. 49 f.; A. Lehmann, 1925, S. 583; H. Bender, 1971, S. 3 f.; H. Körner, 2006, S. 382 f.; G.C. Bott, 2009, S. 66; K. Behling/A. Manigold, 2009, S. 66; H. Holländer, 1985, S. 250; Treitel, a. a. O., S. 122 f.; A.Villoldo/S. Krippner, 1986, S. 34; M. Shahar, 1998, S. 196; J.C. Nemiah, 1988, S. 102; H. Freimark, 1909, S. 61; J.E. Sison, 1988, S. 27 f.; B. Formoso, 2014, S. 542, 546; M. Schödlbauer, 2016, S. 55; B. Grom, 2007, S. 222; H. Bender, 1984, S. 108 ff.; Staudenmaier, a. a. O., S. 160. Bei Multiplen ist das Automatische Schreiben der Ursprungs- und Primärpersönlichkeit häufig das bewußte Schreiben einer der Subpersönlichkeiten. Cf. R. J. Cromer, 2008, S. 202. In dem berühmten Medium Mrs. Piper konnten sich zur selben Zeit zwei verschiedene Geister bemerkbar machen, wobei der eine »eifrig« mit ihrer Hand schrieb, während der andere sich »ebenso eifrig« ihrer Stimme bediente. Allerdings sprach dabei der Geist des französischen Arztes Dr. Phinuit auf verräterische Weise so miserabel französisch wie das Medium, das in ihrer Kindheit ein französisches Kindermädchen hatte. Cf. F. Moser, 1935, S. 543; A. Lehmann, 1925, S. 715. Die linke Hand einer jungen Norwegerin benutzte ein verstorbener Arzt, der mit ihr einen Brief an seinen noch lebenden Vater schrieb, und die rechte eine gewisse Eva, die gleichzeitig einen Brief an ihre Eltern verfaßte. Unterdessen unterhielt sich die Norwegerin in Trance mit ihren beiden verstorbenen Brüdern. Viele Personen können während des Automatischen Schreibens fließend reden oder Rechnungen ausführen. Verlangt man von ihnen jedoch Dinge, die zu kompliziert sind, hört entweder das Schreiben oder das Erzählen auf. Cf. Moser, a. a. O., S. 543; A. Lehmann, 1925, S. 715; O. J. Hartmann, 1952, S. 213; Bender, a. a. O., S. 100 f. In der Zeit vor dem Ersten Weltkrieg tanzte die somnambule Schweizer Schauspielerin Magdaleine Guipet in den großen Städten Europas halbnackt und ohne Bewußtsein, so daß man sagte, sie werde getanzt. Cf. O.A. Müller, 1981, S. 52; J. Kennedy/ E. D. Schmid, 2008, S. 78; V. Anker, 2009, S. 141, 148 ff.

4 Cf. H. Bender, 1959, S. 49; ders., 1985, S. 202; F. Podmore, 1902, II, S. 317; M. R. Finn, 2009, S. 120. Im »somnambulen Zustand« erinnerte sich Hélène zudem an ihre früheren *avatāre*, nämlich daß sie einst eine indische Prinzessin war, die Sanskrit sprach, das sie – angeblich – auch außerhalb der Trance immer noch beherrschte, dann die Tochter eines arabischen Scheichs, die zu Beginn des 15. Jahrhunderts die Lieblingsfrau Simandini

eines Hindufürsten wurde, mit dessen Leiche sie lebendig verbrannt
wurde, und schließlich im 18. Jahrhundert die französische Königin Marie-Antoinette. In die Gattin Ludwigs XVI. war der sizilianische Aben-
teurer und Alchimist Graf Alessandro di Cagliostro unsterblich verliebt,
der schließllich unter dem Namen Leopold Schutzgeist und Berater Hé-
lènes wurde, die als Élise in Genf wiedergeboren wurde, um ihre Sünden
abzuarbeiten und Vollkommenheit zu erlangen. Mit ihm hatte Élise ein
sexuelles Verhältnis, und nur er konnte, was Flournoy offenbar eines Tages miterlebte, einen Orgasmus bei ihr auslösen. Cf. S. Lachapelle, 2011,
S. 66 ff.; J. Flournoy, 1900, S. 9 f., 259; J.W. Monroe, 2008, S. 203 f. Alle
Orte, an denen ihre *avatāre* gelebt hatten, besuchte Élise auf Zeitreisen
in Trance. Kurze Zeit danach, im Jahre 1901, begann Agnes Ozman in
Topeka im Staate Kansas mit dem Automatischen Schreiben, das damals
in Amerika »writing in tongues« genannt wurde und das sich rasch unter den dortigen Pfingstlern verbreitete. Agnes' Hand schrieb nicht auf
englisch, sondern, wie sie glaubte, in einer fremden Sprache, die dann
von Geistlichen »übersetzt« wurde. Da man freilich für dieses Phänomen in der Heiligen Schrift kein Vorbild fand, verebbte es in Pfingstkrei-
sen sehr bald. Cf. C.M. Robeck, 2006, S. 112 ff.; A.N. Ozman-Laberge,
1997, S. 85.

5 Cf. L.E.A. Howe, 1984, S. 207 f.; V. Valeri, 1994, S. 128; M. Schoormann,
2005, S. 462 f.; M.A. Bartolomé, 1979, S. 112 f., 115; E. Zolla, 1981, S. 82;
S. Pfeifer, 2005, S. 299, 301; R.A. Knox, 1950, S. 378; Grom, a.a.O., S. 230.
Wenn jemand eine schwere Sünde beging, war in der bulgarischen Volkskultur dafür eigentlich der Schutzengel verantwortlich, weil er zu schwach
war, den Betreffenden vor der Verführung durch den Teufel (*djávol*) zu
bewahren. »It was Hyde, after all«, sagt Dr. Jekyll, »and Hyde alone, that
was guilty«, und anscheinend hatte auch Nietzsche bisweilen das starke
Gefühl, »bloss Incarnation, bloss Mundstück, bloss Medium übermäch-
tiger Gewalten zu sein«, da alles »im höchsten Grade unfreiwillig« geschehe. Cf. C. Vakarelski, 1969, S. 228; R.L. Stevenson, 2004, S. 63; F.
Nietzsche, 1969, S. 337 f. 1899 meinte eine Patientin aus Nördlingen,
die »heftige geschlechtliche Erregung«, die sie erlebe, könne nur auf
»göttliche oder teuflische Einwirkung« zurückgehen, vermutlich auf den
Teufel, der sie schwängern wolle. Cf. M.C. Müller, a.a.O., S. 279. Im angelsächsischen England wurde auch das Tourette-Syndrom als Auswir-
kung einer Besessenheit durch einen Dämon erklärt. Cf. P. Dendle, 2014,
S. 197 ff. Als 1571 in Siena ein Mann wegen Vergewaltigung eines kleinen
Mädchens vor Gericht stand, verteidigte er sich mit dem Argument,
nicht er habe die Tat begangen, sondern der Teufel, der sich seiner bemächtigt habe. Cf. E. Brizio, 2019, S. 39 f.

6 Cf. B. Snell, 1948, S. 35, 44 ff.; A.W.H. Adkins, 1970, S. 25 ff.; E. Brandt,

1965, S. 93; C. F. v. Nägelsbach, 1861, S. 56 ff.; P. Feyerabend, 1978, S. 193 f.; K. Hübner, 1979, S. 78 f.; H. Bogner, 1939, S. 15 f.; J. Böhme, 1929, S. 79 ff.; A. Lesky, 1961, S. 10 ff.; W. Bröcker, 1975, S. 27; H. Erbse, 1979, S. 11 f.; O. Höfler, 1974, S. 133; B. Uhde, 1975, S. 179; H. Stumfohl, 1971, S. 95 f.; T. Vlachos, 1971, S. 217. Um die Mitte des 1. Jahrhunderts war die Epilepsie für den Arzt Aretaios von Kappadokien eine Besessenheit durch einen δαίμων, der vor allem in der Folgezeit bei den Urchristen zu einem »unreinen Geist« wurde, der in den menschlichen Körper eindrang und Geisteskrankheit, Blindheit und Gliederverkrümmungen bewirkte. Cf. M. Wohlers, 1999, S. 127 ff., 148. Wurden bei den Griechen Gewissensbisse durch die bedrängenden Rachegöttinnen erzeugt, sagte ein !Kung dem Ethnologen, sein »Herz« weise ihn stets darauf hin, was richtig und was falsch sei. Doch es handle sich nicht wirklich um die »Stimme des eigenen Herzens«, sondern um »das Sprechen des //gaua [Gottes]«. Sein ganzes Leben lang spreche diese Stimme zu den Menschen, »niemand kann sie überhören«, denn sie sei laut und deutlich wahrnehmbar. Cf. M. Gusinde, 1966, S. 36.

7 Cf. E. Kasten, 2008, S. 40; L. Hermle et al., 1988, S. 159, 163; P. Brugger, 2001, S. 201; R. Joseph, 2002, S. 527 f.; S. E. Braude, 2003, S. 238 f., 243; W. Mayer-Gross, 1968, S. 203; O. P. Wiggins/M. A. Schwartz, 2012, S. 277; C. Naranjo, 1973, S. 189; M. Schödlbauer, 2016, S. 17, 295; G. Graham/ G. L. Stephens, 1994, S. 93 ff.; W. T. Winkler, 1976, S. 44; W. Blankenburg, 1988, S. 186; G. B. Schmid, 2000, S. 181; O. Sacks, 1990, S. 69 ff. Da sich manche Schizophrene als Automaten fühlen, können, so glauben viele von ihnen, ihre Empfindungen nicht ihre eigenen sein. »Wenn ich einmal lustig bin«, so ein Patient, »dann habe ich das Gefühl, daß nicht ich das bin.« Cf. W. Bräutigam, 1969, S. 110. Weitere Beispiele bei F. H. Previc, 2006, S. 505; D. Enoch/H. Ball, 2001, S. 232; J. Bäuml, 2008, S. 15 f.; H. Häfner, 2000, S. 92; P. Schilder, 1968, S. 64 f., 86, 96; M.-G. Hohenlohe, 1988, S. 98; M. Spitzer, 1988a, S. 167. Dasselbe gilt für Zwangsgedanken, die für viele Zwangskranke fremde Eindringlinge sind. Cf. Graham/Stephens, a. a. O., S. 99 f.; M. Bürgy, 2005, S. 219.

8 Cf. E. Bleuler, 1972, S. 404; V. Faust, 1996, S. 46; C. A. Valentine, 1965, S. 186 f.; C. W. Nuckolls, 1997, S. 116; K. Nishimura, 1987, S. 60; V. N. Basilov, 1997, S. 15 f.

§ 29 Helena Petrovna Blavatsky: Medium, Betrügerin oder beides?

1 Cf. J. D. Lavoie, 2012, S. 177; H. E. Hare/W. L. Hare, 1936, S. 75 f., 166; T. Maroney, 2000, S. 42; D. H. Caldwell, 2000, S. 23 f.; B. de Zirkoff, 1978, S. 14; G. W. Trompf, 2013, S. 392; H. P. Blavatsky, 1997, S. 228. Ähn-

lich wie der Blavatsky scheint es der bekannten mazatekischen Heilerin María Sabina ergangen zu sein, die zwar sagte, daß nach dem Verzehr psilocybinhaltiger Pilze deren Geister, *los niños santos*, von ihr Besitz ergriffen: »Der Gott, der in den Pilzen wohnt, betritt meinen Körper (*entra en mi cuerpo*). Meinen ganzen Körper und meine Stimme überlasse ich (*cedo*) den *niños santos*. Sie sind es, die sprechen (*Ellos son los que hablan*)«, was auch ein anderer Heiler bestätigte: »Der hl. Pilz ist es, der spricht. Der Wissende leiht ihm lediglich seine Stimme (*el sabio simplemente da la voz*).« Aber genau genommen werden diese Heiler nicht von den Geistern *besessen*, sondern sie wiederholen nur, was diese ihnen mitteilen. Cf. A. Estrada, 1977, S. 120, 124, 127.

2 Cf. V. S. Solovyoff, 1895, S. 42, 220 f.; A. P. Sinnett, 1886, S. 22, 32 ff., 39 f., 77 ff.; I. Hexham/K. Poewe, 1997, S. 72 f.; E. J.W. Barber, 2005, S. 9 f., 14; W. Puchner, 2009, S. 68, 95, 100 f.; B. A. Rybakov, 1968, S. 41; N. F. Lawrow, 1962, S. 61; G. M. Williams, 1946, S. 25; M. Carlson, 1993, S. 39; G. Wehr, 2005, S. 20; T. Maroney, 2000, S. 12; D. H. Caldwell, 2000, S. 4 ff., 14, 80 ff.; P. Faxneld, 2014, S. 184; W. Oxley, 1889, S. 147 f. Eine ähnliche Kindheit wie Blavatsky durchlebte die etwas jüngere Engländerin Elizabeth d'Espérance, die später ein bekanntes Geistermedium wurde und die als Kind in den zahlreichen leerstehenden Zimmern eines alten düsteren Hauses in London spielte: »Für mich waren die Räume niemals leer noch einsam. Fremde gingen fortwährend auf und ab, von einem Raum in den anderen; manche beachteten mich nicht, andere nickten mir lächelnd zu, wenn ich ihnen meine Puppen entgegenhielt. Ich wußte nicht, wer die Fremden waren, aber ich lernte sie bald an ihrem Äußeren zu erkennen und schaute mich eifrig nach ihnen um. Bisweilen waren diese schattenhaften Gestalten so greifbar, daß ich sie mit wirklichen menschlichen Besuchern verwechselte.« Cf. A. Lehmann, 1925, S. 657.

3 Cf. K. Tingay, 2000, S. 38; Williams, a. a. O., S. 30; R. Passian, 2002, S. 50; S. Prothero, 1996, S. 43; Faxneld, a. a. O., S. 223; G. Wehr, 2005, S. 23 f. In einem Brief verlautete die Gräfin Wachtmeister, der Würzburger Arzt Leon Oppenheimer habe ihr zu verstehen gegeben, »daß Madame noch eine *Jungfrau* ist«, und Blavatsky selber besaß das Zertifikat eines Arztes, in dem dieser bescheinigte, daß sie an einer *anteflexio uteri* leide, und sie sagte, im Jahre 1862 hätten in Pskow zwei Ärzte, Prof. Bodkin und Dr. Pirogow, diagnostiziert, sie könne keinen Koitus ohne eine anschließende Entzündung durchführen, »weil mir etwas fehlt und die Stelle mit einer krummen Gurke gefüllt« sei, was immer man sich darunter vorstellen mag. Cf. H. P. Blavatsky, 1925, S. 177; J. D. Lavoie, 2012, S. 20 f.

4 Cf. J. L. Crow, 2012, S. 696 f., 708; H. P. Blavatsky, 1888, S. 132 f.; S. E. Kraft, 2013, S. 365; H. Zander, 2007, S. 396 f.; R. Steiner, 1939, S. 57 f., 76 ff., 226 ff.;

M. Kayser/P.-A. Wagemann, 1996, S. 145 f.; Faxneld, a. a. O.; J. P. Deveney, 1997, S. 304 f.; A. Versluis, 2008, S. 337. Nach Steiner gehen die »primitiven Völker« auf die Bewohner des untergegangenen Kontinents Lemuria zurück, die laut »Akasha-Chronik« noch keine Sprache und kein Gedächtnis hatten, sondern nur »Naturlaute« als Ausdruck von sexueller »Lust, von Freude und Schmerz« kannten. Extrem sexualitätsfeindlich war zu jener Zeit auch der indische Heilige und Ekstatiker Ramakrishna, der den Anblick nackter weiblicher Brüste nur dann ertragen konnte, wenn er in ihnen die nährenden Brüste seiner Mutter sah, und im Jahre 1950 erklärte die bekannte irische Theosophin Margaret Cousins, ihr ganzes Eheglück verdankten sie und ihr Mann hauptsächlich ihrer sexuellen Enthaltsamkeit. Ihr Ekel vor der Sexualität sei so groß, daß der bloße Gedanke daran dazu führe, daß sie erbleiche und an Gewicht verliere. Schon früher habe sie jedes Kind, das sie sah, an die »schockierenden Umstände« erinnert, unter denen es zustande gekommen sei. Sie schäme sich entsetzlich für die Menschheit und die Erniedrigung, die Frauen und Männer durch die Sexualität erführen. Ganz im Gegensatz zu den meisten Anhängern Blavatskys hatte die spätere Theosophin Anna Kingsford im Sommer 1875 im Alter von 29 Jahren ein Erlebnis, in dem ihr männliche Geister erschienen und damit begannen, sie sexuell zu stimulieren. Als Anna sie währenddessen fragte, ob sie nur einen oder auch mehrere Geistliebhaber besitzen dürfe, sagte einer von ihnen, da gäbe es keine Obergrenze, worauf sich alle gleichzeitig auf sie stürzten und einer nach dem anderen sie penetrierte. Als sich ein paar Nächte danach erneut einer der Geister zum Sex einfand, fragte sie ihn, ob er sie auch liebe, worauf er antwortete: »Ich habe noch nie jemanden geliebt. Ich weiß nicht, was Liebe ist!« Doch offenbar wußte er genau, was Eifersucht ist, denn er verbot ihr, mit irgendeinem irdischen Mann zu schlafen. Cf. R. Syed, 1998, S. 208; Kraft, a. a. O., S. 361 f.; A. Jaffé, 1986, S. 45 f.

5 Cf. P. Washington, 1993, S. 34, 42; A. T. Barker, 1923, S. VII; H. P. Blavatsky, 1925, S. 150 f.; Wehr, a. a. O., S. 26; H. P. Blavatsky, 2003, S. 6; N. Goodrick-Clarke, 2010, S. 118 f.; Caldwell, a. a. O., S. 14 f. Von den beiden Mahātmas erfuhr sie auch, daß die Bruderschaft bereits seit Jahrtausenden existierte und daß jedes Mitglied in der »Akasha-Chronik« (skr. *ākāśa*) lesen konnte, die auf »unzerstörbaren Tafeln des Astralen Lichtes« niedergeschrieben war und die nicht nur die Schilderung jedes jemals gedachten Gedankens und jeder ausgeführten Tat, sondern auch die aller zukünftigen Gedanken und Taten enthielt. Später behaupteten auch Annie Besant, der englische Theosoph Charles Leadbeater und Rudolf Steiner, sie seien in der Lage, diese Chronik zu »lesen«. Cf. H. E. Hare/W. L. Hare, 1936, S. 27 f., 37 ff., 48 f.; K. Brandt/O. Hammer, 2013, S. 122 f. Nach Leadbeater war Koot Hoomi unter anderem eine Reinkarnation des Pythagoras, die

im Körper eines Fürsten aus Kaschmir lebte, und Morya der wiedergeborene Lao-tse. Cf. L. Hauser, 2004, S. 310.

6 Cf. W. H. Harrison, 2018, S. 86 ff.; Hare/Hare, a. a. O., S. 188, 270; S. Cranston/C. Williams, 1995, S. 194; R. S. Ellwood, 1979, S. 113 f.; A. Bharati, 1980, S. 17; ders., 1976, S. 134, 217; H. P. Blavatsky, 2003, S. 13; Goodrick-Clarke, a. a. O., S. 119; ders., 2004, S. 121 f.; A. P. Sinnett, 1981, S. 34; H. P. Blavatsky, 1997, S. 26 f., 131 f.; P. van der Veer, 2001, S. 56; Washington, a. a. O., S. 32 f.; W. Oxley, 1889, S. 146; Wehr, a. a. O., S. 31. Williams, a. a. O., S. 37. Der Theosoph Alfred Sinnett (1922, S. 84) berichtete, Blavatsky habe im Jahre 1882 im nordwestindischen Allahābād behauptet, drei Jahre in Tibet verbracht zu haben. Diese Angabe vergaß sie dann offenbar, denn Jahre später waren es nach ihrer Aussage nur noch elf Monate.

7 Cf. K. P. Johnson, 1994, S. 19 ff.; T. M. Luhrmann et al., 2010, S. 75. Eine junge Frau blickte wie gebannt auf eine Postkarte von Moritz Schwinds Gemälde »Die Hochzeitsreise«, auf dem ein Paar mit der Kutsche von einem Gasthaus über den Marktplatz wegfährt. Plötzlich schreckte sie aus ihrem Aufgesogensein auf und sagte laut: »Da war ich eben mitten auf dem Platz, ich sah die Karte nicht mehr und winkte dem Wagen nach! Ich war in der Wirklichkeit!« Absorptionsfähige Menschen sind meist auch leicht hypnotisierbar. Eine extreme Form von Absorption ist offenbar die *unio mystica*, bei der das Selbstbewußtsein verlischt und die oft von den Betreffenden als »Tod« erlebt wird. »Ich sterbe auf dir!«, sagt in der arabischen Liebesdichtung der Mann kurz vor dem Orgasmus zu seiner Partnerin. Cf. E. R. Jaensch, 1929, S. 110, 113; P. W. Sheehan, 2007, S. 304.

8 Cf. J. Webb, 1976, S. 306; J. J. Franklin, 2018, S. 192 f.; C. M. Cusack, 2016, S. 242; I. Lubelsky, 2012, S. 167; Oxley, a. a. O., S. 160. Weitere Beispiele findet man bei G. Ahern, 1984, S. 160; R. S. Ellwood, 1986, S. 134; W. E. Coleman, 1895, S. 353 ff.; N. Goodrick-Clarke, 2013, S. 288 f.; Hexham/Poewe, a. a. O., S. 72; B. de Zirkoff, 1978, S. 23; A. Besant, 1907, S. 60; Washington, a. a. O., S. 42; N. Goodrick-Clarke, 2010, S. 120; S. Dickerson, 2016, S. 245 ff.; Lavoie, a. a. O., S. 50 ff. Bereits im Frühling 1872 sah der Naturwissenschaftler Sir William Crookes bei einem Experiment mit dem Medium Florence Cook in der Wohnung ihrer Eltern »a shape calling itself Katie King partially materialize for the first time«, die auf die Frage, wer sie sei, antwortete, sie habe ihren Körper im Alter von 23 Jahren gegen Ende der Regierungszeit des im Januar 1649 hingerichteten Karl I. verlassen. Später ließ Crookes das 18jährige Mädchen, um die Echtheit ihrer Materialisation zu überprüfen, in einem Latoratorium wohnen, das lediglich durch eine mit einer Gardine verhängte Tür von seinem Schlafzimmer getrennt war. Nacht für Nacht beobachtete Crookes das nur sehr spärlich bekleidete Medium, wie es im Dämmerlicht – angeblich in Tran-

ce – durch den Raum schritt. Wie Crookes später einräumte, habe er das junge Mädchen umarmt und geküßt – offensichtlich war der Mann, dessen Frau gerade ihr zehntes Kind von ihm erwartete, von Florence fasziniert und bürgte im Austausch für ihre sexuelle Gunst für die Authentizität ihrer Materialisation. Jahre später sagte ihr ehemaliger Liebhaber, der Dramatiker Jules Bois, aus, Florence habe ihm gestanden, daß alles ein Betrug gewesen sei. Cf. S. Alexandrian, 2015, S. 123 f.; V. Skultans, 1983, S. 20; E. Burger, 1986, S. 64.

9 Cf. J. A. Santucci, 2005, S. 269 ff.; Lavoie, a. a. O., S. 283 ff.; M. D. Conway, 1906, S. 198, 202; Sinnett, a. a. O., S. 37 f.; I. de Steiger, 1927, S. 178. Sinnett (a. a. O., S. 27 f.), der später eine Reihe von Briefen der Mahātmas erhielt, verlautete, sie seien nicht *direkt* zu ihm gelangt. Vielmehr hätten die Mahātmas sie, für andere Menschen unhörbar, Blavatsky diktiert, die sie allerdings leider »bearbeitet« habe. Erst nach ihrem Ableben hätten die Mahātmas ihm übersinnlich mitgeteilt, daß Blavatsky dabei manches verfälschte. Koot Hoomi und Morya, die heute nur noch geistig existieren, werden nach wie vor von New-Agern gechannelt, nachdem auch Rudolf Steiner den Kontakt mit ihnen gepflegt hatte. »Ich kann und darf nur so weit führen«, schrieb er im Sommer 1904 an einen seiner Jünger, »als der erhabene Meister, der mich selber führt, mir die Anleitung gibt.« Und im Herbst 1907 teilte Steiner Edouard Schouré mit, ihm sei ein Gesandter der Meister erschienen, der ihn in bestimmte Geheimnisse eingeweiht habe. Seinen Anhängern sagte er, Morya und andere Mahātmas bedienten sich seiner Stimme, doch zunehmend traten christliche Meister, namentlich Jesus, an die Stelle der Orientalen. Cf. D. Hutchinson, 2003, S. 241; O. Hammer, 2013, S. 256; Zander, a. a. O., S. 706 f. In heutiger Zeit erinnert in gewisser Weise die Amerikanerin Lynn Andrews an Blavatsky, die behauptet, in einem anonymen kanadischen Reservat von Plains-Indianern gezwungen worden zu sein, sich nackt auszuziehen, um in einem hellerleuchteten Tipi von sogenannten »Großmüttern« in eine geheime planetarische »Sisterhood of the Shields« initiiert zu werden. Ich habe im Jahre 1982 mehrere weibliche Mitglieder verschiedener Plains-Stämme befragt, aber niemand von ihnen hatte jemals von einer solchen »Schwesternschaft« gehört. Andrews ist eine Schülerin des bereits oben erwähnten Plastik-Schamanen Sun Bear, der mir 1979 in Heidelberg erzählte, er habe mit jungen weißen Amerikanern einen »Stamm« gegründet, und es könnte gut sein, daß die Phantasie einer solchen »Sisterhood« auf diesen New-Age-Ideologen zurückgeht. Cf. L. Andrews, 1981, S. 49; dies., 1988, S. 57; J. Flynn, 1990, S. 20.

1 Cf. P. Fiedler, 1999, S. 32; J. Sudbrack, 1998, S. 95; R. Geffarth, 2008, S. 144; J. Laycock, 2015, S. 369 f.; E. Shorter, 1992, S. 161 f. Angeblich wußte sie während ihres Aufenthaltes bei den Roffs Erstaunliches über die verstorbene Mary, doch später stellte es sich heraus, daß sie schon immer bestens über die Nachbarstochter informiert war, die zu Lebzeiten und auch danach als eine lokale Berühmtheit galt.

2 Cf. L. S. Benjamin, 2001, S. 100 ff.; R. Littlewood, 2002, S. 170; E. S. Bowman, 1993, S. 222; R. B. Allison, 2002, S. 518; H. Bender, 1972, S. 119; U. Gast, 2013, S. 96; dies./P. Wabnitz, 2017, S. 139; T. Bock/A. Heinz, 2016, S. 159 f.; I. Hacking, 1995, S. 28 f.; Littlewood, a. a. O., S. 232; I. Baruš, 2003, S. 151; R. A. de Vito, 1993, S. 236 f.; E. Fiore, 1997, S. 192 f., 195; J. Boddy, 2002, S. 404, 415; dies., 2002a, S. 208. Ähnlich verhalten sich die *majinn* auf Sansibar, die Geister der Heilerinnen in Mosambik, der südäthiopischen Galla, die *lwa* im Vodú, die Geister der Etoro-Medien in Zentral-Neuguinea und einst die der Medien bei den ceylonesischen Vedda. Cf. K. Larsen, 2014a, S. 14, 18; T. Luedke, 2011, S. 164 f.; E. Haberland, 1963, S. 509; Courlander, a. a. O., S. 19 f.; R. C. Kelly, 1988, S. 228 f.; G. Obeyesekere, 2002, S. 10. Auch bei den Hilfsgeistern der Schamanen hat es häufig den Anschein, daß sie Subpersönlichkeiten waren, die etwas leisten konnten, zu dem die Ursprungspersönlichkeit nicht imstande war, zum Beispiel der Hilfsgeist (*ntiómel*) des Schamanen der zu den Algonkin gehörenden Micmac. Cf. F. Johnson, 1943, S. 70, 79. Fast mit denselben Worten wie die zitierte alte Frau äußerte sich eine junge, die als Kind von ihrem Vater mißbraucht worden war. »So werde ich seit 15 Jahren von zwei Wesen begleitet. Sie sind die Basis für mein heutiges stabileres Leben. Sie sind immer bei mir. Sie sind durchaus sehr verschieden, aber beide ganz anders als ich. Sie lassen sich nicht irritieren, sie haben einen eigenen Willen. […] Sie leben mit einer großen Selbstverständlichkeit und sind voller Weisheit, Humor und Güte. Manchmal haben sie ganz andere Vorstellungen als ich, aber wir leben sehr gut zu dritt. […] Sie hören [im Gegensatz zu ihr] keine Stimmen. […] Seitdem mich die Wesen begleiten, bleibt mir etwas, worauf ich mich beziehen kann, gerate ich nicht mehr so grundsätzlich und endlos ins Bodenlose.« Cf. G. Schulz, 2013, S. 91 f.

3 Cf. A. Crabtree, 1993, S. 320; C. D. Laughlin et al., 1992, S. 139; A. Dietrich, 2012, S. 215; S. Arzy/M. Idel, 2016, S. 144; B. G. Braun, 1993, S. 36, 43; P. Pedersen, 2000, S. 99; H. Evans, 1984, S. 271; J. N. Briere, 1992, S. 41; F. W. Putnam, 1993, S. 192; M. Prince, 1906, S. 12, 14; Littlewood, a. a. O., S. 152; Hacking, a. a. O., S. 29; E. B. Foa/B. O. Rothbaum, 1998, S. 30; R. J. Comer, 2015, S. 204; J. Macklin, 1977, S. 56 ff. Offenbar sehen manche »Multiple« weib-

lichen Geschlechts ihre männlichen Subpersönlichkeiten in ihrem Körper, der aber dann der eines Mannes ist und keine Brüste und Vulva besitzt, sondern einen flachen Brustkorb und männliche Genitalien. Als zum Beispiel die männliche Subpersönlichkeit einer Frau »kam«, stand sie gerade nackt unter der Dusche und sah im Spiegel einen unbekleideten Mann, worauf sie schreiend aus dem Badezimmer rannte. Und eine junge Frau berichtete, sie habe sich selber wie gelähmt und durch eine dicke Glaswand hindurch in einer Badewanne liegend gesehen, wobei eine Subpersönlichkeit versuchte, ihr mit einem Messer die Halsschlagader aufzuschneiden. Cf. Saks/Behnke, a. a. O., S. 12; Fiedler, a. a. O., S. 144.

4 Cf. L. L. Giles, 1987, S. 241; S. Blackburn, 2010, S. 135; Prince, a. a. O., S. 14; R. Littlewood, 1995, S. 154; P. Fiedler, 1997, S. 220; Staudenmaier, a. a. O., S. 74 f., 77, 112 f.; G. Holtz, 1984, S. 247 f.; T. K. Oesterreich, 1917, S. 96; M. Dessoir, 1920, S. 111 ff.; J. H. Leuba, 1927, S. 189 ff. J. C. Nemiah, 1988, S. 96 f.; J. Vanderlinden/W. Vandereycken, 1997, S. IX. Ein junges Mädchen, das in seiner Kindheit gezwungen worden war, einen Fremden zu fellationieren, konnte nur noch ganz wenige Speisen zu sich nehmen und mußte sich dann häufig übergeben. Und eine übergewichtige Frau mußte sich jeden Tag um 16 Uhr mit Essen vollstopfen – genau in der Zeit, in der ihr Vater ihr bis in die Pubertät in den Mund ejakulierte. Schließlich entwickelte eine dritte, die bis zum Alter von 16 Jahren von ihrem Vater und ihrem älteren Bruder oral vergewaltigt wurde, eine *bulimia nervosa* und erklärte die Tatsache, daß sie sich ständig übergeben mußte, damit, dies sei die einzige Möglichkeit, sich von dem Sperma zu reinigen, das sie einst schlucken mußte. Diese jungen Mädchen und Frauen sowie andere, denen ihre Väter während ihrer Pubertät mit Bemerkungen wie »Du hast aber geile Titten!« an die Brüste zu fassen pflegten und die daraufhin an Bulimie erkrankten, entwickelten keine Subpersönlichkeiten. Dies taten aber viele andere, und nach einer Untersuchung wurden 57 Prozent der »multiplen« Patientinnen als Kinder und Jugendliche zur Fellatio genötigt. Im Falle einer solchen Frau übernahm eine der Subpersönlichkeiten« für die beiden anorektischen die Nahrungsaufnahme und aß pro Tag neun Hauptmahlzeiten, bis die Frau aus allen Nähten platzte. Und in einem anderen Fall spaltete sich eine junge Frau, die von ihrer Kindheit bis weit in die Adoleszenz mindestens einmal in der Woche ihren Vater fellationieren mußte, in eine »gute« Hälfte, die intellektuell und konformistisch auftrat, und in eine »böse«, die nach ihrer Aussage »mißtrauisch, verbittert, verängstigt, rachsüchtig, wütend, egozentrisch, verlogen und verschlagen« war. Als Jugendliche ließ sie sich von jedem »aufs Kreuz legen« und galt als das Mädchen, das sich selbst dann, wenn sie dies einmal nicht wollte, risikolos vergewaltigen ließ. Auch ein anderes Inszestopfer riß jahrelang in Bars wahl-

los Männer auf, um sie in deren Auto zu fellationieren. Cf. Goodwin/
Attias, a. a. O., S. 329 ff.; T. Ettel, 2001, S. 425 f.; M. S. Torem, 1993, S. 350;
J. S. Maxmen/N. G. Ward, 1995, S. 314; R. J. Loewenstein, 1993, S. 81;
C. Bagley/K. King, 1990, S. 15, 19 f., 217 f.

5 Cf. Dietrich, a. a. O., S. 216; J. Bauer, 2002, S. 185; B. A. van der Kolk et al.,
2000, S. 245, 254 f.; H. Feldmann/J. Westenhöfer, 1992, S. 53. Eine Frau, die
als Kind vergewaltigt wurde, berichtete:»Ich beobachtete sie – den Täter
und mich – von oben und konnte alles kristallklar sehen. Es war entsetzlich, und indem ich auf die Szene da unten starrte, fühlte ich mich krank
im Magen, aber ich konnte nichts tun, um ihr zu helfen.« Und eine andere
Frau, die in der Adoleszenz immer wieder von ihrem Vater ans Bett gefesselt und dann vergewaltigt wurde, entwickelte mit der Zeit eine Subpersönlichkeit, die sie in solchen Situationen gewissermaßen an die
Hand nahm und zu ihr sagte:»Du willst doch nicht mit diesem Schwein
zusammen sein – du kommst jetzt mit und bleibst bei mir!« Cf. C. Wills-
Brandon, 2002, S. 234; Spiegel, a. a. O., S. 89. Manche Personen schweben
während des Ertrinkens über ihrem untergehenden Körper und hören,
wie sie selber um Hilfe schreien, oder die Szene ist völlig dissoziiert,
was ich vor mehr als dreißig Jahren selber beim Beinahe-Ertrinken im
Korallenriff von Belogili im äußersten Osten der ostindonesischen Insel
Flores erlebt habe. Dabei hatte ich eine Nahtod-Erfahrung, im Verlaufe
derer ich traurig, aber völlig ruhig zuschaute, wie meine Frau in unserer
Wohnung in Heidelberg unseren drei Kindern beizubringen versuchte,
daß der Papi nie mehr heimkommen würde. Wie ich aber einem Bericht
des Ethnologen Karl-Heinz Kohl entnehme, der damals Zeuge des Vorfalls war, habe ich im Todeskampf laut um Hilfe gerufen, wovon ich nicht
das Geringste mitbekommen habe. Cf. G. Gallup/W. Proctor, 1990, S. 52 f.;
K.-H. Kohl, 2013, S. 100 f.

6 Cf. S. Leydesdorff, 2015, S. 263; O. Simić, 2015, S. 242 ff.; Littlewood,
a. a. O., S. 113, 127; Loewenstein, a. a. O., S. 59; H. W. Ahlemeyer, 1996,
S. 166; W. J. Ray, 2000, S. 60; J. Archer/B. Lloyd, 2002, S. 87. Das vollkommene Unbeteiligtsein am Sexualakt, das, was die Psychiater eine »leichte
Dissoziation« nennen, schließt aber nicht aus, daß offenbar so manche
Prostituierte dann, wenn der Freier ejakuliert, das Gefühl hat, ihn zu dominieren, weil er dann die Selbstbeherrschung verliert. Doch ansonsten
gilt, was eine Frau sagte, die in ihrer Jugend jahrelang von ihrem Vater
sexuell unterworfen wurde:»Mein Ich hat sich entfernt, wenn mein Vater
ans Bett kam, und mein Körper war dann eine leere Hülle, mit der etwas
geschah, womit ich nichts zu tun hatte.« Trotzdem hatte sie noch viele
Jahre danach immer wieder das Gefühl, neben sich zu stehen und hilflos
zu sein. Und eine andere berichtete:»Wenn alles vorbei war, rannte ich ins
Badezimmer, um mich gründlich abzuschrubben; ich wollte meinen Kör-

per töten und irgendwie nur noch mit dem Geist weiterexistieren. Mein Körper war schuld, daß mir das passierte. Wenn es ihn nicht gäbe, könnte Daddy ihn nicht anfassen!« Cf. S. Wieland, 2015, S. 3; C. Bryant, 1982, S. 287; A. Ehinger, 1997, S. 57; U. Brockhaus/M. Kolshorn, 1993, S. 153. Eine Prostituierte sagte, sie könne nur im stockbesoffenen Zustand ihrem Beruf nachgehen, und eine andere, sie müsse dazu in ihre »Antje-Persönlichkeit« schlüpfen, denn als Elke, wie sie heiße, wäre dies ein Ding der Unmöglichkeit. Denn Elke sei »eine sozial ängstliche, äußerst gehemmte« Person. Als Antje aber, die sie im Alter von 12 Jahren »erfunden« habe, sei sie stark und selbstbewußt. Doch auch Antje könne »am Stück« nur mit Drogen und Alkohol ein paar Stunden lang arbeiten. Cf. A. Schindler, 2011, S. 150 ff.; S. Zumbeck et al., 2003, S. 129 f.

7 Cf. Dietrich, a. a. O., S. 215; M. Hirsch, 2000, S. 137; R. I. Simon 1996, S. 181, 184; G. B. Greaves, 1993, S. 375; E. Lancaster/J. Poling, 1958, S. 119; L. Sperry, 1996, S. 255; M. Steinberg, 1995, S. 9, 47 ff.; C. Spitzer/H. J. Freyberger, 2015, S. 232; R. Carter, 1999, S. 174; Comer, a. a. O., S. 201; M. Huber, 1995, S. 120, 132 f., 171; dies., 2010, S. 111 f.; C. D. Laughlin et al., 1992, S. 137; J. Hawthorne, 1983, S. 4; M. Prince, 1906, S. 56; W. Doniger, 2000, S. 85, 289; H. Saß et al., 1996, S. 551; Saks/Behnke, a. a. O., S. 10; Prince, a. a. O., 213. Eine junge Frau, die jahrelang von ihrem Stiefvater mißbraucht und im Alter von 13 und 14 Jahren zweimal von ihm geschwängert worden war, besaß eine depressive unterwerfungsbereite und masochistische Ursprungspersönlichkeit voller Schuld- und Schamgefühle. Sie empfand sich als schrecklich und hoffte, daß Gott sie bestrafen würde, aber gleichzeitig war sie davon überzeugt, daß Gott nicht existierte, weil er sie als Mädchen nie beschützt hatte. Seinen Sohn Jesus aber betrachtete sie als ihren Ehemann und wartete darauf, von ihm geschwängert zu werden. Insgesamt hatte sie 14 »Subs«: Nr. 1 und 2 waren kleine Kinder, die am Daumen lutschten und viel weinten; Nr. 3 war glücklich und optimistisch, voller Empathie für andere, besonders gegenüber 1 und 2, für die sie sich verantwortlich fühlte. Nr. 8 war 14 Jahre alt, genauso alt wie die Ursprungspersönlichkeit, als diese die zweite Abtreibung erdulden mußte. Sie war die heftigste und gewalttätigste von allen »Subs«, haßte alle Männer, war lesbisch, Frauen gegenüber aggressiv sexuell und litt an Bulimie. Cf. D. G. Benner, 1992, S. 39 ff., 51. Auch eine andere junge Frau hatte ein »Kind-Sub«, was ihre Ärztin erst bemerkte, als sie sich im Gespräch plötzlich wie ein Kind verhielt und die Ärztin duzte. Kurz darauf benahm sie sich ebenso unvermittelt wieder wie eine Erwachsene und sagte verlegen: »Da hat sich die Kleine wohl wieder durchgesetzt!« Cf. U. Gast, 2013, S. 91 f. Eine Kanadierin besaß für alles, was sie vor ihrem zehnten Lebensjahr verdrängt hatte, »Kind-Subs«, die sogenannten »Memory Kids«, und für alles später Verdrängte die »Executive Kids«. Schließlich erinnerte sich eine

ehemalige Patientin: »Ein Ich sitzt im Kopf, eins sitzt hier [...], das eine beobachtet immer alles und hört alles, ist nicht so persönlich, ist wie eine dritte Person; das andere will selber leben, möchte raus aus mir, sitzt hier unten in der Brust. [...] Das Beobachtende im Kopf kommt mir so hochmütig vor.« Cf. P. Antze, 1996, S. 17; P. Schilder, 1968, S. 102.

8 Cf. Goodwin/Attias, a. a. O., S. 328; P. G. Schwartz, 1988, S. 49 f.; S. Freud, 1941, VII, S. 198; G. Hofer, 1984, S. 80 f.; H. F. Ellenberger, 1973, S. 202; C. Winter, 2015, S. 85 f.; M. Prince, 1908, S. 328; ders., 1908a., S. 256; R. Littlewood, 1995, S. 161; G. Burkart, 1997, S. 263; G. Kirsch, 1990, S. 67 ff., 133 ff.; O. Morgenroth/K. Boehnke, 2004, S. 117; J. M. Glass, 1993, S. 49; Saks/Behnke, a. a. O., S. 11 f.; M. T. Brown, 2001, S. 438; E. B. Ronquillo, 1991, S. 42; C. H. Kraft, 1982, S. 46, 53, 228 f.; M. J. Dorahy, 2001, S. 158, 160; R. D. MacPhail, 2002, S. 142 f., 153 f.; J. F. Rychlak, 1997, S. 215 f.; N. Sullivan, 2003, S. 154. Nicht alle Subpersönlichkeiten sind tatkräftig und dominant. So sagte eine junge Multiple, die ihren forderten ständig, daß sie, die Ursprungs- und Primärpersönlichkeit, ihnen zu Hilfe eile: »Aber die Hilfe kann ich ihnen nicht geben, denn ich bin ja selber tot!« Und eine andere junge Frau verlautete: »Oft kommt mir mein Leben wie ein Film vor. Ich stehe neben mir selbst und höre mich sprechen, doch ich spüre nichts. Es ist, als ob eine andere über mein Leben spricht. Ich kenne diese Frau gut, und sie kennt mich, doch ich habe kein Gefühl für sie und sie keins für mich.« Schließlich berichtete eine dritte: »Es wohnte in mir ein neues Wesen und mein zweiter Teil, das ehemalige Wesen, nahm keinen Anteil an dem neuen. Oft habe ich gesagt, daß mir die Schmerzen dieses neuen Wesens gleichgültig sind.« Cf. W. Siegmund, 1984, S. 162; Brockhaus/Kolshorn, a. a. O.; Schilder, a. a. O.

9 Cf. A. Eckhardt, 1996, S. 43; A. Eckhardt-Henn/S. O. Hoffmann, 2000, S. 269; C. A. Ross, 1999, S. 473; H. Julius/U. Boehme, 1997, S. 189; C. A. Courtois, 1988, S. 156; E. Bourguignon, 1987, S. 345; Saks/Behnke, a. a. O., S. 67; Doniger, a. a. O., S. 289; C. Partridge, 2016, S. 322; E. S. Blume, 1990, S. 87; P. McNamara, 2009, S. 75 f.; Cromer, a. a. O., S. 202 f.; P. Fiedler/C. Mundt, 1997, S. 373 f.; J. N. Butcher et al., 2009, S. 367 f.; R. I. Simon, 1996, S. 186, 202; G. T. Emmons, 1911, S. 111. In den 1980ern gab es in den USA mehrfach Täter, die vor Gericht behaupteten, die Tat sei nicht von ihnen, sondern vom Teufel begangen worden. Cf. T. Szasz, 1983, S. 106. Es gibt aber auch völlig andere Motive für das Erscheinen von »Subs«. Bei einer Multiplen tauchte zum Beispiel eines Tages ein »Sub« namens Kenneth sozusagen aus dem Nichts auf und verkündete, er werde bleiben, weil er sich in eine der weiblichen »Subs« der Frau verliebt habe. Cf. F. Goodman, 1988, S. 84.

10 Cf. Cromer, a. a. O., S. 204; Saks/Behnke, a. a. O., S. 13, 31; Eckhardt, a. a. O., S. 47; Eckhart/Hoffmann, a. a. O., S. 268; D. Spiegel, 1993, S. 80; H. Matt-

heß/E. Nijenhuis,2006, S. 91; S. Baita, 2015, S. 81; R. Kranenborg, 2008, S. 131 f.; R. D. Hicks, 1990, S. 382 f.; M.W. Cuneo, 2001, S. 205 f. Wenn sie sich unter Hypnose an etwas »erinnern«, bestärkt dies viele Menschen in der Überzeugung, daß die jeweiligen Ereignisse tatsächlich stattgefunden haben. Unter Hypnose beschrieb zum Beispiel eine junge Engländerin des 20. Jahrhunderts, wie sie im Jahre 1556 als Hexe mit glühenden Metallstäben gefoltert worden sei, wobei sie unerträgliche Schmerzen ertragen und Ängste ausgestanden habe. Später fand ein Historiker ein obskures Buch über den sogenannten Chelmsford-Prozeß, in dem alles genauso beschrieben war, wie das Mädchen es geschildert hatte. Nach der Lektüre stellte er auch fest, daß das Verfahren in Wirklichkeit 1566 stattfand und daß »1556« auf einem Druckfehler beruhte, der auch in einer populären Radiosendung wiederholt wurde, die das Mädchen offenbar tief beeindruckte, die sie später aber vergaß. Cf. J.S. Victor, 1993, S. 87 ff.; N. P. Spanos/C. Burgess, 1994, S. 138. Evangelikale Prediger sagten einem Missionar und seiner multiplen Frau, alles spreche dafür, daß sie im Alter von acht Jahren geschändet worden sei. Als die Frau danach im Fernsehen eine Sendung über »Satanistische Ritualvergewaltigungen« sah, hatte sie auf der Stelle Flashbacks der Schwarzen Messen, und auch ihre »Dämonen« bestätigten die dort begangenen Schandtaten. Zu den angeblichen Ritualvergewaltigungen cf. J.R. Lewis, 2016, S. 214; R.J. Priest et al., 1995, S. 26; J.S. La Fontaine, 1994, S. 182 f.; D. Frankfurter, 1994, S. 357; R. Howard, 1997, S. 89 ff.

11 Cf. S. A. Wright, 2005, S. 120; H. B. Urban, 2006, S. 208 f., 214; S. Alexandrian, 2015, S. 200, 202; P. Faxneld/J. A. Petersen, 2014, S. 175; J. G. Tillman, 1994, S. 405; P. Jenkins, 2000, S. 211 ff.; J.S. Victor, 1991, S. 274 ff.; V. Campion-Vincent, 1993, S. 239 f.; Gast/Wabnitz, a. a. O., S. 134. Es wird in der Literatur immer wieder behauptet, etwa von C. Partridge (2004, S. 211), M. Truzzi (2004, S. 171) oder von H. B. Urban (a. a. O., S. 201), La Vey habe in *Rosemary's Baby* den Teufel gespielt, der am Ende des Films Rosemary (Mia Farrow) schwängert. Diese Meinung geht auf eine Behauptung La Veys zurück, die ebenso eine Lüge war wie die, er habe Polanski beim Drehen des Films als Berater gedient. Cf. A. Dyrendal et al., 2016, S. 112. Zutreffend ist vermutlich lediglich seine Aussage in einem Interview, der Film sei die größte Reklame für seine »Church« gewesen, die man sich vorstellen könne. Cf. J. Fritscher, 1985, S. 368; M. Truzzi, 1985, S. 379. In der späteren satanistischen Sekte »Left Hand Path«, deren Hohepriesterin La Veys Tochter ist, wird fast jede Form aberranter Sexualpraktiken gepflegt, aber nur solche, die ebenfalls nicht auf Gewalt beruhen. Cf. H. B. Urban, 2015a, S. 568.

12 Cf. R. Prince, 1964, S. 115; Pedersen, a. a. O., S. 109, 111, 114; A. Porfilio, 2013, S. 119 ff.; Gast, a. a. O., S. 91 f.; F. Westley, 1983, S. 79 f.; O. Flanagan, 1994,

S. 149 ff.; R. Littlewood, 2002, S. 167; R. P. Kluft, 1993, S. 103. Im erwähnten Sopono-Kult darf keine Besessene jemals erfahren, wie sie sich im Zustand der Besessenheit benommen hat. Deshalb war es für Prince äußerst schwierig, die Erlaubnis zu erhalten, Photos von besessenen Frauen zu machen, da diese, wie eine Kultleiterin sagte, sterben müßten, wenn sie ein solches Photo sähen.

§ 31 Das »Ruhen-im-Geist« in den Charismatischen und Pfingstkirchen

1 Cf. S. Cruz, 2003, S. 106 f.; ders., 2005, S. 62 f.; J. Burrow-Branine, 2013, S. 108; G. ter Haar, 1992, S. 131; B. Hwala, 2011, S. 59. Die bekannte Pfingstpredigerin Maria Woodworth-Etter sprach dagegen ebenso von einer »Besessenheit« von Gott wie viele weibliche »Snake Handler«, die betonen, nicht sie nähmen die Giftschlangen in die Hand, sondern der Heilige Geist. Dieses Gefühl der Fremdbeherrschung des eigenen Körpers wird auch aus den Kreisen der afroamerikanischen »Spiritual Churches« in den Südstaaten berichtet und von sehr vielen Pfingstlern und Charismatikern in zahlreichen Gegenden der Welt, die eine Besessenheit vom Heiligen Geist allerdings als eine »positive«, und »kontrolliertere« bezeichnen, im Gegensatz zu der von Dämonen und Geistern. Cf. S. E. Ackerman, 1981, S. 95; K. Mildnerova, 2015, S. 146, 165; L. Dube et al., 2011, S. 151 f.; S. Frankel, 1986, S. 36; R. I. Lohmann, 2003, S. 115 f.; L. Payne, 2015, S. 101; R. W. Pelton/K. W. Carden, 1974, S. 42, 73 f.; H. A. Baer, 1984, S. 136; M. Gerbert, 1970, S. 75; T. Rey, 2004, S. 354, 367 f.; E. de Rosny, 1998, S. 179 f.

2 Cf. F. J. Conway, 1980, S. 13; R. Devisch, 1996, S. 562 ff.; F. B. Laugrand/ J. G. Oosten, 2010, S. 349 ff.; S. C. Seymour, 2015, S. 79 f.; J. D. Y. Peel, 1968, S. 164 f.; B. Simon, 2003, S. 185 f.; B. Meyer, 1999, S. 159 f.; D. Martin, 1990, S. 196 f.; A. Anderson/S. Otwang, 1993, S. 112; M. C. M. Rabelo et al., 2009, S. 9; B. A. Holmes, 2015, S. 337; S. M. Greenfield, 2008, S. 142. Äußerlich gesehen ist es offenbar nicht möglich, festzustellen, ob die *spirit meris*, die weiblichen Medien der Kwanga in der Ost-Sepik-Provinz, vom Heiligen Geist oder vom Satan und den »Buschgeistern« besessen sind. Viele Täuflinge erleiden – wie zahlreiche Besessene – einen *völligen* Bewußtseinsverlust nur in der Anfangszeit, wenn sie noch unerfahren sind, und sie sagen später, sie hörten zwar die Musik und den Lärm, den die Anwesenden veranstalten, aber all das sei sehr weit weg von ihnen. Die Besessenheit von Dämonen wird fast überall wie die vom Heiligen Geist als ein Einströmen, Aufgeladenwerden, Vibrieren und als Verabreichung elektrischer Schläge erlebt. Die Shaker auf St. Vincent haben ihre heidni-

schen *lwa* einfach in »Heilige Geister« umbenannt. Cf. K. J. Brison, 1992, S. 223 f.; F. A. Sullivan, 1984, S. 136; D. S. Lim, 1998, S. 9; R. W. Hood/ W. P. Williamson, 2008, S. 165; J. Galuska, 2003, S. 189 ff.; E. A. Pitt, 1955, S. 388 f.

3 Cf. A. Taves, 1999, S. 335; J. v. Görres, 1837, S. 397; D. Forstner, 1977, S. 242; E. Anderson, 2013, S. 185; I. Lavin, 1980, S. 114; Lohmann, a. a. O., S. 113; U. Ritz-Müller, 1996, S. 181; K. K. Grass, 1907, S. 264 ff.; P. Carmassi, 2015, S. 44 f.; Laugrand/Oosten, a. a. O., S. 352 f. In Halle an der Saale verehrte man im Mittelalter eine Feder des Heiligen Geistes als Reliquie, und die Wiener Begine Agnes Blannbekin (1994, S. 140 f., vgl. auch § 19) »sah«, wie der Heilige Geist bei jemandem die Gnade erneuerte, indem er ihm eine seiner Federn schenkte. Das Erzbistum Mainz besaß in jener Zeit zwei Eier, die der Heilige Geist in Gestalt einer Taube gelegt hatte. Trotz eines Verbotes von Papst Urban VIII. im Jahre 1628 wurde der Heilige Geist noch zwei Jahrhunderte lang als schöner langhaariger Jüngling verehrt, der in einer strahlenden Aura auf einer Wolke steht und dessen Kopf von sieben Feuerzungen umgeben ist, die den Gaben entsprechen, die er für die Menschen bereithält. Cf. H. Erlemann/T. Stangier, 1994, S. 16; K. Deschner, 1990, S. 263; A. Reible/J. Lenssen, 1991, S. 109. In einigen Weltgegenden werden die Gläubigen auch oder sogar ausschließlich nicht vom Heiligen Geist, sondern von der Jungfrau Maria besessen, so bei den Karawari im Nordosten Neuguineas, bei den kuschitischen Kambata, die sie Marāmi nennen, oder in der Charismatischen »Marian Faith Healing Ministry« in der tansanischen Hafenstadt Daressalam. In den westlichen Kulturen ist ein Besessenwerden von der Jungfrau viel seltener als deren visionäre Erscheinung. Allerdings kam es mehrfach in Italien vor. In dem kampanischen Wallfahrtsort Oliveto Citra beispielsweise ergriff die Madonna mehrfach Besitz von Männern und Frauen und sprach aus ihnen, etwa aus dem jungen Seher Nello, mit dessen Zunge sie sagte: »Liebe Kinder, ich freue mich sehr, wie ihr betet, und darüber, daß eure Gebete mich in der Herrlichkeit des Himmels erreichen!« Cf. D. Hoenigman, 2012, S. 294; U. Braukämper, 1983, S. 257; K. Wilkens, 2015, S. 114, 122 f.; P. Apolito, 1998, S. 130 f.

4 Cf. U. Witt, 1996, S. 34 ff.; W. Warner, 2004, S. 27; H. D. Curtis, 2007, S. 130; J. Robinson, 2013, S. 112; H. Hanegraaff, 2001, S. 182; P. Pope-Levison, 2004, S. 102; H. H. Knight, 2014, S. 127, 132; T. Kern, 1997, S. 345 f.; ders., 1998, S. 119 f.; J. Bialecki, 2017, S. 34; P. Althouse/M. Wilkinson, 2015, S. 37, 40 f.; P. Fleisch, 1957, S. 45; W. Sax/K. Polit, 2012, S. 231; E. Nestler, 1998, S. 369 f.; B. Istoft, 2012, S. 28; M. H. Jung, 1999, S. 6; L. Martin, 1999, S. 148; J. R. Williams, 1972, S. 79; M. M. Poloma/M. T. Lee, 2013, S. 291; D. Tarr, 2010, S. 246; A. R. Seaman, 1999, S. 72; D. Christie-Murray, 1978, S. 186; L. Schmieder, 1982, S. 320; B. M. Sackey, 2006, S. 83; D. M. Ep-

stein, 1993, S. 110; M. M. Poloma, 2003, S. 65; B. R. Lange, 2003, S. 92; W. J. Hollenweger, 1997a, S. 246; A. W. J. Houtepen, 1999, S. 246; F. Müller, 2015, S. 193. Das Gefühl des Verbrennens bei der Geisttaufe wird gemeinhin als der Vorgang der Reinigung durch das Feuer des Heiligen Geistes interpretiert. Cf. J. R. Goff/G. Wacker, 2002, S. 95; G. B. McGee, 2004, S. 74. Die ghanaischen Pfingstler sagen hingegen oft, dabei sei es, wie wenn sie mit erfrischendem kalten Wasser überschüttet würden, was ein Gefühl der Schwerelosigkeit erzeuge. Andere wiederum teilten mit, das Wasser sei warm oder laufe wie Öl über ihre Stirn. Cf. S. Fancello, 2002, S. 105 f.; D. Thurfjell, 2013, S. 90; U. Sallandt, 2007, S. 101. Solche Energiestrahlen gehen auch auf den Gemälden der Verkündigung vom Heiligen Geist auf den Bauch Mariens über. In Brasilien sagen die im Fernsehen auftretenden Pfingstprediger, sie sendeten Fluida voller Lebenskraft (*fluidos vitalis*) aus, die von den Radios und Fernsehgeräten aufgenommen würden. Deshalb sollten die Hörer und Zuschauer unbedingt ein Glas Wasser vor die Geräte stellen, damit das vom Heiligen Geist stammende Fluid von ihm aufgenommen werde. Die zapotekischen Heilerinnen im mexikanischen Juchitán heben ihre Arme gen Himmel, bis die Frauen zu zittern beginnen, was unter Beweis stellt, daß sie den Geist (*espiritú*) der Heiligen als Energie in ihrem Körper aufgenommen haben. Cf. M. van de Port, 2006, S. 444 f.; C. Giebeler, 1998, S. 162; C. Hart/K. G. Stevenson, 1995, S. 9. Mit einer »fast greifbaren Energie« aufgeladen fühlte sich auch eine Chirurgin nach ihrer Nahtod-Erfahrung, und eine andere folgerte aus diesem Erlebnis »that we are electrical. You can't kill electricity. It lives on!« Cf. M. C. Neal, 2014, S. 102; Mercedante, a. a. O., S. 216.

5 Cf. A. J. Clement, 1981, S. 98; K. Leech, 1985, S. 229, 234; F. R. Westley, 1978, S. 131, 137 f.; D. S. Lim, 1998, S. 15; G. A. Cook, 1999, S. 36; J. R. Williams, 2003, S. 356, 362; G. Wacker, 2001, S. 38; K. Dragkiotis, 2014, S. 184; M. Balse, 1976, S. 156; N. Baumert, 2001, S. 282; M. Lindhardt, 2012, S. 226; E. S. Jacobowitz, 1995, S. 44; dies., 1995a, S. 60 ff.; T. Kern, 1997, S. 306, 348; T. Watling, 2005, S. 91; A. Seibel, 1982, S. 173; W. P. Williamson, 2007, S. 214; R. W. Hood/W. P. Williamson, 2008, S. 146; J. Davie-Kessler, 2016, S. 143; T. Flournoy, 1921, S. 527 f., 532; J. P. Kildahl, 1972, S. 36, 50 ff.; F. C. Rehbein, 1989, S. 85; T. J. Csordas, 1994, S. 252; M. Percy, 1998, S. 284; M. J. Neitz, 1987, S. 85. Das totale »Sich-Aufgeben« wird von den koreanischen Pfingstlerinnen als »Tod« des »Ego« (*ja-ah*) oder als »Selbstmord« (*juk-i-da*) bezeichnet, und auch die puertoricanischen Pfingstler sehen es als ein »Sterben«. So singt der Chor: »No vivo yo, vive Cristo en mi. Para mi el morir es vivir.« Cf. K. H. Cheng, 2015, S. 121; S. Cruz, 2005a, S. 111. Am Zelt, in dem Bhagwan in Pūnā predigte, standen die Worte: »Shoes and minds must be left at the gate!« Bei vielen

Pfingstlern und Charismatikern werden die »minds« dadurch entfernt, daß Gott auf dem »Operationstisch«, das heißt dem Fußboden, eine unsichtbare Herztransplantation vornimmt. Cf. C. Hitchens, 2009, S. 196; H. Slootweg, 1998, S. 57; B.J. Oropeza, 1995, S. 86; M. Chorinsky, 2006, S. 211f. Auch Kathryn Kuhlman (2014, S. 20) beschrieb ihre Geisttaufe als Sterben und totale Auslieferung ihrer Person. Untersuchungen haben gezeigt, daß bei »total surrender« die Aktivität der Frontallappen des Gehirns abnimmt, die für Selbstkontrolle und Kritikfähigkeit zuständig sind. Cf. K. Stollznow, 2014, S. 97.

6 Cf. Lindhardt, a. a. O., S. 133; R. Hempelmann, 1998, S. 136; M. M. Poloma, 1999, S. 382; N. Wilkinson/P. Althouse, 2015, S. 161; B. Ehrenreich et al., 1997, S. 525; U. Bäumer, 1985, S. 102; N. G. Holm, 1982, S. 21; H. Kavan, 2004, S. 179; J. Belo, 1970, S. 279ff.; G. Schüttler, 1971, S. 26; Fleisch, a. a. O., S. 41; Wacker, a. a. O., S. 53; A. B. Collins, 1996, S. XIII; C. Golomski, 2016, S. 355ff.; G. R. Heyer, 1935, S. 119f.; V. Kivelson, 2013, S. 152f.; W. Sargant, 1957, S. 133; R. Howard, 1997, S. 109; T. Brenscheidt, 1997, S. 96; E. E. Wright, 1996, S. 88; Poloma, a. a. O., S. 372f.; dies., 1998, S. 54; P. J. Richter, 1996, S. 103; J. M. Reinisch/R. Beasly, 1991, S. 109f.; É. Brune/Y. Ferroul, 2011, S. 284; S. Bharti, 1984, *passim*; E. Gasser, 2017, S. 18; D. Thompson, 1997, S. 183; Wilkinson/Althouse, a. a. O., S. 164; B. Weiß, 2000, S. 203. Wie viele von Geistern Besessene sprechen auch die vom Heiligen Geist in Besitz genommenen sehr häufig ungehemmt Dinge aus, die sie unter normalen Umständen unbedingt verschweigen würden. Trotzdem kommt es zum Beispiel in der »Kirche der Apostel« in Simbabwe, in der sämtliche Männer und Frauen in aller Öffentlichkeit *jede* begangene Sünde auf überzeugende Weise beichten müssen, vor, daß jemand dies nur lau oder zögerlich tut. Ist dies der Fall, werden der Prediger oder die Prophetin vom Heiligen Geist besessen, und dieser sagt dann etwa: »Du hast letzte Woche deinen Mann mit So-und-so betrogen!« Cf. R. Prince, 1964, S. 114; M. Aquina, 1967, S. 207, 211. Wenn die Hypophyse während des sexuellen Orgasmus Oxytocin ausschüttet, werden in der Gebärmutter Wehen ausgelöst, die von Frauen, die bereits Kinder geboren haben, auch deutlich gespürt werden können. Cf. W. Eicher, 1984, S. 93.

7 Cf. P. B. Lerch, 1980, S. 143; P. R. McKenzie, 1992, S. 128; ders., 1997, S. 105f.; J. Wedel, 2002, S. 124; M. Lambek, 2002, S. 204; A. L. Tsing, 1993, S. 201f., 204; M. Tomforde, 2006, S. 169. Bei den Kaluli auf dem Großen Papuanischen Plateau verläßt das Medium seinen Körper, sobald verschiedene Geister von diesem Besitz ergriffen haben, und beginnen, aus seinem Mund zu reden. Dann reist es in die unsichtbare Welt, was auch die Medien der Gebusi Neuguineas tun, die allerdings regelrechte Sextouren in die Geisterwelt unternehmen. Cf. S. Feld, 1990, S. 182; B. M. Knauft,

1989, S. 69. Die Tochter eines Tungusen-Schamanen begann eines Tages zu zittern, und mehrere Geister drangen in ihren Körper ein und führten sie gleichzeitig in die Bergwälder, wo sie zur Schamanin ausgebildet wurde. Auch der indische Gott Bhairāva reist häufig mit den künftigen Heilerinnen, von denen er Besitz ergriffen hat, in den Himmel oder in die Unterwelt, aber auch in den Dschungel, wo er ihnen die Heilpflanzen zeigt, die sie später im Normalzustand dort sammeln. Cf. S. M. Schirokogoroff, 1935, S. 346, 349; K. Behera/J. Dash, 2015, S. 175 f. Und wenn das – stets weibliche – Medium der Kalinga im Norden Luzóns von seinen Hilfsgeistern besessen wurde und – angeblich – völlig das Bewußtsein der Außenwelt verlor, führten jene das Medium ins Geisterland, wo es die meist von den Ahnen oder böswilligen Naturgeistern entführten Seelen seiner Patienten suchte und dann in deren Körper zurückbrachte. Cf. E. P. Dozier, 1966, S. 165 f., 175; ders., 1967, S. 61 f. Für weitere Beispiele von den Tau't Batu auf Palawan zwischen Borneo und den Philippinen, vom nordpakistanischen Yasintal, von den nepalesischen Gurung, den tibetischen Geistermedien in Nepal, den Ngaju-Dayak, den »besessenen Damen« aus der Gegend des vietnamesischen Luang Phrabang und den Schamanen und Schamaninnen der Sambia in Neuguinea cf. A. Ramos, 1983, S. 188 f.; M. Marhoffer-Wolff, 2002, S. 277 f.; 280 f.; S. R. Mumford, 1989, S. 170; W. M. Pfeiffer, 1971, S. 119; G. Condominas, 1976, S. 221; P. A. Berglie, 1982, S. 151 f.; G. G. Maskarinec, 1995, S. 98 f.

8 Cf. A. Taves, 1999, S. 30 f.; A. Anderson/S. Otwang, 1993, S. 47; R. I. Lohmann, 2003a, S. 199; D. Martin, 1990, S. 194; K. Parker, 1986, S. 170 f.; F. B. Wiik, 2004, S. 273, 281 f.; Wilkinson/Althouse, a. a. O., S. 163; T. J. Csordas, 1994, S. 244 f.; Wacker, a. a. O., S. 38 f.; H. Gooren, 2010, S. 117. Im östlichen Simbabwe fiel eine Frau bei einer Pfingstveranstaltung um und war, wie es hieß, »zwölf Stunden lang tot«. Als sie wieder ins Leben zurückgekehrt war, teilte sie mit, daß sie die ganze Zeit im Himmel gewesen sei. Und eine philippinische Pfingstlerin hatte bei der Geisttaufe eine »Außerkörperliche Erfahrung«, bei der sie sich selber sah, wie sie neben einem Baum kniete und in Zungen sprach. Cf. T. O. Ranger, 1994, S. 306; J. Montgomery, 1975, S. 112.

9 Cf. Montgomery, a. a. O., S. 116; M. C. M. Rabelo et al., 2009, S. 9; J. H. Henney, 1974, S. 44; C. Bennie, 1980, S. 67; Oesterreich, a. a. O., S. 60; D. Bays, 1999, S. 52; F. L. Ware, 2010, S. 120; N. S. Holm, 1978, S. 234, 238; H. Remplein, 1950, S. 172; F. M. Piebe, 1981, S. 172; G. B. Cutten, 1927, S. 167 ff.; K. de Hirsch, 1980, S. 147 f.; S. B. Anthony, 1971, S. 97; J. C. Hoffnagel, 2005, S. 121; J. Wilting, 2003, S. 80 f.; K. G. Rey, 1985, S. 20 f., J. P. Kildahl, 1972, S. 63 f.; L. Lado, 2009, S. 27; H. Kavan, 2004, S. 178; F. Aschoff/P. Toaspern, 2005, S. 62; M. Cartledge, 2002, S. 42; J. Kienbaum/B. Schuhrke, 2010, S. 100; H. Grimm/S. Wilde, 1998,

S. 448 f.; B. L. Fredrickson, 2013, S. 73; C. Stoel-Gammon, 1998, S. 89, 93 f.
Glossolalie tritt bisweilen auch bei Temporallappen-Epilepsie auf. Cf.
H. N. Malony/A. A. Lovekin, 1985, S. 112. Wenn ab dem dritten Monat Babys damit beginnen, zu prusten und Spuckebläschen hervorzubringen sowie einzelne Vokallaute zu gurren, zu krähen, zu quietschen, zu gurgeln,
zu schnalzen und zu brummen, dann zeigt sich ebenfalls in ihren Gesichtern eine deutliche Freude und Entspannung. Cf. C. Bühler, 1931, S. 42;
B. Marquardt, 1984, S. 155; W. E. Oates, 1968, S. 85; W. Butzkamm/J. Butzkamm, 1999, S. 56 f.; P. H. Mussen et al., 1993, S. 250. Der bekannte Theologe Harvey Cox (1996, S. 88 f.) sagte einmal mit Recht, beim Zungenreden
würden die Gläubigen wieder zu lallenden Babys, die »vor Vergnügen
glucksen«. Auch das Jubelwort »Halleluja!« ist ein Glossolalie-Ausdruck,
und so hat man das Reden in Zungen als ein Lobpreisen Gottes verstanden. Cf. H. Kirchner et al., 1984, S. 58; F. A. Sullivan, 1984, S. 145 f.;
K. Baumgart, 1995, S. 67 f.; R. Alva, 2014, S. 129. In Marokko hielt man
früher das Lallen der Säuglinge für die Sprache der Engel, die sie sich an-
eigneten, indem sie den Engeln bei ihren Unterhaltungen zuhörten. Cf.
E. Westermarck, 1926, S. 45.

10 Cf. C. Forbes, 1995, S. 64, 173; G. D. Fee, 1994, S. 886; H. Güntert, 1921, S. 23,
25 f.; H. N. Malony/A. A. Lovekin, 1985, S. 111; J. Opp, 2005, S. 122 f.;
J. L. Cassaniti/T. M. Luhrmann, 2016, S. 101; F. Goodman, 1972, S. 30;
M. Aquina, 1967, S. 209; M. De Witte, 2003, S. 183; B. Boudewijnse, 1991,
S. 193; M. M. Poloma/R. W. Hood, 2008, S. 110; J. K. Asamoah-Gyadw,
2013, S. 51; R. van Nahl, 1983, S. 189; G. K. Waite, 2003, S. 140; W. Hund,
1996, S. 169; N. R. Toulis, 1997, S. 161; D. Lange, 1979, S. 178 f.; Aquina,
a. a. O., S. 210; C. H. Barfoot, 2011, S. 143 f.; P. Hocken, 1998, S. 51. Zwar gehörte für Paulus das Zungenreden wie die Gabe der Prophetie zu den
χαρίσματα oder πνευματικά – das πνεῦμα ist die Atemluft Gottes, die
er dem noch nicht lebenden Adam in die Nase einblies, um ihn zu vita-
lisieren. Aber trotzdem betrachtete er die Glossolalie mit einer gewissen
Reserviertheit, wozu beigetragen haben mag, daß fast alle korinthischen
Zungenredner ungebildete Gemeindemitglieder, vermutlich Hafenarbei-
ter, Sklaven und einfache Frauen waren. Cf. T. Peters, 1992, S. 228 f.;
B. Lang, 1998, S. 415. Vergleichbar mit dem christlichen Pneuma ist das
πνεῦμα ἐνθουσιαστκόν, das in die Pythia strömte, die offenbar in Zungen
sprach. Cf. Strabo: *Geographie* IX.3.5; G. Devereux, 1982, S. 307. Pfingstler
auf der schwedischen Insel Åstol sagten, sie fühlten, wie ihre Stimmen
zum Instrument einer »fremden Macht« würden, die durch sie hin-
durchfließe und die sie nicht kontrollieren könnten. Und durch die Zungenrede, einer Mixtur aus unverständlichen Silben und Pidginbrocken,
teile Gott den *spirit meris* (»Geistfrauen«) der Charismatischen Bewegung unter den Telefolmin in den Bergen der West-Sepik-Provinz wäh-

rend der *rebaibals* (Erweckungsrituale) mit, daß sie ihre alten Kulte aufgeben und alle ihre Sünden beichten sollen. Bei den entsprechenden Veranstaltungen der ebenfalls in der Sepik-Gegend lebenden Kwanga verrät der Heilige Geist den sich gleichermaßen in Trance befindlichen *propet meris* (»Prophetinnen«), welche Sünden ihre Nachbarinnen begangen haben. Cf. A. Gustavsson, 1984, S. 49 f.; D. Jorgensen, 2007, S. 120 f.; K. J. Brison, 1992, S. 42. Die Pfingstler der Tswana halten die Glossolalie für Hebräisch, die Sprache der Engel. Cf. B. A. Pauw, 1960, S. 199 f. Und ein amerikanischer Pfingstprediger verkündete in der Hauptstadt des Fiji-Archipels: »Ihr werdet sprechen, aber in Wirkllichkeit sprecht nicht ihr! Ihr werdet die Worte nicht verstehen, aber sie sind in höchstem Maße bedeutungsvoll!« Cf. M. Tomlinson, 2012, S. 281 f.

11 N. G. Holm, 1975, S. 49 f.; K. McDonnell, 1976, S. 82; A. J. Clement, 2000, S. 83; M. Kelsey, 1981, S. 145; M. Turner, 1998, S. 305 ff.; F. Podmore, 1902, I, S. 8, 11; Kavan, a. a. O., S. 171; N. A. Hardesty, 2003, S. 104; Bays, a. a. O., S. 53, 60; Fleisch, a. a. O., S. 14 f.; K. Stollznow, 2014, S. 88; F.-F. Fleischmann, 2003, S. 245; Oesterreich, a. a. O., S. 62 f.; D. Enoch/H. Ball, 2001, S. 238; J. E. Worsfold, 1974, S. 325; R. M. Anderson, 1979, S. 19; J. G. Griffiths, 1986, S. 142, 148, 165; H. Christoph/H. Oberländer, 1995, S. 54; C. G. Navarro, 1998, S. 356. In manchen Kulturen werden die Zungenreden der Pfingstler von Spezialisten in die jeweilige Sprache »übersetzt«, was natürlich blanker Unsinn ist. Als zum Beispiel im Norden Luzóns nach einer Pfingstpredigt eine Frau, der der Prediger die Hände auf den Kopf gelegt hatte, in Trance geriet und einige unartikulierte Laute von sich gab, »übersetzte« eine andere: »Ich liebe dich! Ich werde dich nie verlassen! Tritt vor, wenn du die Taufe des Heiligen Geistes empfangen willst! Ich taufe dich! Diene mir beständig!« Cf. J. C. Ma, 2003, S. 139. Japanische Pfingstler sagen, beim Zungenreden hätten sie das Gefühl, als ob Elektrizität durch ihre Kehle in ihren Mund fließe, und ein junger Amerikaner spürte, wie sich jede Faser seines Körpers mit etwas wie einer »elektrischen Kraft« auflud, die ihn fast explodieren ließ: »Anschließend war mein Geist, der innere Mensch, vollkommen unter der Kontrolle des Heiligen Geistes, der anfing, mit Hilfe meiner Zunge zu reden.« Andere spürten eine große Wärme und hatten ein Gefühl, als würde Öl von ihrer Stirn nach unten fließen, und für einen Koreaner war es, als ob die Laute aus seinem Mund gepreßt würden wie Wasser aus einem Feuerwehrschlauch. Cf. W. Davis, 1980, S. 133; Kelsey, a. a. O., S. 167; D. Thurfjell, 2010, S. 400 f.; D.-H. Cho, 2002, S. 68. Als man die Shakerin Ann Lee in Manchester in ein Irrenhaus sperrte, schrie sie plötzlich laut auf, weil sie spürte, daß das Blut Christi durch ihren Körper und ihre Seele floß. Von da an sprach sie immer wieder in Zungen, »the new tongues«, das heißt, Jesus sprach aus ihr, und zwar in Amerika sogar angeblich

zu den Mohikanern in deren Sprache. »I feel him present with me, as sensibly as I feel my hands together. It is not I that speaks. It is Christ who dwells in me!« Cf. N. R. Campion, 1990, S. 35, 37, 106. Als im Jahre 1632 die Dämonen in Zungen aus den Mündern der Ursulinen sprachen, waren Wortfolgen in schlechtem Latein darunter – wahrscheinlich hatten die jungen Frauen diese aufgeschnappt, als sie der Messe in der Kirche gelauscht hatten. Cf. Podmore, a. a. O., S. 4 f.

12 Cf. V. Diószegi, 1963, S. 268; G. M. Wassiljewitsch, 1963, S. 374, 376; Y. Yamada, 1997, S. 67, 243; R. S. Ellwood, 1984, S. 228; L. C. May, 1954, S. 130; S. Fuchs, 1964, S. 128 f.; Te Rangi Hiroa, 1962, S. 473; E. B. Tylor, 1858, S. 36 f.; Heraklit 92 = H. Diels, 1957, S. 29; Sophokles: *Ajax* 243 f.; Aischylos: *Agamemnon* 1050 f.; Platon: *Phaidros* 244 b; H. J. Rose 1961, S. 135. Weitere Beispiele von den *pshur* der nuristanischen Kafiren, der mongolischen Schamanen, der Torai-Frauen auf Bougainville, der chinesischen Medien in Singapur, der Masai-Frauen, der Trukesen, der Nuer-Propheten, der Kamba, der *sangoma* der Swasi, der Geistermedien (*chilan*) der alten Maya, den Vodú-Anhängern, den Palue-Frauen im nördlichen Zentralflores, den Medien der Luo, Batak und der Lepcha in Sikkim, der Frauen im westafrikanischen Òrànmíyàn, den tibetischen Orakelpriestern, den nepalesischen Gurung und den Schamanen der Schoschonen und vieler anderer Ethnien findet man bei E. Friedl, 1965, S. 14, 78; B. Dandog, 2014, S. 70; C. Humphreys/U. Onon, 1996, S. 220; G. W. Trompf/R. Dembari, 1991, S. 131; A. J. A. Elliott, 1955, S. 64; D. L. Hodgson, 2015, S. 257; L. M. Carucci/L. Poyer, 2002, S. 229; T. O. Beidelman, 1971, S. 391; J. Middleton/G. Kershaw, 1972, S. 87; I. M. Lewis, 1986, S. 35 f.; G. Lindblom, 1920, S. 234; A. K. Boshier, 1981, S. 25; J. E. S. Thompson, 1970, S. 185 f.; K. Helfrich, 1973, S. 75; J. M. Salgado, 1962, S. 236; H. Courlander, 1960, S. 20; K.-H. Kohl, 1986, S. 205; M. G. Whisson, 1964, S. 297; D. Torri, 2011, S. 156; E. M. Loeb, 1935, S. 81; E. O. Gbádégesin, 2016, S. 211; B. Pignède, 1966, S. 299; Å. Hultkrantz, 1967, S. 58 f.; M. Rausch, 2000, S. 19; M. J. Field, 1969, S. 6; R. v. Nebesky-Woikowitz, 1955, S. 231 f.; A. Kiev, 1968a, S. 143.

13 Cf. H. Walach, 2011, S. 179 ff.; ders., 2015, S. 296 ff.; J. Zehentbauer, 1996, S. 91; J. Nickell, 1993, S. 135 f., 151; K. Thomas, 1962, S. 154; T. Hines, 1988, S. 235 f., 250; W. A. Nolen, 1981, S. 194; J. Zehentbauer, 2010, S. 102 f.; A. Jores, 1959, S. 134 f., 138; M. Argyle, 2000, S. 139; I. Strauch, 1959, S. 128; S. F. Peters, 2008, S. 39 f.; R. Wolf, 1995, S. 61. Auch die schmerzlindernde Wirkung der Akupunktur geht höchstwahrscheinlich auf eine Endorphinausschüttung zurück. Cf. S. Blackmore, 2000, S. 296. Nocebos, also negative Placebos, haben offenbar dieselbe Wirksamkeit wie die positiven. G. Dean/I. W. Kelly (2002, S. 179) teilen mit, daß bei Frauen, die davon überzeugt sind, zu Herzkrankheiten zu neigen, eine viermal so große

Wahrscheinlichkeit bestehe, daß sie tatsächlich an einer solchen Krankheit sterben, als bei Frauen, die das nicht glauben. Und ein in den USA aus Versehen in einem Kühlwagen eingeschlossener Transportarbeiter soll dort Aufzeichnungen gemacht haben, aus denen hervorgeht, daß er die Kälte in sich hochkriechen fühlte und davon überzeugt war, erfrieren zu müssen. Tatsächlich soll er gestorben sein, obwohl das Kühlaggregat gar nicht angestellt war. Als James Randi im Jahre 1987 bei dem berühmten Geistheiler Oral Roberts anfragte, ob er seine angeblichen Heilerfolge überprüfen dürfe, erhielt er stattdessen einige Briefe, in denen Roberts die Kraft der Heiligen Schrift pries, sowie ein paar Sonderdrucke aus dessen umfangreicher literarischer Produktion. Cf. Peters, a.a.O., S. 40. In den 1930ern und 40ern verschickten Pfingstprediger in den USA Tücher, die sie mit vom Heiligen Geist wirksam gemachtem Öl getränkt hatten und die die kranken Bittsteller dann zu Hause auf die jeweiligen Körperteile legten. Cf. R.M. Griffith, 1998, S. 227. Viele Geistheiler sagen, daß das Heilen sie sehr anstrenge. Bei den Thonga im südlichen Zambia verbrauchen die Prediger der Pfingst- und Charismatischen Kirchen beim Heilen, intensiven Beten, Handauflegen usw. so viel Kraft, daß sie sich regelmäßig in die Wildnis begeben müssen, wo der Heilige Geist (*muya usalala*) ihre »Batterie« wieder auflädt. Cf. T.G. Kirsch, 2014, S. 42.

14 Cf. P. Versteeg/A. Droogers, 2008, S. 112f.; O. Wikström, 1982, S. 94f.; T.J. Csordas, 2002, S. 106ff.; ders., 1994, S. 91, 184; S. McCloud, 2015, S. 96ff.; J.P. Laycock, 2015, S. 131. Eine 32jährige Schwarze auf Trinidad wurde bereits ihr halbes Leben lang nachts von mehreren Incubi besucht, die sie mit Gewalt einer nach dem anderen sexuell penetrierten. Innerhalb eines Jahres hatte sie in ihrer Pfingstgemeinde über dreißig Exorzismen durchgemacht, um ihre Motivationslosigkeit, ihre Selbstmordgedanken und ihre Kopf- und Bauchschmerzen loszuwerden, die sie auf den ihr aufgezwungenen Geschlechtsverkehr zurückführte, doch alle diese Austreibungen waren erfolglos geblieben. Eine gleichaltrige Inderin, die Nacht für Nacht von mindestens zwanzig Dämonen vergewaltigt wurde, ließ sogar in zwei Jahren über hundert nutzlose Exorzismen über sich ergehen, und Ähnliches berichtete eine sieben Jahre jüngere Inderin, in deren Vagina ein Dämon wohnte, der sie nachts sexuell erregte und ihr verbot, eine Beziehung zu einem Mann einzugehen. Im Frühsommer 1997 vergewaltigten in Kenia *majini*-Geister 18 Schülerinnen im Alter zwischen 12 und 15 Jahren, worauf der Schulleiter einen Pfingstprediger holte, der in einem Kollektivexorzismus die Dämonen aus den Körpern der Mädchen vertrieb, die sich vor Lust und mit Schaum vor dem Mund auf dem Boden wälzten. Doch bei einigen Mädchen kamen die Dämonen zurück und vergewaltigten sie jeden zweiten Tag. Schließlich suggerierten in La-

gos Prediger der Charismatischen »Born-Again-Christen« zahlreichen jungen Mädchen, *ogbaanjes*, »Geistkinder« zu sein, Agentinnen Satans, die mit Dämonen schliefen und den Auftrag hätten, Männer zum Koitus zu verführen, um sie dadurch zu ruinieren. »Die Macht in meiner Vagina«, so sagte eine, »benutze ich, um die Männer zu vernichten. Ich zerstöre ihre Fähigkeit, Sperma zu produzieren, so daß sie impotent werden und auch beruflich versagen.« Doch gegen die Prediger und Exorzisten, die sie ebenfalls verführen wollten, waren die Mädchen machtlos, weil jene sie mit Weihwasser besprengten. Cf. C. A. Ward/M. H. Beaubrun, 1985, S. 196 ff.; J. H. Smith, 2008, S. 103 f., 109; M. L. Bastian, 2001, S. 82 ff.

15 Cf. E. S. Bowman, 1993, S. 229 f.; G. A. Fraser, 1993, S. 241 f., S. Cruz, 2005a, S. 114; T. Kern, 1997, S. 406; H. Weber, 1999, S. 17; G. Wahl, 2001, S. 225; R. Howard, 1997, S. 101 ff. Ähnliches wurde im November 2009 in einer ghanaischen Pfingstkirche praktiziert, in der ein Prediger einem jungen Mädchen in die Vagina griff und angeblich einen Dämon in der Gestalt einer Schlange herauszog. Cf. J. R. Asamoah-Gyadu, 2015, S. 29 f.; H. Debrunner, 1959, S. 60, 156. Während des Exorzismus bei den Pfingstlern in Kinshasa machen die von den vom Teufel geschickten Dämonen und Nixen Besessenen am Boden Bewegungen wie eine Schlange. Cf. K. Pype, 2006, a. a. O. Auch in den jamaikanischen Pfingstkirchen wird bei den jungen Mädchen nach einem vorehelichen Geschlechtsverkehr ein Exorzismus durchgeführt, bei welcher der Dämon der Lust als Schlange ihre Vagina verläßt, was angeblich viele Augenzeugen gesehen haben. Cf. D. J. Austin-Broos, 1997, S. 140, 146, 216; dies., 1999, S. 225. Gleichzeitig schlüpft der Heilige Geist in die Vagina der Mädchen und beseitigt sämtliche Spermareste. Cf. M. C. M. Rabelo et al., 2009, S. 6. In den tamilischen Dörfern Südindiens gehen die Pfingstprediger durch die Reihen der von den Dämonen (*picācus*) besessenen Frauen, die sich schreiend und mit aufgelöstem Haar rhythmisch hin und her bewegen, packen sie auf brutale Weise an den Haaren, pressen Kreuze auf ihre Stirn und überschütten sie mit heiligem Wasser, wobei sie den Dämonen zurufen, dies sei das Blut Christi, vor dem sie sich fürchten. Cf. D. Mosse, 2006, S. 126. Und wenn in Brasilien die Pfingstprediger bemerken, daß sich unter den versammelten Gläubigen Angehörige der afrobrasilianischen Kulte befinden, geben sie häufig ihren Gehilfen die Anweisung, die Betreffenden zu ergreifen und zum Altar zu schleppen, wo sie versuchen, die eventuell in ihnen inkarnierten *orixás* auszutreiben. Cf. Greenfield, a. a. O., S. 142. Natürlich gibt es auch falsche Anschuldigungen. So bezichtigte die Familie der Therese von Konnersreuth den Religionspsychologen Georg Wunderle, bei der Unterschung ihrer Stigmata die nackten Brüste der Besinnungslosen befummelt zu haben, und untersagte ihm jegliche weitere Überprüfungen. Cf. M. E. O'Sullivan, 2018, S. 136.

16 Cf. M. Steinberg, 1995, S. 290; M. Fritz-Winkel, 2012, S. 191; P. B. Clarke, 1999, S. 205 f.; E.W. Kramer, 2005, S. 366; S. Pröschild, 2009, S. 289 ff.; A. Corten, 1997, S. 316; O. Bopsin, 2003, S. 211; A. Droogers, 1995, S. 105; R.v. Sinner, 2012, S. 483 f.; N. Itioka, 2002, S. 104 f.; Greenfield, a. a. O., S. 142; S. Kriesel, 2001, S. 150; R. Spliesgart, 2011, S. 4; P.C. Johnson, 1997, S. 131 ff.; J.C. Schmidt, 2007, S. 23. Für die haitianischen Pfingstler sind alle *lwa* des Vodú *movèz éspri*, »böse Geister«, während umgekehrt für die Vodú-Anhänger der Heilige Geist lediglich ein ungezähmter, wilder *lwa* ist. Cf. F. J. Conway, 2005, S. 219, 234 f.; T. Rey, 2010, S. 85 f. In Rājasthān und anderen Gegenden Indiens wurden die *Atma ki jagruti* (»Revivals of the Spirit«) als »Teufelswerk« abgeurteilt. Cf. F. Philip, 2016, S. 4 f. Eine ähnliche Meinung haben die Pfingstler überall auf der Welt insbesondere von den traditionellen Religionen. Cf. J. Pfeiffer et al., 2007, S. 697; I. Niehaus et al., 2001, S. 38; A. Adogame/S. Kuponu, 2008, S. 312; R. van Dijk, 2001, S. 100; D. Chichester, 2012, S. 198; B. Meyer, 2012, S. 159; M. Chung, 2015, S. 284; A. Pollak-Eltz, 1996, S. 145; R. A. Otero, 2003, S. 257; L. Newland, 2004, S. 2; P. B. Steinmetz, 1980, S. 152 f. In Haiti stehen die katholischen Naturheilkundigen und Hebammen den »satanischen« *lwa* nicht ganz so feindlich gegenüber, bezeichnen sie aber als »schmutzige Geister«, und zwar vermutlich deshalb, weil diejenigen, die sich ihrer bedienen, sie auch sexuell befriedigen müssen. Im Gegensatz zu den *vodúnsi* beschwören sie den »Schutzengel« (*anj gadyen*), der ihnen hilft, aber eine katholische Hebamme, die bisweilen von den *lwa* Èzilie und Ogún besessen wird, ohne ihnen wirklich zu dienen, gestand einem Ethnologen, daß sie bei sehr schwierigen Geburten auch deren Hilfe in Anspruch nimmt. Nach dem verheerenden Erdbeben im Januar 2010 sagten Überlebende, sie seien vorher von *lwa* gewarnt worden. Cf. P. E. Brodwin, 1992, S. 60, 65 ff.; K. Richman, 2014, S. 209. Nach evangelikaler und pfingstlerischer Überzeugung halten sich auch in »Ethnographicas«, die von Touristen oder Ethnologen aus Übersee mitgebracht wurden oder die in den Völkerkunde-Museen ausgestellt sind, häufig Dämonen auf, die durch einen Exorzismus ausgetrieben werden müßten. Cf. R. J. Priest et al., 1995, S. 14 ff.

§ 32 Geisttaufe und Sexualität

1 Cf. W.C. Fletcher, 1985, S. 13, 15, 22, 81; J.v. Görres, 1837, S. 6; P. J. Brewer, 1986, S. 37; C. A. Brekus, 1998, S. 103; N. R. Campion, 1990, S. 107; S. J. Stein, 1992, S. 51; L. Foster, 1984, S. 42; D.S. Lim, 1998, S. 11; K. G. Rey-Hess, 1984, S. 153 f.; W. E. Oates, 1968, S. 95; Fleisch, a. a. O., S. 41; H. Dallmeyer, 1925, S. 75; C. Ribbat, 1996, S. 136, 258; F. B. Welbourn/B. A. Ogot,

1966, S. 15; C. G. Baëta, 1962, S. 24; W. Mac Gaffey, 1983, S. 220; J. Wilting, 2003, S. 170 f. Im Jahre 1860 wurde auf der Landes-Synode der Evangelischen Kirche Württembergs der Entschluß gefaßt, »alle diejenigen Ungehörigkeiten« auf den Versammlungen der Methodisten zu unterbinden, vor allem die nächtlichen »Erweckungsversuche mittelst methodisch hervorgerufenen Aechzens, Stöhnens und Schreiens« in Anwesenheit »jüngerer Personen weiblichen Geschlechts«. Cf. M. Scheer, 2009, S. 210 f. Um zu verhindern, daß junge Mädchen und Frauen, die auf den Boden fallen oder sich – vom Heiligen Geist besessen – dort umherwälzen, dabei unabsichtlich entblößt werden, bedeckt man sie bei den Navaho eilig mit roten Tüchern. In den Pfingstkirchen in Johannesburg wird Mädchen und Frauen deshalb geraten, bodenlange Röcke zu tragen, und bei den Ewe sollen sie darunter auch noch lange Hosen anziehen. Cf. K. J. Marshall, 2016, S. 30 f., 161; L. Nuñes, 2015, S. 152; B. Meyer, 1999, S. 160.

2 Cf. H. Häfner, 2000, S. 33, 39, 350; M. Fink/M. A. Taylor, 2003, S. 23 f., 207; V. Faust, 1996, S. 101; R. B. Edgerton, 1977, S. 361 f.; J. Wedel, 2010, S. 379; A. Weber, 1993, S. 231 f.; G. K. Waite, 2003, S. 73; H. C. E. Midelfort, 2016, S. 236; M. Stern, 1992, S. 84 ff.; M. H. Jung, 1999, S. 33; A. Métraux, 1959, S. 133 f.; G. Rouget, 1985, S. 261, 281, 353; M. Nabhan, 1994, S. 83, 154; M. O. C. Döpfner/T. Garms, 1986, S. 75 f.; J. T. Houk, 1995, S. 4; W.-J. B. Karim, 1981, S. 159; F. Goodman, 1980, S. 192 f.; Y. Schaffler, 2012, S. 74. Im Jahre 1828 stürzte der »Teufelsgeiger« Niccolò Paganini in Wien vor allem das weibliche Publikum in eine »so unbeherrschte Ekstase«, »wie sie die Welt bis dahin noch nie erlebt hatte« – so ein zeitgenössischer Beobachter. Aber auch bei der Aufführung von Opern Jacques Offenbachs kam es vor, daß Damen im Publikum sich vor Begeisterung entblößten. Cf. F. Farga, 1983, S. 190; T. Knoefel, 2019, S. 367. Im Gegensatz zu den traditionellen »Geistankern« (tauāitu) der Vergangenheit ziehen sich im heutigen Samoa-Archipel die jungen weiblichen Medien häufig nackt aus und führen obszöne Reden, aber sie blicken auch in die Zukunft und sagen, wo sich verlorengegangene Dinge befinden. Als auf einem Ausflug von Schullehrern auf die Insel Savai'i eine der jüngeren Lehrerinnen plötzlich verschwand und man sie später hüllenlos auf einem Felsen sitzend fand, war allen klar, daß ein 'aitu in sie gefahren war. Denn nur solche Frauen ziehen sich vor anderen nackt aus, die von Geistern besessen sind, da ein 'aitu keine Scham besitzt. Cf. J. M. Mageo, 2006, S. 392; dies., 1998, S. 171 f.

3 Cf. S. Knödel, 1998, S. 57; W. J. Hollenweger, 1969, S. 375; Welbourn/Ogot, 1966, S. 15; W. La Barre, 1964, S. 320; D. C. Wakefield, 2001, S. 43; J. Robbins, 1998, S. 311 f.; ders. 2001, S. 85 f.; ders., 2004, S. 286; B. G. M. Sundkler, 1961, S. 247; H. McDonald, 2001, S. 153; K. K. Grass, 1907, I, S. 264 ff., 392 f., 543, 550; A. G. Schulte/E. Moloantoa, 1972, S. 258 f.; A. Walker, 1983, S. 95;

W. Sargant, 1958, S. 252 f. Die »Serpent Handler« in den Südoststaaten der USA berufen sich auf die Stelle im Neuen Testament, an der Jesus kurz vor seiner Himmelfahrt von seinen Jüngern fordert, ihren Glauben unter Beweis zu stellen, indem sie »Schlangen aufheben« (Markus 16.15 ff.). Sie sagen, die »anointing power of the Holy Ghost« umgebe sie für gewöhnlich wie eine schützende Hecke, doch manchmal, wenn man zum Beispiel eine Sünde begangen habe oder hochmütig gewesen sei, werde die Hecke durchlässig, »und dann beißt die Schlange zu«. Dieses Eingehen des Risikos zu sterben – und nicht wenige Handler *sind* auch gestorben – zeigt ihre bedingungslose Unterwerfung unter den Willen Gottes. In zehn Jahren Feldforschung fanden die Ethnologen lediglich vier Personen, die noch nie gebissen worden waren. Viele der Überlebenden haben verkrüppelte Hände oder Finger und erlebten Nahtod-Erfahrungen. Wenn die Serpent-Handler in den Appalachen West-Virginias durch wildes Tanzen in Trance geraten sind, nehmen sie die Giftschlangen in die Hände, wobei viele in Zungen reden, heilen oder Dämonen austreiben. Manche trinken auch – mit unterschiedlichem Erfolg – einen »Heils-Cocktail«, bestehend aus einer Lauge und Strychnin, oder halten ihre Hände ins Feuer. Cf. R.W. Hood et al., 2005, S. 116, 121 f., 128 f.; J. Birckhead, 2004, S. 99, 107; M.L. Daugherty, 1985, S. 332, 334.

4 Cf. R. Heller, 2002, S. 108 f.; K. Haas/A. Haas, 1987, S. 522; A. Marneros, 1997, S. 270; D.K. Gauthier/C.J. Forsyth, 1999, S. 94. Manche Menschen werden sexuell erregt, wenn sie Feuer legen. Als ein junger Mann nach einem Kneipenbesuch auf dem Heimweg war und von heftigen Erektionen heimgesucht wurde, masturbierte er ohne Erfolg. Erst nachdem er die nächstbeste Scheune in Brand gesetzt hatte, kam er sofort zum Orgasmus. Anschließend zündete er eine weitere Scheune an und ejakulierte ein zweites Mal. Auch der Massenmörder Dieter Kürten kam bei den von ihm gelegten Bränden »immer zum Samenerguß«, wie er vor der Polizei aussagte. Ein anderer junger Mann legte Feuer, wenn er von Frauen abgelehnt worden war, und beim Anblick der lodernden Flammen überkam ihn plötzlich ein Machtgefühl, und er ejakulierte. Und ein vierter junger Mann, der von der Presse »der Feuerteufel« genannt wurde, kam in solchen Fällen sehr schnell, wie er sagte, »in Erregung. Mein Schwanz wird steif, und dann geht mir einer ab. […] Wenn ich das Feuer sehe, kommt es mir zweimal.« Cf. *Der Spiegel* 32, 2015, S. 100; R.M. Holmes, 1991, S. 66; Marneros, a.a.O., S. 175. Bei beiden Geschlechtern kommt es bei Aufregung, aber auch bei Sauerstoffmangel durch Hyperventilation zu Endorphinausschüttungen und Orgasmen. Cf. R.C. Rosen/ J.G. Beck, 1988, S. 148; J.A. Thomson/C. Aukofer, 2014, S. 70; W.H. Masters/V.E. Johnson, 1970, S. 124. Erektionen und Ejakulationen treten häufig bei großer Freude, starken Emotionen wie Angst oder Aggressi-

vität und vor allem bei Hochgefühlen auf. Cf. D. Zillmann, 1998, S. 173, 195.

5 Cf. K. Helfrich, 1972, S. 155 ff., 166 f.; D. de Landa, 2010, S. 92; M. Elmendorf, 1976, S. 86; F. Goodman, 1972, S. 65, 96; dies., 1974, S. 282 f.; dies., 1992, S. 13; dies., Mündliche Mitteilung vom 19. Juni 1981; S. M. Schirokogoroff, 1935, S. 259; S. J. Stein, 1992, S. 51; M. Percy, 1996, S. 27; P. Hertoft, 1989, S. 72; W. Eicher, 1977, S. 153; K. Thomas, 1962, S. 157; D. Blackbourn, 1995, S. 189; P. J. Richter, 2004, S. 254; P. Gardella, 1985, S. 81 ff.; J. H. Henney, 1980, S. 168 f.; B. Walter, 1976, S. 93; R. A. Chesnut, 1997, S. 94 ff.; ders., 2003, S. 130 f.; T. Burton, 1993, S. 140; M. Wilkinson/P. Althouse, 2014, S. 106 f. In Oaxaca sagte eine Pfingstlerin, daß sie »hier drinnen« ein Feuer fühle, und deutete auf ihre Genitalien. Im selben Moment fing sie an, in Zungen zu reden. Cf. M. Everett/M. Ramirez, 2015, S. 428 f. Und im nordostbrasilianischen Salvador deutete eine Pfingstlerin ebenfalls auf diese Stelle und sagte, »da drinnen« fühle sie »etwas Herrliches«. Cf. M.C.M. Rabelo et al., 2009, S. 10. Jamaicanische Pfingstlerinnen sagen, daß sie ganz deutlich spürten, wie der Heilige Geist in ihre Vagina eindringe und diese erst einmal von den Spermaresten des vorherigen Geschlechtsverkehrs mit einem Mann reinige, bevor er dort selber ejakuliere (»sie füllt«). Cf. Rabelo et al., a.a.O., S. 6. J. Burrow-Branine, 2013, S. 117. Die sogenannten »Kriegerinnen«, die weiblichen Mitglieder einer Charismatischen Bewegung bei den Gogodala im westlichen Papua-Neuguinea, leben dagegen häufig sexuell enthaltsam, weil der Heilige Geist es nicht besonders schätze, in den Körper einer Frau einzutreten, die vorher mit einem Mann geschlafen habe. Dies hat zur Zerrüttung vieler Ehen beigetragen. Bei den Ilahita-Arapesch ist der Heilige Geist vom Spermageruch angewidert, wenn er eine Frau penetriert, die mit ihrem Mann Geschlechtsverkehr hatte, weshalb auch dort viele Pfingstlerinnen ihn einstellen. Cf. A. Dundon, 2007, S. 33 f., 37 f., D. F. Tuzin, 1997, S. 52 f.

6 Cf. F. Goodman, 1989, S. 34 ff., 136; R. B. Lee, 1968, S. 42; ders., 2003, S. 136; M. Guenther, 1999, S. 184; K. Lüdtke, 2009, S. 1, 3, 197 ff. Wenn die Somáli-Frauen durch Hinundherwiegen des Körpers zum Trommelrhythmus in Trance gerieten, sagten sie hinterher, das Erlebnis dabei sei dasselbe wie bei einem sexuellen Orgasmus. Cf. F. Declich, 2000, S. 312 f. Unter den ekstatischen »convulsionnaires« der Jahre 1732 und 1733 auf dem Friedhof Saint-Médard in Paris waren vor allem die Frauen und jungen Mädchen hochgradig sexuell erregt und boten sich den schaulustigen Männern auf zudringliche Weise zum Geschlechtsverkehr an. Cf. Knox, a.a.O., S. 381. Und als im Jahre 1564 die Nonnen des Klosters Nazareth sahen, wie eine 14jährige Novizin vom Teufel auf den Rücken geworfen und heftig penetriert wurde, wobei sie mit geschlossenen Augen wollüstig kicherte und stöhnte, breitete sich dieses Phänomen epidemieartig

aus, und sämtliche Nonnen ließen sich mit großem Genuß vom Teufel deflorieren. Cf. J.v. Görres, 1842, S. 446 f. Auf Vanuatu gab es Rituale, in denen alle Teilnehmer beiderlei Geschlechts so erregt und lüstern wurden, daß sie sexuelle Handlungen vornahmen, die im normalen Leben strengstens untersagt waren. So stellten Männer und Frauen ihre Genitalien zur Schau und vollzogen den Geschlechtsverkehr vor aller Augen mit verbotenen Personen und Angehörigen des eigenen Geschlechts. Ein solches Ausagieren unbewußter Bedürfnisse war in diesem Falle nicht nur erlaubt, sondern setzte nach Aussage der Einheimischen nichtalltägliche Kräfte frei. Cf. M. Allen, 1981, S. 123 f. Bei den sogenannten »Frontier Camp Meetings« des 18. und 19. Jahrhunderts verhielten sich viele europäischstämmige Frauen in einer Weise, wie sie es sonst nie getan hätten. In dem Moment, in dem der Heilige Geist in sie einging, entblößten sie ihre Brüste, umarmten und küßten wildfremde Männer, schrien, lachten und weinten und ließen sich von den zahlreich anwesenden schwarzen Sklaven befummeln und stimulieren. Versuche, weiße und schwarze Gläubige durch Errichtung von Zäunen auseinanderzuhalten, schlugen fehl. Cf. Wilting, a.a.O., S. 171; D. T. Irvin, 2000, S. 56; H. A. Baer, 2001, S. 347; B. Wagner, 2007, S. 56; E. Esslinger, 2007, S. 88, 90; P. L. King, 2007, S. 95.

7 Cf. K. A. Rosenbauer, 1969, S. 106; W. H. Masters/V. E. Johnson, 1979, S. 126; E. J. Haeberle, 1983, S. 38; S. Hite, 1976, S. 115; E. Brune/Y. Ferroul, 2011, S. 254; A. C. Kinsey et al., 1963, S. 481; dies., 1967, S. 466 f., 555; J. Willi, 2002, S. 105; V. Sigusch, 1979, S. 150, 155; E. Stachura, 2009, S. 52; D. Strüber/G. Roth, 2010, S. 167; M. D. Pellauer, 1994, S. 156; K. Starke/U. Friedrich, 1984, S. 68, 177, 202; A. Rose, 1984, S. 275; K. Haas/A. Haas, 1987, S. 315, 322, 326; S. Hoyndorf, 1992, S. 157; H. Selg et al., 1979, S. 52 f.; Brune/Ferroul, a.a.O., S. 253 f., 273; Hite, a.a.O., S. 116 ff.; G. Heisterkamp, 2001, S. 82 f. Bei den Bugi in Sulawesi heißt der Orgasmus der Frauen *se hilang bota mata hitam*, »das Verlieren der Pupillen in den Augen«, was bekanntlich typisch für die Besessenheit durch Geister ist. Cf. N. I. Idrus, 2016, S. 200; A. Horstmann, 2012, S. 111. Und die Azteken sagten einst, beim Orgasmus verlasse die *tonalli*-Seele den Körper. Cf. B. R. Ortiz de Montellano, 1990, S. 62. Wie bei der Geisttaufe der Pfingstler haben Frauen, die bereits geboren haben, beim sexuellen Orgasmus nicht selten ein Gefühl des Pressens und Austreibens eines Fötus, und eine Französin teilte mit, gegen Ende des Orgasmus »presse ich manchmal fast genauso wie bei einer Geburt«. Cf. W. Eicher, 1977, S. 14; Brune/Ferroul, a.a.O., S. 257. Den ausschließlich durch eine Reizung der Klitoris erzielten Orgasmus nannte Anaïs Nin »elektrische Fleischpfeile«, und Umfragen ergaben, daß viele Frauen ihn mit einem Dolchstoß verglichen, ihn als »elektrisch und spitz« bezeichneten und ihn kürzer und weniger befriedigend empfanden als einen vaginalen Orgasmus. Cf.

Brune-Ferroul, a.a.O., S. 253, 262; D.P. Barash/J.E. Lipton, 2010, S. 206;
P. Hertoft, 1989, S. 72. Untersuchungen ergaben, daß selbst männliche
und weibliche Sexologen und Gynäkologen, denen man Orgasmusbe-
schreibungen vorlegte, nicht entscheiden konnten, ob sie von Frauen
oder Männern stammten. Cf. I. Kon, 1985, S. 269; R.C. Rosen/J.G. Beck,
1986, S. 68. Bereits Hildegard von Bingen war davon überzeugt, daß
die Kontraktionen beim Orgasmus das Sperma zum Uterus transportie-
ren, und auch manche heutige Sexologen sind dieser Ansicht. Cf.
T. Schäfer, 1996, S. 20 f.; L. Margulis/D. Sagan, 1996, S. 96; D.M. Buss,
2004, S. 240. Diese Vermutung ist freilich nie hinreichend belegt worden.
Cf. D.P. Barash/J.E. Lipton, 2010, S. 201 f.; F.B. Alberti, 2016, S. 74.
D.M. Buss (2019, S. 172) vertritt die These, durch den Orgasmus verblei-
be das Sperma länger in der Vagina.
8 Cf. T. Benedek, 1964, S. 21; B. Fervers-Schorre, 1984, S. 148; M. Maliszew-
ski et al., 2011, S. 195; P. Joraschky, 1983, S. 343; E.S. Jacobowitz, 1995, S. 47;
H.S. Morris, 1967, S. 210; L. Payne, 2017, S. 29; McDonald, a.a.O., S. 157 ff.;
T.D. Abell, 1982, S. 194; K.G. Rey, 1984, S. 153 ff.; Kavan, a.a.O., S. 173;
W.P. Williamson, 2007, S. 212 ff.; C.M. Robeck, 2006, S. 179; R. Sánchez,
2009, S. 228; K.H. Chong, 2011, S. 113; U. Stocksmeier, 1984, S. 130; M.
Lindhardt, 2015, S. 268; S. Sered, 1994, S. 186 ff.; Brune-Ferroul, a.a.O.,
S. 262, 330; U. Hartmann, 1992, S. 177; R.F. Baumeister, 2001, S. 300, 302;
B.S. Perrotto/J. Culkin, 1993, S. 180; A. Spengler, 1979, S. 53, 92 f.; C.
Benard/E. Schlaffer, 1984, S. 235; R.F. Baumeister/J.L. Butler, 1997,
S. 231, 236. Nach Charcot haben etliche Psychiater die Lust nach dem
Hypnotisiertwerden als ein »Verlangen nach Hingabe an einen Stärkeren« bezeichnet und von »masochistischen Unterwerfungstendenzen«
gesprochen. Cf. K.G. Rey, 1985, S. 99 f., 129. Insgesamt gesehen, lassen sich
heterosexuelle Frauen viel häufiger und ungezwungener zu sadomaso-
chistischem Sex mit Geschlechtsgenossinnen, meist Lesben, ein als Männer mit heterosexuellen oder homosexuellen Männern, wobei die Frauen
sich nicht als lesbisch oder bisexuell fühlen. Cf. N. Elb, 2006, S. 148 f. Nach
einer Untersuchung empfinden es 6 Prozent der Frauen »sexuell besonders aufregend«, wenn sie »beim Geschlechtsverkehr überwältigt« werden, wobei sie freilich keine wirkliche Vergewaltigung meinen. Und wenn
es im *Yale Law Journal* heißt: »A woman's need for sexual satisfaction
may lead to the unconscious desire for forceful penetration, the coercion
serving neatly to avoid the guilt feeling that might arise after willing par-
ticipation« (zit. n. J.A. Allison/L.S. Wrightsman, 1993, S. 207), dann kann
hier keine brutale Vergewaltigung, sondern lediglich »harter Sex« oder
eine Vergewaltigungs*phantasie* gemeint sein. Nach einer neueren Umfrage bejahen 27,5 Prozent der Frauen und 26,2 Prozent der Männer
die *Vorstellung*, »anderen sexuell ausgeliefert zu sein«, errege sie. Die Aus-

sage »Mich erregen sexuelle Vorstellungen, in denen ich andere beherr-sche«, bejahten in einer Umfrage 94 Prozent der Männer, aber nur 5,3 Prozent der Frauen. Cf. G. Feldmann, 2004, S. 41. Dem entspricht der große Mangel an Sado-Frauen in der Sadomaso-Szene. Cf. Elb, a. a. O., S. 60. 36,2 Prozent der Frauen bzw. 44,4 Prozent der Männer genossen *Phantasien*, zum Sex gezwungen zu werden. Cf. B. Hsu et al., 1994, S. 111. Nach einer anderen Untersuchung bekannten 48,5 Prozent der Frauen, sich mit Hochgenuß Tagträumen hinzugeben, in denen ein Mann sie fessele und dann sexuell stimuliere. Cf. H.-C. Harten, 1995, S. 209.

9 Cf. P. Fiedler, 2007, S. 248; Baumeister, a. a. O., S. 303; Baumeister/Butler, a. a. O., S. 231; V. Woltersdorff, 2008, S. 102 f.; B. Vetter, 2007, S. 235; Elb, a. a. O., S. 134, 301; D. Thornton/R. Mann, 1997, S. 250; P. Fiedler, 2004, S. 251; A. Spengler, 1979, S. 96; I. Ebberfeld, 2015, S. 147 ff., 188 f., C. A. Brekus, 1998, S. 107, 109 ff.; R. S. Ellwood, 1979, S. 72; N. R. Campion, 1990, S. 14; G. Gutek/P. Gutek, 1998, S. 33 f.; R. R. Ruether/C. M. Prelinger, 1983, S. 310. Im Jahre 1653 beobachtete der puritanische Geistliche Francis Higginson, wie die Quäker (von mittelengl. *to quake*, »zittern, beben«), und unter ihnen vor allem die Frauen, bei ihren Veranstaltungen wie ohnmächtig zu Boden fielen, dann aber dort umherkrochen und mit Schaum vor dem Mund konvulsivisch zuckten, ihre Bäuche sich aufblähten und sie sich übergaben. Nach ein bis zwei Stunden brüllten sie plötzlich lauter als ein Stier und kamen wieder zu sich. Cf. R. Bauman, 1983, S. 80; F. Higginson, 2007, S. 16 f.; T. D. Hamm, 2007, S. 350; R. E. Lewis, 1984, S. 7 ff. Dies galt den Quäkern als deutlicher Beweis dafür, daß es der Heilige Geist war, der die Frauen mit unwiderstehlicher Macht zu Boden geworfen hatte. Cf. H. Barbour, 1964, S. 118. Einen neuen Schub erhielten die Quäker im Jahre 1706 durch die Camisarden, die aus den Cevennen und dem Languedoc nach London geflohen waren, wo man sie »French Prophets« nannte. Sie benahmen sich in der Ekstase so wild, daß die Engländer sagten, sie »out-quaked the Quakers«. Cf. L. Laborie, 2015, S. 419. Wie später die Pfingstler verlauteten auch die Shaker um 1780, die Beschenkung mit den »Gaben Gottes« fühle sich an wie »the operations of an electerising machine«, und auf die »Stromstöße« des Geistes reagierten auch sie mit markerschütterndem Geschrei, Wirbeltänzen und Zusammenbrüchen. Nach dem Tode Lees erschienen den Shakern, insbesondere den heranwachsenden Mädchen, dabei »Mother Ann« selber und Jesus als Inkarnationen eines androgynen Gottes, der zugleich Himmlischer Vater und Himmlische Mutter war, aber auch die Geister von Alexander dem Großen, George Washington oder Napoleon. Cf. C. L. Albanese, 2007, S. 183 ff.; W. M. Kephart, 1976, S. 185 f.; T. M. Kasischke, 2007, S. 70.

10 Cf. C. Levenduski, 1996, S. 19. Als im Jahre 1858 das Geschlecht der Pre-

digerin und Abolitionistin Isabella, die sich Sojourner Truth nannte, eine freigelassene Sklavin, die Gottes Stimme gehört hatte und im Land predigend umherzog, angezweifelt worden war, entblößte sie zum Beweis, daß sie eine Frau war, in der Öffentlichkeit ihre Brüste. Cf. R.W. Best, 2006, S. 108; E.M. Townes, 1995, S. 172.

11 Cf. Campion, a.a.O., S. 84, 109; Brekus, a.a.O.; M. Percy, 1996, S. 17, 22f., 31; W. Trompf/R. Dembari, 1991, S. 233; F. Goodman, a.a.O.; M. Percy, 1998, S. 284; P.J. Richter, 1996, S. 123, 125; J. Burdick, 1998, S. 88; S.D. Rose, 1987, S. 252; U. Maymann, 1984, S. 145f. Guatemaltekische Pfingstler sagten, sie seien »geil« auf Jesus. Cf. K.L. O'Neill, 2010, S. 141f. Immer wieder gibt es freilich Pfingstler, die solche Gefühle und Empfindungen nicht auf die Präsenz Jesu oder des Heiligen Geistes, sondern auf die des Teufels oder des eigenen Unbewußten zurückführen. So warnte bereits im Jahre 1908 der englische Pfingstprediger Alexander Boddy vor »false fire«, nämlich »the workings of the unconscious mind«, sowie vor »fleshly extravagancies« insbesondere der Frauen bei den Pfingstveranstaltungen. Cf. T.B. Walsh, 2012, S. 107. Und heute werden die Missionare des »Catholic Charismatic Renewal Movement« darauf hingewiesen, daß sie bei ihren Veranstaltungen in Japan auf jeden »Über-Enthusiasmus« verzichten sollen, da die Japaner Zurückhaltung und Stille liebten. Cf. R. Alva, 2015, S. 248. Eine finnische Missionarin berichtete, sie sei einmal bei einer Veranstaltung in Jerusalem, als sie die Arme hochhielt, von der berühmten Pfingstpredigerin Kathryn Kuhlman angefaßt worden: »Für einen kurzen Augenblick packte sie fest meinen Arm. Nichts geschah. Doch nach einiger Zeit spürte ich eine starke Kraft wie Elektrizität über mir, und ich hatte das Gefühl, ich müsse sterben. Meine Arme waren gelähmt, und ich konnte sie nicht sofort herunternehmen. Seit diesem Ereignis habe ich Schwierigkeiten zu glauben, daß Kuhlmans Kraft von Gott ist.« Cf. K.E. Koch, 1984, S. 339f.

12 Cf. S. Juster, 1994, S. 64f.; D.M. Epstein, 1993, S. 321; M.A. Sutton, 2007, S. 8, 55ff.; T.M. Luhrmann, 2004, S. 523f.; R.M. Griffith, 1997, S. 63, 130f.; M. Everett/M. Ramirez, 2015, S. 429; L. van de Kamp, 2016, S. 104, 115; M. Percy, 2005, S. 79f.; Althouse/Wilkinson, a.a.O., S. 39f.; I.S. Gilhus, 1997, S. 136; S.J. Hunt, 2006, S. 200f., 209f.; M. Percy, 2003, S. 97; M. Lindhardt, 2012, S. 187; A. Strom, 2010, S. 55, 71. Auch bei den Bricolanos in Luzón wird der Sex mit den Geistern nach einer Weile langweilig – aber für die Geister, und sie verschwinden. Cf. Cannell, a.a.O., S. 112. Solche Phänomene, die als »Herabkunft des Heiligen Geistes« beschrieben wurden, gab es bereits im Mittelalter, etwa in der ersten Hälfte des 14. Jahrhunderts unter den Nonnen des von der Mystikerin Luitgard von Wittichen geleiteten Schwarzwaldklosters. Cf. P. Dinzelbacher, 1995, S. 64. In der Volkskultur gab es meist keine Vorstellung von der Trinität. So war und

ist im bulgarischen Volksglauben der Heilige Geist eine andere Person als Jesus oder Großvater Herrgott (*djado gospod*). In den Charismatischen Zionistischen Kirchen ist der Heilige Geist, von dem die Gläubigen besessen werden, ein von Gott geschickter Mittler zwischen ihm und den Menschen. In der Charismatischen »Heilig-Geist-Bewegung« in Korea und bei den Pfingstlern der Maya in Yucatán ist der Heilige Geist eine vom Willen Gottes unabhängige Person, die für das Leben der Menschen viel wichtiger ist als der ferne Gott oder gar Jesus. Cf. C. Vakarelski, 1969, S. 228; R. Mahlke, 1997, S. 72; Y.-D. Kim, 1993, S. 151 f.; Goodman, a. a. O.

Bibliographie

Aarni, T.: *The Kalunga Concept in Ovambo Religion*, Stockholm 1982.

Abbott, J.: *Indian Ritual and Belief*, New Delhi 1979.

Abdou, M.: »A Healing Cult Met With the Baatombu From the North of Benin«, *Anthropology and Medicine* 2007.

Abel, M. H.: *Vergewaltigung*, Weinheim 1988.

Abell, T. D.: *Better Felt Than Said*, Waco 1982.

Abímbólá, W.: »Yoruba Religion in Brazil« in *Actes du XLIIᵉ Congrès International des Américanistes*, Bd. VI, ed. J. Lafaye, Paris 1979.

–: »Ifá: A West African Cosmological System« in *Religion in Africa*, ed. T. D. Blakely et al., Provo 1994.

Abiodun, R.: »Àṣẹ«, *Journal of Religion in Africa* 1994.

–: »Insights From Ifá Orature and Sculptural Repertoire« in *Òrìṣà Devotion as World Religion*, ed. J. K. Olupona/T. Rey, Madison 2008.

Abraham, R. G.: »Spirit, Twins, and Ashes in Labwor, Northern Uganda« in *The Interpretation of Ritual*, ed. J. S. La Fontaine, London 1972.

Abramson, A.: »Trajectories of *Yaqona* Practice and Symbolism in Eastern Fiji«, *Oceania* 2005.

Abun-Nasr, J. M.: *Muslim Communities of Grace*, London 2007.

Ackerman, S. E.: »Spirit Possession and Exorcism in a Malaysian Pentecostal Movement«, *Journal of Anthropological Research* 1981.

Adami, N. R.: *Religion und Schamanismus der Ainu auf Sachalin (Karafuto)*, Bonn 1989.

Adams, G. W.: *Visions in Late Medieval England*, Leiden 2007.

Adams, M.: »Forest Spirit Identities in Public Display and Private Discussion«, *Archiv für Völkerkunde* 2006.

Adams, M. D.: »The Knocker: Demon in Russia and KGB Informant«, *Eurasian Studies Yearbook* 1996.

Adkins, A. W. H.: *From the Many to the One*, London 1970.

Adler, M.: *Drawing Down the Moon*, Boston 1979.

Adler, S. R.: »Hmong Folk Belief in America« in *Out of the Ordinary*, ed. B. Walker, Logan 1995.

Adogame, A./S. Kuponu: »Spiritual Terrorism Beyond Borders« in *Unpacking the New*, ed. A. Adogame et al., Wien 2008.

Agger, I./ S. B. Jensen: »The Psychological Trauma of Torture« in *Traumatic Stress Syndromes*, ed. J. P. Wilson/B. Raphael, New York 1993.

Ahern, G.: *Sun at Midnight*, Wellingborough 1984.

Ahlemeyer, H.W.: *Prostitutive Intimkommunikation*, Stuttgart 1996.

Aho, J.: *The Orifice as Sacrificial Site*, New York 2002.

Aikens, C.M./T. Higuchi: *Prehistory of Japan*, New York 1982.

Ajibade, G.O.: »Ṣàngó's Thunder« in *Beyond Religious Tolerance*, ed. I. Nolte, Woodbridge 2017.

Albanese, C.L.: *A Republic of Mind and Spirit*, New Haven 2007.

–: »Historical Imagination and Channeled Theology« in *Handbook of Spiritualism and Channeling*, ed. C. Gutierrez, Leiden 2015.

Albó, X.: »Popular Religious Expressions in the Cochabamba Valley, Bolivia« in *Religions in Transition*, ed. J.-Å. Alvarsson/R. L. Segato, Uppsala 2003.

Albert, F.: *Die Waldmenschen Udehe*, Darmstadt 1956.

Alberti, F. B.: *The Moral Coil*, Oxford 2016.

Albrecht, C.: *Das mystische Erkennen*, Bremen 1958.

Albrecht, M./B. Alexander: »Thanatologie im Vormarsch« in *Sterbeerlebnisse, UFO, Anthroposophie*, ed. B. Schwengeler, Berneck 1981.

Albrecht, R.: *Begeisterte Mägde*, Leipzig 2018.

Albu, M.: *Celtic Names in Western and Eastern European Languages*, Lewiston 2010.

Alcock, J.E.: »Channeling«, *The Sceptical Inquirer*, Summer 1989.

Alderson, J.: »An Essay on Apparitions (1823)« in *Spiritualism, Mesmerism and the Occult, 1800-1920*, Bd. I, ed. S. McCorristine, London 2012.

Aldrich, M.: »Sleep Paralysis« in *Encyclopedia of Sleep and Dreaming*, ed. M. A. Carskadon, New York 1993.

Alekseev, N.: »Helping Spirits of the Siberian Turks« in *Shamanism in Eurasia*, ed. M. Hoppál, Göttingen 1984.

Alexandrian, S.: *The Great Work of the Flesh*, Rochester 2015.

Alkire, W.H.: *Lamotrek Atoll and Inter-Island Socioeconomic Ties*, Urbana 1965.

Allen, D.: »Mircea Eliade's Phenomenological Analysis of Religious Experience«, *Journal of Religion* 1972.

Allen, M.: »Innovation, Inversion and Revolution as Political Tactics in West Aoba« in *Vanuatu*, ed. M. Allen, Sydney 1981.

–: *Ritual, Power and Gender*, New Delhi 2000.

Allen, P.G.: »Cuentos de la Tierra Encantada« in *Many Wests*, ed. D. M. Wrobel/M.C. Steiner, Lawrence 1997.

Allentuck, M.: »Henry Fuseli's ›Nightmare‹: Eroticism or Pornography?« in *Woman as Sex Object*, ed. T. B. Hess/L. Nochlin, London 1973.

Alles, G.D.: »Rudolf Otto (1869-1937)« in *Klassiker der Religionswissenschaft*, ed. A. Michaels, München 1997.

d'Alleva, A.: *Le Monde Océanien*, Hong Kong 1998.

Allison, J.A./L.S.Wrightsman: *Rape*, Newsbury Park 1993.

Allison, R. B.: »Spiritual Helpers & Multiple Personality Disorder« in *Neuro-Theology*, ed. R. Joseph, San Jose 2002.

de Almeida Cunha, A. S.: »João da Mata Family« in *The Social Life of Spirits*, ed. R. Blanes/D. Espíritu Santo, Chicago 2014.

Althouse, P./M. Wilkinson: »Musical Bodies in the Charismatic Renewal« in *The Spirit of Praise*, ed. M. M. Ingalls/A. Yong, University Park 2015.

Alva, R.: *The Spirituality of the Catholic Renewal Movement*, New Delhi 2014.

–: *Spiritual Renewal in Japan*, New Delhi 2015.

Alver, B. G.: »Conceptions of the Living Human Soul in the Norwegian Tradition«, *Temenos* 1971.

Alver, B. G./T. Selberg: »Alternative Medicine in Today's Society, *Temenos* 1984.

Amber, K.: *Coven Craft*, Saint Paul 2003.

Ambrosini, M. L./M. Willis: *The Secret Archives of the Vatican*, Boston 1969.

van Amelsvoort, V.: *Culture, Stone Age and Modern Medicine*, Assen 1964.

Amin, M.: *Turkana-See*, Hannover 1981.

Amri, N.: »Du saint fondateur à la tarîqa« in *Le soufisme à l'époque ottomane*, ed. R. Chih/C. Mayeur-Jaouen, Kairo 2010.

Amsler, N.: *Jesuits & Matriarchs*, Seattle 2018.

Andaya, B.W.: *The Flaming Womb*, Honolulu 2006.

Andersen, M. et al.: »Mystical Experience in the Lab«, *Method and Theory in the Study of Religion* 2014.

Andersen, S.: »Schamanentum in Ostgrönland«, *Ethnomedizin* 1974.

Anderson, A./S. Otwang: *Tumelo*, Pretoria 1993.

Anderson, E.: »»My Spirit Found a Unity With This Holy Man«« in *Dreams, Dreamers, and Visions*, ed. A. M. Plane/L. Tuttle, Philadelphia 2013.

Anderson, E. F.: *Peyote: The Divine Cactus*, Tucson 1980.

Anderson, R. I.: »The Cummings Apparition«, *Journal of Religion and Psychical Research* 1983.

Anderson, R. M.: *Vision of the Disinherited*, Peabody 1979.

Andersson, R.-H.: *The Lakota Ghost Dance of 1890*, Lincoln 2008.

Andrae, T.: *Die Person Muhammeds*, Stockholm 1918.

Andrews, L.: *Medicine Woman*, San Francisco 1981.

–: »Stealing Back the Power of Woman« in *The Womanspirit Sourcebook*, ed. P. Wynne, San Francisco 1988.

Andritzky, W.: *Schamanismus und rituelles Heilen im Alten Peru*, Berlin 1989.

Angela v. Foligno: *Le Livre de l'expérience de vrais fidèles*, ed. M.-J. Ferré/L. Baudry, Paris 1927.

–: *Zwischen den Abgründen*, ed. B. Widmer, Einsiedeln 1955.

Angenendt, A.: *Geschichte der Religiosität im Mittelalter*, Darmstadt 2000.

–: *Heilige und Reliquien*, Hamburg 2007.

Anker, V.: *Der Schweizer Symbolismus*, Bern 2009.

Ankermann, M.: *Gertrud die Große von Helfta*, Göppingen 1997.

–: »Spielarten erlebnismystischer Texte« in *Europäische Mystik vom Hoch-mittelalter zum Barock*, ed. W. Beutin/T. Bütow, Frankfurt/M. 1998.

Anonyma: Mündliche Mitteilung vom 1. März 1988.

Antes, P.: »What Do We Experience if We Have Religious Experience?«, *Numen* 2002.

Anthony, S. B.: »Baptism in the Holy Spirit and the Mystic Way« in *As the Spirit Leads Us*, ed. K. Ranaghan/D. Ranaghan, Paramus 1971.

Antoni, K.: *Kojiki*, Berlin 2012.

Anttonen, V.: »Interpreting Ethnic Categories Denoting ›Sacred‹ in a Finnish and an Ob-Ugrian Context«, *Temenos* 1992.

–: »Rethinking the Sacred« in *The Sacred and Its Scholars*, ed. T. A. Idinopoulos/E. A. Yonan, Leiden 1996.

–: »Sacred« in *Guide to the Study of Religion*, ed. W. Braun/T. McCutcheon, London 2000.

Antze, P.: »Telling Stories, Making Selves« in *Tense Past*, ed. P. Antze/M. Lambek, New York 1996.

Aoki, H.: *Nez Perce Dictionary*, Berkeley 1984.

Apolito, P.: *Apparitions of the Madonna at Oliveto Citra*, University Park 1998.

–: »Visions mariales sur Internet à la fin du XXᵉ siècle«, *Ethnologie française* 2003.

Appel, W.: *Cults in America*, New York 1983.

Appell, G. N./L. W. Appell: »Rungus Dusun« in *Encyclopedia of Sex and Gender*, ed. C. F. Ember/M. Ember, New York 2003.

Appelle, S. et al.: »Alien Abduction Experiences«, in *Varieties of Anomalous Experience*, ed. E. Cardeña et al., Washington 2014.

Apter, A.: »Yoruba Women and the Sanctity of Abuse«, *Africa* 1998.

d'Aquili, E. G./A. B. Newberg: »The Neuropsychology of Aesthetic, Spiritual, and Mystical States«, *Zygon* 2000.

Aquina, M.: »The People of the Spirit«, *Africa* 1967.

Arakelova, V.: »Spirit Possession: The Caucasus, Central Asia, Iran and Afghanistan« in *Encyclopedia of Women & Islamic Cultures*, Bd. III, ed. S. Joseph et al., Leiden 2006.

Arbaïzar, P. et al.: *Wer sind Sie, Henri Cartier-Bresson?*, München 2003.

Arbman, E.: »Seele und Mana«, *Archiv für Religionswissenschaft* 1931.

–: *Ecstasy or Religious Trance*, Uppsala 1963.

Archer, J./B. Lloyd: *Sex and Gender*, Cambridge 2002.

Ardener, E.: *Coastal Bantu of the Cameroons*, London 1956.

Argyle, M.: *Psychology and Religion*, London 2000.

Arima, E./J. Dewhirst: »Nootkans of Vancouver Island« in *Handbook of North American Indians*, Bd. 7, ed. W. Suttles, Washington 1990.

Arkam, F. S.: »Healing Among Traditional Practitioners of the Algerian Sahara« in *Shamanism and Islam*, ed. T. Zarcone/A. Hobart, Ascona 2013.

Arnet, S.: *Wortschatz der Hebräischen Bibel*, Zürich 2012.

de Arriaga, P. J.: *The Extirpation of Idolatry in Peru*, ed. L. C. Keating, Lexington 1968.

Artman, A. C.: »Kathryn Kuhlman and the Manipulation of Negation«, *Bulletin for the Study of Religion*, April 2014.

Arzy, S./M. Idel: *Der Dibbuk im Gehirn*, Berlin 2016.

Asaad, G.: *Hallucinations in Clinical Psychiatry*, New York 1990.

Asamoah-Gyadu, J. K.: »Spirit und Spirits in African Religious Traditions« in *Interdisciplinary and Religio-Cultural Discourses on a Spirit-Filled World*, ed. V.-M. Kärkkainen et al., New York 2013.

–: »African Pentecostalism, Deliverance and Healing« in *Witchcraft, Demons and Deliverance*, ed. C. Währisch-Oblau/H. Wrogemann, Zürich 2015.

Aschoff, F./P. Toaspern: *Die Gaben des Heiligen Geistes*, Hamburg 2005.

Aschwanden, H.: *Symbole des Lebens*, Zürich 1976.

Asendorf, C.: *Ströme und Strahlen*, Gießen 1989.

Ashliman, D. L.: »Water Spirits« in *Archetypes and Motifs in Folklore and Literature*, ed. J. Garry/H. el-Shamry, Armonk 2005.

Asprem, E.: »Psychic Enchantments of the Educated Classes« in *Contemporary Esotericism*, ed. E. Asprem/K. Granholm, Sheffield 2013.

Assayag, J.: »Pouvoir contre puissances«, *L'Homme*, September 1994.

Aston, W. G.: *Shinto*, New York 1905.

el-Aswad, E. S.: »Sainthood in Regional Sanctified Cults in the Egyptian Delta« in *On Archaeology of Sainthood and Local Spirituality in Islam*, ed. G. Stauth, Bielefeld 2004.

Atkinson, J. M.: *The Art and Politics of Wana Shamanship*, Berkeley 1989.

Atran, S.: »The Neuropsychology of Religion« in *NeuroTheology*, ed. R. Joseph, San Jose 2003.

Atran, S./A. Norenzayan: »Religion's Evolutionary Landscape«, *Behavioral and Brain Sciences* 2005.

Atwood, M. D.: *Spirit Healing*, New York 2003.

Audu, O.: »The Yoruba Concept of the Mind« in *The Oxford Conception of the Mind*, ed. R. L. Gregory, Oxford 2004.

Aufenanger, H./G. Höltker: *Die Gende in Zentralneuguinea*, Mödling 1940.

Austin-Broos, D. J.: *Jamaica Genesis*, Chicago 1997.

–: »Pentecostal Community: Jamaican Hierarchy« in *Religion, Diaspora, and Cultural Identity*, ed. J.W. Pulis, Amsterdam 1999.

Averbuch, I.: »Shamanic Dance in Japan«, *Asian Folklore Studies* 1998.

–: »Embodying the Sacred in *kagura* Performances« in *Rituals in an Unstable World*, ed. A. Henn/K.-P. Koepping, Frankfurt/M. 2008.

Awart, S.: »Women of Lihir«, *Research in Melanesia* 1996.

Ayorinde, C.: »Santería in Cuba« in *The Yoruba Diaspora in the Atlantic World*, ed. T. Falola/M. D. Childs, Bloomington 2004.

Ayoub, M.: *Redemptive Suffering in Islām*, The Hague 1978.

Ayrookuzhiel, A. M.: *The Sacred in Popular Hinduism*, Madras 1983.

al-Azmeh, A.: *Muslim Kingship*, London 1997.

van Baal, J.: *Dema*, Den Haag 1966.

–: »The Dialectics of Sex in Marind-anim Culture« in *Ritualized Homosexuality in Melanesia*, ed. G. H. Herdt, Berkeley 1984.

Badham, P.: »Religious Significance of Near-Death Experiences« in *Making Sense of Near-Death Experiences*, ed. M. Perera et al., London 2012.

Bäckman, L./Å. Hultkrantz: *Studies in Lapp Shamanism*, Stockholm 1978.

Baer, G.: *Die Religion der Matsigenka*, Basel 1984.

Baer, H. A.: *The Black Spiritual Movement*, Knoxville 1984.

–: »African-Derived Religions in the U. S.« in *Encyclopedia of African and African-American Religions*, ed. S. D. Glazier, New York 2001.

Baëta, C. G.: *Prophetism in Ghana,* London 1962.

Baetke, W.: *Das Heilige im Germanischen*, Tübingen 1942.

–: *Vom Geist und Erbe Thules*, Göttingen 1944.

–: »Das Phänomen des Heiligen« in *Die Diskussion um das ›Heilige‹*, ed. C. Colpe, Darmstadt 1977.

Bätschmann, O.: »›Die Nacht‹, 1889-90« in *Ferdinand Hodler*, Bd. 3.1, ed. O. Bätschmann/P. Müller, Zürich 2017.

Bäumer, U.: *Wir wollen nur deine Seele*, Wuppertal 1985.

Bäuml, J.: *Psychosen aus dem schizophrenen Formenkreis*, Heidelberg 2008.

v. Baeyer, W.: »Der Begriff der Begegnung in der Psychiatrie« in *Die Wahnwelten*, ed. G. Straus/J. Zutt, Frankfurt/M. 1963.

Bagley, C./K. King: *Child Sexual Abuse*, London 1990.

Bahn, P. G.: *Prehistoric Art*, Cambridge 1998.

–: »The Makapansgat Cobble« in *Encyclopedia of Religion and Nature*, Bd. II, ed. B. R. Taylor, Bristol 2005.

Baita, S.: »Dalma (4 to 7 Years Old)« in *Dissociation in Traumatized Children and Adolescents*, ed. S. Wieland, New York 2015.

Baker, R. A.: »Can We Tell When Someone Is Staring at Us?«, *The Sceptical Inquirer*, April 2000.

Balassa, I./G. Ortutay: *Ungarische Volkskunde*, München 1982.

Balch, R.W.: »The Evolution of a New Age Cult« in *Sects, Cults, and Spiritual Communities,* ed. W.W. Zellner/N. Petrowsky, Westport 1998.

Bales, K. L.: »Comparative and Developmental Perspectives on Oxytocin and Vasopressin« in *Mechanisms of Social Connection*, ed. M. Mikulincer/P. R. Shaver, Washington 2014.

Ball, T. S./D. D. Alexander: »Catching Up With 18th Century Science in the Evaluation of Therapeutic Touch«, *The Sceptical Inquirer* 1998.

Balme, C. B.: »Dressing the Hula«, *Paideuma* 1999.

Balse, M.: *Mystics and Men of Miracles in India*, New Delhi 1976.

Bandem, I. M./F. E. de Boer: *Balinese Dance in Transition*, Oxford 1995.

Bandini, D./G. Bandini: *Das Vampirbuch*, München 2008.

Bandyopadhyay, G. S.: *Folk Religion and Mass Culture in Rural Bengal*, Kolkata 2007.

Barasch, M.: »The Tossed-Back Head: The Ambiguity of a Gesture in Renaissance Art« in *Spiegel und Gleichnis*, ed. N.W. Bolz/W. Hübener, Würzburg 1983.

Barash, D. P./J. E. Lipton: *Wie die Frauen zu ihren Kurven kamen*, Heidelberg 2010.

Barathi, S. B.: *Coromandel Fishermen*, Pondicherry 1999.

Barber, E. J.W.: »On the Origins of the *vily/rusalki*« in *Varia on the Indo-European Past*, ed. M. R. Dexter/E.C. Polomé, Washington 2005.

Barber, K.: »Yoruba Attitudes Towards the Orìṣà« in *Perspectives on Africa*, ed. R. R. Grinker/C. B. Steiner, Oxford 1997.

Barber, T. X.: »Eidetic Imagery and the Ability to Hallucinate at Will«, *Behavioral and Brain Sciences* 1979.

Barbour, H.: *The Quakers in Puritan England*, New Haven 1964.

Barclay, R.: *A Concise View of the Chief Principles of the Christian Religion*, Worcester 1772.

Barfoot, C. H.: *Aimee Semple McPherson and the Making of Modern Pentecostalism*, London 2011.

Barham, L. S.: »Systematic Pigment Use in the Middle Pleistocene of South-Central Africa«, *Current Anthropology* 2002.

Barker, A. T.: *The Mahatma Letters to A. P. Sinnett*, London 1923.

Barker, J.: *Ancestral Lines*, Peterborough 2008.

Barley, N.: *Tanz ums Grab*, Suttgart 1998.

Barnard, A.: *Hunters and Herders of Southern Africa*, Cambridge 1992.

Barnes, L. L.: *Needles, Herbs, Gods, and Ghosts*, Cambridge 2005.

Barnes, R. H.: *Kédang*, Oxford 1974.

–: »Women as Headhunters« in *Dress and Gender*, ed. R. H. Barnes/J. B. Eicher, Oxford 1992.

Baron-Cohen, S.: *Mindblindness*, Cambridge 1995.

–: »Consciousness of the Physical and Mental« in *Finding Consciousness in the Brain*, ed. P. G. Grossenbacher, Amsterdam 2001.

Barrett, D. L.: »Dreaming as a Normal Model for Multiple Personality Disorder« in *Dissociation*, ed. S. J. Lynn/J.W. Rhue, New York 1994.

Barrett, J.: »Exploring the Natural Foundations of Religion«, *Trends in Cognitive Science* 2000.

Barrett, L.: »African Religion in the Americas« in *African Religions*, ed. N. S. Booth, New York 1977.

Barrett, R. J.: »Do First Rank Symptoms Apply to the Iban?« in *Schizophrenia, Culture, and Subjectivity*, ed. J. H. Jenkins/R. J. Barrett, Cambridge 2004.

Barrett, W.: *Death-Bed Visions*, London 1926.

Bartels, A.: »Die Liebe im Kopf« in *Hirnforschung*, ed. M. Spitzer/ W. Bertram, Stuttgart 2010.

Bartels, L.: *Oromo Religion*, Berlin 1983.

Bárth, D.: »Exorzismus, Volksfrömmigkeit und Katholische Aufklärung um die Mitte des 18. Jahrhunderts«, *Jahrbuch für Europäische Ethnologie* 2013.

Barth, F.: *Ritual and Knowledge Among the Baktaman of New Guinea*, Oslo 1975.

Bartholomew, R. E.: »Culture-Bound Syndromes as Fakery«, *The Sceptical Inquirer*, Dezember 1995.

Bartolomé, M. A.: »Shamanism Among the Avá-Chiripá« in *Spirits, Shamans, and Stars*, ed. D. L. Browman/R. A. Schwarz, Den Haag 1979.

Barton, R. F.: *The Half-Way Sun*, New York 1930.

–: *The Kalingas*, Chicago 1949.

Barušs, I.: *Alterations of Consciousness*, Washington 2003.

Basilov, V. N.: *Das Schamanentum bei den Völkern Mittelasiens und Kasachstans*, Berlin 1995.

–: »Chosen by the Spirits« in *Shamanic Worlds*, ed. M. M. Balzer, Armonk 1997.

Basso, E. B.: »The Implications of a Progressive Theory of Dreaming« in *Dreaming*, ed. B. Tedlock, Cambridge 1987.

Bastian, A.: *Beiträge zur Vergleichenden Psychologie*, Berlin 1868.

Bastian, M. L.: »Married in the Water«, *Journal of Religion in Africa* 1997.

–: »Mami Wata, Mr. White, and the Sirens of Bar Beach« in *Afrika und das Andere*, ed. H. Schmidt/A. Wirz, Hamburg 1998.

–: »Vulture Men, Campus Cultists and Teenager Witches« in *Magical Interpretations, Material Realities*, ed. H. L. Moore/T. Sanders, London 2001.

Bastien, J. W.: »Body Metaphor: *Ayllu*, Ritual and Body« in *Body as Medium of Meaning*, ed. S. Shahshahani, Münster 2004.

Basu, H.: »Afro-indische Besessenheitskulte im interkulturellen Vergleich«, *Zeitschrift für Ethnologie* 2002.

Batchelor, J.: *The Ainu and Their Folklore*, London 1901.

–: *Ainu-English-Japanese-Dictionary*, Tokio 1926.

Bateson, G.: *Naven*, Stanford 1958.

Battegay, R.: »Urvertrauen« in *Handbuch der Psychiatrie*, ed. R. Battegay et al., Stuttgart 1992.

Baudouin, C.: *Suggestion und Autosuggestion*, Dresden 1924.

Baudy, G.: »Religion als ›szenische Ergänzung‹« in *Homo naturaliter religiosus*, ed. F. Stolz, Bern 1997.

Bauer, B. S./M. Piscitelli: »Die imperiale Religion der Inka« in *Inka*, ed. D. Kurella/I. de Castro, Stuttgart 2013.

Bauer, D. F./J. Hinnant: »Normal and Revolutionary Divination« in *Explorations in African Systems of Thought*, ed. I. Karp/C. S. Bird, Bloomington 1980.

Bauer, E.: »Parapsychologie zwischen Wissenschaft und Aberglaube« in *Wissen, Glaube, Aberglauben*, ed. H. Petri, Bochum 1992.

–: »Spiritismus und Okkultismus« in *Okkultismus und Avantgarde*, ed. V. Loers, Ostfildern 1995.

–: »Suche nach Ordnung und Lust an der Anarchie« in *Okkultismus im Gehäuse*, ed. A. Lux/S. Paletschek, Berlin 2016.

Bauer, J.: *Das Gedächtnis des Körpers*, Frankfurt/M. 2002.

Bauman, R.: *Let Your Words Be Few*, Cambridge 1983.

Baumann, C. et al.: »The Hallucinating Art of Heinrich Füssli« in *Neurological Disorders of Famous Artists*, Bd. 2, ed. J. Bogouslavsky/M. G. Hennerici, Basel 2007.

Baumann, H.: »Nyama, die Rachemacht« in *Mythe, Mensch und Umwelt*, ed. A. E. Jensen, Bamberg 1950.

–: *Das Doppelte Geschlecht*, Berlin 1955.

Baumann, P.: *Der mittelpaläolithische Mensch in der israelischen Levante*, Basel 2013.

Baumeister, R. F.: »Masochism as Escape from Self« in *Social Psychology and Human Sexuality*, ed. R. F. Baumeister, Ann Arbor 2001.

Baumeister, R. F./J. L. Butler: »Sexual Masochism: Deviance Without Pathology« in *Case Studies in Sexual Deviance. Toward Evidence Based Practice*, ed. D. R. Laws/W. O'Donohue, New York 1997.

Baumeister, T.: »Ästhetische Erlebnisse«, *Zeitschrift für Ästhetik und Allgemeine Kunstwissenschaft* 1994.

Baumert, N.: *Charisma, Taufe, Geisttaufe*, Bd. 2, Würzburg 2001.

Baumgart, K.: *Heiliger Geist und politische Herrschaft bei den Neopfingstlern in Honduras*, Frankfurt/M. 1995.

Bayless, R.: *Apparitions and the Survival of Death*, New Hyde Park 1973.

Bayly, S.: *Saints, Goddesses and Kings*, Cambridge 1989.

Bays, D.: »The Protestant Missionary Establishment and the Pentecostal Movement« in *Pentecostal Currents in American Protestantism*, ed. E. L. Blumhofer et al., Urbana 1999.

Beaglehole, E./P. Beaglehole: *Ethnology of Pukapuka*, Honolulu 1938.

Bean, L. J.: »Cahuilla« in *Handbook of North American Indians*, Bd. 8, ed. R. F. Heizer, Washington 1978.

Bean, S. S.: »Referential and Indexical Meanings of *amma* in Kānaḍa«, *Journal of Anthropological Research* 1975.

Beane, W. C.: »The Cosmological Structure of Mythical Time«, *History of Religions* 1973.

Beardsley, R. K. et al.: *Village Japan*, Chicago 1959.

Beattie, J. H. M.: »On the Nyoro Concept of *mahano*«, *African Studies* 1960.

–: »Sorcery in Bunyoro« in *Witchcraft and Sorcery in East Africa*, ed. J. Middleton/E. H. Winter, London 1963.

–: *Other Cultures*, London 1964.

–: »Spirit Mediumship in Bunyoro« in *Spirit Mediumship and Society in Africa*, ed. J. Beattie/J. Middleton, London 1969.

Beauregard, E./ K. Reale: »Psychopathy and Sexual Assault« in *International Handbook of Psychopathy and Crime*, ed. M. Delisi, London 2019.

Beauregard, M.: »Transcendent Experiences and Brain Mechanisms« in *Altering Consciousness*, ed. E. Cardeña/N. Winkelman, Santa Barbara 2011.

–: »Functional Neurimaging Studies of Emotional Self-Regulation and Spiritual Experiences« in *Exploring Frontiers of Mind-Brain Relationship*, ed. A. Moreira-Almeida/F. S. Santos, New York 2012.

Becker, C. B.: *Paranormal Experience and the Survival of Death*, Albany 1993.

Becker, J.: *Deep Listeners*, Bloomington 2004.

Becker, R. M.: *Trance und Geistbesessenheit im Candomblé von Bahia*, Münster 1995.

Bednarik, R. G.: »Concept-Mediated Marking in the Lower Paleolithic«, *Current Anthropology* 1995.

–: »The Most Ancient Known Manifestations of Art« in *XIII. International Congress of Prehistoric and Protohistoric Sciences*, Bd. 8, ed. A. Beltrán/ A. Vigliardi, Forlì 1996.

–: »Der Kiesel von Makapansgat«, *Anthropos* 1999.

–: »A Figurine From the African Acheulian«, *Current Anthropology* 2003.

–: *Myths About Rock Art*, Oxford 2016.

Bednarowski, M. F.: *New Religions and the Theological Imagination in America*, Bloomington 1989.

Beekes, R.: *Etymological Dictionary of Greek*, Leiden 2010.

Behera, K./J. Dash: *Tribal Shamanistic Wisdom*, New Delhi 2015.

Behling, K./A. Manigold: *Die Malweiber*, München 2009.

Behrend, H.: »Power and Women as Spirit Mediums« in *Gender and Identity in Africa,* ed. M. Reh/G. Ludwar-Ene, Münster 1995.

–: »Geistmedien und Medien der Geister in Afrika« in *Gespenster. Erscheinungen – Medien – Theorien*, ed. M. Baßler et al., Würzburg 2005.

–: »Geisterfotografie« in *Zwischen Aneignung und Verfremdung*, ed. V. Gottowik et al., Frankfurt/M. 2009.

Behrendt, R.-P.: »Attentional Deficit Versus Impaired Reality Testing«, *Behavioral and Brain Sciences* 2005.

Beidelman, T.O.: »Nuer Priests and Prophets« in *The Translation of Culture*, ed. T.O. Beidelman, London 1971.

–: »Kaguru Symbolic Classification« in *Right & Left*, ed. R. Needham, Chicago 1973.

Beinert, W.: »Die Geschichte des Himmels« in *Bilder des Himmels*, ed. K. Berger et al., Freiburg 2006.

Beissel, S.: *Die Verehrung der Heiligen und ihrer Reliquien in Deutschland bis zum Beginn des 13. Jahrhunderts*, Freiburg 1890.

Beit-Hallahmi, B.: *Psychological Perspectives on Religion and Religiosity*, London 2015.

Belich, J.: »The Governors and the Māori (1840-72)« in *The Oxford Illustrated History of New Zealand*, ed. K. Sinclair, Auckland 1990.

Bell, R.M.: *Holy Anorexia*, Chicago 1985.

Bellman, B.L.: *Village of Curers and Assasins*, Den Haag 1975.

Belo, J.: *Trance in Bali*, New York 1960.

–: *Traditional Balinese Culture*, New York 1970.

Belz, M.: *Außergewöhnliche Erfahrungen*, Göttingen 2009.

van Belzen, J.A.: »Zum psychologischen Umgang mit außeralltäglichen religiösen Phänomenen« in *Verrückt nach Gott*, ed. C. Henning/J.A. van Belzen, Paderborn 2007.

Benad, M.: »Ekstatische Religiosität und gesellschaftliche Wirklichkeit«, *Pietismus und Neuzeit* 1982.

Benard, C./E. Schlaffer: *Der Mann auf der Straße*, Reinbek 1984.

Bender, H.: »Zur Psychologie der UFO-Phänomene«, *Zeitschrift für Parapsychologie* 1959.

–: »Parapsychologie und Spiritismus«, *Zeitschrift für Parapsychologie* 1971.

–: *Telepathie, Hellsehen und Psychokinese*, München 1972.

–: *Zukunftsvisionen, Kriegsprophezeiungen, Sterbeerlebnisse*, München 1983.

–: *Verborgene Wirklichkeit*, München 1985.

–: »Parapsychologie und das Fortleben nach dem Tode« in *Fortleben nach dem Tode*, ed. A. Resch, Innsbruck 1987.

Bender, H./R. Vandrey: »Psychokinetische Experimente mit dem Berner Graphiker Silvio«, *Zeitschrift für Parapsychologie* 1976.

Bendix, R.: »Supernatural Assault« in *Folklore*, ed. T.A. Green, Santa Barbara 1997.

Benecke, M.: »Jugendliche Vampirkulturen« in *Poetische Wiedergänger*, ed. J. Bertschik/C.A. Tuczay, Tübingen 2005.

Benedek, T.: »Über Orgasmus und Frigidität«, *Jahrbuch der Psychoanalyse* 1964.

Benedict, L.W.: *A Study of Bagobo Ceremonial Magic and Myth*, New York 1916.

Benedict, R.: »Religion« in *General Anthropology*, ed. F. Boas, Boston 1938.

Beneduce, R./S. Taliani: »Embodied Powers, Deconstructed Bodies«, *Anthropos* 2006.

Benjamin, G.: *Temiar Religion*, Singapur 2014.

Benjamin, L. S.: *Die interpersonelle Diagnose und Behandlung von Persönlichkeitsstörungen*, München 2001.

Benner, D. G.: »Religious Psychodynamics in Multiple Personality Disorder« in *Object Relations Theory and Religion*, ed. M. Finn/J. Gartner, Westport 1992.

Bennett, E.: *Apparitions and Haunted Houses*, London 1939.

Bennett, G.: *Alas, Poor Ghost!*, Logan 1999.

Bennie, C.: »Personal Meaning in the Charismatic Renewal Movement« in *Religious Experience in World Religions*, ed. V.C. Hayes, Bedford Park 1980.

Benoit, J.: *Le Chamanisme*, Paris 2007.

Bentall, R. P.: »Hallucinatory Experiences« in *Varieties of Anomalous Experience*, ed. E. Cardeña et al., Washington 2014.

Benvenuto, S.: *What Are Perversions?*, London 2016.

Benz, E.: *Die Vision*, Stuttgart 1969.

–: »Symbole der Unio Mystica in der Barock-Mystik«, *Symbolon* 1972.

–: »Geist und Heilung im brasilianischen Spiritismus« in *Der Religionswandel unserer Zeit*, ed. G. Stephenson, Darmstadt 1976.

Berg, S.: *Das Sexualverbrechen*, Hamburg 1963.

Bergemann, W.: »Verrückt oder erleuchtet?«, *Psychologie heute* 6, 2006.

Berger, H.: »Etymologische Bemerkungen zu einigen auf Geister und Geisterglauben bezügliche Wörter im Burushaski« in *Ethnologie und Geschichte*, ed. P. Snoy, Wiesbaden 1983.

Berger, I.: »Fertility as Power« in *Revealing Prophets*, ed. D.M. Anderson/D.H. Johnson, London 1995.

Berger, P./R. Kottmann: *Die lange Reise der Toten*, Hamburg 2000.

Berglie, P.-A.: »Séances With Tibetan Spirit-Mediums in Nepal« in *Religious Ecstasy*, ed. N. G. Holm, Stockholm 1982.

Berglund, A.-I.: *Zulu Thought-Patterns and Symbolism*, London 1976.

Bering, J.: *Die Erfindung Gottes*, München 2011.

Bering, J. M.: »Theistic Percepts in Other Species«, *Journal of Cognition and Culture* 2001.

Berliner, D.: »Spirit Possession: West Africa« in *Encyclopedia of Women & Islamic Cultures*, Bd. III, ed. J. Joseph et al., Leiden 2006.

Bernatzik, H. A.: *Owa Raha*, Wien 1936.

Bernatzik, H. A./E. Bernatzik: *Die Geister der Gelben Blätter*, Leipzig 1941.

Berndt, A.: »Heiligkeitskonzeptionen im spätkaiserzeitlichen China« in *Sakralität und Sakralisierung*, ed. A. Beck/A. Berndt, Stuttgart 2013.

Berndt, C. H.: »The Role of Native Doctors in Aboriginal Australia« in *Magic, Faith, and Healing*, ed. A. Kiev, New York 1964.

Berndt, R. M.: *Excess and Restraint*, Chicago 1962.

–: *Australian Aboriginal Religion*, Leiden 1974.

Berndt, R. M./C. H. Berndt: *The World of the First Australians*, London 1964.

Bertrand, D.: »The Healing Practices of Mediums Living and Working on the River of Perfumes (Huê, Viêt Nam)« in *Managing Distress*, ed. M. Carrin, New Delhi 1999.

Besant, A.: *H. P. Blavatsky and the Masters of Wisdom*, London 1907.

Besier, G.: *Weder Gut noch Böse: Warum sich Menschen wie verhalten*, Berlin 2012.

Besmer, F. E.: *Horses, Musicians, & Gods*, South Hadley 1983.

Bessire, L.: *Behold the Black Caiman*, Chicago 2014.

Best, E.: »Notes on Procreation Among the Maori People«, *Journal of the Polynesian Society* 1905.

Best, W.: »The Spirit of the Holy Ghost Is a Male Spirit« in *Women and Religion in the African Diaspora*, ed. R. M. Griffith/B. D. Savage, Baltimore 2006.

Bethe, E.: »Die dorische Knabenliebe«, *Rheinisches Museum für Philologie* 1907.

Bethe, K.: *Religion und Magie*, Leipzig 1927.

Betty, S.: »The Growing Evidence for ›Demonic Possession‹«: Lessons for Psychiatry«, *Journal for Spiritual and Consciousness Studies* 2015.

Beuchelt, E.: »Zur Status-Persönlichkeit koreanischer Schamanen«, *Sociologus* 1975.

Beutin, W.: »Zur Grundlegung der Mystik Theresias von Avila« in *Europäische Mystik vom Hochmittelalter zum Barock*, ed. W. Beutin/T. Bütow, Frankfurt/M. 1998.

–: *Anima*, Bd. III, Frankfurt/M. 1999.

Beyerstein, B. L.: »Neuropathology and the Legacy of Spiritual Possession«, *The Sceptical Inquirer*, Spring 1988.

Bezacier, L.: »Die Religionen Viêtnams« in *Die Religionen Südostasiens*, ed. A. Höfer et al., Stuttgart 1975.

Bharati, A.: »Fictitious Tibet«, *The Tibet Society Bulletin* 1974.

–: *The Light at the Center*, Santa Barbara 1976.

–: *The Ochre Robe*, Santa Barbara 1980.

–: »Esoterisches Wissen« in *Die zweite Wirklichkeit*, ed. A. Holl, Wien 1987.

Bharti, S.: *Wagnis Orange*, Frankfurt/M. 1984.

Bhattacharyya, D. P.: *Pāgalāmi: Ethnopsychiatric Knowledge in Bengal*, Syracuse 1986.

Bialecki, J.: *A Diagram for Fire*, Oakland 2017.

Bick, C.H.: *Heilen mit Hypnose*, Würzburg 2002.

Bieber, F.J.: *Kaffa*, Bd. II, Wien 1923.

Biebinger, F.: *Auf der Suche nach Gottes Angesicht*, Berlin 2000.

Biernoff, D.: »Safe and Dangerous Places« in *Australian Aboriginal Concepts*, ed. L.R. Hiatt, Canberra 1978.

Biezais, H.: *Von der Wesensidentität der Religion und Magie*, Åbo 1978.

Biezais, H./J. Balys: »Baltische Mythologie« in *Götter und Mythen im Alten Europa*, ed. H.W. Haussig, Stuttgart 1973.

Bilu, Y.: »The Woman Who Wanted to Be Her Father« in *Women, Gender, Religion*, ed. E.A. Castelli, New York 2001.

Birckhead, J.: »›And I Can't Feel at Home in This World Anymore‹« in *Anthropologists in the Field*, ed. L. Hume/J. Mulcock, New York 2004.

Birket-Smith, K.: *Die Eskimos*, Zürich 1948.

–: *Geschichte der Kultur*, Zürich 1956.

Birket-Smith, K./F. de Laguna: *The Eyak Indians of the Copper River Delta, Alaska*, Kopenhagen 1938.

Birkhan, H.: *Kelten*, Wien 1997.

Birnbaum, G.E.: »Sexy Building Blocks« in *Mechanisms of Social Connection*, ed. M. Mikulincer/P.R. Shaver, Washington 2014.

Bischof-Okubo, Y.: *Übernatürliche Wesen im Glauben der Altvölker Taiwans*, Frankfurt/M. 1989.

Biswas, D.: »Situating the Maibis in the Ritual-Performance of Lai Haraoba«, *Journal of the Indian Anthropological Society* 2012.

Bitterli, U.: *Die ›Wilden‹ und die ›Zivilisierten‹*, München 1976.

Bivins, J.C.: *Spirits Rejoice!*, Oxford 2015.

Björkqvist, K.: »Ecstasy From a Physiological Point of View« in *Religious Ecstasy*, ed. N.G. Holm, Stockholm 1982.

Blackbourn, D.: *Marpingen*, Oxford 1993.

–: *Wenn ihr sie wieder seht, fragt sie, wer sie sei*, Reinbek 1997.

Blackburn, J.: *The White Men*, London 1979.

Blackburn, S.: »Salvaging the Sacred« in *Is Nothing Sacred?*, ed. B. Rogers, London 2004.

–: *The Sun Rises*, Leiden 2010.

Blacker, C.: »Religion in Japan Before the Meiji« in *Half the World*, ed. A. Toynbee, New York 1973.

–: »Animal Witchcraft in Japan« in *The Witch Figure*, ed. V. Newall, London 1973a.

–: *The Catalpa Bow*, London 1975.

–: »Shamanism« in *Kodansha Encyclopedia of Japan*, Bd. 7, Tokio 1983.

Blackmore, S.: *Dying to Live*, Buffalo 1993.

–: *Die Macht der Meme*, Heidelberg 2000.

–: *Consciousness*, Oxford 2017.

Blackwood, E.: »Gender Transgression in Colonial and Postcolonial Indonesia«, *Journal of Asian Studies* 2005.

Blair, R. J. R.: »Responding to the Emotions of Others«, *Consciousness and Cognition* 2005.

Blankenburg, W.: *Der Verlust der natürlichen Selbstverständlichkeit*, Stuttgart 1971.

–: »Zur Psychopathologie des Ich-Erlebens Schizophrener« in *Psychopathology and Philosophy*, ed. M. Spitzer et al., Heidelberg 1988.

Blannbekin, A.: *Leben und Offenbarungen der Wiener Begine*, ed. P. Dinzelbacher/R. Vogeler, Göppingen 1994.

Blavatsky, H. P.: *The Secret Doctrine*, Bd. II, Adyar 1888.

–: *The Letters to A. P. Sinnett*, ed. A. T. Barker, London 1925.

–: *Die Stimme der Stille*, Adyar 1997.

–: *The Letters*, Bd. I, ed. J. Algeo, Wheaton 2003.

de Blécourt, W.: »Bedding the Nightmare«, *Folklore* 2003.

Bleibtreu-Ehrenberg, G.: *Tabu Homosexualität*, Frankfurt/M. 1978.

Bleuler, E.: *Lehrbuch der Psychiatrie*, Berlin 1972.

Blier, S. P.: *African Vodun*, Chicago 1995.

Blinten, B.: »Radikal für Jesus« in *Jugendkulturen*, ed. J. Moser/A. C. Groffmann, Frankfurt/M. 2000.

Bliss, F.: *Islamischer Volksglaube der Gegenwart*, Unkel 1986.

Bloch, M.: »Death, Women and Power« in *Death & the Regeneration of Life*, ed. M. Bloch/J. Parry, Cambridge 1982.

–: *From Blessing to Violence*, Cambridge 1986.

Bloch, M.: *Die wundertätigen Könige*, München 1998.

Bloch, O./W.v.Wartburg: *Dictionnaire Étymologique de la Langue Française*, Paris 1968.

Blom, J. D.: *A Dictionary of Hallucinations*, New York 2010.

Bloom, H.: *Omens of Millennium*, New York 1996.

Bloomfield, S. F.: *Illness and Cure in Tonga*, Nuku'alofa 2002.

Blume, E. S.: *Secret Survivors*, New York 1990.

Blumenfeld-Kosinski, R.: *The Strange Case of Ermine de Reims*, Philadelphia 2015.

Blumhofer, E. L.: *Pentecost in My Soul*, Springfield 1989.

Blust, R.: »Proto-Oceanic *mana Revisited«, *Oceanic Linguistics* 2007.

Boas, F.: »The Central Eskimo«, *Annual Report of the Bureau of Ethnology* 1888.

–: »The Eskimo of Baffin Land and Hudson Bay«, *Bulletin of the American Museum of Natural History* 1901.

–: *Kwakiutl Ethnography*, ed. H. Codere, Chicago 1966.

Bobsin, O.: »Der dunkelhäutige Tod des weißen Protestantismus« in *Religion und Kultur*, ed. W. Stegemann, Stuttgart 2003.

Bochow, M.: »Klappen« in *Orte der Begegnung, Orte des Widerstands*, ed. C. Küppers/M. Schneider, Berlin 2018.

Bock, T./A. Heinz: *Psychosen*, Köln 2016.

Boddy, J.: *Wombs and Alien Spirits*, Madison 1989.

–: »Spirits and Selves in Northern Sudan« in *Anthropology of Religion*, ed. M. Lambek, Malden 2002.

–: »Social Value, Embodiment, and Gender Practice in Northern Sudan« in *Religion and Sexuality in Cross-Cultural Perspective*, ed. S. Ellingson/ M.C. Green, New York 2002a.

Böhme, J.: *Die Seele und das Ich im homerischen Epos*, Leipzig 1929.

Boellstorff, T.: »*Waria*: Indonesian Transvestites«, *Cultural Anthropology* 2004.

Bogner, H.: *Der Seelenbegriff der griechischen Frühzeit*, Hamburg 1939.

Bogoras, W.: »The Chukchee: Part I«, *Memoirs of the American Museum of Natural History* 1907.

Bohannan, L.: »The Frightened Witch« in *In the Company of Man*, ed. J.B. Casagrande, New York 1960.

Boiadjiev, T.: *Die Nacht im Mittelalter*, Würzburg 2003.

Bole, P.V.: »Ficus bengalensis oder indica« in *Bäume der Tropen*, ed. Schütt et al., Landsberg 1994.

Bondar, C.: *Wilder Sex*, Darmstadt 2016.

Bonhomme, J.: *The Sex Thieves*, Chicago 2016.

Bonin, W.F.: *Lexikon der Parapsychologie*, Herrsching 1984.

Bonnechere, P.: »Divination« in *A Companion to Greek Religion*, ed. D. Ogden, Oxford 2007.

Bonouvrié, N.: »Female Saints on the Indian Subcontinent« in *Female Stereotypes in Religious Traditions*, ed. R. Kloppenborg/W.J. Hanegraaff, Leiden 1995.

Bonshek, E.: *Tikopia Collected*, Canon Pyan 2017.

Boone, S.A.: *Radiance From the Waters*, New Haven 1986.

de Boor, F.: »Anna Maria Schuchart als Endzeit-Prophetin«, *Pietismus und Neuzeit* 1995.

Booth, N.S.: »The View From Kasongo Niembo« in *African Religions*, ed. N.S. Booth, New York 1977.

Boothe, B.: »Imaginatives Erleben und seine Darstellung im Gespräch« in *Bildhaftes Erleben in Todesnähe*, ed. P. Bühler/S. Peng-Keller, Zürich 2014.

Borel, A. et al.: »Do Orangutans Share Early Human Interest in Odd Objects?«, *Current Anthropology* 2016.

Boshier, A.K.: »Afrikanische Lehrjahre« in *Der Wissenschaftler und das Irrationale*, Bd. I, ed. H.P. Duerr, Frankfurt/M. 1981.

Boss, D.: »Es bleibt ein Himmelsrest« in *Engelwelten*, ed. D. Blum/ M. Prange, Ostfilden 2019.

Bosworth, J.: *An Anglo-Saxon Dictionary*, London 1950.

Bott, G. C.: »Salons, Séancen, Secession« in *Albert von Keller*, ed. G. C. Bott, München 2009.

Bouchy, A.: »Alterité et identité dans la possession au Japon«, *L'Homme*, März 2000.

Boudewijnse, B.: »The Development of the Charismatic Movement Within the Catholic Church of Curaçao« in *Popular Power in Latin American Religions*, ed. A. Droogers et al., Saarbrücken 1991.

Bouflet, J.: *Fatima*, Paris 2017.

Bouhdiba, S.: »Die Bedeutung des Konzeptes *Baraka* im städtischen Armenmilieu in Tunesien«, *Curare 2*, 2006.

Bourguignon, E.: »World Distribution and Patterns of Possession States« in *Trance and Possession States*, ed. R. Prince, Montreal 1968.

–: »Alternierende Persönlichkeit, Besessenheitstrance und die psychische Einheit der Menschheit« in *Die wilde Seele*, ed. H. P. Duerr, Frankfurt/M. 1987.

–: »Dreams That Speak« in *Dreaming and the Self*, ed. J. M. Mageo, Albany 2003.

–: »Spirit Possession« in *A Companion to Psychological Anthropology*, ed. C. Casey/R. B. Edgerton, Malden 2005.

Bovensiepen, J.: »*Lulik*: Taboo, Animism, or Transgressive Sacred?«, *Oceania* 2014.

Bowden, R.: *Yena*, Oxford 1983.

Bowers, A. W.: *Mandan Social and Ceremonial Organization*, Chicago 1950.

Bowman, E. S.: »Clinical and Spiritual Effects of Exorcism in Patients With Multiple Personality Disorder«, *Dissociation*, Dezember 1993.

Bowring, R. *The Religious Traditions of Japan 500-1600*, Cambridge 2005.

Boyer, L. B.: *Kindheit und Mythos*, Stuttgart 1982.

Boyer, P.: *Und Mensch schuf Gott*, Stuttgart 2004.

–: *The Fracture of an Illusion*, Göttingen 2010.

Boyer, R.: *Die Wikinger*, Stuttgart 1994.

Brac de la Perrière, B.: »The Tauntheman *Naq* Festival« in *Shamanic Cosmos*, ed. R. Mastromattei/A. Rígopoulos, Venedig 1999.

Brac de la Pierrière, B./G. Rozenberg: »Burma« in *Spirit Possession Around the World*, ed. J. P. Laycock, Santa Barbara 2015.

Bradby, R.: »Channeling: The Cinderella of the New Age?« in *Handbook of Spiritualism and Channeling*, ed. C. Gutierrez, Leiden 2015.

Bradford, N. J.: »Transgendering and the Cult of Yellamman«, *Journal of Anthropological Research* 1983.

Bräutigam, W.: *Reaktionen, Neurosen, Psychopathien*, Stuttgart 1969.

Bragagna, E./R. Prohaska: *Weiblich, sinnlich, lustvoll. Die Sexualität der Frau*, Wien 2010.

Braithwaite, J.J.: »Magnetic Fields, Hallucinations and Anomalous Experiences«, *The Skeptic* 4, 2008.

Bram, J.: *An Analysis of Inca Militarism*, Seattle 1941.

Bramly, S.: *Macumba*, Freiburg 1978.

Bramsen, H.: *Ny Dansk Kunsthistorie*, Bd. 3, Kopenhagen 1994.

Brandt, E.: *Gruß und Gebet*, Waldsassen 1965.

Brandt, K./O. Hammer: »Rudolf Steiner and Theosophy« in *Handbook of Theosophical Current,* ed. O. Hammer/M. Rothstein, Leiden 2013.

Braude, A.: *Radical Spirits*, Bloomington 1989.

Braude, S.E.: *First Person Plural*, Lanham 1995.

–: *Immortal Remains*, Lanham 2003.

Braukämper, U.: *Die Kambata*, Wiesbaden 1983.

Braun, B.G.: »Multiple Personality and Posttraumatic Stress Disorder« in *Handbook of Traumatic Stress Disorder,* ed. J.P. Wilson/B. Raphael, New York 1993.

Braun, H.-J.: »Notizen zur Frage nach der religiösen Erfahrung«, *Jahrbuch des Europäischen Kollegiums für Bewußtseinsstudien* 1991.

Braxton, D.M.: »Policing Sex: Explaining Demons in the Cognitive Economies of Religion«, *Journal of Cognition and Culture* 2008.

Breitenbach, V.: *Weibliche Lust ohne Tabus*, München 2013.

Brekus, C.A.: *Strangers & Pilgrims*, Chapel Hill 1998.

Bremmer, J.N.: »Cult Spaces in a *Longue Durée* Perspective« in *Kulträume,* ed. H.-U. Wiemer, Stuttgart 2017.

Brenneman, W.L./M.G. Brenneman: *Crossing the Circle at the Holy Wells of Ireland*, Charlottesville 1995.

Brenner, L.: »Concepts of *Tarīqa* in West Africa« in *Charisma and Brotherhood in African Islam,* ed. D.B.C. O'Brien/C. Coulon, Oxford 1988.

Brenscheidt, T.: *Gott auf charismatisch*, Wuppertal 1997.

Breton, S.: »The Spectacle of Things« in *People and Things*, ed. M. Jeudy-Ballini/B. Juillerat, Durham 2002.

Brewer, P.J.: *Shaker Communities, Shaker Lives*, Hanover 1986.

Brewster, P.G.: »Fire-Walking in India and Fiji«, *Zeitschrift für Ethnologie* 1962.

Briere, J.N.: *Child Abuse Trauma*, Newbury Park 1992.

Brison, K.J.: *Just Talk*, Berkeley 1992.

Brix, H.P.: *Hirohito and the Making of Modern Japan*, London 2001.

Brizio, E.: »Sexual Violence in the Sienese State« in *Sex, Gender and Sexuality in Renaissance Italy,* ed. J. Murray/ N. Terpestra, London 2019.

Broch, H.B.: »»Crazy Women Are Performing in Sombali‹«, *Ethos* 1985.

Brockhaus, U./M. Kolshorn: *Sexuelle Gewalt gegen Mädchen und Jungen,* Frankfurt/M. 1993.

Brodwin, P.E.: »Guardian Angels and Dirty Spirits« in *Anthropological*

Approaches to the Study of Ethnomedicine, ed. M. Nichter, Yverdon 1992.

Bröcker, W.: *Theologie der Ilias*, Frankfurt/M. 1975.

Bronfen, E.: *Das verknotete Subjekt*, Berlin 1998.

Brooke, R./C. Brooke: *Popular Religion in the Middle Ages*, London 1984.

Brookesmith, P.: *Alien Abductions*, London 1998.

Brosseder, C.: *The Power of Huacas*, Austin 2014.

Brown, D. D.: *Umbanda*, New York 1994.

Brown, D. N./L. Irwin: »Ponca« in *Handbook of North American Indians*, Bd. 13, ed. R. J. DeMallie, Washington 2001.

Brown, M. F.: *The Channeling Zone*, Cambridge 1997.

Brown, M. T.: »Multiple Personality and Personal Identity«, *Philosophical Psychology* 2001.

Brown, P.: *Beyond a Mountain Valley*, Honolulu 1995.

Brown, Peter.: *Die Heiligenverehrung*, Leipzig 1991.

Brown, T. K.: »Mystical Experiences, American Culture, and Conversion to Christian Spiritualism« in *The Anthropology of Religious Conversion*, ed. A. Buckser/S. D. Glacier, Lanham 2003.

Broy, N.: »Civilization, Progress, and the ›Foul Stench of Religion‹« in *Religion, Place and Modernity*, ed. N. Dickhardt/A. Lauser, Leiden 2016.

Brubaker, R. L.: »Barbers, Washermen, and Other Priests«, *History of Religions* 1979.

Bruce, J.: *God Is Dead*, Malden 2002.

Bruce-Novoa, J.: »Chicanos in the Web of Spider-Trickster« in *The Don Juan Papers*, ed. R. de Mille, Santa Barbara 1980.

Bruchhausen, W.: »Ostafrikanische Geistmedien unter deutscher und britischer Herrschaft« in *Trancemedien und Neue Medien um 1900*, ed. M. Hahn/E. Schüttpelz, Bielefeld 2009.

Brugger, P.: »From Haunted Brain to Haunted Science« in *Hauntings and Poltergeists*, ed. J. Houran/R. Lange, Jefferson 2001.

–: »Ich seh etwas, was du nicht siehst«, *Psychologie heute* 9, 2006.

Brumana, F. G./E. G. Martinez: *Spirits From the Margin*, Uppsala 1989.

Brune, É./Y. Ferroul: *Das Geheimnis der Frauen*, München 2011.

Brunner, H.: *Die Geburt des Gottkönigs*, Wiesbaden 1964.

Brunner, R./F. Resch: »Dissoziative und somatoforme Störungen« in *Entwicklungspsychiatrie*, ed. B. Herpertz-Dahlmann et al., Stuttgart 2003.

Brunner-Traut, E.: *Altägyptische Märchen*, Düsseldorf 1963.

de Bry, T.: *America*, ed. G. Sievernich, Bochum 1990.

Bryant, C.: *Sexual Deviancy and Social Proscription*, New York 1982.

Bryden, M.: »Fortpflanzung und Entwicklung« in *Wale und Delfine*, ed. J. Keller, Köln 2004.

Buck, E.: *Paradise Remade*, Philadelphia 1993.

Buckland, R.: *Wicca for One*, New York 2004.

Buckner, M.: »Modern Zande Prophets« in *Revealing Prophets*, ed. D.M. Anderson/D.H. Johnson, London 1995.

Bühler, C.: *Kindheit und Jugend*, Leipzig 1931.

Bürgy, M.: »Zur Psychopathologie des Zwangs«, *Zeitschrift für Klinische Psychologie, Psychiatrie und Psychotherapie* 2005.

Bugge, J.: *Virginitas*, Den Haag 1975.

Bulgakova, T.D.: »Das schamanistische Heilungsritual der Nanaj« in *Schamanen Sibiriens*, ed. E. Kasten, Stuttgart 2009.

Bullough, V.L./B. Bullough: »Therapeutic Touch: Why Do Nurses Believe?«, *The Sceptical Inquirer*, Winter 1993.

Bunce, W.K.: *Religions in Japan*, Rutland 1955.

Burch, E.S.: »The Nonempirical Environment of the Arctic Alaskan Eskimos«, *Southwestern Journal of Anthropology* 1971.

Burdick, J.: *Blessed Anastácia*, New York 1998.

Burger, E.: *Spirit Theater*, Chicago 1986.

Burkart, G.: *Lebensphasen, Liebesphasen*, Opladen 1997.

Burke, C.: »Witchcraft Tswana Style« in *Conformity and Conflict*, ed. J. Spradley/D.W. McCurdy, Boston 2003.

Burkert, W.: *Griechische Religion*, Stuttgart 1977.

–: »From Epiphany to Cult Statue« in *What Is a God?*, ed. A.B. Lloyd, London 1997.

–: *Griechische Religion der archaischen und klassischen Epoche*, Stuttgart 2011.

Burkhart, L.M.: *The Slippery Earth*, Tucson 1989.

Burley, M.: »Sex and Sexuality in Traditional and Contemporary Yoga« in *Yoga in the Modern World*, ed. M. Singleton/J. Byrne, Abingdon 2008.

Burrow-Branine, J.: »The Variety of Holy Spirit Possession«, *PentecoStudies* 2013.

Burrows, E.G.: *Ethnology of Futuna*, Honolulu 1936.

–: *Ethnology of Uvea (Wallis Island)*, Honolulu 1937.

Burrows, E.G./M.E. Spiro: *An Atoll Culture*, New Haven 1957.

Burt, B.: *Tradition & Christianity*, Chur 1994.

Burton, T.: *Serpent Handling Believers*, Knoxville 1993.

Buruma, I.: *Japan hinter dem Lächeln*, Frankfurt/M. 1985.

Busby, C.: »Concepts of Religious Power in a Fishing Village in South India« in *The Anthropology of Christianity*, ed. F. Cannell, Durham 2006.

Busch, M.: »Historische und psychologische Aspekte mittelalterlicher Mirakelberichte«, *Zeitschrift für Parapsychologie* 1985.

Bushnell, O.A.: *The Gifts of Civilization*, Honolulu 1993.

Buss, D.M.: *Evolutionäre Psychologie*, München 2004.

–: *Evolutionary Psychology*, New York 2019.

Busse, M. et al.: *The People of Lake Kutubu and Kikori*, Port Moresby 1993.

Butcher, J. N. et al.: *Klinische Psychologie*, München 2009.

Butzkamm, W./J. Butzkamm: *Wie Kinder sprechen lernen*, Tübingen 1999.

Bynum, C. W.: *Holy Feast and Holy Fast*, Berkeley 1987.

Caciola, N.: »Mystics, Demoniacs, and the Physiology of Spirit Possession in Medieval Europe«, *Comparative Studies in Society and History* 2000.

Cacopardo, A.: »Shamans and the Sphere of the ›Pure‹ Among the Kalasha of the Hindu Kusch« in *Shamanic Cosmos*, ed. R. Mastromattei/A. Rigopoulos, Venedig 1999.

Caffarini, T.: *Caterina von Siena: Die Legenda Minor*, Kleinhain 2001.

Cafferty, S.: *Bäume der Welt*, Stuttgart 2008.

Cain, H.: »Die Konsequenzen der Mission für die Erforschung der autochthonen Religion im heutigen Samoa«, *Baessler-Archiv* 1976.

Caldwell, D. H.: *The Esoteric World of Madame Blavatsky*, Wheaton 2000.

Callan, A.: »Female Saints and the Practice of Islam in Sylhet, Bangladesh«, *American Ethnologist* 2008.

Cameron, C. M./J. B. Gatewood: »Seeking Numinous Experiences in the Unremembered Past«, *Ethnology* 2003.

Cameron, D./E. Frazer: *The Lust to Kill*, Cambridge 1987.

Campagne, F. A.: »Fairies, Vampires, and Nightmares in Early Modern Spain«, *Acta Ethnographica Hungarica* 2008.

Campion, N. R.: *Mother Ann Lee: Morning Star of the Shakers*, Hanover 1990.

Campion-Vincent, V.: »Demonologists in Contemporary Legends and Panics«, *Fabula* 1993.

Canals i Vilageliu, R.: »Les avatars du regard dans le culte à María Lionza«, *L'Homme*, September 2011.

Canda, E. R.: »Korean Shamanic Initiation as Therapeutic Transformation« in *Korean Folklore*, ed. B. S. Park, Seoul 1983.

Cannell, F.: *Power and Intimacy in the Christian Philippines*, Cambridge 1999.

Cantlie, A.: »Aspects of Hindu Asceticism« in *Symbols and Sentiments*, ed. I. M. Lewis, London 1977.

Cantrell, E. M.: »Woman the Sexual, a Question of When« in *Adolescence in Pacific Island Societies*, ed. G. Herdt/S. C. Leavitt, Pittsburgh 1998.

Caplan, P.: »Mahatma Gandhi and *Brahmacharya*« in *The Cultural Construction of Sexuality*, ed. P. Caplan, London 1987.

–: »Spirits and Sex: A Swahili Informant and His Diary« in *Anthropology & Autobiography*, ed. J. Okely/H. Callaway, London 1992.

–: *African Voices, African Lives*, London 1997.

Cardeña, E.: »The Experimental Evidence for Parapsychological Phenomena«, *American Psychologist* 2018.

Cardeña, E. et al.: »Anomalous Experiences in Perspective« in *Varieties of Anomalous Experience*, ed. E. Cardeña et al., Washington 2014.

Cardoso, V. Z.: »Spirits and Stories in the Crossroads« in *The Social Life of Spirits*, ed. R. Blanes/D. Espíritu Santo, Chicago 2014.

Carey, I.: *Orang Asli*, Kuala Lumpur 1976.

Carlson, M.: »*No Religion Higher Than Truth*«, Princeton 1993.

Carmassi, P.: »Der Heilige Geist in handschriftlichen liturgischen Quellen des Mittelalters« in *Aisthetics of the Spirits*, ed. S. Schneider, Göttingen 2015.

Carpenter, E.: *Eskimo Realities*, New York 1973.

Carrin, M.: »Healing Rituals in Bengal and Karnataka« in *Managing Distress*, ed. M. Carrin, Neu Delhi 1999.

Carroll, M. P.: *The Cult of the Virgin Mary*, Princeton 1986.

Carstairs, G. M.: *The Twice-Born*, London 1968.

Carter, C. S./S.W. Porges: »The Neurobiology of Social Bonding and Attachment« in *The Oxford Handbook of Social Neuroscience*, ed. J. Decety/J. T. Cacioppo, New York 2011.

Carter, R.: *Mapping the Mind*, Berkeley 1999.

–: *Gehirn und Geist*, Heidelberg 2012.

Cartledge, M.: *Charismatic Glossolalia*, Aldershot 2002.

Carucci, L. M.: »Conceptions of Maturing and Dying in the ›Middle of Heaven‹« in *Aging and Its Transformations*, ed. D. A. Counts/D. R. Counts, Pittsburgh 1985.

Carucci, L. M./L. Poyer: »The West Central Pacific« in *Oceania*, ed. P. Stewart/A. Strathern, Durham 2002.

Casagrande, J. B.: »John Mink, Ojibwa Informant« in *In the Company of Man*, ed. J. B. Casagrande, New York 1960.

Cassaniti, J. L./T. M. Luhrmann: »The Cultural Kindling of Spiritual Experiences«, *American Anthropologist* 2014.

–: »Die kulturelle Erweckung spiritueller Erfahrung«, *Zeitschrift für Anomalistik* 2016.

Casteen, E.: »Rape and Rapture« in *The Sacred and the Sinister*, ed. D. J. Collins, University Park 2019.

Cathiard, M.-A./N. & C. Abry: »Phantom-Körper in der Schlafstarre«, *Jahrbuch für Europäische Ethnologie* 2011.

Catlin, G.: *Die Indianer Nordamerikas*, Berlin-Friedenau 1924.

–: *O-Kee-Pa*, ed. J.C. Ewers, New Haven 1967.

Caughey, J. L.: *Fa'a'nakkar*, Philadelphia 1977.

Causey, A.: »Samosir's Dark Rains« in *Mementos, Artifacts, and Hallucinations From the Ethnographer's Tent*, ed. R. Emoff/D. Henderson, New York 2002.

Cavender, A.: »Look Into My Eyes: Portrait of a Faith Healer«, *Yearbook of Cross-Cultural Medicine and Psychotherapy* 1992.

Cawthorne, N.: *Sex Lives of the Popes,* London 1996.

Cazelles, H.: »Impur et sacré à Ugarit« in *al-Bahit,* ed. W. Saake, St. Augustin 1976.

Chadwick, P. K.: »From Spiritual Experience to Madness to Growth: A Personal Journey« in *Psychosis and Spirituality,* ed. I. Clarke, Chichester 2010.

Chagnon, N.: *Die Yanomamö,* Berlin 1994.

Chajes, J. H.: *Between Worlds,* Philadelphia 2003.

Chamberlain, B. H.: *The Kōjiki,* Tokio 1982.

Chapell, D. A.: *Double Ghosts,* Armonk 1997.

Charpentier, M.-T.: »Māte Mahādēvi: A Progressive Female Mystic in Today's India«, *Temenos* 2010.

Chastel, A.: *The Sack of Rome, 1527,* Princeton 1983.

Chatterji, S. A./N. Basu: *The Goddess Kali of Kolkata,* New Delhi 2006.

Chaumeil, J.-P.: *Voir, Savoir, Pouvoir,* Paris 1983.

Cheng, A.: *Histoire de la Pensée Chinoise,* Paris 1997.

Cheng, K. H.: »Rhetoric and Rituals of Conversion and Commitment Among Contemporary South Korean Evangelical Women« in *The Anthropology of Global Pentecostalism and Evangelicalism,* ed. S. Coleman/R. I. J. Hackett, New York 2015.

Chesi, G.: *Voodoo in Afrika,* Innsbruck 2003.

Chesnut, R. A.: *Born Again in Brazil,* New Brunswick 1997.

–: *Competitive Spirits,* Oxford 2003.

Cheyne, J. A.: »The Ominous Numinous«, *Journal of Consciousness Studies* 2001.

–: »Animal ›Hypnosis‹ and Waking Nightmares«, *Zeitschrift für Anomalistik* 2016.

–: »Nightmares From the Id«, *Sceptic Magazine* 3, 2016a.

Cheyne, J. A. et al.: »Hypnagogic and Hypnopompic Hallucinations During Sleep Paralysis«, *Consciousness and Cognition* 1999.

Chichester, D.: *Wild Religion,* Berkeley 2012.

Chin, G.: »The Gender of Buddhist Truth«, *Japanese Journal of Religious Studies* 1998.

Ching, J.: *Chinese Religions,* Houndmills 1993.

–: *Mysticism and Kingship,* Cambridge 1997.

Cho, D.-H.: *Intimate Alien,* Ann Arbor 2002.

Chong, K. H.: »Healing and Redomestication« in *Practicing the Faith,* ed. M. Lindhardt, New York 2011.

Chorinsky, M.: *Les Enfants de Dieu,* Tübingen 2006.

Christensen, K. M.: »›From the very hour that I desire him‹« in *Mysticism and Reform,* ed. S. S. Poor/N. Smith, Notre Dame 2015.

Christian, W.: »Religious Apparitions and the Cold War in Southern Europe« in *Religion, Power and Protest in Local Communities,* ed. E. R. Wolf, Berlin 1979.

–: *Apparitions in Late Medieval and Renaissance Spain*, Princeton 1981.

Christiansen, K./J.W. Mann: *Orazio and Artemisia Gentileschi*, New Haven 2001.

Christie-Murray, D.: *Voices From the Gods*, London 1978.

Christoph, H./H. Oberländer: *Voodoo,* Köln 1995.

Chung, M.: »Korean Pentecostalism and the Preaching of Prosperity«, *Zeitschrift für Missionswissenschaft* 2015.

Ciompi, L.: *Affektlogik*, Stuttgart 1982.

Cipolletti, K./A.W. Beard: *Kosmospfade*, Baden-Baden 2019.

Clancy, S.A.: *Abducted*, Cambridge 2005.

Clancy-Smith, J.: »Barakah« in *The Oxford Encyclopedia of the Islamic World*, Bd. I, ed. J.L. Esposito, Oxford 2009.

Clark, J.: »The Embodiment of Power in Pangia«, *Oceania* 1992.

Clark, J.: »Dolphins« in *New Age Encyclopedia*, ed. J.G. Melton et al., Detroit 1990.

–: *The UFO Book*, Detroit 1998.

–: *Extraordinary Encounters*, Santa Barbara 2000.

–: *Hidden Realms, Lost Civilizations, and Beings From Other Worlds*, Detroit 2010.

Clark, L.H.: *They Sang for Horses*, Phoenix 1966.

Clark, M.A.: »Santería« in *Sects, Cults, and Spiritual Communities*, ed. W.W. Zellner/M. Petrowsky, Westport 1998.

Clarke, P.B.: »Recent Anti-Syncretist Trends in Candomblé-Catholic Relations« in *New Trends and Developments in African Religions*, ed. P.B. Clarke, Westport 1998.

–: »›Pop-Star‹ Priests and the Catholic Response to the ›Explosion‹ of Evangelical Protestantism in Brazil«, *Journal of Contemporary Religion* 1999.

–: »African-Derived Religions in Brazil« in *Encyclopedia of African and African-American Religions,* ed. S.D. Glazier, New York 2001.

Clarke, R.: *Naturgeschichte der Gespenster*, Berlin 2015.

Clarke, W.C.: »Temporary Madness as Theatre: Wild-Man Behaviour in New Guinea«, *Oceania* 1973.

Clastres, P.: *Chronik der Guayaki*, München 1984.

Clement, A.J.: *Pentecost or Pretense?*, Milwaukee 1981.

–: *The Pentecostals and Charismatics*, Milwaukee 2000.

Cleophat, N.S.: »Haitian Vodou« in *Vodou in Haitian Memory*, ed. C.L. Joseph/N.S. Cleophat, Lanham 2016.

Clifton, C.S.: »Sexuality in Contemporary Wicca« in *Sexuality and New Religious Movements*, ed. H. Bogdan/J.R. Lewis, New York 2014.

Closs, A.: »Das Heilige und die Frage nach einem germanischen Totemismus« in *Festschrift Walter Baetke*, ed. K. Rudolph et al., Weimar 1966.

–: »Prophetismus und Schamanismus«, *Kairos* 1972.

Clothey, F.W.: *The Many Faces of Murukaṉ*, Den Haag 1978.

–: *Ritualizing on the Boundaries*, Columbia 2006.

Codrington, R. H.: *The Melanesians*, Oxford 1891.

Cohen, A. P.: »Coercing the Rain Deities in Ancient China«, *History of Religions* 1978.

Cohen, D./S. A. MacKeith: *The Development of Imagination*, London 1991.

Cohen, E.: *The Mind Possessed*, Oxford 2007.

–: »Kuan To« in *Religious Commodifications in Asia*, ed. P. Kitiarsa, London 2008.

Coleman, W. E.: »The Sources of Madame Blavatsky's Writings« in *A Modern Priestess of Isis*, ed. M. S. Solovyoff, London 1895.

Collerton, D. et al.: »Why People See Things That Are Not There«, *Behavioral and Brain Sciences* 2005.

Colleyn, J.-P.: »The Possessed Men of the Nya Cult in Mali« in *Spirit Possession*, ed. H. Behrend/U. Luig, Madison 1999.

Collins, A. B.: *African-American Pentecostalism as an Ecstatic Movement*, Chicago 1996.

Colson, E.: »Places of Power and Shrines of the Land«, *Paideuma* 1997.

Columbus, C. K.: »Soundscapes in Andean Contexts«, *History of Religions* 2004.

Comba, E.: »The Structure of the Cosmos Among the Plains Indians«, *Temenos* 1987.

Comer, R. J.: *Abnormal Psychology*, New York 2015.

Condominas, G.: »Quelques aspects du chamanisme et des cultes de possession en Asie du Sud-Est« in *L'autre et ailleurs*, Paris 1976.

Conklin, B. A.: »Woman's Blood, Warrior's Blood, and the Conquest of Vitality in Amazonia« in *Gender in Amazonia and Melanesia*, ed. T. A. Gregor/D. Tuzin, Berkeley 2001.

Connolly, B./R. Anderson: *First Contact*, New York 1987.

Constable, N.: »Sexuality and Discipline Among Filipina Domestic Workers in Hong Kong«, *American Ethnologist* 1997.

Constantine, P.: *Japan's Sex Trade*, Tokio 1993.

Conway, F. J.: »Pentecostalism in Haiti« in *Perspectives on Pentecostalism*, ed. S. D. Glazier, Lanham 1980.

–: *Pentecostalism in the Context of Haitian Religion and Health Practice*, Ann Arbor 2005.

Conway, M. D.: *My Pilgrimage to the Wise Men of the East*, Boston 1906.

Conway, S.: *Tai Magic*, Bangkok 2014.

Cook, C. M./M. A. Persinger: »Experimental Induction of the ›Sensed Presence‹ in Normal Subjects and an Exceptional Subject«, *Perceptual and Motor Skills* 1997.

Cook, G. A.: »Receiving the Holy Ghost« in *The True Believers*, ed. L. Martin, Joplin 1999.

Cooper, J. M.: »The Northern Algonquian Supreme Being«, *Primitive Man* 3, 1933.

Cooperstein, M. A.: »The Myths of Healing«, *Journal of Religion and Psychical Research* 1992.

Cordova, V. F.: »The European Concept of ›Usen‹« in *Native American Religious Identity*, ed. J. Weaver, Maryknoll 1998.

Corin, E. et al.: »The Play of Signifiers in Early Psychosis in South India« in *Schizophrenia, Culture, and Subjectivity*, ed. J. H. Jenkins/R. J. Barrett, Cambridge 2004.

Cornell, A. D.: »An Experiment in Apparitional Observation and Findings«, *Journal of the Society for Psychical Research* 1959.

–: »Further Experiments in Apparitional Observation«, *Journal of the Society for Psychical Research* 1960.

Cornwall, A.: »Gendered Identities and Gender Ambiguity Among *travestis* in Salvador« in *Dislocating Masculinity*, ed. A. Cornwall/N. Lindisfarne, London 1994.

Corominas, J./J. A. Pascual: *Diccionario crítico etimológico Castellano e Hispánico*, Bd. I, Madrid 1980.

Corten, A.: »The Growth of the Literature on African-American, Latin American and African Pentecostalism«, *Journal of Contemporary Religion* 1997.

Corveleyn, J.: »The Apparitions of the Virgin in Beauraing, Belgium 1932-33« in *Psychohistory in Psychology of Religion*, ed. J. A. Belzen, Amsterdam 2001.

–: »Religiöser Wahn bei Psychose und Hysterie« in *Verrückt nach Gott,* ed. C. Henning/J. van Belzen, Paderborn 2007.

–: »Religious Delusion in Psychosis and Hysteria« in *Changing the Scientific Study of Religion*, ed. J. A. Belzen, Dordrecht 2009.

da Costa Eduardo, O.: *The Negro in Northern Brazil*, Seattle 1948.

Costecalde, C. B.: »La racine *qdš* et ses dérivés en milieu ouest-sémitique et dans les cuneiformes« in *Dictionnaire de la Bible*, Bd. 10, ed. L. Pirot et al., Paris 1985.

Couillard, M.: »Le discours mystique de Marie de l'Incarnation« in *La Femme, son Corps et la Religion*, ed. É. J. Lacelle, Montréal 1983.

Counts, D. E. A.: »Apprehension in the Backwaters«, *Oceania* 1976.

Courlander, H.: *The Drum and the Hoe*, Berkeley 1960.

Courtney, S. A.: »Status, Sacrality and Urban Contests of Desire in Vārāṇasī«, *Australian Journal of Anthropology* 2006.

Courtois, C. A.: *Healing the Incest Wound*, New York 1988.

Couvreur, F. S.: *Dictionnaire Classique de la langue chinoise*, Ho Kien Fou 1911.

Covarrubias, M.: *Island of Bali*, New York 1956.

Cowan, D. E./D. G. Bromley: *Neureligionen und ihre Kulte*, Berlin 2010.

Cox, H.: *Fire From Heaven*, London 1996.

Cox, R. S.: »The Suburbs of Eternity« in *Worlds of Sleep*, ed. L. Brunt/ B. Steger, Berlin 2008.

Crabtree, A.: *From Mesmer to Freud,* New Haven 1993.

Cragg, K.: *The Dome and the Rock*, London 1964.

Craig, M.: *Das Geheimnis um die Madonna von Medjugorje*, Graz 1989.

Cramer, G.: »Traumzeit im Dschungel«, *Psychologie heute* 1, 1982.

Cranston, S./C. Williams: *Leben und Werk der Helena Blavatsky*, Satteldorf 1995.

Crapanzano, V.: *Die Hamadša*, Stuttgart 1981.

–: »Spirit Possession« in *The Encyclopedia of Religion*, Bd. 14, ed. M. Eliade, New York 1986.

–: *Hermes' Dilemma & Hamlet's Desire*, Cambridge 1992.

–: »Fragmentarische Überlegungen zu Körper, Schmerz und Gedächtnis« in *Im Rausch des Rituals,* ed. K.-P. Koepping/U. Rao, Hamburg 2000.

Cravalho, M. A.: »Shameless Creatures: An Ethnozoology of the Amazon River Dolphin«, *Ethnology* 1999.

Crawford, S. J.: *Native American Religious Traditions*, London 2016.

Crawley, E.: *Studies of Savages and Sex*, London 1929.

–: *The Mystic Rose*, London 1932.

Crespi, B./C. Badcock: »Psychosis and Autism as Diametrical Disorders of the Social Brain«, *Behavioral and Brain Sciences* 2008.

Crevenna, R. et al.: »Spontaneous Orgasms: An Epileptic Case Without Structural Correlate«, *British Journal of Psychiatry* 2000.

Crocker, W. H.: *The Canela (Eastern Timbira)*, Bd. I, Washington 1990.

Cromer, R. J.: *Klinische Psychologie*, Heidelberg 2008.

–: *Abnormal Psychology*, New York 2015.

Crompton, J.: *Die Spinne*, Frankfurt/M. 1953.

Crow, J. L.: »Taming the Astral Body«, *Journal of the American Academy of Religion* 2012.

Crowley, V.: »Women and Power in Modern Paganism« in *Women as Teachers and Disciples in Traditional and New Religions*, ed. E. Puttick/P. Clarke, Lampeter 1993.

Cruz, S.: *Afro Caribbean Influences in Puertorican Pentecostalism*, Ann Arbor 2003.

–: *Masked Africanisms*, Dubuque 2005.

Csordas, T. J.: »The Psychotherapy Analogy and Charismatic Healing«, *Yearbook of Cross-Cultural Medicine and Psychotherapy* 1992.

–: *The Sacred Self*, Berkeley 1994.

–: *Body, Meaning, Healing*, Houndmills 2002.

–: »Health and the Holy in the Afro-Brazilian Candomblé« in *Cultural Bodies*, ed. H. Thomas/J. Ahmed, Malden 2004.

–: »Asymptote of the Ineffable«, *Current Anthropology* 2004a.

Culianu, I. P.: *Eros und Magie der Renaissance*, Frankfurt/M. 2001.

Cuneo, M.W.: *The Smoke of Satan*, New York 1999.

–: *American Exorcism*, New York 2001.

Curtis, E. S.: *The North American Indian*, New York 1913.

–: *Die Indianer, meine Freunde*, München 1997.

Curtis, H. D.: *Faith in the Great Physician*, Baltimore 2007.

Cusack, C. M.: »Invention in ›New New‹ Religions« in *The Oxford Handbook of New Religious Movements,* Bd. II, ed. J. R. Lewis/I. B. Tøllefsen, Oxford 2016.

Cutten, G. B.: *Speaking With Tongues*, New Haven 1927.

Cutting, J.: *The Right Cerebral Hemisphere and Psychiatric Disorders,* Oxford 1990.

–: »Descriptive Psychopathology« in *Schizophrenia*, ed. S. Hirsch/D. R. Weinberger, Oxford 1995.

Czaja, M.: *Gods of Myth and Stone*, New York 1974.

Czaplicka, M. A.: *Aboriginal Siberia*, Oxford 1914.

Dahl, S. A.: »Sleep Deprivation and the Vision Quest of Native North America« in *Sleep Around the World*, ed. K. Glaskin/R. Chenhall, New York 2013.

Dailey, A. H.: *Mollie Fancher, the Brooklyn Enigma*, Brooklyn 1894.

Dallmeyer, H.: *Die Zungenbewegung*, Langenthal 1925.

Damm, H.: »Schädelmasken aus der Südsee«, *Mitteilungen aus dem Museum für Völkerkunde zu Leipzig* 14, 1963.

Dammann, E.: *Die Religionen Afrikas*, Stuttgart 1963.

Dammann, G.: »Besessenheits- und Trancezustände« in *Dissoziative Bewußtseinsstörungen*, ed. A. Eckhardt-Henn/S. O. Hoffmann, Stuttgart 2004.

Daneel, M. L.: *African Earthkeepers*, Bd. I, Pretoria 1998.

Danfulani, U. H. D.: »Factors Contributing to the Survival of the *bori* Cult in Northern Nigeria«, *Numen* 1999.

Daniel, E. V.: *Fluid Signs*, Berkeley 1984.

Daniélou, A.: *Hindu Polytheism*, London 1963.

Danielsson, B.: *Love in the South Seas*, London 1956.

Danzinger, R.: »Störungen des Körperbildes bei schizophrenen Patienten«, *Psychosozial* 4, 1998.

Dapschauskas, R.: »Der Ursprung von Ritualen und Identitätskonstruktionen aus archäologischer Sicht« in *Evolution des Sozialen*, ed. C. Hennighausen et al., Lengerich 2016.

Darnton, R.: *Mesmerism and the End of Enlightenment in France*, Cambridge 1968.

Dart, R. A.: »The Waterworn Australopithecine Pebble From Makapansgat«, *South African Journal of Science* 1974.

Das, A. K.: *Munda Shaman,* Neu-Delhi 2012.

Daugherty, M. L.: »Serpent-Handling as Sacrament« in *Magic, Witchcraft, and Religion,* ed. A. C. Lehmann/J. E. Myers, Palo Alto 1985.

Davidson, J. M./L. S. Myers: »Endocrine Factors in Sexual Psychophysiology« in *Patterns of Sexual Arousal,* ed. R. C. Rosen/J. G. Beck, New York 1988.

Davie-Kessler, J.: »Spiritual Authority and the Transmission of Divine Sensation in a Nigerian Pentecostal Church«, *Paideuma* 2016.

Davies, B.: *An Introduction to the Philosophy of Religion,* Oxford 1993.

Davies, N.: *Opfertod und Menschenopfer,* Düsseldorf 1981.

Davies, O.: »The Nightmare Experience, Sleep Paralysis, and Witchcraft Accusations«, *Folklore* 2003.

–: *The Haunted,* Houndmills 2007.

Davis, D. L.: »Cultural Sensitivity and the Sexual Disorders of DSM-IV« in *Culture & Psychiatric Diagnosis,* ed. J. E. Mezzich et al.,Washington 2005.

Davis, E.W.: *Die Toten kommen zurück,* München 1986.

–: *Schlange und Regenbogen,* München 1988.

Davis, M. S.: »That's Interesting!«, *Philosophy of Social Sciences* 1971.

Davis, W.: *Dojo,* Stanford 1980.

Davison, J./V. H. Sutlive: »The Children of Nising« in *Female and Male in Borneo,* Shanghai 1991.

Dawkins, D.: »The Sacred and the Scientist« in *Is Nothing Sacred?,* ed. B. Rogers, London 2004.

Dawkins, R.: *Der Gotteswahn,* Berlin 2007.

Daws, G.: *Shoal of Time,* Honolulu 1968.

Day, C. B.: *Chinese Peasant Cults,* Taipei 1969.

Day, J. M.: »Narration, Identity, and Human Development« in *Religious Voices in Self-Narratives,* ed. M. Buitelaar/H. Zock, Berlin 2013.

Dayan, J.: *Haiti, History, and the Gods,* Berkeley 1995.

Dayley, J. P.: *Tümpisa (Panamint) Shoshone Dictionary,* Berkeley 1989.

Deacon, A. B.: *Malekula,* London 1934.

Dean, G./I.W. Kelly: »Placebo Effects« in *The Sceptic Encyclopedia of Pseudoscience,* Bd. I, ed. M. Shermer, Santa Barbara 2002.

DeBernardi, J.: »Teachings of a Spirit Medium« in *Religions of Asia,* ed. D. S. Lopez, Princeton 2002.

Debnath, R.: *Exploring Highlanders of Tripura and Chittagong Hill Tracts,* Neu-Delhi 2010.

Debrunner, H.: *Witchcraft in Ghana,* Kumasi 1959.

Declich, F.: »Sufi Experience in Rural Somalia«, *Social Anthropology* 2000.

Dedenbach, S.: »Deities and Spirits in Andean Belief«, *Anthropos* 2017.

Deecke, M.: *Autobiographie und Ekstase*, Heidelberg 2016.

Degen, R.: »Sexualmord« in *Handbuch Sexualität*, ed. S.R. Dunde, Weinheim 1992.

Dehejia, V.: *Slaves of the Lord*, Neu-Delhi 1988.

Deikman, A.J.: »Deautomatization and the Mystic Experience« in *Altered States of Consciousness*, ed. C.T. Tart, New York 1969.

Dein, S./R. Littlewood: »The Voice of God«, *Anthropology & Medicine* 2007.

Delaplace, G.: »What the Invisible Looks Like« in *The Social Life of Spirits*, ed. R. Blanes/D. Espíritu Santo, Chicago 2014.

Déléage, P.: »Trois points de vue sur les revenants Sharanahua«, *L'Homme*, September 2007.

DeMallie, R.J.: »Lakota Belief and Ritual in the 19th Century« in *Sioux Religion*, ed. R.J. DeMallie/D.R. Parks, Norman 1987.

DeMallie, R.J./D.R. Miller: »Assiniboine« in *Handbook of North American Indians*, Bd. 13, ed. R.J. DeMallie, Washington 2001.

Demetrio y Razada, F.: *Dictionary of Philippine Folk Beliefs*, Cagayan de Oro 1970.

Dempsey, C.G.: *Bringing the Sacred Down to Earth*, Oxford 2012.

Dendle, P.: *Demon Possession in Anglo-Saxon England*, Kalamazoo 2014.

Dennett, D.C.: *Breaking the Spell*, London 2006.

Denney, A.S.: »Bondage and Discipline« in *Encyclopedia of Social Deviance*, ed. C.J. Forsyth/H. Copes, Thousand Oaks 2014.

Dennis, G.W.: *Encyclopedia of Jewish Myth, Magic & Mysticism*, Woodbury 2016.

Dentan, R.K.: »Semai Response to Mental Aberration«, *Bijdragen tot de Taal-, Land- en Volkenkunde* 1968.

–: *The Semai*, New York 1968a.

De Raedt, J.: »Buaya Headhunting and Its Ritual« in *Headhunting and the Social Imagination in Southeast Asia*, ed. J. Hoskins, Stanford 1996.

Deren, M.: »The Goddess of Lust« in *Primitive Heritage*, ed. M. Mead/ N. Calas, New York 1953.

Derendinger, E.: *Die Beziehung des Menschen zum Übernatürlichen in bernischen Kalendern des 16. bis 20. Jahrhunderts*, Bern 1985.

Derks, A.: *Khmer Women on the Move*, Honolulu 2008.

Dernbach, K.B.: »Death, Funerary Possession, and the Afterlife in Chuuk«, *Ethnology* 2005.

Deschner, K.: *Kriminalgeschichte des Christentums*, Bd. 3, Reinbek 1990.

Desjarlais, R.R.: *Body and Emotion*, Delhi 1994.

Desmangles, L.G./E.Cardeña: »Trance Possession and Vodou Ritual in Haiti«, *Yearbook of Cross-Cultural Medicine and Psychotherapy* 1994.

Dessoir, M.: *Vom Jenseits der Seele*, Stuttgart 1920.

Detering, H.: »Das Heilige in Las Vegas« in *Metamorphose des Heiligen*, ed. H. Deuser et al., Tübingen 2015.

Deveney, J. P.: *Paschal Beverly Randolph*, Albany 1997.

Devereux, G.: *Angst und Methode in den Verhaltenswissenschaften*, München 1973.

–: *Normal and anormal*, Frankfurt/M. 1974.

–: »Trance and Orgasm in Euripides: Bakchai« in *Parapsychology and Anthropology*, ed. A. Angoff/D. Barth, New York 1974.

–: »Autocaractérisations de quatre Sedang« in *L'autre et l'ailleurs*, Paris 1976.

–: *Baubo, die mythische Vulva*, Frankfurt/M. 1981.

–: *Träume in der griechischen Tragödie*, Frankfurt/M. 1982.

–: *Realität und Traum*, Frankfurt/M. 1985.

–: »Nachwort« in *Die wilde Seele*, ed. H. P. Duerr, Frankfurt/M. 1987.

Dewhurst, K./A.W. Beard: »Sudden Religious Conversion in Temporal Lobe Epilepsy«, *British Journal of Psychiatry* 1970.

Dewisch, R.: »Healing Churches and the Villagisation of Kinshasa«, *Africa* 1996.

De Witte, M.: »Televised Charismatic Christianity in Ghana«, *Journal of Religion in Africa* 2003.

Dickerson, S.: *Eusepia Palladino*, o. O. 2016.

Dickes, R.: »Sexual Myths and Misinformation« in *Understanding Human Behavior in Health and Illness*, ed. R.C. Simons/H. Pardes, Baltimore 1981.

Dickmann, F.: »Das Schicksal der Elisabethreliquien« in *St. Elisabeth: Kult, Kirche, Konfessionen*, ed. H. Gödeke, Marburg 1983.

Diedrichs, C. L.: *Vom Glauben zum Sehen*, Berlin 2001.

Diels, H.: *Die Fragmente der Vorsokratiker*, Hamburg 1957.

Diemberger, H.: »Gender Relations, Kinship and Cosmovision Among the Khumbo« in *Gendered Anthropology*, ed. T. del Valle, London 1993.

Diesel, A.: »Draupadi and Other Amman Goddesses as Role Models for Women«, *Journal of Contemporary Religion* 2002.

–: *Shakti,* Johannesburg 2007.

Dietrich, A.: »Dissociative Identity Disorder and Trauma« in *Encyclopedia of Trauma*, ed. C. R. Figley, Los Angeles 2012.

Dietschy, H.: »Der bezaubernde Delphin« in *Festschrift Alfred Bühler*, ed. C. A. Schmitz/R. Wildhaber, Basel 1965.

van Dijk, R.: »Witchcraft and Scepticism by Proxy« in *Magical Interpretations, Material Realities*, ed. H. L. Moore/T. Sanders, London 2001.

Dijkstra, B.: *Das Böse ist eine Frau*, Reinbek 1999.

Dilling, H.: *Die vielen Gesichter des psychischen Leids*, Bern 2000.

Dilthey, P.: *Krankheit und Heilung im brasilianischen Spiritismus*, München 1993.

Dilthey, W.: *Der Aufbau der geschichtlichen Welt in den Geisteswissenschaften*, Frankfurt/M. 1970.

Dingwall, E. J. et al.: »The Haunting of Borley Rectory«, *Proceedings of the Society for Psychical Research* 1956.

Dini, V./L. Sonni: *Volksglaube in der Toskana*, Pfaffenweiler 1988.

Dinzelbacher, P.: *Heilige oder Hexen?*, Zürich 1995.

–: »Hoch- und Spätmittelalter« in *Handbuch der Religionsgeschichte im deutschsprachigen Raum*, Bd. II, ed. P. Dinzelbacher, Paderborn 2000.

–: *Körper und Frömmigkeit in der mittelalterlichen Mentalitätsgeschichte*, Paderborn 2007.

–: *Vision und Magie*, Paderborn 2019.

Diószegi, V.: »Zum Problem der ethnischen Homogenität des tofischen (karagassischen) Schamanismus« in *Glaubenswelt und Folklore der sibirischen Völker*, ed. V. Diószegi, Budapest 1963.

Dippel, J.: »Neopagane Rezeptionen germanischer Kultplätze« in *Germanische Kultorte*, ed. M. Egeler, München 2016.

Disney, A.: »Portuguese Expansion, 1400-1800« in *Portuguese Oceanic Expansion*, ed. F. Bethencourt/D. R. Curto, Cambridge 2007.

Dittrich, A.: »Bedingungen zur Induktion außergewöhnlicher Bewußtseinszustände« in *Ethnopsychotherapie*, ed. A. Dittrich/C. Scharfetter, Stuttgart 1987.

Djurdjevic, G.: *India and the Occult*, New York 2014.

Dodds, E. R.: *The Greeks and the Irrational*, Berkeley 1951.

–: *The Ancient Conception of Progress*, Oxford 1973.

Dodson, J. E.: »African-Derived Religions in Cuba« in *African-American Religions*, ed. S. D. Glazier, New York 2001.

Dömötör, T.: *Volksglaube und Aberglaube in Ungarn*, Budapest 1982.

Döpfner, M. O.C./T. Garms: *Erotik in der Musik*, Frankfurt/M. 1986.

Doke, C. M.: *The Lambas of Northern Rhodesia*, London 1931.

Dolto, F.: *Weibliche Sexualität*, Stuttgart 2000.

Domenig, G. : *Religion and Architecture in Premodern Indonesia*, Leiden 2014.

Domhoff, G.W.: *The Mystique of Dreams*, Berkeley 1985.

Donaldson, B. A.: *The Wild Rue*, London 1938.

Dondelinger, P.: »Bernadette Soubirous und die Erscheinungen von 1858« in *Maria und Lourdes*, ed. B. Schneider, Münster 2008.

Dondog, B.: *Reflections of a Mongolian Shaman*, ed. D. Sodbaata et al., Kathmandu 2014.

Donovan, J.: »Multiple Pesonality, Hypnosis, and Possession Trance«, *Yearbook of Cross-Cultural Medicine and Psychotherapy* 1994.

Dorahy, M. J.: »Culture, Cognition and Dissociative Identity Disorder« in *Cultural Cognition and Psychopathology*, ed. J. F. Schumaker/T. Ward, Westport 2001.

Dorman, B.: »Defining ›Religion‹ in the Post-Aum Era« in *Handbook of Contemporary Japanese Religions*, ed. I. Prohl/J. Nelson, Leiden 2012.

Dorsey, J.O.: »A Study of Siouan Cults«, *11th Annual Report of the Bureau of American Ethnology*, Washington 1894.

Doss, E.: »Rock and Roll Pilgrims« in *Shrines and Pilgrimage in the Modern World*, ed. P.J. Margry, Amsterdam 2008.

Douaire-Marsaudon, F.: »The *Kava* Ritual and the Reproduction of Male Identity« in *People and Things*, ed. M. Jeudy-Ballini/B. Juillerat, Durham 2002.

Douglas, B.: *Across the Great Divide*, Amsterdam 1998.

Dournes, J.: *Forêt, Femme, Folie*, Paris 1978.

Doutreleau, V.: »Elfes et rapports à la nature en Islande«, *Ethnologie française* 2003.

Dover, K.J.: *Greek Homosexuality*, London 1978.

–: »Homosexualität in Griechenland und die ›Inspiration‹« in *Die wilde Seele*, ed. H.P. Duerr, Frankfurt/M. 1987.

Dowman, K.: *Der heilige Narr*, Bern 1982.

Downes, R.M.: *Tiv Religion*, Ibadan 1971.

Downs, R.E.: *The Religion of the Bare'e Speaking Toradja of Central Celebes*, 's-Gravenhage 1957.

Doyle, C.L.: »Multiple Realities: The Changing Life World of Actors«, *Journal of Phenomenological Psychology* 2016.

Dozier, E.P.: *Mountain Arbiters*, Tucson 1966.

–: *The Kalinga of Northern Luzon*, New York 1967.

Draaisma, D.: *Wie wir träumen*, Berlin 2015.

Dragkiotis, K.: »Emptiness as a Prerequisite for Being Filled With the Holy Spirit«, *Journal of the European Pentecostal Theological Association* 2014.

Drewal, H.J.: »Mami Wata Shrines« in *African Material Culture*, ed. M.J. Arnoldi et al., Bloomington 1996.

Drewal, J./M.T. Drewal: *Gẹlẹdẹ*, Bloomington 1983.

Drewal, M.T.: *Yorùbá Ritual Process*, Ann Arbor 1989.

–: »Dancing for Ògún in Yorubaland and in Brazil« in *Africa's Ogun*, ed. S.T. Barnes, Bloomington 1989a.

Driver, H.E.: *Indians of North America*, Chicago 1969.

Droney, D.: »Demonic Voices« in *Our Most Troubling Madness*, ed. T.M. Luhrmann/J. Marrow, Oakland 2016.

Droogers, A.: »Identity, Religious Pluralism and Ritual in Brazil« in *Pluralism and Identity*, ed. J. Platvoet/K. van der Toorn, Leiden 1995.

Drozdow-St. Christian, D.: *Elusive Fragments*, Durham 2002.

Drury, N.: *Magie*, Aarau 2003.

Du Bois, C.: *The People of Alor*, Minneapolis 1944.

Ducey, C.: »The Life History and Creative Psychopathology of the Shaman«

in *The Psychoanalytic Study of Society*, ed. W. Muensterberger et al., New Haven 1976.

Duchesne, V.: »The Boson Oracle's Performance« in *Reviewing Reality*, ed. W. E. A. van Beek/P. Peek, Berlin 2013.

Duerr, H. P.: *Traumzeit: Über die Grenze zwischen Wildnis und Zivilisation*, Frankfurt/M. 1978.

–: »Reise zum Ursprung: Fragmente eines Tagebuchs« in *Sehnsucht nach dem Ursprung*, ed. H. P. Duerr, Frankfurt/M. 1983.

–: *Sedna oder Die Liebe zum Leben*, Frankfurt/M. 1984.

–: *Der Mythos vom Zivilisationsprozeß*, Bd. III, Frankfurt/M. 1993 ; Bd. IV 1997; Bd. V, Berlin 2002.

–: *Vom Nomaden zur Monade*, Graz 2002a.

–: *Tränen der Göttinnen*, Heidelberg 2008.

–: *Die Fahrt der Argonauten*, Berlin 2011.

–: *Die dunkle Nacht der Seele*, Berlin 2015.

Duerr, J.: *Von Tierhütern und Tiertötern*, Bonn 2010.

Duff, W.: *The Impact of the White Man*, Victoria 1965.

Dunbar, R. I. M.: »Why Humans Are Not Just Great Apes« in *Proceedings of the British Academy* 2008.

Dundon, A.: »Warrior Women, the Holy Spirit and HIV/AIDS in Rural Papua New Guinea«, *Oceania* 2007.

Dunis, S.: *Sans Tabou ni Totem*, Paris 1984.

Dunn, J. D. G.: *The Christ and the Spirit*, Bd. 2, Edinburgh 1998.

Durdin-Robertson, L.: *Idols, Images and Symbols of the Goddesses: China and Japan*, Clonegal 1979.

Duvinage, F.: *Götterwelt Indiens*, Hildesheim 1997.

Dworkin, R.: *Religion ohne Gott*, Berlin 2014.

Dwyer, D. H.: »Women, Sufism, and Decision-Making in Moroccan Islam« in *Women in the Muslim World*, ed. L. Beck/N. Keddie, Cambridge 1978.

Dye, T.W.: »Economic Development at the Grass Roots« in *Sepik Heritage*, ed. N. Lutkehaus, Durham 1990.

Dyrendal, A. et al.: *The Invention of Satanism*, Oxford 2016.

Eastman, M.: *Dahcotah*, New York 1849.

Ebberfeld, I.: *Der sexuelle Supergau*, Frankfurt/M. 2015.

Eberhard, T.: *Kult & Kultur*, München 1983.

Eberhard, W.: *Lexikon chinesischer Symbole*, München 1983.

Ebersole, G. L.: »Death and the Distribution of Sacral Power in Early Japanese Mythistory« in *Death, Ecstasy, and Other Worldly Journeys*, ed. J. J. Collins/M. Fishbane, Albany 1995.

Ebert, V.: »Glaubst du noch oder denkst du schon?« in *Hirnforschung für Neu(ro)gierige*, ed. M. Spitzer/W. Bertram, Stuttgart 2010.

Ebert-Schifferer, S.: *Caravaggio*, München 2009.

Ebrey, P. B.: *The Inner Quarters*, Berkeley 1993.

Eckhardt, A.: »Die Dissoziation« in *Hysterie heute*, ed. G. H. Seidler, Stuttgart 1996.

Eckhardt-Henn, A./S. O. Hoffmann: »Dissoziative Störungen« in *Sexueller Mißbrauch, Mißhandlung, Vernachlässigung*, ed. U. T. Egle et al., Stuttgart 2000.

Edel, M. M.: *The Chiga of Western Uganda*, New York 1957.

Edelman, N.: *Voyantes, guérisseuses et visionnaires en France 1785-1914*, Paris 1995.

Edgerton, R. B.: »Conceptions of Psychosis in Four African Societies« in *Culture, Disease, and Healing*, ed. D. Landy, New York 1977.

Edsman, C.-M.: »A Swedish Female Folk Healer« in *Studies in Shamanism*, ed. C.-M. Edsman, Stockholm 1967.

Edwards, H.: *A Skeptic's Guide to the New Age*, Sydney 1996.

Eells, M.: *The Twana, Chemakum and Klallam Indians of Washington Territory (1887)*, Seattle 1964.

Egli, H.: *Mirimiringan*, Zürich 1989.

Ehinger, A.: »Das Gespenst« in *Monster oder liebe Eltern?*, ed. K.-J. Bruder/ S. Richter-Unger, Göttingen 1997.

Ehrenreich, B. et al.: »Beatlemania« in *The Subcultures Reader*, ed. K. Gelder/S. Thornton, London 1997.

Ehrenwald, J.: »Ein neurophysiologisches Modell der Psi-Phänomene«, *Zeitschrift für Parapsychologie* 1973.

–: »›Out-of-the-Body Experiences‹ and the Denial of Death«, *Journal of Nervous and Mental Disease* 1974.

Eibach, U.: »Neurowissenschaften, religiöses Erleben und Religionskritik«, *Evangelische Theologie* 2009.

Eibl-Eibesfeldt, I.: *Der vorprogrammierte Mensch*, Wien 1973.

Eibl-Eibesfeldt, I. et al.: *Kommunikation bei den Eipo*, Berlin 1989.

Eibl-Eibesfeldt, I./C. Sütterlin: *Im Banne der Angst*, München 1982.

Eich, T.: *Das Wirken Bruno Grönings*, Wegberg 1994.

Eicher, W.: *Die sexuelle Erlebnisfähigkeit und die Sexualstörungen der Frau*, Stuttgart 1977.

–: »Die sexuelle Reaktion: Physiologie der Frau« in *Praktische Sexualmedizin*, ed. V. Herms et al., Wiesbaden 1984.

Eichhorn, W.: *Die Religionen Chinas*, Stuttgart 1973.

Eichinger Ferro-Luzzi, G.: »The Female Liṅgam«, *Current Anthropology* 1980.

Eigner, D.: *Ritual, Drama, Imagination*, Wien 2001.

Einstein, A.: *Mein Weltbild*, Berlin 1959.

Einzmann, S.: »Streitschlichter Oxytocin«, *Psychologie heute* 6, 2009.

Eiseman, F. B.: *Bali: Sekala & Niskala*, Jakarta 1990.

Ekmekoioglu, C./A. Ericson: *Der unberührte Mensch*, Wien 2011.

Ekserdjian, D.: *Correggio*, New Haven 1997.

Elb, N.: *SM-Sexualität*, Gießen 2006.

Eliade, M.: *Das Heilige und das Profane*, Hamburg 1957.

–: *Schamanismus und archaische Ekstasetechnik*, Zürich 1957a.

Elkin, A. P.: *The Australian Aborigines*, Sydney 1938.

–: *Aboriginal Men of High Degree*, St. Lucia 1977.

Ellenberger, H. F.: *Die Entdeckung des Unbewußten*, Bern 1973.

Elliott, A. J. A.: *Chinese Spirit-Medium Cults in Singapore*, Norwich 1955.

Ellis, B.: *Lucifer Ascending*, Lexington 2004.

Ellis, S./G. ter Haar: *Worlds of Power*, New York 2004.

Ellwood, R. S.: *Alternative Altars*, Chicago 1979.

–: »A Cargo Cult in Seventh-Century Japan«, *History of Religions* 1984.

–: »The American Theosophical Synthesis« in *The Occult in America*, ed. H. Kerr/C. L. Crow, Urbana 1986.

Elwin, V.: *The Religion of an Indian Tribe*, London 1955.

Elmendorf, M.: *Nine Mayan Women*, New York 1976.

Emboden, W.: *Narcotic Plants*, New York 1979.

Emmons, C. F.: »Bringing the Dead Back« in *Handbook of Death and Dying*, Bd. I, ed. C. D. Bryant, Thousand Oaks 2003.

Emmons, G. T.: *The Tahltan Indians*, Philadelphia 1911.

Endicott, K.: *Batek Negrito Religion*, Oxford 1979.

Endres, K.W.: »Serving the Shadows« in *Rituals in an Unstable World*, ed. A. Henn/K.-P. Koepping, Frankfurt/M. 2008.

–: »Formalität und performative Ästhetik in nordvietnamesischen Lên Dông-Ritualen«, *Zeitschrift für Ethnologie* 2008a.

–: »Imperious Mandarins and Cunning Princesses« in *Weaving Women's Spheres in Vietnam,* ed. K. Atsufumi, Leiden 2016.

Engel, K.: *Meditation*, Frankfurt/M. 1995.

Engelbrecht, J. A.: *The Korana*, Cape Town 1936.

Engelhard, J. B.: »Die Kopfjagd in Südostasien« in *Sie und Er*, Bd. I, ed. G. Völger, Köln 1997.

Engle-Friedman, M.: »Female Sexual Response« in *Encyclopedia of Sleep and Dreaming*, ed. M. A. Carskadon, New York 1993.

Engler, S.: »Ritual Theory and Attitudes of Agency in Brazilian Spirit Possession«, *Method and Theory in the Study of Religion* 2009.

Engling, C.: *Unbequem und ungewöhnlich*, Würzburg 2005.

Enoch, D./H. Ball: *Uncommon Psychiatric Syndromes*, London 2001.

Ephirim-Donkor, A.: *African Spirituality*, Asmara 1997.

Epprecht, M.: »Religion and Same Sex Relations in Africa« in *The Wiley-Blackwell Companion to African Religions*, ed. E. K. Bongma, Chichester 2012.

Epstein, A. L.: »Strange Encounters«, *Oceania* 1998.

Epstein, D. M.: *Sister Aimee*, San Diego 1993.

Erbse, H.: »Hektor in der Ilias« in *Ausgewählte Schriften zur klassischen Philologie*, Berlin 1979.

Ereira, A.: *Die großen Brüder*, Reinbek 1995.

Erichsen, F.: *Schizophrenie und Sexualität*, Bern 1975.

Erickson, V. O.: »Maliseet-Passamaquoddy« in *Handbook of North American Indians*, Bd. 15, ed. B. G. Trigger, Washington 1978.

Eriksen, A.: »The Pastor and the Prophetess«, *Journal of the Royal Anthropological Institute* 2012.

Erlay, D.: *Vogeler*, Fischerhude 1981.

Erlemann, H./T. Stangier: »›Es strahlt eine Kraft vom Grabe aus‹« in *Heilige und Heiltum*, ed. C. Stiegemann, Paderborn 1994.

Erlich, M.: »Infibulation féminine et phallicisation de la vulve« in *George Devereux zum 75. Geburtstag*, ed. E. Schröder/D. H. Frießem, Braunschweig 1984.

Erndl, K. M.: »śākta« in *The Hindu World*, ed. S. Mittal/G. Thursby, New York 2005.

Ernst, T. M.: »Onabasulu Male Homosexuality«, *Oceania* 1991.

Errington, S.: »Embodied *sumange'* in Luwu«, *Journal of Asian Studies* 1983.

Eskapa, R. D.: *Die bizarre Seite der Sexualität*, Hamburg 1988.

Espírito Santo, D.: »Developing the Dead in Cuba« in *Talking With the Spirits*, ed. J. Hunter/D. Luke, Brisbane 2014.

–: »Possession, Consciousness, Religious Individualism, and Subjectivity in Brazilian Umbanda«, *Religion* 2017.

Esslinger, E.: »The Cane Ridge Revival« in *Encyclopedia of Religious Revivals in America*, Bd. I, ed. M. McClymond, Westport 2007.

Estrada, A.: *Vida de María Sabina*, México 1977.

Estrade, J. B.: *Die Erscheinungen in Lourdes*, München 1980.

Ettel, T.: *Das bulimische Syndrom*, Tübingen 2001.

Euler, H. A.: »Evolutionstheoretische Ansätze« in *Emotionspsychologie*, ed. J. H. Otto et al., Weinheim 2000.

Euler, W. A.: »Erscheinungen und Wunder in fundamentaltheologischer Perspektive« in *Maria und Lourdes*, ed. B. Schneider, München 2008.

Evans, H.: *Visions, Apparitions, Alien Visitors*, Wellingborough 1984.

–: »The Ghost Experience in a Wider Context« in *Hauntings and Poltergeists*, ed. J. Houran/R. Lange, Jefferson 2001.

Evans, H./R. E. Bartholomew: *Outbreak*, San Antonio 2009.

Evans, I. H. N.: *Among Primitive Peoples in Borneo*, London 1922.

–: *The Negritos of Malaya*, Cambridge 1937.

Evans-Pritchard, E. E.: *Witchcraft, Oracles, and Magic Among the Azande*, Oxford 1937.

–: *Essays in Social Anthropology*, London 1962.

–: *The Position of Women in Primitive Society*, London 1965.

–: *The Azande*, Oxford 1971.

–: »Die Shilluk in der Republik Sudan« in *Bild der Völker*, Bd. II, ed. E. E. Evans-Pritchard, Wiesbaden 1974.

Evans-Wentz, W. Y.: *The Fairy Faith in Celtic Countries*, Rennes 1909.

Everett, M./M. Ramirez: »Women's Health Seeking and Pentecostal Conversion in Oaxaca«, *Journal of Contemporary Religion* 2015.

Everitt, N.: *The Nonexistence of God?*, Abingdon 2004.

Eves, R.: *The Magical Body*, Amsterdam 1998.

Ewald, G.: *An der Schwelle zum Jenseits*, Mainz 2001.

Ewald, G.: *Neurologie und Psychiatrie*, München 1964.

Ewen, C. L'E.: *Witchcraft and Demonianism*, London 1933.

Ewers, J. C.: *The Horse in Blackfoot Culture*, Washington 1955.

Ewing, K.: »*Malangs* in the Punjab« in *Moral Conduct and Authority*, ed. B. D. Metcalf, Berkeley 1984.

Fadiman, A.: *Der Geist packt dich und du stürzt zu Boden*, Berlin 2000.

Faivre, A.: »Sensuous Relation With Sophia in Christian Theosophy« in *Hidden Intercourse*, ed. W. J. Hanegraaff/J. J. Kripal, Leiden 2008.

Fajans, J.: *They Make Themselves*, Chicago 1997.

Fancello, S.: *Les aventuriers du pentecôtisme ghanéen*, Paris 2002.

Farga, F.: *Geigen und Geiger*, Rüschlikon 1983.

Farias, M.: »»Meditation ist nicht der Weg zum Glück‹«, *Psychologie heute* 3, 2016.

Farnbacher, T.: *Gemeinde verantworten*, Münster 1999.

Faron, L. C.: »Shamanism and Sorcery Among the Mapuche (Araucanians)« in *Process and Pattern in Culture*, ed. R. A. Manners, Chicago 1964.

Farrar, J./S. Farrar: *Eight Sabbats for Witches*, Custer 1981.

–: *The Witches' Way*, Custer 1984.

–: *The Witches' Goddess*, Blaine 1987.

Fartacek, G./L. Nigst: »Two Contrary Modes of *baraka*« in *Performing Religion*, ed. I. Weinrich, Beirut 2016.

Faure, A.: »Islam in the Maghrib« in *Religion in the Middle East*, Bd. III, ed. C. F. Beckingham, Cambridge 1969.

Faure, B.: *Gods in Medieval Japan*, Bd. I, Honolulu 2016.

Faust, F. X.: *Medizin und Weltbild*, München 1989.

Faust, V.: *Schizophrenie*, München 1996.

Fausto, C.: »Warfare and Shamanism in Amazonia«, *American Ethnologist* 1999.

Faxneld, P.: »Blavatsky the Satanist«, *Temenos* 2012.

–: *Satanic Feminism*, Tallinn 2014.

Faxneld, P./J. A. Petersen: »Sexuality, Eroticism, and Gender in Contemporary Satanism« in *Sexuality and New Religious Movements*, ed. H. Bogdan/J. R. Lewis, New York 2014.

Feachem, R.: »The Religious Belief and Ritual of the Raiapu Enga«, *Oceania* 1973.

Feckes, C.: »Die Gnadenausstattung Mariens« in *Maria in der Glaubenswissenschaft*, ed. P. Sträter, Paderborn 1952.

Fee, G. D.: *God's Empowering Presence*, Peabody 1994.

Feest, C. F.: *Indians of Northeastern North America*, Leiden 1986.

–: *Beseelte Welten*, Freiburg 1998.

Fehrle, E.: *Die kultische Keuschheit im Altertum*, Gießen 1910.

–: »Das Lachen im Glauben der Völker«, *Zeitschrift für Volkskunde* 1930.

Feigel, F. K.: »Das Heilige« in *Die Diskussion um das ›Heilige‹*, ed. C. Colpe, Darmstadt 1977.

Feinberg, R./C. Macpherson: »The Eastern Pacific« in *Oceania*, ed. A. Strathern et al., Durham 2002.

Feld, S.: *Sound and Sentiment*, Philadelphia 1990.

Feldman, R.: »Synchrony and the Neurological Basis of Affiliation« in *Mechanisms of Social Connection*, ed. M. Mikulincer/P. R. Shaver, Washington 2014.

Feldmann, G.: »Perversionen: Der Haß triumphiert über die Liebe«, *Psychologie heute* 2, 2004.

Feldmann, H./J. Westenhöfer: *Vergewaltigung und ihre psychischen Folgen*, Stuttgart 1992.

Fenwick, P.: »The Neurophysiology of Religious Experience« in *Psychiatry and Religion*, ed. D. Bhugra, London 1996.

Ferchiou, S.: »Survivances mystiques et culte de possession dans le maraboutisme tunisien«, *L'Homme*, September 1972.

de Ferdinandy, M.: »Die Mythologie der Ungarn« in *Götter und Mythen im Alten Europa*, ed. H. W. Haussig, Stuttgart 1973.

Ferguson, D.: *Native American Myths*, London 2001.

Fernándes, E.: *Holy Warriors*, Neu-Delhi 2006.

Fernández Olmos, M./L. Paravisini-Gebert: *Creole Religions of the Caribbean*, New York 2003.

Ferrari, F. M.: »Possession and Healing in the Cult of Śītalā« in *Ritual Matters*, ed. C. Brosius/U. Hüsken, London 2010.

Ferrari, M. C.: »Körper und Ding« in *Heilige und geheiligte Dinge*, ed. A. Beck et al., Stuttgart 2017.

Ferretti, M.: »Non-African Spiritual Entities in Afro-Brazilian Religion« in *New Trends and Developments in African Religions*, ed. P. B. Clarke, Westport 1998.

Fervers-Schorre, B.: »Die sexuelle Reaktion: Pathophysiologie der Frau« in *Praktische Sexualmedizin*, ed. V. Herms et al., Wiesbaden 1984.

Feuerstein, G.: *The Encyclopedia of Yoga and Tantra*, Boston 2011.

Feyerabend, P.: *Der wissenschaftstheoretische Realismus und die Autorität der Wissenschaften*, Braunschweig 1978.

Fichte, H.: »Über die afroamerikanischen Religionen in Miami«, *Unter dem Pflaster liegt der Strand* 7, 1980.

Fichtenau, H.: *Beiträge zur Mediävistik*, Bd. I, Stuttgart 1975.

Fick, A.: *Vergleichendes Wörterbuch der Indogermanischen Sprachen*, Göttingen 1891.

Fiedler, P.: »Dissoziative Identitätsstörung, multiple Persönlichkeit und sexueller Mißbrauch in der Kindheit« in *Sexueller Mißbrauch*, ed. G. Amann/R. Wipplinger, Tübingen 1997.

–: *Dissoziative Störungen und Konversion*, Weinheim 1999.

–: *Sexuelle Orientierung und sexuelle Abweichung*, Weinheim 2004.

–: »Störungen der Sexualpräferenz« in *Geschlechtsspezifische Psychiatrie und Psychotherapie*, ed. A. Rohde/A. Mameros, Stuttgart 2007.

Fiedler, P./C. Mundt: »Dissoziative Störungen, vorgetäuschte Störungen und Störungen der Impulskontrolle« in *Psychiatrische Störungen und ihre Behandlungen*, ed. K. Hahlweg/A. Ehlers, Göttingen 1997.

Fieger, M.: *Im Schatten der Artemis*, Bern 1998.

Field, J. H.: »Sexual Themes in Ancient and Primitive Art« in *The Erotic Arts*, ed. P. Webb, London 1983.

Field, M. J.: »Spirit Possession in Ghana« in *Spirit Mediumship and Society in Africa*, ed. J. Beattie/J. Middleton, London 1969.

Fierro, M.: »The Polemic About the *karāmāt al-awliyā'* and the Development of Sūfism in al-Andalus«, *Bulletin of the School of Oriental and African Studies* 1992.

Figal, G.: *Civilization and Monsters*, Durham 1999.

Figge, H. H.: »›Besessenheit‹ als Therapie«, *Zeitschrift für Parapsychologie* 1970.

–: »Zur psychohygienischen Bedeutung der Dämonen«, *Zeitschrift für Parapsychologie* 1971.

–: *Geisterkult, Besessenheit und Magie*, Freiburg 1973.

Findeisen, H.: *Schamanentum*, Stuttgart 1957.

–: »Das Schamanentum als spiritistische Religion«, *Ethnos* 1960.

Fink, H. E.: *Religion, Disease and Healing in Ghana*, München 1989.

Fink, M./M. A. Taylor: *Catatonia*, Cambridge 2003.

Finke, J.: »Halluzinationen« in *Lexikon der Psychiatrie*, ed. C. Müller, Berlin 1973.

Finn, M. R.: *Hysteria, Hypnotism, the Spirits, and Pornography*, Cranbury 2009.

Finnestad, R. B.: »Apparitions, Icons, and Photos«, *Temenos* 1994.

Finucane, R. C.: *Appearances of the Dead*, Buffalo 1984.

Fiore, E.: *Besessenheit und Heilung*, Güllesheim 1997.

Firth, R.: »The Analysis of *Mana*« in *Cultures of the Pacific*, ed. T. G. Harding/B. J. Wallace, New York 1970.

–: »Faith and Scepticism in Kelantan Village Magic« in *Kelantan*, ed. W. R. Roff, Kuala Lumpur 1974.

–: *Religion*, London 1996.

Fischer, H.: *Heilserwartung*, Frankfurt/M. 1987.

Fischer, M.: *Maasai gestalten Christsein*, Erlangen 2001.

Fischer, U.: *Zur Liturgie des Umbandakultes*, Leiden 1970.

Fister, P.: »Creating Devotional Art With Body Fragments«, *Japanese Journal of Religious Studies* 2000.

Fitzhugh, W.W.: »Ainu Ethnicity« in *Ainu*, ed. W.W. Fitzhugh/C. O. Dubreuil, Los Angeles 1999.

Flaherty, R. P.: »UFOs, ETs, and the Millennial Imagination« in *The Oxford Handbook of Millennialism*, ed. C. Wessinger, Oxford 2011.

Flanagan, O.: »Multiple Identity, Character Transformation and Self-Reclamation« in *Philosophical Psychopathology*, ed. G. Graham/G. L. Stephens, Cambridge 1994.

Flasche, R.: »Heil, heilig, profan«, *Zeitschrift für Religions- und Geistesgeschichte* 1978.

Fleisch, P.: *Die Pfingstbewegung in Deutschland*, Hannover 1957.

Fleischmann, F.-F.: »Exorzismus« in *Dimension PSI*, ed. W.v. Lucadou, Freiburg 2003.

Fletcher, A.: »Women's Spiritual Experience at Home and in the Community 1600-1900« in *Gender and Christian Religion*, ed. R. N. Swanson, Woodbridge 1998.

–: »Sanctity, Power, and the ›Impure Sacred‹«, *History of Religions* 2007.

Fletcher, A.C.: »Wa-kon'-da« in *Handbook of American Indians North of Mexico*, Bd. II, ed. F.W. Hodge, New York 1960.

Fletcher, A.C./F. La Flesche: »The Omaha Tribe«, *Report of the Bureau of American Ethnology*, Washington 1911.

Fletcher, W.C.: *Soviet Charismatics*, New York 1985.

Fleurant, G.: *Dancing Spirits*, Westport 1996.

Flood, G.: »The Śaiva Traditions« in *The Blackwell Companion to Hinduism*, ed. G. Flood, Oxford 2003.

Flournoy, J.: *Des Indes à la Planète Mars*, Genève 1900.

–: *Spiritismus und Experimentalpsychologie*, Leipzig 1921.

Flynn, J.: »Lynn V. Andrews« in *New Age Encyclopedia*, ed. J. G. Melton et al., Detroit 1990.

Foa, E. B./B.O. Rothbaum: *Treating the Trauma of Rape*, New York 1998.

Fogelson, R. D.: »Cherokee Notions of Power« in *The Anthropology of Power*, ed. R. D. Fogelson/R. N. Adams, New York 1977.

Forbes, C.: *Prophecy and Inspired Speech in Early Christianity,* Tübingen 1995.

Ford, C. S.: »Charlie Nowell Recalls the Winter Ceremonies« in *Indians of the North Pacific Coast*, ed. T. McFeat, Toronto 1966.

Ford, R. A.: »Hypnosis« in *The Skeptic*, ed. M. Shermer, Altadena 2002.

Forel, A.: *Die sexuelle Frage*, München 1905.

Formoso, B.: »A l'unisson des tambours«, *Anthropos* 2004.

–: »Spirit-Writing and Mediumship in the Chinese New Religious Movement Dejiao in Southeastern Asia«, *Anthropos* 2014.

Forstner, D.: *Die Welt der christlichen Symbole*, Innsbruck 1977.

Fortes, M.: »Coping With Destiny Among the Tallensi« in *Fantasy and Symbol*, ed. R. H. Hook, London 1979.

Forth, G. L.: *Rindi*, Den Haag 1981.

–: *Beneath the Volcano*, Leiden 1998.

–: »Tree Totems and the Tamarind People«, *Oceania* 2009.

Foster, G. W.: *The World Was Flooded With Light*, Pittsburgh 1985.

Foster, L.: *Religion and Sexuality*, Urbana 1984.

Foster, M. W./M. McCollough: »Plains Apache« in *Handbook of North American Indians*, Bd. 13, ed. R. J. DeMallie, Washington 2001.

Fowler, C. S./S. Liljeblad: »Northern Paiute« in *Handbook of North American Indians*, Bd. 11, ed. W. L. D'Azevedo, Washington 1986.

Fox, G.: *An Autobiography*, ed. R. M. Jones, Richmond 1976.

Fox, R.: *Critical Reflections on Religion and Media in Contemporary Bali*, Leiden 2011.

Fox, S.: *Wie die Engel uns lieben,* München 1997.

Franke, T.: »Zur Geschichte der Elisabethreliquien im Mittelalter und in der frühen Neuzeit« in *Sankt Elisabeth*, ed. C. Graepler et al., Sigmaringen 1981.

Frankel, S.: *The Huli Response to Illness*, Cambridge 1986.

Frankfurter, D.: »Religious Studies and Claims of Satanic Ritual Abuse«, *Religion* 1994.

Franklin, J. J.: *Spirit Matters*, Ithaca 2018.

Fraser, D.: »The Heraldic Woman« in *The Many Faces of Primitive Art*, ed. D. Fraser, Englewood Cliffs 1966.

Fraser, G. A.: »Exorcism Rituals«, *Dissociation*, Dezember 1993.

Fraser, T. M.: *Rusembilan*, Ithaca 1960.

–: *Fishermen of South Thailand*, New York 1966.

Frédéric, L.: *Encyclopedia of Asian Civilizations*, Bd. VIII, Paris 1984.

Fredrickson, B. L.: *Die Macht der Liebe*, Frankfurt/M. 2013.

Freed, R. S./S. A. Freed: »Two Mother Goddess Ceremonies of Delhi State in the Great and Little Traditions«, *Southwestern Journal of Anthropology* 1962.

Freed, S. A./R. S. Freed: »Spirit Possession as Illness in a North Indian Village« in *Magic, Witchcraft, and Curing*, ed. J. Middleton, Garden City 1967.

Freedman, M.: »Ancestor Worship: Two Facets of the Chinese Case« in *Social Organization*, ed. M. Freedman, Chicago 1967.

Freeman, D.: *Margaret Mead and Samoa*, Cambridge 1983.

Freimark, H.: *Okkultismus und Sexualität*, Leipzig 1909.

Frembgen, J.W.: »The *Majzub* Mama Ji Sarkar« in *Embodying Charisma*, ed. P. Werbner/H. Basu, London 1988.

–: *Reise zu Gott*, München 2000.

–: »Reinheit, Segen und Wohlgeruch«, *Münchner Beiträge zur Völkerkunde* 2007.

–: »Professional Masseurs in Urban Muslim Punjab«, *Asia Pacific Journal of Anthropology* 2008.

–: *Das Rätsel des Pfeils*, Frauenfeld 2017.

French, A.: *Children of Wrath*, Farnham 2015.

French, C.C.: »Psychological Aspects of Alien Contact Experience«, *Cortex* 2008.

French, C.C./A. Stone: *Anomalistic Psychology*, Houndmills 2014.

Freud, S.: *Gesammelte Werke*, London 1940 ff.

Freyer, B. M.: *Selected Works from the Collection of the National Museum of African Art*, Bd. I, ed. S. Kotz, Washington 1999.

Friedl, E.: *Träger medialer Begabung im Hindukusch und Karakorum*, Wien 1965.

Friedrich, A.: *Afrikanische Priestertümer*, Stuttgart 1939.

–: »Das Bewußtsein eines Naturvolkes vom Haushalt und Ursprung des Lebens« in *Kulturanthropologie*, ed. W. E. Mühlmann/E.W. Müller, Köln 1966.

Friedrich, A./G. Buddruss: *Schamanengeschichten aus Sibirien*, München 1955.

Friedson, S.: »Tumbuka Healing« in *The Garland Encyclopedia of World Music*, Bd. I, ed. R. M. Stone, New York 1998.

Fritscher, J.: »Straight From the Witch's Mouth« in *Magic, Witchcraft, and Religion*, ed. A.C. Lehmann/J. E. Myers, Palo Alto 1985.

Fritz-Winkel, M.: *Zur Zukunft der Evangelischen Kirche Lutherischen Bekenntnisses in Brasilien*, Münster 2012.

Froböse, G./R. Froböse: *Lust und Liebe*, Weinheim 2004.

Fry, P.: *Spirits of Protest*, Cambridge 1976.

Fuchs, P.: *Kult und Autorität*, Berlin 1970.

Fuchs, S.: »Magic Healing Techniques Among the Bahalis in Central India« in *Magic, Faith, and Healing*, ed. A. Kiev, New York 1964.

–: »Die magischen Vorstellungen der Korku«, *Mitteilungen der Anthropologischen Gesellschaft in Wien* 1965.

v. Fürer-Haimendorf, C.: *The Sherpas of Nepal*, London 1964.

–: *Morals and Merit*, Chicago 1967.

Fuhrmann, B./A. Wagner: *Über Häuser und Fruchtbarkeit*, Berlin 2007.
Fuhrmann, M./G. Mayer: »Schlafparalyse«, *Zeitschrift für Anomalistik* 2016.
Fuller, C. J.: *The Camphor Flame*, Princeton 1992.
Fuller, R. C.: *Spiritual, But Not Religious*, Oxford 2001.
Furness, W. H.: *The Home-Life of Borneo Headhunters*, Philadelphia 1902.
Furniss, G.: *Poetry, Prose and Popular Culture in Hausa*, Edinburgh 1996.
Furst, P. T.: *Hallucinogens and Culture*, San Francisco 1976.
Furth, C.: *A Flourishing Yin*, Berkeley 1999.

Gaenszle, M.: »Shamans at the Lake« in *Genauigkeit*, ed. W. Marschall et al.,
   Bern 2008.
Galin, D.: *Vaaloa*, Berlin 1997.
Gallese, V./G. Buccino: »Von den Spiegelneuronen zum Mitgefühl« in *Hirn-
   forschung für Neu(ro)gierige*, ed. M. Spitzer/W. Bertram, Stuttgart 2010.
Gallin, B.: *Hsin Hsing, Taiwan*, Berkeley 1966.
Gallup, G./W. Proctor: *Begegnungen mit der Unsterblichkeit*, Frankfurt/M.
   1990.
Galuska, J.: »Religiöse und spirituelle Störungen« in *Den Horizont erweitern*,
   ed. J. Galuska, Berlin 2003.
Gamillscheg, E.: *Etymologisches Wörterbuch der Französischen Sprache*,
   Heidelberg 1969.
Gamst, F. C.: *The Qemant*, New York 1969.
Gantke, W.: »Heilig« in *Neues Handbuch theologischer Grundbegriffe*, ed.
   P. Eicher, Bd. 2, München 2005.
Gardiner, A. H.: *Late Egyptian Stories*, Bd. I, Brüssel 1932.
Garfield, P.: *Kreativ träumen*, Schwarzenburg 1980.
–: *Frauen träumen anders*, München 1991.
Garrison, O. V: *Tantra: The Yoga of Sex*, New York 1964.
Garth, T. R.: »Atsugewi« in *Handbook of North American Indians*, Bd. 8, ed.
   R. F. Heizer, Washington 1978.
Gartz, J.: *Wissenschaftliche und andere Wirklichkeiten*, Frankfurt/M. 2001.
Gasser, E.: *Vexed With Devils*, New York 2017.
Gast, U.: »Diagnostische und therapeutische Herausforderungen bei Patien-
   ten mit Dissoziativer Identitätsstörung«, *Persönlichkeitsstörungen* 2013.
Gast, U./P. Wabnitz: *Dissoziative Störungen erkennen und behandeln*, Stutt-
   gart 2017.
Gauntlett-Gilbert, J./E. Kuipers: »Phenomenology of Visual Hallucina-
   tions in Psychiatric Conditions«, *Journal of Nervous and Mental Disease*
   2003.
Gautam, M. K.: *In Search of an Identity*, Leiden 1977.
Gauthier, D. K./C. J. Forsyth: »Bareback Sex, Bug Chasers, and the Gift of
   Death«, *Deviant Behavior* 1999.

Gauvrit, N.: »La sensation d'être observé«, *Science et pseudo-sciences*, September 2010.

Gbádégesin, E. O.: »Traditions and Politics in the Making of an Annual Olójó Festival in Ilé-Ifè« in *Gendering Social Spaces*, ed. T. Falola/W. S. Nasong'o, Durham 2016.

Gbadegesin, S.: *African Philosophy*, New York 1991.

v. Gebsattel, V. E.: *Prolegomena einer medizinischen Anthropologie*, Berlin 1954.

Geels, A.: »Mystical Experience and the Emergence of Creativity« in *Religious Ecstasy*, ed. N. G. Holm, Stockholm 1982.

–: »Religious Visions in Contemporary Sweden« in *Religion, Psychopathology and Coping*, ed. H. Grzymala-Moszczynskaya/B. Beit-Hallahmi, Amsterdam 1996.

Geertz, A.W.: *The Invention of Prophecy*, Berkeley 1994.

Geertz, C.: *Negara*, Princeton 1980.

–: *Religiöse Entwicklungen im Islam*, Frankfurt/M. 1988.

Geertz, H.: *The Life of a Balinese Temple*, Honolulu 2004.

Geffarth, R.: »Von Geistern und Begeisterten« in *Aufklärung und Esoterik*, ed. M. Neugebauer-Wölk/A. Rudolph, Tübingen 2008.

Gehlen, A.: *Urmensch und Spätkultur*, Frankfurt/M. 1964.

Geisslinger, H.: »Blaubeuren 1641: Ein ›ächt heidnisches‹ Quellopfer im christlichen Württemberg?«, *Ethnographisch-Archäologische Zeitschrift* 2005.

Gelfand, M.: *Shona Religion*, Cape Town 1962.

Gellner, D. N.: *The Anthropology of Buddhism and Hinduism*, Oxford 2001.

Gellner, E.: *Leben im Islam*, Stuttgart 1985.

George, K. M.: »Headhunting, History, and Exchange in Upland Sulawesi«, *Journal of Asian Studies* 1991.

Georges, K.-E.: *Lateinisch-deutsches Handwörterbuch*, Darmstadt 2013.

Georgina, D. M.: »Tā-Vā Expressed in Traditional Samoan Dance, Culture and Self«, *Pacific Studies* 2017.

Gerbert, M.: *Religionen in Brasilien*, Berlin 1970.

Gerlach, A.: »Kastrationsangst und oraler Neid im Geschlechterverhältnis« in *Ethnopsychoanalyse*, ed. H. Haase, Stuttgart 1996.

–: *Die Tigerkuh*, Gießen 2000.

Gerlach, M.: *Sexuelle Süchte erkennen und behandeln*, Stuttgart 2018.

Gerlitz, P.: »Die Berufungsekstasen bei den Stiftergestalten der Neuen Japanischen Religionen«, *Jahrbuch für Anthropologie und Religionsgeschichte* 1974.

Gesch, P. F.: *Initiative and Initiation*, St. Augustin 1985.

Gewalt, W.: »Zahnwale« in *Grzimeks Enzyklopädie: Säugetiere*, Bd. IV, ed. B. Grzimek, München 1987.

Geyser, J.: »Intellekt oder Gemüt?« in *Die Diskussion um das ›Heilige‹*, ed. C. Colpe, Darmstadt 1977.

Ghanin, D.: *The Sexual World of the Arabian Nights*, Cambridge 2018.

Gheiby, B.: *Zarathustras Feuer*, Darmstadt 2014.

Giambelli, R. A.: »The Coconut, the Body and the Human Being« in *The Social Life of Trees*, ed. L. Rival, Oxford 1998.

Gianna, R.: »Semelai Shamanism and a Cosmological Map« in *Malaysia's Original People*, ed. K. Endicott, Singapore 2016.

Giebeler, C.: »Die autochthonen spirituellen Heilerinnen aus Juchitán« in *Körper und Identitäten*, ed. S. Schröter, Münster 1998.

Giese, C.: »Cerro Mulato: Felsbilder eines ›Encanto‹ im Norden Perus«, *Baessler-Archiv* 1999.

Gifford, P.: »Unity and Diversity Within African Pentecostalism« in *Pentecostalism in Africa*, ed. M. Lindhardt, Leiden 2015.

Giles, L. L.: »Possession Cults on the Swahili Coast«, *Africa* 1987.

Gilhus, I. S.: *Laughing Gods, Weeping Virgins*, London 1997.

Gillespie, G.: »Without a Guru« in *Conscious Mind, Sleeping Brain*, ed. J. Gackenbach/S. LaBerge, New York 1988.

Gillison, G.: »Cannibalism Among Women in the Eastern Highlands of Papua New Guinea« in *The Ethnography of Cannibalism*, ed. P. Brown/ D. Tuzin, Washington 1983.

Girgensohn, K.: *Der seelische Aufbau des religiösen Erlebens*, Gütersloh 1930.

Girtler, R.: *Aschenlauge*, Linz 1988.

Glass, J. M.: *Shattered Selves*, Ithaca 1993.

Glass-Coffin, B.: *The Gift of Life*, Albuquerque 1998.

Glatt-Gilad, D. A.: »Qedeshah« in *Oxford Dictionary of the Jewish Religion*, ed. R. J. Zwi Werblowsky/G. Wigoder, Oxford 1997.

Glatter, A.: *Contributions to the Ethnography of the Chodris*, Wien 1969.

Gloor, P.: »Role of the Amygdala in Temporal Lobe Epilepsy« in *The Amygdala*, ed. J. P. Aggleton, New York 1992.

Godbeer, R.: *The Devil's Dominion*, Cambridge 1992.

Godefroy, F.: *Dictionnaire de l'Ancienne Langue Française*, Bd. I, Paris 1881.

Godelier, M.: *Die Produktion der Großen Männer*, Frankfurt/M. 1987.

Godenzi, A.: *Bieder, brutal*, Zürich 1989.

Gödde, S.: *Extrem: Unser Körper am Limit*, München 2012.

Göksu, C.: *Heroldsbach*, Würzburg 1991.

Görlich, J.: »The Transformation of Violence in the Colonial Encounter«, *Ethnology* 1999.

v. Görres, J.: *Die christliche Mystik*, Bd. II, Regensburg 1837; Bd. III 1840; Bd. V 1842.

–: *Mystik, Magie und Dämonie*, München 1927.

Goff, J. R./G. Wacker: *Portraits of a Generation*, Fayetteville 2002.

Goga, M.: *Engel-Bilder*, Paderborn 2018.

Gold, A.G.: *Fruitful Journeys*, Berkeley 1988.

Goldberg, R.S.: »Vodou and Mythology«, *Ethnos* 1984.

Goldman, I.: »Tribes of the Uaupés-Caquetá Region« in *Handbook of South American Indians*, Bd. III, ed. J.H. Steward, Washington 1948.

–: *The Cubeo*, Urbana 1963.

Goldman, L.R.: *Child's Play*, Oxford 1998.

Goldner, C.: *Die Psycho-Szene*, Aschaffenburg 2000.

Goldstein, J.M.: »The Impact of Gender on Understanding the Epidemiology of Schizophrenia« in *Gender and Psychopathology*, ed. M.V. Seeman, Washington 1995.

de Golish, V.: *Primitive India*, London 1954.

Golomski, C.: »Risk, Mistake, and Generational Contest in Bodily Rituals of Swazi Jerikho Zionism«, *Journal of Contemporary Religion* 2016.

Gonda, J.: »Ancient Indian Kingship from the Religious Point of View«, *Numen* 1956.

Gonther, U.: »Der sich und Anderen fremd werdende Mensch« in *Irren ist menschlich*, ed. K. Dörner et al., Köln 2017.

Good, A.: *The Female Bridegroom*, Oxford 1991.

Goodale, J.C.: *To Sing With Pigs Is Human*, Seattle 1995.

–: »Tiwi Island Dreams« in *Dream Travelers*, ed. R.I. Lohmann, New York 2003.

Goodall, J.: »The Chimpanzee« in *The Quest for Man*, ed. V. Goodall, New York 1975.

–: »Do Chimpanzees Have Souls?« in *Spiritual Information*, ed. C.L. Harper, Philadelphia 2005.

–: »Interview«, *Mobil* 11, 2015.

Goodare, J.: *The European Witchhunt*, London 2016.

Goode, E.: »Education, Scientific Knowledge, and Belief in the Paranormal«, *The Skeptical Inquirer* 2002.

Goode, E./R.E. Bartholomew: »Mass Delusions and Hysteria«, *The Sceptical Inquirer*, Juni 2000.

Goodman, F.: *Speaking in Tongues*, Chicago 1972.

–: »Disturbances in the Apostolic Church« in *Trance, Healing and Hallucination*, ed. E. Bourguignon, New York 1974.

–: *Anneliese Michel und ihre Dämonen*, Stein 1980.

–: »Hungarian Shamanism in Cross-Cultural Perspective«, *Ural-Altaische Jahrbücher* 1980a.

–: Mündliche Mitteilung vom 19. Juni 1981.

–: *How About Demons?*, Bloomington 1988.

–: *Wo die Geister auf den Winden reiten*, Freiburg 1989.

–: *Ekstase, Besessenheit, Dämonen*, Gütersloh 1991.

–: *Trance*, Gütersloh 1992.

–: »Ekstase« in *Wörterbuch der Religionspsychologie*, ed. S. R. Dunde, Gütersloh 1993.

–: *Die andere Wirklichkeit*, München 1994.

Goodrick-Clarke, N.: *Helena Blavatsky*, Berkeley 2004.

–: »The Coming of the Masters« in *Constructing Tradition*, ed. A. B. Kilcher, Leiden 2010.

–: »Western Esoteric Traditions and Theosophy« in *Handbook of Theosophical Current*, ed. O. Hammer/N. Rothstein, Leiden 2013.

Goodwin, M./R. Attias: »Eating Disorders in Survivors of Multimodal Childhood Abuse« in *Clinical Perspectives on Multiple Personality Disorder*, ed. R. P. Kluft/C. G. Fine, Washington 1993.

Gooren, H.: *Religious Conversion and Disaffiliation*, New York 2010.

Gordon, L.: *Voodoo*, Berlin 2000.

Gottesmann, C.: »Paradoxical Sleep and Schizophrenia Have the Same Neurobiological Support«, *Behavioral and Brain Sciences* 2005.

Gottlieb, A.: »Beng« in *Encyclopedia of Sex and Gender*, ed. C. R. Ember/M. Ember, New York 2003.

Goulart, P.: *Forgotten Kingdoms*, London 1957.

Gould, C.: *The Paintings of Correggio*, London 1976.

Goulet, J. G./D. E. Young: »Theoretical and Methodological Issues« in *Being Changed*, ed. D. E. Young/J. G. Goulet, Peterborough 1994.

Graham, G.: *The Abraham Dilemma*, Oxford 2015.

Graham, G./G. L. Stephens: »Mind and Mine« in *Philosophical Psychopathology*, ed. G. Graham/G. L. Stephens, Cambridge 1994.

Gramlich, R.: *Die schiitischen Derwischorden Persiens*, Bd. II, Wiesbaden 1976.

Granqvist, H.: *Child Problems Among the Arabs*, Helsingfors 1950.

Grasmück, O.: *Eine Marienerscheinung in Zeiten der Diktatur*, Berlin 2009.

Grass, K. K.: *Die russischen Sekten*, Bd. I, Leipzig 1907.

Gray, A.: *The Last Shaman*, Providence 1997.

–: *Indigenous Rights and Development*, New York 2002.

Grayson, J. H.: *Korea: A Religious History*, Oxford 1989.

Greaves, G. B.: »A History of Multiple Personality Disorder« in *Clinical Perspectives on Multiple Personality Disorder*, ed. R. P. Kluft/C. G. Fine, Washington 1993.

Greaves, R.: »Sikh Controversies Concerning Punjabi Pilgrimage Sites Used for Healing and Possession« in *Health and Religious Rituals in South Asia*, ed. F. M. Ferrari, Abingdon 2011.

Green, C./C. McCreery: *Apparitions*, London 1975.

Green, J.: *It*, London 1993.

Green, R. F.: *Elf Queens and Holy Friars*, Philadelphia 2016.

Greenberg, D.: »The Wife of God«, *Anthropology & Medicine* 2009.

Greene, E. M.: »Visions and Visualizations«, *History of Religions* 2016.

Greenfield, S. M.: »The Kardecist-Spiritist Disobsession in Brazil«, *Social Analysis* 2004.

–: *Spirits With Scalpels*, Walnut Creek 2008.

Greenwood, S.: »Gender and Power in Magical Practices« in *Beyond New Age*, ed. S. Sutcliffe/M. Bowman, Edinburgh 2000.

–: *Magic, Witchcraft and the Otherworld*, Oxford 2000a.

–: *Contemporary Magic and Witchcraft*, London 2003.

Gregor, T. A.: *Mehinaku*, Chicago 1977.

–: *Anxious Pleasures*, Chicago 1985.

Gregor, T. A/D. Tuzin: »Men's Cults and Moral Contradiction in Amazonia and Melanesia« in *Gender in Amazonia and Melanesia*, ed. T. A. Gregor/ D. Tuzin, Berkeley 2001.

Greschat, H.-J.: *Mana und Tapu*, Berlin 1980.

–: »Wie die neuseeländischen Maori Christen wurden« in *Religion und Wahrheit*, ed. B. Köhler, Wiesbaden 1998.

Griffis, W. E.: *The Religions of Japan*, New York 1904.

Griffith, R. M.: *God's Daughters*, Berkeley 1997.

–: »Joy Unspeakable and Full of Glory« in *An Emotional History of the United States*, ed. P. N. Stearns/J. Lewis, New York 1998.

–: *Born Again Bodies*, Berkeley 2004.

Griffiths, J. G.: »Some Claims of Xenoglossy in the Ancient Languages«, *Numen* 1986.

Grillo, L. S. et al.: *Religions in Contemporary Africa*, London 2019.

Grim, J. A.: »A Study in Crow/Apsaalooke Space, Nature, and the Sacred« in *Nature, Space and the Sacred*, ed. S. Bergmann et al., Farnham 2009.

Grimm, H./S. Wilde: »Im Zentrum steht das Wort« in *Entwicklungspsychologie*, ed. H. Keller, Bern 1998.

Grimm, J./W. Grimm: *Deutsches Wörterbuch*, Bd. 9, Leipzig 1899.

Grindal, B. T.: »Into the Heart of Sisala Experience«, *Journal of Anthropological Research* 1983.

Grinnell, G. B.: *The Cheyenne Indians*, New Haven 1923.

Gripentrog, S.: *Anormalität und Religion*, Würzburg 2016.

Grob, C. S./M. Dobkin de Rios: »Hallucinogens, Managed States of Consciousness, and Adolescents« in *Psychological Anthropology*, ed. P. K. Bock, Westport 1994.

Grober-Glück, G.: »Das ›Zweite Gesicht‹: Traditioneller Volksglaube und Präkognition«, *Zeitschrift für Parapsychologie* 1972.

Grönbech, W.: *Kultur und Religion der Germanen*, Hamburg 1937.

Gröning, B.: *Die Lehre*, ed. T. Busse, Mönchengladbach 1995.

Grözinger, K.-E.: *Jüdisches Denken*, Frankfurt/M., 2004.

Grom, B.: *Religionspsychologie*, München 2007.

–: »Was ist religiöses Erleben und wie entsteht es?« in *Theologie der Gefühle*, ed. R. Barth/C. Zernow, Berlin 2015.

Groneberg, B.: »›Brust‹(*irtum*)-Gesänge« in *Munuscula Mesopotamica*, ed. B. Böck et al., Münster 1999.

Gronover, A.: »Politisierung von Pater Pio und einer Stigmatisierung in Palermo«, *Jahrbuch für Europäische Ethnologie* 2010.

Groß-Grevenbroich, R.: »Eine Nahtoderfahrung nach einem Suizidversuch« in *Auf einmal dem Himmel ganz nah*, ed. C.v. Kamp, Leipzig 2013.

de Groot, J.J.M.: *Universismus*, Berlin 1918.

Grosso, M.: »The ›Transmission‹ Model of Mind and Body« in *Beyond Physicalism*, ed. E.F. Kelly et al., Lanham 2015.

ten Grotenhuis, E.: *Japanese Mandalas*, Honolulu 1999.

Groth, A.N./W. Burgess: »Male Rape«, *American Journal of Psychiatry* 1980.

Gruber, B.: *Die Seherin von Prevorst*, Paderborn 2000.

Gruber, E.: *Tranceformation*, Basel 1982.

Grünberg, G.: »Beiträge zur Ethnographie der Kayabí Zentralbrasiliens«, *Archiv für Völkerkunde* 1970.

Grundmann, H.: *Religiöse Bewegungen im Mittelalter*, Hildesheim 1961.

v. Grunebaum, G.E.: *Der Islam im Mittelalter*, Zürich 1963.

Grunewald, E.: »Der túfel in der helle ist úwer schlaf geselle« in *Volksreligion im hohen und späten Mittelalter*, ed. P. Dinzelbacher/D.R. Bauer, Paderborn 1990.

Gsell, M.: *Die Bedeutung der Baubo*, Frankfurt/M. 2001.

Gstrein, H.: *Engelwerk oder Teufelsmacht*, Mattersburg 1990.

Gudgeon, W.E.: »Phallic Emblem from Aitu Island«, *Journal of the Polynesian Society* 1904.

Guédon, M.-F.: »An Introduction to Tsimshian Worldview and Its Practitioners« in *The Tsimshian*, ed. M. Seguin, Vancouver 1984.

Guenther, M.: *Tricksters and Trancers*, Bloomington 1999.

Güntert, H.: *Von der Sprache der Götter und Geister*, Halle 1921.

Guermonprez, J.-F.: »Images de la royauté à Bali«, *L'Homme*, September 1985.

Guglielmi, W.: »Lachen« in *Lexikon der Ägyptologie*, Bd. III, ed. W. Helck/W. Westendorf, Wiesbaden 1980.

Guiley, R.E.: *The Encyclopedia of Witches and Witchcraft*, New York 1989.

Gunda, B.: »Die Nora: Ein Mahr in Nordwestungarn«, *Ethnomedizin* 1980.

Gundert, W.: *Japanische Religionsgeschichte*, Stuttgart 1943.

Gunnes, E.: »Divine Kingship«, *Temenos* 1974.

Gurney, E.: »Hallucinations (1885)« in *Spiritualism, Mesmerism, and the Occult*, Bd. I, ed. S. McCorristine, London 2012.

Gurney, E. et al.: *Phantasms of the Living*, London 1886.

Gusinde, M.: *Von gelben und schwarzen Buschmännern*, Graz 1966.

Gustavsson, A.: »Free-Church Membership and Folk Beliefs«, *Temenos* 1984.

Gutek, G./P. Gutek: *Visiting Utopian Communities*, Columbia 1998.

Guthrie, S. E.: »A Cognitive Theory of Religion«, *Current Anthropology* 1980.

–: »The Sacred: A Sceptical View« in *The Sacred and Its Scholars*, ed. T. A. Idinopulos/E. A. Yonan, Leiden 1996.

–: »The Origin of an Illusion« in *Anthropology of Religion*, ed. S. D. Glazier, Westport 1997.

Guttenberger, G.: »Besessene Frauen in der Antike« in *Körper und Kommunikation*, ed. K. Greschat/H. Omerzu, Leipzig 2003.

Guttierrez, C.: »Deadly Dates« in *Hidden Intercourse*, ed. W. J. Hanegraaff/ J. K. Kripal, Leiden 2008.

Guzy, L. J.: »Mahima Dharma Ascetics« in *Hinduism in Public and Private*, ed. A. Copley, Oxford 2003.

–: »Negative Ecstasy or The Singers of the Divine« in *Periphery and Centre*, ed. G. Pfeffer, Neu-Delhi 2007.

–: »Music, Goddess Embodiment and Politics in Western Orissa« in *Trance Mediums & New Media*, ed. H. Behrend et al., New York 2015.

ter Haar, G.: *Spirit of Africa*, London 1992.

Haas, K./A. Haas: *Understanding Sexuality*, St. Louis 1987.

Haas, V.: *Babylonischer Liebesgarten*, München 1999.

Haase, E.: »Mittler zwischen Menschen und Geistern« in *Wege der Götter und Menschen*, ed. C. Müller, Berlin 1989.

Haavio, M.: *Väinämöinen*, Helsinki 1952.

Haber, R. N.: »Twenty Years of Haunting Eidetic Imagery: Where's the Ghost?«, *Behavioral and Brain Sciences* 1979.

Haberland, E.: »Die Bodi« in *Altvölker Süd-Äthiopiens*, Bd. I, ed. A. E. Jensen, Stuttgart 1959.

–: *Galla Süd-Äthiopiens*, Stuttgart 1963.

Haberland, E./S. Seyfarth: *Die Yimar am Oberen Korowori*, Wiesbaden 1974.

Hacking, I.: »Multiple Personality and Gender« in *Gender and Psychopathology*, ed. M. V. Seeman, Washington 1995.

Haddon, A. C./A. Wilkin: »Warfare« in *Reports of the Cambridge Anthropological Expedition to Torres Straits*, Bd. V, ed. A. C. Haddon, Cambridge 1904.

Haeberle, E. J.: *Die Sexualität des Menschen*, Berlin 1983.

Häfner, H.: *Das Rätsel Schizophrenie*, München 2000.

Haekel, J./C. B. Tripathi: »Eine Besessenheits-Séance der Rathva-Koli in Gujarat« in *Sitzungsberichte der Österreichischen Akademie der Wissenschaften, Philosophisch-Historische Klasse*, Wien 1966.

Hagedorn, K. J.: »Sacred Secrets: Lessons With Francisco« in *Mementos, Artifacts, and Hallucinations From the Ethnographer's Tent*, ed. R. Emoff/ D. Henderson, New York 2002.

–: »Possession Performance in Afro-Cuban Regla de Ocha« in *Women and New and Africana Religions*, ed. L. Ashcraft-Eason et al., Santa Barbara 2010.

Haidt, J.: »The Moral Emotions« in *Handbook of Affective Sciences*, ed. R. J. Davidson et al., Oxford 2003.

Hall, A.: *Kultismus*, Frankfurt/M. 1979.

Hall, R. H.: *The UFO Evidence*, Lanham 2001.

Haller, D.: »Ontologische Verwicklungen: Die Vernunft und die Geister«, *Psychosozial* IV, 2016.

Halloy, A./V. Servais: »Enchanting Gods and Dolphins«, *Ethos* 2014.

Hallpike, C. R.: *The Konso of Ethiopia*, Oxford 1972.

Halm, H.: *Das Reich des Mahdi*, München 1991.

Halmburger, O.: »Geister« in *Dimension Psi*, ed. W.v. Lucadou, München 2003.

Halperin, D.: »Memory and ›Consciousness‹ in an Evolving Brazilian Possession Religion«, *Anthropology of Consciousness* 4, 1995.

Hamer, J./I. Hamer: »Spirit Possession and Its Sociopsychological Implications Among the Sidamo of Southwestern Ethiopia« in *Culture, Disease, and Healing*, ed. D. Landy, New York 1977.

Hamm, T. D.: »Quakers (Society of Friends)« in *Encyclopedia of Religious Revivals in America*, Bd. II, ed. M. McClymond, Westport 2007.

Hammer, O.: »Sufism for Westerners« in *Sufism in Europe and North America*, ed. D. Westerlund, Abingdon 2004.

–: *Claiming Knowledge*, Leiden 2004a.

–: »Theosophical Elements in New Age Religion« in *Handbook of Theosophical Current*, ed. O. Hammer/M. Rothstein, Leiden 2013.

Hammond-Tooke, W. D.: *Bhaca Society*, Cape Town 1960.

Hammoudi, A.: »The Path of Sainthood« in *Practicing Sufism*, ed. A. Hannoum, Abingdon 2016.

Hanauer, J.: *Wunder oder Wundersucht?*, Aachen 1991.

Handley, S.: *Sleep in Early Modern England*, New Haven 2016.

Handy, E. S. C.: *Cultural Revolution in Hawaii*, Honolulu 1931.

Handy, E. S. C./M. K. Pukui: *The Polynesian Family System in Ka-'U, Hawai'i*, Wellington 1958.

Hanefeld, E.: »Erlebnisformen paranormaler Spontanfälle«, *Zeitschrift für Parapsychologie* 1971.

Hanegraaff, W. J.: *New Age Religion and Western Culture*, Leiden 1996.

–: *Counterfeit Revival*, Orange 2001.

–: »Dorothy Jane Roberts« in *Dictionary of Gnosis & Western Esotericism*, ed. W. J. Hanegraaff et al., Leiden 2005.

Hanlon, D.: *Upon a Stone Altar*, Honolulu 1988.

Hansen, G. P.: *The Trickster and the Paranormal*, o. O. 2001.

Hanson, F. A.: »Female Pollution in Polynesia?«, *Journal of the Polynesian Society* 1982.

Hanson, F. A./L. Hanson: *Counterpoint in Maori Culture*, London 1983.

Haraldsson, E.: *The Departed Among the Living*, Guildford 2012.

Haraldsson, E./L. R. Gissurarson: *Indrídi Indridason: The Icelandic Physical Medium*, Hove 2015.

Hardeck, J.: »Heilig sein« in *Das Heilige interkulturell*, ed. T. Schreijäck/ V. Serikov, Ostfildern 2017.

Hardesty, N. A.: *Faith Cure*, Peabody 2003.

Harding, R. E.: »É a Şenzala« in *Women and Religion in the African Diaspora*, ed. R. M. Griffith/B. D. Savage, Baltimore 2006.

Harding, T.: »The Dolphin Delusion«, *The Skeptic* 1, 2014.

Hare, H. E./W. L. Hare: *Who Wrote the Mahatma Letters?*, London 1936.

Hare, R. D.: »Psychopathy and Sadistic Personality Disorder« in *Oxford Textbook of Psychopathology*, ed. T. Millon et. al., Oxford 1999.

Haring, C.: *Einführung in die Hypnosetherapie*, Stuttgart 1995.

Harlan, L.: *Religion and Rajput Women*, Berkeley 1992.

–: *The Goddesses' Henchmen*, Oxford 2003.

Harley, G. M.: »From Atlantis to America: J. Z. Knight Encounters Ramtha« in *Controversial New Religions*, ed. J. R. Lewis/J. A. Petersen, Oxford 2005.

Harman, W.: »The Goddess Mariyamman's Fierce Grace« in *Health and Religious Rituals in South Asia*, ed. F. M. Ferrari, Abingdon 2011.

Harner, M. J.: »Jívaro Souls« in *Cultural and Social Anthropology*, ed. P. Hammond, New York 1964.

Harnischfeger, J.: »Die Prophetin Ngozi in Südostnigeria« in *Faszination des Okkulten*, ed. W. Müller-Funk/C. A. Tuczay, Tübingen 2008.

Harper, E. B.: »A Hindu Village Pantheon«, *Southwestern Journal of Anthropology* 1959.

–: »Spirit Possession and Social Structure« in *Anthropology on the March*, ed. B. Ratnam, Madras 1963.

–: »Ritual Pollution as an Integrator of Caste and Religion«, *Journal of Asian Studies* 1964.

Harrel, S.: »The Concept of Soul in Chinese Folk Religion«, *Journal of Asian Studies* 1979.

Harrer, H.: *Ladakh*, Frankfurt/M. 1980.

Harris, M.: »Enchanted Entities and Disenchanted Lives Along the Amazon Rivers« in *The Social Life of Spirits*, ed R. Blanes/D. Espírito Santo, Chicago 2014.

Harris, O.: »Gender, Culture and the Wild in the Bolivian Andes« in *Nature, Culture and Gender*, ed. C. MacCormack/M. Strathern, Cambridge 1980.

Harrison, R.: »Ritual Presence Among the Ranau Dusun of Sabah« in *The Imagination of Reality*, ed. A. L. Becker/A. A. Yengoyan, Norwood 1979.

Harrison, R.: *Signs, Songs, and Memory in the Andes*, Austin 1989.

Harrison, W. H.: »The Alleged Himalayan Brothers (1881)«, *Theosophical History* 2018.

Harrod, H. I.: *Renewing the World*, Tucson 1987.

Hart, C./K. G. Stevenson: *Heaven and the Flesh*, Cambridge 1995.

Hart, G. L.: »Woman the Sacred in Ancient Tamilnad«, *Journal of Asian Studies* 1973.

–: *The Poems of Ancient Tamil*, Oxford 1999.

Hart, H.: »Six Theories About Apparitions«, *Proceedings of the Society for Psychical Research* 1956.

Harten, H. C.: *Sexualität, Mißbrauch, Gewalt*, Opladen 1995.

Hartl, J.: *Gott ungezähmt*, Freiburg 2016.

Hartmann, H.: »Die Gros Ventres und ihr Hochgott«, *Zeitschrift für Ethnologie* 1968.

Hartmann, O. J.: *Medizinisch-pastorale Psychologie*, Frankfurt/M. 1952.

Hartmann, U.: *Inhalte und Funktionen sexueller Phantasien*, Stuttgart 1989.

–: »Sexuelle Phantasien« in *Handbuch Sexualität*, ed. S. R. Dunde, Weinheim 1992.

Hartmann, U. et al.: »Sexuelle Funktionen der Frau und ihre Störungen« in *Sexualmedizin*, ed. K. M. Beier et al., München 2005.

Hartog, J./G. Resner: »Malay Folk Treatment Concepts and Practices«, *Ethnomedizin* 1972.

Hasenfratz, H.-P.: *Die toten Lebenden*, Leiden 1982.

–: *Die Seele*, Zürich 1986.

Hassrick, R. B.: *The Sioux*, Norman 1964.

Hasted, J.: *The Metal-benders*, London 1981.

Hastings, A.: *With the Tongues of Men and Angels*, Fort Worth 1991.

Hauck, D. W.: *Haunted Places*, London 2000.

Haug, W.: »Gotteserfahrung im abendländischen Mittelalter« in *Die Religiöse Erfahrung*, ed. M. Riedl/T. Schabert, Würzburg 2008.

Hauge, H.-E.: »The Spirit World of the Luo People in Kenya«, *Temenos* 1981.

Hauschild, T.: *Der böse Blick*, Berlin 1982.

–: »Abwehrmagie und Geschlechtssymbolik im Mittelmeerraum« in *George Devereux zum 75. Geburtstag*, ed. E. Schröder/D. H. Frießem, Braunschweig 1984.

–: *Weihnachtsmann*, Frankfurt/M. 2012.

Hauser, B.: »Tanzen, Trinken, Transvestiten« in *Im Rausch des Rituals*, ed. K.-P. Koepping/U. Rao, Hamburg 2000.

–: »Zur Besessenheitserfahrung von Frauen in Orissa« in *Der maximal Fremde*, ed. M. Schetsche, Würzburg 2004.

Hauser, L.: *Kritik der neomythischen Vernunft*, Bd. I, Paderborn 2004.

Hauskeller, N.: *Atmosphären erleben*, Berlin 1995.

Havers, W.: »Geister- und Dämonenglaube«, *Die Sprache* 1958.

Hawkes, E.W.: *The Labrador Eskimo*, Ottawa 1916.

Hawthorn, J.: *Multiple Personality and the Disintegration of Literary Character*, London 1983.

Hayden, F.V.: »Contributions to the Ethnography and Philology of the Indian Tribes of the Missouri Valley«, *Transactions of the American Philosophical Society* 1863.

Hayes, K. E.: »Macumba and Afro-Brazilian ›Orthodoxies‹«, *History of Religions* 2007.

–: »Wicked Women and Femmes Fatales«, *History of Religions* 2008.

–: »The Dark Side of the Feminine« in *Gendering Global Transformations*, ed. C. J. Korieh/P. Okeke-Ihejirika, New York 2009.

–: »Serving the Spirits, Healing the Person« in *Women and New and Africana Religions*, ed. L. Ashcraft-Eason et al., Santa Barbara 2010.

Hayward, D. J.: *Vernacular Christianity Among the Mulia Dani*, Lanham 1997.

Heaney, J. J.: »Recent Studies of Near-Death Experiences«, *Journal of Religion and Healing* 1983.

Hebblethwaite, B./M. Weber: »Arabian Religion, Islam, and Haitian Vodu« in *Vodou in the Haitian Experience*, ed. C. L. Joseph/N. S. Cleophat, Lanham 2016.

Hedges, E./J. A. Beckford: »Holism, Healing and the New Age« in *Beyond New Age*, ed. S. Sutcliffe/M. Bowman, Edinburgh 2000.

Heelas, P.: *The New Age Movement*, Oxford 1996.

Hefner, R.W.: »Syncretism« in *Oxford Encyclopedia of the Islamic World*, Bd. 5, ed. J. L. Esposito, Oxford 2009.

Heidenreich, C. E.: »Huron« in *Handbook of North American Indians*, Bd. 15, ed. B. G. Trigger, Washington 1978.

Heider, K.: *Grand Valley Dani*, New York 1979.

Heidermanns, F.: *Etymologisches Wörterbuch der germanischen Primäradjektive*, Berlin 1993.

Heijnen, A.: *The Social Life of Dreams*, Berlin 2013.

Heimann, H.: »Zeitstrukturen in der Psychopathologie« in *Die Zeit*, ed. A. Mohler/A. Peisl, München 1983.

v. Heine-Geldern, R.: *Gesammelte Schriften*, Bd. I, Wien 1976.

Heinemann, E.: *Die Frauen von Palau*, Frankfurt/M. 1995.

Heinerth, K.: »Autochthonous and Phenomenal Eidetic Capacity«, *Behavioral and Brain Sciences* 1979.

Heintze, B.: *Besessenheitsphänomene im mittleren Bantu-Gebiet*, Wiesbaden 1970.

Heinz, H. J.: »The Bushmen's Share of Scientific Knowledge« in *The Bushmen*, ed. P.V. Tobias, Cape Town 1978.

Heinze, R.-I.: »Automatic Writing in Singapore«, *Contributions to Southeast Asian Ethnography* 2, 1983.

–: *Trance and Healing in Southeast Asia Today*, Bangkok 1988.

Heisterkamp, G.: »Die Lust des coeundi et exeundi« in *Über den Körper zur Sexualität finden*, ed. P. Geißler, Gießen 2001.

Held, G. J.: *The Papuas of Waropen*, Den Haag 1957.

Helfrich, K.: »Sexualität und Repression in der Kultur der Maya«, *Baessler-Archiv* 1972.

–: *Menschenopfer und Tötungsrituale im Kult der Maya*, Berlin 1973.

Heller, B.: »Her Holiness Mahājagadguru Māte Mahādēvi« in *Die Rolle des Weiblichen in der indischen und buddhistischen Kulturgeschichte*, ed. M. Hutter, Graz 1998.

Heller, E./H. Mosbahi: *Hinter den Schleiern des Islam*, München 1993.

Heller, R.: *Die Seele des Verbrechers*, St. Pölten 2002.

Hellpach, W.: *Grundriß der Religionspsychologie*, Stuttgart 1951.

Hempelmann, R.: *Licht und Schatten des Erweckungschristentums*, Stuttgart 1998.

Hemsley, D. R.: »Cognitive Impairment in Schizophrenia« in *The Pathology and Psychology of Cognition*, ed. A. Burton, London 1982.

Hendry, J.: *An Introduction to Social Anthropology*, Houndmills 1999.

Henney, J. H.: »Spirit-Possession Belief and Trance Behavior in Two Fundamentalist Groups in St. Vincent« in *Trance, Healing and Hallucination*, ed. E. Bourguignon, New York 1974.

–: »Sex and Status: Women in St. Vincent« in *A World of Women,* ed. E. Bourguignon, New York 1980.

Henninger, J.: »Geisterglaube bei den vorislamischen Arabern« in *Festschrift Paul Schebesta zum 75. Geburtstag*, ed. A. Vorbiehler/W. Dupré, Mödling 1963.

Henningsen, G.: »Der Hexenflug und die spanischen Inquisitoren« in *Fliegen und Schweben*, ed. D. R. Bauer/W. Behringer, München 1997.

Hentschel, K.: *Geister, Magier und Muslime*, München 1997.

Herdt, G. H.: *Secrecy & Cultural Reality*, Ann Arbor 2003.

–: *The Sambia*, Belmont 2006.

–: »Notes and Queries on Sexual Excitement in Sambia Culture« in *Sexualities in Anthropology*, ed. A. P. Lyons/H. D. Lyons, Chichester 2011.

Herdt, G. H./A. Boxer: »Bisexuality« in *Conceiving Sexuality*, ed. R. G. Parker/J. H. Gagnon, New York 1995.

Herdt, G. H./R. J. Stoller: *Intimate Communications*, New York 1990.

Hereniko, V.: *Woven Gods*, Honolulu 1995.

Hermanns, M.: *Die religiös-magische Weltanschauung der Primitivstämme Indiens*, Bd. II, Wiesbaden 1966.

Hermle, L. et al.: »Ichstörungen bei Modellpsychosen« in *Psychopathology and Philosophy*, ed. M. Spitzer et al., Heidelberg 1988.

Hernandez, J. L. A.: *Lexico del Marginalismo del Siglo de Oro*, Salamanca 1976.

Hernegger, R.: *Wahrnehmung und Bewußtsein*, Berlin 1995.

Herr, B.: »The Expressive Character of Fijian Dream and Nightmare Experiences«, *Ethos* 1981.

Herrera, M.T.: *Diccionario Español de Textos Médicos Antiguos*, Bd. I, Madrid 1996.

Herring, A.: *Art and Vision in the Inca Empire*, Cambridge 2015.

Hersey, G.L.: *Verführung nach Maß*, Berlin 1998.

Herskovits, M.J.: »African Gods and Catholic Saints in New World Religious Belief« in *Reader in Comparative Religion*, ed.W.A. Lessa/E.Z.Vogt, New York 1965.

Hertoft, P.: *Klinische Sexologie*, Köln 1989.

Hess, D.J.: *Spirits and Scientists*, University Park 1991.

–: *Samba in the Night*, New York 1994.

Heupts, C./I. Nassery: »Heiliger Boden?« in *Gott begegnen an heiligen Orten*, ed. S. Kopp, Freiburg 2018.

de Heusch, L.: »The Symbolic Mechanisms of Sacred Kingship«, *Journal of the Royal Anthropological Institute* 1997.

–: »Forms of Sacralized Power in Africa« in *The Character of Kingship*, ed. D. Quigley, Oxford 2005.

Hewitt, J.N.B.: »Orenda« in *Handbook of American Indians North of Mexico*, Bd. I, ed. F.W. Hodge, New York 1960.

Hexham, I./K. Poewe: *New Religions as Global Culture*, Boulder 1997.

Heyer, G.R.: *Praktische Seelenheilkunde*, München 1935.

Heyne, F.G.: »Frauen, die Geister beherrschen«, *Anthropos* 2003.

Hick, J.: *Philosophy of Religion*, Englewood Cliffs 1983.

–: *Religion*, München 1996.

Hickok, G.: *Warum wir verstehen, was andere fühlen*, München 2015.

Hicks, D.: *Tetum Ghosts and Kin*, Palo Alto 1976.

Hicks, R.D.: »Police Pursuit of Satanic Crime«, *The Sceptical Inquirer*, Sommer 1990.

Hielscher, S.: *Heiler in Mali*, Münster 1992.

Higginson, F.: »Of Their Quaking Fits, and the Manner of Them« in *Encyclopedia of Religious Revivals in America*, Bd. II, ed. M. McClymond, Westport 2007.

Hijikata, H.: *Collective Works*, Bd. II, ed. H. Endo, Tokio 1995; Bd. IV 1997.

Hilger, I.: *Together With the Ainu*, Norman 1971.

Hill, J.D.: »The Variety of Fertility Cultism in Amazonia« in *Gender in Amazonia and Melanesia*, ed. T.A. Gregor/D. Tuzin, Berkeley 2001.

Himmel, M.: »Einstimmung an heiligen Orten« in *Wie die alten Götter weiterleben*, ed.W. Donner, Freiburg 1990.

Himmelheber, H.: *Eskimokünstler*, Eisenach 1953.

–: »Die Geister und ihre irdischen Verkörperungen in der Religion der Dan«, *Baessler-Archiv* 1964.

Hines, T.: *Pseudoscience and the Paranormal*, Amherst 1988.

Hinge, H.: »Islamic Magic in Contemporary Egypt«, *Temenos* 1995.

Hinterberger, T.: »Spiritualität, Religion und Naturwissenschaft« in *Zwischen Rationalität und Religion*, ed. S. Bonk, Regensburg 2019.

de Hirsch, K.: »Early Language Development« in *New Directions in Childhood Psychopathology*, ed. S. I. Harrison/F. McDermott, New York 1980.

Hirsch, M.: »Vernachlässigung, Mißhandlung, Mißbrauch im Rahmen einer psychoanalytischen Traumatologie« in *Sexueller Mißbrauch, Mißhandlung, Vernachlässigung*, ed. U. T. Egle et al., Stuttgart 2000.

Hirshkovitz, M.: »Sexual Activation« in *Encyclopedia of Sleep and Dreaming*, ed. M. A. Carskadon, New York 1993.

Hiruta, G.: »Traditional Japanese Psychiatry in the Edo Period (17th-19th Century)« in *Two Millennia of Psychiatry in West and East*, ed. T. Hamanaka/G. E. Berrios, Tokio 2003.

Hitchcock, J. T.: »Aspects of Bhujel Shamanism« in *Spirit Possession in the Nepal Himalayas*, ed. J. T. Hitchcock/R. L. Jones, Warminster 1976.

Hitchens, C.: *God Is Not Great*, New York 2009.

Hite, S.: *Der Hite Report*, München 1976.

–: *Das sexuelle Erleben des Mannes*, München 1982.

Ho, J. T. J.: »Alayal Shamanism« in *Shamanism*, ed. M. N. Walter/E. J. Fridman, Santa Barbara 2004.

Hobart, A.: *Healing Performances in Bali*, New York 2003.

Hobart, A. et al.: *The Peoples of Bali*, Oxford 1996.

Hocken, P.: *Die Strategie des Heiligen Geistes?*, Ravensburg 1998.

Hodgson, A. G. O.: »Some Notes on the Wahehe of Mahenge District, Tanganyika Territory«, *Journal of the Royal Anthropological Institute* 1926.

Hodgson, D. L.: »The Gender of Evil« in *Evil in Africa*, ed. W. C. Olsen/W. E. A. van Beek, Bloomington 2015.

Hoebel, E. A.: *The Cheyennes*, New York 1978.

Höchst, J. M.: *Lourdes wie es wirklich war*, Wiesbaden 1958.

Hödl, H. G.: »Die traditionelle Anthropologie der Yorúbà« in *Der Begriff der Seele in der Religionswissenschaft*, ed. J. Figl/H.-D. Klein, Würzburg 2002.

Höfer, A.: »Die Religionen der Stammesgruppen Hinterindiens« in *Die Religionen Südostasiens*, ed. A. Höfer et al., Stuttgart 1975.

–: *A Recitation of the Tamang Shaman in Nepal*, Bonn 1994.

Hoefinger, H.: *Sex, Love and Money in Cambodia*, London 2013.

Höfler, O.: »Zwei Grundkräfte im Wodankult« in *Antiquitates Indogermanicae*, ed. M. Mayrhofer et al., Innsbruck 1974.

Höllinger, F.: *Religiöse Kultur in Brasilien*, Frankfurt/M. 2007.

Höllmann, T. O.: *Die Tsou*, Wiesbaden 1982.

Hoenigman, D.: »Spirit Possession and Changing Linguistic Ideologies in a Sepik Society«, *Australian Journal of Anthropology* 2012.

Hoernlé, A.W.: »Magic and Medicine« in *The Bantu-Speaking Tribes of South Africa*, ed. I. Schapera, London 1937.

Hoerschelmann-Schneider, D. v.: *Das Paradies wird missioniert*, Aachen 1997.

Hofer, G.: »Besessenheit: Ein Phänomen der menschlichen Lebenswelt« in *George Devereux zum 75. Geburtstag*, ed. E. Schröder/D.H. Frießem, Braunschweig 1984.

Hoffman, K.: *Von Göttern besessen*, München 1986.

Hoffman, V.J.: »The Role of Visions in Contemporary Egyptian Religious Life«, *Religion* 1997.

Hoffmann, B.: »Zur Bedeutung der Nasca-Trophäenköpfe«, *Archäologische Zeitschrift* 2007.

Hoffmann, H.: *Gott im Underground*, Hamburg 1972.

Hoffnagel, J.C.: *The Believers*, Ann Arbor 2005.

Hofmann, A.: *LSD: Mein Sorgenkind*, Stuttgart 1979.

–: »María Sabina und die heiligen Pilze« in *Rituale des Heilens*, ed. F.-T. Gottwald/C. Rätsch, Aarau 2000.

Hofmann, L.: »Nun sag, wie hältst du's mit Spiritualität und Religiosität?« in *Grenzpatrouillen*, ed. M. Schetsche/K. Krebber, Berlin 2012.

Hogbin, H.I.: »Mana«, *Oceania* 1936.

–: *Experiments in Civilization*, New York 1970.

Hohenlohe, M.-G.: *Die vielen Gesichter des Wahns*, Bern 1988.

de Hohenstein, E.J.: »Der afrobrasilianische Besessenheitskult Candomblé« in *Die offenen Grenzen der Ethnologie*, ed. S.M. Schomburg-Scherff/B. Heintze, Frankfurt/M. 2000.

Holder, A.: *Alt-Celtischer Sprachschatz*, Bd. II, Leipzig 1904.

Holl, A.: *Brief an die gottlosen Frauen*, Wien 2002.

Holländer, H.: *Rudolf Hausner*, Offenbach 1985.

Hollan, D.: »Dreams, Aging, and the Anthropological Encounter in Toraja« in *Dream Travelers*, ed. R.I. Lohmann, New York 2003.

Hollan, D.W./J.C. Wellenkamp: *Contentment and Suffering*, New York 1994.

Hollenweger, W.J.: *Enthusiastisches Christentum*, Wuppertal 1969.

–: »›Erlöse uns von dem Bösen!‹« in *Dämonen unter uns?*, ed. J. Müller, Fribourg 1997.

–: *Charismatisch-pfingstliches Christentum*, Göttingen 1997a.

Holm, N.G.: »Ritualistic Pattern and Sound Structure of Glossolalia in Material Collected in the Swedish-speaking Parts of Finland«, *Temenos* 1975.

–: »Ecstasy Research in the 20th Century« in *Religious Ecstasy*, ed. N.G. Holm, Stockholm 1982.

Holm, N.S.: »Das Zungenreden bei Anhängern der Pfingstbewegung im schwedischsprachigen Gebiet Finnlands«, *Archiv für Religionspsychologie* 1978.

Holman, D.J./K.A. O'Connor: »Bangladeshis« in *Encyclopedia of Medical Anthropology*, ed. C.R. Ember/M. Ember, New York 2004.

Holmberg, D.: »Derision, Exorcism, and the Ritual Production of Power«, *American Ethnologist* 2000.

Holmes, B.A.: »Wonder Working Power« in *Esotericism in African American Religious Experience*, ed. S.C. Finley et al., Leiden 2015.

Holmes, R.M.: *Sex Crimes*, Newbury Park 1991.

Holsing, H.: »Der Akt« in *Paula Modersohn-Becker und die Kunst in Paris um 1900*, ed. A. Buschhoff/ W. Herzogenrath, München 2007.

Holt, N.J. et al.: *Anomalistic Psychology*, Houndmills 2012.

Holtom, D.C.: »The Meaning of Kami«, *Monumenta Nipponica* 1941.

Holtz, G.: *Die Faszination der Zwänge*, Göttingen 1984.

Holtz, S.: »Das Luthertum« in *Handbuch der Religionsgeschichte im deutschsprachigen Raum*, ed. K.v. Greyerz/A. Conrad, Paderborn 2012.

Holzinger, B.: *Albträume*, München 2013.

–: *Der luzide Traum*, Wien 2015.

Homewood, N.: »›I was on Fire‹« in *Public Religion and the Politics of Homosexuality in Africa*, ed. A. van Klinken/E. Chitando, London 2016.

Honigmann, J.J.: »West Main Cree« in *Handbook of North American Indians*, Bd. 6, ed. J. Helm, Washington 1981.

Hood, R.W./W.P. Williamson: *Them That Believe*, Berkeley 2008.

Hood, R.W. et al.: *The Psychology of Religious Fundamentalism*, New York 2005.

Hopkins, N.S.: »Spirit Mediumship in Upper Egypt«, *Anthropos* 2007.

Hoppál, M.: *Das Buch der Schamanen*, München 2002.

Hori, I.: *Folk Religion in Japan*, Chicago 1968.

Hori, N.: »The Making of Power Spots« in *Eastspirit*, ed. J. Borup/M.Q. Fibiger, Leiden 2017.

Hornbacher, A.: »The Withdrawal of the Gods« in *The Politics of Religion in Indonesia*, ed. M. Picard/R. Madinier, London 2011.

–: »Himmel und Hölle im Vergleich der Kulturen«, *Ruperta Carola* 2, 2013.

Horstmann, A.: »*Manora* Ancestral Beings, Possession and Cosmic Rejuvenation in Southern Thailand«, *Anthropos* 2012.

Horten, M.: *Die religiöse Gedankenwelt der gebildeten Muslime im heutigen Islam*, Halle 1916.

Horton, M./J. Middleton: *The Swahilis*, Malden 2000.

Horton, R.: *Kalabari Sculpture*, Apapa 1965.

–: »Types of Spirit Possession in Kalabari Religion« in *Spirit Mediumship in Africa*, ed. J. Beattie/J. Middleton; London 1969.

Horvath, A./ A. Szakolczai: *Tricksterology*, London 2020.

Hose, C./W. MacDougall: *The Pagan Tribes of Borneo*, London 1912.

Hoskins, J.: *Biographical Objects*, New York 1988.

–: »Headhunting as Practice and as Trope« in *Headhunting and the Social Imagination in Southeast Asia*, ed. J. Hoskins, Stanford 1996.

Hosoi, Y. T.: »The Sacred Tree in Japanese Prehistory«, *History of Religions* 1976.

Hosper, S.: »Bodies, Artefacts and Images« in *Matter of Faith*, ed. J. Robinson et al., London 2014.

Houk, J. T.: *Spirits, Blood, and Drums*, Philadelphia 1995.

Houran, J. et al.: »Perceptual-Personality Characteristics Associated With Naturalistic Haunt Experiences«, *European Journal of Parapsychology* 2002.

Houtepen, A.W. J.: *Gott – eine offene Frage*, Gütersloh 1999.

Howard, R.: *Charismania*, London 1997.

Howe, L. E. A.: »Gods, People, Spirits and Witches«, *Bijdragen tot de Taal-, Land- en Volkenkunde* 1984.

–: *Hinduism & Hierarchy in Bali*, Oxford 2001.

–: *The Changing World of Bali*, Abingdon 2005.

Howell, E. F.: *The Dissociative Mind*, Hillsdale 2005.

Howell, S.: »»May Blessings Come, May Mischiefs Go!‹« in *The Social Life of Trees*, ed. L. Rival, Oxford 1998.

Howells, W.: *The Heathens*, Garden City 1962.

Hoyndorf, S.: »Orgasmus« in *Handbuch Sexualität*, ed. S. R. Dunde, Weinheim 1992.

Hsu, B. et al.: »Gender Differences in Sexual Fantasy and Behavior in a College Population«, *Journal of Sex & Marital Therapy* 1994.

Huang, Q.: *Chinese Dictionary and Guide*, New York 2010.

Huber, H.: *The Krobo*, St. Augustin 1963.

Huber, M.: *Multiple Persönlichkeiten*, Paderborn 2010.

Hübner, K.: »Mythische und wissenschaftliche Denkformen« in *Philosophie und Mythos*, ed. H. Poser, Berlin 1979.

Hülshoff, T.: *Emotionen*, München 2012.

Hüwelmeier, G.: »Spirit Writing in Vietnam«, *Asia Pacific Journal of Anthropology* 2019.

Huey, J. S.: »Chinese Spirit Mediums in Singapore«, *Contributions to Southeast Asian Ethnography* 2, 1983.

Hufford, D. J.: *The Terror That Comes at Night*, Philadelphia 1982.

–: »Beings Without Bodies« in *Out of the Ordinary*, ed. B. Walker, Logan 1995.

–: »An Experience-Centered Approach to Hauntings« in *Hauntings and Poltergeists*, ed. J. Houran/R. Lange, Jefferson 2001.

Huggan, G.: »Killers: Orcas and Their Followers«, *Public Culture* 2017.

Hughes, D. J.: »Blending With an Other: An Analysis of Trance Channeling in the U. S.«, *Ethos* 1991.

–: »Differences Between Trance Channeling and Multiple Personality Disorder«, *Journal of Transpersonal Psychology* 1992.

Hughes, W.: *That Devil's Trick*, Manchester 2015.

Hultkrantz, Å.: *Conceptions of the Soul Among North American Indians*, Stockholm 1953.

–: »The Indians and the Wonders of Yellowstone«, *Ethnos* 1954.

–: *The North American Indian Orpheus Tradition*, Stockholm 1957.

–: »Spirit Lodge: A North American Shamanistic Séance« in *Studies in Shamanism*, ed. C.-M. Edsman, Stockholm 1967.

–: »Pagan and Christian Elements in the Religious Syncretism Among the Shoshoni Indians of Wyoming« in *Syncretism,* ed. S. S. Hartman, Stockholm 1969.

–: »The Concept of the Supernatural in Primitive Religion«, *History of Religions* 1983.

–: »Das Wirklichkeitsbild eines Medizinmannes« in *Der gläserne Zaun*, ed. R. Gehlen/B. Wolf, Frankfurt/M. 1983a.

–: »The Perils of Vision«, *History of Religions* 1986.

–: »The Meaning of Terms for the Supernatural in Shoshoni Indian Religion« in *Tradition and Translation*, ed. C. Elsas et al., Berlin 1994.

Hume, L.: »Australian Aboriginal Shamanism« in *Shamanism*, ed. M. N. Walter/E. J. Fridman, Santa Barbara 2004.

–: *The Religious Life of Dress*, London 2013.

Hummel, R.: *Gurus, Meister, Scharlatane*, Freiburg 1996.

Humphrey, C.: »Shamanic Practices and the State in Northern Asia« in *Shamanism, History & the State*, ed. N. Thomas/C. Humphrey, Ann Arbor 1996.

Humphrey, C./U. Onon: *Shamans and Elders*, Oxford 1996.

Hund, W.: *Okkultismus*, Mülheim 1996.

Hunger, H.: *Ritual Promiscuity in Ancient Australia*, Darwin 1988.

Hunt, S. J.: »Forty Years of Millenarian Thought in the Charismatic Movement« in *Expecting the End*, ed. K. G. C. Newport/C. Gribbgen, Waco 2006.

Hunter, M.: *Reaction to Conquest*, London 1961.

Hurlburt, R. T.: *Sampling Normal and Schizophrenic Inner Experience*, New York 1990.

Huser, D.: »Federkronen zur größeren Ehre Gottes«, *Zeitschrift für Missions- und Religionswissenschaft* 2005.

Hussin, H.: »Balancing the Spiritual and Physical Worlds« in *Oceans of Sound*, ed. B. Abels et al., Hildesheim 2012.

Hutchinson, D.: »Channeling« in *Religion and American Culture*, Bd. I, ed. G. Laderman/L. León, Santa Barbara 2003.

Hutton, J. H.: »The Significance of Head-hunting in Assam«, *Journal of the Royal Anthropological Institute* 1928.

Hutton, R.: *The Triumph of the Moon*, Oxford 1999.

–: *Shamans: Siberian Spirituality and the Western Imagination*, London 2001.

Huxley, A.: *The Doors of Perception*, Harmondsworth 1959.

Huxley, F.: »Anthropology and ESP« in *Science and ESP*, ed. J. R. Smythies, London 1967.

Hviding, E.: *Guardians of Marovo Lagoon*, Honolulu 1996.

Hwala, B.: *Pentecostalism in Apostolic Faith Mission*, Saarbrücken 2011.

Idel, M.: »On the Language of Ecstatic Experiences in Jewish Mysticism« in *The Religious Experience*, ed. M. Riedl/T. Schabert, Würzburg 2008.

Imperato, P. J.: *African Folk Medicine*, Baltimore 1977.

Inglis, B.: *Science and Parascience*, London 1984.

Insoll, T.: *The Archaeology of Islam*, Oxford 1999.

Introvigne, M.: »The Gothic Milieu« in *The Cult Milieu*, ed. J. Kaplan/H. Lööw, Walnut Creek 2002.

Irvin, D. T.: »Camp Meetings« in *Encyclopedia of Millennialism*, ed. R. A. Landes, New York 2000.

Irwin, H. J./C. A. Watt: *An Introduction to Parapsychology*, Jefferson 2007.

Irwin, L.: »Mystical Knowledge and Near-Death Experience« in *Death, Dying, and Mysticism*, ed. T. Cattoi/C. M. Moreman, New York 2015.

Isbel, W. H.: *Mummies and Mortuary Monuments*, Austin 1997.

Ishii, M.: »Spirit Possession, Mimesis, and Permeability in the *buuta* Ritual in South India«, *Journal of the Royal Anthropological Institute*, 2013.

Ishimoto, S.: *Ein Leben in zwei Welten (1935)*, München 2018.

Isichei, E.: »African Neotraditional Religions« in *New Religions*, ed. C. Partridge, Oxford 2004.

al-Issa, I.: *The Psychopathology of Women*, Englewood Cliffs 1980.

Istoft, B.: »Divinity Manifest in a Female Body«, *Bulletin for the Study of Religion*, April 2012.

Itaja, T.: »The *Torimari Dance*«, *Current Anthropology* 1987.

Itioka, N.: »Umbanda in Brazil« in *Deliver Us From Evil*, ed. A. S. Moreau et al., Monrovia 2002.

Ivakhiv, A. J.: *Claiming Sacred Ground*, Bloomington 2001.

–: »Power Trips« in *Handbook of New Age*, ed. D. Kemp/J. R. Lewis, Leiden 2007.

Ivens, W. G.: *Melanesians of the South-East Solomon Islands*, London 1927.

Iwasawa, T.: »Philosophical Implications of Shintō« in *Japanese Philosophy*, ed. B. W. Davis, Oxford 2020.

Iyengar, P. T. S.: *Pre-Aryan Tamil Culture*, Neu-Delhi 1985.

Izquierdo, C./G. H. Shepard: »Matsigenka« in *Encyclopedia of Medical Anthropology*, ed. C. R. Ember/M. Ember, New York 2004.

Izutsu, T.: »Celestial Journey« in *The Play of Gods and Men*, ed. R. Ritsema, Frankfurt/M. 1983.

Jackson, P. A.: »The Historical Emergence of Gay Male Identity in Thailand« in *Sites of Desire, Economies of Pleasure*, ed. L. Manderson/M. Jolly, Chicago 1997.

Jacobi, J.: »Dream Demons« in *Soundings in Satanism*, ed. F. J. Sheed, New York 1972.

Jacobowitz, E. S.: *Religiöse Erlebnisse bei Pfingstlern*, Zürich 1995.

–: »Religiös-Charismatische Erlebnisse«, *Jahrbuch des Europäischen Collegiums für Bewußtseinsstudien* 1995a.

Jacobs, C.: *The Supernatural Life*, Ventura 2005.

Jäncke, L.: *Ist das Gehirn vernünftig?*, Bern 2015.

Jaensch, E. R.: *Die Eidetik*, Leipzig 1925.

–: *Grundformen menschlichen Seins*, Berlin 1929.

Jaensch, E. R. et al.: *Über den Aufbau der Wahrnehmungswelt*, Leipzig 1927.

Jaffé, A.: »C. G. Jung und die Parapsychologie«, *Zeitschrift für Parapsychologie* 1960.

–: *Religiöser Wahn und schwarze Magie*, Zürich 1986.

James, W.: *Die Vielfalt religiöser Erfahrung*, Olten 1979.

Jamous, R.: *Honneur et Baraka*, Paris 1981.

Janota, J.: »Die Mystikerin Margareta Ebner und der Gottesfreund Heinrich von Nördlingen« in *Impulse und Resonanzen*, ed. G. Vollmann-Profe et al., Tübingen 2007.

Jansen, G.: *The Doctor-Patient Relationship in an African Society*, Assen 1973.

Jansen, H. L.: »Die Kassandragestalt in Aischylos' ›Agamemnon‹«, *Temenos* 1969.

Janssen, S.: »My Secret Sex Life« in *Wet Dreams*, ed. W. Levy, Amsterdam 1973.

Jantzen, G. M.: *Power, Gender and Christian Mysticism*, Cambridge 1995.

Jaroš, K.: *Der Islam*, Wien 2012.

Jaubert, J.: »Symbolique néandertalienne« in *Néandertal*, ed. M. Patou-Mathis/P. Depaepe, Paris 2018.

Jeffrey, F./J.C. Lilly: *John Lilly, So Far*, Los Angeles 1990.

Jell-Bahlsen, S.: »Mammy Water als Therapie« in *Psychiatrie im Kulturvergleich*, ed. K. Hoffmann/W. Machleidt, Berlin 1997.

Jenkins, P.: *Mystics and Messiahs*, Oxford 2000.

Jenks, A. E.: *The Bontoc Igorot*, Manila 1905.

Jenness, A.: »Hypnotism« in *Personality and the Behavior Disorders*, Bd. I, ed. J. M. Hunt, New York 1944.

Jenness, D.: *Report of the Canadian Arctic Expedition 1913-18*, Bd. XII, Ottawa 1922.

–: *The People of the Twilight*, New York 1928.

–: »An Indian Method of Testing Hysteria«, *Primitive Man* 1, 1933.

Jennings, M.: »Breaking Free to the Limit«, *Journal of Contemporary Religion* 2014.

Jennings, S.: »Temiar Dance and the Maintenance of Order« in *Society and Dance*, ed. P. Spencer, Cambridge 1985.

Jensen, A. E.: *Die drei Ströme*, Leipzig 1948.

–: »Die Male« in *Altvölker Süd-Äthiopiens*, Bd. I, ed. A. E. Jensen, Stuttgart 1959.

–: *Die getötete Gottheit*, Stuttgart 1966.

Jensen, E.: *The Iban and Their Religion*, Oxford 1974.

Jensen, T. G.: »Umbanda and Its Clientele« in *New Trends and Developments in African Religion*, ed. P. B. Clarke, Westport 1998.

Jervis, G.: *Kritisches Handbuch der Psychiatrie*, Frankfurt/M. 1978.

Jilek, W. G./L. Jilek-Aall: »Shamanic Symbolism in Salish Indian Rituals« in *The Logic of Culture*, ed. I. Rossi, London 1982.

Jinks, T.: *An Introduction to the Psychology of Paranormal Belief and Experience*, Jefferson 2012.

Jocano, F. L.: *The Hiligaynons*, Quezon City 1983.

Jochelson, W.: *The Yukaghir and the Yukaghirized Tungus*, New York 1926.

Jørgensen, H. H. L.: »A Model for Medieval Perception« in *The Saturated Sensorium*, ed. H. H. L. Jørgensen et al., Århus 2015.

Johannes vom Kreuz: *Schriften*, Bd. I, ed. P. A. ab Immac. Conceptione, München 1937.

Johansen, J. P.: *Studies in Maori Rites and Myths*, Kopenhagen 1958.

Johansen, U.: »Der sibirische Schamanismus in Vergangenheit und Gegenwart«, *Bremer Geographische Blätter* 2004.

Johansen, U./S. Knödel: *Symbolik des Schamanismus*, Stuttgart 2000.

Johnson, A.: *Families of the Forest*, Berkeley 2003.

Johnson, F.: »Notes on Micmac Shamanism«, *Primitive Man* 3, 1943.

Johnson, H.: »Transgendering and Same-Sex Sexualities in the Southern Philippines«, *American Ethnologist* 1998.

Johnson, K. P.: *The Masters Revealed*, Albany 1994.

Johnson, P. C.: »Shamanism From Ecuador to Chicago«, *Religion* 1995.

–: »Kicking, Stripping, and Re-Dressing a Saint in Black«, *History of Religions* 1997.

–: »Brazilian Candomblé, the Garifuna of the Carribean, and the Category of Indigenous Religion«, *History of Religions* 2002.

–: *Diaspora Conversions*, Berkeley 2007.

–: »Objects of Possession« in *Sensational Religion*, ed. S. M. Promey, New Haven 2014.

Johnston, F.: *Fatima: The Great Sign*, Chulmleigh 1980.

Johnston, J.: »A Deliciously Troubling Duo« in *Contemporary Esotericism*, ed. E. Asprem/K. Granholm, Sheffield 2013.

–: »Vampirism, Lycanthropy, and Otherkin« in *The Occult World*, ed. C. Partridge, Abingdon 2015.

Johnston, S. I.: »Oracles and Divination« in *Ancient Greek Religion*, ed. E. Eidinow/J. Kindt, Oxford 2015.

Johnstone, B./B. A. Glass: »Support for a Neuropsychological Model of Spirituality in Persons With Traumatic Brain Injury«, *Zygon* 2008.

Jokić, Z.: »Shamanic Battleground in Venezuela« in *War Magic*, ed. D. S. Ferrer, New York 2016.

Jolly, M.: »Devils, Holy Spirits, and the Swollen God« in *Conversions to Modernity*, ed. P. van der Veer, New York 1996.

Jones, C. A.: »Students in Ramtha's School of Enlightenment« in *New Religions in a Postmodern World*, ed. M. Rothstein/R. Kranenborg, Århus 2003.

Jones, N. B./M. J. Konner: »!Kung Knowledge of Animal Behavior« in *Kalahari Hunter-Gatherers*, ed. R. B. Lee/I. DeVore, Cambridge 1976.

Jones, R.: *Walking Haunted London*, London 2001.

Jones, R. L./S. K. Jones: »Limbu Spirit Possession and Shamanism« in *Spirit Possession in the Nepal Himalayas*, ed. T. Hitchcock/R. L. Jones, Warminster 1976.

Jonsson, H.: *Slow Anthropology*, Ithaca 2014.

Joraschky, P.: *Das Körperschema und das Körper-Selbst als Regulationsprinzipien der Organismus-Umwelt-Interaktion*, München 1983.

Jordan, B.: »The Trickster in Japan« in *Japanese Ghosts & Demons*, ed. S. Addiss, New York 1985.

Jores, A.: »Magie und Wunder in der Medizin« in *Magie und Wunder in der Heilkunde*, ed. W. Bitter, Stuttgart 1959.

Jorgensen, D.: »Hysteria and the History of Spirit Mediumship in Telefolmin« in *The Anthropology of Morality in Melanesia*, ed. J. Barker, Aldershot 2007.

Jorstad, E.: *Bold in the Spirit*, Minneapolis 1974.

Joseph, R.: »The Limbic System and the Soul«, *Zygon* 2001.

–: »After-Death, Astral Projection, Judgment Day & the Second Death« in *NeuroTheology*, ed. R. Joseph, San Jose 2003.

–: »Sex, Violence & Religious Experience« in *NeuroTheology*, ed. R. Joseph, San Jose 2003a.

Josephides, L./M. Schiltz: »Through Kewa Country« in *Like People You See in a Dream*, ed. E. L. Schieffelin/R. Crittenden, Stanford 1991.

Josephson, J. A.: *The Invention of Religion in Japan*, Chicago 2012.

Jotimuttu, P.: *Ainkuṟunūṟu*, Madras 1984.

Jütte, R.: *Geschichte der Alternativen Medizin*, München 1996.

Juillerat, B.: *Children of the Blood*, Oxford 1996.

Julian of Norwich: *The Writings*, ed. N. Watson/J. Jenkins, University Park 2006.

Julius, H./U. Boehme: *Sexuelle Gewalt gegen Jungen*, Göttingen 1997.

Jung, C. G.: »Briefe zur Parapsychologie«, *Zeitschrift für Parapsychologie* 1973.

Jung, E.: *Germanische Götter und Helden in christlicher Zeit*, München 1922.

Jung, M. H.: *Autobiographien frommer Frauen aus Pietismus und Erweckungsbewegung*, Aachen 1999.

Juster, S.: *Disorderly Women*, Ithaca 1994.

Kahan, T. L. et al.: »Similarities and Differences Between Dreaming and Waking Cognition«, *Consciousness and Cognition* 1997.

Kahlo, G./R. Simon-Bärwinkel: *Wörterbuch Deutsch-Indonesisch*, Leipzig 1967.

Kaiser, P.: »Pathologische Religiosität im psychiatrischen Kontext« in *Religiosität: Die dunkle Seite*, ed. C. Zwingmann et al., Münster 2017.

Kakar, S.: *Schamanen, Mystiker und Ärzte*, München 2006.

Kakar, S./K. Kakar: *Die Inder*, München 2006.

Kákosy, L.: »Heka (ḥkɜ)« in *Lexikon der Ägyptologie*, Bd. II, ed. W. Helck/ W. Westendorf, Wiesbaden 1977.

Kalmre, E.: »The Lilac Lady« in *Folklore als Tatsachenbericht*, ed. J. Beyer/ R. Hiiemäe, Tartu 2001.

Kalter, J.: »Afrika« in *Vom Wissen der Dinge*, ed. S. Dietrich/M. Pavaloi, Heidelberg 2008.

Kamalkhani, Z.: *Women's Islam*, London 1998.

Kamata, H.: »Daughters of the Gods« in *Folk Cultures of Japan and East Asia*, ed. T. Mabuchi/Y. Shiratori, Tokio 1966.

Kamma, F.C.: *Koreri*, Den Haag 1972.

van de Kamp, L.: »Transatlantic Pentecostal Demons in Maputo« in *Evil in Africa*, ed. W.C. Olson/W. van Beek, Bloomington 2015.

–: *Violent Conversion*, Woodbridge 2016.

Kanazawa, S.: »Are Schizophrenics More Religious?«, *Behavioral and Brain Sciences* 2008.

Kanda, M.: »›In meinem früheren Leben war ich ein Mann‹« in *Untergrundkrieg*, ed. H. Murakami, Köln 2002.

Kaneko, E.: »Die Mythologie der ethnischen Minderheiten Taiwans« in *Götter und Mythen Ostasiens*, Bd. I.6, ed. E. Schmalzriedt/H.W. Haussig, Stuttgart 1994.

Kanwisher, N./G. Yovel: »Face Perception« in *Handbook of Neuroscience for the Behavioral Sciences*, Bd. II, ed. G.G. Berntson/J.C. Cacioppo, Hoboken 2009.

Kapferer, B.: *A Celebration of Demons*, Bloomington 1983.

Kapfhammer, H.-P.: »Identitätsstörung bei Autoskopie und Doppelgängerwahn«, *Persönlichkeitsstörungen* 2013.

Kaplan, M.: *Neither Cargo Nor Cult*, Durham 1995.

Kaplony, P.: »Ka (kȝ)« in *Lexikon der Ägyptologie*, Bd. III, ed. W. Helck/ W. Westendorf, Wiesbaden 1980.

Kara, D. S.: »Religious Traditions Among the Kazakhs and the Kirghizs« in *Shamanism and Islam*, ed. T. Zarcone/A. Hobart, Ascona 2013.

Karim, W.-J. B.: *Ma' Betisék Concepts of Living Things*, London 1981.

Karjalainen, K. F.: *Die Religion der Jugra-Völker*, Bd. III, Helsinki 1927.

Karsten, R.: *The Origins of Religion*, Edinburgh 1935.

–: *The Headhunters of Western Amazonas*, Helsingfors 1935a.

Kasischke, T. M.: »*Wo keine Regierung existiert, gibt es keinen Gott*«, Frankfurt/M. 2007.

Kasten, E.: »Schamanismus der Samen« in *Hungrige Geister und rastlose Seelen*, ed. M. Kuper, Berlin 1991.

Kasten, E.: *Die irreale Welt in unserem Kopf*, München 2008.

Katajala-Peltomaa, S.: »Demonic Possession as Physical and Mental Disturbance in Later Medieval Canonization Processes« in *Mental (Dis)Order in Later Medieval Europe*, ed. S. Katajala-Peltomaa/S. Niiranen, Leiden 2014.

Katz, J. G.: *Dreams, Sufism and Sainthood*, Leiden 1996.

Katz, R.: *Boiling Energy*, Cambridge 1982.

–: »Heilung durch Ekstase« in *Grenzerfahrungen*, ed. H. Ernst, Weinheim 1984.

Katz, R.: *The Straight Path of the Spirit*, Rochester 1999.

Kaube, J.: *Die Anfänge von allem*, Berlin 2017.

Kaufmann, W.: *Critique of Religion and Philosophy*, London 1958.

Kavan, H.: »Glossolalia and Altered States of Consciousness in Two New Zealand Religious Movements«, *Journal of Contemporary Religion* 2004.

Kavanagh, T.W.: »Comanche« in *Handbook of North American Indians*, Bd. 13, ed. R. J. DeMallie, Washington 2001.

Kayser, M./P.-A. Wagemann: *Wie frei ist die Waldorfschule?*, München 1996.

Keating, E.: *Power Sharing*, Oxford 1998.

Keen, I.: *Knowledge and Secrecy in an Aboriginal Religion*, Oxford 1994.

Keesing, R. M.: *Kwaio Religion*, New York 1982.

–: »Custom and Identity in the Contemporary Pacific« in *Voyaging Through the Contemporary Pacific*, ed. D. Hanlon/G. M. White, Lanham 2000.

Kehoe, A. B.: »The Function of Ceremonial Sexual Intercourse Among the Northern Plains Indians«, *Plains Anthropologist* 1970.

Keller, M.: »Spirit Possession« in *Handbook of Spiritualism and Channeling*, ed. C. Gutierrez, Leiden 2015.

Kelly, A. A.: *Crafting the Art of Magic*, St. Paul 1991.

Kelly, E. F.: »Toward a Worldview Grounded in Science and Spirituality« in *Beyond Physicalism*, ed. E. F. Kelly et al., Lanham 2015.

Kelly, R. C.: *Etoro Social Structure*, Ann Arbor 1977.

–: »Etoro Suidology« in *Mountain Papuans*, ed. J. F. Weiner, Ann Arbor 1988.

–: *Constructing Inequality*, Ann Arbor 1993.

–: »Witchcraft and Social Relations« in *Anthropology of Religion*, ed. M. Lambek, Malden 2002.

Kelsey, M.: *Tongue Speaking*, New York 1981.

Kemp, W. B.: »Baffinland Eskimo« in *Handbook of North American Indians*, Bd. 5, ed. D. Damas, Washington 1984.

van Kempen, M.: »Von der Spinne in der Geschichte« in *Surinam*, ed. F. Dutz/M. Keiper, Hamburg 2017.

Kempf, W.: *Das Innere des Äußeren*, Berlin 1996.

Kendall, L.: »Mugam: The Dance in Shaman's Clothing« in *Korean Folklore*, ed. B. S. Park, Seoul 1983.

–: »Shamans, Bodies, and Sex« in *Gender in Cross-cultural Perspective*, ed. C. B. Brettell/C. F. Sargent, Upper Saddle River 1993.

–: »When the Shaman Becomes a Cultural Icon« in *Ritual and Identity*, ed. K.-P. Koepping et al., Münster 2006.

–: *Shamans, Nostalgia, and the IMF*, Honolulu 2009.

–: »The Global Reach of Gods and the Travels of Korean Shamans« in *Transnational Transcendence*, ed. T. J. Csordas, Berkeley 2009a.

Kennedy, D. I. D./R. T. Bouchard: »Northern Coast Salish« in *Handbook of North American Indians*, Bd. 7, ed. W. Suttles, Washington 1990.

Kennedy, J. E.: »The Roles of Religion, Spirituality, and Genetics in Paranormal Beliefs«, *The Sceptical Inquirer*, April 2004.

Kennedy, J. G.: »Nubian Zar Ceremonies as Psychotherapy« in *Culture, Disease, and Healing*, ed. D. Landy, New York 1977.

Kenyon, S. M.: »The Case of the Butcher's Wife« in *Spirit Possession*, ed. H. Behrend/U. Luig, Madison 1999.

Kephart, W. M.: *Extraordinary Groups*, New York 1976.

Kerényi, K.: *Dionysos*, München 1976.

Kern, T.: *Zeichen und Wunder*, Frankfurt/M. 1997.

–: *Schwärmer, Träumer, Propheten*, Frankfurt/M. 1998.

Kern, U.: *Wan der mensche sol aleine ûf got buwen*, Berlin 2018.

Kerrigan, M./C. Phillips: *Wald der Vampire*, Hamburg 1999.

Kersenboom-Story, S. C.: *Nitysumaṅgalī*, Delhi 1987.

Keskiaho, J.: *Dreams and Visions in the Early Middle Ages*, Cambridge 2015.

Kessler, H.: *Was kommt nach dem Tod?*, Kevelaer 2014.

Keupp, L.: *Aggressivität und Sexualität*, München 1971.

Keyworth, D.: »The Socio-Religious Beliefs and Nature of the Contemporary Vampire Subculture«, *Journal of Contemporary Religion* 2002.

Kidwell, C. S.: »Native American Systems of Knowledge« in *A Companion to American Indian History*, ed. P. J. Deloria/N. Salisbury, Malden 2002.

Kieckhefer, R.: *Unquiet Souls*, Chicago 1984.

–: »Imitators of Christ« in *Sainthood*, ed. R. Kieckhefer/G. D. Bond, Berkeley 1988.

Kieling, A.: *Maikäfer können am längsten*, München 2013.

Kienbaum, J./B. Schuhrke: *Entwicklungspsychologie der Kindheit*, Stuttgart 2010.

Kiev, A.: *Curanderismo*, New York 1968.

–: »The Psychotherapeutic Value of Spirit Possession in Haiti« in *Trance and Possession States*, ed. R. Prince, Montreal 1968a.

Kiki, A. M.: *Ich lebe seit 10 000 Jahren*, Frankfurt/M. 1969.

–: »So kam ich in die Welt des weißen Mannes« in *Unter Papuas*, ed. H. Harrer, Innsbruck 1976.

Kildahl, J. P.: *The Psychology of Speaking in Tongues*, New York 1972.

Kilson, M.: *Kpele Lala*, Cambridge 1971.

Kim, C.: *Korean Shamanism*, Aldershot 2003.

Kim, T.: »Components of Korean Shamanism« in *Korean Folklore*, ed. B. S. Park, Seoul 1983.

Kim, Y.-D.: *Der Schamanismus und das Christentum in Korea*, Ammersbek 1993.

Kimball, L. A.: »Women of Brunei« in *A World of Women*, ed. E. Bourguignon, New York 1980.

Kindermann, H.: *Über die guten Sitten beim Essen und Trinken*, Leiden 1964.

King, B. J.: »Primates and Religion«, *Zygon* 2008.

King, P. L.: »Charismatic Gifts« in *Encyclopedia of Religious Revivals in America*, Bd. I, ed. M. McClymond, Westport 2007.

King, V. T./W. D. Wilder: *The Modern Anthropology of South-East Asia*, London 2003.

Kinsey, A. C. et al.: *Das sexuelle Verhalten der Frau*, Berlin 1963.

Kinzie, D./J. I. & E. S. Tan: »Native Healers in Malaysia« in *Culture-Bound Syndromes, Ethnopsychiatry, and Alternative Therapies*, ed. W. P. Lebra, Honolulu 1976.

Kirchberger, N.: *Schau(Spiel) des Okkulten*, München 2016.

Kirchhoff, J.: *Die Anderswelt*, Klein Jasedow 2002.

Kirchner, H. et al.: *Charismatische Erneuerung und Kirche*, Neukirchen-Vluyn 1984.

Kirsch, G.: *Das freie Individuum und der dividierte Mensch*, Baden-Baden 1990.

Kirsch, T. G.: »Intangible Motion« in *The Social Life of Spirits*, ed. R. Blanes/ D. Espírito Santo, Chicago 2014.

Kitagawa, J. M.: »Ainu Myth« in *Myths and Symbols*, ed. J. M. Kitagawa/ C. H. Long, Chicago 1969.

–: *On Understanding Japanese Religion*, Princeton 1987.

Kitcher, P.: *Life After Faith*, New Haven 2014.

Kituai, A. I.: *My Gun, My Brother*, Honolulu 1998.

Kivelson, V.: *Desperate Magic*, Ithaca 2013.

Klassen, P.: »Procreating Women and Religion« in *Religion and Healing in America*, ed. L. L. Barnes/S. S. Sered, New York 2005.

Klein, C.: »Gefühl ist alles, Namen sind Schall und Rauch?« in *Religion*, ed. A. Grau/G. Raabe, Leipzig 2014.

Klein, C. F. et al.: »The Role of Shamanism in Mesoamerican Art«, *Current Anthropology* 2002.

Klein, H.: »L'Umbanda au Brésil« in *Devant les sectes non-Chrétiennes*, ed. J. Masson, Louvain 1962.

Klein, S. B.: »Wild Words and Syncretic Deities« in *Buddhas and Kami in Japan*, ed. M. Teeuwen/F. Rambelli, London 2003.

Kleinberg, A. M.: *Prophets in Their Own Country*, Chicago 1992.

Klein-Oron, A.: »How I Learned to Channel«, *American Ethnologist* 2014.

–: »Israeli Channeling in Global Context« in *Handbook of Spiritualism and Channeling*, ed. C. Gutierrez, Leiden 2015.

Kleinplatz, P. J./L. M. Diamond: »Sexual Diversity« in *Sexuality and Psychology*, Bd. I, ed. D. L. Tolman/L. M. Diamond, Washington 2014.

Kleivan, I.: »West Greenland Before 1950« in *Handbook of North American Indians*, Bd. 5, ed. D. Damas, Washington 1984.

Klíma, O.: *Mazdak*, Prag 1957.

Klimkeit, H.-J.: »Qut: Ein Grundbegriff der zentralasiatischen Religionsbegegnung«, *Humanitas Religiosa*, Uppsala 1979.

Klimo, J.: *Channeling*, Berkeley 1998.

van Klinken, A. S.: »Conversion Narratives and Born-Again Masculinity in Zambia«, *Journal of Religion in Africa* 2012.

Kluckhohn, C.: »Navaho Categories« in *Primitive Views of the World*, ed. S. Diamond, New York 1964.

Kluft, R. P.: »Clinical Approaches to the Integration of Personalities« in *Clinical Perspectives of Multiple Personality Disorder*, ed. R. P. Kluft/C. G. Fine, Washington 1993.

Kluge, F.: *Etymologisches Wörterbuch der deutschen Sprache*, ed. W. Mitzka, Berlin 1960.

Knauft, B. M.: *Good Company and Violence*, Berkeley 1985.

–: »Bodily Images in Melanesia« in *Fragments for a History of the Human Body*, Bd. III, ed. M. Feher et al., New York 1989.

–: »Imagery, Pronouncement, and the Aesthetics of Reception in Gebusi Spirit Mediumship« in *The Religious Imagination in New Guinea*, ed. G. Herdt/M. Stephen, New Brunswick 1989a.

–: *South Coast New Guinea Cultures*, Cambridge 1993.

–: *The Gebusi*, Boston 2005.

Knecht, P.: »Characteristic Features of Japanese Shamanism« in *Shamanism*, ed. M. N. Walter/E. J. Fridman, Santa Barbara 2004.

Knecht, S.: »Magische Pilze«, *Medizinische Welt* 1962.

Knight, H. H.: *Anticipating Heaven Below*, Eugene 2014.

Knight, J. Z.: *Ramtha*, Yelm 2004.

Knödel, S.: *Schamaninnen in Korea*, Hamburg 1998.

Knoefel, T.: *Okkultes Brevier*, Berlin 2019.

Knox, R. A.: *Enthusiasm*, Oxford 1950.

Knust, C.: »Wallfahrtsorte, Wanderschausteller und das World Wide Web« in *Objekt Leiche*, ed. D. Groß/J. Grande, Frankfurt/M. 2010.

Koch, A./K. Meissner: »Imagination, Suggestion und Trance« in *Religion, Imagination, Ästhetik*, ed. L. Traut/A. Wilke, Göttingen 2015.

Koch, H.: *Gott wohnt in einem Lichte*, Gütersloh 2016.

Koch, K. E.: *Okkultes ABC*, Aglasterhausen 1984.

Koch, K.-F.: »Warfare and Anthropophagy in Jalé Society«, *Bijdragen tot de Taal-, Land- en Volkenkunde* 1970.

Koch, S.: *Erzählungen aus der Südsee*, Berlin 1966.

Kocur, M.: *On the Origins of Theatre*, Frankfurt/M. 2016.

Köbler, G.: *Germanisch-neuhochdeutsches Wörterbuch*, Gießen 1981.

–: *Gotisches Wörterbuch*, Leiden 1989.

–: *Wörterbuch des althochdeutschen Sprachschatzes*, Paderborn 1993.

Köhler, O.: »Tradition und Wandel bei den Kxoé-Buschmännern von Nutsiku«, *Sociologus* 1966.

Köhler, T.: *Psychische Störungen*, Stuttgart 2017.

Köpf, U.: »Angela von Foligno« in *Mystik in den franziskanischen Orden*, ed. J.-B. Freyer, Kevelaer 1993.

Körner, H.: *Botticelli*, Köln 2006.

Köstler, H./M. Senn: *Alltag in Zürich zur Reformationszeit*, Zürich 1984.

Kohl, K.-H.: »Religiöser Partikularismus und kulturelle Transzendenz« in *Der Untergang von Religionen*, ed. H. Zinser, Berlin 1986.

–: *Der Tod der Reisjungfrau*, Stuttgart 1998.

–: »Dreams and a Visit in the Field« in *Writing in the Field*, ed. I. Strecker/ S. La Tosky, Berlin 2013.

Kohl, T.: *Zum Animismus der südamerikanischen Indianer*, Leiden 1900.

Kohn, L.: *Early Chinese Mysticism*, Princeton 1992.

–: »The Daoist Body of *qi*« in *Religion and the Subtle Body in Asia and the West*, ed. G. Samuel/J. Johnston, Abingdon 2013.

van der Kolk, B. A. et al.: »Dissoziation und Informationsverarbeitung beim posttraumatischen Belastungssyndrom« in *Traumatic Stress*, ed. B. A. van der Kolk et al., Paderborn 2000.

Kon, I.: *Einführung in die Sexologie*, Köln 1985.

Konrad, G.: »Meaning of Phallic Display Among the Asmat of Irian Jaya«, *Ethnomedizin* 1977.

Konrad, U./A. Sowada: »Die Sammlung des Museums von Agats« in *Asmat*, ed. U. Konrad et al., Mönchengladbach 2002.

Kooijman, S.: *Sahala Tondi*, Utrecht 1942.

Kopenawa, D./B. Albert: *The Falling Sky*, Cambridge 2013.

Kortt, I. R.: »The Shaman as a Social Representation in the World Beyond« in *Shamanism in Eurasia*, ed. M. Hoppál, Göttingen 1984.

v. Korvin-Krasinski, C.: »Anthropologische und kulturgeschichtliche Betrachtungen zum Problem gemeinschaftlich auftretender Besessenheit« in *Ergriffenheit und Besessenheit*, ed. J. Zutt, Bern 1972.

Koskinen, A. A.: »*Tuhi*: A Polynesian Word With Magic Connotations«, *Temenos* 1965.

Krabs, O.: *Wir, von Gottes Gnaden*, München 1996.

Kracht, K.: *Studien zur Geschichte des Denkens im Japan des 17. bis 19. Jahrhunderts*, Wiesbaden 1986.

Kracke, W. H.: »Dreaming and Shamanism in a Brazilian Indigenous Society« in *Explorations in Psychoanalytic Ethnography*, ed. J. Mimica, New York 2007.

Kraft, C. H.: *Defeating Dark Angels*, Ann Arbor 1982.

Kraft, S. E.: »Theosophy, Gender, and the ›New Woman‹« in *Handbook of Theosophical Current*, ed. O. Hammer/N. Rothstein, Leiden 2013.

Kramer, E.W.: *Possessing Faith*, Ann Arbor 2005.

Kramer, F.W.: »Masala: Vom Genus Gottes« in *Ethnologie im Widerstreit*, ed. E. Berg et al., München 1991.

Kramer, F.W./G. Marx: *Zeitmarken*, München 1993.

Kranenborg, R.: »How ›Satanic‹ Is Satanism?« in *Coping With Evil in Religion and Culture*, ed. N. van Doom-Harder/L. Minnema, Amsterdam 2008.

Krause, A.: *The Tlingit Indians (1885)*, Seattle 1956.

Krause, C.: *Mit dem Glauben Berge versetzen?*, Berlin 2015.

Krauss, B. H.: *Plants in Hawaiian Culture*, Honolulu 1993.

Kreitler, H./S. Kreitler: »The Implications of ESP Experiments for Anthropological ESP Research« in *Parapsychology and Anthropology*, ed. A. Angoff/D. Barth, New York 1974.

Kremp, W.: *Beiträge zur Religion der Ainu*, Freiburg 1928.

Kreutzberg, G.W.: »Götter, Hirne und Gedanken« in *Von Sinnen*, ed. S. Matthiesen/R. Rosenzweig, Paderborn 2007.

Kriesel, S.: *Der Körper als Paradigma*, Luzern 2001.

Krige, E. J.: *The Social System of the Zulus*, Pietermaritzburg 1936.

Krige, E. J./J. D. Krige: *The Realm of a Rain Queen*, London 1943.

Krings, M.: »Bruchstücke ritueller Obszönität aus dem Hausaland« in *Aneignung und Entfremdung*, ed. V. Gottowik et al., Frankfurt/M. 2009.

Kripal, J. J.: »Kālī's Tongue and Ramakrishna«, *History of Religions* 1994.

Krippner, S.: »Cross-Cultural Treatment Perspectives on Dissociative Disorders« in *Dissociation*, ed. S. J. Lynn/J.W. Rhue, New York 1994.

–: »›Mediumistic Surgery‹ in Brazil« in *Transformation of Consciousness*, ed. D. Eigner/J. Kremer, Kathmandu 2015.

Kriss, R./H. Kriss-Heinrich: *Volksglaube im Bereich des Islam*, Bd. I, Wiesbaden 1960, Bd. II, 1962.

Kroeber, A. L.: *The Nature of Culture*, Chicago 1952.

Kröber, H.-L.: *Mord im Rückfall*, Berlin 2019.

Krone, S.: *Die altarabische Gottheit al-Lāt*, Frankfurt/M. 1992.

Kronenberg, A.: *Logik und Leben*, Wiesbaden 1972.

Kross, E.: *Am Hofe Heinrichs VIII.*, Leipzig 1992.

Krüger, G.: »Tabu: Die Macht der Götter in Polynesien« in *Tabu??*, ed. G. Krüger et al., Petersberg 2012.

Krüger, I. T.: *Schutzengel*, Freiburg 1999.

Kubik, G./M. Djenda: »Projektion, Weltbilder und die Psychologie der Kolonisierten« in *Ethnopsychoanalyse revisited*, ed. J. Reichmayr, Gießen 2016.

Kuckenburg, M.: *Als der Mensch zum Schöpfer wurde*, Stuttgart 2001.

–: *Kultstätten und Opferplätze in Deutschland*, Stuttgart 2007.

Kührer, F.: *Vampire*, Kevelaer 2010.

Kulandran, S.: *The Concept of Transcendence*, Madras 1981.

Kulick, D.: »Homosexual Behavior, Culture and Gender in Papua New Guinea«, *Ethnos* 1985.

–: »The Gender of Brazilian Transgendered Prostitutes«, *American Anthropologist* 1997.

–: *Travesti*, Chicago 1998.

Kumar, M.: »Lesbians in Indian Texts and Contexts« in *Facing the Mirror*, ed. A. Sukthankar, Neu-Delhi 1999.

Kunze, K.: *Namenkunde*, München 1998.

Kuper, H.: *An African Aristocracy*, London 1947.

Kurath, H./S. M. Kuhn: *Middle English Dictionary*, Bd. I, Ann Arbor 1956.

Kurin, R.: »Morality, Personhood, and the Exemplary Life: Popular Conceptions of Muslims in Paradise« in *Moral Conduct and Authority*, ed. B. D. Metcalf, Berkeley 1984.

v. Kutschera, F.: »Wissenschaftliche Weltsicht und der Glaube an einen persönlichen Gott« in *Zwischen Rationalität und Religion*, ed. S. Bonk, Regensburg 2019.

Kwiatkowski, L. M.: »Ifugao« in *Encyclopedia of Sex and Gender*, ed. C. R. Ember/M. Ember, New York 2009.

Kyakas, A./P. Wiessner: *From Inside the Women's House*, Buranda 1992.

Laack, I.: *Aztec Religion and Art of Writing*, Leiden 2019.

La Barre, W.: »The Snake-Handling Cult of the American Southeast« in *Explorations in Cultural Anthropology*, ed. W. H. Goodenough, New York 1964.

–: »Hallucinogens and the Shamanic Origins of Religion« in *Flesh of the Gods*, ed. P. T. Furst, London 1972.

–: *Muelos*, New York 1984.

Laborie, L.: »Sex, Drugs, and Rock'n Roll« in *Gottlosigkeit und Eigensinn*, ed. E. Piltz/G. Schwerhoff, Berlin 2015.

Lachapelle, S.: *Investigating the Supernatural*, Baltimore 2011.

Laderman, C.: »The Poetics of Healing in Malay Shamanistic Performances« in *The Performance of Healing*, ed. C. Laderman/M. Roseman, New York 1996.

Lado, L.: *Catholic Pentecostalism and the Paradoxes of Africanization*, Leiden 2009.

Lämmermann, G.: *Einführung in die Religionspsychologie*, Neukirchen-Vluyn 2006.

La Fontaine, J. S.: »Allegations of Sexual Abuse in Satanic Rituals«, *Religion* 1994.

de Laguna, F.: *Under Mount Saint Elias*, Washington 1972.

–: »Tlingit Shamans« in *The Far North*, ed. H. B. Collins, Bloomington 1977.

–: »Tlingit« in *Handbook of North American Indians*, Bd. 7, ed. W. Suttles, Washington 1990.

Laistner, L.: *Das Rätsel der Sphinx*, Bd. II, Berlin 1889.

Lambek, M.: *Knowledge and Practice in Mayotte*, Toronto 1993.

–: »Fantasy in Practice« in *Beyond Rationalism*, ed. B. Kapferer, New York 2002.

Lamphere, L.: »Southwestern Ceremonialism« in *Handbook of North American Indians*, Bd. 10, ed. A. Ortiz, Washington 1983.

Lancaster, E./J. Poling: *Strangers in My Body*, London 1958.

Lanczkowski, G.: *Einführung in die Religionsphänomenologie*, Darmstadt 1978.

de Landa, D.: *Bericht aus Yucatán*, ed. R. Rincón, Stuttgart 2010.

Landry, T. R.: »Vodún, Globalization, and the Creative Layering of Belief in Southern Bénin«, *Journal of Religion in Africa* 2015.

Landtman, G.: *The Kiwai Papuans of British New Guinea*, London 1927.

Lane, R. B.: »Power Concepts in Melanesia and Northwestern North America« in *The Anthropology of Power*, ed. R. D. Fogelson/R. N. Adams, New York 1977.

Lane, R. B./W. Suttles: »Southern Coast Salish« in *Handbook of North American Indians*, Bd. 7, ed. W. Suttles, Washington 1990.

Lang, B.: *Heiliges Spiel*, München 1998.

Lang, H.: *Der Heiligenkult in Marokko*, Passau 1992.

Lang, K.: »*Ka*: Seele und Leib bei den alten Ägyptern«, *Anthropos* 1925.

Lang, R. E.: *Sehen*, Stuttgart 2014.

Langdon, E. J.: »The Revitalisation of Yajé Shamanism Among the Siona«, *Anthropology of Consciousness* 2016.

Lange, B. R.: *Holy Brotherhood*, Oxford 2003.

Lange, D.: *Eine Bewegung bricht sich Bahn*, Gießen 1979.

Lange, R./J. Houran: »Ambiguous Stimuli Brought to Life« in *Hauntings and Poltergeists*, ed. J. Houran/R. Lange, Jefferson 2001.

Langlitz, N.: »Neuroimaging und Visionen«, *Bildwelten des Wissens* 2008.

–: *Neuropsychedelica*, Berkeley 2013.

Lantier, R.: »Keltische Mythologie« in *Götter und Mythen im Alten Europa*, ed. H.W. Haussig, Stuttgart 1973.

Lantis, M.: *Alaskan Eskimo Ceremonialism*, Seattle 1947.

–: *Eskimo Childhood and Interpersonal Relationships*, Seattle 1960.

Lapena, F. R.: »Wintu« in *Handbook of North American Indians*, Bd. 8, ed. R. F. Heizer, Washington 1978.

Larbig, W.: »Psychophysiologie exzessiver Schmerzrituale« in *An den Grenzen der Erkenntnis*, ed. G. Meyer et al., Stuttgart 2015.

Larose, S.: »The Meaning of Africa in Haitian Vodu« in *Symbols and Sentiments*, ed. I. M. Lewis, London 1977.

Larsen, K.: »Possessing Spirits and Bodily Transformation in Zanzibar«, *Journal of Ritual Studies* 2014.

–: »Identity and Shared Realities Among Humans and Spirits in Zanzibar«, *Journal of Religion in Africa* 2014a.

Larson, F.: *Severed*, New York 2014.

Larson, R.: *Daughters of Light*, Chapel Hill 1999.

Larsson, C.: *Hinter der Maske des Clowns*, Grafrath 2005.

Last, M.: »Hausa« in *Encyclopedia of Medical Anthropology*, ed. C. R. Ember/ M. Ember, New York 2004.

Lattas, A.: »Sexuality and Cargo Cults«, *Cultural Anthropology* 1991.

Laubscher, B. J. F.: *Sex, Custom and Psychopathology*, London 1937.

Laughlin, C. D./J. McManus: »Mammalian Ritual« in *The Spectrum of Ritual*, ed. E. G. d'Aquili et al., New York 1979.

Laughlin, C. D. et al.: *Brain, Symbol, & Experience*, New York 1992.

Laugrand, F. B.: »The Beauty of the Afterlife Among the Inuit of Nunavut« in *Death Across Cultures*, ed. H. Selin/R. M. Rakoff, Cham 2019.

Laugrand, F. B./J. G. Oosten: *Inuit Shamanism and Christianity*, Montreal 2010.

Laurentin, R./H. Joyeux: *Medizinische Untersuchungen in Medjugorje*, Graz 1986.

Lauva, K. K.: *The Asur*, Neu-Delhi 1963.

Lavenda, R. H./R. J. De Mallie: »*Wakan*: Plains Siouan Concepts of Power« in *The Anthropology of Power*, ed. R. D. Fogelson/R. N. Adams, New York 1977.

Lavin, I.: *Bernini and the Unity of the Visual Arts*, New York 1980.

Lavoie, J. D.: *The Theosophical Society*, Boca Raton 2012.

Lawal, B.: »Orí: The Significance of the Head in Yoruba Sculpture«, *Journal of Anthropological Research* 1985.

Lawrence, P.: *Road Belong Cargo*, Manchester 1964.

Lawrow, N. F.: »Religion und Kirche« in *Geschichte und Kultur des alten Rus*, Bd. II, ed. N. N. Woronin/M. K. Karger, Berlin 1962.

Laycock, J.: »Real Vampires as an Identity Group«, *Nova Religio* 2010.

–: »The Watseka Wonder (Mary Lurancy Vennum)« in *Spirit Possession Around the World*, ed. J. Laycock, Santa Barbara 2015.

Leahy, M. J.: *Explorations into Highland New Guinea 1930-35*, Tuscaloosa 1991.

Leakey, R. E./ R. Lewin: *People of the Lake*, New York, 1979.

Leavelle, T. N.: »The Catholic Rosary, Gendered Practice, and Female Power in French-Indian Spiritual Encounters« in *Native Americans, Christianity, and the Reshaping of the American Religious Landscape*, ed. J.W. Martin/M. A. Nicholas, Chapel Hill 2010.

LeBar, F. M.: *The Material Culture of Truk*, New Haven 1964.

Lebra, W. P.: »The Okinawan Shaman« in *Ryukyan Culture and Society*, ed. A. H. Smith, Honolulu 1964.

–: *Okinawan Religion*, Honolulu 1966.

Lechner-Knecht, S.: »Reisenotizen über Zauberhandlungen in Mexiko«, *Zeitschrift für Ethnologie* 1965.

Lecomte-Tilouine, M.: *Les dieux du pouvoir*, Paris 1993.

Lecouteux, C.: »Stratigraphische Untersuchungen zur Siegfriedsage« in *Märchenmotive im Nibelungenlied*, ed. G. Bönnen/V. Gallé, Worms 2002.

–: *The Secret History of Poltergeists*, Rochester 2007.

Lee, J.Y.: *Korean Shamanistic Rituals*, Den Haag 1981.

Lee, R.B.: »The Sociology of !Kung Bushman Trance Performances« in *Trance and Possession States*, ed. R. Prince, Montreal 1968.

–: *The Dobe Ju/'hoansi*, London 2003.

Lee, R. L. M.: »Continuity and Change in Chinese Spirit Mediumship in Urban Malaysia« in *Bijdragen tot de Taal-, Land- en Volkenkunde* 1986.

–: »The Re-Enchantment of the Self: Western Spirituality, Asian Materialism« *Journal of Contemporary Religion* 2003.

Lee, S. G.: Spirit Possession Among the Zulu« in *Spirit Mediumship and Society in Africa*, ed. J. Beattie/J. Middleton, London 1969.

Leech, K.: *Experiencing God*, San Francisco 1985.

Leemhuis, F.: »Can You Marry a Djinni?« in *Concepts of Person in Religion and Thought*, ed. H. Kippenberg et al., Berlin 1990.

Leenhardt, M.: *Do Kamo*, Frankfurt/M. 1984.

van der Leeuw, G.: »Macht und theoretisierte Macht« in *Religions-Ethnologie*, ed. C. A. Schmitz, Frankfurt/M. 1964.

Legner, A.: *Reliquien in Kunst und Kult*, Darmstadt 1995.

Legros, H.: *Chasseurs d'Ivoire*, Brüssel 1996.

Le Guérer, A.: *Die Macht der Gerüche*, Stuttgart 1994.

Lehmann, A.: *Aberglaube und Zauberei*, Stuttgart 1925.

Lehmann, F. R.: »Die Bedeutung des Wortes ›Mana‹ im Bereiche der Sprachen der polynesischen Inselwelt« in *Festschrift Walter Baetke*, ed. K. Rudolph et al., Weimar 1966.

Leibowitz, Y.: »Idolatry« in *20th Century Jewish Religious Thought*, ed. A. A. Cohen/P. Mendes-Flohr, Philadelphia 2009.

Leikind, B. J./ W. J. McCarthy: »An Investigation of Firewalking« in *The Outer Edge*, ed. J. Nickell et al., Amherst 1996.

Leiris, M.: *Die eigene und die fremde Kultur*, Frankfurt/M. 1977.

Leistle, B.: »Der Geruch der ǧinn«, *Curare* 2, 2006.

Lents, N. H.: *Not so Different*, New York 2016.

Leonhard, K.: *Bedeutende Persönlichkeiten in ihren psychischen Krankheiten*, Berlin 1988.

Leopold, J.: *Indianische Weltsicht*, Wyk 1996.

Lepowsky, M.: *Fruit of the Motherland*, New York 1993.

Lerch, P. B.: »Spirit Mediums in Umbanda Evangelizada of Porto Alegre« in *A World of Women*, ed. E. Bourguignon, New York 1980.

Leroi-Gourhan, A.: *Eine Reise zu den Ainu*, Zürich 1995.

Le Roux, F./C.-J. Guyonvarc'h: *Morrígan, Bodb, Macha*, Rennes 1983.

de Léry, J.: *History of a Voyage to the Land of Brazil (1578)*, ed. J. Whatley, Berkeley 1990.

Lesky, A.: *Göttliche und menschliche Motivation im homerischen Epos*, Heidelberg 1961.

Leslie, J.: »Women and Religion in Ancient Indian Texts« in *Women's Religious Experience*, ed. P. Holden, Beckenham 1983.

Lésoualc'h, T.: *Érotique du Japon*, Paris 1978.

Leuba, J. H.: *Die Psychologie der religiösen Mystik*, München 1927.

Levenduski, P. C.: *Peculiar Power*, Washington 1996.

Levi-Kamel, G.W.: »Leathersex«, *Deviant Behavior* 1980.

Levine, D. N.: *Wax & Gold*, Chicago 1965.

Lévi-Strauss, C.: *Traurige Tropen*, Frankfurt/M. 1982.

Levy, R. I.: »The Community Function of Tahitian Male Transvestism«, *Anthropological Quarterly* 1971.

–: *Tahitians*, Chicago 1973.

Lewis, I. M.: *A Pastoral Democracy*, London 1961.

–: »Die Berufung des Schamanen« in *Sehnsucht nach dem Ursprung*, ed. H. P. Duerr, Frankfurt/M. 1983.

–: *Religion in Context*, Cambridge 1986.

–: »Exorcism and Male Control of Religious Experience«, *Ethnos* 1990.

–: *Arguments With Ethnography*, London 1999.

–»Trance, Possession, Shamanism and Sex«, *Anthropology of Consciousness* 1, 2003.

Lewis, J. R.: »Satanic Ritual Abuse« in *The Oxford Handbook of New Religious Movements*, Bd. II, ed. J. R. Lewis/I. B. Tøllefsen, Oxford 2016.

Lewis, O.: *Anthropological Essays*, New York 1946.

Lewis, P.W.: *Ethnographic Notes on the Akhas of Burma*, New Haven 1969.

Lewis, R. E.: *Middle English Dictionary*, Ann Arbor 1984.

Lexer, M.: *Mittelhochdeutsches Handwörterbuch*, Bd. II, Leipzig 1878.

Leydesdorff, S.: »Distortions in Survivors' Narratives From Srebrenica« in *Genocide in the Twentieth Century*, ed. A. E. Randall, London 2015.

Li, Z.-S.: »Foxtrott im Lotus-Saal«, *Der Spiegel* 40, 1994.

Liberty, M. P. et al.: »Omaha« in *Handbook of North American Indians*, Bd. 13, ed. R. J. DeMallie, Washington 2001.

Lienhardt, G.: »The Shilluk of the Upper Nile« in *African Worlds*, ed. D. Forde, Oxford 1954.

–: *Divinity and Experience*, Oxford 1961.

–: »Religion« in *Man, Culture, and Society*, ed. H. L. Shapiro, Oxford 1971.

Lightfoot, J. L.: *The Sibylline Oracles*, Oxford 2007.

Liljeblad, S.: »Oral Tradition« in *Handbook of North American Indians*, Bd. 11, ed. W. L. D'Azevedo, Washington 1986.

Lim, D. S.: *Speaking in Tongues*, Quezon City 1998.

Limbert, M.: »Spirit Possession: Arab States« in *Encyclopedia of Women & Islamic Cultures*, Bd. III, ed. S. Joseph et al., Leiden 2006.

Lincoln, M./B. Lincoln: »Bare Afterlife and the Ghosts of Ba Chúc«, *Comparative Studies in Society and History* 2015.

Lindblom, G.: *The Akamba*, Uppsala 1920.

Lindeman, M./N. Saher: »Vitalism, Purpose and Superstition«, *British Journal of Psychology* 2007.

Lindenbaum, S.: *Kuru Sorcery*, Palo Alto 1979.

–: »Fore Narratives Through Time«, *Current Anthropology* 2002.

Lindhardt, M.: *Power in Powerlessness*, Leiden 2012.

–: »Men of God«, *Religion* 2015.

Lindsey, W. R.: *Fertility and Pleasure*, Honolulu 2007.

Ling, S. N.: »Popular Religion« in *Religion in Southeast Asia*, ed. J. M. Athyal, Santa Barbara 2015.

Lings, M.: *A Moslem Saint of the Twentieth Century*, London 1961.

Linklater, A.: *Wild unter Wilden*, München 1995.

Linse, U.: *Barfüßige Propheten*, Berlin 1983.

Linton, R.: *Ethnology of Polynesia and Micronesia*, Chicago 1926.

–: *The Tanala*, Chicago 1933.

Lior, Y.: »Dybbuk (pl. Dybbukim)« in *Spirit Possession Around the World*, ed. J. P. Laycock, Santa Barbara 2015.

Littlewood, R.: »The Return of Multiple Consciousness« in *Questions of Consciousness*, ed. A. P. Cohen/N. Rapport, London 1995.

–: *Pathologies of the West*, Ithaca 2002.

Littlewood, R./M. Lipsedge: *Aliens and Alienists*, London 1989.

Littmann, E.: *Arabische Geisterbeschwörungen aus Ägypten*, Leipzig 1950.

Lizot, J.: *Im Kreis der Feuer*, Frankfurt/M. 1982.

Lobel, T.: *Du denkst nicht mit dem Kopf allein*, Frankfurt/M. 2015.

Loeb, E. M.: *Sumatra*, Wien 1935.

Lötzsch, R.: *Jiddisches Wörterbuch*, Berlin 2018.

Loewe, M.: »The Hybrid in Early Chinese Art and Literature«, *Numen* 1978.

–: »The Religious and Intellectual Background of Later Han« in *The Cambridge History of China*, Bd. I, ed. D. Twitchett/M. Loewe, Cambridge 1986.

–: *Divination, Mythology and Monarchy in Han China*, Cambridge 1994.

Loewen, J. A.: *Culture and Human Values*, South Pasadena 1975.

Loewenstein, R. J.: »Posttraumatic and Dissociative Aspects of Transference and Countertransference in the Treatment of Multiple Personality Disorder« in *Clinical Perspectives on Multiple Personality Disorder*, ed. R. P. Kluft/C. G. Fine, Washington 1993.

Lohmann, R. I.: »Turning the Belly« in *The Anthropology of Religious Conversion*, ed. A. Buckser/S. D. Glazier, Lanham 2003.

–: »Supernatural Encounters of the Asabano« in *Dream Travelers*, ed. R. I. Lohmann, New York 2003a.

Lommel, A.: *Die Unambal*, Hamburg 1952.

–: *Schamanen und Medizinmänner*, München 1965.

Lommel, H.: »König Soma«, *Numen* 1955.

Long, N. J.: »Haunting Malayness«, *Journal of the Royal Anthropological Institute* 2010.

–: *Being Malay in Indonesia*, Singapore 2013.

Looser, G.: *Wohin geht die Seele?*, München 2012.

Lorimer, D.: *Survival?*, London 1984.

Lorimer, D. L. R.: *Gilgit*, ed. I. Stellrecht, Graz 1980.

Lory, P.: »Sexual Intercourse Between Humans and Demons in the Islamic Tradition« in *Hidden Intercourse*, ed. W. J. Hanegraaff/J. J. Kripal, Leiden 2008.

Lot-Falck, É.: »Psychopathes et chamans Yacoutes« in *Échanges et Communications*, ed. J. Pouillon/P. Maranda, Den Haag 1970.

Lowenthal, I.P.: »A Service for the Gods in Southern Haiti«, *Journal of Anthropological Research* 1978.

Lowie, R.H.: *The Religion of the Crow Indians*, New York 1922.

–: *The Crow Indians*, New York 1935.

–: »Dreams, Idle Dreams«, *Current Anthropology* 1966.

Lowry, E.: »These Lovers Are Out of this World« in *The Paranormal and Popular Culture*, ed. D. Caterine/J.W. Morehead, London 2019.

Lubelsky, I.: *Celestial India*, Sheffield 2012.

v. Lucadou, W.: »Verhexung« in *Hexerei und Krankheit*, ed. W. Bruchhausen, Münster 2003.

Lucas, P.C.: »The New Age Movement and the Pentecostal/Charismatic Revival« in *Perspectives on the New Age*, ed. J.R. Lewis/G. Melton, Albany 1992.

Lucia, A.J.: *Reflections of Amma*, Berkeley 2014.

Lübbe, H.: *Religion nach der Aufklärung*, München 2004.

Luedke, T.: »Prophetic Selves and Spirit Others in Central Mozambique«, *Journal of Religion in Africa* 2011.

Lüdtke, K.: *Dances With Spiders*, New York 2009.

Lüthi, M.: »Diesseits- und Jenseitswelt im Märchen« in *Die Welt im Märchen*, ed. J. Janning/H. Gehrts, Kassel 1984.

Luhrmann, T.M.: »The Goat and the Gazelle« in *Talking About People*, ed. W.A. Haviland/R.J. Gordon, Mountain View 1996.

–: »Metakinesis«, *American Anthropologist* 2004.

–: »A Hyperreal God and Modern Belief«, *American Anthropologist* 2012.

–: *When God Talks Back*, New York 2012a.

Luhrmann, T.M./R. Padmavati: »The Experience of Auditory Hallucinations in Chennai« in *Our Most Troubling Madness*, ed. T.M. Luhrmann/J. Marrow, Oakland 2016.

Luhrmann, T.M. et al.: »The Absorption Hypothesis: Learning to Hear God in Evangelical Christianity«, *American Anthropologist* 2010.

Lumholtz, C.: *Through Central Borneo*, Bd. II, New York 1920.

Luther, M.: *Werke*, Bd. 16, Weimar 1899.

–: *Tischreden*, Bd. 3, Weimar 1914.

Lutkehaus, N.: »The ›Tambaran‹ of the ›Tanepoa‹« in *Sepik Heritage*, ed. N. Lutkehaus, Durham 1990.

Lutzky, H.: »On a Concept Underlying Indo-European Terms for the Sacred«, *Journal of Indo-European Studies* 1993.

Lydall, J./I. Strecker: *The Hamar of South Ethiopia*, Bd. II, Hohenschäftlarn 1979.

Lynn, S.J.: »Hypnosis« in *Encyclopedia of Human Behavior*, Bd. II, ed. V.S. Ramachandran, London 2012.

Lynn, S. J. et al.: »Hypnosis: Science, Pseudoscience and Nonsense« in *Pseudoscience*, ed. A. B. Kaufman/J.C. Kaufman, Cambridge 2018.

Ma, J.C.: »A Close Encounter With the Transcendental« in *Asian Church & God's Mission*, ed. W. Ma/J.C. Ma, Manila 2003.

MacClancy, J.: »Mana: An Anthropological Metaphor for Island Melanesia«, *Oceania* 1986.

Macdonald, J.: »Contemporary Healing Practices in Tikopia, Solomon Islands« in *Healing Practices in the South Pacific*, ed. C. D. F. Parsons, Honolulu 1985.

MacGaffey, W.: *Modern Kongo Prophets*, Bloomington 1983.

Macha, J./W. Herborn: *Kölner Hexenverhöre aus dem 17. Jahrhundert*, Köln 1992.

Machado, J. P.: *Grande Dicionário da Língua Portuguesa*, Bd. I, Lissabon 1991.

Macho, T. H.: »Der Traum der Vernunft gebiert Ungeheuer«, *Unter dem Pflaster liegt der Strand* 14, 1984.

MacKenzie, A.: *Hauntings and Apparitions*, London 1982.

MacKenzie, M.: »Mana in Maori Medicine, Rarotonga« in *The Anthropology of Power*, ed. R. D. Fogelson/R. N. Adams, New York 1977.

–: *Androgynous Objects*, Chur 1991.

MacKillop, J.: *Celtic Mythology*, Oxford 1988.

Macklin, J.: »A Connecticut Yankee in Summer Land« in *Case Studies in Spirit Possession*, ed. V. Crapanzano/V. Garrison, New York 1977.

MacPhail, R. D.: »Finding a Path in Others' Worlds« in *Popular Christianity in India*, ed. S. J. Raj/C. G. Dempsey, Albany 2002.

Maddox, B.: *George's Ghosts*, London 1999.

Madeline, L.: »Der Ursprung der Welt« in *Gustave Courbet*, ed. U. Küster, Riehen 2014.

Mageo, J. M.: »Ma'i Aitu: The Cultural Logic of Possession in Samoa«, *Ethos* 1991.

–: »Hair Symbolism and Sexual History in Samoa«, *Man* 1994.

–: »Spirit Girls and Marines«, *American Ethnologist* 1996.

–: *Theorizing Self in Samoa*, Ann Arbor 1998.

–: »Samoa« in *World Folklore and Folklife*, Bd. I, ed. W. M. Clements, Westport 2006.

Magnis-Suseno, F.: *Javanische Weisheit und Ethik*, München 1981.

Magos, A. P.: »The Concept of *Mari-it* in Panaynon Maritime Worldview«, in *Fishers of the Visayas*, ed. I. Ushijima/C. N. Zayas, Quezon City 1994.

Mahalakshmi, R.: *The Making of the Goddess*, Neu-Delhi 2011.

Maher, M./G. R. Schmeidler: »Quantitative Investigation of a Recent Apparition«, *Journal of the American Society for Psychical Research* 1975.

Mahlke, R.: *Die Geister steigen herab*, Berlin 1992.

–: »Die María-Lionza-Religion in Venezuela«, *Zeitschrift für Missionswissenschaft* 1992a.

–: *Prophezeiung und Heilung*, Berlin 1997.

Mahlstedt, I.: *Das fremde Japan: Ainu, Kami, Shinto*, Frankfurt/M. 2014.

Mahmoud, M.: »Sufism and Islamism in the Sudan« in *African Islam and Islam in Africa*, ed. D. Westerlund/E. E. Rosander, London 1997.

Maier, B.: »Sacral Kingship in Pre-Christian Ireland«, *Zeitschrift für Religions- und Geistesgeschichte* 1989.

–: »Heilig« in *Reallexikon der Germanischen Altertumskunde*, Bd. 14, ed. H. Beck et al., Berlin 1999.

–: *Die Religion der Kelten*, München 2001.

–: »Kulträume der frühen Kelten« in *Kulträume*, ed. H.-U. Wiemer, Stuttgart 2017.

Majumdar, D. N.: *The Affairs of a Tribe*, Lucknow 1950.

Ma-Kellams, C.: »When Perceiving the Supernatural Changes the Natural«, *Journal of Cognition and Culture* 2015.

Makilam, M.: *La magie des femmes kabyles*, Paris 1996.

Makris, G. P.: »Slavery, Possession and History«, *Africa* 1996.

Malbrancke, A.-S.: »Women Don't have Testicles«, *Paideuma* 2016.

Malinowski, B.: *Sex and Repression in Savage Society*, London 1927.

–: *A Diary in the Strict Sense of the Term*, New York 1967.

Maliszewski, N. et al.: »Altering Consciousness Through Sexual Activity« in *Altering Consciousness*, ed. E. Cardeña/M. Winkelman, Santa Barbara 2011.

Mallebrein, C.: »The Divine Play on Earth« in *Dialogues With Gods*, ed. T. Otten/U. Skoda, Berlin 2014.

Mallinson, J.: »Yoga and Sex« in *Yoga in Transformation*, ed. K. Preisendanz et al., Göttingen 2018.

Malo, R.: »Intimate Devotion«, *Journal of Medieval and Early Modern Studies* 2014.

Malony, H. N./A. A. Lovekin: *Glossolalia*, New York 1985.

Mandel, S.: »The Laughter of Nordic and Celtic-Irish Tricksters«, *Fabula* 1982.

Mandelbaum, D. G.: »Social Trends and Personal Pressures« in *Anthropology of Folk Religion*, ed. C. Leslie, New York 1960.

Mangalvadi, M.: *The World of Gurus*, Neu-Delhi 1977.

Mangiapan, T.: »Le contrôle médical des guérisons de Lourdes« in *Histoire des Miracles,* ed. J. de Viguerie, Angers 1982.

Mann, A. T./J. Lyle: *Mystische Sexualität*, Wetswil 1996.

Mann, K./O. Benkert: »Traum und Sexualität« in *Träume*, ed. E. Rüther et al., Innsbruck 2001.

Mann, S. E.: *An Indo-European Comparative Dictionary*, Hamburg 1884.

Manninen, I.: *Die dämonistischen Krankheiten im finnischen Volksglauben*, Helsinki 1922.

Marcelin, E.: »Les grands dieux du Vodou haïtien«, *Journal de la Société des Américanistes* 1947.

Marglin, F. A.: »Types of Sexual Union and Their Implicit Meanings« in *The Divine Consort*, ed. J. S. Hawley/D. M. Wulff, Berkeley 1982.

–: *Wives of the God-King*, Oxford 1985.

–: »Refining the Body« in *Divine Passions*, ed. O. M. Lynch, Berkeley 1990.

Margulis, L./D. Sagan: *Geheimnis und Ritual*, München 1996.

Marhoffer-Wolff, M.: *Frauen und Feen*, Köln 2002.

Marina, J. A.: *Das Gottesgutachten*, Darmstadt 2005.

Marini, S. A.: *Radical Sects of Revolutionary New England*, Cambridge 1982.

Markum, C.: »Heaven Only Knows«, *Skeptic Magazine* 3, 2016.

Marneros, A.: *Sexualmörder*, Bonn 1997.

Maroney, T.: »Introduction« in *The Book of Dzyan*, ed. H. Blavatsky, Hayward 2000.

Marquardt, B.: *Die Sprache des Menschen und ihre biologischen Voraussetzungen*, Tübingen 1984.

Marriott, A./C. K. Rachlin: *Dance Around the Sun: The Life of Mary Little Bear Inkanish*, New York 1977.

Marrow, J.: »In the Shadow of Good Wifeliness in North India« in *Our Most Troubling Madness*, ed. T. M. Luhrmann/J. Marrow, Oakland 2016.

Marshack, A.: »On Paleolithic Ochre and Early Uses of Color and Symbol«, *Current Anthropology* 1981.

–: »Comment on ›An Early Case of Color Symbolism‹«, *Current Anthropology* 2003.

Marshall, K. J.: *Upward, Not Sunwise*, Lincoln 2016.

Marshall, L.: »The Medicine Dance of the !Kung Bushmen«, *Africa* 1969.

Martin, D.: *Tongues of Fire*, Oxford 1990.

Martin, J.W.: *The Land Looks After Us*, Oxford 1999.

Martin, L.: *The Life and Ministry of William J. Seymour*, Joplin 1999.

Martin, L.: »Six Haitian *Vodou* Dances«, *Visual Anthropology* 1996.

de Martino, E.: *Katholizismus, Magie, Aufklärung*, München 1982.

Marton, Y.: »The Experiential Approach to Anthropology & Castañeda's Ambiguous Legacy« in *Being Changed*, ed. D. E. Young/J.-G. Goulet, Peterborough 1994.

Marxer, F.: *Die mystische Erfahrung*, Würzburg 2003.

Masilamani-Meyer, E.: *Guardians of Tamilnadu*, Halle 2004.

Maskarinec, G. G.: *The Rulings of the Night*, Madison 1995.

Masquelier, A.: »The Invention of Anti-Tradition« in *Spirit Possession*, ed. H. Behrend/U. Luig, Madison 1999.

–: »The Naked Spirit« in *Dirt, Undress, and Difference*, ed. A. Masquelier, Bloomington 2005.

Masters, W. H./V. E. Johnson: *Die sexuelle Reaktion*, Reinbek 1970.

–: *Homosexualität*, Frankfurt/M. 1979.

Masters, R. E. L./ J. Houston: *The Varieties of Psychedelic Experience*, New York 1966.

Mathews, J. J.: *The Osages*, Norman 1961.

Mathisen, S. R.: »Faith Healing and Concepts of Illness«, *Temenos* 1989.

Matory, J. L.: »History and the Tropes of ›Mounting‹ in Oyo-Yoruba Religion« in *Modernity and Its Malcontents*, ed. J. Comaroff, Chicago 1993.

–: »The Secrets Scholars Keep About Yorùbá-Atlantic Religion«, *Gender & History* 2003.

–: *Sex and the Empire That Is No More*, New York 2005.

–: »Is There Gender in Yorùbá Culture?« in *Òrìṣà Devotion as World Religion*, ed. J. K. Olupona/T. Rey, Madison 2008.

–: »The Many Who Dance in Me« in *Transnational Transcendence*, ed. T. J. Csordas, Berkeley 2009.

Matsumoto, S.: *Motoori Norinaga*, Cambridge 1970.

Matter, E. A.: »Apparitions of the Virgin Mary in the Late 20th. Century«, *Religion* 2001.

Mattheß, H./E. Nijenhuis: »Strukturelle Dissoziation der Persönlichkeit« in *Trauma und Persönlichkeitsstörungen*, ed. W. Wöller, Stuttgart 2006.

Mattiesen, E.: *Das persönliche Überleben des Todes*, Berlin 1936.

Matussek, P.: »Die Wahrnehmung in der Sicht der Gestaltpsychologie« in *Gestalthaftes Sehen*, ed. F. Weinhandl, Darmstadt 1960.

Mau, L.: *Xango*, Frankfurt/M. 1976.

Maudsley, H.: »Hallucinations of the Senses (1878)« in *Spiritualism, Mesmerism and the Occult, 1800-1920*, Bd. I, ed. S. McCorristine, London 2012.

Maunder, C.: »Apparitions of Mary« in *Mary*, ed. S. J. Boss, London 2007.

–: *Our Lady of the Nations*, Oxford 2016.

Maurer, M.: »Geruchs- und Geschmacksveränderungen in außergewöhnlichen Wachbewußtseinszuständen«, *Jahrbuch des Europäischen Collegiums für Bewußtseinsstudien* 1991.

Maxmen, J. S./N. G. Ward: *Essential Psychopathology and Its Treatment*, New York 1995.

Maxwell, N.: *Witch Doctor's Apprentice*, New York 1975.

May, L. C.: »The Dancing Religion: A Messianic Sect«, *Southwestern Journal of Anthropology* 1954.

Mayer, G.: »Review of H. P. Duerr's ›Die dunkle Nacht der Seele‹«, *Journal of the Society for Psychical Research* 2016.

Mayer, G./E. Bauer: »Erscheinungen« in *An den Grenzen der Erkenntnis*, ed. G. Mayer et al., Stuttgart 2015.

Mayer, G. et al.: »Diesseits des Gespenstermythos« in *Gespenster*, ed. M. Naumann/F. Schlöffel, Berlin 2013.

Mayer-Gross, W.: »Zur Depersonalisation« in *Depersonalisation*, ed. J.-E. Mayer, Darmstadt 1968.

Maymann, U.: *Die religiöse Welt psychisch Kranker*, Freiburg 1984.

Mazzoni, C.: *Saint Hysteria*, Ithaca 1996.

McAlister, E.: »The Madonna of the 115th Street Revisited« in *Gatherings in Diaspora*, ed. R. S. Warner/J. G. Wittner, Philadelphia 1998.

–: »The Spirits of Haitian Vodou« in *Love, Sex and Gender in the World Religions*, ed. J. Runzo/N. M. Martin, Oxford 2000.

McAndrews, J. P.: *People of Power*, Quezon City 2001.

McBrayer, J.: »Ignorance and the Religious Life« in *The Epistemic Dimensions of Ignorance*, ed. R. Peels/M. Blaauw, Cambridge 2016.

McCarthy, H.: »Assaulting California's Sacred Mountains« in *Beyond Primitivism*, ed. J. K. Olupona, New York 2004.

McCarthy-Brown, K.: »Mama Lola and the Ezilis« in *Gender in Cross-Cultural Perspective*, ed. C. B. Brettell/C. F. Sargent, Upper Saddle River 1993.

McClenon, J.: »The Sociological Investigation of Haunting Cases« in *Hauntings and Poltergeists*, ed. J. Houran/R. Lange, Jefferson 2001.

McCloud, S.: *American Possessions*, Oxford 2015.

McCrone, W.: »Comment on ›The Authentication of the Turin Shroud‹«, *Current Anthropology* 1983.

McCue, P. A.: »Theories of Haunting: A Critical Overview«, *Journal of the Society for Psychical Research* 2002.

McDonald, H.: *Blood, Bones and Spirit*, Melbourne 2001.

McDonnell, K.: *Charismatic Renewal and the Churches*, New York 1976.

McDowell, N.: *The Mundugumor*, Washington 1991.

McGarry, M.: »Spectral Sexualities«, *Journal of Women's History* 2000.

McGee, G. B.: *People of the Spirit*, Springfield 2004.

McGilvray, D. B.: »Sexual Power and Fertility in Sri Lanka« in *Ethnography of Fertility and Birth*, ed. C. P. McCormack, London 1982.

–: *Symbolic Heat*, Ahmedabad 1998.

McGregor, R. S.: *The Oxford Hindi-English Dictionary*, Oxford 1993.

McGruder, J. H.: »Madness in Zanzibar« in *Schizophrenia, Culture, and Subjectivity*, ed. J. H. Jenkins/R. J. Barrett, Cambridge 2004.

McHugh, J.: »Seeing Scents«, *History of Religions* 2011.

McKenna, B.: »Vodou« in *Encyclopedia of African-American Folklore*, ed. A. Prahlad, Westport 2006.

McKenzie, P.: »A Note on the Yoruba Òrìsà Cults«, *Religion* 1980.

–: »Dreams and Visions in 19th Century Yoruba Religion« in *Dreaming, Religion and Society in Africa*, ed. M. C: Jędrej/R. Shaw, Leiden 1992.

–: »Women in Some 19th-Century Òrìsà Cults« in *Living Faith*, ed. R. Mahlke et al., Frankfurt/M. 1997.

McKinley, R.: »Human and Proud of It« in *Studies in Borneo Societies*, ed. G. N. Appel, DeKalb 1976.

McLean, A.: »In the Footprints of Reo Fortune« in *Ethnographic Presents*, ed. T. E. Hays, Berkeley 1992.

McMahon, K.: *Misers, Shrews, and Polygamists*, Durham 1995.

McNally, M. D.: *Ojibwe Singers*, New York 2000.

McNamara, P.: *The Neuroscience of Religious Experience*, Cambridge 2009.

–: *Spirit Possession and Exorcism*, Bd. I, Santa Barbara 2011.

–: *The Neuroscience of Sleep and Dreams*, Cambridge 2019.

Mead, M.: *Social Organization of Manu'a*, Honolulu 1969.

Meek, C. K.: *Tribal Studies in Northern Nigeria*, London 1931.

Meeks, L.: *Hokkeji and the Reemergence of Female Monastic Orders in Premodern Japan*, Honolulu 2010.

–: »The Disappearing Medium«, *History of Religions* 2011.

Meggers, B. J.: »Caboclo Life in the Mouth of the Amazon«, *Primitive Man* 1950.

Mehta, R. J.: *Scientific Curiosities of Love-Life and Marriage*, Bombay o. J.

Meier, F.: *Die Fawā'ih al Ġamāl Wa-Fawātih al-Galāl des Naǧm ad-Dīn al Kubrā*, Wiesbaden 1957.

Meigs, A. S.: *Food, Sex, and Pollution*, New Brunswick 1984.

Meinardus, O. F. A.: »A Critical Examination of Collective Hallucinations After the Six Days' War in the Middle East«, *Ethnomedizin* 1971.

–: »Fertility and Healing Cult Survivals in Athens: Haghia Marina«, *Zeitschrift für Ethnologie* 1974.

Meleisea, M./P. Schoeffel: »Discovering Outsiders« in *The Cambridge History of the Pacific Islanders*, ed. D. Denoon, Cambridge 1997.

Melton, J. G.: »Walk-ins« in *New Age Encyclopedia*, ed. J. G. Melton et al., Detroit 1990.

–: *Occultism & Parapsychology*, Farmington Hills 2001.

–: *The Vampire Book*, Canton 2011.

Mencej, M.: »Security Guards as Participants in and Mediators of a Ghost Tradition«, *Fabula* 2015.

de Mendelsohn, F.: *Der Mann, der sein Leben einem Traum verdankte*, Salzburg 2014.

Menrath, M.: *Mission Sitting Bull*, Paderborn 2016.

Mercadante, L. A.: *Belief Without Borders*, Oxford 2014.

Mercier, P.: »The Fɔn of Dahomey« in *African Worlds*, ed. D. Forde, Oxford 1954.

Merkur, D.: »Souls, Spirits, and Indwellers in Nature«, *Temenos* 1985.

–: »Inuit Conceptions of Witchcraft« in *Saami Religion*, ed. T. Ahlbäck, Uppsala 1987.

–: *Becoming Half Hidden*, New York 1992.

–: »The Otherworld as a Western Esoteric Category« in *Western Esotericism and the Sense of Religion*, ed. A. Faivre/J.W. Hanegraaff, Leiden 1998.

–: »Interpreting Numinous Experiences« in *Explorations in Psychoanalytic Ethnography*, ed. J. Mimica, New York 2007.

Merleau-Ponty, M.: *Phänomenologie der Wahrnehmung*, Berlin 1966.

Mernissi, F.: »The Muslim Concept of Active Female Sexuality« in *Sexuality and Gender*, Oxford 2002.

Messenger, J.: »Montserrat« in *The Garland Encyclopedia of World Music*, Bd. II, ed. D. A. Olsen/D. E. Sheehy, New York 1998.

Messner, A.C.: *Zirkulierende Leidenschaft*, Köln 2016.

Metcalfe, R.: *Maori*, Coromandel 1981.

Metge, J.: *The Maori of New Zealand*, London 1976.

Métraux, A.: »Myths and Tales of the Matako Indians«, *Ethnological Studies*, 1939.

–: »Ethnography of the Chaco« in *Handbook of South American Indians*, Bd. I, ed. J. H. Steward, Washington 1946.

–: *Voodoo in Haiti*, London 1959.

–: *Religions et magies indiennes d'Amérique du sud*, Paris 1967.

–: *Die Osterinsel*, Frankfurt/M., 1989.

Mettinger, T.: »The Veto on Images and the Aniconic God in Ancient Israel« in *Humanitas Religiosa*, Uppsala 1979.

Metzinger, T.: »Ich-Störungen als pathologische Formen mentaler Selbst-Modellierung« in *Neuropsychiatrie und Neurophilosophie*, ed. G. Northoff, Paderborn 1997.

Mewes, J./J. Niewöhner: »Die Bedeutung der Stimmen« in *Sinnsuche und Genesung*, ed. T. Bock et al., Köln 2014.

Meyer, B.: »Waren und die Macht des Gebets«, *Sociologus* 1998.

–: *Translating the Devil*, Edinburgh 1999.

–: »›You Devil, Go Away From Me!‹« in *Powers of God and Evil*, ed. P. Clough/J. P. Mitchell, New York 2001.

–: »From African Independent to Pentecostal-Charismatic Churches« in *The Wiley-Blackwell Companion to African Religions*, ed. E. K. Bongma, Oxford 2012.

Meyer, C.: *Der Aberglaube des Mittelalters*, Basel 1884.

Meyer, C.: »Wer handelt in Trance?«, *Paragrana* 2, 2009.

–: »Shifting Agencies in Brazilian Umbanda Rituals« in *Body, Performance, Agency, and Experience*, ed. A. Chaniotis et al., Wiesbaden 2010.

Meyer, H.: *Die Barundi*, Leipzig 1916.

Meyer, L.: *Das fingierte Geschlecht*, Frankfurt/M. 1999.

Meyer, R.: *Das ›St. Katharinentaler Schwesternbuch‹*, Tübingen 1995.

Meylan, N.: *Mana: A History of a Western Category*, Leiden 2017.

Meynell, H.: »Philosophy and Schizophrenia«, *Journal of the British Society for Phenomenology* 1971.

Michaels, A.: »Das ominöse Numinose« in *Noch eine Chance für die Religionsphänomenologie?*, ed. A. Michaels, Bern 2001.

Michell, G.: *Hindu Art und Architecture*, London 2000.

Middelkoop, P.: *Head Hunting in Timor*, Sydney 1963.

Middleton, J.: »Spirit Possession Among the Lugbara« in *Spirit Mediumship and Society in Africa*, ed. J. Beattie/J. Middleton, London 1969.

Middleton, J./G. Kershaw: *The Kikuyu and Kamba of Kenya*, London 1972.

Midelfort, H.C.E.: »Sin, Melancholy, Obsession: Insanity and Culture in 16th Century Germany« in *Understanding Popular Culture*, ed. S.L. Kaplan, Berlin 1984.

–: »Medicine, Theology, and the Problem of Germany's Pietist Ecstatics« in *God in the Enlightenment*, ed. W.J. Bulman/R.G. Ingram, Oxford 2016.

Miedema, N.: »Reliquienverehrung und Wallfahrt« in *Die Vermittlung geistlicher Inhalte im deutschen Mittelalter*, ed. T.R. Jackson et al., Tübingen 1996.

Miersch, M.: *Das bizarre Sexualleben der Tiere*, Frankfurt/M. 1999.

Mikles, N.L.: »Kagura« in *Spirit Possession Around the World*, ed. J.P. Laycock, Santa Barbara 2015.

Miklosich, F.: *Etymologisches Wörterbuch der slavischen Sprachen*, Wien 1886.

Mildenberger, F.: »Heil und Heilstrom«, *Zeitschrift für Parapsychologie* 2007.

Mildnerova, K.: *From Where Does the Wind Blow?*, Wien 2015.

Millar, C.-R.: »Sleeping With Devils« in *Supernatural and Secular Power in Early Modern England*, ed. M. Harmes/V. Bladen, Farnham 2015.

de Mille, R.: *Castañeda's Journey*, Santa Barbara 1978.

Miller, A.L.: »Myth and Gender in Japanese Shamanism«, *History of Religions* 1993.

Miller, M./K. Taube: *The Gods and Symbols of Ancient Mexico and the Maya*, London 1993.

Miller, N.S.: *The Pharmacology of Alcohol and Drugs of Abuse and Addiction*, New York 1991.

Miller, T.R.: »Musik der Schamanen« in *Schamanen Sibiriens*, ed. E. Kasten, Stuttgart 2009.

Mills, K.R.: »Seeing God in Mid-Colonial Peru« in *Andean Art*, ed. P. Dransart, Aldershot 1995.

Mills, M.A.: »Small Shoes and Painted Faces« in *Modern Ladakh*, ed. M. van Beek/F. Pirie, Leiden 2008.

Mills, M.B.: »Attack of the Widow Ghosts« in *Bewitching Women, Pious Men*, ed. A. Ong/M.G. Peletz, Berkeley 1995.

Mills, S. L.: »Anthropomorphic Objects in Bangladeshi Sufitum« in *Embodying Charisma*, ed. P. Werbner/H. Basu, London 1998.

Milne, L.: *The Home of an Eastern Clan*, Oxford 1924.

Mimica, J.: »Descended From the Celestial Rope« in *Explorations in Psychoanalytic Ethnography*, ed. J. Mimica, New York 2007.

Mischo, J.: »Dr. Milan Rýzls ASW-Experimente in Hypnose« in *Parapsychologie,* ed. H. Bender, Darmstadt 1966.

–: »Außersinnliche Wahrnehmungen« in *PSI: Was verbirgt sich dahinter?*, ed. E. Bauer/W.v. Lucadou, Freiburg 1984.

–: »Ein interdisziplinärer Zugang zum Thema ›Dämonische Besessenheit‹«, *Zeitschrift für Parapsychologie* 1985.

–: »Paranormale Erfahrungen im Traum«, *Zeitschrift für Parapsychologie* 1985a.

Mishra, A.: *Casting the Evil Eye*, Neu-Delhi 2003.

Miskov, J. A.: *Life on Wings*, Cleveland 2012.

Mitchell, J. P.: »Miracles, Secularity, and the Porous Self in Malta« in *The Anthropology of Catholicism*, ed. K. Norget et al., Oxford 2017.

Mitchell, T.: *Blood Sport*, Philadelphia 1991.

Mithen, S.: »The Theory of Mind, Language, and the Disembodied Mind of the Upper Paleolithic« in *Creativity in Human Evolution*, ed. S. Mithen, London 1998.

Mjöberg, E.: *Durch die Insel der Kopfjäger*, Leipzig 1929.

Moffitt, J. F.: »Modern Extraterrestrial Portraiture« in *Ésotérisme, Gnoses & Imaginaire Symbolique*, ed. R. Caron et al., Leuven 2001.

Mogk, E.: »Skaði« in *Reallexikon der Germanischen Altertumskunde*, Bd. IV, ed. J. Hoops, Straßburg 1918.

Mol, H.: »Maori Identity and Religion« in *Identity and Religion*, ed. H. Mol, London 1978.

Molnar, A. K.: *Grandchildren of the Ga'e Ancestors*, Leiden 2000.

Monaghan, J.: *The Covenants With Earth and Rain*, Norman 1995.

Monberg, T.: *Bellona Island Beliefs and Rituals*, Honolulu 1991.

Mondragón, C.: »Of Winds, Worms and Mana«, *Oceania* 2004.

–: »The Traditional Calendar of the Torres Islands«, *Oceania* 2004a.

Monroe, J.W.: *Laboratories of Faith*, Ithaca 2008.

Monroe, R. A.: *Der Mensch mit den zwei Leben*, Düsseldorf 1972.

Montgomery, E. J./C. N. Vannier: *An Ethnography of a Vodu Shrine in Southern Togo*, Leiden 2017.

Montgomery, J.: *Fire in the Philippines*, Carol Stream 1975.

Moody, R. A.: »Everlasting Life« in *Medical Pioneers of a Different Kind*, ed. C. Gleadow, Cleveland 2014.

Moore, J. D.: *Architecture and Power in the Ancient Andes*, Cambridge 1996.

Moore, J. H.: *A Study of Religious Symbolism Among the Cheyenne Indians*, Ann Arbor 1978.

Moore, R. L.: *In Search of White Crows*, New York 1977.

Morales Muñiz, L. C./A. M. Muñiz: »The Spanish Bullfight« in *The Symbolic Role of Animals in Archaeology*, ed. K. Ryan/P. J. Crabtree, Philadelphia 1995.

Moreira, I.: *Dreams, Visions, and Spiritual Authority in Merovingian Gaul*, Ithaca 2000.

Morenz, S.: *Ägyptische Religion*, Stuttgart 1960.

–: *Hoffen und Handeln: Vom altägyptischen Heka*, Berlin 2016.

Morgenroth, O./K. Boehnke: »Die Erosion zeitlicher Ordnungen« in *Soziologie der Kriminalität*, ed. D. Oberwittler/S. Karstedt, Opladen 2004.

Morgensen, H. O.: »The Resilience of juok«, *Africa* 2002.

Morphy, H.: *Ancestral Connections*, Chicago 1991.

Morris, H. S.: »Shamanism Among the Oya Melanau« in *Social Organization*, ed. M. Freedman, London 1967.

Moser, F.: *Der Okkultismus*, München 1935.

Moss, T./G. R. Schmeidler: »Quantitative Investigation of a ›Haunted House‹ With Sensitives as a Control Group«, *Journal of the American Society for Psychical Research* 1968.

Mosse, D.: »Affliction and Sacred Power in Colonial and Contemporary Catholic South India« in *The Anthropology of Christianity*, ed. F. Cannell, Durham 2006.

Mrsich, W.: »Erfahrungen mit Hexen und Hexensalben«, *Unter dem Pflaster liegt der Strand* 5, 1978.

Mückler, H.: *Fidschi*, Frankfurt/M. 1998.

Mühlmann, W. E.: *Die Metamorphose der Frau*, Berlin 1981.

Müller, C.: »Begriffe des Numinosen im alten China« in *Wege der Götter und Menschen*, ed. C. Müller, Berlin 1989.

Müller, E.W.: *Das Fürstentum bei den Südwest-Móngo*, Mainz 1955.

Müller, F.: *Selbsttransformation und charismatisch evangelikale Identität*, Wiesbaden 2015.

Müller, H.-P.: »qdš, heilig« in *Theologisches Handbuch zum alten Testament*, Bd. II, ed. E. Jenni, Gütersloh 1975.

–: »Eva und das Paradies« in *Ex Mesopotamia et Syria Lux*, ed. O. Loretz et al., Münster 2002.

Müller, J.: *Über die phantastischen Gesichtserscheinungen*, Koblenz 1826.

Müller, J. G.: *Geschichte der Amerikanischen Urreligionen*, Basel 1855.

Müller, K. E.: *Die gespenstische Ordnung*, Frankfurt/M. 2002.

Müller, L.: »Psi und der Archetyp des Tricksters«, *Zeitschrift für Parapsychologie* 1981.

Müller, M.C.: *Zwischen ›Wahn‹ und ›Wirklichkeit‹*, Göttingen 2019.

Müller, M. E.: »Schneckengeist im Venusleib« in *Eheglück und Liebesjoch*, ed. M. E. Müller, Weinheim 1988.

Müller, O. A.: *Albert von Keller*, München 1981.

Müller, S.: »The Great Pilgrimage to Mecca« in *The Changing World Religion Map*, ed. S. D. Brunn, Dordrecht 2015.

Müller, W.: *Die Religionen der Waldlandindianer Nordamerikas*, Berlin 1956.

Münzel, M.: *Gejagte Jäger*, Bd. 1, Frankfurt/M. 1983.

Muir, C. D.: »Lay Bridegrooms of a Female Christ in Two 15th-Century French Miniatures«, *Source*, Sommer 2011.

Mullins, M. R.: »Japan's New Age and Neo-New Religions« in *Perspectives on the New Age*, ed. J. R. Lewis/G. Melton, Albany 1992.

Mumford, S. R.: *Tibetan Lamaism and Gurung Shamanism in Nepal*, Ann Arbor 1986.

–: *Himalayan Dialogue*, Madison 1989.

Munroe, N. G.: *Ainu: Creed and Cult*, London 1962.

Muraoka, T.: *Studies in Shinto Thought*, Tokio 1964.

Murnaghan, P. S.: »Sexual Secrets and Greek Narrative« in *Sex in Antiquity*, ed. M. Masterson et al., London 2015.

Murphy, G.: »Method in the Psychology of Religion« in *Psychology of Religion*, ed. O. Strunk, New York 1959.

Murphy, J. M.: »Psychotherapeutic Aspects of Shamanism on St.-Lawrence-Island« in *Magic, Faith, and Healing*, ed. A. Kiev, New York 1964.

Murphy, J. M.: »Oshun the Dancer« in *The Book of the Goddess*, ed. C. Olson, New York 1983.

–: *Working the Spirit*, Boston 1994.

Murphy, M. D./J. C. G. Faraco: »Identifying the Virgin Mary«, *Anthropos* 2011.

Murray, A.: »Demons as Psychological Abstractions« in *Angels in Medieval Philosophical Inquiry*, ed. I. Iribarren/M. Lenz, London 2016.

Murray, J.: »The Law of Sin That Is in My Members« in *Gender and Holiness*, ed. S. J. E. Riches/S. Salih, London 2002.

Murray, S. O.: »Homosexual Categorization in Cross-Cultural Perspective« in *Latin American Male Homosexualities*, ed. S. O. Murray, Albuquerque 1995.

Mussen, P. H. et al.: *Lehrbuch der Kinderpsychologie*, Bd. I., Stuttgart 1933.

Myin-Germeys, I./E. Myin: »Getting Real About Experiences«, *Behavioral and Brain Sciences* 2004.

Mylius, K.: *Wörterbuch Sanskrit-Deutsch*, Leipzig 1975.

–: *Wörterbuch Deutsch-Sanskrit*, Leipzig 1988.

Mylius, M.: »Der indonesische Kris«, *Mitteilungen der Anthropologischen Gesellschaft in Wien* 1970.

Mynarek, H.: *Religiös ohne Gott?*, Düsseldorf 1983.

Nabhan, M.: *Der zār-Kult in Ägypten*, Frankfurt/M. 1994.

–: »Der zār-Kult in Ägypten«, *Zeitschrift für Parapsychologie* 1995.

Nabokov, I.: »Expel the Lover, Recover the Wife«, *Journal of the Royal Anthropological Institute* 1997.

v. Nägelsbach, C. F.: *Homerische Theologie*, Nürnberg 1861.

van Nahl, R. *Zauberglaube und Hexenwahn im Gebiet von Rhein und Maas*, Bonn 1983.

Nair, P. T.: »Tree-Symbol Worship of the Nairs of Kerala« in *Tree Symbol Worship in India*, ed. S. S. Gupta, Kalkutta 1965.

Nakamura, H.: *Ways of Thinking of Eastern Peoples*, Honolulu 1964.

Nanda, S.: *Neither Man nor Woman*, Belmont 1990.

Naranjo, C.: »Psychological Aspects of the Yagé Experience« in *Hallucinogens and Shamanism*, ed. M. J. Harner, London 1973.

Nash, C. B.: *Parapsychology*, Springfield 1986.

Nash, R.: *Hampton Court*, London 1983.

Natvig, R.: »Liminal Rites and Female Symbolism in the Egyptian *zār* Possession Cult«, *Numen* 1988.

Naumann, N.: *Die einheimische Religion Japans*, Bd. I, Leiden 1988; Bd. II, 1994.

Navarro, C. G.: »The Socialization of the Gifts of Tongues and Healing in Mexican Pentecostalism«, *Journal of Contemporary Religion* 1998.

Ndoyé, O.: »Vorstellung eines Besessenheitsrituals: ›Ndoep‹ aus dem Senegal« in *Transkulturelle Psychiatrie*; ed. E. Wolfart/M. Zaumseil, Heidelberg 2006.

Neal, M. C.: *Einmal Himmel und zurück*, Augsburg 2014.

v. Nebesky-Wojkowitz, R.: *Wo Berge Götter sind*, Stuttgart 1955.

Necker, G.: *Einführung in die lurianische Kabbala*, Frankfurt/M. 2008.

Needham, R.: »Blood, Thunder, and Mockery of Animals«, *Sociologus* 1964.

–: *Against the Tranquility of Axioms*, Berkeley 1983.

Needham, W. E./R. E. Taylor: »Atypical Charles Bonnet Hallucinations«, *Journal of Nervous and Mental Disease* 2000.

Neitz, M. J.: *Charisma and Community*, New Brunswick 1987.

Nelson, E. W.: »The Eskimo About Bering Strait«, *18th Annual Report of the Bureau of American Ethnology*, Washington 1899.

Nelson, T. J.: *Every Time I Feel the Spirit*, New York 2005.

Nemiah, J. C.: »Dissoziative Störungen« in *Psychiatrie in Praxis und Klinik*, Bd. 4, ed. A. M. Freedman et al., Stuttgart 1988.

Nestler, E.: »Kognitive und emotionale Aspekte einer modernen Engelerscheinung« in *Eingebettet ins Menschsein*, ed. F. Oser/K. H. Reich, Lengerich 1996.

–: *Pneuma*, Konstanz 1998.

Nesvig, M.: »The Complicated Terrain of Latin American Homosexuality«, *Hispanic American Historical Review* 2001.

Neu, R.: *Die lebenden Toten und der tote Gott*, Münster 1997.
Neumann, N.: *Die Mythen des alten Japan*, München 1996.
Neumann, W.: »Tuareg« in *Menschenbilder früher Gesellschaften*, ed. K.E. Müller, Frankfurt/M. 1983.
Nevermann, H.: *Götter der Südsee*, Stuttgart 1947.
Newby, G.D.: »Satan (*shayṭān*)« in *Oxford Encyclopedia of the Islamic World*, Bd. 5, ed. J.L. Esposito, Oxford 2009.
Newland, L.: »Turning the Spirits Into Witches«, *Oceania* 2004.
Newmyer, S.T.: *The Animal and the Human in Ancient and Modern Thought*, New York 2017.
Ng, V.W.: »Rape Laws in Quing China«, *Journal of Asian Studies* 1987.
Ngaosyvathn, M.: »Buddhism, Merit Making and Gender« in ›Male‹ and ›Female‹ in Developing Southeast Asia*, ed. J.W. Karim, Oxford 1995.
Ngubane, H.: *Body and Mind in Zulu Medicine*, London 1977.
Niblett, M.: *Prophecy and the Politics of Salvation in Late Georgian England*, London 2015.
Nicholson, R.A.: *The Mystics of Islam*, London 1966.
Nickell, J.: »Comment on ›The Authentication of the Turin Shroud‹«, *Current Anthropology* 1983.
–: *Looking for a Miracle*, Amherst 1993.
–: »Phantoms, Frauds, or Fantasies?« in *Hauntings and Poltergeists*, ed. J. Houran/R. Lange, Jefferson 2001.
Nickell, J./J. McGaha: »Invisible Beings«, *The Sceptical Inquirer*, April 2013.
Nicolai, C.F.: »A Memoir on the Appearance of Spectres or Phantoms Occasioned by Disease (1799)« in *Spiritualism, Mesmerism and the Occult, 1800-1920*, Bd. I, ed. S. McCorristine, London 2012.
Nicolay, J.: »Auf dem Weg zum Licht« in *Auf einmal dem Himmel ganz nah*, ed. C.v. Kamp, Leipzig 2013.
Niehaus, I.: »Perversion of Power: Witchcraft and the Sexuality of Evil in the South African Lowveld«, *Journal of Religion in Africa* 2002.
–: *Witchcraft and a Life in the New South Africa*, Cambridge 2013.
Niehaus, I. et al.: *Witchcraft, Power and Politics*, London 2001.
Nielsen, K.: »Wittgensteinian Fideism« in *Contemporary Philosophy of Religion*, ed. S.M. Cahn/D. Shatz, Oxford 1982.
–: »The Problem of Religious Language« in *The Routledge Companion to Philosophy of Religion*, ed. C. Meister/P. Copan, London 2013.
Nielsen, T.: »Felt Presence: Paranoid Delusion or Hallucinatory Social Imagery?«, *Consciousness and Cognition* 2007.
Nielsen, T.K.: »Die ältesten Ockerfunde Europas«, *Archäologie in Deutschland* 1, 2019.
Nietzsche, F.: *Werke*, Bd. VI. 3, ed. G. Colli/M. Montinari, Berlin 1969.

Niggemeier, F.: »Das Heilige« in *Wörterbuch der Religionspsychologie*, ed. S. R. Dunde, Gütersloh 1993.

Nihill, M.: »Time and the Red Other«, *Canberra Anthropologist* 1999.

Nilsson, M. P.: *Geschichte der griechischen Religion*, Bd. I, München 1955.

Nishimura, K.: »Shamanism and Medical Cures«, *Current Anthropology* 1987.

Nisly, L. L.: »Apophatic Theology and Twentieth-Century Novels«, *Religion and the Arts* 2018.

Nørgaard-Larsen, P.: »Nicolai Abildgaard: ›Der Nachtmahr‹, um 1800« in *Nicolai Abildgaard*, ed. J. Howoldt/H. Gaßner, Hamburg 2009.

Nolen, W. A.: »Psychic Healing« in *Science and the Paranormal*, ed. G. O. Abell/B. Singer, London 1981.

Nolte, F.: »Sadismus/Masochismus« in *Handbuch Sexualität*, ed. S. R. Dunde, Weinheim 1992.

Norbeck, E.: »Yakudoshi«, *Southwestern Journal of Anthropology* 1955.

–: »A Sanction for Authority: Etiquette« in *The Anthropology of Power*, ed. R. D. Fogelson/R. N. Adams, New York 1977.

Nordholt, H. S.: *The Spell of Power*, Leiden 1996.

Noseck-Licul, M.: »›Engel wachen über Dich‹« in *Heilung in den Religionen*, ed. V. Futterknecht et al., Wien 2013.

Nuckolls, C.W.: »On Cultural Ambivalence and Concepts of the Self« in *The Conceptual Self in Context*, ed. U. Neisser/D. A. Jopling, Cambridge 1997.

Núñez, L.: »Faith Healing, Migration and Gendered Conversions in Pentecostal Churches in Johannesburg« in *Healing and Change in the City of Gold*, ed. I. Palmary et al., Heidelberg 2015.

Nyberg, K.: »Sacred Prostitution in the Biblical World?« in *Sacred Marriages*, ed. M. Nissinen/R. Uro, Winona Lake 2008.

Oates, W. E.: »Eine sozialpsychologische Untersuchung der Glossolalie« in *2000 Jahre Zungenreden*, ed. E. G. Hinson, Kassel 1968.

Ōbayashi, T.: »Comment on Jensen's ›Myth and Cult of Primitive Peoples‹«, *Current Anthropology* 1965.

–: »The Ainu Concept of the Soul« in *Animism and Shamanism*, ed. T. Yamada/T. Irimoto, Sapporo 1997.

Oberdiek, U.: *Die Agravāls in Rajakshetra*, Berlin 2010.

Oberhofer, M. et al.: »Eine weibliche Kraftfigur der zentralen Pende aus dem Kongo« in *Fiktion Kongo*, ed. N. Guyer/M. Oberhofer, Zürich 2019.

Obeyesekere, G.: »The Ritual Drama of the *Sanni* Demons«, *Comparative Studies in Society and History* 1969.

–: »The Firewalkers of Kataragama«, *Journal of Asian Studies* 1978.

–: *Medusa's Hair*, Chicago 1981.

–: »Where Have All the Väddas Gone?« in *The Hybrid Island*, ed. N. Silva, London 2002.

Obi, L.: »Der Glaube an die Nats« in *Myanmar*, ed. D. Schäfer et al., München 2014.

Obrecht, A. J.: *Die Welt der Geistheiler*, Wien 1999.

O'Brien, D. B. C.: *The Nourides of Senegal*, Oxford 1971.

O'Brien, J.: »Healing and Deliverance in Pakistan« in *Witchcraft, Demons and Deliverance*, ed. C. Währisch-Oblau/H. Wrogemann, Zürich 2015.

Octomo, D.: »Gender and Sexual Orientation in Indonesia« in *Fantasizing the Feminine in Indonesia*, ed. L. J. Sears, Durham 1996.

Oesch, H.: »Die symbolträchtige Welt der Orang Asli« in *Welt der Symbole*, ed. G. Benedetti/U. Rauchfleisch, Göttingen 1988.

Oesterreich, T. K.: *Einführung in die Religionspsychologie*, Berlin 1917.

Östling, E. A. W.: »What Does God Need With a Starship?« in *The Oxford Handbook of New Religious Movements*, Bd. II, ed. J. R. Lewis/I. B. Tøllefsen, Oxford 2016.

O'Flaherty, W. D.: *Women, Androgynes, and Other Mythical Beasts*, Chicago 1980.

Ogot, B. A.: »The Concept of *jok*«, *African Studies* 1961.

Ōhashi, R.: »Der ›Wind‹ als Kulturbegriff in Japan« in *Kultur: Begriff und Wort in China und Japan*, ed. S. Paul, Berlin 1984.

–: *Japan im interkulturellen Dialog*, München 1999.

Ohkuma, K.: »Kingship in Ancient Ireland«, *Journal of Indo-European Studies* 1986.

Ohlmarks, Å: *Studien zum Problem des Schamanismus*, Lund 1939.

Ohm, T.: *Religionen und Missionen in Japan*, Augsburg 1929.

O'Keefe, C./S. Parsons: »Haunting Experiences« in *Anomalous Experiences*, ed. M. D. Smith, Jefferson 2010.

Olajubu, O.: *Women in the Yoruba Religious Sphere*, Albany 2003.

Oliver, D. L.: *Ancient Tahitian Society*, Bd. I, Honolulu 1974.

–: *The Pacific Islands*, Honolulu 1975.

–: *Polynesia in Early Historic Times*, Honolulu 2002.

Olmos, M. F./L. Paravisini-Gebert: *Creole Religions of the Caribbean*, New York 2003.

Olson, R. L.: *The Quinault Indians*, Seattle 1936.

Olson, V.: »Mystical Visions, Maria Lactans and the Miracle of Mary's Milk« in *A Matter of Faith*, ed. J. Robinson et al., London 2014.

O'Malley-Younger/C. Younger: »Reivers, Raiders and Revenants« in *Haunted Landscapes*, ed. R. Heholt/N. Downing, London 2016.

Omari, M. S.: »Candomblé« in *Religion in Africa*, ed. T. D. Blakely et al., Provo 1994.

Omidsalar, M.: »Persia« in *World Folklore and Folklife*, Bd. II, ed. W. M. Clements, Westport 2006.

O'Neill, K. L.: »The Politics of Christian Eroticism in Postwar Guatemala«, *Comparative Studies in Society and History* 2010.

Ong, A.: »The Production of Possession« in *Women, Gender, Religion*, ed. E. A. Castelli/R. C. Rodman, New York 2001.

Onorio, A.: »I-Matang« in *Kiribati*, ed. A. Talu et al., Tarawa 1979.

Oosten, J. G.: »The Diary of Therkel Mathiasson (1922-23)« in *Shamanism in Eurasia*, ed. M. Hoppál, Göttingen 1984.

van Oosterhout, D.: »Fertility and the Mediating Body in Inanwatan« in *Perspectives on the Bird's Head of Irian Jaya*, ed. J. Miedema et al., Amsterdam 1998.

–: *Landscapes of the Body*, Leiden 2002.

Opler, M. E.: »Reaction to Death Among the Mescalero Apache«, *Southwestern Journal of Anthropology* 1946.

Opp, J.: *The Lord for the Body*, Montreal 2005.

Oppitz, M.: *Schamanen im Blinden Land*, Frankfurt/M. 1981.

–: »Mythische Reisen« in *Mythen im Kontext*, ed. K.-H. Kohl, Frankfurt/M. 1992.

Ordal-Kupperman, K.: *Indians & English*, Ithaca 2000.

Orme, J. E.: *Abnormal and Clinical Psychology*, Beckenham 1984.

Oropeza, B. J.: *A Time to Laugh*, Peabody 1995.

Ortiz de Montellano, B. R.: *Aztec Medicine, Health, and Nutrition*, New Brunswick 1990.

Osborne, J.: *Hampton Court Palace*, Kingswood 1984.

Osgood, C.: *Village Life in Old China*, New York 1963.

Osis, K./E. Haraldsson: *At the Hour of Death*, Guildford 2012.

Osten, P.: *Das Tor zur Seele*, Paderborn 2015.

Ostenfeld-Rosenthal, A.: »Reenchanted Bodies« in *Encounters of Body and Soul in Contemporary Religious Practices*, ed. A. Fedele/R. L. Blanes, New York 2011.

Oswalt, W. H.: *Alaskan Eskimos*, San Francisco 1967.

Otero, R. A.: »The Transformation of Identity Through Possession Rituals in Popular Religion«, *Religion* 2003.

O'Toole, R. S.: »›The Most Resplendent Flower of the Indies‹« in *Women, Religion, and the Atlantic World (1600-1800)*, ed. D. Kostroun/L. Vollendorf, Toronto 2009.

Otten, T.: *Heilung durch Rituale*, Münster 2006.

Otto, R.: *Naturalistische und religiöse Weltsicht*, Tübingen 1909.

–: *Das Heilige*, Breslau 1920.

–: *Das Ganz Andere*, Gotha 1929.

–: *Das Gefühl des Überweltlichen*, München 1932.

–: *Sünde und Urschuld,* München 1932a.

Owen, A.: *The Darkened Room*, Chicago 2004.

Owens, G. A.: »The Minoan Libation Formula«, *Cretan Studies* 1996.

Owens, S.: *The Ghost*, London 2017.

Oxley, W.: *Modern Messiahs and Wonder Workers*, London 1889.

Oxtoby, W. G.: »The Idea of the Holy« in *The Encyclopedia of Religion*, Bd. 6, ed. M. Eliade, New York 1987.

Oyarce, A. M.: »From Denial to Collaboration« in *Global Psychologies*, ed. S. Fernando/R. Moodley, London 2018.

Ozman-Laberge, A. N.: »What God Hath Wrought in My Life« in *The Topeka Outpouring of 1901*, Joplin 1997.

Oztürk, O. M.: »Folk Treatment and Mental Illness in Turkey« in *Magic, Faith, and Healing*, ed. A. Kiev, New York 1964.

Pacherie, E. et al.: »Phenomenology and Delusions: Who Put the ›Alien‹ in Alien Control?«, *Consciousness and Cognition* 2006.

Padel, R.: »Women: Models for Possession by Greek Demons« in *Images of Women in Antiquity*, ed. A. Cameron/A. Kuhrt, London 1983.

Paden, W. E.: »Sacrality as Integrity« in *The Sacred and Its Scholars*, ed. T. A. Idinopulos/E. A. Yonan, Leiden 1996.

Padma, S.: *Vicissitudes of the Goddess*, Oxford 2013.

Padoan, T.: »Buddhism« in *Spirit Possession Around the World*, ed. J. P. Laycock, Santa Barbara 2015.

Pakraduni, T.: *Die Welt der geheimen Mächte*, Innsbruck 1953.

Palermo, G. B./M. del Re: *Satanism*, Springfield 2000.

Palmer, S. J.: *Moon Sisters, Krishna Mothers, Rajneesh Lovers*, Syracuse 1994.

–: »Women in New Religious Movements« in *The Oxford Handbook of New Religious Movements*, Bd. II., ed. J. R. Lewis/I. Tøllefsen, Oxford 2004.

Palmer, T.: *The Science of Spirit Possession*, Newcastle 2014.

Palmié, S.: *Das Exil der Götter*, Frankfurt/M. 1991.

Pande, T.: »Tree Worship in Ancient India« in *Tree Symbol Worship in India*, ed. S. S. Gupta, Calcutta 1965.

Panksepp, J.: *Affective Neuroscience*, Oxford 1998.

Park, C. C.: *Sacred Worlds*, New York 1994.

Park, H.-a.: »Sickness and Health: Becoming a Korean Buddhist Shaman« in *Women's Buddhism, Buddhism's Women*, ed. E. B. Findly, Boston 2000.

Park, W. Z.: *Shamanism in Western North America*, Evanston 1938.

Parker, K.: »American Indian Women and Religion on the Southern Plains« in *Women and Religion in America*, Bd. III, ed. R. R. Ruether/R. S. Keller, New York 1986.

Parks, D. R.: »Arikara« in *Handbook of North American Indians*, Bd. 13, ed. R. J. DeMallie, Washington 2001.

Parnas, J./L.A. Sass: »The Structure of Self-Consciousness in Schizophrenia« in *The Self*, ed. S. Gallagher, Oxford 2019.

Parpola, A.: »The ›Fig Deity Seal‹ From Mohenjo-daro« in *South Asian Archaeology* 1989, ed. C. Jarrige, Madison 1992.

Parrinder, G.: *West African Religion*, London 1949.

–: »Theistic Beliefs of the Yoruba and Ewe Peoples« in *African Ideas of God*, ed. E.W. Smith, London 1950.

Parry, J.: »Sacrificial Death and the Necrophagous Ascetic« in *Death & the Regeneration of Life*, ed. M. Bloch/J. Parry, Cambridge 1982.

Parsons, E. C: »Witchcraft Among the Pueblos«, *Man* 1927.

Parsons, S.: »Infrasound and the Paranormal« in *Paracoustics*, ed. S. Parsons/C.E. Cooper, Hove 2015.

Partner, N.F.: »Did Mystics Have Sex?« in *Desire and Discipline*, ed. J. Murray/K. Eisenbiehler, Toronto 1996.

Partridge, C.: *The Re-Enchantment of the West*, Bd. I, London 2004; Bd. II 2005.

–: »Channeling Extraterrestrians« in *Handbook of Spiritualism and Channeling*, ed. C. Gutierrez, Leiden 2015.

–: »Occulture and Everyday Enchantment« in *The Oxford Handbook of New Religious Movements*, Bd. II, ed. J.R. Lewis/I. Tøllefsen, Oxford 2016.

Pasi, M.: »Varieties of Magical Experience« in *Aleister Crowley and Western Esotericism*, ed. H. Bodgan/M.P. Stair, Oxford 2012.

Passian, R.: *Licht und Schatten der Esoterik*, St. Goar 2002.

Pasulka, D.W.: *American Cosmic*, Oxford 2019.

Patai, R.: *Sex and Family in the Bible and the Middle East*, Garden City 1959.

Paterson, R.: »An Account of Several Cases of Spectral Illusion (1843)« in *Spiritualism, Mesmerism and the Occult*, 1800-1920, Bd. I, ed. S. McCorristine, London 2012.

Pathe, F.A.: *Mesmer and Animal Magnetism*, Hamilton 1994.

Pattee, R.: »Ekstase und Opfer« in *Opfer und Ekstase*, ed. G. Doore, Freiburg 1989.

Paulsen, C.: »Anmerkungen zu einer schamanistischen Sitzung im Südwesten Madagaskars«, *Anthropos* 1999.

Paulson, I.: »Die Hausgeister und ihre Idole in Nordeurasien«, *Tribus* 1963.

Paulus, J.: »Psychopathen: Geborene Ausbeuter«, *Psychologie heute* 36, 2009.

Pauw, B.A.: *Religion in a Tswana Chiefdom*, London 1960.

Paxson, B.: »Mammy Water: New World Origins?«, *Baessler-Archiv* 1983.

Payne, L.: *Gender and Pentecostal Revivalism*, New York 2015.

–: »The Roar of Thunder and the Sweetness of a Woman«, *Journal of Ritual Studies* 2017.

Payne, R.K.: »The Ritual Culture of Japan« in *Nanzan Guide to Japanese Religions*, ed. P.L. Swanson/C. Chilson, Honolulu 2006.

Pedersen, P.: »A Case of Identity: Multiple Personality Disorder« in *Perplexities of Identification*, ed. H. Driessen/T. Otto, Århus 2000.
Peek, P.: »Diviners, Twins, and Doubles« in *Reviewing Reality*, ed. W. E. A. van Beek/P. Peek, Berlin 2013.
Peel, D.Y.: *Aladura: A Religious Movement Among the Yoruba*, London 1968.
–: »Gender in Yoruba Religious Change«, *Journal of Religion in Africa* 2002.
–: *Christianity, Islam, and Orişa Religion*, Oakland 2016.
Peletz, M. G.: *Reason and Passion*, Berkeley 1996.
Pellauer, M. D.: »The Moral Significance of Female Orgasm« in *Sexuality and the Sacred*, ed. J. B. Nelson/S. P. Longfellow, Louisville 1994.
Pelton, R.W./K.W. Carden: *Snake Handlers*, Nashville 1974.
Peng-Keller, S.: »Visionäres Erleben im Horizont eines tödlichen Unglücks« in *Bildhaftes Erleben in Todesnähe*, ed. P. Bühler/S. Peng-Keller, Zürich 2017.
–: *Sinnereignisse in Todesnähe*, Berlin 2017.
Percy, M.: *The Toronto Blessing*, Oxford 1996.
–: »The Morphology of Pilgrimage in the ›Toronto Blessing‹«, *Religion* 1998.
–: »Assessing the Future of Charismatic Christianity« in *Predicting Religion*, ed. G. Davie et al., Aldershot 2003.
–: »Adventure and Atrophy in a Charismatic Movement«, *Journal of Contemporary Religion* 2005.
Pereyra, D.: »Privileged Places of Marian Piety in South America« in *The Changing World Religion Map*, ed. S. D. Brunn, Dordrecht 2015.
Pérez, E.: »Sensuous Ethnography, Sensory Knowledge, and the Kitchen in Lucumí Tradition«, *Religion* 2011.
Pérez y Mena, A. I.: *Speaking With the Dead*, New York 1991.
Perman, T.: »Awakening Spirits«, *Journal of Religion in Africa* 2011.
Perminow, A. A.: »The Other Kind« in *Oceanic Societies and Cultural Forms*, ed. I. Hoëm/S. Roalkvam, New York 2003.
Pernet, H.: *Ritual Masks*, Columbia 1992.
Persinger, M. A.: *The Paranormal*, New York 1974.
–: »Neuropsychological Profiles of Adults Who Report ›Sudden Remembering‹ of Early Childhood Memories«, *Perceptual and Motor Skills* 1992.
–: »Subjective Pseudocyesis in Normal Women Who Exhibit Enhanced Imaginings and Elevated Indicators of Electrical Lability Within the Temporal Lobes«, *Social Behavior and Personality* 1996.
–: »The Temporal Lobe« in *NeuroTheology*, ed. R. Joseph, San Jose 2003.
Persinger, M. A./S. A. Koren: »Predicting the Characteristics of Haunt Phenomena from Geomagnetic Factors and Brain Sensitivity« in *Hauntings and Poltergeists*, ed. J. Houran/R. Lange, Jefferson 2001.
Peterli, R.: *Die Kultur eines Banba-Dorfes im Norden von Dahome*, Basel 1941.
Peters, F. S.: *When Prayer Fails*, New York 2008.

Peters, H. A./C. Brockhaus: *Alfred Kubin: Das zeichnerische Frühwerk*, Baden-Baden 1977.

Peters, L. G.: *Trance, Initiation & Psychotherapy in Nepalese Shamanism*, New Delhi 2004.

–: *The Yeti*, New Delhi 2004a.

Peters, T.: *God: The World's Future*, Minneapolis 1992.

Petersen, J. M.: »The Holy Man as Healer in East and West in the Late Sixth Century«, *Journal of Medieval History* 1983.

Petersen, R.: »East Greenland Before 1950« in *Handbook of North American Indians*, Bd. 5, ed. D. Damas, Washington 1984.

Petersmann, H.: *Lingua et Religio*, Göttingen 2002.

Peti, L.: »Collective Visions in the Moldavian Csángó Villages«, *Acta Ethnographica Hungarica* 2009.

Petit, P.: »Les fondements religieux de la Royauté Sacrée chez les Luba du Zaïre«, *Africa* 1996.

Petri, H.: »Marienerscheinungen« in *Handbuch der Marienkunde*, Bd. 2, ed. W. Beinert, Regensburg 1997.

Petri, H.: »Kulttotemismus in Australien« in *Religionsethnologie*, ed. C. A. Schmitz, Frankfurt/M. 1964.

Petridis, C.: »Tree-Altars, Spirit Trees, and ›Ghost Posts‹ Among the Luluwa«, *Baessler-Archiv* 1999.

Petrinovich, L.: *The Cannibal Within*, New York 2000.

Petzoldt, M.: »Religiöse Erfahrung und ihre neuronalen Korrelate« in *Gott, Geist, Gehirn*, ed. W. Achtner et al., Frankfurt/M. 2005.

Petzsch, H.: »Kohorte Mutica: Wale« in *Urania Tierreich: Säugetiere*, ed. R. Piechocki, Leipzig 1992.

Peucker, P.: »Homosexuality, Mysticism, and Moravian Brothers Around 1750«, *Journal of the History of Sexuality* 2006.

Peuckert, W.-E.: »Der Schodüvelstein« in *Von fremden Völkern*, ed. W. Lang et al., Düsseldorf 1955.

Pfeifer, S.: »Psychopathologie und Kausalattribution« in *Dämonische Besessenheit*, ed. H. de Waardt et al., Bielefeld 2005.

–: »Zwangsstörungen und Spiritualität« in *Psychotherapie und Spiritualität*, ed. M. Utsch et al., Berlin 2014.

Pfeiffer, J. et al.: »The Holy Spirit in the Household«, *American Anthropologist* 2007.

Pfeiffer, W. M.: *Transkulturelle Psychiatrie*, Stuttgart 1971.

Pfiffig, A. J.: *Religio Etrusca*, Wiesbaden 1998.

Pfister, O.: »Heilig« in *Handwörterbuch des deutschen Aberglaubens*, Bd. III, ed. H. Bächtold-Stäubli/E. Hoffmann-Krayer, Berlin 1931.

Pfleiderer, B.: »Words and Plants: A Concept of Ayurvedic Psychotherapy«, *Sociologus* 1983.

–: *Die besessenen Frauen von Mira Datar Dargah*, Frankfurt/M. 1994.

Pharo, L. K.: »A Methodology for a Deconstruction and Reconstruction of the Concepts ›Shaman‹ and ›Shamanism‹«, *Numen* 2011.

Pheterson, G.: »The Social Consequences of Unchastity« in *Sex Work*, ed. F. Delacoste/P. Alexander, London 1988.

Philip, F.: »Christological Nuances in Bhil Theology« in *Global Renewal Christianity*, ed. V. Synan/A. Yong, Lake Mary 2016.

Philippi, D. L.: *Songs of God, Songs of Humans*, Tokio 1979.

Phillips, M./C. Frederick: *Healing the Divided Self*, New York 1995.

Phillips, W. A.: »Belief in the Primacy of Fantasy Is Misleading«, *Behavioral and Brain Sciences* 2004.

Piantanida, T./A. Alcântara: *Amazonia*, München 2013.

Piat, C.: *Frauen, die hexen*, Freiburg 1985.

Picht, G.: *Kunst und Mythos*, Stuttgart 1986.

Picken, S. D. P.: *Essentials of Shinto*, Westport 1994.

Picone, M.: »Ombres japonaises«, *L'Homme*, März 1991.

Piebe, F. M.: »Glossolalia«, *Journal of Religion and Psychical Research* 1981.

Pielow, D.: *Der Stachel des Bösen*, Würzburg 2008.

Pienkos, E. et al.: »The Phenomenology of Anomalous World Experience in Schizophrenia«, *Journal of Phenomenological Psychology* 2017.

Pieper, W.: *Starke Plätze*, Löhrbach 1986.

Piepke, J. G.: »Der Candomblé und die Frage nach der Identität«, *Zeitschrift für Missions- und Religionswissenschaft* 2000.

Pietsch, R.: *Fischerleben auf der Kurischen Nehrung*, Berlin 1982.

Piggott, S.: *The Druids*, London 1975.

Pigliucci, M.: »Neuro-Theology: A Rather Sceptical Perspective« in *Neuro-Theology*, ed. R. Joseph, San Jose 2003.

Pignède, B.: *Les Gurungs*, Paris 1966.

Pinto, P. G.: »Sainthood and Power in Syrian Sufism« in *On Archaeology of Sainthood and Local Spirituality in Islam*, ed. G. Stauth, Bielefeld 2004.

Pitiphat, S.: *The Tai Daeng of Hua Phan Province*, Luang Prabang 2014.

Pitt, E. A.: »Acculturative and Synthetic Aspects of Religion and Life in the Island of St. Vincent« in *Actes du IVe Congrès International des Sciences Anthropologiques et Ethnologiques*, Bd. II, ed. B. Heine-Geldern et al., Wien 1955.

Plancke, C.: »Possession Trance and Female Power Among the Punu of Congo-Brazzaville«, *Journal of Religion in Africa* 2011.

–: »Waterspirit Dance Rituals in Rural Punu Society«, *Journal of Ritual Studies* 2014.

Plane, A. M.: *Dreams and the Invisible World in Colonial New England*, Philadelphia 2014.

Platte, E.: »Das gestohlene Ding« in *Zwischen Aneignung und Entfremdung*, ed. V. Gottowik et al., Frankfurt/M. 2009.

Pócs, É.: *Between the Living and the Dead*, Budapest 1999.

Podbregar, N.: »Die Macht der Hormone« in *Neurowissen*, ed. N. Podbregar/ D. Lohmann, Berlin 2012.

Podmore, F.: *Modern Spiritualism*, London 1902.

Pöhlmann, M.: »Alexa Kriele und ihr ›Haus der Christosophie‹« in *Engel unter uns*, ed. M. N. Ebertz/R. Faber, Würzburg 2008.

Pöppel, E.: *Grenzen des Bewußtseins*, Frankfurt/M. 1997.

Pörtner, P.: »Das Heilige in Japan« in *Das Heilige*, ed. D. Kamper/C. Wulf, Frankfurt/M. 1987.

–: »Exorzistische Rituale in der japanischen Religionsgeschichte« in *Rituale und ihre Urheber*, ed. K. Antoni, Hamburg 1997.

Pohorecky, E. S.: »Comment on ›Archaeoastronomy and Ethnoastronomy So Far‹«, *Current Anthropology* 1973.

Pokorny, J.: *Indogermanisches Etymologisches Wörterbuch*, Bern 1959.

Pollak-Eltz, A.: »Notizen über den Batuquekult der Neger in Porto Alegre«, *Mitteilungen der Anthropologischen Gesellschaft in Wien* 1967.

–: »›Wunder‹-Heilungen und Exorzismen in der Pfingstsekte ›Deus e Amor‹«, *Ethnopsychologische Mitteilungen* 1996.

–: »The Venezuelan Cult of María Lionza« in *Encyclopedia of African and African-American Religions*, ed. S. D. Glazier, New York 2001.

Poloma, M. M.: »Inspecting the Fruit of the ›Toronto Blessing‹«, *Pneuma* 1998.

–: »The ›Toronto Blessing‹ in Postmodern Society« in *The Globalization of Pentecostalism*, ed. M.W. Dempster et al., Carlisle 1999.

–: *Main Street Mystics*, Walnut Creek 2003.

Poloma, M. M./R.W. Hood: *Blood and Fire*, New York 2008.

Poloma, M. M./M. T. Lee: »Prophecy, Empowerment, and Godly Love« in *Spirit and Power*, ed. D. E. Miller et al., Oxford 2013.

Polomé, E. C.: *Language, Society, and Paleoculture*, Stanford 1982.

Polykrates, G.: *Menschen von gestern*, Wien 1984.

Pond, G. H.: »Dakota Superstitions«, *Collections of the Minnesota Historical Society* 1867.

Poole, F. J. P.: »Cannibals, Tricksters, and Witches« in *The Ethnography of Cannibalism*, ed. P. Brown/D. Tuzin, Washington 1983.

Pope, M. H./W. Röllig: »Die Mythologie der Ugariter und Phönizier« in *Götter und Mythen im Vorderen Orient*, ed. H.W. Haussig, Stuttgart 1965.

Pope-Levison, P.: *Turn the Pulpit Loose*, New York 2004.

Popow, A. A.: »Wie Sereptie D'aruoskin zum Schamanen erwählt wurde« in *Glaubenswelt und Folklore der sibirischen Völker*, ed. V. Diószegi, Budapest 1963.

Porfilio, A.: »The Multiple Self: A Social Pathology?« in *The Social Pathologies of Contemporary Civilization*, ed. K. Keohane/A. Petersen, Farnham 2013.

van de Port, M.: »Visualizing the Sacred«, *American Ethnologist* 2006.

Postert, C.: »Tödliche Träume bei den Hmong in medizinischer und ethnologischer Deutung« in *Zur Akzeptanz von Magie, Religion und Wissenschaft*, ed. A. Fiedermutz-Laun et al., Münster 2002.

Pottier, R.: *Yû dî mî hèng*, Paris 2007.

Potts, R.: »The Religious Sense« in *Human Origins and the Image of God*, ed. C. Lilley/D. J. Pedersen, Grand Rapids 2017.

Pouwels, R. L.: *Horn and Crescent*, Cambridge 1987.

Powell, T. G. E.: *The Celts*, London 1980.

Powers, J.: »Buddhas, Siddhas, and Indian Masculine Ideals« in *Tantric Traditions in Transmission and Translation*, ed. D. B. Grey/R. R. Overby, Oxford 2016.

Powers, R.: »Channeling« in *Okkultismus*, ed. T. Lardon, Wiesbaden 1990.

Powers, W. K.: »Comment on ›The North American Berdache‹«, *Current Anthropology* 1983.

Preißmann, C.: *Glück und Lebenszufriedenheit für Menschen mit Autismus*, Stuttgart 2016.

du Prel, C.: »Das automatische Schreiben (1891)« in *Spiritismus und ästhetiüsche Moderne*, ed. P. Pytlik, Tübingen 2006.

Pressel, E.: »Umbanda Trance and Possession in São Paulo« in *Trance, Healing and Hallucination*, ed. E. Bourguignon, New York 1974.

–: »Spirit Magic in the Social Relations Between Men and Women in São Paulo« in *A World of Women*, ed. E. Bourguignon, New York 1980.

–: »Heilungszeremonien in den Kulten von Umbanda und Voodoo« in *Ethnopsychotherapie*, ed. A. Dittrich/C. Scharfetter, Stuttgart 1987.

Preston, R. J.: »East Main Cree« in *Handbook of North American Indians*, Bd. 6, ed. J. Helm, Washington 1981.

Previc, F. H.: »The Role of Extrapersonal Brain Systems in Religious Activity«, *Consciousness and Cognition* 2006.

Priest, R. J. et al.: »Missiological Syncretism: The New Animistic Paradigm« in *Spiritual Power and Missions*, ed. E. Rommen, Pasadena 1995.

Primiano, L. N.: »Oprah, Phil, Geraldo, Barbara, and Things That Go Bump in the Night« in *God in the Details*, ed. E. M. Mazur/K. McCarthy, New York 2001.

Prince, M.: *The Dissociation of a Personality*, London 1906.

–: »An Introspective Analysis of Co-Conscious Life«, *Journal of Abnormal Psychology* 1908.

–: »B. C. A.: My Life as a Dissociated Personality«, *Journal of Abnormal Psychology* 1908a.

Prince, R.: »Indigenous Yoruba Psychiatry« in *Magic, Faith, and Healing*, ed. A. Kiev, New York 1964.

Prince, R./F. Tcheng-Laroche: »Religiöse Erfahrung und der Wissenschaftler« in *Der Wissenschaftler und das Irrationale*, Bd. II, ed. H. P. Duerr, Frankfurt/M. 1981.

Pringle, R.: *A Short History of Bali*, Crows Nest 2004.

Prins, S.: »Auf der Suche nach dem Paradies« in *Der Sinn meiner Psychose*, ed. H. Hansen, Neumünster 2013.

Prochaska, I.: »*Mabuigumi*: Rückholung der verlorenen Seele«, *Minikomi*, November 2007.

–: »*Kaminchu*: Mittlerinnen zwischen Diesseits und Jenseits« in *Heilung in den Religionen*, ed. V. Futterknecht et al., Wien 2013.

Pröschold, S.: *Das Heilige in der Umbanda*, Göttingen 2009.

Prohl, I.: *Religiöse Innovationen*, Berlin 2006.

Prothero, D. R./T. D. Callahan: *UFOs, Chemtrails, and Aliens*, Bloomington 2017.

Prothero, S.: *The White Buddhist*, Bloomington 1996.

Prunner, G.: »Die Religionen der Minderheiten des südlichen China« in *Die Religionen Südostasiens*, ed. A. Höfer et al., Stuttgart 1975.

Puchner, W.: *Studien zur Volkskunde Südosteuropas und des mediterranen Raums*, Wien 2009.

Puskás, I.: »Society and Religion in the Indus Valley Civilisation« in *South Asian Archaeology 1981*, ed. B. Allchin, Cambridge 1984.

Putnam, F.W.: »Dissociation in the Inner City« in *Clinical Perspectives on Multiple Personality Disorder*, ed. R. P. Kluft/C. G. Fine, Washington 1993.

–: »Dissociative Disorders in Children and Adolescents« in *Dissociation*, ed. S. J. Lynn/R.W. Rhue, New York 1994.

Putz, N.: »Koitus mit Oktopus« in *Geschlechterkampf*, ed. F. Krämer, München 2016.

Puukko, A. F.: »Ekstatische Propheten mit besonderer Berücksichtigung der finnisch-ugrischen Parallelen«, *Zeitschrift für die Alttestamentliche Wissenschaft* 1935.

Pype, K.: »Dancing for God and the Devil«, *Journal of Religion in Africa* 2006.

–: *The Making of the Pentecostal Melodrama*, New York 2012.

Pyysiäinen, I.: »On the ›Innateness‹ of Religion«, *Journal of Cognition and Culture* 2001.

Qu, F.: »A Deconstructive Analysis of K. C. Chang's Shamanic Approach in Chinese Archaeology«, *Numen* 2017.

Quack, A.: *Priesterinnen, Heilerinnen, Schamaninnen?*, Berlin 1985.

Quain, B.: *Fijian Village*, Chicago 1948.

Qamar, A. S. K.: *Kalash*, Islamabad 1997.
Quirke, S.: *Altägyptische Religion*, Stuttgart 1996.
Qvortrup-Fibiger, M. C.: »When the Hindu-Goddess Moves to Denmark«, *Bulletin for the Study of Religion*, September 2012.

Rabelo, M. C. M. et al.: »Notes on Body and Experience Among Pentecostal Women in Salvador«, *Journal of Contemporary Religion* 2009.
Radcliffe, J. N.: »Fiends, Ghosts, and Sprites (1854)« in *Spiritualism, Mesmerism and the Occult, 1800-1920*, Bd. I, ed. S. McCorristine, London 2012.
Radcliffe-Brown, A. R.: *Structure and Function in Primitive Society*, London 1952.
Radford, R.: *Highlanders and Foreigners in the Upper Ramu*, Melbourne 1987.
Radin, D. I.: *The Conscious Universe*, San Francisco 1997.
Radin, P.: »The Religious Experiences of an American Indian«, *Eranos-Jahrbuch* 1950.
–: *Die religiöse Erfahrung der Naturvölker*, Zürich 1951.
–: *The Trickster*, New York 1972.
Rätsch, C.: »Sie haben recht!« in *Was ist ein Schamane?*, ed. A. Schenk/ C. Rätsch, Berlin 1999.
Rahner, K.: *Visionen und Prophezeiungen*, Freiburg 1958.
Raimondo da Capua: *Die Legenda Maior*, ed. J. Jungmayr, Berlin 2004.
Rajam, V. S.: »Aṇañku: A Notion Semantically Reduced to Signify Female Sacred Power«, *Journal of the American Oriental Society* 1986.
Ramachandran, V. S.: *Die Frau, die Töne sehen konnte*, Reinbek 2013.
Ramaswamy, S.: *The Lost Land of Lemuria*, Berkeley 2004.
Ramaswamy, V.: *Walking Naked*, Shimla 2007.
Ramos, A.: »Tau't Batu Religion« in *Tau't Batu Studies*, ed. J. T. Peralta, Manila 1983.
Ramos, M. D.: *Creatures of the Philippine Lower Mythology*, Manila 1971.
Randles, J.: *Aliens & Abductions*, London 1999.
Randles, J./P. Hough: *The Afterlife*, London 1993.
Ranger, T. O.: »Protestant Missions in Africa« in *Religion in Africa*, ed. T. D. Blakely et al., London 1994.
Ranke, F.: »Mahr und Mahrt« in *Handwörterbuch des deutschen Aberglaubens*, Bd. 5, ed. H. Bächtold-Stäubli, Berlin 1933.
Rasmussen, A. M. B.: *Modern African Spirituality*, London 1996.
Rasmussen, S.: »Ritual Powers and Social Tensions as Moral Discourse Among the Tuareg«, *American Anthropologist* 1998.
–: »Transformations in Witchcraft Technologies Among the Tuareg of Niger« in *Magical Interpretations, Material Realities*, ed. H. L. Moore/T. Sanders, London 2001.
Rausch, M.: *Bodies, Boundaries and Spirit Possession*, Bielefeld 2000.

Ravenhill, P. L.: *Dreams and Reverie*, Washington 1996.

al-Rawi, A. K.: »Sexual Relations and Parapsychology«, *Journal of Religion and Psychical Research* 2001.

Rawlings, M. S.: *Jenseits der Todeslinie*, Baden o. J.

Rawson, P. S.: *Tantra*, München 1972.

Ray, B. C.: *African Religions*, Upper Saddle River 2000.

Ray, D. J.: *Eskimo Masks*, Seattle 1967.

Ray, P. C.: *The Lodha and Their Spirit-Possessed Men*, Kalkutta 1969.

Ray, V. F.: *Primitive Pragmatists*, Seattle 1963.

Ray, W. J.: »Dissociative Identity Disorder« in *Encyclopedia of Psychology*, Bd. 3, ed. A. E. Kazdin, Oxford 2000.

Rea, W.: »Amàdu and the Material Manifestation of *Eégún*« in *The Inbetweenness of Things*, ed. P. Basu, London 2017.

Read, K. E.: *The High Valley*, New York 1965.

Reader, I.: *Religion in Contemporary Japan*, Houndmills 1991.

Reay, M.: »›Mushroom Madness‹ in the New Guinea Highlands«, *Oceania* 1960.

Rebhun, L. A.: »Culture Bound Syndromes« in *Encyclopedia of Medical Anthropology*, ed. C. R. Ember/M. Ember, New York 2004.

Rechenberger, I. »Körperbildstörungen beim Mann« in *Praktische Sexualmedizin*, ed. V. Herms et al., Wiesbaden 1984.

Reclus, É.: »Masken und Götzenbilder«, *Wiener Rundschau*, September 1898.

Red Hat, E.: Mündliche Mitteilung vom 13. Juni 1981.

Red Hat, M.: Mündliche Mitteilung vom 14. Juni 1981.

Redhouse, J.: *Türkçe-Ingilizce Sözlük*, Istanbul 1997.

Rehbein, F. C.: *Heil in Christentum und afro-brasilianischen Kulten*, Bonn 1989.

Reible, A./J. Lenssen: *Das Wirken des Heiligen Geistes im Spiegel der Fränkischen Kunst*, Würzburg 1991.

Reichard, G. A.: *Navaho Religion*, New York 1950.

Reichel-Dolmatoff, G.: *Amazonian Cosmos*, Chicago 1971.

–: *The Sacred Mountains of Colombia's Kogi Indians,* Leiden 1990.

Reichel-Dolmatoff, G./A. Reichel-Dolmatoff: *The People of Aritama*, London 1961.

Reinhard, J. G.: *Deskriptive Analyse von Schamanismus und Hexerei der Purbia Raji Südwest-Nepals*, Wien 1973.

–: »Shamanism Among the Raji of Southwest Nepal« in *Spirit Possession in the Nepal Himalayas*, ed. J. T. Hitchcock/R. L. Jones, Warminster 1976.

Reinhardt, T.: »Der rechte Fuß des Marabuts« in *Zwischen Aneignung und Entfremdung*, ed. V. Gottowik et al., Frankfurt/M. 2009.

Reinhart, A. K.: »Harām« in *Encyclopedia of the Islamic World*, Bd. II, ed. J. L. Esposito, Oxford 2009.

Reinisch, J. M./R. Beasly: *Sexualität heute*, München 1991.

Reiter, C./I. Vogt: »Wunschbäume und Moscheen« in *Yörük*, ed. A. Kurze, Hechingen 1994.

Reiter, F.C.: *Taoismus*, Hamburg 2000.

Reiter, J.A.: *Unsichtbare Grenzen*, Berlin 1992.

Reithofer, H.: *The Python Spirit and the Cross*, Berlin 2006.

Reliquet, P.: *Ritter, Tod und Teufel*, München 1984.

Remplein, H.: *Die seelische Entwicklung in der Kindheit und Reifezeit*, München 1950.

Rensing, B.: *Die Wicca-Religion*, Marburg 2007.

Rentz, A.: *Inszenierte Heiligkeit*, Berlin 2019.

Reusch, R.: *Der Islam in Ost-Afrika*, Leipzig 1930.

Reuter, A.: *Voodoo*, München 2003.

Reuter, T. A.: »People of the Mountains, People of the Sea« in *Staying Local in the Global Village*, ed. R. Rubinstein/L. H. Connor, Honolulu 1999.

Rey, K. G.: »Psychologische Aspekte des ›Ruhens-im-Geist‹«, *Zeitschrift für Parapsychologie* 1984.

–: *Gotteserlebnisse im Schnellverfahren*, München 1985.

Rey, T.: »Marian Devotion at a Haitian Catholic Parish in Miami«, *Journal of Contemporary Religion* 2004.

–: »Catholic Pentecostalism in Haiti«, *Pneuma* 2010.

Rhani, Z.: »Le chérif et la possedée«, *L'Homme,* Juni 2009.

Ribbat, C.: *Religiöse Erregung*, Frankfurt/M. 1996.

Richman, K.: »Possession and Attachment« in *Spirited Things*, ed. P.C. Johnson, Chicago 2014.

Richter, P. J.: »Charismatic Mysticism« in *The Nature of Religious Language*, ed. S. E. Porter, Sheffield 1996.

–: »›God Is Not a Gentleman!‹« in *Embodying the Spirit*, ed. M. J. McClymond, Baltimore 2004.

Ridley, M.: *Eros und Evolution*, München 1995.

Riesenberg, S. H.: »Magic and Medicine in Ponape«, *Southwestern Journal of Anthropology* 1948.

Rigaud, O. M.: »The Feasting of the Gods in Haitian Vodu«, *Primitive Man* 1, 1946.

Riley, K.C.: »Marquesas« in *Encyclopedia of Sex and Gender*, ed. C. R. Ember/M. Ember, New York 2003.

Ringger, P.: *Das Weltbild der Parapsychologie*, Olten 1959.

Ringgren, H.: *Israelitische Religion*, Stuttgart 1963.

Ringwald, W.: *Die Religion der Akanstämme*, Stuttgart 1952.

Ritchie, D./K. Ito: *The Erotic Gods,* Tokio 1967.

Ritchie, J. E.: *The Making of a Maori*, Wellington 1963.

Ritz-Müller, U.: »Die Berufung der Madame Anne«, *Zeitschrift für Parapsychologie* 1996.

Ritzenthaler, R. E.: »Southwestern Chippewa« in *Handbook of North American Indians*, Bd. 15, ed. B. G. Trigger, Washington 1978.

Rizzo, T./S. Gerontakis: *Intimate Empires*, Oxford 2017.

Rizzolatti, G./M. Fabbri-Destro: »The Mirror Neuron System« in *Handbook of Neuroscience for the Behavioral Sciences*, Bd. I, ed. G. G. Berntson/ J. T. Cacioppo, Hoboken 2009.

Robbins, J.: »Christianity and Desire Among the Urapmin of Papua New Guinea«, *Ethnology* 1998.

–: »From Charismatic Movement to Charismatic Church in a Papua New Guinea Society«, *Journal of Ritual Studies* 2001.

–: *Becoming Sinners*, Berkeley 2004.

Robeck, C. M.: *The Azusa Street Mission and Revival*, Nashville 2006.

Roberts, J.: *Der Weg zu Seth*, München 1988.

–: *Das Seth-Material*, München 1991.

Robertson, C. E.: »The Māhū of Hawai'i« in *Pacific Diaspora*, ed. P. Spickard et al., Honolulu 2002.

Robertson, J.: *Robo sapiens japanicus*, Oakland 2018.

Robins, G.: »Dress, Undress, and the Representation of Fertility and Potency in New Kingdom Egyptian Art« in *Sexuality in Ancient Art*, ed. N. B. Kampen et. al., Cambridge 1996.

Robinson, F.: *Der Islam*, München 1982.

Robinson, J.: *Divine Healing*, Eugene 2013.

Rocha, C.: »Australians, John of God and Brazilian Spiritism«, *Australian Journal of Anthropology* 2009.

Rodewyk, A.: *Dämonische Besessenheit heute*, Aschaffenburg 1976.

Rodrigue, R. B.: »A Widespread Psychological Disorder Called Lulu Among the Huli Linguistic Group in Papua«, *Oceania* 1963.

Roe, F. G.: *The Indian and the Horse*, Norman 1955.

Roeder, G.: *Die ägyptische Götterwelt*, Zürich 1959.

Röder, J.: *Alahatala*, Bamberg 1948.

Rödl, W.: *Religion und Medizin*, München 1989.

Rödlach, A.: *Witches, Westerners, and HIV*, London 2006.

Römer, T.: *The Invention of God*, Cambridge 2015.

Rösing, I.: *Trance, Besessenheit und Amnesie*, Gnas 2003.

Roetz, H.: *Mensch und Natur im alten China*, Frankfurt/M. 1984.

Rogers, S. L.: *The Shaman*, Springfield 1982.

Rohde-Dachser, C.: *Das Borderline-Syndrom*, Bern 2004.

Róheim, G.: »Witches on Normanby Island«, *Oceania* 1948.

Rojcewicz, S. J./R. Rojcewicz: »The ›Human‹ Voices in Hallucinations«, *Journal of Phenomenological Psychology* 1997.

Roll, W. G./M. A. Persinger: »Investigations of Poltergeists and Haunts« in *Hauntings and Poltergeists*, ed. J. Houran/R. Lange, Jefferson 2001.

Rollier, F.: »Walking Round on the Straight Path in the Name of the Father« in *Managing Distress*, ed. M. Carrin, New Delhi 1999.

Romano, M.: »Translating and Transplanting the Word of God in Chinese« in *Sinicizing Christianity*, ed. Z. Yangwen, Leiden 2017.

Romberg, R.: *Witchcraft and Welfare*, Austin 2003.

–: »Mimetic Corporeality, Discourse and Indeterminacy in Spirit Possession« in *Spirited Things*, ed. P.C. Johnson, Chicago 2014.

Róna-Tas, A.: »Materialien zur alten Religion der Türken« in *Synkretismus in den Religionen Zentralasiens*, ed. W. Heissig/H.-J. Klimkeit, Wiesbaden 1987.

Rondot, P.: *Der Islam und die Mohammedaner von heute*, Stuttgart 1963.

Ronquillo, E. B.: »The Influence of ›Espiritismo‹ on a Case of Multiple Personality Disorder«, *Dissociation*, März 1991.

Rosander, E. E./D. Westerlund: »Senegal« in *Islam Outside the Arab World*, ed. D. Westerlund/I. Svanberg, Richmond 1999.

Roscoe, J.: *The Baganda*, London 1911.

Roscoe, P.: »Sexual Avoidance and Masculinity in New Guinea and Amazonia« in *Gender in Amazonia and Melanesia*, ed. T. A. Gregor/D. Tuzin, Berkeley 2001.

Rose, A.: »Vergleichende wahrnehmungspsychologische Analyse der ›Near-Death-Experiences‹ und des Orgasmuserlebens« in *Tod, Sterben, Trauer*, ed. J. Howe/R. Ochsmann, Frankfurt/M. 1984.

Rose, H.: *Griechische Mythologie*, München 1961.

Rose, S. D.: »Women Warriors: The Negotiation of Gender in a Charismatic Community«, *Social Analysis* 1987.

Roseman, M.: »Male and Female Performance Among the Temiar of Peninsular Malaysia« in *Women and Music in Cross-Cultural Perspective*, ed. E. Koskoff, New York 1987.

Rosen, R.C./J.G. Beck: »Models and Measures of Sexual Response« in *Alternative Approaches to the Study of Sexual Behavior*, ed. D. Byme/K. Kelley, Hillsdale 1986.

–: *Patterns of Sexual Arousal*, New York 1988.

Rosenbauer, K. A.: *Genitalorgane*, Reinbek 1969.

Rosenkranz, G.: *Der Weg der Götter*, München 1944.

–: »Götterglaube und Gottesglaube in Japan« in *Deutsch-Japanische Studien*, ed. G. Kerst, Hamburg 1959.

Rosenthal, J.: *Possession, Ecstasy, and Law in Ewe Voodoo*, Charlottesville 1998.

de Rosny, E.: *Heilkunst in Afrika*, Wuppertal 1998.

Ross, C. A.: »Dissociative Disorders« in *Oxford Textbook of Psychopathology*, ed. T. Millon et al., Oxford 1999.

Ross, J. A.: »Spokane« in *Handbook of North American Indians*, Bd. 12, ed. D. E. Walker, Washington 1998.

Ross, L. M.: *The Encoded Cirebon Mask*, Leiden 2016.

Rossbach de Olmos, L.: »Dimensionen religiöser Reterritorialisierung der Santería in Deutschland«, *Zeitschrift für Ethnologie* 2011.

–: »Entgrenzte Religiosität«, *Anthropos* 2013.

Rotenberg, R.: »Udders, Penises, and Testicles«, *Ethnology* 2008.

Roth, G./N. Strüber: *Wie das Gehirn die Seele macht*, Stuttgart 2014.

Roth, H. D.: »The Inner Cultivation Tradition of Early Daoism« in *Religions of China in Practice*, ed. D. S. Lopez, Princeton 1996.

Roth, H. L.: *The Natives of Sarawak and British North Borneo*, Bd. I, London 1896.

Rothstein, M.: »Dolphins and Other Humans« in *New Age Spirituality*, ed. S. J. Sutcliffe/I. S. Gilhus, London 2014.

–: »New Age in Denmark« in *Western Esotericism in Scandinavia*, ed. H. Bogdan/O. Hammer, Leiden 2016.

Rouget, G.: *Music and Trance*, Chicago 1985.

Rousseau, J.: *Central Borneo*, Oxford 1990.

Roussou, E.: »When Soma Encounters the Spiritual« in *Encounters of Body and Soul in Contemporary Religious Practices*, ed. A. Fedele/R. L. Blanes, New York 2011.

–: »Believing in the Supernatural Through the ›Evil Eye‹«, *Journal of Contemporary Religion* 2014.

Roux, J.-P.: »Le lait et le sein dans les traditions Turques«, *L'Homme*, Juni 1967.

–: »Die alttürkische Mythologie« in *Götter und Mythen in Zentralasien und Nordeurasien*, ed. E. Schmalzriedt/H.W. Haussig, Stuttgart 1999.

Rowe, J. H.: »Inca Culture at the Time of the Spanish Conquest« in *Handbook of South American Indians*, Bd. II, ed. J. H. Steward, Washington 1946.

Rubenstein, S. L.: »Circulation, Accumulation, and the Power of Shuar Shrunken Heads«, *Cultural Anthropology* 2007.

Rudolph, E.: »Psychologie und Pathologie der Volksfrömmigkeit« in *Wiederentdeckung der Volksreligiosität*, ed. J. Baumgartner, Regensburg 1979.

Rudolph, M.: »The Efficacy of the Contemporary ›Harvest-Festivals‹ of Taiwan's Ami« in *Ritual and Identity*, ed. K.-P. Koepping et al., Berlin 2006.

Rudy, Z.: *Ethnosoziologie sowjetischer Völker*, Bern 1962.

Ruether, R. R./C. M. Prelinger: »Women in Sectarian and Utopian Groups« in *Women and Religion in America*, Bd. II, ed. R. R. Ruether/R. S. Keller, San Francisco 1983.

Ruff, G. E.: »Factors Influencing Reactions to Reduced Sensory Input« in *Sensory Deprivation*, ed. P. Solomon et al., Cambridge 1961.

Rundle, B.: »Problems With the Concept of God« in *The Routledge Companion to Philosophy of Religion*, ed. C. Meister/P. Copan, London 2013.

Runggaldier, E.: *Philosophie der Esoterik*, Stuttgart 1996.

Ruse, M.: »The Sociobiological Account of Religious Belief« in *The Routledge Companion to Philosophy of Religion*, ed. C. Meister/P. Copan, London 2013.

Russell, G.: *Young & Damned & Fair*, London 2017.

Russell, J. B.: *A History of Witchcraft*, London 1980.

–: *Lucifer*, Ithaca 1984.

Rust, H.: *Wunder der Bibel*, Bd. I, Pfullingen 1922.

Ruthven, M.: *Torture*, London 1978.

Ryan, P. M.: *Dictionary of Modern Māori,* Auckland 1994.

Rybakov, B. A.: »The Rusalii and the God Simargl-Pereplut«, *Soviet Anthropology and Archaeology* 1968.

Rychlak, J. F.: *In Defense of Human Consciousness*, Washington 1997.

Rýzl, M.: *Der Tod ist nicht das Ende*, Augsburg 2011.

Sabom, M. B.: *Erinnerungen an den Tod*, Gütersloh 1986.

Sackey, B. M.: *New Directions in Gender and Religion*, Lanham 2006.

Sacks, O.: *Der Mann, der seine Frau mit einem Hut verwechselte*, Reinbek 1990.

–: *Migräne*, Reinbek 1994.

–: *Der einarmige Pianist*, Reinbek 2008.

–: *Das Innere Auge*, Reinbek 2011.

–: *Drachen, Doppelgänger und Dämonen*, Reinbek 2013.

Sagant, P.: »Becoming a Limbu Priest« in *Spirit Possession in the Nepal Himalayas*, ed. J. T. Hitchcock/R. L. Jones, Warminster 1976.

Sahlins, M. D.: *Moala*, Ann Arbor 1962.

–: *Historical Metaphors and Mythical Realities*, Ann Arbor 1981.

–: »Raw Women, Cooked Men, and Other ›Great Things‹ of the Fiji Islands« in *The Ethnography of Cannibalism*, ed. P. Brown/D. Tuzin, Washington 1983.

–: *How ›Natives‹ Think*, Chicago 1995.

Saint John Stott, G.: »Joseph Smith's 1823 Vision: Uncovering the Angel Message«, *Religion* 1988.

Sakamoto, M.: »Nanban-Stellschirme« in *Japan und Europa 1543-1929*, ed. D. Croissant/L. Ledderose, Berlin 1993.

Saks, E. R./S. H. Behnke: *Jekyll on Trial*, New York 1997.

Saladin d'Anglure, B.: »From Foetus to Shaman« in *Amerindian Rebirth*, ed. A. Mills/R. Slobodin, Toronto 1994.

Salazar, C.: »The Complexity of Popular Religiosity«, *Journal of Cognition and Culture* 2016.

Saler, B.: »Spiritual Power in Santiago El Palmar« in *The Anthropology of Power*, ed. R. D. Fogelson/R. N. Adams, New York 1977.

–: »Supernatural as a Western Category«, *Ethos* 1977a.

–: »Religio and the Definition of Religion«, Ms. (1986).

–: *Understanding Religion*, Berlin 2009.

Salgado, J. M.: »Survivance des cultes africains et syncrétisme en Haiti« in *Devant les sectes non-Chrétiennes*, ed. J. Masson, Louvain 1962.

Salisbury, R. F.: *From Stone to Steel*, Melbourne 1962.

Sallandt, U.: *Der Geist Gottes im Süden Perus*, Berlin 2007.

Salmond, A.: *Between Worlds*, Auckland 1997.

Salter, W. H.: *Ghosts and Apparitions*, London 1938.

Samanta, S.: »Goat Sacrifice to the Goddess Kālī in Bengal«, *Journal of Asian Studies* 1994.

Sánchez, R.: »Seized by the Spirit« in *Aesthetic Formations*, ed. B. Meyer, New York 2009.

Sanday, P. R.: *Divine Hunger*, Cambridge 1986.

Sanders, B.: »The Imaginary Companion Experience in Multiple Personality Disorder«, *Dissociation*, Dezember 1992.

Saniotis, A.: »Sensuous Awareness as Mystical Practice Among Sufis in North India«, *Australian Journal of Anthropology* 2008.

Sannwald, G.: »Zur Psychologie paranormaler Spontanphänomene«, *Zeitschrift für Parapsychologie* 1960.

Sansom, G. B.: *Japan*, München 1967.

Sansom, J.: »Firewalking: Explanation and the Mind-Body Relationship«, *Australian Journal of Anthropology* 1998.

Santos-Granero, F.: *The Moral Use of Knowledge Amongst the Amuesha of Central Peru*, London 1991.

Santucci, J. A.: »The Theosophical Society« in *Controversial New Religions*, ed. J. R. Lewis/J. A. Petersen, Oxford 2005.

Sargant, W.: *Battles for the Mind*, New York 1957.

–: *Der Kampf um die Seele*, München 1958.

Saß, H. et al.: *Diagnostisches und Statistisches Manual Psychischer Störungen (DSM IV)*, Göttingen 1996.

Sather, C.: »The Malevolent *koklir*«, *Bijdragen tot de Taal-, Land- en Volkenkunde* 1978.

Sattler, R. A.: »Seminole in the West« in *Handbook of North American Indians*, Bd. 14, ed. R. D. Fogelson, Washington 2004.

Savage-Landor, A. H.: *Alone With the Hairy Ainu*, London 1893.

Sawicki, D.: *Leben mit den Toten*, Paderborn 2002.

Sawyer, H.: »The Practice of Presence«, *Numen* 1968.

Sax, W.: *God of Justice*, Oxford 2009.

Sax, W./K. Polit: »Moved by God« in *Body, Memory, Metaphor and Movement*, ed. S. C. Koch et al., Amsterdam 2012.

Scarisbrick, J. J.: *Henry VIII*, London 1968.

Schacter, D. L.: *The Seven Sins of Memory*, Boston 2001.

Schäfer, A.: *Die Spur des Heiligen*, Berlin 2016.

Schäfer, I.: »Traumatisierung und Psychose« in *Handbuch der Psychotraumatologie*, ed. G. H. Seidler et al., Stuttgart 2015.

Schäfer, T.: *Visionen*, München 1996.

Schafer, E. H.: »Ritual Exposure in Ancient China«, *Harvard Journal of Asiatic Studies* 1951.

Schaffler, Y.: »Diagnose ›Wolfspferd‹«, *Anthropos* 2009.

–: »Besessenheit in der Dominikanischen Republik«, *Curare* 1, 2012.

Schallenberg, G.: *Visionäre Erlebnisse*, Augsburg 1990.

Scharf da Silva, I.: *Umbanda,* Münster 2004.

Scharfetter, C.: »Über Meditation« in *Psychotherapie, Meditation, Gestalt*, ed. H. Petzold, Paderborn 1983.

–: »Meditation in der Psychotherapie« in *Ethnopsychotherapie*, ed. A. Dittrich/C. Scharfetter, Stuttgart 1987.

Scharfstein, B.-A.: *Mystical Experience*, Oxford 1973.

Schattschneider, E.: *Immortal Wishes*, Durham 2003.

Schebesta, P.: *Orang Utan*, Leipzig 1928.

–: *Menschen ohne Geschichte*, Mödling 1947.

Scheer, M.: »Empfundener Glaube«, *Zeitschrift für Volkskunde* 2009.

–: »Die Madonnen von Medjugorje« in *Maria in der Krise*, ed. A. Gasior, Köln 2014.

Scheffler, H. W.: *Choiseul Island Social Structure*, Berkeley 1965.

Schefold, R.: *Ein bedrohtes Paradies*, Berlin 2017.

Scheper-Hughes, N.: *Death Without Weeping*, Berkeley 1992.

Scheu, W.: *Verhaltensweisen deutscher Strafgefangener heute*, Göttingen 1971.

–: *In Haft*, München 1983.

Schieffelin, E. L.: *The Sorrow of the Lonely and the Burning of the Dancers*, New York 1976.

–: »The Great Papuan Plateau« in *Like People You See in a Dream*, ed. E. L. Schieffelin/R. Crittenden, Stanford 1991.

Schiff, G.: *Johann Heinrich Füssli 1741-1825*, Zürich 1973.

–: »Lachen, Weinen und Lächeln in der Kunst« in *Sachlichkeit*, ed. G. Dux/ T. Luckmann, Opladen 1974.

Schild, U.: »Die Gelede-Maskerade bei den Yoruba in Nigeria« in *Spiel, Tanz und Märchen*, ed. M. Möckel/H. Volkmann, Regensburg 1995.

Schilder, P.: »Deskriptiv-psychologische Analyse der Depersonalisation« in *Depersonalisation*, ed. J.-E. Meyer, Darmstadt 1968.

Schimmel, A.: *Mystische Dimensionen des Islam*, Aalen 1979.

–: »Künstlerische Ausdrucksformen des Islam« in *Der Islam*, Bd. III, ed. M. D. Ahmed et al., Stuttgart 1990.

–: *Die Zeichen Gottes*, München 1995.

Schindler, A.: »Gibt es Zusammenhänge zwischen Borderline-Persönlichkeitsstörungen und Prostitution?«, *Persönlichkeitsstörungen* 2011.

Schindler, B.: *Das Priestertum im alten China*, Leipzig 1919.

Schinzinger, R.: *Japanisches Denken*, Berlin 1983.

Schirmer, B./T. Alexander: *Leben mit einem Kind im Autismus-Spektrum*, Stuttgart 2015.

Schirokogoroff, S. M.: *Psychomental Complex of the Tungus*, London 1935.

Schjelderup, K.: *Die Askese*, Berlin 1928.

Schjoedt, U.: »The Religious Brain«, *Method and Theory in the Study of Religion* 2009.

–: »Disasters and the Representation of Tradition and Modernity«, *Religion* 2010.

Schlecht, P./K. Schüttler: *Expedition in magische Welten*, Freiburg 1991.

Schlee, G.: »Traditionelle Töterideale, Islamisierung und der Islam als Feindbild« in *Krieg und Kampf*, ed. E. Orywal et al., Berlin 1996.

Schlehe, J.: *Die Meereskönigin des Südens, Ratu Kidul*, Berlin 1998.

Schleiffer, H.: *Sacred Narcotic Plants of the New World Indians*, New York 1973.

Schlesier, K.: *Die Wölfe des Himmels*, Köln 1985.

–: »Last Songs« in *Was ist ein Schamane?*, ed. A. Schenk/C. Rätsch, Berlin 1999.

Schlottmann, D.: *Trance, Ekstase und Besessenheit im koreanischen Schamanismus*, Münster 2016.

Schmid, G.: *Interessant und heilig*, Zürich 1971.

Schmid, G./G. O. Schmid: »Die neue Erscheinungswelle als Anfrage an die Theologie« in *Was willst du von mir, Frau?*, ed. J. Pfammatter/E. Christen, Fribourg 1995.

Schmid, G. B.: *Tod durch Vorstellungskraft*, Wien 2000.

Schmidbauer, W.: *Vom Umgang mit der Seele*, Frankfurt/M. 2000.

Schmidt, B. E.: *Karibische Diaspora in New York*, Berlin 2002.

–: »Spirit Possession in Brazil«, *Anthropos* 2014.

–: »Afro-Atlantic Religions« in *Spirit Possession Around the World*, ed. J. P. Laycock, Santa Barbara 2015.

Schmidt, G.: *Sexuelle Verhältnisse*, Reinbek 1998.

Schmidt, J. C.: *Wohlstand, Gesundheit und Glück im Reich Gottes*, Berlin 2007.

Schmidt, S.: »Bohrende Blicke, Stechende Blicke«, *Zeitschrift für Anomalistik* 2008.

Schmidt, W.: *Warum Männer nicht nebeneinander pinkeln wollen*, Reinbek 2013.

Schmidt, W. G. A.: *»Seele« ist nur ein Wort*, Frankfurt/Od. 1999.

Schmidt-Leukel, P.: »Was hat uns das Christentum gebracht?« in *Religion, Konfessionslosigkeit und Atheismus*, ed. K. Thörner/M. Thurner, Freiburg 2016.

Schmied-Knittel, I.: »Außergewöhnliche Erfahrungen«, *Zeitschrift für Anomalistik* 2008.

–: »Todeswissen und Todesbegegnungen« in *Alltägliche Wunder*, ed. E. Bauer/M. Schetsche, Würzburg 2011.

Schmieder, L.: *Geisttaufe*, Paderborn 1982.

Schnädelbach, H.: *Religion in der modernen Welt*, Frankfurt/M. 2009.

Schneebaum, T.: *Where the Spirits Dwell*, New York 1988.

Schneider, A.: »Bemerkungen zum sogenannten *Zâr* und zu anderen Krankenheilungszeremonien in Afrika«, *Jahrbuch für Transkulturelle Medizin und Psychotherapie* 1997.

Schneider, K.: *Zur Einführung in die Religionspsychopathologie*, Tübingen 1928.

–: *Die psychopathischen Persönlichkeiten*, Wien 1944.

–: »Zum Begriff des Wahns« in *Die Wahnwelten*, ed. G. Straus/J. Zutt, Frankfurt/M. 1963.

Schnepp, G. J.: »The Concept of Mana«, *Primitive Man* 4, 1932.

Schober, J. »Burmese Spirit Lords and Their Mediums« in *Shamanism*, ed. N. M. Walter/E. J. Fridman, Santa Barbara 2004.

Schödlbauer, M.: *Wahnbegegnungen*, Köln 2016.

Schönhammer, R.: *Fliegen, Fallen, Flüchten*, Tübingen 2004.

Scholem, G.: »Dibbuk (Dybbuk)« in *Encyclopedia Judaica*, Bd. 6, ed. C. Roth, Jerusalem 1971.

–: *Von der mystischen Gestalt der Gottheit*, Frankfurt/M. 1973.

Scholz, C.: *Graecia Sacra*, Frankfurt/M. 1997.

Scholze-Stubenrecht, W. et al.: *Das große Wörterbuch der deutschen Sprache*, Bd. 8, Mannheim 1999.

Schoormann, M.: *Sozialer und religiöser Wandel in Afrika*, Münster 2005.

Schopenhauer, A.: *Parerga und Paralipomena*, Bd. I, Leipzig 1891.

Schott, H.: *Magie und Natur*, Bd. II, Aachen 2014.

Schott, R.: »Grundzüge schriftloser Religionen bei einigen afrikanischen Völkern«, *Saeculum* 2003.

Schouten, J. P.: »The Unconventional Woman Saint: Images of Akka Mahādēvi« in *Female Stereotypes in Religious Traditions*, ed. R. Kloppenborg/W. J. Hanegraaff, Leiden 1995.

Schrede, P.: *Die Totengeister der Uiguren*, Halle 2007.

Schredl, M.: *Träume*, Berlin 2007.

Schreiner, K.: *Maria*, München 1994.

Schröder, D./A. Quack: *Kopfjagdriten der Puyuma von Katipol*, St. Augustin 1979.

Schröder, F. R.: *Germanentum und Hellenismus*, Heidelberg 1924.

Schroeder, R.: *Initiation and Religion*, Fribourg 1992.

Schröter, S.: »Kannibalinnen und Hexen« in *Sie und Er*, Bd. I, ed. G. Völger, Köln 1997.

–: *Die Austreibung des Bösen*, Stuttgart 2000.

–: »*Sex Talks* oder Der Untergang des Abendlandes« in *Zwischen Aneignung und Entfremdung*, ed. V. Gottowik et al., Frankfurt/M. 2009.

Schröter-Kunhardt, M.: »Nah-Todeserfahrungen« in *Auferstehung von den Toten*, ed. H. Kessler, Darmstadt 2004.

Schubert, W.: *Religion und Eros*, München 1941.

Schukies, R.: *Hüter der Heiligen Pfeile*, München 1994.

Schüppert, H.: »Frauenbild und Frauenalltag in der Predigtliteratur« in *Frau und spätmittelalterlicher Alltag*, ed. M. H. Appelt, Wien 1986.

Schüttler, G.: *Die letzten tibetischen Orakelpriester*, Wiesbaden 1971.

Schulte, A. G./E. Moloantoa: »Thapelo ya sephiri: Secret Prayer Groups in Soweto«, *African Studies* 1972.

Schulte-Nordholt, H. G.: »The Symbolic Classification of the Atoni of Timor« in *The Flow of Life*, ed. J. J. Fox, Cambridge 1980.

–: *The Spell of Power*, Leiden 1996.

Schultes, R. E./A. Hofmann: *Pflanzen der Götter*, Bern 1980.

Schultz, J.: *Wandlungen der Seele im Hochmittelalter*, Bd. II, Breslau 1940.

Schulz, G.: »Davonfliegen und autonom werden« in *Der Sinn meiner Psychose*, ed. H. Hansen, Neumünster 2013.

Schumacher, J.: »Privatoffenbarungen und Marienverehrung« in *Der Widerschein des Ewigen Lichtes*, ed. G. Rovira, Kevelaer 1984.

Schurhammer, G.: *Shin-tō*, Bonn 1923.

Schuster, H. H.: *Yakima Indian Traditionalism*, Ann Arbor 1980.

Schuster, N.: »Blickkontakt« in *Handlexikon Autismus-Spektrum*, ed. G. Theunissen et al., Stuttgart 2015.

Schuster, P.: *Verbrecher, Opfer, Heilige*, Stuttgart 2015.

Schwabe, C.W.: *Unmentionable Cuisine*, Charlottesville 1979.

Schwartz, B. I.: *The World of Thought in Ancient China*, Cambridge 1985.

Schwartz, P. A.: »A Case of Concurrent Multiple Personality Disorder and Transsexualism«, *Dissociation*, Juni 1988.

Schweitzer, M. M.: »Otoe and Missouri« in *Handbook of North American Indians*, Bd. 13, ed. R. J. DeMallie, Washington 2001.

Schwenke, H.: *Transzendente Begegnungen*, Basel 2014.

Scoralick, R.: »Heilig im Alten Testament« in *Neues Bibel-Lexikon*, ed. M. Görgl/B. Lang, Zürich 1995.

Scott, J. G.: *Burma and Beyond*, London 1932.

Scott, W. H.: *On the Cordillera*, Manila 1966.

Scott, M.W.: *The Severed Snake*, Durham 2007.

Scribner, R.W.: »Magie und Aberglaube« in *Volksreligion im hohen und späten Mittelalter*, ed. P. Dinzelbacher/D. R. Bauer, Paderborn 1990.

Scurlock, J. A.: »Sacred Prostitution« in *The Bible and Gender Studies*, Bd. II, ed. J. O'Brien, Oxford 2014.

–: »Medicine and Healing Magic« in *Women in the Ancient Near East*, ed. M.W. Chavalas, London 2014a.

Seabrook, W. B.: *Geheimnisvolles Haiti*, München 1982.

Seaman, A. R.: *Swaggart*, New York 1999.

Sechehaye, M.: *Tagebuch einer Schizophrenen*, Frankfurt/M. 1980.

Seeber-Tegethoff, M.: »Zum großen Erfolg der ›Igreja Universal‹ in Brasilien«, *Anthropos* 1998.

–: *Grenzgänger zwischen Religion und Wissenschaft*, Marburg 2005.

Seegets, P.: »Leben und Streben in spätmittelalterllichen Frauenklöstern« in *Spätmittelalterliche Frömmigkeit zwischen Ideal und Praxis*, ed. B. Hamm/ T. Lentes, Tübingen 2001.

Seeßlen, G.: *Liebe und Sex im 21. Jahrhundert*, Berlin 2018.

Segal, L.: *Slow Motion*, New Brunswick 1990.

Segato, R. L.: »Gender, Politics, and Hybridism in the Transnationalization of Yorùbá Culture« in *Òrìṣà Devotion as World Religion*, ed. J. K. Olupona/T. Rey, Madison 2008.

Seibel, A.: *Gemeinde Jesu – endzeitlich unterwandert?*, Wuppertal 1982.

Selg, H. et al.: *Psychologie des Sexualverhaltens*, Stuttgart 1979.

Seligmann, C. G./B. Z. Seligmann: *The Veddas*, Cambridge 1911.

Senft, H./W. Senft: *Hunza*, Graz 1986.

Sered, S. S.: *Priestess, Mother, Sacred Sister*, Oxford 1994.

Serrou, R.: *Lourdes: Die Geschichte der Bernadette Soubirous*, Hamburg 1958.

Servais, V.: »Enchanting Dolphins« in *Animals in Person*, ed. J. Knight, Oxford 2005.

Sexauer, H.: »Zur Phänomenologie und Psychologie des Spuks«, *Zeitschrift für Parapsychologie* 1958.

Seymour, S. C.: *Cora Du Bois*, Lincoln 2015.

Shack, W. A.: *The Central Ethiopians*, London 1974.

Shahar, M.: *Crazy Ji*, Cambridge 1998.

Shantz, D. H.: *German Pietism*, Baltimore 2013.

Sharp, L. A.: *The Possessed and the Dispossessed*, Berkeley 1993.

–: »The Power of Possession in North West Madagascar« in *Spirit Possession*, ed. H. Behrend/U. Luig, Madison 1999.

Sharpless, B. A.: *Sleep Paralysis*, Oxford 2015.

Shaw, D. M. P.: »Shinto and a Twenty-First Century Japanese Ecological Attitude« in *Nature, Space and the Sacred*, ed. S. Bergmann et al., Farnham 2009.

Shay, R. C./H. Bogdan: »Sex and Gender in the Words and Communes of Osho« in *Sexuality and New Religious Movements*, ed. H. Bogdan/ J. R. Lewis, New York 2014.

Sheehan, P.W.: »Hypnosis and the Manifestations of ›Imagination‹« in *Hypnosis*, ed. E. Fromm/R. E. Shor, New Brunswick 2007.

Shembe, I.M.: »Mein Werden, Leben und Wirken«, *Zeitschrift für Missions- und Religionswissenschaft* 1994.

Shepard, G.H.: »Dreams, Emotions, and Death in the Peruvian Amazon« in *Death, Mourning, and Burial*, ed. A. Robben, Oxford 2018.

Shepherd, K.: *Investigating the Sai Baba Movement*, Dorchester 2005.

Shermer, M.: *The Believing Brain*, New York 2011.

Sherrill, J.: *They Speak With Other Tongues*, Grand Rapids 2004.

Shevrin, H.: »The Wish to Cooperate and the Temptation to Submit« in *Hypnosis*, ed. E. Fromm/R.E. Shor, New Brunswick 2007.

Shi, K.: »Shamanic Practices in Southwest China«, *Temenos* 1988.

Shimkin, D.B.: »Eastern Shoshone« in *Handbook of North American Indians*, Bd. 11, ed. W.L. D'Azevedo, Washington 1986.

Shinn, A.: *Conversion Narratives in Early Modern England*, London 2018.

Shiotsuki, R.: »Mental Health and Shamanism in Okinawa« in *Religion and Psychotherapy in Modern Japan*, ed. C. Harding et al., Abingdon 2015.

Shirres, M.P.: »Tapu«, *Journal of the Polynesian Society* 1982.

Shoko, T.: *Karanga Indigenous Religion in Zimbabwe*, Aldershot 2007.

Shor, R.E.: »Three Dimensions of Hypnotic Depth« in *Altered States of Consciousness*, ed. C.T. Tart, New York 1969.

Shore, B.: »*Mana* and *Tapu*« in *Developments in Polynesian Ethnology*, ed. A. Howard/R. Borofsky, Honolulu 1989.

Shorter, E.: *From Paralysis to Fatigue*, New York 1992.

Shukla, P.: *Costume*, Bloomington 2015.

Shulman, D.: »The Murderous Bride: Tamil Versions of the Myth of Devī and the Buffalo Demon«, *History of Religions* 1976.

Shushan, G.: »Extraordinary Experiences and Religious Beliefs«, *Method and Theory in the Study of Religion* 2014.

Sibisi, H.: »The Place of Spirit Possession in Zulu Cosmology« in *Religion and Social Change in Southern Africa*, ed. M. Whisson/M. West, Cape Town 1975.

Siddle, R.: »Ainu History« in *Ainu*, ed. W.W. Fitzhugh/C.O. Dubreuil, Los Angeles 1999.

Sidwick, H. et al.: »Report on the Census of Hallucinations (1894)« in *Spiritualism, Mesmerism and the Occult, 1800-1920*, Bd. I, ed. S. McCorristine, London 2012.

Sidky, H.: *Hunza*, Jaipur 2004.

Sidky, H./J. Subedi: *Bitan*, Jaipur 2004.

Sidky, H. et al.: *Halfway to the Mountains*, Kirtipur 2002.

v. Siebenthal, W.: *Die Wissenschaft vom Traum*, Berlin 1984.

Siegel, R.K.: »Der Blick ins Jenseits: Eine Halluzination?« in *Grenzerfahrungen*, ed. H. Ernst, Weinheim 1984.

–: *Fire in the Brain*, New York 1992.

–: *Halluzinationen*, Frankfurt/M. 1995.

Siegmund,W.: »Ein Weg durch Märchen, Mythos und Wahngebilde« in *Antiker Mythos in unseren Märchen*, ed. W. Siegmund, Kassel 1984.

Siems, M.L.: »How Do you Say ›God‹ in Dakota?«, *Numen* 1998.

Sigusch, V.: »Physiologie des Orgasmus« in *Sexualität und Medizin*, ed. V. Sigusch, Köln 1979.

Sihler, A.L.: »The Etymology of PIE *rēg̑-, ›king‹, *Journal of Indo-European Studies* 1977.

Silbert, M.H.: »The Effects on Juveniles of Being Used for Pornography and Prostitution« in *Pornography*, ed. D. Zillmann/J. Bryant, Hillsdale 1989.

Sillitoe, P.: »From the Waga Furari to the Wen« in *Like People You See in a Dream*, ed. E.L. Sieffelin/R. Crittenden, Stanford 1991.

de Silva Gooneratne, D.: *On Demonology and Witchcraft in Ceylon*, Colombo 1865.

Silver Raven Wolf: *Zauberschule der Neuen Hexen*, Berlin 2004.

Simić, O.: »Wartime Rape and Its Shunned Victims« in *Genocide in the Twentieth Century*, ed. A.E. Randall, London 2015.

Simon, B.: *Afrikanische Kirchen in Deutschland*, Frankfurt/M. 2003.

Simon, R.I.: *Bad Men Do What Good Men Dream*, Washington 1996.

Simpson, G.E.: *Black Religions in the New World,* New York 1978.

Sinclair, J.: *Last Frontiers*, Broadbeach Waters 1988.

Singerland, E.: *Mind and Body in Early China*, New York 2019.

Singh, U.: *Between Worlds*, Neu-Delhi 2003.

Singleton, A.: »Beyond Heaven? Young People and the Afterlife«, *Journal of Contemporary Religion* 2012.

v. Sinner, R.: »Religiöse Mobilität in Brasilien« in *Religiöse Grenzüberschreitungen*, ed. C. Lienemann-Perrin/W. Lienemann, Wiesbaden 2012.

Sinnett, A.P.: *Incidents in the Life of Madame H.P. Blavatsky*, London 1886.

–: *The Occult World*, London 1981.

Sison, J.E.: *Werkzeug in Gottes Hand*, Steyr 1988.

Sitzmann, M.: »Heilig und Heiligkeit« in *Calwer Bibellexikon*, Bd. 1, ed. O. Betz et al., Stuttgart 2003.

Sjørslev, I.: *Glaube und Besessenheit*, Gifkendorf 1999.

Skipton, R.K.: »Die Chokwe in Angola« in *Bild der Völker*, Bd. 2, ed. E.E. Evans-Pritchard, Wiesbaden 1974.

Skultans, V.: »Mediums, Controls and Eminent Men« in *Women's Religious Experience*, ed. P. Holden, Beckenham 1983.

Slamet-Velsink, I.E.: »Some Reflections on the Sense and Nonsense of Traditional Health Care« in *Health Care in Java*, ed. P. Boomgaard et al., Leiden 1996.

Slawik, A.: »Ein kleiner Beitrag zur Erforschung des Wortschatzes der Ainu-Sprache«, *Ethnologische Zeitschrift Zürich* 1972.

Slootweg, H.: »Pentecostal Women in Chile« in *More Than Opium*, ed. B. Boudewijnse et al., Lanham 1998.

Sluhovski, M.: *Believe Not Every Spirit*, Chicago 2007.

Smidt, D. A. M.: »Life, Death and the Ancestors« in *Asmat Art*, ed. D. A. M. Smidt, Leiden 1999.

Smith, C.: *Religion*, Princeton 2017.

Smith, H.: »Erneuerung und Vertiefung des religiösen Lebens?« in *Psychotherapie und religiöses Erleben*, ed. H. Leuner, Berlin 1996.

Smith, J. H.: *Bewitching Development*, Chicago 2008.

Smith, M. F.: *Baba of Karo*, London 1964.

Smith, P. K.: »Pretend and Socio-Dramatic Play« in *Ritual, Play and Belief in Evolution and Early Human Societies*, ed. C. Renfrew et al., Cambridge 2018.

Snell, B.: *Die Entdeckung des Geistes*, Hamburg 1948.

Snodgrass, J. G.: »Spirit Possession in Rajastan« in *Shamanism*, ed. M. N. Walter/E. J. Fridman, Santa Barbara 2004.

Soal, S. G.: »A Report on Some Communications Received Through Mrs. Blanche Cooper«, *Proceedings of the Society for Psychical Research* 1926.

Sobo, E. J.: »Menstrual Taboos and Binding ›Ties‹ in Rural Jamaica« in *Anthropological Approaches to the Study of Ethnomedicine*, ed. M. Nichter, Amsterdam 1992.

–: *One Blood: The Jamaican Body*, Albany 1993.

Sørum, A.: »Bedamini Spirit Seances and Curing Rites«, *Oceania* 1980.

Solov'ëva, K.: »Der Schamanismus bei den Völkern West- und Südsibiriens« in *Schamanen zwischen Mythos und Moderne*, ed. A. Rosenbohm, Leipzig 1999.

–: »Die Schamanenzeremonie (*kamlanie*)« in *Schamanen Sibiriens*, ed. E. Kasten, Stuttgart 2009.

Solovyoff, V. S.: *A Modern Priestess of Isis*, London 1895.

Sommer, D.: »Shen (Spirit)« in *Encyclopedia of Confucianism*, Bd. 2, ed. X. Yao, London 2003.

Sommerfeld, J.: *Körper, Krise und Vodou*, Münster 1994.

Sontheimer, G.-D.: *Pastoral Deities in Western India*, Oxford 1989.

Soothill, J. E.: *Gender, Social Change and Spiritual Power*, Leiden 2007.

–: »Gender and Pentecostalism in Africa« in *Pentecostalism in Africa*, ed. M. Lindhardt, Leiden 2015.

Sorrel, C.: »Politics of the Sacred« in *Marian Devotions, Political Mobilization & Nationalism in Europe & America*, ed. R. Di Stefano/F. J. R. Solans, New York 2016.

Southall, A.W.: *Alur Society*, Cambridge 1953.

–: »Twinship and Symbolic Structure« in *The Interpretation of Ritual*, ed. J. S. La Fontaine, London 1972.

Spanos, N. P./C. Burgess: »Hypnosis and Multiple Personality Disorder« in *Dissociation*, ed. S. J. Lynn/J.W. Rhue, New York 1994.

Spector, S.: *Violent Sensations*, Chicago 2016.

Speiser, F.: *Ethnology of Vanuatu*, Honolulu 1996.

Spencer, B.: *Scientific Correspondence*, ed. R. R. Marett/T. K. Penniman, London 1932.

Spencer, B./F. J. Gillen: *The Northern Tribes of Central Australia*, London 1904.

–: *The Arunta*, Bd. I, London 1927.

Spencer, D. M.: *Disease, Religion and Society in the Fiji Islands*, Seattle 1941.

–: »The Recruitment of Shamans Among the Mundas«, *History of Religions* 1970.

Spencer, J./A. Spencer: *The Encyclopedia of Ghosts and Spirits*, London 1992.

Spencer, P.: *Nomads in Alliance*, London 1973.

–: »Interpretations of the Dance in Anthropology« in *Society and the Dance*, ed. P. Spencer, Cambridge 1985.

Spencer, R. F.: *The North Alaskan Eskimo*, Washington 1959.

Spencer, W.: »Classical Spiritualist Mediumship and New Age Channeling Compared and Contrasted«, *Journal of Contemporary Religion* 2001.

Spengler, A.: *Sadomasochisten und ihre Subkulturen*, Frankfurt/M. 1979.

Sperry, L.: »Dissociative Disorders« in *Psychopathology & Psychotherapy*, ed. L. Sperry/J. Carlson, Washington 1996.

Spiegel, J.: *Die Erzählung vom Streite des Horus und Seth*, Glückstadt 1937.

Spier, L.: »Monache« in *Handbook of North American Indians*, Bd. 8, ed. R. F. Heizer, Washington 1978.

Spieth, J.: *Die Ewe-Stämme*, Berlin 1906.

Spinella, M./O.Wain: »The Neural Substrates of Moral, Religious, and Paranormal Beliefs«, *The Sceptical Inquirer*, Oktober 2006.

Spitzer, C./H. J. Freyberger: »Dissoziative Störungen« in *Handbuch der Psychotraumatologie*, ed. G. H. Seidler et al., Stuttgart 2015.

Spitzer, M.: *Halluzinationen*, Berlin 1988.

–: »Ichstörungen: In Search of a Theory« in *Psychopathology and Philosophy*, ed. M. Spitzer et al., Heidelberg 1988a.

Spitzing, G.: *Welt der Trance*, Aachen 2017.

Spliesgart, R.: »Brasilianische Religionen in Deutschland« in *Handbuch der Religionen, Bd. IX*, ed. M. Klöcker/U. Tworuschka, München 2011.

Sponsel, L. E.: »Sacred Caves of the World« in *The Changing World Religion Map*, ed. S. D. Brunn, Dordrecht 2015.

Sprenger, J./H. Institoris: *Malleus Maleficarum*, ed. J.W.R. Schmidt, München 1982.

Sprinkle, A.: *Hardcore From the Heart*, ed. G. Cody, London 2001.

Srinivas, T.: *Winged Faith*, New York 2010.

Stachura, E.: »Auf dem Gipfel der Lust«, *Gehirn & Geist* 2, 2009.

v. Staden, H.: *Brasilien: Historie der wilden, nackten, grimmigen Menschenfresser-Leute*, ed. G. Faber, Nördlingen 1988.

Staemmler, B.: *Chinkon kishin*, Berlin 2009.

Staewen, C./F. Schönberg: *Ifa: Das Wort der Götter*, Wiesbaden 1962.

Stalker, N. K.: *Prophet Motive*, Honolulu 2008.

Stalph, J. et al.: *Japanisch-deutsches Wörterbuch*, Bd. II, München 2015.

Stands in Timber, J./M. Liberty: *Cheyenne Memories*, New Haven 1967.

Stang, C.: *A Walk to the River in Amazonia*, New York 2009.

Starbuck, E.D.: *The Psychology of Religion*, London 1901.

Starke, K./W. Friedrich: *Liebe und Sexualität bis 30*, Berlin 1984.

Staudenmaier, L.: *Die Magie als experimentelle Naturwissenschaft*, Leipzig 1922.

Stausberg, M.: *Die Religion Zarathushtras*, Bd. I, Stuttgart 2002.

Stayt, H. A.: *The BaVenda*, Oxford 1931.

de Steiger, I.: *Memorabilia*, London 1927.

Stein, S. J.: *The Shaker Experience in America*, New Haven 1992

Stein, U.: »Zauberer und Zombies« in *Expedition in magische Welten*, ed. P. Schlecht/K. Schüttler, Freiburg 1991.

Stein, W.W.: *Hualcan*, Ithaca 1961.

Steinberg, M.: *Handbook for the Assessment of Dissociation*, Washington 1995.

Steiner, A.: *Transzendente Wirklichkeit*, Freiburg 2010.

Steiner, R.: *Aus der Akasha-Chronik*, Dornach 1939.

Steinmetz, P. B.: *Pipe, Bible and Peyote Among the Oglala Lakota*, Stockholm 1980.

Stenger, V. J.: »The Breath of God: Identifying Spiritual Energy« in *Skeptical Odysseys*, ed. P. Kurtz, Amherst 2001.

Stephen, M.: »The Innovative Role of Altered States of Consciousness in Traditional Melanesian Religion«, *Oceania* 1979.

Sterly, J.: *Kumo*, München 1987.

Stern, M.: »Die Visionen der Anna Vetter«, *Pietismus und Neuzeit* 1992.

Stern, T.: »Klamath and Modoc« in *Handbook of North American Indians*, Bd. 12, ed. D. E. Walker, Washington 1998.

Sternberg, L. J.: »Die Auserwählung im sibirischen Schamanismus«, *Zeitschrift für Missionskunde* 1935.

Stevenson, R.C.: »The Doctrine of God in the Nuba Mountains« in *African Ideas of God*, ed. E.W. Smith, London 1950.

Stevenson, R. L.: *Strange Case of Dr. Jekyll and Mr. Hyde*, Edinburgh 2004.

Stewart, F. H.: »Hidatsa« in *Handbook of North American Indians*, Bd. 13, ed. R. J. DeMallie, Washington 2001.

Stewart, K.: *Pygmies and Dream Giants*, New York 1954.

–: »Dream Theory in Malaya« in *Altered States of Consciousness*, ed. C. T. Tart, Garden City 1969.

Stewart, K. M.: »Spirit Possession in Native America«, *Southwestern Journal of Anthropology* 1946.

Stewart, P. J./A. Strathern: *Remaking the World*, Washington 2002.

Stieglecker, H.: *Die Glaubenslehren des Islam,* Paderborn 1962.

Stirn, A./P. van Ham: *The Seven Sisters of India*, München 2000.

Stirrat, R. L.: »Demonic Possession in Roman Catholic Sri Lanka«, *Journal of Anthropological Research* 1977.

–: *Sinhala Catholics in Contemporary Sri Lanka*, Cambridge 1992.

Stockmeier, U.: *Lehrbuch der Hypnose*, Basel 1984.

Stöhr, W.: »Die Religionen der Altvölker Indonesiens und der Philippinen« in *Die Religionen Indonesiens*, ed. W. Stöhr/P. Zoetmulder, Stuttgart 1965.

Stoel-Gammon, C.: »The Role of Babbling and Phonology in Early Linguistic Development« in *Transitions in Prelinguistic Communication*, ed. A. M. Wetherby et al., Baltimore 1998.

Störring, G.: *Vorlesungen über Psychopathologie*, Leipzig 1900.

Stol, M.: *Women in the Ancient Near East*, Boston 2016.

Stollznow, K.: *Language, Myths, Mysteries and Magic*, Houndsmills 2014.

Stone, T.: »*Angakkuit*: Revelation and Rulemaking in the Canadian Arctic«, *Numen* 2010.

Stone-Miller, R.: *Art of the Andes*, London 1995.

Strasser, S.: »Canim sikiliyor: Meine Seele langweilt sich«, *Mitteilungen der Anthropologischen Gesellschaft in Wien* 2001.

–: »Zur Ambiguität von weiblicher Besessenheit als translokale Strategie« in *Körper, Religion und Macht*, ed. U. Davis-Sulikowsky et al., Frankfurt/M. 2001a.

Strataridaki, A.: »Epimenides: What Is in a Name?«, *Cretan Studies* 2003.

Strathern, A.: »Why Is Shame on the Skin?« in *The Anthropology of the Body*, ed. J. Blacking, London 1977.

–: *A Line of Power*, London 1984.

Strathern, A.: »Sacred Kingship under King Narai of Ayulthaya«, *Journal of the Siam Society* 2019.

Strathern, A./P. J. Stewart: *The Python's Back*, Westport 2000.

–: »Cults, Closures, Collaborations« in *Women as Unseen Characters*, ed. P. Bonnemère, Philadelphia 2004.

Strathern, M.: *Women in Between*, London 1972.

Straube, H.:»Völker des Gamu-Hochlandes« in *Westkuschitische Völker Süd-Äthiopiens*, ed. H. Straube, Stuttgart 1963.

Strauch, I.:»Die ›geistigen‹ Heilungen von Dr. rer. pol. Trampler« in *Magie und Wunder in der Heilkunde*, ed. W. Bitter, Stuttgart 1959.

Straus, E.: *Vom Sinn der Sinne*, Berlin 1956.

Strauss, H./H. Tischner: *The Mi-Culture of the Mount Hagen People*, Pittsburgh 1990.

Streck, B.: *Die Ḥalab: Zigeuner am Nil*, Wuppertal 1996.

–: *Sterbendes Heidentum*, Leipzig 2013.

–:»Interpretatio Indigena« in *Anthropology as Homage*, ed. F. Girke et al., Köln 2018.

Strickmann, M.: *Chinese Magical Medicine*, Stanford 2002.

Strocchia, S. T.:»Women on the Edge«, *Journal of Medieval and Early Modern Studies* 2015.

Ström, Å. V.:»Germanische Religion« in *Germanische und Baltische Religion*, ed. Å. V. Ström/H. Biezais, Stuttgart 1965.

Strom, A.: *Kundalini Warnings*, o. O. 2010.

Strong, J. S.:»Wenn der magische Flug mißlingt« in *Sehnsucht nach dem Ursprung*, ed. H. P. Duerr, Frankfurt/M. 1983.

Stroomer, H.:»Rain Ceremonies at Imi n Tala, High Atlas«, *Almogaren* 2000.

Stross, B.:»Tzeltal Conceptions of Power« in *The Anthropology of Power*, ed. R. D. Fogelson/R. N. Adams, New York 1977.

Struckmeyer, N.:»Johann David Passavent« in *Pariser Lehrjahre*, ed. F. Nerlich/B. Savoy, Berlin 2013.

Strüber, D./G. Roth:»Sexualität und Gehirn«, *Persönlichkeitsstörungen* 2010.

Stürzenhofecker, G.: *Times Enmeshed*, Stanford 1998.

Stumfohl, H.:»Zur Psychologie der Sibylle«, *Zeitschrift für Religions- und Geistesgeschichte* 1971.

Sturz, K./S. Manthée:»Ein langer steiniger Weg« in *Aus vielen Ichs ein Selbst?*, ed. M. Huber et al., Paderborn 2019.

Subbiah, G.: *Roots of Tamil Thought*, Pondicherry 1991.

Sudbrack, J.: *Religiöse Erfahrung und menschliche Psyche*, Mainz 1998.

Suedfeld, P.:»Therapie durch herabgesetzte Umweltstimulation« in *Ethno-psychotherapie*, ed. A. Dittrich/C. Scharfetter, Stuttgart 1987.

Suedfeld, P. et al.:»Spontaneous Mental Experiences in Extreme and Unusual Environments« in *The Oxford Handbook of Spontaneous Thought*, ed. K. C. R. Fox/K. Christoff, New York 2018.

Süllwold, L.:»Subjektive defizitäre Störungen bei schizophren Erkrankten« in *Empirische Schizophrenieforschung*, ed. H. D. Brenner et al., Bern 1983.

Suggs, R. C.: *Marquesan Sexual Behavior*, New York 1966.

Sugirtharajah, S.:»Picturing God« in *Themes and Issues in Hinduism*, ed. P. Bowen, London 1998.

Sukel, K.: *Schmutzige Gedanken*, Darmstadt 2013.

Sulikowski, U.: »›Sie geben eine Party für die Götter und die Götter kommen‹« in *Kultur, Identität und Macht*, ed. T. Fillitz et al., Frankfurt/M. 1993.

Sullivan, F. A.: *Die Charismatische Erneuerung*, Graz 1984.

Sullivan, M.: *Disruptive Power*, Toronto 2018.

Sullivan, N.: *A Critical Introduction to Queer Theory*, Edinburgh 2003.

Sumption, J.: *Pilgrimage*, London 1975.

Sun Chief: *The Autobiography of a Hopi Indian*, ed. L.W. Simmons, New Haven 1942.

Sundén, H.: *Die Religion und ihre Rollen*, Berlin 1966.

Sundermann, H.: »Die Psychologie der Niasser«, *Allgemeine Missions-Zeitschrift* 1887.

Sundkler, B. G. M.: *Bantu Prophets in South Africa*, London 1961.

Suslov, I. M.: *Materialien zum Schamanismus der Ewenki-Tungusen*, ed. K. H.: Menges, Wiesbaden 1983.

Suttles, W.: »The Plateau Prophet Dance Among the Coast Salish«, *Southwestern Journal of Anthropology* 1957.

–: »Central Coast Salish« in *Handbook of North American Indians*, Bd. 7, ed. W. Suttles, Washington 1990.

Sutton, M. A.: *Aimee Semple McPherson and the Resurrection of Christian America*, Cambridge 2007.

Suzuki, N.: »On the Translation of ›God‹ II«, *Japanese Religions* 2002.

Suzuki, Y.: »Possessions and the Possessed« in *Sensational Religion,* ed. S. M. Promey, New Haven 2014.

Svedja-Hirsch, L.: *Die indischen ›devādasīs‹ im Wandel der Zeit*, Bern 1991.

Swan, J.: »Heilige Orte in der Natur« in *Opfer und Ekstase*, ed. G. Doore, Freiburg 1989.

Swanton, J. R.: »Contributions to the Ethnology of the Haida«, *Memoirs of the American Museum of Natural History* 1905.

Swantz, M.-L.: *Ritual and Symbol in Transitional Zaramo Society*, Uppsala 1970.

–: »Dynamics of the Spirit Possession Phenomenon in Eastern Tanzania« in *Dynamics and Institution*, ed. H. Biezais, Stockholm 1976.

Swartz, M. J.: »Sexuality and Aggression on Ronónum«, *American Anthropologist* 1958.

Sweet, J. H.: »Male Homosexuality and Spiritism in the African Diaspora«, *Journal of the History of Sexuality* 1996.

Sweetham, D.: *Kurdish Culture*, Bonn 1994.

Syed, R.: »Materie, Göttin, Frau« in *Die Rolle des Weiblichen in der indischen und buddhistischen Kulturgeschichte*, ed. M. Hutter, Graz 1998.

–: »Zum Bild des weiblichen Körpers in ausgewählten altindischen Texten«, *Asiatische Studien* 1998a.

Szasz, T.: »Mental Illness as Strategy« in *Mental Illness*, ed. P. Bean, Chichester 1983.

Szendrey, Á.: »Hexe – Hexendruck«, *Acta Ethnographica* 1955.

Tafoya, X.Y.: *Ritualizing Barong and Rangda*, Ann Arbor 2009.

Taiwo, O.: »Òrìṣà« in *Òrìṣà Devotion*, ed. J.K. Olupona/T. Rey, Madison 2008.

Talle, A.: »Maasai« in *Encyclopedia of Sex and Gender*, ed. C.R. Ember/ M.E. Ember, New York 2003.

Tallis, R.: *In Defence of Wonder*, Abingdon 2014.

Tamara, S.: »Ainu Language« in *Ainu*, ed. W.W. Fitzhugh/C.O. Dubreuil, Los Angeles 1999.

Tanabe, S.: »The Person in Transformation« in *Cultural Crisis and Social Memory*, ed. S. Tanabe/C.F. Keyes, London 2002.

Tanaka, M.: *Patrons, Devotees, and Goddesses*, Kyoto 1991.

Tanaka, S.: »Ainu Shamanism« in *Shamanism*, ed. M.N. Walter/E.J. Fridman, Santa Barbara 2004.

Tandy, V.: »Something in the Cellar«, *Journal of the Society for Psychical Research* 2000.

Tandy, V./T.R. Lawrence: »The Ghost in the Machine«, *Journal of the Society for Psychical Research* 1998.

Tanner, F.: *Die Ehe im Pietismus*, Zürich 1952.

Tansley, D.V.: *Subtle Body*, London 1977.

Tarr, D.: *The Foolishness of God*, Springfield 2010.

Tassi, N.: »Materiality and Spirituality in Andean Religious ›Images‹«, *Journal of the Royal Anthropological Institute* 2012.

Tauchmann, K.: »Kankanaey und Lepanto« in *Menschenbilder früher Gesellschaften*, ed. K.E. Müller, Frankfurt/M. 1983.

Tavel, I.: *Religion und Politik in der Ethnie Aymara*, München 1989.

Taves, A.: *Fits, Trances, & Visions*, Princeton 1999.

Taylor, K.I.: »Body and Spirit Among the Sanumá (Yanoama) in North Brazil« in *Spirits, Shamans and Stars*, ed. D.L. Browman/R.A. Schwarz, Den Haag 1979.

Taylor, L.: »Manifestations of the *mimih*« in *The Power of Knowledge*, ed. L. Taylor et al., Canberra 2005.

Tebartz van Elst, L.: *Vom Anfang und Ende der Schizophrenie*, Stuttgart 2017.

Tedlock, B.: »Zuñi and Quiché Dream Sharing and Interpreting« in *Dreaming*, ed. B. Tedlock, Cambridge 1987.

Teisenhoffer, V.: »The Power of Submission?« in *Gender and Power in Contemporary Spirituality*, ed. A. Fedele/K.E. Knibbe, New York 2013.

Teiser, S.F.: »Introduction« in *Religions of China in Practice*, ed. D.S. Lopez, Princeton 1996.

Telban, B.: *Dancing Through Time*, Oxford 1998.
Telban, B./D. Vávrová: »Ringing the Living and the Dead«, *Australian Journal of Anthropology* 2014.
Tenhaeff, W.H.C.: »Das Geistersehen« in *Fortleben nach dem Tode*, ed. A. Resch, Innsbruck 1987.
Tenharim, M./T. Fischermann: *Der letzte Herr des Waldes*, München 2018.
Te Rangi Hiroa: *Mangaian Society*, Honolulu 1934.
–: *The Coming of the Maori*, Christchurch 1962.
Teresa v. Ávila: *Die Innere Burg*, ed. F. Vogelsang, Stuttgart 1966.
–: *Sämtliche Schriften*, ed. P.A. ab Immaculata Conceptione, Bd. I, München 1979; Bd. V 1981.
Teske, J.A.: »The Haunting of the Human Spirit«, *Zygon* 1999.
Thal, S.: *Rearranging the Landscape of the Gods*, Chicago 2005.
Thalbitzer, W.: »Shamans of the East Greenland Eskimo« in *Sourcebook in Anthropology*, ed. A.L. Kroeber/T.T. Waterman, New York 1931.
Thaler-Singer, M./J. Lalich: *Sekten*, Heidelberg 1997.
Thalheimer, A.: *Der Heilungsweg der Schamanen*, Steyr 2014.
Theuma, N.: »Modernity, Crisis and the Rise of Charismatic Catholicism in the Maltese Islands« in *Powers of Good and Evil*, ed. P. Clough/J.P. Mitchell, New York 2001.
Thibaut, F.: »Incorporating Pharmacological Treatment Strategies« in *Handbook of Sexual Addiction*, ed. T. Birchard/ J. Benfield, London 2018.
Thiel, J.F.: *Jahre im Kongo*, Frankfurt/M. 2001.
–: »Das materielle Objekt als Träger übermenschlicher Kraft« in *Wilde Denker*, ed. B.E. Schmidt, Marburg 2003.
Thiele, J.: *Verflucht sinnlich*, München 2000.
Thiene-Basoli, A.: *Einblick in die Welt der Chinanteken*, München 2003.
Thoden van Velzen, B.: »Social Fetishism Among the Surinamese Maroons«, *Etnofoor* 1990.
Tholey, P.: »Bewußtseinsänderung im Schlaf« in *Grenzerfahrungen*, ed. H. Ernst, Weinheim 1984.
–: *Gestalttheorie von Sport, Klartraum und Bewußtsein*, Wien 2018.
Thomas, C.: »Manito« in *Handbook of American Indians North of Mexico*, Bd. I, ed. F.W. Hodge, New York 1960.
Thomas, K.: »Schwärmer- und Sektierertum als außerwache ›religionspathologische‹ Erlebnisstufen«, *Archiv für Religionspsychologie* 1962.
–: *Religiöse Träume und andere Bilderlebnisse*, Stuttgart 1994.
–: »Magical Healing: The King's Touch« in *The Book of Touch*, ed. C. Classen, Oxford 2005.
Thomas, N.: *Marquesan Societies*, Oxford 1990.
–: »Marginal Powers« in *Shamanism, History, and the State*, ed. N. Thomas/C. Humphrey, Ann Arbor 1994.

Thomas, S. D.: *The Last Navigator,* New York 1987.

Thomason, S. G.: »›Entities‹ in the Linguistic Minefield«, *The Sceptical Inquirer,* Sommer 1989.

Thompson, D.: *Das Ende der Zeiten,* Hildesheim 1997.

Thompson, J. E. S.: *Maya History and Religion,* Norman 1970.

Thornton, D./R. Mann: »Sexual Masochism: Assessment and Treatment« in *Sexual Deviance,* ed. D. R. Laws/W. O'Donohue, New York 1997.

Thurfjell, D.: »Ritual, Emotion, and the Navigation of the Self« in *Body, Performance, Agency, and Experience,* ed. A. Chaniotis et al., Wiesbaden 2010.

–: *Faith and Revivalism in a Nordic Romani Community,* London 2013.

Thurnwald, H.: »Jenseitsvorstellungen und Dämonenglaube des Buin-Volkes« in *Beiträge zur Gesellungs- und Völkerwissenschaft,* ed. I. Tönnies, Berlin 1950.

Thurnwald, R.: »Neue Forschungen zum Mana-Begriff«, *Archiv für Religionswissenschaft* 1929.

Thurston, H.: *Die körperlichen Begleiterscheinungen der Mystik,* Luzern 1956.

Tibeb, Y. B.: »Possession Disorder (Zar) in the Ethnopsychiatry of Ethiopia« in *Ethnotherapien,* ed. C. E. Gottschalk-Batschkus/C. Rätsch, Berlin 1998.

Tiemersma, D.: »On the Concepts of Energy in Western and Indian Traditions« in *Einheit und Vielfalt,* ed. N. Schneider et al., Amsterdam 1998.

Tillhagen, C.-H.: »Die Zaubermacht des Ungewöhnlichen«, *Schweizerisches Archiv für Volkskunde* 1973.

Tillman, J. G.: »Does Trauma Cause Dissociative Pathology?« in *Dissociation,* ed. S. J. Lynn/J. W. Rhue, New York 1994.

Timalsina, S.: »Śakti« in *Brill's Encyclopedia of Hinduism,* Bd. II, ed. K. A. Jacobsen, Leiden 2010.

Timothy, D. J./P. J. Conover: »Nature, Religion, Self-Spirituality and New Age Tourism« in *Tourism, Religion and Spiritual Journeys,* ed. D. J. Timothy/D. H. Olson, London 2006.

Tingay, K.: »Madame Blavatsky's Children« in *Beyond New Age,* ed. S. Sutcliffe/M. Bowman, Edinburgh 2000.

Tippett, A. R.: *Solomon Islands Christianity,* London 1967.

Tirassa, M. et al.: »Rethinking the Ontogeny of Mindreading«, *Consciousness and Cognition* 2006.

Tisna, G. R. P.: »Interview mit einem balinesischen Heiler« in *Bali,* ed. U. Ramseyer/G. R. P. Tisna, Basel 2001.

Tola, F. C.: »The Materiality of ›Spiritual Presences‹ and the Notion of Person in an Amerindian Society« in *The Social Life of Spirits,* ed. R. Blanes/D. Espírito Santo, Chicago 2014.

Tomforde, M.: *The Hmong Mountains,* Hamburg 2006.

Tomlinson, M.: »Sacred Soil in Kadavu, Fiji«, *Oceania* 2002.

–: »Retheorizing Mana«, *Oceania* 2006.

–: »God Speaking to God«, *Australian Journal of Anthropology* 2012.

Tordjman, G. et al.: *Mann und Frau*, Hamburg 1981.

Torelló, J. B.: »Echte und falsche Erscheinungen« in *Der Widerschein des Ewigen Lichtes*, ed. G. Rovira, Kevelaer 1984.

Torem, M. S.: »Eating Disorders in Patients With Multiple Personality Disorder« in *Clinical Perspectives on Multiple Personality Disorder*, ed. R. P. Kluft/C. G. Fine, Washington 1993.

de la Torre, M. A.: »Afro-Caribbean Religious Expressions« in *The Cambridge History of Religions in Latin America*, ed. V. Garrard-Burnett et al., New York 2016.

Torri, D.: »In the Shadow of the Devil« in *Health and Religious Rituals in South Asia*, ed. F. M. Ferrari, Abingdon 2011.

Toulis, N. R.: *Believing Identity*, Oxford 1997.

Townes, E. M.: »Black Women« in *In Our Own Voices*, ed. R. S. Keller/R. R. Ruether, San Francisco 1995.

Travert-Lavelle, I./Y. Travert: *Naga*, Paris 2014.

Treitel, C.: *A Science for the Soul*, Baltimore 2004.

Trenk, M.: »Kulturelle Aneignung und kulturelle Überläufer« in *Zwischen Aneignung und Verfremdung*, ed. V. Gottowik et al., Frankfurt/M. 2009.

Trexler, R. C.: »Der Heiligen neue Kleider« in *Gepeinigt, begehrt, vergessen*, ed. K. Schreiner/N. Schnitzler, München 1992.

Trigger, B. G.: *The Huron*, New York 1969.

Trimborn, H.: »Die Religionen der Völkerschaften des südlichen Mittelamerika und des nördlichen und mittleren Andenraumes« in *Die Religionen des alten Amerika*, ed. W. Krickeberg, Stuttgart 1961.

Trimingham, J. S.: *Islam in the Sudan*, London 1965.

Tritton, A. S: »Man, Nafs, Rūḥ, ʿAql«, *Bulletin of the School of Oriental and African Studies* 1971.

Troisi, A.: »Psychiatric Disorders and the Social Brain«, *Behavioral and Brain Sciences* 2008.

Trompf, G.W.: *Melanesian Religion*, Cambridge 1991.

–: »On Wondering About Wonder« in *Beyond Primitivism*, ed. J. K. Olupona, New York 2004.

–: »Theosophical Macrohistory« in *Handbook of the Theosophical Current*, ed. O. Hammer/M. Rothstein, Leiden 2013.

Trompf, G.W./R. Dembari: »Dream, Vision and Trance in Traditional and Changing Melanesia« in *Melanesian Religion*, ed. G.W. Trompf, Cambridge 1991.

Troy, L.: *Patterns of Queenship in Ancient Egyptian Myth and History*, Uppsala 1986.

Truzzi, M.: »The Occult Revival as Popular Culture« in *Magic, Witchcraft, and Religion*, ed. A.C. Lehmann/J.E. Myers, Palo Alto 1985.

–: »Alien Demonology«, *Religion* 2004.

Tschopik, H.: »The Aymara« in *Handbook of South American Indians*, Bd. II, ed. J.H. Steward, Washington 1946.

Tselos, S.: »Dressing the Divine Horsemen« in *Undressing Religion*, ed. L.B. Arthur, Oxford 2000.

Tsing, A.L.: *In the Realm of the Diamond Queen*, Princeton 1993.

Tsudzumi, T.: *Japan, das Götterland*, Leipzig 1936.

Tucci, G.: »Die Bon-Religion« in *Die Religionen Tibets und der Mongolei*, ed. G. Tucci/W. Heissig, Stuttgart 1970.

Tugendhat, E.: *Anthropologie statt Metaphysik*, München 2007.

Tumminia, D.: »White Buffalo Calf Woman« in *Encyclopedia of Millennialism*, ed. R.A. Landes, New York 2000.

Turner, E.: »Taking Seriously the Nature of Religious Healing in America« in *Religion and Healing in America*, ed. L.L. Barnes/S.S. Sered, New York 2005.

Turner, J.W.: »Listening to the Ancestors: Kava and the Lapita Peoples«, *Ethnology* 2012.

Turner, M.: *The Holy Spirit and Spiritual Gifts*, Peabody 1998.

Turner, V.: *Schism and Continuity in an African Society*, Manchester 1957.

–: »Aspects of Saora Ritual and Shamanism« in *The Craft of Social Anthropology*, ed. A.L. Epstein, London 1967.

–: *On the Edge of the Bush*, Tucson 1985.

Turner, V./E. Turner: *Image and Pilgrimage in Christian Culture*, New York 1978.

Turpin, S.: »Archaic North America« in *Handbook of Rock Art Research*, ed. D.S. Whitley, Walnut Creek 2001.

Tuzin, D.: *The Voice of the Tambaran*, Berkeley 1980.

–: »Miraculous Voices: The Auditory Experience of Numinous Objects«, *Current Anthropology* 1984.

–: *The Cassowary's Revenge*, Chicago 1997.

Tylor, E.B.: *Primitive Culture*, Bd. II, New York 1858.

Tyrrell, G.N.M.: *Erscheinungen und Visionen im PSI-Feld*, Olten 1979.

Uchimura, Y.: »Imu: Eine psychoreaktive Erscheinung der Ainu-Frauen«, *Der Nervenarzt* 1956.

Uchiyamada, Y.: »Two Beautiful Untouchable Women« in *Lilies of the Field*, ed. S. Day et al., Boulder 1999.

Uhde, B.: »Zur frühen Bedeutung von δαίμων«, *Zeitschrift für Missionswissenschaft* 1975.

Unterholzner, B.: »Lustmörder, Sadisten, Angstträume« in *Mythos Vampir: Bissige Lektüren*, ed. T. M. Bohn/K.v. Hagen, Bonn 2018.

Unterste, H.: »Der Mythos von Iemanjá«, *Archiv für Religionspsychologie* 1978.

Upadhyaya, K. D.: »Indian Botanical Folklore« in *Tree Symbol Worship in India*, ed. S. S. Gupta, Kalkutta 1965.

Uplegger, H.: *Der sakrale Fürst auf Tahiti, Hawaii und Tonga*, Mainz 1962.

Uray-Köhalmi, K.: »Die Mythologie der mandschu-tungusischen Völker« in *Götter und Mythen in Zentralasien und Nordeurasien*, ed. E. Schmalzriedt/H.W. Haussig, Stuttgart 1999.

Urban, H. B.: »Zorba the Buddha«, *Religion* 1996.

–: »The Power of the Impure«, *Numen* 2003.

–: *Magia Sexualis*, Berkeley 2006.

–: »The Yoga of Sex« in *Hidden Intercourse*, ed. W. Hanegraaff/J. J. Kripal, Leiden 2009.

–: »The Medium Is the Message in the Spacious Present« in *Handbook of Spiritualism and Channeling*, ed. C. Gutierrez, Leiden 2015.

–: »Sex Magic« in *The Occult World*, ed. C. Partridge, Abingdon 2015a.

Uscatescu Barrón, J.: »Zum Begriff des Heiligen: Die Übermacht«, *Jahrbuch für Religionsphilosophie* 2003.

Utriainen, T.: »Doing Things With Angels« in *New Age Spirituality*, ed. S. J. Sutcliffe/I. S. Gilhus, London 2014.

Vaas, R.: »Horror im Hirn«, *Universitas*, April 2015.

Vajnštejn, S. I.: »Shamanism in Tuva at the Turn of the 20th Century« in *Shamanism in Eurasia*, ed. M. Hoppál, Göttingen 1984.

–: *Die Welt der Nomaden im Zentrum Asiens*, Berlin 1996.

Vakarelski, C.: *Bulgarische Volkskunde*, Berlin 1969.

Valdez, A. C.: »Fire on Azusa Street« in *The True Believers*, Bd. II, ed. L. Martin, Joplin 1999.

Valentine, C. A.: »The Lakalai of New Britain« in *Gods, Ghosts and Men in Melanesia*, ed. P. Lawrence/M. J. Meggitt, Melbourne 1965.

Valentini, D./M. Seckler: »Erscheinungen: Systematisch-theologisch« in *Lexikon für Theologie und Kirche*, Bd. III, ed. W. Kasper, Freiburg 1995.

Valeri, V.: *Kingship and Sacrifice*, Chicago 1985.

–: »Reflections on Menstrual and Parturitional Taboos in Huaulu (Seram)« in *Power & Difference*, ed. J. M. Atkinson/S. Errington, Stanford 1990.

–: »Wild Victims«, *History of Religions* 1994.

–: *Fragments from Forests and Libraries*, ed. J. Hoskins, Durham 2001.

Vallely, A.: »Ancestors, Demons and the Goddess« in *Health and Religious Rituals in South Asia*, ed. F. M. Ferrari, Abingdon 2011.

Vanderlinden, J./W. Vandereycken: *Trauma, Dissociation, and Impulse Discontrol in Eating Disorders*, Bristol 1997.

Vartabedian, J.: »Brazilian *Travesti* Sex Workers Feeling Beautiful«, *Sociologus* 2016.

Vasconcelos, J.: »Learning to Be a Proper Medium« in *Learning Religion*, ed. D. Berliner/R. Sarró, New York 2007.

Vatter, E.: *Ata Kiwan*, Leipzig 1932.

Veber, H.: »Asháninka Messianism«, *Current Anthropology* 2003.

Vecsey, C.: *Traditional Ojibwa Religion*, Philadelphia 1983.

Vedfelt, O.: *Dimensionen der Träume*, Zürich 1997.

van der Veer, P.: *Imperial Encounters*, Princeton 2001.

de la Vega, G.: *Wahrhaftige Kommentare zum Reich der Inka*, ed. U. Thiemer-Sachse, Berlin 1983.

Vegetti, M.: »Der Mensch und die Götter« in *Der Mensch in der griechischen Antike*, ed. J.-P. Vernant, Frankfurt/M. 1993.

Velder, C.: *Liebesgeschichten aus Kambodscha*, Zürich 1971.

Verger, P.: »Trance and Convention in Nago-Yoruba Spirit Mediumship« in *Spirit Mediumship and Society in Africa*, ed. J. Beattie/J. Middleton, London 1969.

Vergote, A.: »Visions and Apparitions« in *Psychoanalysis, Phenomenological Anthropology and Religion*, ed. J. Corveleyn/D. Hutsebaut, Leuven 1998.

Vermander, B. et al.: *Shanghai Sacred*, Seattle 2018.

Versluis, A.: »Sexual Mysticisms in 19th Century America« in *Hidden Intercourse*, ed. W. J. Hanegraaff/J. J. Kripal, Leiden 2008.

–: »Spiritualism and the American Swedenborgian Current« in *Handbook of Spiritualism and Channeling*, ed. C. Guttierrez, Leiden 2015.

Versteeg, P. G. A.: *The Ethnography of a Dutch Pentecostal Church*, Lewiston 2010.

Versteeg, P. G. A./A. Droogers: »A Schema Repertoire Approach to Exorcism« in *Coping With Evil in Religion and Culture*, ed. N. van Doorn-Harder/L. Minnema, Amsterdam 2008.

Vetter, B.: *Sexualität*, Stuttgart 2007.

Victor, J. S.: »Satanic Cult ›Survivor‹ Stories«, *The Sceptical Inquirer*, Frühjahr 1991.

–: *Satanic Panic*, Chicago 1993.

Vidal, S.: »Anthropomorphism or Sub-Anthropomorphism?«, *Journal of the Royal Anthropological Institute* 2007.

Vijaisri, P.: *Dangerous Marginality*, Delhi 2015.

Vilaça, A.: »Relations Between Funerary Cannibalism and Warfare Cannibalism«, *Ethnos* 2000.

Ville, J.-L.: »La possession et son interprétation thérapeutique«, *L'Homme*, Juni 1997.

Villoldo, A./S. Krippner: *Heilen und Schamanismus*, Basel 1986.
Vinnicombe, P.: »The Ritual Significance of Eland (*Taurotragus oryx*) in the Rock Art of South Africa« in *Symposium International sur les religions de la préhistoire*, ed. E. Anati, Capo di Ponte 1975.
Virtue, D.: *Die Heilkraft der Engel*, Berlin 2004.
Vitebsky, P.: *Dialogues With the Dead*, Cambridge 1993.
de Vito, R. A.: »The Use of Amytal Interviews in the Treatment of an Exceptionally Complex Case of Multiple Personality Disorder« in *Clinical Perspectives on Multiple Personality Disorder*, ed. R. P. Kluft/C. G. Fine, Washington 1993.
Viveiros de Castro, E.: »La forêt des miroires« in *La nature des esprits dans les cosmologies autochtones*, ed. F. B. Laugrand/J. G. Oosten, Québec 2007.
Vlachos, T.: »Geister- und Dämonenvorstellungen im südosteuropäischen Raum griechischer Sprachzugehörigkeit«, *Österreichische Zeitschrift für Volkskunde* 1971.
Van Vlack, K.: »Southern Paiute Pilgrimage and Relationship Formation«, *Ethnology* 2012.
Vogt-Fryba, B.: *Können und Vertrauen*, Chur 1991.
Volmar, F. A.: »Spukhaftes in Erlebnissagen«, *Zeitschrift für Parapsychologie* 1972.
van Voorthuizen, A.: »Māriyamman's Śakti« in *Women and Miracle Stories*, ed. A.-M. Korte, Leiden 2001.
Vos, F.: *Die Religionen Koreas*, Stuttgart 1977.
Voss, E.: *Mediales Heilen in Deutschland*, Berlin 2011.
de Vries, J.: *Altgermanische Religionsgeschichte*, Berlin 1956.
–: *Keltische Religion*, Stuttgart 1961.
Vroklage, B. A. G.: *Ethnographie der Belu in Zentral-Timor*, Leiden 1953.
Vycichl, W.: »Die Mythologie der Berber« in *Götter und Mythen im Alten Europa*, ed. H.W. Haussig, Stuttgart 1973.

Waardenburg, J.: »Changes of Belief in Spiritual Beings, Prophethood, and the Rise of Islam« in *Struggles of God*, ed. H. Kippenberg, Berlin 1984.
Wacker, G.: *Heaven Below*, Cambridge 2001.
Wacker, M.: »Tod, Bestattung und Jenseitsvorstellungen auf den Ryûkyû-Inseln«, *Münchner Beiträge zur Völkerkunde* 1994.
Wackermann, J. et al.: »Ganzfeld-induced Hallucinatory Experience«, *Cortex* 2008.
Wada, K.: »Some Shamanistic Features of Ainu Religion« in *Shamanism and Northern Ecology*, ed. J. Pentikäinen, Berlin 1996.
Wade, J.: »Dangerous Liaisons«, *ReVision*, Fall 2001.
Wadley, S.: »Power in Hindu Ideology and Practice« in *The New Wind*, ed. K. David, Den Haag 1977.

Wädow, G.: »Heil und Heilung in China am Beispiel früher Heilsvorstellungen im Shang-zeitlichen Ahnenkult« in *Heil und Heilung in den Religionen*, ed. K. Hoheneisel/H.-J. Klimkeit, Wiesbaden 1995.

Wafer, J.W.: *The Taste of Blood*, Ann Arbor 1992.

Waghchaure, C.K. et al.: »Sacred Groves of Parinche Valley of Pune District of Maharashtra«, *Anthropology & Medicine* 2006.

Wagley, C.: »Tapirapé Shamanism« in *Readings in Anthropology*, Bd. II, ed. M.H. Fried, New York 1959.

–: *Welcome of Tears*, New York 1977.

Wagner, B.: »Bodily Manifestations in Revivals« in *Encyclopedia of Religious Revivals in America*, Bd. I, ed. M. McClymond, Westport 2007.

Wagner, R.: *Habu*, Chicago 1972.

Wahl, G.: »Priester und Arzt in der Geschichte abendländischer Besessenheits- und Hysterie-Konzeptionen« in *Besessenheit und Hysterie*, ed. G. Wahl/W. Schmitt, Reichenbach 2001.

Waida, M.: »Sacred Kingship in Early Japan«, *History of Religions* 1975.

–: »Conceptions of State and Kingship in Early Japan«, *Zeitschrift für Religions- und Geistesgeschichte* 1976.

Wais, M.: »Was verbindet Parapsychologie und Neuropsychologie?«, *Zeitschrift für Parapsychologie* 1985.

Waite, G.K.: *Heresy, Magic and Witchcraft in Early Modern Europe*, Houndmills 2003.

Wakefield, D.C.: »Sectarianism and the Miniafia People of Papua New Guinea«, *Journal of Ritual Studies* 2001.

Walach, H.: *Weg mit den Pillen!*, München 2011.

–: »Medizinische Anomalien« in *An den Grenzen der Erkenntnis*, ed. G. Meyer et al., Stuttgart 2015.

Walcott, L.T.: »Hanumān: The Power-Dispensing Monkey in North Indian Folk Religion«, *Journal of Asian Studies* 1978.

Walde, A.: *Vergleichendes Wörterbuch der indogermanischen Sprache*, Bd. I, Berlin 1930.

–: *Lateinisches Etymologisches Wörterbuch*, Heidelberg 1954.

Walker, A.: »Pentecostal Power« in *Of Gods and Men*, ed. E. Baker, Macon 1983.

Walker, B.L.: *The Conquest of Ainu Lands*, Århus 1986.

Walker, J.R.: *The Sun Dance and Other Ceremonies of the Oglala Division of the Teton Dakota*, Washington 1917.

–: *Lakota Belief and Ritual*, ed. R.J. DeMallie/E.A. Jahner, Lincoln 1980.

–: *Lakota Society*, ed. R.J. DeMallie, Lincoln 1982.

–: *Lakota Myth*, ed. J.A. Jahner, Lincoln 1983.

Walker, S.S.: »Everyday and Esoteric Reality in the Afro-Brazilian Candomblé«, *History of Religions* 1990.

Wallace, A. R.: *Abenteuer am Amazonas und am Río Negro*, ed. M. Glaubrecht, Berlin 2014.

Wallace, E./E. A. Hoebel: *The Comanches*, Norman 1952.

Wallis, R. J.: *Shamans/Neo-Shamans*, London 2003.

Wallis, W. D./ R. S. Wallis: *The Micmac Indians of Eastern Canada*, Minneapolis 1955.

Walter, B.: »The Feminization of American Religion« in *Dimity Convictions*, ed. B. Walter, Athens 1976.

Walter, D.: »Shamanism as Localised Practice in the Nepal Himalayas« in *The Archaeology of Shamanism*, ed. N. Price, London 2001.

Wanke, W./K.-L. Täschner: *Rauschmittel*, Stuttgart 1985.

Ward, B.: *Miracles and the Medieval Mind*, London 1982.

Ward, D.: »The Little Man Who Wasn't There: Encounters With the Supernatural«, *Fabula* 1977.

Ward, K.: *Gott*, Darmstadt 2007.

Ware, F. L.: »Can Religious Experience Be Reduced to Brain Activity?« in *Science and the Spirit*, ed. J. K. A. Smith/A. Yong, Bloomington 2010.

Warner, W.: *Maria Woodworth-Etter*, Gainesville 2004.

Warner, W. L.: *A Black Civilization*, New York 1958.

Warnier, J.-P.: »The King as a Container in the Cameroon Grassfields«, *Paideuma* 1993.

Washington, P.: *Madame Blavatsky's Baboon*, New York 1993.

Wassén, S. H.: »Einige wichtige Daten zum Gebrauch indianischer Schnupfdrogen«, *Ethnologische Zeitschrift Zürich* 1970.

Wassiljewitsch, G. M.: »Erwerbung der Schamanenfähigkeiten bei den Ewenken« in *Glaubenswelt und Folklore der sibirischen Völker*, ed. V. Diószegi, Budapest 1963.

Wassmann, J.: *The Gently Bowing Person*, Heidelberg 2016.

Wasson, R. G.: *The Wondrous Mushroom*, New York 1980.

–: »The Divine Mushroom of Immortality« in *Flesh of the Gods*, ed. P. T. Furst, Long Grove 1990.

Watanabe, J. M./B. B. Smuts: »Explaining Religion Without Explaining It Away«, *American Anthropologist* 1999.

Watling, T.: »Experiencing *Alpha*: Finding and Embodying the Spirit and Being«, *Journal of Contemporary Religion* 2005.

Watson, C. E.: »(De)Stabilising Gender and Sexuality in a Cuban Religion of African Origin« in *Sex, Gender and the Sacred*, ed. J. de Groot/S. Morgan, Chichester 2015.

–: »Witches, Female Priests and Sacred Manoeuvers« in *Sex, Gender, and the Sacred*, ed. J. de Groot/S. Morgan, Chichester 2015.

Watzka, C.: »Interaktionen von Dämonen und Menschen im Wege der Besessenheit« in *Aisthetics of the Spirits*, ed. S. Schneider, Göttingen 2015.

Waugh, E. H.: »Religious Issues in the Alberta Elders'Cree Dictionary«, *Numen* 2001.

Wavell, S. et al.: *Trances*, London 1966.

Wawerzonnek, M.: *Eros und Ekstase*, Hamburg 1989.

Webb, J.: *The Occult Establishment*, La Salle 1976.

Webb, P.: *The Erotic Arts*, London 1983.

Weber, A.: »Religious Negotiation in Sixteenth Century Spain«, *Journal of Medieval and Early Modern Studies* 1993.

Weber, H.: *Die besessenen Kinder*, Stuttgart 1999.

Weck, W.: *Heilkunde und Volkstum auf Bali*, Leipzig 1937.

Wedel, J.: *Santería Healing in Cuba*, Göteborg 2002.

–: »Spiritual Afflictions and Sorcery Accusations Among the Miskitu«, *Anthropos* 2010.

Wedel, M. M.: »Iowa« in *Handbook of North American Indians*, Bd. 13, ed. R. J. DeMallie, Washington 2001.

v. Wedemeyer, I.: »Coca: Rauschmittel im alten Perú«, *Ethnomedizin* 1971.

Wehr, G.: *Helena Petrowna Blavatsky*, Dornach 2005.

Weiner, A. B.: »The Sibling Incest Taboo« in *Cosmos and Society in Oceania*, ed. D. de Coppet/A. Iteanu, Oxford 1995.

Weiner, M. J.: *Visible and Invisible Realms*, Chicago 1995.

Weingärtner, L.: *Umbanda*, Erlangen 1969.

Weinstein, D./R. M. Bell: *Saints & Society*, Chicago 1982.

Weir, A.: *The Six Wives of Henry VIII*, London 1995.

Weiß, B.: *Ekstase und Liebe*, Paderborn 2000.

–: *Die deutschen Mystikerinnen und ihr Gottesbild*, Paderborn 2004.

Weiss, G.: »Campa Cosmology«, *Anthropological Papers of the American Museum of Natural History* 1975.

Weisweiler, J.: »Die Kultur der irischen Heldensage« in *Mythe, Mensch und Umwelt*, ed. A. E. Jensen, Bamberg 1950.

Welbourn, F. B./B. A. Ogot: *A Place to Feel at Home*, London 1966.

Wellhausen, J.: *Reste arabischen Heidentums*, Berlin 1927.

Wells, R.: »Paarung und Fortpflanzung« in *Delfine*, ed. T. Cahill, München 2000.

Welte, F. M.: *Der Gnāwa-Kult*, Frankfurt/M. 1990.

Wendel, S.: *Religionsphilosophie*, Stuttgart 2010.

Wendl, T.: »Kamm und Spiegel«, *Kea* 2, 1991.

–: *Mami Wata*, Münster 1991a.

Wendt, H. F./T. Turan: *Taschenwörterbuch Türkisch-Deutsch*, Berlin 2009.

Weniger, G. C.: »Neandertaler-Künstler?«, *Archäologie in Deutschland* 1, 2019.

Werberger, A.: »Der Dibbuk als Medium von ›Traditions‹« in *Trancemedien und Neue Medien um 1900*, ed. M. Hahn/E. Schüttpelz, Bielefeld 2009.

Werth, L.: *Von Göttinnen und ihren Menschen*, Berlin 1996.
West, M. L.: *Indo-European Poetry and Myth*, Oxford 2007.
Westermarck, E.: *Ritual and Belief in Morocco*, Bd. I, London 1926.
–: *Pagan Survivals in Mohammedan Civilisation*, London 1933.
Westley, F. R.: »Searching for Surrender« in *Conversion Careers*, ed. J. T. Richardson, Beverly Hills 1978.
–: *The Complex Forms of the Religious Life*, Chico 1983.
Weyer, E. M.: *The Eskimos*, Hamden 1962.
Weyh, F. F.: *Die ferne Haut*, Berlin 1999.
Whisson, M. G.: »Some Aspects of Functional Disorder Among the Kenya Luo« in *Magic, Faith, and Healing*, ed. A. Kiev, New York 1964.
White, C. et al.: »How to Know You've Survived Death?«, *Method and Theory in the Study of Religion* 2018.
White, E. D.: *Wicca*, Brighton 2016.
White, G. M.: *Identity Through History*, Cambridge 1991.
White, L. A.: *The Pueblo of Sia*, Washington 1962.
White, R.: *The Middle Ground*, Cambridge 1991.
Whitehead, H.: »The Bow and the Burden Strap« in *Sexual Meanings*, ed. S. B. Ortner/H. Whitehead, Cambridge 1981.
–: »The Irrelevance of Ideology in a Secret New Guinea Male Cult« in *Power and the Self*, ed. J. Mageo, Cambridge 2002.
Whitehouse, H.: »The Evolution and History of Religion« in *Holistic Anthropology*, ed. D. Parkin/S. Ulijaszek, New York 2007.
Whitman, W.: *The Oto*, New York 1937.
Whittacker, J. C.: *Es war als sängen die Engel*, Gütersloh 1993.
Wickert, E.: »Die Begegnung mit dem Engel« in *Das große Buch der Engel*, ed. U. Wolff, Freiburg 1995.
Wickler, W./U. Seibt: *Kalenderwurm und Perlenpost*, Heidelberg 1998.
Widengren, G.: »Evolutionistische Theorien auf dem Gebiet der vergleichenden Religionswissenschaft« in *Selbstverständnis und Wesen der Religionswissenschaft*, ed. G. Lanczkowski, Darmstadt 1974.
Widschwendter, C. G./W.W. Fleischhacker: »Pharmakotherapie bei Stimmenhören« in *Stimmenhören*, ed. H. Katschnig/M. Amering, Wien 2005.
Wiebe, P. H.: »Degrees of Hallucinatoryness and Christic Visions«, *Archives for the Psychology of Religion* 2004.
–: »Understanding Christic Visions« in *From Cells to Souls and Beyond*, ed. M. Jeeves, Grand Rapids 2004a.
Wiederhold, A.-L./K. Böhning: »Gott ist Energie« in *Ohne Gott leben*, ed. S. Murken, Marburg 2008.
Wiegele, K. L.: *Investing in Miracles*, Honolulu 2005.
Wieland, D.: »The Idea of Mystical Power in Modern Iceland« in *The Anthropology of Iceland*, ed. E. P. Durrenberger/G. Pálson, Iowa City 1989.

Wieland, S.: »Dissociation in Children and Adolescents« in *Dissociation in Traumatized Children and Adolescents*, ed. S. Wieland, New York 2015.

Wienecke, E.: *Untersuchungen zur Religion der Westslawen*, Leipzig 1940.

Wiener, M. J.: *Visible and Invisible Realms*, Chicago 1995.

Wiessner, P.: »Of Human and Spirit Women« in *Women as Unseen Characters*, ed. P. Bonnemère, Philadelphia 2004.

Wiggermann, F. A. M.: »Sexualität in Mesopotamien« in *Reallexikon der Assyriologie*, Bd. 12, ed. M. P. Streck, Berlin 2010.

Wiggins, O. P./M. A. Schwartz: »The Delirious Illusion of Being in the World« in *Founding Psychoanalysis Phenomenologically*, ed. D. Lohmar/J. Brudzińska, Heidelberg 2012.

Wiik, F. B.: *Christianity Converted*, Chicago 2004.

Wijesekera, N.: *The People of Ceylon*, Colombo 1949.

–: *Veddas in Transition*, Colombo 1964.

Wikan, U.: *Managing Turbulent Hearts*, Chicago 1990.

Wikström, O.: »Possession as a Clinical Phenomenon« in *Religious Ecstasy*, ed. N. G. Holm, Stockholm 1982.

Wilkens, K.: »Geistertänze und Exorzismus in Ostafrika« in *Religion, Imagination, Ästhetik*, ed. L. Traut/A. Wilke, Göttingen 2015.

Wilkinson, M./P. Althouse: *Catch the Fire*, Dekalb 2014.

–: »The Embodiment of Prayer in Charismatic Christianity« in *A Sociology of Prayer*, ed. G. Giordan/L. Woodhead, Farnham 2015.

Willi, J.: *Psychologie der Liebe*, Stuttgart 2002.

Williams, F. E.: *Drama of Orokolo*, Oxford 1940.

Williams, G. M.: *Madame Blavatsky, Priestess of the Occult*, New York 1946.

Williams, H. W.: *Dictionary of the Maori Language*, Wellington 1971.

Williams, J. R.: *The Pentecostal Reality*, Plainfield 1972.

–: »Baptism in the Holy Spirit« in *International Dictionary of Pentecostal Charismatic Movements*, ed. S. M. Burgess/E. M. Van der Maas, Grand Rapids 2003.

Williams, R.: *The Complete Writings*, New York 1963.

Williams, T.: *Fiji and the Fijians*, Bd. I, London 1858.

Williams, W. L.: *The Spirit and the Flesh*, Boston 1986.

Williamson, W. P.: *The Experience of Religious Serpent Handling*, Ann Arbor 2007.

Wills-Brandon, C.: »Surviving Sexual Abuse With an Out-of-Body Experience«, *Journal of Religion and Psychical Research* 2002.

Wilson, J.: *A Missionary Voyage to the Southern Pacific Ocean 1796-98*, London 1799.

Wilting, J.: *Herr, zu wem sollen wir gehen?*, Jena 2003.

Winden-Fey, J.: »Spirituality Bites« in *Gen X Religion*, ed. R.W. Flory/D. E. Miller, New York 2000.

Windt, J. M.: »Altered Consciousness in Philosophy« in *Altering Consciousness*, ed. E. Cardeña/M. Winkelman, Santa Barbara 2011.

–: *Dreaming*, Cambridge 2015.

Winiata, M.: *The Changing Role of the Leader in Maori Society*, Auckland 1967.

Winkelman, M.: »Shamanism« in *Encyclopedia of Medical Anthropology*, Bd. I, ed. C. R. Ember/M. E. Ember, New York 2004.

–: »Evolutionary Origins of Human Ritual« in *Body, Performance, Agency, and Experience*, ed. A. Chaniotis et al., Wiesbaden 2010.

Winkler, C./K. Wininger: »Rape Trauma« in *Embodiment and Experience*, ed. T. J. Csordas, Cambridge 1994.

Winkler, W. F.: »Spirit Possession in Far Western Nepal« in *Spirit Possession in the Nepal Himalayas*, ed. J. T. Hitchcock/R. L. Jones, Warminster 1976.

Winkler, W. T.: »Sprachzerfall bei einem Derealisations- und Depersonalisationsprozeß« in *Die Sprache der Anderen*, ed. G. Hofer/K. P. Kisker, Basel 1976.

Winslett, J. T.: »Deities and the Extrahuman in Pre-Qin China«, *Journal of the American Academy of Religion* 2014.

Winstedt, R.: *The Malay Magician*, London 1951.

Winter, A.: *Mesmerized*, Chicago 1998.

Winter, C.: *Tausend Tode und ein Leben*, Stuttgart 2015.

Winter, F.: »Vom spirituellen Medium zum wiedergeborenen Buddha und darüber hinaus«, *Zeitschrift für Religionswissenschaft* 2008.

–: »Kōfuku no kagaku« in *Handbuch der Religionen*, Bd. IX, ed. M. Klöcker/U. Tworuschka, München 2010.

–: *Hermes und Buddha*, Wien 2012.

Winzeler, R. L.: *Popular Religion in Southeast Asia*, Lanham 2016.

Wiseman, R.: »An Investigation Into the Alleged Haunting of Hampton Court Palace«, *Journal of Parapsychology* 2002.

–: »An Investigation Into Alleged ›Hauntings‹«, *British Journal of Psychology* 2003.

–: »The Haunted Brain«, *The Sceptical Inquirer*, Oktober 2011.

–: *Paranormalität*, Frankfurt/M. 2012.

Witt, U.: *Bekehrung, Bildung und Biographie*, Tübingen 1996.

Wittenberger, G.: *Wie die Seele in die Wissenschaft kam*, Gießen 2018.

Wittgenstein, L.: *Zettel*, Oxford 1967.

–: *Lectures, Cambridge 1930-33*, ed. D. G. Stern et al., Cambridge 2016.

Wittmann, M.: *Wenn die Zeit stehenbleibt*, München 2015.

Wöller, W.: »Wie zuverlässig sind Erinnerungen?« in *Trauma und Persönlichkeitsstörungen*, ed. W. Wöller, Stuttgart 2006.

Wohlers, M.: *Heilige Krankheit*, Marburg 1999.

Wojcik, D.: »The Bayside Phenomenon (Our Lady of the Roses)« in *Encyclopedia of Millennialism*, ed. R. A. Landes, New York 2000.

Wolf, H.-J.: *Hexenwahn und Exorzismus*, Kriftel 1980.
Wolf, R.: »Von Wonnen und Wehen der Wahrnehmungstäuschung« in *Die esoterische Verführung*, ed. G. Kern/L. Traynor, Aschaffenburg 1995.
Woltersdorff, W.: »»Meine Dämonen füttern‹« in *Geschlecht als Tabu*, ed. U. Frietsch et al., Bielefeld 2008.
Wood, C. et al.: »Trance, Dissociation, and Shamanism«, *Journal of Cognition und Culture* 2018.
Wood, W. R./L. Irwin: »Mandan« in *Handbook of North American Indians*, Bd. 13, ed. R. J. DeMallie, Washington 2001.
Woody, E. Z./K. S. Bowers: »A Frontal Assault on Dissociated Control« in *Dissociation*, ed. S. J. Lynn/J.W. Rhue, New York 1994.
Workman, L./W. Reader: *Evolutionary Psychology*, Cambridge 2008.
Worms, E. A./H. Petri: »Australische Eingeborenen-Religionen« in *Die Religionen der Südsee und Australiens*, ed. H. Nevermann et al., Stuttgart 1968.
Worsfold, J. E.: *A History of the Charismatic Movements in New Zealand*, Bradford 1974.
Wreford, J. T.: *Working With the Spirit*, New York 2008.
Wrescher, E. E.: »Red Ochre and Human Evolution«, *Current Anthropology* 1980.
Wright, E. E.: *Strange Fire*, Darlington 1996.
Wright, S. A.: »Satanic Cults, Ritual Abuse, and Moral Panic« in *Witchcraft and Magic in Contemporary North America*, ed. H. A. Berger, Philadelphia 2005.
Würsig, B.: »Das Reich der Delfine« in *Wale, Delfine und Tümmler*, ed. W. R. Gray et al., Hamburg 2000.
Wulff, E.: »Zementierung oder Zerspiegelung« in *Fremde Nähe*, ed. W. F. Haug et al., Berlin 1987.

Xiong, J. H.: *The Outline of Parapsychology*, Lanham 2008.

Yalman, N.: »The Ascetic Buddhist Monks of Ceylon« in *Cultural and Social Anthropology*, ed. R. B. Hammond, New York 1964.
–: »The Structure of Sinhalese Healing Rituals«, *Journal of Asian Studies* 1964a.
Yamada, T.: »Continuity of Shamanism Among the Ladakhi and the Sakha« in *Transformation of Consciousness*, ed. D. Eigner/J. Kremer, Kathmandu 2015.
Yamada, Y.: *Songs of Spirits*, Port Moresby 1997.
–: »Sound of Bamboo as Talk of Spirit« in *Fringe Area of Highlands in Papua New Guinea*, ed. S. Yoshida/Y. Toyoda, Ōsaka 1998.
Yao, X./P. Badham: *Religious Experience in Contemporary China*, Cardiff 2007.

Yap, P.M.: »The Culture-Bound Reactive Syndromes« in *Culture, Disease, and Healing*, ed. D. Landy, New York 1977.

Yengoyan, A.A.: »Mandaya Myth, Memory, and the Heroic Religious Tradition« in *Beyond Primitivism*, ed. J.K. Olupona, New York 2004.

Yi, C.-Y.: »Shamanistic Thought and Traditional Korean Homes« in *Korean Folklore*, ed. B.S. Park, Seoul 1983.

York, M.: »Channeling« in *The Encyclopedia of Religion and Nature*, Bd. I, ed. B.R. Taylor, Bristol 2005.

Young, M.W.: »Feasting Friends, Eating Enemies« in *Identity and Affect*, ed. J.R. Campbell/A. Rew, London 1999.

Yusa, M.: *Japanische Religionen*, Freiburg 2007.

Zachert, H.: »Die Mythologie des Shintō« in *Götter und Mythen Ostasiens*, Bd. I.6, ed. E. Schmalzriedt/H.W. Haussig, Stuttgart 1994.

Zahorka, H.: »The Strategy of Shamanistic Curing Rituals Among the Dayak Benuaq in Borneo«, *Tribus* 2008.

Zander, H.: *Anthroposophie in Deutschland*, Göttingen 2007.

Zangari, W. et al.: »Extraordinary Religious/Anomalous Cases From Brazil« in *Damned Facts*, ed. J. Hunter, Paphos 2016.

Zdansky, R.: »Die Feuertreter in Thrazien« in *Die Wiener Schule der Völkerkunde*, ed. J. Haekel et al., Horn 1956.

Zebrowitz, L.A./Y. Zhang: »The Origins of First Impressions in Animal and Infant Face Perception« in *The Oxford Handbook of Social Neuroscience*, ed. J. Decety/J.T. Cacioppo, New York 2011.

Zech, A.: *Spielarten des Gottes-Genusses*, Göttingen 2015.

Zegwaard, G.A.: »Headhunting Practices of the Asmat of Netherlands New Guinea« in *Peoples and Cultures of the Pacific*, ed. A.R. Vayda, Garden City 1968.

Zehentbauer, J.: *Körpereigene Drogen*, Mannheim 2010.

Zehnder, F.G.: *Sankt Ursula*, Köln 1985.

Zerries, O.: *Waika*, München 1964.

–: »Besessenheit und Geisterbesuch: Parapsychologische Erscheinungen unter den Mahekodo-tedi« in *Atti del XL Congresso Internazionale degli Americanisti*, Bd. II, Genova 1974.

–: »Yanoama« in *Menschenbilder früher Gesellschaften*, ed. K.E. Müller, Frankfurt/M. 1983.

Zhang, E.: »Seal Penis, Viagra, and Sexual Potency in Post-Mao China« in *Chinese Medicine and Healing*, ed. T.J. Hinrichs/L.L. Barnes, Cambridge 2013.

Zhuk, O.: »The Lesbian Subculture« in *Women in Russia*, ed. A. Posadskaja et al., London 1994.

Zier, U.: *Die Gewalt der Magie*, Berlin 1987.

Zillmann, D.: *Sexuality and Aggression*, Mahwah 1998.

Zimmer, H.: *Mythen und Symbole in der indischen Kultur*, Zürich 1951.

Zimmermann, P.: »Studien zur Religion der Ngadju-Dajak in Südborneo« in *Beiträge zur Völkerkunde Südostasiens und Ozeaniens*, ed. W. Fröhlich, Köln 1968.

Zimón, H.: *Regenriten auf der Insel Bukerebe*, Fribourg 1974.

Zindars-Swartz, S. L.: *Encountering Mary*, Princeton 1991.

de Zirkoff, B.: »Historical Introduction« in *The Secret Doctrine*, Bd. I, Wheaton 1978.

Zivie-Coche, C./F. Dunand: *Die Religionen des Alten Ägypten*, Stuttgart 2013.

Zolla, E.: *The Androgyne*, London 1981.

Zsolt, A.: *Wunder, Visionen und Magie*, Salzburg 1959.

Zuckerman, M.: »Hallucinations, Reported Sensations, and Images« in *Sensory Deprivation*, ed. J. P. Zubek, New York 1969.

Zürrer, R.: *Reinkarnation*, Zürich 1992.

Zuesse, E. M.: »Divination and Deity in African Religions«, *History of Religions* 1975.

–: *Ritual Cosmos*, Athens 1979.

Zuidema, R. T./U. Quispe: »A Visit to God«, *Bijdragen tot de Taal-Land-en Volkenkunde* 1968.

Zulehner, P. A. et al.: *Kehrt die Religion wieder?*, Ostfildern 2001.

Zumbeck, S. et al.: »Posttraumatische Belastungsstörungen bei Prostituierten«, *Zeitschrift für Klinische Psychologie, Psychiatrie und Pychotherapie* 2003.

Zumholz, M. A.: »Marienerscheinungen in Heede/Emsland 1937 bis 1940« in *Maria und Lourdes*, ed. B. Schneider, Münster 2008.

Zunshine, L.: »Why We Read Fiction«, *The Sceptical Inquirer*, Dezember 2006.

Zurfluh, W.: *Quellen der Nacht*, Interlaken 1983.

Zussman, M.: »*Baraka*: Grace, Healing and Political Legitimacy in the Middle East and North Africa«, *Yearbook of Cross-Cultural Medicine and Psychotherapy* 1999.

Zussman, M./A. Pierce: »Shifts of Consciousness in Consensual Bondage: A Fetish Play«, *Anthropology of Consciousness* 4, 1998.

Zwelebil, K. V.: *Tiru Murugan*, Madras 1981.

–: »Mythologie der Tamilen und anderer drawidisch sprechender Völker« in *Götter und Mythen des indischen Subkontinents*, ed. H. W. Haussig, Stuttgart 1984.

Register

Bildnachweis

Agentur Focus, Hamburg: Abb. 26 (Henri Cartier-Bresson/Magnum Photos)

akg-images, Berlin: 15; 8 (Werner Forman Archive/Private Collection); 14, 18 (Erich Lessing); Tf. III (Mondadori Portfolio/Sergio Anelli)

Niels-Jens Albrecht, Hamburg: Tf. II

Bayerisches Landesamt für Denkmalpflege, München: 2 (Michael Forstner)

bpk, Berlin: 32 (DeA Picture Library)

Bridgeman Images, Berlin: Tf. IV (Jean Bernard); 29 (Bibliothèque Nationale/Archives Charmet/American School); Tf. I (Kunsthistorisches Museum Wien); 31 (Universal History Archive/UIG)

Gert Chesi, Schwaz: 24, Tf. VI, Tf. VII

Der Spiegel, Hamburg: 23 (Sophie Garcia)

Sally Griffyn, London: 27

Mary Evans Picture Library, London: 19 (R. W. Satchwell)

National Museum of African Art, Washington: 22 (Smithonian Institution, Inv. Nr. 88-1-1, Foto: Franko Khoury)

Neanderthal Museum, Mettmann: 1

picture-alliance, Frankfurt am Main: 3 (Rupert Oberhäuser/imageBroker)

Soul of Africa Museum, Essen: 25, Tf. VIII (Henning Christoph)

Die folgenden Abbildungen wurden reproduziert nach:

B. Conolly/R. Anderson, First Contact, New York 1987: 4, 5

V. de Golish, Primitive India, London 1954: 21 (Foto: Vitold de Golish)

G. Michell, Hindu Art and Architecture, London 2000/Alampur Museum, Hyderabad State: 6

P. L. Ravenhill, Dreams and Reverie, Washington 1996: 20 (Foto: Denis Nervig); Tf. V (Foto: Lap Nguyen Tien)

A. Reichel-Dolmatoff, The Sacred Mountains of Columbia's Kogi Indians, Leiden 1990: 16 (Foto: G. Reichel-Dolmatoff)

H. B. Urban, Magica Sexualis, Berkeley 2006: 30

Alle weiteren Abbildungen stammen aus dem Archiv des Insel Verlags.

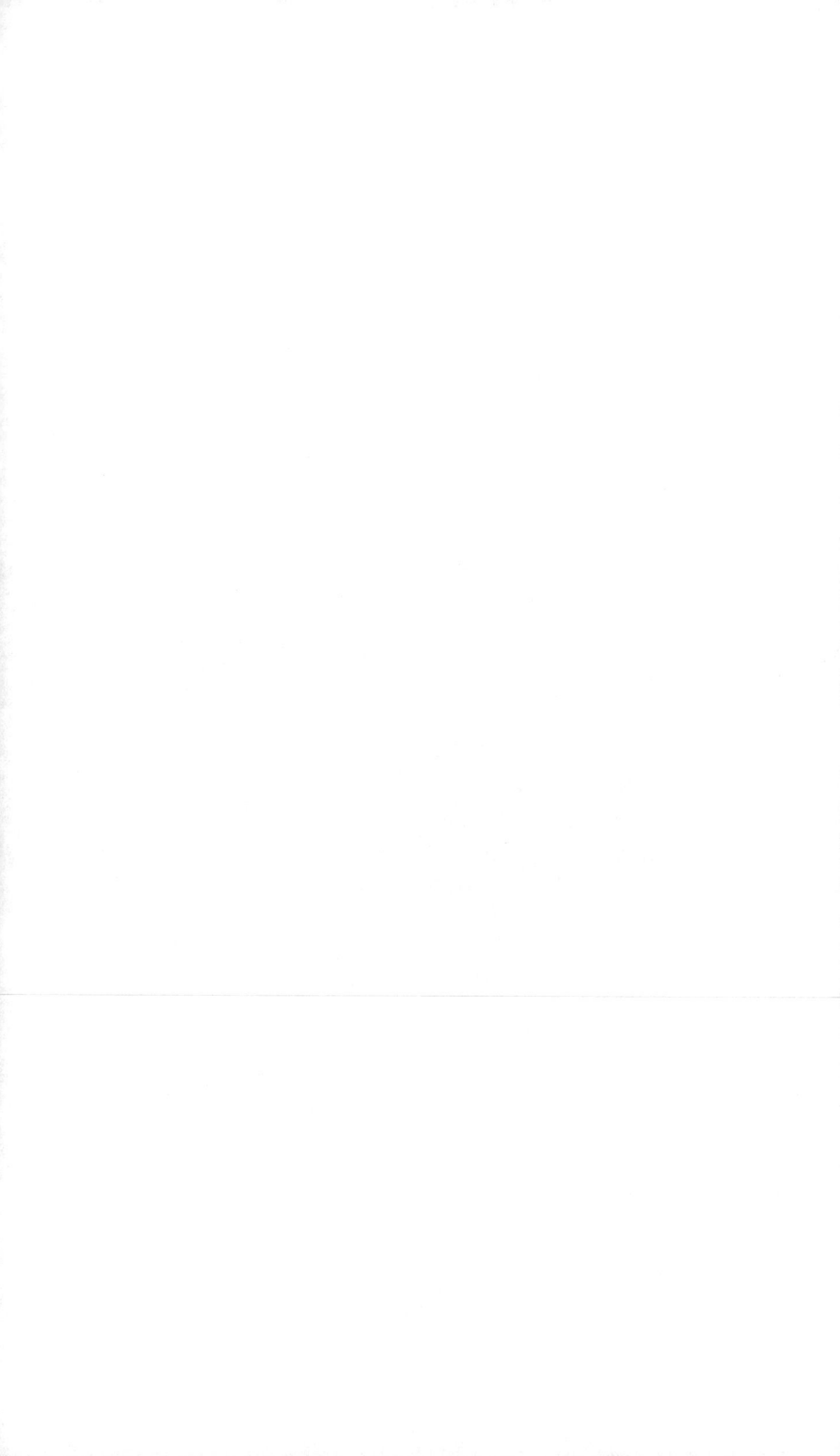